iHuman

新民說

成为更好的人

David Hackett Fischer

Albion's Seed

Four British Folkways in America

阿尔比恩的种子

美国文化的源与流

（上）

[美] 大卫·哈克特·费舍尔 著
王剑鹰 译

GUANGXI NORMAL UNIVERSITY PRESS
广西师范大学出版社
·桂林·

阿尔比恩的种子
ALBION DE ZHONGZI

图书在版编目（CIP）数据

阿尔比恩的种子：美国文化的源与流：全 2 册 /（美）大卫・哈克特・费舍尔著；王剑鹰译．—桂林：广西师范大学出版社，2018.7（2018.7 重印）

书名原文：Albion's Seed: Four British Folkways in America

ISBN 978-7-5598-0389-4

Ⅰ．①阿… Ⅱ．①大…②王… Ⅲ．①文化史—美国—近代 Ⅳ．①K712.03

中国版本图书馆 CIP 数据核字（2017）第 246715 号

广西师范大学出版社出版发行
（广西桂林市五里店路 9 号　邮政编码：541004
网址：http://www.bbtpress.com）
出版人：张艺兵
全国新华书店经销
北京盛通印刷股份有限公司印刷
（北京经济技术开发区经海三路 18 号　邮政编码：100176）
开本：889 mm × 1 240 mm　1/32
印张：40　　字数：922 千字
2018 年 7 月第 1 版　　2018 年 7 月第 2 次印刷
印数：15 001~25 000 册　定价：198.00 元（上、下）

费舍尔的变与不变

——《阿尔比恩的种子》译序

王剑鹰

《阿尔比恩的种子》是中国近180年的美国问题著译史上较少触碰的文化史题材。[1]这本书不同于中国读者熟悉的美国通史、政治史、战争史或社会史，甚至也不同于思想史，而是从民俗的角度切入，解答一个重大问题，即美国自由体系的决定因素到底是什么？这种方法被作者大卫·费舍尔称为基础综合（primary synthesis），即根据大量的民俗史料来对美国历史作一般性阐释。

所谓美国自由体系的决定因素，是美国历史学中的经典问题。但在本书写作和出版的1980年代中后期，这一问题的再次提出却表现为一种回归。1960年代以后，受美国国内及国际形势推动，也因为历史学自身的更新，美国历史学界涌现了一股宏大的"新社会史"潮流。不同于以前以叙事为主的历史学，"新社会史"研究以问题为导向。这些历史学者对解读自由体系的形成并无太大的兴趣，而是专注于美国体系出现的各种状况，包括种族、家庭、性别等。他

1　黄安年:《一百五十年来我国出版的美国史著译作纵览》，载《世界史研究动态》，1990年第8期，19–25页。文中所谓中国的美国问题著译史，以1840年为起始。

们从现状中提炼出研究课题，而这些课题的设问往往包含着否定美国体系的倾向，其研究范式也比较看重唯物主义的理论，强调压迫和剥削等因素。但“新社会史”的热潮在 1980 年代开始减退。在热潮中保持警惕的费舍尔着手用他所信靠的历史学方法解答美国历史的经典问题。

费舍尔写作《阿尔比恩的种子》，结合了“新社会史”和此前传统的叙事历史的方法。这种方法以问题为导向，以叙事的方式呈现，被他称为“梳理性叙事”（Braided Narrative）。他在书中的主要结论是，早期美国的四种不列颠民俗传统是当今美国自愿社会最有力的决定因素。

一

《阿尔比恩的种子》于 1989 年出版，在美国历史学界引来了广泛的重视和激烈的论战。据费舍尔自己统计，有关本书的各种书评达上百种。1990 年底美国历史学会召开年会，组织专门会议来讨论本书。专业期刊《威廉和玛丽季刊》（*William and Mary Quarterly*）和《阿巴拉契亚期刊》（*Appalachian Journal*）分别于 1991 年、1992 年拨出专门版面刊登关于本书的论战。费舍尔本人两次撰写长文对各方评论作出回应。[2]

《阿尔比恩的种子》受到如此重视的原因首先在于它的宏大。

2 Fischer, David H. 1991. “Albion and the Critics: Further Evidence and Reflection.” *The William and Mary Quarterly*, 48, no. 2, April 1991, pp. 260–308; “ Albion and Appalachia.” *Appalachian Journal,* Vol. 19, No. 2 (Winter 1992), pp. 161–200.

这本书试图从早期北美的英国移民形成的四个文化地域，及其包含的二十四种民俗要素，来说明当今美国自愿社会的文化基因。单单这个主题涉及的要素范围及跨越的年代，就已经让人望而生畏。费舍尔为了论述需要，使用了大量的民俗史料，并且为此多次往返大西洋两岸，在英国进行田野调查。费舍尔精致的（有时是文学的）写作方式也帮助他很好地完成了该书的叙事和论述。费舍尔同时代的著名的美国文化史家迈克尔·卡门（Michael Kammen）不吝赞美，称此书为“半个世纪里早期美国史最好的综合性论著”。作为费舍尔最主要的批评者之一的杰克·格林（Jack Greene）也指出，本书提供了一个完整的论述框架，是80年代末最重要的几部早期美国史的综合性论著之一。[3]

这本书受到如此重视的另外一个原因是它所作出的贡献。作者有力地廓清了由早期英国移民在北美大陆形成的四个文化地域：以马萨诸塞为核心、清教文化占主导的新英格兰，以弗吉尼亚为中心、保王党为统治精英的切萨皮克地区，以宾夕法尼亚东部（费城）为核心、贵格会主导的特拉华山谷地区，以及分布广泛、涵盖阿巴拉契亚山区和美国南部广大区域的边区。这四个文化地域由来自英国四个地区的移民主导，分别对应着英格兰东部（东盎格鲁地区）、英格兰西南部（包括伦敦等港口城市）、英格兰中北部（包含奔宁山脉）和英格兰北部边境地区（包含苏格兰和爱尔兰边境地区）。费舍尔认为，美国这四个地域之间的差异甚至大于欧洲各国之间的差异，因此形成了相对独立、特点鲜明的文化和民俗。这种地域差

3 Greene, Jack P. 1991. “Interpretive Frameworks: The Quest for Intellectual Order in Early American History.” *The William and Mary Quarterly*, Vol. 48, No. 4 (Oct., 1991), pp. 515–530.

别以及它们之间的融合互动至今深深影响着美国的自愿社会。

费舍尔所坚持的文化地域分野，并不是他个人的发明。在 1980 年代中后期，还有两位学者发表了重要著作，也采用了相似的分析框架。伯纳德·贝林（Bernard Bailyn）[4] 于 1986 年发表的早期美国史专著《英属北美人口问题初探》（*The Peopling of British North America: An Introduction*）也分析了这四个文化地域的差别。但贝林对文化地域的划分更有弹性，并且他的分析涉及面更广，还包含了种族的冲突与融合，并涉及文化人类学、阶层分析和人口史，等等。贝林着重分析这些文化地域在不同历史时期发生的“变化”，以及日渐一致的趋势。[5] 而费舍尔强调的则是英国移民的习俗在北美大陆长期延续，成为美国文化“不变”的骨髓。

另一位学者唐纳德·迈尼希（Donald W. Meinig）是位地理学家，他在 1986 年发表的专著中也认同文化地域的分析框架，[6] 分析出了十一个区域（费舍尔也认为，除了这四个主要的文化地域外，还有一些小的文化区域）。但迈尼希强调美国文化形成的早期就具有多元性质，费舍尔则侧重英国文化对美国的统治性影响。

费舍尔对文化地域的论述在学术界得到广泛认可。比费舍尔长一辈的早期美国史巨擘埃德蒙·摩根（Edmund Morgan）于 1990 年在《纽约书评》（*The New York Review of Books*）发表书评，[7] 赞赏《阿

---

4 伯纳德·贝林是比费舍尔更早一辈的学者，也是前面提到的迈克尔·卡门的老师。

5 Greene, Jack P Ibid.

6 Meinig, Donald W. 1986. *The Shaping of America: A Geographical Perspective on 500 Years of History,* Volume 1, *Atlantic America, 1492-1800* (New Haven, Yale University Press, 1986).

7 Morgan, Edmund S. 1990. “Mothers of Us All”. *The New York Review of Books*. February 1, 1990 Issue.

尔比恩的种子》对四个地域文化的分析最为详尽清晰。

二

《阿尔比恩的种子》也因为对当时的美国史学研究构成了多个层面的挑战而备受关注。费舍尔在书中强调英国的文化基因对美国文化的持久影响，被很多人认为是起源于19世纪晚期的生源论（Germ Theory）的翻版。这一理论主要把美国文化的形成归因于英国文化的影响。该理论问世之后，在美国史学界信奉者很多。费舍尔也承认生源论对他的影响。

但费舍尔的理论主张与通常意义上的生源论还是有一些重要的差别。首先，他把英国文化对美国文化的影响放在核心位置，尤其强调，过去是现在的一部分，美国早期历史的这些英国元素与美国现代社会有直接相关性（immediacy），这是美国文化中的延续性（continuity），是“不变”的部分。而一般的生源论虽重视英国文化对美国的影响，但他们同时也注重分析美国从早期以来所发生的种种“变化”，以及美国多元文化的形成。

其次，生源论在论述英国对美国的影响时，还强调种族的因素，因为“英国人”移民到美国，把英国文化带到了新大陆，所以对美国文化的形成有至关重要的影响。但费舍尔并不刻意强调种族。他在书中提到，在他的时代（1980年代），有英国血缘的人在美国总人口中占比不到20%。他主张，在早期美国文化形成的过程中，来自英国不同区域的移民掌握了美国这四个地域的文化主导权（Hegemony），他们（尤其是精英）所构建的民俗（文化）体系容纳了之后不同来源的移民以及本土人，又随着内部移民（西进）扩展到整个美国。

费舍尔对四个文化地域的论述突出了精英的作用。他认为，在这四个地域中，都是一小群统治精英按照他们的社会目的和道德目标塑造了当地社会。[8]《阿尔比恩的种子》对四个地域早期移民中的精英群体颇费了一些笔墨，尤其是在不同的精英家族之间绘制出关联图谱。费舍尔在分析早期移民留下的原始文本时，也大量援引各地域精英领袖人物的记述，如马萨诸塞的约翰·温斯罗普、弗吉尼亚的威廉·伯克利和宾夕法尼亚的威廉·佩恩等。但费舍尔并没有排斥其他阶层，在对各个地域民俗的论述中，从饮食到衣饰，再到语言习惯等，他都列举了不同阶层的例子。

然而，费舍尔学说的这些微妙差别却没有立即被学界吸收，而是受到了严重误解。本书出版后，招致了意想不到的批评。有人说他有新保守主义、种族主义的倾向，有人甚至直接咒骂他的祖宗、阶级和宗教，说他是傲慢的贵族、自恨的犹太人，等等。他甚至不止一次收到死亡威胁。[9]很难想象，这些都是超出学术的“批判”了。

在学术界限里的论战也非常激烈。在美国史学界，你很难看到一本书像《阿尔比恩的种子》一样被人从头到尾地品评。在连续四年（1989—1992）的论战中，学者们从理论到论据，从框架到细节，对这本著作提出了多方面的批评和质疑。在公开发表的学术论战文章中，论战双方的用词毫不留情。费舍尔在回应文章中，直接批评

---

8 Yerxa, Donald A. 2001. “Contingency, continuity, and narrative: David Hackett Fischer’s approach to history.” *Fides et Historia; Terre Haute* Vol. 33, Iss. 2, (Summer 2001): 73.

9 Fischer, David H. 1992. “Albion and Appalachia.” *Appalachian Journal*, Vol. 19, No. 2 (Winter 1992), pp. 161–200.

一些批评者没有认真阅读他的著作。

费舍尔先后两次撰写长文，耐心细致地回应批评者，并进一步澄清批评者的误解。同时，他对论战中的批评者也颇有保留。他认为其中最为尖锐的批评者多数是1940年至1960年生人，尤其是婴儿潮一代，他们很多人在越战中长大。受那个时代政治和社会风潮的影响，他们对自己身处的美国体系充满失望。所以，他们反对这本书，不仅是反对它的结论，更是反对它研究的问题。本书解答的问题正是美国自由体系的根源。费舍尔在选择这个题目的时候，对美国的自由体系实际上保持着基本的信任。费舍尔认为，1980年代的年轻人（他的学生）对这本书更感兴趣，因为在他们成长的年代，民众开始恢复对美国这个自愿社会的信心。[10]

这本书面临的挑战还有一个因素，就是普通美国民众有一种“美国特殊论”的心态，他们更认同美国文化的独创性，而不是它对英国文化的继承性。[11]学术界对这种心态是有响应的。有学者指出，费舍尔夸大了宗主国对美国文化的影响，忽略了新世界文化重组的复杂因素，包括自然环境、物质条件、土著关系以及移民内部不同来源地之间的关系等。[12]但费舍尔对英国文化基因的强调在那个时代的史学界并不让人惊异。

费舍尔的主要论点实际上是那个时代美国史研究现状的一个投射。1980年代至1990年代初，美国历史学界大多数有关移民史及民

---

10 Fischer, David H. 1992. Ibid.

11 Fischer, David H. 1991. Ibid.

12 Mancall, Peter C. . 1992. “The Multicultural Origins of British America.” (Review Essay) *American Studies* Vol. 33, No. 1 (Spring, 1992), pp. 103–111; Greene, Jack P. Ibid.

族史的著作所采取的研究路径都差不多，其宗旨都表明，移民群体努力在维系其文化上的传承性质，保持其文化的特质。并且，他的结论在 1980 年代得到一些重要学者的响应。[13]

三

《阿尔比恩的种子》受到的批评中有些来自不同的理论主张，而非研究本身有误识。比如在对待人种这个问题上，一方面，有人认为费舍尔过度强调了人种（英国人）对美国文化的作用；另一方面，又有人说他对人种的因素重视不够，说美国今天之所以如此的“英国”，主要是因为来自欧洲其他国家的移民在人种上非常接近英国，所以他们很容易融入占主导地位的盎格鲁－撒克逊文化。而费舍尔在书中对这些与盎格鲁－撒克逊血统有亲缘关系的民族涉及较浅。[14]

品评者也会出于基础理论的差异而对本书提出不同的看法。费舍尔在写作本书的时候，考虑了与流行的新社会史拉开距离。他强调，文化解释要把物质因素放在恰当的位置上，而不是像新社会史那样以唯物主义为主导。恰恰是这一点引来了尖锐的批评。有人认为，当代的文化史所质疑的正是费舍尔这种自上而下谈论历史的角

---

13 McKinney, Gordon B. 1992. “David Hackett Fischer and the Origins of Appalachian Culture.” *Appalachian Journal,* Vol. 19, No. 2 (Winter 1992), pp.162–166.

14 Rosit, Nelson. 1992. Review Essay. *The Journal of Historical Review*, Spring 1992 (Vol. 12, No. 1), pp. 114–117.

度，对文化的理解必须与资本主义的发展和成熟结合起来。[15] 比如，在费舍尔的论述中，弗吉尼亚的社会财富集中在少数上层精英手中，文化上的解释是弗吉尼亚的保王党人从英格兰南部乡村传承了相应的社会结构和经济传统。有学者指出，应该结合经济角度提供解释，要考虑弗吉尼亚当地的生产方式和商品化程度等因素的影响。[16]

这本书也因为其过于“野心勃勃”而受到质疑。[17] 摩根指出，费舍尔试图用英国文化的“种子”来解释如此纷繁复杂、层次丰富的民俗，有“解释太多东西”的危险。[18] 费舍尔对这种批评没有直接回应。

四

《阿尔比恩的种子》给美国史学界带来了真正的刺激和挑战，同时也给相关领域的研究打开了大门。摩根曾饶有意味地评价说，这本书是有种子意义的（seminal）。

所谓“种子”意义最直接表现在，费舍尔在与学界同人论战的过程中，提出了很多早期美国史的新题目。比如，他认为，美国文化地域的方言与英格兰的移民来源地有承继关系。在这种观点受到批评后，他提出，需要进一步研究这些地域方言从最初来到北美以至演变到今天的过程，以说明这种承继关系。关于方言的讨论对于

15 Hall, David D. 1990. Review Essay. *The New England Quarterly*. Vol. 63, No. 4 (Dec., 1990), pp. 657–661.

16 Morgan, Edmund S. 1990. Ibid.

17 Mancall, Peter C. . 1992. Ibid.

18 Morgan, Edmund S. 1990. Ibid.

本书的立论至关重要。费舍尔对这四个文化地域的最初灵感实际是来自北美的四个方言地域（密西根大学教授汉斯·库拉斯［Hans Kurath］的研究）。[19]

再如，美国边区财富分配存在普遍的不平等。虽然这种状况可以从税单等原始资料得到佐证，但他认为应该进一步研究习惯保有财产（Customary Tenure），获得更多的证据，以更好地了解这一地域的经济不平等状况。[20]或许可以说，正因费舍尔以新的阐释框架包罗如此众多的民俗因素，其潜在的研究领域自然非常宽泛。

这本书没有重点论述的问题也成了学术生长的"种子"。例如，费舍尔主张四个文化地域有各自不同的自由观念，共同形成了今天的美国自由主义，造就了如今的自愿社会。但有学者指出，他在本书中没有论述，这四种不同的自由观念是如何斗争融合，并形成当今美国自由主义的复杂格局的。[21]这本身就是一个很大的题目。15年后，费舍尔本人在这个题目上完成了一本专著。[22]但对于这个题目来说，这只是一个初步的努力，也不单单是民俗文化史所能完成的任务。

《阿尔比恩的种子》固然是一部文化史，但它给相关学科也打开了视野。在本书第五部分的综论中，费舍尔实际已经超出了文化史的范畴，用文化地域的框架来解读美国现代政治，包括总统人选

19 Yerxa, Donald A. 2001. Ibid.

20 Fischer, David H. 1992. Ibid.

21 Taylor, Alan. 1990. "Review: An Atlantic People." *Journal of British Studies*. Vol. 29, No. 4 (Oct., 1990), pp. 402–407.

22 Fischer, David H. 2004. *Liberty and Freedom: A Visual History of America's Founding Ideas (America: a cultural history)*. Oxford University Press, 1st edition.

的政党策略、总统票选的地域差别，以及地域文化对国家决策的影响，等等。这种分析对美国政治学的启发远不止于此。例如，在美国政治学里，国会研究也可以借鉴他的分析框架，把四个文化地域作为新的变量加入议员投票行为的分析中，这有可能开拓出崭新的研究领域。但至今这类研究尚付阙如。

五

《阿尔比恩的种子》在学界引起的反响是费舍尔的历史学之路的某种必然。费舍尔的人生看起来很平顺，1962 年他从约翰·霍普金斯大学拿到历史学博士学位后，就一直在布兰迪斯大学（Brandeis University）教书。但他在学术上颇有个性。他的成名作是 1970 年出版的《历史学家的谬误：重塑历史思考的逻辑》。[23] 这本书向当时盛行的新社会史发起了冲击，专挑知名学者展开批评。在三十年后的一次访谈中，费舍尔说这本书就是想表达对历史研究现状的不满，并试图加以改变。[24] 因此，该书面世后迅速成为很多历史学者的案头必备书。[25] 费舍尔在这本书中对历史学研究的反思也为二十年后出版的《阿尔比恩的种子》埋下了理路。

《阿尔比恩的种子》至今被视为费舍尔的代表作。虽然这本书并没有为他赢得历史学界的奖项，但它仍然被列入美国史学界的重

23 Fischer, David H. 1970. *Historians' Fallacies : Toward a Logic of Historical Thought.* New York: Harper & Row.

24 Yerxa, Donald A. 2001. Ibid.

25 McKinney, Gordon B. 1992. Ibid.

要书目，甚至受到大众的追捧。在本书出版近三十年后，译者在美国首都华盛顿都会区的公共图书馆系统检索到，该书有广泛的馆藏和极高的借阅率。这对于一本题材偏冷门的大部头历史学作品而言（原书超过 900 页），非常少见。

在七十岁那年（2005 年），费舍尔凭借《华盛顿的十字路口：美国历史上的关键时刻》赢得了普利策历史图书奖。[26] 但这一奖项并不足以定义他的历史学之路。从费舍尔的出版目录来看，在历史著述方面，他一生都在求变。虽然他的主要研究领域是早期美国史，但具体的主题却表现出很大的跨度。《阿尔比恩的种子》仅仅是他计划的五卷本早期美国史的第一部，而他所出版的历史著作，几乎每本书都想改变传统的定见。[27]

费舍尔一直说，《阿尔比恩的种子》强调的是美国文化中的“不变”，但他一生的研究却总是在“转变”中前进。

26 Fischer, David H. 2004. *Washington's Crossing (Pivotal Moments in American History)*. London: Oxford University Press, 1st edition.

27 McKinney, Gordon B. 1992. Ibid.

目录

插图

画图

詹妮弗·布罗迪（Jennifer Brody）

引言

一种文化史观

历史遵循着一定的文化秩序，只是在不同社会间有所差别……反之亦然，文化体系也有其历史秩序。

——马歇尔·萨林斯（Marshall Sahlins）

这本书是一套美国文化史丛书的第一本。它从人类学而非美学层面上来谈文化，关乎美国民俗的历史及其演变。

这套书的每一册（目前有五册在撰写过程中）都集中讨论美国史的一个重大问题。《阿尔比恩的种子》作为第一册，是关于文化起源的问题；第二册《美国种植园》，研究的是殖民时代的文化与环境问题；第三册，将会把美国独立作为一种文化运动来探究；第四册，集中关注共和国早期的文化变迁；第五册，则主张内战是一种文化冲突。笔者完成这些研究后，丛书各册会陆续出版。

这一系列研究源自1960年代的一个思想事件——那是历史叙事的一场变革，很类似于托马斯·库恩（Thomas Samuel Kuhn）的科学史和米歇尔·福柯（Michel Foucault）的社会思想研究中都提到的思想革命。多年之前，有一种主流的所谓历史知识的“范式”或“知识类型”，作者必须声明自己的书讲的是历史才能说清楚这到底是什么书，因为历史书籍都遵循着相同的套路。历史是有关过去的事情。它是一种叙事方式——一种讲故事的艺术。它所讲述的历史是关于权力和当权者的组织。虽然并非所有历史学家都研究政治史，但他们中的大多数都对研究对象的政治状况感兴趣。劳工历史学者研究劳工领袖；教育史探讨学校系统和它们的领导者；女性史学者则关注投票权斗争中的领袖和改革精英。而大多数不知名的人在历史书籍中被忽略了，或者只是稍稍涉及，就像剧院舞台上那些无名的伴舞者。然而，领衔的毕竟只是少数，并且是个性很强的权力精英。

之前的历史学家通过档案资料来研究这些人。研究结果以叙事的方式来呈现，并列举出证据，有时会有具体的引用，但多数时候，历史学家是在向读者证明："我已经深透地掌握了材料，这些正是我相信所发生的事情。"他们通常被信任，因为那个时代的历史学者都是绅士，而绅士说话都是讲求信誉的。

所有这些活动创造出一种内洽的、貌似有理的历史理念，并在当时形成了一种有关过去的知识体系和了解历史的方法。其中最有成就的是那些伟大的"叙事性史学"大师，像麦考利（Macaulay）、米什莱（Michelet）、兰克（Ranke）和帕克曼（Parkman）等。这一代在美国最晚近的代表人物是已经过世的艾伦·内文斯（Allan Nevins）和萨缪尔·艾略特（Samuel Eliot）。

20世纪早期，这种历史研究的范式开始崩解。它的伦理架构瓦解了。突然之间出现了很多新的研究兴趣和问题，不再适合这种范式。异常现象被发现了，年青一代的学者被推动着去探索这些东西。整整两代学者变成了这些非常现象的寻踪者。他们的每一次成功都对陈旧的治学方式构成破坏，后者很快就只剩残垣断壁了。

有学者试图去补救，其他人则力图用新的推理方式来取代旧的。

在美国，特纳（Turner）、比尔德（Beard）、帕林顿（Parrington）、霍夫施塔特（Hofstadter）、布尔斯廷（Boorstin）和哈茨（Hartz）等人的著作被看作新范式的最初尝试，但没有人能做到有效的整合。这一时期（1935—1960）历史相对主义蔚然成风，每一次美国历史学会年会都表现出这种专业上的焦虑。

然后是1960年代，新的事情发生了。欧美的年轻学者受法国年鉴学派的启发，发明了一种新的历史研究方法，并且与旧的范式大相径庭。这种新的历史研究方法实质上不是关于“过去”的，而是集中在“变化”，即把过去和现在放在一起考察。它不再是讲故事，而是寻求解答问题。它的问题域是普通人的行为和思想的变化与延续——他人之中的人和社会中的人。这种“新社会史”的目的是形成人类经验的“总体历史”（histoire totale）。为了达到这一目标，新一代的历史学家采用各种形式的证据，包括文档、统计数据、手工物品、肖像材料，等等。他们呈现研究结果的方式也是新的，不再是证明事实，而是论证观点。历史学家不但要进行真实的陈述，而且必须说明他们的经验方法和逻辑。这一认识论上的革新是新历史方法最突出的发明，也是传统学者最难以明白的。

在早期，“新社会史”声明它不仅是历史研究的新分支，而且本身就是新型的历史研究。它希望成为人文学科一种主要的综合分析方法，甚至是唯一的。不幸的是，这些好高骛远的目标都没有达到。“新社会史”研究确实成功地建立了它的制度基础，并且探索了很多新的知识领域，但正像费尔南多·布罗代尔（Fernand Braudel）所说的那样，它有些兴奋过头了。它并没有成为一种综合性的分析学科，反而分化成许多不同的领域——妇女史、劳工史、环境史、老人史、儿童虐待史，甚至同性恋史……这些研究变得越来越有刺激性和争议性。而且，很多重要的主题被排斥在新历史的范围之外——政治、事件、个人，甚至思想，而且太多的问题被唯物主义理论和所谓“现代化范式”排除了。到了1980年代，“新社会史”研究失去了在知识界的势头，以及其概念所涉及的大多数范围，并且它也丧失了最初提出的宏伟目标。

这些成败互现的记录迫使我们追问：新历史之后又如何？我们应该如何继续前行？在分析领域，我们应当如何加强其中的短板？历史学家应当追寻什么样的大智慧和文化目标？

这套丛书以其文化史观对这些问题提供了解答。简单地说，它是要把旧历史和新历史都曾割裂的要素结合起来，以促进研究。在实质内容上，它既有精英，又有普通人；既有个人选择，又有集体经验；既有特例，又有通常模式；既有民间文化，又有上层文化；既有社会问题，又有国家问题。为此，它坚持“总体历史”的观念，使用的文化概念既是逻辑自洽的，又包罗万象。

从因果论的角度说，这套书试图超越简化的唯物论模型（无论是左倾的，还是右倾的），虽然后者在当下的英美相当流行——早在里根和撒切尔时代，唯物主义就已变成了文化狂热。这并不是要否认物质因素在历史中的重要性，但它们可能只是更大整体的一部分，那种认为它们具有优先性的观点缺少经验事实。而我们采用的方法则是要把它们放置在一个恰当的位置上。

从认识论的角度说，这套书是另辟蹊径。旧历史方法在认识论上的假设是理想主义的。它主要的发现是通过“阐释”来呈现的，首先是有直觉，再通过证明来支持。新历史方法遵循经验主义的路数，但它的认识论革命没有完成，而老方法的一些解释能力却在改革过程中丢失了。这一丛书尝试把旧历史的阐释能力和新历史的经验主义结合起来，换种说法，阐释的航船以经验为锚。

在时间的向度上，这一研究尝试重新解答有关过去与现在关系的古老问题。很多当代的历史学家把过去看成与现在截然不同，这是复古主义的。其他人把过去当成现在的前言来研究，这是当代主义的。但现在本书围绕着第三种看法展开：过去的每个时代，从其自身而言，都可以直达当代。这一“直接”（immediatist）的看法无法在此赘述，但可以在著作中逐步展开，并在结论中加以说明。可以说，本书中的时间向度是抛开当代主义来谈美国早期历史与当代的直接相关性（immediacy），也是在摒除复古主义后，从其自身来理解美国早期历史。

过去与现在直接相关的概念有助于在历史和其他知识领域之间建立更开阔的联系。旧的历史研究被认为囿于自己的小天地。新的历史研究则是跨领域的，但它主要是从其他领域借用。本书则想表明，对于很多领域的主要问题的解决，历史知识不可或缺。举例来讲，在财富分配问题上，本书认为，财富的分配不仅取决于永恒的经济规律，也被根植于过去的文化价值和个人目标所决定。

这种对过去和现在关系的看法也能拓宽道德领域的历史学探索。例如，本书尝试采用新的经验方法和新发现去解决世界范围内自由史的老问题。它认为，如果不从历史意义上严格区分不同的自由主义，就无法对自由的问题进行有效的讨论。对于理解我们现在的道德选择，关于过去的经验知识不仅是有用的，而且是必需的。

最后，从修辞学的角度说，新历史观的经验主义原则已经引起了一个疑问：它虽然没有改变历史写作的叙事性，但它毁灭了旧历史观单纯讲故事的可能性。而这套书则试图以更复杂的结构把讲故事和解决问题综合在一种“梳理性叙事”中。

在这里，这套书所坚持的文化史观是基于这样一个假设：老历史论和新历史论并不是两个领域，而是一个。历史知识的进步最好通过创造性的综合来达到。

导言

一个自愿社会的决定因素

我们从哪里来？我们是谁？我们到哪里去？

——保罗·高更（Paul Gauguin），1897

波士顿艺术博物馆离1630年英国清教徒涉水上岸的地方并不远，里面陈列着保罗·高更的一幅非清教色彩的画，上面是一群裸胸的波利尼西亚女人。画面描绘的主要环境是树林密布的岸边，背景是海洋，远处的陆地显出黯淡的轮廓线。画前簇拥着一群专注的看客，他们来自生活不同的角落，年老的和年轻的，黑的和白的。他们身处数不清的符号当中，仿佛梦的一部分。在角落里，艺术家加上了一行字："我们从哪里来？我们是谁？我们到哪里去？"

这幅画始终在这样一位历史学者的心头徘徊。他想知道，一个波利尼西亚的寓言是怎么进入新教徒的城市里的？这座城市坐落在丛林密布的岸边，背景是海洋，远处的陆地显出黯淡的轮廓线。他观察着聚集在这幅画前的参观者。这些美国人形态各异，年老的和年轻的，黑的和白的。突然间，那些伟大的问题跳出来了：我们从哪里来？我们是谁？我们到哪里去？

人们越思考这些问题，答案就越让人困扰。我们美国人是矛盾体。

我们的起源很混杂，但我们属于同一个民族。几乎所有人都支持共和制，但我们又激烈地（有时是暴力地）争辩它的含义。我们多数秉持贡纳尔·默达尔（Gunnar Myrdal）所说的美国信念（American Creed），但这一理念在政治理论中又是矛盾的。默达尔1942年评述说，美国的“基本原则是保守主义，但这里所保守的原则是自由的，有些甚至是激进的”。[1]

我们生活在一个以自愿原则组织起来的开放社会，但这个体系的决定性力量又极大地限制了人们。我们的社会变动不居，在美国历史的每个时期都发生着深刻的变革；但它又很稳定。对这一体系起源的探索是美国历史的中心问题。这也是本书的研究对象。

问题的提出

这本书主要讨论，什么才是一个自愿社会的决定因素。这主要是用来解释一个社会体系的起源和稳定性：在两百多年中，这个社会顽强地维持着民主政治，经济上保持资本主义，法律上奉行自由主义，社会里流行个人主义，而文化上则是多元主义。

有关的著作已经连篇累牍了，没有人能读完；但这么多书和文章里包含的只是那么一小点精华。多数历史学家尝试从三种途径解释自愿社会的决定因素：移植到美国的欧洲文化、美国自身的环境和转换的过程。

在19世纪，第一种解释非常流行。历史学家相信美国体系是从学者们所说的“日耳曼起源”的自由制度转变过来的，据说这些制度从德国的森林流传到英国，最后到了美国。接受这一观点的历史学家通常来自盎格鲁－撒克逊族群，有大西洋的气质，政治上又是辉格党。他们中多数人在德国历史学派受过理想主义和制度主义传统的训练。[2]

曾经有一个时期，“日耳曼起源”理论在波士顿和巴尔的摩很受欢迎。但在堪萨斯和威斯康星，它被不怀好意地称为美国历史的“微生物理论”，被耻笑和冷落。20世纪初期，这一理论让位给了特纳学说，后者看重美国的环境，尤其是西部边疆，以此来解释美国自由制度的发展。这种主张受到来自中西部的学者的欢迎，他们政治上通常属于改革论者，哲学上则倾向于唯物主义。[3]

到了 20 世纪中叶，特纳学说也过时了。新一代美国历史学家对移民和族群多元化催生自愿社会的过程产生了浓厚的兴趣。这第三条路径对于那些并非来自盎格鲁 – 撒克逊族群的学者有特别的吸引力。他们中很多人的祖先来自中欧，而他们现在住在城市，宗教上信仰犹太教。这个多元主义的“移民模型”是目前的阐释传统。[4]

其他的一些理论也不时提出，但占主要地位的就是这三种理论：起源论、边疆论和移民理论。

这本书回到第一种理论，但使用第二种和第三种理论的框架。它提出了修正的“起源论”，强调英国作为美国文化根源的重要性。为廓清这一复杂的理论，可以先概括，再依次展开。

理论主张

从 1629 年至 1775 年的漫长时期，先后有四波说英语的移民迁徙到现今美国的领土上居住。第一波是 1629 年至 1640 年期间从英格兰东部逃到马萨诸塞州的清教徒。第二波是 1642 年至 1675 年期间从英格兰南部移民到弗吉尼亚州的一小群忠于王室的精英分子和他们的契约仆役。第三波是 1675 年至 1725 年期间从英格兰中北部和威尔士迁徙到特拉华山谷（the Delaware Valley）的移民。第四波是 1718 年至 1775 年大约半个世纪的时间里从北不列颠和北爱尔兰的边境迁徙到阿巴拉契亚边区的移民。

这四个群体有很多共同的特质：都说英语；几乎都是英国新教徒；大多数人遵循英国法律，并崇尚英式的自由。与此同时，他们也有很多差别：宗教派别、社会等级、世代顺序，当然还有他们来自的地区。他们横穿大西洋，带来了四种不同的不列颠民俗，并奠定了新世界不同地域文化的基础。

到 1775 年，这四种文化在英属北美已经扎下根基。他们说着迥异的英语口音，房屋的建筑方式不同，日常生活事务的处理方式也很不同。对于美国政治史尤为重要的是，他们有四种关于秩序、权力和自由的不同概念，这些最终成为英属北美自愿社会的基石。

现今美国人口只有不到 20% 有英国祖先，但从文化意义上讲，大多数美国人都是阿尔比恩的种子，无论他们的祖先是谁。[5] 今天我们仍然能听到这四种不列颠民俗的强烈回响，或在美国人的主要方言中，或在美国不同区域的日常生活中，或在美国政治的复杂变迁中，或在美国四种自由观念的持续性冲突中。这四种“自由方式”相互激荡，让多元主义四处扩展，表现出比任何单一的文化体都更具自由的特征。这正是本书的主要论点：早期美国的四种不列颠民俗传统是当今美国的自愿社会最有力的决定因素。

民俗的问题

在我们展开这个研究之前，需要首先探讨几个概念。这些概念都是内在于"民俗"的。民俗这个词由美国社会学家威廉·格雷厄姆·萨姆纳（William Graham Sumner）创造，用于表述文化中下意识的习惯性"做法、礼节、习俗、道德和教训"。萨姆纳认为，民俗源自生物的本能。"人类起源于行为，"他写道，"而不是思想。"[6]

本书取了另一种"民俗"的含义。我将之定义为文化所包含的价值、习惯和意义的规范性结构。虽然如此复杂，但其实只有一个核心的东西，只是由不同部分组成而已。它并不像萨姆纳所认为的那样，在根源上是生物性或本能的，而是社会的、智识性的。民俗甚至在象征意义上也不是源自下意识，虽然人们经常不假思索地做很多社会性行为。在现代，民俗主要被认为是文化的产物，是实现人们愿望和目的的工具。它通常也被认为是文化精英的精巧发明，尤其是在今天。

民俗并不像萨姆纳认为的那样，是从远古传承下来的古老而原始的东西。民俗通常很坚韧，但它们并不是静止不变的。即使成了一种传统，它们也不必然是陈旧的。民俗仍然在持续地变造，即使是在今天的时代。[7]

这种标准意义上的民俗在高度发展的文明和原始社会中都存在。它们有着很复杂的运作体系，在现代世界它们变得更强，而不是削弱了。在任何一个文化中，民俗都包含着如下的要素：

——语言方式，指书面和口头语言的传统方式，包括发音、词汇、句法和词法。

——建筑方式，指民间建筑和高等建筑的主流样式，这两者又是彼此相关的。

——家庭形式，指家庭和家族的结构和功能，包括理想模式和实际形式。

——婚姻模式，指婚姻纽带，恋爱、结婚和离婚的文化过程。

——性别方式，指约束男女之间社会关系的传统。

——性方式，指传统的性态度、性行为和性越轨的处理方式。

——哺育方式，指儿童哺育的观念和习惯做法。

——姓名方式，指取名的传统，包括偏爱的名和家庭内部的姓名传承。

——年龄方式，包括对年龄的态度，年龄增长的经验和代际关系。

——死亡方式，包括对死亡的态度，葬礼仪式，殡葬习惯和哀悼方式。

——宗教方式，包括宗教礼仪的模式，神学，教会学和庙宇建筑。

——巫术方式，超自然信仰和实践的通常方式。

——学习方式，对待文字和学习的态度，以及传统的教育模式。

——饮食方式，日常食谱、营养、烹饪、食物、盛宴和斋戒的模式。

——服饰方式，穿戴、风度和个人饰品的传统。

——运动方式，对待休闲、锻炼的态度，民间游戏和团体运动的形式。

——工作方式，工作伦理和工作经验，对待工作的态度和工作的性质。

——时间方式，使用时间的态度，守时的方式和传统的生活节奏。

——财富方式，对待财富的态度和财富分配的模式。

——等级方式，划分等级的规则，每个等级的角色和等级之间的关系。

——社会方式，移民、居住、群居和社交的传统模式。

——秩序方式，秩序的理念、维护秩序的机构、失序的形式和对待违规者的方式。

——权力方式，对待权威和权力的态度，政治参与的方式。

——自由方式，关于自由和限制的普遍观念，自由的传统和组织形式。

现代社会的每个主要文化在以上方面都有独特的传统。它们持久的影响力可以通过一个例子说明。在财富分配上，多数社会科学家认为财富的分配主要取决于经济状况。对于马克思主义者而言，最主要的推动力是生产方式；对凯恩斯主义者来说，决定性力量是经济增长的过程；亚当·斯密的学生则会认为是市场机制。但是，以比较的视野来看，财富分配方式在不同文化之间是不同的，不能单单依靠经济过程来解释；而另一个有力的决定因素则是价值和传统的内在结构，这或许可以称为一种文化的“财富方式”。

这些财富方式通过内在机制进行传承，这包括抚养小孩的过程、组织结构、文化伦理以及法律规范等，并形成无论是在发达社会还是原始文化中都影响巨大的道德责任。实际上，社会的经济越发达，其民俗的力量越强大，因为现代技术为发展提速，现代组织是稳定器，现代精英则是这些复杂文化过程的组织者。[8]

不列颠的四种民俗很早就传入了北美，而本书的目的则是在当今美国来考察这些民俗发挥有效作用的过程。正如萨姆纳认为的那样，由于它们多种多样，因此易于研究。他不是在原始部落里找到民俗的主要范本，而是在新英格兰的地域文化中。萨姆纳写道：

> 新英格兰的民俗仍然显示出很深的新教徒脾性和世界哲学的痕迹。任何其他地方可能都看不到如此显著的范本，民俗精神的持续性、多变性和适应性同时存在。新英格兰的民俗延伸到很广阔的移民群体中，并且牢牢地控制着他们。它

们又通过内部移民被带到新的州去，其坚韧性是很显著的。[9]

美国南方也表现出相似的历史规律。无论该地区和新英格兰多么不同，它也穿越历史保留了独特的民俗。相似的事情也发生在美国中部和西部。我们在这四个广阔的地域都观察到萨姆纳在新英格兰地区所看到的文化延续、变动及适应的过程。虽然这四个地域在民族的构成上已经发生了很大的变化，但地域性文化仍然保持着，并且仍对我们这个时代有着深远的影响。所有这些文化都根植于两个世纪前进入美国殖民地的民俗。

要正确地理解这些民俗，必须有经验性的描述，即用证据来证明或证否。本书为方便阐述，将描述例子，并归纳经验性的要素。并非所有的民俗成分都能作经验性的处理，但学者们已经为英属北美的四种主要文化提供了广泛的历史证据。

让我们从新教徒的新英格兰开始，它是由第一批大移民所建立的；余下的，我们以时间顺序来讨论。[10]

注释

1 贡纳尔·默达尔（Gunnar Myrdal）：《一个美国困境》（*An American Dilemma*）（1944，纽约 1962 年再版），7 页。

2 起源理论的倡导者尤其对土地所有制的延续性感兴趣，比如劳役土地租佃制度和像群众大会这样的政治制度。约翰·霍普金斯大学很多早期的博士论文试图把这些制度和美国体系建立起关联性，但并不是很成功。19 世纪没有历史学家能在大西洋两岸获得足够的材料来解决这个问题。起源理论在美国历史学界有整整三代无法得到足够的经验研究。这方面的文献参见：文森特（J. M. Vincent）等，

《赫伯特·亚当斯》（*Herbert B. Adams*）（巴尔的摩 1992 年版），文献部分罗列了他的学生从 1876 年到 1902 年的著作。

3 特纳学说（Turner Thesis）在弗雷得里克·J. 特纳（Frederick. J. Turner）之前就提出来了。科顿·马瑟（Cotton Mather）和本杰明·富兰克林（Benjamin Franklin）都曾提出相似的观点，但特纳提出了经典的阐述。他保留了日耳曼起源理论的结构，转而主张欧洲的源流远没有美国环境重要，因为美国社会由此发展起来，并且"自由土地"推动了民主、资本主义和个人主义的发展。参见：雷·艾伦·比林顿（Ray Allen Billington）《西部扩展》（*Western Expansion*）（第四版，纽约 1974）；李·本森（Lee Benson）《特纳和比尔德》（*Turner and Beard*）（格伦科，第三册，1960 年版）；雷·艾伦·比林顿著《弗雷得里克·J. 特纳》（纽约 1963 年版）；理查德·霍夫施塔特（Richard Hofstadter）《进步论的历史学家》（纽约 1969 年版）。

4 移民模型的代表性著作来自阿瑟·施莱辛格（Arthur Schlesinger）、马库斯·李·汉森（Marcus Lee Hansen）、奥斯卡·韩德林（ Oscar Handlin ）等人。晚近的有伯纳德·贝林（Bernard Bailyn）《英属北美人口问题初探》（*The Peopling of British North America*）（纽约 1986 年版）；以及《西行的航海者：革命前夜美国人民的通道》（*Voyagers to the West: A Passage in the Peopling of America on the Eve of the Revolution*）（纽约 1986 年版）。

5 阿尔比恩（Albion）是最早有记录的不列颠的名字，因此，公元前 6 世纪，不列颠在希腊被称为"阿尔比恩岛"。这一用法持续了一千多年。圣比德（Bede）的《英吉利教会史》（*History of the English Church and People*）是这样开端的，"Britannia, oceani insula, cui quondam albion nomen fuit"。（J. E. King, ed. *Historical Works,* 2 vols., London, 1929, I, 1011）"阿尔比恩"的内涵随着时间在变化，罗马人把"阿尔比恩"用作一个拉丁语的双关词 albus，意思是"白色"，用于描述多佛（英国港口——译注）的悬崖。在现今的德语中，这个词仍然被错误地翻译为 Weissland，意思是"白色的国家"。在法语中，"阿尔比恩"用于对表里不一的国家表达轻蔑的态度。例如，拿破仑就曾讥讽英国是"背信弃义的阿尔比恩"。19 世纪时，浪漫主义诗人以阿尔比恩作为英格兰的华丽代称，忽略了不列颠，而后者才是这个词的原始含义。

6 William Graham Sumner, *Folkways: A Study of Sociological Importance of Manners, Customs, Mores and Morals.* (Boston, 1907), 2.

7 Eric Hobsbawm and Terence Ranger, *The Invention of Tradition* (Cambridge, 1983). 这种民俗（folkways）的概念不同于旧俗（folklore）。旧俗这个词是英国学者威廉·托马斯（William Thoms）在1846年创造出来的“一个种类名词，意指在守旧的人群或先进社会中受教育较少的人中保持的传统、信仰、艺术、习惯、故事、歌曲和谚语等”。

在20世纪，旧俗的概念被学者所修正，但它的一些基本含义留存下来。建筑史专家戴尔·厄普顿（Dell Upton）观察到，“在很多民间文化的看法中，变化是一种衰败；民间文化被认为常常受到威胁。它是正在逝去的事物，虽然它并不会主动消失”。这一问题引导包括厄普顿、詹姆斯·迪斯（James Deetz）和亨利·葛拉西（Henry Glassie）在内的学者把他们的思路从“民间”转到了“方言”文化。参见：Dell Thayer Upton, “Early Vernacular Architecture in Southeastern Virginia,” (thesis, Brown, 1980); Richard M. Dorson, *Handbook of American Folklore* (Bloomington, 1983), xi-xii, xiv, 115, 323-40。

8 学者们常常发现民族和地域文化在现代社会的持久影响，却往往只能从物质层面去解释。例如：Michael Hechter 的 *Internal Colonialism: The Celtic Fringe in British National Development, 1526-1966* (London, 1975) 就认为，英国民族统一得到保存的原因在于分工，即通过“内在殖民”的过程把某些民族群体保持在从属的位置。本书的观点不同，文化系统有它们自身的影响力，而并不只是物质关系的被动反映。这并不否定物质力量的影响，而是提供一个更加平衡的观点，把物质结构看作文化整体的一部分。

9 Sumner, *Folklores*, 86.

10 使用的经验要素包括如下：

民俗	定性分析因子	定量分析因子
语言	发音、单词、语法	讲话频率
建筑	样式、计划、方式、材料	样板建筑种类
家庭	家庭理念、语言和法律	完整家庭的大小、家庭结构

续表

民俗	定性分析因子	定量分析因子
婚姻	恋爱和婚姻传统	婚姻年龄、结婚比例
性别	理念、用语	
性	理念、用语	婚前怀孕率、非婚生育情况、生育率
取名	同姓的性质	名字频率、后代比率等
儿童抚养	对儿童天性的看法，儿童抚养观念	把孩子送出去的频率
年龄	年龄关系的观念	年龄积算的模式
死亡	死亡理念	
宗教	崇拜仪式、教堂建筑	教会成员
魔法	魔法传统	巫术作法的频率
学习	机构及仪式	整体教育率
文字	对待书面文字和口头文字的态度	签名频率
食物	食物、烹饪、食用方法	食物频率
衣着	衣物限制法律、衣着规范	
运动	日常游戏、运动理念	
工作	工作伦理	劳动力构成
时间	时间观念、日历、假日	季节象征
财富	财富理念	财产数额、基尼系数、SSTT 指数、零控股
继承	继承规则	兄妹分配
等级	标准、用语、等级仪式	等级分配
联合	定居理念	定居模式、持续长短
秩序	秩序理念、维护秩序的机构	犯罪率、起诉数额、刑罚轻重
权力	当地政府的机构	投票、办公室数量、税收、支出
自由	自由的理念和传统	

从东盎格鲁到马萨诸塞

——英国清教徒的流亡，1629—1641

你口称新英格兰；我却相信
是老英格兰更新了，蒙蔽我们而已。
你即将离去，我倒要问问：
难道不是老英格兰更新了吗？

房里充满了时尚，桌上摆放着时尚，
老仆辞退了，雇了更能干的新仆；
老习俗好像只是古老的传说！
难道不是老英格兰更新了吗？

我不会再和你说新英格兰了！
新英格兰矗立在老英格兰的地方，
不过是装修了，时髦了，有了新的主妇和主人
难道不是老英格兰更新了吗？

——无名氏，1630[1]

1630年三月一个大风的早晨，一艘大船颠簸着停靠在靠近怀特岛的索伦特（Solent）。正逢退潮的时候，潮水绕过三针岩①回奔大海，在船的一侧激起白烟滚滚的巨浪。未几，船上骤然响起一声加农炮的脆响，回荡在四周。岸上回应了一声炮响，英国国旗升起在大船的桅杆上，猩红色的圣乔治十字被白底衬托得分外英武。灰色的船帆在帆桁下张开来，大船缓缓地向大海驶去。船体吃水很深，甲板上到处站满了乘客。船头的雕饰很独特，是一只先知鹰伸向半空。在船体的外壳上闪耀着新漆的船名，很容易辨认。这艘船叫"阿贝拉"（*Arbella*），它正载着众多家庭和货物驶向马萨诸塞湾的新殖民地。[2]

"阿贝拉号"并不是通常意义上的移民船。它装了28门大炮，是那年驶往马萨诸塞的英国船队的旗舰。船上的男男女女也不一般。在舒适的船舱里有阿贝拉·法因斯爵士夫人（Lady Arbella Fiennes），她是林肯伯爵的姐姐，这艘船正是以她的名字命名。同船的还有她的丈夫艾萨克·约翰逊（Isaac Johnson），拉特兰郡的大地主；她的兄弟查尔斯·法因斯（Charles Fiennes）；她的朋友、未来的诗人安妮·达德利·布拉德斯特里特（Anne Dudley Bradstreet），她是在林肯伯爵的家里长大的。住在其他床铺的还有伯爵的高级管家西蒙·布拉德斯特里特（Simon Bradstreet）和托马斯·达德利（Thomas Dudley）；理查德·索顿斯托尔爵士（Sir Richard Saltonstall），一位英国绅士；还有一位是来自萨福克（Suffolk）的律师约翰·温斯罗普（John Winthrop），他将是未来殖民地的领袖。[3]

① the Needles，海中岩石围绕的灯塔，当地地标。——译注

这些清教徒领袖集中体现了驱使着湾区殖民者的不屈灵魂。约翰·温斯罗普（前排中）是虔诚的东盎格鲁律师，后来成为马萨诸塞的总督。他的儿子小约翰·温斯罗普（后排中）成为康涅狄格的总督、企业家和科学家，受到广泛尊重——科顿·马瑟（Cotton Mather）称赞他具有“基督徒的品质，好学、谦逊、耐心、淡定且节制”。哈里·文恩爵士（Sir Harry Vane）（后排右）24 岁时曾短暂地当过马萨诸塞的总督。他曾因长发和华丽的服饰受到非难，但他严守清教教义，相信第三次重生才能得到拯救。理查德·索顿斯托尔爵士（前右）建立了沃特敦（Watertown），并殖民康涅狄格，但他拒绝宗教宽容并且回到了英格兰。威廉·平琼（William Pynchon）（前左）建立了斯普林菲尔德市（Springfield），写了一本关于赎罪的书，但这本书在波士顿被明令焚毁。休·彼得（Hugn Peter）（后左）是萨勒姆的牧师，哈佛的奠基者之一，同时也是英国议会的领袖，1660 年被处决。这些人物的原始肖像分别存放在马萨诸塞历史协会、埃塞克斯研究所（Essex Institute）、美国古文物学会、剑桥的昆斯学院和维多利亚与阿尔伯特博物馆。

“阿贝拉号”的多数乘客来自一般的社会阶层，但很少来自底层。他们的装束和举止表明他们是自耕农或技工，大约属于社会的中层。他们行止庄重、穿着简朴，又说明了他们的宗教信仰和道德自律。

在甲板之下是多用途的平底空间，装满了马、牛、绵羊、山羊、猪、猫和污秽的家禽。航船的每个角落和缝隙都塞满了东西。舱房里堆着成箱的财宝，可以让那些靠敲诈英国海峡上的新教徒为生的敦刻尔克海盗发财。[4]

“阿贝拉号”是1630年开往马萨诸塞的十七艘船之一。它所开启的大移民在英国殖民北美的历史上是没有先例的。

在十一年里，约有八万男男女女、老老少少蜂拥离开英国岛屿上的故乡。这次大迁徙并不是受到新大陆的吸引，而是因为祖地的情势已经让人无法容忍。这种情况从1629年持续到1640年，正是辉格党历史学家称为“十一年暴政”的时期。这期间查尔斯一世绕开议会进行统治，威廉·劳德大主教（Archbishop William Laud）在英国圣公会里大肆清洗清教徒。这十一年也恰逢经济萧条，传染病到处流行，随处可见的苦难让约翰·温斯罗普感慨：“似乎大地已经对它的居住者感到厌倦，似乎在所有造物中最珍贵的人类比他们所践踏的土地更让人讨厌和卑贱。”[5]

在这种困难的时候，人们有很多原因离开英格兰，也有很多去处。大约两万英国人移民爱尔兰。大约相同数目的人去了荷兰和德国的莱茵兰。还有两万人去了西印度群岛，包括巴巴多斯岛、尼维斯岛、圣基茨岛和偏远的老普罗维登斯岛的新教徒殖民地（那里现在是尼加拉瓜莫斯基托海岸外的毒品交易天堂）。第四个群体则选择在马萨诸塞定居，对北美的文明作出了杰出的贡献。[6]

1630年前往马萨诸塞的十七艘船是总共约200艘船的先遣队，

每艘船都有大约 100 个英国人。殖民地一位领袖估算，当年约有 21,000 名移民。这次大迁徙从 1630 年持续到 1641 年。这期间，北大西洋成为繁忙的海路。1638 年，一个移民看到至少 13 艘船来往于英格兰和马萨诸塞之间。[7]

1640 年之后，新英格兰的大移民戛然而止，就像当初开始时的情形一样。向西横渡大西洋的移民突然终止，并且开始倒流，因为马萨诸塞的很多新教徒远航回家加入内战。很多年中，去往新英格兰的移民潮并没有重启，直到爱尔兰天主教徒在近两个世纪后抵达那里。[8]

在此次迁徙中来到马萨诸塞的移民成为美国洋基人（美国东北人的别称）繁育的根基。他们的人口增长迅速，在两个世纪中几乎每一代就增长一倍。1700 年的时候，他们的数目已经上升到 10 万，1800 年已经超过了百万，1900 年则达到了 600 万，1988 年超过了 1600 万。所有这些人口都是 1629 年到 1640 年来到马萨诸塞的 21,000 人的后代。

第一代大移民的子孙很快从马萨诸塞向外扩展。他们占据了新英格兰南部的大部分地区，新泽西东部和纽约州北部。19 世纪的时候，他们的子孙又向东迁徙到缅因州，向北到加拿大，如新斯科舍（加拿大省名——译注），向西直达太平洋。他们筚路蓝缕，奠定了很多城市的根基，包括布法罗、克利夫兰、芝加哥、圣保罗、丹佛、西雅图、旧金山和盐湖城。今天，在这广袤的土地上，大多数洋基人后代的家庭寻根溯源，认定他们的祖先就是 1635 年前后五年来到马萨诸塞湾的英国人。

注释

1 Ashmole Ms. 36.37 folio 100v, Bodleian Library, Oxford.

2 1630 年 3 月 29 日早晨从考斯（Cowes）的启航被证明不真实。但约翰·温斯罗普在日记里把这次启航当作他旅程真正的开始。事实上，这艘船直到 1630 年 4 月 8 日才穿过三针岩。*Winthrop's Journal,* ed. James K. Hosmer, (2 vols., New York, 1908), I, 23, 29 March 1630.

3 根据 C. K. 博尔顿（Bolton）收集整理的乘客名单，参见 Albert K. Rogers, *Voyage of the Arbella, 1630* (Boston, 1930); 另外一个名单见 *Winthrop's Journal*, II, 276。

4 *Winthrop's Journal,* I, 23-49.

5 John Winthrop, "General Observations for the Plantation of New England," May 1629, *Winthrop Papers,* II，114.

6 对大移民的概括性讨论，见 C. M. Andrews, *The Colonial Period of American History,* (4 vols., New Haven, 1934-1938), I, chap. 18; Carl Bridenbaugh, *Vexed and Troubled Englishmen* (New York, 1967), chaps. 11, 12; 加勒比海的新教徒运动是牛顿(A. P. Newton)的研究对象，*The Colonising Activities of the English Puritans* (New Haven, 1914), Susanna Fischer, "The Providence Adventure" (thesis, Princeton, 1983); 到爱尔兰去的移民，请见 Phillip S. Robinson, *The Plantation of Ulster; British Settlement in an Irish Landscape, 1600-1670* (Dublin, 1984)。

7 这个标准估算结果来自同时代，是沃本（Woburn）的爱德华·约翰逊（Edward Johnson）作出的，他于 1630 年移民到新世界，有可能和温斯罗普总督同船。约翰逊估计，从 1630 年到 1640 年期间，"穿过开阔洋面的男性、妇女和未成年人的数量，因为时间很近，可以收集，应该有 21,000 人左右"。他对移民船只数量的估计因为排版上的误差可能有疑问。有一段说是 298 艘，另一段却说是 198 艘。温斯罗普的日志提到超过 100 艘船（其中很多有名字），有大约 60 艘船提供了乘客的数量，每艘约 100 人以上。这意味着正确的船只数量是 198 艘。相关的文字和评论，请见 Edward Johnson, *Johnson's Wonder-working Providence, 1628-*

1651，J. F. Jameson (New York, 1910), 58-61。

最近一位美国经济学家提供了迥异的估计，他认为新英格兰大移民真实的数量仅约大于 10,000。他是在估算了出生率、死亡率、移民数量和整体人口数量后得出这个结果的，但其中某些数据可能有问题；Henry A. Gemery, "Emigration from the British Isles to the New World, 1630-1700; Inferences from Colonial Populations," *Research in Economic History V* (1980), 179-233; 这个困难的问题在另一本即将出版的著作中会进一步讨论。

8 大移民中的这 198 艘船中只有一艘失踪了，这艘叫加百利（*Gabriel*）的船于 1635 年在缅因州珮玛奎德（Pemaquid）附近消失，见 Johnson, *Wonder-working Providence*, 61。

大移民的宗教根源

马萨诸塞的新天地对英国清教徒的意义，在今天这个享乐主义的世界，从世俗的角度是很难理解的。约书亚·斯考托（Joshua Scottow）写道："新英格兰的来信会被看作圣书一样，或是某个神圣先知的手笔。因为它们来自远方，人们都渴望听到。"[1]

大移民的起因首先是英国基督徒的宗教运动，他们力图在美国建立一个新世界。这些新移民解释来新世界的原因时，大多数会说宗教不仅是主要的原因，而且是唯一的原因。[2]

宗教动因在形式上不同，有传道的、社区的、家庭的和个人的。马萨诸塞湾区特许公司（Massachusetts Bay Company）宣称，改造土著人信仰是他们的宗旨。他们的印章上是一个印第安人举起手臂在呼唤，五个英文单词从他的嘴里出现："Come over and help us（请来帮助我们）。"无论这个图像在我们看来如何离奇，它讲出了湾区定居点建设者的真诚理念。[3]

这个定居点的领袖群体则表达了一种很不同的宗教原因，他们的目的是建立一个"圣经共和国"，成为人类的典范。约翰·温斯罗普的著名演说是典型的例子，后世的新英格兰学生都被要求背诵这一篇章："我们会成为山巅之城，所有人的目光都将注视我们……全世界都将传扬我们的故事和格言。"[4]

但是多数移民不以为然。他们对于转变野蛮的美国并无兴趣，

新英格兰大移民中有九十位新教牧师。他们是关系密切的文化精英，有高远的精神追求，其智识和品格也广受尊敬。约翰·科顿（前中）是公理教会中间派别的顶尖神学家，在波士顿担任牧师，因虔诚和睿智受到爱戴。理查德·马瑟（前左）是多尔切斯特的牧师，同时是剑桥纲领（新英格兰的教会纲纪体系）的构建者。约翰·埃利奥特（John Eliot）（后左）在罗克斯伯里（Roxbury）担任牧师，并在印第安人中传道，他创建了内蒂克（Natick）的祈祷之城（“Praying town”），并把圣经翻译为阿尔贡金语。彼得·巴尔克利（Peter Bulkeley）（右后）是康科德（Concord）的牧师，他来自一个富裕的古老家族，但把财产奉献给了在美国的传教事业。约翰·达文波特（John Davenport）（前右）是伦敦人，他创立了纽黑文——新英格兰地区最保守、最看重财富的定居点。他们的画像被分别收藏在美国古物研究协会、彼得·巴尔克利·布雷纳德纪念馆、康涅狄格历史学会、哈佛大学和亨廷顿图书馆。

更无意去改造基督教的欧洲。他们更关注家庭，尤其是子孙的属灵状况。露西·唐宁信仰新教，她的先生是伦敦的律师，在前往马萨诸塞的前夜，她写信给新英格兰的兄弟说：

> 如果上帝要从我们这里撤走他的法令，而在你们那里增多显灵的话，当孩子们在危险的海上向我们尖叫时，我们应当期望得到安抚。如果是这样，我更愿意拿孩子们和我自己的身体去冒险，而不是他们的灵魂。[5]

其他人看重的是自己的打算。一个叫约翰·戴恩的裁缝说："委屈自己来到新英格兰，只是觉得这样我可以远离各种诱惑。"他的父母并不同意，但愿意靠圣经来解决这个问题。戴恩后来写道：

> 为了让我回到原先的道路和方式上：……我的父母明显是不情愿的。我坐在桌子旁，上面摆着一本圣经。我快速地拿起圣经，告诉我父亲说，我翻到圣经某个地方，如果内容上显示出鼓励或劝阻的信息，这个问题就解决了。我打开圣经，怀着像母腹中胎儿一样无知的心情，看到的第一行句子是："你们务要从他们中间出来，与他们分别，不要沾不洁净的物，我就收纳你们。我要作你们的父，你们要作我的儿女。"我的父母不再反对我，却转而支持我，甚至还督促我。

约翰·戴恩和他的家庭并不是为了逃避迫害而移民的。那样的动机以今天世俗的眼光看来是"宗教性的"，但又比他自己的想法更世俗化。他从没有写过像"山巅之城"这样的宏大字眼，也并不对拯救除自己之外的其他人的灵魂有兴趣。约翰·戴恩来到新英格兰的目的是，找个地方让他可以服从上帝的旨意，远离诱惑。这个新世界将是一个不会“沾不洁净的物”的地方。在这一意义上，他是典型的新教徒移民。[6]

多数到马萨诸塞的移民也有这种很个人化的属灵追求。他们眼中的新教并不是一种正式的或理性化的教义。用阿兰·辛普森（Alan Simpson）的话说，新教是那些受苦、呼号、顽强抗争的人“延伸的激情”。[7]

这种“延伸的激情”活跃在绝大多数马萨诸塞的移民家庭里。这个事实虽然受到20世纪唯物主义历史学家的挑战，但它有很强的证据。在马萨诸塞的多数城镇里，第一代移民的大多数成人加入了教会。这并不容易做到。1635年以后，要成为教会成员必须满足一群持怀疑态度的长者提出的三种条件：遵守加尔文教义，过属灵的生活，并可以证明有转化信仰的经验。[8]

这些要求非常严格——甚至比欧洲的加尔文教会还严格。即使这样，马萨诸塞城镇里的绝大多数居民愿意并能够满足要求。比如在戴德姆市（Dedham），到1640年有48个人加入了教会，其中25位男性、23位女性，而全市总共才35个家庭。大多数家庭至少有一位教会成员，很多家庭有两位。到1648年，戴德姆的教会包含了70%纳税的男性，在女性中的比例则更大。[9]这种状况在马萨诸塞的乡村城镇里比较典型。在萨德伯里（Sudbury），五六十个家庭中有80人被接受为教会成员。在沃特敦，160个家庭有250人成为教会成员。在罗利（Rowley），我们被告知“很高比例的男性”（女性的比例可能更高）加入了教会，虽然当地比殖民地的一般要求更高。[10]

教会成员资格在萨勒姆（Salem）或马布尔黑德（Marblehead）这样的海滨城镇并不普遍。但即使在萨勒姆，到 17 世纪中叶，也有 50% 纳税的男性加入了教会。那些没有加入的多数是没有财产的青年男性。[11]

教会成员资格的这种状况揭示出新英格兰大移民的一个关键事实：马萨诸塞的多数居民加入殖民地是出于信仰的目的。这是该地区非常重要的历史事实。[12] 殖民地的宗教目的并不像一些历史学家认为的那样，仅仅是那些"新教寡头"的事情，也不像唯物主义者主张的那样，湾区殖民地的创建者是来"捕鱼"的，虽然经济利益的驱动始终存在。

这些新教徒的宗教信仰在他们来美国之前已经相当成熟。尽管在修正主义历史学家看来，他们是坚定的加尔文追随者。他们的宗教领袖约翰·科顿宣称："我读过神父、经院神学家和加尔文的论著；但我发现，人们只要读过加尔文，就登堂入室了。"很多牧师也赞同这种说法。[13]

我虽不打算完整地概括他们的加尔文派信仰，但几个主要的教义值得在这里强调，因为它们在新英格兰的文化中至关重要。这些新教徒的信念可以用五个词来概括：堕落、誓约、拣选、恩泽和爱。[14]

首先是"堕落"。加尔文派认为这是由亚当的原罪导致的自然人的全面腐化。这些新教徒相信，邪恶是明显可知的事实，宇宙充满了黑暗与光明的斗争。他们生活在丑恶无比的时代。但邪恶吓不倒他们，也无法削弱他们的信仰。一位历史学家评论说："你无法想象新教徒会有幻灭感。"他们坚信，终有一死的人类没有什么恶行是做不出的。教义中隐含的这种黑暗面深深地植入了新英格兰的历史文化中。[15]

第二个理念是“誓约”。新教徒基于《创世记》建立了这一信条，在圣经的这一篇章中，上帝与亚伯拉罕订立了誓约，给予拯救并且没有前提条件，但伴随着义务。誓约的信条在路得教派或加尔文教派中并不显著，但对英国新教徒却很重要。他们把与上帝的关系（和彼此之间的关系）看作各种契约形成的网络。我们会看到，誓约成为他们思想中具有深刻重要性的隐喻。[16]

第三个理念是“拣选”。他们认为只有被选择的少数人可以进入“誓约”。加尔文教派的五个教义（Five Points）之一是有限救赎，主张基督献身仅仅是为被拣选的人，而不是为所有人。加尔文教义的这个刚性原则成为新英格兰灵魂的一部分。

第四个理念是“恩泽”。这是“内心的悸动”，是上帝给拣选者的礼物和他们获得拯救的工具。新教神学和加尔文五教义大体上都可以看作定义恩泽的尝试，它被认为是无条件的、不可抗拒的和不会变更的。他们认为恩泽直接降临到拣选者身上，并且一旦给予就不再抽离。恩泽不但是一种理念，而且是一种情感，常被定义为“令人着迷的与神的亲密感”。这让新教徒感觉到精神上的高度自由，他们称之为“灵魂自由”。[17]

第五个理念在我们对新教的解读中常常被忽略，就是“爱”。他们的神学如果没有来自神的爱就完全不能自圆其说，因为他们相信，自然人是没有价值的，拯救完全来自上帝无限的爱和恩泽。他们也相信，自己必须按神的方式来彼此相爱。一位领袖告诉他们：“当他们被爱捆绑在一起时，应当反过来看看自己；还应数算自己的义务，在紧密的关系中，彼此服侍。”这种新教的爱是基督教博爱精神的一种，人们被要求“用爱心给予，也凭爱心索取和劝诫”。这是他们思想中的一个关键原则。[18]

这些观念在新教徒心中是有张力的。“誓约”观念把新教徒捆绑在世俗的义务上，“恩泽”的礼物又让他们得到释放；“堕落”的教义让他们的世界充满了黑暗，“拣选”的原则又为他们带来了一束光芒。新教神学变成了一系列无法消解的逻辑问题：人的责任与上帝的全能之间如何一致，如何在黑暗的世界上找到亮光，如何在充满邪恶的世界上善良地活着，有信仰的基督徒如何在道的绝对律令下获得自由。

历代以来，这些问题像彼此纠缠不清的弹簧一样织入了新英格兰的文化中。即使在新教徒变成洋基人，洋基三一教徒又变成新英格兰统一教徒（怀特黑德[Whitehead]认为他们最多也就是一神论者）后很久，新教信仰依然徘徊在美国一方土地的民俗中。

注释

1 MAHSC, 4th series, IV, 293.

2 多数美国历史学家认同宗教因素在清教徒大移民中的核心位置，但有的英国历史学家倾向于以世俗化的方式来解释，甚至希望在历史研究中完全摈弃“清教徒”一词的使用。请见 Tyack, “Migration from East Anglia”; Cressy, *Coming Over,* 74-106; Patrick Collinson, “Concerning the Name Puritan”, *JECH*, 31, 1980, 483-488。

关于宗教核心作用的经验性证据反复出现在当时人物的叙述中，证据不仅来自当时移民的领袖，像理查德·马瑟、约翰·温斯罗普、托马斯·达德利、约翰·科顿（John Cotton）、托马斯·谢泼德（Thomas Shepard）和托马斯·胡克（Thomas Hooker）等，还有一般民众，像契约用工罗杰·克拉普（Roger Clap）、裁缝约翰·戴恩（John Dane）、家庭主妇露西·唐宁（Lucy Downing）和很多其他人。相反的证据主要来自清教徒领袖的抱怨，比如有些移民信仰不够坚定；还有一些刑事诉讼记录，比如重婚罪犯克里斯托弗·加德纳（Christopher Gardiner）（被禁止进入湾区定居点）和逃犯威廉·斯库勒（William Schooler）（因强奸和谋杀被吊死）。总的来说，多数美国历史学家同意约翰·怀特（John White）的看法，他是大移民的亲历者并且在1630年作了及时的记录："生活的急需有时可能推动某些人，对新世界的向往可能吸引另外一些人，对唾手可得的现实利益的渴望也会成为原因，但我确信主要的动因是拓展福音的最真诚的宗教理念。" *The Planter's Plea,*（London，1630）.

3 *Records of the Governor and Company of the Massachusetts Bay in New England,* ed. Nathaniel B. Shurtleff (5 vols., Boston, 1853-1854), I, 1.

4 John Winthrop, "A Modell of Christian Charity Written on Board the Arrabella on the Atlantick Ocean", *Winthrop Papers*, II, 282-295.

5 Frederick J. Simmons, *Emmanuel Downing* (n.p.1958), 43.

6 John Dane, "A Declaration of Remarkabell Prouidenses in the Corse of My Lyfe," NEHGR 8 (1854), 154; 关于个人的宗教信仰作为移民的推动因素的见证，请见 George Selement and Bruce C. Woolley, eds., *Thomas Shepard's Confessions,* CSM Pubs. 58 (1981), 108, 113, 131; Alexander Young, *Chronicles of the First Planters of the Colony of Massachusetts Bay* (1846, rpt. Williamstown, 1978); and Cotton Mather, *Magnalia Christi Americana* (1702, rpt. 1852, New York, 1967), 马瑟的书 发表了遗漏的日志摘要。

7 Alan Simpson, *Puritanism in Old and New England* (Chicago, 1955), 21.

8 Edmund S. Morgan, *Visible Saints; The History of a Puritan Idea* (New York, 1963), chaps. 1-3.

9 Kenneth A. Lockridge, "The History of a Puritan Church, 1637-1736," *NEQ* 40 (1967), 397-424.

10 罗利（Rowley）的牧师伊齐基尔·罗杰斯（Ezekiel Rogers）把他自己的讲道加进会员的测试："我宣布，到死我都会坚持反对再洗礼论者和反律法主义者的所有基本主张，和当前一些由他们散播出来的头脑发热、昏聩糊涂的言论，这些是上帝视如粪土一样嫌弃在地上的。" 引自 Patricia O'Malley, "Rowley,

Massachusetts"(thesis, Boston College, 1975), 23; 萨德伯里和沃特敦的教会成员统计来自 Johnson, *Wonder-working Providence*, 74, 197。

11 理查德·基尔德利（Richard Gildrie）在萨勒姆发现了男性基于财富的教会成员模式：

土地所有量（英亩）	教会成员比例（%）	人数
100+	83.3	30
60—99	81.3	16
30—59	75.1	42
10—29	41.7	67
1—10	35.4	79
0	25.0	4
总数	53.4	238

来源：Richard P. Gildrie, "Salem, 1626-1668: History of a Covenanted Community" (thesis, Univ. of Va., 1971), 153。

12 Thomas J. Wertenbaker, *The Puritan Oligarchy* (New York, 1947).

13 Mather, *Magnalia Christi Americana*, I, 274.

14 参考如下教会的纲领和誓约及其注释：萨勒姆教会（1629、1636）、波士顿教会（1630）、温莎教会（Windsor）（1647）和两个剑桥纲领（1646、1648），见 Williston Walker, ed., *The Creeds and Platforms of Congregationalism,* (1893, rpt. Boston, 1960)。

15 荷兰改革宗教派的多德雷赫特会议（1618—1619）在德国加尔文派和英国新教徒的参与下，产生了加尔文教派的五个教义：（1）完全的堕落；（2）有限救赎；（3）无条件拣选；（4）无法抗拒的仁慈；（5）圣徒的彻底坚持（就是说决不后退）。这五个教义诞生在讨论并宣布雅各布斯·阿米纽斯（Jacobus Arminius）的教导是加尔文的异端的过程中。这五点被新英格兰公理教会原则上接受。英文翻译出现在 Phillip Schaff, *The Creeds of Christendom* (4th ed., New York, 1905), III, 540-97, 也见 A.W. Harrison, *The Beginnings of Arminianism to the Synod of Dort* (London, 1926)。

16 一个主要的阐述来自 John Cotton, *Covenant of God's Free Grace* (London, 1645)。

有关誓约理念对新教重要性的最早阐述见 Champlin Burrage, *Church Covenant Idea* (Philadelphia, 1904)； 其后有 Perry Miller, "The Marrow of Puritan Divinity", in *Errand into the Wilderness,* (Cambridge, 1956), 48-98; *The New England Mind: the Seventeenth Century* (1939, rpt. Cambridge, 1954)。

17 Norman Pettit， *The Heart Prepared; Grace and Conversion in Puritan Spiritual Life* （New Haven, 1966）; Phillip F. Gura， *A Glimpse of Sion's Glory; Puritan Radicalism in New England, 1620-1640* (Middletown, Conn., 1984), 50.

18 Cotton Mather, *Bonifacius*, ed. David Levin (1710, rpt. Cambridge, 1966). 关于新教爱的观念的卓越讨论请见 Stephen Foster, *Their Solitary Way* (New Haven, 1971), 41-64。

新教移民的社会根源

湾区殖民地的创建者认为自己是被两次选中的人：第一次是被上帝，第二次是马萨诸塞普通法院。其他英国殖民地渴求任何能被拉上移民船的两脚动物，但马萨诸塞非常审慎地选择定居者。并不是每个人都被允许在这里定居。在一些尚未确定的案例中，殖民地的创建者要求移民提供品行良好的书面证明。这可能是唯一一个要求移民提交推荐信的英国殖民地。[1]

这些移民到达后，社会冗杂人员迅速地和核心群体分开。那些不适合当地的人被送到其他定居点或送回英格兰。这个繁琐的文化甄别过程造就了一个很特别的群体。[2]

马萨诸塞的第一代建设者比美国历史上任何族裔都更喜欢与家庭一起迁徙。从诺福克大雅茅斯村（Great Yarmouth, Norfolk）和肯特郡三明治村（Sandwich, Kent）出发的 700 个移民中，94% 是和家庭一起。在另一个 680 人的移民群体中，至少 88% 是和亲戚一起，有 73% 是与核心家庭一起到达的。这些比例在美国移民史上是最高的。[3]

在离开英格兰之前，移居马萨诸塞的核心家庭彼此之间就有千丝万缕的联系。大移民的一首民谣记录了这些关联：

不要和邪恶的人在一起，
以免和他们一起毁灭，
让我们去新英格兰，
那是异教徒向往之地……

我同心同德的伙伴，
是表姐汉娜，
鲁本也劝告
表姐乔伊斯、苏珊娜与我们结伴。

与阿比盖尔和费思同行，
更有鲁思跟随，
好心的萨拉不会落后，
还有表姐康斯坦丝的女儿。[4]

马萨诸塞从一开始就有这么高的家庭移民比例，让它在美国各定居点中显得卓尔不群。

当地年龄分布的情况也很特别。美国移民一般以年轻人居多，多数在十几岁或二十几岁。人口的正态分布在移民群体中并不常见，但马萨诸塞 40% 的移民是超过 25 岁的成年男女，还有一半是低于 16 岁的孩子。只有区区几位移民超过 60 岁，除此以外，移民的年龄分布很接近英格兰人口。[5]

不同寻常的还有性别分布，这和多数定居点都不同。到弗吉尼亚的欧洲移民性别比例是 4 男对 1 女；在新西班牙是 10 男对 1 女；在巴西，是 100 位男性对 1 位葡萄牙女性。这些定居点只有很小一部分移民有希望生活在像他们离开的欧洲一样的家庭。但在马萨诸塞的新教徒移民中，男性与女性的比例是150:100。从早期开始，正常的家庭生活就不是例外，而是主流。1635年的时候，新英格兰公理教会的女性比例甚至高于男性。我们想象中新教徒的形象是一位男性，但对教会成员的查考证实多数新教徒是女性。一位历史学家从这种性别比例推论说，“很多新教徒是和妻子一起来的”；但从统计数据来看，更正确的说法是，很多新教徒是带着她们的丈夫一起来到美国的。[6]

在社会等级上，马萨诸塞的多数移民来自英国社会的中层。来自统治阶层的很少。林肯伯爵的两位姐妹和一位弟兄曾定居在马萨诸塞，但几年内都离开了。贵族的人数很多，和温斯罗普一起到达的人中，11%家庭的男性家长被确认为有身份地位的人。[7]不少新英格兰城镇都居住着有徽章资格的家族，他们的武器费用记录存放在伦敦的英国纹章院（College of Heralds）。后面会提及这些精英对马萨诸塞的文化作出了巨大贡献，但对人口贡献较少。[8]

这些人中绝大多数是自耕农、农夫、工匠、手工艺人、零售商和交易商，属于英国社会中等阶层的主体。他们不是穷人。一个现成的例子是本杰明·库伯（Benjamin Cooper），他在1637年乘坐“玛丽·安妮号”（*Mary Anne*）移民美国的途中去世。在乘客名单中，他含混地把自己描述为农夫，但他的遗产认定为价值1278英镑。在当时，这是一笔很大的财产，大大超出通常意义上农夫的状况。[9]

一些移民自己都很惊讶，他们中很少有来自英国社会底层的人。“很奇怪，穷人在移民上如此退缩不前，”理查德·索顿斯托尔爵士1632年的时候写道。事实就是如此。在三个职业清单上，不到5%的人的身份是劳工（这个比例比所有其他定居点都要低）。[10]只有很少的比例是以雇工的身份来的（少于 25%，而弗吉尼亚的比例是 75%）。新英格兰的多数雇工是以家庭成员的身份到来的，而不是像切萨皮克湾区（Chesapeake，弗吉尼亚临海地区的海湾）以雇工合同的形式过来。[11]

大移民的领袖一直对雇工和贫苦的移民持消极态度。比如，托马斯·达德利督促林肯伯爵夫人招募诚实的、有信仰的人，必须是“备受恩泽、有身份地位的人”。他坚持“不能是穷人”。约翰·温斯罗普的儿子请求总督许可送一个叫皮斯的雇工过来，总督回应说：“来的人必须是有财产的，而且一次不要太多。只要皮斯愿意，他可以来，还有其他你认为合适的人，但不要太多，而且要是好的，最好不要雇工或其他干苦力的人。”[12]

这种政策导致的一个结果是，四分之三的马萨诸塞成年移民自己支付了旅行费用，而且数额在 1630 年不算小。用于一家六口的装备和搬迁的费用最低价是 50 英镑，条件好一点的要 60 到 80 英镑。一个英国自耕农一年的收入一般为 40—60 英镑。一个农夫的收入在好年头可以达到 20 英镑，一年支出只要 3 到 4 英镑。大多数英格兰的普通家庭无法支付来马萨诸塞的费用。[13]

这些移民的社会地位也体现在他们的教育程度较高。三分之二的新英格兰成人男性移民会签自己的名字。在老英格兰，1640 年之前只有三分之一的人可以做到这一点。仅就这一粗糙的签名标准而言，马萨诸塞的识字率两倍于母国。[14]

这些定居点在职业分布上也比较例外。过半（50%—60%）的人在离开英格兰之前从事过手工业或贸易。只有少于三分之一的人是在农业领域工作，在 17 世纪，这是一个很小的比例。大移民的民谣描述了这一事实：

约翰·克拉克（John Clark）医生是大移民中的新教医生。他在英格兰受训成为手术专家，1638年渡洋到达马萨诸塞后，他做过很多不同的职业，包括内科医生、外科医生、药剂师、零售商、地主、蒸馏师、发明家、埃塞克斯郡的治安官和普通法法庭的代表。他左手拿着一个顶锯，用来在头盖骨上钻孔，这可能是他在英格兰施行的第一例手术。在头颅后边是一个骨锯，这是他用于工作的另一个工具。克拉克的财富被暗示在他小指的指环上，画中是用真的金子涂抹上去的。他的面容、穿着和坐姿体现了他的新教信仰。这幅画画于1664年，是新英格兰最早标明日期的画，目前悬挂在哈佛医学院图书馆。

汤姆·泰勒准备好了，
还有炭黑的史密斯；
拉尔夫·考伯乐也和我们同行。
因为他要自己的灵魂；
韦弗，和诚实的西蒙……
也答应随后就来。①

这首民谣的描绘与统计事实非常吻合。[15]

这些人显然主要是城市移民。马萨诸塞的创立者有三分之一来自英格兰的小集镇，另外三分之一来自大城市——这比英国整体人口中的比例要高很多。还有不到三分之一的人来自大庄园，只有很小一部分来自分散的农庄。[16]

总体而言，与美国历史上其他移民群体比较，马萨诸塞大移民主要来自一个比较同质化的英国新教徒群体，大多是社会的中等阶层，并且以家庭单位出发。这些家庭的家长的教育程度较高，有较高技能，并且大多来自英国的城镇。他们是一群有成就、有特点并且有虔诚信仰的人。新英格兰区域文化的特质大多归因于此。

① 英文中泰勒发音接近裁缝，史密斯接近工匠，考伯乐类似于鞋匠，韦弗接近纺织工，西蒙接近买卖人。——译注

注释

1 扬 (Young) 在 *Chronicles of the First Planters*（165 页及其后几页）中有相关论述，同时请见 *Winthrop Papers*。

2 最为详尽也是最早的分析可参见 Tyack, "Migration from East Anglia" 。提雅克还发表了 "The Humble Puritans of East Anglia and the New England Movement: Evidence from the Court Records of the 1630's", *NEHGR* 138 (1984) 79-106。其他研究包括 T.H. Breen and Stephen Foster, "Moving to the New World: The Character of Early Massachusetts Immigration," *WMQ3* 30 (1973), 189-222; Virginia DeJohn Anderson, "Migrants and Motives: Religion and the Settlement of New England, 163-1640," *NEQ* 58 (1985), 339-383。

3 Breen and Foster, "Moving to the new World," 189-222；Anderson, "Migrants and Motives," 339-383. 美国历史上的主要族裔中，只有德国的移民家庭接近这一比例。

4 "The Zealous Puritan," 1639, in C. H. Firth, *The American Garland; Being a Collections of Ballads Relating to America, 1563-1759* (Oxford, 1915), 25-26.

5 安德森说明了移民的年龄分布很接近 1636 年英格兰的人口：

新英格兰的移民（安德森）		英格兰的人口（1636 年）（里格利和斯科菲尔德）	
0—14	11.6%	0—14	12.4%
5—14	19.6%	5—14	19.7%
15—24	26.15%	15—24	17.7%
25—59	41.65%	25—59	42.03%
60+	0.97%	60+	8.12%

唯一的区别是超过 60 岁移民的比例。马萨诸塞新教徒因其对年龄的强烈尊重，对长者给予了特别的关注。托马斯・维尔德（Thomas Welde）在 1632 年的报告中提到，他的船上有"很多年老的乘客"，"12 位乘客的年龄加在一起接近 1000 岁

了”。但每一项数据考察都表明，超过 60 岁的移民比例与当时英格兰（8%—10%）相比较显得很小——少于 1%。可比较 Everett Emerson, ed., *Letters from New England: The Massachusetts Bay Colony, 1629-1638*, (Amherst, 1676); Anderson, “Migrants and Motives,” 195, 339-383; E. A. Wrigley and R. S. Scholfield, *The Population History of England，1541-1871* (Cambridge, 1981), table A3.1。

6 这个计算是根据约翰·赫腾（John C. Hotten）提供的运输清单，参见 *The Original Lists of Persons of Quality; Emigrants and Religious Exiles…Who Went from Great Britain to the American Plantations* (Baltimore, 1962); 赫伯特·摩勒（Herbert Moller）的估算稍有不同，参见 “Sex Composition and Correlated Culture Patterns of Colonial America,” WMQ3 2(1945), 113-53; Breen and Foster, “Moving to the New World”; Tyack, “Migration from East Anglia”; and Anderson, “Migrants and Motives”。

7 这些人包括查尔斯·法因斯阁下（Hon. Charles Fiennes），理查德·索顿斯托尔爵士和他的儿子，艾萨克·约翰逊（Isaac Johnson, Esq.），以及本杰明·布兰德（Benjamin Brand）、罗伯特·费克（Robert Feake）、乔赛亚·普莱斯托（Josiah Plaistow）、威廉·平琼（William Pynchon）、乔治·阿尔科克（George Alcock）、西蒙·布拉德斯特里特（Simmon Bradstreet）、理查德·布朗（Richard Browne）、威廉·科丁顿（William Coddington）、罗伯特·科尔（Robert Cole）、约翰·迪林厄姆（John Dillingham）、托马斯·达德利（Thomas Dudley）、萨缪尔·弗里曼（Samuel Freeman）、拉尔夫·格洛弗（Ralph Glover）、爱德华·琼斯（Edward Jones）、约翰·马斯特斯（John Masters）、托马斯·马修（Thomas Mayhew）、威廉·瓦萨尔（William Vassall）等先生。这些有身份地位的人是与温斯罗普同船的 247 个家庭家长中的 27 位。其他人也在大移民中到达。见 Charles E. Banks, *The Winthrop Fleet of 1630* (Boston, 1930), 52-54。

8 提雅克、安德森、布林和福斯特在这个问题上有共识，只是在侧重点上有微小差别。

9 Anderson, “Migrants and Motives.” 366.

10 Emerson, *Letters from New England*, 92; Anthony C. Salerno, “The Character of Emigration from Wiltshire to the American Colonies” (thesis, Univ. of Va., 1977), table IV.

11 克雷西(Cressy)在 *Coming Over*(52-63页)中，对这个遗漏问题的讨论很有价值，但克雷西把家庭里姓氏不同的人都算作仆人——这是一种上限估算。

12 Thomas Dudley to the Countess of Lincoln, 12 March 1630/31, NHHSC 4 (1834), 224-49; John Winthrop to John Winthrop, Jr., 23 July 1630, *Winthrop Papers,* II, 306.

13 新教徒自己计算的花费是一家六口 54 英镑；现代的计算也得到相同数字，见 Cressy, *Coming Over*, 108。

14 Kenneth Lockridge, *Literacy in Colonial New England* (New York, 1974); David Cressy, *Literacy and the Social Order: Reading and Writing in Tudor and Stuart England* (Cambridge, 1980). 这两部著作无法在严格意义上比较。洛克里奇的估算可以当作是对马萨诸塞文化水平的上限研究；克雷西的研究则是对英格兰的下限估算。真实的差别可能更大，见后文，“马萨诸塞的学习方式”（Massachusetts Learning Ways）。

15 以下表格综合了新英格兰五个地方移民的职业信息：

职业	安德森（n=139）	提雅克（n=147）	萨勒诺（n=124）	布林和福斯特（n=42）	克雷西（n=242）
专业人士	3.6%	27.2%	2.4%	4.8%	2.1%
农业	33.8%	16.3%	28.2%	26.2%	22.3%
成衣贸易	25.2%	23.1%	24.2%	23.8%	20.7%
其他工艺和贸易	35.3%	29.9%	45.2%	40.5%	28.9%
渔夫	2.2%	3.4%	0.0%	4.8%	1.2%
劳工	n.a.	n.a.	n.a.	n.a.	4.1%
仆人	n.a.	n.a.	n.a.	n.a.	20.7%
总计	100.1%	99.9%	100.0%	100.1%	100.0%

16 590 位移民中有超过 200 位来自伦敦市和六个大城镇，包括坎特伯雷、多佛、梅德斯通、大雅茅斯、大诺维奇和索尔兹伯里。安德森指出，这种情况部分是受到她所能获得的乘客名单局限，但其他的一些研究也得到类似的结果。Anderson, “Migrants and Motives.” 358.

新教移民的区域根源

有关马萨诸塞创立者的另一个重要事实是他们在母国的来源地。从这个角度查考船上乘客名单，第一印象是他们的来源地非常广泛。新英格兰的一个移民样本中，2885 位移民来自 1194 个不同的教区。几乎每一个郡都有代表，除了北部顶端的威斯特摩兰郡（Westmorland）和与威尔士比邻的蒙默思郡（Monmouth）。[1]

进一步的研究发现，有的郡比例特别高，而且有个地域占了马萨诸塞创立者的多数。这个地域在英格兰的东部，地理中心是商业镇黑弗里尔（Haverhill），很靠近萨福克（Suffolk）、埃塞克斯（Essex）和剑桥（Cambridge）三地交界的地方。以黑弗里尔为圆点，周边半径 60 英里的地方是多数新英格兰家庭的来源地。[2] 这个大圆（或者半圆，因为很大一部分穿过了北海）东到诺福克岸边的大雅茅斯，北到林肯郡东边的波士顿，西到贝德福德（Bedford）和赫特福德郡（Hertfordshire），南到东肯特郡的岸边。这一区域大约 7000 平方英里（是今天英国陆地面积的 8% 左右），大致包括了 1643 年缔结的东部联盟（诺福克、萨福克、埃塞克斯、赫特福德郡、剑桥郡、亨廷顿郡和林肯郡）以及部分贝德福德郡和肯特郡。

马萨诸塞的移民大约 60% 来自这九个东部的郡。最大的三个群体分别来自萨福克、埃塞克斯和诺福克。重要的还有东林肯郡的一部分，靠近以英文为主的波士顿郡；还有被多佛（Dover）、三明治村（Sandwich）和坎特伯雷（Canterbury）三个小城围成的肯特人居住的地区。这些地区是新教移民的核心来源区。[3]

伦敦位于新英格兰移民基本来源地的边缘。马萨诸塞移民中不到 10% 的人来自这个大都市。伦敦是湾区建设者重要的聚会地和启航地，但这里不是他们的英国祖地。那些曾在首都住过的移民大多不是伦敦本地人，而是来自东盎格鲁。伦敦人把他们看作来自外国，甚至比美国野人更让人生疏。有个例子是露西・温斯罗普・唐宁（Lucy Winthrop Downing），这位新教女信徒因为丈夫生意的关系从东盎格鲁搬迁到伦敦。1637 年，露西・唐宁待产，她写信给在新英格兰的兄弟说，她宁愿她的孩子出生在新英格兰，而不是伦敦。她叹息到："我承认我很希望搬到你那里去；我现在肚子很大了，我真的宁愿把一个印第安人而不是伦敦人带到世上。"[4]

新教移民也有来自英格兰其他地方的人，但主要是通过东盎格鲁的关系实现的。在英格兰的一些教区里，常有颇具号召力的牧师带着信徒移民马萨诸塞。但这些牧师通常都是东盎格鲁人。例如，约克郡的罗利教区的伊齐基尔・罗杰斯（Ezekiel Rogers）牧师带领教会内的大部分人移民到了马萨诸塞，他们在新世界建立了另一个叫罗利的社区。罗杰斯自己就是东盎格鲁人，他出生在埃塞克斯的韦瑟斯菲尔德（Wethersfield），在剑桥大学的基督学院接受教育，在哈特菲尔德宽橡树（Hatfield Broad Oak）担任过 12 年牧师。之后，他以新教传教士的身份迁到了约克郡，"他希望用充满活力的讲道去唤醒那些沉睡的北方人"。[5]

但夸大东部郡在新英格兰人口中的作用又是不明智的。略小于半数（40%）的人口来自英格兰其他郡。移民的次中心在英格兰西部，位于多塞特（Dorset）、萨默塞特（Somerset）和威尔特郡（Wiltshire）

交界的地方。[6]但这些从英国西部来的新教徒并没有在湾区待很久，他们多数后来西迁到了康涅狄格，或向南到了楠塔基特（Nantucket），或北迁到了缅因州。来自不同地域的英格兰人最后在新英格兰建立了不同的定居点。[7]

1630年与温斯罗普同船的新教徒移民主要来自东盎格鲁，尤其是萨福克郡。[8]在新世界，这些地区来的移民在马萨诸塞州的萨福克、诺福克、埃塞克斯和米德尔塞克斯郡占据了主导地位。这块区域成为本地区的核心，它们的社区被称为新英格兰的“种子城”，因为后来的很多其他社区由这些社区创立。这些种子城的家庭大多来自英格兰的东部，而且多数移民家庭的来源地非常集中，只有少数家庭的来源地比较分散。因此，新英格兰人口的东盎格鲁核心群体所产生的文化影响远远超出了它的人口比例。[9]

注释

1 Charles E. Banks, *Topographical Dictionary of 2885 English Emigrants to New England, 1620-1650* (Philadelphia, 1937).

2 G. Andrews Moriarity, “Social and Geographic Origins of the Founders of Massachusetts,” A. B. Hart, *Commonwealth History of Massachusetts* (5 vols., rpt. New York, 1966), I, 49-56.

3 有八个研究得到了相似的结果。最晚近也最翔实的研究是查尔斯·班克斯（Charles E. Banks） 的 *The Planters of the Commonwealth; A Study of the Emigrants and Emigration in Colonial Times*（Boston, 1930），和 *Topographical Dictionary*。他的统计显示，2885位移民中51.3%来自东部的九个郡。班克斯是一位很严谨的历史学家，但《新英格兰2885位英国移民的地方志词典》（*Topographical*

Dictionary）是在他去世后才结集出版的，学者们从中发现了很多不准确的地方。它的统计结果低估了东盎格鲁与马萨诸塞湾区的联系，因为他们当中很多迁往了普利茅斯（Plymouth）（一个不同的群体）、纽黑文（其中很多人来自伦敦）、新罕布什尔州和缅因州（这里有很大比例的人来自西部的郡）。

莫里亚蒂在他的“马萨诸塞奠基者的社会及地理来源”（Social and Geographical Origins of the Founders of Massachusetts）里的独立研究得到了同样的结果。安德森在1635年到1638年期间的七艘船的名册上找到了相似的地域集中性。从592位她可以确认来源地的人中，188位（32%）来自诺福克和萨福克；182位（31%）来自肯特；还有1/3分散来自英格兰的其他郡。这个结果部分来源于她的样本，但和其他研究基本上是一致的（“Migrants and Motives,”339-383）。安德斯·欧贝克（Anders Orbeck）在关于新英格兰语言的论文中写道：“67.73%的新英格兰移民来自从伦敦到沃什湾的沿岸郡。”这一区域包括了诺福克、萨福克、埃塞克斯和伦敦。见 Orbeck, *Pronunciation in Early New England* (Ann Arbor, 1927)。

提雅克、布林和福斯特也得到了相似的结论。戴维·格雷森·阿兰（David Grayson Allen）在 *In English Ways: The Movement of Societies and the Transferal of English Local Law and Custom to Massachusetts Bay in the Seventeenth Century* (Chapel Hill, 1981) 中没有直接讨论这个问题，但在尚未出版的博士论文中，他收录了对1650年前新英格兰所有城市人口来源地的调查。这些结果又一次大致吻合前面的研究。见 *In English Ways* (thesis, Univ. of Wisconsin, 1974), appendix I, 415-26。

布林和福斯特提出了轮船乘客名单的偏差问题，但在对精英来源地和新英格兰地名的研究中，也出现了相同的规律。后面会提及。

4 Lucy Winthrop Downing to John Winthrop, 4 March 1636/37; Simmons, *Emmanuel Downing*, 44.

5 Mather, *Magnalia Christi Americana*, I, 409; Allen, *In English Ways*, 166.

6 关于“玛丽·约翰号”上的英格兰西部新教徒有一个细致研究。他们是由约翰·怀特（John White）牧师从多塞特、德文郡和萨默塞特招募的，后在马萨诸塞建立了多尔切斯特（Dorchester）。但他们中很多人在几年之内就离开了湾区的定居点，搬迁到康涅狄格。这艘船的乘客的后裔成为康涅狄格显赫的家族，包括沃尔科特（Wolcott）、格里斯沃尔德（Griswold）、埃尔斯沃思（Ellsworth）、吉布斯（Gibbs）、杜威（Dewey）、布尔（Burr）和盖洛普（Gallup）。约翰·温斯罗普称这些人为“国家西部的人”，达德利称他们为“西方人”。 见 Winthrop, *Journal*, I, 50; Dudley to Countess of Lincoln, 12 March 1631, Young, *Chronicles of the First Planters*, 314。关于家庭谱系，见 Maude P. Kuhns, *The "Mary and John"* (Rutland, Vt., 1943)。

7 根据班克斯的样本（矫正了计算误差），新英格兰移民的来源地如下：

郡	马萨诸塞	康涅狄格	新罕布什尔	罗德岛	缅因州	长岛	未知	总数
萨福克	270	9	3	7	3	1	5	298
埃塞克斯	215	27	0	9	3	0	5	259
伦敦	168	14	5	5	7	0	4	203
肯特	163	11	0	3	5	2	12	195
诺福克	157	0	9	1	0	1	0	168
萨默塞特	124	12	3	5	3	0	5	152
多塞特	112	2	0	3	2	3	5	127
威尔特郡	95	3	0	1	2	0	9	107
多佛郡	82	0	17	5	50	2	5	161
赫特福德郡	81	19	0	6	1	2	0	109
汉普郡	65	1	2	3	0	2	0	73
林肯郡	65	1	9	0	0	0	0	75
约克郡	62	12	0	0	1	2	3	80
米德尔塞克斯郡	62	3	1	4	2	1	5	78
北汉普顿郡	62	3	0	2	0	1	2	70
白金汉郡	59	10	0	5	1	1	1	77
萨里	43	7	1	1	0	1	2	55
格洛斯特郡	52	3	4	1	10	0	2	72
贝德福德	45	3	0	2	2	1	0	53
沃里克郡	39	10	5	2	3	0	2	61
兰开夏	37	2	0	1	3	0	0	43
莱斯特郡	33	5	4	0	0	0	0	42
波克郡	31	0	0	1	0	0	0	32
牛津郡	24	1	0	1	0	1	0	27

续表

郡	马萨诸塞	康涅狄格	新罕布什尔	罗德岛	缅因州	长岛	未知	总数
诺丁汉郡	24	0	1	0	1	0	3	29
苏塞克斯	22	2	0	3	3	0	1	31
剑桥郡	21	6	0	1	1	0	0	29
诺森伯兰郡	18	1	0	0	0	0	0	19
德比郡	13	4	2	0	1	4	0	24
斯塔福德郡	13	0	0	0	0	1	0	14
什罗普郡	9	2	0	0	3	0	0	14
柴郡	7	5	1	0	0	0	0	13
亨廷顿郡	5	2	0	0	0	1	0	8
拉特兰郡	5	4	0	0	0	0	0	9
达拉谟	1	0	0	0	1	1	0	3
坎伯兰郡	0	0	0	1	0	0	0	1

乔纳森·施瓦兹（Jonathan Schwartz）整理自 Banks, *Topographical Dictionary*, 一些总数有所不同。

8 1630 年温斯罗普船上移民的地域来源如下：萨福克 159；埃塞克斯 92；伦敦 78；林肯郡 17；诺福克 8；北汉普顿 22；约克郡 8；莱斯特郡 7；肯特郡 7；诺丁汉郡 5；兰开夏 6；萨里 5；威尔特郡 1；牛津郡 3；沃里克郡 39；米德尔塞克斯郡 3；白金汉郡 2；赫特福德郡 2；汉普郡 5；拉特兰郡 5；波克郡 1；剑桥郡 1；柴郡 1；荷兰郡 5。哈德利·路易斯（Hadley Lewis）整理自 Banks, *Topographical Dictionary*。

9 另一种研究路径是对各个城市家庭的英国起源分别进行调查。七个城市的结果如下：

波士顿（样本数 141 人）：萨福克和埃塞克斯占 59%；伦敦占 10%；其他分散区域占 31%。

萨德伯里（样本数 52 人）：萨福克、埃塞克斯和赫特福德郡占 36%；威尔特郡、多塞特和汉普郡占 36%；伦敦占 9%；分散占 19%。

伊普斯威奇（Ipswich）（样本数 121 人）：萨福克占 20%；埃塞克斯占 20%；赫特福德、诺福克、林肯和肯特占 23%；米德尔塞克斯占 9%；分散占 28%。

欣厄姆（Hingham）（样本数 114 人）：诺福克占 59%；其他东部郡占 16%；分散占 25%。

沃特敦（样本数 82 人）：萨福克占 51%；埃塞克斯占 17%；伦敦和米德尔塞克斯占 12%；分散占 20%。

罗利（样本数 32 人）：约克郡占 91%；东盎格鲁占 9%；

纽伯里（Newbury）（样本数 74 人）：威尔特郡和汉普郡占 61%；东盎格鲁占 10%；分散占 29%。

大致而言，在如今马萨诸塞的埃塞克斯、萨福克、诺福克和米德尔塞克斯郡内的城镇最大比例的人群来自东盎格鲁。南岸锡楚埃特（Scituate）港口附近区域的人口主要来自肯特郡。例外的情形包括多尔切斯特（来自多塞特和兰开夏）、兰卡斯特（来自兰开夏和约克郡）和韦茅斯（Weymouth）（来自多塞特和萨默塞特）。马萨诸塞州之外的新英格兰地区的定居点人口来源有些不同：

普利茅斯（样本数 40 人）：伦敦占 55%；约克郡占 13%；埃塞克斯和诺福克占 10%；分散占 22%。

纽黑文（样本数 110 人）：伦敦占 52%；东盎格鲁占 22%；肯特郡占 9%；约克郡占 9%；分散占 8%。

文献来源：Darrett B. Rutman, *Winthrop's Boston: Portrait of a Puritan Town, 1630-1649* (Chapel Hill, 1965), 138. Edward S. Perzel, "The First Generation of Settlers in Colonial Ipswich, Massachusetts 1633-1660" (thesis, Rutgers, 1967), appendix II; and Allen, *In English Ways*, appendix; William Bradford, *Of Plymouth Plantation, 1620-1647,* ed. S. E. Morison (New York, 1952), appendix; Floyd Shumway, "Early New Haven and Its Leadership" (thesis, Columbia, 1971), 22; 关于其他城镇的印象式概括通常比较准确，见 Moriarity, "Social and Geographic Origins of the Founders of Massachusetts," 49-65; 也参见 Anne R. Yentsch, "Expression of Cultural Diversity and Social Reality in Seventeenth Century New England,"(thesis, Brown, 1980)。

地域根源

新大陆上的地名

马萨诸塞新定居点的英文名体现出相同的地域根源。湾区第一批郡分别取名萨福克、埃塞克斯、诺福克和米德尔塞克斯，其中三个都是东盎格鲁的名字。

城镇的名字也有相似的趋势。马萨诸塞的一些社区根据其自然特点取名，如马布尔黑德（Marblehead，意译为大理石）、沃特敦（Watertown，意译为水城）。有的则表达了创建者的社会理念。萨勒姆（Salem）取自希伯来语“和平”（Shalom）一词。内陆的第一个城市取名为“和谐之城”（Concord，音译为康科德）。戴德姆城（Dedham）想取名为“满足之城”（Contentment），但这个名字在普通法庭上招来嫉恨，最终被迫放弃。马萨诸塞只有一个城市的名字（查尔斯敦，Charlestown）是为第一代移民中的王室成员取的，这在十六、十七世纪所有英属殖民地的君主制规则中颇为例外。[1]

马萨诸塞州1660年前建成的所有其他城镇都得名于英国的某个社区。35个名字中，至少18个（57%）取自东盎格鲁，22个（63%）取自7个东部的郡，且多数地名取自以黑弗里尔为圆点的60英里半径内的英国城市。[2]

一些新教徒从新英格兰迁出后，他们仍然用英格兰东部的地名来取名。定居在长岛的居民也把他们的郡取名为萨福克。在康涅狄格峡谷，他们的第一个郡取名为哈特福德。他们在新泽西建立定居点后，最重要的城市取名为“誓约的纽瓦克”（New Ark of the Covenant，即现在的城市纽瓦克），所在郡则命名为埃塞克斯。总体而言，马萨诸塞及其相关的殖民地所取的地名中有 60% 来自英格兰东部和东盎格鲁，和族谱及乘船名单中的比例一致。[3]

注释

1 查尔斯敦不是直接取名于查尔斯一世，而是源自查尔斯河，河流的名字是约翰·史密斯将军在新教徒到达之前就已经命名的。

2 1660 年之前，马萨诸塞湾区殖民地的以下城镇取名自英国社区：

Haverhill（萨福克）	Newbury（波克夏）	Rowley（约克郡）
Ipswich（萨福克）	Salisbury（威尔特）	Weymouth（多塞特）
Lynn（诺福克）	Medford（肯特）	Sudbury（萨福克）
Cambridge（剑桥）	Boston（林肯）	Dorchester（多塞特）
Dedham（埃塞克斯）	Braintree（埃塞克斯）	Hingham（诺福克）
Woburn（贝德福德）	Andover（汉普郡）	Chelmsford（埃塞克斯）
Groton（萨福克）	Lancaster（兰开夏）	Hadley（萨福克）
Newton（诺福克）	Reading（波克夏）	Wrentham（萨福克）
Boxford（萨福克）	Marlborough（威尔特）	Framingham（萨福克）
Springfield（埃塞克斯）	Hull（约克）	Malden（埃塞克斯）
Topsfield（埃塞克斯）	Billerica（埃塞克斯）	Gloucester（格洛斯特）
Manchester（兰开夏）	Northampton（北汉普顿郡）	

这 35 个地名中，有 22 个来自埃塞克斯、萨福克、诺福克、肯特、林肯、剑桥和贝德福德郡，其他的则散在英格兰各地。有两个地名不清楚来源（Roxbury 和 Medfield）。参见 William H. Whetmore, “On the Origins of the Names of Towns in

Massachusetts," *MAHSP* 12 (1871-73), 391-413。关于新教徒为波士顿所取地名来自林肯郡的论述（不是约翰·史密斯将军取的），请见 G.T. Taylor, "Lincolnshire and Massachusetts," *LNQ* 21, (1930), 4-6。

3 这一发现的重要性在于它确认了乘船名单的真实性。布林和福斯特曾担忧那些文献中的东盎格鲁移民比例较大是否因为文献来源的误差。现在答案明显是否定的。同样的规律也呈现在地名和马萨诸塞精英阶层的来源上。关于大移民的英国区域根源，我们有三种独立的文献，而它们都得到了相似的结论。

马萨诸塞精英的来源

新教精英阶层的来源地中，英格兰东部郡尤其占着主导地位。这次大移民中的牧师和文职官员，129 位有大学学历，其中 56% 在来美国之前曾在东部的七个郡居住过，包括萨福克、埃塞克斯、诺福克、林肯、剑桥、哈特福德和肯特郡。只有 9% 的人是伦敦人。其余的人分别来自英格兰其他地域。[1]

这个统计仅仅是指他们在英格兰最后的住址。其中很多人与东部的郡有这样或那样的关联，尤其是东盎格鲁。总体而言，新英格兰受过大学教育的牧师和地方官有 78% 在东部七郡中出生、成长、受教育、结婚或长期工作过。[2]

这个小小的精英群体注定要在新英格兰的历史上写下浓墨重彩的一笔。他们之所以有影响力在很大程度上是因为团结。他们中很多人在来美国之前就已经认识了。他们来自相同的几所大学。有一半曾在剑桥的三所学院就读过，包括以马内利（Emmanuel）、莫德林（Magdalen）和三一学院（Trinity）。有约 30% 的人曾上过以马内利学院。他们彼此通婚的比例很高。历史学家甚至把东盎格鲁新教领袖的家庭称为“传记家的梦想”。[3]

有几个宗族群体在新英格兰起到了特殊的历史作用。在萨福克郡有一族人，包含了温斯罗普、唐宁、雷伯勒（Rainborough）、廷德尔（Tyndal）和方斯（Fones）等家族。另有一族源于以马内利学院，连结了很多显赫的新教圣徒，包括萨缪尔·斯通（Samuel Stone）、托马斯·胡克（Thomas Hooker）、托马斯·谢泼德（Thomas Shepard）、约翰·威尔逊（John Wilson）和罗杰·牛顿（Roger Newton），这些人都来到了新英格兰。他们在剑桥的时候就认识了。其中大多数人曾在东盎格鲁生活过，又都因为新教信仰被驱逐。他们因为通婚或其他的亲戚关系而彼此关联。[4]

第三个族群的基础是林肯伯爵家族，包括伯爵的两个姐妹和一个弟弟，他们先后来到马萨诸塞。相关联的还有，托马斯·达德利和西蒙·布拉德斯特里特，他们是伯爵的管家；托马斯·莱弗里特（Thomas Leverett）和理查德·贝灵汉（Richard Bellingham），他们是林肯郡波士顿市的市政官和记录员。

第四个族群主要在林肯郡的奥尔福德（Alford）行政区。这是一个离海仅六英里的小定居点，位于横跨东林肯郡——从亨伯湾（Humber）延伸到沃什湾（Wash）——的肥沃沼泽地带中。奥尔福德诞生了三户在马萨诸塞历史上声名显赫的家族：哈钦森（the Hutchinson）家族（佩戴徽章的郡贵族）、斯托尔（the Storres）或斯托利（the Storys）家族（富裕的自耕农）和马伯里（the Marburys）家族（教士家庭）。这三个家族又和周边乡村地区的家族相关联，包括科丁顿（the Coddingtons）、温特沃思（the Wentworths）、昆西（the Quincys）和里什沃思（the Rishworths）等家族，他们也将在新英格兰和老普罗维登斯岛上发挥突出作用。

这群人的精神领袖约翰·科顿（John Cotton）牧师，是波士顿圣博托尔夫教会（英格兰最大的教区教会）的主教代理。教会高耸入云的塔楼有272英尺，别名为“波士顿树桩”，对航海者来说有灯塔的作用，对新教徒而言则是灵魂的指示灯。每当周日，马伯里、哈钦森家族的人会赶二十几英里路，穿过林肯郡的边界到达波士顿树桩，聆听约翰・科顿在华丽讲台上的讲道。这个讲台今天依然保留着。[5]

马萨诸塞这些关系复杂的新教徒家族很快全都变成了彼此的表兄妹。宗谱学家对“新教牧师的家族成员间庞大的关系网”作了评析。有一位评论说：“这好像是社会伦理的一种规律，不同牧师的儿女之间就应该相互通婚。”马瑟家族、科顿家族、斯托达德家族（Stoddards）、埃利奥特家族（Eliots）、威廉姆斯家族（Williamses）、爱德华兹家族（Edwardses）、昌西家族（Chaunceys）、巴尔克利家族（Bulkeleys）和威格尔斯沃思家族（Wigglesworths）等在一代中就实现了彼此相连。[6]

比较典型的例子是马瑟家族和科顿家族之间形成的网络。这两个美国家族的最初创立者约翰・科顿和理查德・马瑟，娶了同一个妇人莎拉・斯托利（Sarah Story）。约翰・科顿的女儿玛利亚・科顿（Maria Cotton）后来成为理查德・马瑟之子英克里斯・马瑟（Increase Mather）的妻子。这两个姻亲家族的后代科顿・马瑟是著名牧师。约翰・科顿是科顿・马瑟的外祖父，同时又是他的继祖父。理查德・马瑟是科顿・马瑟的祖父，同时又是他的继外祖父。更复杂的是，科顿・马瑟娶了安妮・莱克・科顿・马瑟（Ann Lake Cotton Mather），她既是他的表妹，又是他侄子的遗孀。

这个家族的母系源头莎拉・斯托利・科顿・马瑟，可以被看作新英格兰精英阶层的族系中心。到18世纪中叶，东马萨诸塞地区的诸多显赫家族都是她的直系或旁系后代。[7]后代又通过重要的联姻把马瑟-科顿家族和达德利、布拉德斯特里特、温斯罗普、休厄尔（Sewalls），以及其他马萨诸塞的名门望族连结起来。在这种繁密

The East-Anglian Puritan Elite of Massachusetts
The Winthrop-Downing-Dudley-Endecott-Bradstreet-Cotton-Mather Connection

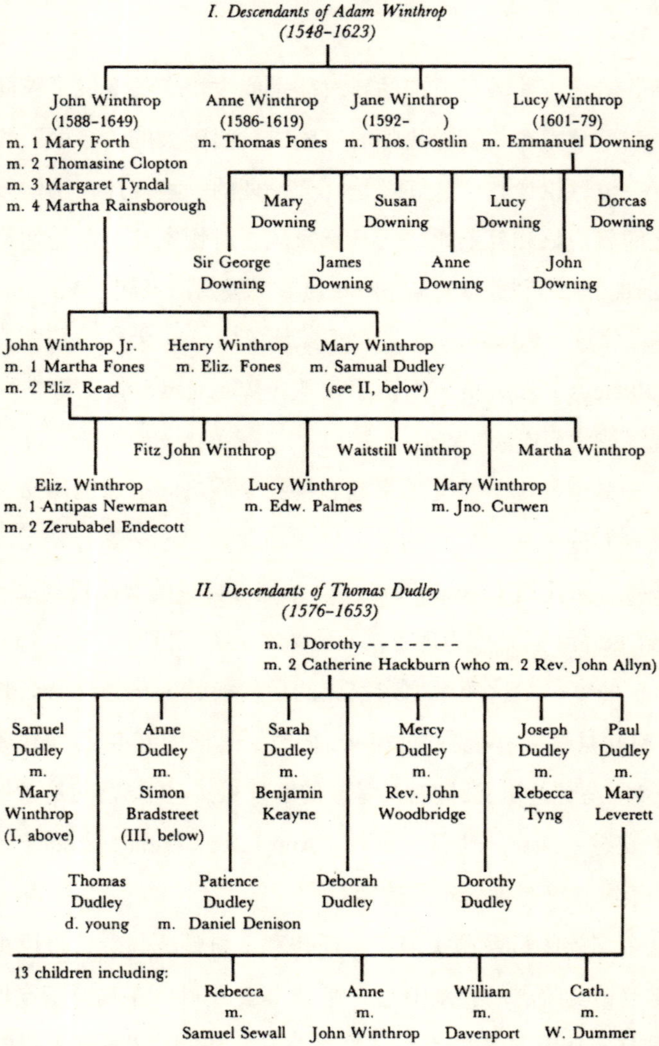

马萨诸塞州东盎格鲁新教精英

温斯罗普－唐宁－达德利－恩迪科特－布拉德斯特里特－科顿－马瑟家族关联图

Ⅰ. 亚当·温斯罗普的子嗣

Ⅱ. 托马斯·达德利的子嗣

III. Descendants of Simon Bradstreet

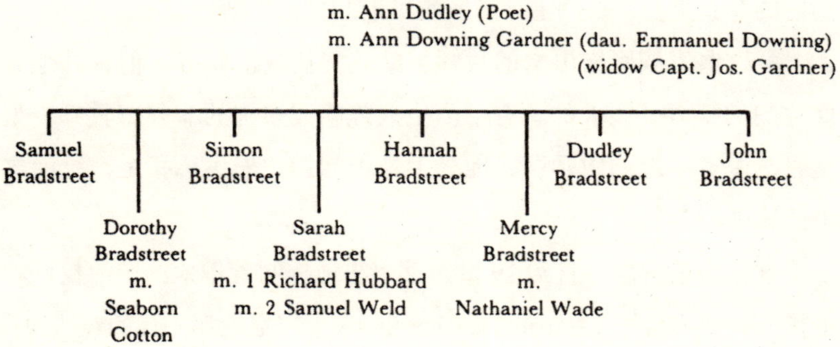

IV. Descendants of Sarah Story

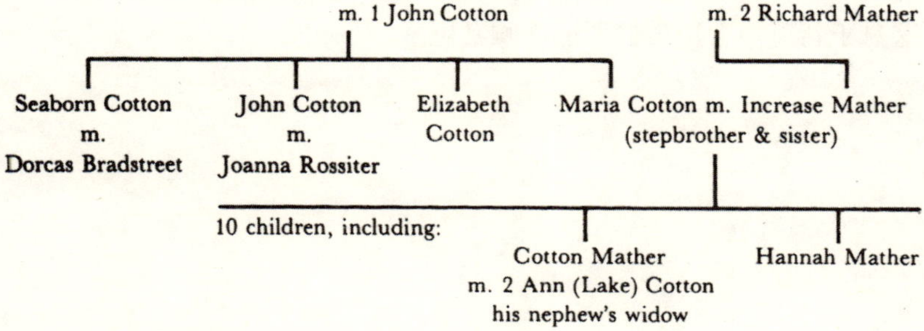

Ⅲ.西蒙·布拉德斯特里特的子嗣

Ⅳ.莎拉·斯托利的子嗣

本图及之后的图中没有包含所有子孙的名字。

的家族网络下，萨缪尔·休厄尔（Samuel Sewall）在他的日记和信簿中称来自 38 个家庭的 48 个人为表兄。这就是笼罩在马萨诸塞的亲属网络。这些家族的后代去同样的几所学校，来往频繁，又加入同样的专业协会，长期主导湾区殖民地的公共生活。[8]

从这些家族网络出来的牧师被禁止担任政治职务。但在其他方面他们的权力是很大的。有个陌生人曾问安多佛的菲利普牧师，他是否“服务本地的牧师”，他马上被告知：“先生，我是，统治这里的牧师。”[9]

这个精英阶层一直到 19 世纪都牢牢地控制着本地的统治权。哈里特·比彻·斯托（Harriet Beecher Stowe）回忆她那一代的经历说：“在新英格兰的那些年代，牧师和他的妻子在教区里被认为无论在世事上或属灵上都是最卓越的。”[10] 这些精英有很大的道德优越感，这对于新英格兰民俗的形成影响甚巨。

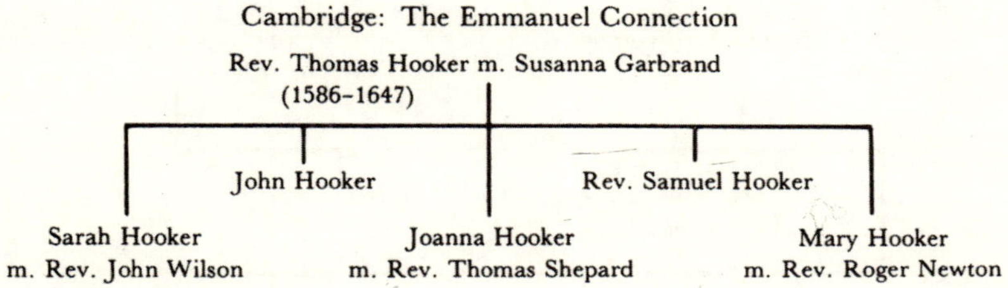

剑桥：以马内利家族

注释：到新英格兰的以马内利男性（下文括号里注出了入读大学的年份）包括：纳撒尼尔·沃德（Nathaniel Ward, 1596）；托马斯·胡克（Thomas Hooker, 1604）；萨缪尔·斯通（Samuel Stone）；约翰·哈佛（John Harvard, 1627）；萨缪尔·达德利（Samuel Dudley, 1626）；乔治·阿尔科克（George Alcock），娶了托马斯·胡克的妹妹；托马斯·阿兰，娶了约翰·哈佛的遗孀；威廉·布莱克斯通（William Blackstone, 1614）；西蒙·布拉德斯特里特（Simon Bradstreet, 1618）；埃德蒙·布朗（Edmund Browne, 1624）；伊齐基尔·奇弗（Ezekiel Cheever, 1633）；约翰·科顿（John Cotton, 1606）；吉尔斯·弗明（Giles Firmin, 1629），娶了纳撒尼尔·沃德的一个女儿；艾萨克·约翰逊（Isaac Johnson, 1616）；威廉·米德梅（William Mildmay, 1640）；威廉·佩勒姆（William Pelham, 1615）；威廉·珀金斯（William Perkins, 1624）；约翰·菲利普斯（John Phillips, 1600），娶了威廉·埃姆斯（William Ames）的一个妹妹；彼得·普鲁登（Peter Prudden, 1620）；纳撒尼尔·罗杰斯（Nathaniel Rogers, 1614）；理查德·萨德勒（Richard Sadler, 1636）；小理查德·索顿斯托尔（Richard Saltonstall Jr.）；尼古拉斯·斯特里特（Nicholas Street, 1636 年到达马萨诸塞）；撒迦利亚·西姆斯（Zechariah Symmes, 1617）；威廉·沃尔顿（William Walton, 1621）；约翰·沃德（John Ward，纳撒尼尔·沃德的儿子，1622）；萨缪尔·怀廷（Samuel Whiting, 1613），他的第二任妻子是奥利弗·约翰（Oliver St. John）的妹妹，又是彼得·巴尔克利（Peter Bulkeley）和约翰·威尔逊（John Wilson）的表亲。

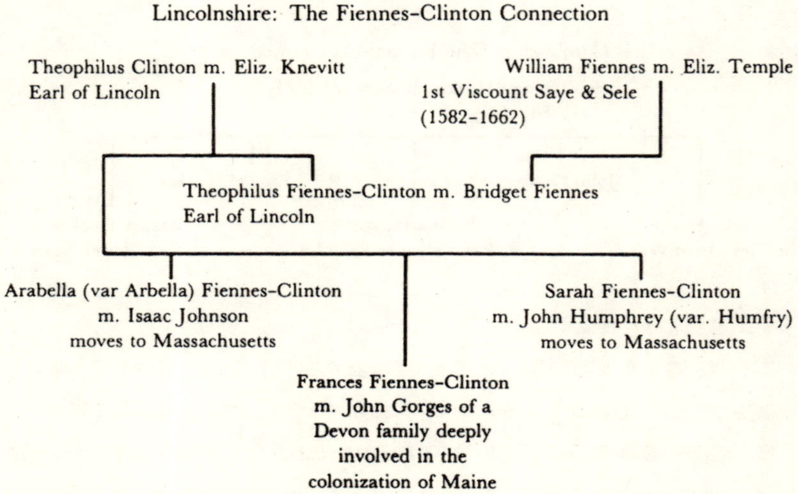

林肯郡：法因斯－克林顿家族

注释：法因斯－克林顿家族也和佩勒姆家族有血缘关系。约翰·汉弗莱（John Humphrey）的第一个妻子是佩勒姆家族的人；威廉·佩勒姆乘坐“阿贝拉号”抵达新英格兰。珀涅罗珀·佩勒姆（Penelope Pelham）于 1635 年 16 岁的时候乘船抵达马萨诸塞。与这个家族有血缘的还有托马斯·达德利，他是林肯伯爵的朋友和管家，以及西蒙·布拉德斯特里特，后者也是林肯伯爵的管家，又是达德利的女婿。

引 自：A. M. Cook, *Boston* (Boston, Lincolnshire, 1948); H. A. Doubleday et al., *The Complete Peerage* (London, 1929); 族谱资料，见 LINCRO。

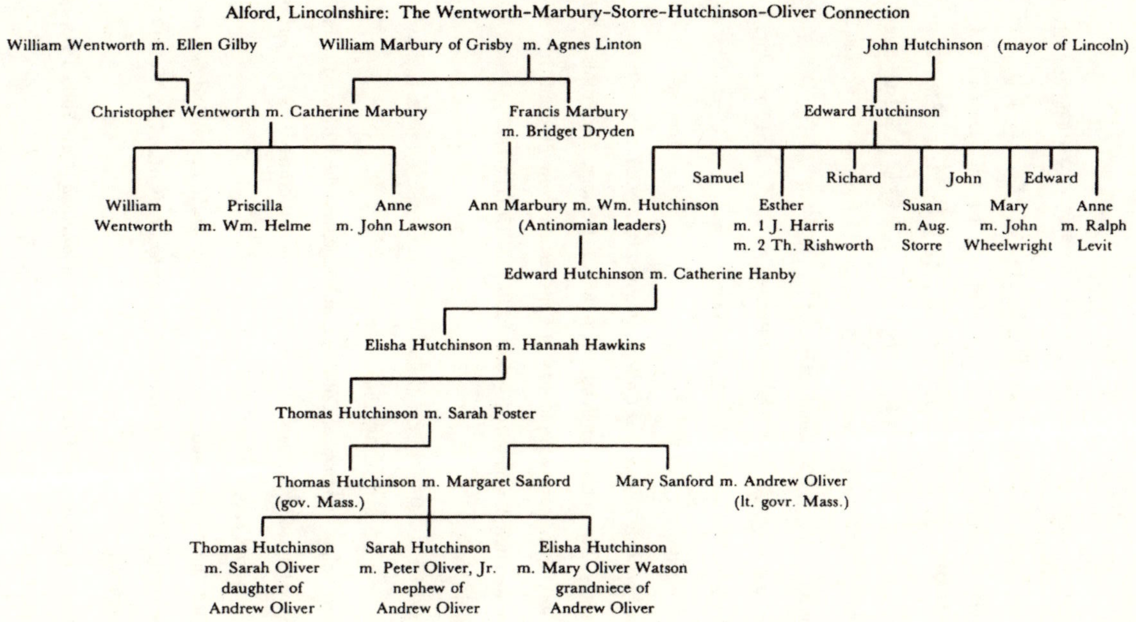

林肯郡奥尔福德：温特沃思－马伯里－斯托尔－哈钦森－奥利弗家族

来源：LINCRO 的族谱资料。

注释

1 已知的在新英格兰定居的129位有大学学历的牧师和地方官，他们最后的地址确认如下：萨福克，18；埃塞克斯，15；林肯郡，13；剑桥郡，12；伦敦，11；肯特，7；约克郡，7；哈特福德郡，5；威尔特郡，5；德文郡（Devon），4；诺福克，3；萨默塞特，3；兰开夏，3；白金汉郡，2；柴郡，2；汉普郡，2；兰卡斯特，2；北汉普顿郡，2；萨里郡（Surrey），2；莱斯特郡（Leicestershire），2；贝德福德郡、康沃尔（Cornwall）、多塞特郡（Dorsetshire）、格洛斯特郡（Gloustershire）、亨廷顿郡（Huntingdonshire）、米德尔塞克斯郡、诺森伯兰郡（Northumberland）、牛津郡、拉特兰郡（Rutland）、什罗普郡（Shropshire）、斯塔福德郡（Staffordshire）、威尔士郡（Wales）、沃里克郡（Warwickshire）和伍斯特郡（Worcester），每郡1个；未知1。以上主要来自传记资料，见S.E. Morison, *The Founding of Harvard College,* (Cambridge, 1935), 359-410; Harry S. Stout, "University Men in New England, 1620-1660: A Demographic Profile," *JIH* 4 (1974), 357-400; idem, "The Morphology of Remigration: New England University Men and Their Return to England, 1640-1660," *JAS* 10 (1976), 151-172。

2 从同上的资料计算得来。

3 至少知道35位曾在以马内利学院学习过，13位在三一学院学习，还有7位在剑桥的莫德林学院学习。这些是下限估算。

4 Rebecca Seward Ralph, "Emmanuel College, Cambridge, and the Puritan Movements of Old and New England"（thesis, Univ. of Southern California, 1979）; Morison, *Founding of Harvard College*, 92-107.

5 Reginald C. Dudding, "Alford and America," in *History of the Parish and Manors of Alford*… (Horncastle, 1930), 145-81; *The Parish Register of Alford*…; LRS V (1917), 6. 其中描述了家族关联。

6 Alice Morse Earle, *Customs and Fashions in Old New England* (New York, 1893, rpt. Rutland, Vt. 1973), 71.

7 莎拉·斯托利（Story）的名字有不同拼写方式，如Storey或Storre。

8 Edmund Morgan, *The Puritan Family: Religion & Domestic Relations in the Seventeenth Century* (1944, rev. ed., New York, 1956), 150.

9 Charles M. Andrews, *Pilgrims and Puritans* (New Haven, 1926), 166.

10 Harriet Beecher Stowe, *Oldtown Folks* (1869), Kathryn Kish Sklar, ed., *Harriet Beecher Stowe* (New York, 1982), 891.

大移民之前的英格兰东部

作为清教徒来源地的英格兰东部地区包含了东盎格鲁、林肯郡东部、剑桥郡东部和肯特郡的东北部边缘。它们在今天并不被认为属于同一地区，但在17世纪却有很多共同点。地理特征上，这些地区都是平坦、开阔的乡村，极目远眺，毫无遮拦。某些地区土地非常肥沃，但有的地方又很贫瘠。查尔斯一世甚至建议把诺福克的土壤掘地三尺，供给英格兰的其他郡修建公路。[1]

虽然自然资源有限，东部郡的农作方法却比英格兰其他地方更为先进。和荷兰的情形差不多，农业革命在东盎格鲁很早就展开了；"补充作物"早在17世纪中叶就已得到应用。[2]著名的改革家阿瑟·扬（Arthur Young）曾经过这片地区，他看到，英格兰最差的土壤上居住着他们最好的农民。这一地区的农业是混合型的农业体制，同时供应城市的市场和本地的纺织工业。[3]

如今的东盎格鲁与英国其他地区相比显得偏僻、落后。但在17世纪早期，它却是英格兰人口最密集、最为城市化的区域，并且这一情况持续了好多个世纪。诺里奇（Norwich）1630年时是英格兰第二大城市，是生气勃勃的中心地区，此前的50年中其人口数增长了两倍。那里有很多小型港口和市场集中的城镇。1600年，埃塞克斯沿岸就有不少于130个小型港口。[4]

东盎格鲁居住着很多艺术家和技艺精湛的手工匠人。1630 年左右，埃塞克斯有一半成人从事纺织贸易。萨福克、诺福克、剑桥和肯特都是重要的纺织业中心，专门制造受南欧青睐的轻羊毛织品和西方统治者崇尚的奢华的“萨福克短衣”。是时，纺织品贸易陷入了萧条，既因为英国先后与西班牙（1625—1630）和法国（1627—1629）打仗，也因为整个商业环境不景气。受此影响，在大移民前夕，东盎格鲁有很严重的失业和贫困问题。1629 年，布雷茵特里（Braintree）和萨德伯里的纺织工为了找工作包围了当地的法庭。当年“玉米歉收”又让这些人的日子雪上加霜。[5]

当地的物资短缺又因为险象环生的交通状况更加恶化，即使是短途旅行也变得很危险。迪尤斯（D’ Ewes）家族离家一天也要把婴儿交给保姆，不愿让他在外遇到危险。[6] 陆上旅行又慢又贵，水上航程则便宜并且简单。海路把东盎格鲁、肯特和林肯郡以及荷兰连接成一个在 17 世纪重要的文化网络。[7] 东盎格鲁因为荷兰的贸易、移民、建筑、宗教和文化而变得生气勃勃。我们会看到，新英格兰的文化受荷兰影响较大，当时东盎格鲁的民俗就更不用说了。[8]

与此同时，海洋也把东盎格鲁暴露在危险中。海盗劫掠英国海岸已经有上千年的历史，1630 年的时候人们依然对此心有余悸。那年，埃塞克斯的两个城镇以及剑桥的林顿村重创了意欲抢劫的丹麦海盗，把他们的人皮钉在教堂门上。[9] 海盗对东盎格鲁最近的攻击发生在 1626 年和 1627 年，让人恐惧的“敦刻尔克人”（Dunkirkers）上岸后烧杀抢劫，无恶不作。[10]

在几个世纪中，这些侵略者中有一些留了下来，尤其是所谓“盎格鲁人”，还有后来定居在东盎格鲁的“丹麦人”，以及肯特郡的朱特人（Jutes，从朱特兰［Jutland］来的人）。这些人的文化给东盎格鲁和肯特郡赋予了新的特色。在16世纪，东肯特郡和东盎格鲁与威塞克斯（Wessex）、麦西亚（Mercia）以及英格兰北部已经有很大区别，他们的自由人数较多，佃农较少。用历史学家K.P. 惠特尼（Witney）的话来说，他们的特殊之处在于“普通自由人所享有的优越地位”。[11]

东部郡在政治上也比较特别。那里发生了很多反对专断权力的抗争活动，像萨福克的杰克·斯特劳起义（Jack Straw's Rising）和瓦特·泰勒反叛（Wat Tyler's Rebellion），肯特郡的约翰·鲍尔起义（John Ball's Insurrection），诺福克的罗伯特·凯特反叛（Robert Kett's Rebellion）。通常的结局是，领导者坐在被称为“改革树”的橡树下，一群恐惧的贵族被他们过去欺辱的人组成的陪审团审判。

1381年的“农民反叛”（the Peasants' Rebellion）主要发生在东部的九个郡。1477年的克拉伦斯起义（Calrence's Rising）和1483年的白金汉起义（Buckingham's Revolt）同样如此。[12]

1625年之后，这个地区也成为反抗查尔斯一世的核心区。1642年内战爆发后，议会最主要依靠的力量就是在被称为东部联盟的这些郡中——这里同时也是马萨诸塞移民主要的迁出地区。[13]

这个地区的宗教生活不同于英格兰其他地方。在马丁·路德之前几个世纪，这里的宗教活动就以反国教为特征。15世纪早期，罗拉德派（Lollardy）的宗教运动在东盎格鲁有很多追随者。运动被镇压后，罗拉德派在包括林肯、诺福克和肯特郡在内的东部郡仍有很多地下组织，他们常聚集在一起学习教义。[14]

16世纪的新教改革运动在东盎格鲁兴盛一时，在英格兰独树一帜。“玛丽安烈士”（Marian martyrs，玛丽女王治下因持守新教信仰被处死的男女信徒）多数来自该地区。这位天主教女王下令镇压新教（1553—1558），有 273 位新教徒因异教言论被烧死，其中至少有 225 位（82%）来自东部的九个郡。[15] 伊丽莎白一世时期，几乎一半的新教牧师来自埃塞克斯、萨福克和诺福克这三个郡。如果把其他的东部郡包括进来，这个比例上升到 75%。[16]

不同派的人都知道清教势力在东部郡特别强。清教领袖约翰·哈姆普顿（John Hampden）说："埃塞克斯是这片土地上宗教最旺盛的地方。"清教的大敌威廉·劳德大主教则抱怨说，东盎格鲁是英格兰异教的心脏地区。[17]

清教运动最兴盛的那些东盎格鲁小城镇，有很多人后来移民去了马萨诸塞。埃塞克斯的科尔切斯特（Colchester）的一位清教领袖说："这个城市已经按照最纯正的教义，变成了山巅之城，就像蜡台上的蜡烛。"从东盎格鲁的地貌来说，这段引自圣马太（St. Matthew）的话并不准确，但经常被清教徒用来描述那个地区的信仰状况。后来约翰·温斯罗普把他设想的马萨诸塞定居点也称为"山巅之城"，因为这个宗教词语早已成为英格兰东部社区的常用语。[18]

英格兰东部的清教运动并不是一个整体，几种不同的异教势力从不同的地方发展起来，各有其基地。

一种特别强调属灵性质（反律法主义，Antinomianism）的极端教派在东林肯郡的清教徒中发展迅速，而更为理性和保守的加尔文教派（荷兰神学阿米纽派，Arminianism）则主要在伦敦、米德尔塞克斯郡和哈特福德郡比较盛行。处于两派之间的是主要位于萨福克、埃塞克斯和诺福克郡的教徒，他们是所谓的清教"中间派"。他们的信仰后来成为在马萨诸塞盛行两百年的官方教派。[19]

东盎格鲁在教育和文化成就上也很突出。在 17 世纪，那里的识字率是英格兰最高的。哈夫洛克·艾利斯（Havelock Ellis）在研究英国历史上智识成就的地理分布时，发现来自东盎格鲁的学者、科学家和艺术家的比例也比英格兰其他区域要高。[20]

英格兰东部的人承受着很多文化偏见。东盎格鲁历史学家凯顿 - 克里默（R. W. Ketton-Cremer）写道："诺福克人，无论是达官贵族还是平民百姓，都显得阴沉、顽固，喜欢辩论、争讼，在宗教观点上也特别偏向清教。这种人和大多数人不太一样……但他们又是各阶层都要看齐的对象。"[21] 这种印象对 17 世纪当地的地域身份又多了一重揭示。

注释

1 这个真实性存疑的评论被认为来自查尔斯一世和查尔斯二世。东盎格鲁人引用这种评论来证明他们的路况很好，其他人则把这个评论当作对土壤贫瘠的一种责备。参见 N. Kent, *General View of the Agriculture of Norfolk* (London, 1796), 16。

2 用"芜菁和豌豆来捂熟土壤"的方法，请见 Sir Thomas Sclater Manor Book, CAMBRO。

3 B. A. Holderness, "East Anglia...," in Joan Thirsk, ed., *The Agrarian History of England and Wales, 1640-1750,* vol. 5.1, *Regional Farming Systems* (Cambridge, 1984), 197-238; M. R. Postgate, "Field Systems of East Anglia," in Alan R. H. Baker and Robin A. Butlin, eds., *Studies of the Field Systems in the British Isles* (Cambridge, 1973), 281-324; N. Riches, *The Agricultural Revolution in Norfolk* (Chapel Hill, 1937); Eric Kerridge, *The Agricultural Revolution* (London, 1967); R. A. C. Parker, *Coke of Norfolk* (Oxford, 1975); Arthur Young, *A Farmer's Tour in the East of England* (London, 1771).

4 John Patten, "Towns in the National Urban System—East Anglia," *English Towns, 1500-1700* (Folkestone，Kent, 1978), 244-296; Felix Hull, *Agriculture and Rural Society*

in Essex, 1560-1640 (thesis, Univ. Of London, 1950), 3; 有两个关于本地区的丰富的资料：Thomas William Bramston, ed., *The Autobiography of Sir John Bramston, K.B.* (London, 1845); and John Bruce, ed., *Diary of John Manningham* (Westminster 1868)。

5 B. E. Supple, *Commercial Crisis and Change in England, 1600-1643: A Study in the Instability of a Mercantile Economy* (Cambridge, 1959), 102-112.

6 J. O. Halliwell, ed. *The Autobiography and Correspondence of Sir Simonds D'Ewes, Bart., during the Reigns of James I and Charles I* (2 vols., London 1845), ca. 1603.

7 Arne Bang-Andersen, Basil Greenhill and Egil Harald Grude, *The North Sea: A Highway of Economic and Cultural Exchange; Character—History* (Stavanger, Norway, 1985), 9-26,151-66.

8 荷兰人在东盎格鲁踪迹的图像细节，请见 Thomas William Bramston, *Autobiography* (London, 1845), 108; 在荷兰的东盎格鲁清教徒事迹，参见 Raymond P. Stearns, *Congregationalism in the Dutch Netherlands: The Rise and Fall of the English Congregational Classis, 1621-1635* (Chicago, 1940)。

9 Arthur Gray, "Massacre at the Bra Ditch," *Cambridge Antiq. Comm.* 31 (1931), 77-87; W. M. Palmer, "Notes on Linton" (1937), ms. B20, Cambridge Univ. Library, 39.

10 Francis Hervey, ed., *Suffolk in the Seventeenth Century; The Breviary of Suffolk by Robert Reyce, 1618* (London, 1902), 13; 1626—1627 年的劫掠及其引起的恐慌，参见 Ruth Hughey, ed., *The Correspondence of Lady Katherine Paston, 1603-1627* (Norwich, 1941), 91; *and* Mary Anne Everett Green, *Diary of John Rous, Incumbent of Santon Downham, Suffolk, From 1625 to 1642,* CS 66 (1856), 9 (15 March 1627)。

11 K. P. Witney, *The Jutish Forest* (London, 1976).

12 农民反叛主要发生在肯特、埃塞克斯、萨福克、诺福克、剑桥、亨廷顿、哈特福德、米德尔塞克斯和萨里，见 Edgar Powell, *The East Anglian Rising in 1381* (Cambridge, 1896)。这场运动的民族特征，参见 Witney, *The Jutish Forest*, 186 (Walsingham: "totem illud Kentensium et Juttorum")。克拉伦斯起义和白金汉反抗，见 E. F. Jacob, *The Fifteenth Century, 1399-1485* (Oxford, 1961), 580, 625-26。

13 Clive Holmes, *The Eastern Association in the English Civil War* (Cambridge, 1974).

14 罗拉德派运动兴起于14世纪，主要的教义包括宿命论、有限救赎论和圣体共在论等。罗拉德派的社会和神学态度与三个世纪后的清教徒有些类似。罗拉德派并不限于东部郡，但被镇压之后，它在东盎格鲁、肯特和泰晤士河谷地带持续了最长的时间。罗拉德派的中心区域在1414年奥尔德卡斯尔起义后的分布情况，参见 Malcolm Falkus and John Gillingham, *Historical Atlas of Britain (New York, 1981);* Claire Cross, *Church and People, 1450-1660* (Glasgow, 1978); Kenneth W. Skipps, "Lay Patronage of East Anglian Puritan Clerics in Pre Revolutionary England" (thesis, Yale, 1971); J. D. Fines, "Studies in the Lollard Heresy; Being an Examination from the Dioceses of Norwich, Lincoln, Coventy, Lichfield, and Ely" (thesis, Sheffield, 1964)。

15 “玛丽安烈士”的分布情况如下：肯特郡，59；埃塞克斯，52；伦敦，47；苏塞克斯（Sussex），27；萨福克，25；米德尔塞克斯，13；哈特福德，13；诺福克，10；剑桥，3；英格兰其余地区和威尔士，35。见 John D. Gay, *The Geography of Religion in England* (London, 1971); P. Hughes, *The Reformation in England* (London, 1953), II, 260-64。

16 1580年代，清教徒牧师的分布情况估计如下：

	牧师	地点
埃塞克斯	88	78
萨福克	77	58
诺福克	51	47
拉特兰郡和北汉普顿郡	49	42
林肯	33	33
肯特	30	27
苏塞克斯	27	24
剑桥	13	14
哈特福德	20	12
贝德福德和亨廷顿郡	11	9
其他郡	103	97
总数	502	441

来源：Allen, *In English Ways*, 10。图表数据取自 Patrick Collinson, "The Puritan Classical Movement in the Reign of Elizabeth I" (thesis, Univ. of London, 1957), II, 1252-81。缺失几个郡的资料，但并不会实质改变结果。有一个得到同样结果的独立研究，见 Ronald G. Usher, *The Reconstruction of the English Church* (2 vols., New York, 1910), I, 248。

17 William Hunt, *The Puritan Movement: The Coming of the Revolution in an English County,* (Cambridge, 1983), X.

18 引自 John Strype, *Analysis of the Reformation* (Oxford, 1824), II, pt. 2, p. 282。

19 阿米纽派与林肯郡的关联，参见 Emory Battis, *Saints and Sectaries: Anne Hutchinson and the Antinomian Controversy in the Massachusetts Bay Colony* (Chapel Hill, 1962), 249-85; 伦敦、米德尔塞克斯和阿米纽派的关联，见 Shumway, "Early New Haven," and Isabel Calder, *New Haven Colony* (New Haven, 1934); 有关清教徒"中间派别"的经典著作仍然是科顿·马瑟《美国风物志》（*Magnalia Christi Americana*）。这本著作的要旨由 19 世纪公理派历史学家发展成学理性的论述，尤其是亨利·马丁·德克斯特（Henry Martin Dexter）和威利斯顿·沃克（Williston Walker）。他们的工作由佩里·米勒（Perry Miller）作了进一步概括。这些历史学家对新教中间派的社会或区域根源并无兴趣。但如果我们比较一下佩里归纳在《新英格兰思想家》（*The New England Mind*）里的少数几个宗教作家，会发现他们多数来自萨福克、埃塞克斯和诺福克，而且都在剑桥接受教育。

20 Cressy, *Literacy and the Social Order;* Havelock Ellis, *A Study of British Genius, new ed.* (Boston, 1926), 25-36.

21 R. W. Ketton-Cremer, *Norfolk in the Civil War* (1969, Norwich, 1985), 20.

清教徒的“新天堂”
马萨诸塞湾

当这些英格兰东部的清教徒在远洋船上苦挨时光时，他们每一个家庭都被马萨诸塞湾公司要求保留一本日志，这些日志后来成为他们对新世界悲喜之情的连贯记录。弗朗西斯·希金森（Francis Higginson）先遣队乘坐的是“塔尔博特和幼狮号”（*Talbot and Lion's Whelp*）。他们第一眼看到的美洲并不让人兴奋。1629 年 6 月，英格兰正当鲜花盛开之时，疲乏的旅行者终于靠近了纽芬兰（Newfoundland）的大口岸。风突然变得特别冷，在 40 英寻深的寒冷海水中，他们绕开了一座巨大的冰山，绿色的大西洋洋流正咆哮着冲撞着它。它看起来是“一座冰的山，闪耀着雪一样洁白的光芒，像一块巨大的岩石或山崖”，高高地悬在他们的小船上空。他们满怀恐惧地在雾夜里穿行，流冰不停刮擦着脆弱的船壳表面，船上的鼓声在黑暗中哀痛地击打着。

几天后，天气缓和了，人们也重拾了信心。当这些旅行者接近新英格兰的时候，“数不胜数”的鲭鱼成群结队地出现在洋面上，“大鲸鱼把水喷出老远”。弗朗西斯·希金森看到海面上覆盖着光彩夺目的黄色花朵。绕过安角（Cape Ann）进入马萨诸塞湾后，他们看见“岛上植被繁茂，树木高耸”，希金森突然对他们的新家满心欢喜：

> 繁茂的绿树覆盖了大地，黄色的鲜花涂抹了海洋，我们迫切地要见到新英格兰的新天堂，繁荣的未来正向我们敞开怀抱。[1]

并不是所有人都愿意把这个风雨如晦、寒冷多山的海岸看作“新天堂”，但清教徒看待这个世界的视角非常特别。科顿·马瑟写道：“地理学必须为‘基督地理’而工作。”[2]

把圣经共和国选在新英格兰这个地方并不是偶然的，它是清教徒量体裁衣、审慎选定的。它被证明对加尔文主义乌托邦来说是一个完美的选择。对湾区的建设者而言，甚至这个地方的缺陷也是某种福气。

新英格兰最重要的环境特征是寒冷，十七、十八世纪的时候要比今天冷得多。清教徒到达的时期是气候学家称为“小冰期”的时代。18世纪时，新英格兰沿岸海洋平均温要比20世纪中叶低3度。在17世纪最冷的年份，新英格兰周边的水温接近今天南拉布拉多洋面的温度。[3]清教徒诉苦说，天气像“针刺一样冷”，盐河整个冬天都冰冻着。有些记录说，很多人的手脚都冻得没有知觉，“有人的长胡须全都冻结在一起，很难把装水的瓶子送到嘴边”。[4]

头几年过后，人们发现这种寒冷的气候是一种福分。对于从北欧来的定居者而言，这种气候创造了一个健康的环境。因为虫子而引起的疾病，如疟疾、黄热病等比南边的定居点轻了许多。由水导致的传染病，像伤寒、痢疾等也因为马萨诸塞湾区的寒冷气候大大减弱。17世纪对孩子致命的小肠炎一类夏季疾病在清教徒定居点也相对较弱。但新英格兰的这些优点只是相对的，本地区仍有严重的流行病肆虐。不过，马萨诸塞的死亡率要比西方世界大多数地方低很多。[5]

寒冷的气候也产生了文化影响。这种气候对于来自非洲赤道地区的移民特别危险，他们在新英格兰的冬天容易患上肺部感染。马萨诸塞殖民地黑人的死亡率要比白人高出一倍，而在弗吉尼亚，黑人和白人的死亡率则相差无几，再南边的南卡罗莱纳又更不同，白人的死亡率高出黑人。由于新英格兰的非洲裔移民死亡率太高，以种族为基础的奴隶制无法大规模实现，尽管当地不断有人尝试这种制度。要实行奴隶制不是不可能，但当地的人力和资源成本远高于预期。这种和新英格兰清教伦理完全违背的劳工制度最终被抵制了，一定程度上是由于气候原因。[6]

气候对生长季也有影响，17 世纪当地的生长季比今天要短。在霜冻之间只有五个月的时间。这段时间从五月末到十月初，要比受洋流影响的弗吉尼亚短两个月。新英格兰的家庭农场迅速地铺开，但以主食为主的大规模农业就比温暖的气候地带少很多。

另外一个环境因素是土地。新英格兰的地形多变，夹杂着些许肥沃的土壤。弗朗西斯·希金森写道："查尔斯河边的黑土是上等的沃土。"康科德、萨德伯里和戴德姆也有优质土壤，埃塞克斯和米德尔塞克斯也是如此。但多数地方土壤贫瘠，马萨诸塞的南岸是沙土，北边则是多石的地貌。沿岸多数地方是岩石密布的浅滩或沼泽，船只能沿着河流上溯的里程也非常有限。与切萨皮克湾（Chesapeake）比较，当地能让远洋船进入的口岸也很少。这些因素（稀少的肥沃土壤和多石的海岸线）最后使得定居点集中在中心城镇。[7]

新英格兰的气候潮湿多雨，每年的降水量达 40 英寸，而原先在东盎格鲁只有 25 英寸。17 世纪的气候比 20 世纪更加变幻莫测，不同方向的气流经常在此碰撞造成混乱的天气，有西边来的干暖气流、北方的干冷气流、东边来的冷湿气流和南部来的暖湿气流。当这些气流在新英格兰上空大规模相遇，气候现象颇为壮观。乡村地区不时被暴风雪抽打、被暴雨浇透、被龙卷风掀翻，还会遇到东北风连刮三天，搅动新英格兰沿海的海水造成内涝。[8]

但新英格兰没有干湿季节的交替。一年中降水分布平均，每月的降水量不会超过 4 英寸，也不会少于 3 英寸，所以新英格兰的水量丰富而且稳定，不需要灌溉工程，也不需要公共用水的控制。[9]

寒冷的气温和多变的气候激励了本就极富活力的居民。欧洲来的访问者常常惊讶于当地居民的活跃。观察者注意到，新英格兰的孩子们经常长途奔跑。还有人看到，当地的老人发明了石头椅，这样他们在移动的同时又能安坐。这些观察在生物气象学上是被验证过的，气候的多变性和空气清新程度会对生物活跃性有影响。研究发现，新英格兰的气候极大地刺激了人类活动。[10]

总体而言，马萨诸塞的环境非常适合清教徒的开拓。气候虽严酷，但健康、清爽。土地有很多挑战，但前景广阔。在历史学家阿诺德·汤因比（Arnold Toynbee）看来，新英格兰是“穷乡僻壤”（Hard Country）的经典范例，这种地方会激励它的居民通过“挑战与回应”达到很高的成就。本地区文化的活力在很大程度上归因于其自然环境的状况。[11]

注释

1 Francis Higginson, “Journal,” in Young, *Chronicles of the First Planters,* 228-33.

2 Mather, *Magnalia Christi Americana*, I, 42.

3 Hubert H. Lamb, *The Changing Climate: Selected Papers* (London, 1966), 16.

4 William Wood, *New England's Prospect,* ed. Alden Vaughan (1634, rpt. Amherst, Mass., 1977), 29.

5 这些概括总结了非常复杂的人口模式，后面关于新英格兰死亡率的专章还会提及。

6 一个例外是罗德岛州（Rhode Island）的纳拉甘西特湾（Narragansett）或者南部乡村（South Country）和康涅狄格州西南部，那里的气候类似于新泽西南部或者马里兰北部。这个问题会在第二卷中讨论。关于把奴隶制带入马萨诸塞的尝试，请见 Lorenzo Johnston Greene, *The Negro in Colonial New England* (New York, 1924)。

7 具体的地点参见 Bernard and Lotte Bailyn, *Massachusetts Shipping, 1697-1714* (Cambridge, 1959)。

8 W. R. Baron, "Eighteenth Century New England Climate Variation and Its Suggested Impact on Society," *MEHSQ* 21 (1981-82), 201-14; David C. Smith, "Climate Fluctuations and Agriculture in Southern and Central New England," *ibid.*, 179-200.

9 关于新英格兰气候的历史，或许人们会同意魏特夫（Wittfogel）的论点：灌溉问题的缺席为开放社会的发展提供了空间。参见 Karl Wittfogel, *Oriental Despotism: A Comparative Study of Total Power* (Amsterdam, 1963)。

10 S. W. Tromp, *Medical Biometeorology: Weather, Climate and the Living Organism* (Amsterdam, 1963).

11 ［英］阿诺德·汤因比：《历史研究》（12卷，1934—1961，纽约1962年重印版），第二卷，65页。

殖民地情绪

马萨诸塞湾的忧郁与乡愁

温斯罗普船队的主体于 1630 年六月到达新英格兰。刚到时的欢欣鼓舞消退之后，情绪很快转变了。“萨勒姆虽然是我们的抵达之地，却完全让人高兴不起来，”达德利写道。大多数新移民很快搬到南边的查尔斯敦，在水边搭起布帐篷和一些小棚屋。很多人因为海上漫长的旅途得了坏血病。热病迅速地在卫生糟糕的帐篷里传播开来，人们一个个死去。湾区殖民地的人还不曾了解詹姆斯敦或普利茅斯的“饥饿时期”，但每天都有死去的居民需要掩埋。

“开始做这种工作是让人沉痛的，”艾萨克·约翰逊（Isaac Johnson）回忆道，“几乎每一个家庭都能听到哀悼、低泣和哭嚎。”当移民船启程返回英格兰的时候，近一百位新移民决定和船一起回去，剩下的人看着上桅帆逐渐在地平线上消失，内心一点点往下沉。忧愁的气氛飘荡在殖民地上空，各个定居点都是如此。很多人思乡心切，后悔艾萨克·约翰逊所说的从“祖国”“自愿放逐”。这种犹豫的情怀在殖民地延续了很多年。[1]

与欧洲祖地空间分隔的疼痛感成为殖民地非常重要的文化因素。[2] 乡愁、焦虑和失落感随之产生。这种普遍的文化意绪具有深刻的保守性，并被几个因素强化了，包括从英格兰迁出、横渡大西洋的严酷考验，以及和旧世界的距离感。露西·温斯罗普·唐宁写道：“就我自己来说，种种变化让人厌烦，海洋更是如此。”[3]

在湾区殖民地的早期记录中，“崭新”和“新异”这类形容词带有贬损的意味。比如1639年，马萨诸塞订立了一个“耻辱日”，列举的理由就包括“新异、压迫、无神论、放纵、过剩、懒惰、权威者的轻蔑和其他应该被铭记的麻烦”。有趣的是，在这个堕落行为的清单中，“新异”排在头名。[4]持不同意见的人会因为“新异”而受到严厉惩罚。罗杰·威廉姆斯（Roger Williams）因其危险的言论而受到驱逐，对他的谴责则是“新且危险”。托马斯·梅克皮斯（Thomas Makepeace）受到普通法庭的警告，原因是“他新异的观点……让人厌恶，除非他能改变”。[5]

这种说法表明，“改变”在马萨诸塞主要被认为是一个再发现和保存的过程。改革一词意味着往后走，而不是往前；其中的潜台词是，错误是因为新异，而真理存在于过去。新教改革的目的是回到最原初的基督教。政治上，改革是要回到古代的结构中去。在社会中，改革则是恢复古代的生活方式。

这些理念因为对祖国的乡愁而被深化了。乡愁的对象正是清教徒称为英格兰的地方。“阿贝拉号”上的乘客坐在甲板上写道：“我们……不可能离开我们的祖国……而心里没有忧伤，眼里没有泪水；我们也必须认识到，我们的希望和离去，正是我们收获的共同救赎，是从她的乳房里收获的、从她的胸脯里吸吮的。”[6]很多年中，马萨诸塞的人称自己为“英国人”。过了差不多两个世纪，他们才开始认为自己是美国人。[7]

这种心态在第一代移民的子孙那里变得更强，并且被殖民地普遍的文化焦虑加深。无论是英国人、法国人、西班牙人、荷兰人，还是葡萄牙人，都是如此。所有殖民地都担心会有科顿·马瑟所称的“殖民地退化”（Criolian degeneracy）。因此，马萨诸塞的创立者和他们的子子孙孙都力图抓紧从英格兰带出来的文化遗产。[8]

这种文化保守主义导致了殖民地历史的一种有趣的吊诡。定居后，他们错失了母国的新风尚和新习惯。新定居点在民俗上维持着非常传统的样式，他们竭力保留着出生时就已经存在的文化氛围。似乎他们深陷于时间的曲轴中，被它缠绕，而世界却已把他们甩在身后。

一个很好的例子是新殖民地的语言史。很多最新的研究结果反复揭示出殖民地文化中语言保守主义的相同模式。冰岛的语言就是挪威语的古语。魁北克的方言保存了大量古代法语。南非的荷兰语在很多方面就是古代荷兰的语调。墨西哥和秘鲁的西班牙语保留着很多古西班牙语的表达方式。所有这些殖民地的语言并不是静止或冻结的，它们都是从母国分离出来，在新的环境下发生了复杂的变化，但传承性仍然很强。经典的例子就是马萨诸塞的语言。[9]

注释

1 Thomas Dudley to Countess of Lincoln, 12 March 1631, in Young, *Chronicles of the First Planters*, 312; Johnson, *Wonder-working Providence*, 66.

2 美国历史学家可以从杰弗里·布莱尼（Geoffrey Blainey）那里学到很多，见 *The Tyranny of Distance; How Distance Shaped Australia's History* (Melbourne, 1966, 1974)。

3 Lucy Winthrop Downing to John Winthrop, n.d., *Winthrop Papers, MAHS;* Simmons, *Emmanuel Downing,* 43.

4 Nathaniel B. Shurtleff, *Records of the Governor and Company of the Massachusetts Bay*

in New England (5 vols. in 6, Boston, 1853-54), I, 252-53; 13 Mar. 1639.

5 *Ibid.*, I, 104, 152, 1 Apr. 1633; 7 July 1635.

6 John Winthrop, Charles Fiennes, Richard Saltonstall, Isaac Johnson, George Philips, Thomas Dudley, William Coddington and others, *The Humble Request of His Majesties Loyal Subjects, the Governour and the Company Late Gone for New England; to the Rest of Their Brethren in and of the Church of England* (London, 1630). 关于这本著作的同时代评议请见 John Rous, *Diary*, 54, 7 June 1630。

7 *Mass. Bay Records*, II, 228 (1648).

8 Cotton Mather, *The Way to Prosperity (Boston, 1690), 33;* Samuel Eliot Morison, *The Intellectual Life of Colonial New England* (1936, rpt. Ithaca, 1956), 75.

9 Albert H. Marckwardt, *American English* (2d ed., rev., New York, 1980), chap. IV, "Colonial Lag and Leveling," 69-90.

马萨诸塞的腔调

洋基鼻音和诺福克哼声

在今天东盎格鲁的偏僻角落，乡村居民讲话时仍然保持一种模糊、高音，并且鼻音很重的腔调，被轻蔑地称为“诺福克哼声”。这种语调是在17世纪英格兰东部（从林肯郡东部到肯特郡的岸边）流行的多种方言中侥幸留下来的。[1]

在清教徒大移民中，这些英国方言也被带到了马萨诸塞，在那里，它们彼此混杂融合。17世纪，这些腔调迅速地传播到了新英格兰全境，并且成为一种新的地方腔调洋基鼻音（Yankee twang）的基础。[2]

这种发展中的新英格兰方言在词汇、习语和语法方面都很独特，[3]但它最显著的特征是发音的方式。马萨诸塞人因为其发音的方式在英语世界众所周知，就像詹姆斯·费尼莫尔·库伯（James Fenimore Cooper）虚构的洋基人“著名的佩蒂伯恩”一样。[4]

这种洋基发音特别含糊不清，音也很高。早期的美国拼字学者约翰·皮克林把它描述为“一种鼻化音”（nasal twang）。英国旅行者约翰·兰伯特也认为这是一种“鼻化音”。詹姆斯·拉塞尔·洛厄尔认为它是部分的鼻音。

新英格兰人在w之后省略h音，所以whale变成了wale，又习惯在ou前加上e，所以now变成了鼻音的neow。轻柔的元音变得硬且具有金属感，例如 insine 相比于 ensign。十七、十八世纪新英格兰诗歌的韵脚体系揭示出，glare 发音成 glar，hair 成了 har，air 变成 ar，war 和 star 韵脚一样。其他一些普遍的发音例如，hev 其实是 have，yistidy 是 yesterday，ginral 是 general，dafter 或 darter 是 daughter，drownd 是 drown，gownd 是 gown，Americur 是 America，kiver 是 cover。Peace officers 发音为 cunstibles。Charlestown 被说成是 Charlton。温斯罗普（Winthrop）总督的名字有时被拼成 wyntropp。约翰·埃利奥特（John Eliot）牧师被人称为 Eli’t。[5]

洋基腔的特征很大程度上归因于对 r 的发音。元音后面的 r 音一般会消失，所以 Harvard 就变成了 Haa-v’d（其中的 a 音又发成 happen 那样的）。这种语言习惯来自东盎格鲁，在今天英国的萨福克、诺福克和肯特郡仍然可能听到。同时，其他的一些地方又被加入了 r 音，如 follow 被发成 foller，asked 变成了 arst——这在 17 世纪的城镇会议记录里常见。同样的发音在今天东盎格鲁的偏远地方仍然能听到。[6]

洋基鼻音在新英格兰各地并不是完全一样的。在波士顿，这种发音常常会一带而过，连本地人都无法听清。耶鲁校长蒂莫西·德怀特抱怨说，波士顿人“发音太快，常常把两个音节合并成一个，让本来就粗糙的语言因为加入生硬的辅音而变得更难以琢磨……所以 Sweden, Britain, garden 和 vessel 被发成 Swed’n, Brit’n, gard’n, vess’l。这种缩减让语音变得更含混不清”。[7]

新英格兰很多乡村小镇也产生了自己的方言。即使是临近的社区在发音上也会有不同——这显示出他们平日活动的密度。有个例子是新英格兰人在长岛东部建立的两个小村庄。1798 年，当地一位绅士观察到，东汉普顿人说话的腔调和南汉普顿就不同，“同样的，肯特郡说话和约克郡也不同”。[8]但这些地方性的习惯体现的不过是新英格兰境内各地区的变化而已。

这种地域风格很大程度上要归因于后来成为清教殖民地牧师和地方官员的东盎格鲁精英阶层的影响。这种影响的一个特殊表现是新英格兰语言上有一层拉丁文的复杂痕迹。早期（1647）的一个例子是清教牧师纳撒尼尔·沃德（Nathaniel Ward）的诗歌："If the whole conclave of Hell can so compromise, exadverse, and diametricall contradictions, as to compolitize such a multimonstrous maufrey of heteroclytes and quicquidlibets quietly; I trust I may say with all humble reverence, they can do more than the Senate of Heaven。"[9]（其中包含很多拉丁词。——译注）

马萨诸塞人经常因为这种迂腐的文风饱受攻击。每周日他们低头坐在那里，牧师话语里的多音节字像水一样倾倒下来。受这种剑桥学养的启发，新英格兰的乡民也在日常用语中夹杂很多自创的蹩脚古语，例如 rambunctious, absquatulate, splendiferous, 以及其他以 ize, ous, ulate, ical, iction, acious, iferous 和 ticate 等结尾的词。这类用语成为新英格兰语言特殊的标记，尤其是在波士顿地区。在 18 世纪后期，蒂莫西·德怀特写道："波士顿风格在全国很多地方风行一时，这是一种浮华、夸张的写作方式，却被外界视为本地区占主要地位的风格。"[10]

今天，这些地域性方言在大西洋两岸已经衰落了。诺福克哼声已经退却到东盎格鲁北岸的偏僻地方，而老的洋基鼻音主要残留在新英格兰内陆的山间小城。在更广大的地区，训练有素的人仍然可以凭借一些微小的形式甄别出旧时的口音。在东盎格鲁农村地区，元音后的 r 经常是听不见的，而洋基口音的痕迹有可能在美国任何一个地方听到，只要当地有清教徒大移民的后代。

注释

1 诺福克哼声是联系紧密的东部方言的一种。权威学者把这个“东南口音地区”的范围定义为从“诺福克到肯特等周边地区”，时间为1500—1700年。参见E. J. Dobson, *English Pronunciation, 1500-1700* (2 vols., Oxford, 1968), I, xxv。安菲尔德（H. T. Armfield）认为：“新英格兰的语言很大程度上来源于埃塞克斯郡，尤其是科尔恩山谷地区（Colne）。”见“The Essex Dialect and Its Influence,” *EAST 4* (1893), 245-53; S. F. Hoar, “The Obligations of New England to the County of Kent,” *AAS Proceedings,* n.s. 3 (1885), 344-71; Augustus M. Kelley, *Suffolk Words and Phrases* (1823, rpt. New York, 1970); Edward Gepp, *An Essex Dialect Dictionary (London, 1923);* Helge Kokeritz, “The Juto-Kentish Dialect Boundary,” *AS* 16 (1941), 270-77。

关于诺福克哼声，见R. Forby, *The Vocabulary of East Anglia* (2 vols., 1830); G. J. Chester, “Norfolk Words Not in Forby’s Vocabulary,” NA 5 (1859), 188-93; W. G. Waters, “Norfolk Words Not Found in Forby’s Vocabulary,” NA 8 (1879), 167-74; H. Orton and P. M. Tilling, *Survey of English Dialects: III*, *The East Midland Counties and East Anglia* (Leeds, 1969-71)。

相关的还有林肯郡东部的方言。在这个郡的北部和西部，人们说一种开阔的内陆口音，类似于诺丁汉郡（Nottinghamshire）、德比郡（Derbyshire）和约克郡南部的口音，但居住在林肯和诺福克交界处周围的人在17世纪说相似的方言。林肯东部的方言包含这样一些用词: argify, ax, arsy-varsy, begum, bile (for boil), blab (for talk), bust, caant (for cannot), codger, consarn, dowter (for daughter), edicated, forrard, hassle (to chasten), jabber, kid (for child), mawkin, quality (for gentry), rumpus, shaant, talk (conversation), teeny (small), uppish (proud), varmint (for vermin)。 见Jabez Good, *A Glossary or Collection of Words, Phrases, Place Names, Superstitions, etc., Current in East Lincolnshire* (n.p., n.d., copy in LINCRO); R. E. G. Cole, *Glossary of the Words in Use in South-West Lincolnshire (Wapentake of Graffoe)* (London, 1886); J. Ellet Brogden, *Provincial Words and Expressions Current in Lincolnshire* (London, 1866); Edward Peacock, *A Glossary of Words Used in the Wapentakes of Manley and*

Corringham, Lincs. (London, 1889)。

2 多数学者赞同这个观点。安德斯·奥贝克（Anders Orbeck）写道："我们的目的是要在英格兰东部的方言中找到东马萨诸塞语言的根源。"见《17世纪东马萨诸塞的城市记录中反映出的早期新英格兰发音》（*Early New England Pronunciation as Reflected in Some Seventeenth Century Town Records of Eastern Massachusetts* [thesis, Columbia, 1925, rev. Ed., Ann Arbor, 1927]）。马克西米利安·谢勒·德·维尔（M. Schele de Vere）观察到，马萨诸塞第一代移民"不仅带来了今天洋基人仍然在使用的词汇，还有发音和讲话的模式，这些都得到了很好的保存，如今被称为'新英格兰慢腔'；这种新英格兰方言金属般的回响……正是著名的'诺福克哼声'"。见 *Americanisms; The English of the New World* (New York, 1872); Herbert J. Tjossem, "New England Pronunciation before 1700" (thesis, Yale, 1955)。最好的总结性研讨请见 George Philip Krapp, *The English Language in America* (2 vols., New York, 1925), II, 124; G. H. Grandgent, "From Franklin to Lowell: A Century of New England Pronunciation," PMLA 14 (1899), 207-39; Henry Alexander, "The Language of the Salem Witch Trials," *AS*, 3 (1927-28), 390-400; C. H. Grandgent, *Fashion and the Broad A in Old and New England* (Cambridge, 1920)。

3 在多个世纪里，新英格兰方言保留了古代英文的结构，比如 housen 对于 houses，blowth 对于 blossoms。这些在不列颠美洲的其他地方都没有记录，但在东盎格鲁则是常用的。见 S. A. Green, *Natural History and Topography of Groton, Massachusetts* (Groton, 1912), 74; James Russell Lowell, *The Biglow Papers,* series II (Boston, 1867), Introduction。

4 马萨诸塞和东盎格鲁的语言方式是动态的，20世纪发音的模式仅仅是早期实践的回音。对洋基鼻音最好的介绍并不是20世纪学者的方言地图，而是17、18和19世纪留下来的日常描述、节奏模式和拼字。见 John Pickering， *A Vocabulary or Collection of Words and Phrases...Peculiar to the United States*(Boston, 1816), 42; John Lambert, *Travels through Canada and the United States* (3 vols., London, 1814), II, 505; Noah Webster, *A Grammatical Institute of the English Language* (Hartfod, 1783), I, 6; *Groton Records,* 130; *New Haven Records*, 97; *Mass Bay Records,* I, 238, 241; J. F. Cooper, *Pioneers,* ed. J. F. Beard (Albany, 1980), chap. Xv。

在东盎格鲁“东部方言”中的相似发音记录在亚历山大·吉尔（Alexander Gil）所著的 *Logonomia Anglica,* 1916；总结性论述可见 Dobson, *English Pronunciation, 1500-1700,* I, 147-52。

5 J. B. 摩尔（Moore）19 世纪整理的新英格兰词汇表是众多相似列表中比较具有代表性的。他把“典型洋基人”（typical Yankee）或“乡下乔纳森”（Country Jonathan）的方言与标准的英语做了比较：“Airnest, Earnest; Actilly, actually; Ax, ask; Arter, after; Airly, early; Ain’t, is not; Bellowses, bellows; Beller, bellow; Bin, been; Bile, boil; Bimeby, by and by; Blurt out, to speak bluntly; bust, burst; Caird, carried; Chunk, a piece; Cuss, curse, [also] a mean fellow; Close, clothes, Darsn’t, dare not; Darned, a polite way of saying damned; Desput, desperate; Du, do; Dunno, don’t know; Dror, Draw; Eend, end; Tarnal, eternal; Etarnity, eternity; Ef, if; Emptins, yeast; Es, as; Fur, far; Forrard, forehead, or forward; Ferfle, fearful; Ferrel, ferrule; Feller, fellow; Fust, first; Foller, follow; Furrer, furrow; Git, get; Gret, great; Gal, Gir; Grouty, sulky; Gut, got; Gump, a foolish or full fellow; Gum, to impose upon; Hed, had; Housen, houses; Het, heated; Hull, whole; Hum, home; Hev, have; Ideno, I don’t know; Inimy, Enemy; Idees, ideas; Insine, ensign; Inter, into; Jedge, judge; Jest, just; Jine, join; Jint, joint; Keer, care; Ketch, catch; Kinder, similar; Kittle, Kettle; Let daylight into him, to shoot or destroy him; lick, to beat or whip; Lights, Lungs; Mash, Marsh; Mean, stingy; Offen, often; Ole, old; Peek, peep; Pint, a point; Popler, popular; Popple, poplar; Put out, troubled, or vexed; Riled, angry; Riz, rose or risen; Sass, sauce; Sassy, impertinent; Sartin, certain; Set by or sot by, admired; Sich, such; Slarter, Slaughter; No Great Shakes, not much account; Meetin’ heouse, meeting house; Nower’s nowhere; Pooty, pretty; Pize, poison; Scaly, mean; Scrouging, hard labor; Sot, sat; Picter, picture; Snaked out, pulled out; Streaked, mean; Scoot, to run away; Sogerin, shirking; ‘Somers, somewhere, Suthin, something; Take on, to mourn; Takers, potatoes; Tetch, touch; Sost, so as to; Darter, Daughter; Wal, well; Wuz, was; Puddn, Pudding; Winder, window; Hins, hens; Ter rites, presently; Harrer, harrow; Harrer up yer feelins, to excite your feelings; Put out, offended; Straddle over, step over; Grouty, cross or angry; Terbarker or Barker, tobacco; Pester, annoy; Sharder, shadow; Pesky, offensive; Larnin, learning;

Turkle, turtle; Tootin, blowing on an instrument; Sho, an exclamation of surprise; Duds, Clothes; Nuther, neither; Natur, nature; Yaller, yellow; I swow, or I swan, another way of saying I swear; Edicated, educated; this ere, this here; That are, that there; Seed, saw; Hist, hoist; T'other, the other. Words ending with the syllable ing were pronounced as though the final consonant, g, was silent."

摩尔评论说："在新英格兰定居很多年后，受教育程度不高的人仍习惯把很多常用词发成特定的发音……典型的洋基人或乡村乔纳森都是以这种方言来说话。"见 *History of the Town of Candia* (Manchester, N.H., 1893); 其他的新英格兰早期单词表和发音记录见 Timothy Dwight, *Travels in New England and New York,* Barbara Miller Solomon (3 vols., Cambridge, Mass., 1969); John Drayton, *Letters Written during a Tour through the Northern and Eastern States of America* (Charleston, S. C., 1794), 58; and Andrew Beers, *Beers' Almanack for the year 1808* (New Haven, 1807), 23。

在城镇和殖民地记录中的拼字模式也包含了很多线索，安德斯・奥贝克对此作了系统研究，结果收录在 *Early New England Pronunciation*。

5 Bernard Bloch, "The Treatment of Middle English Final and Preconsonantal R in the Present-Day Speech of New England" (thesis, Brown, 1935); and "The Post Vocalic R in New England Speech," *Actes du IVe Congres Internationale de Linguistes* (Copenhagen, 1938); 195-97; Gordon E. Bigelow, "More Evidence of Early Loss of [r] in Eastern American Speech," *AS* 30 (1955) 154-56; Vivian S. Lawrence, "Dialect Mixture in Three New England Pronunciation Patterns: Vowels and Consonants" (thesis, Columbia, 1960); Robert L. Parslow, "The Pronunciation of English in Boston, Massachusetts: Vowels and Consonants" (thesis, Univ. Of Michigan, 1967); Peter and Jane Benes, *American Speech: 1600 to the Present, DSNEF*, 1983 (Boston, 1985).

7 Dwight, *Travels*, I, 368-69.

8 Edmund B. O'Callaghan, ed., *Documentary History of the State of New York* (4 vols., Albany, 1849-51), I, 678; Martha Jane Gibson, "Early Connecticut Pronunciation: Guilford, 1639-1800; Branford, 1644-1800" (thesis, Yale, 1933); Claude Mitchell Simpson, "The English Speech of Early Rhode Island, 1636-1700" (thesis, Harvard,

1936); and Tjossem, "New England Pronunciation before 1700."

还存在个人之间的差异。新英格兰的清教诗人爱德华·泰勒（Edward Taylor）利用一种独特的兰卡斯特口音构造了自己的韵律体系。泰勒大约于 1642 年出生在兰卡斯特郡的斯科奇利（Sketchley），他较晚到达新英格兰，是 1668 年移民的。见 Bernie Eugene Russell, "Dialectical and Phonetic Features of Edward Taylor's Thymes: A Brief Study Based upon a Computer Concordance of his Poems" (6 vols., thesis, Univ. of Wisconsin, 1973); Karl Keller, *A Concordance to the Poems of Edward Taylor* (Washington, 1973), and Donald E. Stanford, ed., *The Poems of Edward Taylor* (New Haven, 1960)。

9 Nathaniel Ward, *The Simple Cobler of Aggawam* (London, 1647).

10 Timothy Dwight, *Travels*, I, 368.

马萨诸塞的建筑方式

新英格兰房屋的东盎格鲁和肯特根源

相同的演化规律也体现在新英格兰本土的建筑上。马萨诸塞湾在 17 世纪早期就形成了独特的建筑样式，但它并不是在新世界发明的，而是以大移民期间在英格兰东部流行的样式和风格为基础发展来的。[1]

这种建筑样式可以从它对建材的选择上分辨出来。在大约四个世纪当中，新英格兰的房屋以木材为主。十七、十八世纪硬木充足的时候，橡木用来制作框架，杜松制作窗台，白松木制作地板，而雪松木制作外墙。当这些植物逐渐减少，便宜的软木变得更加流行。但从 17 世纪到我们这个时代，木头一直是马萨诸塞最主要的建筑材料——比美国任何其他地区更甚。

这种对木材的偏好不仅是对北美洲丰沛森林资源的自然反应，也是从英格兰东部带来的古老民俗，那里的木结构房屋时至今日仍然要比英国其他地方普遍。历史学家布朗（R. J. Brown）在英国家庭房屋的研究中发现，埃塞克斯“拥有的木结构房屋可能比任何其他地方都多”。[2] 木质屋顶和木墙在东盎格鲁、肯特和东苏塞克斯也比在英格兰其他地方要多，同样的，这些木结构在新英格兰比在美国其他地方更多。[3]

Whitman House, Farmington, Connecticut, 1664

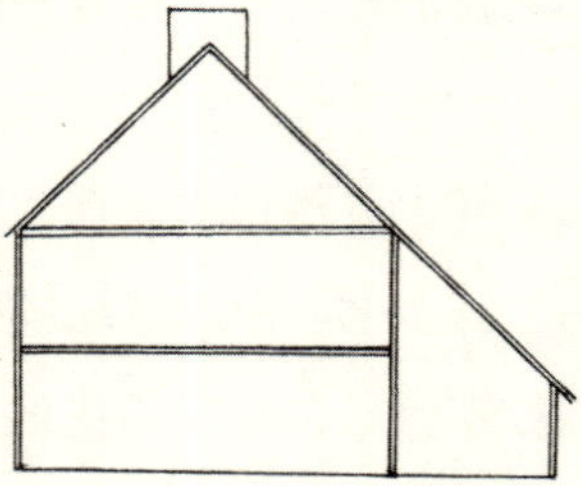

Parsonage Lane Cottage
Darenth, Kent

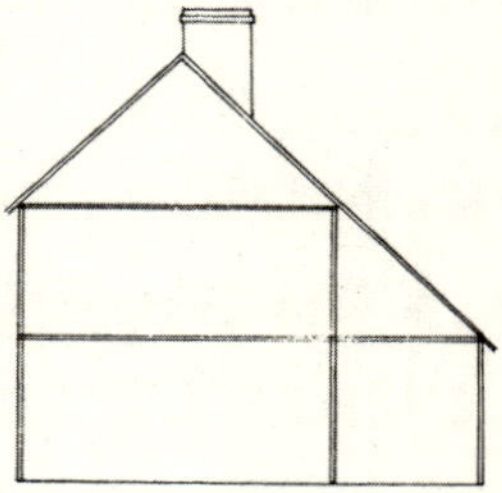

Moulthorp House
East Haven, Connecticut

上图：惠特曼房屋，康涅狄格州，法明顿，1664 年。

下左：帕森尼奇路农舍，肯特郡，达伦斯；下右：马特房屋，康涅狄格州，纽黑文。

说明：盐盒房并不是新英格兰的发明。17 世纪早期，这种房屋在肯特和东盎格鲁已经是常用的了。在肯特郡达伦斯帕森尼奇路有一栋木结构房屋。它在设计和层高等每个重要方面都和新英格兰的盐盒房很相似。它的木质结构和覆盖层在英格兰东南部很常见，但在不列颠其他地方却少见。见 Morrison, *Early American Architecture*, 57; AC LXXVII, 92–93; Chalkin, Kent, 237; 画图来自弗雷德里克·凯利（J. Frederick Kelley），参见 Dow, *Everyday Life in Massachusetts*, 24f。

建筑技术也显示出相似的规律。马萨诸塞的房屋建造工艺在梁柱等诸多细节方面和东英格兰很相似，例如防风支撑、挂钩的位置、卯眼的形状、榫舌交接处及桁架中柱、椽、檩条和构件尺寸的设计等。[4]

马萨诸塞建筑的内部设计也和东英格兰相似。新英格兰南部一种流行的农舍设计包含了长方形的两层楼、中央烟囱和“十二节”高的陡峭屋顶。一层楼的偏房通常作为厨房加在屋后，1680年之前，这是作为整栋房屋必要的一部分。为了遮盖这间厨房，后屋顶设计成直线向下，从而造成一种“盐盒”轮廓，这也成了这种房型的名字。[5]

盐盒房并不是新英格兰的发明。在大移民之前，这种房屋在肯特和东盎格鲁就已经常用了。肯特郡达伦斯（Darenth）的帕森尼奇路（Parsonage Lane）上有一栋木结构房屋，它和新英格兰的盐盒房完全一样，包括前面两层结构、后面一层、中央烟囱和厨房偏房，属于典型的盐盒房。内部一楼分为两个大房间，楼上房间偏小。这栋房不大，仅26平方英尺。但对于一个工匠或农夫来说，这是一个舒适的家。这种房子很少在老英格兰留存下来。在16世纪晚期到17世纪早期，这种房子在东部郡非常普遍，并且几乎毫无变化地传播到了新英格兰。[6]

另一种新英格兰的建筑样式是科德角盒（Cape Cod box），一种一层半的小结构。这种房子也是16世纪晚期到17世纪早期发展起来的，佃农为了增加屋子容量，通常把睡觉设施加在上层。

十七、十八世纪的时候这种房子在新英格兰得到普遍应用，到了20世纪又得到振兴。这种结构今天仍然很流行，虽然它在英格兰

The Corwin House, Salem, Essex County

Church Hall, Boxted, Essex, circa 1600

上图：科温房屋，萨勒姆，埃塞克斯郡。

下图：教堂房屋，埃塞克斯郡博克斯托得，约 1600 年。

说明：山形房是新英格兰早期房屋中最豪华的样式。这些复杂的结构有很多吊窗、侧翼，通常还有凌乱的尾翼。萨勒姆的科温房屋是一个很好的例子。这里有一幅再版的旧画。中央的走廊有两层高，侧面是很大的山形墙，分布在前面和两旁。中央大烟囱可以向很多房屋供暖，所有山形墙最终归拢到屋顶的顶点。在波士顿、萨勒姆、伊普斯威奇（Ipswich）和索格斯（Saugus）有很多这样的房屋。它们和英格兰东部的大房子很相似。这些轮廓图的来源包括埃塞克斯研究所的萨缪尔·巴托尔（Samuel Bartol）的画图，以及 Cummings, *Framed Houses of Massachusetts*, 13。

已经被抛弃了很久。[7]

新英格兰有一种显得更加刻意的结构是延伸盒，这是一种和盐盒很相像的四方结构，只是在屋侧而不是在屋后有更多附加。其实就是多加了一个很宽的房屋正面，让富人的屋子有了更多的空间。在东英格兰和马萨诸塞，这种加长盒通常为富裕的自耕农和普通贵族拥有。[8]

第四种设计是山形盒。在萨勒姆有一栋“唐宁 - 布拉德斯特里特”（Downing-Bradstreet）屋，正面有三重山形结构，两层窗户和两个大型烟囱。这是马萨诸塞 17 世纪最豪华的私人宅邸，与东盎格鲁普通贵族的房子相似。[9] 这些房子通常不考虑对称性，只是通过增加山形结构和侧翼来扩大面积。这种做法在东盎格鲁比较普遍，那里的“复式山形屋顶房”在英格兰最为流行。[10]

这些大房子的突出特征是二楼向外伸出（在英格兰，这叫作第一楼）。第二层楼的前部比一楼要伸出一到两英尺，在 17 世纪这被称为建筑的“突出部”。这种款式在东盎格鲁的乡村和城镇曾非常流行，在新英格兰兴建定居点之后的上百年中也被经常使用。[11]

马萨诸塞房屋的地点规划也和东盎格鲁相似。湾区的房子习惯面向南方。它们离路边很近，车子经过的时候通常离门仅有几英寸。有人解释，这是为了适应环境，这样在多雪的冬天可以减少铲雪量；但同样的模式在东盎格鲁的老路和小路边也常常看到。[12]

马萨诸塞的建筑方式并不是一成不变的。18 世纪，开窗方式就发生了重要变化，原先的竖铰链窗让位于框格式吊窗。19 世纪，房屋的架构从硬木柱梁转变成以软木托梁和钉子为主的轻架构。房屋的比例增大了，内部结构也发生了变化，增加了分隔间以保护隐私。新英格兰房屋的审美先后受到 18 世纪帕拉第奥建筑型式（Palladian）

和19世纪复兴希腊样式的影响，但在这些口味变化的背后，建筑材料、方法、计划、样式和地点都有一种潜在的延续性。在三百多年中，马萨诸塞的家庭建筑保留了东英格兰文化的特征。

注释

1 对英国本土建筑最好的介绍可参见 Eric Mercer, *English Vernacular Houses* (London, 1975); R. W.Brunskill, *Timber Building in Britain* (London, 1985); John and Jane Penoyre, *Houses in the Landscape: A Regional Study of Vernacular Building Styles in England and Wales* (London, 1978); 更专门性的论述见 C. A. Hewett, *Timber Building in Essex, AMST, n.s. 9 (1961),* 32-56; O. Rackham, "Grundle House: On the Quantities of Timber in Certain East Anglian Buildings in Relation to Local Supplies," *VA* 13 (1982), 39-47; H. C. Hughes, "Some Notes on the Character and Dating of Domestic Architecture in the Cambridge District," *CASP* 37(1935-36), 1-23; F. W. Steer, *Farm and Cottage Inventories of Mid-Essex, 1635-1749* (Colchester, 1950); F. A. Gurling, "Suffolk Chimneys of the Sixteenth Century," *SIAP* 22 (1934-36), 104-7。

特别有帮助的是对东英格兰拆毁建筑的现代研究，参见 D. G. Macleod, "Cottage on the East Side of Rochford Market Square," *EJ I* (1966), 25-37; Ian G. Robertson, "The Archaeology of the M1 Motorway in Essex, 1970-1975," *EJ,* 10 (1975), 68。

新英格兰建筑可参见 Abbott L. Cummings, *The Framed Houses of Massachusetts Bay, 1625-1675* (Cambridge, 1979); R. G. St. George, "Set Thine House in Order…" *New England Begins: The Seventeenth Century* (3 vols., Boston, 1982), II, 159-351; and Anthony Garvan, "The New England Plain Style," *CSSH* 3 (1960) , 106-22。

2 R. J. Brown, *The English Country Cottage* (London, 1979), 105.

3 这种形式的屋顶（或覆盖物）在今天的英格兰被称为天气板（weatherboarding）或木板覆盖层（woodcladding）。但在17世纪，它被称为隔板，这种称谓在美国保留下来了。有关木隔板“在东南是土生土长”的论述，请见 R. J. Brown,

English Farmhouses (London, 1982), 172。它们在肯特、埃塞克斯和靠近埃塞克斯的东哈特福德地区尤其普遍。

4 这些模式非常复杂。简括之，东盎格鲁和新英格兰的构架技术在以下几个方面很相似：

1. 桁架中柱和檩条在英格兰东边比较普遍，而英国其他地方（尤其北方）的屋顶架构嵌入中柱更深（如果是盒内）；

2. 内部的烟囱架构比山形墙末端的烟囱更受欢迎；

3. 榫只用一颗或最多两颗钉子固定，即使是在烟囱的捆绑带上；

4. 屋顶架构是由衔接紧密的基本椽和通接椽构成，而不是基本椽、屋缘和檩条构成；

5. 屋顶的构件尺寸（以及其他木材）比较轻薄，相比于英格兰北部和西部是如此；

6. 为了功能的需要，分隔间会放在一楼，但通常会放在楼上；

7. 屋顶上的防风支撑有时会高出檩条， 而不是低于它。

这方面的权威研究可见 C. A. Hewett, *The Development of English Carpentry, 1200-1700: An Essex Study (London, 1969);* and "Some East Anglian Prototypes for Early Timber Houses in America," *PMA* 3 (1969), 100-121; "Seventeenth Century Carpentry in Essex," *PMA 5* (1971), 77-87; and Cummings, *Framed Houses of Massachusetts Bay*, 95-117。

5 在新英格兰房屋木工艺的词典中，一个"十二节"屋顶是指，屋顶每 12 英寸深，就有 12 英寸高。

6 1961 年这栋房子拆掉时，有人对它的细节进行了深入研究，见 *AC* 77 *(*1961), 92-93; C. W. Chalkin, *Seventeenth-Century Kent* (London, 1965), 237。

7 Basil Oliver, *Old Houses and Village Buildings in East Anglia, Norfolk, Suffolk and Essex* (London, 1912); Arthur Oswald, *Country Houses of Kent* (London, 1933); 艾博特·卡明斯（Abbott Cummings）研究了埃塞克斯郡科恩恩盖尔（Colne Engaine）五月花农舍的起居室和走廊设计，发现"这种被广泛接受的设计作为一种模式延续了三个半世纪，今日美国稍加变化仍在使用，对照建筑师的词典，分别是加里森、殖民地和科德角房屋"。(*Framed Houses of Massachusetts Bay*, 6) 也可见 Allen G. Noble, *Wood, Brick and Stone, The North American Settlement Landscape;* vol I, Houses (Amherst, 1984), 23-25; Alfred E. Poor, *Colonial*

Architecture of Cape Cod, Nantucket and Martha's Vineyard (New York, 1932); Ernest A. Connally, "The Cape Cod House," *SAHJ,* 19 (1960), 47-56; Henry Glassie, *Pattern in the Material Folk Culture of the Eastern United States* (Philadelphia, 1968), 128-30。这本书讨论了科德角房屋在纽约上州和老西北部的传播（包括俄亥俄、印第安纳、伊利诺伊、密西根和威斯康星等州）。

8 肯特中部的例子可见 Chalkin, *Kent*, 237。

9 这个结构在 18 世纪被拆毁了，后来见到的样子是来源存疑的画图，再现于 Cummings, *Framed Houses of Massachusetts Bay,* 144。

10 Penoyre and Penoyre, *Houses in the Landscape,* 78.

11 同上。

12 Elizabeth G. Farrell, "Essex Rural Settlement" (thesis, Wales, 1969).

马萨诸塞的家庭方式

清教徒关于誓约家庭的理念

湾区建设者创造了家庭生活的特殊形式，与他们的语言和建筑一样特色鲜明。清教徒对家庭生活有很深的思虑。他们对家庭问题长篇大论，制定一些符合生活实际的清规戒律。[1]

马萨诸塞人并不把家庭看作一种目的，而是实现其最高宗教目标的工具。清教作家乔纳森·米切尔（Jonathan Mitchell）宣称："基督徒可以并且应该把诸多事务当作手段，而上帝才是唯一目标。"[2]这正是他们看待家庭的特别方式，并且被描述为"教会和共和国的根源所在"。[3]

这个文化对家庭如此重视，也因为历史学家埃德蒙·摩根（Edmund Morgan）所说的"清教部落主义"（Puritan tribalism）的深刻影响。这是一种希伯来人的理念：所谓新英格兰的奠基人是上帝的选民。清教徒在牧师的鼓动下自称为"圣徒"（the saints），并相信他们的子孙后代会因此受益。约翰·科顿从谱系学上清楚地解释了这个过程："上帝的誓约是，我是你们的神，也是你们子子孙孙的神。"[4]清教牧师威廉·斯托顿（William Stoughton）走得更远，他预告说："最后一天打开的书中将会包含他们之间的谱系。新英格兰儿女们的家谱将会公之于众。"[5]

这种对家庭和家谱的执着一直是新英格兰文化重要的一部分。大移民两个世纪后，哈里特·比彻·斯托（Harriet Beecher Stowe）写道：

> 家庭是殖民者带到马萨诸塞的英伦观念之一，即使民主出了问题也无法让人们遗忘。我少年时就一再受到家庭情感、家族荣耀、家庭的期待、恐惧和欲望等教导。家庭谱系的事情存在每个人的心心念念中。“来自一个尊贵的家族”是家里火炉旁的老生常谈，并成为我性格中的一部分。[6]

新英格兰对家谱的热衷与英格兰或弗吉尼亚的上等家庭是不一样的。它无关等级和资源分配上的优越感，而是一种基于奠基人清教准则的道德和宗教观念。

清教观念对新英格兰家庭方式的影响还有另一重表现。湾区殖民地的创建者以誓约神学来阐述家庭理念，因为前者在他们的信仰中处于核心的位置。他们相信，上帝与每个人的誓约也延伸到另一种契约中，即家庭契约。约翰·科顿解释说，“上帝与父母和家长都订了誓约”，这不仅把他们自己约束起来，“也把妻子、孩子、仆人、亲戚、熟人，和所有在接触范围内的人，通过附属或协作的方式约束住了”。[7]

所以，契约家庭变成夫妻之间、父母与子女之间、主人与仆人之间相互义务的复杂网络。这种清晰的契约观念和严格的执行力，尤其是它对信仰的强调，使得新英格兰清教徒区别于西方世界其他人群（甚至包括加尔文教派）。[8]

和同时代人一样，清教徒认为家庭是一系列由近及远的关系的轴心。但在这种传统观念里边，他们尤其强调最核心的部分。这方面有大量证据是他们对核心家庭成员取名的独特传统。后面我们会看到，马萨诸塞的清教徒非常重视在核心家庭里把父母的名字传承给子女。这种取名的方式是清教徒独有的，与不列颠美国的其他文化很不同。[9]

继承的传统也体现出相似的倾向，相较于 17 世纪其他美国殖民地，这种传统在新英格兰处于更核心的位置。例如，对马萨诸塞州纽伯里（Newbury）168 份遗嘱的研究发现，仅有 6.5% 的人给侄子或侄女留了遗产，3.0% 给了其他亲戚。没有人留遗产给同辈的表亲，这和切萨皮克殖民地不同。[10]

对核心的强调还表现在家庭成员的组成上。与其他殖民地比较，马萨诸塞和康涅狄格的家庭构成中，孩子数目较多、家仆数目较少，而持续婚姻的比例较高。例如，在马萨诸塞州沃尔瑟姆（Waltham），1730 年代结成的婚姻家庭平均拥有 9.7 个孩子。除了少数把生育作为对神的崇拜的基督教公社，沃尔瑟姆的家庭是人口历史学家在西方发现的最大家庭。但他们并不是唯一的。在新英格兰很多其他的城镇中，生育率也居高不下，其孩子的数目甚至高于法国人口学家路易斯·亨利（Louis Henry）所定义的一般人口的生物极限值。[11]

新英格兰的家仆数量很小，平均每户不足一名。这个地区的多数家庭一般都没有家仆，这种现象与切萨皮克地区和特拉华殖民地很不同。总的来说，新英格兰的家庭更近似于核心家庭，而且这种家庭比西方世界任何其他地方更大更稳固。

强有力的核心家庭只是新英格兰家庭的一个特征。另一个重要特征是他们强调通过家庭的力量来保持个人的道德品行。湾区的居民通过很多制度来保持核心家庭内部的所谓“家庭秩序”和“家庭治理”。其他文化也有类似的现象，但清教的新英格兰在这方面有自己的方式，并且目的性很强。每个城镇的行政委员和警察要依法对家庭进行日常巡视。如果某个家庭的“良好秩序”遭到破坏，他们的任务就是恢复这种秩序。在经常“失序”的核心家庭（这意味着多种违法行为），行政委员可以强制性地带走孩子和仆人，安置在其他家庭。1675年，住在多尔切斯特的罗伯特·斯泰尔斯（Robert Styles）被认定了多种罪行，政府要求他“放走他的孩子，否则政府官员会依法强制带走”。[12]

到了第二代移民，巡查家庭的责任从行政委员转到了被称为十户长的城镇官员。1675年的法律要求每一位十户长“负责管理住所附近十到十二个家庭，经常进行检查”。这种职位在弗吉尼亚的圣公会教徒或宾夕法尼亚的教友会教徒中并不存在。但这并不是新英格兰的发明。十户长作为教区的功能性职位已经在东盎格鲁和英格兰的其他地方存在了很长时间。这又一次说明英国的传统被清教徒继承，并且增加了很强的目的性。[13]

誓约家庭的观念在马萨诸塞异常重要，每个人都被法律要求与家族居住在一起。早在1629年，殖民地的总督及其副手就发布命令：

> 为了更好地容纳商业的发展，我们已经把隶属于公司的仆人分配给了几个家庭，我们是想让他们能生活在一起……我们真诚地期望，你们住在这些家庭的时候，能提供特别的协助，让这些家庭的家长（至少是其中一些）持守信仰；每当晨昏，家庭的责任按时履行，每个家庭的所有成员都被看顾……这样才能防止失序的发生，恶行的种子在它们长出来之前被遏制。

康涅狄格和普利茅斯也都禁止任何单身的人“独自居住”。[14]

这些法律得到了执行。1668 年马萨诸塞州米德尔塞克斯郡法庭系统地搜索了城镇，并把发现的单身男女归入家庭里边。[15]1672 年埃塞克斯郡法庭记载：

> 据调查，黑弗里尔的约翰·利特艾尔（John Littleale）违反郡法律，独自住在一栋房子里，因此受到罪和邪恶的影响，这通常是独居生活伴随的产物和结果，因此下令……让他搬出现在的住处，在城里某个秩序正常的家庭里定居，并且接受家庭管制的规则。

约翰·利特艾尔这个顽固的独居者被要求在六周内遵照执行，否则他将被送入管教所里。[16]

这种传统并不是在新英格兰发明的，而是在东盎格鲁已经存在了很长时间。从 1562 年到 17 世纪中期，英格兰埃塞克斯郡的高等警察局和地区法庭对“单身汉”“未婚者”以及“自由人”（masterless men）采取相似的政策。清教徒沿袭了这一传统，并且添加了很强的信仰色彩。[17]

对于湾区的居民来说，家庭秩序是一个等级观念。在这种观念中，人们的等级是按照年龄来划分的。这种等级结构对他们的思维有特别影响。在新英格兰的清教徒中，家庭内的等级主要受制于年龄，与性别和社会地位则关系较小，这在其他的英语文化中很少见。相关证据不仅有文学描述，也包括日常饮食起居的秩序等。马萨诸塞的家庭并不在一起吃饭。劳拉·撒切尔·乌尔里奇（Laurel Thatcher

Ulrich）发现，新英格兰的“仆人和孩子……在主人夫妇用餐后再坐下吃饭”。我们后面会看到，这种方式与其他的盎格鲁–美国文化的饭桌传统并不相同。[18]

睡觉的安排也有同样的年龄等级。成人和家长睡在一楼，他们的房间通常称为起居室或主卧。孩子们一般睡在楼上，在阁楼或条件较差的房间。建筑史学家发现，这种安排在东盎格鲁比较典型，但在英格兰其他地方则不常见。艾伯特·卡明斯（Abbott Cummings）写道：“在东盎格鲁，成人睡觉几乎都是在一楼。”卡明斯发现，在英格兰西部，成人与孩子都睡在楼上，但是“在17世纪早期，至少在英格兰东南部，起居室已经是一楼主要的睡房，在马萨诸塞这也是它的主要功能，这些都反映在有两个或两个以上房间的房屋设计中……一楼起居室作为家长主卧室的做法一直延续到18世纪，在一些农村地区甚至延续到19世纪”。[19]

家庭内部的年龄等级写进了马萨诸塞的法律。1648年的法律规定对于那些16岁以上拒绝服从父母的儿子施以死刑。那些攻击或诅咒其父母的孩子也会受到同样的处罚。没有孩子被按照这种法律惩罚过，但有几例孩子因为对父母的粗鲁或辱骂而被法庭判处罚款或鞭刑的案子。这些悖逆的“孩子”中有几个已经四十多岁，而他们的父母已经进入了老年。[20]

与此同时，其他的法律规定，较年幼的孩子如果“粗鲁、顽固、不守规矩”，又很难被父母管教，则要被赶走，交给可以“强迫他们服从管理”的人。[21]

誓约家庭作为宗教目的的工具这种强烈的清教观念，以核心家庭作为家庭的主要形式，以及家庭内部的年龄等级等特点，把新英格兰的家庭传统和英属北美的其他文化区分开来。清教徒的这些观念深入到诸多细节中，包括夫妻关系，孩子与老人的关系，婚姻与离婚，性与死亡等。

注释

1 这个主题上有两部美国历史学的经典著作：Edmund Morgan, *The Puritan Family;* John Demos, *A Little Commonwealth: Family Life in Plymouth Colony* (New York, 1970)。摩根的著作对家庭理念的解释很有力；迪莫斯则对遗嘱和法庭记录中的实际情况有细致的描述。我从两位历史学家那里收获良多。

2 Jonathan Mitchell, "Sermons from Psalms," n.d., MAHS; 引用见于 Morgan, *Puritan Family*, 15。

3 Boston Sermons, 14 Jan. 1672, MAHS, 引用见于 Morgan, *Puritan Family*, 143。

4 John Cotton, *The Covenant of God's Free Grace* (London, 1645), 19-20.

5 William Stoughton, *New Englands True Interest, Not to Lie* (Cambridge, 1670), 33.

6 Stowe, *Oldtown Folks,* 1102.

7 Cotton, *God's Free Grace*, 19.

8 John Cotton, *Christ the Fountaine of Life* (London, 1651), 33; 引用见于 Morgan, *The Puritan Family*, 6-7; 关于家庭誓约的清教观念的讨论，参见同上，6-9 页，181 页；参见 Champlin Burrage, *The Church Covenant Idea* (Philadelphia, 1904); Leonard J. Trinterud, *The Origins of Puritanism*），*Church History,* 20 (1951), 55; Miller, *Errand into the Wilderness* and *The New England Mind,* 366-97。

9 差异的程度非常大，在很多研究中也得到再现。见下，"马萨诸塞下一代的取名方式"（"Massachusetts Naming Ways."）。

10 Robert L. Goodman, "Newbury, Massachusetts, 1635-1685: The Social Foundations of Harmony and Conflict" (thesis, Michigan State Univ., 1974), 65; 清教与非清教殖民地的差异程度无法通过死亡率来解释。

11 新英格兰完整家庭和所有家庭孩子出生的数据如下：

城市	婚姻代际	完整家庭	所有家庭	城市	婚姻代际	完整家庭	所有家庭
普利茅斯	第一代	8.3	无数据	马萨诸塞州米尔福德（Milford）	1710—1740	7.4	无数据
	第二代	8.7	无数据		1740—1750	7.4	无数据
	第三代	9.3	无数据		1750—1760	7.8	无数据
马萨诸塞州安多佛（Andover）	第一代	8.3	8.3		1760—1770	8.3	无数据
	第二代	8.7	8.1	马萨诸塞州康科德（Concord, MA）	1750—1770	7.1	5.4
	第三代	7.6	7.2	马萨诸塞州斯特布里奇（Sturbridge）	1730—1759	8.8	无数据
马萨诸塞州沃尔瑟姆	1671—1680	9.0	无数据	马萨诸塞州布鲁克赖恩（Brookline）	1710—1810	7.2	6.5
	1691—1700	8.3	无数据	康涅狄格州温莎（Windsor）	1640—1659	7.7	无数据
	1701—1710	8.4	无数据		1660—1679	8.0	无数据
	1711—1720	8.5	无数据		1680—1699	7.2	无数据
	1721—1730	9.0	无数据		1700—1719	6.2	无数据
	1731—1740	9.7	无数据		1720—1739	7.6	无数据
马萨诸塞州欣厄姆（Hingham）	1660 之前	7.5	6.4		1740—1759	6.6	无数据
	1661—1680	7.9	7.7		1760—1779	7.1	无数据
	1681—1700	6.0	5.5	新罕布什尔州汉普顿（Hampton）	1638—1674	8.6	7.5
	1701—1720	5.6	4.8		1675—1699	7.3	6.7
	1721—1740	6.8	5.7		1700—1724	7.7	6.4
	1741—1760	7.2	6.3		1725—1749	7.2	6.9
马萨诸塞州米尔福德（Milford）	1660—1710	8.4	无数据	楠塔基特	1680—1739	7.2	无数据

数据来源：Demos, *A Little Commonwealth,* 192; Philip J. Greven, Jr., *Four Generations: Population, Land, and Family in Colonial Andover, Massachusetts* (Ithaca, 1970); D. S. Smith, "Population, Family, and Society in Hingham, Massachusetts, 1635-1880" (unpubl. Thesis, Berkeley, 1975); 布兰迪斯有关马萨诸塞米尔福德的家庭重组项目（未出版），由莎莉·巴雷特（Sally Barrett）指导；有关新罕布什尔州汉普顿的项目，由劳伦斯·基尔伯恩（Lawrence Kilbourne）指导；有关楠塔基特的项目，由卡罗尔·沙克曼（Carol Shuchaman）和爱德华·拜尔斯（Edward Byers）指导；有关沃尔瑟姆的项目，由苏珊·西蒙斯（Susan Simmons）指导；有关康科德的项目，由马克·哈里斯（Marc Harris）、苏珊·库兰（Susan Kurland）、詹姆斯·齐门克（James Kimenker）、理查德·温特劳布（Richard Weintraub）和乔安妮·厄尔利·莱文（Joanne Early Levin）等指导；有关布鲁克赖恩的项目，由贝丝·林德纳（Beth Linzner）、肯尼斯·德赖弗斯（Kenneth A. Dreyfuss）、阿莉莎·贝林科夫·卡茨（Alisa Belinkoff Katz）和贝瑟尼·杜比兹斯基·温特劳布（Bethamy Dubitzky Weintraub）指导；温莎的项目，由琳达·奥威尔斯（Linda Auwers）指导。部分结果发表于马克·哈里斯（Marc Harris）的论文 "The People of Concord: A Demographic History, 1750-1850," D. H. Fischer, ed., *Concord, The Social History of a New England Town, 1750-1850* (Waltham, 1983); Beth Linzner, "Population and Society: A Demographic History of Brookline," in D. H. Fischer, ed., *Brookline the Social History of a Suburban Town* (Waltham, 1986), 7-48; Lawrence J. Kilbourne, "The Fertility Transition in New England: The Case of Hampton, New Hampshire, 1655-1840," in Robert M. Taylor, Jr. and Ralph J. Crandall, eds., *Generations and Change: Genealogical Perspectives on Social History* (Mercer, Ga., 1986)。

12 Samuel E. Morison, ed., *Records of the Suffolk County Court, CSM Collections* 29-30 (1933), 646, 23 Nov. 1675.

13 Morgan, *Puritan Family,* 148-149; 仍然有用的还有 Herbert Baxter Adams, *Saxon Tithingmen in America* (Baltimore, 1883)。

14 *Mass. Bay Records*, 21 April 1629, I, 397.

15 Morgan, *Puritan Family,* 146.

16 *Essex County Court Records,* V, 104.

17 F. G. Emmison, *Elizabethan Life: Home, work and Land; From Essex Wills and*

Sessions and Manorial Records (Chelmsford，1976), I, 148-149; also *idem, Elizabethan Life: Disorder; Mainly from Essex Sessions and Assize Records* (Chelmsford, 1970), 31, 33, 46, 210, 222-24.

18 Laurel Thatcher Ulrich, "'It Went Away She Knew Not How': Food Theft and Domestic Conflict in Seventeenth Century Essex County," *Foodways in the Northeast, DSNEF for* 1982, 97.

19 Cummings, *Framed Houses of Massachusetts Bay,* 5, 28. 威廉· 本特利（William Bentley）回忆说，17 世纪的"家长不会上二楼"。见 *The Diary of William Bentley* (4 vols., rpt. Gloucester, 1962), IV, 127。我们后面会看到，在弗吉尼亚州，通常所有人睡在同一层；在偏远的乡间，整个家庭通常会睡在同一个屋里。

20 "如果有人的儿子顽固或叛逆，到年龄了，也就是年满 16 岁了，但仍然不听从父母亲的嘱咐，当他不听话的时候，他们可以惩罚他……这种儿子应该判处死刑。"这个法律规定遵循《旧约 · 申命记》第 21 章第 18-21 节（英王钦定本），参见 *Massachusetts Laws of 1648,* 6; *Connecticut Laws of 1673,* 78; *The Compact with the Charter and Laws of the Colony of New Plymouth,* 100。实际发生的惩罚案例，见 *Plymouth Colony Records,* III, 201; VI, 20; *Mass. Bay Records,* 155; *Essex Records,* I, 19; *Assistants Records,* III, 138-39, 144-45。

21 对法律和法庭案例的总结，见 Morgan, *Puritan Family*, 78。

马萨诸塞的婚姻方式

以婚姻为合同的清教理念

马萨诸塞当年的婚姻传统并不符合人们对一个新国家的想象。虽然这里土地广袤，但年轻人并不急于走进婚姻。与其他殖民地相比，马萨诸塞人第一次婚姻的年龄明显偏大。在定居点建立起来之后，男性结婚的年龄一般是 26 岁，女性是 23 岁。这种趋势在清教徒殖民地延续了差不多一个世纪。[1]

另一个异常的数据是年轻人中不婚的比例。在所有结婚较晚的社会中，不婚的比例通常较高，但在新英格兰却不是如此。婚姻可能推迟到青春期后十年，但几乎所有人都要结婚——在新英格兰，94% 的女性和 98% 的男性会结婚。[2]

这种在我们今天看来很自然的规律，在 17 世纪的时候却与西欧非常不同。在那个僵化的、等级森严的社会，很多青年男女没有机会结婚。27% 左右的英格兰成年人口到了年龄却没有结婚。[3]

清教徒殖民地从一开始就不同。在马萨诸塞的罗利，历史学家帕特丽夏 · 奥马利（Patricia O' Malley）研究发现，17 世纪“几乎每一个孩子成年时”都找到了婚姻伴侣。第一代中，城里只有一个年老的单身汉。[4] 这个文化有很强的婚姻要求。在马萨诸塞，到了三十岁还没有找到伴侣的女性被称为“刺鱼”（thornbacks），在英格兰也是一样。更甚者，清教徒会怀疑没能结婚是上帝不喜悦的标志。新英格兰有一种说法："终身未婚的女人下地狱会变成猿猴的首领。"[5]

在这些人口规律的背后是清教徒殖民地独特的婚姻观念。在英格兰教会的教义中，婚姻是神圣的结合，必须由牧师来祝贺。盎格鲁人相信，在达成这个神圣的结合之后，连死亡也无法将其分开。除了王室和大地主，17世纪的普通英国人不可能离婚。[6]

新英格兰的清教徒拒绝所有这些盎格鲁观念。他们认为，婚姻不是一个宗教仪式，而是民事合同。他们要求这个契约必须在政府官员（而不是牧师）面前"缔结"或"执行"（而不是"呈现"或"祝贺"）。他们还认为，如果婚姻契约的条款被违反，这个结合可以离婚来结束。这些态度成为整个新英格兰地区婚姻传统的基石。但它们并不是在美国或英格兰发明的。威廉·布拉德福（William Bradford）发现，这些态度是"根据偏远乡村的良俗建立起来的"，东盎格鲁公理教会与这些地区保持着经常的联系。[7]这些传统也在1653年奥利弗·克伦威尔（Oliver Cromwell）在英格兰颁布的民事婚姻法案中简短提及。[8]

在多数情况下，清教徒要求包括父母和孩子在内都要对婚姻表达意见。马萨诸塞法庭会对那种所谓"自主婚姻"的年轻人施以罚款，这是指在没有父母或官员同意前提下的结婚，但父母不得专断地拒绝许可孩子的婚姻。在有的案例中，孩子对不许可其婚姻的父母获得了胜诉。[9]

一个契约婚姻的过程开始于复杂的求爱仪式，并且是由法律和传统来严格规定的。马萨诸塞州萨缪尔·休厄尔（Samuel Sewall）和东盎格鲁拉尔夫·乔斯林（Ralph Joselin）分别保存的日记对这些

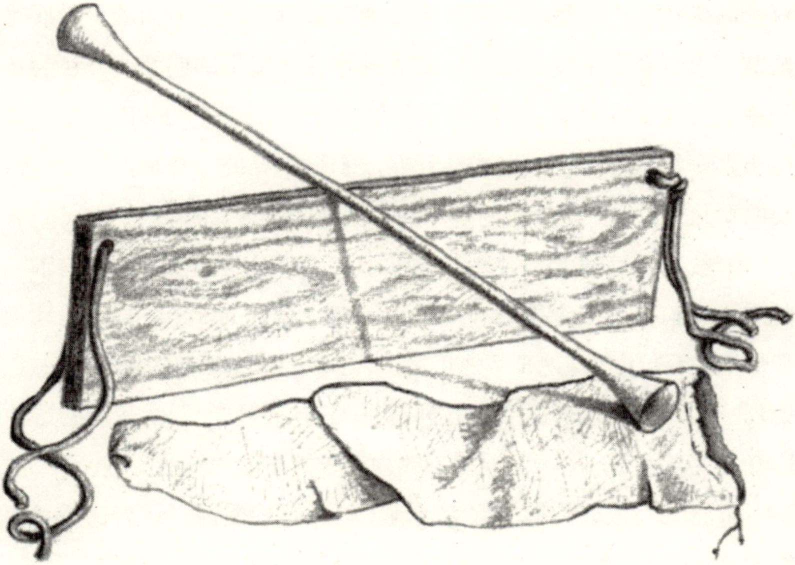

新英格兰求爱仪式有双重目的——把长辈的紧密跟踪和年轻人的自由选择结合起来。为了达到这样的目的，新英格兰人发明了求爱棒，一根六到八英尺长的中空管，两头都有扇状开口。新英格兰一位古董专家在一个多世纪前写道："在全家面前，两位爱人手持这个制造爱的电话筒，坐在火炉的两边。一支这样的棍子还完好地保存在马萨诸塞的朗梅多（Long Meadow）。"

其他的一些民俗发明还有床板、捆绑袜和捆绑板。一对恋爱中的情侣很安全地被绑在一起，中间隔着一个木板躺在床上。有时青年女子的两条腿被安全地绑在捆绑袜里，或绑在捆绑裙里，上半身则露出来。新英格兰的一首古老民谣是这样说的：

她是羞怯而纯真的，
只有脖子到腰部露出来，
而他则大胆且自由地歌唱，
在她的围裙之上。

仪式的描述几乎一致。大体而言，清教父母并不为他们的孩子安排婚姻。求爱者在求爱之前会小心翼翼地征求父母的同意，并且会送一些小礼物委婉示意。萨缪尔·休厄尔女儿朱迪思（Judith）的一个追求者送给其母亲“一些柑橘和在波士顿少见的一种葡萄，又送给我的女儿朱迪思一对石制的耳环和一把扇子”。[10]

清教徒男性通常是很笨拙的求婚者。萨缪尔·休厄尔在追求凯瑟琳·布拉托·温斯罗普（Katherine Brattle Winthrop）时，她请他帮忙把手套拉出来。他直率地拒绝了，还开了一个笨拙的玩笑说：“在处理一头死羊和活着的女士之间有巨大的可能性。”清教徒的这种应变方式显示出这一文化对贵族圈内擅长的求爱方式的反感。[11]

虽然方式愚钝笨拙，但清教徒珍惜真正的爱情，认为这是幸福婚姻的前提。[12]清教徒喜欢说“坠入爱情”。他们相信应该先有爱情，再有婚姻。他们求爱的礼仪也是为这种前后秩序而设计的。东盎格鲁的清教徒玛丽·乔斯林（Mary Josselin）拒绝了一个求爱者，其中一个理由是他没有真正的爱，她父亲默认了这个选择，虽然他很希望达成这个结合：

> 玛丽拒绝了瑞亚先生（安布罗斯·瑞亚牧师，埃塞克斯郡厄而斯科恩教区长）。她的理由是他的年龄比她年长14岁，她因此可能变成带孩子的寡妇。她查了他的财产，和她的不相称……并且他看起来不爱她。我感到很伤心，但我不能如此期望，因为她说这会让彼此的生活都很不堪。[13]

新英格兰的求爱习俗可谓用心良苦，让年轻人能私下探索彼此的爱情，同时父母又可以跟踪情况。这就是所谓“捆绑”（bundling），是一种在新英格兰流行的欧洲习俗。恋爱对象会被一起放在床上，他们之间放一块“绑板”，“逗留”一整个晚上。有时，年轻女子的腿会绑在“绑袜”里，尺寸像给她的身子带上了套子。[14]

另一种区域习俗是“求爱棒”，一根六到八英尺长的中空棒子，一头有一个耳翼，另一头有开口。恋爱对象会在管的两端彼此轻言细语，而家庭成员就待在这屋里。[15]

绑板和求爱棒不仅是逗笑的社交小玩意。这两个构思巧妙的民俗发明是有重要文化目的的工具。他们设计的目的是要满足新英格兰恋爱的两个要求——年轻人自由的意志和老人的严密监督。两个要素都被认为是契约婚姻的要素。

求爱过程完结后，马萨诸塞婚礼仪式是以订婚开始的，这在普利茅斯称为“预约”（precontract），马萨诸塞湾区称为“签订合同”（contraction）。科顿·马瑟解释说：“在婚姻完满达成之前始终保持着这种订立合同的庄严仪式。这种场合中通常牧师会受邀作一场布道。”[16]这种习俗也被称为“离开”（walking out），或者“出阁”（coming out）。在新英格兰的小城，这是一件大事情。准新娘会受邀为牧师的布道选择经文，她的用心程度不亚于20世纪的青年女子为她的伴娘选择搭配的服饰和鞋子。

订婚的配偶也被要求在聚会所张贴结婚预告（告示）至少三天。没做到的人有可能以“违规婚姻”的名义遭到惩罚。如果没有人提出异议，就可以安排正式的婚礼，通常是在11月的一天，这是新英格兰清教徒喜欢的季节。[17]

婚礼一般是在家里由地方官举行简单的民间仪式。没有神圣的誓言，也没有婚戒——清教徒不许可这些东西。仪式中会问新娘新郎一个简单的问题，他们只要给予肯定的回答，仪式就结束了。[18]

夫妻双方必须在市政府的民事记录簿上注册。紧接着是小型的祝贺仪式——不是盛宴，只是一个简单的婚礼晚宴，有一个婚礼蛋糕和一杯雪利牛乳酒。节俭的马萨诸塞居民不准大操大办婚礼聚会。官员会把奢侈浪费的行径斥为“无实际意义的婚礼”。晚宴中最重要的部分是诗篇的唱吟。跳舞是绝对禁止的，铺张的餐点和酒水也不许可。

婚礼的晚上，新娘新郎穿着特殊的长袍，被伴随左右的朋友们送进婚房放到床上，然后任他们在外面敲敲打打、大声搞笑。这种习俗在基督教盛行的欧洲流传甚广——包括闹婚房和婚房外的嘻哈打闹。但马萨诸塞的婚姻方式总的来说是清教观念和东盎格鲁习俗的混合物。我们后面会谈到，他们在很多重要方面区别于英属北美其他地区的民俗。

离婚的传统也和其他英语地区有所区别。清教徒认可与他们的婚姻观念相吻合的离婚理由。康涅狄格法律允许的离婚理由包括通奸、合同欺诈、遗弃和疏忽照顾超过三年，以及失踪七年。马萨诸塞在 17 世纪许可的离婚事由包括通奸、遗弃、虐待和“无供养”。[19] 肉体暴力也被认可为离婚理由。在马萨诸塞州，夫妻之间的殴打被禁止；这个殖民地的法律中不存在类似于“适度矫正”（moderate correction）这样的提法。法庭会管辖殴打妻子的案子，有时是殴打丈夫的案子。[20]

这些离婚的事由也属于马萨诸塞婚姻观念的范畴。这是一种亲密的陪伴关系，是充满爱与和谐的结合，是性满足的行为，是建立在牢固经济基础上的制度。所有这些要求都是清教徒婚姻契约观念的组成部分，只要其中任何一条没有达到都会导致婚姻的解体。这些清教徒的婚姻方式是 17 世纪新英格兰独有的。

注释

1 对新英格兰 20 个城镇平均婚龄的研究中发现了本地区的一般规律，也发现了三个区域性的差异。在马萨诸塞、新罕布什尔和康涅狄格，最早开发的公理教派占主导地位的城市第二代移民体现了这种一般规律。内陆新城镇体现出第一种差异，男性的婚龄接近一般规律，而女性稍早，但在第二代、第三代则接近一般规律。普利茅斯的独立派所在地区、罗德岛洗礼教派所在地区和楠塔基特家庭的婚龄是第二种差异，两性婚龄都偏早。第三种差异主要体现在波士顿精英阶层和马萨诸塞的牧师家庭，其中男性的婚龄普遍较晚，女性则接近一般规律。以下是平均婚龄统计结果：

城镇	婚姻代际	男性	女性	城镇	婚姻代际	男性	女性
戴德姆 (Lockridge)	1640—1690	25.5	22.5	伊普斯威奇 (Norton)	1652—1700	27.2	21.1
安多佛 (Greven)	第一代	26.8	19.0		1726—1750	24.0	23.3
	第二代	26.7	23.3				
	第三代	27.1	24.5	托普斯菲尔德 (Norton)	1701—1725	28.3	23.3
	第四代	25.3	23.2		1726—1750	27.8	25.3
					1751—1775	16.1	24.3
罗利 (O' Malley)	第一代	26.6	22.0				
	第二代	26.5	24.1	博克斯福德 (Norton)	1701—1725	26.9	22.8
	第三代	24.5	23.5		1726—1750	26.6	23.7
					1751—1775	25.5	22.8
欣厄姆 (Smith)	1641—1700	26.8	22.6				
	1701—1720	27.8	24.3	韦纳姆 (Norton)	1701—1725	24.8	22.2
	1721—1740	26.3	23.3		1726—1750	24.0	23.6
	1741—1760	25.7	22.5		1751—1775	24.7	23.7

续表

城镇	婚姻代际	男性	女性	城镇	婚姻代际	男性	女性
康科德 (Harris)	1750—1770	25.1	21.1	斯特布里奇 (Osterud and Fuller)	1730—1759	24.8	19.5
	1770—1790	26.2	23.9		1760—1779	25.4	21.6
布鲁克赖恩 (Linzner)	1710—1730	26.6	23.0	迪尔菲尔德 (Temkin-Greene and Swedlund)	1741—1779	无数据	21.1
新罕布什尔州汉普顿 (Kilbourne)	1655—1699	25.7	21.5	格林菲尔德（同上）	1741—1779	无数据	18.5
	1700—1719	26.7	23.3				
康涅狄格州温莎市 (Auwers)	1640—1659	26.7	无数据	谢尔本（同上）	1741—1779	无数据	23.7
	ca. 1660—1675	25.1	19.8				
	ca. 1670—1685	25.4	20.6				
	ca. 1680—1695	26.4	21.8	楠塔基特 (Byers)	1710—1719	23.3	21.6
	ca. 1690—1705	26.3	23.0		1720—1729	24.0	20.0
					1730—1739	24.6	19.3
普利茅斯（Demos）	第一代	27.0	20.6		1740—1749	22.6	20.0
	第二代	26.0	20.2		1750—1759	22.7	20.6
	第三代	25.4	21.3		1760—1769	23.0	21.7
	第四代	24.6	22.3		1770—1779	23.6	20.7
波士顿精英阶层 (Simmons)	1710—1720	27.7	22.2	罗德岛布里斯托 (Demos)	1750 年前	23.9	20.5
					1750 年后	24.3	21.1

资料来源：Kenneth Lockridge, "The population of Dedham, Massachusetts, 1636-1676," *ECHR* 19 (1966), 331; Greven, *Four Generations,* 34; Smith, "Population, Family and Society in Hingham," 55; Harris, "Concord," 89; Linzner, "Brookline," 24; Nancy Osterud and John Fulton, "Family Limitation and Age at Marriage: Fertility Decline in Sturbridge, Massachusetts, 1730-1850," *PS* 30 (1971), 445; Patricia O'Malley, "'Beloved Wife' and 'Inveigled Affections': Marriage Patterns in Early Rowley, Massachusetts," in Robert M. Taylor and Ralph J. Crandall, eds., *Generations and Change* (Macon, Ga., 1986),

181-202; Demos, *A Little Commonwealth,* 193; *idem,* "Families in Colonial Bristol, Rhode Island," *WMQ3* 25 (1968), 55; 劳伦斯·基尔伯恩（Lawrence Kilbourne）有关汉普顿的未出版数据，苏珊·西蒙斯有关波士顿精英的未出版数据，爱德华·拜尔斯和卡罗尔·沙克曼有关楠塔基特的未出版数据。

2 安多佛的第三代中单身女性的比例是 7.4%。1700 年之前，欣厄姆单身女性占 5.3%，单身汉的比例更小，在欣厄姆少于 2.6%；见 Hingham Greven, *Four Generations*, 121; Smith, "Population, Family and Society in Hingham," 12。

3 J. Hajnal, "European Marriage Patterns in Perspective," D. V. Glass and D. E. C. Eversley, eds. *Population in History* (London, 1965), 101-46; 晚近的研究证明了哈伊纳尔关于英国的观点；见 E. A. Wrigley and R. S. Schofield, *The Population History of England, 1541-1871* (Cambridge, 1981), 160。

4 O'Mallye, "Beloved Wife," 181-201.

5 Alice Morse Earle, *Customs and Fashions in Old New England* (1893, Rutland, Vt., 1973), 38; *OED*, s.v., "thornbacks."

6 George Elliott Howard, *A History of Matrimonial Institutions* (2 vols., Chicago, 1964), I, 364-402. 盎格鲁人在婚姻制度上的态度是折中的——比较复杂、前后矛盾，而且不稳定。这是创建英格兰教会的未尽改革的典型产物。教会法律规定，婚姻并不是真正的圣礼，但教会的传统却要求通过神圣的仪式庆贺婚姻。

7 Bradford, *Of Plymouth Plantation*, 86; Howard, *Matrimonial Institutions,* II, 129.

8 Alan Macfarlane, *The Family Life of Ralph Josselin* (Cambridge, 1970), 31.

9 例子有威廉·达德利（William Dudley）上校对萨缪尔·休厄尔女儿朱迪思不成功的追求："1719 年 9 月 26 日，威廉·达德利上校来了，在一番谈话后，他请求我允许他在我女儿朱迪思家里等她，直到见到她。我回答说，他之前向她提出过这个请求，但却没有向我提过……他等她的举动让人生气：我会先跟她讲……1719 年 10 月 13 日，达德利总督坐双轮马车来访；他为威廉·达德利上校说情，让我允许上校来见我的女儿朱迪思。我说这是一个很重要的问题。我会考虑的。" 1720 年 5 月 12 日，朱迪思嫁给了威廉·库伯牧师。见 *The Diary of Samuel Sewall,* ed. Milton Halsey Thomas (2 vols., New York, 1973), II, 929, 931, 948。

完全一样的礼仪也存在于东盎格鲁的清教徒家庭。“我们这儿的乔纳森·伍德霍普（Jonathan Woodthorp），一个制革工人，请求我同意让他来见我的女儿简，我答应了，他看起来是一个头脑清醒、有前途的人，他的财产总值 500 英镑。”*The Diary of Ralph Josselin, 1616-83,* ed. Alan Macfarlane (London, 1976), 551; 21 Jan. 1669-1670; Howard, *Matrimonial Institutions*, II, 202.

10 Sewall, *Diary*, II, 937, 1 Jan. 1719/20.

11 Sewall, *Diary*, 960 (12 Aug. 1720).

12 很多历史学家在这一点上盲从了埃德蒙·摩根的观点，而这种观点犯了不常见的错误。摩根的结论是，清教徒相信爱情应该在婚姻之后，而并不必然在此之前。这是不正确的。

13 Josselin, *Diary*, 632 (4 June, 1681).

14 Henry R. Stiles, *Bundling: Its Origins, Progress and Decline* (1869, rpt. Mt. Vernon, N.Y., n.d.); Laurel Thatcher Ulrich, *Good Wives: Image and Reality in the Lives of Women in Northern New England, 1650-1750* (New York, 1982), 122-23.

15 Earle, *Customs and Fashions in Old New England,* 64.

16 同上，68 页。

17 *Mass. Bay Records*, I, 275.

18 只有在 1686 年后，在国王的命令下，牧师才被允许在马萨诸塞主持婚礼；此前他们都被禁止这样做。

19 Howard, *Matrimonial Institutions,* II, 333.

20 Nancy F. Cott, “Divorce and the Changing Status of Women in Eighteenth-Century Massachusetts,” *WMQ3*, 33 (1976), 586-614.

马萨诸塞的性别模式

清教徒有关不平等性别的契约观念

在马萨诸塞的婚姻里，夫妻关系建立在性别不平等的假设之上。这种传统观念通常由男性宣扬、由女性附和，包括社会地位很高的女性。新英格兰贵族女子安妮·布拉德斯特里特（Anne Bradstreet）在她的诗中优美地展现了这种观念：

> 让希腊人做希腊人，女性做女性，
> 男性总是在前，所以遥遥领先，
> 两性何苦相争，徒劳且不合义；
> 男性能力优越，女性何尝不知；
> 一切胜利终将归于你们，
> 我们只需给予一点认可。[1]

热情的清教徒露西·温斯罗普·唐宁夫人在给兄弟约翰·温斯罗普的信中表达了相似的态度："我只是一个妻子，所以我能做的就是夫唱妇随。"[2]

但性别不平等的观念被奠基人的宗教信仰转化。清教徒深信，男女可以平等地加入教会，得蒙神恩，进入神的王国。很多女性在马萨诸塞的公理教会中很活跃。虽然她们不能被授予圣职，不允许正式成为牧师，更被严格禁止向男性传道，但可以向其他妇女传道，并且比丈夫更容易被纳入教会。基督教关于两性信仰平等的原则在17世纪影响巨大，尤其是在信仰之火剧烈燃烧的加尔文教派殖民地。[3]

在新英格兰的文化中，“灵魂职守”的平等与其他方面的不平等这两个冲突的观念复杂地纠缠在一起。清教牧师萨缪尔·威拉德（Samuel Willard）讨论夫妻关系时说：“……在所有不平等的秩序中，这种确实是最接近平等的一种，并且在很多方面他们是站在同一个平面上。两人是配对的，这本身就意味着平等。”[4]

清教徒经常引用波林（Pauline）的表述，即丈夫是“妻子的头”。讲道和建议书（都是男性写的）都督促女性必须顺服丈夫，要她们遵守和服从丈夫。牧师也教导说，丈夫是凭着上帝给予的权威来管理，在家里代表着神圣的主权。这种观念被米尔顿强化为，“他只为上帝，她则为他心中的上帝”。[5]

在另一面，马萨诸塞的法律给予妇女很多保护。所有妇女的人身安全都受到法律的平等保护。丈夫不能打她，或者使用语言暴力——这是严格实施的一个规定。还有一条弹性条款禁止丈夫要求妻子做违背上帝律条的行为。新英格兰的普通法还允许妇女无论单身还是结婚，都可以拥有财产，履行合同。[6]

清教徒道德家通常会教导说，夫妻不应该有各自的财产。他们应当为家庭的利益而一齐努力。在这个文化中，并没有“各自空间”的清晰提法。17世纪晚期马萨诸塞州埃塞克斯郡法庭的证词表明，妇女日常承担着繁重的田间劳作，运送谷物去工厂，劈柴，喂猪，阉公牛，等等。一位牧师写道，妇女“当丈夫不在的时候，既是爹又是妈”。[7]

一位清教徒作家也认为“虽然丈夫是妻子的头，但她是家庭的头”。[8]湾区殖民地的传统和法律都要求丈夫对待妻子要正直和尊重。埃塞克斯郡有一个男子对他妻子说“她不是他的妻子，而是仆人”，邻居就此对他提起了刑事指控，虽然这位妻子不支持起诉，但他被法庭处以严厉的罚款。[9]

清教徒道德家在家庭问题上普遍认为，夫妻应该彼此相爱、和睦共处。在这一点上，他们和西方世界多数人并无不同。但清教主义坚持，可以通过社会力量缩小理想和现实之间的差距。马萨诸塞留下来的夫妻通信说明，夫妻都非常努力地完善他们的关系，共同让家庭充满爱与和睦。

家庭生活中也有灰暗的一面。马萨诸塞的法庭记录也包含了湾区殖民地一些不幸福家庭的案例。但这些证据指向了两个方向。当麻烦表现在外面时，邻里都会介入其中；然后教会干涉；最后是法庭。家庭内部并不需要发生太大的问题才启动这些社会机制。夫妻之间一个突然的争吵也会导致法庭的审判。这些程序的目的并不是惩罚或者赔偿，而是恢复家庭内部的和谐。清教徒很难容忍家庭内部的失序，高度期望和平与和睦的秩序。[10]

值得注意的一个方面是，这些规训对夫妻的要求是平等的。有个研究比较了新英格兰和切萨皮克湾对待通奸的方式：在马萨诸塞，这方面定罪的男女所受的惩罚相似；但在马里兰的法庭，妇女受到的惩罚远重于男性。[11]

清教徒也要求家庭的重要事务由夫妻共同做决定。送孩子出去这样的决定要有夫妻双方的同意。商业行为也是由夫妻共同承担。男女在这些关系中地位并不平等，但在具体的事务中他们是合作者。[12]

新英格兰文化寻求在夫妻之间建立一种两方并不平等的契约，通过爱、和谐、关心、克制和相互尊重实现灵魂的连接。这种理想表达在安妮·布拉德斯特里特不朽的诗句中，那是她写给“亲爱的、可爱的丈夫”的。这首诗的第一句经常被引用，但最后几句才是这种契约关系最关键所在：

若有合二为一，定是我和你；
若有男人被妻珍爱，定是你；
若有女人徜徉于夫君的怀抱，
有哪个女人敢跟我比……
你对我的深爱，我无以回报，
我祈求上天，对你多多赏犒。
在世时，让我们相爱一生，
在天时，生命才获永恒。[13]

注释

1 Anne Bradstreet,*The Tenth Muse Lately Sprung up in America* (London, 1650, rpt. Gainesville, 1965), 4.

2 Simmons, *Emmanuel Downing,* 43.

3 英国的情况，参见 Claire Cross, “He-Goats before She-Flocks: A Note on the Part Played by Women in the Founding of Some Civil War Churches”. *Studies in Church History, 8*(1972), 195-202; Keith Thomas, “Women and the Civil War Sects,” *PP* 13 (1958), 42-62; E.M. Williams, “Women Preachers in the Civil War,” *JMH* 21 (1970),

225-41; Patricia Higgins, "Women in the Civil War" (thesis, Manchester Univ., 1965); Roger Thompson, *Women in Stuart England and America; A Comparative Study* (London 1974)。

一些美国历史学家被"反律法主义大纷争"(Antinomian Controversy)这一大事件误导了；参见 Lyle Koehler, *A Search for Power: The Weaker Sex in Seventeenth Century New England* (Urbana, Ill., 1980); 同一位作者, "The Case of the American Jezebels: Anne Hutchinson and Female Agitation during the Years of Antinomian Turmoil, 1636-1640," WMQ3 31 (1974), 55-78。

更平衡的诠释参见 Laurel Ulrich, "Vertuous Women Found: New England Ministerial Literature, 1668-1735," *AQ* 28 (1976), 20-40; Margaret Masson, "The Typology of the Female as a Model for the Regenerate...," *Signs* 2 (1976), 304-15; Lonna Malmsheimer, "Daughters of Zion: New England Roots of American Feminism," *NEQ* 50 (1977), 484-504。

4 Samuel Willard, *A Complete Body of Divinity* (Boston 1726), 609-612; 引用在 Ulrich "Vertuous Women Found," 28-30。

5 Milton, *Paradise Lost,* book IV, line 297.

6 新英格兰殖民地的法庭经常确认妻子可以拥有独立于丈夫的财产。例如，1660 年，康涅狄格的一个法庭记录了一个合同，"耶利米·亚当斯放弃财产的所有处置权(是由托马斯·格林希尔留下给亚当斯的好妻子的)，交给其妻子全权处理"。见 J. Hammond Trumbull, ed., *The Public Records of the Colony of Connecticut*(Hartford, 1850), I, 360, 14 March 1660。在普利茅斯殖民地，一位权威学者写道，"……有人发现法庭通常支持有女性参与的合同"。婚前和婚后的合同都对与丈夫生活在一起的女性适用。参见 Demos, *A Little Commonwealth,* 85-86; 参见 Marylynn Salmon, *Women and the Law of Property in Early America*(Chapel Hill, 1986)。

7 C. Dallett Hemphill, "Women in Court: Sex Role Differentiation in Salem, Massachusetts, 1636-1683," *WMQ3* 39 (1982), 164-75; Thomas Fuller, *The Holy State and Prophane State* (1642), quoted in Ulrich, Good Wives, 36.

8 Morgan, *Puritan Family*, 46-47.

9 同上，45 页。

10 用法庭记录作为家庭历史的文献必须非常小心。在马萨诸塞，审理材料比其他证据留存数量更多，其中的图像也偏多。但如果以此为基础来阐释清教徒家庭，相当于今天按照警察干预家庭争吵的记录来书写美国家庭的历史。很多学者（包括本书作者）也运用带有法庭宣誓的作证记录，里面含有丰富的远远超出表面主题的信息。但这些参考资料也必须小心使用，因为法庭证词并不太具有新英格兰人口的代表性。描述性材料中存在反面的误差。准确性要通过不同证据的平衡考量来达到。

11 Miriam Hibel, “Adultery in Maryland and Massachusetts”(unpublished paper, Brandeis, 1978).

12 Demos, *A Little Commonwealth*, 88.

13 Anne Bradstreet, “To My Dear and Loving Husband,” in *Seventeenth Century American Poetry*, ed. Harrison T. Meserole (1968, rpt. New York, 1972), 32.（本诗的翻译基本使用了晚枫的版本，引用时有小改动——译注），来源：爱思英语，见 http://www.24en.com/column/rhapsodia/2012-01-30/139548.html 。

马萨诸塞的性方式

清教徒对肉体与灵魂的观念

清教徒的性方式远不是大家以为的清规戒律。在17世纪的马萨诸塞，性交并不是一个禁忌的话题，那是19世纪后期的事情。20世纪中叶，性话题被清教徒公开讨论，以至于他们的文字不得不大幅修改以达到出版的标准。[1]但马萨诸塞的性在另一种意义上非常有清教特色。湾区殖民者的性态度和性行为与宗教信仰紧密相连。当把不同地区进行量化比较的时候，我们发现他们的性行为与非清教徒殖民地明显不同。与此同时，马萨诸塞的性方式与东盎格鲁地区流行的习俗相近，又与英格兰其他地方不同。

清教徒并不鼓励性的禁欲主义。他们并不像其他基督徒从罗马天主教的意义上去强调贞洁。波士顿牧师萨缪尔·威拉德谴责“以处女为贵的教皇观念”。约翰·科顿写道：“女子这种造物，要是没有，男子就会不幸福：对他们而言，就像政府的意义一样，坏的也比没有强。”[2]

清教徒也相信，夫妻之间亲密的性纽带很重要，甚至是婚姻必不可少的一部分。清教徒夫妻的通信常会感性地表达彼此强烈的爱慕。约翰·温斯罗普和妻子玛格丽特常常会这样写，“我最最亲爱的”，“……我的心就在家里，特别是和我最最爱的人在一起……最甜蜜的吻，以我最良善的感情献上最纯洁的拥抱……”[3]

婚姻内的性关系被清教徒严密地保护起来，不许他人窥视，达到该文化中最大的隐私程度。新英格兰法庭起诉了一个男子，因为“他在孩子和仆人面前无保留地讲他与妻子在婚床上的私密行为”。[4]

但婚外性行为就是另一个问题了。清教徒遵守旧约的教导，相信通奸是最大的罪。他们对通奸的定义是传统的，必须有一个结婚的妇人（但未必是结婚的男子），对双方都施以最严厉的处罚。他们的刑法规定通奸是死罪，在清教徒殖民地至少有三个人因为这个罪名被绞死。

若发生了通奸的事情，整个社区都会一起来惩罚违规者。[5]例如，在马萨诸塞的伊普斯威奇（Ipswich）小城里，一个叫莎拉·罗（Sarah Roe）的结婚女子与邻居约瑟夫·利（Joseph Leigh）有了婚外情，而她的丈夫正在航海。城里有人警告他们停止，而他们置若罔闻，后来至少有35个邻居到法庭去控告他们，并且充满义愤地作证。但根据新英格兰的死刑标准，这个案子中的通奸行为无法证明，因为这要求有两个以上的人亲眼看到他们的行为。这对违规的情侣仍然被定为“非法亲密关系”的罪名，遭到严厉的处罚。约瑟夫·利遭到鞭打并被罚款5英镑，莎拉·罗被发配到改造所囚禁一个月，并且被要求在讲道日到伊普斯威奇的会议厅示众，背上要有一块牌子，上面用大写字母写着“我这败坏的马车”。这类案例表明，马萨诸塞清教徒的道德法律并不是由少数精英强加在多数人身上；它来自清教徒殖民地普遍接受的传统和信仰。[6]

有关私通的法律也很严格。马萨诸塞清教法律规定，与未婚女子性交的男子会被投入监狱、鞭打、罚款、剥夺投票权，或者被要求和该女子结婚。甚至是已经订婚的情侣之间，婚前性交也被看作污秽，必须整肃，这是为了让他们的婚姻得到社会认可，最重要的是为了让他们的孩子获得洗礼。清教徒为法庭和教会设计了一种周详的公共仪式，私通者以此来洗清他们的罪，这样可以迅速地过渡到完全符合道德的关系中。

新英格兰和英属北美的其他地方有个很大的不同——两性因为性犯罪而遭受的惩罚是非常公平的。两性只在私通的惩罚上有所区别，但新英格兰男性的惩罚要远过于女性。在切萨皮克湾区的传统则与此相反。[7]

这些规则都得到了遵守。17 世纪的马萨诸塞，婚前怀孕率在西方世界是最低之一。1650 年至 1680 年期间，在欣厄姆、萨德伯里和康科德这些城里，在结婚日处于怀孕状态的新娘比例接近于零。婚前怀孕状况在新英格兰并不普遍，在处于社会边缘的海港地区和罗德岛多种族裔混居的地区则较为普遍。到 17 世纪晚期，所有地区的比例都上升了。但是在殖民地新建的头五十年中，新英格兰多数地区和其他殖民地比较，其比例明显偏低。[8]

私生子在清教徒殖民地也很稀少。第一代仅有稀少的个例，而且被严酷地惩罚。随着岁月流逝，新英格兰私生子比例逐渐提高，但相比于英属北美其他地方还是偏低。[9]

新英格兰的这种状况与其他殖民地明显不同，却类似于十六、十七世纪的东盎格鲁。历史学家彼得·拉斯利特（Peter Laslett）和他的合作者发现，东部郡总体上，尤其是萨福克和诺福克，是英格兰各地中私生子率最低的。[10]

清教徒殖民地对性的规训并不是通过基督教的禁欲主义达成的。这个文化的男女关系充满着性张力。法庭的假设是，如果健康男女待在一起，就很可能发生性行为。婚后，男性和女性一般被禁止单独和相对性别的其他人会面，除非他们本来是有关联的。未婚的人受到社区监视，违反规则的人会被当众谴责。1650年，一个执拗的清教徒男子引诱一位女子，她对他说："我会让你变成全新英格兰的耻辱。"男子毫不退缩，强行和她发生了关系，甚至不管她的孩子就躺在旁边。之后，她对他说："你伸一点手指在火上烤你都受不了，而我会永世受折磨。"[11]

清教徒尤其憎恨不正常的性行为。他们比其他的宗教团体都更恐惧性变态。在纽黑文，手淫会被处以死刑。兽交也会获死刑，而且有时判决会在离奇的情景下执行，但这反而帮助我们了解新英格兰的性方式。纽黑文有一个案子，一个叫乔治·斯宾塞（George Spencer）的独眼仆人经常做一些违法的事情，也被他的邻居怀疑有很多堕落的行为。一只母猪恰好生下一只独眼的小猪仔，这个不幸的男人以兽奸的罪名被起诉。在巨大的压力下，他一次又一次地坦白了又反悔。新英格兰的法律给这种判决设置了障碍，兽奸是死罪，要求有两个证人才能定罪。但当职的法官不屈不挠，把一只眼的小猪定为一个证人，坦白的嫌疑人定为另外一个。乔治·斯宾塞最后因兽奸被吊死。

这个案例在纽黑文的性史上并不是孤例。城里诞生了另一只异型小猪时，又一个不幸的古怪人被邻居以兽奸的名义起诉。虽然因为两个证人的规则他无法被定罪，但他成了当地历史上坐牢时间最长的人。第三只有缺陷的猪诞生了，眼睛是红的，阴茎长在头上，法官要求城里所有人去看它，以找出违法的人。纽黑文人似乎沉溺于对变态性行为的恐惧。尼古拉斯·贝利（Nicholas Bayly）的狗被看到和母猪交媾，他的邻居催促他杀掉这只狗。贝利夫人拒绝了这个要求，开玩笑说她的狗"如果没有母狗，也一定会有其他的什么事情”。纽黑文的法官却很严肃地看待这个问题。贝利夫妇因为对兽奸不太在意就遭到了驱逐。[12]

马萨诸塞有两个人因为兽奸被吊死，在整个湾区，甚至有关的玩笑也会被严厉地处罚。兽奸在其他英国的属地里也是死刑，但新英格兰对此强烈的关注确实比较特殊。[13]

这种对性变态的仇视产生了重要的人口效应。清教道德家把婚姻内的任何避孕措施斥为不正常。这在世界历史上是不多见的。大多数原始文化都有过某种形式的避孕措施，而且成功率很高。易洛魁族人（Iroquois）的印第安女子是用桦树皮做成的隔膜；非洲奴隶是用大象粪便做成的子宫托来避孕。欧洲女性用涂了蜂蜡的小圆盘，白菜叶子，铅做的杀精剂，油脂和柏油等。17 世纪到 18 世纪早期，中断性交的方式和羊皮做的避孕套在欧洲比较盛行。[14]

但清教徒没有以上任何人工措施。他们在《创世记》第 38 章找到了清晰的规则：俄南（Onan）“同房的时候，便遗在地”以防止怀孕，上帝就杀死了他。在马萨诸塞，洒出精液被认为是“可怕的自慰罪行”。清教徒中止性交，是不符合信仰的行为。马萨诸塞清教徒每一次做婚内避孕检查，得到的都是负结果。[15]但这项禁忌的重担确实压在新英格兰全境的家庭身上。一个牧师在日记里不耐烦地写道：“……女人怀孕是恩典；所以总是要照顾她们。”[16]萨缪尔·休厄尔在 49 岁时生了他的第 14 个孩子，他祷告说：“愿我亲爱的妻子从此不再生育。”这之后她果然停止了生育，却是到了停经年龄之后。[17]

新英格兰的性方式显得比较独特，包括对性爱和婚内感情纽带的鼓励，对私通和通奸的严厉惩罚，对非常规性行为的过度恐惧，和对婚内避孕的坚决禁止等。这个文化并没有性专制，也没有性压迫。但马萨诸塞的性方式有很强烈的道德和宗教目的，这个文化的其他方面也具有相似的特点。

注释

1 Edmund Morgan, "The Puritans and Sex," *NEQ* 15 (1942), 591-607; 相反的观点参见 M. Zuckerman, "Pilgrims in the Wilderness: Community, Modernity and the Maypole at Merry Mount," *NEQ* 50 (1977), 265; Philip J. Greven, *The Protestant Temperament* (New York, 1977)。

2 Morgan, "Puritans and Sex," 591; Samuel Willard, *A Compleat Body of Divinity* (Boston, 1726), 125, 608-13; John Cotton, *A Meet Help* (Boston, 1699), 14-15.

3 John Winthrop to Margaret Winthrop, 9 May 1621, *Winthrop Papers*, I, 261-62.

4 David H. Flaherty, *Privacy in Colonial New England* (Charlottesville, 1972), 80.

5 在马萨诸塞州纽伯里有这样的案例，见 Ulrich, *Good Wives*, 89。

6 Amy Buchbinder, "Unlawful Familiarity in Ipswich," (paper, Brandeis, 26 Nov. 1986); 案例见 *Records and Files of the Quarterly Courts of Essex County*, V, 143-46 (1672)。 也有强烈反对通奸死刑的主张。在康涅狄格，汉娜·海克顿（Hannah Hackleton）承认通奸后，约翰·温斯罗普总督拒绝批准对她的死刑。汉娜被囚禁在康涅狄格监狱的一年时间里，当地官员都拒绝承认他的决定。最后她的处罚变成了鞭刑，并且法律也发生了变化，在康涅狄格死刑不再适用于通奸。马萨诸塞在 1644 年后，再没有人因为这个罪行被判处死刑，但很多人受到包括驱逐、坐牢、鞭刑和罚款等形式的处罚。见 John Murrin, "Trial by Jury in Seventeenth-Century New England," in David D. Hall, John Murrin and Thad Tate, eds., *Saints and Revolutionaries* (New York, 1984), 190-93。

7 Sheri Keller, "Adultery and Fornication in Massachusetts and Maryland" (paper, Brandeis, 1987); 因私通而受到惩罚的性别比例随时代的变化而变化。在第一代移民中，多数的程序是针对男子的。到了 17 世纪末，这个比例才趋于平衡。

8 马萨诸塞 9 个城市的婚前怀孕率统计如下：

城市	婚姻世代	婚后第一次生育时间的比例			
		7 个月	8 个月	8.5 个月	9 个月
欣厄姆	1660 以前	0.0	0.0	0.0	0.0
	1661—1680	5.0		11.2	11.2
沃特敦	1660 以前		11.1		
	1661—1680		8.6		
楠塔基特	1699 以前		11.1		
	1700—1709		0.0		
戴德姆	1661—1669	4.8		4.8	4.8
	1671—1680	2.8		8.5	11.1
安多佛	1655—1674				0.0
	1675—1699				12.5
托普斯菲尔德	1660—1679	7.7		7.7	7.7
	1680—1699	2.3		4.5	6.8
萨勒姆	1651—1670				5.3
	1671—1700				8.2
波士顿	1651—1655	3.6		6.0	14.3
伊普斯威奇	1651—1687	3.8		6.0	8.2

Daniel Scott Smith and M. S. Hindus, "Premarital Pregnancy in America, 1640-1971," *JIH* 5 (1975), 537-70; Daniel Scott Smith, "The Long Cycle in American Illegitimacy and Prenuptial Pregnancy, " in Peter Laslett et al., *Bastardy and Its Comparative History* (Cambridge, Mass., 1980), 362-78; Robert V. Wells, "Illegitimacy and Bridal Pregnancy in Colonial America," *ibid.*, 349-61. 英格兰大部分地区和切萨皮克湾区的婚前怀孕率在同一时期要高很多。另一个研究中也得出结论，马萨诸塞米德尔塞克斯郡的婚期怀孕率“相比于英格兰或者南部殖民地非常小”，见 Roger Thompson, *Sex in Middlesex: Popular Mores in a Massachusetts County, 1649-1699* (Amherst, 1986), 70。

9 1764 年，马萨诸塞米德尔塞克斯郡的私生子率是每千例成活的初生婴儿中有 7.7 个。我们会看到，这个比例低于贵格派信徒家庭，更远低于切萨皮克殖民地的私生子比例，后者要高出 10 到 20 倍。见 Robert V. Wells, "Illegitimacy and Bridal Pregnancy in Early America," and Daniel Scott Smith, "The Long Cycle," in Laslett,

Bastardy and Its Comparative History, 349-61, 362-78。

10 拉斯利特按照美国殖民时期的英国区域作了私生子比例统计（私生子与受洗婴儿的比例），如下：

地区	1581—1640	1661—1720
东部郡	1.2	1.0
南部郡	2.1	1.4
中部郡	1.6	1.3
西部及西北部郡	3.6	1.4
北部郡	2.9	1.3

来 源：Peter Laslett, "Long-term Trends in Bastardy in Britain," in *Family Life and Illicit Love in Earlier Generations* (Cambridge, 1977), 137-42。

11 Ulrich, *Good Wives*, 99.

12 John M. Murrin, "Trial by Jury in Seventeenth-Century New England," in John M. Murrin et al., *Saints and Revolutionaries* (New York, 1983), 177.

13 Roger Thompson, *Sex in Middlesex: Popular Mores in a Massachusetts County, 1649-1699* (Amherst, 1986), 74.

14 Norman Himes, *Medical History of Contraception* (Baltimore, 1936).

15 对婚内避孕的检查项目有特定年龄段婚内生育率、总体的婚内生育率、妻子最后生育的年龄、完整家庭的规模和婚龄生育率等。家庭重组研究是由本书作者和他的学生以及研究助理共同完成，涉及的新英格兰城镇有康科德、布鲁克赖恩、楠塔基特、汉普顿、温莎、米尔福德、沃尔瑟姆和波士顿。其他研究的地点包括萨勒姆、伊普斯威奇、斯特布里奇、戴德姆、安多佛、罗利、迪尔菲尔德和欣厄姆。所有针对 1790 年前婚内避孕的研究都得到负结果，除了楠塔基特贵格会人群和欣厄姆的一个人群。相关数据会发表在 *Deep Change: America's Age of Cultural Revolution* 第四卷。

16 J. Potter, "Growth of Population in America, 1700-1860," in Glass and Eversley, eds., *Population in History*, 647.

17 Sewall, *Diary*, I, 458; 6 Jan. 1701/02.

马萨诸塞下一代的取名方式

清教徒术语

历史学家丹尼尔·斯考特·史密斯(Daniel Scott Smith)写道:“给孩子命名在文化上从来都不是小事。”在清教徒尤其如此。一位牧师说:“一个好的名字就像缠在手指头上的布条,提醒我们到世上来要为上帝担负的责任。”[1]

马萨诸塞的清教徒家庭为新生儿取名的方式迥异于其他英语地区。他们的命名传统最突出的特征是喜爱使用圣经中的名字。在17世纪的波士顿,90%的人名取自圣经;康科德是91%;欣厄姆是95%。这些比例几乎是其他殖民地的两倍。[2]

圣经里的名字很少是新英格兰的婴儿没有用过的。一些家长特意使用圣经中独特的名字。一个不幸的例子是,有个小孩取名为Mahershalalhasbaz,这是圣经中最长的名字。波士顿人萨缪尔·庞德(Samuel Pond)为儿子取名为Mene Mene Tekel Upharsin Pond。有证据表明,有的父母在圣经里闭着眼睛随意挑一个,得到的名字像Notwithstanding(“尽管”)Griswold和Maybe(“或许”)Barnes。[3]

但这种有些怪异的取名方式在新英格兰毕竟是少数。大部分人选择的只是圣经中很小范围内的一些名字。17世纪的马萨诸塞湾,超过 50% 的女孩取名为玛丽、伊丽莎白或莎拉。[4] 这些圣经中的名字是依据她们代表的道德含义选出来的。玛丽是耶稣的母亲，对清教徒而言，意味着谦逊、奉献、有思想、敏感和严肃。伊丽莎白是撒迦利亚（Zecharias）忠诚的妻子，受洗约翰的母亲。莎拉是亚伯拉罕的妻子，以撒（Isaac）的母亲和“国母”。比较流行的还有利百加（Rebecca），她是以撒的妻子和两个国家的母亲，在圣经中出现时肩上扛着一个大水罐。安妮、汉娜、底波拉（Deborah）和户勒大（Huldah）等几位女性先知的名字也常被新英格兰人采用。阿比盖尔（Abigail）曾在愤怒的君王面前勇敢地为丈夫辩护，拉结（Rachel）甚至为了丈夫而反对她的父亲。新英格兰很多女性取名为路得（Ruth），圣经中的这个人物勤劳而顺从，常在田间捡拾落穗，拨出谷粒，她曾躺下把头放在丈夫波阿斯的脚上。[5] 大多数女性的名字主要显示她们在家庭中的角色。与此同时，这些名字也标志着聪慧、勇敢、诚实和坚强的性格。女权运动提醒我们要去区分这些不同的品质，但在早期的新英格兰它们都一样。

男孩最普遍的名字是约翰，他是使徒中最像基督的，耶稣因为他善良的灵魂而爱他。另一个常用的名字是“约瑟夫”，不是耶稣父亲的那个约瑟夫而是第一个约瑟夫，清教徒尤其因为他的坚强而尊重他。其他受欢迎的名字有“萨缪尔”，一个正义的法官，和“约西亚”（Josiah），正直的统治者。很多伟大的祖先和法律制定者的名字却很少用。在康科德上千个家庭中，“摩西”（Moses）并不常用，“亚当”（Adam）更是没出现过。很少有孩子取名为“亚伯拉罕”（Abraham）或“所罗门”（Solomon）。让人吃惊的是“保罗”这个名字也很少，而新英格兰清教的教义与基督教保罗一系的传统有很深的渊源。[6]

还有一些通行的基督教名字也没有在马萨诸塞出现。清教徒的孩子没有取名为耶稣、安琪儿（Angel）、以马内利（Emmanuel）或克里斯托弗（Christopher），因为这些名字在加尔文教派说英文的信徒中是禁忌。一位牧师解释了原因，“‘以马内利’太大胆了，”托马斯·亚当斯写道，“这个名字适合于基督，所以不适用于任何被造物。”亚当斯还认为，“从基督徒谦卑的角度讲，不好称一个男性为加百利（Gabriel）或者迈克尔（Michael），因为这意味着把天使的名字给了必有一死的子孙们”。这些天使的名字在弗吉尼亚的圣公会家庭比较常见，清教徒父母则谨慎地根据人类作为有限存在的境况来配比圣经名字。[7]

清教徒父母也谨慎地根据他们的社会地位来选择圣经里的名字。新英格兰的船员名册中，犹大国国王赫齐卡（Hezekiah）的名字在官员中出现的比例是一般船员的 10 倍。阿摩司（Amos）这个普通牧羊人的名字在上层家庭中更常见。[8]

马萨诸塞取名的另一种独特性是家庭内部名字的沿袭。加尔文教派家庭的孩子不会用教父的名字，这是清教徒嫌弃的教皇做派。在马萨诸塞，三分之二的长子或长女会用父母的名。这种核心家庭的取名办法在马萨诸塞持续了很多代。我们后面会看到，这与英属北美的其他文化有很大差别。[9]

马萨诸塞的另一个取名传统是喜欢孩子之间名字的继承。当第一个孩子去世后，这个名字会给下一个出生的同性别孩子。有一个例子是康科德的以法莲（Ephraim）和伊丽莎白·哈特韦尔组建的家庭，他们 1732 年结婚，有五个孩子，分别取名为以法莲、萨缪尔、约翰、伊丽莎白和以撒。1740 年，一场“白喉”席卷了康科德，哈特韦尔夫妇无助地看着他们所有的孩子在一个月内先后死去。但父母活下来了，之后又有九个孩子出生；他们的名字先后是伊丽莎白、萨缪尔、阿比盖尔、以法莲、约翰、玛丽、莎拉、以撒和乔纳斯(Jonas)。所有死去孩子的名字都用上了。哈特韦尔夫妇所遭受的痛苦的确不比一般。但新英格兰的家庭每当失去一个孩子，其名字 80% 的可能会用到另一个出生的同性别孩子身上。这种取名方式是新英格兰，也是 17 世纪其他文化中取名制度的一个组成部分。[10]

马萨诸塞的取名方式是所谓“新教徒名字革命”的产物，这是 16 世纪晚期到 17 世纪早期发生在英格兰的事情。有趣的是这个革命在英格兰不同的地方形式不同，而其中东盎格鲁的模式传播到了马萨诸塞，其他地方的传统则没有产生这种影响。[11]

例如，苏塞克斯郡居住着大量的英国清教徒，但新英格兰移民中只有 1% 来自那里。苏塞克斯清教徒用很多劝告性的名字，像谦恭的科尔（BE-courteous Cole），位于佩文西教区（Pevensey）；安居高处的斯纳特(Safely-on-high Snat)，位于阿克菲尔德(Uckfield)；为良善的信仰而战的怀特（Fight-the-good-fight-of-faith），位于尤赫斯特(Ewhurst)；小希望的比格斯(Small-hope Biggs)，位于莱伊(Rye)；丢脸的抓扒者(Humiliation Scratcher)，位于西汉姆(Westham)；杀人罪的潘博（kill-sin Pemble），位于西汉姆；克制的乡下人（Mortifie Hicks），位于黑尔舍姆（Hailsham）。经典的例子是黑尔舍姆一位不幸的年轻女子，她的名字是诚实、私通的公牛（ffly fornication Bull），她去一个自耕农的店里怀上了孕，而后者的名字很尴尬，叫古德曼·伍德曼（Goodman Woodman，意为好人 – 伐木者）。这种劝告性名字在苏塞克斯郡的清教徒中很流行，所以其中的沃布尔顿（Warbleton）郊区在 1570 年到 1600 年期间有 43% 的孩子取了这种名字。[12]

另一方面，在东盎格鲁，劝告性的名字在清教徒中不普遍，取这种名字的孩子不到4%。马萨诸塞学的是东盎格鲁，而不是苏塞克斯；他们的取名传统既有宗教性，起源上也有地域性。[13]

注释

1 对新英格兰取名方式的各种研究采用了不同的方法，但得到相似的结果。见 George Stewart, "Men's Names in Plymouth and Massachusetts in the Seventeenth Century," *University of California Publications in English* (Berkeley and Los Angeles, 1948); Daniel Scott Smith, "Child-naming Practices, Kinship Ties, and Change in Family Attitudes in Hingham, Massachusetts, 1641 to 1880," JSH 19 (1985), 541-66; D. H. Fischer, "Forenames and the Family in New England: An Exercise in Historical Onomastics," *Chronos I* (1981), 76-111, also published in *Generations and Change*, eds. Robert M. Taylor, Jr., and Ralph S. Crandall (Macon, 1986), 215-42; David W. Dumas, "The Naming of Children in New England, 1780-1850," *NEHGR* 132 (1978), 196-210; Donald Lines Jacobus, "Early New England Nomenclature," *NEHGR* 77 (1923), 10-20; John J. Waters, "Naming and Kinship in New England: Guilford Patterns and Usage, 1693-1759," *NEHGR* 138 (1984), 196-210。

2 很多出版的研究有相似的结果；见 Stewart, "Men's Names in Plymouth and Massachusetts," 118; Smith, "Child-naming Practices," 541-66; Fischer, "Forenames and the Family," 76-111。

3 Donald Lines Jacobus, "Early New England Nomenclature," *NEHGR* 77 (1923), 11-12; N. I. Bowditch, *Suffolk Surnames* (London, 1861), 5-27, 473-79.

4 George R. Stewart, *American Given Names* (New York, 1979), 15; Fischer, "Forenames and the Family," 82.

5 定量的证据参见 Fischer, "Forenames and the Family"。

6 同上。

7 Thomas Adams, *Meditations upon the Creed* (1629; rpt. London, 1872), III, 213.

8 Stewart, *American Given Names*, 26.

9 欣厄姆超过三分之二的长子或长女取了和父母一模一样的名字。康科德的情况也几乎一样。见 Smith, "Child-naming Practices," 548; Fischer, "Forenames and the Family," 85-89。

10 Fischer, "Forenames and the Family," 91.

11 一个研究清教徒命名传统的圣公会学者把"希伯来名字传入"的时间定在 1560 年，正是日内瓦圣经（the Geneva Bible）以英语四开本的版本出版的时候。见 Charles W. Bardsley, *Curiosities of Puritan Nomenclature* (London, 1897), 38-108。

12 "对黑尔舍姆独身女子'诚实、私通的公牛'的调查发生在 1646 年 9 月 21 日，她说她是和黑尔舍姆农夫纳撒尼尔·休格特（Nathaniel Hugget）的公子在一起；在黑尔舍姆的古德曼·伍德曼的店铺打烊之前，休格特和她躺了一会儿，而且他只是和她躺过一次，以前没有其他人和她躺过。"Sussex Quarter Sessions Records, QR/E/73-91, ESUSRO, Lewes.

13 在苏塞克斯，劝告性名字的流行是由托马斯·希利（Thomas Hely）牧师推动的；见 Jeremy Goring, *Church and Dissent in Warbleton, C. 1500-1900* (Warbleton and District History Group, 1980), ESUSRO; 关于它们在苏塞克斯清教徒中的流行，见 Brian Phillips, "Analyzing Christian Names," SFH 6 (1985), 212-16; also Hylda Rawlings, "Note," *Danehill Parish Historical Society Magazine* 2 (1982), 25; L. F. Salzmann, *The History of the Parish of Hailsham* (Lewes, 1901), 49-50; Charles Thomas-Stanford, *Sussex in the Great Civil War*, 24; 在东盎格鲁和马萨诸塞，劝告性名字是不流行的，参见 Smith, "Child-naming Practices," 544; and Fischer, "Forenames and the Family," 81。

马萨诸塞儿童教育方式

打破愿望

新英格兰清教徒孩子取名的传统与其儿童教育方式关系紧密，儿童教育对他们来讲是非常重要的事情。“记住……孩子们，”清教徒牧师约翰·威尔逊（John Wilson）对新英格兰的教众说，“你们来这里是为了你们的孩子。”为了下一代，湾区的建设者把一套融贯着清教徒观念和东盎格鲁经验的儿童教育传统带到了美国。[1]

这些做法背后有一个直言不讳的假设，根据加尔文神学，新生儿天然具有堕落的倾向。清教徒相信，由于亚当的原罪，所有婴儿都是无知的，并且缺少良善，而所有小孩都会在世界上作恶。加尔文教派的这些教义体现在清教徒的讲道中，也出现在儿童教育的书中；新英格兰的自传对儿童时期的记载常常不是现代回忆录中常见的乡愁，而是持续不断的痛感和罪感。这样的心态充斥着新英格兰的文学作品，安妮·布拉德斯特里特在诗歌《男人的四个阶段》里写道：

> 我啊！在罪中怀胎，在悲哀中降生，
> 不得不说，我什么都不是，而且很快消失。
> 一个暗淡的开始，雾气笼罩，

只有夜晚和黑暗，把羞惭藏于其中……

我在眼泪中到达这个世界；
我母亲消瘦了，而我却成长起来；
但她愿意用爱，满怀喜乐地，
在我身上花费。

我任性大哭影响她休息；
她依然用胸脯安抚我。
她伸开疲倦的手臂跳舞，唱着拜拜歌，
即使我做了错事惹人讨厌。

婴儿时代之后，我依然充满孩子气，
极尽可能地做各种蠢事……
出生就带有亚当的原罪，
自此我的行为都带着罪。

我有堕落的愿望，专爱那禁止的：
讨喜的表面隐藏着蛇蝎般的恶毒。
一说话就充满谎言，
第五戒每日都在违背。[2]

婴儿的腐朽愿望和他们的堕落这两种观念互成表里，所以清教徒相信儿童教育最首要的目的是所谓“打破愿望”。这表达了从孩提时代就要打破他们自主精神的决心——这在马萨诸塞儿童教育中

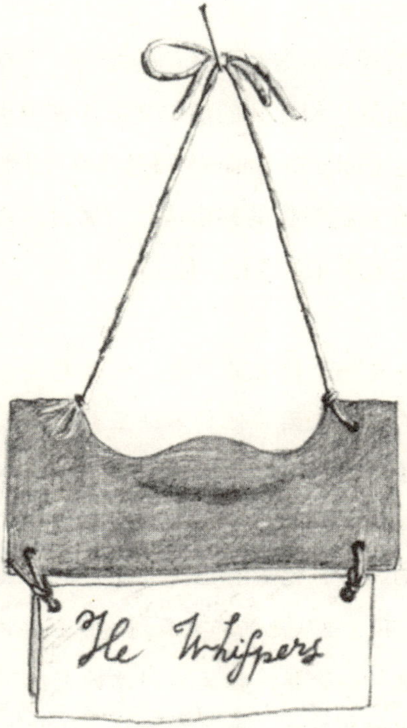

打破愿望主要是一种精神规诫，但当其他手段失败后，新英格兰的父母会毫不犹豫地使用体惩。多动的小孩会被捆成一个肉球，膝盖紧紧绑到下颚处，被长辈用长靴踢来踢去。其他的小孩会被抓着脚跟悬在窗外，或者被迫跪在一簇很尖的棒子上，或长时间坐在一种叫作独凳的只有一个脚的凳子上，或者被强制在鼻尖上夹一个有裂缝的棍子。少年管教所里的伙伴们被用小型的牛轭绑在一起。年轻的违法分子被迫带上耻辱的标牌，上面写着他们犯的错误，如“撒谎的亚拿尼亚（Ananias，圣经中因欺骗圣灵而死——译注）”，或者“咬手指的孩子”。大孩子会被杖打或鞭打，小孩子会用教尺猛抽，婴孩的脑壳会用坚硬陶管划过。另有一种普遍的惩罚是称为“嘘声棒”的小木件，把它紧紧塞在牙齿间，并且用绳子绑住，绕到脖子上。前面会加上一张羞辱的字纸，写有“他说小话了”。有几样这种器具留了下来，这里的图是仿照老照片勾勒出来的。

具有核心的地位。[3]

“打破愿望”的观念不是新英格兰的发明。它在英格兰东部的清教徒教士，还有荷兰、匈牙利的加尔文派作家中也很流行。英国清教徒约翰·罗宾逊（John Robinson）写过具有代表性的经典片段，他是剑桥学者，曾在东盎格鲁的都市诺里奇做过传教士，后来搬到荷兰做清教徒牧师。对于儿童教育，他主张：

> 孩子……是一个伟大的祝福，但很危险……尤其严重的是他们心灵的危险，因为他们不断滋养、添加自己带到这个世界的腐化堕落……父母必须谨慎地给予……孩子的愿望和任性必须被钳制和压抑……如果孩子的愿望不能完全拿走，也不要让他们知道，他们自己是有愿望的，只不过是在父母的控制中。也不应当从他们那里听到这样一些词，“我愿意”，或“我不愿意”，除非是在父母同意的前提下。如果父母一开始就很难拒绝给孩子一些看似合适的小满足，他们之后就很难杜绝投入到大的、罪恶的事情中。[4]

清教徒家庭里，“打破愿望”是通过严苛的监管达成的。父亲通常很主动，主导着全过程。新英格兰的萨缪尔·休厄尔和东盎格鲁的拉尔夫·乔斯林的日记都描述了养育孩子的繁重任务。照顾婴儿的责任通常是在母亲手中，休厄尔和乔斯林亲自教孩子读写，引导他们进入宗教，还带孩子们去远足。他们为孩子作重要的决定，包括取名、上学、规诫和接送孩子去其他家庭。休厄尔和乔斯林也帮助孩子在工作和婚姻方面作抉择。父子紧密的关系延续终身。

休厄尔和乔斯林的日记揭示出亲近而感性的父子关系。两位父亲都很关注孩子的幸福和发展，写到他们时都充满了爱心和温柔。两者都信服清教徒的一句格言，“鞭策总比损害好”，但他们并不喜欢体罚，只在极端情况下才使用（只有当孩子让自己或别人深陷危险的时候），更多的时候他们倾向于用实物、例子、奖励或劝诫来引导孩子。[5]

两位父亲都教导孩子对待长辈要有“子女的敬畏”，这种英国清教徒的说法里混合了爱与畏惧。孩子们在父母靠近的时候需要站立和鞠躬。他们被禁止表现出“被溺爱和过度亲近的模样，[因为]这包含着或会带来轻视或不敬”。这种仪式性的尊重是另一种限制愿望的方法。[6]

马萨诸塞教养小孩的一种重要方式是所谓“送出去”。父母常常把孩子送到其他家庭暂养，有时也把其他家庭同龄的孩子领回家。[7]这种习俗通常有实际目的——把孩子放在靠近学校的地方，或帮孩子做好职业准备，或让孩子避开有麻烦的地方，或者在父母中有一位去世后，让孩子待在父母双全的家庭。同时，送出去还有一个目的——孩子在另外一个家庭会学到更好的礼貌和行为。[8]

送出去是清教徒各阶层家庭常见的做法，无论社会地位高低，无论富贵还是贫穷，农村或者城市。萨缪尔·休厄尔很详细地记载了送孩子出去的经历。一个生病的孩子被送到当地著名的医生家。好学的孩子送到很远的学校。两个女孩送到了家庭主妇身边，学习缝纫和编织。长子则去波士顿的几家商户当学徒，直到他找到自己的职业。在选择家庭的时候，家长会征询孩子的意见，但他们必须去，即使那是违背他们愿望的。休厄尔记载了女儿被送去萨勒姆时的难过。当父亲送她去新家的时候，这个十三岁的孩子痛哭了一场，乞求不要被抛弃。“真是很难安慰我亲爱的女儿，她哭得那么厉害，央求跟我走，”父亲写道。相似的一幕出现在小萨缪尔·休厄尔被送到波士顿当学徒的时候。他的父亲写道：“山姆哭了，走的时候心烦意乱又不安。”但山姆还是走了。[9]

休厄尔送孩子出去的年纪各有不同。因为健康原因被送出去的孩子一般年龄特别早。但多数孩子是在青春期才给送出去。20世纪一位学者观察到，“在这个年纪把孩子送出去接受外界的管训，让他们躲避有乱伦危险的群居，肯定不是一种偶然”。无论这种现代的解读是否正确，这种行为的动机并不限于所讲的理由本身。

这些安排都不是随意的。家庭之间会很详细地订立条件。[10] 送孩子出去的传统在东盎格鲁和马萨诸塞的清教徒之间非常近似，又明显和英属北美各地区差别较大。[11]

注释

1 John Wilson, *A Seasonable Watchword* (Cambridge, 1677), 8.

2 Bradstreet, *The Tenth Muse*, 43-45.

3 这方面有价值的研讨，见 Morgan, *Puritan Family*, chaps. 3, 4; Demos, *A Little Commonwealth*, chaps. 6, 9; Greven, *The Protestant Temperament*, chaps. 2, 3。

4 John Robinson, *New Essays; Or, Observations Divine and Moral* (1628), in *Works*, ed. Robert Ashton (Boston, 1851), I, 246；关于罗宾逊在诺里奇的传道情况，参见 Timothy George, *John Robinson and the English Separatist Tradition* (Macon, Ga., 1982), 69-80。

5 在这个问题上，我的学生教了我很多，参见 Gail Goldberg, “Puritan Fathers,” and Naomi Levitsky, “Ralph Josselin and Samuel Sewall: Two Puritan Fathers” (unpublished

papers, Brandeis, 26 Nov. 1986)。

6 Thomas Cobbett, *A Fruitful and Useful Discourse Touching the Honour Due from Children to Parents and the Duty of Parents toward Their Children* (London, 1656).

7 1633年，萨缪尔·福勒（Samuel Fuller）送他的女儿默西（Mercy）去了另一个家庭，同时他带了三个其他的孩子回家。“Abstract of the First Wills in the Probate Office, Plymouth,” NEHGR 4 (1850), 33.

8 Morgan, *Puritan Family*, 77.

9 Sewall, *Diary*, 12-13 Oct. 1693, 10 Feb. 1696.

10 另一个例子是马萨诸塞州韦斯特伯鲁（Westborough）的埃比尼泽·帕克曼（Ebenezer Parkman）在日记中描述的，那是位于波士顿西边30英里的地方。“[波士顿]的罗兰·斯多里（Rowland Storey）上尉来和我洽谈送他儿子过来住的事情。他说的东西涉及一些具体的情况。‘带走这个孩子吧，先生，让他待到五月份，我可能就从海上回来了，但如果上帝不让我回来，你又喜欢这个小孩，就让他和你待到十五六岁，我就送他去当学徒。你只要让他吃饱穿暖就好了。教他一些教义。我主要的期望就是你能给他正当的教育。让他尽量服侍你，但不要让不守规矩的大孩子欺负他或教坏他。但我会嘱咐他好好地为您做事。虽然我同意他戴帽子，但他说他至今还没有一顶。让他戴您的一顶帽子吧，如果他以后不再待在你那里，我会付你钱的’。然后我从我兄弟那里给他拿了一顶帽子，傍晚的时候带他走了。那个时候真冷，去剑桥的路上，为了不让他受冻，我两次叫他进来。”年轻的约翰·斯多里（John Storey）就这样按计划进了帕克曼的家庭。Parkman, *Diary*, I, 8, 13 (20 Jan., 6 June 1726).

11 对东盎格鲁和马萨诸塞两个清教徒家庭“送出去”行为的比较产生了如下结果：

马萨诸塞波士顿萨缪尔·休厄尔的孩子			
名字	送出去的日期	年龄（年月）	地点和目的
小萨缪尔	1694年12月11日	16.4	波士顿，学徒
汉娜	1693年10月11日	13.8	罗利，学做家庭主妇
伊丽莎白	1696年8月24日	14.8	萨勒姆，学习针线活

续表

马萨诸塞波士顿萨缪尔·休厄尔的孩子			
名字	送出去的日期	年龄（年月）	地点和目的
约瑟夫	1703 年 8 月 16 日	15.0	剑桥，上大学
玛丽	1696 年 11 月 2 日	5.0	波士顿，学习阅读和编织
朱迪思	1704 年 4 月 27 日	2.7	戴德姆，治疗疝气

埃塞克斯郡科恩伯爵地（Earls Colne）拉尔夫·乔斯林的孩子			
名字	离开的日期	年龄（年.月）	地点和目的
托马斯	1659 年 5 月 25 日	15.5	伦敦，学徒
简	1656 年 4 月 21 日	10.6	科尔切斯特（Colchester），上学
约翰	1667 年 1 月 9 日	15.4	伦敦，学徒
安妮	1668 年 6 月 24 日	14.0	伦敦，做仆人
玛丽	1668 年 2 月 2 日	10.0	怀特科恩（White Colne），上学
伊丽莎白	1674 年 4 月 23 日	13.9	布里圣埃德蒙兹（Bury St. Edmunds），上学
丽贝卡	1677 年 5 月 17 日	13.5	伦敦，做仆人

来源：Sewall, *Diary*; Alan Macfarlane, *The Family Life of Ralph Josselin, A Seventeenth-Century Clergyman: An Essay in Historical Anthropology* (Cambridge, 1970), 93。

马萨诸塞的衰老方式

清教徒的老人至圣观

从孩提到坟墓，马萨诸塞清教徒对于生命的每一个阶段都有特殊的看法。在老年和代际关系的问题上尤其如此。这方面，新英格兰的传统是受清教徒信仰影响的。

20世纪的美国人青睐年轻人。我们害怕衰老，对老年人另眼相待。并且，我们的社会阶层是围绕财富来划分的，其他的标准比如年龄，除非能换算成经济因素，方能计算入内。这种物质主义的阶层划分在现今甚嚣尘上，让其他的标准显得尴尬，甚至无法理解。[1]

17世纪的新英格兰人生活在另一个世界。他们用心良苦地培养尊重老人的态度，并且按照年龄来划分人的等级。“年长和尊贵这两种品质往往是融为一体的，”科顿·马瑟写道。“如果人们因为年长而受到喜爱，那是因为上帝延长了他的生命，”英克里斯·马瑟持相似的看法。[2]

年轻人被教导对待老年人一定要有道德，并且要区别于所有其他的社会关系。这种态度被概括为我们现今不常用的一个词“veneration”（大致是尊敬的意思——译注），它来自拉丁语中表达宣誓的动词veneror或venerari，“意思是待以宗教性的敬畏和尊重”。由于清教徒比任何人都更崇拜老年人，所以“veneration”一词对他们有特殊的含义。加尔文教派的有限救赎教义（即所谓耶稣的献身只是为他的选民）留下了一个困难的问题，即怎么知道谁是选民。

简单来说，高龄是一种标志。清教徒需要标志。他们主张，老年人“与耶稣救主有特别的亲近关系”。他们的宇宙论也说，世上所有发生的事情都有上帝的目的。他们相信，小部分神圣的男女能活到高龄，是为了拯救其他人。[3]

每一个清教徒道德家写到这个问题时，都把老龄看作神恩的标志。这种观念与当时的人口事实很一致。马萨诸塞并没有太多的老年人。在这里，65 周岁以上的男女不超过总体人口的 2%，而到了 1988 年，这个比例是 12%。这是因为当时生育率很高，孩子的数目相对较大。但死亡率也产生了某种影响：当时的同辈人中只有 20% 能活过圣经强调的 70 岁，而今天这个比例是 80%。能活到 70 岁的概率很低，只有四分之一。这种人口现实进一步加深了对老龄的宗教化理解方式。[4]

对老年人的尊重不仅是一种理想，它在新英格兰是活生生的现实。那个时代该文化的写作者对人们正常行为方式的假设也证明了这一点。新英格兰神职人员乔布·奥顿（Job Orton）写过这样一段话：

> 人们有时会容易有这样一种期待，最有智慧和经验的老人最强大；但如果我们让老年人来策划和建议，而让年轻人来实际做事，结果往往是一样的。而如果让老人有年轻人那样的气力，他们可能比现在更容易轻视年轻人。[5]

奥顿在这段特殊的文字中假设，“老年人的头脑”可以有效控制“青年人的手”。并且他假定主要的问题不是年轻人轻视老年人，

新英格兰对老年人的崇拜体现在这幅波士顿的安妮·波拉德（Anne Pollard）女士（1621—1725）肖像，“在一百岁零三个月的时候”。这位备受尊崇的女士出生在埃塞克斯郡的萨芙蓉沃顿（Saffron Walden），九岁的时候迁走。很久以后，她宣称自己是在大移民浪潮中第一个到达波士顿岸边的女性。后来，她嫁给波士顿的旅店老板威廉·波拉德（William Pollard）（约 1643 年），为他生了 12 个孩子，活了很长的年纪，在新英格兰很受尊敬。她于 1725 年 104 岁去世，入葬的时候，她的臂弯里躺着一个曾孙的遗体。两具遗体被波士顿的六位长者运送到墓园，其中包括日记作者萨缪尔·休厄尔。他写道，这几位运送者的年龄“加起来有 445 岁”。

安妮·波拉德的这幅肖像作于 1721 年 4 月。她穿着暗棕色的外套，戴着白色的坎肩和帽子，有着漂亮的围裙和袖口，右手拿着一本小书。画家夸张了她的特征，用了很多光和阴影去突出她的弯眉、长鼻和坚固的下巴。这位老妇人没有任何脆弱之像。她的形象结合了力量、决心、严肃、尊严、品格和庄重等清教徒所期待的老年人品格。这幅素描依据的是马萨诸塞历史学会的一幅画。

而是老年人会轻视年轻人。有趣之处在于，这个证据揭示了清教徒的假设，让我们知道他们如此不同。

这些观念也体现在对人口的跟踪调查和历史纪录中。现今人们在报告年龄时，倾向于隐瞒一部分事实，把年龄报得比实际小一点。结果就出现了“年龄积算”的问题，有的人 40 岁但报 39 岁，相似的还有 49、59、69，甚至 79。在早期的新英格兰，年龄积算的规律很不一样。当时的情况和现代是相反的，年龄大的人喜欢把自己说老一点，而不是说年轻。[6]

这种对老年人的尊重也渗入了新英格兰的各种制度中。具体表现在“会议座位的安排”。在马萨诸塞农村地区，老年人坐的位置是最尊贵的地方，而且所有人也是根据其年龄来分配座位。女性到了年纪和男性享受的待遇是一样的。[7]在整个地区，老年妇女一般被尊称为“奶奶”，老年男性被称为“老大爷”。[8]

同样的态度也体现在官员的任命上。官阶越高，官员的年龄可能更老。比如说，在普利茅斯殖民地，六位总督中有五位一直任职到很老的年龄，有四位是死在任上；最后一位当到 73 岁，那一年普利茅斯被马萨诸塞兼并。同样的道理适用于他们的助理，“他们很少主动离开自己的职位，他们也很难被选民投票选下去。通常他们的薪资到死才会停止领取，有时这个周期显得太长”。[9]

另外一种表现是危机发生的时候，新英格兰人会比较依靠年长的人。有一个经典的例子，威廉·戈夫（William Goffe，1607—1679），他是清教徒士兵，并把查理一世送上了断头台。在王政复辟后，他逃到了新英格兰，在纽黑文找到了避难所，后来搬到马萨诸塞的哈德利（Hadley），但他把自己藏起来，在这个对外开放的城市没有多少人知道他。1675 年，和印第安人的战争爆发了，城里的人经常在市政厅开会，只有戈夫把自己藏起来。他从窗户里观察战争的进程，看见有一对印第安人的士兵偷偷进了城。戈夫离开藏身之处，跑到市政厅，他的突然出现在人们中引起了一些恐慌：

“我来指挥，”这个老人说，“你们跟着我！”人们马上相信了他。他们有一门老炮，但并不知道如何使用它。戈夫把炮对准印第安人，他的第一炮打碎了印第安人头顶的一个烟囱，飞沙走石打得他们四散逃跑。他把城里人组织起来，命令他们乘胜追击。当他们回来的时候，戈夫已经像他出现时那样突然消失了。后来有人记载到，“他庄重的举止、银色的头发，神秘的出现和突然的消失，以及虔诚的模样，在那个年代似乎显得奇怪，但看起来似有天意，这让居民们感觉他像一个天使，在完成他的使命后，又回到了天堂。他们很可能从不知道他是谁”。[10]

这个事件成为新英格兰的一个传说。它正是纳撒尼尔·霍桑（Nathaniel Hawthorne）的故事“年长的领袖”原型，在那个故事里，一位容貌尊贵、满头银发的老人神秘地出现了，并在光荣革命中领导了新英格兰反对安德罗斯（Edmund Andros）爵士的战争。在新英格兰的历史上，有很多“年长的领袖”，但更多存在于集体的想象中，例如在莱克星顿打仗的78岁老人萨缪尔·惠特莫尔（Samuel Whittemore）；在80岁的时候领导同乡反抗康科德的约西亚·海恩斯（Josiah Haynes）长老；还有81岁的国会议员约翰·昆西·亚当斯像新英格兰的花岗岩一样坚定地反对奴隶主权力。“年长的领袖”这种观念成为新英格兰文化中的成语。[11]

约翰·亚当斯用过一个新英格兰的成语，“没有人比‘哀伤的人’更适合做议员和政府官员……年长的人曾被生活的无常折磨过，所以能够在悲伤和失望中深刻地反思，并且能够教导如何控制情绪”。[12]

在这种语境中，“哀伤”保留了其古代英语中的含义，“沉痛、严肃、智慧、谨慎、妥当、坚定和稳固”，这些品质通常被新英格兰的人们用来形容年长的人。[13]

1672年，哈佛要任命新的校长，理查德·索顿斯托尔（Richard Saltonstall）坚持把高龄作为要求之一，青年或者中年都被认为不符合要求。他写道：

> 首先，年长的保罗，或者60、70岁的保罗，不仅是好的，而且在很多方面要比年轻10到20年的保罗要好很多。根据诗篇第92篇第14节，年长的人特别恰当，一定会比他们之前或者他们还没有这么老的时候产出更好、更多、更甜和更漂亮的果实……
>
> 其次，圣经也特别慎重地提醒要小心年轻人或较年轻的人。[14]

这些原则也被纳入了基督教的老人制度，并且成为新英格兰生活的正式组成部分。“尊贵的老人”是湾区宗教和道德的官方守卫者。普通法庭尤其会把困难的问题向他们咨询。例如，1641年议会规定“期望由老年人在宗教的基础上制作问答手册来教育年轻人”。[15]

对老人的尊重建立在扎实的物质基础上。新英格兰的土地持有制度有目的地在年轻人中培养顺从的态度。清教徒老人喜欢长期持有土地。二十五六岁结婚的儿子要直到30岁以后才能拥有自己的土地，所以在很长一段时间中不得不依靠他们年长的父母。[16]

这种不同辈分之间的关系模式也有其限制。对于违背文化中的道德原则的老人，尊敬的原则是有例外的。那些违背原则的人不会被轻视，但会让人感到恐惧；在 1692 年的埃塞克斯郡，超过 45 岁的女性中至少有四分之一以女巫的罪名被起诉。[17]

在新英格兰，多数老年人会受到尊重，无论是富贵还是贫穷，男性或女性，病弱或健壮。但有时他们并不太被爱戴。尊敬是一种冷淡的情感，离敬畏的距离比离感情要近一些。老人对年轻人的控制会带来强烈的抵抗。“爱削减了，而不是上升了，”约翰·罗宾逊写道。[18]一个例子是蒂莫西·卡特勒（Timothy Cutler，1684—1765），耶鲁大学的校长。人们认为他“傲慢而专横；面对陌生的学生，他显得很骄傲。他无法赢得年轻一辈的爱戴，因为他很难屈尊，也很难与同辈的人和一般人亲密相处。不同的人都尊敬他，他因为渊博的学识而受到敬重，但这并不能打动人们的内心”。[19]

在家庭内部也有复杂的情绪。一对清教徒教导他们的女儿如何尊重她的“好祖母”：

> 要克制你自己去迎合她。要想到她的关系、年纪和善良都需要你的尊重和颂赞。她上年纪的病弱身体需要你的耐心和同情。想想当你变老的时候，你可能也需要别人这样对待你。这是你在取悦上帝和丈夫之外最重要的事情。[20]

对老年人的“颂赞、尊重、耐心和同情”并不是新英格兰独有的东西。我们会看到，1750 年之前的英属北美的其他文化都有类似表达。但在湾区殖民地，清教徒的尊敬观念和加尔文教派“老人至圣”观注入了特别的意义和形式。

注释

1 这部分结合了新材料和此前出版的资料，即 *Growing Old in America* (exp. ed., New York, 1978, 26-77.)，之后的相关研究得到相似的结论，其中涉及年龄积算、预期寿命、不同岁数人之间关系的用语、教堂座位、办公建筑、退休和财产持有等方面，见 Heather Green Campbell, “A Study of Old Age in Early America, 1607-1820” (thesis, Univ. of Houston, 1986)。

2 Cotton Mather, *A Good Old Age* (Boston, 1726), 4; Increase Mather, *Two Discourses Shewing, I, That the Lord's Ears Are Open to the Prayers of the Righteous, and II, The Dignity and Duty of Aged Servants of the Lord* (Boston, 1716), 52.

3 Mather, *Two Discourses*, 52.

4 Fischer, *Growing Old in America*, 275-77.

5 Job Orton, *Discourses to the Aged* (Salem, Mass., 1801).

6 早期新英格兰年龄积算的规律显示，青年时期偏向于年轻，老年时期偏向于年老。转变发生在 50 岁的阶段。这种现象和 19 世纪、20 世纪（倾向于年轻）都不同，我们后面也会看到，这和其他殖民地的文化也都不同。新英格兰的三个样本统计规律如下：

年龄	马萨诸塞州埃塞克斯郡 人口累计记录 1636—1672 (n=4106)	马萨诸塞州米德尔塞克斯郡 人口累计记录 1661—1675 (n=251)	康涅狄格州纽黑文 人口调查 1787 (n=5085)
29	0.793	0.617	0.798
30	2.716	1.944	1.575
31	0.498	0.597	0.949
39	0.503	0.166	1.014
40	3.939	2.449	1.557
41	0.363	0.392	0.879
49	0.669	0.222	0.585
50	4.161	4.286	1.934
51	0.254	0.541	0.923

续表

年龄	马萨诸塞州埃塞克斯郡 人口累计记录 1636—1672 (n=4106)	马萨诸塞州米德尔塞克斯郡 人口累计记录 1661—1675 (n=251)	康涅狄格州纽黑文 人口调查 1787 (n=5085)
59	0.327	0.416	0.522
60	4.139	6.875	2.456
61	0.365	0.385	0.902
69	0.345	无数据	无数据
70	3.354	无数据	无数据
71	0.384	无数据	无数据

对于任何一个年龄组，这些数据都可以转化成该年龄段的积算比例，并计算出年龄报告的相对可靠性和误差方向。当没有误差存在的时候，比率是 1.0；这意味着，把年龄估高和估低的人口比例一样。当误差偏向年轻的时候，积算分低于 1.0；误差偏向老年的时候，积算分高于 1.0。

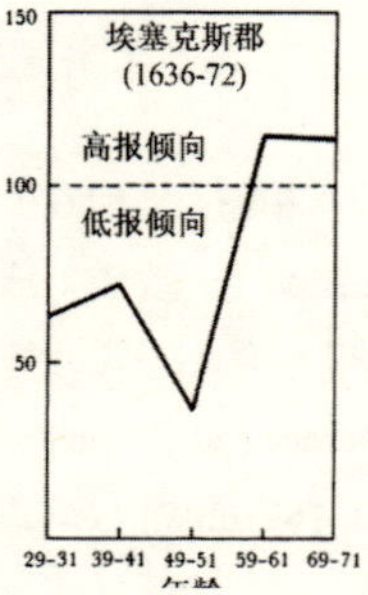

年龄	埃塞克斯郡 1636—1672	米德尔塞克斯郡 1661—1675	纽黑文 1787	新英格兰 （平均）	全美国 1950
29—31	0.63	0.97	1.18	0.93	0.94
39—41	0.72	2.36	.87	1.31	0.93
49—51	0.38	2.43	1.58	1.46	0.93
59—61	1.12	0.93	1.72	1.26	0.92
69—71	1.11	无数据	无数据	无数据	0.91

来源：Carol Shuchman, “Examining Life Expectancies in Seventeenth Century Massachusetts” (unpub. Paper, Brandeis, 1976); unpub. data furnished by John Demos; Fischer, *Growing Old in America*, 85; Ansley J. Coale and Melvin Zelnick, *New Estimates of Fertility and Population in the United States* (Princeton, 1963), 127-28。

这种测试被作者发明出来表明年龄误差的实际要素，美国历史学家和社会科学家却对此感到不可理解、不愿相信；但欧洲历史学家再现了这个测试，并且得到了相似的结果；见 David Herlihy and Christiane Klapisch-Zuber, *Tuscans and Their Families* (New

Haven, 1985), 169-81; 资料来源、方法和算式见 Fischer, *Growing Old in America*, 85ff; 美国 1950 年的数据来源于 Ansley J. Coale and Melvin Zelnik, *New Estimates of Fertility and Population in the United States* (Princeton, 1963), 90-138。

7 座位分配委员会一般会采用三个标准 —— 年龄、财富和其他如等级、有用性或官职。罗伯特 · 格罗斯（Robert Gross）对康科德 1774 年名册的研究表明，人们首先按年龄入座，然后在年龄组内按照财富，最后在财富组里按照社会地位。具体过程的细节在不同社区之间有差别。一些看重财富的商业化城市如纽黑文会把财富比年龄看得更重。但在多数地方，年龄是首要的。见 Fischer, *Growing Old in America*, 39。

8 Sarah Knight, "Journal," in Newton D. Mereness, ed., *Travels in the American Colonies* (New York, 1961), 14.

9 Demos, *A Little Commonwealth*, 174; Fischer, *Growing Old in America*, 46.

10 John L. Sibley, *Biographical Sketches of Graduates of Harvard College* (Cambridge, 1873), I, 114.

11 Nathaniel Hawthorne, *Twice Told Tales* (Boston, 1851).

12 John Adams to Jefferson, in *The Adams-Jefferson Letters*, ed. Lester J. Cappon (2 Vols., Chapel Hill, 1959), II, 582.

13 OED, s.v. "sad", A2,3,4.

14 诗篇第 92 篇教导说："义人要发旺如棕树，生长如黎巴嫩的香柏树。他们栽于耶和华的殿中，发旺在我们神的院里。他们年老的时候仍要结果子，要满了汁浆而常发青，好显明耶和华是正直的。他是我的磐石，在他毫无不义。"（此处翻译引自圣经和合本 —— 译注）Richard Saltonstall to the Governor and Council of Massachusetts and to the Overseers of Harvard College, 5 March 1671/2, *Saltonstall Papers*, I, 159.

15 *Mass. Bay Records*, I, 328.

16 Greven, *Four Generations*, 88-92.

17 来自约翰 · 默林的私人通信；Carel F. Karlsen, *The Devil in the Shape of a Woman* (New York, 1987)。

18 John Robinson, *New Essays, Or Observations Divine and Moral* (London, 1628), 246.

19 John Eliot, *Biographical Dictionary* (Salem, 1809), 44.

20 Elizabeth and Nathaniel Saltonstall to Elizabeth (Saltonstall) Denison, 6 Dec. 1688, *Saltonstall Papers*, I, 186.

马萨诸塞的死亡方式

清教徒的工具宿命论

在马萨诸塞，衰老观和对死亡的态度紧密相连。清教徒的神学让他们认为老年是加尔文教义里的一种象征，也同样让他们在那个年代把死亡看得特别可怕。“成人都害怕死亡，”弗朗西斯·培根（Francis Bacon）这样描述同时代人，“正像孩子害怕去黑暗的地方一样；孩子们会因为故事而夸大恐惧，成人对死亡的态度也是如此。”[1]

清教徒有很多关于死亡和濒死状态的故事。正是通过这些故事，他们制造了对死亡的恐惧和对与死亡相关的超自然力量的渴望。虽然新英格兰对于从北欧来的殖民者来说是很健康的环境，但人们的想法并没有受此影响。最早的几年虽然很艰辛，但湾区殖民地从没有经历横扫詹姆斯敦和普利茅斯的饥饿时期。新英格兰的死亡率相比其他地方一直偏低。[2]

包括欧洲、亚洲和美洲在内，17 世纪中叶都是很艰苦的时期。这是黑死病之后西方世界唯一人口下降的时期。[3]新英格兰虽然相比是幸运的，但也难逃当时无所不在的困苦。马萨诸塞 17 世纪的死亡率大约是 25‰，这不但低于西欧，更远低于弗吉尼亚州。但这个比率还是比我们现今要高出三倍。17 世纪晚期和 18 世纪早期，死亡率在马萨诸塞有所上升，18 世纪三四十年代，比率达到了 30‰，这是由于当时传染病在该地区流行。[4]

这个时期，新英格兰的死亡率并不稳定。随着乡村地区聚居的人口越来越多，天花、麻疹、白喉等传染病更加频繁、厉害地侵袭当地。[5] 虽然湾区相对环境优越，但当地人和17世纪其他地方的居民一样对危险的因素充满悲观。这时期的日记和信件记载了很多突然死亡的故事。“克雷斯韦（Creswell）先生生了急病，仅仅几分钟就要了他的命，”1728年的一个日记作者写道。传染病以可怕的力量毁灭了家庭甚至整个社区。[6]

马萨诸塞清教徒有些夸大他们的不安全感，原因在于宗教。加尔文信仰是基督徒最感严厉和痛苦的教义之一。一个新英格兰人把这种黑暗哲学称为“板栗毛刺里的苦药”。新英格兰的加尔文正统教义归纳了“五点”：人类的自然状态完全是堕落的，救赎并不和人的道德努力相对应，恩典只预备给少数人，所有必死的人必遭永世的天谴，尘世的任何努力都无法拯救他们。

马萨诸塞人的牧师教导他们不要对自己的救赎太自信。从孩提时期，他们就被提醒对自己的救赎过于自信是没有被拯救的迹象。“清教徒牧师对此喋喋不休，”历史学家埃德蒙·摩根写道，“要有确信首先要变得不确信。”这种刻意制造的不安全感比生命的实际危险还要来得重要，导致了一种沉闷的灰暗心理，徘徊在新英格兰的集体意识里两个世纪，挥之不去。[7]

哈里特·比彻·斯托生活在这种文化的晚期，对这种感觉深有体会。“生活的基调……在新英格兰，”她写道，“是一种深深的、不可言说、所以无人说的忧郁，因为人类的存在本身被看作极度恐怖的危险，而绝大多数人却完全不理解原因。”[8]

因为这种思维方式，新英格兰人采用了一种比普通人更为阴郁的死亡观。他们的传统是以非常冷酷的方式帮助年轻人准备好迎接死亡。清教徒的父母强迫年轻人直视死人的面孔。年幼的孩子们必须阅读圣经中最为恐怖的片段，直到他们在恐惧和绝望的泪水中晕倒。他们必须听大人喋喋不休地讲其他孩子的突然死亡。萨缪尔·休厄尔年幼时就碰到这样的情况，最后“他号啕大哭，哭喊着他很害怕会死”。他们在哭喊和挣扎中被拖到坟墓边上，被迫盯着空无一物的棺材里边，反思他们自己必死的生命。他们也被提醒要对自己是否被拣选持怀疑态度，不要对救赎太过自信。伊丽莎白·休厄尔年幼时因为对救赎的焦虑而饱受折磨；15 岁时的一个早晨她告诉父亲，她“很害怕会去地狱，就像斯皮拉（Spira）那样无法得到救赎”。所有这些都在清教徒的性格中留下永久的烙印，让他们与当时其他基督徒产生了很大差别。[9]

新英格兰清教徒另一个死亡传统是科顿·马瑟称为“每日会死”的成人仪式。这是一套信仰的体操，其目的是温暖加尔文教徒的灵魂。科顿·马瑟写道：“一个谨慎的人每天都在经历死亡；我们要做的事情是每天都在这种想法下生活，就像我们真正面对死亡时的状态一样。”清教徒的私人日记揭示出，“每日会死”成为日常生活中活生生的现实。[10]

清教徒第三个死亡传统是针对他人死亡的。当有亲戚、朋友或孩子去世，清教徒并不仅仅是哀悼，而是使其积极服务于信仰。一个英国的清教徒在 12 岁的女儿去世后，写下了这样的日记：

> 我永远不会忘记那痛苦的抽搐，
> 我记得她生病时我在哪里、在做什么。
> 记得那些誓言和承诺。
> 记得她坚强忍受那些剧烈的疼痛。

记得她死去的面容和离去时的叹息。

上帝所给予的这些印象永不褪色。

清教徒从不避讳死亡的痛苦，而是跳到另一个极端，祷告说他们的哀伤“永不褪色”。[11]

另一个传统是新英格兰丧葬仪式的荒凉简约。清教徒对死人遗体没什么兴趣。他们不愿意花时间去保留遗体，举行隆重的葬礼，或者修豪华的坟墓。大移民时期一个观察者冷漠地写道：“英格兰现今那些改革派的葬礼很粗糙，很多地方把遗体像狗一样随便扔到地上，一句话不说。”[12] 在早期的新英格兰，遗体会很快送到墓园，几乎没什么仪式。下葬的时间一般是白天晚些时候，接近黄昏。墓葬用花岗岩或者粗糙的木牌做一个标记。[13] 葬礼会另外举行，一般是祷告仪式，牧师会据实讲述死者的品格。一个新英格兰人批评其中的伪善：“他们在葬礼上的讲道对死者进行伪饰，对活着的人是危险的误导。”

随着时代的变化，下葬方式和葬礼越来越精致。悼念者会身着悼念的标志，包括黑色的领巾、缎带、外套和手套等。棺材变成精心打造的木盒，用棺盖或寿衣覆盖。但新英格兰人对这种形式并不青睐，一直有法律要求“限制葬礼的不必要开支”。[14]

表露在外的哀悼不被鼓励。人们一般期望，哀悼至少在表面上要保持有节制的平静，这被很多人认为是冷淡、无情和铁石心肠。但事实并不如此。只是马萨诸塞的悼念方式与其他文化中爆发式的哀号、哭叫和自我崩溃有着巨大差别。

葬礼后有食物和饮料。当新英格兰人喝多了的时候，对禁忌就不在乎了。整个社区都醉了。甚至小孩也脑袋发昏，步履蹒跚地经过阴暗的墓地。曾有记载说小孩醉酒后，滑入尚未封闭的坟墓里。

总体而言，清教徒的死亡方式让人惊异地结合了对死亡的希望和恐惧，并且业已成为他们生活的核心要旨。这些态度中包含着对死亡的宿命论。17 世纪时全世界都是宿命论的，但他们的宿命论并不完全一样。每种文化都会告知，致命的事件往往是不受人控制的。清教徒也接纳这种宇宙间冷酷的事实。但对救赎结果的不确定激发他们无休无止地去寻求确信，这让新英格兰清教徒的宿命论不同于其他文化。

清教徒特殊的宿命论详细地记录在日记和自传中。例如新英格兰牧师托马斯·谢泼德（Thomas Shepard）。每天对他而言都是信仰的审判，会得出不同的判决。1641 年 2 月 16 日，他相信自己得救了：

> 2 月 15 日。我正在祷告，刚刚开始的时候，恩典就来了，抓住了我说，你会永生……我的心单单地选择了上帝，他对我来说是甜蜜的。
>
> 第二天，他的态度突然转变了。
>
> 2 月 16 日。我看见我的心还没有准备好去死，因为我还没有学会如何让我的心从世界上断离……上帝啊，帮助我……一个速朽的躯体。

然后一周都没有日记。忽然间，谢泼德的灵魂又高昂起来了：

> 2 月 23 日。在床上我觉得上帝有时待我真是甘甜，所以我应该考虑如何保守我的灵魂，并一直向前……

但同一天晚上，他又被绝望攫住：

> 2月23日。晚上讲道后，我看到自己的卑劣……上帝只让我看到我的羞耻。

相似的内容反复出现在大西洋两岸清教徒的思想中。历史学家阿兰·辛普森（Alan Simpson）描述了英国清教徒托马斯·古德温（Thomas Goodwin）的灵魂历程：

> 小托马斯在六岁的时候被仆人警告说，如果他不忏悔自己的罪行，地狱就等待着他。七岁的时候，他已经学会为罪而哀哭，并寻求恩典的标记。十二岁时，他认为自己比村里所有其他人都更有恩典。十三岁时，他去了剑桥的基督学院……但他仍然在希望与绝望中摇摆。因为真正的经验还没有得到……当然，后来这种体验是通过布道得到的：上帝会用普通的办法去敲打刚硬的心肠。这句布道信息是这样的："不要拖延悔改……" 此前，每当他为自己的罪而哭泣的时候，他总还是看重某种个人价值的。但他现在知道他不再有任何个人价值了，这个自然人即使金玉其外，实际上是败絮其中的，因为自从亚当违反了上帝的旨意，自然人就不再有任何价值了，地狱就是他的归宿。然后，在他深深的恐惧中，恩典到来了：那个声音告诉这个灵魂"复活并永生吧"。古德温借此把自己比作一个叛国者，这个叛国者得到了国王的赦免，并且成为他的朋友和喜爱的对象。但如果一个喜爱的对象有了巨大特权，那么他同时也担负着巨大的责任。他的生活必须是一

场没有终结的战争，对象是那玷污上帝主权的罪……[15]

这些情感在清教徒中比较普遍。辛普森还写道："……著名的清教徒几乎都曾留下类似的叙述，甚至在辛勤工作的间歇给表兄写几行忧思的句子也是如此。"[16]这些疯狂地交织在一起的希望与绝望把清教徒对生命和死亡的态度塑造得格外多彩。由此又导致了清教徒宿命论的悖论，因为它同时又激活了生命的冲动，成为"新英格兰方式"的重要组成部分。

注释

1 Francis Bacon, *Essays* (1625), "Of Death", 转引自 David Stannard, *The Puritan Way of Death* (New York, 1977)。有关清教徒死亡方式的两个叙事体现了两种相反的主张。斯坦纳德（Stannard）强调对死亡的恐惧，这在该文化中是已经成熟的观念；格迪斯（Geddes）在 *Welcome Joy: Death in Puritan New England* (Ann Arbor, 1981) 中 则强调死亡中包含的希望，这种观念也非常强烈。这两种阐释表达出文化复杂的两面性，希望与死亡紧密交织在一起。

2 温斯罗普大逃亡的十七艘船上的移民在 1630 年受到重创。托马斯·达德利给家里写信时说："很多人被病痛击倒了，很多人一周就死去，这种事情几乎每天都在发生。"从 1630 年 4 月到 12 月，他总共统计了大约 200 例死亡，死亡率高达 125‰，其人口基数是 1600 个来自英国的人。在普利茅斯，第一年的死亡率是 500‰；在弗吉尼亚，比例高达 700‰。见 Thomas Dudley to Countess of Lincoln, 12 March 1630, *NHHSC*, 4 (1834), 224-49。

3 Colin McEvedy and Richard Jones, *Atlas of World Population History* (New York, 1978), 69-71 passim.

4 这些估计比其他学者的估计要高，在"死亡时间"中会有详尽讨论。

5 马萨诸塞多数城市保留的死亡登记会作为证据在“死亡时间”中呈现。

6 Clegg, *Diary*, I, 35, 22 May 1728.

7 Morgan, *Visible Saints*, 69-70; Simpson, *Puritanism in Old and New England*, 3.

8 Stowe, *Oldtown Folks*, Chap. 29, 1238.

9 Sewall, *Diary*, 10 Jan. 1689/90, 13 Jan., 22 Feb., 3 May, 12 Nov. 1696.

10 Stannard, *Puritan Way of Death*, 77.

11 Clegg, *Diary*, I, 28 Aug. 1723.

12 Stannard, *Puritan Way of Death*, 105.

13 这种类型的石头标记在原萨德伯里的下葬地还能找到一个，那里现在是马萨诸塞的韦兰市。

14 Gedds, *Welcome Joy*, chaps. 4, 6; Stannard, *Puritan Way of Death*, chap. 5.

15 Simpson, *Puritanism in Old and New England*, 3-5.

16 同上。

马萨诸塞的宗教方式

清教徒聚会和讲道的方式

湾区殖民地的建设者说到“新英格兰方式”的时候，通常意指他们的宗教。我们已经讨论了这个问题的几个方面，包括它在东盎格鲁的起源，它在大移民中的角色和信仰的原则。我们在这里从宗教习俗的角度来讨论新英格兰公理教会的礼拜仪式。

英属北美盛行着多种基督教的仪式，有圣公会的礼拜仪式、长老会田野礼拜的福音派模式、洗礼团契的公社风格，还有贵格会的属灵模式。新英格兰人民采用了另一种礼拜形式，或可称为聚会与讲道的模式。这是 17 世纪中叶在马萨诸塞发展成熟的，并且在清教徒聚居区延续了很久。

这种新英格兰的方式尤以苦行而突出。“每样东西都被剥得干干净净，”哈里特·比彻·斯托写道，“所有诗歌形式，所有布料和宗教仪式所需的附属物，都被毫不留情地统统削减。”它自称为一种没有仪式的宗教，但实际上它是以另外一种仪式取代而已。[1]

新英格兰方式和其他礼拜仪式一样，在公理教会聚会的建筑里创造了独特的外在形式。1700 年之前，在清教徒聚居地建造了 200 多个这样的建筑。它们与后来明信片上的那种白色新经典样式很不同。17 世纪的聚会场所通常是紧凑的方形建筑，四边有陡峭的屋檐用于支撑中间的“塔楼”。它们是依照东盎格鲁的世俗建筑，比如法庭和市场的样式来修建的。[2]

新英格兰的聚会所多建在视野开阔的山顶。据说，罗克斯伯里的年长牧师约翰·埃利奥特（John Eliot）曾在别人的帮助下爬到聚会所的山上，他说：“这真的很像去天堂的路，这是上山的路。上帝用他的恩典引导我们上去。”[3]多数聚会所是朝南的；和新英格兰很多住房一样，它们是“光线结构”，经过精明的设计使得“中午的时候可以好好利用阳光”。[4]

从外部看去，这些建筑很低调。墙都是没有刷漆的木板。板上钉着下巴上有暗红点的狼头。门上常常有撕碎的小纸片，上面记载着结婚日期、地方公告、财产出售等信息，有时有某人在上面怒斥另外一个人的粗言秽语。

内部非常简单。清教徒的聚会所基本上就是一个讲堂，目的仅仅是听道。它的设计和遍布西欧的加尔文教派的聚会所是一样的。在新英格兰的公理教会中从来没有圣坛一类的东西；只是在北墙有一个简单的桌子，而不是像在盎格鲁的教会中把桌子放在东边。桌子边上，一个陡峭的梯子升到半空的讲坛上，俯瞰整个屋子。爱丽丝·摩斯·厄尔（Alice Morse Earle）记得：“简朴的老教堂的讲坛还站在那里……作为它唯一的装饰，是一个很大的、经过仔细粉刷的注视的眼睛，对犯错的年轻人来说是一个有些可怕而又明白无误的警示。”[5]

讲坛上方一个传音板不祥地伸出在牧师的头顶上。他的面前是一个读经台和一个很大的木质沙漏。讲台下是老年人的座位，面对着听众。会众坐在讲台前，无背式的长凳依次排开去，这些后来才被教堂专门的条凳所取代。男人坐在过道的一边，女人坐在另一边，并且都是按照年纪、财产和名誉来排序的。多数聚会没有装饰，除了那个可怕的注视的眼睛，没有上漆、没有窗帘、没有灰泥、没有图画、没有灯光，没有任何东西可以把会众的注意力从讲道的话语拉开。

这些建筑里没有暖气，部分是因为最早的聚会所同时也是弹药库，一点点火星就可能导致整个场地炸成碎片。所以，冬天的时候特别冷。很多故事里都记载着冻硬的圣餐面包、生冻疮的手指、注满冰块的洗礼，还有冷得牙齿打战、听起来像蟋蟀叫的一群会众。

对于牧师来说，不因会众受冻而缩短礼拜仪式是光荣的。但有时会众用跺脚的方式来恢复血液循环，牧师不得不重重地施加宗教责难，“要安静地站立，想想上帝奇妙的话语吧”。后代人在教堂旁建起了“午休房”或“安息日房”，会众可以在早晨的礼拜后到这里暖和一下，为下午漫长的礼拜作准备。但没有暖气的礼拜仪式作为地区习俗保持了两个世纪。

这些建筑里的礼拜仪式不像圣公教会那样诉诸情感主义并且使用亮光和焚香，也不像激进派的新教徒那样依靠灵魂自然状态下的举动。清教徒的礼拜始终围绕圣经，讲道和不休不止的听道。

在主日和听道日的早晨九点，全城的人会被钟声召集在一起，有时是贝壳碰撞的聒噪声，17 世纪更多的是鼓点。会众按照家庭单位到齐，夫妻并肩走来，孩子、仆人和狗紧随其后。1640 年的法律规定，男人必须带枪到聚会的地方，门边有站岗的哨兵。这些预防措施每当危险临近的时候会反复提醒。至迟在 1775 年之前，海滨 20 英里范围内的成人男性被要求带枪到教堂，以预防英国的侵略部队突然出现在礼拜仪式上。仪式结束后，男人首先离开，这种地区性的习俗在它的战争起源被遗忘之后依然保持了很久。

17 世纪新英格兰的聚会所大大区别于后世上着白漆的希腊式复兴殿堂，后者是这个国家情有独钟的样式。唯一留存下来的样本是位于欣厄姆的老船聚会所，但它的窗户和比例都被后代修改过了。早期的聚会所都是很粗糙的方形建筑，木边没有上漆，四坡屋顶，有时中间会有一个塔尖。它们的样式大量仿照世俗建筑，如东盎格鲁的市场和市政厅等。它们的简朴与圣公教会的复杂礼拜建筑形成鲜明的对照。

城里的居民进教堂坐下后，牧师一家会很隆重地出场。17 世纪中期，牧师通常穿着黑色的下垂披肩，戴着无边的黑帽。全教会的人会恭敬地站立，只等他走上讲坛。“我们的父亲并不能代表人类的礼拜者，”哈里特·斯托说，“但他们都把牧师看作宇宙主权者派来的使者。”17 世纪的很多加尔文信徒都用同样的语言来描述他们的神职人员，说他们是基督的使者。[6]

每一次礼拜都有一个重要环节是洗罪的仪式。会众中“犯罪”的成员必须站起来“羞辱自己”。他们常会戴上写有错误言行的标志，例如在埃塞克斯郡，伊丽莎白·朱丽耶（Elizabeth Julett）被要求在讲道日“在前额上贴一张用大写字母写的‘对所罗巴伯·恩迪科特（Zerubbabel Endecott）先生造谣的人’”。[7]有时他们穿着破布，脸上涂得脏兮兮的来加深这种羞辱。偶尔，他们甚至被要求在会众面前爬行。

礼拜最主要的部分是讲道。新英格兰的教堂会众每周日会听两场讲道，早上、下午各一场，每场两个小时或更长。有时，中午在午休室也会有一场。会众为了听道，很可能每周日一坐就是五六个小时。这些布道的过程就像苦行。透过窗户上的彩色玻璃及其镶嵌的字，清教徒只能看到些微的光。讲道的风格是坚定不移、毫无掩饰的劝导。约翰·科顿定下了这种模式。在英国剑桥的时候，科顿的讲道曾惹怒过听道者，他采取的是“直接而有益的方式，点明教义并提供解释，也指出教义的应用”。听讲的人很震惊，他们“坐立不安，扯下帽子以表达对讲道的不满”。[8]但这种方式在新英格兰却很受欢迎——“从文本到实际”的讲道。它开始一般要援引一段有力而又让人费解的经文，对之进行详尽的分析，各个部分都进行漫长的探讨，这叫作“发现”。这种看似简单的方式经过了精心酝酿。

据说，英克里斯·马瑟“省略了所有其他形式，这样可以使讲道更明白晓畅”。[9]

现代读者可能会认为，这样的讲道非常晦涩而枯燥。20世纪著名的历史学家描绘过这样的景象，倦怠而困乏的会众勉强坐在那里点头。这再错没有了。清教徒听道者在漫长的讲道期间都是坐在凳子的边缘。据说在托马斯·谢泼德的教堂，他“其实很少讲道，但会众中一些人……会极痛苦地哭泣：‘我怎么做才能得救呢？’”，清教徒的很多讲道都是在回答这个问题。[10]

礼拜仪式的另外一个重要部分是祷告，这方面与罗马教会和圣公教会的礼拜仪式都不同。在新英格兰的公理教会，没有任何下跪或屈膝。第一代移民中，甚至没有低头或闭眼。清教徒站着祷告，眼里想象着上帝。这些祷告都是原创的，常常是牧师作长篇的演讲。科顿·马瑟记载说，在通常的礼拜中，他“要祷告一个小时15分钟，然后布道……一个小时45分钟”。萨缪尔·休厄尔记载了长达几个小时的祷告。这些演说会非常紧凑地阐述一些观点，清教徒彼此之间不知疲倦地互相论说，就像在和上帝这样做一样。[11]

第一代清教徒礼拜仪式中，有时会有所谓“预言”的部分。这种时候，由会众成员站起来，而不是由牧师，对圣经中的信息进行“解释和应用”，有时这个过程会变得很情绪化。预言在更为激进的清教教派中经常发生，新英格兰的教会有一个时期也是许可的。在马萨诸塞，这种仪式本就有些限制，而牧师和官员对此早有严重的质疑。在“反律法”危机后，预言仪式被压制了。[12]

在新英格兰的仪式末尾，通常要唱诗，如果会众那些刺耳的声音也可以叫作唱歌的话。但这里的重点不是音乐，而是语言。唱诗一般是由一位成员先唱第一行。然后每个人都“加入调子里唱歌”，

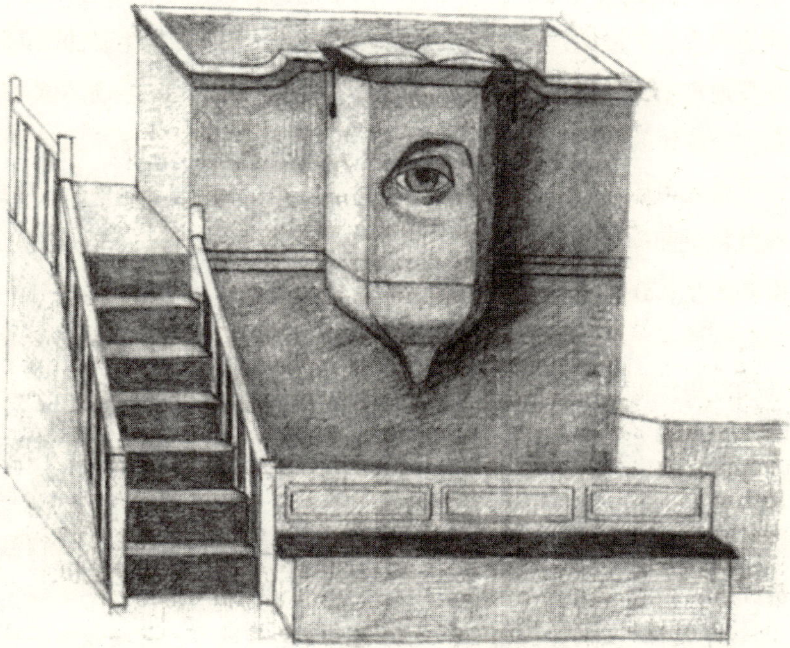

在加尔文教派的聚会场所，注意力的中心是讲坛，牧师站在这里讲道。新英格兰历史学家爱丽丝·摩斯·厄尔记得，“一个没有上漆的教堂里的讲坛一直保留到了19世纪中叶，上面唯一的装饰，是一个很大的、经过仔细粉刷的注视的眼睛，对犯错的年轻人来说是一个有些可怕而又明白无误的提醒，这是上帝无所不见的眼睛”。讲台下是老年人的座位，教会的领导人面对听众坐着，在冗长的布道和祷告中可以严厉监视每一个举动。这是基督徒关照世间的一种象征，这种模式在这一文化中早已成型。

虽然拍子不同，调不同，音阶也不同。一个观察者在1720年写道："每个人都争先恐后地要取悦自己。"新来的往往会被这种噪音吓到，因为声音会穿过田野传得很远。但新英格兰人却被这种"生硬的歌声"深深地打动，拒绝改进。其结果就是在18世纪，所谓"生硬的歌声"和"合旋律的歌声"之间发生了巨大的争议。[13]

很久以后，哈里特·比彻·斯托还记得，"在我们古老的聚会所里，那种粗糙而原始的歌唱总是有效地让我兴奋起来。它让我感受到无限和永生，还有可怜而有限的人类的思念、恐惧和愿望，仿佛这一切就在眼前，我感觉就像行走在空中，结尾的歌声飘过来就像发光的云围绕着我"。[14]

新英格兰公理教会礼拜仪式的每一部分都围绕着上帝的话语——聚会所的设计；摩西律法的执行；布道的结构；清教徒祷告的方式；唱诗的方式等。这说明，会众对上帝话语的倾听正是清教徒礼拜仪式的基本目的。

礼拜在这个文化中还有另一个意涵。哈里特·斯托解释说，这是一周当中全城唯一聚集的时刻。"没人想远远待着——因为这样，没人想保持距离……我们一周的生活很简朴、单调、辛苦；利用这个机会可以看到整个社区的人穿着他们最好的衣服出现……这对那些最懒惰的、最不信神的人也是有吸引力的……那些日子里，周日的聚会把城里的人最大限度地聚集起来。"她回忆起因为家里有病人她不得不待在家里的不愉快。"当整个家里以及村子安静下来时，是多么鬼魅、又多么不自然啊，钟声敲得太响，苍蝇在窗台上烦人地嗡叫，我在让人窒息的安静中听到远远传来的诗歌声，那长长的祷告庄严的调子，然后是布道单调的声音，再然后就是最后一首唱诗结束时的回音了。"[15]

这种礼拜仪式在两百年中成功地为新英格兰延续了文化。斯托记得，“虽然我们的聚会所粗糙而原始，所有阶层每周一次的聚会却是最为有力、有效的文明模式。只要每个周日都穿着礼服，并且在联合崇拜中与社区有尊严地站在一起，任何人都无法看低你”。[16]

这些仪式还有一种更深层次的结合，一种文化上的沟通，在过去与现在之间，在活着的人与死去的人之间。多年里，每当周日，新英格兰公理教会的人们都要回到文化最初的目的，再次体会它最深处的冲动。这个文化的延续很大程度上要归功于这些宗教仪式所蕴含的力量。

注释

1 Stowe, *Oldtown Folks*, 909.

2 关于 1701 年之前属于 17 世纪英属美洲殖民地公理教会的 203 栋聚会所的细节，见 Marian Card Donnelly, *The New England Meeting Houses of the Seventeenth Century* (Middletown, 1968), 121-30。

3 Alice Morse Earle, *The Sabbath in Puritan New England* (New York, 1891), 5.

4 Ola Elizabeth Winslow, *Meetinghouse Hill* (New York, 1952), 55.

5 Earle, *The Sabbath in Puritan New England*, 16.

6 Stowe, *Oldtown Folks*, 940.

7 *Records of the Quarterly Court of Essex County*, 1654.

8 Mather, *Magnalia Christi Americana*, I, 256; Miller, *New England Mind*, 331.

9 Miller, *New England Mind*, 358.

10 Geroge Selem and Bruce C. Woolley, eds., *Thomas Shepard's Confession* (Boston 1981), 13.

11 *The Diary of Cotton Mather*, ed. Wrothington Chauncey Ford (2 vols., 1911, rpt. New

York, 1957), I, 98 (13 May 1685).

12 Morgan, *Visible Saints*, 27, 58-59, 82, 99; Gura, *A Glimps of Sion's Glory*, 37, 61-61, 73, 97, 111, 162, 242, 286-87, 299.

13 Zoltan Haraszti, *The Enigma of the Bay Psalm Book* (Chicago, 1956), 61-71; Percy A. Scholes, *The Puritans and Music in England and America* (London, 1934); Waldo S. Pratt, *The Music of the Pilgrims* (Boston, 1921); Robert Stevenson, *Protestant Church Music in America* (New York, 1966), 13-31.

14 Stowe, *Oldtown Folks*, 942; 新英格兰老的圣诗音乐呈现出忧郁的美。多数歌可以在小音阶唱。清教徒称为“荷兰高音”的调子来自路德教的老赞美诗《我们天上的圣父》（*Vater Unser im Himmelreich*），这是巴赫很多赞美诗的主题（BMV 636, 682, 683, 737, 760-62）。威斯敏斯特是奥兰多·吉本斯 (Orlando Gibbons) 写作的旋律，约克是苏格兰人的圣诗，通常被称为高跷 (The Stilt)。

15 同上，927 页。

16 同上，924 页。

马萨诸塞的魔法方式

清教徒对魔法的迷恋

马萨诸塞的清教徒奠基人和当时的其他基督徒一样，生活在一个充满奇迹的世界。他们相信独角兽生活在哈德逊之外的山上，美人鱼在安角①游弋，法螺在卡斯科湾（Casco Bay）嬉戏。“世界上有很多奇妙的事情是在伦敦和斯泰恩斯（Staines）周围看不到的，”约翰·乔斯林在描述新英格兰的超自然奇迹时这样写道。[1]

英国清教徒也有这些想法，和同时代人并无不同。[2]他们还把自己着迷的一些魔法带到了新英格兰，虽然这些魔法并不是独有的，却特色鲜明。其中一种或可称为神道魔法，因为它与清教徒对上帝全能的信仰息息相关。相比于其他人，清教徒执着于通过蛛丝马迹去探寻上帝在世间的目的。这种冲动引导着很多英国清教徒对自然奥秘孜孜以求，也因此对现代科学的诞生起到了举足轻重的作用。这种冲动也表现在对所谓“奇迹”的着迷，在他们看来，这些奇迹可能是所谓“上帝显明的道”的印记，或简称“神迹”。[3]

新英格兰人见证过很多这样的奇迹。有关日记中记载着没有身体的头突然出现，动物突然变形；碟子在桌下跳舞；门窗神秘地自

① 波士顿北部的海角。——译注

动开闭。他们听到上帝和恶魔通过孩子的口讲话。风的呼啸和河流的潺潺声传来黑暗的警示。新英格兰变化多端的云彩写着极重要的天堂信息。[4]

马萨诸塞奠基人的这些想法并不是孤立的。17世纪的时候，世上的多数人都在寻找超自然的印记。但清教徒的追寻过程比较有特点。湾区殖民地的领袖们详尽地记录下了有关印记和预兆。在这方面，上层官员约翰·温斯罗普和萨缪尔·休厄尔的日记与商人约翰·赫尔（John Hull）、牧师科顿·马瑟，还有鞋匠约翰·戴恩（Dane）很相似。在新英格兰，神道记录的保存有详细的说明书，成百上千的日记被作为上帝“神迹”的记录整理出来。新英格兰的著名学者对日记中的这些问题非常重视，因为这些文本内容往往综合了历史、宗教、科学和魔法。[5]

官方的这种重视有很多例子，其一是罗克斯伯里的牧师约翰·埃利奥特保留的一本教会登记册。他写道：

> 1644年一个奇特的神迹发生在波士顿，动物粪车的一个铁片猛烈地插进了教会执事雅各布·埃利奥特的女儿的头部，伤到大脑，甚至打出了一点脑组织。随后更多的脑部组织流出来。但上帝医治了这个孩子，脑部的残片就挂在皮肤上。
>
> 此后不久，罗克斯伯里一个叫威廉·柯蒂斯（William Curtis）的人也是被这种外力从货车上掀下来落在地上，他的头和一边的脸被严重挫伤，血从耳朵里冒出来，头脑摇晃不止，好几天没有知觉；但上帝的恩典使他逐渐恢复了神志，但他的脸是麻木的、有些瘫痪；但在三个月内他完全康复到了正常人的水平。

> 1645 年第一个月的末尾，因为上帝的神迹在罗克斯伯里发生了一次可怕的火灾。没有人知道是怎么着火的，但猛烈的风骤然之间就把火燃起来了……因为有神迹的关系，有的城镇和社区得到了保留；风把火带到了其他的房子而又突然转向。[6]

约翰·埃利奥特没有我们所谓突发事件的概念。在清教徒的观念中不存在偶发事件。每件事情的发生都有其目的。

在执着寻找神迹的同时，清教徒也非常担忧其他形式的魔法会侵害到神的权威。黑魔术在马萨诸塞被严格禁止。甚至白魔术也被认为是对上帝的亵渎。例如，1637 年，简·霍金斯（Jane Hawkins）因为销售一种魔法工具曼德拉草（mandrakes）而遭到惩罚。很多其他的魔法师和方士也被同样对待。

最重要的是，清教徒对黑魔术充满了恐惧和憎恨。在那个时代，出自圣经的禁令更主要是针对这些黑魔术，而不是其他，“你不应受女巫的侵害”。在新英格兰，至少有 344 人因巫术被起诉。其中有 35 人被执行了死刑，另外一个拒绝作证的人被乱石砸死。这种可怕的事情在新英格兰发生的频率明显高于其他殖民地。英属北美地区 95% 对巫术的起诉和 90% 的死刑发生在清教徒殖民地。[7]

英格兰的量化研究都表明，记载里的巫术事件多数发生在东部郡，那里是新英格兰人的主要来源地。美国历史学家约翰·迪莫斯总结说：“有趣的是，把新英格兰和英国的埃塞克斯郡相比较，比例几乎一样。埃塞克斯郡在母国无疑是惩治巫术最严厉的中心；而埃塞克斯又为新定居点跨海输送了最多的移民。至少这种联系是可以解释的。”用人口来计算，埃塞克斯郡从 1560 年到 1680 年每年每 10 万人口中巫术起诉的比率是 5.42，这与新英格兰非常相近，在

新英格兰人 14 石，是因为他们每日都活在对恶魔的恐惧中。为了阻止恶魔的力量，特殊的标记被刻在边界石、门槛和门柱上。有四块灵石保留至今。它们树立在一个叫巫石农场（Witchstone Farm）的地方，位于马萨诸塞的埃塞克斯郡。图中的石头约 50 英尺高，上面刻着一个有挑衅性的粗鲁形象，周围环绕着各种魔法标志和装饰。据考证，这些石头属于理查德·达默（Richard Dummer），他率领汉普郡、威尔特郡和伯克郡的西部乡村清教徒到达新英格兰的城市纽伯里。但其中最古老的一块石头标记着 1636 年，要早于他到达的时间。这些石头的原物目前存放在史密森尼博物馆。

那里，1630 年到 1700 年每年每 10 万人口的起诉比率是 6.69。[8]

我们再一次发现东盎格鲁和马萨诸塞之间惊人的相似性。虽然 20 世纪的清教徒后代对此有不同看法，但证据是很有说服力的，用科顿·马瑟的话说，新英格兰实际上是“对恶魔最感愤怒、警惕的……一个国家”。在母国，乔治·吉福德（George Gifford）把埃塞克斯郡描述为“英格兰最狠的”对待巫术的地方。所以，清教徒定居点从一开始就和英国这一地区相似了。[9]

注释

1 John Josselyn, *An Account of Two Voyages to New-England*, ed. Paul J. Lindholdt (1674, rpt. Hanover, 1988), 20; Edward Eggleston, *The Transit of Civilization from England to America in the Seventeenth Century* (1900, rpt. Boston, 1959), 15; 斯泰恩斯在伦敦近郊，很接近现在的希思罗机场。

2 历史学家基斯·托马斯（Keith Thomas）对英格兰 16 到 17 世纪魔法的观察，总结到，“有时它们寄生在基督教的教导中，有时它们又激烈地反对它”。*Religion and the Decline of Magic* (New York, 1971), ix.

3 有关清教徒和科学的题目，见 Robert Merton, *Science, Technology and Society in Seventeenth Century England* (New York, 1970); Merton 的观点激发了大量有争议的文章，对此的评论见 *Idem, Sociology of Science in Europe* (Carbondale, 1977)。

4 Edward Eggleston, *The Transit of Civilization from England to America in the Seventeenth Century* (1900, rpt. Boston, 1959), 1-47; 对这个问题一个卓越的研究见 David D. Hall, “The Mentality of the Supernatural in Seventeenth Century New England,” CSMP 63 (1964), 239-74.

5 Increase Mather, *Essay for the Recording of Illustrious Providences* (Boston, 1684), reprinted in *Narratives of the Witchcraft Cases, 1648-1706* (New York, 1914), 9, 12-

13. *Idem, Heaven's Alarm to the World* (Boston, 1682); *idem, Kometographia* (Boston, 1684); Johnson, *Wonder-working Providence*; Cotton Mather, *Wonders of the Invisible World* (1692, rpt. London, 1862).

6 John Eliot, "Records of the First Chruch of Roxbury......", *NEHGR* 33 (1879), 373-74.

7 在过去二十年，历史学家发现的巫术事件大大超过以往。1968 年，弗雷德里克·德雷克（Frederick Drake）计算了美国殖民地从 1647 年到 1692 年期间的巫术案件，得出以下结果：康涅狄格 42 件；马萨诸塞湾区 20 件；纽黑文 6 件；马里兰 3 件；弗吉尼亚 3 件；新罕布什尔 2 件；普利茅斯 1 件；长岛新教徒定居点 1 件；这 58 个诉讼最后有 20 件执行了死刑。其中清教徒定居点占了 90% 的讼案和 85% 的死刑。新英格兰之外的死刑发生在以美国为出发地或目的地的海船上，从 1647 年到 1662 年这些殖民地每一起巫术案的死刑都是由清教徒实施的。从 1663 年到 1692 年，德雷克发现了另外 37 起诉讼和 2 例死刑，其中大部分也发生在新英格兰。在萨勒姆有此类案例的大爆发，发生了 141 例起诉或正式的控诉，大大增加了新英格兰的总数。见 Frederick C. Drake, "Witchcraft in the American Colonies, 1647-1692." *AQ* 20 (1968), 694-726.

后世其他学者的研究在清教徒定居点发现了更多此类案件。约翰·迪莫斯（John Demos）在对新英格兰的研究中发现，1620 年至 1700 年期间除了萨勒姆之外，有 93 例针对巫术的控诉或起诉。加上萨勒姆，迪莫斯对新英格兰的统计上升到 234 例，其中有 36 例实施了死刑。莱尔·克勒（Lyle Koehler）的研究在新英格兰发现了 315 例诉讼，卡罗尔·卡尔森（Carol Karlsen）的研究发现从 1620 年到 1725 年期间，新英格兰有 344 例巫术诉讼，其中 35 例实施死刑。

巫术"在英属北美的其他地方并不常见"（John Demos, *Entertaining Satan*）［New York, 1982］, 12, 401-9）。但并不是没人知道这些东西。对于其他定居点的巫术案，见 Lawrence J. Spagnola, "The Witchcraft Cases of Maryland and Virginia, 1626-1712," (undergraduate thesis, Harvard, 1977); Richard Beale Davis, "The Devil in Virginia in the Seventeenth Century," *VMHB* 65 (1957), 131-49; F. N. Parke, "Witchcraft in Maryland," *MDHM* 31 (1936), 271-98; "Witchcraft in New York," *NYHSC* (1869), 273-76; Tom P. Cross, "Witchcraft in North Carolina," *SP* 16 (1919),

217-87; Lyle Koehler, *A Search for Power: The "Weaker Sex" in Seventeenth Century New England* (Urbana, 1980), 474-91; Carol F. Karlsen, *The Devil in the Shape of a Woman* (New York, 1987), 47.

8 Demos, *Entertaining Satan,* 12; 得到相似结果的其他研究，见 C. L. Ewen, *Witchcraft and Demonianism* (London, 1933), 书中列举了 83 个案例，其中比较多的地区有：埃塞克斯郡 7 例；萨福克 6 例；伦敦 6 例；萨默塞特 6 例；肯特郡 5 例；约克郡 5 例。剩下的散布在很多郡中。华勒斯・诺特斯坦（Wallace Notestein）发现的规律差不多，见 Wallace Notestein, *A History of Witchcraft in England from 1558 to 1718* (Washington, 1911), 附录 C，列出了 299 个案例，其中一半左右来自九个东部郡。最主要的郡有米德尔塞克斯 51 例；约克郡 32 例；诺福克 21 例；诺森伯兰郡（Northumberland）19 例；肯特郡 18 例；威尔特郡（Wiltshire）15 例；兰开夏 14 例；埃塞克斯郡 14 例；萨默塞特 13 例；萨福克 11 例。麦克法兰（Macfarlane）对此有不同看法，但他的证据与观点是矛盾的。基斯・托马斯与他交流过，提醒他东部郡法庭的记录要丰富得多——这个问题在美国也存在。但尤恩（Ewen）和诺特斯坦的研究似乎并不受此困扰。

9 Mather, *Wonders of the Invisible World*, 79; George Gifford, *A Dialogue Concerning Withches and Whitchcraftes* (London, 1593).

马萨诸塞的学习方式

清教徒的学习伦理

马萨诸塞的奠基者比多数基督徒都爱读书。他们的信仰完全建立在圣经的基础上。约翰·科顿写道："上帝的讲稿里包含着一个简短的计划，不仅涉及神学，还有其他神秘的科学……伦理、经济、政治、教会管理、预言和学术等。"用后世的话说，清教徒是圣经文本主义者，他们相信经文中每一个词都是真实的，每一个诫命都有效力。即使是对最世俗的社会问题，他们也从经文中寻求引导。在马萨诸塞湾区殖民地，一桶啤酒的标准尺寸也是根据《申命记》中的规则制定的。[1]

这种宗教的态度与一个重要的社会事实紧密相关。按照17世纪的标准，湾区大部分成人都有读写能力。1660年，新英格兰大约三分之二的男性和三分之一的女性可以签署自己的遗嘱。到1760年，有这种"签署"能力的男性上升到84%，女性则达到了50%。[2]

要注意的是，这些统计指的并不是识字率本身，而是指能签自己名字的人口比例。17世纪的时候，有阅读能力的比例要高出会写的比例：有一半不能写自己名字的人认得一些字。[3]签名率只是对识字率的粗略估计。虽然如此，新英格兰的识字率无疑要高出所有其他英属北美殖民地。[4]

这又是马萨诸塞和东盎格鲁的一个相似处，东盎格鲁的识字率要高出英格兰其他农村地区。萨福克郡比较典型，大移民期间该地多数居民能写自己的名字。这个郡大约 55% 的居民能签名，而英格兰总体上只能达到 30%。萨福克的识字率也高出英格兰其他农村地区（总体上是 22%）。农村地区识字率第二高的是临近的埃塞克斯郡。[5]

从东盎格鲁移民到马萨诸塞的人群识字率甚至更高。对埃塞克斯郡的研究发现多达 85% 的清教徒居民可以在文件上签名。[6] 从社会经济层面来说，1640 年之前移民到马萨诸塞的东盎格鲁中等阶层，包括自耕农、商人和手工匠人在内，大多能写自己的名字。当时生活在东盎格鲁商业城市的成年男性同样如此。[7]

新英格兰人对学习和文化的热衷并不是美国才有的。湾区殖民地人口中能签名的比例与英格兰东部自耕农家庭的成年夫妇几乎一样。东盎格鲁中等阶层的清教徒在大移民之前的半个世纪已经达到了这一水准。[8]

英格兰该地区的文化特别强调读写能力。当地的城市、商业、与荷兰的来往等因素，尤其是强烈的清教氛围，使得他们比英格兰其他地区更鼓励读写。[9]

新英格兰对读写能力的重视体现在大移民后最初几年的法律和制度中。最早是 1642 年，马萨诸塞湾区殖民地要求所有孩子要由父母或监护人教会读书。这部法律为所有清教地区先后仿效：康涅狄格 1650 年，纽黑文 1655 年，普利茅斯 1671 年。[10]

1647 年，马萨诸塞又出台了一部法律，称为《老骗子撒旦法》（*Old Deluder Law*），其前言部分流传广久：

> 老骗子撒旦的一个主要阴谋是阻止人类获得对经文的知识，之前是不让他们学习语言，之后是不让他们使用语言，这样他可以用看似神圣的虚假信息去覆盖原文的真实意旨；但学习的能力终究无法被我们的教会和先辈带入坟墓，上帝一直在帮助我们。[11]

《老骗子撒旦法》要求五十个家庭以上的城镇必须设一个校长，一百个家庭以上的城镇必须有一个语法学校，提供拉丁语和希腊语的课程，“这样老师可以教育孩子，帮助他们进入大学”。这部法律并不强制上学。但它强制规定要设立“公立学校”，清教徒在17世纪就接受了这种称谓。这些法律都得到了实施。由城镇政府开设的学校很快遍布马萨诸塞。所以，马萨诸塞的孩子上学的时间要比弗吉尼亚高出两倍多。[12]

清教徒在新英格兰也积极地推动高等教育。美国独立战争之前，他们建立了四所大学——相当于其他所有大陆殖民地的总和。这些教育机构的基本目的是培养牧师和官员，但它们却要靠全社会来维持。在马萨诸塞，每个家庭每年都需要缴纳一捆谷物给剑桥镇的大学。绝大多数家庭按照要求做了，包括韦纳姆（Wenham）的25个家庭、沃本（Woburn）的23个家庭、缅因州约克郡的33个家庭和康科德的42个家庭。这些捐赠者中的一些人并不识字。总体看，新英格兰成百上千的家庭捐出了这种“大学谷”，并在此过程中和这些大学培养起了亲密关系。[13]

英属北美的每个文化地域都有对正式学习的激励机制。但新英格兰的特点在于他们对一般学校和高等教育都非常支持。这种观念也因为当地自身的氛围而大大加强了。历史学家萨缪尔·埃利奥特·莫里森很早就提出，清教徒总是担忧在新世界丢失他们的文化传统——他们自己称为“殖民地退化”（Criolian degeneracy）。这一因素也造成新英格兰学校的水平和对学校的支持度一直比母国要高。[14]

新英格兰对教育的支持使该地区获得了极高的智识成就，而且至今也是美洲英语地区最高的。19 世纪晚期，亨利·卡伯特·洛奇（Henry Cabot Lodge）对美国各地区的智识成就作过比较。洛奇的研究带着民族意识，若排除这种动机，他的定量分析仍有参考价值。他发现，在多项智识成就的经验数据中，新英格兰从 17 世纪到 20 世纪初期引领了整个美洲英语地区。[15]

在洛奇作这个研究的同时，英国学者哈夫洛克·艾利斯（Havelock Ellis）在自己的国家作了相似的调查，也发现了地区间的重要差异。英格兰的东部郡和东盎格鲁在识字率和科学、文学成就上远远高出英国其他地区。这也是东盎格鲁和新英格兰在漫长历史中另一个让人惊异的相似性。[16]

注释

1 “一些由塞伊大人（Lord Say），布鲁克大人（Lord Brooke）和其他高贵的人所提的建议……”（1636），重印在 Thomas Hutchinson, *The History of the Colony and Province of Massachusetts Bay* (3 vols with addenda, Cambridge, 1936), I, 415。

2 Kenneth Lockridge, *Literacy in Colonial New England: An Inquiry into the Social Context of Literacy in the Early Modern West* (New York, 1974), 13-23. 洛克里奇（Lockridge）是识字历史研究的先驱，虽然他同时也考虑了年纪和财富等因素，但是他粗糙的数据与其他三个研究差别比较大，这包括 George H. Martin, William Kilpatrick 和 Clifford Shipton 等人。基尔帕特里克（Kilpatrick）在研究萨福克郡

的契约（1653—1656）时发现，当地89%的男性和42%的女性可以签署自己的名字。克利福德·希普顿（Clifford Shipton）研究了请愿书、演讲和其他法律文件中的2729个名字，得到如下结果：

定居点	时期	签名	画押
马萨诸塞	1640—1660	670（93%）	47（7%）
马萨诸塞	1681—1680	641（98%）	14（2%）
康涅狄格	1640—1679	442（94%）	26（6%）
康涅狄格	1680—1700	547（95%）	28（5%）

希普顿发现在马萨诸塞和康涅狄格全境各地差异不大。签名与画押的比例从东部老城市的99%到新定居点的90%。明显较低的比例是在普利茅斯定居点（81%签名）。这些数据和洛克里奇的差别并不能由年纪、财富或者名字的重复率等来解释。洛克里奇的样本得出的数值还比另外一个新英格兰的研究要低，见 W. H. Kilpatrick, *The Dutch Schools of New Netherland* (New York, 1912), 229；也见 Samuel E. Morison, *The Puritan Pronaos* (Ithaca, 1936), 83-84。

3 洛克里奇和莫里森在这一点上是赞同的；参见 Morison, *Puritan Pronaos*, 85; and Lockridge, *Literacy in Colonial New England*, 14。

4 Lockridge, *Literacy in Colonial New England*, chap. 1.

5 Cressy, *Literacy and the Social Order*, 74-75; 也见 Lawrence Stone, "Literacy and Education in England," *Past and Present* 42 (1969), 100。

6 K. E. Wrightson, "The Puritan Reformation of Manners," (thesis, Cambridge Univ., 1973), 121.

7 Cressy, *Literacy and the Social Order*, 118-141.

8 戴维·克雷西（David Cressy）研究了1580—1640年东盎格鲁男性中不能签名的比例，自耕农中有44%。1650—1670年，新英格兰男性不能签名的比例是40%。不能签名的女性比例则要高很多，东盎格鲁90%—95%，新英格兰70%。参见，David Cressy, "Education and Literacy in London and East Anglia, 1580-1700" (thesis, Cambridge Univ., 1972); Lockridge, *Literacy in Colonial New England*, chaps. 1-3。

9 Keith Wrightson, *English Society, 1580-1680,* (London, 1982), 186.

10 所有这些法律的内容，请见 Marcus W. Jernegan, *Laboring and Dependent Classes in Colonial America, 1607-1783* (Chicago, 1931), 186。

11 *The Book of the General Lawes and Liberyes* ...(Cambridge, Mass., 1660), 47.

12 “公立”教育的观念见 Thomas Shepard, *Eye-Salve* (Cambridge, 1673)。

13 Margery Somers Foster, *"Out of Small Beginnings..." An Economic History of Harvard College in the Puritan Period* (Cambridge, 1962), 88; Morison, *The Founding of Harvard College; and Harvard College in the Seventeenth Century* (2 vols., Cambridge, 1936).

14 莫里森援引了科顿·马瑟的担忧，“新一代对教育漠不关心，如果不加以制止，会逐渐侵蚀我们，造成文化退化”; Cotton Mather, *The Way to Prosperity* (Boston, 1690), 33-34; 摘引的内容见 Morison, *Puritan Pronaos*, 75。

15 Henry Cabot Lodge, "The Distribution of Ability in the United States," in *Historical and Political Essays* (Cambridge, 1892), 138-68; 洛奇对 *Appleton's Cyclopaedia of American Biograph* 做了数据调查。半个世纪后，南方学者作了相似的研究，对 *Dictionary of American Biograph* 进行了量化研究，得到相似结果。见 Rupert Vance, "The Geography of Distinction: The Nation and Its Regions, 1790-1927," *SF* 18 (1939), 168-79; Dumas Malone, "The Geography of American Achievement," *AM* 154 (1934), 666-79。

16 Havelock Ellis, *A Study of British Genius* (rev. ed., Boston, 1926). 艾利斯对 *Dictionary of National Biography* 做了量化研究。

马萨诸塞的饮食方式

新英格兰“经典菜式”起源

新英格兰文化既包含了道德律令，又有物质秩序。它不仅形塑了人们的思想和感觉，也影响了他们拥有的财产和味觉。比如这个地区的饮食方式，就是清教徒理念、东盎格鲁风味和美国环境的综合产物。

马萨诸塞的奠基者在饮食上非常有个性，既有清教徒的观念，又有英国的品位。这个领域的著名历史学家在当地的第一代人中观察到很强的保守主义烹饪。莎拉·麦克马洪（Sarah McMahon）写道：“17世纪的新英格兰非常注重保留英国的传统风味。”[1]

新英格兰的饮食方式深受其创始人的基督教苦行主义影响，在最早的一批美国人中，他们烹饪的心态最为虔诚，把蔬菜与美德等同。“不要让人用南瓜开玩笑，”爱德华·约翰逊写道，“因为主曾用这个食物去喂养他的人民。”[2]

清教徒常在私人日记中表达对贪食的憎恶。约翰·温斯罗普从伦敦回来后，严厉地自责太过贪吃：

> 在每一件良善的事务上我都表现出昏沉、呆滞；当我偶然记起之前的敏捷时，连我自己都感觉惊讶；我不住地祷告、

> 痛哭，但我越来越失去信心。上帝仁慈对我，要重新振奋我，我终于祷告并开始禁食了；肉体是不情愿的，心痒得就像盯着食物的熊，但让上帝欣慰的是，我重整了自己的生活；然后我发现一个简单的道理，不要太关注自己的味觉，重要的不是实际喂饱没有，而是让自己感觉喂饱了……肉体会发展到放纵，不愿负上沉重的轭，逐渐耽于嬉戏和懒惰……
>
> 我常常发现，只要我饮食节制，而不任由欲望泛滥，让它从世上断念，我祷告的时候就不再感觉疲乏，或者内心充满彷徨，也就更恰当并且喜乐地去履行我的责任。[3]

这段话揭示出约翰·温斯罗普对饮食的态度。他把吃理解为“喂”，节食是为了“重整生活”，味觉像“盯着食物的熊”，“欲望”对灵魂很危险，等等。这些态度组合起来就是一种饮食上的清教主义，在加尔文教义五要点被人遗忘之后，这种观念还长期影响着新英格兰。

马萨诸塞的清教徒在西方世界是最为朴素的饮食者之一。在三百多年中，新英格兰人一直感谢加尔文教义中的上帝，让他们享用冷的烤豆子和并不新鲜的棕面包，虽然马萨诸塞湾里遨游着大量鲜美的龙虾，低空里盘旋着众多的多肉鸟类。历史很少提供如此强有力的有关信仰的证据。

清教徒的菜单里有一种重要的菜叫作“豌豆汤”，后来发展成露西·拉科姆（Lucy Larcom）所说的“祖先的经典菜式”——新英格兰烤豆。豌豆是最早引种到马萨诸塞的作物之一。最早在1629年夏天，当地的居民报告说：“总督的花园里种着我在英格兰吃过的最好的绿豌豆。”[4]

豌豆或煮或烤，一天当中或冷或热地要吃三顿。莎拉·麦克马洪发现，“17 世纪家庭里冬季的蔬菜几乎清一色是干豆子……豌豆汤在新英格兰所有阶层都是寒冷季节的传统食品”。到 18 世纪，豌豆让位给了菜豆（主要是一种称呼的改变，而不是食材本身）。但基本上，新英格兰的经典菜式在三个世纪中保持不变。[5]

新英格兰菜单中另一个重要菜品是棕面包，这是第一代人混合小麦和玉米粉烘烤而成。1660 年代一场小麦病席卷后，面包的成分变为黑麦加玉米粉——这种传世的“黑麦面包”在新英格兰流行了多年。这种成分产生了很坚硬的外壳，甚至可以用来代替勺子舀豆子。小麦粉被用作特殊用途，有时用作馅饼的外层装饰，新英格兰民间称之为“外壳”。

另一种受欢迎的菜式是新英格兰炖菜：就是肉和菜混合在白水里，无休无止地煮，毫无其他调料。这种烹饪方法在盎格鲁-美国人居住的其他地区并不常见。在 19 世纪早期，一个和南方人住在一起的洋基女孩惊异地写道：“他们认为像我们这样煮出来的食物是不适合吃的；他们也煮食物，但都是分开煮的。他们不会把白菜、萝卜、甜菜、胡萝卜或者防风草与肉混合在一起煮。”[6]

马萨诸塞餐桌上的普通饮料 17 世纪是英国黑啤酒，18 世纪是发酵苹果汁。不时有一些时令水果和蔬菜。但主要菜单全年基本一致。莎拉·麦克马洪总结说：“老做法会根据新的条件进行一定的调整，以按照传统菜单充足供应，但第一个世纪中没有修改过基本菜式。”[7]

北方的饮食方式很健康，提供了很丰富的蛋白质，纤维也很多，碳水化合物充分，同时动物脂肪很少，除了冬季相对缺少维生素 C 和 D 外，大多数营养成分都比较平衡。新英格兰人出名的长寿一定程度上归因于他们的饮食习惯和他们适宜的环境。

但从审美的角度，新英格兰的菜肴太过贫乏，特别是考虑到本地区有非常丰饶的食材。新英格兰沿岸的水域里有大量蚌类、牡蛎、龙虾和蛤。河里充塞着三文鱼和西鲱。野禽满山遍野。本地野菜“厚岸草”长满了海岸线，蕨类在森林里长得像地毯一样厚。

清教徒对这些美味毫无兴趣，只有饥馑的年份才会去吃这些东西。贝类肉让他们生疑。西鲱鱼子这种美食家的钟爱之物竟然被用作肥料。在第一年，约翰·温斯罗普抱怨他被迫吃牡蛎和野鸭，而不是老英格兰的主食。他写道：“亲爱的夫人，我们身在天堂，但我们却吃不到牛肉和羊肉。”[8]

新英格兰对食物一致性的追求因为饮食习惯而强化了。在洋基人的餐桌上，所有食物都同时到达，“所有的食物都堆积在一起……完全没有法国饮食那种精妙的过程”。对于这些简单直接的人们，烹饪和吃完全结合在一起。[9]

新英格兰的饮食方式不仅来源于其奠基人的宗教理念，也受到他们母国所在地区的影响。现代研究发现英国不同地区之间烹饪方式是不同的。进一步的研究发现了三种迥异的烹调方式：南部和西部钟爱煎炸食品，北方坚持做煮品，而东盎格鲁喜爱烘烤。当然每个地区都有这几种烹调方式。但每个地区的偏重不同，甚至在20世纪的英国，不同地区的饭店烹调器具都有很大的不同。[10]

东盎格鲁人的烘烤成为新英格兰烹饪传统中很重要的一部分，为该地区一般菜式的朴素模式增色不少。哈里特·比彻·斯托记得，“老砖炉是清教徒的固定用具，是勤劳主妇的助手，她会对之悉心照管，就像对待她宽大胸怀里的一切”。[11] 这些砖炉是马萨诸塞最早的建筑之一。[12] 因为贫穷而不能拥有砖炉的主妇会用小的烘烤工具和原始的反射炉。

新英格兰的烘烤有不同方式。感恩节的晚餐通常是烤制的食品——烤火鸡、烤西葫芦、烤豆子、烤面包和烤馅饼，都是超大量的。特别是馅饼成为北方的民俗艺术。哈里特·比彻·斯托在她的小说《老城习俗》（*Oldtown Folks*）里浓墨重彩地叙述了新英格兰馅饼的社会史：

> 馅饼是英国食品，移植到美国后，得到了迅速的传播，变成很多不同的种类。不仅有老式的肉馅饼，更有上千种完全美国的样式，充分表明美国主妇们把旧事物改做新用途的能力。南瓜馅饼，蔓越橘馅饼，越橘馅饼，樱桃馅饼，绿色小葡萄干馅饼，桃子、梨子和李子馅饼，蛋羹馅饼，苹果馅饼和马尔伯勒布丁馅饼，——有表层的馅饼、没有表层的馅饼，——用各种充满想象的沟槽和线条装饰起来的表层，及其他变体，这都展现出女性的心灵一旦得到良好的引导，可以展现出无限丰富的可能性。

砖炉象征着新英格兰的丰饶。从砖炉涌出的各式蛋糕和馅饼生动地表达出新英格兰的家庭生活。斯托夫人浪漫地描述了她的砖炉：

> 在大厨房的角落里，老炉子这些天快乐地咆哮着，如火山口一样的火焰中不时爆发出噼啪声，有时尖叫，有时咯咯，似乎这老伙计因为加入了喧闹的聚会而喜悦万分；他的心因此再次热烈起来，他曾经产生出一代又一代的馅饼和蛋糕，

> 送进去的是原料，出来的却是成品，直到食品储藏室、抽屉、架子和餐具室都装得满满当当。

斯托太太的炉子产量如此之高，她不得不在位于内蒂克（Natick）的牧师宅第里专门辟一间“馅饼屋”，所有烤好的食物都在这里度过新英格兰寒冷的冬天。她记得：

> 北边一间寒冷的屋子，阳光从来照不到这里，冬天的雪会积在窗棂上，冰霜毫无遮挡地占领着那里，这正适合储存剩余物资。所有东西都会冻得结结实实，在它们的冰壳里得到很好的保存，所以就形成了冬天几个月很好的储藏室；感恩节烤好的馅饼在四月份紫罗兰开放的时候取出来还是新鲜的。[13]

新英格兰朴素的饮食方式因为丰富的烘烤食品有了改变。尽管如此，这个文化在饮食方面还是很节制的。在很长一段时间中，它保留了这种自我节制的精神，正像萨缪尔·亚当斯说的“基督徒的斯巴达”。即使到了19世纪，新英格兰朴素的饮食方式还是通过乔纳森兄弟的图像隐隐透出来。在他最早的照片中，他向外盯着我们，消瘦的身材，蜡黄的皮肤，瘦弱的脸颊，发红的眼睛，还有干瘪的嘴。在他满怀狐疑的表兄看来，北方佬就是这样的，看起来病弱而又饥饿。

注释

1 Sarah McMahon, “A Comfortable Subsistence,” WMQ 3 42 (1985), 26-65, 来自她的论文，“A Comfortable Subsistence: A History of Diet in New England, 1630-1850” (Brandeis, 1982); see also Jay Allan Andrews, “A Solid Sufficiency; An Ethnohistory of Yeoman Foodways in Stuart England” (thesis, Univ. of Pennsylvania, 1971).

2 Johnson, *Wonder-working Providence*, 85。

3 John Winthrop, “Experiencia,” 1616, *Winthrop Papers*, I, 197.

4 Francis Higginson, *New-Englands Plantation* (London, 1630); Young, *Chronicles of the First Planters*, 246.

5 莎拉·麦克马洪的发现源自对马萨诸塞州米德尔塞克斯郡的产业自 1653 年至 1835 年期间 1215 份食物库存清单的详尽研究。她的一些发现发表在 “A Comfortable Subsistence,” 26-65。

6 John Mack Faragher, *Sugar Creek* (New Haven, 1986), 46.

7 McMahon, “A Comfortable Subsistence,” 45.

8 John Winthrop to his wife, 29 Nov. 1630, *Winthrop Papers*, II, 320.

9 Stowe, *Oldtown Folks*, 1218.

10 David Ellerton Allen, *British Tastes: An Inquiry into the Likes and Dislikes of the Regional Consumer* (London, 1968).

11 Stowe, *Oldtown Folks*, 1216.

12 Johnson, *Wonder-working Providence*, 77.

13 Stowe, *Oldtown Folks*, 1211-12.

马萨诸塞的服饰方式

清教徒对简单服饰和冷色调的偏爱

新英格兰典型的乔纳森（意指男性——译注）和阿比盖尔（指女性——译注）在服饰习惯上也很有特点。马萨诸塞的奠基人在这个问题上有自己的立场。他们认为服饰在文化上并不是中立的。他们觉得服装不应该是感性的。这并不意味着清教徒穿的就是传说中的黑色外套和灰色礼服。除了少数场合，他们一般不穿黑色——不是因为黑色对他们而言太朴素，而是还不够朴素。在他们看来，这种颜色在大众中显得比较造作。它一般是有权势的长者和政府官员穿的。[1]

湾区的居民从17世纪东盎格鲁的民间服饰汲取了灵感，创造出自己的服饰传统。新英格兰并不青睐黑色或灰色，而是对17世纪的“冷色调”比较热衷。1638年的一个“冷色调”清单包含了“深赤褐色、黑黄色、茶色、黄褐色、紫色、法国绿、姜黄色、鹿色和橙色”。其他的一些冷色有“gridolin”，来自法语gris de lin（“蓝色亚麻”）。还有一些如深褐色、灰白色、肯德尔绿、林肯绿、深蓝色、军绿色和墨绿色等。

特别受欢迎的是赤褐色，称为菲利莫特，用的是来自法国的词feuille morte（“枯叶色”）。英格兰东部的乡间绅士奥利弗·克伦威尔（Oliver Cromwell）把这些"冷色调"赋予了德行的色彩，他高度赞誉那"朴实无华、身穿赤褐色的上尉，他知道他为何而战，爱他所知道的一切"。

冷色调在马萨诸塞殖民地建立初期就引入进来，但它们直到今天还非常受欢迎。这片土地上每逢四季的变化色彩缤纷，但马萨诸塞的人们却宁愿浑身穿着枯叶色。

新英格兰衣着的款式同样很特别。马萨诸塞湾区公司为普通男性量身定做了一套外套，包括：四双鞋；两双爱尔兰长袜；一双小的长筒袜；一双诺里奇吊袜带；四件衬衫；两套紧身上衣和紧身裤，皮革的，用油性皮革打边，带有挂钩和扣眼的；一套罕布什尔薄绒衣，修身的紧身裤和亚麻做的紧身上衣；三套垂挂式的绑带；一件绿绵制、红色镶边的腰衣；一条皮带；一顶蒙默思帽；一顶边缘镶皮的黑色帽；五顶有红色蝴蝶结的帽子；24 个吊钩和扣眼；小牛皮或羊皮制成的一双皮手套。[2]

这套外套包括了流传甚广的黑尖帽，但除此之外，与人们对清教徒的成见相去甚远。这是一套置办齐备的行头，与 1630 年代英国人的穿着相比质优价高。英国劳工和佃农的衣物用的材质比较便宜，像粗呢、粗麻和帆布等。

湾区定居点的官员和长者穿着和一般人不同。对于正当年的神职人员或者高阶官员，黑色被认为是合适的。有一幅保留下来的约翰·温斯罗普的肖像（大约 1629 年），显示他穿着黑丝绒外套，袖子镶边，过浆的环状领和蕾丝镶嵌的袖口。他的手上戴着轻薄的丝手套，几乎是半透明的。这些纤细的织品暗示着它们的主人不需要用手劳动。约翰·温斯罗普的穿着比斯图亚特王朝的侍臣以及弗吉尼亚的绅士更克制，但毫无疑问是上流绅士的穿着。

湾区定居点不鼓励炫耀，并颁布了严格的反奢侈法律。这种法律在多数美国定居点和欧洲国家都存在过。但最早的马萨诸塞反奢侈法很有特点，它们不仅适用于普通人，而且针对所有人的“普通穿着”。1634 年的一部法律禁止所有阶层的男女穿“时髦衣物，留长发，或任何类似的穿着”。它规定“无论男女都不得穿着开衩的衣服，除了袖口的开衩和背后的开衩”。同样被禁止的还有“日常穿戴”银饰、金饰、丝绸花边、女式紧身褡、帽边缎带、“过长的袖套……大围裙、大长摆一类的款式”。这些禁忌适用于定居点所有人。[3]

马萨诸塞禁止奢华的法律也阻止了时髦衣物的生产和销售。1636 年一部法律规定“任何人在本地居住超过一个月以上，都不得制造或销售梭结花边或任何花边……裁缝也不得在衣物上加任何花边”。[4] 法庭命令“所有衣物都不能是短袖，以避免让手臂裸露出来”。[5]

17 世纪晚期，马萨诸塞的禁奢令开始照顾到阶层的差别。1651 年，普通法庭充满担忧地表示：“奢华和浪费无法容忍地慢慢侵袭着我们，特别是在那些条件一般的人当中，这是对上帝的不敬，是我们行业的丑闻，还有对财产的挥霍，这些并不符合我们穷乏的状况。”每个城镇都选出了一个委员会来判断人们的穿着是否超过了他们的“阶层和能力”。昂贵的衣物只能由财产超过 200 英镑的家庭和官员的家属穿着。但后来法律又重新对所有人作出限制。[6]

新英格兰对衣着的节俭也体现在其他方面。整个 17 世纪，这个文化都厌恶假发。有一位叫约西亚·威拉德（Josiah Willard）的清教徒神职人员剪短头发后戴上了假发，很快就有一位官员来警告他：“上

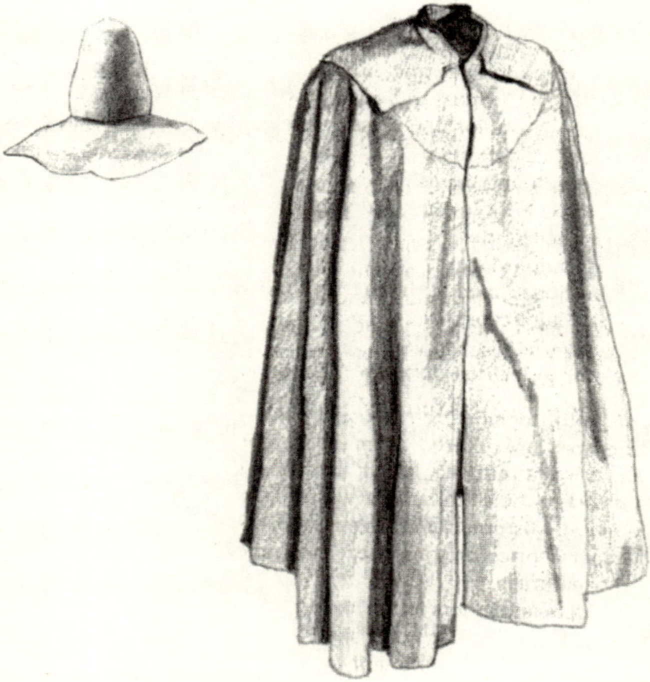

尖顶帽和“冷色调”是清教徒典型的穿着。新英格兰无论男女都戴着宽边尖顶的帽子，虽然不同历史时期样式上有些差别。有一顶这样的帽子还保存在普利茅斯的移民大厅。它的主人康斯坦丝·霍普金斯（Constance Hopkins）乘坐“五月花号”船到达美洲。多数尖顶帽是羊毛材质的。在不列颠，最好的帽子叫作河狸帽，缝纫精致。马萨诸塞普通法庭在1634年禁止定居点的所有人（不止是穷人）戴这种帽子和帽边的缎带，斥之为“浪费、没有必要”，违者要罚款（两先令六便士）。但它同时要求每一个男性移民都戴黑色的羊毛尖顶帽。

新英格兰的男女也经常穿着大长衣。图上的这一件属于罗德岛的理查德·史密斯（约1659年），目前存放在罗德岛历史学会。大衣的材质是羽纱，是羊毛和头发混纺在一起制成的；又加在斜织而成的羊毛毯上。它的色彩是“冷绿”，是众多在新英格兰受欢迎的温和、冷峻的色调之一。

帝把我们的头发也作为一种考验，以此考察我们是否满足于他的给予，还是我们完全追求自己的意志。”18 世纪的态度明显变了，白色或灰色（因为年龄关系可以染灰）的假发被接受了。但青春洋溢的长卷发在 17 世纪还是被严格禁止。[7]

在清教占主导地位的新英格兰，女性用化妆品的比例要比英语世界的其他富裕女性少很多，只有贵格会教徒是例外。历史学家萨缪尔·埃利奥特·莫里森观察到，他的祖先“喜欢在船上和房子里涂上亮色，但妇女不爱化妆”。[8] 任何化妆品都被看作是浪费，而且是对上帝的亵渎。甚至假牙都很少，乔斯林记载了 1684 年新英格兰女性的“牙齿都摇晃了”，虽然清教徒有常用的牙膏（混合硫黄、黄油和火药制成），但帮助不大。[9]

这里的人们不太洗澡。查尔斯·弗朗西斯·亚当斯回忆说，昆西城在两百年中都没有浴室。但人们常用香粉或香叶。屋子里常年挂着香草一类的东西。香叶常被投入火中，散发的气味可以掩盖人身上的气味。

也有一些例外。新英格兰的穿着方式有时受到人们个性的影响。大多数遗嘱和财产清单中会有一些私人的奢侈品。简·汉弗莱（Jane Humphrey）的遗嘱（多尔切斯特 1668 年）中列出了“我最好的克尔赛薄绒呢衬裙”，这通常是穿在冷灰色的外套下边。她比较喜爱围裙下摆装饰着小花边，还有边缘上有小花边的手帕。

清教徒的女性在节俭上还是不如后来贵格会的人。她们经常戴着缀有简单花纹的帽子和色彩比较鲜亮的袖套，与她们的上衣和裙子形成对照。但即使这样的饰物也被年长的人监管着，以确保得到控制。温斯罗普总督的侄女玛丽·唐宁也因为穿着小花边和彩色衣服被责备了。她写信给父亲说：

> 我对母亲提过花边的事情，不是出于浪费或骄傲的心理，那不过是带一点点彩色的衣服，多数情况下还是被允许和被赞许的衣服……年长的人，还有其他一些人却要我离开他们，因为他们觉得这是对他们的冒犯。[10]

这些小装饰物愈加衬出新英格兰从17世纪到20世纪穿着方式的朴素。[11]

在大移民后的两百年中，新英格兰人一直努力保留其文化的价值。青年男女则总是试图突破长辈强加在穿着上的限制。有时政府官员会采取严厉打击措施。1676年在北汉普顿，36位青年女子受到刑事起诉，罪名是“头巾太过讲究”。其中一位叫汉娜·莱曼（Hannah Lyman）的年轻女信徒挑衅性地戴着被起诉的丝织头巾出庭受审。治安官被激怒了；汉娜·莱曼则深陷麻烦，不仅因为她“穿着丝织品”，而且“非常夸耀，带有攻击性，不仅是之前，而且上庭的时候也是如此”。[12]这种诉讼的法律证据总是能看出两个不同层面的东西。当一些新英格兰人违背风俗的时候，另一些人则在竭力保存它。这也显示出，当这个地区的穿着方式遭遇挑战或发生改变的时候，延续传统的力量还是很强的。

马萨诸塞社会中的服饰风格并不是一成不变的，而是像西方社会的其他地方一样在发生着快速的变化。紧身衣裤很快让位给了小衣裳，小衣裳又很快让位给了马裤，然后是戴套装。但就在这些嬗变中，马萨诸塞的穿着方式仍然保留着很强的延续性。一个女性参观者在18世纪时写道：

> 这些居民整体上穿着很简朴，每个人都差不多；无论你在哪里遇见他们，你很容易判断出他们来自哪里，尤其是女性。[13]

甚至在 20 世纪，清教徒的后代子孙仍然喜欢穿着深蓝灰和枯叶色的套装。在波士顿的后湾和比肯山，教养好的女性仍然喜欢穿着冷色调，她们破旧的帽子看起来又像是随着“阿贝拉号”船来到美洲的。

冷色调在新英格兰的官方文化中得到了保留。在马萨诸塞、罗德岛和新罕布什尔的古老大学中，学者和运动员不会穿着普林斯顿那种俗气的橙色或剑桥那种闪耀的蓝红色调。哈佛是一种沉闷的紫红，委婉地称为深红。布朗大学中意的色彩是深棕色，配搭着黑色。在重要仪式上，这所大学的校长会穿着泥土色的外套，看起来像是收获过的咖啡地。达特茅斯学院选择的是阴郁的森林绿。所有这些色彩都出现在 1638 年“冷色调”的官方清单上，它们到今天也很流行。

新英格兰的方言中一个有趣的现象是，在整整三个世纪中衣物常常被称为“旧衣”（duds）。这是古英语中对衣物带有一点蔑视的说法。邋遢的人穿着破衣服出现，有时被称为“废物”（dudman）。新英格兰对穿着的用语通常是贬低的。这种轻蔑的态度在该地区存续至今。

注释

1 关于清教徒的穿着有两个历史传说。一个是穿黑外套、头戴尖顶帽，留着圆头的糟糕形象。第二个是对第一种的回应，是萨缪尔·埃利奥特·莫里森提出来的，他写道，“在重大的场合，清教徒就会穿得很华丽。布拉德福总统有一件带有银色扣子的红色腰衣，一顶彩色帽，一件紫罗兰的外衣和丝织斜纹布的火鸡红正装”。（S. E. Morison, *Builders of the Bay Colony* ［Boston, 1930］, 140）。其他学者在财产清单中发现有暖色服饰，有些人匆忙下结论说，清教徒的简朴只是一个传说。无论是哪一种传说都有误导性，莫里森也很清楚这一点，但其他人已经忘记了。莫里森提到，清教徒服饰的特点是“相对的简朴”。所以很有必要采用比较中间的说法。

2 *Mass. Bay Records*, I, 23-24.

3 *Mass. Bay Records*, I, 126 (3 Sep. 1634); 有关英国防止奢侈的法律，见 Francis E. Baldwin, *Sumptuary Legislation and Personal Regulation in England* (Baltimore, 1926)。

4 *Mass. Bay Records*, I, 183, 28 Oct. 1636.

5 同上 , I, 274, 9 Sep. 1639。

6 同上 , II, 60, 14 Oct. 1651。

7 Sewall, *Diary*, 10 June 1701, I, 449.

8 Morison, *Builders of the Bay Colony*, 139.

9 最迟在 1893 年，艾利斯·厄尔写道，“居民们的这种补救手段至今在新英格兰的农场使用” (*Customs and Fashions*, 303)。

10 Simmons, *Emmanuel Downing*, 50.

11 波士顿比较不同，日益增多的阿米纽斯派教徒喜欢购物，那里的盎格鲁人也喜欢花哨时髦的东西。最近一些清教徒服饰的修正主义论者以城区的阿米纽斯派教徒精英们为例证，但他们并不代表整个地区。

12 这个描述来自 Aince Morse Earle, *Two Centuries of Costume in America, 1620-1820* (2 vols., 1903, Rutland, Vt., 1971)。

13 Knight, “Journal,” Peckham, *Narratives*, 35.

马萨诸塞的运动方式

清教徒的“合法娱乐”观念

在运动的问题上，清教徒的观念显得复杂而谨慎。很多运动在湾区殖民地都被谴责，但仍有一些得到保留，有几项还是规定的。英克里斯·马瑟写道：“基督徒参与娱乐完全合法，在有的情况下还是重要的责任。”[1] 约翰·温斯罗普在日记里解释了其中的道理：

> 每当我刻意回避这些我内心向往的世俗娱乐时……我会变得迟钝而不安：我内心考量之后，最终理解了这种情况，我发现参与这些娱乐有助于重新让内心充满力量，所以我开始参与进去，适度的锻炼之后有重新得力的感觉。
>
> 但这又带来了恶果：我感觉上帝和我的内心都允许我在需要的时候去参与这种锻炼，然后我开始利用基督徒的这种自由假装自己有锻炼的需要，但实际上却没有。某种程度上我受到了这种世俗娱乐的诱惑，所以我有愧于圣灵的恩典。在所有让人舒服的享乐上我都这样理解，上帝允许我们享有这些东西，但必须是节制的，我们的心不能被捆绑，他会不喜悦我们沉溺其中。[2]

对于约翰·温斯罗普和新英格兰的其他清教徒来说，“外在的娱乐”不仅被允许，而且是需要的，只要做的时候清醒而有节制。适度的锻炼被认为对于灵魂的更新是必要的。清教徒相信，运动并不是无意义的玩耍。对他们来说，游戏也可以变成一件严肃的事情，他们会以很高的目的性和组织性来做。[3]

马萨诸塞的军事组织不仅被鼓励常规性的参与运动，还被要求这样去做。早在1639年，马萨诸塞的军事单位在训练日就有正式的体育比赛和体育运动。这种做法延续了整个17世纪。[4]哈佛学院的老师也要求学生从事“合法的娱乐”，1655年之后，每年都有一个特殊的日子用于游戏。[5]1696年，有两个本科学生在淡水湖的溜冰事故中淹死，校长英克里斯·马瑟安慰他们的父母说：“虽然他们在锻炼时失去了生命（学生需要通过锻炼来获得健康），他们是在从事合法的娱乐。”[6]

17世纪的新英格兰，清教徒牧师和官员积极地鼓励“合法的娱乐”，同时又严格地压制那些他们认为“不当”的运动。周日的任何运动都是禁止的。托马斯·谢泼德牧师在新英格兰的一篇著名讲道中，对撒旦的描述是，“脚边有个球，随时准备好踢出去，把上帝珍惜的安息日赶出这个世界”。这不是针对运动本身的，而是针对周日的运动。[7]

湾区的奠基者很不喜欢与赌博和饮酒有关的游戏。马萨诸塞的普通法庭经常立法反对“非法的游戏包括扑克、骰子等”，郡法庭会对那些胆敢容留这些游戏的小饭馆施以罚款。[8]圆盘游戏是被禁止的；埃塞克斯郡的法庭惩罚了一个固执的神职人员，因为他“把时间花在圆盘游戏上”。[9]家里的赌博也不允许。普通法庭1631年的法律规定，“所有家里的扑克、骰子或者游戏桌都必须在下一个法庭上任前挪走，否则会被惩罚”。[10]

赛马也常遭禁止。伊普斯威奇的法律规定，任何人“在伊普斯威奇的街上赛马或驽马，或者怂恿、支持他人下赌金的，罚款 40 先令”，这在当时是很重的罚款。虽然如此，还是有人赛马；到了 18 世纪，买马注公然在波士顿的报纸上做广告。但这是属于外来文化的入侵了。[11]

在这些娱乐被禁止的同时，其他合法的娱乐流行开来。最初的几年，一些独特的游戏在马萨诸塞发明出来，并且都建立在清教徒文化和英国传统的基础上。主要的有两个。一个叫波士顿游戏；另一个有很多名字：新英格兰游戏，马萨诸塞游戏，或城里球，或圈球等。我们今天把它们分别叫作美式足球和棒球。

波士顿游戏或美式足球模仿了一些英国民间游戏，主要是踢球。在很多英国社区，足球游戏每年一度，有可能在圣诞节、元旦日、忏悔星期二，或复活节周一举行，而且通常会让村里的鞋匠做一个漂亮的羽球。比如在德比（Derby），每年足球比赛都是在万圣节和圣彼得日之间举行。这个球就放在城市大厅里纪念展示。在切斯特勒斯特里特（Chester-Le-Street）的老城，通常是上街和下街的人较劲，争相把球推到城市相反的一端。这些大节目都有全城人参与——老的少的、富贵的贫穷的、男男女女。为了比赛，男人会脱掉外套和腰衣，女人也会脱掉外衣，甚至衬裙。比赛的时候人们就是推推攘攘，你来我往。[12]

这些老英格兰的村庄游戏也被带到了马萨诸塞，在地方官员的监管下以更有秩序的方式来玩。在罗利城，一个英国的访问者看了一场足球比赛，对其中的管制方式很惊讶，“那天是足球比赛，”

他写道，“却要求只能用脚来玩，我觉得这很奇怪；而且是在很宽阔的沙滩上，没有石头，这就容易很多。他们都没有去绊对方的脚跟，或者吵架，但这样的事情我在英格兰可见多了。”[13]

足球在新英格兰成了一个很有争议的问题。很多道德家并不看好它。威廉·本特利（William Bentley）在日记中写道：“这种运动经常让小腿上带伤，不适合良好教育的目的。”但在18世纪，足球却主要是受过良好教育的人玩的。1807年耶鲁大学的一个浮雕显示，学生们戴着河狸帽、穿着燕尾服在纽黑文广场上踢球，旁边有一个长得像校长蒂莫西·德怀特的老人阴沉着脸观望着。[14]

典型的美式足球18世纪期间在新英格兰逐渐成形，相比于老英格兰的民间足球它更为理性化、更强调规则。19世纪早期，马萨诸塞东部常有校际间的足球比赛，学院和城里学校的球队经常在一起踢球。波士顿广场上有一块大理石纪念碑，上面静默地刻着“美国第一个足球组织”等字样，在普林斯顿和罗格斯大学的校际比赛之前很久它就安放在那里了。

另一种游戏对英国民间运动的规则进行了改造，叫作城里球，或者马萨诸塞游戏或新英格兰游戏。它有一个球棒和一个球，在60平方英尺的场地上有四个基点，有八到十二个球员，每个人有自己的记分。新英格兰游戏是从一组相近的英国传统游戏继承下来的，最接近的一种游戏叫作“苦斗”。它的规则和现代棒球非常相似。“苦斗”也有四个基点（每个一平方英尺大），之间相隔48英尺。投掷手站在离主基点24英尺的地方，如果球被抓住，或者球在击球员到达之前碰到了基点，击球员就退出比赛。苦斗游戏在英格兰东南部比较盛行，尤其是在肯特郡。17世纪早期，它被带到了马萨诸塞，很受欢迎，到 18 世纪它就用该地区的名字冠名了。[15]

新英格兰游戏在马萨诸塞的学校和城市非常流行。马萨诸塞伍斯特出版的一本儿童书里有一张图描绘了 1787 年的这种运动。[16] 在整个 18 世纪和 19 世纪早期，新英格兰的大学也常玩这种游戏。奥利弗·温德尔·福尔摩斯（Oliver Wendell Holmes）对此有过典型的描述，是有关他 1829 年作为哈佛本科生参与这个游戏的过程。[17]

逐渐地，新英格兰游戏越过边界传播到纽约和新泽西北部，在十八、十九世纪开始被称为棒球。1778 年，福吉谷（Valley Forge）的士兵也玩这个游戏；普林斯顿一个本科生在 1786 年的日记中记载了叫“棒球”的游戏。[18]1820 年代，纽约州的北方移民玩一种叫纽约游戏的类似运动。瑟洛·威德（Thurlow Weed）在 1825 年加入了一个有 50 位成员的棒球俱乐部。[19] 在另一个洋基人社区，阿布纳·道布尔迪（Abner Doubleday）在 1840 年已将其中的规则系统化了。[20]

在美国历史的最初两百年中，球类游戏在南方殖民地并不盛行。现在作为美国国家运动的（橄榄球和棒球——译注），最初只是新英格兰的民间运动。它综合了秩序与行动，理性和情感，个人与集体努力，代表了真正的清教徒文化。[21]

注释

1 Increase Mather, *A Testimony against Several Profane and Superstitious Customs* (Boston, 1688), 37.

2 Winthrop, “Experiencia,” *Writings*, I, 201-2.

3 Nancy Struna, “Puritans and Sport,” JSPH 2 (1977), 1-21; 这篇重要的论文纠正了一种常被重复的错误观念，即“有清教倾向的人对体育活动很反感”。*Idem*, “Sport

and Social Values: Massachusetts," Quest 27 (1977), 40; Winton Solberg, *Redeem the Time: The Puritan Sabbath in Early America* (Cambridge, Mass., 1977), 49。

4 Struna, "Puritans and Sport," 6; Benjamin Wadsworth, *Good Soldiers a Great Blessing* (Boson, 1700).

5 CSMP 3 (1935), 330-33.

6 Shipton, *Harvard Graduates*, IV, 522.

7 Thomas Shepard, *These Sabbaticae* (London, 1649), IV, 49; Samuel E. Morison, *Harvard College in the Seventeenth Century* (2 vols., Cambridge, Mass., 1936), I, 117.

8 Scott Wiener, "Three Generations of Sports and Games in the Massachusetts Bay Colony" (paper, Brandeis, 26 Nov. 1986).

9 *Records and Files of Essex Quarterly Court*, I, 91.

10 *Mass. Bay Records*, I, 85 (22 March 1631).

11 *Records and Files of the Essex Quarterly Court*, V, 39; VII, 364; Boston Gazette, 19-26 April 1725; Wiener, "Three Generations of Sports and Games."

12 Alice Bertha Gomme, *The Traditional Games of England, Scotland and Ireland* (2 vols., New York, 1964), I, 136-37.

13 A. B. Hart, *Commonwealth History of Massachusetts* (5 vols., New York, 1927), I, 280.

14 Bentley, *Diary*, I, 254.

15 William D. Parish, *A Dictionary of the Sussex Dialect* (Lewes, 1875); Gomme, *Traditional Games of England, Scotland and Ireland*, I, 34, 217-20. 其他一些民间游戏也被认为是棒球的前身——古板球、圆场球和猫球。古板球更类似于板球，只是球在凳子与凳子之间来回打。猫球很不同——把一片小木头用长杆打向目标洞。圆场球，我认为是 19 世纪的发明；我没有找到 1856 年之前的参考资料。戈姆（Gomme）认为"古板球是棒球的起源"的观点并不太准确；这个游戏在马萨诸塞湾区没有人玩，而是普利茅斯的人在第二个圣诞节期间玩，而且当时威廉·布拉德福并不高兴。

16 Isaiah Thomas, *A Little Pretty Pocket Book* (Worcester, 1787).

17 Jennie Holliman, *American Sport, 1785-1835* (Durham, N.C., 1931), 65-66.

18 Harold Seymour, *Baseball, The Early Years* (New York, 1980), 7.

19 Thurlow Weed, *Autobiography*, ed. Harriet A. Weed (Boston, 1883).

20 官方历史让我们认为，阿布纳·道布尔迪不是棒球的发明者。但一些修正主义论调认为他在其中是有作用的。相关证据，请见 Seymour, *Baseball, The Early Years*, 12。

21 “球类游戏在南部定居点比较少见。”参见 Seymour, *Baseball, The Early Years*, 7; Holliman, *American Sport*, 7。

马萨诸塞的工作方式

清教徒和东盎格鲁的经济

不仅游戏如此，工作也类似。马萨诸塞历史上的经济方式并不是其自然环境的单一对照物。周边殖民地的历史表明，这一地区的生态环境可以发展出不同的经济类型。新荷兰的荷兰人和魁北克的法国人创造的是索取式经济，严重依赖所在地区森林和海洋的出产，包括木材、皮毛和鱼类等。马萨诸塞湾区的建设者也从事这样的经济活动，但他们创造了一种不同的经济制度，反映出他们的东盎格鲁起源和清教目的。

从一开始，马萨诸塞的经济就和英格兰东部非常相似。新英格兰的一些内陆城镇与萨福克和诺福克的森林牧场村落相似。海滨城镇又与埃塞克斯和肯特郡的港口相似。这种明显的一致性尤其体现在该地域的一个例外。马萨诸塞的罗利镇是由一群来自约克郡东赖丁（East Riding）地区的非典型清教徒建立的，他们由于受到东盎格鲁牧师的感召而加入了大移民的队伍。他们在英格兰北部的家乡是制造粗麻布和大麻织品的中心，其主要的劳工由孩子组成。马萨诸塞的罗利很快发展出和约克郡罗利相像的工业。约翰·温斯罗普在1643年观察到，这个美国社区的大麻和亚麻织物的产量在新英格兰独占鳌头。爱德华·约翰逊写到罗利居民时说：“他们是第一批在西方世界建立布匹生产体系的人，为此他们修建了漂洗工厂，让孩子勤劳地纺织原棉，他们中很多人在英格兰时就是裁缝。”1660 年左右，萨缪尔·马弗里克（Samuel Maverick）把罗利的居民描绘成“非常勤劳的人……他们用原棉和羊毛生产衣物和地毯”。[1]

其他具有证明力的例外还有渔港，包括格洛斯特（Gloucester）和马布尔黑德（Marblehead），这两个地方居民的英国来源地和马萨诸塞不太相同。他们多数来自海峡群岛，尤其是来自泽西岛。很多人在旧世界就是渔夫，在新世界他们继续从事先前的职业。一次，一位清教徒牧师来到马布尔黑德，向会众传讲东盎格鲁流行的清教教义，一个爱抱怨的渔夫反驳他：“你以为你在向湾区的人传道吗？可我们的主要目的是捕鱼。”[2]

捕鱼并不是多数湾区居民的主要目的，无论是字面意义上，还是象征意义上。虽然马萨诸塞议会大厦的墙上挂着镀金的鳕鱼，渔业并没有成为他们的支柱产业。马萨诸塞 80% 的社区是农业镇，绝大多数成人男性从事农业。[3]

种植业的生产模式与东盎格鲁的森林牧场地区非常相似，是一种混合型的农业经济，包括种植和狩猎。多数新英格兰的城镇都保持着公有的牧场和草地。有几个城镇有开放型的耕地。但在移民初期之后，农作物是在封闭的田地由各户家庭自己耕种的。

农业技术和英格兰也几乎一样，虽然环境上有所差别。“乡间地区多石多山，但还是有些好地，”1631 年沃特敦的一位居民写道。清教徒特别珍惜“好地”，在他们的词汇中这意味着平整、开阔、没有树或没有山。他们在戴德姆、沃特敦、萨德伯里和康科德都发现有这种好地，这是由冲积形成的沃土，今天仍然有很好的收成。[4] 从一开始，清教徒就以英国的耕种方式来开发美国的土地，这和英属北美其他地方的耕牧方式不同。早在1634年，约翰·温斯罗普写信回家：“我们的犁很有成效，明年我们想要20个犁一起上。”[5]

定居之后头几年，家族农场出产丰硕，多余的物产就拿到市场上售出。按照后世的标准，这些交易的规模并不大，但却鼓励了包括小农庄在内的人考虑其商业前景。周日聚会的时候，他们说完上帝之后就开始讨论价格。到1645年，康涅狄格山谷地区的城镇已经能输出上千蒲式耳的谷物用于交易。赶到波士顿出售的牛数目庞大，所以1648年城里有人向普通法庭提出希望每年举行两次大型集市，其中一次专门为卖牛而举办。[6]这些市场有很周详的管理规则，类似于在东盎格鲁地区的市场。在物资稀缺的年代，出口是被禁止的。不公平的市场行为，像垄断和囤积居奇，都是被禁止的。困难时期，价格和薪酬是固定的。

马萨诸塞的市场主要是针对本地的。多数时候是两个农庄之间交易。对外贸易发展也很迅速，到1638年，马萨诸塞有一百多艘船从事国际贸易。西印度群岛市场需要的是谷物、肉类、鱼、黄油和很多其他产品。早在1647年，爱德华·约翰逊就写道：

> 在很小的空间里，乡村里的每一样东西都以商品的形式出现，小麦、黑麦、燕麦、豆子、大麦、牛肉、猪肉、鱼肉、黄油、奶酪、原木、桅杆、焦油、肥皂、厚木板、房屋框架、连接板、管道夹板……这些东西不仅供应他们的“老姐姐”，包括弗吉尼亚、巴巴多斯，以及众多物产丰富的夏季岛屿，还有我们的母国，大不列颠的肥沃岛屿，葡萄牙也有很多面包和鱼肉由我们供应的，那是为了换取他们出产的马德拉白

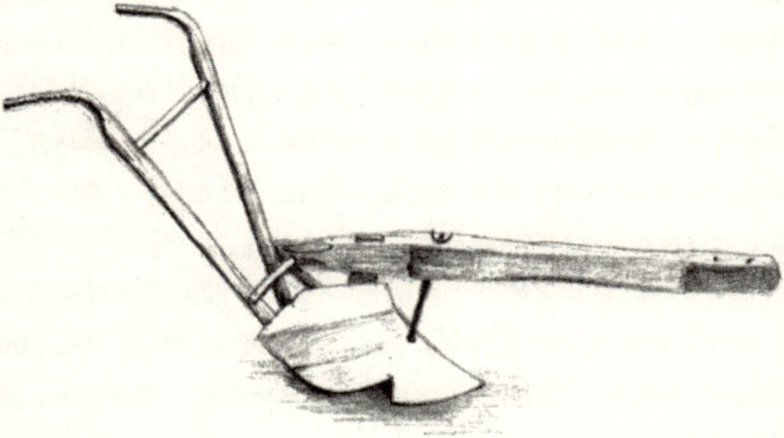

新英格兰摇犁配有木制操作板，是常用的民间制品，旁边是民兵雕塑。民俗研究专家亨利·葛拉西（Henry Glassie）评论说："这种工具的模板是16世纪晚期从荷兰引入东盎格鲁的样式，1730年后在苏格兰和英格兰东部郡流行起来。18世纪时，摇犁在新英格兰比较普遍。"这幅画仿照的是亨利·葛拉西的原图。

> 葡萄酒，当然还有西班牙，很难想象，这片旷野在如此短的时间里变成了商人的市场。[7]

17世纪早期，贸易收入保证了从朴茨茅斯到普利茅斯一带小城镇的繁荣。一位经济史学家观察到，“新英格兰人变成了英帝国的荷兰人”。他们这样做有多重意义。新英格兰贸易在结构和社会功能上与荷兰和英格兰东部的北海沿岸贸易比较相似。多元的农业、小村庄和高度发达的商业活动等几个方面在马萨诸塞和东盎格鲁之间也是相似的。相似的还有内陆农庄，以及在新英格兰、泰晤士河和东盎格鲁海岸都有密集分布的小海港。[8]

在马萨诸塞，这种经济体系到17世纪中叶就已很发达。后世的发展主要是进一步铺展。历史学家伯纳德·贝林（Bernard Bailyn）总结说：“这种经济体系的特点从发轫期一直保持到美国革命之前。”[9]

然而，在新英格兰，比其经济结构更有延续性的是工作伦理，湾区殖民地的奠基人在早期就已将其引入了。这种工作伦理比较复杂。它所依据的观念是，每一个基督徒都有两个天职——一个是一般意义上的天职，一个是特别的天职。第一个天职是指基督徒在世要过一种属灵的生活。第二天职是指他的职业。清教徒并不认为一个人在天职上的成功对于得救是必要的，但它是侍奉上帝的必要方式。

清教徒并不以“资本企业”（capitalist enterprise）为荣——这两个词他们都不赞同，甚至不理解。他们谴责把财富本身作为目的，在这一点上，富有的清教徒商人罗伯特·基恩（Robert Keayne）很艰难地才了解其真意。基恩是伯克郡一个屠夫的儿子，后来在伦敦开裁缝店致富，“财产总值有2000到3000英镑”。他把自己的财产带到了波士顿，成为教会成员，并通过婚姻进入牧师精英阶层，他的商业也取得了巨大成功。他曾是波士顿最富有的商人，并且是第四大地主。但他也被人指责堕落。约翰·温斯罗普记录到，“他很富有，比大多数其他商人都更善于销售”。1639年，有不少客户抱怨基恩卖缰绳和钉子时乱喊价，他因此被普通法庭判定有欺压行为，因为“一先令他要赚六便士，有的甚至是八便士；在小商品上也要赚两便士”。法官罚了他100英镑，这在该定居点历史上是最重的罚款之一。但仍有很多人认为这个罚款太轻，官员助手投票要罚他200英镑。基恩写道，有人希望“增加惩罚，比如……在市场日嘴含缰绳或颈绕缰绳示众”。[10]

波士顿的公理教会对这个事件私下作了调查，结论是罗伯特·基恩罪在“售价太高”。约翰·科顿在讲道中斥责了他。基恩被威胁逐出教会，除非他在会众面前做清扫的工作，并且“含泪承认、叹息他贪婪、堕落的心”。[11]从此以后，这个骄傲的清教徒商人崩溃了。他捐出了大量财产以挽回自己的名声，并开始酗酒，后又失去了办公室；他在遗嘱中颇不甘心地为自己的行为辩解，文字竟长达158页。[12]

约翰·科顿有感于此事，在新英格兰发表了一部商业行为准则。这些规则非常严格，远远超出中世纪有关公平价格的理念。约翰·温斯罗普在日记中记录了它的内容：

> 不应按照如下原则交易：1. 销售的价格越高越好，买东西则越便宜越好；2. 如果在偶然的情况下，比如航海，丢失了一些商品，则提高剩余商品的价格；3. 按照买的价格来卖，

> 即使他买的时候很贵而当前的商品价格已经下降等等；4. 既然一个人可以凭借他的技能获利，当然也可以利用别人的无知或需要来获利；5. 当一个人允许别人延迟付款的时候，他可以从那人取得补偿。
>
> 交易的准则应该如下：1. 销售的价格不应当超出现在的市价……；2. 当有人因为缺少能力而丢失了商品时，他必须把这看作是自己的错误，而不应当把责任转嫁到其他人身上；3. 当有人因为航海等偶然原因而失去了商品，这是天意要他失去，他不应当为了减轻自己的损失而转嫁到他人身上……当物资短缺时，可以提高商品价格；因为这个时候是上帝对商品的旨意，而不是个人的；4. 不应漫天要价，正如以弗仑（Ephron）对亚伯拉罕的意义一样，地产就值那么多。[13]

约翰·科顿禁止商人提高价格去弥补自己的损失，他们应当把这些损失看作对他们罪的评判，不应当转嫁给消费者。事实上波士顿的商人能够维持他们商业的运作，已经说明他们并没有按照约翰·科顿的理想去做。虽然如此，清教徒伦理的影响远远超出资本主义的精神。对于像罗伯特·基恩这样的商人，既想做好的清教徒，又想做赚钱的资本家，其中的矛盾是通过毁灭他自己来消解的。

总体而言，早期新英格兰的经济既非村社共产主义，又非早期资本主义。它是一个传统的经济体系，包括农业生产、家庭作坊和商业交换，混合了很深的东盎格鲁传统和加尔文教义。这种经济的核心是传世的清教徒伦理。[14]

注释

1 Winthrop, *Journal*, II, 122 (1643); Johnson, *Wonder-working Providence*, 183; Samuel Maverick,"A Brief Description of New England and the Severall Townes Therein, Together with the Present Government Thereof," *MAHSP*, 2[d] series, I (1884-85), 235; David Grayson Allen, *In English Ways* (Chapel Hill, 1981).

2 Christine Heyrman, *Commerce and Culture: The Maritime Communities of Colonial Massachusetts, 1890-1750* (New York, 1984); Stephen Innes, *Labor in a New Land: Economy and Society in Seventeenth Century Springfield* (Princeton, 1983).

3 James Kimenker, Richard Weintraub 和 Marc Harris 等人的定量研究发现，康科德 80%—90% 接受调查的男性在 1790 年之前主要从事农业；这个比例是多数农业镇的典型情况；这个比例在整个地区稍低；见 D. H. Fischer, ed., *Concord: The Social History of a New England Town, 1750-1850* (Waltham, 1983), 65-261。

4 新英格兰的土壤非常复杂、富于变化，超过美国其他地区。有的很富饶多产——尤其是在查尔斯河、梅里马克河（Merrimack）和康涅狄格河谷的冲积平原。康涅狄格谷地农民种植的烟草至今仍然多产，这片土地在过去三百年中一直在持续耕种。在康科德、戴德姆和原先的萨德伯里（现在是韦兰镇），土壤都很肥沃。

5 Winthrop to Sir Nathaniel Rich, 22 May 1634, *Winthrop Papers*, III, 167; 有关马萨诸塞的农业种植，见 Darrett B. Rutman, "Governor Winthrop's Garden Crop: The Significance of Agriculture in the Early Commerce of Massachusetts Bay, " WMQ3 20 (1963), 396-415; *idem, The Husbandmen of Plymouth: Farms and Villages in the Old Colony* (Boston, 1967); Robert R. Walcott, "Husbandry in Colonial New England," *NEQ* 9 (1936), 218-52。

6 Rutman, "Governor Winthrop's Garden Crop," 405.

7 Johnson, *Wonder-working Providence*, 246-47.

8 John J. McCusker and Russell R. Menard, *The Economy of British America, 1607-1789* (Chapel Hill, 1985), 92; Bernard Bailyn, *New England Merchants in the Seventeenth Century* (Cambridge, Mass., 1955).

9 Bailyn, *New England Merchants in the Seventeenth Century,* 45.

10 *The Apologia of Robert Keayne: The Self Portrait of a Puritan Merchant* (New York, 1964), 58.

11 Winthrop, *Journal*, I, 317.

12 Bernard Bailyn, "The Apologia of Robert Keayne, " WMQ3 7 (1950), 568-87; 更主要的参考资料是罗伯特·基恩的遗嘱，已经出版在 *The Apologia of Robert Keayne: The Self Portrait of a Puritan Merchant*。其他重要的资料有 *Winthrop's Journal*, I, 315-18; II, 4, 64-66, 116-20；法庭的判决见 *The Records of the First Church in Boston, 1630-1868*, ed. Richard D. Pierce. *CSM Publications*, 39 (1961), 25, 19。第二种解释有 Rutman, *Winthrop's Boston*, 155, 243-44; Emil Oberholzer, Jr., *Delinquent Saints: Disciplinary Action in the Early Congregational Churches of Massachusetts* (New York, 1956), 188-89; Bernard Bailyn, *New England Merchants in the Seventeenth Century,* 41。

13 Winthrop, *Journal*, I, 318.

14 有关清教徒工作伦理，见 Stephen Foster, *Their Solitary Way: The Puritan Social Ethic in the First Century of Settlement in New England* (New Haven, 1971), 99-126。

马萨诸塞的时间方式

清教徒“善用时间”的观念

在多数文化中，对工作的态度和他们的时间概念是相联系的。湾区的人们也不例外。对于清教徒来说，时间充满了神圣的意义。本质上，它是“上帝的时间”，就像萨缪尔·休厄尔所说的，“上帝的时间是最好的时间，上帝的道路是最好的道路”。[1]

这个文化的核心理念是“善用时间”，在17世纪这意味着“把一件事情向好的方面转变”。在湾区，浪费时间是犯罪。1633年普通法庭就规定：

> 任何人，无论是在家庭中或其他状态，都不能在无聊或不产生效益的情况下打发时间，若有违反，法庭应该对之实施惩罚；为此，每个地方的警官都应努力地调查违反者，尤其是那些坐岸边的人、打野禽玩的人和抽烟的人，等等。

一年后，法庭对两个男人处以二十先令的罚款，因为他们“浪费时间”。[2]

清教徒官员萨缪尔·休厄尔对浪费时间感到恼怒，认为这是对神的亵渎。当他看到两个男人在四月愚人节玩“闲人游戏”的时候，他生气地责备了他们：

> 在四月第一天的早晨，我劝阻了山姆·赫斯特（Sam Hirst）和格林德尔·罗森（Grindal Rawson）玩的闲人游戏。他们这么做真是最大的蠢货。新英格兰人已经避开了很多节日，只保留了诸如12月25日的节庆。作为时间的给予者，上帝一定不高兴我们保留节日去玩蠢人的游戏。[3]

清教徒的写作者对时间很执着。他们的日记都是对高度复杂事务的阶段总结。清教徒过生日的时候大多会沉痛地反思对时间的使用。“我现在已经比我预期的多活了五十年，上帝保佑，”有个人在1729年写道，“但我有太多理由感到羞愧，因为我活得如此没有目的。”[4]每年跨年的时候都是以这样的方式度过。一个英国清教徒在新年前夜的日记中写道：“这是今年最后一天，我很清楚这一年的很多时光是丢失了，浪费了。”[5]

马萨诸塞湾区的生活节奏是要充分利用每一秒时光。新英格兰的一天是从黎明破晓开始的。斯托夫人写道，新英格兰乡间的居民“已经习惯黎明即起”，以好好地使用白天的时光。[6]清教徒也试图减少睡眠的时间。英克里斯·马瑟很有决心，“我不会允许自己睡七个小时以上；我宁愿把多余的时间用在我个人或一般的天职上”。[7]

对于马萨诸塞的创建者来说，“善用时间”主要是针对信仰而言的。他们的子孙却把同样的概念用于世俗和物质的目的。典型的例子是波士顿出生的本杰明·富兰克林。在一篇名为《对年轻商人的建议，来自一个老人（1748）》的文章中，富兰克林写道：

请记得时间就是金钱。如果一个人劳作一天本来可以挣10先令并且出国，但他却闲坐半天，把六便士用于消遣或无所事事，那他就不应当花这个钱；这相当于他又花掉或扔掉了5先令。[8]

1733年流传的一首民谣《可怜的理查德》，用格言表达了这种意思：

懒惰和沉默是蠢人的品行。

他在无所事事中浪费的每天都有价值，他实际浪费了一天可以花100英镑的权利。

如果你有时间，就不要等待。

既然你不确定下一分钟，就不要浪费一个小时。

起来吧，懒汉，不要浪费生命；坟墓里可以让你睡个饱。

如果你明天有要做的事情，今天就开始做。

反应敏捷的人，可以做两次。

喜欢懒床的人就让他终日奔跑，让他晚上颗粒无收。

无所事事是最大的挥霍。

你热爱生命吗？那就不要浪费时间；那样做是吃饱了撑的。

所谓时间足够，往往证明一点也不够。

失去的时光不再回。

拖延就是对时间的偷窃。[9]

盎格鲁－美国的其他文化没有任何类似于这种对“善用时间”

的执着，在三个世纪中，这已经成为新英格兰民俗的重要部分。

英国和美国的清教徒也从另外一重意义上善用时间——用更好的方法来计算时间的流逝。英国清教徒拉尔夫·索尔斯比（Ralph Thoresby）就是基于这样的冲动发明了一种有闹铃的时钟。他在1689年11月1日的日记中记着：

> 我以为是6点起床的，但我早起读了一章之后，才发现是4点。我花了很多时间来读我亲爱的父亲的日记，也写了一些东西。我渴望把睡眠的时间用来做事，我已经有了这样的决心，如果这样能有益于荣耀神的话……我严肃地考虑过，我经常会把珍贵的时间睡过去（尤其现在是冬天），而这些时间本可以用作前面讲过的目的。考虑到生命的短暂，即使活得最长的人也就多几年，而我的生命可能也就多那么几周、几天或几分钟，考虑到这些事实，我决心依靠上帝的力量使用更多的时间，尤其是我睡觉的时间，在时钟里装一个闹铃，放在床头，使我可以早上5点起床，首先把早晨的时光用于侍奉上帝（也是我的责任），阅读圣经中的一个章节，包括其注释，然后祷告……[10]

一个世纪后，相似的冲动以世俗的方式启发本杰明·富兰克林发明了夏令时间。在担任美国驻法国大使期间，富兰克林惊讶地发现巴黎人白天浪费很多时间，中午起床，晚上点蜡烛到深夜。他曾撰文《合算的项目》提醒法国朋友，里面提到了夏令时的概念。[11]

另一个关于清教徒的时间观念是“数算日子”。这个短语有很多含义。它意味着时间珍贵而有限。它也透露出时间量化的观念。

历史学家伯纳德·贝林曾观察过清教徒商人罗伯特·基恩：

> 最能表达基恩行为特征的是“记算”。他看世界的方式并不是标准化的。数量才最能点燃他的想象。[12]

这种精打细算的风格在17世纪的新英格兰很普遍。在日记和讲道中，时间就是指钟点和日历。生活的阶段也量化了，比如，老年是指60岁以后的岁月。清教徒日记习惯记录事情发生的钟点，或者按时段来计算，比如“12点和1点之间”，或“1点1刻”。分钟很少提及。17世纪新英格兰的钟表基本没有分针。这种文化不需要精确到这种程度。那个世界没有我们现在的精确时间概念。在17世纪，“精确”意味着“到点”。尽管如此，那个世界还是依照日历和时钟运转。[13]

17世纪的时钟是昂贵的。新英格兰人将就着，把房子改成按时间分布。马萨诸塞的房子通常是按阳光轨迹设计的，正午的时候正对着南边的阳光。房屋的正面做得像一个巨大的日晷，圆形的时刻表刻印在门的外面。这种方法让新英格兰的家庭即使没有壁炉上的时钟，也能够得知时间。

这个文化也有其他节约时间的方式。昼夜交替的节奏对于清教徒格外重要。他们把黑暗的来临叫作“上烛时间”，从而也把24小时分割成非常不同的几部分。夜晚是危险的，危机重重，而且充满敌意。当阴影越拉越长，新英格兰的旅行者都会加快步伐，争取在黑夜降临之前到达目的地。萨缪尔·休厄尔在去萨勒姆的路上曾经被黑暗击倒。他骑马飞驰，疯狂地与黑夜赛跑，直到坐骑失足把他摔到地上；休厄尔幸运地保全了性命。他的日记记录了当黑夜降临新英格兰的时候，一些危险、恐惧，甚至惊慌的时刻。[14]对清教徒而言，黑夜不仅是危险的，也充满了罪恶。城里每晚都要敲晚钟——在笔者居住的米德尔塞克斯郡的村庄，从最初建立这种制度到现在，350 年过去了，这种做法依然如故。晚钟之后没有得到允许出行，有被判处“夜行”罪的可能。总体而言，昼夜的节律在新英格兰清教徒的时间方式中非常重要。[15]

由安息日界定的每周的节律在这个社会也很重要。在来美国之前，英国清教徒就非常严格地遵守安息日——这个习俗从一开始就在马萨诸塞遵行。清教徒按照旧约的规定，从周六太阳落山或更早的时刻开始计算安息日。约翰・温斯罗普的安息日是从周六下午三点就开始。历史学家温顿・索伯格（Winton Solberg）观察到，“新英格兰是基督教中唯一普遍实行这一习俗的地方”。[16]

很多活动在安息日都禁止了，包括工作、游戏和不必要的旅行。连很小的违反安息日规定的行为都会受到严峻的惩罚。埃塞克斯郡法庭曾因为一个男子在安息日运送一些物品而惩处了他，也曾惩罚过在安息日酿酒的妇女。埃比尼泽・泰勒（Ebenezer Taylor）在马萨诸塞的雅茅斯（Yarmouth）掉入四十英尺的深井，救援者在周六下午停止了挖井，就是为了辩论在安息日救他是否合法。新英格兰人也因为在主日拣草莓、玩铁环、卖鱼、抽水烟和行船等原因受到惩罚。1670 年，新伦敦的一对恋人约翰・路易斯（John Lewis）和莎拉・查普曼（Sarah Chapman）就因为“在主日一起坐在苹果树下”而受到审判。[17]

性交在主日也是禁止的。清教徒相信婴儿在一周中出生的日子正是他们被怀上的日子。有些不幸在安息日出生的孩子会被拒绝受洗，因为他们的父母被认为违背了不得在周日性交的规定。萨德伯里的牧师以色列·洛林（Israel Loring）一直拒绝给周日出生的孩子受洗，直到一个倒霉的安息日他的妻子生了一对双胞胎！[18]所以，清教徒在他们的时间文化中创造了一种很严厉的安息日节律。[19]

如果说新英格兰每日和每周都有很强的生活规律，其他一些基督教派中普遍的节律则很弱或者干脆没有。清教徒废除了年历上的一些基督教节日和圣徒日。在马萨诸塞，庆祝圣诞节要被处以高额罚款5先令。在英格兰，清教徒议会禁止了圣诞节、复活节、圣灵降临节，还有一些圣徒日和神圣日。

这些清教徒的原则对生活规律产生了影响。比如，新英格兰结婚的时间就和其他英属殖民地不同。马萨诸塞不再遵守盎格鲁地区不许复活节前的第七个星期三到复活节期间结婚和在圣诞节之前结婚的规定。新英格兰人排除了这些国教限制，保持了东盎格鲁的习俗。[20]

新英格兰人为了替代原有的礼拜日历，创造出本地区的年度节日，包括选举日、开学日、感恩节和训练日。选举日是一个春季的节日，在四月的一个周三举行，马萨诸塞的宪章规定湾区公司的成员在这一天要开会选举他们的官员。这个日子逐渐变成了清教徒的节日，这一天人们会讲道和举行宴会，大吃选举蛋糕、选举鹿肉等。[21]开学日通常是七月某个非周末的日子，这是一个学术典礼，到1680年则变成了“清教徒夏季的节日”，牧师和地方官员会聚集到剑桥镇共进晚餐，品尝葡萄酒和“开学蛋糕”。这种场合会聚拢大批小贩，乡间的居民也成群结队而来。[22]训练日从早春到夏末有好几次，军队会在这种日子集合训练。约翰·温斯罗普记录了1641年9月15日的训练日，当时在波士顿广场上集合了1200名新英格兰士兵。总督满意地写道：“没有醉汉，虽然城里有充足的葡萄酒和高度啤酒；

没有咒骂，没有争吵，也没有任何伤害发生。”[23]

第四个清教徒节日是感恩节，从1676年开始就成了每年一度，在11月或12月的一个周四举行。在早期，感恩节的日子由官方根据具体情况临时确定。湾区殖民地的第一个感恩节是在1630年或1631年的2月22日，当时供应船只及时到岸避免了饥饿的发生。[24]湾区殖民地的头五十年中，举行了大约22次特殊的感恩节。新英格兰逃过菲利普国王战争之后，感恩节开始固定在11月。最后确定的日子在周四，这曾经是波士顿和伊普斯威奇的教会讲道的日子。不时仍有特别感恩节，但到1670年代晚期这种活动变成了秋季的仪式，先有禁食，接着是家庭晚餐，然后又是禁食。节日主要的活动是讲道，提醒新英格兰人殖民地的基本宗旨。安息日的规则也适用于这些日子，洋基农夫如果在感恩节耕地会被起诉。[25]

感恩节逐渐演变成家庭节日，家庭成员会到齐，并且更新家庭誓约，这在他们的文化中是极端重要的。19世纪时，哈里特·比彻·斯托记载着，她家里的感恩节聚会在晚餐之后到达顶峰：

> 在所有都完成之后，祖父从桌子的那头站起来，他站在那里的时候就像一幅庄严的画，银色的卷发从他轮廓清晰、冷静的脸上垂下，按照清教徒的老传统，他会在众人面前回顾他与家庭成员相处过程中上帝的恩典。
>
> 这是一种家庭史，内容包含了家里发生过的各种事情。他谈到我父亲的去世，并向他致敬，结尾的时候以经典的内容来讲生活中的运用；又提出希望：当岁月流逝，我们要“数着自己的日子”，让我们的心更有智慧。[26]

17世纪新英格兰的这种时间观念非常特别，不仅因为他们强烈维护着本地区的节日，而且在其他文化中重要的节日在当地影响却很小。比如那里有一种很奇妙的现象，人口历史学家称为“怀孕周期”。17世纪时，整个西方世界大多数孩子是在春季怀上的。无论是人类还是动物都有一个发情期——这个季节性行为的强度很大，这是根据工作、营养和传统的年度周期来定义的。在17世纪的欧洲，4月巅峰月的怀孕数量要比夏季高一倍。这个怀孕周期在新英格兰的洗礼记录中也有体现，但它要弱于西方多数地方。新英格兰怀孕数量的月份分布要比欧洲或其他美国定居点更为平均。新英格兰的性行为对于17世纪的人口来说，季节化规律并不明显。[27]

总体而言，新英格兰的时间方式在很多方面体现了清教徒价值。季节性规律，比如怀孕周期，相对而言比较弱；白天和安息日的作息规律却很强。基督教一般的仪式性节日在新英格兰由纪念其自身宗旨的节日取代了。“善用时间”和“数算日子”的观念对他们对待时间的方式有重要影响。其中有些传统在其他地方也存在过，但它们作为一个整体却是新英格兰独有的。

注释

1 Sewall, *Diary*, ed. Thomas, I, 660 (1711).

2 *Mass. Bay Records*, I, 109, 112 (1 Oct. 1633, 4 March 1633/34).

3 同上，II, 920-21 (1719)。

4 Clegg, *Diary*, I, 68 (20 Oct. 1729).

5 同上， 1727。

6 Stowe, *Oldtown Folks*, 1424.

7 Cotton Mather, *Parentator* (Boston, 1724), 38.

8 *Papers of Benjamin Franklin*, III, 304.

9 同上 , I, 8, 9, 170, 195, 225; II, 296, 333, 334, 337; III, 7; IV, 187。

10 Ralph Thoresby， *Diary*, 1 Nov. 1680, ms. 21, Yorkshire Archaeological Society, Leeds.

11 Franklin, "An Economical Project," *Writings*, IX, 183-89.

12 Bailyn, "The Apologia of Robert Keayne," 577. 对这些问题的讨论见 Patricia Cline Cohen, *A Calculating People: The Spread of Numeracy in Early America* (Chicago, 1982)。

13 *OED*, s.v. "punctual."

14 Stowe, *Diary*, II, 660 (1712).

15 David H. Flaherty, *Privacy in Colonical New England* (Charlottesville, 1972), 62, 196.

16 Winton U. Solberg, *Redeem the Time: The Puritan Sabbath in Early America* (Cambridge, 1977), 111.

17 同上，162; Oberholzer, *Delinquent Saints*, 57-77; Ola Elizabeth Winslow, *Meetinghouse Hill, 1630-1783* (New York, 1952), 180; Alice Morse Earle, *The Sabbath in Puritan New England* (New York, 1891), 246。有两种相反的关于新英格兰的误传：一个是伪造的康涅狄格"蓝色法律"，它规定在安息日禁止男性剃发，也禁止妇女亲吻小孩。这些法律是由萨缪尔·彼得斯（Samuel Peters）发明的，他是盎格鲁的神职人员和传统派保守党，在大革命时期逃到新英格兰，写作了 *General History of Connecticut* (London, 1781)。旅行者的记述又添加了一些不实的情节。为了更正其中的错误，清教徒的支持者又制造了一些相反的传说。新英格兰的安息日法律非常严格，教会和政府的迫害有时是极端的。

18 Charles Francis Adams, "Some Phases of Sexual Morality and Church Discipline in Puritan New England," MAHSP, 2nd series 6 (1891), 495.

19 有关安息日的重要清教徒著作包括 Thomas Shepard, *These Sabbaticae: Or, The Doctrine of the Sabbath* (London, 1649); William Pynchon, *A Treatise on the Sabbath...Whereto Is Annexed a Treatise of Holy Time* (London, 1655)。

20 新英格兰结婚季节性的重要研究见戴维·克雷西（David Cressy）的著作。他整理出六个新英格兰城镇（包括戴德姆在内）的结果，见下面图表（1638—1699）。并行的表格如下：

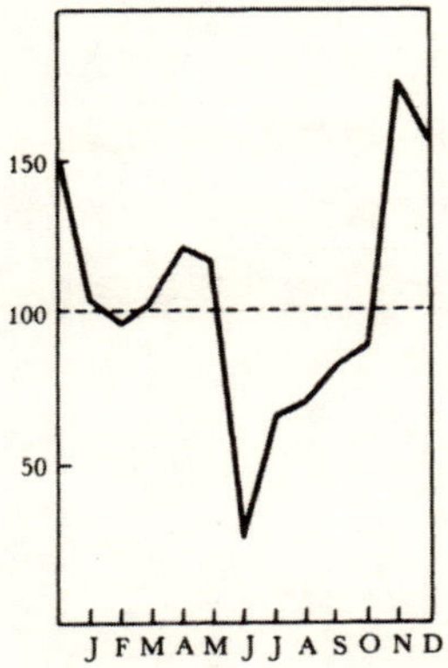

	婚姻指数（n=100）	
月份	六个城镇总体	戴德姆
一月	122	103
二月	82	97
三月	87	103
四月	94	121
五月	99	117
六月	72	25
七月	76	64
八月	73	69
九月	86	81
十月	94	88
十一月	158	177
十二月	158	155
总数	1200	1200
数量	2217	256

（婚姻指数建立在月平均数的基础上；意思是，年度婚姻总数是与1200相对应的，每个月的平均数是100。）克雷西的发现在这个表里得到再现，以方便比较其他地区。克雷西的研究中六个城镇的样本因为包括了普利茅斯和波士顿而冲淡了湾区定居点特有的规律。马萨诸塞的典型规律更清晰地体现在戴德姆的统计中。见 David Cressy, "The Seasonality of Marriage in Old and New England," *JIH* 16 (1985), 1-21; 对于新英格兰和东盎格鲁相似性的比较，见 Ann Kussmaul, "Time, Space, Hoofs and Grain: The Seasonality of Marriage in England," *JIH* 15 (1985), 755-759。

21 Winthrop, *Journal*, I, 63 (17 April 1631).

22 Morison, *Harvard College in the Seventeenth Century*, II, 465-71.

23 Winthrop, *Journal*, I, 299-300; II, 42.

24 Winthrop, *Journal*, I, 59.

25 W. DeLoss Love, Jr., *The Fast and Thanksgiving Days of New England* (Boston, 1895);

Earle, *Customs and Fashions in Old New England*, 214-33.

26 Stowe, *Oldtown Folks*, 1218.

27 这一发现首先是由肯尼斯·洛克里奇在一篇未发表的论文里报告的，这篇文章在 1969 年纽约州斯托尼布鲁克举行的社会史学术会议上展示出来。洛克里奇发现新英格兰怀孕的春季高峰要比法国、瑞典和加拿大同一时期低一半。结婚的节律则比较复杂。农村地区的城镇在 11 月达到高峰，和东盎格鲁相似；但波士顿则每个月都有所不同。

马萨诸塞的财富方式

清教徒的财富秩序

人们对财富的观念也是与时间、工作相联系的。马萨诸塞财富的分配不仅由经济过程决定，更主要是由奠基者的文化价值观和历史经验决定的。湾区殖民地的建设者对生产资源进行了深思熟虑的分配，以适应圣经共和国的社会秩序。社区领袖得到的土地份额更大；原先在英格兰财产较多，子女和仆人较多的家庭同样如此。社会等级得到保留，但并没有太大的贫富分化。城镇的土地所有者多属于中产阶层，而自耕农和地位较低的农夫不会太富，也不会太穷。他们在分配土地的时候倾向于增大本阶层的力量。17 世纪时，大多数马萨诸塞的城镇并不存在一小撮大地主精英。

湾区授地的通常面积可以在比尔里卡城（Billerica）看到例证，1651 年有 115 个男性被授予了土地。中位数是 60 英亩，平均为 96 英亩。多数城镇都是如此。比如在春田市（Springfield），最大的授地是 237 英亩，属于威廉·平琼（William Pynchon）；最小的有 6 英亩；中间的接近 60 英亩。这两个城市名声不同，比尔里卡相对平等，春田市则被一个大家族统治着。但两地的土地分配情况差别不大。没有家庭特别富有，也极少有人完全没有土地。租地的情况很少见，在有的地方完全不存在。[1]

康涅狄格州沃林福德市（Wallingford）在分配土地时，把人口分为了三个部分。每个“上等阶层”的人分得了400英亩；每个“中等阶层”的人分得近300英亩；下等阶层也得到了200英亩。其他城市根据不同原则分配土地。戴德姆分配土地的原则比较复杂，考虑了“阶层，品格，在共同体或教会的功劳和作用”。

这些原则在不同地方又有细节上的差别。大致上，一个地方的宗教原则越是极端，土地分配越是平等。例如在罗德岛州普罗维登斯的分离派定居点。它的创立者罗杰·威廉姆斯（Roger Williams）坚持，他只能得到“我自己的一份，其他人也按照这个数目来分”。按照罗杰的意旨，普罗维登斯第一次土地分配的基尼系数是零，或叫作完全平等。[2]

其他的城镇则是向相反的方向倾斜。这个地区最不平等、最物质主义的社区是纽黑文，那里居住着唯利是图的伦敦商人。从一开始，它的财富就严重集中在少数人手中。

财富分配的差异不仅源于创立者宗教信仰的不同，也和他们在英国的来源地有关。历史学家戴维·格雷森·艾伦（David Grayson Allen）发现约克郡罗利地区英国人的平均土地拥有量在美国罗利地区被完美复制。他也发现，马萨诸塞州的欣厄姆城复制了东盎格鲁欣厄姆城财富分配的模式。新英格兰的土地所有量要大些，但相对比例完全一样。[3]

英国不同地区（东部和北部）的模式并不相同。东盎格鲁的土地分配比北部和西部更平等。马萨诸塞的城镇比其他英格兰清教徒定居的地方更平等。马萨诸塞等级区分最清楚的两个农村社区是罗利和纽伯里，前者是由来自约克郡的一小群人建立的，后者有很多人来自英格兰西部乡村。湾区建设者一般是仿效东盎格鲁地区，只是有一些修正。[4]

新英格兰整体上的财富分配要比东盎格鲁平等得多。马萨诸塞非城镇的土地所有者，与 16 世纪英格兰东部的克朗（Crown）、诺福克的杜克等地的大庄园主，完全没有可比性。东盎格鲁庞大的无地阶层在 17 世纪和 18 世纪早期的新英格兰找不到对应的阶层。但新英格兰城镇的财富分配与东盎格鲁村落里的世袭土地所有和土地租赁的模式比较接近。[5]

文化因素并不是马萨诸塞财富分配唯一的决定因素。其他因素也有影响。新英格兰内陆农业镇比沿岸的商业地区更平等。所以，马萨诸塞纽敦（现在是剑桥）比波士顿更平等；沃特敦比纽敦更平等；萨德伯里比沃特敦更平等；马尔伯勒比萨德伯里更平等。所有这些城镇的地理位置是从波士顿一路向西。[6]

然而，这些物质差异只在一个很狭窄的范围内。目前研究涉及马萨诸塞州 25 个城镇 1630—1750 年的状况，包含了三个郡的范围。这一时期的多数地方，财富排行榜上前十名所拥有的财产只占所有征税财产的 20%—30%，占遗产的 30%—40%。这种分配的模式相比其他殖民地更为平等。除少数城市（比如萨勒姆、波士顿）之外，这种模式在新英格兰比较典型，而不同于英属北美的其他地方。[7]

这种模式有趣的地方在于它的原因。马萨诸塞财产的分配并不只是由生产的组织形式决定的，除非是在同义反复的情况下。它也不单是由市场关系决定的。它实际是由一套价值体系创造出来的，后者由马萨诸塞的创建者从清教徒理念和东盎格鲁的经验中汲取。

财富分配的另一个主要决定因素是继承制度。在这个问题上，湾区建设者在离开英格兰之前就已经有了坚定的主张。1642 年，约翰·温斯罗普起草了一份清教徒“强烈呼吁改革”的清单，愤怒声讨了英格兰的继承制度，尤其批判了长嗣继承制。“这完全是不平等的，一个儿子只要有了那种身份就能拥有一切，而其余人就要像乞丐那样一无所有，”他写道，“这往往造成了长子和其余子女之间的吵闹和争斗。”[8]

湾区定居者在圣经《申命记》中找到了更让他们满意的模式，其中规定父亲应该格外重视“长子，分给他双倍的份额”。[9]这条规则很受英国清教徒欢迎，因为他们觉得这是一条“中间道路”，和他们的想法很合拍。英国清教徒威廉·高奇（William Gouge）认为，“家庭和房屋以这种方式可以得到保留，代代相传”，同时对其他的子女也是公平的。[10]

在马萨诸塞，这个圣经原则与东盎格鲁传统中的某些做法结合起来。[11]英格兰东部的一些地区或一些人家一直遵循长子继承的规则。[12]其他人遵循着所谓英国自治原则，家庭的财产全部给了最年幼的孩子。还有很多人实行某种可分原则，这在东部郡比较普遍，有时候这种土地细分造成严重的社会问题。一些人在遗嘱中甚至把一栋屋子分开来分别给子女。比如在1585年，埃塞克斯郡科尔切斯特的玛格丽特·布朗（Margaret Browne）把一栋房子分成了五份：

> 儿子约翰得到进门的大厅和进出的入口处；儿子理查德和妻子琼得到会客厅上面的卧室，正是他们现在住的地方，让他们永远拥有；女儿安妮现在是圣奥赛斯（St. Osyth）的妻子，他们得到厨房，可以传给他们的子嗣；儿子奥利弗和他的子嗣可以永远拥有他现在住的会客厅；女儿凯瑟琳现在是科尔切斯特市罗伯特·西蒙（Robert Symon）的妻子，得到店铺和进门处的小储藏室，也可以传给他们的子嗣……我的花

园和后院要在以上说的五个子女中平均分配……[13]

马萨诸塞的创建者有选择性地继承了英国的先例。早期，他们完全抛弃了针对逝者的租地继承税、减免、引物占有、归还领土、许可证、罚款和没收等，这些曾是沉重的负担。他们也抛弃了长子继承制和限定继承。在未留遗嘱死亡的情况下，马萨诸塞的法庭首先会把财产在子女间平均分配，无论男女。男性通常得到土地，而女性得到动产或者个人物品。1648 年，马萨诸塞正式颁布了圣经中的规则，给予长子以双倍份额的遗产。法律中没有提到女儿，但在马萨诸塞的法庭中，两性子女得到的财产比英格兰更为公平。[14]

这些规则只适用于死亡时未留遗嘱的情况。但马萨诸塞的财产所有者多数会留下遗嘱，在儿子之间分配土地，个人物品则多数分给女儿。例如沃特敦的一个研究显示，在财产分配上没有两份遗嘱是完全一样的，但只要有两个或以上的孩子都会在遗嘱中进行分配。三分之一的遗嘱给长子分了双份的财产。有一半的遗嘱把房屋或家具给了最小的儿子，这种做法容易实行，因此在新英格兰很普遍。很多遗嘱在财产里要给遗孀一定的生活费，剩下的才给子女。这些分配的传统限制了新英格兰更多不平等的出现。[15]

马萨诸塞经济上的不平等相对较小，但在较小的社区里比较大。在这个财富分配体系的顶端是一些并不十分显贵的上层家庭。他们的房子位于城镇的中央，就像在东盎格鲁，小豪宅位于乡村农舍的中央。

例如在康涅狄格州温莎市，阿林家庭（Allyns）是领袖家庭。他们的两层木楼按照英国的标准来说并不显大，但在温莎市却是最大的房子。而且它被漆成鲜亮的红色，后来因为气候等原因才转为棕色，而那个时候大多数房子是不上漆的。阿林的房子是温莎社会的中心，也是法庭所在地，它的创立者斯夸尔·阿林（Squire Allyn）及其子孙曾在其中的大房间开庭审案。这栋房子显得那么大，有一个小孩第一次经过它，就兴奋地跑回家，告诉父母他见到了“天堂，天使居住的地方”。

虽然如此，与其他文化相比，新英格兰还是显得相当平等。1765年，英格兰贵族亚当·戈登大人（Lord Adam Gordon）在新英格兰做了长途旅行。他有些不屑地记录到，“平均原则在每个地方都很强烈，占主导地位。每个人都有财产，而且每个人都知道这一点”。在事实和成因上他都是对的。新英格兰的财富大致是按平均原则来划分的，这根植于它的文化。[16]

注释

1 在比尔里卡，每户授地的数额统计如下：

10英亩	6	50英亩	11	100英亩	7	220英亩	1
15英亩	6	60英亩	16	140英亩	2	250英亩	1
20英亩	11	70英亩	6	150英亩	5	300英亩	3
30英亩	3	80英亩	18	180英亩	1	400英亩	1
40英亩	5	90英亩	6	200英亩	4	450英亩	1

William Haller, Jr., *The Puritan Frontier; Town-Planting in New England Colonial Development 1630-1660* (New York, 1951), 68. 参见 Stephen Innes, *Labor in a New Land: Economy and Society in Seventeenth-Century Springfield* (Princeton, 1983), 14。

2 这是目标。但很快产生了一个争议，普罗维登斯第一次土地分配只是为了使用，还是也有“所有”的目的。这个争议导致了另一次较为不平等的分配。见

Bartlett, ed., *Records of Rhode Island Colony*, I, 23。

3 戴维·格雷森·艾伦在财产清单上找到以下规律：

财产拥有的等级	诺福克郡欣厄姆 1642—1688	马萨诸塞州欣厄姆 1654—1692
最上层的 10%	31.9%	31.0%
最上层的 25%	66.2%	57.8%
上层的 50%	89.3%	81.5%
剩余的 50%	10.7%	18.5%

这是指个人财产，英国的财产清单中不包括地产；见 Allen, *In English Ways*, 79。

4 纽黑文的物质主义也体现在聚会所座位的安排上，主要是根据财产，而不是年龄。在马萨诸塞湾区的很多城镇则把这个秩序倒过来。

5 众多关于 17 世纪马萨诸塞财富分配的研究结果是相似的。那里的基尼系数（对财富集中的标准尺度，最低为 0.00，表示完全平等，最高为 0.99，表示极不平等，最上层的人拥有所有财产）基本位于中位，小的农业社区有 0.4，沿岸港口城镇有 0.6。最平等的模式出现在安多佛的财富分配清单（0.38）；最不平等的是波士顿和近郊的泥河地区（现在是布鲁克林）的税务评估单（0.64）。

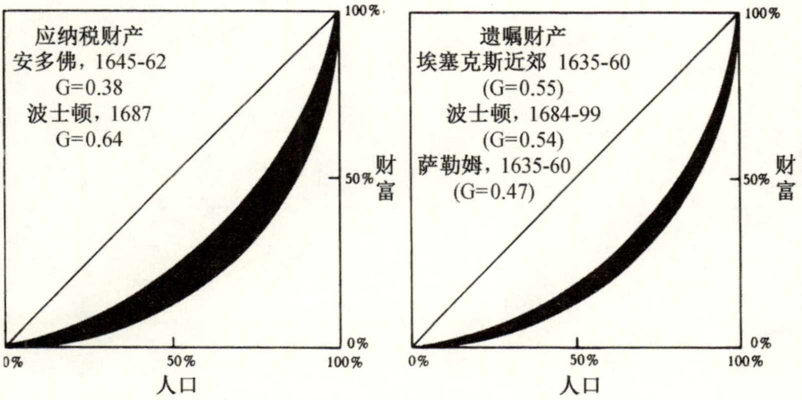

来源：G. B. Warden, “Inequality and Instability in Boston: A Reappraisal,” *JIH* 6 (1976), 505-620; Greven, *Four Generations*, 46; Donald W. Koch, “Income Distribution and Political Structure in Seventeenth Century Salem,” *EIHC* 105 (1969), 50-69; Gary Nash,

"Urban Wealth and Poverty," *JIH* 61 (1976), 549。

6 William Gately, "Wealth Distribution in Berkhamsted, Weyhill, Sudbury, and Marlboro" (unpublished paper, Brandeis, 1971).

7 新英格兰的财富分配通过不同方法进行了测量。这些方法比较相同的统计因子是前十名的财产比例。以下表格是对可征税财产和财产清单的统计：

地方	日期	前十名拥有的财产比例		清单类型
		Inc. Polls	Exc. Polls	
波士顿	1681	42.3		T
	1687		46.9	P
	1650—1664		60.0	I
	1665—1674		64.0	I
	1685—1694		46.0	I
	1684—1699		41.2	I
	1705—1714		56.0	I
	1700—1715		54.5	I
	1715—1719		54.5	I
博克斯福德 (Boxford)	1687	25.8	25.7	P, t
	1745	23.9		T
	1746		28.8	P
安多佛	1720	21.7		t
	1745	22.6		T
阿默斯特	1759		24.6	P
	1771	24.6		T
比尔里卡	1733	22.4		M
	1755	25.0		M
布鲁克林	1674	36.0		T
	1687	38.0		T
	1688	36.0		T
	1746	30.0		T
	1753	32.0		T
剑桥	1688	23.9	27.3	T, p

续表

地方	日期	前十名拥有的财产比例		清单类型
		Inc. Polls	Exc. Polls	
康科德	1717	29.0		L
	1770	30.0		L
戴德姆	1710	23.5	27.4	T, p
	1735		29.1	P
埃塞克斯郡	1635—1660		36.0	I
	1661—1681		49.0	I
汉普郡	1665—1664		30.0	I
	1685—1694		37.0	I
	1695—1704		35.0	I
	1705—1714		38.0	I
哈德利	1720	28.1		C
	1731	34.4	37.7	c.c
欣厄姆	1647	22		T
	1680	29		T
	1711	26		T
莱斯特 (Leicester)	1732	21.3	27.4	M
	1743	22.2	33.7	T, p
曼彻斯特	1696		28.1	M
	1717		30.6	P
梅德菲尔德 (Medfield)	1697	19.0		C
纽伯里	1642		56.4	D
	1642—1701	33.8		I
托普斯菲尔德 (Topsfield)	1687	26.2	30.4	T,p
	1725	24.3		T
诺顿 (Norton)	1711	25.8	33.3	T,p
罗利	1642	44.5		L
春田市	1685	34.5		T
萨德伯里	1722		25.6	P

续表

地方	日期	前十名拥有的财产比例		清单类型
		Inc. Polls	Exc. Polls	
萨福克（农村）	1650—1664	37.0		I
	1665—1674	37.0		I
	1685—1694	34.0		I
	1695—1704	36.0		I
	1705—1714	33.0		I
	1715—1719	31.0		I
	1750—1754	31.0		I
萨勒姆	1683	31.2		T
	1764	38.3	52.2	T, p
沃尔瑟姆 (Waltham)	1740	24.3	29.6	T, p
沃顿	1642	31.0		L
	1642—1700	26.5		I

注：t：所有可征税财产，包括选票（polls）；p：所有可征税财产，不包括选票；m：用于支付牧师或建设聚会所的费率；c：公共财产划分清单；r：地产价值或税收；l：在城里拥有的土地英亩；i：遗嘱财产清单。资料来源有 Edward M. Cook, Jr., *The Fathers of the Towns: Leadership and Community Structure in Eighteenth-Century New England* (Baltimore, 1976); 未发表的数据统计在 Brandeis Concord, Brookline and Waltham 项目中；Smith, "Hingham"; Allen, *In English Ways*。

8 *Winthrop Papers*, I, 306.

9 《申命记》21:16；他们对《创世记》48:22 的翻译也是如此，里面说的是以色列对约瑟夫（他原配妻子的长子）说：" 我都赐给你，使你比众弟兄多得一份。"

10 William Gouge, *Of Domesticall Duties* (London, 1622), 575-79; 也征引在 Joan Thirsk, "The European Debate on Customs of Inheritance, 1500-1700," in Jack Goody, Joan Thirsk and E. P. Thompson, eds., *Family and Inheritance* (Cambridge, 1976), 189。

11 很多传统做法由郡政府记录下来。据我所知，还没有学者对此进行系统研究。

12 F. G. Emmison, *Elizabethan Life: Home, Work and Land; From Essex Wills and*

Sessions and Manorial Records (Chelmsford, 1976), 107.

13 同上。

14 同上，275。

15 沃特敦的一些个例或许能说明这种规则和变化：一个叫迪肯·亨利·布莱特（Deacon Henry Bright）的鳏夫死于1686年，他把房子和200英亩土地遗赠给了长子；其他的子女每人得到了40到50英亩土地，同时平均分配了钱物。亚伯拉罕·布朗（Abraham Browne）把所有东西都托付给他的妻子，后来他的土地平均分配给了儿子，牲畜则分给了女儿。但遗嘱无法得到法庭的认可，法庭因此实行了长子得双份的原则。约翰·柯立芝（John Coolidge）也把所有东西都托付给妻子，之后在五个儿子中进行均分，房子给了最年幼的儿子，双倍的钱给了长子。沃特敦的约翰·惠特尼死于1673年，把房子和妻子都托付给了最小的儿子，家具给了长子，双份的土地给了二儿子，一份地给了另外一个孩子。约翰·沃伦（John Warren）把房子给了二儿子丹尼尔，土地则均分给了五个儿子。罗杰·惠灵顿（Roger Wellington）把土地均分给三个儿子，家具给了最小的儿子。这些例子来自：Jonathan C. Sorken, "Watertown Inheritance Patterns in the Seventeenth Century" (paper, Brandeis, 26 Nov. 1986)，也见 Thomas R. Cole, "Family, Settlement and Migration in Southeastern Massachusetts, 1650-1805: The Case for Regional Analysis," *NEHGR* 132 (1978), 171-85。

16 Lord Adam Gordon, "Journal of an Officer…in 1764 and 1765," in Newton D. Mereness, ed., *Travels in the American Colonies* (1916, rpt., New York, 1961), 404-5.

马萨诸塞的等级方式

一种缩短的次序

在“阿贝拉号”船上，约翰·温斯罗普向同船人非正式地谈到过社会等级。“万能的上帝，”温斯罗普说，“以他最神圣和智慧的远见揭示了，在任何时候，人总有穷富之分；有的人享有更多的权力、更高的声誉，而有的人则平平，或处于从属的位置。”[1]

马萨诸塞湾区的定居者从一开始就刻意让某些人“位高权重”，而另一些人则“平平或从属”。这种差别起源于东盎格鲁的等级惯例，并经过了湾区建设者的改造。英格兰东部的等级体系和17世纪整个欧洲的次序差不多，高下之分非常分明。最上层是王权、贵族和其他上层阶级，他们拥有大部分农田，还有一些城市的土地。例如1630年的诺福克，这里的土地被分成1500个庄园。其中大部分由几十个地主拥有。[2] 1640年，埃塞克斯大约1100个庄园中有780个为私人拥有。其中的64个为沃里克伯爵拥有。有10户家庭拥有222个庄园，在当地的经济中占统治地位。一些商业集市整体为某个家族拥有。例如，萨夫伦·沃尔登（Saffron Walden）社区就被萨福克伯爵拥有。[3] 肯特郡的情况稍有不同。17世纪早期，英格兰教会是最大的土地所有者。但紧随其后的是塔内（Thanet）伯爵，庞大的地产使他富可敌国。排在他之后的是二三十个家族，他们拥有肯特郡乡间的大部分土地。[4]

这种社会等级的底部是一贫如洗的大众，主要包括小片租地的农民和无地劳工。成人男性拥有的土地大多不到 5 英亩。大多数人没有土地。在 16 世纪晚期到 17 世纪早期，穷人增长的速度超过了整体人口。1568 年的一个农村（埃塞克斯郡的海登［Haydon］），超过半数的家庭只有不到 4 英亩的土地。到 1625 年，这个比例上升到三分之二。相似的趋势也存在于东盎格鲁的乡村地区。一方面，国王、贵族和其他上层阶级愈加富有；另一方面，无地佃农的境况日益恶化，陷入更深的贫穷。[5]

境况如此糟糕的农村无产阶级还不属于东盎格鲁社会的最底层。最底部是大量的无业游民，他们在城市和乡村泛滥成灾。例如，1623 年 12 月 1 日，英国城市布雷茵特里（Braintree）的民选政府设置了一个官职叫讨饭领队，他的职责是“在晚餐的时候把讨饭的人召集到门前”。[6] 长期失业是这个地区的主要问题。1630 年，因为找工作的人太多，城镇政府为了提供工作机会，特意安排了一些工作。妇女被安排去纺纱，男子则去捡石头。多数城镇会照顾自己的居民；记录显示，年长居民的待遇还比较体面，能得到尊重和同情。[7] 东盎格鲁的多数城镇会从纽卡斯尔（Newcastle）购买大量煤炭，从本地农庄买黄油，从面包房买面包，以照料城里的穷人，使他们免于饥饿和寒冷。[8]

但无业游民经常遭到粗暴的对待。怀孕的妇女会被驱逐，以避免她们刚出生的孩子变成城市的负担。在英国城市布雷茵特里，市政府的记录显示，“据报告说，一个腹部肿胀的乡下女子在约翰·贝克威思（John Beckwith）的房前逗留，警察已经得到命令前去查看，会按规定赶走”。[9]在埃塞克斯郡，一些游民会被关进拘留所，那是位于科尔切斯特城堡的黑暗地牢。其他人会被送进管教所和救济院。幸运的人会被送到“医院”——专为穷人开设的医院。1630年“阿贝拉号”启程前往美国的时候，这些地方已经人满为患，以至于在埃塞克斯，一旦有人被送进来，就必须有人送出去。[10]

在东盎格鲁的上下层之间，是中间阶层，也正是马萨诸塞创立者的来源。这个宽泛的中间阶层包括了低等贵族、自耕农、富裕的农场主、手工匠人和商人，这些成分在东部郡的数量比英格兰其他地方都要多。自由的土地所有者在英格兰大多数地方都只是很小的群体，但在肯特郡有几千人，在埃塞克斯和萨福克也有很多。[11]他们对拥有的土地有处置权。但他们需要支付免役税和领主费，这对他们而言是一个负担。这些中等家庭的收入还要用于支付国王的收入、教会的十一税和本地穷人的费用。所以，他们不得不去支撑处于他们之上和之下的人。双重负担让他们难以喘息，迫使很多人远走新英格兰。

英格兰的社会压迫让马萨诸塞的创建者决心修正社会中的等级次序。经过周密计划，他们谨慎地取消了东盎格鲁社会中的上下阶层，保留了中间阶层。这个社会变革并不是历史学家所谓“神秘的亚特兰大巨变”，也不是移民的必然结果，更不是对物质环境的回应。这一变革是出自宗教理念和奠基者社会目的的自觉行为。

关键性的决定是在1636年作出的，当时有一群清教徒贵族要移民到马萨诸塞去，希望他们的世袭权力在新英格兰能得到保护。他们写信要求，“这个共同体应当由两种等级的人组成，一个等级的人包括国家的贵族和他们的子嗣，另一个等级包括自由土地所有者和他们的子嗣”。这些清教徒还要求，荣誉、权力和权威都应当世袭。

这封信在马萨诸塞引起了恐慌。湾区定居点的地方官和牧师对这个问题经过反复讨论，委托波士顿第一个教会的牧师约翰·科顿起草了一个回复。回信的口吻很和气，充满敬意。但它的实质是否定的。对于“第一个要求”，马萨诸塞的领袖愿意认可“荣誉的世袭”，但“权力的世袭”被否决了。湾区建设者宣布：

> 我们认可两种明显的等级，依据其自身的性质和经文。其中一个叫王族，或贵族，或元老（绅士阶层能在其中找到位置）……荣誉的世袭，从性质和经文两方面都是认可的（Eccles xix.17），但权威和权力的世袭仅存在于某些共和国的法律中，而且在这些规定中，并没有明确父辈的权威可以像荣誉那样由后辈子孙继承。
>
> 如果上帝保佑贵族或富裕家庭的子嗣，让他们拥有进行统治的精神和才能；那么不让这种才能有用武之地将是辱没上帝之名，而在公共选举中遗漏这些有才能的人也是对官职荣誉的损害。
>
> 但如果上帝并没有赋予他们的子孙以管理的才能，上帝也没有属意让他们来掌握公共权力，而我们却让他们来做官，那我们就会让他们备受指责、偏见，不堪重负，而不是给他们以荣耀。[12]

这些清教徒最后决定留在英格兰。

这在美国历史上是很重要的事件。马萨诸塞并没有步其他欧洲殖民地的后尘，其奠基人有意地从他们的等级次序中排除了一个贵族阶层。

与此同时，马萨诸塞的领导阶层步步为营地阻挡了英国社会的底层移民。他们禁止罪犯（其中很多人因为贫穷而犯罪，受到惩罚）进入，并且对穷人移民抬高了门槛。马萨诸塞颁布了一系列有关贫穷的法律，制定了定居和警告的规则，甚至比英格兰还要严格。

新英格兰仍有贫穷的现象，但它的含义和其他文化有所区别。1726年，波士顿的一个居民把贫穷定义为“那些劳力者，也就是需要通过每天的劳作来喂养其他人的人”。[13] 在这种意义上，新英格兰的穷人很少——在人口中所占比例要比英格兰或英属北美的其他地方小很多。社会对贫穷的态度比较复杂。多数城镇很认真地看顾他们的穷人，他们的法律也要求这样做。城镇穷人得到的供应超过他们的最低需求。在萨勒姆，有一个人被命令“戴上足枷，因为他对不幸的穷人态度不好”。[14]

虽然马萨诸塞的创建者试图取消社会等级的两级化，但他们还是不够平等。多数马萨诸塞的城镇特意把阶层和财富的差距控制在某个范围内。不同地方的做法有所差别。但多数地方刻意维系社会等级的体系，与此前东盎格鲁小村庄里的情形相似。王族、贵族、其他上等阶层、无地的劳工和无业游民都不属于这些小社区。社区实际的成员属于三种阶层——低等贵族、自耕农和佃农。这些人在一起工作、生活和礼拜，其方式受到古老阶层传统的制约，在东盎格鲁社区的历史上代代相袭。

英国上层社会与自耕农、劳工之间的社会差异在马萨诸塞被复制了，并且长期维持。约翰·亚当斯写道：“可能有人说过，在美国，我们没有等级的差别……但是，我们难道没有劳工、自耕农、绅士、骑士、荣誉绅士和卓越绅士吗？”[15] 他提到“荣誉绅士”和“卓越绅士”，是指那些用“尊敬的”（Your Honor）和“阁下”（Your

Excellency）来称谓的人。这些头衔在马萨诸塞被沿用。湾区殖民地的尊称和英格兰一样，比如“先生”和“女士”等。自耕农夫妇被称为“户主”（Goodman）和“女主人”（Goodwife）或“主妇”（Goody）。只有无地劳工没有头衔。马萨诸塞的法律程序与英格兰类似，要求每一个原告和被告必须按照社会等级来称呼，比如“绅士”，“自耕农”，或“劳工”，否则案子会被法庭打回，文件要重做。哈佛大学的老师按照学生的家庭给学生排等级。新英格兰会议室的座位委员会也是以社会等级作为排座的标准之一。

等级体系是多元的。多数新英格兰城里的座位委员会按照三个标准来排定座位：年纪，财产，第三个标准则被称为“声誉”“地位”或“作用”。在这些决定因素中，年纪影响力是最大的。像纽黑文这样的海港城镇更重视财富的因素。但对于多数新英格兰社区来说，只要他们的座位单是准确的，都体现出年纪比财富更重要。实际上，在新英格兰的清教徒中，年纪、声誉和财产三个因素是紧密相关的。它们共同定义了一个延续很多代的等级体系。[16]

简单地说，东盎格鲁的等级体系复制到马萨诸塞时，产生了两个重要差别。第一，顶层和底层取消了，不平等被限定在较窄的范围内。第二，物质差别的重要性被年纪和道德标准限制了，清教徒对后者比较尊崇。

在这个社会中，社会礼仪有严格的规定。等级较低的人需要向地位高的人弯腰和屈膝，即使只是在街上路过。19 世纪早期的旅行者在新英格兰惊异地看到，孩子们在大街旁向骑车经过的地位高的人弯腰致敬。17 世纪的多数社会都有礼仪规则，但新英格兰的礼仪又不同于英属北美的其他地方。主仆之间的界限并不是很分明。仆人甚至奴隶总是被要求“提供帮助”，这个词是 17 世纪从英格兰带来的。莎拉·奈特夫人在新英格兰旅行时写道，新英格兰人对仆人和奴隶太放纵，“他们的关系太亲密，让他们坐在桌子旁和主人一起吃饭”。与20世纪相比，新英格兰确实是一个礼仪之邦，只不过有其特殊性。[17]

注释

1 John Winthrop, “A Modell of Christian Charity, Written on Boarde the Arrabella on the Attlantick Ocean,” *Winthrop Papers*, II, 282; 有关日常布道的结构，见 Perry Miller and Thomas H. Johnson, *The Puritans* (2 vols., New York, 1963), II, 294。

2 T. H. Swales, “The Redistribution of the Monastic Lands in Norfolk at the Dissolution,” *NA* 34 (1966-69), 14-44; Francis Blomefield, *An Essay Ttowards a Topographical History of Norfolk* (11 vols., 1805).

3 William Hunt, *The Puritan Moment: The Coming of Revolution in an English county* (Cambridge, 1983), 15.

4 Chalkin, *Seventeenth Century Kent*, 50; Everitt, *The Community of Kent in the Great Rebellion*, 35.

5 有关埃塞克斯郡，费利克斯·赫尔（Felix Hull）写道，“以下的几点凸显出来。第一是大部分农业无产阶级拥有的土地少于5英亩；第二，统计的结果比较一致”。赫尔估计，在埃塞克斯郡，拥有5英亩或更少土地的人占庄园佃户的40%。东部各郡情况都相似。在诺福克和萨福克，托尼（R. H. Tawney）计算的结果是54%，根据官册享有土地的人拥有量不超过10英亩。见 Felix Hull, “Agriculture and Rural Society in Essex, 1560-1640” (thesis, Univ. of London, 1950), I, 75, 477; R. H. Tawney, *The Agrarian Problem in the Sixteenth Century* (London, 1912), 63。

6 Braintree Town Records, 1 Dec. 1623; F. G. Emmison, ed., *Early Essex Town Meetings: Braintree, 1619-1636; Finchingfield, 1626-1634* (London, 1970), 23.

7 “克卢斯老人应该收到一定量的救援物资，作为年长的待遇……监管者应当在保罗老人生病的时候向他提供救援。”（*Braintree Records*, 2 Aug. 1630）那种认为老人只在有一定财产的时候才能得到尊重的物质主义主张，显然是错误的。

8 Emmison, *Early Essex Town Meetings*, xi.

9 同上。

10 “罗伯特·埃利奥特年长而贫穷，应当被送进鲍德温所在的救济院，但他转了出来。”*Braintree Records*, 12 July 1619, ESSRO.

11 Chalkin, *Seventeenth Century Kent*, 46.

12 “Certain Proposals Made by Lord Say, Lord Brooke, and Other Persons of Quality, as Conditions of Their Removing to New-England, with the Answers Thereto,” in Thomas Hutchinson, *The History of the Province and Colony of Massachusetts Bay*, (ed. Lawrence S. Mayo)(3 vols., Cambridge, Mass., 1936), I, 410-17.

13 “Letters of John Andrew,” *MAHSP*, ser. I, 8 (1864-65), 344; Jackson T. Main, *The Social Structure of Revolutionary America* (Princeton, 1965), 230.

14 参见 Richard Gildrie, “Salem, 1626-1668: History of a Covenanted Community” (thesis, Univ. of Va., 1971), 203。

15 C. F. Adams, ed., *Works of John Adams*, IV, 393; Main, *The Social Structure of Revolutionary America*, 233.

16 Fischer, *Growing Old in America*, chap. 1.

17 Knight, “Journal,” in Mereness, ed., *Travels in the American Colonies*, 30.

马萨诸塞的群居

迁徙、定居和社群的模式

1656 年，马萨诸塞的地方法官审判了一起下层妇女的私通案，这位妇女名叫崔耶尔·波雷（Tryal Pore）。她认罪时向法庭陈述："我的罪不仅证实了上帝对我的审判，也让我居住的地方蒙羞。"[1]

崔耶尔·波雷来自湾区的下等阶层。她的名字预言了父母在她出生前就能想象到的麻烦。虽然她的生活充满不幸，但她仍然认同清教徒的宗旨，对她所居住的地方有强烈的责任感。这种归属感是马萨诸塞人群居的基础，这在很多方面都与英格兰东部社会相似。

现代研究在东盎格鲁找到三种定居方式——群落、小村子和分散的农场。代表性的研究认为，"没有任何一种定居方式占有主导地位"；但群落和小村子比较常见，而分散的农场相对较少。人们居住的房屋并不是散落在乡间，而多数聚集在靠近大路的村落里。

类似的定居方式很早就出现在马萨诸塞，并持续了三个世纪——新英格兰社会熟悉的大型中心村落、散布的小村子和沿着乡间道路分布的独立农舍。总有一些人坚持独居，普通法庭对此有些无奈，"他们在自己的农场里安家，远离城镇"。但他们的数目在马萨诸塞比较少。城镇和村庄成为聚居的普通方式，这和英格兰东部相似。[2]

湾区的创建者鼓励采用集中的城镇模式。1635 年的一部法律规定："在新的定居点，任何住房不得离聚会所超过半英里的距离……离法庭也不能太远，除了磨粉厂和农用屋，城镇的住房都应如此。"[3]

很多其他殖民地也颁布了类似的法律，但无法施行。马萨诸塞的政策能够施行，是因为其创建者就来自英格兰人口最稠密的地区，移民前，他们中有三分之二的人在城镇或村落里生活过。他们从东盎格鲁带来的定居方式复制在了新英格兰。

在复制过程中，不可避免地有一些变化。新英格兰的城镇变成更正式的组织，概念上比较确定，有法律的认可，因此在新英格兰的乡间不断延伸。其主要的做法并不是对英国形式的原样复制，而是对新环境的创造性适应。

定居后几年形成的新英格兰城镇特征延续了三个世纪，这里有聚会所和学校，分足械和颈手枷①，兽栏和训练场，城市广场和圈禁的土地，市中心和农舍社区等。到 1650 年，马萨诸塞最早的 40 个城镇已经具备这些特点，虽然彼此之间有一些个体差异，而至今保留的新英格兰城镇多数在 1600 年也已有这些特征。[4]

这些定居模式很大程度上来源于东盎格鲁的民俗。从萨勒姆的历史就可以看出这一线索，这座小城里定居的有两拨人，一拨是在 1628 年之前从西部乡村来定居的传统农民，一拨是在 1630 年大移民期间来的东盎格鲁人。他们带来了两种完全不同的社区概念。历史学家理查德·基尔德利（Richard Gildrie）写道：

> 西部和东盎格鲁关于社区的理念有很多实质差异。居住在萨勒姆的西部人来自农场相当分散的地区……东盎格鲁则

---

① 均为中世纪流行的刑罚工具。——译注

> 比较喜欢聚居的村庄……直到1636年，西部人还因为在原野开荒有困难而困居在半岛上，但一旦有可能，他们就从城里分散出去，按照习惯的方式建立农场和小村落。东盎格鲁人则倾向于群居在最开始建立的村庄里……[5]

这些社区牢牢地吸引着它们的居民。一个具体表现是内部迁徙的比例，在1780年之前新英格兰的迁徙比例都是很低的。比如戴德姆在整个1690年代迁出的纳税居民只有9%。而1670年代则更低。欣厄姆和康科德的情况非常近似。[6]

这些研究不是针对整个人群，而是指成年男性。青年人迁移的可能性较大，这部分是因为他们把孩子送出去教育的传统。[7]妇女的迁移可能性比男性大，因为婚后通常她们会搬到男方的家。[8]不同的地方有不同情况，但新英格兰整体上定居率很高——一些古老乡间城镇的定居率在西方世界的成人人口中是最高的。这种规律从17世纪中期一直保持到18世纪晚期。[9]

这些迁徙和定居的模式影响新英格兰人创造出特殊的社交模式。最关键的因素是成人人口的相对稳定和该地区城市的密度。一种表达特别归属感的语言从英格兰东部传到了马萨诸塞。尤其是“城里人”和“城里生”这样的字眼，这在17世纪的东盎格鲁相当普遍，后来也成为新英格兰的社会语言。例如，在波士顿大屠杀①的夜里，城市上空响彻这样的呼叫：“城里生的，快出来。”

这种归属感很强，所以当危险逼近马萨诸塞时，人们本能上会依靠城里的同伴。比如在马萨诸塞的一场小型地震中，“在地里工

---

① 美国独立战争起因的系列事件之一。——译注

作的人们抛下手中的工具，神色慌张地跑到临近的地方聚集”。[10]

同样的情感也导致了对外来者很强的抗拒感。17 世纪时，城镇之间往往剑拔弩张，有时候会导致暴力事件发生。康涅狄格州的斯坦福德镇（Stamford）和格林威治镇曾因为地域界限发生过冲突。新伦敦和附近的城镇因为一块草地发生了争执，双方的农民用尖利的镰刀互相攻击，演变成一场血战。温莎和恩菲尔德（Enfield）之间的土地争议引发了针锋相对的大战，据说有 100 个男性“猛烈地参与到你死我活的斗争中”。新英格兰的城镇居民很有血气。人们往往坚持自己家族的个性，并将之世代相传。[11]

新英格兰城镇社群的特点和精神与其他地区很不同。一个英国的旅行者对新英格兰的观察是，“这里的人很严厉、很正式”。很多其他的参观者也有类似评述。[12]

新英格兰的城镇一向团结对外，但其内部并不是单一结构。马萨诸塞最重要的社群不是城市，而是邻里——几家相邻的住家，因为长期聚居而彼此熟悉。从 17 世纪早期开始，新英格兰农村的邻里多数会在城镇地图中标出。城区的邻里在社区里呈现为不同的中心地段。相对独立的农舍也会松散地集中在大路两旁，只是彼此之间距离较远。

早在 1633 年马萨诸塞就确认了邻里的法律地位。当年的一部法律规定：“不允许任何人给自己的猪喂玉米，这种肉不适合任何人吃，这需要两到三个邻居的亲眼证实。”[13] 这是在英格兰东部长期的做法，即日常的问题按照“邻里原则”来处理，或者叫“邻里传统”。[14]

“做邻居”（Neighboring）在马萨诸塞是一个动词，描述了高度复杂的社会行为。

新英格兰邻里关系的精神由大移民后代本杰明·富兰克林用格

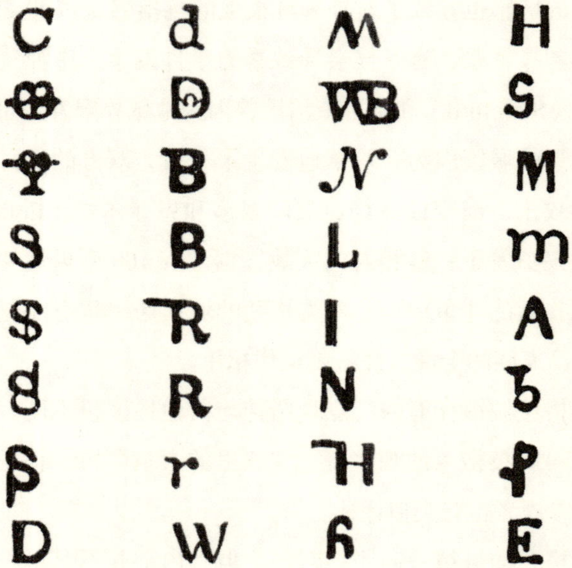

“市印”是马萨诸塞清教徒表达财产归属关系的印记，用来给牲畜打印。在南方殖民地，每个农场主都有自己的印记，但在清教徒居住的马萨诸塞，牲畜同时还有市印。马萨诸塞的普通法庭正式认可了马的市印，“近四分之一的马可以用这印”。这些印记分别是

左数第一行：Charlestown, Cambridge, Concord, Salem, Salisbury, Sudbury, Strawberry Bank (Portsmouth), Dochester;

第二行：Dedham, Dover, Boston, Braintree, Roxbury, Rowley, Reading, Watertown;

第三行：Weymouth, Woburn, Northampton, Lynn, Ipswich, Newbury, Hingham, Hampton;

第四行：Haverhill, Gloucester, Medford, Manchester, Andover, Hull, Springfield, Exeter. (Mass. Records, II[1647], 225)。

言予以总结。“爱你的邻人，”可怜的理查德说，“但不要拆掉你们的院墙。”这个北方格言并不是新英格兰发明的。在一个世纪前的英格兰，乔治·赫伯特（George Herbert）写过：“爱你的邻人，但不要拆毁你的树篱。”马萨诸塞虽然用花岗岩围墙取代了英格兰绿色的树篱，社会“树篱”的传统还保留着。这是新旧世界的另一种承继性。[15]

有人可能会说，这种早期新英格兰的群居方式有某种现代性，但这套系统和我们这个时代的社群系统还是差距很远。尤其是在社会声誉方面，这对于清教徒及其同时代人都非常重要。那个世界的社会黏合剂是一种归属感，和对“羞辱”的强烈恐惧，后者是指在失去声誉后的感受。惩罚的重要目的就是羞辱感。私通的男女有时被迫在会众面前站在白色床单上，忏悔自己的罪。醉汉必须穿一个大写的 D，“用红色的布制成，放在白色背景上，而且要持续一年”。[16] 严重的违规会被逐出教会，教会的所有人都“不得和他一起吃饭”，生活变成在隔绝与羞辱里的挣扎。[17]

羞辱的反面是荣誉。清教徒对荣誉非常看重——但这种看重与历史学家伯特伦·怀亚特－布朗（Bertram Wyatt-Brown）所说的弗吉尼亚保王党的“原初荣誉”不同。约翰·温斯罗普经常写关于荣誉的文章，他所说的荣誉是基督徒的神圣化。1643 年，温斯罗普教导他的儿子说：“……要把一切归在十字架上的基督之下，这是基督徒最大的荣誉。”科顿·马瑟高度赞誉新英格兰创建者，他所说的荣誉是指成为“一个好学、谦卑、耐心、矜持和克制的人，爱神与爱人的人”。[18] 对荣誉和羞辱的执着并不是新英格兰独有的，但清教徒对它们赋予了特殊的意义。

注释

1 Morgan, *Puritan Family*, 10.

2 同上 , I, 190。

3 *Mass. Bay Records*, I, 157; 3 Sept. 1635.

4 17 世纪马萨诸塞城镇之间的差别可能有些被夸大了，这当中涉及了立约和非立约城市，种子城和卫星城，核心城和大众城，等等。这些差异实际只在一个很狭窄的范围内，尤其是和西方世界其他类型的社区相比的时候。相似之处主要在于共同的目的和共同的经验，法律也是相似的，因为它们都严格管理不同的机构——政治、宗教、教育、家庭和经济。

5 数据见 Gildrie, "Salem, 1626-1668," 60。应当注意，定居方式和土地体系这两个问题既有不同，又彼此联系，这当中的习俗也比较混杂。比如，公共土地制度在第一代中被迅速地引入，又迅速地被多数地方抛弃。在萨勒姆，东盎格鲁人支持这种制度，而西部人则反对。在沃特敦和萨德伯里，情况又相反——这又一次表明生产方式不如文化亲缘性重要。

6 在八个新英格兰城镇的研究中发现了以下定居的比例：

城市	时期	比例	比例 I	比例 II
马萨诸塞罗利	1643—1653	59%	71%	
马萨诸塞戴德姆	1648—1660	51%		63%
	1660—1670	78%		88%
	1670—1680	76%		93%
	1680—1690	73%		91%
	1690—1700	83%		96%
马萨诸塞布鲁克林	1674—1687	42%	49%	
	1688—1693	66%	69%	
	1746—1753	63%	69%	
	1753—1770	43%	62%	
	1771—1783	42%	58%	
	1784—1791		71%	

续表

城市	时期	比例	比例 I	比例 II
马萨诸塞欣厄姆	1670—1680	73%	88%	
	1754—1765	69%	76%	
	1790—1800	62%		82%
康涅狄格温莎	1676—1686	57%	71%	
	1686—1702	57%	79%	
马萨诸塞韦纳姆	1731—1741	68%	76%	83%
	1741—1751	58%	67%	73%
	1751—1761	53%	70%	74%
	1761—1770	59%	70%	76%
马萨诸塞比佛利	1741—1751	50%	66%	
	1751—1761	58%	67%	
	1761—1771	60%	67%	
马萨诸塞康科德	1746—1757	69%		84%
	1757—1770	71%		86%

原始定居率统计的是在两份以上的人口统计列表上同时出现的比例，不考虑死亡的因素。第一次提炼后的定居比例（比例 I）从第一个统计中删除已经死亡的人，并假设其他没有定居的已经搬走。第二次提炼后的定居比例（比例 II）假设，那些没有证据表明已经死亡或搬迁的人和剩余的人有相同的定居比例。数据来源：Lockridge, “Dedham”; Smith, “Hingham”; Harris, “Concord”; Dreyfuss, “Brookline”; Auwers, “Windsor”; and Douglas Lamar Jones, *Village and Seaport: Migration and Society in Eighteenth-Century Massachusetts* (Hanover, 1981)。

7 青年时代生活的动荡可以解释为什么很多新英格兰人去世的地点并非他们的故乡，也解释了为什么税收单显示的定居率却很高。见 John W. Adams and Alice Bee Kasakoff, “Migration and the Family in Colonial New England: The View from Genealogies,” *JFH* 9 (1984), 24-43; and “Migration at Marriage in Colonial New England…,” in Bennett Dyke and Warren Morrill, eds., *Genealogical Demography* (New York, 1980)。

8 *Mass. Bay Records*, I, 190.

9 一个没有回答的问题是新英格兰和东盎格鲁两地移民的相似性。英国学界对英格兰东部的内部移民作了很多研究，但由于方法和资料上的差异无法做量化控制上的对比。见 John Patten, *English Towns, 1500-1700* (Folkestone, Kent, 1978); and "Patterns of Migration and Movement of Labour to Three Pre-industrial East-Anglian Towns," *JHG* 2 (1976), 111-29; Peter Clark and Paul Slack, *Crisis and Order in English Towns, 1500-1700* (London, 1972); Peter Clark, ed., *The Transformation of English Provincial Towns, 1600-1800* (Oxford, 1982)。

10 Johnson, *Wonder Working Providence*, 185.

11 Andrews, *Pilgrims and Puritans*, 133.

12 Gordon, "Journal of an Officer," 448.

13 *Mass. Bay Records*, I, 110.

14 林肯郡的例子见 Joan Thirsk, "Field Systems of the East Midlands," in A. R. H. Baker and R. A. Butlin, eds., *Studies in the Field Systems of the British Isles* (Cambridge, 1979), 279。

15 Carl Bridenbaugh, *Vexed and Troubled Englishmen* (New York, 1968), 70.

16 *Mass. Bay Records*, I, 112.

17 Earle, *The Sabbath in Puritan New England*, 264.

18 Mather, *Magnalia Christi America*, I, 160-61; 有关"荣誉"和"可敬的"讨论可见此书； 同前 , I, 157, 158, 253, 262, passim。也见于另一文献中有关清教徒荣誉观念的讨论，即 Bertram Wyatt-Brown, *Southern Honor; Ethics and Behavior in the Old South* (New York, 1982), 26。

马萨诸塞的秩序

清教徒意识中的有序整体

这个文化的另一个因素是其社会秩序。新英格兰在这方面是一个奇特的矛盾体。它是英属北美最有秩序的地区，但在维护秩序的手段上又最为暴力。民间秩序与公共暴力之间的这种新英格兰式矛盾在十七、十八世纪间尤其突出。民间秩序与制度性暴力长期并存，后者表现为烧死反抗的奴仆，残酷折磨政治异议人士，绞死贵格会教徒，处决女巫，甚至用石头砸死拒绝在法庭上认罪的老人。

民间秩序与制度性暴力两者有紧密的联系。马萨诸塞的创建者对秩序孜孜以求。他们对秩序的强烈诉求（让我们这个时代感觉陌生）使清教徒牧师约翰·诺顿（John Norton）提出了惊人的主张："为了秩序的目的，宁愿让无辜之人受折磨；因为这样保全了整体。"[1]

马萨诸塞的清教徒对秩序的观念和我们非常不同。它并不是韦伯氏辞典定义的"和平与安静的状态"，而是意味着所有东西各归其位，若有必要还可采取强制。对于清教徒来说，秩序是指有机的整体，也就是约翰·诺顿所说的"保全整体"。这是不承认内部差异的集体精神。约翰·温斯罗普提到秩序，说的是"保留集体的益处"。[2]清教徒神学家所罗门·斯托达德（Solomon Stoddard）解释说："教会内部不是杂乱无章的；成员之间有一定的秩序，并且各安其位：就像自然的躯体，上面有不同的器官各司其职。”[3]从17世纪到18世纪早期，整体的重要性成了清教徒布道中最首要的主题。乔纳森·爱德华兹（Jonathan Edwards）说：“集体是人类社会最温馨的事物；它也是地球上最美妙和愉快的事物，让这里像人间天堂。”[4]

秩序即有机整体的观念植根于英国加尔文教派的宇宙观。但新英格兰维持秩序的制度另有来源——主要是学自东盎格鲁。湾区的创建者只是从英国先例中有选择性地拿来。例如在第一代中，他们并没有引入警察局的制度。因为它是让人憎恨的王室特权和贵族权力的象征，在新英格兰不受欢迎。第一代人也没有援用盎格鲁教会中的维和办公室，这种机构通常让教区委员和神职人员挑选仪仗官和教区警察，由他们来帮收十一税并维持秩序。所以，在17世纪上半叶，湾区居民没有设置这些不受欢迎的官职。

马萨诸塞的清教徒们转而从英国引入了与社区贴得最近的秩序维持者——乡镇警察。这是一种古老的职位，人员来源有下级警官（borsholders, headboroughs）、市镇官、城市长官等，他们通常由英国的城镇居民或十一税区选举产生，而不是由上级政府指派。[5]而在新英格兰，乡镇警官是城镇官员，由邻里挑选。他的责任是襄助各种程序性事务、执行授权事项、递送法院命令、执行逮捕和召集城镇集会。他也会被要求收税、组织选举、寻找丢失的货物、找回丢失的牲畜、记录新迁入居民、逮捕“夜间游走、白天睡觉的怪人，或者窥视他人房屋、有下流嫌疑的人”。他还会至少每三个月到城里每家每户巡视一次，每年要完整读一遍有关安息日的法律。当有严重危机的时候，警官并不需要独自面对，但他要召集城里所有的男人，他们依法协助他。在新英格兰，社区才是维持秩序的最终力量。

这个体系大致上是有效的。暴力犯罪和暴动在马萨诸塞相对而言算少的。17 世纪新英格兰的谋杀案比切萨皮克地区要少一半。[6]新英格兰的人身伤害也比英属北美的其他地区要少。[7]在马萨诸塞的郡法庭，财产犯罪比人身伤害多。[8]但扰乱秩序的犯罪是数量最多的。在马萨诸塞的城镇，大多数成人至少因扰乱治安的罪名被起诉过一次——通常是安息日的违法行为、扰乱和平、性犯罪、游手好闲、欺骗、家庭失序或醉酒等。对以上这些罪行的刑事诉讼很常见，但对偷盗或暴力犯罪的起诉相对较少。[9]

新英格兰相对较低的暴力犯罪率保持了三百多年。蒂莫西·德怀特（Timothy Twight）观察到，这个地区的人从不会在房屋四周修上栅栏，或把值钱的东西锁住，在海港城市也是如此。[10]马萨诸塞州比佛利（Beverly）的一个律师在 1840 年写道："在他执业 40 年的历史上，他还从没有见过本地人被控严重罪行的。"[11]哈里特·比切·斯托认为，在她的时代，新英格兰人"可以在任何时候上床睡觉而不用锁门，不用门闩或栅栏，根本不必担心骚扰或被恐吓。"[12]

在新英格兰，闯入清教徒住房的暴力犯罪会遭到非常严厉的惩罚。马萨诸塞针对夜盗的法律也异常严格，法庭程序也是为了达到这样的目的。这个文化对于威胁到家庭的暴力犯罪恐惧尤甚。[13]

暴力犯罪团伙在新英格兰也相对较少，除了在萨勒姆、马布尔黑德和波士顿这样的海港城市。野蛮的暴乱有时发生在这种社区。最糟糕的一次是 1677 年发生在马布尔黑德。有几个捕鱼船员被印第安人劫掠，这些船员的妻子聚众闹事，并抓获了两名印第安战俘，砍断他们的四肢。一个证人作证说：

> 这些女人包围了他们……凶横地抓住战俘，其中有人向我们扔石头，她们以为我们会来保护这些战俘……然后她们

> 用石头、木块和其他任何能找到的东西，结束了印第安战俘的生命。我们离得太远，一直到他们死了我们才看到他们，他们的头已经砍下来，而且不知踪影，肉骨分离。这就是这些女人制造的暴动……她们没有遭到阻拦，无论是警察，还是地方官，甚至没有人敢靠近她们，直到她们完成嗜血的目的。[14]

这种情况有时会发生在新英格兰社会的边缘。17 世纪中叶，在米德尔塞克斯郡只发生过一起这样的暴乱——推动五月柱。当暴乱发生的时候，它们会以传统的奇特方式受到遏制。约翰·亚当斯在 1774 年对公共暴乱和私人暴乱进行了区分，前者的目的是为了维护法律和宪法，后者则是为了当众宣泄对某个人的不满。亚当斯认为，公共暴乱是合宪的，甚至可以是维护秩序的必要工具。但他认为“私人暴乱我就要反对了……”[15] 相比于其他殖民地，新英格兰的公共暴动和政治叛乱很少。[16]

但是，当“不合宪”的骚乱发生时，马萨诸塞的人民毫不犹豫地会用最严厉的手段进行镇压。惩罚手段则是按照公共暴力的排序来安排的。马萨诸塞最残酷的刑罚是烧死在火刑柱上——主要针对小的叛逆罪，具体是指奴仆谋杀主人的案件。在马萨诸塞，至少有两人因此被活活烧死。一个是叫玛丽亚的奴隶，她的罪名是纵火烧了主人位于罗克斯伯里的房子，还有一个叫菲利斯的奴隶在剑桥镇被烧死，罪名是对主人放砒霜。[17]

次之的惩罚是绞刑。马萨诸塞殖民地在 1648 年确认了 13 种死刑罪名：巫术、偶像崇拜、亵渎上帝、谋杀、强奸、通奸、兽奸、鸡奸、为了杀死对方作假证，和 16 岁以上“顽固”或“叛逆”的孩子，或

“诅咒”或“打骂”父母的孩子。所有这些法律除了对强奸的惩罚外，都来自摩西五书。[18]

再次之是（从暴力的角度）肉刑——剪开鼻孔、切除耳朵或者在脸和手上刻字。这些残酷的惩罚都是由马萨诸塞的清教徒来掌控的。比如，贵格派的人会遭到格外残酷的惩罚。一些人脸上被刻字，“用烧红的 H 字母铁片烙在脸上，而且很深”。其他一些人被切除了耳朵，或脸上划有伤痕，或者鼻孔被剪开，这种情况类似于虐待狂的狂欢节。[19]

对于比较轻的违法，惩罚一般是鞭打，除非对方愿意缴纳罚款。这些惩罚有时很残忍。索尔兹伯里（Salisbury）的四位贵格会妇女被命令脱光上衣，然后被绑在车尾，从一个警察局游街到另一个警察局，中间经过 12 个新英格兰的城镇，经过每个城镇时她们都会被鞭打。她们被打得惨不忍睹，血从她们裸露的背部和胸部流下来，这让旁观的居民感到震惊，他们起来反对警察，并救援了她们。[20] 一个贵格会男传道人在马萨诸塞被鞭打得死去活来，而清教徒牧师约翰·诺顿甚至开玩笑说：“他原本打算把经书中的律法驳得一无是处，但结果反被它打得落花流水。”[21]

其他违法行为受到的惩罚是不同形式的公开羞辱——主要是分足械和颈手枷。罪犯经常被迫在外衣上戴上代表某个法律罪名的字母，而且必须是对照色，以此作为罪的标记——不仅有通奸罪（adultery）那传世的 A 字母，也有亵渎神灵（blasphemy）或夜盗（burglary）的 B 字母，还有伪造罪（counterfeiting）的 C 字母，醉酒（drunkenness）的 D，假冒罪（forgery）的 F，流氓罪（roguery）的 R，煽动罪（sedition）的 S，偷盗（theft）的 T——这简直是羞辱性的字母表。迪尔菲尔德（Deerfield）的一个男子因为乱伦罪，“被命令戴上两英尺长的大写字母 I，而且大小合比例”。[22]

加尔文派的官员也发明了一些独出心裁的惩罚方式，以适用于较轻的罪。萨勒姆的一个女子被命令把舌头伸进一个分叉的枝条中，因为她“责骂老人”。一个不诚实的面包商被命令站在分足械里，头上顶一个面团。罗伯特·索顿斯托尔（Robert Saltonstall）因为吝啬地把起诉书写在又小又皱的纸片上，被罚款 5 先令。坐牢在新英格兰也是一种惩罚方式。被判刑的罪犯有时会被关押在地洞中。在缅因地区，他们整个冬天会被关押在比较牢固的井下，这种井的尺寸是 9.5 英尺长、4.5 英尺宽、10 英尺深。康涅狄格则把罪犯关在铜矿洞中。[23]

新英格兰的司法不太稳定。法律要求在判决和执行之间相隔 4 天，但这个规定并没有得到严格遵行。比如，有两个仆人（一个苏格兰人，一个法国人）谋杀了他们的主人，“在他抽烟的时候打中了他的头”。罪行发生在 1675 年 2 月 10 日。两个人被邻居找到，大呼小叫地抓起来，很快接受审判并被判决有罪，然后 2 月 13 日就被绞死了，之间仅间隔 3 天。[24]

这些公共暴力的运用并不限于新英格兰。它们也发生在英属北美的其他地区。但在 17 世纪西方广泛运用的这些刑罚中，清教徒附加了很强的道德目的。其结果是集体秩序和制度性暴力高度结合的一种政权。

注释

1 John Norton, *Sion the Outcast Healed of Her Wounds* (Cambridge, Mass., 1664).

2 John Winthrop, “A Modell of Christian Charity,” *Winthrop Papers*, II, 282-83.

3 Solomon Soddard, *The Way for a People to Live Long in the Land That God Hath Given*

Them (Boston, 1705), 61.

4 Jonathan Edwards, *A Humble Attempt to Promote Explicit Agreement and Visible Union in God's People*...(Boston, 1747), reprinted in David Austin, *The Millennium* (Elizabethtown, N.J., 1794), 171; see also David Balch, *A Public Spirit* (Boston, 1749). Kerry A. Trask, "In the Pursuit of Shadows; A Study of Collective Hope and Despair in Provincial Massachusetts..." (thesis, Univ. of Minn., 1972), 21.

5 Joan R. Kent, *The English Village Constable, 1580-1642* (Oxford, 1986), 15.

6 从 1657 年到 1680 年期间，马萨诸塞的年均谋杀案低于每 10 万人 3 例。在马里兰，是每 10 万 7 例。数据来源：William Buttenweiser, "An Examination of Murders, 1630-1692; Frequency, Seasonal Variations, Participants in Maryland and Massachusetts" (unpub. paper, Brandeis, 1978)。

7 第一份全国犯罪数据是有关邮件抢劫案，对此可以进行地区比较。这类犯罪在新英格兰很少，同时地区差异很大：

州	犯罪数量 1790—1827
缅因州	0
马萨诸塞	5
罗德岛	1
佛蒙特	0
纽约	1
新泽西	3
宾夕法尼亚	10
马里兰	11
弗吉尼亚	14
南卡罗莱纳	2
佐治亚	4
田纳西	10
肯塔基	6
俄亥俄	8
印第安纳	0

有些州缺失数据；*Returns of ... Offences against the Laws of the United States* (Washington, 1828)。

8 马克·所罗门（Mark Saloman）从埃塞克斯、萨福克和普利茅斯的郡法庭找到了以下刑事诉讼的规律（1636—1699）：

犯罪对象	总数	埃塞克斯 1636—1641	萨福克 1671—1680	普利茅斯 1651—1668	普利茅斯 1668—1699
秩序	503 (51.3%)	40 (60.6%)	251 (44.0%)	162 (66.7%)	50 (51.5%)
性道德	225 (23.0%)	6 (9.0%)	144 (25.2%)	42 (17.3%)	33 (34.0%)
财产	175 (17.9%)	16 (24.2%)	131 (22.9%)	22 (9.0%)	6 (6.2%)
人身	74 (7.6%)	4 (6.0%)	45 (6.0%)	17 (7.0%)	8 (8.3%)

Mark Andrew Saloman, "Community and Hierarchy: A Comparative Study of Law, Crime and Punishment in Colonial Massachusetts and Maryland, 1636-1699," (thesis, Brandeis, 1989), 43.

9 Saloman, "Community and Hierarchy," 37-42. 迈克尔·欣德斯（Micahel Hindus）发现，马萨诸塞和南卡罗莱纳在犯罪率上的差异持续到 18 世纪。

	占总体刑事诉讼的比例	
	马萨诸塞州米德尔塞克斯 1760—1774	南卡罗莱纳州查尔斯敦 1769—1776
人身伤害（谋杀、攻击、强奸）	9.5%	53.6%
财产犯罪（盗窃、纵火）	13.2%	37.8%
性道德犯罪（私通、婚外生子）	57.6%	1.6%
违反秩序（藐视权威、暴乱、流浪、教会违规等）	18.4%	1.6%
奴隶相关罪行	0.0%	3.1%
伪造、欺诈	1.2%	2.4%
总数	99.9%	100.1%

相似的对照性一直持续到 19 世纪；见 Michael S. Hindus, *Prison and Plantation: Crime, Justice and Authority in Massachusetts and South Carolina, 1767-1878* (Chapel Hill, 1980), 64-65。另一个重要研究是 David H. Flaherty, "Crime and Social Control in Provincial Massachusetts," *HJ* 24 (1981), 339-60。

10 Dwight, *Travels*, I, 141.

11 Edwin Stone, *History of Beverly* (Boston, 1843), 307.

12 Stowe, *Oldtown Folks*, 1208.

13 马萨诸塞州与马里兰州在盗窃诉讼方面的差异，证据请见 Saloman, “Community and Hierarchy,” 107-31。

14 James Axtell, ed., “The Vengeful Women of Marblehead,“ WMQ3 31 (1974), 652.

15 John Adams to Abigail Adams, 7 July 1774, *Adams Family Correspondence*, ed. Butterfield, I, 131; John R. Howe, Jr., *The Changing Political Thought of John Adams* (Princeton, 1966), 13. 这不仅仅是亚当斯一个人的观点，也不是革命的理由。

16 地区性的规律也体现在 13 个殖民地武装叛乱的频率上（1607—1763）：新罕布什尔，2；马萨诸塞，1；罗德岛，2；康涅狄格，0；纽，4；新泽西，3；宾夕法尼亚，3；德拉维尔，0；马里兰，9；弗吉尼亚，9；北卡罗莱纳，7；南卡罗莱纳，3；这些数据发表在 *Deep Change*（即将出版），第四卷。

17 George Francis Dow, *Every Day Life in the Massachusetts Bay Colony* (Boston, 1935), 210.

18 鲍尔斯（Powers）作了一个估计，埃塞克斯郡和萨福克郡的法庭，马萨诸塞的助理法院和普利茅斯法院，在 1620 至 1692 年期间，提出了对以下罪名的死刑：巫术 23；谋杀 11；海盗 6；强奸 4；贵格会派 4；兽奸 2；通奸 2；纵火 2；叛逆 2。弗莱厄蒂（Flaherty）发现，从 1693 年到 1769 年期间，马萨诸塞有 56 个人被绞死：谋杀 26；杀婴 15；盗窃 8；强奸 3；纵火 3；鸡奸 1。见 Flaherty, “Crime and Social Control in Provincial Massachusetts,” 339-60; “The Punishment of Crime at the Massachusetts Assizes: An Overview, 1692-1750” (unpub. paper, 1978-79); Edwin Powers, *Crime and Punishment in Early Massachusetts, 1620-1692* (Boston, 1966), 294, 404-8; Kathryn Preyer, “Penal Measures in the American Colonies: An Overview,” *AJLH* 26 (1982), 327-53。

19 Alice Morse Earle, *Curious Punishments of Bygone Days* (1896, Rutland, Vt., 1972), 140; Jones, *Quakers in the American Colonies*, 75.

20 Earle, *Curious Punishments*, 140.

21 Jones, *Quakers in the American Colonies*, 71.

22 *Boston Evening Post*, 7 Oct. 1754.

23 Richard H. Phelps, *Newgate of Connecticut; Its Origin and Early History, Being a Full Description of the Famous and Wonderful Simsbury Mines and Caverns, and Prison*

Built over Them (Hartford, Conn., 1876); Earle, *Curious Punishments*, 92 passim.

24 Powers, *Crime and Punishments*, 295.

马萨诸塞的统治方式

城镇集会的政治

定居几年后，马萨诸塞就形成了以城镇集会和行政委员（selectman）为主体的治理模式。很多历史学家认为，这些制度是由新世界肇始的。主流的辞典也把城镇集会和行政委员归类为美式词汇。[1]但事实并非如此。新英格兰的城镇集会是东盎格鲁的舶来品，大移民前数百年就已出现在那里。在位于伊普斯威奇的萨福克郡历史纪录办公室，保留着一本页面发黄的皮装古书，里面记载着弗拉姆灵厄姆区（Framlingham）的历史，马萨诸塞的弗拉姆灵厄姆也是因此而得名。在书的封皮上用古字体写着书名——《城镇纪录》。在东盎格鲁的很多地方，“城镇”和“区”经常互换。在弗拉姆灵厄姆的纪录中，“常规教区集会”和“常规城镇集会”是同义词。[2]

这些东盎格鲁城镇由所谓“行政委员”治理。在有的地方，行政委员是由全体“城里人”选举产生。其余则由传统的寡头担任。这些行政委员通常是些地位稳固的人——自耕农或者手工匠人。[3]他们年龄偏长，选他们担任也是因为他们比较成熟、有智慧，并且在当地政府中有经验。在有的地方，行政委员被称为“长者”。[4]

行政委员主要负责日常事务，但在东盎格鲁的很多区，要事则由“城镇集会”来处理，集会的参加者是城里的主要居民。这些集会的结构是多样化的，没有任何两个相同。但他们都允许人们踊跃参与到地方事务的管理中。[5]

新英格兰政体的另一个特点是有一系列基本制度，相当于成文宪法。戴德姆的东盎格鲁社区就有一部本地的宪法，称为“埃塞克斯郡戴德姆城和下辖地区的古老传统（自古以来即有双重管理权限）”。[6]这个文件规定了继承的规则，在当地是倾向于幼子的。它也列出了当地的法律程序和管理机制，与有关建筑、农场和牲畜等财产的议事程序规则，这些内容在17世纪早期的英格兰是由庄园传统来规制的。但戴德姆的制度与庄园的规则还是有些差别。它是一系列对境内所有庄园都有效的法律。进一步说，戴德姆的“古老传统”不是由某一个庄园主来保证实施，而是由境内所有庄园主共同负责实施的。文件声明：“任何人违背了法律都会遭到罚款，只要他们（指规则的实施者——译注）认为合适并且可行。”[7]

东盎格鲁的每一个城镇都有自己的传统；每个地方都不同，而且时移事易。“城镇”的意思也在改变中——逐渐用于指称小的城市中心。东盎格鲁有很多这种现代意义上的城镇——比17世纪早期英格兰任何其他地方都多。这些地方的治理方式与农村地区很不同。比如在商业发达的布雷茵特里镇，当地的管理权由被称为“四和二十”的寡头掌握，他们的作用类似于欧洲商业城镇的统治精英。但当大事降临的时候，这些城镇的管理者要召集城镇集会共商大计。例如，1625年9月，布雷茵特里的“四和二十”把城里的主要居民召集到教会，“商议在经济困难时期，帮助穷人安排一些工作”。[8]1630年的时候，这种制度在英格兰东部地区很普遍。

清教徒来到美洲之后，这种由城镇集会、行政委员和基本法构成的管理模式就成为新英格兰地方政府的基本形式。1636年，马萨诸塞普通法庭的一个法令就是按照这种形式定义城镇政府的。在新英格兰较小的社区，这些制度实行了多年，具体的形式包括：城镇集会、行政委员、城镇法律和城镇纪录。城镇集会和行政委员之间的关系并没有清晰的定位，马萨诸塞的一些地方召开集会的次数更为频繁；有的地方行政委员更有影响力；而有的地方法律更为正式。所以，新英格兰城镇治理的传统也是多样化的。但它们在大方向是趋于一致的，而且在定居点成型后很快通过法律固定下来。

居民参与城镇集会的做法很早就在马萨诸塞成型。出席率通常不高，成年男性中只有 10%—30%。但当城里发生了重大争议时，参与率就提高了，有时达到 100%。[9]

新英格兰今天仍然采用这种做法。今天比较有争议的问题可能是优先税率或中学，而不再是新牧师的人选或聚会所的新地点。但在过去三百多年中，新英格兰城镇治理特有的参与模式一直如此，平时比较低，遇到重大问题才有较多人参与。这与美国其他地区的投票率也有很大不同。

新英格兰的城镇政府积极介入到社区生活中。居民一起投票提高自己的税收，甚至高于英属北美的其他地方。马萨诸塞地方政府的人均成本是其他定居点的二到四倍，但比欧洲政府的支出还是要低很多。这些现象在那里也延续了三个世纪。[10]

新英格兰早期城镇集会并不是多数制意义上的民主。其主要目的不是多数的统治，而是达成一致。集会主要是通过讨论、劝说和彼此让步来达成共同的目标。票数很少会有统计，通常记录的是“城镇的愿望”。这种制度只在新英格兰存在，在该地区内部几乎普遍实施。这是东盎格鲁经验、清教徒理念和美国环境的共同产物。

注释

1 Mitford Mathews, *A Dictionary of Americanisms* (Chicago, 1951), s.v., “town meeting,” “selectman”.

2 Framlingham Town Book; also East Bergholt Town Book, 15 Feb. 1650; both in SUFROIP.

3 职业和头衔在东贝霍尔特（East Bergholt, 1650-78）的纪录中列举出来了。见 SUFROIP。

4 Braintree Town Book, ESSRO.

5 这些纪录的部分资料见 Emmison, *Early Essex Town Meetings*。

6 埃塞克斯郡戴德姆城和下辖区的古老传统（自古以来即有双重管理权限），见 ESSRO。

7 同上。

8 Emmison, *Early Essex Town Meetings*, 23.

9 马萨诸塞 1780 年之前城镇集会的参与规律，体现在成人男性的投票比例上。波士顿 : 1696, 10%; 1698, 25%; 1699, 23%; 1703, 31%; 1704, 14%; 1709, 13%; 1711, 10%; 1715, 15%; 1716, 21%; 1718, 13%; 1719, 25%; 1721, 13%; 1722, 11%; 1723, 14%; 1724, 10%; 1725, 16%; 1726, 9%; 1727, 9%; 1728, 11%; 1729, 8%; 1730, 22%; 1755, 15%; 1756, 24%; 1757, 24%; 1758, 17%; 1759, 21%; 1760, 45%; 1761, 15%; 1762, 28%; 1763, 49%; 1764, 20%; 1765, 29%; 1766, 34%; 1767, 28%; 1768, 20%; 1769, 23%; 1770, 23%; 1771, 19%; 1772, 33%; 1774, 24%。 康科德 : 1765, 51%; 1765, 62%; 1778, 25%; 1778, 36%。 林恩 : 1750, 32%; 1751, 32%; 1752, 37%; 1753, 21%; 1754, 24%; 1756, 28%。 萨勒姆 : 1735, 24%; 1738, 25%; 1739, 15%; 1740, 21%; 1741, 39%; 1742, 24%。 沃特敦 : 1757, 97%。 韦斯顿 : 1772, 80%。 多切斯特 : 1726, 30%; 1750, 37%; 1751, 32%。 斯托克布里奇 : 1763, 94% (awm)。 剑桥 : 1739, 45%。 沃本 : 1742, 38%。

来源: Robert J. Dinkin, *Voting in Provincial America* (Westport, Conn. 1977), 174; Marshall C. Spatz, “Political Power in Colonial Boston, 1679-1721,” (thesis, Brandeis, 1966);

Susan Kurland, "Democratization in Concord: A Political History, 1750-1850," in D. H. Fischer, ed., *Concord: The Social History of a New England Town, 1750-1850* (Waltham, Mass., 1984), 261-342。

10 对税率和支出相对水平的计算，见 R. R. Palmer, *The Age of Democratic Revolution* (Princeton, 1959), 155; James Henretta et al., *America's History* (Chicago, 1987), 254。

马萨诸塞的自由方式

清教徒的“有序自由”

新英格兰的公共生活也被清教徒地区特有的自由观念形塑了。对此的深入理解要从解字开始。从约翰·温斯罗普（1558—1649）到萨缪尔·亚当斯（1722—1803）的历史时期，“自由”一词在新英格兰有四种不同的含义，现代人可能很难理解。

首先，自由关涉的不是个人，而是整个社区。在两百年中，马萨诸塞的创立者和领导者所写的是“新英格兰的自由”，或“波士顿的自由”或“城市的自由”。这种用法从大移民时代一直持续到独立战争以后。比如，萨缪尔·亚当斯经常表达的是“美国的自由”，而不是美国人个体的自由。[1]

集体自由，有时也称为“公共自由”，被认为与个人的禁锢有关。在马萨诸塞，对个人的限制有很多，有时是很压抑的。在第一代移民中，所有人都必须得到普通法庭的批准才能入住定居点。如果发表了“危险的言论”，或者被法庭判定“不适合居住在本地”，连地位很高的定居者都有可能作为囚犯被送回英国。[2] 如果没有普通法庭的特别许可，其他人不能迁入定居点。在某个时期，戴德姆、萨德伯里和康科德等地的居民不允许迁出所住地，因为普通法庭认为这些前沿地带因居民太少而不安全。[3]

集体自由的观念也体现在新英格兰城镇强加给成员的奇特义务上。伊斯特姆（Eastham）的城市议会规定，男性必须在杀死六只黑鸟或三只乌鸦后才能结婚。很多城市的纪录里都有类似的奇特规则。[4]普通法庭也颁布了一些宽泛的规定，允许地方官利用任何可能的手段压制几乎任何行为。例如，有一条法律规定，“任何人越过了适度的界限，都会受到严厉的惩罚”。所谓“越过适度的界限”，都留给地方官自由裁量。[5]

新英格兰人愿意接受个人行为的限制，但他们坚持这些限制要和法典里的“共和国基本法”相一致。[6]而且他们要求按照自己的方式来贯彻这些限制。这就是他们所谓新英格兰的“公共自由”。外界要想干预，会遇到凶猛顽强的抵抗。众多勇敢的英国军人后来真正理解了，“公共自由”并不仅仅是一种理念。新英格兰人并不好战，但1635年到1775年期间，他们显然愿意以死捍卫自己的“公共自由”。

新英格兰人的“自由”有第二种用法，我们这个时代并不容易理解。当它针对的是个体的时候，就变成了复数名词“多种自由”，而不是单数的“自由”。这些自由是指一般情况的特别例外——这是东盎格鲁和西方其他地方的古老观念。例如，在萨福克郡的亨格雷夫（Hengrave）庄园，租赁户得到特别许可在拉克河（Lark）上捕鱼。这种自由并不是适用于所有人的，其他人都不允许进入这条河流。在17世纪早期，东盎格鲁地区有很多类似的自由权利。一个人的地位由他所获得的自由种类和性质构成。[7]

这些多种自由的观念被带到了马萨诸塞。那里的普通法庭颁布法律，规定“捕鱼捉鸟的特权”只赋予某些人，而其他人不能享有。在这个意义上，某个人的自由即是另外一个人的限制。[8]马萨诸塞和英格兰一样，一个人的地位是由他享有的自由定义的，反过来说也是如此。

湾区殖民地的法律将某些自由赋予所有人，另外一些给了自由人，还有少数自由仅仅给了有地位的人。例如，真贵族和相当于贵族的人享有不被惩罚扫地的自由，“除非他的罪行非常可耻，他的生活邪恶而放荡”。其他人的自由度稍低，不被惩处扫地四十次以上。有一些自由不是给个人的，而是给教会、城市或者其他群体。[9]

当代美国人对自由的理解很狭窄。我们并不认为自由是限制的例外，反而限制是自由的例外。17世纪关于复数自由的观念，无论它多么有限，最终被写入了法律，成为奠基者所称的“共和国基本法”。有关基本法和自由的成文法观念始于湾区殖民地的初期。[10]其中一些基本自由适用于所有人。所以，1641年马萨诸塞自由法规定着：

> 所有人，无论是居民或外来者，自由或不自由，都有权利到法庭、议会或集会，以讲话或书面的形式提出任何有法律依据的、与当今有关的、有实质意义的问题，或者提出任何必要的动议、指控、申诉、账目或者信息，只要当场予以确认，就可以在适当的时间、以恰当的方式和程序完成……
>
> 在法庭上，如果当事人无法申辩自己的情由，可以委托法庭认可的人来帮助他……[11]

这些自由权利在马萨诸塞实行了很多年。萨缪尔·亚当斯及其同时代人对这些自由的描述，与约翰·温斯罗普时代是一样的。[12]

新英格兰人还在第三种意义上使用自由一词，而且对马萨诸塞的奠基人具有非凡的意义。这就是所谓“灵魂自由”，或者“基督徒的自由”。这是非常复杂的观念。灵魂自由是指在世上自由地服侍上帝。意思是，人们按照上帝的方式，而不是以其他方式，来规范自己的行为。换句话说，基督徒的自由是一种义务。

马萨诸塞的奠基者一代经常写“灵魂自由”，“基督徒自由”，或者“良知的自由”。很多人移民到新英格兰就是为了享有这种自由。他们的意图不是我们今天所说的宗教自由或宗教宽容，而是真信仰的自由。在他们的内心深处，这种宗教自由与他们对贵格派、天主教、洗礼派、长老派、圣公会和几乎所有不属于加尔文正统教派的人的迫害是不矛盾的。灵魂自由也意味着强制参与教会活动和严格的安息日律条。马萨诸塞的印第安人也被要求遵守清教徒的安息日。对于这个地方的奠基者而言，灵魂自由是指按照他们自己的方式迫害“其他人”。一个新英格兰人写道：“所罗门让我们认为，真理的大权在握是让人愉悦的。”[13]但在马萨诸塞没有犯错的自由。即使是圣徒，也受到严格的督导。1634年，以色列·斯托顿（Israel Stoughton）写的一本书“在法庭惹起了很多麻烦和罪过”。斯托顿本人是坚定的清教徒代表，后来返回英格兰，在内战时期成为雷伯勒（Rainborough）政府的一员。他的书建议改革殖民地的政府。地方官对这种批评非常生气，他们决定，不仅要禁止这本书，而且要焚毁手稿。受到来自上层的巨大压力后，作者被迫忏悔，“他期望法庭命令焚毁此书”。[14]对于持其他信仰的人来说，清教徒的“灵魂自由”一说变成冷酷、血腥的矛盾体。但清教徒自己却认为，“灵魂自由”是真挚的自由原则，即基督徒群体应当在世上自由地服侍上帝。这是马萨诸塞居民信仰的原则，也是他们的殖民地真正的基石。

湾区的建设者对“自由”一词还有第四种用法。马萨诸塞人有时用“自由”来指政治体的集体义务，以保护个人不被环境奴役。这不是在集体利益或社会平等的意义上，而是一种个体自由。

约翰·温斯罗普于1645年7月3日在普通法庭发表的“关于自由的演说”，是清教徒有序自由观念的经典阐述。温斯罗普区分了“作恶或行善”的自然权利和公民自由，他写道：“公民自由参照上帝和人之间的契约来看，仍然可以是道德的……只有在善良、公正和诚实的条件下，才是一种自由。你所主张的这种自由，不仅事关你的益处，也性命攸关……这种自由是在权威下享有和行使的；这种自由和基督使我们获得的自由是同一类型。”对于其他人来说，这种自由充满了矛盾；但对于清教徒而言，有序自由是一种真正的自由论，因此在这个地区一直流传下来。

这种观念正是马萨诸塞的子孙富兰克林·罗斯福所理解的“四种自由”。这并不是他的发明，而是在马萨诸塞奠基时就出现了。马萨诸塞的法律虽然有限，但最终承认了每个人的基本自由应该得到保障。普通法庭也把这种自由定义为“免于恐惧的自由”。它所适用的语言也揭示了一种关于社会问题（及其解决办法）的经典自由论的观念，这对于17世纪时期的英语世界是非常典型的。[15]

这四种自由观念——集体自由、个人自由、灵魂自由、不被环境奴役——有一个共同的根基。它们实际是更大的“有序自由”的不同方面。这个原则扎根于清教徒的信仰中，同时又有东盎格鲁经验的依据。甚至在大移民终止之前，它就在马萨诸塞牢固地树立起来了。在漫长的岁月中，它使得新英格兰的文化与英属北美的其他地区区别开来。即使是今天，它依然以不同的形式在美国的部分地区产生着影响。但“有序自由”的原则又与其他自由观念相抵触，这些观念来自英属北美的其他地区。

注释

1 Samuel Adams to Samuel Cooper, 25 Dec. 1778; Adams to Benjamin Austin, 9 March 1779; Adams to John Scollay, 30 Dec. 1780; Adams to Richard Henry Lee, 15 Jan. 1781, Cushing, ed., *Works of Samuel Adams*, IV, 104, 132, 235-36, 239-40.

2 *Mass. Bay Records*, I, 83, 159.

3 “康科德、萨德伯里和戴德姆……都建在岛上，人口并不少；命令说，目前居住和定居在这些城镇里的人（无论是否结婚）在没有得到地方官或其他行政委员的许可前，不许迁出。” *Mass. Bay Records*, II, 122.

4 “城里每个未婚的人在单身的条件下，必须杀死六只黑鸟或三只乌鸦；若未能完成此项任务，将不得结婚，除非他此后遵守了命令。”Eastham Town Records, 1695; Earle, *Customs and Fashions in Old New England*, 37.

5 *Mass. Bay Records,* I, 110.

6 同上，I, 174。

7 John Gage, *The History and Antiquities of Hengrave, in Suffolk* (London, 1822).

8 *Mass. Bay Records,* 3 April 1632, I, 94.

9 [Nathaniel Ward], “The Massachusetts Body of Liberties” (1641), reprinted in *The Colonial Laws of Massachusetts* (Boston, 1889).

10 *Mass. Bay Records*, I, 174.

11 Ward, “Massachusetts Body of Liberties”.

12 “Candidus,” [Samuel Adams], Boston *Gazette*, 27 Jan. 1772; Cushing, ed., *Writings of Samuel Adams*, II, 324.

13 1637 年，普通法庭颁布了一项法律，“禁止印第安人在主日亵渎神灵”；参见 *Mass. Bay Records*, I, 209。

14 同上 , I, 134。

15 同上 , I, 173。

从南英格兰到弗吉尼亚

——压抑的保王党和契约仆役，1642—1675

在那个时代，弗吉尼亚是压抑的保王党在国王陛下的领土内唯一的去处。

——“英格拉姆档案”，弗吉尼亚，1676

这些被称为保王党的贵族们备受尊崇，他们礼数周到又很有荣耀。他们占据了政府多数的职位。

——迪兰德王妃，弗吉尼亚，1687

这些人的幸运……在行为的各方面都有所体现。

——菲利普·费西安，弗吉尼亚，1773

1641 年冬天，在清教徒移民接近尾声之际，一个英国青年人登上了驶往弗吉尼亚的移民船。他原本会受到船长和船员高规格的接待，因为他不是普通的乘客。他妆容尊贵——披着短斗篷，配着衣带，漂亮的长筒靴，束带的佩剑，披散下来的卷发衬托着他那贵族的容貌。他举止谨慎，显出多年待在国王身边的经验。他说话像学究，带着很重的牛津音；他也显出军人的气派，因为他已经因战功显赫而被查尔斯一世封爵。这位旅行者就是威廉·伯克利爵士（Sir William Berkeley）。在他的行囊中，有就任弗吉尼亚总督的国王委任书。

这位骄傲的年轻保王党将统治弗吉尼亚三十年。在此期间，他对弗吉尼亚的发展产生了深刻的影响。尤其在关键时刻，他强行扭转了当地尚未成型的社会体系，使其按照他的意愿发展。该地的文化史依然笼罩在这个著名人物的阴影下。[1]

威廉·伯克利爵士于 1606 年出生在英国西部一个很有权势的家族，他们自 11 世纪以来就居住在格洛斯特郡（Gloucestershire）的伯克利城堡。这座宏伟建筑的庞大城垛今天依然矗立在塞弗恩谷地（Vale of the Severn）。在晴朗的秋日，人们有时会见到伯克利家族的狩猎队伍穿着他们特有的黄色猎装，驻扎在乡间。这个古老家族在过去九百多年中已经习惯于此。[2]

这位未来的弗吉尼亚总督是家族的培养对象。家族有两处房产：一处位于古老的羊毛出产地萨默塞特的布鲁顿（Bruton），高居山顶；一处在伦敦，未来总督就出生在这个地方。他成长于伦敦和伯克利城堡之间的地带，这个地区后来也成为弗吉尼亚文化的发祥地。[3]

伯克利在青年时期显露出学者的素质。他在牛津的王后学院就读，在圣埃德蒙大厅拿到学位后，成为默顿学院（Merton College）的研究生。毕业后，他去了伦敦，成为小有名气的作家，并于 1639

年出版了优雅的《最后的夫人：一出悲喜剧》（*The Lost Lady: A Tragy Comedy*）。他的兄长约翰·罗德·伯克利把他介绍给法庭，当时据说国王已经任命他为枢密院官员。1639 年，他在贝里克郡（Berwick）的战场上被封为爵士，两年后他成为弗吉尼亚皇家总督。[4]

但伯克利性格并不讨好。他对下属残暴冷酷，对上则溜须拍马。他明目张胆地挪用公款供自己享用，为弗吉尼亚留下了一个很坏的先例。1667 年，他写信给上司阿灵顿领主："虽然随着年龄和阅历的增长，野心会渐趋冷淡，但贪婪的心会常驻。我请求您征得国王陛下的同意，允许两百桶烟草入关。"[5]

这是他那个时代的恶习，而伯克利这方面很突出。但他也很率直、勇敢、忠诚于家庭，并且愿意为有价值的目标而奋斗。他的社会价值观与清教徒一样成熟，虽然两者的方向不同。他热爱弗吉尼亚。在 35 年里，他把自己的精力、智慧和成就全部奉献给了这块土地。

威廉·伯克利爵士于 1642 年到达弗吉尼亚的时候，那里还是仅有 8000 个居民的简陋定居点。这个地方名声不好，传说"只有那些最低等、最堕落的人才去那里"。弗吉尼亚早期的生活质量类似于现代军队的前哨基地或木材营地，而不是一个稳固的社会。它的领袖是些粗野、暴力，而且酗酒成性的人。伯克利的前任，约翰·哈维（John Harvey）总督用棍子敲断了一个议事会成员的牙齿，因此在 1635 年被逐出了当地。1639 年，哈维手持王室的命令回来逮捕他的敌人，结果再次被驱逐。[6]这个定居点长期处于混乱的状态。统治者无法进行管理，社会组织也不健全，经济凋敝，政治不稳定，文化认同也没有建立起来。[7]

威廉·伯克利爵士在任的 35 年当中，弗吉尼亚改天换地。它的人口从 8000 变成了原先的五倍，达到 40,000 人。社会井然有序，经

这幅威廉·伯克利爵士的肖像（作者是彼得·利利［Peter Lely］，1661—1662）勾画出他本人，也体现出他的忠君理想，正是这些理想指引了他在弗吉尼亚的统治。总督穿着军服，披戴着半盔甲，手持指挥棒，身旁挂着利剑。背景上画着一个骑兵的形象，这可能出自1644年的西部战争，伯克利在那场战争中为国王出战。这幅画也从另一种角度揭示了伯克利对国王的忠诚。他站立的姿势比较刻意，右手伸出去，左手弯回来叉在臀部上方，左腿伸出去，头部锐利地侧过来。他的形象实际模仿了查尔斯一世喜爱的姿势，国王的这个形象出现在范戴克画的国王打猎图中，目前存放在卢浮宫。伯克利脸部的表情甚至也效仿了他的君主。这幅总督的肖像是在他中年时期画的。青春已经消逝了，他的脸因为弗吉尼亚流行的慢性病而显得肿胀。从他冷酷的眼神中我们可以看见暴政的蛛丝马迹。但这幅画表现了全盛期的威廉·伯克利爵士，当时他大权在握，踌躇满志地要把弗吉尼亚建设为忠君的乌托邦，用荣誉和等级制度的理想来建构那个社会。

济运转良好，独有的民俗也得到了发展。最重要的是，当地出现了一个统治精英群体，伯克利将之描述为“来自良好的家庭，在任何意义上都不逊于英格兰”。[8]

这个社会体系不是从新世界的土壤里偶然蹦出来的。和新英格兰一样，弗吉尼亚的社会是按照人的愿望和目标主动地创造出来的。在这个过程中，威廉·伯克利爵士起到了领袖的作用，他通过艰苦的努力建设了一个符合他价值观的理想社会。他对弗吉尼亚政治制度的建构起到了至关重要的作用，用托马斯·勒德韦尔（Thomas Ludwell）的话说，他是“其中实质内容的真正作者，包括法律和下级机构”。[9]

弗吉尼亚第一部法律颁布的时候，卷首有给威廉·伯克利爵士的献辞，承认他是“精华的作者”。伯克利利用一个柔韧的“长期议会”来统治弗吉尼亚，这个议会的任期从1662年到1676年，伯克利使它保持了14年之久，拒绝改组选举。议会通过的法律体现了总督的意志，其中很多实际是他自己起草的。[10]

伯克利作为法律制定者的角色固然重要，但他对弗吉尼亚最大的影响却在另外一个方面。他在历史关键期，深刻影响了弗吉尼亚移民的历史过程。这个移民过程形塑了当地的文化，也决定了几百年来弗吉尼亚主要的变迁。

注释

1 威廉·伯克利爵士给今世留下的主要印象是终结他政治生涯的事件——1676年培根叛乱（Bacon's Rebellion）。事件发生的时候，他已经七十高龄，健康欠佳，筋疲力尽。他惩罚叛军的手段非常野蛮,连国王都感到过分。据说查尔斯二世这样评价:“那个老蠢货在那个蛮荒的国家消灭的人比我惩处杀害我父亲的人还多。”直到今天,自由派历史学家对伯克利的论调仍然是一个有失稳妥的反动派,对美国历史是一个异质。

一种少见的修正性论点认为,伯克利是一个失败的激进主义者,他的经济发展计划遭到了挫败。在一些具体项目上确实如此,比如丝绸工业,但我们后面会看到,在很多其他方面,南部定居点的经济发展基本是按照伯克利的愿望实现的,包括他们的劳工体系、阶级结构和很多民俗,在他的字典里没有激进的说法。参见 Joan de Lourdes Leonard, “Operation Checkmate: The Birth and Death of a Virginia Blueprint for Progress, 1660-1676,” *WMQ3* 24 (1967), 44-74。

伯克利是南部历史研究三种倾向的受害者。第一种是一些学者对所谓“保王党之谜”抱有的讽刺态度,他们认为“切萨皮克地区贵族制最重要的特征是它起源于中产阶级”(参见:Carl Bridenbaugh, *Myths and Realities* [Baton Rouge, La., 1952], 12)。第二种倾向是,所谓“切萨皮克学派”更感兴趣的是市场力量、人口过程和社会变迁的模式等,对于其中个人的作用不太关注。第三种倾向是,对培根叛乱的再度诠释一直对伯克利不太有利;参见 Stephen S. Webb, *1676: The End of American Independence* (New York, 1984)。这个被遗忘的人从来没有完整的传记,但仍可参见 Jane Carson, “Sir William Berkeley” (thesis, Univ. of Va., 1951), and J. R. Pagan, “Notes on Sir William Berkeley,” ms., GLOCRO。

2 H. P. R. Finberg, “Three Centuries in Family History: Berkeley of Berkeley,” *Gloucester Studies* (Leicester, 1957), 145-59. 伯克利家族仍然保有他们的城堡,他们也是英格兰少有的几个拥有大量土地,又可以把血统追溯到诺曼底军事征服之前的家族。他们宣称自己是伊德洛斯长官(Eadnoth the Staller)的后代,伊德洛斯是撒克逊贵族,追随征服者威廉,于 1068 年战死。

3 布鲁顿的伯克利家族创立者是莫里斯·伯克利爵士(Sir Maurice Berkeley,1505—1581),他是亨利八世的高官和托马斯·克伦威尔(Thomas Cromwell)的同盟。他得到的赏赐是布鲁顿修道院的土地,格拉斯顿伯里(Glastonbury)附近的诺思伍德(Northwood)庄园,和伯克郡、白金汉郡和萨里郡的一些产业。1539 年之前,他曾担任枢密院的官员和萨里郡的议员,1567 年他曾担任萨默塞特的警长。

布鲁顿的土地传给了亨利·伯克利爵士（1601），其后是莫里斯·伯克利爵士（1617），后者曾担任西部几个地区的议员（特鲁罗［Truro］，迈恩黑德［Minehead］），他也是弗吉尼亚未来总督的父亲。见 S. W. Bates-Harbin, *Members of Parliament from the County of Somerset* (Taunton, Eng., 1939); *Visitation of Somerset* (1623), s.v. "Berkeley"; 有很多未出版的资料，见 ms. 20/I, 137, SOMERO。

威廉·伯克利爵士童年时期居住的房子现在只剩断壁残垣了。它位于大教堂的废墟附近，地处中世纪石头城的山上。布鲁顿圣玛丽大教堂还保存着伯克利家族的很多纪念碑。墙上装饰着他们的徽章；教堂后面还可以找到老油灯，这是用于夜间在教堂地下室埋葬伯克利家族成员的。见 *A Walk Round St. Mary's, Bruton* (n.p., ca. 1980); D. A. McCallum,"A Demographic Study of the Parishes of Bruton and Pitcombe," *SANHSP* 121 (1977), 77-87。

4 根据他就读的几所大学的记录，威廉·伯克利爵士于 1622 年或 1623 年 2 月 14 日被王后学院录取，于 1624 年 7 月 10 日在圣埃德蒙大厅获得本科学位，1625 年成为默顿学院的研究生，并在 1630 年获得硕士学位，但 1649 年，他在和清教徒的竞争中失去了默顿学者的称号。1632 年，伯克利被任命为枢密院官员，又于 1639 年 7 月 27 日在贝里克郡获封爵士。他于 1641 年被任命为弗吉尼亚总督，1642 年到达弗吉尼亚，1644—1645 年曾短暂返回过英格兰。伯克利家族曾资助过很多作家，包括罗伯特·伯顿（Robert Burton），曾把《抑郁的剖析》（*Anatomy of Melancholy*）献给乔治·伯克利（1613—1658）。威廉爵士的剧本《最后的夫人：一出悲喜剧》（伦敦，1639）被纳入了英国名剧录，在 18、19 世纪期间多次在多兹利（Dodsley）的《老戏剧》中重印。威廉·伯克利爵士的肖像仍然悬挂在格拉斯顿伯里的伯克利城堡和弗吉尼亚的斯特拉特福德大厅（Stratford Hall）。

5 Berkeley to Lord Arlington, 5 June 1667, *VMHB*, 21 (1913), 43.

6 哈维之后是弗朗西斯·怀亚特（Francis Wyatt）总督，他同样不受欢迎。对这些事实的不同观点，参见 Bernard Bailyn, "Politics and Social Structure in Virginia," in James Morton Smith, ed., *Seventeenth Century America: Essays in Colonial History* (Chapel Hill, 1959), 95-96; J. Mills Thornton, "The Thrusting Out of Governor Harvey," VMHB 76 (1968), 11-26; Edmund S. Morgan, *American Slavery, American Freedom: The Ordeal of Colonial Virginia* (New York, 1975), 144-45。

7 这种名声所指的事实就连伯克利这种容易情绪激动的人也是承认的。他写道："我们会轻易地说这是造谣者的中伤；或许他们会同意这只是一些征兆，但罗马最初不也是这样开始的吗？"见 William Berkeley, *A Discourse and View of Virginia* (London, 1663, rpt. 191), 3.

8 同上。

9 Thomas Ludwell to [Lord Arlington?], 17 Sep. 1666, *VMHB* 21 (1913), 37.

10 Francis Moryson and Henry Randolph, eds., *The Laws of Virginia Now in Force; Collected out of Assembly Records*…(London, 1661).

威廉·伯克利爵士和弗吉尼亚精英群体

在威廉·伯克利总督所有的成就中，最为重要的一项是为弗吉尼亚招揽了一批保王党的精英群体。用历史学家菲利普·布鲁斯的话说，“他鼓励了大批的保王党移民过来”。他们来之后，伯克利任命他们担任政府高官，赠与广袤的地产，制造了一个寡头统治集团，在弗吉尼亚长期掌权。[1]

这个保王党移民潮持续了伯克利的整个当政时期（1642—1676），而又主要发生在1650年代的十年中，当时清教徒寡头在英格兰权倾朝野，试图把他们的信仰强加于其他民众。弗吉尼亚的保王党分子移民是为了逃避压迫，这和新英格兰的清教徒如出一辙。其中很多人在英格兰的内战中曾为查尔斯一世而战。有些人坚持效忠国王，直到他的军队被议会打败，国王本人也在1649年被送上断头台。其他人团结在未来的国王查尔斯二世身边，并且于1651年在伍斯特为他大战一场，最终再次被击败。

在这一历史时期，这些人历经艰辛。一个保王党写道：“……这些刻意的战争使大多数古老的贵族灭绝或败亡了。国王这边多数都是贵族出身，而议会那边这种人很稀有……在玫瑰战争期间，有大约一半的贵族遭到屠杀。”[2]保王党的影响力渐趋衰微，所以威廉·桑克罗夫特（William Sancroft）写道：“……我们一见面就讨论应该去哪个外国。”确实，亨利·诺伍德（Henry Norwood）后来记载说：“很多人……

逃离了他们的故乡，就像逃离瘟疫之地。”[3]

这些难民多数逃到了欧洲大陆。但也有很多人被威廉·伯克利爵士招募。有些人在来美国之前就是他的亲戚或朋友；其余的人到了新世界之后，也和他建立了关系。他们都认同他的保王党立场、圣公会信仰和他对弗吉尼亚的远见。[4]

这些“困苦的保王党”建立了弗吉尼亚的第一代家族。但他们并不是最早定居当地的人。其中只有个别人在最初的四十年中来过本地。他们后来才成批地移民过来，并且是在很集中的时间里，这和英国清教徒相似。如果说大多数北方人的家族是在 1635 年后的六年中创始的，那么弗吉尼亚统治阶层家族的开端发生在 1655 年后的十年中。

例如，卡特家族的创立者是在 1649 年来美国的，他的长辈在英格兰非常富有，而他的孩子们在弗吉尼亚变得更加富有。卡尔佩珀（Culpeper）家族的第一代人也是在 1649 年来到美国。情况相同的还有哈蒙德（Hammond）家族、霍尼伍德（Honywood）家族和莫里森（Moryson）家族。第一代迪格斯（Digges）家族的人是 1650 年到达的，与之同行的还有布罗德赫斯特（Broadhurst）、奇切利（Chicheley）、卡斯蒂斯（Custis）、佩奇（Page）、哈里森（Harrison）、艾沙姆（Isham）、斯基普威思（Skipwith）和兰登（Landon）等家族。第一位诺桑普顿·兰道夫（Northampton Randolph）大约在 1651 年到达，第一代梅森家族的人则是在 1652 年到达。第一代麦迪逊在 1651 年得到了土地，第一代科尔宾（Corbin）则是在 1654 年。第一代华盛顿家族成员在 1657 年横穿大洋到达美国，他就是约翰·华盛顿——牛津大学培养的一位牧师的小儿子，却因为清教徒的迫害而逃离。他们家族的驻地叫苏尔格雷夫（Sulgrave）庄园，位于牛津大学北边仅几英里的地方。1657年到达的还有威廉·鲍尔上校（Colonel William Ball），他是乔治·华盛顿母亲的祖先。1659年第一代费尔法克斯（Fairfax）也到了。在那艰苦的十年中，每年都能见证一批新的保王党来到弗吉尼亚。弗吉尼亚最高阶层的72个家族移民的时间都是清楚的，其中三分之二在1640年到1669年期间到达。多数发生在1647年到1660年期间。[5]

1660年查尔斯二世复辟后，威廉·伯克利爵士继续他的招募行动。1663年，他出版了一本手册，向英格兰贵族家庭的子孙呼吁：

> 很少的钱就可以让小兄弟在新世界建立起繁荣的家庭；并且为他的祖国增加实力、财富和荣耀，他所能做的比成千上万在不公正的战争中被遗忘、未被奖赏的前辈还多……很多来自英格兰伟大家族的子孙已经定居在这里，比如珀西（Percy）、巴克利（Barkley）、韦斯特（West）、盖奇（Gage）、思罗格莫顿（Throgmorton）、怀亚特（Wyatt）、迪格斯（Digges）、奇切利（Chicheley）、梅德斯沃斯（Moldsworth）、莫里森（Morrison）、肯普（Kemp）等家族，还有成百上千我本该在这里列举但暂时不说的家族。[6]

威廉·伯克利爵士的招募成果显著。弗吉尼亚几乎所有的统治家族都是由他在任期间英国显赫家庭的后代建立的。伯克利自己就是一个在英国无望继承地产的青年人。这种历史学家所称的“年轻人综合征”成为弗吉尼亚文化中非常重要的因素。弗吉尼亚第一代家庭的奠基人试图在美国重建他们在故国遭到排斥的文化体系。[7]

弗吉尼亚上层精英中的大多数来自英国的上层社会。17世纪晚

理查德·李上校（Colonel Richard Lee）是什罗普郡一个古老家庭的小儿子。他于1640年左右移民弗吉尼亚，先后担任检察长、外事部部长和威廉·伯克利爵士的首席中尉。由于长期的忠诚，他得到了大量土地，到1663年他至少拥有7个庄园和数量众多的仆人和奴隶。李上校对自己的血统很骄傲。他的撒克逊家族与伯克利一样历史悠久，把英格兰的诺曼贵族鄙视为粗鄙、下流的暴发户。他生活奢华。1655年，清教徒共和国的官员起获了李的行李，在其中找到了“200盎司（约5.67千克）银盘，全都标记着他的盾形徽章”。李的前门上挂着自己的木刻徽章，如今尚在，有一面已经破损，但原漆还留着些许痕迹。徽章的设计中有一个新月形，这是他第二个儿子的印章，也出现在弗吉尼亚很多装饰中。李的家族成为伯克利总督辖下徽章精英的典型。

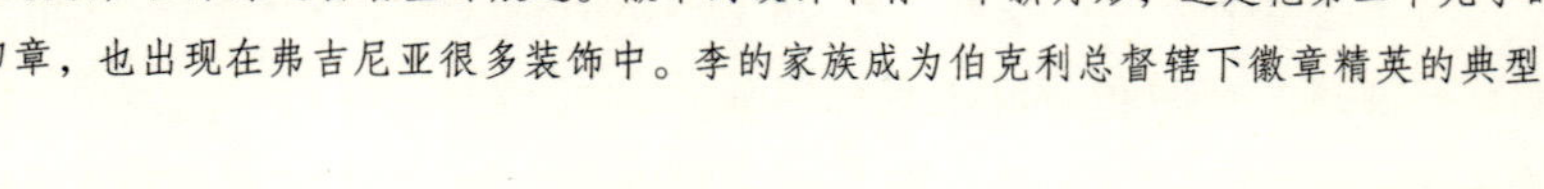

徽章释义：

第一个儿子：文件；第二个儿子：新月；第三个儿子：五角星；第四个儿子：圣马丁鸟；第五个儿子：小圆环；第六个儿子：鸢尾花形；第七个儿子：玫瑰；第八个儿子：风车式十字架；第九个儿子：八瓣形。

期到18世纪早期，弗吉尼亚152位高官中，至少有16个与贵族家庭有关联，有101个是英格兰准男爵、骑士和乡绅的子孙。还有7个人来自城市的徽章家族，他们家族的盾形徽章均出现在官员协会中。只有18个人是自耕农、商人、水手、工匠或者平民的后代。他们到达弗吉尼亚的时候，身份大多不是劳工或契约仆役，除了第一个亚当·托洛谷德（Adam Thoroughgood），但他的一个兄弟也是准男爵。只有两个人不是英国人，还有九个无法确定身份。[8]

这些家族很多在内战前就已经非常富有。早在16世纪，他们就与商人或其他富裕的乡绅通婚。一个例子是奥尔索普的斯宾塞（Spencers of Althorpe），15世纪时他们家还是牧羊人，16世纪却迅速崛起，到1603年，罗伯特·斯宾塞爵士（Sir Robert Spencer）据说是“王国中最富有的人”。[9]

斯宾塞家族有一部分就住在弗吉尼亚，就像其他一些大地主家族的后代。其中有些给弗吉尼亚带来了大量资金。其他一些人，按照奥尔德米克森（Oldmixon）的话说，则是“财力有限的高贵家族”，但他们的血统受到威廉·伯克利爵士青睐。

这些人多是家族中的小儿子，因为生育的秩序，他们被迫离开家族的土地。这些人可能多数在伦敦和布里斯托从商。他们在商业或航海领域就业，有机会接触到弗吉尼亚的信息。约翰·华盛顿（John Washington）走上了这条道路，还有尼古拉斯·斯宾塞（Nicholas Spencer）、托马斯·张伯伦（Thomas Chamberlain）和弗吉尼亚很多第一代家庭的先驱。但这些人的根基在英国的乡间，弗吉尼亚使他们能重返喜爱的乡间生活。弗吉尼亚有少数在城市出生、成长的人也保持这种文化态度。第一代威廉·伯德（William Byrd）发现，“保王党在乡间的隐居生活……（目前）是最称心如意的”。[10]

安娜·康斯特布尔·李（Anna Constable Lee）是理查德·李上校的妻子，在弗吉尼亚养育了五个儿子。这些儿子也为李氏家族生养众多，因此成为弗吉尼亚第一代贵族的典型。实现文化代际传递的是像安娜·李这样的妇女。她是一位“尊贵的夫人”，她跟随弗朗西斯·怀亚特爵士（Sir Francis Wyatt）的家族来到弗吉尼亚，当时的身份可能是爵士的护理。在这幅优美的肖像里，画家突出了弗吉尼亚两性间共有的文化特质。她开朗的表情体现了坦率的个性，以及对欺骗和造假的蔑视。她挺直的身姿表达出对阶层和荣誉的自豪，在男性这叫作荣耀，在女性则是品格。从嘴角到下巴的坚毅线条展示出独立和坚强的秉性。她的服饰体现了一种简约的尊贵和无需装饰的优雅。她的眼神里有某种哀伤和痛楚——这或许提醒了我们，这个文化的理想虽然时常受到环境的挑战，却愈挫愈勇。这是弗吉尼亚第一代夫人的理想形象。

这些移民绝大多数是坚定的保王党。很多人在内战期间曾是中队或校级军官。在立场明确的人中，98% 在内战中是支持国王的。他们如果上大学，一般会选择牛津——尤其是基督教会、默顿和王后等三所学院，因为它们都与王室有关联。他们在信仰上都是圣公会成员，信仰对他们的重要性丝毫不亚于清教徒。[11]

这些家族来自英格兰各个角落。但其中的三分之二（68%）居住在英格兰南部、西部的三角形地带，从肯特郡的威尔德（Weald）延伸到德文郡（Devon）和沃里克郡（Warwickshire）北部。如果把伦敦的移民加进这个地区的群体，它的比例就上升到四分之三。来自英格兰北部的较少（8%），来自东盎格鲁的更少（7%）。仅有很少来自康沃尔郡（Cornwall）、威尔士、苏格兰、爱尔兰和外国。[12]

在英格兰，多数人居住在离伦敦或布里斯托一天的行程范围内。城市，尤其是伦敦，是他们世界重要的组成部分。这些人中的三分之一在来美国之前曾在伦敦居住过。[13]

1724 年，休·琼斯（Hugh Jones）写道："弗吉尼亚人的习惯、生活、传统、想法等等都和伦敦很相似，因为他们对故国充满崇敬之情……多数时候他们对英格兰和苏格兰其他地方的乡间生活有些鄙视，因为那里的言行方式让他们感到陌生……他们生活方式相同，穿着的样式也相同，行为举止各方面完全像是伦敦的贵族。"[14]

在像伯克利这样的古老家族中，排序较后的儿女多数会和伦敦的商人结婚。在费尼默（Filmers）这样尊贵的家族，他们的乡间表亲会和城里的商人或律师亲戚做生意。[15] 与此同时，伦敦商人又和埃塞克斯和肯特郡的商人通婚：伯德家族就是如此，他们是富裕的金匠，祖辈却是大地主贵族，拥有自己的徽章。[16]

1650 年之后，这些家族仍然在大西洋两岸彼此通婚，来回在大陆间穿梭。其结果是一个关系紧密的殖民地精英阶层，到18世纪初期，彼此都沾亲带故。历史学家威廉·卡贝尔（William Cabell）把弗吉尼亚人的族谱比成“彼此勾连的一团鱼钩，他们结合得如此紧密，拔出一个，几乎都要带出其他三四个”。[17]

可以举一个宗谱链的例子，即费尼默（Filmer）—霍斯蒙登（Horsmonden）—伯德（Byrd）—贝弗利（Beverley）—卡尔佩珀（Culpeper）—卡特（Carter）。爱德华·费尼默爵士位于肯特郡的古老家族在17世纪早期有几个儿子。其中之一是罗伯特·费尼默爵士，他写作了保王主义论著《父权制》（*Patriarcha*），经常遭到洛克和悉尼的批判。这位费尼默爵士有一个儿子叫萨缪尔·费尼默（Samuel Filmer），娶了他的表妹玛丽·霍斯蒙登（Mary Horsmanden），然后移民到弗吉尼亚，最后死于恐怖的病症。年轻的寡妇嫁给了富裕的庄园主威廉·伯德。她生育了威廉·伯德二世（William Byrd II），后又成为罗伯特·贝弗利（Robert Beverley）和詹姆斯·杜克（James Duke）的岳母，她的孙子辈有托马斯·张伯伦（Thomas Chamberlayne）、查尔斯·卡特（Charles Carter）、兰登·卡特（Landon Carter）和约翰·佩奇（John Page）。仅仅在三代的时间里，弗吉尼亚多数的第一代家庭就与玛丽·霍斯蒙登·费尼默·伯德成了亲戚关系，她的族谱或许可以称为“母权制”。[18]

这位保王党夫人也和南方其他殖民地的上等家族有亲戚关系。她最年长的表姐弗朗西斯·卡尔佩珀（Frances Culpeper）先后与至少三位殖民地总督结婚：北卡罗莱纳州总督萨缪尔·斯蒂芬（Samuel Stephens）、南卡罗莱纳州总督菲利普·勒德韦尔（Philip Ludwell）和弗吉尼亚总督威廉·伯克利爵士。弗朗西斯·卡尔佩珀同时也是威廉·佩恩（William Penn）和纳撒尼尔·培根（Nathaniel Bacon）

Virginia's Royalist Elite
The Filmer-Byrd-Beverley-Carter-Culpeper-Berkeley Cousinage

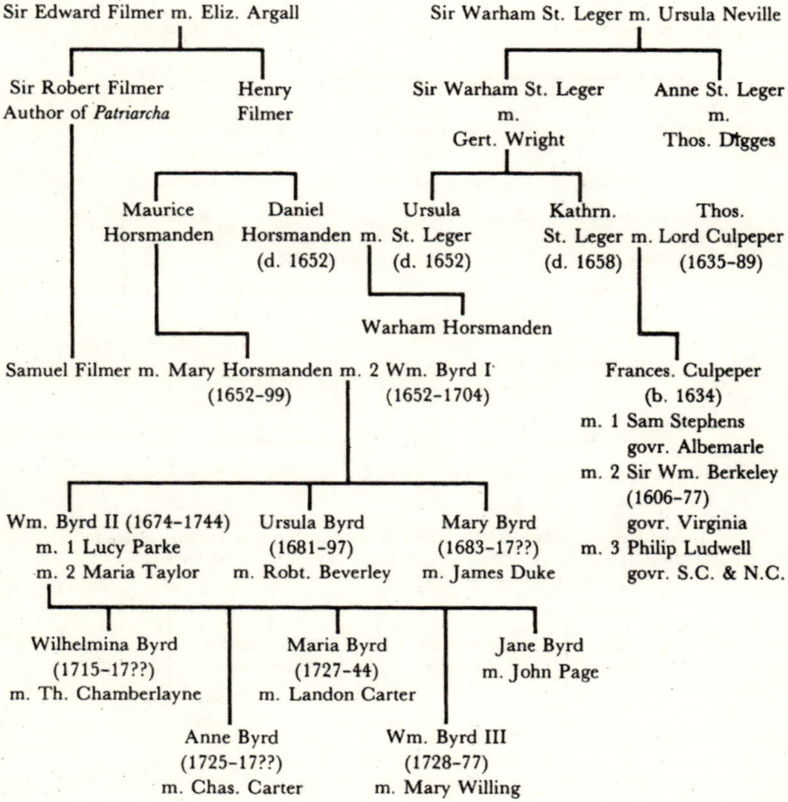

弗吉尼亚保王党精英家族链：费尼默—霍斯蒙登—伯德—贝弗利—卡尔佩珀—卡特。资料来源：Mildred Campbell Whitaker, *Genealogy of the Campbell, Noble, Gorton, Shelton, Gilmour and Byrd Families* (St. Louis, 1927); Marion Tinling, ed., *The Correspondence of the Three William Byrds of Westover, Virginia, 1684-1776* (2 vols., Charlottesville, 1977), II, 825–36; 宗谱资料引自 Swem, *Virginia Historical Index*; William Berry, *County Genealogies: Pedigrees of the Families in the County of Kent* (London, 1830)。

The Northampton Connection
The Isham-Washington-Spencer-Randolph-Jefferson-Bland-Beverley-Bolling-Eppes-Hackett Cousinage

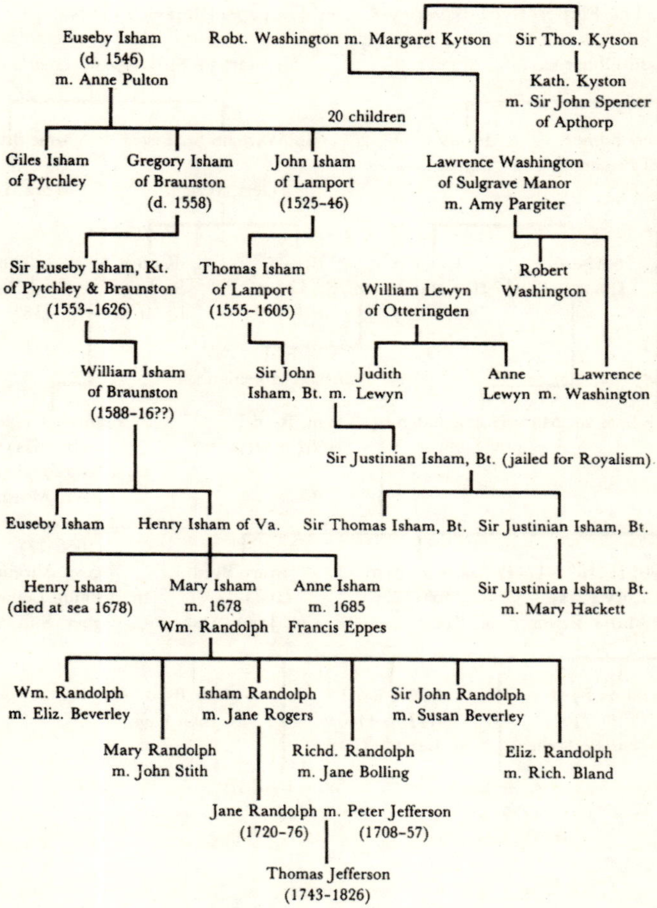

北汉普顿（Northampton）家族链：艾沙姆（Isham）—华盛顿—斯宾塞—兰道夫—杰弗逊—布兰德（Bland）—贝弗利—博林（Bolling）—艾普斯（Eppes）—哈克特（Hackett）。资料来源："The Washington Memorials at Garsden," WMQ VI (1910), 482–85; VII (1911), 1–6, 337–43, 452–57, 529–36; Henry Isham Longden, *Visitation of Northamptonshire HARLSP 87* (1935), 250–63; Henry Isham Longden, *The History of the Washington Family* (Northampton, 1927); Oswald Barron, *Northamptonshire Families* (London, 1906); Finch, *The Wealth of Five Northamptonshire Families*, 141–68。

的表亲，这二人后来成为她丈夫不共戴天的仇人。[19]

费尼默—伯德—卡尔佩珀—伯克利家族链以玛丽·霍斯蒙登·费尼默·伯德为核心，他们只是弗吉尼亚统治精英家族的众多联盟之一。还有一个例子是北汉普顿家族链，他们以艾沙姆为核心，包括兰道夫、华盛顿和奥尔索普（Althorp）的斯宾塞家族。这些家族十六、十七世纪时在北汉普顿就通婚。[20]他们与费尼默家族关系也比较紧密。比如，北汉普顿郡苏尔格雷夫（Sulgrave）庄园的华盛顿家族（乔治·华盛顿的祖先）与费尼默家族至少有三个亲戚关系。华盛顿家族的一支在肯特郡的住处靠近罗伯特·费尼默爵士；在东萨顿（Sutton）费尼默家族产业近旁的小教堂里 （现在是少女管教学校），人们仍然能找到献给与费尼默家族通婚的华盛顿家族的小窗户。另一个旁支曾在埃塞克斯郡短期驻留，当时苏尔格雷夫的劳伦斯·华盛顿牧师（曾担任过牛津布列斯诺斯［Brasenose］学院的学者）通过霍斯蒙登家族的关系在当地获得一个职位。这个保王党牧师的几个儿子在他被清教徒处死后移民到了美国。华盛顿家族的其他人与费尔法克斯和卡尔佩珀家族通婚，他们居住在肯特郡的利兹城堡，距费尼默家族在东萨顿的地产仅相隔几英里。[21]

弗吉尼亚的另外一个家族链以居住在格洛斯特郡和萨默塞特郡的威廉·伯克利爵士为核心。在萨默塞特郡的老城布鲁顿市（Bruton），伯克利家族与勒德韦尔家族、佩奇家族联姻，这两个古老而显赫的家族都曾有人担任过高官。威廉·伯克利爵士本人也是卡里亚（Cary）家族的亲戚，后者来自离布鲁顿市仅三英里的卡里亚城堡，他们与布里斯托的富商通婚。

这个伯克利家族链与北汉普顿家族链、肯特郡的家族有姻亲关系。具体地说，威廉·伯克利爵士的家族与北汉普顿的华盛顿家族和肯特郡的费尼默家族联姻。伯克利本人是玛丽·霍斯蒙登·费尼默·伯德的表亲，是她的公公，也就是发表《父权制》的罗伯特·费尼默爵士的亲戚，同时他又是威廉·伯德的远房表亲。很多这样的关系是通过表亲通婚建立的，背后有悉心的谋划，以建立类似于诺曼父权制社会那样繁复的姻亲关系。很难想象自托勒密（Ptolemies）时代以来，还有如此紧密相关的统治精英阶层。

一个具体的例子是弗吉尼亚皇家议会的构成。1724 年，这个机构有 12 个成员；所有人都通过血缘或婚姻彼此关联。其中最多的是玛丽·霍斯蒙登·费尼默·伯德的亲戚。这些人中包含罗伯特·卡特和他的儿子约翰·卡特，他们的表亲威廉·伯德，纳撒尼尔·哈里森（Nathaniel Harrison）和彼得·贝弗利（Peter Beverley）。其他议员有约翰·罗宾逊（John Robinson），他的妻子是凯瑟琳·贝弗利；菲利普·勒德韦尔二世（Philip Ludwell II），他的妻子是汉娜·哈里森（Hannah Harrison）；詹姆斯·布莱尔（James Blair），他的妻子是莎拉·哈里森（Sarah Harrison）；约翰·路易斯（John Lewis），他的妻子是奥古斯丁·沃纳（Augustine Warner）的女儿，并且他与所有主要家族都有姻亲关系；曼·佩奇（Mann Page），他是朱迪思·沃姆利（Judith Wormeley）的亲戚；埃德蒙·詹宁斯（Edmund Jennings）和科尔·迪格斯（Cole Digges），他们也是因为通婚或血缘和很多这样的家庭形成姻亲。[22]

这个精英群体在 17 世纪中叶控制了理事会，并持续到独立战争之前。早在 1660 年，理事会的所有议员就来自五个彼此相连的家族链。到 1775 年，理事会的所有成员也都是 1660 年理事会成员的后代。[23]

理事会的席位并不是一个空洞的荣誉。这个小范围组织相当于总督的内阁，也起到议会上院和殖民地最高法庭的作用。它控制着

诺伯恩·伯克利（Norborne Berkeley）贵为博特图尔（Botetourt）领主，进一步让伯克利家族和弗吉尼亚之间的血脉相连。博特图尔领主（1718–1770）是一位“态度温和、广受尊敬的贵族”，他是弗吉尼亚殖民地时期最受欢迎的总督之一。他于1768年上任，像他的先辈一样全心全意忠于英王。就像威廉·伯克利爵士模仿查尔斯一世的姿势一样，博特图尔领主也模仿乔治三世，召开议会就像国王召开国会那样，乘坐由配备精良的汉诺威大马拉动的政府马车穿过威廉斯堡。在发表公共演说时，博特图尔领主也模仿乔治三世的穿着、举止、外貌，甚至是特别的语言瑕疵。1768年，弗吉尼亚的上流社会已经和英格兰很多老的保王党家族一样，对他们辉格党的身份毫不掩饰。他们不赞同博特图尔领主在宪法问题上的立场，但仍然尊重他，喜爱他，并把他当作自己的一员。当领主在1770年因为流行性感冒突然去世时，弗吉尼亚人为他建起了一个纪念碑，而且保存到独立革命之后。

土地的分配，其中绝大部分归给了 1680—1775 年占据这个理事会三分之二席位的 25 个家族。这些家族也控制着其他实权职位和相关利益：部长、财务长、审计长、税收局长、鉴定局长、税务官、海军官员，以及威廉玛丽学院的院长等。[24]

他们也同人数众多的低等贵族合作，牢牢地控制着殖民地的经济命脉。1703 年，一位官员写道："这个地区的每条河流上都有 10 到 30 个人通过贸易和产业奠定了雄厚的实力。这些上流社会的人精心布局，向穷人供给货物和必需品，同时让穷人处于债务的境地，使其不得不依赖于他们。从这些人中又选出了国王陛下的咨政会成员、议会成员、法官和行政官员。"[25]

这一小撮精英注定要在弗吉尼亚的历史上扮演重要的角色——不仅在政治、经济上，也在社会和文化中。南方民俗的形成很大程度要归因于他们。一位 1717 年来到美国的英国移民观察到，"在议会大厦的办公时间，你总能看到很多模样英俊、穿着得体、志得意满的上流人士"。他认为，他们"整体面貌……不输于我在任何其他地方见到的人"。[26]1773 年，来弗吉尼亚旅行的北方人菲利普·费西安（Philip Fithian）写道："这些人的幸运……在行为的各方面都有所体现。"[27]

一个社会的等级愈森严，它的精英对文化的影响愈大。弗吉尼亚第一代家族在本地的第一个百年中已经获得了稳固的统治地位。英国移民乔治·费舍尔（George Fisher）曾被警告要小心这些人的权力：

> 约翰·兰道夫在讲到弗吉尼亚人的成分时，很坦率地警告我们，不要冒犯本地任何重要的人物，或使他们感到失望……他说，我们几乎所有人都通过血缘或婚姻相连，所以

> 我们的利益也是关联的，任何陌生人如果胆敢冒犯我们中的任何一个人，都会立刻成为所有人的敌人。无论正确与否，无论何种方式，只要我们抛弃他，他就完蛋了。[28]

弗吉尼亚的这个精英阶层在威廉·伯克利爵士当政时期建立起来，并且保持其统治地位上百年。这一时期来过新世界的英国贵族很快觉察到他们和这些弗吉尼亚大地主之间的文化亲缘性。比如在1765年，戈登家族的第二任公爵，亚当·戈登领主（Lord Adam Gordon）观察到，弗吉尼亚的"上等家庭"是由"英格兰富贵家庭的弟弟们"建立的。他和他们相处就像回家一样。"总而言之，"他写道，"如果我有机会留在美国，就气候和朋友来说，我会选择这个地方。"[29]

亚当·戈登领主对弗吉尼亚"上等家庭"社会起源的理解要好于20世纪中产阶级的历史学家们，后者用具有向上流动性的中产阶级图景遮蔽了"上等家庭"和"圆满的贵族"等景象。但有关弗吉尼亚保王党的传说不仅仅是罗曼蒂克的迷信。在主要方面，这些都有坚实的史实基础。[30]

注释

1 Philip A. Bruce in *Dictionary of American Biography, s.v.* Berkeley; *idem, Social Life of Virginia in the Seventeenth Century: An Inquiry into the Origin of the Higher Planting Class*...(Richmond, 1907).

2 Francis Bamford, ed., *A Royalist's Notebook: The Commonplace Book of Sir John Oglander, Kt* [1585-1655](London, 1931), 109; 保王党家族的经济损失，包括那些损失最严重的和最小的，参见 H. J. Habbakuk, "Landowners and the Civil

War," ECHR2 18 (1965), 130-51; Ann Hughes, *Politics, Society and the Civil War in Warwickshire* (Cambridge, 1987), 267; Joan Thirsk 的很多著作，尤其是 "The Sales of Delinquent Estates during the Interregnum and the Land Settlement at the Restoration" (thesis, Univ. of London, 1950)。

3 Henry Cary, ed., *Memorials of the Great Civil War* (London, 1842), II, 118; quoted in David Underdown, *Royalist Conspiracy in England, 1649-1660* (New Haven, 1960), 13-14.

4 "Ingram's Proceedings" [n.d., ca. 1676]; Peter Force, ed. *Tracts and Other Papers Relating Principally to the Origin, Settlement and Progress of the Colonies in North America* ... (4 vols., 1836-46, New York, 1947), 1.11, 34.

5 弗吉尼亚最高阶层 72 个家族的奠基人移民时间如下：1607—1619， 3；1620—1629，4；1630—1639， 7；1640—1649，8；1650—1659， 29；1660—1669，11; 1670—1679，4; 1680—1689，4; 1690 及之后，2。这些数据来自主要政府部门，1680—1776。来源包括标准的宗谱资料，见 Swem, *Virginia Historical Index*；英国郡政府纪录办公室的英文资料；也见 Bruce, *Social Life of Virginia*, 39-99；Bailyn, "Politics and Social Structure in Virginia," 90-115; Douglas Southall Freeman, *George Washington* (7 vols., New York, 1948-57), I, 15, appendix I-4; Louis Morton, *Robert Carter of Nomini Hall* (Williamsburg, 1945), 3; Nell M. Nugent, *Cavaliers and Pioneers* (Richmond, 1934); William G. and Mary N. Standard, *The Colonial Virginia Register* (Albany, 1902)。

6 Berkeley, *A Discourse and View of Virginia*, 3.

7 Joan Thirsk, "Younger Sons in the Seventeenth Century," *H* 54 (1969), 358-77.

8 这 16 个与贵族有关联的家庭包括 Aston, Berkeley, Booth, Culpeper, Digges, Fairfax, Gage, Mason, Mathews, Pawlett, Percy, Spencer, Spotswood, Throckmorton/Throgmorton, West 和 Zouch。

贵族家庭包括 Armistead, Ashton, Bacon, Ball, Ballard, Batte, Bathurst, Beckwith, Bedell, Bennett, Bernard, Bland, Booth, Brent, Broadhurst, Broadnax, Burwell, Butt, Cabell, Calthorpe, Carter, Catlett, Chamberlayne, Cheisman, Chicheley, Chilton, Churchill, Claiborne, Clarke, Clayton, Cocke, Cole, Corbin, Croshaw, Custis, Ferrer/

Farrar, Fauntleroy, Filmer, Finch, Fleetwood, Fortescue, Fowke/Fowkes, Goldsborough, Goodrich, Grosvenor, Grymes, Hackett, Hammond, Harrison, Honeywell, Horsmanden, Hyde, Isham, Jennings, Kemp, Kingsmill, Landon, Lee, Lear, Leigh, Lightfoot, Littleton, Lovelace, Ludlow, Lunsford, Marshall, Mason, Mayo, Milner, Monroe, Moryson, Norwood, Page, Parke, Peachey/Peachy, Perceval, Peyton, Randolph, Reade, Robinson, Scarborough, Scott, Skipwith, Smith, Spelman, Steward, Tayloe, Thoroughgood, Tucker, Turberville, Warner, Washington, Webb, Welsford, Wentworth, Willoughby, Wingfield, Woodhouse, Wormeley, Wyatt 和 Yeo。

城市的徽章家族包括 Bland, Byrd, Cary, Craven, Fitzhugh 和 Ludwell; 这些家族都在所在地担任过最高官职，拥有自己的徽章，并且和乡绅保持着密切的联系。

较低的阶层包括 Blair and Donne （专业人士）, Bassett, Beverley and Taylor （自耕农）, Bolling, Brooke, Buckner, Chew, Corbin, Hamor, Jones, Munford, Nelson, Perry(零售商、商人和海员); Allerton, Clopton and Madison（工匠）和Fry(平民)。不是来自英国的有 Taliaferro（佛罗伦萨）和 Minor（荷兰）。不知道来源地的有 Duke, Eppes, Hartwell, Jefferson, Lewis, Marable, Porteus, Quary, 和 Whiting。

资料来源：英国郡政府纪录办公室的家谱资料和第 6 条注释里的文献。皇家总督的家族也被计算在内，其前提是他们家族的其他成员也居住在弗吉尼亚。要注意的是，很多出身低微的人在弗吉尼亚成为富有的农场主，但他们没有机会成为上层精英的成员。还有很多出身高贵的移民来到弗吉尼亚，却没有在新世界保持原有的地位。这个名单没有包括所有贵族出身的人。

9 M. E. Finch, *The Wealth of Five Northamptonshire Families, 1540-1640, NHANTRS* 19 (1954-55, Oxford, 1958), 38; Lawrence and Jeanne C. Fawtier Stone, *An Open Elite? England 1540-1880* (Oxford, 1984), 80-81.

10 Tinling, ed., *Correspondence of Three Byrds*, I, 122. 过去的说法强调这些人来源于农村，现代历史学家则发现了他们有商业和航海职业的背景。有人主张，弗吉尼亚第一代家庭的创立者都是商人，只是他们的子孙后来习得了乡绅的价值和文化。真实情况比这些解释更为复杂。我们必须研究这些人的家族背景（多数是乡绅的小儿子）和青年时期的职业（通常是从商或航海），和其中的价值表达。不能忽视上面引述的威廉·伯德一世的记述。我们还应该记得一个中心事实：

这些人抛弃了商业和航海的职业，回归农村的生活。要懂得他们的价值观，必须审慎地研究他们。有三个很优秀的文献从不同方面作了论述，参见 Martin H. Quitt, "Immigrant Origins of the Virginia Gentry: A Study of Cultural Transmission and Innovation," *WMQ3* 45 (1988), 629-55; Carole Shammas, "English-Born and Creole Elites in Turn-of-the-Century Virginia," in Tate and Ammerman, eds., *The Chesapeake in the Seventeenth Century*, 274-97; Warren M. Billings, "The Growth of Political Institutions in Virginia, 1634-1676," *WMQ3* 31 (1974), 225-42。

11 有少数弗吉尼亚的上层家庭祖上是清教徒；哈里森家族的族谱上甚至还有一个弑君者。弗吉尼亚第一代家庭中更为稀有的是朝圣者艾萨克·阿勒顿（Pilgrim Isaac Allerton），他是伦敦裁缝的儿子，乘坐"五月花号"船到达普利茅斯，又于 1655 年左右迁徙到弗吉尼亚，他在那里与伯克利精英阶层的后代成婚。由于弗吉尼亚第一代家庭彼此勾连甚广，他们中很多人透过与艾萨克·阿勒顿的亲戚关系可以算到五月花号后代协会（Society of Mayflower Descendants）里去。

12 弗吉尼亚 127 个精英家族的来源地如下：肯特，13；格洛斯特，9；北汉普顿，8；萨默塞特，8；伦敦，7；约克郡，6；萨里，6；德文郡，5；波克夏，4；汉普郡，4；什罗普郡，4；贝德福德、多塞特、米德尔塞克斯、诺福克、萨福克、苏塞克斯、沃里克郡和威尔特郡，各 3 个；白金汉郡、埃塞克斯、莱斯特郡、林肯郡、斯塔福德和伍斯特郡，各 2 个；剑桥郡、柴郡、康沃尔、坎伯兰、德比郡、赫特福德、亨廷顿郡、兰开夏、拉特兰、威斯特摩兰、海峡群岛、西印度群岛、新英格兰、意大利、荷兰、苏格兰和威尔士，各 1 个。

13 奎特（Quitt）发现，"总体算来，在能够找到英国来源地的 59 位移民领袖中，有 19 位来自伦敦"。比林斯（Billings）从另一个样本中发现，75 人中有 25 人曾在伦敦生活。见 Quitt, "Origins of Virginia Gentry," 635; Billings, "Political Institutions in Virginia," 237n。

14 Hugh Jones, *The Present State of Virginia* (1724, rpt. Chapel Hill, 1956), 81, 102; 也见 Robert Beverley, *The History and Present State of Virginia* (1795, rpt. Chapel Hill, 1947), 287-88。

15 这些生意的记录见 Filmer mss, KAO。

16 伯德家族的徽章资格见 Lorraine E. Holland, "Rise and Fall of the Ante-bellum

Virginia Aristocracy: A Generational Analysis" (thesis, Univ. of Calif. At Irvine, 1980), 33; Alden Hatch, *The Byrds of Virginia* (New York, 1969), 3-5。

17 William Cabell Bruce, *John Randolph of Roanoke, 1773-1833* (2 vols., New York, 1922), I, 22.

18 另一位夫人和这个情况类似，她叫露西·希金森（Lucy Higginson），她先后有三任丈夫，包括路易斯·伯韦尔（Lewis Burwell）和菲利普·勒德韦尔。她生养众多，因此伦纳德·拉巴里（Leonard Labaree）写道："……1680 年之后，弗吉尼亚六分之一的议员可以把她称为'露西祖母'。" Leonard W. Labaree, *Conservatism in Early American History* (New York, 1948), 7-8.

19 Charles H. Townshend, "The Bacons of Virginia and Their English Ancestry," *NEHGR* 37 (1883), 191.

20 弗吉尼亚的兰道夫家族可以追溯到火鸡岛上的威廉·兰道夫，他是沃里克郡莫顿庄园理查德·兰道夫爵士的幼子，他于 1673 年移民到弗吉尼亚。但这个家族在弗吉尼亚真正的起源是亨利·兰道夫，他是北汉普顿郡威廉·兰道夫的第三个儿子，于 1650 年移民弗吉尼亚。火鸡岛上的威廉·兰道夫娶了玛丽·艾沙姆，她是北汉普顿郡布朗斯顿（Braunston）的亨利·艾沙姆的孙女。她的姐姐安妮·艾沙姆嫁给了弗吉尼亚的弗朗西斯·艾普斯。艾沙姆家族和兰道夫家族在英格兰和弗吉尼亚都互相通婚。见 *VCH Northamptonshire Genealogies*, plus ms. Genealogies in *NHANTRO*。

21 Henry Isham Longden, *The History of the Washington Family* (Northampton, 1927), 30; H. Clifford Smith, *Sulgrave Manor and the Washingtons* (London, 1933).

22 Jones, *The Present State of Virginia*, 103, 235-41.

23 拉巴里（Labaree）发现，从 1680 年到 1775 年的 91 位议员中，60% 以上只有 23 个姓。戴维·乔丹从包括这个在内的证据中得出结论，培根叛乱对弗吉尼亚精英阶层的影响比不上 1689 年叛乱对马里兰精英阶层的影响。见 "Political Stability and the Emergence of a Native Elite in Maryland," in Thad W. Tate and David L. Ammerman, eds., *The Chesapeake in the Seventeenth Century* (London, 1975), 245; James L. Anderson, "The Governors' Councils of Colonial America: A Study of Pennsylvania and Virginia, 1660-1776" (thesis, Univ. of Va., 1967); Labaree,

Consevatism in Early American History, 7; Grace L. Chickering, "Founders of an Oligarchy: The Virginia Council, 1692-1722," in Bruce C. Daniels, ed., *Power and Status: Officeholding in Colonial America* (Middletown, Conn., 1986), 255-77。

24 Fairfax Harrison, *Virginia Land Grants, A Study of Conveyancing in Relation to Colonial Politics* (Richmond, 1925).

25 Col. Robert Quary to Board of Trade, 16 June 1703, quoted in Chickering, "Founders of an Oligarchy," 262.

26 Jones, *Present State of Virginia*, 70.

27 Philip Fithian to Enoch Green, 1 Dec. 1773; in Philip Vickers Fithian, *Journal and Letters 1773-1774: A Plantation Tutor of the Old Dominion* (Williamsburg, 1943), 34-35.

28 "Narrative of George Fisher……," *WMQ1* 17 (1908-9) 123.

29 亚当·戈登领主，"官员的日志……1764 年和 1765 年"，见 Newton D. Mereness, ed., *Travels in the American Colonies* (New York, 1916), 404-5。

30 弗吉尼亚保王党的历史本身就是一个充满魅惑的题目。在 19 世纪，贵族出身的学者如菲利普·布鲁斯收集到弗吉尼亚精英阶层保王党起源的资料，由此提出，这些精英阶层有着彼此相差不多的英国贵族和商人背景，"这些人的历史不用追溯太远，就可以发现是来自各郡的大地主"（*Social Life of Virginia*, 83）。

布鲁斯是正确的。但另一个来自弗吉尼亚不同背景的学者沃滕贝克（T. J. Wertenbaker），把这种主张贬低为一种怀旧的空话，并且力主揭示这个所谓"保王党传说"。沃滕贝克主张，"较有社会地位的人很少"会来切萨皮克，"弗吉尼亚带头的定居者"主要还是"出身低微"的小商人（*Patrician and Plebian in Virginia*［1910, rpt. New York, 1959］, 10, 11, 28-30, passim）。

沃滕贝克直到完成此书后才接触到英国的资料，在对几个弗吉尼亚人社会阶层的背景作具体描述时，他的基本事实是错误的（即有关索罗古德、卡里亚、勒德韦尔和伯德的部分）。在理论推导方面，他对弗吉尼亚第一代家庭的研究也过于简单。但对于新南方来说，保王党的形象是不受欢迎的，所以他的观点很快被接受了。雷维斯（W. A. Reavis）为了论证这种观点，用量化研究的结果指出，马里兰 82% 的精英"并不是真正的英国贵族"。但"不是真正的"说法里包含的是那些财富缩水、商业资源也较少的年幼的儿子（“The Maryland Gentry and Social Mobility, 1637-1676,” WMQ3 14 (1957), 418-28）。相似的结论也出现在 Aubrey Land, “Economic Base and Social Structure: The Northern Chesapeake in the Eighteenth Century,” JECH 25 (1965), 639-54, 和 “The Planters of Colonial Maryland,” MDHM 67 (1972), 109-28; 但兰德（Land）没有任何有关英国来源地的证据，而且马里兰不是弗吉尼亚。沃滕贝克的观点仍然被很多人接受，包括“切萨皮克学派”的社会历史学家，发表过“贵族传说”的文化历史学家和新南方的一流社会学家。

一些学者证实了布鲁斯观点的部分内容：在起源的问题上，见 John E. Manahan, “The Cavalier Remounted: A Study of the Origins of Virginia's Population, 1607-1700” (thesis, Univ. of Va., 1946); 在时间问题上，见 Bailyn, “Politics and Social Structure in Virginia,” 90-118; 在信仰问题上，见 Bertram Wyatt-Brown, *Southern Honor: Ethics and Behavior in the Old South* (Oxford, 1982)。

弗吉尼亚大移民

社会根源

早在威廉·伯克利爵士和他的精英们到达之前一代人，就有人到弗吉尼亚定居。最早于 1607 年，乘坐“苏珊忠诚者号”（*Susan Constant*）和两个副舰（“顺风号”[*Godspeed*]和“发现号”[*Discovery*]）抵达的英国殖民者建立了詹姆斯敦。这些移民成功建立了美国第一个永久性的英国人定居点。但今天却没有类似于“五月花号后代协会”这样的“苏珊忠诚者号”组织。詹姆斯敦的大多数创立者或者死在了这个新家，或者很快返回了英格兰。[1]

弗吉尼亚人口迅速增长的时期较晚，是在清教徒移民到达新英格兰之后。很多研究者认为，“英国到切萨皮克地区的移民主要集中在 17 世纪的第三个 25 年”。[2] 从 1645 年到 1665 年，弗吉尼亚的人口增长了三倍，马里兰人增长了 11 倍，而新英格兰人只是多了一倍。把切萨皮克地区第一代人高死亡率和低出生率等因素考虑进来，这个地区从 1645 年到 1670 年期间的移民数量大约在 40,000 到 50,000 人。[3]

弗吉尼亚的第二波移民在很多方面不同于逃亡到马萨诸塞的清教徒移民，包括英国来源地、美国目的地，尤其是社会构成。新英格兰人多数来自英国社会的中等阶层。弗吉尼亚来自上等和下等阶层的人则很多。从数量上说，威廉·伯克利爵士招募来的“苦闷的贵族”只是切萨皮克地区移民很小的一部分。大多数弗吉尼亚的移民还是下层社会的人。大约 75% 的移民是契约仆役。[4]

一本保留至今的英国移民名册包含了 1654 年到 1678 年期间从布里斯托到美国的大约 10,000 名仆役。其中的一半去了弗吉尼亚。剩下的人深入西印度群岛——主要是 1650 年代较受欢迎的巴巴多斯岛（Barbados）和 1660 年代较受欢迎的漂亮的尼维斯岛（Nevis）。很少人选择去新英格兰。主要的走向是从英格兰南部和西部去向加勒比海和切萨皮克地区。[5]

弗吉尼亚的仆役多数来自英国社会的下层，但还不算底层。他们“属于中产阶层的下层”，一位历史学家写道，“比同时代的富人和年长的人低，但又比穷困的劳工、流浪者和赤贫者要好”。和多数到新英格兰的移民不同，这些人的旅费是由其他人支付的。[6] 与马萨诸塞的创立者相比，他们中更大的比例来自农村地区和农业人口。弗吉尼亚居民的三分之二是没有技能的劳工，或是英国语境中的“农民”——在他人土地上劳作的佃农。只有 30% 是工匠（新英格兰则有 60% 是工匠）。大多数人是文盲，切萨皮克湾区的识字率比马萨诸塞湾区要低很多。[7]

性别的比例也和新英格兰的大移民不同。总体而言，女性的数量远远小于男性，基本上是 1:4——有时是 1:6。[8] 很少有女性愿意选择居住在弗吉尼亚。有些人是被欺骗或诱拐，违背她们的意愿送到了弗吉尼亚，一首叫“被骗的女士”的老民谣里这样说：

> 女人有自己的愿望，却被违背，
> 送到了弗吉尼亚，噢：
> 我就想说，我在这里受苦，

很累、很累、很累、很累，噢……

我服侍主人五年了，
在弗吉尼亚的土地上，噢，
让我感到遗憾、哀伤、痛苦，
很累、很累、很累、很累，噢……

我既耕地又运货，
在弗吉尼亚的土地上，噢，
他们还给我加上树林里的重担，
很累、很累、很累、很累，噢……

让女友们知晓，我的不幸，
在弗吉尼亚的土地上，噢，
一定要待在家里，如果你来这里，
你会很累、很累、很累、很累，噢……[9]

1643 年，一位叫伊丽莎白·哈姆林（Elizabeth Hamlin）的妇女因为靠这种手段欺骗女孩被投入了伦敦的西门监狱。另外一首民谣讲述的是一个“诚实的纺织工”把他的妻子卖到了弗吉尼亚。这种做法虽然看起来很怪异，但 17 世纪的英格兰时有发生。[10]

弗吉尼亚多数的仆役移民都是青少年或青年男子。其中四分之三的年龄在 15 岁到 24 岁之间。只有 3% 是小于 15 岁，不到 1% 超过 35 岁——这与马萨诸塞是很大的不同。[11] 很多这样的年轻人是被诱拐或者被绑架到弗吉尼亚的。英国议会在 1645 年的听证会上得到

17 世纪晚期的弗吉尼亚移民多数是契约仆役，他们的家庭一般是贫穷的佃农或农村劳工。这一阶层的最后残余至今仍能在英格兰南部的一些偏远乡村找到。1985 年，名叫杰克和罗伊·弗里奇的两个佃农因为地主突然死亡，而在全国曝光。他们住在牛津郡大图地区的科茨沃尔德村（Cotswold），居所是没电或没水的石头农舍，他们是本地乡绅尤斯塔斯·罗伯（Eustace Robb）少校的佃农。罗伯少校的死在西牛津郡地区的议会上引起了有关农舍及其占有者处置问题的激烈争论。

证据，有帮派“用非常野蛮和缺德的方式偷走了大量的小孩”送到切萨皮克地区做仆役。[12]其他人是因为轻罪或流浪被逮捕后，“关押”或押运到弗吉尼亚的。民谣讲述了一个伦敦学徒被“铁心肠的法官”关押，然后“作为奴隶卖到了弗吉尼亚”：

来吧，年轻的朋友们，无论你来自何方，
来听我告诉你们的故事，
我们经历了苦难，
当我们被押送到弗吉尼亚的时候……

我曾是伦敦的一个学徒，
辛勤地长时间工作，
直到漂亮的小妇人引诱我堕落，
让我对工作一天天倦怠，
所以我最后被押送到了弗吉尼亚。

现在我在弗吉尼亚像猪一样生活，
我们的枕头是砖头或圆木，
我们穿不穿衣都像海里的猪，
我在弗吉尼亚的命运多么悲惨。[13]

所以，弗吉尼亚大移民几乎所有重要方面的特征都与马萨诸塞的清教徒移民不同。切萨皮克殖民地的移民从一开始就有严重的阶层分化，并且以男性为主，较大比例来自农村地区，农业人口占比较多，职业技能偏低，识字率也较低。很多人来自英格兰的南部和西部；很少有来自东盎格鲁或北部的。这些特点不是偶然产生的。弗吉尼亚大移民是政策和社会计划的产物。当地的保王党精英在一定程度上通过控制移民过程，塑造了美国一个地区的社会史。

注释

1 移民早期留存下来的贵族家庭有阿彻（Archer）、艾普斯（Eppes）、福里斯特（Forrest）、鲍威尔（Powell）和温菲尔德（Wingfield）。

2 这是卫斯理·弗兰克·克雷文（Wesley Frank Craven）的结论，见 *White, Red and Black: The Seventeenth Century Virginian* (Charlottesville, 1971); 罗素·莫纳德（Russell Menard）基本同意这个观点，他说，这个结论“虽然非常准确……但我们仍然可以进一步充实提高。更准确的时间可能是起始于 1640 年代，终止于 1680 年代，要注意的是，这个过程被打断了好几次，尤其是在 1660 年代中期，其次是在 1650 年代中期和 1670 年代早期。这个时期之外的两个年度，1635 年和 1699 年新移民的人数比 1650 年到 1675 年期间的任何一年都多。但从年均来说，第三个 25 年比该世纪任何一个相等时期移民数都要多”。这种数据的准确性在马里兰比在弗吉尼亚更高。见 Russell Menard, “Immigration to the Chesapeake Colonies in the Seventeenth Century: A Review Essay,” *MDHM* 68 (1973), 323-29。

3 这个规律在下面的人口统计中有所体现：

定居点	1629	1640	1660	1670
纽芬兰（Newfoundland）	100			
新英格兰（New England）	1000	25,000		50,000
新尼德兰（New Netherland）	270	2000	5000	
马里兰（Maryland）		600	4000	11,000
弗吉尼亚（Virginia）	2500	8000	30,000	
百慕大（Bermuda）	2000	3000	4000	
巴巴多斯（Barbados）	1400	20,000	42,000	
牙买加（Jamaica）			3500	

续表

定居点	1629	1640	1660	1670
背风群岛（Leeward Islands）	3150	12,000	10,000	
普罗维登斯群岛（Providence Island）		1000		

从 1629 年到 1640 年，英国移民多数去了新英格兰和巴巴多斯岛。前往切萨皮克地区的移民主要发生在 1640 年到 1700 年期间，当时弗吉尼亚的人口增长三倍，马里兰是 11 倍，而在新英格兰仅增长一倍。这些数据的来源很多，主要归纳在 Carl Bridenbaugh, *Vexed and Troubled Englishmen, 1590-1642* (New York, 1968), 410, 432, 473; Richard S. Dunn, *Sugar and Slaves: The Rise of the Planter Class in the English West Indies, 1624-1713* (Chapel Hill, 1972), 311-13; Russell Menard, "Population, Economy and Society in Seventeenth Century Maryland," *MDHM 79* (1984), 71-92, 和其他一些定居点的官方数据。

弗吉尼亚的另外一个统计研究见 Morgan, *American Slavery, American Freedom*, 404, 他估计该地区的人口 1662 年有 25,600，1674 年有 31,900，1682 年有 40,600。这些数字太低了；摩根假设十一税区和总体人口之间的比例是线性的，但实际上是抛物线，顶点出现在 1662 年。当时的人认为，弗吉尼亚的人口在 1660 年就已经到达了 40,000 的水平（Berkeley, *Discourse and View of Virginia*, 6-7），但这个估计显得太高。可能性更大的一个估计是 1660 年有 30,000 人（12,000 个十一税区）。这个来自 *HSUS* 的估计很少有人知道。

移民总数，弗吉尼亚从 1607 年到 1699 年期间有 82,000 人，马里兰从 1634 年到 1699 年期间有 42,000 人，整个切萨皮克地区在 17 世纪有 120,000 到 130,000 人之间；伯克利 1670 年时说，"我们估计每年到达的仆役有 1,500 人左右，其中多数是英国人，少数是苏格兰人，爱尔兰人更少"。这个估算再加上自由人和奴隶的数目，与其他一些研究大致相同。见 Craven, *White, Red and Black*, 16; Menard, "Immigration," 323; J.P.P. Horn, "Social and Economic Aspects of Local Society in England and the Chesapeake: A Comparative Study of the Vale of Berkeley, Glouscestershire, with the Lower Western Shore of Maryland, 1660-1700" (thesis, Univ. of Sussex, 1982), 6; William W. Hening, *Hening's Statutes at Large: Being a Collection of All the Laws of Virginia*……（13 vols., New York, 1819-1923）, II, 515。

4 克雷文发现，“17 世纪弗吉尼亚的大多数居民，可能有 75% 或更高比例”，是契约仆役；*White, Red and Black*, 5。

5 这些名单也揭示了移民的时间。布里斯托的移民在 1650 年代稳步增长，1659 年到达顶峰，1660 年稍微下滑，当时正值查尔斯二世复辟，然后在 1670 年代又再次升高，此后二十年又急骤下滑，并且维持在较低的水平。见 Abbot Emerson Smith, *Colonists in Bondage: White Servitude and Convict Labor in America, 1607-1776* (Chapel Hill, 1947), 71, 308-9; David Galenson, *White Servitude in Colonial America: An Economic Analysis* (Cambridge, 1981), 34-39。

另一种有关这个时期移民节奏的指标（不是具体的比率）是弗吉尼亚每年计口授田的数目。这个数据显示 1635—1640 年期间数值很高，1640—1649 年经历了低潮，1650 年到 1664 年又再次升高，此后又下降。计口授田通常发生在移民之后，不太合适用来估计年度的移民数量。但它们是大趋势的一个有用指标；见 Craven, *White, Red and Black*, 1-37，这里也报告了相关数据。参见 Edmund Morgan, “Headrights and Head Counts,” *VMHB* 80 (1972), 361-72; and Menard, “Immigration.”。

6 Horn, “Social and Economic Aspects of Local Society in England and the Chesapeake,” 61. 这个问题充满争议。马尔库斯 · 杰尼根（Marcus Jernegan）认为弗吉尼亚的仆役是“各种各样不检点的人”，阿博特 · 史密斯（Abbot Smith）则说他们是“乌合之众”。但米尔德丽德 · 坎贝尔（Mildred Campbell）的观点相反，认为他们中多数来自中产阶级。戴维 · 加伦森（David Galenson）取中间观点，他估计从低等到中等职业的人占多数；合恩（Horn）也认为，他们来自各种阶层。

合恩对布里斯托的移民和格洛斯特的民兵作了一个有趣的比较。他发现，注明职业的移民比格洛斯特的民兵更多有农业背景或是职业技能较低。而且 30%—60% 的移民没有注明职业状况；加伦森的观点比较有道理，他认为这些不知道职业背景的移民实际是没有职业技能的农业劳工。

来自伦敦的仆役比布里斯托来的人职业技能较高，而且更多是在城市工作的，但又比 1629 年至 1640 年期间新英格兰移民的技能较低，或较少在城市工作。

7 一些研究统计出切萨皮克地区移民的职业分布：

职业	布里斯托	伦敦
农民	47%	24%
劳工	21%	28%
工匠	30%	33%
贵族和专业人士	2%	12%
其他	0%	3%

James Horn, "Servant Emigration to the Chesapeake in the Seventeenth Century," in Tate and Ammerman, eds., *The Chesapeake in the Seventeenth Century*, 51-95; 相似的结果也出现在 Anthony Salerno, "The Character of Emigration from Wiltshire to the American Colonies, 1630-1660" (unpub. diss., Univ. of Virginia, 1977), 55; Galenson, *White Servitude in Colonial America* 34-64。

8 布里斯托仆役的性别比例（1654—1686）是 308；伦敦的仆役这个比例是 642。见 Moller, "Sex Ratios and Correlated Culture Patterns"。

9 "The Trappan'd Maiden," in C. H. Firth ed., *An American Garland: Being a Collection of Ballads Relating to America, 1563-1759* (Oxford, 1915), 51-53.

10 "A Net for a Night-Raven; Or, A Trap for a Scold," in *ibid*., 54-56.

11 Horn, "Servant Emigration," 61.

12 Peter Wilson Coldham, "The 'Spiriting' of London Children to Virginia, 1648-1685," *VMHB* 83 (1975), 280-88.

13 "The Lads of Virginia," in Firth, ed., *An American Garland*, 72-73.

弗吉尼亚大移民

宗教根源

与新英格兰相比，宗教对切萨皮克地区的移民并没有起到核心的作用。但弗吉尼亚的创建者与同时代人一样，是虔诚的宗教信徒，宗教对他们的移民也有很重要的推动作用。圣保罗大教堂的诗歌主管人约翰·多恩（John Donne）把自己叫作“探险家，即使不是对弗吉尼亚的探险，也是为了弗吉尼亚”。他对即将移民的农民布道，告诉他们：

> 你们的主要目的不是去获得，也不是为了荣耀，而是获取能荣耀上帝的灵魂。这足堪为移民正名，证明它的正当，授予它以权威，给予它以力量……这个岛屿本来只是旧世界的郊区，但你们要使它成为通往新世界的桥梁和画廊；加入去往不朽世界的大军，那个天堂的国度。[1]

约翰·多恩所讲的主要是对印第安人的救赎。其他人则认为，弗吉尼亚的建立是为了挽救一些冥顽不灵的英国人。威廉·克拉肖（William Crashaw）牧师为弗吉尼亚公司作了一个告别讲道，他说：

> 只要我们的总督是智慧、勇敢而谨慎的，在上帝话语的引导下，我们不用太操心和我们一起去是什么样的人。我们可以从一大群人中挑出那些最没有德行的人，或者是人满为患的地方要排除的那些人……把他们从住过的太过自由、放荡的地方，送到更为原始、贫瘠的土地，就像每个国家最初那样，让他们过一种更艰苦的生活，缺少娱乐，忍受痛苦，交由更严格的政府进行管制，他们会变成新人，就像在新世界全新塑造的那样。[2]

这些建议是向“谨慎的总督”德拉沃领主（Lord De la Warr）提出来的，他也照此做了。他在新世界采取的一项新措施是开设了一所“漂亮的教堂”，每天用鲜花装饰，并设有一个香柏建成的高坛，用黑色核桃木制成的祭坛，和一个印第安独木舟形状的圣洗池。德拉沃领主要求所有弗吉尼亚人每日在听到钟声之后聚集祷告两次。每个周日，所有定居者都必须参加两次高规格的礼拜仪式。总督自己坐在由绿色丝绒装饰的宝座上，周围环绕着“所有议事会成员、上尉、其他官员、所有贵族和一队从他的领地挑选的卫兵”。[3]

此后一个多世纪，弗吉尼亚的宗教生活都受到这些规定的约束。他们的方式是仪式性的、分等级的，和新英格兰区别很大。个人并不要求观点一致，但所有人都必须参加同样的仪式。从英格兰南部来的贵族一直渴望“所有教会都归属于一个管理体系”。[4]

在最初的几十年中，弗吉尼亚的移民有很多种不同的新教信仰。少数的信徒和神职人员有清教倾向。波卡洪塔斯（Pocahontas）与约翰·罗尔夫（John Rolfe）的婚礼[①]是由清教徒理查德·巴克（Richard Buck）主持的。但弗吉尼亚对清教并不太热衷。1613 年，一位神职人员惊奇地写道："这里很少有激烈反对清教信仰的英国牧师，因为这里清教本来就少。"[5]

在弗吉尼亚成为皇家殖民地后，圣公会的信仰日益受到欢迎。1632 年，议会颁布了 17 项法律，要求"整个殖民地从里到外统一遵循英国国教的宗规和章程"。牧师都被要求在安息日布道，每年举行三次圣餐，对本教区的小孩进行"测试、盘问和教导"，以使他们"在生活的纯洁性上超越所有其他人"。本教区的人必须在周日和节假日上教堂，如果不能出席，必须支付一先令。他们也必须支付十一税，并禁止"批评"他们的牧师。[6]

1642 年之后，威廉·伯克利总督又增加了其他法律，要求"所有不信英国国教的清教徒……及早离开本地"。在他到达之前，一些小的清教徒社区已经建立了，清教徒牧师也已经派驻当地负责宗教事务。伯克利特意把这些定居点打散，在弗吉尼亚禁止清教的传播。英国内战之后，护国公（指克伦威尔——译注）已经无法打破圣公会在弗吉尼亚的统治地位。英国国教的祈祷书在弗吉尼亚得到了特许，条件是省略对国王和王室家庭的祷告。[7]

贵格派开始冒头之后，政府很快表示了反对。1658 年的一部法律要求禁止所有贵格派的活动。载有贵格派移民的船长必须把这些人送进监狱。一个无视禁令的女性贵格派教徒被下令鞭打赤裸的脊背 20 下，更让贵格派教徒受不了的是，她被要求跪地认错。她在承诺改正后，鞭打被宽恕了。贵格派信徒如果不去参加圣公会的礼拜

① 美国历史上著名的印第安人公主与英国人的通婚。——译注

或者拒绝支付十一税，也会被罚款。1661 年的法律还惩罚那些“对贵格派示好”的圣公会信徒。[8]

这些迫害产生了效果。清教徒的教会从弗吉尼亚被清除了，贵格派缩小成一些小型聚会。到 17 世纪末，弗吉尼亚的宗教信仰很显著地具有统一性。罗伯特·贝弗利在 1705 年记载到，反对派很少，“他们的地下集会最多不超过 5 个，包括三个贵格派聚会和两个长老派聚会”。[9]

1724 年弗吉尼亚的一个宗教调查显示，圣公会在整个地区很强大，组织也很健全——甚至比母国更兴盛。多数牧师报告说，教区内的多数白人信徒每周日都会参加礼拜，参加圣餐的比例甚至比英格兰还高。被指认的宗教异议人数很少，有的教区完全没有。[10]

到 18 世纪晚期，这种情况随着长老派、洗礼派和卫理公会的人数增多而迅速改变。但在弗吉尼亚的前六代人中，圣公会都很强，而且实力不断增长。这是弗吉尼亚很重要的一个历史事实，因为当地文化受到宗教影响的程度不亚于马萨诸塞。

注释

1 John Donne, *A Sermon...to the Honourable Company of the Virginian Plantation* (London, 1622). 同样的看法参见牛津莫德林 (Magdalen) 学院的研究员威廉·西蒙兹（William Symonds）的 *Virginia: A Sermon Preached at White Chappel, in the Presence of ...the Adventurers and Planters of Virginia* (London, 1609)。西蒙兹是约翰·史密斯上尉所著的有关弗吉尼亚历史的作品的捉刀人。

2 William Crashaw, *A Sermon Preached in London before the Honourable the Lord Lawarre [sic], Lord Governour and Captain Generall of Vergenea* (London, 1610),

folio L, F.

3 William Strachey, "A True Repertory…," in Samuel Purchas, ed., *Hakluytus Posthumus of Purchas His Pilgrimes* (Edinburgh, 1906), xix, 56-57.

4 这来自一份申诉书，时间是 1603 年或 1604 年 3 月 5 日，由苏塞克斯郡的很多贵族签名，包括托马斯 · 拉瓦（Thomas La Warre）本人和很多弗吉尼亚的家族，比如韦斯特（West）、卡尔佩珀、牛顿、哥尔文（Goreing）、帕克（Parker）和帕默（Palmer）等家族。见 T.W.W. Smart, "Extracts from the Mss. Of Samuel Jeake," *SAC* 9 (1857), 45-60。

5 Alexander Whitaker to William Gough, 18 June 1614, George M. Brydon, *Virginia's Mother Church* (2 vols., New York, 1947), I, 24; 也见 Whitaker, *Good News from Virginia* (1613), ed. Wesley Frank Craven (New York, 1937)。

6 Hening, *Statutes at Large*, I, 184.

7 Brydon, *Virginia's Mother Church*, I, 123.

8 Philip A. Bruce, *Institutional History of Virginia in the Seventeenth Century* (2 vols., 1910, Gloucester, Mass., 1964), I, 222-51.

9 Beverley, *The History and Present State of Virginia*, 65.

10 以下是 1725 年的教区报告，显示出圣公会在弗吉尼亚的势力比很多历史学家想象的更强：

教区	教堂数量	家庭数量	教会大小	参加圣餐者平均数量
St. Pauls, Hanover	4	1200	无信息	400
James City, Mulberry I.	2	78	130 和 200 人参与教会	75—90
Bristol	2	430	"差不多全部参与，座位不够用"	50
St. Peters	1	204	"通常有 170—180 人参加"	40—50
Westover	3	233	"三分之二参加"	75
Hungar' s	2	365	"大约三分之一参加"	80
Newport-Chuckatuck	4	400	1000 人在教堂和 3 个附属礼堂	40
Stratton-Major	2	200	"平均 300 人参加"	220

续表

教区	教堂数量	家庭数量	教会大小	参加圣餐者平均数量
Wilmington	3	180	“没有异教徒；教堂通常是满的”	100
Blissland	2	136	“大多数会参加”	60—70
York-Hampton	2	200	“大约三分之二经常参加”	80
Christ Church, Lancaster	2	300	“几乎所有人参加”	60—80
South Farham	2	200	没有信息	100
Petsworth	1	146	“平均 300 人参加”	100
Lawne’s Creek	2	165	没有信息	32—52
Washington	2	200	“教堂济济一堂……用了两夸脱葡萄酒”	
Elizabeth City	1	350	“多数人参加；很少异教者”	100
Upper Parish, Isle of Wight	1	165	“小部分人参加”	10—20
Christ Church, Middlesex	3	260	“200 户家庭参加”	230
Bruton	1	110	“有时全部参加”	50
Accomack	3	400—500	“教堂装不下所有参与者”	200
St. Stephens, King & Queen	2	300	“很好的教会”	60
Henrico	3	400	没有信息	20
Southwalk [sic]	3	394	“很大的会众群体”	40—80
Abingdon	1	300	“参加情况通常不错”	60—70
St. Mary’s	1	150	“150 个家庭参加”	100
Overwharton	3	650	“全部参加”	80—100
St. Anne’s, Essex	2	130	“100 到 180 人之间”	50—80

来源：Parochial Returns in 1725, reproduced in Brydon, *Virginia's Mother Church*, I, 371-72。

弗吉尼亚大移民

区域来源

弗吉尼亚的移民来自英格兰所有的郡和上千个教区。但弗吉尼亚的契约仆役大多数来自南部的和西部的 16 个郡——弗吉尼亚的精英也是出自同一地区。以弗吉尼亚怀特岛郡为例。当地的历史学家发现，“早期怀特岛的家庭可能多数来自英格兰西南部，包括格洛斯特、萨默塞特、德文郡、多塞特、威尔特郡和汉普郡等。他们的名字在西部乡村地区比其他任何地区都多。除了西部乡村，伦敦及其周边区域次之”。[1]

另一个例子是弗吉尼亚伯克利 - 亨德勒德（Berkeley Hundred）地区的人口。当地的历史学家发现，“多数人……不管是资助者、佃农，或者契约仆役，都是在格洛斯特出生成长的，而且多数是伯克利山谷、科茨沃尔德丘陵（Cotswold Edge）或温什科姆（Winchcombe）地区的人”。[2]

在另外一群前往弗吉尼亚的 1200 名移民中，有人观察到，“他们多数是被挑选出来的，多为劳工或农夫。德文郡出来了 100 人，是农夫；沃里克郡和斯塔福德郡出来了 110 人；苏塞克斯有 40 人，都是铁匠；其余的人则是来自王国内不同的地方”。[3]

这些区域性的规律到 17 世纪中叶有所改变。一位历史学家的统计显示，1650年之前，大约80%—90%的弗吉尼亚仆役是从伦敦出发的，其中多数来自“国家的东南方向，尤其是伦敦和霍姆等郡”。有大约52%从泰晤士河出发的移民以伦敦为家乡——多数是郊区。只有2%来自市中心。另外一半主要来自伦敦西部的郡——米德尔塞克斯、白金汉、萨里、伯克、牛津、沃里克和北汉普顿郡。很少来自东盎格鲁的。[4]1650年之后，布里斯托在弗吉尼亚的仆役贸易中地位更加重要。从布里斯托出发的大多数移民（在一个样本中有87%）来自英格兰西部和威尔士南部。最重要的来源地是塞文河谷（Severn Valley）。[5]

在17世纪中叶，弗吉尼亚在英格兰招募移民的基地主要围绕两个大的城市圈，分别以伦敦和布里斯托为中心，直径为60英里的范围。[6]但这个一般规则里有一些重要的例外。弗吉尼亚的移民较少来自东盎格鲁，虽然那个地区离伦敦很近。更少是来自康沃尔郡，虽然它离布里斯托也很近。[7]

康沃尔郡的人在17世纪仍然说盖尔语，文化上与英格兰西南部的人比较疏离。这种规律告诉我们，对于弗吉尼亚的契约仆役来说，他们的离港地并不说明来源地，而是相反，来源地能说明他们的离港地。[8]

弗吉尼亚英国移民的地域来源和社会目的也从新土地的命名上体现出来——这是很重要的一个证据，因为它与登记名册和乘客名单是无关的。到1703年，弗吉尼亚总共创建了25个郡。有两个保留了印第安语的名字——阿科马克（Accomac）和楠西蒙德（Nansemond）。其中八个郡的名字反映了弗吉尼亚人的保王党倾向：詹姆斯城（James City）、查尔斯城（Charles City）、伊丽莎白城（Elizabeth City）、亨利科（Henrico）、乔治王子（Prince George）、安妮公主

（Princess Anne）、威廉王（King William）、国王与王后郡（King and Queen County）等。其余郡的郡名都直接取自不列颠的郡和城市。有两个来自英格兰东部，四个来自北部。剩下的（14 个中有 8 个，占 57%）来自英格兰西南部，它们在乘客名单、仆役登记册和统治精英的家谱里也都占据着主导地位。马里兰南部和德拉维尔南部的郡名也都完全来自英格兰南部和西部。[9]

弗吉尼亚教区的名字也呈现出相同规律。在 1726 年之前建立的 54 个教区中，多数的名字是基督教的圣徒或印第安的名字。但有 14 个教区取了英国社区的名字。这些名字毫无例外来自英格兰的南部和西部——同样包括布里斯托、沃里克和肯特郡的三角地带。[10]

注释

1 在所有已知的 17 世纪定居怀特岛的家庭中，50% 来自德文郡、多塞特、格洛斯特、萨默塞特和威尔特郡。另外 40% 来自伦敦和周边地区。英格兰其余地区占了其中 10%。数据来自：John Bennett Boddie, *Seventeenth Century Isle of Wight County, Virginia* (Baltimore, 1959), 204。

2 Eric Gethryn Jones, *George Thorpe and the Berkeley Company, a Gloucester Enterprise in Virginia* (Gloucester, 1982).

3 "A Declaration of the State of Virginia," in Peter Force, ed., *Tracts and Other Papers Relating Principally to the Colonies in North America* (4 vols., 1843-46, rpt. New York, 1947), III, 5.

4 Horn, "Servant Emigration to the Chesapeake," 70-71.

5 从布里斯托出发到达切萨皮克的 721 位仆役的来源地如下：韦斯特郡，29%；塞文河谷，38%；南威尔士，20%；英格兰其他地区，13%；Horn, "Servant Emigration to the Chesapeak," 51-95。

6　戴维·索登（David Souden）发现1654—1679年从布里斯托出发的学徒和仆役的来源地有以下规律：

离布里斯托的距离	仆役比例	学徒比例
0—10英里	19.0%	54.5%
10—20英里	16.3%	16.3%
20—40英里	26.2%	14.6%
40—60英里	16.3%	7.4%
60—80英里	6.1%	2.5%
80—100英里	6.5%	2.0%
100—150英里	7.9%	2.4%
150—200英里	1.4%	0.2%
200英里以上	0.3%	0.0
总数	100.0%	99.9

资料来源：David Souden, "Rogues, Whores and Vagabonds? Indentured Servant Emigrants to North America, and the Case of Mid-Seventeenth-Century Bristol," SH 3 (1978), 31; 其他港口见，David F. Lamb, "The Seaborn Trade of Southampton in the First Half of the Seventeenth Century" (thesis, Univ. of Southampton, 1971)。

7　戴维·索登查找出1654—1679年从布里斯托离港的2492名仆役来源的郡，并与同城的学徒作了比较：

地区	契约仆役		学徒	
	数量	比例	数量	比例
布里斯托	272	10.9%	330	33.6%
萨默塞特	395	15.9%	158	16.1%
格洛斯特	287	11.5%	201	20.5%
威尔特郡	225	9.0%	57	5.7%
蒙默思郡	241	9.7%	56	5.7%
南威尔士	225	9.0%	52	5.3%
赫里福德，什罗普，伍斯特	283	11.4%	54	5.5%
多塞特，汉普郡，苏塞克斯	74	3.0%	18	1.8%
康沃尔，德文	87	3.5%	9	0.9%

续表

地区	契约仆役		学徒	
	数量	比例	数量	比例
伦敦及霍姆郡	135	5.4%	15	1.5%
东盎格鲁	18	0.7%	0	0.0%
贝德福德郡，莱斯特郡，北汉普顿郡，诺丁汉郡，牛津	32	1.3%	2	0.2%
德比，斯塔福德，沃里克	26	1.0%	4	0.4%
柴郡，坎布里亚，兰开夏，林肯郡，北汉普顿，约克郡	45	1.8%	5	0.5%
北威尔士	106	4.3%	12	1.2%
爱尔兰	36	1.4%	7	0.7%
其他	5	0.2%	1	0.1%
总数	2492	100.0%	981	99.8%

这些移民主要（86.1%）去了巴巴多斯群岛和弗吉尼亚，两地间在移民来源地上没有太大差别；Souden, "Rogues, Whores and Vagabonds," 31。

8 合恩（Horn）在 "Servant Emigration to the Chesapeak" 一文中认为，弗吉尼亚大多数移民或者来自森林牧场，或者来自城市地区——这一假设与安德森（Anderson）对新英格兰移民的估计差不多。我认为这种观点有误，两边的观点都缺少扎实的证据。

9 弗吉尼亚于 1703 年之前设立的这 25 个郡分别是，保王派的名称：King and Queen, King William, Elizabeth City, Henrico, Prince George, Charles City, James City, Princess Anne; 取自英格兰南部和西部的名称：Surry, Isle of Wight, Gloucester, Northampton, Warwick, Stafford, Middlesex, New Kent; 取自东部的名称：Norfolk, Essex; 取自北部的名称：York, Lancaster, Northumberland, Westmorland; 印第安名称：Accomac, Nansemond。马里兰地名的规律也相似，但不完全相同。第一个郡的名字体现了创建者的罗马天主教信仰。很多郡的名字是该殖民地土地所有者的家族名字，还有一些是王室的名字。只有很小一部分取自英国的郡。所有这些名字都来自英格兰的南部和西部，其中宗教名字 : St Mary's; 领主名字 : Baltimore, Calvert, Cecil, Harford, Anne Arundel, Caroline; 印第安名字：Wicomico, Allegany; 保王党名字：Prince George's, Charles, Frederick; 来自英国的郡和城市（都是南部

和西部）的名字：Dorcester, Kent, Worcester, Somerset, Talbot; 革命领袖的名字：Washington, Montgomery, Howard, Carroll。德拉维尔南部的两个郡取名为 Sussex 和 Kent，都来自英格兰南部。

10 这些教区的名字和它们的英国来源地如下：South Farnham (萨里); Abingdon (牛津); Petsworth (苏塞克斯); Ware (赫特福德); Kingston (伍斯特和赫里福德); Bristol (萨默塞特); Bruton (萨默塞特); Newport (怀特岛); Sittenbourn [sic] (肯特); Whitechapel (伦敦); Southward (伦敦); Warwick (沃里克); Washington (苏塞克斯); Hampton (米德尔塞克斯); 见 Brydon, *Virginia's Mother Church*, I, 363-64。

弗吉尼亚的发源地

英格兰南部

弗吉尼亚移民的招募地分布在英格兰的南部和西部，从肯特郡延伸到德文郡的旷野，北边直到什罗普郡和斯塔福德郡。这个区域并没有统一的地理特征。它的土地形态各地不同，地貌上不统一，农作方式也参差不齐。这个地区的特质并不是由物质因素决定的，而是由其文化和历史决定的。

这个地区的中心是哈代笔下的威塞克斯（Wessex）。托马斯·哈代小说里的威塞克斯包含了威尔特郡（“中威塞克斯”）；多塞特郡（“南威塞克斯”）；萨默塞特和格洛斯特（“外威塞克斯”）；德文郡（“下威塞克斯”）；汉普郡、西苏塞克斯和萨里（“上威塞克斯”）；伯克郡、牛津郡和白金汉郡（“北威塞克斯”）。[1]这个地区向切萨皮克地区送出了大批贵族和仆役。弗吉尼亚的第一代家族中甚至包括来自比尔里吉斯（Bere Regis）的塔伯威利（Turbervilles）家族（哈代笔下的金斯伯［Kingsbere］），也正是哈代笔下的德伯（D’Urbervilles）原型。在切萨皮克地区的法庭纪录中，人们仍然能找到很多类似于弄潮儿苔丝的故事。[2]但弗吉尼亚移民招募的基地比哈代文学中的威塞克斯更广。它更接近于历史上阿尔弗雷德

（Alfred）和埃塞尔雷德（Athelred）的威塞克斯，它的麦西亚①保护领地向东直达坎特伯雷(Canterbury),向北则到了沃里克和北汉普顿。

在漫长的岁月中，这个区域发展出自己独特的文化。它的语言和法律属于西撒克逊，而不是居住在东盎格鲁的丹麦人，也不是定居北部的挪威人，或控制康沃尔和威尔士的凯尔特人。它的郡划分为百户区，而不是很多小邑；它的征税单位是海德（hide），而不是卡勒凯特（carucate）②；它的度量衡是传统不列颠的模式，而不是斯堪的纳维亚式。[3]

这个地区的乡村划分为大庄园——比英格兰东部较大——由一小拨地主阶层占有。这些地产的边界都很古老。历史学家 J. H. 贝蒂（Bettey）解释说："威塞克斯的土地安排、管理责任的分配和边界设定在诺曼征服之前就已存在很多世纪了。"[4]

中世纪早期，奴隶制在麦西亚、威塞克斯和苏塞克斯地区广泛存在，比英国其他地方存续的时间都要长。历史学家 D.J.V. 费雪认为，"很多本地人的命运不是被清除了，而是变成了奴隶"。[5] 这指的不只是家庭内部的仆役，而是大范围的奴隶制。在八、九世纪，英格兰南部大型庄园的奴隶拥有量相当于美国南部大型种植园的规模。威尔弗雷德主教（Bishop Wilfred）在获得苏塞克斯的塞尔西（Selsey）后，从其中一个庄园里解放了 250 名奴隶。美国南方的种植园即使是在 19 世纪巅峰时期也很少达到这种规模。[6] 这个地区的农奴制也很兴盛。历史地理学家对《末日审判书》③煞费苦心的分析发现，威

---

① 英国中世纪的王国。——译注

② 两者都是旧时英国的土地丈量和估税单位。——译注

③ 诺曼征服英格兰期间，征服者威廉在 1806 年下令完成的大规模调查。——译注

塞克斯农奴的比例比在英格兰其他地方都大。[7]

美国开始殖民地的时期，奴隶制和农奴制在英格兰这个地区已经消失很久了。但其他形式的身份契约在 17 世纪还是很盛行。并且，英格兰南部和西部拥有土地所有权的人口比例比东盎格鲁还是要小些。[8]

英格兰西南部的政治特征和它的社会史是一致的。1215 年这片地区是忠于约翰国王的。1381 年他们团结在理查德二世的周围，16 世纪中叶又支持都铎王朝。英国内战期间，本地区多数人又支持了斯图亚特王室。[9]17 世纪时，他们对清教徒这类宗教改革者和异教群体冷酷无情。[10]

在宗教信仰上，这个地区偏向于圣公会的原教旨派别。它的教堂和修道院在漫长的岁月中哺育了丰富的基督教礼拜传统。1549 年，这个地区支持了西部叛乱，这是针对新教改革的暴力反抗，当时新教改革已经传遍汉普郡、多塞特郡、德文郡、沃里克郡、萨默塞特郡和莱斯特郡（Leicestershire）。[11]1655 年，它也是彭拉多克叛乱（Penruddock' s Rebellion）发生的地方，这是英格兰针对清教徒最大的武装起义。这次运动的领导者约翰·彭拉多克上校称自己是“英格兰生而自由的贵族”。他的下属都是从威塞克斯郡的贵族征召来的。用判处他们死刑的圆颅党（the Roundhead）的话说，他们“出身高贵，教育完整，很多方面都比我们要优秀”。[12]

17 世纪早期，英格兰南部和西部的土地在外观上与东盎格鲁不同。大多数是毛地，树林密布。1624 年的萨默塞特被描述为“大部分是林地”。伯克郡也覆盖着“茂密的树林”。同样的句式也适用于这一地区的其他郡。[13]

这个地区大部分是王室的森林，有的范围很大——尤其是迪恩森林、温莎森林，还有新森林，征服者威廉的两个儿子就是在此处被杀死。这里的大片地区由森林法管制，这是一个非常严格的法律体系。[14]

很多土地保留为乡绅的公园和狩猎场所。在很多年中，英格兰南部和西部的鹿园比北部和东部都要大。《末日审判书》中列举了英格兰的 31 个鹿园——其中只有三个在东盎格鲁，而中部或北部完全没有。大多数在南部和西部。在 16 世纪，格洛斯特、德文郡和斯塔福德郡等地的鹿苑仍然比其他郡要多。但在剑桥郡、林肯郡和亨廷顿郡比较稀少。迟至 1712 年，北汉普顿郡的鹿苑数量被认为是英格兰最多的。这种情况从 12 世纪持续到 18 世纪，让人印象深刻。[15]

1700 年之前，南部和西部人口密度比东盎格鲁要小。这是一个没有首府的文化区域。一位当代历史学家认为，“威塞克斯地区没有自然的中心”。[16] 从伦敦到布里斯托之间，没有任何大城市，连小城也很少。比如在 1600 年，汉普郡全境内，只有两个 3000 居民的小镇——温彻斯特和南汉普顿，这两个城市大小相似。汉普郡只有 6 个 1000 居民以上的村庄：奥尔顿（Alton）、安多佛、费勒姆（Fareham）、贝辛斯托克（Basingstoke）、彼得斯菲尔德（Petersfield）和朴茨茅斯（Portsmouth）。在多塞特，最大的城市多切斯特也才 1500 人；在苏塞克斯郡，只有奇切斯特（Chichester）和刘易斯（Lewes）上了 2000 人的规模。[17]

南部和西部的人口多数散居在庄园里。当地的历史学家写道：“……中世纪英格兰的传统庄园制在伯克郡只是缓慢地蜕变。”[18] 同样的情况在该地区的每一个郡都存在。乡间被贵族的大地产占据着，周围环绕着佃农和下级佃农住的小房子。[19]

本地区的经济是围绕几个主要农产品（谷物和羊毛）的生产和

销售来组织的。17 世纪中叶对当地来说是黑暗的时期。本地区的经济在 1640 年代和 1650 年代深陷危机，东盎格鲁则是在 1620 年代和 1630 年代经历了这些。[20]1642 年到 1666 年期间，世界毁灭的传言在该地甚嚣尘上。它遭受了内战的蹂躏，又在议会强加的军事管制下苟延残喘。羊毛贸易当时被打断了；西部传统的纺织城市失去了大量人口，贫困率急剧上升。流行病大面积传播，引发了好几次瘟疫。社会无政府状态成为严重的问题。1644—1645 年，当地兴起了很多社交圈子，他们决心重建当地的秩序，他们的分布和在切萨皮克地区的移民分布几乎完全一致。[21]

英格兰南部和西部的特质在很多方面与弗吉尼亚文化存在关联。两个地区都有很深很广的社会不平等，都有稳定的农业和乡村居住模式，也都有大地主把持的寡头制和保王党为特征的政治，以及圣公会信仰。

即使是今天，马里兰本地的历史学家如果到英格兰西南部的乡村考察，会感觉像在家里一样。人们会发现两地相似处很多。砖砌的房屋离道路很远，躲藏在女贞木和黄杨木的后面。小农舍则沿着公路分布，被绿色的轮耕地包围着。道路交汇处一般有小酒馆，17 世纪的英国人称之为“小平房”（“ordinary”）——这个词至今仍在弗吉尼亚使用。[22] 夏季来临，白色的道路两旁开满野胡萝卜花；湿重的空气中有很浓的金银花气味。乡间非常原始，杂草丛生，道路像是在茂密的枝叶间开辟的黑暗隧道。旅行者经过这些道路时，常会油然而生进入时间隧道的感觉。当他重见天光的时候，才能看清楚英格兰的土地风貌，而从切萨皮克湾区来的美国人会感觉像回家一样。

注释

1 哈代小说里的威塞克斯地图中，Dorchester 变成了 Casterbridge，Exeter 变成了 Exonbury，Winchester 是 Wintoncester，牛津是 Christminster，Windsor 是 Castle Royal。对哈代的威塞克斯地理分析，见 David Daiches and John Flower, *Literary Landscapes of the British Isles: A Narrative Atlas* (1979, New York, 1980), 158-71; Carl J. Weber, *Hardy of Wessex* (rev. ed., New York, 1965); Merryn Williams, *Thomas Hardy and Rural England* (New York, 1972); Ruth Firor, *Folkways in Thomas Hardy* (Philadelphia, 1951); Robert Gittings, *Young Thomas Hardy* (Boston, 1975); Idem, *Thomas Hardy's Later Years* (Boston, 1978)。

2 塔伯威利与李（Lee）家族和卡斯蒂斯（Custis）家族通婚；他们的家谱和徽章见 Edmund J. Lee, *Lee of Virginia, 1642-1692: Biographical and Genealogical Sketches of the Descendants of Col. Richard Lee* (1895, Baltimore, 1983), 93-95。

3 David Hill, *An Atlas of Anglo-Saxon England*, maps 174-177.

4 贝蒂（J. H. Bettey）的 *Wessex from AD 1000* (London, 1986) 对相关学术研究作了归纳，尤其是 D. Bonney, "Early Boundaries and Estates in Southern England," in P. Sawyer, ed., *Medieval Settlement, Continuity and Change* (London, 1976), 72-81。

5 D.J.V. Fisher, *The Anglo-Saxon Age, c 400-1042* (London, 1973), 44, 122, 333.

6 Eddius Stephanus, *The Life of Bishop Wilfrid*, ed. B. Colgrave, Cambridge, 1927; Fisher, *Anglo-Saxon Age*, 44.

7 H. C. Darby and E.M.J. Campbell, *The Domesday Geography of South-East England* (Cambrige, 1962); H. C. Darby and R. Welldon Finn, *The Domesday Geography of South-West England* (Cambridge, 1967); H. C. Darby, *A New Historical Geogrphy of England before 1600* (Cambridge 1973).

8 以这位历史学家的经验，即使到今天，格洛斯特乡间老人顺从的习惯也比英格兰北部或东盎格鲁要强。格洛斯特的老一代劳工在偏远乡村的道路上相遇时，还会用手指去压顺和拉直前额的头发。东盎格鲁和北部的礼仪方式则非常不同。

9 巴思（Bath）、汤顿（Taunton）、普尔（Poole）、布里奇沃特（Bridgewater）等

城市和汉普郡南边的大部分地区在内战中支持了议会。但天主教为主的城市是保王党，很多乡绅也是如此。

10 19世纪，这些地区仍然投票给保守派的候选人。1880年虽然自由派大胜，但这些地区依然如故。20世纪末叶，英格兰南部仍然是托利党的票仓，也是支持撒切尔夫人保守政策人口最多的地方。

11 Frances Rose-Troup, *The Western Rebellion of 1549* (London, 1913).

12 John Penruddock, ms. Notes dated 1655, Penruddock Mss 332/265/1-50, WILTRO; *The Trail of the Honourable Col. John Penruddock, of Compton in Wiltshire and His Speech, which he Delivered the Day before He Was Beheaded in the Castle of Exon*... (n.p., 1655); 这本手册的副本参见 the Penruddock in Mss. In the Wiltshire Record Office at Trowbridge。

13 Christopher G. Dursten, "Berkshire & Its County Gentry, 1625-1629" (thesis, Univ. of Sussex, 1977), 8; David E. Underdown, *Somerset in the Civil Wars and Interregnum* (Newton, Abbott, 1973), 18; William Camden, *Britannia* (1586, Eng. tr., London, 1610); *A History of the Worthies of England*, 81 (1662, ed. J. Freeman, London 1952).

14 Charles R. Young, *The Royal Forests of Medieval England* (Philadelphia, 1979), 62, 152; Philip A. J. Pettit, "The Royal Forest of Northamptonshire: A Study of the Economy, 1558-1714," *NHANTRS* 23 （1968）， 167.

15 《末日审判书》上的这31个鹿苑分布如下: 苏塞克斯、汉普郡、赫特福德和肯特郡，每地3个；巴克斯、赫里福德、剑桥和米德尔塞克斯，每地2个；萨里、德文、格洛斯特、什罗普郡、伍斯特、贝德福德、埃塞克斯、萨福克和诺福克，每地1个； 有1个不知道地点；其他地方没有。在后期，这种分布有所改变，伦敦郊区的郡增添了小型鹿苑，但在中部的工业地带消失了。19、20世纪，伦敦远郊的居民在埃塞克斯和东盎格鲁建立了大量专门用于射击的公园；这改变了早期的布局。见 Evelyn Philip Shirley, *Some Account of English Deer Parks, with Notes on the Management of Deer* (London, 1867)。

16 Bettey, *Wessex from AD 1000*, 3.

17 John Patten, *English Towns, 1500-1700* (Folkestone, Kent, 1978), 95-145, 114, 119, 120.

18 Dursten, “Berkshire & Its County Gentry,” 41 [permission needed to quote].

19 有关下级佃农，见 Court Book of Coleshill Manor, in Wiltshire and Berkshire, ms. V219Cd/Epbm6, BERKRO。

20 C. E. Brent, “Employment, Land Tenure and Population in East Sussex, 1540-1640” (thsis, Univ. of Sussex, 1973), 51.

21 J. Taylor, “Plague in the Towns of Hampshire: The Epidemic of 1665-6,” *SH* 6 (1984), 104-22; David Palliser, “Dearth and Disease in Staffordshire, 1540-1670,” in Christopher Chalk and Michael Havinden, eds., *Rural Change and Urban Growth, 1500-1800: Essays in English Regional History in Honour of W. G. Hoskins* (London, 1974), 54-75; Gary Lynch, “The Risings of the Clubmen, 1644-45,” in *An Atlas of Rural Protest in Britain* (London, 1983), 123; idem, “The Risings of the Clubmen in the English Civil War” (thesis, Manchester Univ., 1973).

22 OED, *s.v.*, “ordinary.”

切萨皮克的环境

英国民俗并不是弗吉尼亚文化唯一的决定因素。另一个因素是美国的环境。新英格兰和弗吉尼亚的环境差异很大——比它们之间的距离可能造成的差别还大。詹姆斯敦和波士顿仅隔开 5 个纬度，但它们在气候和地理上却迥异。

弗吉尼亚地理上的主要特点是濒临切萨皮克湾，本地人一般称为湾区。从生态学上说，湾区实际是河口湾，淡水与海水在此交汇，形成极富养分的海洋环境。阳光可以直接照射到温暖的浅滩底部，氮磷丰富，养育了数量庞大的细菌和浮游生物。湾区的沙质海底长满了鳗草、海白菜和野芹，支撑了巨大的海洋生物链，尤其盛产条纹鲈鱼和贝类，这些都是美食家的向往。对于居住在海岸线的英国殖民者而言，湾区丰富的水资源蕴藏着巨大的财富，但同时也带来了致命的危险。

湾区有辽阔的水域，200 英里长，4 到 30 英里宽，水面大多可以通行洋轮。“没有国家可与之相比，”休·琼斯写道，“因为它可以航行的河流、溪流和水湾数目庞大。”[1] 湾区接纳了数百条溪流和 48 条可航行的河流，其中有的相当大。詹姆斯河比伦敦的泰晤士河大，波多马克河（Potomac）比塞纳河要长。湾区及其支流对于粗心的航行者来说却是危险的，多变的浅滩、时常移动的沙岸、起落毫无征兆的海岸线，还有可以啃噬木船底的害虫。但只要足够谨慎，本地的船长仍然可以在广袤的水面上自由航行，并为大型船只找准地方下锚。弗吉尼亚庄园主罗伯特·贝弗利记载到，洋轮可以直接下锚在“给他们最优待遇的贵族门前，或者最适合商业的地方”。马里兰的查尔斯·卡罗尔（Charles Carroll）观察到，“庄园主可以直接在自己的后门送出商品”。这一事实让17世纪的一个访问者预测，切萨皮克将变成“像荷兰一样，成为全美国最富有的地方”。[2]

这个河流纵横的地区堆积着广阔而肥沃的冲积土壤。最好的土地迅速被伯克利总督的保王派精英瓜分，用于开办大种植园。“贵族和种植园主喜爱筑水而居，”休·琼斯写道，“虽然这些地方不如高地和荒地健康。”[3]1732年，威廉·休·格罗夫（Grove）到达约克河的时候，发现“岸边到处是贵族的居所……河流的发展前景是吸引他们的原因，这就和从伦敦到里士满的泰晤士河一样，连城市都可以放弃”。[4]

远离城市是受到了湾区及其河流结构的影响。这里长达6000英里的海岸线创造了得天独厚的散居条件。湾区的居民可以在水陆间广泛地散居。罗伯特·贝弗利写道，湾区的殖民统治者不约而同地“采用了别致的定居方式，居住在乡间，远离城市”。[5]

湾区两岸的地貌有所差别。东岸是地形多样的乡村景象，临水的地方地势较缓。约翰·史密斯船长说当地“平缓的山丘、肥沃的山谷连绵起伏，甘甜的小溪、清澈的泉源提供了方便的水源，就像画家设计的一样”。西岸经过平整、培育之后，伸展出大片宁静的田园，让种植园主分外思念英格兰的南部和西部。[6]

在河流之间是土地瘦瘠的山岭地带。贫穷的白人多在此处安家，依靠土地挣扎生存。18世纪的时候，这里的高地按照每英亩五先令出售，低处的肥沃土壤则要五英镑一英亩，整整20倍的差价。[7]

最好的河滨地非常肥沃，它们全是大片从未开发的处女地，无论是本地人还是造访者都一致赞叹它“巨大的产量”。人们用原始的农耕方式来耕作，直到18世纪晚期都有很高的产出。

弗吉尼亚刚刚开发的时候，这里的土地全是郁郁葱葱的原野。“整个国家就是一座完美的森林，”休·琼斯1724年的时候写道，“除此以外，才是平整出来作种植园的地方、老田地和之前印第安人的城镇。”到18世纪中叶的时候，水滨地区平整的土地比今天还多。威廉斯堡的乡间在1784年的德国旅行者约翰·索普（Johann Schoepf）眼里是“令人喜悦的开阔土地”。但他对殖民地总的印象是“无尽的树林”，间隔有些沼泽和草地覆盖的高地，种植园主把这些地方称为“大草原”或“荒原”。[8]

切萨皮克的树林里古树随处可见，直插空中有“三十、四十、五十，甚至六七十英尺高，而没有旁支”。这里有像塔一样高的郁金香树，盛开着鲜艳的黄色、橙色花，还有长满星型树叶、流出芳香树胶的大树，甚至有五百年树龄的白橡树。树的品种也让人咂舌——单单橡树就有五十种。沼泽里密布着松柏，高地上到处是檫木和栗树。[9]这里充斥着野果树，包括很多野李子和野樱桃（“世界上最美味的莓果”，罗伯特·贝弗利写道）；还有一些可以制作出“美味啤酒”的柿子树。开阔地带也长满小葡萄干、覆盆子和野草莓，“这些东西太多了，人们根本不用专门去种植，就能收获很多”。[10]

对于第一代英国移民来说，切萨皮克乡间就像另一个伊甸园，仅次于天堂。约翰·史密斯船长赞叹道：“天地间再也没有如此适合人类居住的地方了。”[11]要不是一个糟糕的因素，这里确会如此。对于从北欧来的人，切萨皮克是极不健康的生存地。水滨最好的土地在夏秋两季就会变成死亡陷阱。

切萨皮克17世纪的气候和20世纪一样温暖。这属于小冰期的周期，当时整个南方殖民地气温和今天差不多，但当时的新英格兰却要冷很多。“乡村聚居点的自然气候是湿热的”，弗吉尼亚的罗伯特·贝弗利观察到。“夏天和西班牙一样热，冬天的温度则和法国或英格兰差不多”，约翰·史密斯船长记载到。科学考察者约翰·索普在18世纪时观察到，“华氏温度表通常稳定在80-90-95之间”。[12]

这种温暖的气候给予弗吉尼亚滨水地区漫长的生长季，在两个霜期之间长达210天——比新英格兰长整整两个月。但它也带来了这种气候下必然的疾病。气温升高的时候，死亡率也升高。

问题的一个方面是湾区自身的状况。排泄污染物顺水流入了沼泽和不流动的湖泊。河湾处变成伤寒和变形虫痢疾滋生的地方，这些致命生物体在夏天会毁坏病人肌体。死亡的时间多数是在夏天或早秋，尤其是流行性感冒会夺走大批年幼的生命。每年的这个死亡季节在弗吉尼亚持续的时间比新英格兰长得多。[13]

另一个大问题是疟疾。滨水地区是蚊虫滋生的理想场所。在炎热的夏天，罗伯特·贝弗利写道：“蚊虫是害虫，虽然比其他一些物种危险小，但却麻烦得多，因为它们太多。”[14]疟疾的寄生体是早期欧洲和非洲移民带入的——最早来自南英格兰的相对温和的间日疟原虫；然后是更加危险的恶性疟原虫，这算是非洲对奴隶贸易的报复吧。间日疟原虫可以削弱人的力量，但恶性疟原虫却能够直接导致人的死亡。最危险的是孕妇、婴儿、小孩、新移民和慢性病患者。[15]

疟疾、伤寒、痢疾、肠炎等疾病在弗吉尼亚的滨水地区尽情肆虐，因为那里土壤最为肥沃，富人也最喜欢在那里建房。一个法国旅行者观察到，格洛斯特滨水地区人们蜡黄的脸“显得很病态，我想那周边地区都有很多健康问题”。在拉帕汉诺克（Rappahannock）

和斯塔福德等郡的高地上，他也很明显地观察到类似的病态脸色。[16]

滨水地区的湿热和夏季的流行病产生了其他社会后果。参观者和本地人都认为弗吉尼亚人“闲散”“懒惰”“无所事事”，还有他们的易怒和情绪化。地理学家卡维尔·厄尔（Carville Earle）也指出了这种行为与滨水地区传染病症状的相似性。[17]

切萨皮克的环境与威廉·伯克利爵士的保王派精英文化相互作用，创造出了弗吉尼亚的民俗。本地丰富的自然资源支撑了一个强大的农业体系。但欧洲移民的高死亡率破坏了核心家庭，也吓阻了欧洲的移民。所以，弗吉尼亚特殊的民俗是来自英国的文化与美国环境交互作用的产物。

注释

1 Michael G. Kammen, ed., “Maryland in 1699: A Letter from the Reverend Hugh Jones,” *JSH* 29 (1963), 368.

2 Beverley, *History and Present State of Virginia*, 120; Arthur Middleton, *Tobacco Coast; A Maritime History of Chesapeake Bay in the Colonia Era* (Newport News, Va., 1953), 31, 34.

3 Jones, *Present State of Virginia*, 73.

4 William Hugh Grove, “Virginia in 1732,” *VMHB* 85 (1977), 26-28.

5 Beverley, *History and Present State of Virginia*, 118.

6 John Smith, “Description of Virginia,” in Lyon G. Tyler, ed., *Narratives of Early Virginia*, (1907, New York, 1966), 83.

7 Johann David Schoepf, *Travels in the Confederation* [1783-84] (1788, rpt. New York, 1968), II, 88.

8 同上 , II, 88, 96。

9 同上 , II, 124。

10 Beverley, *History and Present State of Virginia*, 131.

11 John Smith, *Works*, ed. Edward Arber and A. G. Bradley (2 vols., Edinburgh, 1910) I, 344.

12 Schoepf, *Travels,* II, 72-73.

13 这方面比较扎实的论文见 , Carville Earle, "Environment, Disease and Mortality in Early Virginia," in Tate and Ammerman, eds., *The Chesapeake in the Seventeenth Century, 96-125*。 厄尔认为，这个问题最严重的地区是淡水和海水的交界处，尤其是在河流的左岸，这是河湾地区复杂的水力学导致的。其中的一个高危地段正是在詹姆斯敦，当地的健康问题又被盐碱化问题加重了。

14 Beverley, *History and Present State of Virginia*, 302.

15 Darrett and Anita Rutman, "Of Agues and Fevers: Malaria in the Early Chesapeake," *WMQ*3 33 (1976), 31-60.

16 [Durand de Dauphine], *A Huguenot Exile in Virginia, or the Voyages of a Frenchman Exiled for His Religion with a Description of Virginia and Maryland,* ed. Gilbert Chinard (New York, 1934), 130, 174. The book was first published as *Voyages d'un Francois exile pour la Religion avec une description de la Virgine and Marilan [sic] dans l'Amerique* (The Hague, 1687).

17 Schoepf, *Travels*, II, 49, 94; John F. D. Smyth, *Tour in the United States*, (2 Vols., London, 1784) I, 41; Earle, "Environment, Disease and Mortality," 103.

殖民地的情绪
弗吉尼亚与母国

从17世纪早期开始，弗吉尼亚人就热情地把这片新天地称为“老自治领”，或“古自治领”。[1]这个奇妙的短语道出了殖民地环境下的某种心态。在新世界，远离故土的移民们形成了对自身古老文化的依恋。

这种殖民地的文化氛围在弗吉尼亚尤其浓厚，并且被英国文化的价值观强化了：这是一种根深蒂固的保守主义，精英倾向、等级观念，对社会变革也分外敌视。政治哲学家罗伯特·费尼默爵士在弗吉尼亚有深厚的关系，他的写作有力而清晰地表达出这种观念。研究他思想的现代学者认为，费尼默“细致入微地为既存利益格局作了有效辩护。他试图证明，任何对他所熟知的这个世界的细微变化都会是灾难性的”。[2]

并不是费尼默一个人有这种观点。几乎所有保王党分子的日记或公共图书都揭示了同样的世界观。汉普郡贵族约翰·奥格兰德爵士（Sir John Oglander）警告他人要“警惕创新，以及任何把新机器带到我们这里的企图”。像“创新”“新颖”“现代”一类的词都带有蔑视性。[3]

在弗吉尼亚，这种保守主义倾向因为殖民地普遍的文化乡愁而加深了。弗吉尼亚人一直有渴望回到故乡的情绪。他们的后代也都继承了一种文化的失落感。1736 年，在定居一百多年后，威廉·伯德二世写信给英国朋友说：“我们的生活没有任何波澜，直到轮船到港的日子。我们饥渴地打开他们带来的朋友信件，就像继承人迫不及待地打开富有父亲的遗嘱。”伯德选择的比喻很有启发性。定居六代以后，弗吉尼亚人仍然把英国文化作为珍贵的遗产，竭力保护它不被改变，原封不动地承继下去。[4]

在很长时间里，切萨皮克的居民把自己理解为远离英国的英国人——在遥远海岛上的文化放逐。他们通常把英国称为“母国”，这种用语暗示了一种温暖的、抚育的情感关系——这不同于罗马的“祖国”或德国的“父国”观念。

由文化放逐的自觉生发出一种很复杂的感情：对内很高傲，但作为殖民地又感觉低人一等。1728 年，马里兰总督本尼迪克·伦纳德·卡尔弗特（Benedict Leonard Calvert）写信给利奇菲尔德伯爵（the Earl of Litchfield）说：“我们最多是英格兰无趣的复制品。”[5] 新世界在这些人看来仿佛是一个绝望而空虚的地方。1674 年，亨利·奇切利（Henry Chicheley）从弗吉尼亚写信给家里说：“要说新闻，我想你不必对这个荒芜的世界有所期望。”[6]1726 年，威廉·伯德怀着同样的否定心态，把弗吉尼亚描述为“宁静的乡村”。[7]

这种文化态度并不是弗吉尼亚小众精英的专利。其他阶层的立场也很相似——多数是契约仆役。仆役间的一首歌谣唱到：

> 老英格兰、老英格兰，我再也见不到你了，
> 即使有机会，也很渺茫了；
> 我骨头酥软、肌肉酸痛，

我被热病炙烤，已经到死神门前了，
但如果还有七年可活，
我定会辞别弗吉尼亚。[8]

“母国”隐痛的另一面是对“陌生人”的敌视。威廉·伯德二世在1738年写道：“我在诸多经验中学到了，在不知底细的陌生人面前要会自我保护，这样他们就无法欺骗我什么，而我也只是以礼相待。”[9]这种态度表现出来就是对“外来者”的警惕，针对的是非英国人。威廉·伯德的前后三封信充满了对“外来者”的怨毒。他们嫌弃任何英国之外的国家，认为他们非我族类。他们极端地反犹。“像犹太人那样喜爱吵闹、不理智的民族”，这是威廉·伯德二世下意识就会使用的词语。他们嗤之以鼻的对象还有法国人、德国人、荷兰人、西班牙人、葡萄牙人、意大利人、罗马天主教徒、加尔文派、清教徒、教友派和任何异议人士。

这些都是英国贵族的传统偏见。符腾堡公爵（Duke of Wurtemberg）到英格兰旅行，看到“他们并不关注外国人，对他们报以嘲笑、蔑视的态度”。同样的态度在弗吉尼亚因为焦虑、乡愁和文化失落感而加深了。[10]

殖民地不适的另一种症状是对当前景况和未来的极度不安。这种感觉在17世纪中叶的弗吉尼亚日益加深，到纳撒尼尔-培根反叛及其镇压的事件（1676）中达到顶点。反叛者培根本人是伯克利总督的亲戚和跟随者。叛乱的两个领导者来自同样的社会阶层，拥有同样的保王党理念。培根的“人民宣言”并不是一个民主文件；他抱怨说，弗吉尼亚等级制度不到位，它的机构已经被粗鄙之人腐蚀了。两个领导者都对外来的敌人和内部起义深感担忧。培根叛乱实际上起源于殖民地内部普遍的文化情绪。[11]

种种的意绪使得弗吉尼亚的庄园主决心坚持传统的民俗，但这种做法的文化结果却始料未及。顽固的保守主义有时居然会大力推动变革。这种事情只有在弗吉尼亚才会发生。举例来说，为了保护文化的统一性，弗吉尼亚贵族在大范围内建立起一套新型的种族奴隶制度——这是对未来产生深刻影响的激进变革。在下一卷中我们会看到，并不是这种新型的奴隶制创造了弗吉尼亚湾区的文化，而是当地的文化创造了奴隶制。

弗吉尼亚在 17 世纪后半叶（1640—1690）逐渐形成了自己的文化特色。那个时期的法律和法庭纪录，1690 年之前的旅行者文字，和 17 世纪晚期弗吉尼亚人的通信对此多有体现。[12] 那个时期，这个地区已经形成了自己独有的语言方式、建筑形式、家庭生活的规范和很多其他习惯，并且都与英语世界的其他地方不同。但这些民俗并不是独有的。在有些方面，它们接近英格兰南部和西部的习俗。我们对这些方面都有详尽的研究，首先是弗吉尼亚的语言方式。

注释

1 *Calendar of Virginia State Papers*, I, 63.

2 Peter Laslett, “Sir Robert Filmer: The Man versus the Whig Myth,” *WMQ3* 5 (1948), 545.

3 Bamford, ed., *A Royalist’s Notebook*, 132.

4 William Byrd II to Mrs. Anne Taylor Otway, 30 June 1736, Tinling, ed., *Three William Byrds*, I, 482.

5 卡尔弗特进一步说，“《堂吉诃德》里桑丘·潘萨（Sancho Pancha）的政府是我能给出的有关我和其他事情最接近的描述。大自然待这个国家不薄，向劳作的人们和动物赠予了丰富的果实，土地肥沃而多样化，最大的财富是适于航行的水路，虽然任何国家都有。但我们目前只是种植了烟草，给英格兰的贡献很有限；如果没有英国议会的帮助，我们都无法救助庄园主的损失。我们必须远离这种产业，转向其他制造业”。Bendict Leonard Calvert to Early of Litchfield, 17 March 1728, Litchfield Mss, OXRO.

6 Sir Henry Chicheley to his niece, 16 Feb. 1673/74, Lady Newton, *Lyme Letters, 1660-1760* (London, 1925), 64.

7 Byrd to 5 July 1726, Tinling, ed., *Three William Byrds*, I, 355.

8 "The Lads of Virginia," Firth, ed., *The American Garland*, 72-73.

9 William Byrd II to John Bartram, 30 Nov. 1738, Tinling, ed., *Three William Byrds*, II, 530.

10 William Byrd to John Pratt, 24 June 1736, Tinling, ed., *Three William Byrds*, II, 480; Wurtemberg, "Travels," in Rye, ed., *England as Seen by Foreigners*, 7.

11 培根反叛有四种解释，立场都很不同。Thomas Jefferson Wertenbaker, *Torchbearer of the Revolution* (Princeton, 1940), 同情培根的立场；Wilcomb Washburn, *The Governor and the Rebel* (Chapel Hill, 1957),更为精确,比较同意伯克利总督的立场; Richard L. Morton, *Colonial Virginia* (2 vols, Chapel Hill, 1960), and Wesley Frank Craven, *The Colonies in Transition, 1660-1713* (New York, 1968), 属于南方贵族式的比较平衡的论调；Morgan, *American Salvery, American Freedom*, 251-70，是从新英格兰的立场出发，对双方都不同情。本书从文化史的角度，挖掘导致这场事件发生的理念、希望和恐惧。

12 时间上的顺序必须强调，因为有一种相反的解释已经根深蒂固了，这种观点认为，弗吉尼亚的精英阶层和他们代表的经典文化直到 18 世纪早期或中叶才在弗吉尼亚建立起来。但这在证据上存在困难。关于弗吉尼亚文化史的证据 18 世纪的比 17 世纪的更为丰富。但 1650—1690 年期间的证据已经足够解决这个问题。这包括菲茨休（Fitzhugh）信件，第一个威廉·伯德的信件，英文材料包括费尼默、奇切利、卡尔佩珀和华盛顿等，还有多菲（Dauphine）的杜兰德（Durand）在 1687 年的旅行游记。此后，亨宁（Henning）的《成文法》里收集的材料（手稿已经遗失）也论证了这个文化的制度发展主要发生在 1643—1690 年间。时间的问题在因果关系上是重要的，因为这显示出弗吉尼亚的经典文化在奴隶制兴起之前就已经大范围发展了。

弗吉尼亚的语言方式

南方口音的英国起源

美国独立革命发生前，北方来的旅行者已经对切萨皮克地区的口音表示过诧异了。宾夕法尼亚的一位女士说马里兰的贵族有奇特的吸引力，“他们说话很软，R音从来不发出声”。[1]

让北方旅行者更惊讶的是弗吉尼亚的方言。1773年，来自普林斯顿的年轻人菲利普·费西安（Philip Fithian）到南方任教，驻地是里士满附近的大农庄卡特种植园。在日记里，他描述了自己听到的语言：

> 那里的人把shower发成“sho-er”。——我们在新泽西叫vendue（拍卖）的，他们的叫法是“sale”。——Taverns（小旅店）他们叫作“ordinarys”。——马儿frolicsome and brisk（嬉戏玩闹），他们的说法是gayly（高兴）……而如果我piddled at my Exegesis（对圣经作出的诠释不够周详），（按他们在弗吉尼亚的说法）我是在did a mighty little（有损上帝的荣誉）……[2]

费西安发现弗吉尼亚人说话的方式和他在新泽西的同乡有很大不同。当北方人在说“I am,” “You are,” “She isn’t,” “It doesn't," 和 "I haven't," 的时候，弗吉尼亚人即使地位很高，也喜欢说 "I be," "You be," "She ain't," "It don't," 和 "I hain't"。[3] 切萨皮克地区的人用 "like" 来代替 "as if" —— "He looks like he's dead"（他看起来好像是死了）。波士顿人詹姆斯·罗素·洛厄尔（James Russell Lowell）轻蔑地说，这种用法 "在新英格兰根本找不到"。[4]

弗吉尼亚方言有自己的词汇表。在 17 世纪的记载里，bide 用作 stay，howdy 用作 hello，afterclap 指任何意外的事情，shuck 用作 husk，porely 用作 unwell，drag 用作 harrow，craw 用作 throat，afeared 用作 afraid，cater-cornered 用作 crooked，tarry 用作 stay，tote 用作 carry，passel 用作 pack，woebegone 用作 wretched，call 用作 cause（"no call to do it"，没有理由这样做），chomp 用作 chew，fresh 用作 flood，grit 用作 courage，lick 用作 beat，links 用作 sausage，bimeby 用作 by and by，belly-ache 用作 pain in the stomach，andirons 用作 firedogs，flapjack 用作 pancake，bandanna 用作 handkerchief，botch 用作 blunder，favor 用作 resemble，unbeknownst 用作 unknown，allowed 用作 admitted，pekid 用作 unwell，moonshine 用作 distilled liquor，shock 用作 a sheaf of corn，mess of greens 用作 a serving of vegetables，laid off 用作 out of work，skillet 用作 frying pan，traipse 用作 walk，disremember 用作 forget，right good 用作 very good，get shut of 用作 get rid of，mighty 和 monstrous 用作 very，proud 用作 happy 或者 glad（如，"proud to know you"），yonder 用作 distant，cross-grained 用作 difficult，innards 用作 insides，pretend 用作 intend，angry 用作 infected，book-learning 用作 schooling，jeans 用作 cloth of a course twill weave（一种斜纹织布，老式的从热那亚进口的英国人用布）。到 18 世纪晚期，

这些词已经从英国的正式场合消失了。牛津英语词典中把它们归为过时的、地区的表达方式，但它们在弗吉尼亚沿用了三个世纪。

在这些老词得到保留的同时，切萨皮克地区也创造了一些新词。很多是从印第安人借用的，后来又从非洲人借用。新词适合用来描绘切萨皮克地区的环境、烟草种植的技术和种族奴隶制等。这种继承和创新的综合构成了这个地区的词汇表。[5]

弗吉尼亚方言的发音方式也很特别。新英格兰紧绷、快速、刺耳和金属质地的哼声在弗吉尼亚被柔软、缓慢、有韵律感的拖腔所取代，它是一种鼻音，而不是从喉咙里发出的。弗吉尼亚人喜欢增加音节，而新英格兰人倾向于减少音节。元音被刻意拖长，并且美化、软化了，比如，half 发作 ha-alf，garden 发作 gyarden，care 发作 ke-er，help 发作 holp，pretty 发作 puriddy，first 发作 fuust，I' m 发作 Adh' m，do 发作 doo，尤其是 watermelon（西瓜）发作 wah-a-tah-mill-i-an。在弗吉尼亚，有关西瓜的对话可以占据一个下午的时间。[6]

辅音也软化，并拖长了，seven 发作 sebem，chimney 发作 chimbly，vermin 发作 vahmint，hold 发作 holt，more 发作 mo'，floor 发作 flo'，door 发作 do'，four 发作 fo'，this 发作 dis，that 发作 dat，there 发作 dare，ask 发作 ax，going 发作 go-in'，preserve 发作 perserve，follow 发作 foller，yellow 发作 yaller，across 发作 acrost，wonderful 发作 wunnerful，mistress 发作 mistis，with 发作 wid 或 wud。多余的音被加上去了，比如 you 发作 you all 或者 y' awl。[7]

专有名词的发音常常是意想不到的。卡特（Carter）家族把自己称为 Cy' ah-tah。在湾区，兰道夫（Randolph）称为 Randall，这和母国的发音方式一样。Armistead 发音为 Um'sta-ed; 伯克利（Berkeley）

和在母国一样，发做Barkly；Blount发作Blunt。刺杀林肯的约翰·威尔克斯·布斯（John Wilkes Booth）家族被称为Bowthe。Botetourt发作更有节律感的Boat’a’tote，Chisman发作Cheeseman，Dinwiddie发作De-in-wood-y，Fantleroy发作Fantilory，Fauquier发作Fawkeer，Gooch发作Gouge，Hackett发作Haa-yak-it，Heyward发作Howahd，Langhorne发作Langon，Napier发作Napper，Sclater发作Slaughter，Semple发作Sarmple，James发作Jems或Jims，Yeardley发作Yardly，弗吉尼亚的作家罗伯特·芒福德（Robert Munford）被同时代人称为Mumfud。湾区一些词的发音和拼写甚至不大有关联。比如，Crenshaw不知何故发成了Granger，Enroughty发成Dahby。来自佛罗伦萨的探险者Taliaferro，因为托斯卡纳式（Tuscan）的发音，他和后代的名字在湾区都被称为Toliver。[8]

弗吉尼亚的这些语言方式不是在美国发明的。它们源自一类地区方言，主要是在17世纪英格兰的南部和西部盛行。所谓弗吉尼亚典型语言特征的语法、句法、词汇和发音实际上都被记录在英国一些郡政府的档案里，包括苏塞克斯、萨里、汉普郡、多塞特、威尔特郡、萨默塞特、牛津、格洛斯特、沃里克或伍斯特郡。[9]

例如在19世纪中叶，一位英国古文物研究者发表了一首苏塞克斯方言的所罗门歌，听起来很像弗吉尼亚湾区白人和黑人所习惯的说话方式：

> De Song of songs, dat is Solomon’s,
> Let him kiss me wud de kisses of his mouth;
> for yer love is better dan wine
> Cause of de smell of yer good intments, yer naum is lik

> intment tipped out; derefore de maidens love ye …
>
> Look not upan me, cause I be black, cause de sun has shouun upan me; my mother's childun was mad wud me; dey maud me kipper of de vineyards; but my own vineyard I han't kept…
>
> My beloved spoke, an said to me: Git up, my love, my fair un, an come away …
>
> Jest a liddle while ahter I passed by em, I foun him dat my soul loves …

这种苏塞克斯口音据说在1860年就几乎消失了。到了20世纪，dis和dat在英格兰农村地区就很少听到了，但美国南方的贫穷白人和黑人中仍然在使用。[10]

托马斯·哈代在《卡斯特桥市长》中描述了这些方言逐步崩解的过程，其中伊丽莎白用威塞克斯的拖腔说道："稍等片刻，父亲！"

> "稍等片刻，"他厉声回应道，"仁慈的主啊，难道你能做的只是把饲料送到猪槽吗，你只能说这些词？"她因为羞愧和难过而脸红了。"我的意思是，'就待在你的地方'，父亲，"她卑微地低声说，"我本该更谨慎的。"[11]

威塞克斯的后代子孙都学到了如何"更加谨慎"，正像伊丽莎白所做的那样。但这些古代的话语方式在今天的美国南方仍有踪迹可寻。[12]

很多弗吉尼亚的词（以及读音）也出现在苏塞克斯的单词表上，

比如：atwixt, bandanna, bimebye, bide, dis and dat, wud, fambly, favor, flapjack, fust, his’n, holp, holt, hotted up, innards, lay-off, leastways, such-like, mess of greens, moonshine, passell, pekid, shock, skillet, traips 和 unbeknownst。[13]

19 世纪到苏塞克斯乡村旅行的美国游客对当地方言与弗吉尼亚的相似性感到惊讶。一个来自美国的游客提到苏塞克斯的一个农夫，说“他 h 音乱用——他毫无节制地用很奇妙的方式在所有地方都省略了这个音——他可能在美国西部或南部待过”。[14]

苏塞克斯的方言属于英格兰南部和西部的方言体系中的一种。每个郡都有它独特的语言习惯；很多小村庄也是如此。但语言研究者发现，英格兰南部和西部这些地方方言都彼此关联。威廉·科普爵士（Sir William Cope）通过长期研究总结说：“在组成苏塞克斯地区的郡中，语言或方言都有很大的相似性。尤其是西苏塞克斯、汉普郡和威尔特郡组成的地区，相同的词也很多。”[15]

这个威塞克斯方言群落与弗吉尼亚的说话方式很相似。例如在汉普郡，人们常把 chitterlings 或 chittlins 用作 entrails，no-count 用作 worthless，dawg 用作 dog，passel 用作 bunch，poke 用作 thrust，whopper（在汉普郡发音是 whoppah）用来指任何大尺寸的东西。那个郡的人在辅助动词上习惯用过去式而不是分词——“he was took bad”，或“he was drove to it”——弗吉尼亚也基本如此。[16]德文郡的人把 half 说成 ha’af，master 说成 marster，care 说成 keer，yellow 说成 yaller，going 说成 a-go-in。萨默塞特的人经常说 bide, taters, porkers 和 holler。[17]威尔特郡人常用的词有 craw, cross-grained, drag, handy 和 purserve。在牛津周围的郡中，农夫会说 holt, gyarden, sebem, vahmint, priddy 和 chimbly。所有这些用法在 17 世纪传播到了

切萨皮克地区。[18]

弗吉尼亚方言在发展过程中并不仅仅是模仿威塞克斯的方言。语言移植的过程是动态的，包含着语言的选择和重新组合。并且，英格兰南部和西部的语言并不是一个单一的整体，而是一个包含不同方言的复杂体系。苏塞克斯的农夫习惯于省略 H 音；但周边地区会把这个辅音发得很清晰。萨默塞特人（Somerset）喜欢把 S 音发成 Z，O 音发成 U，所以他们的郡名就变成了 Zumberzet。这种用法在英格兰南部其他地方却没有。[19]

英国的乡村之间、甚至社区之间都有语言差异。比如格洛斯特的伯克利百户区，当地的一个古玩家在 17 世纪的时候记录到：

> 伯克利百户区有一些使用频繁的词语，是日常的谚语和成语，我们在市场交易时才使用的，就只在本地用，而且只在本区域的界限内使用；如果我们发现有外来人说这些词，我们就觉得他们过界了，或是从他们应该待的地方走偏了。[20]

他所说的“伯克利百户区”保留了很多老的撒克逊词，比如，born 说成 geboren，girls 说成 wenchen。撒克逊人喜欢把前面的 v 发成 f，所以 venison 就成了 fenison；同时，f 又变成了 v，所以 folks 就说成 volks。同样的，c（发 k 音——译注）就变成 g，就像 crabs 发成 grabs。This 和 that 就变成 thicke 和 thucke，y 会常常被放在单词之间，尤其是以辅音结尾的名字和开始的名字之间，所以在有关英格兰格洛斯特河谷的记载中，Bill Carter 就变成 Bill-y Carter。[21] 伯克利的一些语言习惯就变成了美国的南方口音——比如辅音之间的 y 音。有趣的是，虽然伯克利百户区有很多人移民到了弗吉尼亚，但他们多数的语言方式并没有在弗吉尼亚保留下来。

语言的移植和弗吉尼亚口音的诞生是有迹可寻的。英格兰南部的混合方言体系中，各地的特殊性逐渐消失，而通用的习惯则会保留下来。苏塞克斯省略 H 音，以及萨默塞特发得很重的 S 音等做法，没有在弗吉尼亚继承下去。但英格兰南部和西部多数农夫经常把 I am 说成 Ah be，则变成了弗吉尼亚口音的重要现象。从这个意义上看，新的语言方式是从旧的材料中制造出来的。

还有其他一些变化。在新世界，来自英国各地的乡村口音表现出统一的伦敦音倾向——这在英属北美是一种共同的倾向。德国旅行者约翰·索普观察到，“一般而言，美国各殖民地的英国方言之间的差别，并不如英格兰各区域和郡之间的差别那么大”。[22] 南方拖音和北方鼻音之间的差异比威塞克斯的阔音和诺福克的哼音之间差异要小，原因就是美国南北方都附加上了伦敦音。[23]

另一个复杂性是美国更小区域方言的发展。弗吉尼亚方言很快在更小的区域内出现了各种变化，到 19 世纪，本地人出生的地点可以通过他们发 a 和 r 音的微妙差异确定在几英里的范围内。弗吉尼亚不同阶层之间也存在差异，弗吉尼亚第一代家庭的说话方式最接近于伦敦教育良好的阶层。

更复杂的是后来，非洲语言给南方方言注入了新的元素。非洲语言在南方普遍被吸收，尤其是在卡罗莱纳的偏远乡村。弗吉尼亚对非洲语言的借用并不是很多，但 1783 年一位德国旅行者观察到，“黑人语言在这里慢慢地渗入，英语这种大杂烩最终也吸收了非洲的语言”。但弗吉尼亚方言的主要特征在非洲奴隶影响当地语言之前就建立起来了。[24]

总的来说，语言创造是复杂的文化过程。综合而言，南方拖音是英格兰南部和西部的方言受美国环境影响发展起来的，就像北方鼻音是从东盎格鲁的方言里发展出来的。

注释

1 这种说法来自威廉·斯托达德少校（Major William Stoddard），他是马里兰富裕的庄园主，住在波多马克河地区；这个事情记载在 Kathyrn Zabelle Derounian, ed., *The Journal and Occasional Writings of Sarah Wister* (Rutherford, N.J., 1987), 47, 77 (26 Oct. 1777)。

2 Fithian, *Journal and Letters*, 235-36; Claude M. Newlin, "Philip Vickers Fithian's Observations on the Language of Virginia," *As* 4 (1928), 111.

3 Hans Kurath, *A Word Geography of the United States* (Ann Arbor, 1949).

4 George Philip Krapp, *The English Language in America* (2 vols., New York, 1925), 238.

5 Bennett Wood Green, *Word-Book of Virginia Folk-Speech* (Richmond, 1889) 仍然是对历史资料最具综合性的分析；对 17 世纪弗吉尼亚语言非常有用的资料是手稿上的语音分析和法庭纪录，尤其是非英语母语的访问者的游记。见 Gilbert Chinard, ed., *Un Francais en Virginie* (Baltimore, 1932)。

6 另一个例子是 muskmelon 发音为 mushmillion，这是雷默斯大叔（Uncle Remus）使用的，也被 1591 年多塞特郡的一个旅行者记载下来；OED, s.v. "Musk melon"; Cleanth Brooks, *The Language of the American South* (Athens, 1985), 8。

雷默斯大叔的故事对于南方方言的研究者来说是很有趣的，尤其是考虑到非洲和英国在其中的相对角色。哈里斯（Joel Chandler Harris）给杰克大叔配上了嘎勒（Gullah）口音，而雷默斯大叔自己说的则是苏塞克斯的老口音，布鲁克斯对此有很详细的描述。

7 "You all" 出现在 17 世纪弗吉尼亚仆役的歌谣中；见 "The Trappan'd Maiden," line 60, in Firth, ed., *An American Garland*, 53。

8 Green, *Word-Book of Virginia Folk-Speech*, 13-16; 也见 "Virginia Names Spelt One

Way and Called Another," *WMQ1* 3 (1894), 371; 英格兰西部对家族名称的发音，见 R. Pearse Cheyne, *The Dialect of Hartland, Devenshire* (London, 1891, copy in the West Country Collection, Exeter Library, Exeter)。Cheyne 举例说，Pennington 在德文郡发音为 Tennent；Galsworthy 发作 Gals'ry；Southward 发为 Shaddick；Cookwood 发为 Cookooda。

9 大多数学者同意这个观点，虽然不是全部。格林（Bennett W. Green）从长期研究中总结说："弗吉尼亚人的说话方式中有比较清晰的英格兰南部、西南部和中部的特点，但几乎没有东盎格鲁或诺福克的印记。"布鲁克斯（Cleanth Brooks）对这个问题研究了五十年，他同意"南方的语言几乎可以肯定是来自英格兰南部"。语言地理学家汉斯·库拉斯（Hans Kurath）也总结说，"美国地域性语言……发端于英国的地方方言"，而美国南方的语言来自英国东南部和西南部。持同样观点的还有雷文·麦克戴维斯（Raven McDavid）和菲利普·布鲁斯（Philip Bruce）。

一小部分极端的马克思主义语言历史学家，尤其是他们的代表乔伊·迪拉德（Joey L. Dillard）对此强烈反对，并坚持说，南方口音主要是因为非洲人的影响、对印第安人的借用和美国的自然条件等几个方面的因素。这个主张中有正确的部分，但它并不能代替普遍的看法。

见 Green, *Word-Book of Virginia Folk-Speech*, 9; Brooks, *The Language of the American South*, 13; Hans J. Kurath, *Studies in Area Linguistics* (Bloomington, 1972), 66; Bruce, *Social Life of Virginia*, 68-69; Raven I. McDavid, Jr., "Historical, Regional and Social Variation," *JEL* 1 (1967), 24-40; CF. J. L. Dillard, *Toward a Social History of American English* (Berlin, 1985), 52。

10 Brooks, *The Language of the American South*, 8-12.

11 Thomas Hardy, *The Mayor of Casterbridge* (1886), chap. 20.

12 19 世纪苏塞克斯 dis 和 dat 的记录见 W. D. Parish, *A Dictionary of the Sussex Dialect and Collection of Provincialisms in Use in the County of Sussex*（Lewes, Sussex, 1875, rpt. 1957）。其他材料整合在后面这本书中，Cleanth Brooks, *The Language of the American South*, 55-56。

13 Parish, *A Dictionary of the Sussex Dialect.*

14 *Sussex Pilgrimages* (1927), 99.

15 William H. Cope, *A Glossary of Hampshire Words and Phrases* (London, 1883), vi; 也见 William D. Cooper, *A Glossary of Provincialisms in Use in Sussex* (1852) 和 John George Akerman, *A Glossary of Words in Use in Wiltshire* (1842)。 在萨默塞特、威尔特和德文郡部分地方的方言共同的部分参见 Frederic T. Elworthy, *The West Somerset Word-Book* (London,1886) 和 *An Outline of the Grammar and Dialect of West Somerset* (London, 1877)。这些早期的词汇表比 20 世纪学者对英国乡村方言的调查结果更能显示出与南方口音的相似性。这个问题较好的资料收集存放在埃克塞特（Exeter）图书馆的西厅里，靠近德文郡纪录办公室。

16 Cope, *A Glossary of Hampshire Words and Phrases*.

17 "Selected Poems in Somerset Dialect," *SFS* I (1922), 54-90.

18 Green, *Word-Book of Virginia Folk-Speech*, 7-8.

19 "Selected Poems in Somerset Dialect," SFS I (1922), 21-90.

20 John Smyth, *The Berkeley Manuscripts* (3 vols., Gloucester, 1883-85), III, 22-23.

21 同上 , III, 23。

22 Schoepf, *Travels*, II, 62.

23 例如，在伯德的通信中，人们发现了伦敦的表达方式，像 "dining with Duke Hamphrey", 这指的是伦敦的一个雕塑，是乞讨者聚集的地方（Tinling, ed., *Three William Byrds*, 273）。对切萨皮克地区伦敦音的研究，见 Hugh Jones, *The Present State of Virginia* (1724), 80; and William Eddis, *Letters from America*, ed. Aubrey Land (Cambridge, 1969), 33。

24 Schoepf, *Travels*, II, 62; Cleanth Brooks, *The Relation of the Alabama-Georgia Dialect to the Provincial Dialects of Great Britain* (Baton Rouge, 1935), cf. J. L. Dillard, *Black English* (New York, 1972). 这个问题引起了我们这个时代典型的荒唐的学术争议，政治立场激进的学者强调南方口音的非洲起源，保守派则采取相反立场。两方都有重要的事实依据，实际上也是互补的。南方湾区的方言是英国的地方方言，但也添加了老派的伦敦音和非洲语的要素。

弗吉尼亚的建筑方式

切萨皮克房屋的英国起源

相似的规律也表现在弗吉尼亚的本土建筑。在威廉·伯克利爵士治下，独特的建筑样式逐渐发展起来。到17世纪中叶，家庭住房和谷仓的样式在整个地区已经相当标准化。1647年，议员们下令开建一个建筑时，他们要求其形式要“依照弗吉尼亚的建筑形式”。没有人认为有必要确定进一步的细节。[1]

弗吉尼亚的建筑形式，就像她的语言方式一样，不是在新世界创立的。它们来源于英格兰南部的本土建筑，发展过程中受到文化目标、环境因素和对英国传统的追怀等因素影响。[2]

弗吉尼亚的本土建筑在风格、设计、材料和技术上都有等级差别。它的最高形式是“豪宅”——一种华丽的砖砌结构，周围环绕着附属建筑、花园和田野。它一般是一层半或两层楼高，完美对称，中间有中央通道，或叫“夏厅”，从前门直通后门。大厅侧面是一楼宽敞、高大的起居室，楼梯下有低矮的楼梯间。威廉·休·格罗夫1732年写道：“房屋的形制都差不多。后面有一个楼梯，中间有一个通道称为夏厅，实现空气对流；每边各有两个房间。”[3]

内部设计适合于集体生活。即使在最大的房子里，房间数也比较有限。“他们总是想要大房间，”罗伯特·贝弗利写道，“这样他们在夏天要凉爽一些。”[4]在最大型的宅第里，被称为阁楼间的私密小房间是给房子的主人和主妇用的。但在17世纪中叶，弗吉尼亚很少有人有私密空间。[5]

弗吉尼亚的第一套大型宅院是“绿泉”（Green Spring），这是由威廉·伯克利爵士在1646年建成的砖砌建筑。建筑的费用是通过一项特殊的税收支付的，议会征收此项税收的理由是“为了本地的荣誉”。绿泉所在的地产有1000英亩，靠近詹姆斯敦，但如今已经消失了。当年，它是弗吉尼亚最大的房子，按正面计算有100英尺宽。中间的部分有48英尺宽、43英尺深，两旁是对称的两翼，每边有26英尺宽。里面有六个大房间和一个中央厅。稍后添加了一个抬高的凉廊和一双屋顶窗，这并不符合当时的时尚。但整个建筑的设计在殖民地奠定了一个范式，当地的庄园建筑照此沿用了两百年。[6]

很多关于这栋建筑的文字都把它看作适应切萨皮克环境的产物。长长的大厅在前后开口，在夏天引来微风。挑高的屋顶能把早晨凉爽的气温保持一天。超大的砖砌火炉和烟囱能击退冬季的寒冷。陡峭的板岩顶板在夏季暴风雨中特别有用，并且比在新英格兰更耐用。

这确实是一个美国建筑，但根源上还是英国的。弗吉尼亚的庄园大宅在诸方面都很接近17世纪和18世纪早期英格兰南部和西部的中型庄园。对英格兰这一地区庄园建筑的研究显示，它们具有以下典型特征：正面有70—100英尺宽；对称性设计；一楼是数量有限的大房间，比例宽大，屋顶挑高；中央大厅在前后开口；地面的一楼有一些睡房。这种大型房屋一般远离道路，外围有一些小房屋，包括厨房、马厩、仆役房等，前面多是精致的花园。这种对英格兰南部和西部庄园的描述也完全适用于弗吉尼亚的大型宅邸。[7]

绿泉是威廉·伯克利爵士的住处，是弗吉尼亚第一栋大型建筑。它为殖民地后世的庄园建筑设定了范本。1646 年由议会的特别拨款资助建设。它原本是一个大型的对称性砖石建筑，有一个中央进口和大厅，四周是一楼宽阔的公共房间。1796 年，英国建筑师本杰明·拉特罗布（Benjamin Latrobe）参观了绿泉，在它被推倒之前画出了房屋草图。“这是一栋坚固的砖石建筑，并无意炫富，”拉特罗布写道，“底层曾经覆盖着拱廊，但现在已经坍塌了。门廊上有一些笨拙的砖石装饰，是詹姆斯一世时期的风格。”这幅画显示的是没有拱廊（这是后来加上去的）的建筑，呈现的是伯克利时期的模样。资料来源：Edward C. Carter, ed., *The Virginia Journals of Benjamin Henry Latrobe* (2 vols., New Haven , 1977), I, 181–82, 247, plate 21。

大西洋两岸的大型乡村建筑都具有高度的对称性，有时让人惊讶。比如弗吉尼亚雪莉（Shirley）庄园的设计初看起来像是一些盒子放在一起。但它实际上有复杂的数学结构，设计上煞费苦心。主体建筑和两翼的每一个维度都是神秘的基督教数字三和十二的倍数。雪莉的设计变成了这个地区圣公会文化的样本。[8]

房屋中央贯通的大厅并不是弗吉尼亚自己的设计。提雅克（G. C. Tyack）发现，这种设计在17世纪英格兰南部和西部的大型乡村建筑中“非常普遍”。[9]

大型乡村建筑的配套设计在英格兰和弗吉尼亚也差不多，通常环绕着“花园、鱼塘、草地保龄球场、高台和其他与豪宅相配的东西”。茂盛的美国灌木和树木被毫不留情地修剪掉，以模仿英国的植物园。在每个富有的大型种植园，土地本身也由仆役精心修饰，使它看起来像英国的故土，以慰藉主人的乡愁。[10]

弗吉尼亚庄园建筑的细节也和英国乡村建筑很相似。弗吉尼亚的庄园主像英国的西部乡绅一样，用王室的象征物来装饰房屋。20世纪的考古学家发现了一些王室徽章的石膏残片，和用于天花板装饰的王室图样。[11]

在英格兰和弗吉尼亚，这些结构都不是由专业建筑师来设计，而是由本地的贵族。它们之间的相似性也证明了大西洋两岸的贵族在口味上比较一致。[12]

但英格兰和美国的乡村建筑也有重要的差别。美国的环境要求作出很多变化。比如，在英格兰一个带状区域，从多塞特郡北部，穿过威尔特郡唐斯（Downs），到达科茨沃尔德丘陵地带（the Cotswolds），石头是主要建材。在17世纪，弗吉尼亚人曾尝试用本地一种接近科茨沃尔德石灰岩的黄色砂岩。但实践证明这种石头太柔软，而用处有限，又找不到更好的替代品。所以，弗吉尼亚人弃用石头作为主要建材，除了用于装饰。[13]

但对石材的偏好仍然保留着，这体现在一些有趣的方面。比如佛农山庄，即乔治·华盛顿的豪华庄园。它的外立面是木质的护墙板，这些木头被切割成石头的形状，并铺上一层砂石，以从外观上看起来、摸起来像石头。但其效果常常因为弗吉尼亚的气候而大打折扣，木头的纹理会透过表面的石质装饰显露出来。但人们喝下一两瓶马德拉白葡萄酒后，在浓浓的乡愁中再看佛农山庄，木头也会看起来像是石头。

由于石材稀缺、工匠较少，弗吉尼亚人不得不适应新世界的环境对英国的建筑传统进行改良。但与此同时，他们也努力保持文化上的延续性。湾区的上等建筑经常采用砖，而英格兰在16世纪晚期和17世纪早期已经开始大量用砖来修筑房屋。砖用来砌基石、地窖、圆柱、窗墙和烟囱。特别削制或模制的砖头也用来修窗框、门框、圆形的檐口和支撑用的护墙。

17世纪时，砖建筑在弗吉尼亚缓慢发展起来。这一时期，包括大型庄园在内的多数房子主要还是用木头。但高质量的砖仍然是理想的建材。这些砖用的是本地的泥土，烧制出漂亮的颜色，从黑红到淡橘色都有。英格兰砖的大小是受王室命令管制的，在伊丽莎白统治期间，尺寸是长九英寸、宽四又四分之一英寸、高二又八分之三英寸；查尔斯一世期间，尺寸是长九英寸、宽四又八分之三英寸、高二又四分之一英寸。弗吉尼亚人一般遵循这种尺寸；17世纪弗吉尼亚砖的大小和英格兰是一样的。[14]

弗吉尼亚的砌砖技艺也长期保持英国风格。1625—1650年，梅花砌砖法（Flemish bond：在每一道流程中变化延展方向和头数）在

斯特拉特福德（Stratford）是李家族祖先的房屋，它是威廉·伯克利爵士去世后的半个世纪里修建的贵族房屋之一。这所大宅大约是在1725年为托马斯·李修建的，理查德·亨利·李、弗朗西斯·莱特富特·李，还有罗伯特·李都在这里出生。它至今矗立在威斯特摩兰郡，笼罩在巨大的山毛榉树阴影里，周围有外围建筑。它的设计是一个H形，有一个很大的中央大厅，旁边是大的公共房间，但数量较少。在底层有空间既小又低的卧室和工作室，在夏天特别凉爽。砖砌的外墙有两个巨大的烟囱。建筑师在这个设计里制造了一种朴素、团结、忠诚、严肃和永恒的气氛——这也是在此处居住了两个世纪的家族的象征。1690年之前，这么大的房子还是比较稀少，但此后修筑了很多类似的建筑。它们的外观随着建筑时尚不时会作出一些修改，但结构和功能则比较一致。

英格兰南部已经相当流行。它在弗吉尼亚也得到广泛应用，当时是英国砌砖法与其他的花园砌砖法（在不同的组合中逐渐提高延展的比例）并用。在英格兰北部或东部流行的方式（约克郡砌砖法、修道士砌砖法等）很少出现在切萨皮克地区。[15]

这些大型建筑数目很少。切萨皮克地区多数是小房子。从17世纪早期开始，小房子在设计上标准化了，并得到长期的应用。它们的风格比较单一，建筑历史学家称之为“大厅及起居室房子”。这些房子的结构比较朴素，一般一层或一层半，分为两个大房间。一边或两边的山形墙尽头会有外砌的烟囱，角落里有阶梯直达睡觉的阁楼，上面会有山形墙上的窗户透进光线。[16]

法国旅客杜兰德（Durand）在1687年对弗吉尼亚人的观察中写道：“不知为何，无论地位高低，他们在底层都只修两间屋子和一些壁橱，阁楼也只有两间屋子。厨房另建，基督徒奴隶单独一间房，黑奴单独一间，另有几间用于烘干烟草。”[17] 这种设计是从英格兰南部和西部郡带来的，在弗吉尼亚殖民地得到广泛应用。小型建筑和大型建筑一样都体现了很强的文化延续性。[18]

弗吉尼亚典型的小型农舍有16英尺宽、20英尺长——比英格兰的稍小。陈设很简陋。17世纪中叶，切萨皮克的很多房舍连床都没有；家人都睡在成堆的枯草和叶子上。[19] 建筑材料也很一般。弗吉尼亚和英格兰一样，小房子很少用砖砌。研究英国本土建筑的埃里克·默瑟（Eric Mercer）提到，“在17世纪下半叶之前，很少看到小型的砖砌房屋”。此后很多年也比较少见。弗吉尼亚的小房舍也基本是木质的，但在形制上与马萨诸塞的东盎格鲁风格很不同。它们多数结构很简单，一层或一层半，和一个陡峭的屋顶。墙壁的加固一般是通过在壁骨之间填充泥土并夯实，再用橡木板防潮。[20]

房屋的木工大大简化了——马萨诸塞更是如此。弗吉尼亚人对房屋的基础不太注重，一般在不太平整的基面或岩石上修建，高出地面两到三英尺。墙的结构也尽可能简单。屋顶用轻的柱体和普通的椽木，在顶部榫接，底部则巧妙地钉在摹造的金属板上，以使人们在这种并不安全的结构下，有更多活动的空间。[21] 这些建筑方式体现出弗吉尼亚的经济现实，这里的木材便宜但人工费比较高。1687年，威廉·菲茨休（William Fitzhugh）写信给一位朋友说，“人工费高得离谱，工匠们都懒得很”，给房屋做框架的费用比伦敦还要高出至少三分之一，“准备的时间则是三倍以上”。物质条件对殖民地建筑产生了重要的影响。[22]

在弗吉尼亚本土建筑的等级里，还有第三级，是极为简陋的一间屋窝棚或小木屋，用的是随手可得的材料。在17世纪末以前，很多这种建筑是用短柱，或已经被割碎的木材建造的。仆役和奴隶的房子多数是用短柱房。但它们不是伐木工的小木屋。它们的设计和样式都仿效英国建筑的传统。[23]

这些建筑形式不是固定不变的。17世纪晚期到18世纪，大西洋两岸的建筑形式都发生了变化。新的格调逐渐发展出新经典样式，包括比例、山形墙、圆柱、榫子、镶边和高耸的屋顶等。虽然时尚有变迁，弗吉尼亚建筑的传承性仍然很强。在火烧柴丰富的地方，房屋格局里就保留着巨大的火炉和宽阔的烟囱。砖仍然是理想的建筑材料，而英国乡间比较喜欢石头或灰泥。其结果就是在朴素的新经典样式里，鲜艳的红墙、灰色的板岩和上漆的木饰颇有生命力地组合在一起。

所有这些建筑方式体现出，弗吉尼亚的种植园建筑虽然来源于英国乡村建筑，但生成了独有的地方特色，从而获得了一种文化身份。

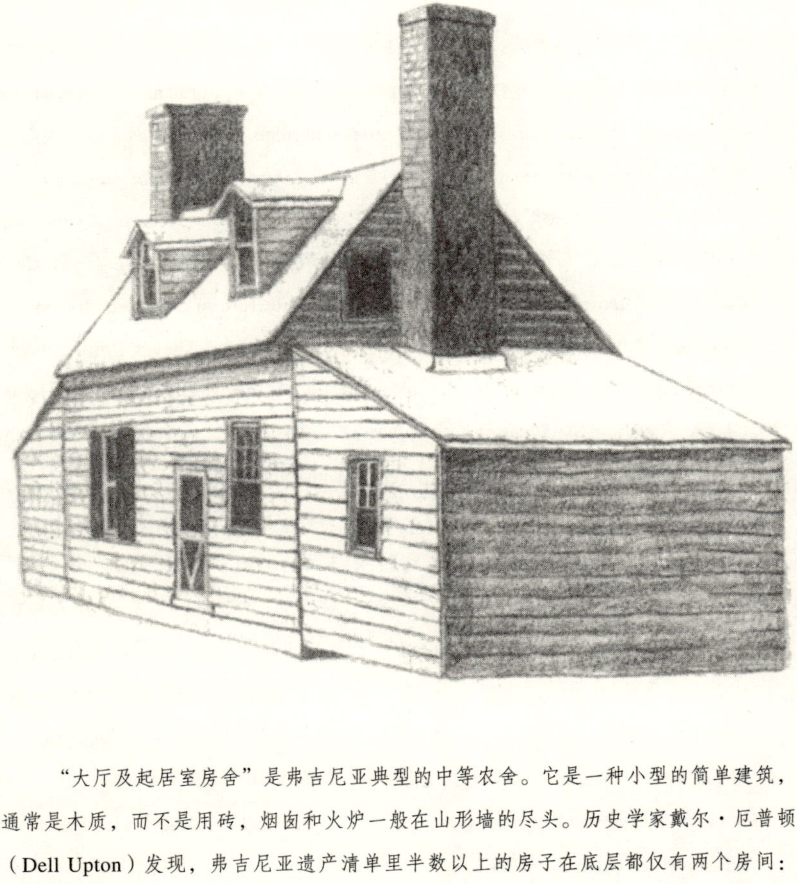

“大厅及起居室房舍”是弗吉尼亚典型的中等农舍。它是一种小型的简单建筑，通常是木质，而不是用砖，烟囱和火炉一般在山形墙的尽头。历史学家戴尔·厄普顿（Dell Upton）发现，弗吉尼亚遗产清单里半数以上的房子在底层都仅有两个房间：一个大厅和一个起居室，有时是一个大厅一个厨房，或者一个起居室一个厨房，楼上再加一些小隔间。这是很长的时期里，弗吉尼亚典型的房屋结构。从1646年到1720年，每栋房屋平均的房间数维持在5个。

注释

1 Hening, ed., *Statutes at Large*, III (1647), 340.

2 "弗吉尼亚的房屋是英国房屋的舶来品"，摘自 Henry C. Forman, *The Architecture of the South: The Medieval Style, 1585-1650* (Cambridge, 1948)。多数学者同意这个观点。见 Thomas Waterman and John A. Barrows, *Domestic Colonial Architecture of Tidewater Virginia* (1932, rpt. New York, 1969); Fiske Kimball, *Domestic Architecture of the American Colonies and the Early Republic* (1922, rpt. New York, 1966); Cary Carson, "Settlement Patterns and Vernacular Architecture in Seventeenth Century Tidewater Virgnia" (thesis, Univ. of Delaware, 1969); Dell Thayer Upton, "Early Vernacular Architecture in Southeastern Virginia," (thesis, Brown, 1980); Henry Glassie, *Pattern in the Material Folk Culture of the Eastern United States* (Philadelphia, 1969), idem, *Folk Housing in Middle Virginia* (Knoxville, 1975)。

在弗吉尼亚建筑的历史学研究中，第一代学者（包括 Forman、Waterman、Barrows 和 Kimball 等）强调豪宅和公共建筑是理想型。第二代学者（包括 Carson、Glassie 和 Upton 等）反对这种腔调，称之为"贵族迷思"。厄普顿（Upton）写道（第一页）："弗吉尼亚早期的豪宅和公共建筑是例外，在任何方面都不具代表性。直到 20 世纪，弗吉尼亚东部的典型农村房子还是单排的结构房，一个或两个房间那么长，尽头是烟囱。"两派学者都丰富了我们对这个问题的知识，但都没有完成研究。豪宅和小房子都是本土建筑的一部分。

3 Gregory Stiverson and Patrick H. Butler III, "Virginia in 1732: The Travel Journal of William Hugh Grove," *VMHB* 85 (1977), 18-44.

4 Beverley, *History and Present State of Virginia*, 290.

5 Darrett B. and Anita H. Rutman, *A Place in Time: Middlesex County Virginia, 1650-1750* (2 vols, New York, 1984), 154.

6 Louis B. Caywood, "Green Spring Plantation," *VMHB* 65 (1957), 67-83; Jesse Dimmick, "Green Spring," *WMQ2* 9 (1929), 129-30; Henry C. Forman, *The Architecture of the Old South: The Medieval Style, 1585-1650* (Cambridge, Mass., 1948).

7 Joan Thirsk, ed., *Agricultural History of England and Wales* vol. 5.2, p.604-8; 也见 Wolesley, *Some of the Smaller Manor Houses of Sussex* (London, 1925)。

8 Theodore Reinhart and Judith Habicht, "Shirley Plantation in the Eighteenth Century," *VMHB* 92 (1984), 29-49; see also Henry Glassie, *Folk Housing in Middle Virginia* (Knoxville, 1975); William Kelso, "Impermanent Architecture in the Southern American Colonies," *Winterthur Portfolio 16* (1981), 135-96.

9 G. C. Tyack, "Country House Building in Warwickshire, 1500-1914" (unpub. thesis, Oxford, 1970), 41.

10 H. A. Wyndham, *A Family History* (2 vols., Oxford, 1939-50), II, 72.

11 Forman, *The Architecture of the Old South*, 122-27.

12 J. Alfred Gotch, *The Old Halls and Manor Houses of Northamptonshire* (London, 1936), 27.

13 有关石头建筑的试验，见 Henry C. Forman, *Jamestown and St. Mary's: Buried Cities of Romance* (Baltimore, 1938), 83。

14 同上。

15 Anthea Brian, "A Regional Survey of Brick Bonding in England and Wales," *VA* 3 (1972), 11-15; *idem*, "The Distribution of Brick Bonds in England up to 1800," *VA* 11 (1980), 3-11; R. J. Brown, *The English Country Cottage* (London, 1979), 194-205; Norman Davey, *A History of Building Materials* (London, 1961); Nathaniel Lloyd, *A History of English Brickwork* (London, 1925); J. Wight, *Brick Building in England* (London, 1972); Herbert A. Claiborne, *Comments on Virginia Brickwork before 1800* (Portland, Me., 1957).

16 有关大厅和起居室房子，参见 Allen G. Noble, *Wood, Brick and Stone*; *The North American Settlement Landscape* (2 vols., Amherst, 1984), 48-49; Paul E. Buchanan. "The Eighteenth Century Frame Houses of Tidewater Virginia," in Charles E. Petersson, ed., *Building in Early America* (Radonor, Pa., 1976), 54-73; Dell Upton, "Toward a Performance Theory of Vernacular Architecture: Early Tidewater Virginia as a Case Study," *Folklore Forum* 12 (1979), 170。

17 Durand, *A Huguenot Exile in Virginia*, 119.

18 Raymond B. Wood-Jones, *Traditional Domestic Architecture in the Banbury Region* (Manchester, 1963).

19 尤其有参考价值的，参见 Cary Carson, “The ‘Virginia House’ in Maryland,” *MDHM* 69 (1974), 185-96; “Segregation in Vernacular Buildings,” *Vernacular Architecture* 7 (1976), 24-29; also Lorena Walsh in *MDHM* 67 (1972)。

20 Eric Mercer, *English Vernacular Houses* (London, 1975), 130.

21 Upton, “Early Vernacular Architecture in Southeastern Virginia,” 96.

22 *Fitzhugh Letters*, 202.

23 George Washington, *Diary*, 20 Sept. 1704

弗吉尼亚的家庭方式

圣公会对父系家族的理念

弗吉尼亚的家庭传统和他们的建筑、语言一样独树一帜。[1]英格兰南部和西部的贵族把强烈的家庭观念带到了殖民地，这方面和马萨诸塞的清教徒相似。比如，罗伯特·费尼默的政治理论被认为"把家庭看得比任何东西都重要。他把家庭规则运用在政治学的原则中"。[2]这种态度也经常出现在英国贵族的群体里。典型的例子如约翰·奥格兰德爵士（Sir John Oglander），他是居住在英国怀特岛的保王党贵族，与弗吉尼亚有些联系。据说，他把"家庭的荣誉看得胜过一切"。[3]

弗吉尼亚人和新英格兰人都对家庭观念很执着，但实质有所差别。弗吉尼亚人把大家族比核心家庭看得更重，而新英格兰则相反。这方面的明确证据是取名和继承方面的不同做法。描述家庭关系的语言也不同。弗吉尼亚人所讲的家庭比马萨诸塞含义更为丰富。[4]弗吉尼亚人把所有亲戚都称为"coz"或"cousin"（表亲），这是一种富含情感的表达方式；但"兄弟"一词则用得比较宽泛，作为对朋友、邻居、政治盟友，甚至是生意上的熟人等的尊称。有趣的是，大家族的关系用词显得比核心家庭的词汇更亲切。而在马萨诸塞则是相反。[5]

在弗吉尼亚，人们会按照每个人的大家族背景区别对待。圣公会牧师乔纳森·布歇（Jonathan Boucher）认为，“身体和性格的家庭特质可以追溯好多代；比如每个菲茨休眼睛都不好；每个桑顿（Thornton）听力都不好；温斯洛（Winslow）家族和李家族的人都口齿伶俐；卡特家的人骄傲而专横；托利弗（Taliaferro）家的人都很庸俗、贪婪；福克斯（Fowkese）家的人都很冷酷”。弗吉尼亚人都喜欢用这种方式彼此看待。其结果是各个家族反复证明这些判断或者声誉。[6]

弗吉尼亚人多是按核心家庭居住，但大家族也通常聚居在一起，所以在乡村地区形成很多这样的聚居点。乔纳森·布歇注意到，“有些地区干脆就被称为某个家族……因为那里居住着像菲茨休、兰道夫、华盛顿、卡里亚、葛莱姆斯（Grimese）或桑顿这样的家族”。这些因亲戚关系结成的聚居点在17世纪晚期到18世纪早期逐渐发展形成，主要的动因是地产的分配。[7]

从17世纪早期开始，弗吉尼亚的大家族也安葬在一起——这在马萨诸塞并不多见。休·琼斯写道："……习惯上都是葬在花园或果园，在这里，整个大家族都妥善安置在一起，用绿树修饰。”这种做法英格兰的乡村贵族也实行了好几百年。在新英格兰，大家族的墓园很稀有；不同等级的人通常一起安葬在聚会所旁边的墓园里——直到18世纪晚期才是按家庭聚拢。[8]

弗吉尼亚的大家族内部关系并不总是和睦。比如约翰·兰道夫就很看不起他的一些叔叔和表亲。他写道：

> 根本就没有必要，也不必去期待让这些家庭的后代受教育或获得荣誉，但他们本来可以比威尔·温布尔（Will

Wimble——英国小说中的人物，泛指愚蠢的人）那样的人要好些。唉！我真希望他们不要比低微的威尔差劲。但有的人我是永远也不会和他结交的。[9]

弗吉尼亚实际的居住单元并不是大家族，而大致是按核心家庭。它的构成形式和马萨诸塞有很大的不同。很多这样的家庭（比新英格兰更多）也住着仆役、房客和旅行者等，来往的人数规模有时比新英格兰多很多。从北方来的家庭教师菲利普·费西安从女主人那里惊讶地得知，“这个家庭一年要消耗27,000磅（约12.25吨）猪肉、20头牛、550蒲式耳（约20,003升）小麦，还有玉米、4大桶朗姆酒和150加仑（约682升）白兰地”。[10]在冬天，诺米尼庄园有28处大火炉保持燃烧，每天需要6头牛去树林里拉运东西。这种消耗方式接近于英格兰南部和西部的大农庄。马萨诸塞没有这种规模的家庭。[11]

相比于新英格兰，切萨皮克家庭的再婚亲戚和被监护人较多，原生家庭的孩子较少，仆役的数量则更多。这是因为南方殖民地的疾病率和死亡率都更高。孩子容易夭折，婚姻也过早地终结。[12]

17世纪弗吉尼亚湾区，多数孩子（实际上是四分之三以上）在18岁之前会至少失去父母中的一位。其影响是更加重视其他亲戚关系；因为一旦核心家庭破碎，大家族就会起到扶持作用。另一个影响是极大地改变了家庭结构。历史学家达雷特和安尼塔·拉特曼（Darrett and Anita Rutman）夫妇观察到，在几乎所有家庭里，都能找到“孤儿、同父异母或同母异父兄弟、继父母带来的兄弟姐妹，和不同年龄的被监护人。父亲这个角色很可能是叔叔或兄长，母亲的角色则是阿姨、大姐，或父亲的新妻子，财产让与书和遗嘱里的称呼就是这样”。[13]

但另一个结果是增加了家庭内部感情的复杂性。切萨皮克地区的法庭审理过很多状告冷酷父母的案件，这些人通常对自己的声誉很看重。法庭也处理了很多继父母带来的兄弟姐妹引起的纠纷。例如，1696 年，一个叫托马斯·普赖斯（Thomas Price）的人被起诉到郡法庭，“据他的妻子汉娜·普赖斯说，他在弗吉尼亚卖掉了她与前夫生的一个孩子”。[14]

这些家庭里也有很多仆役。在湾区的马里兰、弗吉尼亚和卡罗莱纳州，平均每户的仆役数量比英格兰要多很多。早在 1667 年，弗吉尼亚的米德尔塞克斯郡，每户男性户主拥有的仆役和奴隶数量多达 5 人。[15]

在大西洋两岸，这些大型家庭内部的结构总是很复杂。户主和仆役生活在一起——甚至睡在同一间屋子。“我把仆役叫起来，他就睡在我的屋里，”一个英国贵族在日记里写道。[16] 弗吉尼亚的情况是一样的，主人、仆役和访问者经常睡在同一间屋里，有时甚至是同一张床。[17]

这些房子的门很少向陌生人关闭。对于任何阶层的造访者，户主都会为他们提供一张床和一餐饭，如果是殖民地总督来了，会待为上宾，如果是乞讨者来了，也会在厨房的火炉旁给他一张毯子。在英国和美国都有一个贫穷的贵族阶层，他们把“访问”做得很专业。北方教师菲利普·费西安遇到过一个这样的寒酸贵族，他几乎是靠他人的施舍过日子，因此他几乎总是在别人家里。费西安写道：

> 午间的时候，卡特先生的约翰·李上尉来了，这位贵族的风格像是阿狄生（Addison）笔下的威尔·温布尔。我在来本地的路上，曾看到他在斯塔福德的乡间；他当时正在去冬

> 天造访地的路上，而他现在来到了这里；他要在这里住下来，正像八周或十周之前他在自己家里告诉我的那样，剩下的时间他会分别住在朋友清单上的人家里。[18]

弗吉尼亚的贵族以热情好客为荣，也因此获得好名声。那些接受他邀请的人会精明地争取他的保护，并接受他的指令。这个传统在英国很悠久，但 17 世纪英国的乡村大宅对外来人关上了大门，除非是特别邀请的客人，这让那些想按照老方法占便宜的人很沮丧。1709 年，一位贵族写道：

> 刚刚去世的诺顿从男爵理查德·布鲁克（Richard Brooke），是一位诚实、友善的贵族，他因为好客赢得了穷人的祷告、富人的赞赏……这种待人的好传统却日益减退，取而代之的是冷漠的面孔。[19]

在弗吉尼亚，这种好客的好传统继续了很长时期。在这种传统下，弗吉尼亚的家长把“家庭”一词延伸到所有睡在他屋檐下的人，包括核心家庭、来访的亲戚、穷朋友、家庭教师和神职人员、仆役和房内奴隶，甚至是接受他款待的任何陌生人。乔治·华盛顿在福奇谷的时候，他把自己的妻子、仆役、助手、工作人员和访问者都称为他的“家庭”，因为他们把自己交给他庇护。弗吉尼亚的“家庭”还有另外一层含义。在切萨皮克地区的豪宅里，正如费尼默的著作记载的，“家庭”意味着一种权威，是指家里的所有人都让自己处于家长的庇护之下。

弗吉尼亚的家庭比新英格兰更加等级分明。父亲和岳父不仅被恭敬地称为“先生”，而且是“尊贵的先生”。[20]家庭的首脑自认是族长，但这个词多是他们的自我定义，在马萨诸塞却不常用。威廉·伯德喜欢把自己比为圣经中的族长。他写道：“就像族长们一样，我有自己的兽群和牧养人、自己的奴隶，仆役之间的交易也是属于我的，所以除了依靠上帝，我是完全独立自足的。”[21]在另外一种情形中，伯德又写道：“我们舒适的条件，就像那些族长一样，大多数在家里就能满足……”父权制这个词在弗吉尼亚广泛使用，费尼默那样的英国保守派也是如此。但清教徒很少用这种词，有时甚至谴责这种用词。[22]

这种父权制的观念也体现在家庭法中。弗吉尼亚的法庭对儿子谋杀父亲，或妻子谋杀丈夫，或仆役谋杀主人的定义不是谋杀罪，而是背叛。惩罚是火刑——马里兰一个杀夫的妇人被执行这个判决。但这些法律对于罗伯特·费尼默这样的人来说还不够严厉，他主张把这种刑罚也用于通奸的妻子。[23]

弗吉尼亚的法律为父权制还规定了物质基础。要求“家长把家庭内部所有自由人的收获和分成都留在自己手里，予以监护”，这样可以保证付税。[24]

切萨皮克地区艰苦的生活现实以意想不到的方式强化了这些观念，使得弗吉尼亚的家庭比一般情况范围更大，也更具父权制的特点。总体而言，马萨诸塞和弗吉尼亚的家庭方式是两种不同的文化体系。虽然他们有一些共同的特质，但他们的英国起源不同，而且适应的是不同的美国环境。

注释

1 在关于切萨皮克 17 世纪家庭的研究文献中，较有代表性的是 Lorena Walsh, "'Till Death Us Do Part': Marriage and Family in Seventeenth-Century Maryland," in Tate and Ammerman, eds., *The Chesapeake in the Seventeenth Century*, 126-52。还有一个不错的研究是，Lois Green Carr, "The Development of the Maryland Orphans Court," in Aubrey Land et al., *Law, Society and Politics in Early Maryland*, (Baltimore, 1977), 41-62; 其他的研究包括 Rutman and Rutman, *A Place in Time*, 94-127; Gloria Main, *Tobacco Colony, Life in Early Maryland, 1650-1720* (Princeton, 1982), 9-47, 167-239; Allan Kulikoff, *Tobacco and Slaves* (Chapel Hill, 1986), 165-204; 有关 18 世纪情况的研究有 Daniel Blake Smith, *Inside the Great House: Planter Family Life in Eighteenth-Century Chesapeake Society* (Ithaca, 1980), and Jan Lewis, *The Pursuit of Happiness: Family and Value in Jefferson's Virginia* (Cambridge, 1984)。

2 Laslett, "Sir Robert Filmer," 544.

3 Bamford, ed., *A Royalist's Notebook*, xxi.

4 Michael Zuckerman, "William Byrd's Family," *Perspectives in American History XII* (1979), 255-311.

5 这种用法有很多例子可以在伯德家族和菲茨休家族的通信中找到；参见 William Fitzhugh to Nicholas Hayward, 30 Jan. 1686/87; and William Fitzhugh to Mrs. Mary Fitzhugh, 30 Jan. 1686/87; Richard Beale David, ed., *William Fitzhugh and His Chesapeake World 1676-1701: The Fitzhugh Letters and Other Documents* (Chapel Hill, 1963), 197-201。

6 Jonathan Boucher, ed., *Reminiscences of an American Loyalist* (Boston, 1925), 61.

7 同上。

8 Jones, *The Present State of Virginia*, 97; 有关英格兰的传统，参见沃里克郡法庭的一个案例记录（约 1706 年），一个家庭拒绝离开一座庄园，"因为这个地产非常古老，他们家族已经在此安葬 400 多年了"。Ms. B1309G, WARO.

9 Bruce, *John Randolph*, I, 12.

10 Fithian, *Journal and Letters*, 100.

11 Morton, *Robert Carter of Nomini Hall*, 210.

12 以下是切萨皮克地区家庭大小的数据（孩子的平均数），分为所有家庭和完整家庭（指在妻子生育的年龄段没有破裂）：

地域	人口	时期	所有家庭	完整家庭
萨默塞特郡（马里兰）	白人移民	1665—1695m	3.9	6.1
	本地白人	1665—1695m	6.1	9.4
乔治王子郡（马里兰）	所有白人	1700—1724m	无数据	7.5
		1725—1749m	无数据	7.6
米德尔塞克斯郡弗吉尼亚	所有白人	1650—1654b	无数据	7.0
		1655—1659b	无数据	8.1
		1660—1664b	无数据	9.6
		1665—1669b	无数据	6.2
		1670—1674b	无数据	6.2
		1675—1679b	无数据	5.9
		1680—1684b	无数据	7.3
		1685—1689b	无数据	7.3
		1690—1694b	无数据	7.4
		1695—1699b	无数据	7.2
		1700—1704b	无数据	7.3
		1705—1709b	无数据	6.2
		1710—1714b	无数据	4.7
弗吉尼亚	精英白人	1700m 之前	无数据	8.5
		1701—1720m	无数据	6.7

注释：时期的算法是按结婚的日子（m），或妻子生产的日子（b）；资料来源：Rutman and Rutman, *A Place in Time*, 73; Allan Kulikoff, “Tobacco and Slaves: Population, Economy and Society in Eighteenth-Century Prince George’s County, Maryland” (thesis, Brandeis, 1976), chap. 12; Russell R. Menard and Lorena S. Walsh, “The Demography of Somerset County, Maryland: A Progress Report,” *Newberry Papers in Family and*

Community History 81-2 (1981), 33; Susan Simmons, 未出版的有关弗吉尼亚精英的研究。

13 Darrett B. and Anita H. Rutman, "'Now-Wives and Sons-in-Law': Parental Death in a Seventeenth-Century Virginia County," in Tate and Ammerman, eds., *The Chesapeake in the Seventeenth Century*, 153-82; Rutman and Rutman, *A Place in Time*, 79-82; Kulikoff, *Tobacco and Slaves*, 170.

14 Walsh, "Till Death Us Do Part," 144.

15 平均每户的仆役和奴隶数目在 17 世纪晚期有所下降，18 世纪早期又有所上升，大概在 4 至 7 之间。以男性为家长的家庭平均拥有的仆役和奴隶数又要少一些，但多数家庭至少有一个。到美国独立战争之前，弗吉尼亚湾区拥有仆役或奴隶的家庭数上升到三分之二以上；在半岛地区，数字高达 78%；Rutman and Rutman, *A Place in Time, Explicatus* (vol. 2), 123; Kulikoff, *Tobacco and Slaves*, 137。

16 Wilbraham Diary, 2 Jan. 680, Ms. DDX 210/2, CHESRO.

17 田野里劳作的奴隶被禁止进入房子；夜晚进入房子是死罪。罗伯特·卡特上校宣布，"家里休息后，任何人在房子里被抓住，无论任何理由，都会被吊死"。但屋内的奴隶则和卡特家人住在同一间房里。Fithian, *Journal and Letters*, 242 (5 Sept. 1774).

18 同上，78。

19 Willbraham Diary, 3 Feb. 1709, ms. DDX 230/2, CHESRO.

20 William Byrd I to Warham Horsmanden, 8 March 1685/86, in Tinling, ed., *Three William Byrds*, I, 56.

21 Byrd to Lord Orrery, 5 July 1726, *ibid.*, I, 354-55.

22 Byrd to Anny Taylor Otway, 30 June 1736, *ibid*, I, 482.

23 Laslett, "Sir Robert Filmer," 545.

24 这部法律进一步规定："应当明确，在共同耕种的情况下，拥有指挥权的人应该被认定为家长。" 参见 Hening, *Statutes at Large*, I, 286 (1644)。

弗吉尼亚的婚姻方式

婚姻是神圣结合的圣公会观念

在弗吉尼亚，婚姻是对每个人的期望。单身汉和老处女都被认为不合自然，甚至对社会有危害。威廉·伯德二世在妻子去世后并不急于再婚，但他的女性亲属催着他往前走。他写道："晚上，女孩们会拔出剑，把祷告书翻到谈论婚姻生活的部分，一并放在我的床头。"[1]

弗吉尼亚和马萨诸塞的观念都认为人应该结婚，他们否定独身主义这种只在天主教国家比较盛行的观念。但英属北美的这两个新教文化对婚姻的看法仍有很多不同，他们的婚姻制度也不同。在马萨诸塞，婚姻被认为是一种契约，一旦条款没有遵守，可以被中止。在弗吉尼亚，婚姻则被认为是一个永远的结合——它是神圣的，并不是由世人达成。现代意义上的离婚并不存在。只有永久性分居和抚养的情况下才被允许，即使这样也很难获准。1681 年，弗吉尼亚律师威廉·菲茨休写道，他所在的地区不允许离婚，此前的六十年中只有一个永久分居被批准。这唯一的例外判给了伊莱斯·布兰特（Giles Brent）的妻子，因为家暴已经让她的生命受到了威胁。[2]

结婚仪式反映了这些婚姻观念。弗吉尼亚人仿效英国的五个繁复步骤，包括订婚、发布婚讯、宗教仪式、婚宴和性结合。在宣布婚讯前，弗吉尼亚的神职人员不得主持任何婚礼。为了结婚，未成年人必须从父母或监护人那里获得书面许可。秘密结婚会被送入监狱。[3]

弗吉尼亚偏好的结婚日期是11月初和圣诞节后的12月底。在英国国教的礼仪中，四旬斋期间（复活节前的四十个周间日）不能交换誓言，被禁止的时期还有基督降临节（圣诞节前的四个周日），以及圣约翰盛宴日前的三个星期。这些传统在切萨皮克地区得到了保留。

在弗吉尼亚，新郎新娘的结合要通过两个仪式——两者都在清教徒的新英格兰受到谴责。第一个是基督教的仪式，有时在教会举行，更经常在新娘家里，但都是由牧师根据圣公会教会的律条和国教祈祷书来主持。另一个是古老的异教徒仪式，新郎新娘要跳过扫帚。这个仪式在不列颠和大多数西欧地区有悠久的传统，尤其是在威塞克斯和麦西亚王国地区。这个扫帚仪式在南方殖民地的白人家庭中普遍作为对基督教仪式的补充。对于黑人奴隶，这是唯一被允许的礼仪，并很快在非裔美国人的文化中获得了特殊的意义。[4]

婚礼之后是宴会，若是大种植园主，其中会包含时髦的舞会和大型聚会，一连好几天。新郎会送给客人昂贵的礼物。德文郡的一个婚礼上，72位客人都收到了表达好感的手表和银色绶带。[5]自耕农家庭会小规模庆祝，但传统形式是差不多的。这些传统在17世纪中叶出现在弗吉尼亚，一直延续到19世纪和20世纪初。1686年，法国游客杜兰德受邀参加在弗吉尼亚格洛斯特郡的一个婚礼宴会，他记载：

> 这里至少有100位客人，很多是地位很高、漂亮讲究的夫人。虽然已经是11月，我们仍在树下吃饭。天气很好。我

> 们第一桌有24个人。他们上了各种各样的肉食，数量足以满足500位士兵的胃口，即使他们全部来自郎格多克（Languedoc，古时法国的一个省）也没问题……传统上，这种场合只需要在下午两点进一餐就可以了……但他们日夜痛饮……我看没有人还站立得住。[6]

在婚礼之前，订婚也是很复杂的仪式，会有很多未婚男女之外的人参加。在拥有大地产的家族，婚姻不仅是人的结合，也是财富的结合，并关系着整个家族的命运。一位英国贵族对同伴建议道，“及早和他们的女儿结婚，以免让家族内部的人占了先机”。[7]

爱情不被认为是婚姻的必要条件。道德家坚持爱情应该发生在结婚之后，而不是之前。一位英国贵族建议说：“应该娶一个你能爱上的女人。”他不认为应该先爱上一个女人，再娶她。爱情不被看成是两个独立个体之间特殊的或排他的关系——这种浪漫的想法是后来才发展起来的。17世纪男性普遍的态度由约翰·奥格兰德爵士作了总结：“女人都容易被男人征服……强求和创造机会，总能搞定。经验会教你。”[8]

父母在婚姻问题的决定上总是很积极。很多弗吉尼亚人都有一本英文的婚姻手册，上面写着：“孩子是财富，父母有所有权；在所有者没有同意的前提下，若不是偷，孩子们不能把自己给出去。”这些观念都有实际影响力。违背父母的孩子不会得到嫁妆和继承权。[9]

孩子们很少会违背意志、被迫与不喜欢的人结婚，但他们也不能自作主张。父母与监护人之间会进行复杂的协商，决定嫁妆的分量，因为这是年轻夫妇今后立足的重要条件。复杂的书面婚前协定很常见，不仅在贵族之间，自耕农和其他农户之间也是如此。[10] 很多人都牵涉其中。1676 年汉普郡的一份英文婚姻合同涉及了五个相关方，包括新娘、新娘的亲戚、新郎、新郎的亲戚和赠与新婚夫妇的土地上的佃户。弗吉尼亚的合同在重要条款上大同小异。[11]

无论在英格兰，还是弗吉尼亚，很多这样的婚姻都是在表亲之间，多是由老人安排的。例如在英格兰，弗朗西斯·卡鲁（Francis Carew）寄信给亲戚尼古拉斯·卡鲁爵士：

> 我有一个漂亮的女儿，受过很好的教育，嫁妆也很好，完全可以成为任何英国贵族的妻子。如果您想娶一个年轻女子，我很愿意就此事和您商量，并预祝您成功。[12]

第一代表兄妹之间的婚姻在新英格兰是受清教徒谴责的，因为这违反了血亲法律。但很多圣公会的女性“仍然与同姓的表亲结婚”。[13] 同样的做法在弗吉尼亚很普遍，这对湾区精英阶层血统的纯正有重要意义。新英格兰的婚姻习俗则不同。

这些传统的一个重要后果体现在婚龄上。弗吉尼亚男性的婚龄与新英格兰差不多，平均二十五六岁。但切萨皮克地区的新娘则要比马萨诸塞的清教徒年轻许多。1700 年之前，弗吉尼亚的女孩多数在 17 岁就定下了结婚的对象。结婚的平均年龄稍晚——18 到 20 岁——这比马萨诸塞的平均婚龄要低。[14]

另一个后果是夫妻之间年龄差异大。1670 年之前，弗吉尼亚的米德尔塞克斯郡的新郎一般比新娘大 10 岁左右：28.4 岁对应 18.7 岁。这种差距到 18 世纪中叶缩减到 5 岁左右，但仍然比马萨诸塞要大很多，在马萨诸塞州，第一次婚姻的新郎和新娘之间平均年龄差异是一到两岁。[15]

另外一个差异是弗吉尼亚婚姻人口的比例。虽然观念上认为所有人都应当结婚，但在17世纪的弗吉尼亚，事实上并非如此，因为移民的女性太少。几乎所有的女性都能结婚，但男性就很不同了。一个有关1658—1708年马里兰南部地产清单的研究发现，四分之一的男性去世时没有婚史。男性婚配的机会取决于他的社会地位。这是这个等级社会的另一种不平等。[16]

弗吉尼亚的婚恋模式根植于它的文化，婚姻被认为是家族之间的要事，它不需要以爱情为前提，一旦结婚永不脱离，夫妻结合因而成为这个父权等级制社会的有机组成部分。在这种观念的影响下，17世纪弗吉尼亚的典型婚姻是成熟男性与青少年女性的结合。这些弗吉尼亚传统由此与马萨诸塞的婚姻模式区分开来。

注释

1 William Byrd, *The London Diary (1717-1721) and Other Writings*, (New York, 1958), 469, I Nov. 1720.

2 William Fitzhugh to Kenelm Chiseldine, 8 June 1681, Davis, ed., *Letters of Fitzhugh*, 97.

3 马里兰的阿奇博尔德·伯内特（Archibald Burnett）1688年娶了一位11岁的女性继承人，没有得到监护人的许可，最后被关入了监狱。见 *Archives of Maryland VIII*, 32-34。 弗吉尼亚北汉普顿郡有一个未成年孩子的婚姻案例，新娘还不到12岁，参见 Bruce, *Social Life in Virginia*, 224, 233。

4 *North Carolina Folklore* I, 224.

5 John Haynes, Household Expences 17 April 1635, Ms. 36, DEVRO.

6 Durand, *A Huguenot Exile in Virginia*, 138-39.

7 Bamford, ed., *A Royalist's Notebook*, 235.

8 同上，70-71， 201。

9 *The Whole Duty of Man* (London, 1684); 引自 Smith, *Inside the Big House*, 140; 史密斯描述过一个插曲，威廉·伯德的女儿伊夫林（Evelyn）想嫁给一位英国准男爵，但伯德不同意。愤怒的父亲命令女儿“永远不要再向那个贵族问好，也不要讲话或写信”；如果她不听从，她就“休想得到一分钱……你自己想想，我亲爱的孩子，面对愤怒的父亲和失望的丈夫，你会有多可怜”。

10 尼古拉斯·惠勒（Nicholas Wheeler，自耕农）和伊莎贝尔·怀特（Isabel Wright）的婚约，1649，Ms., HAMPRO；弗吉尼亚17世纪相似的例子，见 Bruce, *Social Life of Virginia*, 230-31。

11 尼古拉斯·哈斯特德（Nicholas Hasted）、托马斯·杰恩斯（Thomas Jaynes）、理查德·夏勒夫（Richard Shaloff）、爱德华·鲁克斯（Edward Rooks）和伊丽莎白·哈斯特德之间的婚姻契约，1676，HAMPRO。

12 Francis Carew to Sir Nicholas Carew, n.d., Ms. S/EL1/C1/81 BERKRO.

13 “我大姐艾利斯·威尔布里厄姆（Alice Wilbraham）不改名字，只是改变法律地位，在伦伯里（Wrenbury）教会嫁给了表兄拉尔夫·威尔布里厄姆”，Wilbraham Diary, 26 May 1709, Ms. DDX 230/2, CHESRO。

14 切萨皮克地区第一次婚姻的平均年龄统计如下：

地点	人口	年代	男性	女性
马里兰州查尔斯郡（Charles County）	本地白人	1640—1679b	24.1(n=40)	17.8(15)
马里兰州萨默塞特（Somerset County）	本地白人	1648—1669b	23.1(30)	16.5(44)
	本地白人	1670—1711b	22.8(25)	17.0(32)
	本地白人	1710—1740b	24.1(25)	19.0(13)
乔治王子郡（Prince George's County），马里兰州和下西海岸（Lower Western Shore）	本地白人	1680—1699b	23.1(48)	18.2(29)
		1710—1719b	23.7(72)	18.5(72)
		1720—1749b	25.9(100)	21.4(64)

续表

地点	人口	年代	男性	女性
南马里兰州（Southern Maryland）	奴隶（第一次怀孕的年龄）	1725—1734		17.8
		1735—1747		17.3
		1748—1757		18.1
		1758—1767		18.5
弗吉尼亚州米德尔塞克斯郡（Middlesex County）	前仆役	1669b 之前	29.5(70)	22.8(21)
		1670—1679b	28.9(21)	23.9(6)
		1680—1689b	27.2(22)	22.9(8)
	所有其他人	1669b 之前	28.4(105)	18.7(86)
		1670—1679b	26.7(53)	18.8(59)
		1680—1689b	25.2(92)	20.3(97)
		1690—1699b	24.7(90)	19.6(94)
		1700—1709b	25.0(108)	20.6(118)
		1710—1719b	24.4(109)	20.5(119)
		1720—1729b	25.0(48)	20.9(53)
弗吉尼亚州	精英层	1725—1734b	27.0	18.3
		1735—1744m	28.2	19.8
		1745—1754m	30.1	19.5

资料来源：Russell R. Menard, “Immigrants and Their Increase……,” in Aubrey Land, Lois Carr and Edward Papenfuse, eds., *Law, Society and Politics in Early Maryland* (Baltimore, 1977), 100; “The Demography of Somerset County, Maryland: A Preliminary Report”; Lorena S. Walsh, “Charles County, Maryland, 1658-1705: A Study of Chespeake Social and Political Structure” (thesis, Michigan Stage Univ.), ch. 2; Michael J. Kelly, “Family Reconstitution of Stepney Parish, Somerset County, Maryland” (thesis, Univ. of Md., 1971), 18-25; Kulikoff, “Tabacco and Slaves,” chap. 3; Rutman and Rutman, *A Place in Time, Explicatus*, 65; Susan Simmons 未出版的有关弗吉尼亚精英的研究；R.

B. Outhwaite, "Age at Marriage in England from the Late Seventeenth to the Nineteenth Century," *RHST* 23 (1973), 55-70; Stone, *The Family, Sex and Marriage in England*, 46-54; Michael W. Flinn, *The European Demographic System, 1500-1820* (Baltimore, 1981), 19-29。

15 这种差别部分是因为弗吉尼亚被扭曲的性别比，但不完全是如此；在性别比达到正常水平后，这种现象仍然存在。

16 Walsh, "Till Death Us Do Part," 131n.

弗吉尼亚的性别方式
生为英国人与英国女人

在夫妻关系上，威廉·伯克利爵士在弗吉尼亚是婚姻幸福、家庭和睦的好榜样。他的遗嘱证明了他对妻子的爱和对婚姻生活的幸福感受。伯克利总督把自己的所有财产留给了他“亲爱的、善良的妻子”，宣示：“即使上帝给我更大的地产，我也会全部交给我挚爱的妻子。”[1]

这份文件的基调完全符合英格兰和切萨皮克对婚姻关系的观念——甘于奉献的丈夫、具备美德的妻子和幸福的共同生活。很多成功的婚姻都接近这些目标。大西洋两岸保存下来的家庭通信揭示出，英语世界的男男女女非常看重幸福的婚姻。

这个文化也鼓励感情的外露。17 世纪的时候，夫妻之间常常互称“亲爱的小心肝”，“小甜心儿”，“我最甜蜜的小心肝儿”。爱的语言在 18 世纪有所改变，但传统仍然延续着。[2]

不幸的是，家庭生活的现实是另一番景象。每种文化都有幸福的和不幸的婚姻。家庭史学家主要关注的是弗吉尼亚和英格兰南部贵族的婚姻失序问题。著名历史学家朱莉娅·伽利·斯普鲁伊尔（Julia Cherry Spruill）提出，南部殖民地的资料“揭示了数量惊人的不美满婚姻”——远远多过新英格兰。即使表面过得去的婚姻也充满不满和矛盾。[3]

一个例子是威廉·伯德二世与露西·帕克·伯德（Lucy Parke Byrd）之间成功但磕磕绊绊的婚姻。在这段10年的婚姻中（1706—1716），伯德是家长的角色。他不征询妻子的意见就处置了她的地产，把所有财产抓在手里，并禁止她不征得同意从他的图书馆借书。他还插手她对家庭的管理，用挑剔她容貌的方式激怒她，甚至挑剔眉毛的形状，逼她按自己的喜好修眉。一天在餐桌上，他和几位男性客人吃掉了所有的东西，没给她剩一丁点。她也毫不掩藏自己的愤怒。

露西·伯德的父亲是丹尼尔·帕克上校，他是出身高贵的弗吉尼亚贵族，后来成为背风群岛（the Leeward Islands）的总督。她本身是一位容貌出众、骄傲自负的女性，热情固执、很有主见。她没有软弱地屈服于丈夫。

所以，露西·伯德和丈夫经常吵架；威廉·伯德在秘密的速写日记里写道：

> [1709年4月5日]老婆对我很坏，我对她完全幽默不起来……
>
> [4月6日]老婆和我在雇用花匠的问题上无法达成一致……我们互不理会。
>
> [4月7日]我责备老婆把陈牛肉存起来，先吃新鲜的牛肉，这种处理不太好，她就很生气……但她又过来跟我道歉，我们又和好了……
>
> [4月8日]老婆和我又无聊地吵了一架，就因为她站在梯子顶上没听清我说的话……她又很快过来跟我道歉。

韦斯托弗（Westover）的威廉·伯德二世（1674—1744）来自伦敦一个有徽章资格的金器商家族，他们以联姻的方式和伦敦周边郡的精英阶层结合在一起。这种关系因为伯德父母的婚姻而得到加强，他的父亲威廉·伯德一世和母亲玛丽·霍斯蒙登·费尼默·伯德（Mary Horsmanden Filmer Byrd）使这个家族在切萨皮克的精英阶层牢固地树立了中心位置。他的秘密日记以速写的方式持续了多年，成为弗吉尼亚文化史的重要资料，对性别、性、婚姻和家庭生活等题目都有启发。它详尽地记载了一位弗吉尼亚家长在英格兰和美国的行为和偏见。

露西·帕克·伯德，漂亮、敏感、飞扬跋扈、精力充沛，她是丹尼尔·帕克上校的女儿，是威廉·伯德二世的第一任妻子。因为丈夫写了日记，她的家庭生活细节比弗吉尼亚早期的任何妇女更为人所知。在这些描述中，这个婚姻有很多纷争，也充满爱和扶持。日记因为露西·伯德中天花去世戛然而止。“我多么为她感到骄傲，”哀伤的丈夫写道，“我受到了多么严厉的处罚呀……所有人都认为她是弗吉尼亚的荣耀。”这幅素描描摹的是一幅未完成的肖像画，因为她的去世而中断。

> [4 月 9 日] 老婆和我因为给我修鞋而互相责骂，但她又很快投降了。[4]

最严重的争吵是关于屋里的仆役，伯德夫人疯狂地虐待他们，甚至让并不太有同情心的丈夫感到恐惧。有一次冲突是因为奴隶小女孩詹妮犯了小错，露西·伯德命令把她绑在烧红的铁棒上烧死。威廉·伯德记载了另一次的情况：

> 我和老婆激烈地吵了一架，因为她用火钳打詹妮，我就把詹妮带走。她扬起手要打我，但克制住了。她用恶劣的语言咒骂我，扬言要掐死自己，但我相信她是说着玩的。但她在这么多疯狂的举动后，又变得温顺了。[5]

这些可怕的情景来去都很快，片刻间夫妻又重新成为“好朋友”，在花园里手挽手，亲密而愉快地交谈，伯德夫人还不时“爆笑出来”，愉快地掀开自己的衣服。[6]

激烈的争吵常常结束于做爱。有一次，两人又怒气冲冲，是因为伯德夫人在客人面前鞭打奴隶，这在弗吉尼亚是非常不礼貌的，照理是在客人回去后再打奴隶。争执后的第二天早晨，伯德写道：“我睡到早上 9 点才起来，慢慢调和她的怒气，用和解来让她高兴。”[7]

伯德家做爱的节奏并不是连续的，而是时有时无。夫妻间可能很长时间都没性爱——有时是因为怀孕或生产；更多的时候是因为他们中有一个生病，疟疾、痢疾、小肠炎，或其他切萨皮克地区的流行病。但夫妻都健康的时候，他们常常做爱，甚至是即兴的——有一次是下午，两人游戏后在台球桌上。两个人对性都很满足。

伯德在日记里写道："我给老婆来了一次花式的玩法，她非常高兴。"[8]

他们的感情有时是宁静的，他们对此非常珍惜。伯德患了疟疾后，妻子给他奎宁，"非常温柔地照顾我"。[9]痛苦的痢疾稍好之后，威廉·伯德记载到，他的妻子"用温热的亚麻籽油膏敷在我的屁股上，让我感觉好多了"。[10]当伯德夫人得了重病（她经常如此），或儿子去世让她陷入悲伤的时候，她的丈夫总是常伴左右。他写道："我尽可能地安慰她。"这是一个争争吵吵但幸福的婚姻。1716 年这场婚姻走到了尽头，露西·伯德因为天花在伦敦去世。威廉·伯德遭受了重创。[11]

弗吉尼亚的每个婚姻都有故事，没有任何一个是相同的。但很多故事都充满冲突——比伯德夫妇还多。家庭矛盾大都有模式。主要根源在于弗吉尼亚性别传统的深刻矛盾。最主要的矛盾是钱财。男性从小就被教导，他们是家长。但女性常常有自己的财产，希望经济上有自主权不受丈夫干扰。例如丹尼尔·卡斯蒂斯上校（Colonel Daniel Custis）和弗朗西斯·帕克·卡斯蒂斯（Frances Parke Custis）灾难性的婚姻，前者是弗吉尼亚最有权势的人之一，后者是丹尼尔·帕克上校的女儿，露西·帕克·伯德的妹妹。这个婚姻中的争执主要是财产矛盾。卡斯蒂斯夫人很富有，但她的丈夫有权按照自己的想法管理这些财产。他也有责任把她的财产完好无损地传承给她的孩子。他们之间有详细的婚约，但它反而成了夫妻之间矛盾的根源。他们之间的争斗让卡斯蒂斯上校异常痛苦，他甚至下令死后在他的墓碑刻上为此所受的折磨。[12]

很多年中，这对怨偶彼此都不说话，而是通过他们的奴隶沟通。长久的沉默中有时会爆发激烈而暴力的争斗，甚至到近乎疯狂的地步。一次爆发后，卡斯蒂斯上校让人惊讶地邀请妻子坐四轮马车出行。他们在沉默中经过弗吉尼亚乡间，上校突然把马车赶出大路，直接往切萨皮克湾的水里驶去。

“你要去哪里，卡斯蒂斯先生？”妻子问，这时马已经到了水里。

“去地狱，夫人。”他回答说。

“继续吧，”她说，“只要离开阿灵顿那个鬼地方。”[13]

有关财产的家庭矛盾在这个文化中很普遍。弗吉尼亚和英格兰一样，夫妻常常会彼此保留现金账目。卡斯蒂斯上校和夫人是根据婚约这么做的。一位英国贵族，多塞特的乡绅，沃姆维尔（Warmwell）的约翰·理查兹（John Richards），每年会给妻子一笔零花钱，但经常尴尬地从妻子那里借些钱回来：

> 从我的艾利斯那里借了 15 几尼[①] 16.2.6
>
> 我欠她去年的零花钱 10.0.0 23.2.6
>
> 从她那里得到 10 几尼 10.0.0[14]

总体来说，财产是 17 世纪弗吉尼亚婚姻矛盾的主要缘由——实际是文化传统中的性别矛盾引起的冲突。

婚姻不和谐的第二个来源是性，这里有另一种文化悖论。男性依照婚姻誓言应该忠诚。但文化里那些不成文的传统却导致了完全不同的行为规则，下面我们会看到。英国贵族约翰·理查兹和弗吉尼亚家长威廉·伯德都在日记里闷闷不乐地记载了因为性出轨而导致的家庭冲突。例如，理查兹和他在日记里记为 M 的女士有这种关系。

---

① 英国旧金币，一几尼值一镑一先令。——译注

他写道：

> 这天夜里A[他的妻子艾利斯]又因为M的事情和我生气，说我爱那个女人胜过爱她，还说在这个家里没有得到尊重，她经常想自杀。[15]

理查兹的日记成为这对夫妻之间矛盾的流水账。他的妻子艾利斯并没有屈服于这种命运。她“完全歇斯底里，整天都在吼叫”，逼迫她的丈夫睡在餐厅，有时甚至睡在地窖。记载这些事情时通常是用英文，但如果事情变糟，他会转而用法文，当状况更糟的时候，他又写意大利文。[16]

另一个家庭冲突的来源是家庭政治。性别的文化传统在这方面是有矛盾的。妻子按照婚姻誓言要顺从她的丈夫。弗吉尼亚公报的一位男性作者列出了“婚姻幸福”的种种规则，以教导妻子：“不要和他争论……争吵或任何不和谐的声音出现的时候，不要分床，因为这样会增加仇恨……常常读一下婚姻指南，不要漏掉重要的词——‘顺从’”。[17]

但不成文传统又鼓励女性要求更多的自由和尊重。例如，1687年，生性活泼的莎拉·哈里森(Sarah Harrison)嫁给了詹姆斯·布莱尔博士，博士后来创建了威廉玛丽学院。

当牧师问她婚姻誓言的时候，她语惊四座地回答：“不服从！”誓言重复了三次，她一次比一次更坚定地回答说“不服从”，直到布莱尔博士同意继续下去，婚礼就这样在没有任何服从的承诺下进行。他们的婚姻生活非常不愉快。许多年后，威廉·伯德在日记中写道：

莎拉·哈里森在1687年破坏了自己的婚礼。当被问到是否会爱恋、珍惜和服从丈夫的时候，她坚定地说“不服从”，她坚持这么说，直到她的丈夫同意依照她的意愿。弗吉尼亚的女性很少会走那么远，但很多人坚持英国的自由理念，并且决心维护它。与此同时，弗吉尼亚的男性从小按照父权制的传统培养。所以家庭里充满各种冲突。

> 我去了委员会，在那里……居然发现布莱尔夫人醉酒了，这在她已经越来越平常，她的朋友掩饰说，这是为了寻求安慰。[18]

很少有女性像莎拉·哈里森这样直言不讳。很多人以其他方式来反抗。但大多数人被迫服从丈夫，在她们重视的问题上违背自己的心愿。所以威廉·伯德逼着妻子把生病的孩子奥特韦（Otway）送到她的后母家，据说她住在一个更卫生的地方。妻子回答道：

> 我很遗憾你要限制甜美的、可怜的奥特韦，他和我待在一起的时间那么短。我可怜的小宝贝……但先生，你的命令不得不遵守，无论我如何反对。[19]

这也是家庭矛盾的一个重要来源。

冲突的一个重要原因是丈夫对妻子使用家暴和语言暴力，有时是妻子对丈夫。这个问题上，传统也有偏见。男性被期待能对妻子有威慑力，传统也鼓励他们有处罚措施。但打妻子被认为是不名誉的，无论是英格兰，还是美国都会用“喧闹音乐”（rough music），或“大胡闹”（charivari），或“斯基明顿”（riding skimmington）的方式来惩罚。伯克郡的一位贵族解释说：

> 有一个传统在乡村和农业地区很普遍，每当夫妻吵架，丈夫对妻子进行家暴，教区和邻舍的劳工和闲人就会聚集起来，手举旗子、牛角、铃铛、铁片以及各种各样作响的器具，跑到这对夫妻家里，制造各种噪音，让这对夫妻和他们的邻

> 居烦不胜烦……这种乡村的做法被称为“喧闹音乐”。

这种“喧闹音乐”可以在乡间传到几英里之外，有时会连续几周每天晚上都闹。[20]

妻子也可能这样虐待丈夫。有一个例子，威尔特郡的一伙暴徒用喧闹音乐惩罚了夫妻二人，并且攻击了他们。乡绅出面制止他们进一步羞辱妻子，但对喧闹音乐并没有制止。在威塞克斯郡的庄园蒙塔丘特大宅（Montacute Hall），爱德华·菲利普斯爵士（Sir Edward Phelips）要求在中心位置的石膏装饰上，表达对喧闹音乐的宽慰。这不是在农村地区偶然出现的东西，而是当地贵族们惯有的态度。[21]

性别之间的另一种紧张关系来自不同的爱情观念。夫妻之间应当彼此爱恋，但不能过头。兰登·卡特对弗吉尼亚的一位夫人就很看不上，说她“对丈夫的爱超过了当今礼节的尺度”。[22] 即使在幸福的婚姻中，丈夫对妻子的爱也不平等，有时似乎还不如他对财产的爱。一位贵族在妻子去世时，写道：

> 我必须哀伤地说，人们都知道她谦逊虔诚、善良谨慎，是女性的代表，是丈夫的荣耀。但是我在品尝悲哀，因为我失去了自己的荣耀。[23]

冲突的另一种来源是弗吉尼亚女性角色的模糊。人们都期待她们温柔、优雅、精致、亲切、端庄、善良。但除了最上层的女性，她们还要做农活，甚至到田里干活，又要管理家里上下。每家女主人既要八面玲珑，又要不出风头。约翰·奥格兰德爵士骄傲地说，他的“妻子最小心、最旺夫，她不讲穿着，不穿丝戴银，虽然她有足够的资产，她出国的时候从不享乐”。[24]

弗吉尼亚甚至有关于性别问题的神学论争。当地人坚信男女在灵魂上是不平等的，马萨诸塞这方面的观念则要弱很多。1773 年，在一位富有庄园主的餐桌上，北方教师菲利普・费西安惊诧地旁观了一场有关女人是否有灵魂的争论。这个古老的谜题在清教徒那里早就解决了，但它仍然是弗吉尼亚的热门话题。[25]

所有这些矛盾有一个共同的原因。在英语世界，男基督徒认为主宰女性就是他们的权利。英国贵族男性太强调自由，就不能让妻子依靠他们生活。18 世纪早期，弗吉尼亚的女性主张她们是“英国女人”（She-Britons），要求和丈夫共享权利。1736 年，弗吉尼亚公报发表了一首愤怒的诗歌《女子的控诉》，反映出弗吉尼亚性别传统的深刻矛盾：

> 他们能随心所欲，
> 我们却只能吞进肚子：
> 我们也有舌头和眼睛，却无用武之地，
> 要说出来就成了罪……
>
> 法律平等就可以改变传统，
> 任何性别都不受压制；
> 要么赋予女性更多自由，
> 要么就所有人都少点自由。[26]

注释

1 *Minutes of the Council and General Court of Virginia,* 165.

2 被判罪的彭拉多克起义（Penruddock’s rising）领袖约翰·彭拉多克的通信里有很多动人的例子，他写给“善良的女士”，经常称她为“我最最亲爱的心肝儿”，还加上很多当时流行的昵称。这些通信保存在 Wiltshire Record Office, Trowbridge。

3 Julia Cherry Spruill, *Women's Life and Work in the Southern Colonies* (1938, rpt, New York, 1969), 184.

4 Louis B. Wright and Marion Tinling, ed.s, *The Secret Diary of William Byrd of Westover, 1709-1712* (Richmond), 17-20.

5 同上， 494 (2 Mar. 1712)；苏珊・欧文（Susan Irwin）有一个关于奴隶自传的研究未出版，她发现女主人比男主人更经常是奴隶恐惧的对象而被仇恨。这里明显存在一种循环的关系。家长、丈夫对妻子没有给予同等的尊重。她因此迁怒于那些地位比她低的人。那些残酷的行为又引起了她丈夫对她的愤怒，而她的愤懑又再一次提升。

6 Wright and Tinling, eds., *Secret Diary of William Byrd*, 483 (10 Feb. 1712).

7 同上，463 (1 Jan. 1712)。

8 同上 , 253 (4 Nov. 1710)。

9 同上 , 401 (6 Sept. 1711)。

10 同上 , 197 (28 June 1710)。

11 同上 , 187 (June 5, 1710)。

12 *VMHB* IV (1897), 64-66.

13 Spruill, *Women's Life and Work*, 168.

14 John Richards of Warmwell, Diary II, 16 Sept. 1699, DORSRO.

15 同上，12 Sept. 1699。

16 “Q[ues]ta note dormis in Cellar Chamber per esser in repose dal Ecla [Alice spelt backwards].” John Richards Diary, 21 July 1700, DORSRO.

17 Williamsburg *Virginia Gazette*, 20 May 1737.

18 Wright and Tinling, eds., *Secret Diary of William Byrd*, 11 (2 March 1709); *VMHB* 7

(1900), 278; 31 (1929), 84.

19 *VMHB* 37 (1930), 246-47.

20 *In Re Goble*, Ms. D/DW1/L3, BERKRO; 也见 Joan R. Kent, "Folk Justice and Royal Justice in Early 17th Century England: A Charivari in the Midlands," *MH* 8 (1983), 70-85; 在英格兰、欧洲和美国都有很多有关喧闹音乐的文献。

21 Bettey, *Wessex from AD 1000*, 176; M. Ingram, "Ridings, Rough Music and the Reform of Popular Culture in Early Modern England," PP 105 (1984), 79-113.

22 Lewis, *The Pursuit of Happiness*, 37.

23 Mainwaring Diary, n.d., 1675 Ms. DDY/394/1/26r, CHESRO.

24 Bamford, ed., *A Royalist's Notebook* xxv.

25 Fithian, *Journal and Letters*, 111.

26 Williamsburg *Virginia Gazette*, 22 Oct. 1736.

弗吉尼亚的性方式

男性“性掠夺者”与女性“生养者”

在男女性关系上，切萨皮克地区的束缚比新英格兰少很多。但仍有一些不同的约束。17 世纪到 18 世纪早期，切萨皮克地区的婚前怀孕率高于清教徒殖民地，尤其是在契约仆役之间。在马里兰州的萨默塞特郡，三分之一强的移民新娘在婚前就怀孕了。总体上，该郡五分之一的新娘，包括移民和本地人，是抱着孩子结婚的。[1]

虽然趋势如此，或者正是由于这个原因，切萨皮克对婚前私通的处罚比新英格兰较少，也不严厉。马里兰的非婚生和婚前怀孕率很高，但当地的法庭较少审理这种案子。即使有案子，也通常是女子受到严惩，主要是鞭刑。男子受到的惩罚很轻，比如保释金，或者完全没有惩罚。这种针对私通妇女的歧视与新英格兰的做法相反，新英格兰在 17 世纪早期到中期对男子的惩罚更为严厉。[2]

但婚外生子在切萨皮克会受到野蛮的暴行。未婚女子生子会被罚高额罚款。如果罚金无法支付（经常如此），她会像野兽一样被绑起来，衣服从上撕开直到腰部，她将在公众的咆哮中被鞭打，直到浑身是血。如果她是一个仆役，她还必须向主人赔偿怀孕期间损失的服务，即使主人就是孩子的父亲。婚外生子被看作违反了弗吉尼亚的道德底线——不是因为这是性犯罪，而是给教区的穷人增加了负担，并且剥夺了本应由主人负担的责任。[3]

其他性犯罪在 17 世纪的弗吉尼亚也会受到惩罚，但和新英格兰的方式不同。例如通奸。新英格兰和弗吉尼亚对通奸的定义都是与结婚女子的婚外性关系（不必然是结婚的男子）。研究发现，马萨诸塞被判通奸罪的男女受到相似的惩罚。但在切萨皮克，通奸女子比男子受到的惩罚要严厉得多。女子受鞭刑，或拖在船后直到快淹死才止住。对男子的惩罚就很温和。[4]

这种差别的原因不是下意识或本能的性别歧视。它建立在一种假设上，即家族的血统会因为妻子的通奸而受到威胁，而不是丈夫。这种观念在圣公会的弗吉尼亚比在清教徒的马萨诸塞更为流行。这又一次证明，弗吉尼亚对行为的标准根据阶层、性别和社会地位而有差别。[5]

性行为的多重标准（不是双重标准）不仅受到弗吉尼亚法律的维护，而且在传统里起作用。妇女，尤其是贵族妇女，必须遵守最严格的性道德。男子，尤其是贵族男子，则可以对女子采取“掠夺者”的态度。一个著名的例子是威廉·伯德二世的秘密日记，这是对一位庄园主活跃的性生活详尽而生动的记录。在性态度上，这本日记有别于任何新英格兰清教徒的日记。威廉·伯德像一台性机器。他成人后长期维持着混乱的性生活，有时甚至着迷于此。他的性经历好坏参半，他曾引诱过亲戚、邻居、点头之交、陌生人、妓女、最好朋友的妻子，还有黑白仆役，对后者他更多是强迫的态度。

比如，从 1709 年到 1712 年期间，伯德的婚姻状况起伏不断，他的性冒险就很活跃：

2 号这天 [1709 年 11 月] 我和奇斯韦尔（Chiswell）夫人

在［屋里］玩了一下，在床上亲得她生气，我老婆也很恼怒，在那位夫人走开后，她就哭了。我在祷告里没有说这件事情，我并不应该如此的，我应该为我和另外一位先生的妻子做这种下流的事情而请求原谅。

要注意，他感到歉疚主要是因为觉得他冒犯了另一位贵族的财产。但更多的时候，他并不觉得不安。

有时伯德和弗吉尼亚的贵族朋友一起出去寻花问柳：

1711 年 3 月 11 日，教会活动之后，古德温（Goodwin）先生请我们吃晚餐，我点了鱼。我们看见优雅的寡妇奥斯本（Osbrn）夫人，她正处在人生的黄金阶段。然后我们去了奥斯本夫人那里，喝了苹果汁，又见到了莫利·金（Molly King），她是个漂亮的黑人姑娘。

1711 年 10 月 20 日，印第安女孩詹妮喝醉了，我们和她好好地运动了一番。

1711 年 10 月 21 日，晚上我要求一个奴隶女孩亲吻我。[6]

这段时期，伯德的性经历还算比较节制的。他的妻子去世后，有时他每天都参与这种活动。1719 年 9 月他造访伦敦时就是如此：

9 月 7 日……我去见斯图亚特夫人，但她不在家。

9 月 8 日……我会见了两位女士，一位母亲和她的女儿，她们在这里待了两个小时，然后约翰逊夫人来了，我和她一起用了晚餐，吃的是炖兔丁，10 点钟我们上床，整个晚上我们都在一起，我做了她两次……

9 月 9 日……两位科尼什（Cornish）小姐叫我们同去索思沃克节庆（Southwark Fair）。我们刚到那里，莎莉·科尼什就感觉身体不舒服，不得不跟她姐姐离开，塞西尔（Cecil）上校和我殷勤地把她们送到了修道院的花园。

9 月 11 日……我写英文直到 9 点钟，斯图亚特夫人来了。我喝了一大杯红酒，以好好地休息，然后我们一起上了床，我做了她三次。但我睡不着，也忘记祷告了……

9 月 12 日……我去了咖啡屋……晚饭后我很疲倦，所以九点就回家坐在椅子里。外面下着暴雨。

9 月 14 日……八点我去了史密斯夫人处，在那里我遇见了莫利，我们晚餐吃了龙虾，11 点我们上床，我做了她两次……

9 月 17 日……七点我去了菲茨赫伯特（FitzHerbert）夫人那里，吃了一些煮猪肉，喝了一点麦芽酒。九点我就离开了，接上一个女孩，送她去了妓院，我做了她两次，很爽。晚上雨下得很大。

十月的活动就减少了。

10 月 1 日……我们去了威尔家，然后从那里出发去玩，玩伴很多，尤其是剑桥夫人，她漂亮得像天使。尽兴后我走路回家，也说了我的祷告。

10 月 2 日……我去杰明街（Jermyn Street）史密斯夫人的家见莫利，我和她上床躺到 9 点，但什么也没做。晚餐我们吃了鸡肉，我给了她两几尼，12 点我起身回家，但忘了祷告……

10 月 6 日……我本打算带一个妓女回来，但没有成行。我忘了祷告，希望上帝原谅我……

10 月 7 日……我带上一个妓女去了小旅馆，我请她吃了一顿晚餐，吃的是煮鸡肉。我们什么也没做，就在那里发呆，然后 11 点我们离开。我走路回家，又忘了祷告……

两周之后，他又再次活跃起来。

10 月 16 日我带一个女人去了小旅馆，我们在那里吃了煮鸡肉，然后做了不洁净的事情，希望上帝原谅我。11 点我起身回家，忘了祷告。

10 月 17 日……我去看戏了，但同伴没什么兴趣……

10 月 20 日……我去看戏，但没见到任何我喜欢的人，所以就去威尔家待了一个小时，然后去了史密斯夫人家，我在那里遇见了一个很高的女人，我做了她三次……

11 月，威廉·伯德和英国的贵族朋友依然到处寻欢作乐。

11 月 11 日，我和奥雷里（Orrery）领主去了布烈顿（Brtn）夫人那里，见到两个女服务员，领主为我俩点了她们，我和其中的一个做了；9 点钟我回到威尔家里，贝蒂·斯图亚特在马车上叫我，我们就一起去了妓院，我和她做了两次，希望上帝原谅我……

12 日……我和佩里（Perry）夫人小坐了一会儿……

13 日……我去了索斯韦尔（Southwell）夫人那里，但她不在家。我就经过公园，到了奥林达（Ozinda）那里……我们一起去了威尔家……然后去了布烈顿夫人那里，待了一个小时。

14日……我去了威尔家，那里一个女人叫我……我们一起去了妓院，我只做了她一次。她的名字叫莎莉·库克。晚上有一种可怕的噪音，像女人哭泣……

22日……我走路回家，顺路挑了一个女人回来，我们做了不洁净的事情，但愿上帝原谅我……

27日……我们坐着闲聊，一直到10点，然后都感觉累了，我亲了女仆，忘了祷告。

28日……晚餐我吃了些煮猪肉，和莫利打闹了一番，9点我们都感觉累了，我亲了这位女仆，然后和她做了不洁净的事情，上帝宽恕。

29日……晚餐后下起了雨，我无法走路回家，所以又和莫利打闹了一番。晚上我们喝了茶，坐着闲聊到7点，然后夜宵吃了点煮的猪肉。之后，我们又坐着闲聊，又嬉闹了一番。10点我累了，亲吻了这位女仆，然后祷告了一下……[7]

威廉·伯德这样的性掠夺者在每个社会都存在。但有的社会鼓励这种行为，并且宽容他们。在弗吉尼亚滨水地区就是如此，因为他们特别崇尚男性至上和大男子主义。威廉·伯德的行为与托马斯·杰弗逊对沃克（Walker）夫人孜孜不倦的追求，和乔治·华盛顿与费尔法克斯夫人笨拙的调情相比，只是程度的差别。这些人在他们的文化中算是最好的了；威廉·伯德和其他庄园主比起来，可以说是小巫见大巫。马里兰乔治王子郡的当地人说，所谓处女就是比她们的叔叔跑得快的人。[8]

在 17 世纪的弗吉尼亚，性掠夺者在契约女仆中游刃有余。约翰·哈罗尔（John Harrower）的日志描述了他与弗吉尼亚女仆肆无忌惮的通奸。弗吉尼亚的英国女性移民极高的婚前怀孕率和非婚生率部分是这个原因造成的。有记录显示，有的主人故意让女仆怀孕，以延长服务期。[9]

到 18 世纪，种族奴隶制为庄园主的性掠夺创造了另一种机会，有的人很年轻就开始夺取女奴的贞洁。菲利普·费西安记载到，有个星期天的早晨，主人的儿子鲍勃·卡特（Bob Carter）把一个黑奴女孩带到马厩，“把门锁住……一起在里面待了很长时间”。鲍勃那时只有十六岁。[10]

废奴主义者控诉奴隶制导致的性掠夺是有历史事实的。让我们看看玛丽·博伊金·切斯纳特（Mary Boykin Chesnut）对 19 世纪废奴运动的回应：

> 就像旧时代的男性家长和他们的妻妾住在同一屋檐下，每个家里都有黑白混血儿，和白人孩子长得也很像——每位女士都能告诉你别人家里谁是这些黑白混血儿的父亲，但说到自己家她就闭口了……你看，斯托夫人不会说出最让她隐痛的事情。她把勒格雷（Legree）说得像个单身汉。[11]

切斯纳特夫人知道她说的这些东西，而她对自己家的性掠夺也很困窘。但她（还有废奴主义者和众多历史学家）把种族奴隶制这种特殊的制度看作是这种行为的根本原因，却是误识。这种行为方式在奴隶制广泛流布于弗吉尼亚州之前就已经存在了。在英格兰农村地区也存在着。

弗吉尼亚早期就存在男性掠夺者的观念——甚至对强奸也是宽容的。美国白人的日记和通俗书籍记录着他们对强奸的默认、戏谑的态度，这和新英格兰清教徒的道德观很不一样。新英格兰的奠基者规定强奸是要受绞刑的。在切萨皮克地区的法庭里，这种行为的刑罚有时甚至比小偷小摸还轻——这和清教徒殖民地也是不同的。[12]

南部殖民地的性方式在其他方面也与新英格兰不同。弗吉尼亚人对生殖的看法和新英格兰的清教徒有异。弗吉尼亚人很少顾及为了繁荣大地而生养众多的圣经规条，清教徒对此却很执着。他们更多是想有人来喂养牲畜、延续血脉。精英阶层养育后代的方式和狗、马没什么差别。他们更大的兴趣是在血脉。弗吉尼亚贵族很熟悉彼此的宗谱传承，就像畜牧人熟悉自己的种马登记簿。

贵族很看重自己女人和牲畜的生殖力——有时放在同等的地位上。17 世纪贵族威廉·布伦德尔（William Blundell）在家务纪事上记录着他的喜悦，在 24 小时内，他的妻子生了一个儿子，明星奶牛生了一个牛犊，一头母猪生了 15 个猪仔，一只母狗生了 16 只小狗，一只猫生了 4 只小猫，母鸡产了 15 个鸡蛋。[13]

在切萨皮克，女性被称为“生养者”，这个词在新英格兰也有，但不常见。[14] 弗吉尼亚一位大庄园主兰登·卡特对女性很鄙视：“我不觉得女人有什么用，除了在家里比赛生孩子。罪魁是可怜的夏娃，自此之后女性都是如此。”[15]

小女孩被教导要这样自我贬低。诺米尼庄园的长老派教师菲利普·费西安震惊地发现范妮·卡特（Fanny Carter，10 岁）和哈里特（6 岁）玩怀孕游戏。“我们的小女孩儿日常玩很多无聊的女子游戏，”他在日记里写道，“有一天我看到的情景简直不可思议；范妮和哈里特把很多破布和其他废物塞到她们腰带束着的长袍下，直到大得像怀孕的妇人！但当她们发现我在看她们的时候，脸马上红了。”[16]

这个社会对性比较开放——至少比新英格兰开放。一个去弗吉尼亚的旅行者惊讶地看到，一些妇人光天化日之下仔细检查男性奴隶的生殖器，然后把他们买走。[17]这个文化粗俗的一面也体现在1643年阿可麦克郡（Accomack）和北汉普顿郡法庭审理的一个通奸案中。两位证人，约翰·塔利（John Tully）和苏珊娜·肯尼特（Susanna kennett）听到屋里响亮的呼噜声。约翰·塔利证明说，“顶着门有一大桶烟草，我和苏珊娜就站在桶上”，往里看。他们看见好妻子玛丽·韦斯特（Mary West）和理查德·琼斯躺在床上，“手臂交叉在一起”，琼斯在睡觉，就着玛丽·韦斯特的胸口打鼾。苏珊娜·肯尼特作证说，她看见玛丽·韦斯特把手放在他的裤褶上，不断摇晃着他的私处，“我完全忍不住笑出来。我和塔利只好从站着的地方跑开”。[18]

这个片段值得注意的不仅是这件事情本身，还有它体现的态度，和新英格兰清教徒的性态度至少在表面上是很不同的。

注释

1 切萨皮克地区婚前怀孕的比率如下：

		在以下时间内第一次生育的比例			
地方	时期	7 个月	8 个月	8.5 个月	9 个月
马里兰州萨默塞特郡－移民	1665—1695	23.7%	32.9%	34.2%	36.8%

续表

		在以下时间内第一次生育的比例			
地方	时期	7个月	8个月	8.5个月	9个月
马里兰州萨默塞特郡－本地人	1665—1695	9.5%	19.0%	19.0%	20.6%
弗吉尼亚州米德尔塞克斯郡，基督教会教区	1720—1736	9.4%		15.2%	16.8%
弗吉尼亚州格洛斯特郡，金斯顿教区	1749—1760	2.8%		13.9%	13.9%
	1761—1770	12.1%		22.7%	24.2%
弗吉尼亚州里士满郡	1710—1719		18.7%		
	1720—1729		9.8%		
	1730—1739		33.3%		
	1740—1749		33.3%		
	1750—1759		38.5%		

来源： Menard and Walsh, "Demography of Somerset County," 23; Lois Green Carr and Lorena Walsh, "The Planter's Wife: the Experience of White Women in Seventeenth Century Maryland," *WMQ3* 34 (1977), 547-48; Daniel Scott Smith and Michael S. Hindus, "Prenuptial Pregnancy in America, 1640-1971: An Overview and Interpretation," *JIH* 5 (1975), 537-70; Robert V. Wells, "Illegitimacy and Bridal Pregnancy in Colonial America," in Peter Laslett et al., eds. *Bastardy and Its Comparative History* (Cambridge, 1980), 349-61; Lee Gladwin, "Tobacco and Sex: Factors Affecting Non-Martial Sexual Behavior in Colonial Virginia," *JSOCH* 12 (1978), 57-78。

2 这种案子弗吉尼亚比马里兰多，但比马萨诸塞少。起诉最多的是下诺福克郡，这里是弗吉尼亚清教徒聚居的中心，后来因为威廉·伯克利爵士强制推行宗教统一才改变了状况。参见 Bruce, *Institutional History of Virginia*, I, 48-49; 马里兰私通案例，资料来源是 Sheri Keller, "Adultery and Fornication in Massachusetts and Maryland, the 1600s" (paper, Brandeis, 1987)。

3 马里兰南部的两个郡非婚生比较多：

		年均非婚生率		
地方	时期	每千例新生儿	每千人	15—44 岁 每千名妇女
马里兰州乔治王子郡	1696—1699	26	1.7	17.2
马里兰州萨默塞特郡	1666—1670	63	2.5	32.1
	1671—1675	68	2.8	34.7
	1676	75	3.3	38.3
	1683	68	3.1	34.7
	1688—1694	118	5.9	60.2

来源 : Menard and Walsh, "Demography of Somerset County," 35; Wells, "Illegitimacy and Bridal Pregnancy in Early America," and Daniel Scott Smith, "The Long Cycle in American Illegitimacy and Prenuptial Pregnancy," in Laslett et al., eds., *Bastardy and Its Comparative History*, 349-61, 362-78。

4 Miriam Hibel, "Adultery in New England and the Chesapeake," (essay, Brandeis n.d.,); Bruce, *Institutional History of Virginia*, I, 48).

5 女性通奸比男性对家族血脉更易造成污染的观念在新英格兰也有。人们可以在清教徒的祷告中发现踪迹，在通奸法中也有，里面把通奸定义为与婚内女性进行了婚外性行为。但希贝尔（Hibel）发现，新英格兰对通奸男女的惩罚比在切萨皮克更为平等。

6 Wright and Tinling, eds., *Secret Diary of William Byrd*, 169, 313, 425.

7 Louis B. Wright and Marion Tinling, eds., *William Byrd of Virginia, The London Diary, 1717-1721, and Other Writings* (New York, 1958), passim.

8 乔治王子郡一个历史悠久的家族的夫人口述；案例本身见 *VMHB* 14 (1896-97), 185-97。

9 Edward M. Riley, ed., *The Journal of John Harrower*, (New York, 1963), 144.

10 Fithian, *Journal and Letters*, 115, 246.

11 C. Vann Woodward, ed., *Mary Chesnut's Civil War* (New Haven, 1981), 28, 168-69.

12 例子常见 the Bennett Pedigree Book, Ms. 413/389, WILTRO。

13 T. Ellison Gibson, *A Cavalier's Notebook*…(n.p., n.d.), 179.

14 Spruill, *Women's Life and Work in the Southern Colonies*, 46.

15 Landon Carter, *Diary*, II, 713, 1103 Smith, 70.

16 Fithian, *Journal and Letters*, 254 (20 Sept. 1774).

17 Grove, in *VMHB* 85 (1732), 31.

18 Susie M. Ames, ed., *County Court Records of Accomack-Northampton, Virginia, 1640-1645* (Charlottesville, 1973), 290-91.

弗吉尼亚的命名方式

圣公会的取名传统

孩子在弗吉尼亚出生后，一系列文化仪式接踵而至。取名就是其中之一——通过这个错综复杂的过程，我们可以获悉有关的伦理价值、家庭结构和育儿观念。弗吉尼亚取名的方式和马萨诸塞的清教徒不同，却与英格兰南部和西部相近。

这个取名体系的主要特征可以通过一个英国例证得到概括。1737 年，历史学家爱德华·吉本（Edward Gibbon）出生在有徽章资格的萨里（Surrey）家族，他们与弗吉尼亚有紧密的联系。他是六兄弟中的长兄，按照祖父给他取了名字。这个名字的延续对吉本家很重要，这位历史学家后来写道："我的每一个弟弟施洗的时候，我父亲继续重复我的教名爱德华，这样如果最大的儿子离开后，父系的名字可以在家庭里永存。"这个谨慎的措施证明是必要的，六位叫爱德华·吉本的孩子只有一个活下来。[1]

爱德华·吉本的名字不是来自圣经，而是古代威塞克斯国王的名字。有三位西撒克逊国王出生时取名为爱德华，其中最后一位是忏悔者爱德华（Edward the Confessor），他的一生完整体现了 17 世纪保王主义和英国国教的价值观。在古英语中，Edward 意味着"幸运的领袖"（ead 意思是幸运；weard 意思是保卫者或领袖）。在上千年中，威塞克斯都很喜爱这个名字，弗吉尼亚人也长期使用这个名字。但在新英格兰，这个名字很少；哈佛学院在头四十个本科年级中只有一个叫爱德华的学生注册。[2]

爱德华·吉本体现的这种取名传统在圣公会盛行的弗吉尼亚被广泛沿用，包括名和姓都是如此。弗吉尼亚的圣经名字比马萨诸塞要少。切萨皮克地区大约只有一半的名字出自经文，在新英格兰这个比例是 90%。但弗吉尼亚圣经名字的比例和德文郡的科利顿（Colyton）教区一样。大致上也与英格兰南部、西部贵族和总体人口的命名规律是一致的。[3]

弗吉尼亚人给儿子的名字多数来自日耳曼的武士、法兰克人的爵士和英国国王。他们尤其偏爱的名字有威廉、罗伯特、理查德、爱德华、乔治和查尔斯——17 世纪的马萨诸塞则很少有这些名字。弗吉尼亚女性名字主要来源有圣经中没有提过的基督教圣徒、英国的传统名字（玛格丽特、简、凯瑟琳、弗朗西斯和艾利斯），以及英国人一般喜爱的名字（玛丽、伊丽莎白、安妮和莎拉）。这个分布规律与弗吉尼亚人和英国移民大致一样。[4]

这个命名体系在名字的谱系上也比较独特。我们已经谈到，马萨诸塞最年长的孩子一般是和父母的名字相同，年幼的孩子则根据祖父母和其他亲戚取名。弗吉尼亚的传统反过来：年长的孩子根据祖父母取名，年幼的孩子则根据父母。对弗吉尼亚州米德尔塞克斯的名字研究发现，只有 27% 的长子和 19% 的长女取了父母的名，在马萨诸塞这个比例则超过 67%。但弗吉尼亚 60% 的长子女取了祖父母的名字，马萨诸塞的比例只有 37%。新英格兰取名所重视的核心家庭方式在弗吉尼亚不如大家庭传统更有影响。[5]

弗吉尼亚的取名方式与英格兰南部和西部的圣公会家庭比较一

致。在东萨顿的费尼默家族，男性后代的长子一般是根据祖父取名，二儿子跟父亲：

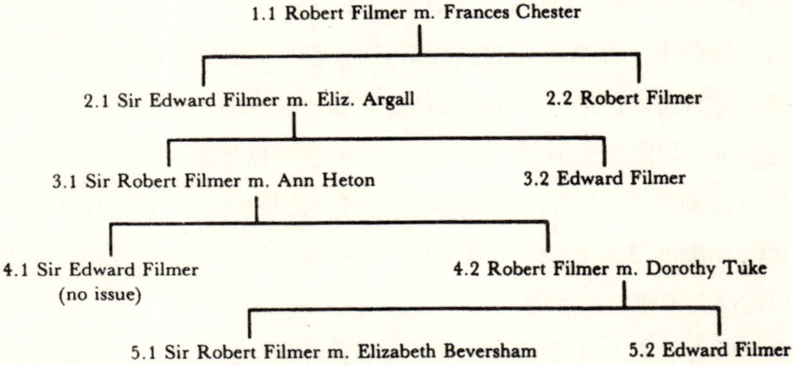

从图中可以看到，到第四代，费尼默长子无后代，他的头衔就传给了二儿子。即使如此，三代间的这种取名模式一直很好地保留着。[6]

这些命名传统在英格兰南部和弗吉尼亚滨水地区的圣公会徽章家庭非常普遍。另一个例子是居住在贝德福德郡、萨福克和格洛斯特郡的佩顿（Peyton）家族。他们的幼子 17 世纪移民到弗吉尼亚。在很多代中，佩顿家都遵循着和费尼默家族一样的三代命名方式：

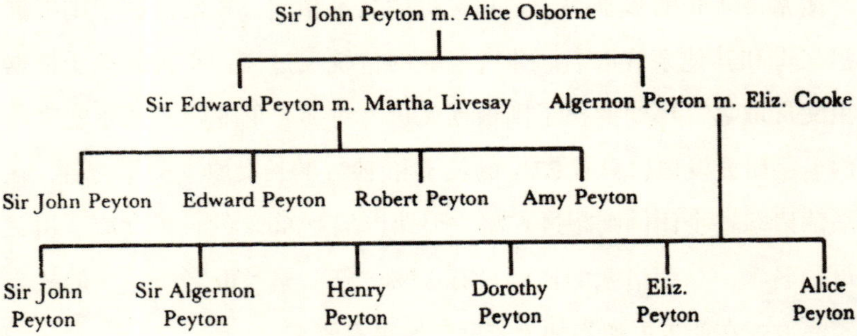

佩顿家和费尼默家一样在取名上遵照父系原则。但在不同家族

中，根据父系和母系社会地位的相对差别，命名的方式又有变化。阿尔杰农·佩顿爵士（Sir Algernon Peyton）与罗伯特·索斯特爵士的女儿弗朗西斯·索斯特（Francis Sewster）结婚后，他们的长子取名为索斯特·佩顿（Sewster Peyton）[7]。这个文化中还有另一种命名传统——把姓用作名，以加强家族之间的关系，巩固精英之间的团结。1634 年早期，弗吉尼亚州米德尔塞克斯的威廉·格雷（William Gray）把他的土地留给了叫修·斯图亚特的侄子，条件是“这位修·斯图亚特要把他的合法长子命名为格雷·斯图亚特”。[8] 这种把姓用作名的传统一般适用于男孩，女孩中也时有应用。彭拉多克起义（Penruddock's Rising）领袖的妻子就叫阿伦德尔·彭拉多克（Arundel Penruddock）。[9]

弗吉尼亚表亲的命名方式和英格兰南部贵族也比较相似。横向关系加进直系观念后，形成了网状的命名传统。弗吉尼亚与英格兰南部和西部一样，神父对命名起到重要的作用。

孩子的名字并不完全由社会等级和物质利益等因素决定。名字的选择有时也受某些神秘的特质影响。父母有时会咨询占星家以找到幸运的名字。英格兰和弗吉尼亚第一代“幸运书”充满了对这个问题的占星建议。[10] 这种对幸运名字的执着一定程度上削弱了对旧名字的使用。弗吉尼亚人像新英格兰人一样，当孩子去世后，会重复使用他们的名字。但他们还是有些抗拒，因为孩子年幼时死去，父亲们害怕使用不吉祥的名字。约翰·奥格兰德爵士在日记里讨论过给二儿子用旧名字的事情：

> 我也把他取名为约翰，这是我给大儿子取的名字，但他12个月之前去世了，因为这个事情，我不会再使用这个名字了。

> 理查德·丁灵顿爵士（Sir Richard Dillington）和我的夫人理查兹都会支持我的。[11]

弗吉尼亚圣公会教徒的命名传统与新英格兰的清教徒有很多差别。这种文化的差异从生命的初期就开始了。

注释

1 这位历史学家的一位保王党亲戚在1659年移民弗吉尼亚。他叫约翰·吉本（John Gibbon），但他不是一个典型的贵族，因为他最感兴趣的是纹章学。他观察到，印第安人习惯在盾牌上画盾形徽章，于是写了一本新奇的书，提出主张，“徽章镌刻在人类自身的本性里”。有趣的是，清教徒认为印第安人是以色列失落的一个部族，贵格派把他们看作光之子，边区人认为他们是敌对军事力量，像约翰·吉本这样的保王党贵族则把他们看作天生的贵族，对纹章品位很高。

吉本徽章学有一段奇特的历史。一位叫埃德蒙·吉本的祖先经常与三个女亲戚发生矛盾，之后得到许可把家族的盾形徽章从三个贝壳改成了“三个女妖魔或女食人魔”。他去世后，贝壳徽章又恢复了。Edward Gibbon, *Autobiography*, ed. M. M. Reese (London, 1970), 7, 17.

2 George R. Stewart, *American Given Names*, 106.

3 Daniel Scott Smith, “Child-Naming Practices, Kinship Ties, and Changes in Family Attitudes in Hingham, Massachusetts, 1641-1880,” *JSOCH* 18 (1985), 543.

4 弗吉尼亚州米德尔塞克斯郡的研究发现，本地出生的居民和移民在17世纪对名的偏好是一样的：

排序	弗吉尼亚移民 1650—1699		弗吉尼亚本地出生居民 1650—1699	
1	John	Mary	John	Elizabeth
2	Thomas	Elizabeth	William	Mary

续表

排序	弗吉尼亚移民 1650—1699		弗吉尼亚本地出生居民 1650—1699	
3	William	Ann	Thomas	Ann
4	Richard	Sarah	Richard	Sarah
5	Robert	Margaret	George	Catherine
6	James	Jane	Robert	Margaret
7	George	Catherine	James	Frances
8	Edward	Frances	Henry	Alice
9	Henry	Alice	Charles	Jane
10	Samuel	Dorothy	Edward	Rebecca

资料来源：Rutman and Rutman, *A Place in Times, Explicatus*, 86-88。

5 这个统计低估了差异性。拉特曼夫妇对弗吉尼亚州米德尔塞克斯郡的研究和丹尼尔·斯考特·史密斯（Daniel Scott Smith）对马萨诸塞欣厄姆的研究，显示出一个清晰的对比，尤其是分别就父辈与祖父辈，还有父母两边的祖父辈进行比较的时候。他们对长子名字继承的研究得出了以下结果：

			名相同的比例			
地点	时期	父亲	祖父	双方	没有继承任何一方	样本数
马萨诸塞欣厄姆	1721 年之前	47%	17%	20%	17%	155
弗吉尼亚米德尔塞克斯郡	1651—1750	11%	44%	16%	29%	197

对于长女，规律也是相同的：

			名相同的比例			
地点	时期	母亲	祖母	双方	没有继承任何一方	样本数
马萨诸塞欣厄姆	1721 年之前	56%	18%	15%	11%	156
弗吉尼亚米德尔塞克斯郡	1651—1750	15%	46%	4%	34%	177

资料来源：Smith, “Child-Naming Practices,” 550; Rutman and Rutman, *A Place in Time, Explicatus,* 90。

6 William Berry, *County Genealogies; Pedigrees of the Families in the County of Kent* (London, 1830), 186-87.

7 佩顿在英格兰的家谱见 Robert E. C. Waters, *Genealogical Memoirs of the Extinct Family of Chester of Chicheley* (London, 1878)。

8 Rutman and Rutman, *A Place in Time*, 85.

9 *The Trial of the Honorable John Penruddock* (n.p., 1655), 8.

10 例证请参见：the Diary and Fortune Book of Henry Sturmy, ms. D2375, GLOCRO。

11 Bamford, ed., *A Royalist's Notebook*, 105.

弗吉尼亚的后代养育

扭曲愿望

“18 世纪在弗吉尼亚出生的小孩，”埃德蒙·摩根写道，“比今天美国任何地方出生的小孩都有理由哭泣。”[1] 那时，大约三分之一的新生儿在二十个月内就死去，大约一半的孩子活不到成年。[2] 那些活下来的又面临另一场严酷的考验，并非肉体上的，而是文化上的。在弗吉尼亚，成长是一个充满痛苦和苦难的过程。

这个地方表面上看起来并不如此。旅行者经常说，弗吉尼亚人对孩子过于溺爱——而在 17 世纪的新英格兰就没有这样的评论。加尔文教义以孩子为恶魔的观念在弗吉尼亚的圣公会教徒中很少。所以，违背孩子愿望的清教徒传统在切萨皮克地区比较少见。[3]

但在弗吉尼亚，成长在某种程度上是比新英格兰更困难的事情。切萨皮克的地域文化把两种不同、甚至矛盾的要求强加给下一代。一方面，年轻人必须有很强的独立性。另一方面，他们要自愿服从等级秩序。由此产生的矛盾带来沉重的心理负担。

与清教徒违背孩子愿望的传统不同，弗吉尼亚的孩子从小开始，就被鼓励积极实现自己的愿望。父母以孩子们幼稚的独立心理为自豪。1728 年，一位叫托马斯·琼斯（Thomas Jones）的庄园主自豪地说，他的小侄子“围着房子昂首阔步，像暴徒一样吵闹”。这个人也非常高兴地描述过他两岁儿子汤姆·朱尼特（Tom Junitor）的滑稽动作。他的嫂子抱怨说，小汤姆在房子里野蛮的行为“只有他父亲不会生气，对于他来说，他儿子所有的噪音都是音乐。如果他得不到喜欢的东西，或无法做他想做的事情，他就好像要把房子拆毁”。[4]

对于男孩来说，父母的这种纵容一般会从孩提时代持续到青少年。德国旅行者约翰·索普观察到，“弗吉尼亚15岁的少年看起来已经很成熟，感觉像比他的实际年龄长一倍。15岁的时候，他父亲会给他一匹马和一个黑奴，他会带着他们随处游荡，参加搜狐、赛马和斗鸡，什么正事也不做；下一个行动只是找一个老婆”。[5]

男孩尤其要有强烈的企图心和阳刚之气。若是缺乏这些气概，会被认为不够男人。菲利普·费西安对诺米尼庄园小男生的冲动性格很感惊讶：在他眼里，长子“热情而冲动”，小儿子“脾气很爆、性格很不沉稳”。[6]外国访问者反复地提到南北方孩子在这些方面的差别。参观过马里兰和弗吉尼亚的一位英国游客写道：“这些受到纵容的孩子，很有小主人的气势，比他们北部邻居的孩子更容易受到温柔的宽恕。”[7]

但这些描述可能会误导20世纪的读者。切萨皮克的孩子所受的纵容并不是我们现代人想象的那样。和新英格兰比较，与其说那是一种自由的方式，不如说是管制的方式。

弗吉尼亚未成年人社会化的一个基本目的是使他们能在等级社会里找到合适的位置。孩子的意愿并不会被完全打破，但用弗吉尼亚人的话来说，是“向相反的方向严重地扭曲”。这个目标是通过要求孩子们自我克制来达到的。

弗吉尼亚人养育下一代要进行很多禁忌仪式，这在新英格兰是找不到的。比如，好家庭的孩子要在监督下认真学习舞蹈。舞蹈在清教徒和贵格会的定居点是不鼓励的，有的地方甚至禁止。但在弗吉尼亚，孩子们必须跳舞。长老派教师菲利普·费西安对弗吉尼亚人对跳舞的严肃态度颇感惊异。他描绘过诺米尼庄园全天的舞蹈课程，老师是严肃得近乎虐待狂的克莉丝汀先生，很多类似的专业舞蹈家都在弗吉尼亚找到了工作：

> 早饭之后，我们都去舞蹈房，学生会在克莉丝汀旁边单独跳舞……有那么几分钟，他们跳得很正规，之后所有人都跳起乡村舞蹈；情景美丽之至，这么多年轻人穿着最好的衣服小心地移动，按照动听的音乐，严格地进行，虽然秩序有些混乱。
>
> 舞蹈持续到2点，我们在3点半吃饭。饭后，我们又去舞蹈房。在课程进行中，我观察到，克莉丝汀先生非常守时，在纪律上非常严格，他甚至因为两位小姐舞蹈上的错误打过她们，其中一位的母亲就在旁边。
>
> 他斥责过其中一位学员，让他必须端正自己的态度，他已经注意该学员很长时间了，觉得他傲慢、变化无常、心思根本不在学校——我觉得这种批评太过严厉了，特别是在这么多女士面前批评一位17岁的年轻贵族……
>
> 蜡烛点上之后，我们最后一次到舞蹈房。一对男女先跳小步舞。然后所有人都加入跳乡村舞蹈，一直持续到7点半，然后克莉丝汀先生才离开。[8]

这个课程持续9小时，从早上10点到晚上7点。正像克莉丝汀先生坚持的那样，舞蹈对于弗吉尼亚年轻的女士和绅士们是一种纪律约束。小步舞和乡村舞蹈的繁复节奏实际成为整个文化体系的隐喻。古奇（Gooch）总督高度称赞过弗吉尼亚的统治精英，说“我的政府里没有跳舞差的”。他的说法其实在称赞舞厅里漂亮的动作之外，又颇有深意。

到17世纪下半叶，舞蹈的社会仪式成为弗吉尼亚文化非常重要的部分，也成为社会化的一个重要工具。早在1660年代，这个地区就有专聘的专业舞蹈老师。在18世纪，这种传统又卷土重来，变得更为严格细致。这个过程中，舞蹈仍然保留着其基本的文化功能。对于世世代代的弗吉尼亚人来说，舞蹈仪式帮助年轻人学习恰当的行为举止，让他们在弯腰致意时有恭敬的态度。[9]

后代教育的另一个传统是教导他们正确的行为规范。在弗吉尼亚，任何阶层的年轻人都要掌握这些规则，如果不遵守就会受到严厉的惩罚。所有孩子（包括孤儿、学徒和奴隶）毫无例外要学习它们。孩子阶层越高，学习的规则越细致、严格。从17世纪晚期到18世纪早期，这些规则已经远远不是我们所以为的礼仪。它们包含了这个文化中所有的伦理法则。

在内容上，弗吉尼亚的这些规则和英格兰南部几乎完全一致。例如英国萨默塞特郡的一位校长要求他的学生背诵至少96条文化格言。以下是一些例子：

1. 敬畏上帝

2. 以国王为荣耀

3. 尊敬父母

4. 顺从上级

5. 不鄙视地位较低的人

6. 平等待人

7. 每日虔诚祈祷

8. 与善良人来往

9. 不要效仿邪恶的人

22. 任何时候靠近父母都要行礼

28. 与父母说话时要带上头衔——比如爵士、女士等等，根据他们的地位

32. 不要求任何东西，等待有人提供……

38. 不要用眼瞪任何人（尤其是地位较高的人）……

60. 不要大声笑，在任何场合都安静地笑……

62. 在地位平等的人中不要冒头或贸然行事，要谨慎而友善

67. 在智者面前或自己做的事情上不要自夸

68. 不要说任何难以相信的事情

78. 不要冒犯任何人，尤其是在语言和行为上对老者不要如此……

80. 遇到任何地位较高的人，让他们先走，如果你和老者一起走，用手扶着他们……

87. 永远把座位留给比你优秀、年长或博学的人……

89. 在人群中不要自私；对他人要和蔼、宽容、慷慨……

96. 说话要适中，要切中主题。[10]

这个清单是从《行为的学校》（*The School of Manners*）里摘录的，这本书在 18 世纪早期有很多版本，在欧洲和美国广泛传播。17 世纪

英格兰、法国和意大利也有很多类似的书。[11]

弗吉尼亚的孩子必须把这些规则死记硬背。乔治·华盛顿早期的文字中列了一个清单，是110条“与人为伴和对话过程中文明和得体的准则”，年轻的学生必须按照他的字体手抄：

> 第1，与同伴一起，任何行动都要显示出对他人的尊重……
>
> 第19，表情要愉悦，但在严肃的问题上要庄重……
>
> 第26，对地位尊贵的人要脱帽致意，包括贵族、法官、神职人员等，根据地位不同，要适度鞠躬……
>
> 第31，如果在年龄、财产或品格上都比其他人高，还是要把位置让给他人，虽然他们并不应得……
>
> 第37，和地位较高的人说话，身体不要倾斜，也不要正视他们，更不可靠得太近。和他们之间要保持一个合理的距离……
>
> 第39，写作或说话，每个人的头衔都要加上，根据他的学位或当地的传统……
>
> 第40，不要和地位较高的人争论，要谦虚地和他人讨论自己的观点……
>
> 第42，仪式上的礼仪行为要和所在场合的档次相适应，因为与小丑和王子说同样的话是荒唐的……
>
> 第46，对所有劝告都要心存感谢［即使本身并没有什么可告诫的］……
>
> 第57，和一位比你尊贵的人在屋里行走，要先给他你的右手，他停你才停，他没有转弯前你不要转，你在转的时候，脸要对着他，如果他是很尊贵的人，与他走在一起的时候，

不要并排走，而是要走在后面；在这种情形下，他跟你说话比较方便……

第 110，努力克制自己所谓的道德良心。

这个清单不仅是给小孩练书法的摹本，它也是服务于更大目标的工具，用于约束个人愿望。[12]

弗吉尼亚的年轻贵族被赋予了“愿望自由”，但这不是目的本身，而是为了养成德行——以理性、自然和幸福的方式生活。这种观念和新英格兰清教徒无息无止的奋斗截然不同。这是一种禁欲主义的理念，旨在平静地接受生活本身。它教导人们要无所畏惧，以勇气、诚实、尊严和恩慈之心接受命运的安排。这种禁欲主义观念成为弗吉尼亚社会化的主要目标之一。

乔治·华盛顿的童年是一个很好的例子，从他成长的过程可以找到很多弗吉尼亚文化的线索。[13]华盛顿没有接受多少正规的学校教育。他 11 岁的时候，父亲的去世使得家道中落。和同时代很多其他孩子不同，当时养育后代的制度并没有在他身上产生多少影响。社会才是他的学校；在那里他学到了复杂的道德规则，也就是那些在英格兰和弗吉尼亚的圣公会贵族中普遍遵行的规则。

这些社会规则是禁欲主义的——它们不是来自古典世界，但源于经典文本。青年乔治·华盛顿曾经读过塞内卡《对话录》（*Seneca's dialogues* ——古罗马著名哲学家的代表作）的英文简写本。这本书的章节名称包含了弗吉尼亚贵族要学习的一套规则：

诚实的人要尽力谦恭有礼。

好人的结局是不会悲惨的，正如邪恶的人结局不会愉快。

放荡的生活会以凄惨告终。
希望和恐惧都会给人带来烦恼。
蔑视死亡会让生命中所有的悲惨不值一提。

华盛顿并不喜好阅读。但他和朋友萨里·费尔法克斯一起读过阿狄生的悲剧《加图》（*Cato*），这是他最喜爱的书之一。这本奥古斯都时代的杰作及诗人教皇写的序言颂赞了罗马贵族加图的禁欲主义，加图由此成为青年华盛顿的榜样。在剧本中，一个角色宣称：

把你们的眼睛转向加图！
你们可以看他具有神一样的高度。
罗马的品行使凡人被高举。
他对朋友良善、公正、充满关怀，
他也愿意克制自己的欲望。

在福吉谷，华盛顿要求在所有官员面前表演《加图》一剧，他自己也参与了创作。他在总统文稿中多次引用《加图》，在最后的岁月里他一次次重读这本著作。华盛顿的品行也体现了《加图》包含的义理。所以，他是弗吉尼亚独立贵族的理想形象，特点就是“能委屈自己”。

内心的压力有时是很大的。弗吉尼亚的贵族应当有男子气概、雄性激情和强大的愿望，但同时他又必须能节制自己的欲望。这种内在的紧张关系成为弗吉尼亚文化的活力来源，为18世纪的巨大成就提供了生生不息的滋养。乔治·华盛顿的人格体现出弗吉尼亚教养方式的巨大成功。他的个性与文化环境异常和谐。但弗吉尼亚的其他贵族则反映了这种文化的内在紧张。

一个显著的例子是丹尼尔·帕克上校（1669—1710），我们前面已经提过他的女儿弗朗西斯和露西。丹尼尔·帕克是个精彩的人物，他的功勋使他成为英语世界的一个传说。他也是弗吉尼亚人社会化的典型产物。当他还是一个年轻贵族时，他就有骄傲和执着的名声。代理主教詹姆斯·布莱尔曾描述他是一个：

> 英俊的年轻人……作为一位俊俏的贵族他在所有方面都成功，并且他还有一项引以为豪的本事，就是他不屑于那些会导致侮辱或伤害的小事情。他们说，他很精于剑术，他喜欢随时提出挑战，尤其是在朋友面前，他可以说是城里最具威慑力的人。[14]

帕克曾经向来访的马里兰总督要求进行公开决斗——这种行为在切萨皮克的礼俗来讲是不可思议的。挑战是秘密提出的，据说总督级别的人可以豁免。他还招来了另一桩丑闻，据说他去英格兰访问的时候，与一个漂亮的贵族妻子私奔了，把她带回弗吉尼亚，成为他爱的奴隶。这种行为使得詹姆斯主教在布鲁顿（Bruton）教区讲道时，严厉斥责通奸行为。热血青年丹尼尔·帕克因此向这位主教直接提出了挑战——这又是一次严重违规的行为。在生命的后期，帕克上校公开宣布一位情妇作为他的配偶——说她可以继承他的家族徽章，这种不肖行为在弗吉尼亚的徽章家族中引起了极大的震撼。

虽然按文化标准他时常显得离经叛道，但丹尼尔·帕克的个性中还有另外一面。他在早年如饥似渴地学习弗吉尼亚贵族的禁欲主义准则，并试图按照这些规则生活。丹尼尔·帕克写信给女儿说：

丹尼尔·帕克上校充满矛盾的生活和最后暴毙体现了弗吉尼亚贵族的禁欲主义和混乱现实之间的紧张关系。在丹尼尔·帕克的一幅老肖像画中，他在胸前戴着一枚小型梨形徽章以示荣誉，那是安妮王后因为他英勇地传递大不列颠在布伦海姆（Blenheim）胜利的消息而赠予他的。帕克上校拒绝了所有物质奖赏，只要一幅国王的肖像，和一枚弗吉尼亚人喜爱展示的银质刻章。这幅肖像画好之后几年，帕克上校成了安提瓜岛的总督，他在那里被叛军抓获并折磨致死。他最后的留言在弗吉尼亚广为流传，“绅士们，你们已经没有荣誉可言了，祈祷留一些人性吧”，最后他死的时候“把灵魂托付给了上帝，伴随着虔诚的叫喊”。

> 要注意你的写作和一切你所学到的东西，不要只知道玩，举止要严肃，像一个贵族妇女。也要审慎阅读，平时的言行要受人尊敬。保持平静，要对所有奴仆施恩惠，如果要开口说话，口吻要温和，即使是对最低贱的奴隶。[15]

帕克上校因为他的勇敢被弗吉尼亚人纪念。1697 年，他回到英格兰，被授予英国军队的上校军衔。在对路易十四的战争中，他是马尔伯勒公爵（the Duke of Marlborough）的副官，他按命令把英国军队在布伦海姆胜利的消息带回了英国。安妮王后为此奖赏他 500 英镑，但帕克上校拒绝了赏金，而只要一张国王的小幅肖像——这种大气的举动甚至获得了敌人的赞赏。[16]

帕克上校一生最值得纪念的场景就是他光辉的死亡。在担任背风群岛的皇家总督期间，他被安提瓜岛的叛军抓住，并折磨致死。在极度的痛苦中，帕克上校的行为成了禁欲主义品德的模范。“在临死的挣扎中，他受到所有恶棍的折磨和辱骂”，他“没有其他举动，只是温和地说，‘绅士们，你们已经没有荣誉可言了，祈祷留一些人性吧’”，最后死的时候他“把灵魂托付给了上帝，伴随着虔诚的叫喊”。[17]

他是弗吉尼亚贵族光辉的典范，因为他严于律己。总体而言，弗吉尼亚的社会化在帕克上校身上取得的成效不如乔治·华盛顿。在丹尼尔·帕克的生命中，文化的内在张力清晰而喷薄地表达出来。此后的两百多年里，他艰困的生活和荣耀的牺牲成为弗吉尼亚青年贵族的道德指向标。

注释

1 Morgan, *Virginians at Home*, 5.

2 Kulikoff, *Tobacco and Slaves*, 61, 估计 17 世纪在 20 岁之前去世的比例是 39%，18 世纪这个比例是 33%。

3 丹尼尔·布莱克·史密斯写道："任何人只要通读一下切萨皮克 18 世纪的家庭通信和日记，就会发现有很多证据表明父母对年幼孩子的温柔和情感。这些资料清楚地表明，孩子们并不是作为罪人来对待的；若是罪人，到两三岁时，只要他们还没去世，他们的愿望和独立性应该受到控制——正像新英格兰清教徒的孩子们所遭遇的那样。相反，18 世纪弗吉尼亚和马里兰的父母乐于见到后代们在天真、游戏中度过童年。"（*Inside the Great House*, 40）

4 Thomas Jones to Elizabeth Jones, 10 Nov. 1736; Rachel Cocke to Elizabeth Jones, 17 Sept. 1728; Jones papers LC; quoted in Smith, *Inside the Big House*, 51.

5 Schoepf, *Travels*, II, 95.

6 Fithian, *Journal and Letters*, 65.

7 Morgan, *Virginians at Home*, 7. 马萨诸塞和弗吉尼亚另一个不同在于日常生活中父母与小孩之间的亲密度。在两个社会中，青少年都要去别的家庭待一段时间。这种英国式的做法，在新英格兰被称为"送出去"，在切萨皮克称为"放出去"，在此之上弗吉尼亚人又增加了把新生儿隔离的做法。诺米尼庄园为成人和孩子准备了不同的餐室，这样小孩就没机会打断大人们的谈话。这个庄园主人的孩子也是睡在另外的房子里，和父母保持距离，并受到护士和教师的监督。这种传统在英格兰乡村的大庄园里已经实行很久了，今天在一些上层阶级的家庭里仍然保留着。

8 Fithian, *Journal and Letters*, 44-45 (18 Dec. 1773).

9 布鲁斯观察到，"对舞蹈的品味并没有从技巧的学习中得到满足，反而是在娱乐性舞蹈的参与中能得到更多。有很多材料说明了殖民地的舞蹈专家提供专业舞蹈课程。其中一位是查尔斯·期蒂（Charles Cheate），他常常带着自己的小提琴手仆役克拉森·惠勒（Clason Wheeler）……他们以音乐家的身份在庄园主的娱乐

活动中赚了很多钱”。（*Social Life of Virginia*, 184-85）

10 John Cannon Memoirs, Ms., 161-64, SOMERO.

11 Cannon 主要采用第五版 Garretson 的 *The School of Manners* (London, 1726)。

12 副本出现在 Charles Moore, ed., *George Washington's Rules of Civility and Decent Behaviour in Company and Conversation* (Boston, 1926), 2-21。华盛顿的规则主要来自 Francis Hawkins, *Yourths' Behaviour, or Decency in Conversation Amongst Men* (London, 2nd ed., 1646)。

13 此处我采用了被遗忘的一本弗吉尼亚历史地理的经典著作，Samuel Eliot Morison, "The Young Man Washington," *By Land and By Sea* (New York, 1953), 161-80。

14 Langhorne Washington, "Virginia Gleanings in England," *VMHB* XX (1912), 373.

15 同上，373-375。

16 Louis B. Wright, *The First Gentlemen of Virginia; Intellectual Qualities of the Early Colonial Ruling Class* (San Marino, Calif., 1940), 80.

17 同上。

弗吉尼亚人年老的方式

圣公会父性长者的观念

对老年人的态度和衰老的实际体验，在弗吉尼亚和马萨诸塞是不同的。两种文化都很尊重老年人——只是方式不同。清教徒是长者为圣的观念，而弗吉尼亚以父性长者为核心建立了尊老制度。

在17世纪的英格兰，保王主义有一个重要原则，是罗伯特·费尼默爵士所说的“父性权力和王权的一致性”。费尼默在《父权制》一书中说：

> 如果我们比较父亲和国王的自然责任，会发现其实是一样的，没有实质差别，只是在程度和范围上有差别。正如一个家庭有一个父亲，国王就是众多家庭的父亲，他维护、养育、教导并保护整个共和国。他对战争与和平的决策、法庭的司法，以及所有的主权行为都是为了保护所有的父亲，并保障他们的孩子享有权利和利益，所以国王的责任概括起来就是对人民的父性关怀。[1]

这种主张有两层含义。它赋予国王以父亲的地位，又给予父亲以国王的权威。并且，像费尼默这样的保王派作者又进一步把长者等同于父亲–国王。在《父权制》中，费尼默引用了亚里士多德的名言，“家里的长者就是国王”。[2]

这种以老为尊的父权制原则在英格兰南部的贵族家庭里影响很大。长者一般很受尊重。在位于沃里克郡的家庭里，理查德·纽迪吉特二世（Richard Newdigate II）成年后称呼他父亲为“尊贵的爵士”，却称自己为“您顺从的儿子”。信件里有很多修饰性词句，例如“您对事务的指引会得到最好的遵从，最亲爱的父亲，您向来顺从的儿子”。儿子给父亲的信里会用很多华而不实的顺服的语言，现代学者认为他们太“一本正经”“呆板”或“浮华”。但在17世纪的人听来，这些语言味道完全不同。[3]

年轻人对长者的顺从并不仅是空虚的仪式。通常也伴随着实际的举动。例如，约翰·奥格兰德拒绝领受骑士称号，因为他的父亲尚未获得过这种荣誉。“约翰·奥格兰德爵士，”一位朋友写道，“本可以比怀特岛所有贵族都先得到这个荣誉，但因为父亲的关系，他拒绝了。”[4]

如果长者来自上层社会，对他们的尊重则更强。但在较低的阶层，以老为尊的原则仍然适用。在17世纪的英格兰南部和西部，非贵族的长者会得到荣誉性的老人（Gaffer）称号，年长的妇人被称为老夫人（Gammer）。即使是年轻的贵族，在对地位低的老人说话时，也要用这种礼仪性称呼。这种场合下，地位高的年轻人和地位低的老年人之间也有彼此尊重的复杂规则。多塞特贵族约翰·理查兹和年轻的仆役阿瑟·克莱德（Arthur Cryde）之间处得很不愉快，阿瑟被遣回家“听取父亲的建议”。这位父亲对儿子表示了支持，这位主人接受了克莱德父亲的意见。[5]

对长者的尊重并不限于私人事务。在17世纪的公共生活中也有表现。在英格兰南部，年轻的贵族法官对资深的同事也很尊重。约翰·奥格兰德爵士在22岁时就被任命为英国驻怀特岛的和平理事官，他对自己的年轻感到有些“羞惭”。“我在22岁就被任命为和平委员，”他写道，“我还不太懂自己或周遭的环境，我胡须不够长、智慧也不够的时候就坐在这个位置上，我是羞愧的。”[6]

这种父权制下以长者为尊的原则传播到了切萨皮克。在弗吉尼亚的郡法庭，法官的级别和座位是以资历为标准的。开庭的时候，年龄较长的法官比年轻的更受青睐。埃塞克斯法庭在1787年重申了普遍接受的看法：“资深法官能更有效把控秩序、维持职位的尊严。”[7]弗吉尼亚的法律也赋予审判委员会中最年长法官以特别的责任。实际上，最资深的未必很年长；较高的死亡率让年轻的法官很快升职。但资深原则仍然是规则。[8]

父权制原则在弗吉尼亚湾区的家庭关系中也有很重要的影响。历史学家丹尼尔·布莱克·史密斯研究了切萨皮克地区的家庭通信，发现“直到18世纪晚期，在多数贵族家庭中，父亲的主导和儿子的顺从是普遍的关系模式”。[9]

弗吉尼亚对父性长者的遵从不同于新英格兰对年长圣者的尊重。这在年龄积算的趋势上显示出来，具体是指人口普查时上报的年龄有比较一致的扭曲。在20世纪的美国，由于人们对年轻人的偏好，成人通常会把自己的年龄报得年轻一点；很多人把岁数报成39、49或59。但在早期，美国人的年龄偏好不同：成人喜欢把自己的年龄报老一点。新英格兰和弗吉尼亚都是如此。但在清教徒地区，实际情况是老年人最喜欢把年龄报老一点，刚刚成年的人则较少。在弗吉尼亚，所有年龄段的人都喜欢把自己报老一点。这可以从文化观念上去解释。在清教徒地区，普遍认为年长是加尔文派所说的“标志”，年长圣者的地位只给予那些很年长的人。但在弗吉尼亚，父权制原则适用于各个年龄段较年长的男性。一个文化看重的是年龄较长；另一个看重的是资深——这是两个不同的体系。[10]

在弗吉尼亚，遵从资深者的父权原则对家庭关系产生了深刻影响——尤其是在父子之间。当父亲逐渐年长，他们一般要留一个儿子在身边。所以，斯波齐尔韦尼亚郡（Spotsylvania）的乔治·休谟（George Hume）1751 年时写道："感谢上帝我有一个儿子来帮我做事情，当他离开的时候，希望能有另一个顶上。"[11]

这种关系通常比较紧张。一些儿子会反抗这种待遇。一个例子是萨宾（Sabine）庄园的主人兰登·卡特（1710—1778）和儿子罗伯特·沃姆利·卡特（Robert Wormeley Carter，1734—1797）之间的斗争。1766 年，这个儿子已经 32 岁了，并且已婚，他有钱，但不足以自立。他被迫生活在父亲的屋檐下，服从父亲的权威。两个人经常吵架。儿子称父亲为"权贵"（bashaw），这是东方人对暴君的称呼；他到四十岁的时候，反抗说："他不是一个需要控制的孩子。"吵架有时很激烈，以致父亲开始担忧自己的生命。"我们的法律禁止杀害长辈，这当然很好，"他写道，"……仁慈的上帝！这个魔鬼居然是从我的血肉里生出来的。"[12]

这种公开的敌对态度在弗吉尼亚属于例外。但父子关系常常比较紧张，菲利普·费西安曾建议弗吉尼亚的一位家庭教师说，"要谨慎衡量，在父亲与长子之间保持相同的距离"。[13]

父权制下的父子关系即使没那么紧张，感情关系也很复杂。威廉·伯德二世成年后依然极度怀念死去的父亲。1710 年，他命令把父亲的尸体挖出来，这样可以看看他的脸。"我把父亲的墓挖开就是想看看他，"伯德写道，"但他已经高度腐朽，看不出什么了。"[14]

威廉·伯德的秘密日记揭示了很多代际关系，和那个社会中衰老的过程。他于1739年至1741年期间（65—67岁）写的速记揭示了一位弗吉尼亚六十岁的父性家长内在的感情世界，他已经在很多方面感觉到衰老的来临。他受到疾病的折磨，开始担心自己脑力的下降。“上帝保佑我的大脑，”他在1740年写道，“让我不要失去记忆和感知。”但日记显示，他在生命的最后阶段并没有减少活动，尤其是和我们现今相比。直到去世之前，他一直在从政，最后一年他达到了政治生涯的顶峰，当选为弗吉尼亚议会的主席。这在殖民地是很重要的职位，伯德能得到它也是因为他的年龄。他是资深的议员，而且已经担任很多年。但在任的主席詹姆斯·布莱尔生命力顽强，在这把交椅上占据多年，直到他在87岁去世；伯德作为不到七十的小伙子，这才有机会接替这个职位。[15]

在最后的岁月，伯德的私人生活仍然和他的公职生涯一样热闹。他每天早晨起来先学拉丁文、希伯来文和希腊文，而且每日锻炼身体。晚上他吃得很多。白天任何时候，他对于不小心靠近他的女仆都是一个威胁。甚至在70岁的时候，威廉·伯德仍然是一个性掠夺者：

> 1741年5月9日，我和莎莉玩了一把……
>
> 1741年6月15日，晚上我和马乔里（Marjorie）玩到一起。上帝宽恕我。

伯德在老年时已经行动迟缓了，很少能抓住“猎物”。但即使在接近生命终点时，他仍然保持着大部分日常活动。[16]

注释

1 Sir Robert Filmer, *Patriarcha and Other Political Works*, ed. Peter Laslett (Oxford, 1949), 63.

2 同上，79。

3 Richard Newdigate II to Richard Newdigate I, 19 Sept., 30 Sept. 1674; Newdigate Papers, CR 136/B349, WARRO; the modern judgment is Vivienne M. Larminie, "The Life Style and Attitude of the Seventeenth Century Gentleman, with Special Reference to the Newdigates…" (thesis, Univ. of Birmingham, 1980), 238.

4 Bamford, ed., *A Royalist's Notebook*, xiv.

5 很多 "gaffering" 和 "gammering" 的例子出现在约翰·理查兹（John Richards）的多塞特日记里，Ms. D320/F65, DORSO; 有关阿瑟·克莱德的故事出现在 1692 年 9 月 15 日的篇章里。

6 Bamford, ed., *A Royalist's Notebook*, xiv.

7 参见 A. G. Roeber, "Authority, Law and Custom: The Rituals of Court Day in Tidewater Virginia, 1720-1750," *WMQ3* 37 (1980), 33。

8 参见 "Act Concerning Styllyards," 1654, in Hening, *Statutes at Large*, I, 391。

9 Smith, *Inside the Big House*, 101.

10 年龄积算的比例在弗吉尼亚缺少资料。但 1776 年，位于波多马克河北岸，文化上与弗吉尼亚相似的马里兰州乔治王子郡进行了准确的年龄调查。年龄积算的规律如下，与之比较的有早期新英格兰和当代美国的数据（1950）：

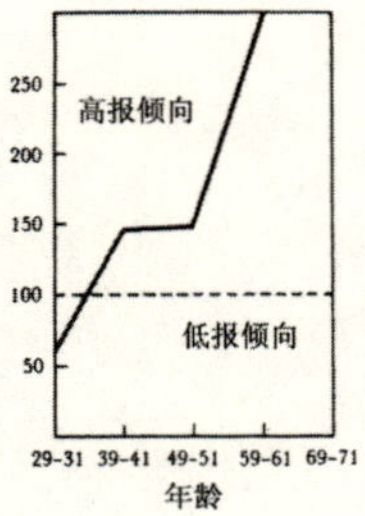

年龄	马里兰州乔治王子郡（1776）	康涅狄格州纽黑文（1787）	美国（1950）
29—31	0.60	无资料	0.94
39—41	1.46	0.87	0.93
49—51	1.47	1.58	0.93
59—61	2.99	1.72	0.92
69—71	无资料	无资料	0.91

这些比值显示的是年龄偏好的方向和程度。没有偏好时，数值是 1.0； 年轻人的偏好，数值低于 1.0；老龄的偏好，数值高于 1.0。进一步的研究，见 D. H. Fischer, *Growing Old in America* (rev. ed., New York, 1978), 82-86; 新英格兰的数据在该书的第一部分；马里兰的数据来自约翰·莫德尔（John Modell）未出版的数据，资料取自 Gaius Marcus Brumbaugh, *Maryland Records* (2 vols., Baltimore, 1915, 1967), 1-89; 美国 1950 年的数据来自 Ansley J. Coale and Melvin Zelnik, *New Estimates of Fertility and Population in the United States* (Princeton, 1963), 90-138。

11 Smith, *Inside the Big House*, 124.

12 Jack P. Greene, ed., *Diary of Colonel Landon Carter of Sabine Hall* (2 vols., Charlottesville, 1965), 250, 310, 315, 713, 763, 1004, 1102; 这一关系的详尽讨论见 Fischer, *Growing Old in America*, 73-76。

13 Fithian to John Peck, 12 Aug. 1774, *Journal and Letters*, 212.

14 Wright and Tinling, eds., *Secret Diary of William Byrd*, (24 Jan. 1710).

15 Fischer, *Growing Old in America*.

16 Maude H. Woodfin, ed., *Another Secret Diary of William Byrd of Westover, 1739-1741* (Richmond, 1742), 50.

弗吉尼亚的丧葬方式

圣公会的克己宿命论

在弗吉尼亚有关死亡的黑暗主题上，有一个有趣的双重悖论。最重要的事实是切萨皮克地区与新英格兰和西欧相比，死亡率很高。弗吉尼亚滨水地区的死亡率比马萨诸塞农村地区至少高出一倍，也比17世纪英格兰的很多地方要高。疾病和死亡在这个“烦恼的乡村”常相伴随。

另外一个方面也很重要。弗吉尼亚人似乎对死亡威胁满不在乎。与清教徒对死亡的忧虑相比，弗吉尼亚人显得并不着急。他们不太遵守“每日奔向死亡”的常规仪式，而在马萨诸塞，这些仪式是很正规的信仰操练。弗吉尼亚人也不会把小孩拉到打开的坟墓旁，让他们尖叫。与其他人相比，弗吉尼亚人面对骤然而至的可怕死亡可谓临危不乱，而马萨诸塞加尔文教派的人则显得有些躁狂。

1720年，威廉·伯德二世到威廉斯堡公务出差。“大约12点左右，”他在日记里写道，“我去了议会大厦，主席在大厅里突然中风，倒在我的怀里，当场就死去了。这引起了极大的恐慌。下午2点的时候我去吃饭，点了一点野鸭肉。”伯德没有反思生命的脆弱，或者上帝的万能。事后，他马上坐下来大快朵颐，也没有觉得不协调或者没有胃口。[1]

此后的日记内容显示，这种所谓的不关心只是假象。在科克主席突然死亡几个月后，伯德开始被自己突然死亡的噩梦所困扰。12月2日他写道：

> 哈里森上校来看我们，我们一起玩牌，我输了10先令，他11点起身回家，我为他祷告了。我梦到，我突然接到提示，说我会在6到7天的时间里突然死去。

第二天，他的朋友哈里森上校告诉他，“他梦到在韦斯托弗有一个葬礼，这和我昨晚的梦有联系，这让我想到可能有含义在里边”。

再过一天，伯德去了两次教会，早晚两次祷告的时候也特别用心。一个女仆不小心进了他的卧室，他意外地约束了自己的行为。“我上床之后，”他写道，“女仆来到我的房间，我抚摸了她，做了些不洁的动作，但并没有进一步。”

7天后，威廉·伯德醒来发现他的梦是错误的。他又迅猛地退回到了往日的生活中。一个年轻的女奴来到他跟前的时候，他强行把她按倒。“我感觉到这个小女奴的胸脯，她有些反抗，”他写道。然后他出去拜访朋友，晚上“步行去找女人，但一个也没找到”。他和朋友一起吃饭，玩牌赌博，很高兴地赢了一场。当赌运上好的时候，他所有死亡的念头都消失了。[2]

弗吉尼亚人畏死的隐蔽心态的另一种发泄口是复杂的葬礼，这要比早期的新英格兰复杂得多。在科克主席死后，布鲁顿教堂举行了盛大的葬礼，连斯波茨伍德（Spotswood）总督也参加了。仪式上设立了专门的桌子，上面写着：“这个国家主要的贵族都来出席他的葬礼，见证下葬的过程，并表示哀悼……”[3]

州一级的葬礼在弗吉尼亚是重要的仪式，18世纪比17世纪更甚。威廉·博特图尔（William Botetourt）总督1770年去世，威廉斯堡举行了隆重的葬礼。从约克郡到詹姆斯城，街上排着民兵，城里哀鸣的钟声此起彼伏。葬礼队伍打头的是灵柩，两旁是六位吊唁者和八个抬棺的人，后面跟着满面哀容的州长仆役，身份尊贵的哀悼者戴着白色的帽边缎带和白色的手套。布鲁顿教堂的过道上铺着黑色的地毯，祭坛、讲坛和总督的宝座都挂上了黑布。布道过程中，听众一直在哭泣，这种有些夸张的公共悼念是弗吉尼亚的一种葬礼传统，而新英格兰的葬礼对哀伤比较节制。

弗吉尼亚人的葬礼一般都比较隆重，即使阶层不高的人也是如此。牧师和抬棺人都会戴上吊唁用的手套、围巾、绶带及其他饰品。共同的一个程序是鸣礼炮，炮响的数量就表明死者的社会地位。托马斯·沃尔（Thomas Wall）在遗嘱里要求“用三组炮响，以回馈那些来葬礼的人”。这种场合有时会用去多达10磅（约4.54千克）火药，足够很多组炮响。[4]

更大的是食物和酒类的消耗。伊丽莎白·埃普斯（Elizabeth Eppes）夫人的葬礼上，悼念者吃掉了三只全羊和一只公牛，喝掉了五加仑葡萄酒和两加仑白兰地。这还算比较节制的葬礼；在一些葬礼上，全副武装、酒量惊人的一群悼唁者会消耗掉50到60加仑酒类饮料。有不少弗吉尼亚人在遗嘱里写明，葬礼上不得有武器和酒精，以免“过量”。[5]

弗吉尼亚人的墓不像在新英格兰，一般不会是公共墓地，而多是在农场或种植园比较隐蔽的家族墓地。休·琼斯将流行的传统描述为：

教区的面积比较大（六十英里长或更长），很多尸体不方便运到教会去安葬，所以通常是在花园或果园里，整个家族的人都葬在这里，有很好的规划，绿树环绕，坟墓也保持得很好；常常在家里举行葬礼的讲道，这样邻居和朋友都会来；如果你坚持在教会里举行讲道和仪式，他们会说，没有讲道他们才会来，除非讲道安排在通常的仪式之后。[6]

契约仆役大批死亡后，几乎没有什么仪式就送去安葬了。黑奴通常埋葬在没有任何标志的地方，远离他们的主人。奴隶的公开葬礼在 1687 年通过弗吉尼亚州议会的命令被禁止了。[7] 大庄园主在记录奴隶死亡时连名字都不会记载：

1739 年 8 月 18 日，几个人病死了，上帝收回了他们。

8 月 22 日，病重的奴隶先后死了，上帝收回了他们。

8 与 23 日，我的奴隶仍然有很多人生病：上帝请按照你的旨意拯救他们……晚饭后我一反先例地去看了那些好转的病人，感谢上帝。有一个小女奴死了。上帝的旨意成全了。[8]

切萨皮克有很多死亡值得记录，弗吉尼亚人也并不是铁石心肠。他们像所有人一样深深地哀悼。父母对婴幼儿的死亡和我们现代人一样非常痛苦。例如威廉·伯德的小孩帕克·伯德在 1710 年去世：

1710 年 6 月 3 日……刚刚得知孩子病得很重。我们去的时候看到他已经奄奄一息，他大概是在早上 8 点去世的。上帝带他来也带他走，愿上帝保佑。哈里森太太、安德森先生和他的夫人还有其他一些朋友来慰问我们的哀伤。我夫人尤其伤感，但我更愿意服从上帝的旨意，虽然我也感到很伤痛，但上帝的旨意会成全……我和可怜的妻子在花园里散步了一会儿……

6月4日，妻子好几次想到我们的儿子就流泪，但还是控制住了……

6月5日，妻子仍然很悲伤，虽然我尽力去安慰她……

6日，我们准备好了接待来葬礼的朋友们……我们给了他们一点红葡萄酒和蛋糕。2点钟我们伴着尸体去了……

7日，妻子对孩子的去世仍然非常痛苦，我已经尽力去安慰她了……

8日，妻子仍然很悲痛……

9日，妻子还是闷闷不乐……

11日，妻子仍然哀伤不已……

14日，妻子的情绪有好转了，感谢上帝……

18日，下午妻子告诉我她两个晚上做到的梦。她说自己看到空中有一个卷轴，是很亮的云彩，上面写着字。它很迅速地从西边移动到东边。她看不清楚上面写的字，但前面有一个妇人告诉她，因为缺水的关系，这里将会有一场饥馑，之后将会有瘟疫……[9]

到了20世纪，婴儿的死亡已经很少有。但在17世纪晚期和18世纪早期弗吉尼亚的家庭里，婴儿死亡很频繁。所以，家庭也常为此心力交瘁。其累积效应也很大。

弗吉尼亚人在看待死亡的问题上，逐渐发展出一种克己的宿命主义，并且与文化中的其他部分融贯。这种态度不是在美国发明的，而是 17 世纪从英国舶来。例如在沃里克郡，一位父亲对孩子的去世深感哀伤，他的朋友写信宽慰说：

> 尊贵的先生，
>
> 很抱歉我无法给你足够的安慰，特别是当你如此悲伤的时候，但我们知道所有的事情都是根据上帝的旨意发生的，最好的疗救恐怕是耐心地把所有赞美归给他，不要怀疑他把那个孩子带走。这对你现在是哀伤的事情，但在合适的时候他会给你更多的孩子，产生更多的欢乐来帮你克服现在的悲伤。我了解你的智慧足以让你摆脱悲伤。至于你的妻子，她也与你分享悲伤，我很抱歉我无法给予她足够的安慰，抚平她心头的哀戚和不快。但我祷告你能向她转达我的诚意……
>
> 你永远的祝福者
>
> 和真诚的朋友[10]

弗吉尼亚人的态度就是这样，而且经常这样表达。一个例子是弗朗西斯·布兰德·兰道夫（Frances Bland Randolph，1752—1788），她 23 岁时，丈夫去世，她本人 36 岁也去世了。在她 15 岁的时候，感情很好的一位姐姐去世，她的哥哥写信给她说，“嗨，弗朗西斯，我们在不幸中一直悲伤是没有用的”。她表示同意，“在让人哀伤的话题上徘徊不前是没用的”。[11]

切萨皮克的孩子从幼年起就被教育这种克制的宿命主义。威廉·菲茨休（William Fitzhugh）1698 年写信给母亲说：“还没满十岁的时候……我就把生命看作是去一个旅馆，按照上帝的旨意没有任何生命是永恒的……所以我对自己必朽的生命有所准备，因为我知道我不可能按照自己的愿望去延长生命。”他说，如果能培养正确的随遇而安的态度，面对孩子的死亡也可以“快活而轻松地承担”。[12]

这种面对死亡的态度和新英格兰加尔文教徒对死亡的在乎是很不同的。弗吉尼亚人的克己宿命论建立的基础是，人们对于自己的不幸没有个人的责任，所以要接受命运的安排。这种充满勇气的立场对他们并不总是有效。1720 年，罗伯特·卡特在妻子去世后，写信给朋友说：“我们已经践行了所有要接受命运的教训，这已经像我们的血肉一样自然……但在如此严峻的考验面前，我们的哲学还是难免退缩、失败。我现在还是很悲伤。”[13]

注释

1 Byrd, *London Diary and Other Writings*, 465 (22 Oct. 1720).

2 Wright and Tinling, eds., *Secret Diary of William Byrd*, 481-85; 2-11 Dec. 1720.

3 *WMQ1* 16 (1907), 16.

4 Bruce, *Social Life of Virginia*, 219.

5 同上。

6 Jones, *The Present State of Virginia*, 96-97.

7 *Executive Journals, Council of the Colony of Virginia*, I, 85-87.

8 Woodfin, ed., *Another Secret Diary of William Byrd*, 6-8.

9 Wright and Tinling, eds., *Secret Diary of William Byrd*, 188-92.

10 Edward Holt to John Newdigate, 21 Jan. 1621, Newdigate Papers, CR 136/B224, WARRO.

11 Lewis, *The Pursuit of Happiness*, 72.

12 William Fitzhugh to Mrs. Mary Fitzhugh, 30 June 1698, Davis, ed., *Fitzhugh Letters*, 261.

13 Wright, *Letters of Robert Carter*, 18; Smith, *Inside the Big House*, 267.

弗吉尼亚的宗教方式

圣公会的虔诚礼拜

死亡的幽灵徘徊在弗吉尼亚人的头上，所以宗教对于他们非常重要——比世俗事务更加重要，至少比很多唯物历史学家所认为的更重要。所以，威廉·伯克利爵士写遗嘱的时候，他的第一个念头不是物质财产，而是属灵的财富：

> 首先，我渴慕上帝，因为他给了我灵魂，并把它置于他的怜悯之下；我唯一的价值和怜悯都来自我的拯救者耶稣基督。而我的肉体将归还大地，因为它来自那里。[1]

这种想法在那个时代那种地方比较典型。另一个例子是约翰·斯特林格（John Stringer）上校，他的遗嘱开头就是一大段对信仰的宣示。他写道：

> 我把灵魂献给上帝，因为是他给了我灵魂，圣父圣子圣灵三位一体，三位一体的真神，通过耶稣基督赎回并保守了我；他因为我的罪而受死，也为了所有向他忏悔并真诚信他的人的罪而受死。为了他的旨意和仁爱，我希望获得永生，亲爱

的父，请怜悯我的灵魂。[2]

这种自然流露的虔诚信仰揭示出背后深刻的情感。

其他一些遗嘱也显示了作者的宗教信仰，和他们渴望继续获得宗教支撑的想法。在萨里郡，乔治·乔丹（George Jordan）允诺让亲戚获得他的遗产，但要求他们每年捐款给为纪念他死去的女儿准备的讲道仪式。他还要求，如果他在周日去世，应该有圣餐礼，并且所有邻居都可以得到食物和饮料。他规定这种仪式每年都要举行，直到“世界的末了”，如果不能做到，财产所有者就要失去他的遗产，“即使是在千年以后”。[3]

更值得注意的是，很多弗吉尼亚人在遗嘱里专门叮嘱下一代的宗教教育，不嫌其中的麻烦和昂贵。历史学家菲利普·布鲁斯出版了大量带有这种条款的遗嘱，显示出17世纪弗吉尼亚基督教信仰的宽广。[4]

弗吉尼亚人通过遗嘱表达的宗教情感和清教徒有些不同。威斯特摩兰郡著名的贵族理查德·科尔（Richard Cole）上校要求把下面的语句刻在他的墓碑上：

这里躺着迪克·科尔，一个悲苦的罪人，
在晚餐之前死去，
渴望在天堂里找到位置，
让恩典满足他的灵魂。[5]

这些略显轻松的语句让我们深刻地了解，宗教对于弗吉尼亚保王党的重要性，丝毫不亚于马萨诸塞的清教徒；只是重要性不同。

两地的宗教有明显的对比——日常的崇拜仪式和个人的信仰践行均是如此。

弗吉尼亚的本土宗教与圣公会正式的教义渊源甚深，这部分是由于说服，部分是因为强制推行。人们私下表示对教义的反对可以被容忍，但公开表示不满就要被干预，甚至驱逐。这种政策主要的倡导者仍是威廉·伯克利爵士。到17世纪末，弗吉尼亚的宗教信仰已经相当统一了。罗伯特·贝弗利1705年时写道："反对者很少……最多只有五个非国教的秘密聚会，三个是贵格派，两个是长老派的。"弗吉尼亚第一个世纪的历史中，正统圣公会的势力非常强大，而且日益增强。[6]

伯克利总督也通过积极招募圣公会的神职人员来加强这种正统势力。在他上任之前，当地牧师队伍中有些人比较偏向非国教的教会，甚至有清教徒的倾向。伯克利招募了一些背景不同的神职人员，督促他们要"经常地祷告，减少布道"。保王派精英也倾向于为殖民地招收威廉·菲茨休所说的"有能力、隐忍、克制的牧师"。这些努力取得了成功。到17世纪末叶，弗吉尼亚的神职队伍，充实了很多有良好家庭背景、受过良好教育，能力突出并且虔诚的人。有几位是贵族家庭的幼子；很多是倾向保王派的牛津大学毕业生，尤其是其中的基督教会学院、圣体学院、默顿学院、奥利尔学院和皇后学院。[7]

在这些神职人员的帮助下，弗吉尼亚的本土宗教深入到普通人的日常生活中。基督教信仰并不是切萨皮克庄园主们建立这些殖民地的主要原因，但很多人是很虔诚的信徒。[8]亨利·费尼默把他的种植园称为"荣耀归于上帝"（Laus Deo），1672年他又给马尔伯里岛（Mulberry Island）教区留下了大笔遗产以帮助他们购买教会用的

威廉斯堡的布鲁顿教堂是圣公会建筑的经典范例。这个教区的第一栋建筑（约1674年）是一个临时的木质建筑。第二栋（1681–1683）是山形的砖石建筑，每边有五个扶墙支撑。第三栋今天仍然保留着，据称是南方殖民地延用时间最长的教堂。它的形状是拉丁十字架，祭坛、围栏和耶稣受难像都放在东面的墙，侧面则是讲坛和总督的宝座。洗礼用的圣洗池据说是从詹姆斯敦购得；乔治·华盛顿作为教父站在一旁至少见证了14位奴隶的洗礼。1715年又添加了一排旁听席，是给威廉玛丽学院不太听话的学生准备的。他们的涂鸦仍然保留在座位的木栏上。这个教堂是早期为弗吉尼亚贵族举行盛大悼念仪式的地方。1720年，科克主席在议会突然去世后，“这个国家主要的贵族都参加了葬礼，哀悼他的下葬”。在州一级的葬礼上，过道、祭坛、讲坛和总督的宝座都会用黑布蒙上。布鲁顿教区因萨默塞特郡的布鲁顿城得名，那里是威廉·伯克利总督、菲利普勒·德韦尔总督和约翰·佩奇总督的故乡。

银具。这种遗赠在殖民地很普遍。[9]

弗吉尼亚的家庭图书馆也普遍重视收藏圣经、祷告书和各种宗教图书。洛斯吉尔（Rosegill）的拉尔夫·沃姆利（Ralph Wormeley）的图书馆里，391 本著作中有 123 本是宗教或道德方面的书——这个比例小于新英格兰，但与其他时代和地方相比还是较大的。[10]

拉尔夫·沃姆利图书馆里有一本是理查德·阿莱斯特里（Richard Allestree）所著《人的完整责任》（*The Whole Duty of Man*，伦敦 1660 年版），这本虔诚的书在弗吉尼亚最为常见。书中倡导平静而实践性的虔诚信仰，与新英格兰清教徒那种无休无止的奋力挣扎气质不同。其他较受青睐的书还有理查德·阿莱斯特里的《圣洁的生活与死亡的规则和操练》（*The Rule and Exercise of Holy Living and Holy Dying*，1650 年、1651 年版），路易斯·贝利（Lewis Bayly）的《虔诚的实践》（*Practice of Peity*，1613 年版），还有爱德华·辛格（Edward Synge）的《一位贵族的宗教》（*A Gentleman's Religion*，1693 年版）。[11]

清教徒习惯于撰写转变信仰的日志和信仰自传，圣公会贵族则喜欢保留信仰日记，并且在内容上强调祷告的仪式和虔诚的行为。他们不如清教徒重视救赎，而更关注礼拜仪式，比如早晨和晚上的祷告。[12]

弗吉尼亚和马萨诸塞在宗教上的差别体现在敬拜仪式的各种环境摆设。圣公会比较偏好的是小型教区教堂，结构是十字架形状的，祭坛和十字架一般安放在建筑的东面，讲坛则放在角落。在弗吉尼亚，至少有 49 个独立革命前的教堂保留至今，其中有 43 个是圣公会的。在马里兰南部，有 28 个还得到保留，其中 23 个是圣公会修建的。[13]

优客米科教堂（威斯特摩兰郡，1706）是弗吉尼亚现存最古老的T型教堂。礼拜堂最著名的成员是威廉·鲍尔（William Ball）上校，即乔治·华盛顿的外祖父。1773—1774年期间，北方来的家庭教师菲利普·费西安常常在此祷告。他在这里听过非常富有的教区牧师托马斯·史密斯讲道，题目是“财富的无常以及无法让我们快乐的事实”。也是在这里，费西安“惊讶地听到边座的很多人也一起加入唱圣诗，和我此前看过的完全不同”。

弗吉尼亚教堂建筑依据的基本理念是，基督徒的敬拜是对信仰的践行。圣公会敬拜仪式的每一部分都有一种仪式感，这和新英格兰“聚会听讲”的模式很不相同。早晨和晚上的敬拜秩序，以及圣礼的管理都在英国国教祈祷书中严格地规定了。这本恢弘的著作包含的精致规定体现了适度、节制、优雅和约束的原则。弗吉尼亚人经常用的祈祷书版本里包含了黑礼规批注①或者跪领宣言，这些内容都是清教徒排斥的。

布道在圣公会的敬拜仪式中是第二位的，它的内容和倾向与清教徒也有很多差别。北方的访客观察到，弗吉尼亚的讲道比新英格兰要短很多，神学性的东西较少，更仪式化，也“很适合于辩论”。菲利普·费西安惊异地发现，他们“很少短于，也从未多于二十分钟，但充满健全的道德观念，或者有深入研究的形而上学思想”。

圣公会的讲道虽然短暂，只有二十分钟，但包含着复杂的修辞结构。各个片段都是常规并且固定的，从开始的宣告（praecognito），到分隔（partitio）、解释（explicatio）、铺陈（amplificatio）、应用（applicatio），最后是结束语（peroration）。文辞非常文学化，用了很多比喻、形容和描绘。这个保王党的宗教既崇尚美丽的神圣，又有种神圣的美丽。[14]

教堂音乐对圣公会的重要性高于新英格兰，也非常不同于清教徒的教堂音乐。菲利普·费西安曾在早晨造访优客米科教堂(Yeocomico Church)，被他从未听过的唱诗班的歌声迷倒。他写道：“我很惊讶边座的很多人也一起加入唱圣诗，和我此前看过的完全不同。”我们并不清楚到底是什么让这个北方人感到惊讶——是唱诗班的形

① 书中对下跪等仪式的解释。——译注

兰卡斯特郡的基督教堂（1732—1735），有优美的下垂式屋檐和豪华的装饰，整体是对称的希腊十字架形状，各边均高68英尺。墙有3英尺厚，圆形的拱窗是用打磨过的拱心石修筑。建造的费用由教区的第一代贵族——克洛德曼（Corotoman）庄园的罗伯特·卡特“王”支付（1732年）。一条长达3英里的专用道路两旁站满雪松，从克罗德曼庄园一直延伸到教堂。每周日整个教会的人都站在教堂外，等待卡特“王”乘坐六匹马的马车到来。卡特下车后穿过前门，走到为他准备的装饰着锦缎和黄铜杆的座位。教堂十字翼北面是保留给卡特的仆役和租客的。卡特家族的人自1654年后，多年位列教区礼拜名单的首位。教堂外是卡特“王”和妻子的巨大石棺，镌刻着卡特家族的徽章和拉丁文墓志铭。教区一个不满的会众用粉笔在旁边写着几行字：

这里躺着罗宾，但并不是罗宾汉

这里躺着的罗宾，从来都不是好人

式，还是他们齐声高唱的场景（这对加尔文教徒是新奇的）。这和清教徒聚会所老派的生硬歌声完全不同。[15] 布鲁顿教区教堂也有风琴和专业的风琴演奏家。弗吉尼亚人喜欢唱复杂的四分部赞美诗和圣诗，1711 年之前曾雇用过 7 位专业的演唱家。[16]

弗吉尼亚圣公会星期日的礼拜式通常由公共祷告、讲道和圣诗合唱构成，有时礼拜前后还有一些非宗教的仪式。位于弗吉尼亚兰卡斯特郡的基督教堂，由大庄园主罗伯特·卡特“王”建造，每周日礼拜开始的时候先行这位族长正式走入的礼仪。“在安息日，”历史学家路易斯·莫顿写道，“直到卡特的四轮马车停在教堂入口后，众人才敢进入教堂。卡特‘王’下车后走入礼拜的场所，其他人才恭敬地紧随其后。他入座后，仪式才正式开始。”[17]

这座漂亮的教堂今天仍然矗立，代表着它所兴起的这种礼拜仪式。

这座教堂是一个完美的希腊十字架形状，各边墙高 68 英尺，墙体厚达 3 英尺，有壁柱支撑的入口、椭圆形的窗户、优美的下垂式屋檐。教堂里仍然保留着原来的胡桃木桌子，大理石的圣洗池，一个漂亮的葡萄酒杯形状的讲坛，还有其他一些圣公会仪式上具有魅力的装饰。

每个周日，基督教堂的会众虔诚地聚集在华丽的桌前，聆听讲坛上简短的布道。正式的礼拜完成后，教堂院子里还有一些仪式。“会众会绕着教堂散步约 45 分钟，”费西安在日记里写道，“有时你会被一些贵族邀请去他们家共进晚餐。”[18] 菲利普·费西安总结说：“弗吉尼亚周日的活动和我们北方还是很不同。”[19]

注释

1 Hening, *Statutes at Large*, I, 559.

2 Bruce, *Institutional History of Virginia*, I, 19.

3 同上 , I, 20。

4 同上 , I, 3-27, 293-325。

5 Bruce, , *Institutional History of Virginia*, I, 21. 这被证明是在 1665 至 1677 年期间。

6 Beverley, *The History and Present State of Virginia*, 65.

7 William Fitzhugh to Capt. Roger Jones, 18 May 1685, Davis, ed., *Fitzhugh Letters*, 168; 有关弗吉尼亚神职人员的来源，历史学家有很多误解，参见 *Institutional History of Virginia*, I, 194-207。

8 参见 Perry Miller, "Religion and Society in the Early Literature: The Religious Impulse in the Founding of Vriginia," WMQ3 6 (1949), 24-41。

9 "A Release for the Parish of Mulberry Island in Virginia," 1672, Filmer ms., KAO.

10 Bruce, *Institutional History of Virginia*, I, 25.

11 George K. Smith, "Private Libraries in Colonial Virginia," *AL* 10 (1938), 24-52.

12 一个例子是 John Newdigate's Commonplace Book, 1609, Ms. B 632C WARRO。

13 弗吉尼亚至今留存 1775 年前建成的十字形或 T 形教堂包括 Blandford Church, Petersburg; St. Paul's Church, Norfolk; St. John's Church, Hampton; St. John's Church, Richmond; Abingdon Church, Gloucester; Mattapony Church, King and Queen County; Vauter's Church, Essex County; St. John's Church, King William County; and Yeocomico Church, Westmoreland County; St. Paul's Church, King George County, and Aquia Church in Stafford County。

14 Fithian, *Journal and Letters*, 38 (13 Dec. 1773); 220 (12 Aug. 1774).

15 同上 , 256 (25 Sept. 1774)。

16 Robert Stevenson, *Protestant Church Music in America*, (New York, 1966), 54; Norman A. Benson, "The Itinerant Music Masters of Eighteenth Century America" (thesis, Univ. of

Minnesota, 1963); Wright and Tinling, eds., *Secret Diary of William Byrd*, 272, 276, 292.

17 Morton, *Robert Carter of Nomini Hall*, 20-21.

18 Fithian, *Journal and Letters*, 38 (13 Dec. 1773); 220 (12 Aug. 1774).

19 同上, 10 July 1774。

弗吉尼亚的魔法方式

保王派对幸运的执着

在 17 世纪大部分时间里，宗教和我们现代世界所称的魔法紧紧相连。弗吉尼亚人对魔法富有兴趣，甚至有些着迷。但他们着迷的性质和马萨诸塞不同。在切萨皮克地区，人们对巫术没有像清教徒那样的担忧。弗吉尼亚从没有以这种理由判处任何人死刑。[1] 相反，法庭会惩罚那些诬告巫术的人，对那些指控邻居是魔鬼奴仆的人苛以很重的罚款或惩罚。很多这种指控实际是由穷人提出来的，尤其是在 1650 年代殖民地不安定的困难时期。但弗吉尼亚的司法精英们并不太认同这样的指控，并且采取与马萨诸塞牧师和司法官员不同的方式以阻碍这种指控。[2]

英格兰南部的保王派精英也不太认同巫术指控。1653 年，罗伯特·费尼默爵士发表了一篇文章反驳针对巫术的死刑。他认为，圣经中的禁令“无意处死女巫”，并且只适用于犹太女巫，而对英格兰没有权限。对清教徒影响很深的魔尼教世界观在费尼默的思想中毫无痕迹，也没有波及弗吉尼亚贵族。[3]

与此同时，弗吉尼亚人对其他形式的魔法也很感兴趣，虽然新英格兰对此毫不关心或者想法完全不同。弗吉尼亚的贵族醉心于研究恒星、行星、其他天体和预兆——并不是作为上帝旨意的象征，而是作为个人命运的征兆。他们认为每个人都有固定的命运，可以通过研究这些东西来获知。这种观念在伊丽莎白时代的英格兰就很流行。[4]

很多贵族保存着“命运书”，其中收集了很多有关爱情、婚姻、性、健康和旅行方面的魔法和星相的知识。有本命运书用一整章谈婚姻，如“男人是否应该结婚，结婚的时间，一个女人应该有几个丈夫，谁应该是两人中的主导者，婚后两者应该如何达成一致，两人中男人或女人谁应该先死，什么时候死，等等”。[5]

迷信命运的心态认为生活是一场偶然的游戏，而其概率是受宇宙的神秘力量操纵的。德文郡的贵族萨缪尔·沃茨（Samuel Watts）在札记中写道：

> 爱情是一场桌边的游戏
> 女子的感情被想象渲染得五颜六色
> 如果你污染了她的想象
> 再努力你也无法得到她的爱[6]

另一个例子是英语自传作者约翰·霍尔登（John Holden，1691—1730），他的编年记录非常精彩，每年都有一首年度诗歌来进行总结，由此反映出个人命运的变化：

> 在时光中，事事因循相生
> 让人徘徊于希望和恐惧；
> 可疑的状态让人不安
> 无法获知命运的裁决……

这七进制年里发生了伟大的事情
我们结出了爱情的果实
时光里还会有大事件
阻止那坏命运的到来。[7]

对幸运的执着牵连着弗吉尼亚人的另一个特点——着迷于赌博。据说，弗吉尼亚人喜欢拿任何事来打赌。结果越不确定，他们越喜欢赌博。他们不仅赌马、赌牌、斗鸡、斗双陆棋，还赌庄稼、价格、女人和天气。“他们都是职业的赌棍……”一个法国游客看到的弗吉尼亚贵族就是如此，“伯德上校只有当盒子和骰子在手的时候才是高兴的。”[8]

赌博在弗吉尼亚庄园主的生活里有很多意义。历史学家已经说明，赌博既体现了社会地位，也体现了社会关系。但还有其他的含义。骰子跳出盒子后呈现的神秘规律代表的不仅是无意义的娱乐，也不仅是某种社会地位。贵族的骰子像是占卜家的骨头，由此生出宇宙的暗示，和每个人在其中的位置。清教徒孜孜以求上帝救恩的标志，弗吉尼亚人则在赌博中不断寻找着个人命运的确信。

马萨诸塞的法律是严格禁止赌博的，并且会由治安官实施惩治。清教徒道德家不仅斥之为无聊，更认为那是对上帝的亵渎。对约翰·科顿和科顿·马瑟来说，赌博就是对上帝临世的讽刺。弗吉尼亚人的态度则完全不同。赌博在法律中得到认可和管制。赌博对那些“没有财产、职业或责任心”的人是禁止的。法庭强制规定，赌博是一种合同，赌债必须忠实支付。赌博欺诈会遭到严厉处罚，殖民地政府会启用最重要的权力手段以保证赌博的正常进行。这些赌博的普通法表明，赌博在弗吉尼亚不只是一种游戏。它是对个人命运的测试。[9]

这种态度在新英格兰是不存在的，但在英格兰南部和西部已经有很长的历史，赌博在那些地区同样很盛行。多塞特贵族约翰・理查兹的日记同时也是一部赌博书，记载了很多和朋友、熟人之间的小赌博。理查兹经常帮助解决一些他本人没有参与的赌博结果，这往往是一些贵族上瘾后一掷千金的赌博。他对别人的命运也和自己的命运一样感兴趣。[10]

弗吉尼亚各个阶层的人对魔力也很感兴趣。他们在房子里刻上很多标志，据说是可以为住户带来好运的。有的标志很古老，甚至比十字架还要古老。它们在英格兰南部和西部的建筑上经常出现，那里也正是弗吉尼亚人的来源地。这些标志也被认为是一种礼拜——是一种能获得好运的仪式。[11]

弗吉尼亚人的魔法观和他们的本土宗教有关。在现代人看来，这些观念似乎是相互冲突的，但在 17 世纪，它们其实有混合。弗吉尼亚人对于宗教和魔法的态度与新英格兰相比，较少受到摩尼教的影响。他们的实用心理较弱。切萨皮克地区的宇宙观弱化了个人对命运的责任。命运的观念在这个文化居于非常核心的位置。

注释

1 1659 年，一位名叫凯瑟琳・格雷迪（Katharine Grady）的“老女人”因女巫的罪名被起诉，最后被草率地吊死在一艘驶往弗吉尼亚的船的横杆上。殖民地当局不认可这一举动，强迫船长到法庭回答有关问题。Bruce, *Institutional History of*

Virginia, I, 280-81.

2 在弗吉尼亚，对巫术的法律惩罚并不是没有。1655 年，一位刚从苏格兰来的神职人员以巫术为名起诉了诺森伯兰郡（Northumberland）的威廉·哈丁（William Harding）。哈丁被陪审团判处妖术罪，遭到驱逐。布鲁斯总结说：“虽然因为巫术被起诉到法庭的案件不少，但似乎法官和陪审团都无意以判决的方式核定这样的罪名。”与此同时，很多被贬称为巫师的人把诬告案起诉到了法庭。有关的证据请见 Bruce, *Institutional History of Virginia*, I, 276-89。

3 Robert Filmer, *An Advertisement to the Jurymen of England, Touching Witches; Together with a Difference betywen an English and a Hebrew Witch* (Royston, 1653); see also H[enry] F[ilmer], *A Prodigious and Tragicall History of the Arraignment, Tryall...of Six Witches at Maidstone* (1652). 相似的态度也出现在萨默塞特郡的贵族法官那里。T. G. Barnes, ed., “Somerset Assize Orders, 1629-1640,” SOMERSRS 65 (1959), 28.

4 David Woodman, *White Magic and English Renaissance Drama* (Rutherford, N. J., 1973).

5 英国贵族的“幸运书”有一个例子是 *Henry Sturmy Fortune Book* (1646), Ms. D 2375, GLOCRO; 参见 William Gregory, “Speculum Navitates,” Gainsborough Collection ms. 1655, LAO，很多类似例子可以在英文档案和乡村房舍里找到。

6 *Samuel Watts Commonplace Book*, 1610, Watts mss., SOMERO.

7 John Holden, *Autobiography*, 1694, Ms. D 1371, GLOCRO.

8 “Journal of a French Traveler in the Colonies: 1765,” *AHR* 26 (1920-21), 746.

9 Timothy Breen, “Horses and Gentlemen: The Cultural Significance of Gambling Among the Gentry of Virginia,” *Puritans and Adventurers* (New York, 1980), 148-63.

10 John Richards Diary II, 24 Jan. 1697; 11 Feb., 24 March 1699, DORSRO; 有关英格兰白人的魔法，参见 Keith Thomas, *Religion and the Decline of Magic* (New York, 1971); Katherine M. Briggs, *The Anatomy of Puck* (London, 1959); Charles Grant Loomis, White Magic (Cambridge, 1948)。

11 Henry C. Forman, *The Architecture of the Old South: The Medieval Style, 1585-1850* (Cambridge, 1948), 76.

弗吉尼亚的学习方式

圣公会的教育等级传统

弗吉尼亚的民俗也体现在学习和教育上。例如，1643 年，住在弗吉尼亚东岸的文盲农夫罗伯特·劳森（Robert Lawson）在家里即将去世。他有很多财产，却没有亲戚，弥留之际，邻居围绕在他床边。在关心了健康后，他们开始问有关财产的核心问题。

“你去世后，这些财产该归谁？”一个邻居直截了当地问。

“乔治。”将死之人虚弱地说道。

“乔治·史密斯？”邻居继续问道。

“是的。”他回答。

“你的小公牛应该给谁？”

“乔治·史密斯。”

“谁可以得到你的母猪——也是乔治·史密斯吗？”

“是的。”他回答。

“谁可以得到你的鲍尔钦（Bulchin，意指小牛）？”

“罗伯特·韦斯特（Robert West）是个恶棍……”将死之人说话已经很含混了。然后他背过脸去，“喉咙里发出恐怖的咯咯声”，就这样去世了。

邻居很关心他的财产安排。“这种口头话……没有什么价值，”其中一个人说道，“如果没有书面遗嘱，国王可以取得所有的财产。”

他们的担忧是有依据的。托马斯·帕克斯（Thomas Parks）和罗伯特·韦斯特两个人可疑地拿着一份所谓罗伯特·劳森遗嘱的密封文件出现在法庭上。这封遗嘱由托马斯·帕克斯手写，并有封印。文件把几乎所有财产都给了罗伯特·韦斯特，一些零碎给了帕克斯。

邻居们都很愤怒。他们诅咒发誓这个文件是假的，和罗伯特·劳森的意愿完全相反。但他们无法说服法庭，因为他们中“没有识字的人”能拿出书面证据。法庭接受了“帕克斯先生”的文件，这是他的头衔，虽然他并不具备贵族的品格。[1]

这个事件揭示了弗吉尼亚一个重要的事实。它告诉我们，在这个殖民地，文化是获得财富和权力的工具，很多人因缺乏这样的工具而陷入贫穷且无能为力。

弗吉尼亚有读写能力的成人比例远低于马萨诸塞。在17世纪，多数弗吉尼亚成人（白人、黑人、男人、女人加在一起）不能签自己的名字，而且财富、种族、阶级和性别之间的教育差别非常大。弗吉尼亚贵族的识字率接近100%。但在男性财产所有者中，只有50%会写。在租户和劳工中，这个比例下降到40%。这些会拼写名字的少数人，他们的字迹也是模糊扭曲的，证明这对他们而言很陌生。[2] 切萨皮克地区的契约仆役识字率就更低；17世纪时，只有25%到30%的人会写自己的名字。[3] 在非洲奴隶中，17世纪到18世纪早期只有不到1%的人识字。这个差距也大于新英格兰。[4]

性别之间的文化程度差异也很大。1641—1700年，不足25%的女性能够在法律文件上签名。当时弗吉尼亚上等阶层的很多女性不知道如何写自己的名字。约翰·华盛顿上校、乔治·梅森上校和约翰·阿什顿上校的妻子都是用印章来签署文件。弗吉尼亚女性中有阅读能力的人比会写的人要多——这种消极的文化能力是17世纪很多女性的处境。[5]

总体而言，17 世纪弗吉尼亚文化水平和马萨诸塞有很大的差别，但和英格兰农村的情况比较接近，那些地区也正是弗吉尼亚人的来源地。有趣的是，英格兰南部和西部农村地区的文化水平比东盎格鲁要低很多。[6]

在 18 世纪，大西洋两岸的文化水平迅速提高。与此同时，新英格兰和不列颠不同阶层之间的文化水平差异也显著缩小。但在弗吉尼亚，情况相反。富有阶层和穷人之间文化程度的差异增大了。这是弗吉尼亚文化生活中的另一种不平等。[7]

教育的情况和文化水平相似。弗吉尼亚对学校和教育的态度很矛盾。精英们对贵族的教育投入很多。“穷养不如不养，”威廉·菲茨休在 1687 年时写道。这里所谓“穷养”，意思是“不受教育”。[8]

与此同时，当地人和访问者都认识到，这里的学校太少，间隔也太远，居民很无知，整个切萨皮克地区的正式教育远远没有发展起来。这种情况并不是偶然的。这是弗吉尼亚精英层有意的安排，他们对普通民众接受教育感到恐惧。威廉·伯克利总督有过这类论述。1671 年，当特雷德（Trade）领主向他询问弗吉尼亚的学校状况时，他有一段著名的回答。“感谢上帝，”他说，“这里没有免费的学校，也没有出版业，我希望这种情况持续上百年；因为教育会给世界带来反抗、异端和派别，而出版业会把这一切散播出去，会对最好的政府进行诽谤。上帝帮助我们杜绝了这些东西。”[9]

伯克利总督的这段话让他在教育史上声名狼藉。但这不仅是一个极端保守分子的荒诞言论。这种政策也被伯克利的亲戚和继任者卡尔佩珀（Culpeper）领主继承，在殖民地大力压制出版业。约翰·巴克纳（John Buckner）建立一个出版企业后，却“被总督和议会禁止出版任何东西，除了来自国王的信息”。一位历史学家的研究指出，国王的信息“传播得很慢，直到1733年弗吉尼亚才第一次出版这种东西”[10]。

伯克利和卡尔佩珀不是孤例。17世纪很多英国保王派也是同样态度。威廉·卡文迪什（William Cavendish）在1650年代写信给查尔斯二世，说“纺织工和女侍者手里的英文圣经让我们受到很大的损害”。[11]甚至很有学问的人也对普通大众受教育感到恐惧。1611年，弗朗西斯·培根写信给詹姆斯一世说，英格兰如果教育“过剩”就会有危险；但当时四分之三的成人都是文盲。培根担忧，如果学校扩展，“很多人所受的教育将不适合其他职业，对于他们成长的地方也没有利益可言，那些地方仍然充斥着贫穷、懒惰和荒唐的人”。17世纪中叶，这种态度被那些“受排挤的保王党人”带到了弗吉尼亚，长期在切萨皮克文化中发挥重要的影响。[12]

教育上的等级制也体现在弗吉尼亚的书籍分配上。大庄园主威廉·伯德和罗伯特·卡特等人的图书馆在英属北美是最好的，甚至比北方殖民地的多数大学图书馆还好。而弗吉尼亚普通自由民拥有的书则很少，仆役则几乎没有。奴隶被禁止读书，否则遭到严惩。想学习写字的奴隶受到的惩罚是剁掉一根手指。大庄园富藏书籍的图书馆与普通人难有书读的窘境形成鲜明对比。[13]

在学校教育上同样存在这样的二元性。弗吉尼亚贵族在艺术和科学上培养后代，提高他们的教育水准，但却不鼓励普通人接受学校教育。他们为自己的子女雇用私人教师，资助建立培养精英子弟的高级学校，创建了威廉斯堡的威廉玛丽学院，并把他们送往牛津。[14]庄园主把子弟送到英格兰和美国大学的比例与英格兰南部贵族差不多，但这些地方的寡头统治对弗吉尼亚教会学校的糟糕境况和该地长期没有出版业负有责任。[15]

值得注意的是，弗吉尼亚的教育传统并不是奴隶制或农村贫穷状况的产物。这些传统的形成是在大批奴隶出现之前，当时该殖民地还是英属北美最富有的地区之一。它们植根于17世纪从英格兰传承的文化，而后在南方各州延续了三百多年。[16]

注释

1 Ames, ed., *County Court Records of Accomack-Northampton*, 307, 311, 320, 350, 382, 287, 407 (1643).

2 综合性最强的定量研究来自菲利普·布鲁斯，他从遗嘱和法庭证词中得到的统计如下：

		以印章签署的比例		
		整体人口		女性
郡	时期	遗嘱	法庭证词	所有文件
下诺福克	1646—1698	48.4	51.8	80.3
怀特岛（Isle of Wight）	1643—1700	45.3	53.7	89.4
萨里	1652—1684	48.8	63.2	83.0
亨利科（Henrico）	1677—1697	50.7	63.3	67.1
伊丽莎白城	1693—1699	32.3	66.7	64.4
约克	1657—1700	44.9	63.5	75.1
米德尔塞克斯	1673—1700	34.6	无数据	66.6
埃塞克斯	1692—1699	46.7	53.8	84.1
兰卡斯 特	1652—1697	32.3	37.9	56.3
拉帕汉诺克	1654—1699	49.3	无数据	77.8
诺森伯兰	1652—1677	47.6	52.4	83.0

续表

		以印章签署的比例		
		整体人口		女性
威斯特摩兰	1653—1677	36.6	68.4	67.3
北汉普顿	1647—1698	38.2	53.3	68.5
阿可麦克	1641—1697	49.3	61.7	73.7
所有郡	1641—1700	45.3	57.6	75.3

样本中有 13135 份遗嘱，2376 份法庭证词；3066 位女性；数据来源：Bruce, *Institutional History of Virginia*, I, 458。

3 Galenson, *White Servitude in Colonial America*, ch.5. 仆役的文化水平在东盎格鲁要高一些，18 世纪更是显著提高。

4 18 世纪中叶弗吉尼亚寻找逃跑奴隶的广告中提到，只有不到 1% 的奴隶具有读写能力。1750—1790 年间这个比例有所提高，但仍然很低——比北方殖民地奴隶的文化水平要低很多。678 位逃跑奴隶的文化水平统计如下（根据他们主人发布的描述）：

时期	读的能力	写的能力	读写能力	总数	总人数	百分比
1750—1759	0	0	1	1	135	0.7
1770—1779	0	0	4	4	253	1.6
1790—1799	5	4	5	14	189	7.4

数据整理：Donna Bouvier, Susan M. Irwin, Marc Orlofsky 和在 *Virginia Gazette* 上发表逃跑奴隶广告的作者。

5 拉特曼夫妇（The Rutmans）对弗吉尼亚米德尔塞克斯郡文化水平的研究，按照性别和父亲社会地位分类统计如下：

	按性别、父亲的社会地位和成人期分类的文化水准					
父亲的社会地位	1650—1699		1700—1719		1720—1744	
	男	女	男	女	男	女
上层	100.0	100.0	100.0	100.0	100.0	100.0
中上	87.5	80.0	100.0	100.0	100.0	83.3
中层	80.0	17.8	81.4	17.9	78.7	17.8

续表

父亲的社会地位	按性别、父亲的社会地位和成人期分类的文化水准					
	1650—1699		1700—1719		1720—1744	
	男	女	男	女	男	女
中下	44.4	20.0	66.7	20.0	95.7	20.0
下	50.0	5.3	47.5	0.0	45.8	14.3

来源：Rutman and Rutman, *A Place in Time, Explicatus*, 169。

6 David Cressy, *Literacy and the Social Order; Reading and Writing in Tudor and Stuart England* (Cambridge, 1980), 73-74.

7 Kenneth Lockridge, *Literacy in Colonial New England* (New England, 1974), 73-87.

8 William Fitzhugh to Nicholas Hayward, 30 Jan. 1687, Davis, ed., *Fitzhugh Letters*, 203.

9 Hening, *Statutes at Large*, II 517.

10 同上 , II, 518。

11 Cressy, *Literacy and the Social Order*, 45.

12 同上 , 187。

13 John R. Barden, "Reflections of a Singular Mind: The Library of Robert Carter of Nominy Hall," *VMHB* 96 (1988), 83-94.

14 1658 年，弗吉尼亚的约翰·李赠送给王后学院一只银杯，上面刻着有趣的铭文："Coll. Regi. Oxon. D.D. Johanes Lee Natus in Capohowasick Wickacomoco in Virginia Americae, Filius Primogenitus Richardi Lee Chiliarchae Orundi de Morton [orig. Coton?] Regis in Agro Salopiensi 1658." 李家族的这一支来自什罗普郡的科顿；字词的错误可能是重复刻印造成的。

15 安·休斯对沃里克郡贵族教育水平的调查发现，18% 的人受过大学教育，多数是在牛津；另外 13% 曾在律师学院就学；三分之二没有高等教育背景。Ann Hughes, *Politics, Society and Civil War in Warwickshire, 1620-1660* (Cambridge, 1987), 44.

16 对这个地区的教育史尤有价值的是"Memoirs of the Birth , Education, Life and Death of Mr. John Cannon"（1684—1742），约翰·坎农（John Cannon）是韦斯特郡的兼职税务官和学校管理者。手稿存放在汤顿（Taunton）的萨默塞特郡纪录办公室。

弗吉尼亚的饮食方式

南部烹饪的起源

这个文化的物质结构即处置环境要素的方法，也是从英国传来的。例证就是它的饮食方式。早在 17 世纪中期，弗吉尼亚人的饮食习惯就和新英格兰人不同，尤其是从饮食社会学的角度看。从一开始，弗吉尼亚的烹饪体系就比清教徒地区更为等级化。

富有的庄园主保持着英格兰西南部贵族的饮食方式。这些精英都好吃红肉。烤牛肉（Roast beef）在英文中常常与绅士（milords）联系起来，以至于意大利语和西班牙中，英国绅士就被称为 rosbif。弗吉尼亚的贵族也喜好猎物，尤其钟情于自己狩猎得到的动物。威廉・伯德付钱让人给他提供鹿肉、蓝翅野鸭、鸽子和山鹑。但切萨皮克地区贝类和水鸟多汁的肉还是不如老英格兰的烤牛肉受人追捧。伯德离家的时候，时常抱怨不得不吃牡蛎和鹅肉。

富有的庄园主一年到头都要吃大量新鲜的蔬菜和水果。他们的偏好也是英国式的。伯德每天只要能采到芦笋和草莓，都要吃很多。但美国本土产的土豆和番茄直到在母国流行起来后，才出现在弗吉尼亚贵族的餐桌上。弗吉尼亚贵族的饮食还是基本保持着英国的习惯。[1]

弗吉尼亚较低阶层的人每餐也就一碗食物，在古英语中称为“杂合”。[2]一般有绿色蔬菜和腌肉，再加一些草本调料。另一个部分是玉米粥，在南方称为糊糊，装在一个大碗或杯子中。17 世纪普通弗吉尼亚人的食谱和 20 世纪黑人的传统食物很相似。除了多点印第安玉米之外，它与英格兰南部和西部农场工人的食物也很相似。[3]

无论上等还是下等阶层，弗吉尼亚人对食物比马萨诸塞人更有欲望。在切萨皮克，没有任何类似新英格兰冷煮豆子的“经典菜式”。贫穷的白人给简单食物加入大量调料，做出非常精细的味道。奴隶在玉米粥和咸鱼之外，还有一些加了辣味和其他味道的美国和非洲食物。在 19 世纪前，大庄园主挖空心思创造了英属北美特有的高级烹饪。威廉·伯德对富有想象力、添加很多调味品的食物特别有兴趣。他的日记记载了令人印象深刻的炖天鹅肉、辣味的牛乳房和烤沙锥鸟肉。[4]这些精致的菜肴类似于英格兰南部和西部乡村烹饪书记载的菜肴。[5]

如果说烤豆子是马萨诸塞的经典菜肴，弗吉尼亚上中层喜爱的菜肴就是炖肉丁。有种英文菜谱中记载了，鸡肉、牛肉或兔肉在开敞的锅里炖，放“一大把草本香料，像媒墨角兰、百里香、香薄荷或胡薄荷等”。有时加一点红葡萄酒、牡蛎或蛋黄等。威廉·伯德晚餐时爱点炖鸡丁、炖牛肉丁或炖野味。炖牛肉或炖鹿肉往往是棕色的，“炖家禽、兔肉、羊肉、小牛肉或其他白肉是白色的”，炖小牛蹄或鳕鱼则没什么颜色。[6]

伯德爱吃煎鸡翅，经常和培根肉或火腿一起做——这是一种不同于炖肉丁的菜品，一般是在平底锅里炖，而不只是煎。18 世纪的头十年里，煎鸡翅成了弗吉尼亚的地方风味。到 18 世纪末期和 19 世纪早期，弗吉尼亚的烹饪书里把煎鸡翅贬为大众菜。但这种观点并没有得到伯德家族和卡特家族的认同，他们仍然对煎鸡翅抱有浓厚的兴趣。[7]

弗吉尼亚的这种烹饪风格成为美国一种地方风味的基础——调味很浓，偏好炙烤、慢炖和煎炸。它与英格兰南部和西部的地方风味很相近，那里的主要烹饪方法是在长柄锅里煎、炖、炒，被称为“多塞特风味”，或“多塞特佳肴”。[8]

在20世纪，对英格兰地方烹饪的定量研究表明，煎、炙烤和烧烤仍然是英格兰南部和西部特殊的风味，而烘烤主要是在东盎格鲁，北部则是煮。这个研究也揭示出，相比于英格兰其他地方，南部和西部比较偏爱辣味。20世纪早期，南部和西部的商店比其他地方卖更多的腌制培根肉、辛辣的奶酪和辣味香肠等。[9]无论是在英格兰西南部，还是切萨皮克，烹饪的方式都呈现等级化。研究发现，每户家庭都有用于煮食的锅和煎炸用的平底锅。但非常穷的家庭大多没有烤肉叉，而这种工具在更高等级的家庭里很普遍。多数中上家庭有多种烹饪方法。煮、蒸、煎、焖、烧烤、烤焙和炙烤等方法在弗吉尼亚都高度发展。[10]

但另一种烹饪方式比较落后。烘焙这种在新英格兰具有中心地位的方式在切萨皮克发展缓慢。研究弗吉尼亚烹饪的一位历史学家写道：“用于烤面包和蛋糕的砖炉很晚才在弗吉尼亚的厨房里出现，大多数至今留存的这种砖炉来自18世纪。”室外的炉子和铁制的荷兰炉很早就出现了。很多敞开式烘焙也会在炉灶边上进行。但烘焙在弗吉尼亚的地位比不上在马萨诸塞。切萨皮克和新英格兰的这种差别类似于威塞克斯和东盎格鲁间的差别。[11]

进餐的传统与烹饪相似，在英属北美存在区域差异。弗吉尼亚人用餐比较正式，新英格兰人则不太讲究形式。“用餐在弗吉尼亚是一种艺术，”历史学家埃德蒙·摩根说。甚至在中等家庭，用餐也有复杂的仪式感。一天中主要的餐点是在下午两三点，而且是在房子中最重要的地方之一——餐室。切萨皮克的美食家弗雷德里克·斯蒂夫（Frederick Stieff）写道："……我去过的马里兰所有地方中，我还没有见过庄园里没有重要的餐室。"[12]

富裕家庭里的男男女女用餐时都要打扮得体——做好头发、换好衣服，妆容要让人赏心悦目。豪宅里的餐桌和餐柜要摆放好银质餐具，上面都刻有家族的徽章。小农场主的家里也会自豪地摆上一两个盘子，他们从烟草中辛苦得到的收益不是用于农业的提高，而是这种类型的消费。在弗吉尼亚，即使是很穷的家庭，财产清单里也有桌布，就像格洛斯特郡的英国家庭一样。在富裕的家庭，摆放的食物会非常丰富，吃饭的时候弗吉尼亚人喜欢谈话，用餐的人都要参与。普林斯顿来的家庭教师菲利普·费西安在诺米尼庄园时，曾有一次忘记去吃晚餐，他因为自己的无礼受到雇主的严厉惩罚。他在日记中写道：

> 我一时突发奇想，不想去吃晚餐。我的头发没有做好，我也懒得换衣服。不过，卡特夫人晚上猛烈地责骂了我。我告诉她我正在读一本有趣的小说，身体也不太舒服。但她什么也不想听，就说我很无礼，该受责备。[13]

这种仪式化的进餐方式在英格兰和切萨皮克的乡间别墅里沿袭了三百年——一直到现今的时代。愉快的对话是其中必不可少的部分。一位活到20世纪的弗吉尼亚贵族写道：

> 把食物拌上幽默……再加上智慧的调料，洒上友谊的修

> 饰，但不要放进忧虑的毒品。那会阻碍你的消化，也是教育不良的标志。[14]

南方食物在另外的意义上也是特殊的。盛宴是弗吉尼亚文化的重要组成部分——比马萨诸塞尤甚。新英格兰人不时也会胡吃海喝，尤其是在邻居或同乡的葬礼之后。但在弗吉尼亚，盛宴非常频繁——婚礼，洗礼，圣诞节，复活节，家庭成员回家或有趣的客人来访等等——他们都喜欢大宴宾客。

弗吉尼亚的盛宴可以在很短的时间里准备好，或者完全不用提前准备。1686 年一个法国的旅行者遇到这样的场景，20 位保王党突然骑马光临威廉·菲茨休的庄园，盛大的宴会即时为他们开放："我们二十位盛装骑马到达菲茨休上校的庄园"，"但他的物资如此丰厚，所以他毫不介意。我们所有人都分配了床，每床两个人。他以皇家的礼遇招待我们，奉上各种上等葡萄酒和饮料，人们只顾痛饮作乐。他派来了三个小提琴手，一个讲笑话的人和一个身材苗条的舞蹈者，还有一个到处游走的耍杂技的人，他们给了我们所有能够想象得到的娱乐"。[15]

富人和穷人都有宴会——有时他们也在一起。葬礼上的宴会可能招来所有邻居。"庄园主会为纪念最穷的人而喝酒，"格洛里亚·梅因（Gloria Main）写道，"只要他的财产足够结算账单。"[16] 复活节后的周一是黑人社区狂欢的日子，这个传统持续了两个世纪，笔者在切萨皮克度过的童年也有这样的记忆。这些宴会传统在英格兰南部和西部历史也很悠久，中等家庭也是如此。在收割完成后和宗教的节日里，平日吃的面包、汤、猪油和菜园里的蔬菜让位于"煮牛肉、培根肉、果冻、苹果馅饼、热蛋糕和浓啤酒"，在劳工的农舍里也是如此。[17]

所有这些宴会、进餐和烹饪的传统到 17 世纪晚期就已经在弗吉尼亚树立了。它们是后世饮食的基础，笔者青年时期在切萨皮克仍能找到痕迹，这也使本地区不同于英属北美的其他文化。

注释

1 在威廉 · 伯德的日记中，在三个月里 43 次提到肉食，从 1709 年 12 月 1 日到 1710 年 3 月 1 日。牛肉提到了 24 次，猪肉 5 次，羊肉 3 次，鱼、鹅肉、火鸡和鸡肉各两次，鹿肉、鸽子肉和鸭肉各一次；其他时期，伯德则完全不提肉。Main, *Tobacco Colony*, 209.

2 OED, s.v. " 杂合 " I.1, a "prepared dish……" 在英格兰，这种用法在 19 世纪就被认为"过时"了，但它在美国南部一直用到 20 世纪，在美国南方仍然使用，比如"蔬菜杂合"。

3 Main, *Tobacco Colony*, 220-21; 关于伯克郡农场主的英国菜谱，参见 G. E. Fussell, ed., "Robert Loder's Farm Accounts, 1610-1620," *CS* 3d series 53 (1936), *passim*; Cicely A. H. Howell, "The Social Condition of the Peasantry in South East Leicestershire, AD 1300-1700" (thesis, Univ. of Leicester, 1974), 193。

4 Byrd, *London Diary and Other Writings*, 462, 248, *passim*.

5 很多 17 世纪英国的烹饪书保留下来了，存放在乡间宅院和郡的纪录办公室里。有一本来自伯克郡 1650 年的一个家庭，记载了洋百合馅饼、杏仁果冻、烤小母鸡、鹿角精冻、吹肉冻（猪心制成）、胡萝卜冻、奶油醋栗泥、牛奶冻、葫芦冻和很多炖肉。参见 "Book of Cookery…," ms. D/ED F37, BERKRO。

6 Jane Carson, *Colonial Virginia Cookery; Procedures, Equipment, and Ingredients in Colonial Cooking* (Williamsburg, 1985), 98-99.

7 "Book of Cookery Hints," D/ED/F37 BERKRO; Wright and Tinling, *Secret Diary of William Byrd*, 487, 514 (18 Feb., 14 April 1712).

8 Dorothy Hartley, *Food in England* (London, 1954), 174.

9 David Ellerton Allen, *British Tastes: An Inquiry into the Likes and Dislikes of the Regional Consumer* (London, 1968), 75, 34.

10 Horn, "Social and Economic Aspects of Local Society in England and the Chesapeake," 183, 185, 205, 这个报告统计了烘烤设备的比例，分母是财产清单上的所有财产，时间是 17 世纪晚期：

所有财产	格洛斯特郡	马里兰	弗吉尼亚
少于 10 英镑	29.7%	6.7%	0.0%
10—49 英镑	63.2%	24.6%	34.8%
50—99 英镑	73.8%	44.9%	68.3%
100—249 英镑	77.5%	73.1%	78.9%
250 英镑以上	81.1%	77.6%	91.7%

11 Carson, *Colonial Virginia Cookery*, 11.

12 Frederick P. Stieff, *Eat, Drink and Be Merry in Maryland* (New York, 1932), xiv.

13 Fithian, *Journal and Letters*, 15 June 1774.

14 F. Hopkinson Smith, *Col. Carter of Cartersville; Stieff, Eat, Drink and Be Merry in Maryland*, 181.

15 Chinard, ed., *A Huguenot Exile in Virginia*, 158.

16 Main, *Tobacco Colony*, 211.

17 Keith Wrightson, *English Society, 1580-1680* (London, 1982), 32-33, citing Everitt, "Farm Labourers," in Thirsk, ed., *Agrarian History of England and Wales*, IV, 438-553.

弗吉尼亚的服饰传统

保王党的服饰及等级观念

当地文化在穿着上也有独特的风格。“这些弗吉尼亚人非常绅士、非常重视穿着，把男人的外在看得比内在更重要，”一位作者在 1737 年写道。最初，切萨皮克的精英就比马萨诸塞湾区的创立者穿得更奢华。这种风格是由英格兰南部的贵族确立的，他们的服饰用于炫耀富有而优雅的生活，表明自己不用动手干活，并突显他们的统治地位。[1]

这个精英阶层的衣物用布轻薄、容易褪色，是人类所能发明的最不实用的款式。一个例证是沃特·罗利爵士（Sir Walter Raleigh）的服装，在这个污浊而悲伤的世上，每当他颤颤巍巍出现在世人面前，总是穿着红高跟，白色丝织长筒袜，白色的紧身绸缎上衣，上面点缀着珍珠刺绣，大颗珍珠串成的项链，上浆的白色环领，蕾丝袖口非常宽阔，以至于他的手被埋在松软豪华的织物里。他的河狸帽上还点缀着夸张的鸵鸟毛，浑身戴着各种珍贵的宝石。罗利穿戴的珠宝据说价值 3 万英镑——比某些美国定居点总的金融资产还多。

这种高端时尚从来不是僵化不变的。17 世纪的“传统”世界在这方面变化非凡，不输于现代社会。时尚随代际更迭飞速地变化着，甚至季节之间就有变化。詹姆斯一世时期，欧洲的政治状况危险且

敞开式短袖套是斯图亚特时期的英格兰和17世纪的弗吉尼亚流行的显著特征之一。敞开的样式是为了显露出华丽的内衣，彰显财富和阶层。新英格兰的清教奠基人并不认可这种样式。马萨诸塞的普通法庭禁止所有男性和女性“制作或购买任何敞开式服饰，只允许每只袖套有一条斜开口，背部有一条斜开口”。治安官还下令，抛弃所有禁令前就有的多开口服饰。他们规定，“除了那些过度奢华的袖口和开口的服饰，男性和女性可以穿着现有的这些服装”。弗吉尼亚的态度则不同。他们禁止穷人穿着华丽的服装，并且，第一代议会依据服饰对人进行等级评定。人们认为华丽的服装为穿戴者带来荣耀，精英阶层则紧跟伦敦的时尚。

不稳定，贵族喜爱穿中间夹有松软织物的紧身上衣和马裤，以防御刺刀的进攻。这件布匹做成的盔甲上覆盖着一层珍贵的宝石，又用绶带收边，并把金线、银线混织进来。[2]

到查尔斯一世时期，时尚又变了。在服装的各个方面越来越多地出现炫富的风格。外套剪断了，为了露出里面要长时间精工细作的精致衣物。对劳工阶层的蔑视体现在一种流行的轻软手套上，它的材料稍稍用力就会折碎。项链、胸针和男性耳环也展现出富有。查尔斯一世 1649 年上断头台时，耳上戴着巨大的泪珠形状的珍珠。

乡间劳工的服装差别很大——处处体现出贫穷、依赖和长时间的工作。农场劳工穿着陈旧、破碎，用很多颜色相近的布缝补过的衣物，滑稽角色和小丑由此得到衣服设计的灵感；“小丑”这个词在 17 世纪是乡下劳工的同义词。其他工人穿着粗糙的皮质衣物，用皮条等简陋地缝制在一起。很多人穿着长工作服和粗布制成的口袋宽大的裤子。有的人除了肮脏的破布就没有什么可穿的；这里说的是一些无法参加教会的劳动者，因为他们没有衣物掩盖身体裸露的部分。

仆役和学徒的服饰也体现出一种从属性。在 17 世纪，英国仆役和学徒通常穿着蓝色的衣物。“冬天是蓝色，夏天也是蓝色，”艾利斯·莫尔斯·厄尔写道，“蓝色服装并不仅仅是制服；这是他们的颜色，表明他们的生活条件，正像黑色是牧师的颜色一样。”[3]

弗吉尼亚人复制了大多数这些传统，但也加入了一些差别。新世界的服饰不再如此极端化。弗吉尼亚的贵族不会穿着像沃特·罗利爵士那样的奢华服饰。在另一面，庄园主认为，奴隶应该有比英格兰的贫穷劳工更好的服装。

但弗吉尼亚人仍然在服饰上区分了等级和经济条件。精英阶层尽可能去仿效英格兰南部贵族。弗吉尼亚商人托马斯·沃纳（Thomas Warner）约去世于1630年，留下了“一双丝袜、一双男士长筒袜、一双红色拖鞋、一双黑羽纱、一根金衣带和一柄剑”。这种服饰在新英格兰并不常见。弗吉尼亚第一代贵族的遗嘱和财产清单透露出，他们喜欢穿着华丽的服饰在詹姆斯敦和威廉斯堡泥泞的街道上炫耀，让马萨诸塞相形见绌。

弗吉尼亚的仆役和平民多穿着帆布和粗呢质地的紧身衣，新英格兰流行的皮衣和粗绒衣则不常见。当地压制或完全禁止黑奴穿着非洲服饰，他们多穿着英格兰南部和西部乡村劳工的普通衣物。

所以，弗吉尼亚的服饰比马萨诸塞跨度更大。但与英格兰比较起来，两个殖民地的服饰都比较中间化。弗吉尼亚早期的贵族就抱怨过，殖民地的服饰没有充分体现出等级差别。约翰·波利（John Pory）在家信中提到詹姆斯敦一个牛仔穿着“新潮的火红丝绸”去教会，还有一个矿工的妻子戴着“粗糙的海狸绒帽子，装饰着珍珠缎带，全身丝绸套装”。

为了解决这个问题，弗吉尼亚颁布了禁奢令，但目的和新英格兰的服饰法律不同。他们的基本目的并不是禁止炫耀，而是维持社会等级。在18世纪，这些禁奢令并没有被弗吉尼亚法庭积极实施，但它们对维护服饰的等级差别起到了很大的作用。比如，贵妇人穿着的外套有红色羽纱、精致的丝绸和骆驼毛等。这类外套的颜色、款式和质地都为上等阶层所垄断。菲利普·费西安1773年写道：“几乎每一位夫人都穿红色外套，当她们坐车出外的时候，都会在头脸围上一块白色方巾，所以我初到弗吉尼亚的时候，每次遇到一位贵妇我都感到紧张，因为我认为她牙疼！”贵妇在国外时也会戴上面罩，仿佛从深闺里出来。[4]

18 世纪早期，贵族和普通人的社会差别在服饰每一个方面都体现出对比：礼帽和帽子，礼服和夹克，马裤和一般裤子，丝袜和毛线袜，红色高跟和黑跟鞋，等等。在冬季，弗吉尼亚的贵族会戴上毛皮手笼，显明他们不从事手工劳动。他们戴珍珠耳饰或者奢华的黑色耳坠，还装饰着银色搭扣、蛇皮吊带扣、金色纽扣、蕾丝花边的衣物和银质的帽带。较低等级的人从不会有这些装饰物。[5]

贵族也随身戴佩剑显明自己的社会地位——弗吉尼亚人把这个传统一直维持到 18 世纪晚期。[6]一直到 1733 年，弗吉尼亚的贵族如果不戴佩剑出现在公众场合，会被人嘲笑为“赤裸裸”。[7]他们很少如此“赤裸裸”。在悼念的场合，他们会戴上特殊的黑色或紫色佩剑腰带。[8]

对于精英阶层来说，马匹不仅是交通工具，也是仪表的一部分，因为他们认为自己是骑在马上来统治的阶层。休·琼斯写道：“我知道有些人早晨会在树林里漫游很长的距离去找马，然后骑马走几英里去教堂或法庭，或者去赛马场和商业伙伴会面。”[9]

贵族也经常炫耀盾形徽章。庄园主力争获得伦敦纹章院的许可，把他们的徽章展示在银器、书籍、房屋、家具和耳环上。菲茨休家族训练他们的奴隶专门从事银器篆刻。[10]贵族也有自己的家族色彩，以非常庄重的形式展示出来。只要财力许可，他们也会让家务奴仆穿上制服。乔治·华盛顿的家仆穿华丽的白色家族制服、佩有红色饰物、穿红色的马甲背心、镶嵌着低廉的制服花边——颜色还与华盛顿家族的徽章保持一致。到 19 世纪，泰勒家族有一整队黑奴穿着代表家族的蓝色时髦制服，宽阔的衣领上绣着家族名字的简称。

在所有这些方面，弗吉尼亚服饰的风格和社会功能都接近于英格兰西南部的社会。切萨皮克的精英阶层亦步亦趋地紧跟母国的流行时尚。1732 年的一位访问者观察到，这里的大庄园主“几乎都穿着英国的款式，因此也影响到伦敦的服饰”。[11] 他们根据美国的气候稍作修改。在夏季，弗吉尼亚的贵族穿着漂白的亚麻布，贵妇们穿着“很薄的丝绸或亚麻”。[12] 但英国的风格在切萨皮克地区影响巨大，就像他们对新英格兰的影响一样，只是方式不同。虽然不同时期有一些改革的尝试，但英国圆颅党（英国议会中保王派的政治敌手——译注）和保王党的传统风格仍然在服饰上延续——就像俗话说的，拳击手套和棒球手套之间差别不大。

注释

1 Peter Collinson to John Bartram, 17 Feb. 1737, WMQ2, 6(1926), 304.

2 服装方面的信息主要来源于财产清单，更好的证据可以在家庭账簿里找到。这个题目相关的丰富信息参见 John Haynes Book of Household Expences, 1631-43, Ms. 36 DEVRO。

3 Alice Morse Earle, *Two Centuries of Costume in America* (New York, 1903).

4 Fithian, *Journal and Letters*, 38-39.

5 金质和银质的帽带，参见 Massingbird Diary, 1648, Ms. MM10/1 LINCRO; 缎带和蕾丝花边，参见 John Haynes Household Account Book, 3 Sept. 1638, Ms. 36 DEVRO。

6 Carter, *Diary*, II, 938.

7 “贵族赤裸裸地出现在所有地方（就是说没有戴佩剑）……从礼貌的角度说，在公共场合，出于礼仪的需要所有的区别都应该遮盖。” Arthur Rowntree, *History of Scarborough*, 256.

8 John Haynes Household Account Book, 13 June 1639, ms. 36, DEVRO.

9 Jones, *Present State of Virginia*, 24.

10 William Fitzhugh to Capt. Henry Fitzhugh, 30 Jan. 1686/87, Davis, ed., *Fitzhugh Letters*, 192.

11 Gregory A. Stiverson and Patrick H. Butler III, "Virginia in 1732: The Travel Journal of William Hugh Grove," *VMHB* 85 (1977), 44.

12 同上。

弗吉尼亚的运动方式

猎杀大链条

保王党传奇还有另一类事实基础。这与休闲运动有关。在这方面，弗吉尼亚的运动生活与新英格兰也有差别，涉及切萨皮克实际的运动类型，以及运动与社会之间的关系。

弗吉尼亚运动的突出特点是等级化。从17世纪中期开始，运动的等级就被当权者精心地设计出来，并通过法律保障执行。一些特殊的运动休闲方式是专属殖民地统治精英的。例如，1691年，弗吉尼亚总督弗朗西斯·尼克松爵士（Sir Francis Nicholson）下令设置年度锦标赛或运动节，以表彰在运动的力量和技巧方面有突出表现的人才。竞赛被限制在“较体面的弗吉尼亚人”中。贵族彼此之间为荣誉而竞争，使他们与大众区隔开来。[1]

在法律和传统上，赛马和赌马都专属于贵族。较低阶层的人被禁止参与竞赛，否则会受到惩罚。一个运气不佳的工匠没能守住这个原则：“裁缝詹姆斯·布洛克（James Bullock）用他的母马和马修·斯莱德（Matthew Slader）先生赛马，赌注是两千磅（约907千克）重的烟草和桶装酒。这违背了劳工参与贵族比赛的禁令，因此被罚一百磅（约45千克）烟草和桶装酒。”[2]

与此同时，这个国家的传统却鼓励贵族进行奢华的、甚至能导致破产的赌马。以多达上百、甚至上千磅烟草作为赌注并不鲜见。1693 年，诺森伯兰郡两位庄园主之间的一次赌注达到了 22 斯特林①，当时普通庄园主每年从烟草销售上获得的利润才 8 斯特林。这个巨大的数额使法庭介入，申明只有贵族才能赛马。贫穷的仆役和奴隶被允许观看，但只有贵族才能下赌注。[3]

弗吉尼亚的赛马一般是临时组织的比赛。例如，在拉帕汉诺克（Rappahannock），教会旁边就有一个赛马场。周日的早晨，会众聚集在这里，期待年轻人彼此挑战赛马。有时神职人员也加入大家的行列。詹姆斯·布莱尔牧师结束讲道后，会在争议者之间决定最后的赌注。[4]

赛马也会在法庭开庭的日子举行。郡里的纨绔子弟聚集在一起品尝桃子白兰地，夸耀自己的马匹。一旦赌注确定，人群会高叫“搞定！搞定！”，然后一起前往赛马场地。贵族出身的法官有时会离开办公地点，主动承担裁决胜者的任务。赛马道只有 10 到 12 英尺宽，四分之一英里长。在赛道的开端，赛马被召集在一起，狂野而兴奋，不停抖动，它们的骑手不得不奋力把马头扭向终点处。发令枪响起，在一阵白色的烟雾之下，比赛开始了。生涩的骑手坐在马脖子后边，两条腿直直地蹬在马镫里（他们老式的骑马术经常受到欧洲访客的嘲笑）。这些马身材瘦小而结实——它们是美国夸特马的祖先，专为此种赛马而喂养。在美国历史第一个百年过去后，弗吉尼亚的马变矮了 6 英尺。[5]它们的头相比于身体的比例较小，但后腿及臀部非常有力，这给予它们很强的加速能力。托马斯·安布雷（Thomas Anburey）写道：“如果你的视线恰好看到其他地方去了，比赛在你

① 纯银制作的英镑。——译注

扭头之间就结束了。”[6]

弗吉尼亚早期的赛马经常变成粗野的血腥打斗，贵族骑手们手脚并用，用鞭子和马刺混战一番。有时骑手们同意进行一场公平的比赛，没有殴斗。但切萨皮克的赛马经常变成打群架。[7]

英国的赛马也有相似的传统，比赛时常常不会顾及围观的平民。例如，在北汉普顿郡，一位贵族提到另一位贵族，“……他骑马撞倒一个人，这个可怜的家伙从马上掉了下来”。他的文字对不幸倒在马蹄下的平民，没有任何同情，仅对掉下马来的贵族子弟给予了关注。[8]

赛马揭示了切萨皮克运动文化与新英格兰的传统判然有别。[9]弗吉尼亚人对马萨诸塞城镇里的比赛充满蔑视。托马斯·杰弗逊写信给侄子彼得·卡尔（Peter Carr）说：“用球来进行的比赛，或类似的活动，对身体太过野蛮，对心灵也毫无益处。”这位蒙蒂塞洛庄园（Monticello）的主人偏好贵族骑射的传统。“至于锻炼的种类，”他写道，“我建议用枪。这个活动让身体得到适度的锻炼，也为心灵注入了勇气、进取和独立的品质。”[10]

弗吉尼亚人喜好的休闲方式带些血腥气。这类血腥活动有完整的层级。弗吉尼亚的男性可以根据他有权杀死的动物尺寸来确定其社会等级。在顶级是最尊贵的血腥运动——狩猎成年牡鹿。在17世纪，这是国王和贵族的运动。这种活动的在弗吉尼亚和在欧洲一样声势浩大、充满仪式感。

低等贵族可以狩猎狐狸——这种活动被高等贵族斥为低级、庸俗，直到18世纪才被梅内尔（Meynell）家族正名。新世界好不容易才形成有关狩猎的本地词汇。当时和现在类似，美洲狐（Vulpes americanus）的实际含义远不如旧世界的同类词表意清晰。弗吉尼亚的贵族到了 18 世纪才为了狩猎，不惜血本、不远千里从英格兰进口了红狐狸。

在此之前，狩猎狐狸在大西洋两岸都是重要的活动。17 世纪时通常用枪支来进行，方式有时非常野蛮。“他们上次在拉克斯顿森林狩猎的时候，”一位英国贵族写道，“K 先生在猎狗们几乎要扑到那只狐狸之前射死了它，它们一拥而上肢解了它，喝它的好血。”[11]

“好血”是大西洋两岸的平民和神职人员热衷活动的另一个原因。这就是追猎——一种下午的娱乐，人们驱赶着特训过的狗去追踪兔子和其他小野兽。人们对这种徒步追杀热情很高，有时一天来好几次。[12]

农夫和劳工以更简陋的方式来自我娱乐，主要是在礼仪性活动中猎杀各种鸟类。弗吉尼亚农夫热衷的一种猎杀叫作扯野鹅。根据基督教的历法，这种野蛮的活动安排在复活节后的第一个周一——在 18 世纪的切萨皮克这是一个欢快的节庆。一只老雄鹅被倒挂在树枝上，颈项上涂满油脂。竞赛者骑在马上飞快地从这只鹅下边穿过，在此过程中奋力朝下扯鹅的头。这个游戏对骑手和鹅来说都很危险。有时选手会从飞驰的马上被扯下来，脖子折断，只剩雄鹅得意地嘎嘎叫。有的人手指会被愤怒的鹅咬下来。但在比赛过程中，鹅的颈部慢慢被扯长，被一个个选手撕裂，直到最后头部被完全扯下来，这个选手也就获得胜利。弗吉尼亚早年有个人记得，人们热烈地期盼着一场精彩的扯鹅游戏。生动的场景是这样的——人群在喧嚣，暴力层出不穷，鹅在痛苦中扭曲，落马的骑手在尘土中翻滚，最后的顶点是鹅的颈动脉扯断，骑在马上的胜利者从暴泻而下的血流中穿过。[13]

学徒喜欢玩一种叫砸公鸡的血腥游戏，通常是在忏悔节（Shrovetide）进行。一只公鸡或母鸡被绑在柱子上，一群年轻人向它扔尖利的物件来折磨它。清教徒憎恶这种野蛮的游戏，在新英格兰极力地禁止——虽然无法完全禁绝。但这种游戏在弗吉尼亚很流行，就像在英格兰西南部的情况一样，那里的一位乡绅在1668年写道："我禁不住要记下一些公共事件——在忏悔节这个斋戒的日子，人们喜欢向公鸡扔东西，杀死很多公鸡。"[14]

小男孩喜欢血腥地杀死各种鸣鸟。在德文镇，有一种类似游戏叫作"让麻雀闭嘴"。当地的历史学家这样描述："男孩子把双手绑在背后，再把一只麻雀或其他小鸟的翅尖咬在嘴里。他就蠕动嘴和牙齿把麻雀一点点地拖进嘴里，直到把它的头咬下来，小鸟则不断地啄他的脸颊和眼睛，拼命逃逸。"[15]

在血腥游戏等级的底部是男婴儿，他们在能做其他更复杂的游戏之前，就开始折磨蛇、弄残青蛙和撤掉蝴蝶的翅膀，等等。所以，弗吉尼亚每一个嗜血的男性都被允许去杀害某种动物，受害者的尺寸和他的社会等级成比例。运动串起了这个社会猎杀的链条。一位欧洲访客惊讶地看到，"每一样被称为打斗的活动都会让英国人深感兴趣"。[16]

注释

1 Wright, *First Gentlemen of Virginia*, 87; Mary Newton Stanard, *Colonial Virginia: Its People and Customs* (Philadelphia, 1917), 257.

2 *WMQ1* 3 (1894), 136.

3 Breen, "Horses and Gentlemen," 159.

4 Bruce, *Social Life in Virginia*, 201.

5 Jane Carson, *Colonial Virginians at Play* (Charlottesville, 1965), 113.

6 Thomas Anburey, *Travels through the Interior Parts of America* (London, 1789), 227.

7 Carson, *Colonial Virginians at Play*, 120-22.

8 *Diary of Thomas Isham*, 5 Sept. 1672; James Rice, *History of the British Turf* (n.p. 1879), 151.

9 Fairfax Harrison, "Racing in Colonial Virginia," *VMHB* 2 (1895), 293.

10 Thomas Jefferson to Peter Carr, 19 Aug. 1785, *Jefferson Papers*, ed., Boyd, VIII, 407.

11 Daniel Eaton to 3rd Earl of Cardigan, 12 Aug. 1725, "Letters of Daniel Eaton," NHANTRS 24 (1971), 38.

12 John Richards Diary, 26 Oct. 1698, DORSRO.

13 有关扯鹅游戏在弗吉尼亚、肯塔基、田纳西、北卡罗莱纳和佐治亚州的情况，参见 Henry Fearon, *Sketches of America* (London, 1818), 243; A. B. Longstreet, *Georgia Scenes* (New York, 1957), 97-105; J. P. Young, "Happenings in a White Haven Community, Shelby County, Tennessee, Fifty or More Years Ago," *THM* 7 (1923), 97; Guion G. Johnson, *Antebellum North Carolina: A Social History* (Chapel Hill, 1937), 111-12。

14 Thomas Aldrich to Thomas Isham, 4 March 1668, ms. 596, Isham Papers, NHANTSRO.

15 Cheyne, *The Dialect of Hartland, Devonshire*, 17.

16 Marlow, ed., *Diary of Thomas Isham*, 1658-1681, 30.

弗吉尼亚的工作方式
保王党伦理的矛盾心态

这个文化对娱乐的态度与其工作观念是有联系的。威塞克斯郡的保王派约翰·奥格兰德爵士简要概括了保王党的工作伦理。“我鄙视满足基本生活的收入和吝啬的节约，”他写道，“但我希望为我可怜的孩子们留下一些东西。”[1]

这里揭示了英国贵族和弗吉尼亚庄园主对待工作和商业的矛盾心态。要用准确、完备的语言去描述这种工作心态不太容易。弗吉尼亚贵族多数工作努力，但口里不愿意承认。他们按市场需求种植谷物，因此也介入了商业。大庄园主同时也是周边地区的零售商和银行。他们中很多人拥有商铺、船只和工厂。[2]弗吉尼亚人虽然从事这些工作，但他们并不像马萨诸塞或宾夕法尼亚人那样看重这些工作。弗吉尼亚的工作伦理因此成为文化悖论的经典案例。[3]

很多到过弗吉尼亚殖民地的人，包括美国本土人、移民和偶尔的旅行者，都证明这个社会的工作伦理很弱。早在1622年，约翰·马丁观察到，在切萨皮克，甚至印第安人“也比英国人勤劳”。[4]弗吉尼亚人也同意这个看法。从庄园主的视角看来，威廉·伯德写道：“大自然对我们很放纵，不费力气地就有丰饶的物产。男人逃避辛苦的劳作，只要挣得够吃就可以了……如果充足、温暖的阳光还没有让我们变得懒惰，疏于运动和锻炼的话。”[5]

罗伯特·贝弗利观点相似。在一本颂赞弗吉尼亚人品德的书中，他写道：“我必须……责备我的同乡们，他们确实懒得不像话。”[6]贝弗利认为这个问题根源不在气候，而是文化，尤其是弗吉尼亚人不会从“经济学”的角度想问题。“不可救药，”他告诫，“他们是多么糟糕的管家，虽然他们的乡村到处是树木，但他们的家具全部来自英格兰。”[7]

这些判断都没能准确地描述弗吉尼亚的物质环境。但若参考其他因素，它们又揭示了这个社会重要的文化态度。很多中上层的弗吉尼亚人期望像贵族那样生活。早在17世纪，英国贵族就被定义为“可以懒散地生活，不用从事手工劳动”。[8]“贵族”和“独立”两个词是同义的，“独立”在这样的语境中意味着不用从事必要的劳动。[9]但在弗吉尼亚，真正的独立还是要通过贵族鄙视的劳动来获得或维持。这就是对“基本劳动”矛盾心态的根源所在，也成为弗吉尼亚民俗的一部分。

这些工作的态度与对商业的态度紧密相连。弗吉尼亚的贵族庄园主常对贸易表示蔑视，虽然他们不得不从事贸易。他们对商人更为藐视，但同时，他们又不得不和商人打交道。威廉·伯克利总督猛烈抨击过商人贪婪的物质主义。“我们不能不感到厌恶，”他写道，“要四万人的贫穷才能换来四十个商人的富有。”[10]但对于四万个人的贫穷才能换来四十个地主贵族的富有，他并不觉得有问题。在另外一个场合，他把所有商人描述为“贪婪的人，在我们收获之前他们就用镰刀开始收割了”。[11]

伯克利也认识到商人的必要性，虽然他很鄙视他们。他主动为殖民地招募一些商人，鼓励他们兴建市场和仓库。他制定的法律规定，“任何人建立的场所，只要能吸引商人来销售或带物资过来，他们应该被认为有益于大众”。这一规定并没有说商人“有益于大众”，而是说那些能够吸引商人和物资来到弗吉尼亚的人应该被这样看待。[12]

同样的矛盾心态也出现在对待钱的问题上。弗吉尼亚人喜欢钱，但又讨厌处理和钱有关的事务。威廉·伯德的文字提供了范本。威廉·伯德对朋友奥雷里伯爵（the Earl of Orrery）夸耀说，他住得离市场很远，“半个王国的财富长期以来就安静地待在我的口袋里”，他写道。但伯德经常显示出对财富浓厚的兴趣，而且常依据财富给人们定等级（这在弗吉尼亚比新英格兰更普遍）。[13]

弗吉尼亚人对财富有相当矛盾的心理，但他们也很看重财富，虽然他们看重的并不是财富本身。财富并不被看作一种资本或生产的要素，而是用于炫耀和享受的对象。一个贵族一旦失去了和他的阶层身份相称的财富，就会让人觉得小气（在旧时代是指贪婪、吝啬）。展示财富对于弗吉尼亚人的意义，不仅是表明其在物质上实力雄厚，也是显出“自由的”精神，这是贵族理想的一部分。[14]

这种心态的经济后果就是债务。弗吉尼亚的多数大家族都深陷债务。甚至最富有的庄园主也是永远的债务人。诺米尼庄园的罗伯特·卡特欠英国债权人大笔债务。1758 年，他写道：“我的土地和奴隶的产出无法付清用于维持他们自身的花费。”他常常被迫出售一些资源以维持运转。[15] 弗吉尼亚私人债务的规模比英属北美的其他地方都大。独立战争之后，根据官方的数据，美国人欠英国债权人的债务达到三百万英镑。其中的一半（约 140 万）来自弗吉尼亚的庄园主，剩余的大半也来自邻近的马里兰地区。1776 年，至少有十位弗吉尼亚贵族欠英国债权人 5000 英镑的债务，这是一笔很大的数目。还有很多人欠账也超过1000英镑，其中包括乔治·华盛顿和托马斯·杰弗逊。[16]

经济史学家认为，弗吉尼亚贵族累计的债务主要是因为烟草生长周期长，还因为英帝国信用结构的问题。但有趣的是，长期债务也是英格兰西南部乡村贵族的生活方式。对沃里克郡贵族的研究表明，沉重的债务是这些人普遍的长期经济状况。沃里克和弗吉尼亚一样，也有一些人要比其他人节俭一些，一些季节又要比其他季节好一些。债务有时是刺激经济增长的工具，有时又是导致经济下降的原因。但长期累计的债务是日常的生活状态。[17] 在英国贵族和弗吉尼亚种植园主之间，更多的相似性在于文化而不是物质条件。

注释

1 Bamford, ed., *A Royalist's Notebook*, 230.

2 有关这个主题的文献已经有了研究，参见 John J. McCusker and Russell R. Menard, *The Economy of British America, 1607-1789* (Chapel Hill, 1985), 117-43。

3 历史地理学已经有广泛的研究。三个世代之前，弗吉尼亚贵族被认为敌视商业并且为之远离。此后的一代学者修正了这种看法，认为弗吉尼亚第一代贵族就是商人的后代，积极地介入商业活动，甚至起到核心作用。真实的情况居于两者之间。

4 Kingsbury, *Records of the Virginia Company*, III, 706.

5 William Byrd II to Charles Boyle, Earl of Orrery, 2 Feb. 1727, Tinling, ed., *Correspondence of the Three William Byrds*, I, 350.

6 Beverley, *The History and Present State of Virginia*, 296.

7 同上, 295。

8 Thomas Smith, *De Republica Anglorum*, ed. Mary Dewar (Cambridge, 1982), 63.

9 最早的美国词典在18世纪把“independent”（独立）和”gentleman”（贵族）作为

同义词。

10 Berkeley, *Discourse and View of Virginia*, 6-7.

11 Morgan, *American Slavery, American Freedom*, 147.

12 “撤销《市场及贸易管制法案》的法案”。Hening, *Statutes of Virginia*, I (March 1655-56), 397.

13 Byrd to Lord Orrery, 5 July 1726, Tinling, ed., *Correspondence of the Three William Byrds*, I, 355.

14 Collinson to Bartram, 17 Feb. 1737, *WMQ2* VI (1926), 304.

15 Morton, *Robert Carter of Nomini Hall*, 262.

16 庄园主债务的研究可参见 Timothy Breen, *Tobacco Culture: The Mentality of the Great Tidewater Planters on the Eve of Revolution* (Princeton, 1985), 128。

17 Vivienne M. Larmine, “The Lifestyle and Attitudes of the Seventeenth Century Gentleman with Special Reference to the Newdigates” (thesis, Univ. of Birmingham, 1980).

弗吉尼亚的时间方式

骑士“打发时间”的观念

1732 年，威廉·伯德在巡视地处偏远的地产时，在塔卡霍（Tuckahoe）的兰道夫家过夜。晚餐后，一位客人拿出一本《乞丐歌剧》，主客一起大声朗读这个剧本。“就这样，”伯德在日记里写道，“我们打发了时光。”[1]

“打发时间”这个观念是弗吉尼亚人和马萨诸塞人区别的地方。时间的消逝会让马萨诸塞湾区的建设者感到不安。新英格兰人清楚地意识到时间正在过去，所以这些北地的人民“善用时间”——这是弗吉尼亚的时间民俗无法容纳的态度。

这两个英语文化在时间上的差异很复杂。与新英格兰比较，切萨皮克的时间方式在某些方面比较宽松，在其他方面又比较死板。弗吉尼亚人不像新英格兰人那样执着于时间的神圣目的，他们更主要受到乡村生活节奏的控制。

17 世纪弗吉尼亚的时间主要体现着大自然自身的节律和生活的自然过程。大庄园主在时间上的用语更接近于印第安人，而不是英国的清教徒。威廉·伯德在表达时间上，用的是“很多月亮一起”这类语句。大自然自身的节律影响到他对时间的估算。[2]

这些自然节律中最重要的莫过于庄稼时间，这在切萨皮克主要是指烟草的生长季候。1800年，一位叫威廉·泰瑟姆（William Tatham）的商人仔细叙述了弗吉尼亚烟草的周期。它开始的时间“越早越好，最早是圣诞节后”，就要开始育苗。种子缓慢发芽，直到5个月后才适合移栽到田地里。那个时候，农夫才等到了种植季节。泰瑟姆解释说：

> “种植季节”指的是雨水充足，能充分湿润土地的时候……这个季节多数是在4月开始，持续很长，直到5月结束；（依照爱尔兰民俗）常常终结于6月……这个时期雨水很多……种植者在田里动作要快，不能顾及雨水让他浑身湿透。[3]

种上之后，烟草需要悉心照料。这些幼苗需要培土和除草，直到最后一遍田间操作，那时才是欢乐的时光，因为辛苦的劳动可以暂停了。这个时期，烟草的植株已经筛选过了、处于最佳的生长期，并且已经稳固了。但还必须时刻警惕生虫。泰瑟姆注意到，当这些可怕的敌人出现的时候，“所有人都要出动，挨个在植株上找虫，并杀死”。之后是收获季——这是另一个困难的时候。如果叶子剪得早了一个星期，有可能在桶里腐烂；如果剪晚了几天，又不容易很好地加工。在18世纪，种植者翘首期盼的时刻就是当叶子稍稍变灰，叶片在手指间变得沉重、易碎。当这些迹象出现，作物很快就被收割。紧接着，加工就开始了，另一个漫长、艰苦的周期及其潜在的危机也在此处接驳了。

这个烟草的周期完全制约着弗吉尼亚人的生活。由此产生了危机和平静的时期，又在让人兴奋的时刻达到顶峰。其中的大事件如最后一遍田间操作和收获季，无论是庄园主还是奴隶都要出来庆祝。切萨皮克的种植者在很多年中保持着一种传统叫作“赠与”或“家庭收获”，这种时候仆役会向主人及其夫人宣誓效忠，戴着一对涂抹了色彩、装饰了鲜花的公羊角围绕着房子转圈。[4]

自然的节律并不是弗吉尼亚人时间方式唯一的决定因素。除了作物周期，还有文化的节律，这主要受基督教历法的影响。在天使报喜节（Lady Day，3 月 25 日）之前，账目要完成整理，租金要付清；6 月 24 日是仲夏日；9 月 29 日是米迦勒节（Michaelmas）；还有圣诞节，在弗吉尼亚和英格兰南部都是一样的。重要的日子如“第十二夜”（Twelfth Night）、忏悔节（Shrovetide）、四旬斋（Lent）、复活节、耶稣升天节（Ascension）以及天使报喜节都是要热烈庆祝的日子。圣神降临周（Whitsunweek）是长假日。还有复活节后的第一个周一，霍克节（Hock Tuesday），复活节后的第二个周二等也是如此。很多圣徒的日子在切萨皮克也是要遵守的。[5]一年的顶峰是圣诞节，这是充满派对、舞蹈、访问、礼物和庆祝的时期。比如在圣诞前夜，菲利普·费西安写道：“邻居有人在这个晚上打枪，黑奴们也仿佛得到了新生活的启发。”[6]

生活中最基本的事情都要遵照这些节律。比如弗吉尼亚结婚的季节，就是由圣公会的历法和作物的周期决定的。当地人偏好的结婚日期是在圣诞节和复活节前的第七个星期三（四旬斋开始的时间）之间。弗吉尼亚人很少在四旬斋期间结婚；从复活节前的第七个星期三到复活节周日期间，圣公会教徒的传统是禁止结婚的。复活节之后，结婚的数目会有所增长，但仍然比冬季高峰期少很多。种植季结婚的数目会继续维持在很低的水平，只有在收获后才升高，在圣诞节之前的几周又会下降，这个时期英国国教是禁止结婚的。这种节律与马萨诸塞的清教徒和宾夕法尼亚的贵格会教徒都不同，但与英格兰西南部相同。在切萨皮克，这种节律很稳定，从17世纪中期一直维持到19世纪晚期。在笔者马里兰的家族里，这个节律一直持续到20世纪中叶。[7]

生育在弗吉尼亚也有其特殊的节律。春季怀孕比其他季节都多。这一规律在英属北美的多数地方也是一样，但在切萨皮克地区尤其突出——比马萨诸塞的清教徒或宾夕法尼亚的贵格会教徒更为突出。在马里兰湾区的一个教区，5月至7月怀上的孩子比2月至4月的要多一倍，2月到4月也是一年中怀孕率最低的时期。这种状况也是多种因素导致的——营养、发病率、作物周期和基督教历法等。这种怀孕周期的跨度也表明，弗吉尼亚人对季节的敏感性比新英格兰清教徒和宾夕法尼亚的贵格会教徒要强。[8]

弗吉尼亚人的生活主要是依照自然和文化的节律，而不是跟着时钟或数字历法。他们对生命的周期也是同样的思路。在一代人中，马萨诸塞的清教徒牧师通常按照数字来标记老年，即60周岁之后，而弗吉尼亚人看法不同。“年龄，”威廉·伯德二世写道，“应该按照精力的衰退、体能的削弱来计算，而不是按我们在世上生活的时间。”[9]

弗吉尼亚通常的时间方式也存在一些变异。特别是，个人的生活安排是根据社会等级来变化的。弗吉尼亚的时间也是等级化的。贵族在时间安排上的独立性显示出他们特殊的地位。17世纪弗吉尼亚和英国贵族的日记透露出他们对固定时间安排完全不以为然。例如起床的时间。在法国和英国轮流保存的布伦·雷内斯（Bullen Reynes）日记在这方面有非常有趣的记录。有的早晨他在六点或之前就起来了，有时他在床上一直睡到正午之后才起来。他早起的日子用英文记录；晚起就用散碎的法文记录：

> Jedormi tout le matiin［sic.］
>
> Je dormi jusqua deux heures［sic.］
>
> （整个上午我都在昏睡，直到下午两点才醒。）[10]

这位英国贵族无忧无虑地过日子，他自己既很享受，也由此体现出他的自主性——这是贵族地位的一个基本体现。

同时代的仆役和奴隶则是完全不同的状况。他们的时间不是自己的，而是属于他们的主人，主人命令奴隶在田野里从早到晚地工作。奴隶对白天的时间基本无法自己控制，除了周日和有狂欢的节假日。类似的时间等级制在多数文化里存在过，但很少有像弗吉尼亚这样分明的。[11]

弗吉尼亚的时间等级制依照人们控制时间的能力划分社会等级。打发时间实际变成了社会等级的一种表达。在很多个世纪中，弗吉尼亚人只要能找到闲暇的时间，他们就会用触手可及的物件来打发一下时间。他们可能掷骰子、玩纸牌、读剧本，或在切萨皮克"夜晚"（在当地文化中，这个词包含了整个下午）的黄昏里聚会。但新英格兰清教徒的后代打发时间的方式则是发明闹钟和夏令时，并把每个时刻都用于建设性目的。这是两种迥异的时间方式，体现出英属北美两种不同的地域文化。

注释

1 Byrd, “A Progress to the Mines,” in *London Diary and Other Writings*, 627.

2 Wm. Byrd to Earl of Orrery, 5 July 1726, Tinling, ed., *Correspondence of the Three William Byrds*, I, 354-55.

3 William Tatham, *An Historical and Practical Essay on the Culture and Commerce of Tobacco* (London, 1800), 16-17, 119.

4 John Gage, *The History and Antiquities of Hengrave in Suffolk* (London, 1822), 6.

5 英格兰处理年度账本的实际情况，参见 John Meriwether Diary, 25 Dec. 1711, ms. 2220, WILTRO; 有关切萨皮克地区，参见 Carville Earle, *The Evolution of a Tidewater Settlement System: All Hallow's Parish, Maryland, 1650-1783* (Chicago, 1975), 158。

6 Fithian, *Journal and Letters*, 52.

7 马里兰州安妮阿伦德尔郡（Anne Arundel）万圣教区（All Hallow）的婚姻指数，统计如下（1700—1776）：

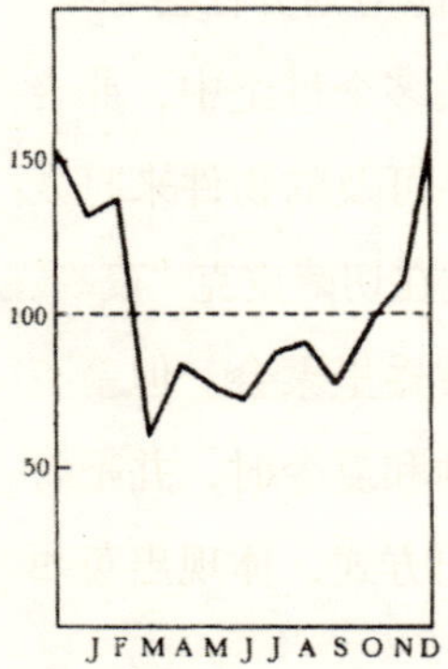

结婚的月份	结婚的比例 %	婚姻指数（中位数 100）
一月	11.0	132
二月	12.4	149
三月	5.1	61
四月	7.1	85
五月	6.4	77
六月	6.1	73
七月	7.3	88
八月	7.7	92
九月	6.6	79
十月	8.1	97
十一月	9.2	110
十二月	13.0	156

数据来源：Earle, *The Evolution of a Tidewater Settlement System*, 159; 相似的规律也出现在马里兰和弗吉尼亚的其他地方，参见 Darrett B. Rutman, Charles Wetherell and Anita Rutman, "Rhythms of Life: Black and White Seaonality in the Early Chesapeake," *JIH* 11 (1980), 29-53; and Kulikoff, *Tobacco and Slaves*, 256；也见 David Cressy, "The Seasonality of Marriage in Old and New England," *JIH* 16 (1985), 23; 关于弗吉尼亚和英格兰南部的相似性（与北部很不同），参见 Ann Kussmaul, "Time and Space, Hoofs and Grain: The Seasonality of Marriage in England," *JIH* 15 (1985), 755-79。

8 关于怀孕的周期，Carville Earle 针对万圣教区的研究产生了以下结果（1700—1776）：

怀孕的月份	洗礼的月份	年度出生比例	月份指数（月平均为 100）
12 月到 1 月	10 月	9.6%	115
1 月到 2 月	11 月	4.9%	59
2 月到 3 月	12 月	4.3%	52
3 月到 4 月	1 月	3.3%	40
4 月到 5 月	2 月	8.6%	103
5 月到 6 月	3 月	10.0%	120
6 月到 7 月	4 月	11.0%	132
7 月到 8 月	5 月	8.6%	103
8 月到 9 月	6 月	10.2%	122
9 月到 10 月	7 月	8.1%	97
10 月到 11 月	8 月	11.8%	142
11 月到 12 月	9 月	9.6%	115

数据来源：Earle, *The Evolution of a Tidewater Settlement System*, 159; 相似但不同的周期可参见 Rutman, Wetherell and Rutman, "Rhythms of Life," 30-31; Kulikoff, *Tobacco and Slaves*, 256。这些数据单指白人人口；第三卷中会讨论，黑人的季节性不同。

9 William Byrd to John Custis, 29 July 1723, Tinling, ed., *Correspondence of Three William Byrds*, I, 346.

10 Bullen Reynes Diary, 8 Sept. 1632, 5 April 1632, 27 Nov. 1632; Ms. 865/392, WILTRO; see also Richard Newdigate Diary, 12 May 1682, Ms. B 1306a-C, WARRO.

11 Kenneth Stampp, *The Peculiar Institution* (New York, 1956), chap. 2.

弗吉尼亚的财富方式

保王党的经济观念

“荣耀归于上帝，”1686 年一位弗吉尼亚的贵族写道，“我不穷也不富，但无后顾之忧，也很满足。”弗吉尼亚人对这种中庸的财富观念很有认同感。[1] 但事实并非如此。财富的分配一开始就很不平等。17 世纪晚期至 18 世纪早期，情况更加严重。虽然不同殖民地之间有所差别，但在切萨皮克湾区总的趋势是相同的。

从所有权来说，弗吉尼亚成人男性可以划分成几个群体。在顶部的是庄园主，他们拥有大多数土地，多数仆役和几乎所有的奴隶。这个统治精英阶层的规模相比其他地区的统治阶层稍大。就数量而言，切萨皮克的贵族比英格兰的贵族要多得多。当地 10% 的成人男性属于这个阶层。他们拥有弗吉尼亚 50% 到 75% 的生产资料。

庄园主之下是一个自耕农阶层，他们拥有自己的土地，亲自耕作，最多有一两个仆役。这个小土地所有者群体在 1680—1760 年一直是弗吉尼亚人口的少数，在很多郡都是很小的少数。他们占总人口的 20%—30%。

弗吉尼亚成人男性的 60%—70% 完全没有土地，财产也很少。这个无地的多数群体包含大量租地农民，他们在租来的土地上劳作求生。他们的数量在弗吉尼亚不同地区之间有差异；在有的地区，他们是绝大多数。这个阶层之下，是穷困的白人劳工、仆役和黑人奴隶。他们是农村的无产者，几乎不拥有任何财产——甚至他们自己也是被别人拥有。[2]

从 17 世纪晚期到 18 世纪早期，弗吉尼亚财富分配的基尼系数是 0.60 到 0.75。当时这个系数还在上升。[3] 这是切萨皮克地区财富分配的典型模式，远不如马萨诸塞平等，后者的多数城镇基尼系数是 0.40 到 0.60。在清教徒殖民地，由自耕农和工匠组成的中产阶级占人口的绝大多数。奴隶、仆役和租地户都很少。[4]

然而，弗吉尼亚的模式和 17 世纪英格兰西南部的情况几乎一样。历史学家合恩（J.P.P Horn）对格洛斯特郡和切萨皮克地区的财富分配进行了比较研究。他的结论是，“其相似性让人惊讶。两地都有大量的贫民，中产阶层都占人口的 30%—40%，两地的小规模精英阶层都占人口的 10%—12%”。在格洛斯特和弗吉尼亚，中产阶层都是少数，财富都集中在少数精英阶层手中。[5]

主要原因是土地分配方式，这方面弗吉尼亚与马萨诸塞判然有别。弗吉尼亚的土地属于王室。土地控制在皇家总督和议会手中。这个由大地主组成的一小拨寡头阶层在大约两个世纪中牢牢地把控着土地的分配。其结果就是和新英格兰差别极大的土地所有模式。在弗吉尼亚，只有很少的土地划给了共同体；多数直接分给了个人。分配制度之一是人头制，这种制度向每一个弗吉尼亚的移民分配五十英亩土地的“权利”——这是另一个导致弗吉尼亚多数土地被少数寡头控制的原因。[6]

弗吉尼亚土地的个人平均拥有量一直大于新英格兰。这一拥有量到伯克利总督任职的晚期达到了顶峰，平均为 890 英亩。单个的土地所有量甚至大到两万英亩，相当于 30 平方英里——这个面积大于当时马萨诸塞所有城镇面积的总和。[7]

有的个例甚至更大。一个例子是弗吉尼亚的“北颈”，这片由拉帕汉诺克河（Rappahannock）和波多马克河环绕的地区广达200万英亩。这片区域的面积是罗德岛殖民地的三倍，是查尔斯二世复辟后赏赐给保王党支持者的。土地的所有权由库尔佩珀领主托马斯（Thomas Lord Culpeper）享有，后通过继承关系转让给费尔法克斯领主托马斯（Thomas Lord Fairfax），这个家族直到独立战争仍然拥有这片土地。其他很多土地的所有权在结构上与此相似，虽然大小不同。例如贝弗利山庄面积有118,000英亩土地，是1736年授予威廉·贝弗利的，每千英亩土地他们只需每年支付租金1英镑。[8]

弗吉尼亚的大部分土地由议会授予它的成员及其亲属——卡特家族、伯德家族、沃姆利（Wormeley）家族、贝弗利家族、菲茨休家族，等等。在这方面，弗吉尼亚和新英格兰的对比非常强烈。马萨诸塞的土地管理权是由中产阶层控制的，其后果是有益于这个阶层的扩大。在弗吉尼亚，土地分配由精英阶层控制，这是他们稳固自身统治地位的工具。弗吉尼亚第一代统治家族的权力部分来源于这种物质基础。

弗吉尼亚的种植业精英不仅拥有湾区大部分可耕作的田地，也拥有大部分城市地区的土地。例如被善意地称为厄班纳（Urbanna）的商业小城，它坐落在罗斯巴德溪（Rosebud Creek）河畔，对面就是沃姆利家族的豪宅洛斯吉尔（Rosegill）。整个城市占用了沃姆利家族的五十英亩土地。沃姆利家族常年统治着厄班纳的事务，多数时候运用法律，必要的时候也利用权势。如果有一个建筑不合拉尔夫·沃姆利（Ralph Wormeley）的心意，他只需要派一个男仆跨过罗斯巴德溪，去命令人把它拆掉。[9]

庄园主对自己地产上的圣公会教堂也是予取予求。1747年，一位叫威廉·凯（William Kay）的圣公会牧师在讲道中谴责了骄傲这一品行，因而得罪了大庄园主兰登·卡特（Landon Carter）。卡特认为这是针对他的，派出“他的亲戚或服侍他的人”去把凯牧师讲道的教堂门窗全都钉上。[10]

湾区的这些大家族也控制着弗吉尼亚西部边疆未开发的土地。例如，伯德家族就控制了皮德蒙特（Piedmont）和南区（Southside）的大片野地。很多大庄园主都是如此。南部殖民地的边疆地区从没有成为促进平等的工具，相反在财富分配上强化了外来物质文化中的统治结构。

在弗吉尼亚有些地区，这些大土地所有者的租户大多数是白人。很多白人家庭并不拥有土地，甚至所住的房子也不是他们自己的。在北颈地区尤其如此，费尔法克斯家族拥有巨大的财产，该地区的绝大多数家庭都是他们的租户。北颈地区这方面比较突出，但湾区的很多郡以及皮德蒙特也有大量的租户农民。[11]

类似于拉帕汉诺克河畔的贝弗利的山庄，都是由租赁户来劳作，他们用钱、劳动和收成来支付租金。南方的分成制并不是内战之后的发明。在伯克利总督结束任期之前，这种制度已经在弗吉尼亚湾区根深蒂固了，而它的来源是英格兰南部。[12]1724年的时候，“farming”（农作）这个词还意味着英国意义上的租地事农——但在马萨诸塞这层含义已经失去了。[13]这是古老西方的回音，同时又是新纪元的开始——这种经济秩序注定要在美国南方铺展开来，从17世纪直到20世纪。

这个经济体系支撑了弗吉尼亚贵族的文化成就。同时，它也产生了一个穷困的白人阶层和被剥削的黑人无产者阶层。17世纪的弗吉尼亚有大批一无所有的农业工人。一些是签约的仆役；一些是租赁户；还有一些是自由劳工，他们不得不经常变换工作。这些困窘的劳工在切萨皮克的遭遇和在英格兰一样悲惨。他们必须从早到晚地工作。他们在库房、谷仓和肮脏的阁楼等凡是能栖身的地方睡觉。他们穿着粗糙不成型的亚麻羊毛混纺裤子，不合身的上衣用羊毛线或绿藤随便捆扎在腰间。他们吃的东西主要是玉米粥。更重要的是，剥削他们的人把他们鄙视为地上的废物。在所有这些方面，弗吉尼亚和英格兰都是相似的；马萨诸塞则是另外一个世界。[14]

贫穷的劳工虽然境遇凄凉，但还不是弗吉尼亚白人社会最低的阶层。最底层的是由圣公会教区扶助的乞丐。这个群体在弗吉尼亚一直是个社会问题，就和英格兰南部的情况一样。新英格兰城镇把多数的税收用于教会和学校，南方的教区则不得不把他们辛苦筹集的公共资金大量用于扶助穷人。这方面，他们和 17 世纪英格兰西南部又很相似。[15]

弗吉尼亚财富方式的另一个部分是继承制度。这个殖民地早期的法律就规定，长子继承和限定继承制度适用于所有未留遗嘱的死者遗产。如果有人去世时未留遗嘱，长子就继承家宅和所有的地产，这是限定继承人继承不动产，而不是非限定继承人继承不动产。这种法律对当地继承的做法有深刻影响，因为很多弗吉尼亚人去世时未留遗嘱。[16]

留有遗嘱的庄园主可以按自己的喜好作出安排。在 17 世纪早期和中期，这些庄园主很少遵循长子继承制。多数人把不动产和动产在几个子女中进行划分。新世界广阔的土地给了父母更大的空间。休·琼斯在 1724 年写道，这种做法成了弗吉尼亚的传统，“每一代土地都要在子女间进行划分，和肯特的继承制度并无不同”。[17]

但这种划分并不平等，长子通常能获得优待。如果一个家庭拥有一幢豪宅，一般由长子继承。较年轻的儿子分配得少一些，最小的儿子所获最少。1699 年弗吉尼亚庄园主约翰·华盛顿（他是最小的儿子）证明了这个传统。“我从父亲的遗产中连二十先令都没有拿到，”他痛苦地写道，“我最年幼，因而也是最弱的，所以也得不到多少东西。”[18]

随着时间的流逝，长子继承的传统在弗吉尼亚反而越来越强势。在遗嘱中把所有土地给一个孩子的比例逐渐提高。例如阿尔伯马尔郡（Albemarle）西部，在 1750 年代，有两个以上子女的财产所有者中不到 8% 的人把全部或大多数财产留给了唯一的继承人。这个比例在 1760 年代升到了 19%，1770 年代又升到了 26%。同样的趋势在滨水地区的郡里出现得更早。土地不多的情况下，父母更倾向于抛弃多人继承制。[19]

这些传统的基本目的不是服务于个人的利益，而是推动整个家族乃至地产的利益。例如纽迪吉特（Newdigate）家族的一个成员在分配沃里克郡的地产时写道：“我的夫人在世时应该享有所有这些地产，这有利于抚养我的孩子，也能提高我的土地的获利。”似乎他更在乎的是土地，而不是自己的亲属。很多英国贵族都相信，不是土地服务于子孙，而是子孙服务于土地。[20]

切萨皮克地区也有相同的想法，每个富人都不得不在个人利益和家庭利益之间作出抉择。如果每个孩子得到相同的份额，家庭的地位就下降了。例如，在马里兰，一位叫马林·杜瓦尔（Mareen Duvall）的胡格诺教徒把庞大地产平均分给了十二个子女，其中只有三个子女婚配了地位相同的家庭。剩下的人与自耕农或农夫成婚了。整个家庭因为平均分配遗产而失去了地位。[21] 总的来说，切萨皮克的继承传统与英格兰西南部非常相似。这对大西洋两岸保持社会等级制度是重要的因素。[22]

弗吉尼亚的财富方式在很多方面都与英格兰南部很相似——一小群很有权势的地主贵族，占绝大多数的无地租户和劳工，处于少数地位的中产阶级，普遍的财富不平等（基尼系数在0.60到0.75之间），深重的贫困，以及穷人遭遇的恶化。这种经济体系的兴起不能仅从市场关系或物质因素来解释，它也受到弗吉尼亚统治精英价值观的影响，并且通过社会制度传承下来。

注释

1 William Fitzhugh to William Fitzhugh, 22 April 1686; David, ed., *Fitzhugh Letters*, 174.

2 在弗吉尼亚的萨里郡，历史学家凯文·凯利（Kevin Kelly）发现，1703—1704年十一税的男性缴纳者按经济地位分布如下：

经济地位	数量（比例）
自由的土地所有者	96（11.1%）
大土地所有者（950英亩以上）	8
中上土地所有者（650—949英亩）	6
中下土地所有者（350—649英亩）	15
小土地所有者（1—349英亩）	67
自由的无土地者	344（39.8%）
不自由的无土地者	425（49.2%）
土地所有者抚养的儿子	74
白人仆役	131
黑人奴隶	220
所有十一税缴纳者	865（100.1%）
人口总额	2230

萨里是一个地势低洼、沼泽遍布的郡，隔着詹姆斯河对岸就是詹姆斯敦。依据1690

年的财产清单，当地的基尼系数是 0.55，按照当时弗吉尼亚的标准，这是一个非常平等的状况。这个郡十一税的征收对象包括 16—60 岁的男性，拥有财产的寡妇，男性仆役和奴隶。见 Kelly, "Economic and Social Development of Seventeenth Century Surry County, Virginia" (thesis, Univ. of Washington, 1972), 19, 111, 135。

3 切萨皮克地区财富分配的诸多研究得到以下结果。

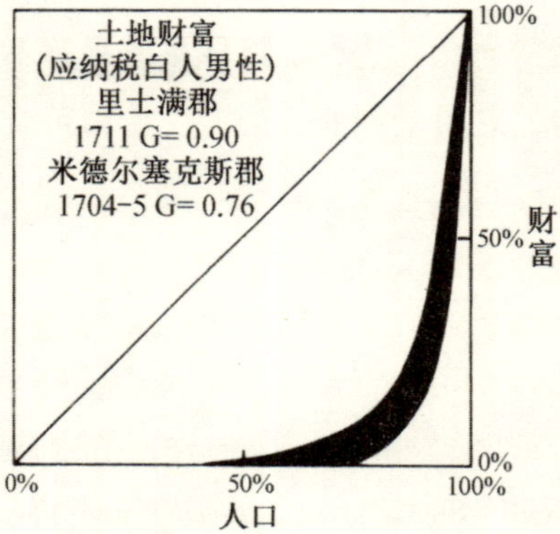

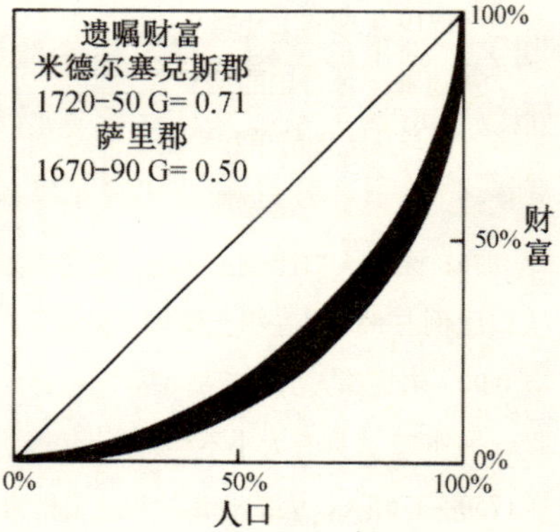

资料来源：Kelly, "Surry County"; Rutman and Rutman, *A Place in Time, Explicatus*, 117-32; Main, *Tobacco Colony*, 55; Robert E. and B. Katherine Brown, *Virginia, 1705-1786: Democracy or Aristocracy*? (East Lansing, 1964), 13, 75; Lee Gladwin, "Tobacco and Sex," JSH 12 (1978), 57。布朗（Brown）的研究忽略了租地农民，他们的数据来自 Evarts B. Green and Virginia D. Harrington, *America Population before the Federal Census of 1790* (1932, rpt. New York, 1966), 150-51。

拉特曼夫妇（Rutmans）在弗吉尼亚州米德尔塞克斯郡发现以下模式：

财富类型	时期	基尼系数	顶部 10% 的占比	底部 10% 的占比	数量
个人财富	1650—1659	0.62	50.0	4.2	23
	1700—1719	0.78	71.6	2.0	120
	1720—1750	0.71	58.7	2.7	192
仆役和奴隶	1668	0.74	58.4	0.0	83
	1687	0.85	73.5	0.0	231
	1724	0.77	60.5	0.0	254
土地	1668	0.61	47.5	4.0	83
	1687	0.74	60.5	0.1	215

续表

财富类型	时期	基尼系数	顶部 10% 的占比	底部 10% 的占比	数量
土地	1724	0.74	58.5	0.0	242

格洛里亚·梅因（Gloria Main）对马里兰财产清单的研究得到相似的结果：1656—1683 年期间个人财富的基尼系数是 0.59；1694—1705 年系数上升到 0.65；1715—1719 年期间上升到 0.73。

从遗嘱记录得出的结果低估了弗吉尼亚的不平等（比马萨诸塞或宾夕法尼亚更甚），这与从土地清单和税收记录得出的结果有很大差别，后者考虑了大量无地的成人男性。在米德尔塞克斯郡（1704—1705），白人成年男性中土地分配的基尼系数是 0.76；无地人口比例占 43%。当考虑了黑人男性后，基尼系数上升到 0.81，无地人口比例占 58%。在里士满郡（1711），财富更为集中：白人男性中的基尼系数达到 0.90，考虑黑人男性后是 0.94。在 2500 个人口中，13 位庄园主拥有 61% 的征税土地，另外 72 人拥有大小不等的土地；大多数白人成年男性没有土地。在兰卡斯特郡（1750—1755），大约一半的成年男性是奴隶；另外 25% 是白人租地农民；21 位大庄园主分别拥有 500 到 2000 英亩不等的土地。

4 与切萨皮克湾区比较，新英格兰最富有的家庭只是中等富有。马萨诸塞多数城镇完全没有像切萨皮克地区那样的大地主家族。在新英格兰，与弗吉尼亚最为接近的城镇是斯普林菲尔德，平琼家族（Pynchon）在当地非常富有和有权势，但他们即使是在巅峰时期，也只拥有当地可征税财富的 20%。从多数指标看，斯普林菲尔德的财富分配情况更接近于新英格兰的平均数，而不是弗吉尼亚的平均数。Stephen Innes, *Labor in a New Land: Economy and Society in Seventeenth Century Springfield* (Princeton, 1983), 44-47.

5 Horn, "Social and Economic Aspects of Local Society in England and the Chesapeake," 126-28; see also idem, "The Distribution of Wealth in the Vale of Berkeley, Gloucestershire, 1660-1700," SH 3 (1981), 81-100.

6 有关家庭、土地和政治的关系，参见 John Randolph to Sir Justinian Isham, 7 March 1660, Isham Mss. 499, NHANTSRO。

7 布鲁斯计算了土地授予的面积，统计如下：

时期	平均数	最大值
1607—1650	442	5350
1650—1700	674	20000

数据来源：Philip A. Bruce, *Economic History of Virginia in the Seventeenth Century* (2 vols., 1895, New York, 1935), I, 532。

8 Edward Ingle, *Local Institutions in Virginia* (Baltimore, 1885), 32.

9 Rutman and Rutman, *A Place in Time*, 216-17.

10 Wyatt-Brown, *Southern Honor*, 102.

11 阿兰·库利科夫（Allan Kulikoff）综合了很多有关租赁情况的研究结果：

地点	年代	拥有土地家庭的比例	所有家庭的总数
马里兰州乔治王子郡	1705	65%	459
	1733	58%	1204
	1755	56%	1337
	1776	45%	1669
马里兰州查尔斯与卡尔弗特郡（Charles and Calvert Cos.）	1783	47%	2805
弗吉尼亚州北颈	1787	42%	无数据
弗吉尼亚州费尔法克斯郡	1782	36%	831
弗吉尼亚州里士满郡	1782	70%	511
	1790	56%	655
弗吉尼亚州詹姆斯城	1768	70%	268
弗吉尼亚州泰德沃特（Tidewater）	1787	64%	无数据

数据来源：Kulikoff, *Tobacco and Slaves*, 135, 在自己的研究之外，他还援引了 Lois Green Carr, Gregory Stiverson, Jackson Turner Main 和 Norman Risjord 等人的研究。

12 Andrew, *Colonial Folkways*, 35.

13 Willard F. Bliss, "The Rise of Tenancy in Virginia," *VMHB* 58 (1958), 427-41.

14 Rutman and Rutman, *A Place in Time*, 130; Morgan, *American Slavery, American Freedom*, 338-43.

15 Rutman and Rutman, *A Place in Time*, 201; cf. Virginia Bernhad, "Poverty and the Social Order in Seventeenth Century Virginia," *VMHB* 85 (1977), 141-55.

16 C. Ray Keim, "Primogeniture and Entail in Colonial Virginia," *WMQ3* 25 (1968), 545-86.

17 Jones, *Present State of Virginia*, 93.

18 John Washington to his sister 22 June 1699, Ms. P1700a, NHANTSRO.

19 Smith, *Inside the Great House*, 245.

20 地产的一半在长子成年时归给了他，条件是他要为自己的妹妹准备嫁妆。纽迪吉特家族财产最小的份额归给了幼子。这在英格兰南部和西部是普遍的方式。年龄较小的儿子们还不如他们的姐妹得到的多。参见 Newdigate testament and inventory, 10 July 1610, Newdigate Mss. CR 136, C19, WARRO。

21 Kulikoff, *Tobacco and Slaves*, 267; Harry Wright Newman, *Mareen Duvall of Middle Plantation*…(Washington, 1952).

22 格洛斯特和切萨皮克的继承传统相似性的研究，参见 Horn, "Social and Economic Aspects of Local Society in England and the Chesapeake," chap. V。

弗吉尼亚的等级方式

一种延伸的次序体系

弗吉尼亚的财富方式是在它的等级秩序里发展起来的，很难用后世的语言去描述。即使在当时，它也是用隐喻性的语言被谈论的——这可能也是接近它最好的方式。例如在1699年，英国地主理查德·纽迪吉特（Richard Newdigate）用适合其身份的比喻来解释他对社会的理念。他写道，社会就像他所在的沃里克原野一样，一般人是长在田野里的杂草；贵族则是隐蔽草地的大树；神职人员则是树上挂着的浆果。[1]

这幅有趣的图景并不只是这位作者的想法。很多类似的社会等级的比喻也通过17世纪的英国移民传播到了切萨皮克。这些观念在某种程度上类似于马萨诸塞。两种盎格鲁－美国文化都保留了各种在母国既存的不平等，但两地都没有由财富决定的现代阶级体系。在这些方面，弗吉尼亚和马萨诸塞是一样的。

但在其他方面，两种等级体系又是不同的。我们已经看到，新英格兰的社会等级是被截短的，但弗吉尼亚却延伸了英国的社会等级，并进一步使之强化。在弗吉尼亚的初创期，英国乡绅们曾热烈讨论过这种等级系统。多数人认为这种等级里包含了“次序”和“级别”。1630年，一位署名“托马斯·韦斯科特绅士”（Thomas

Westcote, Gent）的人写道，在德文“有四种不同的级别（按照我的理解）”。他分别取名为“1. 贵族；2. 自耕农或农夫；3. 商人；4. 日工和雇工”。[2] 还有更为具体的描述。卡姆登（Camden）在《大不列颠》（*Britannia*）里，达格代尔（Dugdale）在日记里，都分别描述过不少于六个等级的“绅士”，还有很多其他类型的贵族。这些不同的分类在很多细节上有差别。尤其是，这些乡绅从没有清楚定义过商人在体系中的地位。托马斯·韦斯科特把他们置于“农夫”之下，因为后者都是他的租赁农人；但其他人则把商人放到接近顶部的位置；也有人把商人单独列出来，置于另外的社会体系。虽然有这些差异，但几乎所有人都赞同一个基本事实：英国乡村是一个高度复杂的等级社会——在次序和财产上等级分明。[3]

20 世纪有很多历史学家试图用唯物主义的语汇来解释这些社会秩序。但 17 世纪多数的社会等级概念并不是唯物主义的。比如，韦斯科特写道，作为贵族“并不只是因为他们继承了祖先和富有父母的财产，也是因为他们自身良好的品德，勇敢的行为，广泛的游历，学习和功劳，而被君主提拔”。[4] 威廉·哈里森（William Harrison）以相似的笔调写道：“贵族是那些种族和血液，或至少他们的品德，都很高贵并且为人所知的人。”在英国和弗吉尼亚，贵族通常被定义为古老而富有家族的子嗣，品德高尚，勇敢，名誉良好。最重要的是，贵族是一种荣誉。[5]

这个等级体系比现代阶级体系更为僵化。在 20 世纪，地位可以随着财富的变化而随时变化；所以，研究发现，社会流动性（小范围）是现代等级体系中经常的现象。而在 17 世纪的等级社会中，某些方面的变动容易受到抑制，在其他方面却比较宽松。但社会地位也容易碎裂，或被摧毁——例如失去荣誉。

所有这些特性都被带到了弗吉尼亚。从1650年到1775年期间，这个地区很少有人成功地上升到他们出生时的阶层之上。很多仆役变成了自由人，但极少有人成为土地拥有者。历史学家马丁·奎得（Martin Quitt）发现，“1706年之前，没有任何一个1640年之后到达的契约仆役在议会中获得席位”。他也发现，“明显的是，1660年到1706年期间，没有任何一位从城市或大学里选出的议员来自1640年之后移民的契约仆役”。在伯克利总督到达之前，弗吉尼亚社会体系的流动性更强。但到1676年，这里的社会次序已经相当僵化。人们很难跨越“普通人”和“贵族群体”之间的鸿沟。[6]

这个体系的心理因素是一种服从的文化，现代历史学家称之为尊重。英格兰和弗吉尼亚的乡绅认为社会地位低的人向他们表示尊重是理所当然的，他们也受之怡然。“每个人都很尊重我，”威廉·伯德在日记里不止一次这么说。[7]贵族和普通人都认可一个基本事实：社会尊重在弗吉尼亚是常态。历史学家经常引用德弗卢·贾勒特（Devereux Jarrett）的自传。他出生于最低的社会阶层。“我们都习惯仰视，把贵族作为高贵的阶层，”他记得，“对我来说，我在他们面前总是感到畏缩，谦卑地与他们保持距离。”[8]

这种关系在普通人中制造了很强烈的焦虑和畏惧感，外界的人很难理解。神职人员詹姆斯·爱尔兰记载了他与一位弗吉尼亚贵族的相遇：“我看到他骑马过来了，我从来没有遇到过如此骄傲的一个人……他的举止、态度和姿态都高高在上；他骑在一匹高大优美的马上……他的表情显得如此目中无人，就像他自己是撒旦一样。”[9]

弗吉尼亚的社会等级是一种上下分明的恭敬秩序。即使是最大的庄园主也很敏感比他们高的阶层，即国王和王族。虽然王权远在天边，但弗吉尼亚的贵族还是非常在意他们。威廉·伯德甚至梦想与王族建立亲密关系，十七、十八世纪很多说英语的人都是如此。“我……想象国王的女儿爱上我”，他在日记里曾经写道——在17世纪英国人心中常有这样的幻想，他们执着于与社会地位比他们高的人产生感情。[10]

就像弗吉尼亚贵族对国王充满恭敬一样，自耕农也要恭敬贵族，仆役要恭敬他们的自耕农主人，非洲裔奴隶必须要服从各个阶层的欧洲人。这些准则在弗吉尼亚得到普遍遵守。地位低的人很少对地位较高的人施加暴力犯罪。

恭敬有一个对应的姿态称为屈尊——它的意思在过去两百年中已经极大地改变了。在十七、十八世纪，屈尊意思是对地位低的人待以善意、正直和尊重。弗吉尼亚贵族被教导在这种意义上“屈尊”，很多人也是这样去做的。圣乔治·塔克（St. George Tucker）回忆到，在弗吉尼亚殖民地时期，“富人在马车上，或战车上，或骑在马上，但他们遇到穷人的时候，从不会忘记摘掉帽子向他们致意；在我到过的场合，他们会与法庭或教会院子里的每一个人握手”。贵族及贵夫人被教导以这种方式向地位低的人“屈尊”。[11]

但并不是所有人都这样做。社会现实和理想之间有时差距甚远。恭敬观念的黑暗面是对待穷人、弱者和不幸的人普遍的蔑视。这是一个没有怜悯的世界。查尔斯·伍德梅森（Charles Woodmason）记载了他在南卡罗莱纳州的偏远乡村与圣马可教区的成员（他们中很多人是从弗吉尼亚湾区迁徙过来）相遇的情景：

> 当我第一次来的时候，他们建议我结婚——我并不适合这种状况，我年龄也大了，没有多少年可活了，我曾从马上摔下来，阴囊被马踢中了……我告诉这些教区成员我的情况

保王主义影响下的英格兰恭敬观念的图解，见于法庭画师安东尼·范·戴克（Anthony Van Dyck）的自画像。这幅画和现今时代的自画像意蕴有别。范·戴克意图展现他所处的等级社会中的服从、义务和尊重。艺术家的右手指向一朵巨大的向日葵，左手的手指绕着一个很沉的金链条。在锡恩（Thynne）的《献给托马斯·埃杰顿爵士的象征和警句》（*Emblems and Epigrams presented to Sir Thomas Egerton*）中，向日葵被认为象征着国王和人民之间的纽带，因为“向日葵转向太阳寻求力量和养料，臣民也如此期待着君王”。同样的标志也出现在《陛下的镜子》（*The Mirror of Majestie*，1618）中，侍臣被比作向日葵，“等待着陛下的儿子”（Brown, Van Dyck, 147）。另一个义务的象征是范·戴克的金链，这是查尔斯一世赐予他的，同时还有一枚国王的肖像勋章。这种等级关系不仅存在于国王和忠王的人之间，也存在于任何较高和较低的阶层之间。

不适合，他们就当笑话讲。[12]

在所有这些方面，弗吉尼亚的等级体系与英格兰南部和西部非常相似。但在另一种意义上，这个殖民地的等级方式和母国的体系又有深刻的差别。在英国的社会等级之外，弗吉尼亚人又加上了一个更为僵化的种类，即种族奴隶制。威廉·伯克利爵士在这种制度的发展中起到了重要的作用。他首先尝试建立了印第安人奴隶贸易。1666年，他写道：

> 我认为有必要消灭所有这些北方印第安人……这对所有其他印第安人将形成巨大的恐惧、样本和教导……这样做不会有任何花费，因为他们的妇女和儿童将会支付成本。[13]

这种努力失败后，他又鼓励建立非洲奴隶制。有必要记得这种制度出现的时间。奴隶制到达弗吉尼亚的时间较晚。最早出现在这个殖民地的非洲人是在1619年；1625年的人口调查记载了23位黑人。[14]威廉·伯克利爵士第一次到达的时候，切萨皮克的黑人比新英格兰或新荷兰都要少。他们的法律地位也很模糊。奴隶作为动产的概念是在17世纪晚期到18世纪早期通过一系列法律逐渐确定下来的。这些重要法律当中有几部可能就是威廉·伯克利爵士自己写的。[15]

弗吉尼亚奴隶制的发展是一个复杂的过程——无法仅仅用经济因素来解释。以奴隶制生产方式为基础的种植农业并不是弗吉尼亚保王派精英致富的唯一通道。只要稍加想象，就会明白南方历史的另一种可能。从纯粹经济的角度讲，弗吉尼亚本可以和她的北方邻居一样，单单依靠土地投机和商业，或者依靠大规模的农业耕作而实现经济繁荣。但弗吉尼亚的统治精英另有目的。从社会目的而言，它需要一个完全被束缚在被统治地位的下等阶级。英国的乡村文化如果没有这个农村的无产者阶层就无法在新世界被复制。简单地说，弗吉尼亚的奴隶制是有其文化目标的。伯特伦·怀亚特–布朗（Bertram Wyatt-Brown）写道："……南方并不是为奴隶制而建立起来的，但奴隶制是为了使南方长存而建立的。"[16]

但这种解决方式造成了另一些问题。奴隶制残酷的现实使它所追求的文化理想大打折扣。所以又产生了一套精妙的遁词，弗吉尼亚庄园主借以来说服自己，或许还包括外人，即所谓这个特殊的系统和在英格兰乡村的既存制度并无不同。1727年，威廉·伯德二世写信给奥雷里公爵："我们可怜的黑奴相比于您苛吝对待的奴隶来说，就是自由人了；至少奴隶可以解决劳动力稀缺，从事艰苦的劳动。"[17]

还有一些用于掩饰的说词。在美国南方，奴隶很少被他的主人称为奴隶。奴隶通常被称为"我的人"，"我的手"，"我的工人"，几乎所有除"我的奴隶"之外的用词。他们被要求穿得像英国的农场工人，平时玩的是英国民间游戏，说话带有英国乡村口音，并且在弗吉尼亚庄园主的精心组织下装模作样地遵守英国生活中的普通仪式。

到最后，这些虚假的说法也没能把制造它的人自己说服。1736年，威廉·伯德坦率地向埃格蒙特伯爵（Earl of Egmont）承认，奴隶制是一个恶魔。这个阶层的人倾向于认为，奴隶制让人憎恶的地方，与其说是对奴隶的恶果，不如说是给他们的主人造成的影响。"它们毁灭了荣誉，摧毁了我们白人的工业，"他写道，"……在我的奴隶身上另一个让人不愉快的后果是，我不得不狠心对待他们。”[18]

威廉·伯德和一些大庄园主都希望能通过议会禁止奴隶贸易。但这是在他作为一个乡间贵族的身份稳固之后。或许奴隶制并不是弗吉尼亚人真正想要的东西，但它比任何其他手段更能帮助他们有效实现保守主义的乌托邦。[19]

注释

1 Richard Newdigate, ms. Dated 15 July 1699, Newdigate Papers, B 1308 a-c, WARRO.

2 Thomas Westcote, Gent., *A View of Devonshire in 1630* (Exeter, 1845).

3 William Camden, *Britannia* (1586, 6th ed. 1606, Eng. tr. London, 1610); William Dugdale, *Life, Diary and Correspondence* (London, 1827).

4 Westcote, *A View of Devonshire*.

5 William Harrison, *A Description of England*, ed. George Edelen (New York, 1968), 149; 关于荣誉可参见 Wyatt-Brown, *Southern Honor*, chap. 2。

6 奎得之所以要加上“明显”这个词，是因为他找不到从城市和大学里选出的 13 个议员（总共 345 个）的出身。其他人对切萨皮克的情况有不同的看法，但他们的证据基本来自马里兰，那个地区在 17 世纪晚期和 18 世纪早期更为开放。弗吉尼亚的社会体系在殖民地的早期较有流动性，但在威廉·伯克利爵士到达之后，就变得很僵化。奎得的证据揭示出，主要的变化是发生在 1640 年代和 1650 年代，而不是 1676 年或 1690 年。见 Martin H. Quitt, “Virginia House of Burgesses, 1660-1706: The Social, Educational and Economic Bases of Political Power” (thesis, Washington Univ. 1970), 274。

7 Byrd, Secret Diary, 410, 411, 413: *Rhys Isaac, The Transformation of Virginia, 1740-1790* (Chapel Hill, 1982), 108.

8 *The Life of the Rev. Devereux Jarratt, Rector of Bath Parish, Dinwiddie County, Virginia, Written by Himself* (Baltimore, 1806), 39.

9 Isaac, *The Transformation of Virginia*, 161.

10 Byrd, 27 Aug. 1720, *London Diary and Other Writings*, 444; 相似的梦也出现在英国占星家西蒙·福曼（Simon Forman）的日记里；参见 A. L. Rowse, *Sex and Society in Shakespeare's Age: Simon Forman the Astrologer* (New York, 1974), 20-21。

11 "Notes of St. George Tucker on Manuscript Copy of William Wirt's Life of Patrick Henry (September 25, 1815)," *WMQ1* 22 (1914); Breen, *Tobacco Culture*, 34.

12 Charles Woodmason, *The Carolina Backcountry* (Chapel Hill, 1953), 198.

13 Sir William Berkeley to Maj. Gen. Smyth, 22 June 1666, *WMQ2* 16 (1936), 591.

14 弗吉尼亚的非洲人数目在 1649 年被一位名字不详的小册子作者记录为 500 人，1671 年威廉·伯克利爵士记录为 2000 人，1681 年托马斯·卡尔佩珀记录为 3000 人。菲利普·布鲁斯估计，1700 年弗吉尼亚的黑人数目达到 6000 人。韦斯利·弗兰克·克雷文（Wesley Frank Craven）认为那一年的数目"还要大些，但不会超过 6000"。埃德蒙·摩根估计，1674 年黑人总数是 1000 人到 3000 之间，1700 年是 6000 到 10000 之间——较低的数字更为可信。*The Historical Statistics of the United States* 在这个问题上并不准确。参见 Bruce, *Economic History of Virginia*, II, 108; Craven, *White, Red and Black,* 98-103; Morgan, *American Slavery, American Freedom*, 423。

15 黑人人口在四个殖民地的变化情况如下：

年代	新英格兰	纽约	切萨皮克	马里兰	弗吉尼亚
1640	195	232	160	10	150
1680	470	1200	5438	1438	4000

资料来源：Russell R. Menard, "Population, Economy and Society in Seventeenth Century Maryland," *MDHM* 79 (1984), 71-92。

16 Wyatt-Brown, *Southern Honor*, 16.

17 William Byrd II to Charles Boyle, Earl of Orrery, 2 Feb. 1727, Tinling, ed., *Correspondence of the Three William Byrds*, III, 358.

18 William Byrd II to John Perceval, Earl of Egmont, 12 July 1736, *ibid.*, I, 487.

19 美国奴隶制的历史和非洲人的民俗在本丛书的第二卷中有详尽的讨论。这里只强调两点。第一，弗吉尼亚的文化是在奴隶到达之前形成的。第二，奴隶制的形成不仅有经济的因素，也有丰富的文化原因。

弗吉尼亚的聚居

迁徙、定居和社群的模式

1754 年，一位叫彼得·方丹（Peter Fontaine）的大庄园主指点他的弟兄如何在弗吉尼亚社会获得幸福。“这种生活能提供的最幸福状态，”他写道，“是有一小块地产，这可以……使他免于被别人讥笑和欺辱……一千英亩的土地可以避免让邻居惹麻烦。”[1]

弗吉尼亚很少有家庭能达到这样的物质目标，但很多人有这样的梦。所以，切萨皮克的定居模式和马萨诸塞差异很大。虽然政府鼓励兴建城镇，但弗吉尼亚人还是偏好散居在乡间。很多访问者都认为弗吉尼亚人这种“独居”的方式过于“散乱，让人困惑”。但他们的房子并不是随意散落在乡间。到 17 世纪中叶，一种独特的定居体系在弗吉尼亚已经形成——主要河流、大农庄和小农场周围散布着很多小的市集型乡村。[2]

这种规律并不是在新世界才出现的。英国的访问者常常会说，他们看到过类似的情况。弗吉尼亚的小城镇让他们想起英格兰南部和西部的小市场中心。威廉·休·格罗夫就认为，约克敦的市场集镇类似于萨里的里士满希尔（Richmond Hill）。[3]弗吉尼亚滨水地区的种植园经常被用来和英国的庄园社区进行比较。格罗夫观察到，大豪宅和周边仆役居住的社区“看起来很像小村庄”。弗吉尼亚的一个法国访客认为，它们“看起来就像小城”。其他来自母国的旅行者也认为这里类似于英格兰西南部的大庄园。[4] 弗吉尼亚散布的小农场也让访客觉得像英格兰南部的定居模式。罗伯特·贝弗利写道：“邻居之间的距离也和英格兰乡间一样……路况通畅、天气好的时候，人们就会聚集在一起。”[5]

由于缺少城镇，弗吉尼亚本地社区的稳固性不如新英格兰，地域之间的迁徙率高出很多。自由白人在一个地方持续居住（以十年为界）的比率在 17 世纪的弗吉尼亚只有 40%—50%，而在马萨诸塞的城镇，这个比率大多是 60%—70%。[6] 弗吉尼亚人迁徙的规律比新英格兰更加等级化。对马萨诸塞地域迁徙的研究发现，富人和穷人在定居方面没有什么差异。但在切萨皮克地区，这个差异非常大。[7]

对英国人迁徙行为的研究采用的方法不便于进行直接比较。但进一步的证据表明，切萨皮克地区的定居率和多数弗吉尼亚人的英格兰来源地是相似的。比如弗吉尼亚州北汉普顿郡的迁徙比率和英格兰北汉普顿郡库格诺（Cogenhoe）教区几乎一样。[8]

这种迁徙与定居的特点对弗吉尼亚人的社群方式有影响。弗吉尼亚人的基本生活单位是家庭和农村的“邻里”——这个词在十七、十八世纪主要用来描述 10 到 20 个临近的家庭形成的社区。切萨皮克农村邻里的大小和英格兰西部是一样的。[9]

随着世代更替，邻里之间逐渐变成亲戚的族群。血亲和婚姻的纽带形成越织越密的网络。这个邻里 - 亲戚族群里的成员一起工作、一起玩耍，也一起去教会和法庭。他们互相借贷，也变成信用和以物易物的关系网。群落之间也彼此交换礼物。送礼物的最佳时间是新年。表亲和邻里之间交换的礼物包括甜面包、石榴、阉鸡、辣椒、烟管和瓷碟等。这种传统在英格兰南部尤其强烈——比北方和东盎格鲁都强。“在英格兰，赠送新年礼物最自由的地方是苏塞克斯，”一位贵族 1622 年记载到。弗吉尼亚这方面的传统也比新英格兰强。[10]

在高层精英中，社群关系的模式稍有不同。弗吉尼亚的精英阶层喜欢和距离较远的精英们保持良好的关系。但在其他方面，这些关系的结构与中等家庭邻里之间是相同的。贵族之间也会发展出越来越多的表亲关系，共同工作和居住在一起的频率越来越高。[11]

大西洋两岸的日记记载了这种社群关系的密度：

> 1649 年 4 月 10 日，与托马斯·威尔布里厄姆爵士（Sir Thomas Wilbraham）聊天，我的表亲有托马斯，来自德福德（Derfold）的罗格·威尔布里厄姆，彼得，约翰·贝洛特（John Bellot），莫吉尔（Morgell）先生，艾德·尼恩豪（Ed. Nyonhall），还有其他人。
>
> 4 月 11 日，在拜德斯里（Baddesley），无事可记。
>
> 4 月 12 日，在拜德斯里。这一天我的表弟彼得·威尔布里厄姆和他的妻子，表妹雷切尔·洛锡安（Rachel Lothian）和爱丽丝·威尔布里厄姆都在这里。
>
> 4 月 13 日，在斯多克（Stoke）。表弟罗格·威尔布里厄姆和表兄贝洛特下午来了。[12]

这些邻里都对陌生人充满兴趣。一位韦斯特的乡民在英格兰旅行，从萨默塞特到伯克郡，他观察到很多这种心态。在萨默塞特的卡里城堡（Castle Cary），他写道，“很多人围拢来问我从什么乡村来的”，虽然他离自己的家仅仅几英里。在汉普郡的安多佛（Andover），还有伯克郡的雷丁（Reading），同样的事情都发生在他身上。同样的态度也出现在弗吉尼亚。[13]

在英格兰西南部和弗吉尼亚滨水地区，社群关系的节奏都是一样的。平日里，人们在农场和种植园工作，主要和家人以及邻里在一起。但在去教会和法庭的日子，社群关系的范围就突然发生了变化。弗吉尼亚所有等级的人都聚集在教区的教堂和郡法庭，人们喜欢在这种地方进行交易、比赛、赌博、聚会和家长里短。

滨水地区的这种模式和英格兰西南部的传统非常相似。17 世纪德文郡一位富有的自耕农威廉·霍尼韦尔（William Honeywell）详细记载了英格兰靠近埃克塞特市（Exeter）的韦斯特村，那里的生活模式几乎一模一样。多数日子里，霍尼韦尔在自己的地里劳动。他日常接触的是他称为“主要朋友”的邻里，他在遗嘱里对这些人都给予了回报：

> 给我最重要的朋友斯特普尔希尔（Staplehill）先生 40 英镑，给乐观而忠诚的朋友伊斯特彻奇（Eastchurch）先生 30 英镑，给我最棒的朋友西蒙·克利福德（Simon Clifford）先生 20 英镑，给我长久的朋友博伦（Bollen）先生 20 英镑，给我密切的朋友和表弟埃克森的巴格韦尔（Bagwell of Exon）先生 20 英镑，给我信赖的朋友奥古斯汀·拉克利（Augustine Rackley）先生 5 英镑，给我充满爱心的老朋友西蒙斯先生 5 英镑。

威廉·霍尼韦尔每年有几次在法庭日去郡政府所在的城里：

> 8 月 6 日（1602 年）——我收割了黑麦……8 月 10 日——我骑马去了埃克塞特市议会所在的地方，我和马都好好地待

在那里，花了一点钱……8 月 11、12、13 日——我继续待在议会。我买了一双鞋，花了 2 先令 6 便士。我买了一双高跟靴，和一双鞋，花了 9 先令。我和马在那里待了一个星期，花了 15 先令。

威廉·霍尼韦尔的日记还显示，周日对于德文郡的乡村是娱乐的日子：

8 月 22 日——我去了杜鲁萨姆教会。晚祷之后，我去玩了板球。[14]

这些社群模式和英格兰西南部经济生活的结构紧密地交织在一起。这个地区的居民并非隔绝于世的农民。他们的社交生活很大一部分是市场关系。德文郡的自耕农威廉·霍尼韦尔积累了价值数百英镑的财产。他的财产并没有闲置在金库里，而是以十英镑或二十英镑的数额贷给了周边不同阶层的人。多数借贷人每一英镑支付的利息是一先令（即 5% 的利率），这是当地的传统做法。少数人以无利息的方式借贷。多数的贷款是短期的交易，在圣诞节、圣烛节或天使报喜节就结清了。

总体来说，这位德文自耕农的财富大部分是流动资本，他谨慎地将其投资在本地的金融市场，并带来可观的收入。例如在 1660 年，他记载的总资产价值 440 英镑，其中 220 英镑是股票和家庭物资，211 英镑贷给了邻居。与此同时，他欠其他人 80 英镑。[15]

这是一个没有资本家的资本市场，没有银行的金融市场，和没有中介的金钱市场。它是家庭、朋友和邻居之间形成的小额交易网络。很多乡民不分等级或地位把部分财产投入到这个市场中。契约不是书面的，而是有证人在场的情况下，彼此达成。所以，社区的记忆为交易作了记录。口头合同被认为是有效力的：

> 1599年1月14日。我同意与休·克兰皮特（Hugh Clampitt），即阿瑟·霍恩（Arthur Horne）的女婿合作，在伟腾（Riddon）修建一个谷仓……我要支付他56先令8便士，如果我带水到场地，他同意少收5先令。休·克兰皮特发誓说他一定完成工作……这个合同是我们两之间达成的，有乔治·默奇（George Murch）在场，我先付了他4便士作为定金。[16]

有的交易变成三方的行为，即债务和债权转移到第三方。

> 1601年6月23日。我在6月23日借给莫乍得（Morchard）的迪克·德雷克（Dick Drake）5英镑（旧金子），2个皇家玫瑰①，5个天使金币，和一枚二十先令。他一再发誓不会与别人进行交换，但他要拿给他的阿姨，并且可以兑换成银币：他以健全的灵魂保证他会全部还回来，在场有我的姐姐伊丽莎白。[17]

在这则记录的空白处，霍尼韦尔后来写道："托马斯·克劳福德夫人还了钱。"

当威廉·霍尼韦尔的贷款得不到清偿的时候，他会借助法律，甚至对自己家里的成员也是如此。但他遭遇到了英格兰南部的乡村

① 货币单位，1皇家玫瑰等于2英镑。——译注

法庭中习见的混乱状况。很多这种小官司在没有律师的条件下进行审判，并且由本地的贵族成员作出决定。切萨皮克庄园主的日记里描述的情况与英格兰西南部日志里的一样。[18]

这种社群体系显示出一种社会关系和社会归属的特殊观念，荣誉在其中起着很大的作用。很多东西取决于一个人在邻里、朋友和家庭成员眼里的地位。而弗吉尼亚人又恰恰把这种东西看得很重，认为与荣誉休戚相关。

荣誉在弗吉尼亚由两种观念组成。一个是历史学家伯特伦·怀亚特－布朗所称的“主要荣誉”，意思是肉体上的气魄和意志上的坚韧——简单地说，荣誉就是指勇气。纳撒尼尔·培根（Nathaniel Bacon）在1676年正是凭着这种观念，喊出了：“快来看吧，我金子般的心灵。他虽死在战场上，却是躺在荣誉里归来。”[19]另外一个观念与高贵的出身、教养、品格和良好的行为有关。这里所谓荣誉实际指的是品德。1616年一位英国的道德家写道：“荣誉真实的定义是一种让人敬畏的品质，让一个人为另一位不凡的品质而倾倒，包括善良的品行和显著的功劳等，所以它所指的并不是财富，而是品德，这才能成就一个有荣誉的人。”一个有荣誉的人不会撒谎、欺骗、偷盗或背叛他的家庭或朋友。他不会不忠心、怯懦或庸俗。[20]

荣誉作为勇气和荣誉作为品德这两种观念互相交织，对弗吉尼亚的文化贡献良多。荣誉也是一种有等级的准则。出身高贵的贵族天生有荣誉。自耕农荣誉较低，但他们的行为被认为是符合荣誉的。仆役几乎就没有荣誉，而奴隶完全没有荣誉。但每个阶层的人都重视自己的名誉，其重视的方式当代世界很难理解。

弗吉尼亚人行为犯规的时候，他们受到的惩罚是公共羞辱。通常的惩罚措施是羞辱他们，采用的方法和清教徒的新英格兰有时是相同的。弗吉尼亚一个歹徒被命令“在周日礼拜的时候……手持白色指挥棒站在白色的毯子上”。这个传统在英格兰的教区教会里有悠久的历史，那里的人们被要求“光头，光脚，光腿”，用白色的毯子“从肩到脚”包裹起来，同时手里要拿着白色的棒子。[21]

耻辱有情感的力量，但今天却已丧失。在17世纪针对诽谤罪的一个诉讼中，一位妇女说：

> 她永远生活在耻辱中
> 眼睁睁看着自己的好名声死掉。[22]

这种死亡的描述是合乎时宜的，因为在那个文化中，名誉的丧失相当于社会死亡。在17世纪弗吉尼亚和新英格兰的礼仪中，荣誉和名誉、羞辱和耻辱都非常重要，只是方式不同而已。

注释

1 Peter Fontaine to John and Moses Fontaine, 15 April 1754, in Ann Maury, *Memoirs of a Huguenot Family* (New York, 1853), 340-42; quoted in Jan Lewis, *The Pursuit of Happiness*, (Cambridge, 1983), 12.

2 Thomas Glover, “The Account of Virginia,” *The Philosophical Transactions and Collections to the End of the Year 1700…*, ed. John Lowthrop (London, 1716), III, 569.

3 Stiverson and Butler, “Virginia in 1732,” 18-44.

4 *Ibid.*, 26; see also Isaac, *Transformation of Virginia*, 35.

5 Beverley, *The History and Present State of Virginia*, 308.

6 十一税对象的定居率原始数据如下：弗吉尼亚州北汉普顿郡，1664—1674，

45%；1665—1675，43%；1666—1676，42%。在弗吉尼亚州萨里郡，1668—1678，46%；1678—1688，47%；1688—1698，45%。与新英格兰的定居率作比较是存在问题的。弗吉尼亚的研究单位是郡，而在新英格兰是城镇。郡一般比城镇要大。当研究单位面积增大的时候，定居率也会提高，反之亦然。所以，马萨诸塞和弗吉尼亚定居率的差异比表面上看起来要大。但切萨皮克的死亡率比新英格兰要大；进一步提炼后的定居率（弗吉尼亚的数据无法计算）两地之间的差距比原始数据要小一些。数据来源：Kevin Kelly, “Economic and Social Development of Seventeenth Century Surry County, Virginia” (thesis, Univ. of Washington, 1972); Edmund S. Morgan, *American Slavery, American Freedom* (New York, 1975), 427。

7 阿兰・库利科夫发表了马里兰州乔治王子郡的迁徙率（1733—1743）如下：拥有土地和奴隶的家庭，15%；拥有土地或奴隶的家庭，29%；长期居民，但没有土地或奴隶，39%；新移民，没有土地或奴隶，58%；租户的儿子，65%；郡里没有亲戚的劳工，75%。Kulikoff, *Tobacco and Slaves*, 93.

8 彼得・拉斯利特找到北汉普顿郡库格诺教区（有很多人移民到弗吉尼亚）的两份人口清单。库格诺教区定居率的初始数据是1618—1628年，48%，和弗吉尼亚州北汉普顿郡的比率几乎一样。参见 Peter Laslett and John Harrison, “Clayworth and Cogenhoe,” in H. E. Bell and R. L. Ollard, eds., *Historical Essays Presented to David Ogg* (1963); 修正版发表在 Peter Laslett, *Family Life and Illicit Love in Earlier Generations; Essays in Historical Sociology* (Cambridge, 1977), 50-101。

9 切萨皮克与英格兰西部的邻里面积相似性的证据参见 Horn, “Social and Economic Aspects of Local Society in England and the Chesapeake,” 286。

10 Bamford, ed., *A Royalist's Notebook*, 4.

11 John Richards Diary, DORSRO, 这份日记在描述表亲和邻里之间的信贷关系时，特别完整，而且常常充满有趣的细节。参见1692年和1697年间的记录。

12 Manwaring Diary, 10 April 1649, ms. DDY 384/1, CHESRO.

13 Cannon Memoirs, 1707, SOMERO.

14 F. J. Snell, “A Devonshire Yeoman's Diary,” A 26 (1892), 254-59.

15 同上，257。

16 同上，256。

17 同上，257；参见 Christopher M. Gerrard, "Taunton Fair in the Seventeenth Century: An Archaeological Approach to the Historical Data," *SANHSP* 128 (1985), 65-74。

18 Francis Taylor Diary, SHCUNC.

19 "Bacon's Speech at Green Spring," *WMQ1* 3 (1894), 121; Wyatt-Brown, *Southern Honor*, 82.

20 Wright, *First Gentlemen of Virginia*, 10.

21 Clara Ann Bowler, "Carted Whores and White Shrouded Apologies: Slander in the County Courts of Seventeenth Century Virginia," *VMHB* 85 (1977), 411-26; William Andrews, *Old-Time Punishments* (1890, rpt. Williamstown, 1977), 164-75.

22 *Charles County Court Proceedings*, 1662, MDA LIII, 319.

弗吉尼亚的秩序方式

圣公会关于等级秩序的观念

在17世纪的弗吉尼亚，秩序实质上意味着等级。这种观念的经典表述出自圣公会有关服从的讲道，后者在当地的教会中是常备文本：

> 大能的上帝创造了宇宙万物、土地和水，并使其具备完美的秩序。在天堂里，他设定了不同的秩序，并让天使长和天使各安其职。在大地上，他指派并任命了国王、王子和他们之下的主管，所有人都各安其分……太阳、月亮、星辰、彩虹、雷电、树木、种子、植物、羊群、玉米、绿草和所有的野兽都各有秩序……人自身有完整的结构……他身体的各个部分也处于一种有益、必要和令人愉快的秩序中。不同程度的人有自己的职业、天职和职位，也各有其职责和命令。一些人品级较高；一些人较低，所有人都相互效力。[1]

这种有关秩序的等级观念的反义词是混乱或混合，两个词是近义词。例如在临近的马里兰州，保王派作者乔治·奥尔索普（George Alsop）把秩序定义为混乱的反面；而混乱意味着“在相反和不正确的范围里来回变化”。[2]

弗吉尼亚维护秩序的制度和秩序的概念本身一样是等级制的。最重要的秩序维护者不是新英格兰那样选出来的城镇法官，而是以国王的名义任命的郡警察。在17世纪，这种部门是由弗吉尼亚自己建立的，并且在美国南部和西部延续至今。法律要求警官居住在他服务的郡。传统上，他应该是本地的有地贵族。1623年，麦克·道尔顿（Michael Dalton）发表了有关警官职责的文章，“意图鼓励本地的贵族，因为这个部门的职责仰赖于他们”。[3]

在弗吉尼亚的一些郡里，警局由贵族法官轮流把持。在其他地方，它又是一种帮助性任命。约克郡的法官曾举荐拉尔夫·兰利（Ralph Langley）上校，因为“警局的职位对他目前困难的处境是一种帮助”。[4]

但具体工作并不是一份闲差。警长是郡里首席行政官。他的责任是组织法庭，选择陪审团清单，维护和平，保护教会，执行司法惩罚，管理监狱，并保持郡的纪录。

警长不必亲自去做这些事情。贵族不会亲自干活，但要指导他人做事。就像医生不必亲自割开身体（理发师或手术师的工作），律师不必亲自公证遗嘱（那是公证人的事情），警长也不必亲自去抓肮脏的罪犯。这些事情都交给下级警官、副手、典狱官、郡鞭刑人和法庭书记官，他们负责在弗吉尼亚完成维持秩序的危险工作。贵族法官有时强迫一个罪犯去惩罚另外一个罪犯。有个罪犯被判处去执行绞刑，还有罪犯被命令在颈手枷上砍掉一个犯人的耳朵。[5]

同样的等级观念也用于处理违反秩序的人。弗吉尼亚的罪犯所受的处罚根据其所处的阶层有所区别。除了最严重的罪行之外，有文化的罪犯可以诉请“神职人员的特典（不受法院审讯）”。在高声朗读了圣经里的“免罪诗”后，[6]他们可以逃避绞刑，只是在拇指的指腹部打上烙印。贵族罪犯有时被判处打上“冷钢印”，这不会留下印记，避免了损坏他们的名誉。但穷人和没有文化的人就只好上绞刑架。[7]

死刑在弗吉尼亚很普遍。与母国一样，上百种重罪都是死刑，这与清教徒殖民地截然不同。从 1737 年到 1772 年的 37 个弗吉尼亚法庭开庭期，有 164 例重罪，并不许诉请神职人员的特权。其中有 125 位被执行死刑。[8]

死刑的方法和英格兰相同。罪犯被车运到绞刑架边，有时绞刑架就架在罪行发生的地方。罪犯被强制站在车里，颈上绕着绳子，他可以面对看热闹的人发表最后的演说。然后车向前行，他被留在空中踢腿、哽咽。有时绞架上的人死得很慢。1738 年，最终认罪的杀人犯安东尼·迪顿（Anthony Ditton）悬在绳子的末端来回摇晃，执行绞刑的人为绞死他抓住了他的腿，却扯断了绳子。迪顿掉在地上失去了知觉；他醒来后又爬上车，再次被执行了死刑。[9]

惩罚不会终结于死刑。尸体会送给医生分解，如果是最可耻的罪行，尸体会成串地挂在公路旁以警示世人。海盗的尸体会成群地挂在河边。在一个称为“血崩”的程序中，罪犯的财产会被王室罚没。这在弗吉尼亚殖民地也曾执行。[10]

除了法律的暴力之外，还有多种形式的习俗暴力。这些并不是偶然或随意的举动。法律之外的暴力受到不成文规则的许可和限制，大致情况如下。第一，弗吉尼亚的习俗暴力是等级性的。它通常被等级高的人用来对付等级较低的人，有时也用在同等级之间，但极少被等级低的人用来针对等级高的人。暴力被认为是主人对付仆役，丈夫针对妻子，父母针对孩子，贵族针对普通人的合法工具。但仆役针对主人，或普通人针对贵族的暴力则会遭到严厉的惩罚。

第二，弗吉尼亚这些合法的社会暴力适用的情况是因为社会或道德的违规行为冒犯了上层人的权威，或同等级人的荣誉。传统形式上，这些暴力有不同尺度。它们通常与冒犯的严重程度、冒犯者的社会地位和被冒犯者的等级相对应。但有时暴力会超过界限。

威廉·伯德的日记记载了很多习俗暴力的例子：

> 1720年4月4日，我的婢女罗斯偷杰克的羊没有得手，我命令鞭打她……
>
> 1720年4月26日，我走回家中，路上我打了侍从，因为他喝醉了，还粗鲁地开玩笑……
>
> 1720年8月4日，詹妮因为几个错误被鞭打了……
>
> 1720年8月7日，我的下人喝了我给的苹果酒都醉了，我很生气，并威胁他们，如果再让我看到他们喝醉，就会受到惩罚。

经常有针对仆役和奴隶使用的暴力和折磨。例如1709年伯德对待一个叫尤金的小男仆：

> 1709年2月8日，詹妮和尤金被鞭打了。
>
> 1709年6月10日，尤金因为逃跑被鞭打了，我又让人把鞋子放在他头上。我做了祷告，今天身体健康，思路清楚，心情也很好，感谢上帝。
>
> 1709年11月30日，尤金因为尿床被鞭打了。
>
> 1709年12月1日，尤金被鞭打了。

1709 年 12 月 3 日，尤金又尿床了，我逼他喝了点尿。

1709 年 12 月 10 日，尤金尿床，我逼他喝了点尿。

1709 年 12 月 16 日，尤金懒散不做事，被鞭打了。[11]

这个惩罚持续了好多年：

1712 年 9 月 18 日，我发现尤金打瞌睡，不去工作，我狠狠地打了他一顿。

有时仆役会抵抗——不是用暴力，因为这会招致严厉的惩罚，而是大声说他不愿意受鞭打。有的主人遇到这种抵抗，会放弃惩罚，或找到其他的惩罚方式。但通常的反应和威廉·伯德一样，坚持执行并把惩罚升级，毫无回旋余地：

1720 年 6 月 17 日，我发现男仆约翰尼（Johnny）喝醉了，我威胁要打他。他说我不应该，所以我打了他三十鞭。晚餐之前我读了些拉丁文，然后吃了点冷火腿和沙律。晚餐后我打了一个盹儿……[12]

有意思的是，威廉·伯德也用习俗暴力对待妻子、孩子、仆役、奴隶和动物，尤其是动物：

1720 年 7 月 2 日，我走路去种植园，我用箭射了一只老狗，因为它攻击我，但我没有杀死它。

1720 年 7 月 23 日，我和仆人一起步行，杰克告诉我几匹马毁坏了一桶烟草，我让他看看如果不够健壮的就射杀了。我祷告之后就休息了。[13]

威廉·伯德认为自己既是人、也是动物的父性家长。这种源自英国古老民俗的态度，与古时献祭品的封建法律有关，这种法律要求任何引起致命伤害的动物被处死。

等级暴力在从英格兰带到弗吉尼亚之前，以同样形式存在了很长的时间。一个著名的例子是涉及领主洛夫莱斯（Lovelace）的连环暴力：

洛夫莱斯领主看见一个婢女在厨房里拿着烤肉叉追赶一只狗，就杀死了她。女孩的情人出于报复，用相似的办法杀死了洛夫莱斯领主。[14]

弗吉尼亚的小女孩萨里·费尔法克斯（Sally Fairfax）在信里记载了一件相似的连环暴力，并且描述了自己的感觉。她看到一只猫抓伤了一个奴隶，奴隶反过来杀死了这只猫。费尔法克斯小姐并不是为猫而感伤，而是对奴隶感到愤怒：

那个讨厌的亚当晚上愤怒地杀死了一只可怜的猫，因为她偷吃了他手上的肉，还擦伤了他的手。这个讨厌的恶棍是个新黑奴，如果他是我的，我就把他砍碎，或让他在枪口下求饶、变成一个好黑奴，他真应该用右手杀死自己。[15]

其他社会暴力发生的情景不同。任何邻居、陌生人或亲戚闯入一个有地贵族的地界，不及时离开，他就会受到暴力对待。一位英国乡绅记载了多塞特的一件事情：

> 我看到一群猎狗跟随一个马背上的人闯入了我的绿地，上了我的白垩山……我严厉地咒骂了他，驱散了他的狗，禁止他以后再来，否则我会杀掉他所有的狗，并且吊死他，他匆忙地离开了，还发誓以后不再来。[16]

弗吉尼亚的贵族处理方式是一样的，他们对闯入者也是暴力相向。[17]

这种等级制的暴力在弗吉尼亚很普遍，但穷人针对富人或平民针对精英的暴力非常少见。威廉·伯德写信英国的朋友说："我们门都不锁，非常安全，不用带任何武器或保卫就可以去乡间的任何地方。"[18] 即使是对当权者有象征性的轻微反抗也会遭到不可想象的可怕惩罚。例如，理查德·巴恩斯（Richard Barnes）因为非难了怀亚特总督，就被判处打碎武器，舌头穿洞，还被罚穿过 40 个护卫组成的人墙，"遭到所有人的殴打"，"被推倒在地，从城堡里踢了出来"，还被罚 200 英镑，并从殖民地驱逐。[19]

在这个方面，弗吉尼亚第一代贵族与英国贵族一样，会残酷镇压暴力反抗他们的人。例如 1631 年，怀特郡一个因公路抢劫被定罪的鞋匠用碎砖扔法官。鞋匠当场被抓住。他的手被砍下来，钉在绞刑架上，然后他在那里被吊死。这样，所有人都能看见冒犯上等人的行为所受到的惩罚。[20] 总体而言，这个暴力体系本身就是一种秩序，它在弗吉尼亚等级森严的程度丝毫不亚于英格兰南部。在两地，它的社会功能其实是一样的。

切萨皮克殖民地的刑事法庭不如新英格兰活跃。刑事诉讼的比率还不到新英格兰的一半。[21] 切萨皮克刑事犯罪的分布和新英格兰也不同。在马里兰的五个郡法庭，违背秩序的犯罪不到新英格兰的一半，但暴力犯罪的比率是后者的两倍还多。[22]

各种犯罪的频率在两地也有不同。性道德犯罪的诉讼在马萨诸塞主要是私通，而在马里兰主要是通奸。违反秩序的犯罪在清教徒殖民地主要是安息日的违法，不信神的语言，渎神的行为，懒散和谎言；但在切萨皮克，这种犯罪几乎全是搅扰和平秩序，不合乎规范的行为和酗酒，还包含暴力行为。[23] 在给被告量刑的时候，切萨皮克的法庭倾向于按照社会等级给予歧视性待遇。主人通常会被宽大处理，仆役则面临严刑峻法。男人受到的刑罚又比女性要轻。新英格兰在这些方面大为不同，等级上的歧视较为少见，并且在多数案例中，男女的处罚是一样的。历史学家马克·所罗门总结说，马萨诸塞和马里兰的刑事司法体系目的不同——前者是为守住礼仪，后者则是为维持等级。

注释

1 “An Exhortation to Obedience,” *Book of Homilies* (1562). 到 17 世纪中叶，这仍然是弗吉尼亚圣公会教会的读物。这方面有益的探讨，参见 Terence R. Murphy,“The Early Tudor Concept of Order,” in Emilio C. Viano and Jeffrey H. Reiman, eds., *The Police in Society* (Lexington, Mass., n.d.), 75-87; Keith Wrightson, “Two Concepts of Order…,” in John Brewer and John Styles, eds., *An Ungovernable People; The English and Their Law in the Seventeenth and Eighteenth Centuries* (London, 1980), 21-46。

2 Gorge Alsop, “A Character of the Province of Maryland” (1666), rpt. In Clayton C. Hall, ed., *Narratives of Early Maryland*, 340-87.

3 Michael Dalton, *The Office and Authoritie of the Sherifs* (London, 1623, rpt. 1682, 1700).

4 Cyrus H. Karraker, *The Seventeenth-Century Sheriff: A Comparative Study of the Sheriff in England and the Chesapeake Colonies, 1607-1689* (Chapel Hill, 1930), 77-78.

5 Arthur H. P. Scott, *Criminal Law in Colonial Virginia* (Chicago, 1930), 316.

6 免罪诗是这样的:“神啊,求你按你的慈爱怜恤我,按你丰盛的慈悲涂抹我的过犯。”

7 神职人员的特别待遇很少发生在新英格兰。那个地区仅发现了两个案例——其中一个是在缅因州的约克郡(1736),一个是波士顿大屠杀之后对英国士兵的审判(1770)。但在弗吉尼亚有成百个案例,见 Arthur Lyon Cross, “Benefit of Clergy in American Criminal Law,” MAHSP 61 (1928), 154-81; George W. Dalzell, *Benefit of Clergy & Related Matters* (Winston-Salem, 1955); Hugh F. Rankin, “Criminal Trial Proceedings in the General Court of Colonial Virginia,” *VMHB* (1964), 50-71。

8 Rankin, “Criminal Trial Proceedings,” 50-74.

9 *Virginia Gazette*, 24 Nov. 1738.

10 Rankin, “Criminal Trial Proceedings,” 71.

11 Byrd, *London Diary and Other Writings*, 435; Wright and Tinling, eds., *Secret Diary of William Byrd*, 2, 46, 112, 113, 117, 119.

12 同上,419。

13 同上,424, 431。

14 Mary Isham to Sir Thomas Isham, 9 Dec. 1677, Isham Mss. 1007, NHANTSRO.

15 Morgan, *Virginians at Home*, 19.

16 John Richards Diary, 13 Oct. 1701, DORSRO.

17 Byrd, *London Diary and Other Writings*, 433.

18 William Byrd II to William Beckford, 6 Dec. 1735, Tinling, ed., *Correspondence of the Three William Byrds*, II, 464.

19 Scott, *Criminal Law in Colonial Virginia*, 150.

20 W. S. Holdsworth, *A History of English Law* (13 vois., London, 1922-52), V, 348.

21 在马里兰五个郡法庭(1658—1679),每十万件案子中年均有 248 件刑事诉讼;在新英格兰的四个郡,则是每十万有 561 件。Saloman, “Community and

Hierarchy", 42.

22 马克·所罗门总结了马里兰法庭刑事诉讼的结果如下：

犯罪对象	马里兰整体	查尔斯郡 1658—1674	托尔伯特郡 1662—1674	肯特郡 1668—71	萨默塞特郡 1665—1671	乔治王子郡 1696—1699
秩序	52（31%）	6（13.6%）	3（10.3%）	15（50.0%）	1（16.7%）	27（46.5%）
性道德	60（35.9%）	19(43.2%）	18(62.1%）	7（23.3%）	3（50.0%）	13（22.4%）
财产	29（17.4%）	9（20.5%）	5（17.2%）	3（10.0%）	1（16.7%）	11(19.0%）
人	26（15.6%）	10(22.7%）	3（22.7%）	5（16.7%）	1（16.7%）	7（12.1%）

资料来源 : Saloman, "Community and Hierarchy," 43-51。

23 同上，43-44。

弗吉尼亚的权力方式

法庭和教区委员会里的政治

1685年，法国清教徒贵族杜兰德·德·多芬（Durand de Dauphine）因为宗教信仰的关系被迫逃离故乡郎格多克（Languedoc，法国南部一省）。他在逃亡途中历经种种磨难——千钧一发之际逃脱法国国王路易十四的骑兵追捕，和漂亮的意大利寡妇产生暧昧之情，被土耳其海盗追逼，在英国海峡遇到可怕的风暴，在伦敦差点病死，在横跨大西洋的船上几成饿殍，在弗吉尼亚岸边又遇到船只失事，上岸时他的腰围整整缩小了16英寸，“全身沾满沥青”。让这位法国贵族感到惊异的是，衣衫褴褛的他居然受到弗吉尼亚第一代贵族的热烈欢迎，并被立即接纳为他们中的一员。伯克利总督离职几年后，杜兰德·多芬把17世纪末叶他在弗吉尼亚统治精英群体中的遭遇写成了一本书。

“这些被称为保王党的贵族，”杜兰德写道，“极受尊敬，礼仪考究，趾高气扬。他们把持了这个国家多数的要职。”杜兰德曾受邀与总督和政务会共进晚餐，他坐在议会成员当中，并模仿他们的口吻称这个议会为弗吉尼亚国会。“这些仪表堂堂的男人正襟危坐，脚穿靴子，身带佩剑”。[1]

这个“被称为保王党的贵族”寡头阶层，高居弗吉尼亚贵族社会的顶端，这些并不是小说家的想象。它确实存在过，并且在殖民地的政治史上起着极为重要的作用。

杜兰德在弗吉尼亚看到的这个独特政体是总督威廉·伯克利爵士在任期间发展起来的。一般来说，这个政体并不是帝国强加在殖民地人民头上的，而是由弗吉尼亚的贵族们根据祖国的经验创造出来。由此产生的政治文化延续了一个多世纪，从17世纪中叶直到美国独立战争。

在这个政体中，首要的地方机构是教区和郡。在这两个层级上，都是由乡绅构成的寡头群体统治——教区是通过教区委员会，郡则通过法庭。这种机构的结构比新英格兰的城镇大会更复杂，但在社区生活中介入不多。弗吉尼亚人均公共费用要比马萨诸塞一半还少。[2]

教区委员会制度是在1643年通过法律建立的，是伯克利总督到达弗吉尼亚之后不久。那部法律要求每一个教区都要建立一个委员会。到1665年，或者比这更早的时间，这些教区委员会就变成了封闭的寡头圈层，被一小撮“最富有、最优秀的人”牢牢地掌握。到1670年，这个殖民地已经有约40个教区。每个教区委员会都管理着大约200到300个家庭。[3]

教区委员会这种制度在英格兰南部已经执行有年。但它的历史并不如其他很多英国制度久远，比如城镇的市民大会。教区委员会（vestry）这个词来源于诺曼法语vestiarie，它进入英语是诺曼征服之后。教区委员会是自上而下的集中统治，城镇集会则是自下而上的民主方式。到17世纪，这两种制度在英格兰一些地方出现混合的趋势，但它们的起源不同，而且分别在马萨诸塞和弗吉尼亚得到应用。

弗吉尼亚另一级地方政府是郡。它的主要官员是郡法官、郡警长、郡调查员，这些职位通常是由上方任命，而不是选举产生。它们也主要是由郡贵族控制，他们把这些职位看作私有财产，私相授受。威廉·菲茨休（William Fitzhugh）1685年提议，高级警长的任职应该“有酬劳或是终生”。他解释说：“给警长支付酬劳的做法自古在英格兰就有，并且在其中一个郡，这种职位至今仍为克利福德家族掌握。”菲茨休的建议没有被采纳，但地方官员的职位在实践中往往变成一种财产所有权，虽然法律不是这样规定的。[4]

在法庭开庭的日子，郡里大多数人会来参加大型集会，其中尤可窥见弗吉尼亚政治的精神和实质。在法庭外，郡的标志在旗杆上乘风飘扬，英格兰的皇家徽章在门楣上熠熠生辉。米德尔塞克斯郡的法庭有两扇门，标识着那个社会的权力结构——建筑的一边是一扇窄门，特意为贵族留的；另一边是一扇宽门，则是给大众的。在里边，大厅的一头有一个较高的平台，上面坐着贵族法官，头上戴着帽子，脚上穿着靴子，正和杜兰德看到的一样。在大厅的另一边坐着陪审团，都是“一些表情庄严凝重的土地所有者”，他们多数是郡里的自耕农。在他们面前站着一群各色人等，认真聆听审判过程。外面有各种人等站在肮脏的路上，向屋里窥视，他们中有沿街叫卖的人、卖马的人、长途商贩、仆役、奴隶、女人和孩子——都是弗吉尼亚政治里的下层。[5]

法庭上任何违反秩序的表现，或不尊重法庭的行为，都会立即受到惩罚，有时会非常严厉。法官会时常提醒要尊重法庭。同时，上等阶层也会报之以礼，显示“屈尊”的姿态，这种特殊的礼仪是在英语世界专门做给地位较低的人看的。

郡里的寡头群体并不是政权本身。在他们之上有议会、政务会和皇家总督。这些机构的地位在美国独立战争之前一直有争议。议会被皇家官员理解为英格兰市政委员会在殖民地的对应物。他们将其称为城市议会，让人们想起布里斯托和其他英国城市的城市议会。但弗吉尼亚人对议会的看法不同。1687年，威廉·菲茨休称其为“我们这里的国会”，并认为它只是一个代议机构，仍然主权在王。[6]

无论这个议会的地位如何，它代表的并不是广大人民，而是真正统治弗吉尼亚的郡寡头群体。议会的多数成员任公职多年，逐渐地从所在的教区委员会和郡法庭升迁上来。[7]

在这个体系的顶点是皇家总督。这个职位有三十五年被威廉·伯克利爵士占据。直到任职末期发生培根反叛之前，伯克利一直非常受认可——“人民爱戴的人”，一个弗吉尼亚人这样描述他。伯克利被英国清教徒赶下台，被迫退隐到他在绿泉（Green Spring）的种植园。但在摄政体制倒台之后，弗吉尼亚人“全体一致再次选他出任总督”。[8]

年轻的总督伯克利是公开的保王党人，在圣公会里地位很高，坚决拥护国王的权威，同时他也要求殖民地人民像他一样地对王室忠贞不贰。在全盛期，他也是一位非常有谋略和能力的领袖。他从一开始就受到普遍认可，弗吉尼亚议会“出于对他的崇敬”，格外对所有十一税征收对象加征两先令，用于支持他，支付的形式是农产品。弗吉尼亚人把这种义务看作效忠。他们扛着“玉米、小麦、麦芽酒、牛肉、猪肉、豆子、阉鸡、小牛、山羊、小羊、火鸡、鹅、牛油和奶酪”到达绿泉，把总督的宅第堆得像露天市场。[9]

伯克利通过议会来统治殖民地。这个议会持续多年，没有任何选举，所以被称为总督的“长期议会”。他不理会老百姓的想法，曾经刻薄地说：“这些社区没对他们做过什么好事，从来都是反对他们的意愿。”[10] 伯克利总督权力的来源主要是因为他与弗吉尼亚的统治阶层即郡贵族站在了一起。威廉·伯德后来写信给朋友说：“我们的政府……一厢情愿地认为，总督之所以能实施统治，主要是因为他比我们更有智慧。如果他要从我们这里拿到钱，他必须首先说服我们。”[11]

普选是这个体系的一部分，和英格兰的情况相似。“土地所有者”不时受邀去选举郡议员，选举的形式与英格兰西部和南部一样。选举人投票的对象是人而不是政策办法，从几个候选人中选出大家比较认可的贵族。

在1755年的选举中，滨水地区的郡大都有40%的十一税纳税人投了票。参与的模式与新英格兰的市镇集会有所不同。弗吉尼亚的平均参与率高于马萨诸塞，但在有争议发生时，弗吉尼亚的参与率又不像新英格兰的市镇集会那样大幅度增长。

很多自由白人与所有的仆役和奴隶都因为财产标准而无法享有投票权。在1776年之前，这些限制是逐渐升高，而不是逐渐消失。在一个多世纪里，弗吉尼亚的趋势并不是民主在扩大。1776年之前，弗吉尼亚唯一的选举是议员选举，而且发生的频率不高。这些偶然的集会是重要的社会事件，会吸引庄园主精英和很多纳税的男性，但在实质意义上并不是真正的民主。[12]

弗吉尼亚的这个政府体系是通过法令发展起来的。早在1679年，这个体系就被称为“国家的宪法”，这主要是从英国的传统上来说的，包括不成文法和既存的政府机构，而非后世美国的成文基本法。这个“宪法”与马萨诸塞的政体迥然不同。但弗吉尼亚的贵族寡头认为这是英语世界组织其政治事务的自然方式。[13]

威廉·菲茨休1684年写道：“我们从定居以来所制定的法律是

为了建立贴近我们自己的宪法，因为英格兰的法律并不太适合我们的特殊情况，不便利、负担太重……但我们的法律实践又一直以英格兰的法律和传统为依据。”[14] 其他的法律和传统不仅不便于弗吉尼亚贵族进行统治，而且在字面上也无法理解。

注释

1 Chinard, ed., *A Huguenot Exile in Virginia*, 111, 148, *passim*.

2 R. R. Palmer, *The Age of the Democratic Revolutions* (2 Vols., Princeton, 1959), I, 155.

3 Hening, *Statutes at Large*, I, 240; Wm. H. Seiler, "The Anglican Parish Vestry in Colonial Virginia," *JSH* 22 (1956), 310-37.

4 Fitzhugh to Roger Jones, 18 May 1685, Davis, ed., Fitzhugh Letters, 168.

5 A. G. Roeber, "Authority, Law and Custom: Rituals of Court Day in Tidewater Virginia," *WMQ3* (1980), 29-52; 有关米德尔塞克斯郡法庭建筑可参见 Rutman and Rutman, *A Place in Time*, 129。

6 William Fitzhugh to Robert Fitzhugh, 30 Jan. 1687, Davis, ed., *Fitzhugh Letters*, 201.

7 英国移民的郡法庭和英格兰西部法庭之间强烈的相似性可以通过美国资料和以下资料的比较来观察：T. G. Barnes, *Somerset Assize Orders, 1629-1640*, and J. S. Cockburn, ed., *Somerset Assize Orders, 1640-1659, SOMERSRS* 71 (1971)；当地官员有价值的比较研究，参见 Cyrus H. Karraker, *The Seventeenth Century Sheriff; A Comparative Study of the Sheriff in England and the Chesapeake Colonies, 1607-1689* (Chapel Hill, 1930)。

8 Beverley, *The History and Present State of Virginia*, 65.

9 古物学家从这栋宅院的遗迹计算出，主体建筑有 48 英尺宽，43 英尺深，两翼每边长 26 英尺，宽 16 英尺。巨大的墙体有 2.5 英尺厚。

10 Berkeley, *Discourse and View of Virginia*, 8.

11 William Byrd II to William Beckford, 6 Dec. 1735, Tinling, ed., *Correspondence of the*

Three William Byrds, II, 464.

12 1755 年市议员的选举中，弗吉尼亚湾区的选举参与率如下：

郡	白人成年男性投票比例				
	1742	1752	1755	1758	1771
阿科马克（Accomac）	49%	43%	48%	50%	
阿米利亚（Amelia）				50%	
不伦瑞克（Brunswick）	46%				
伊丽莎白城				45%	
埃塞克斯	53%	44%	53%	53%	33%
费尔法克斯	42%		36%		
亨利科（Henrico）		58%			
乔治王		34%	45%		
兰卡斯特	58%	50%	39%	60%	46%
诺森伯兰（Northumberland）				45%	39%
爱德华王子			27%	45%	
乔治王子				55%	
里士满		45%	37%	40%	37%
斯波齐尔韦尼亚（Spotsylvania）	46%	35%	42%		49%
萨里					44%
威斯特摩兰	53%	57%	48%		

来源：Robert J. Dinkin, *Voting in Provincial America* (Westport Conn., 1977), 148-49; Lucille Griffith, *The Virginia House of Burgesses, 1750-1774* (revised ed., University, Ala., 1970), 168。这些数据可以理解为上限估计，需要更正对十一税纳税人的低估，目前尚未完成。

13 William Fitzhugh to Thomas Clayton, 7 April 1679, Davis, ed., *Fitzhugh Letters*, 72.

14 William Fitzhugh to Ralph Wormeley, 10 June 1684, *ibid.*, 157-59.

弗吉尼亚的自由方式

圣公会支配性自由的观念

“如果对自由最强烈的呼吁来自驱赶黑奴的人，该怎么办？”萨缪尔·约翰逊博士问到。这个著名的问题牵涉弗吉尼亚历史中显在的悖论。和英属北美的其他殖民者一样，弗吉尼亚第一代贵族非常珍惜英国的自由传统，虽然他们也拿走了其他人的自由。[1]威廉·伯克利总督虽然以暴政出名，但他在写作中反复提到，“珍贵的自由”是英国人与生俱来的权利。第一代威廉·菲茨休经常提及大宪章和“英格兰的基本法”，但从没有意识到他的保王党政治立场与自由原则之间的矛盾。菲茨休认为，弗吉尼亚人“当然是国王的臣民”，而且继承了“英格兰的法律”，如果他们不认可这些事情，“那么我们就不再是自由人，而是奴隶”。[2]

类似说法在十七、十八世纪的英语世界很普遍。这一时期，英国人笔下流淌出大量语言精妙的有关自由的文本，对源于英国文化的政治习惯进行了理性的总结。

这些英国的政治习惯并不是单一的自由传统。他们容纳了很多不同、甚至完全相反的自由概念。植根于弗吉尼亚的自由观念与马萨诸塞有很多差别。与新英格兰的有序自由相区别，弗吉尼亚人认为的自由是凌驾于他人之上的支配性概念，同时还有自我约束的观念。

弗吉尼亚的支配性自由观念与新英格兰社会中的社群约束不同，后者是通过城镇集会自愿施加限制。英国访问者安德鲁·伯纳比（Andrew Burnaby）观察到，“弗吉尼亚人的公共和政治特征与他们的个性特征是一致的：他们为自己享有的自由感到骄傲并精心维护，对限制难以容忍，也很难忍受被上级权力所控制”。[3]

弗吉尼亚的支配性自由观念把自由理解为统治的权力，而不是被他人统治。它的反面是“奴隶制”，真正的英国人一旦失去了统治的权力就会坠入这种境况。这种观念清晰地表达在妇孺皆知的诗人詹姆斯·汤姆森（James Thomson）的诗句里：

当大不列颠按上帝的旨意，
升起在蔚蓝的星球上，
这片土地的特征就像，
护卫天使所唱的歌谣：
不列颠统治着四海八荒；
不列颠人永不做奴隶。[4]

汤姆森的诗多方面表现了弗吉尼亚人的世界观，其中包含支配性自由的观点，即“统治权力”的概念；这种权力是由“这片土地的特征”所保证的；放弃这种权力的人就变成“奴隶”；并且这种特征“由天堂的旨意首先赋予了不列颠”。

多数弗吉尼亚贵族都不会同意，自由属于所有人。他们认为，自由是某些英国人天生的自然权利——这种属性使“幸福的一类人”

与其他凡人区分开来，同时授权他们统治不那么走运的人。在弗吉尼亚社会，支配性自由是一种等级观念。一个人的地位被他拥有的自由所定义。上等人比等级较低的人拥有更多自由。仆役几乎没有自由，奴隶则绝对没有。这种自由的观念与平等毫无关系。很久以后，罗阿诺克（Roanoke）的约翰·兰道夫（John Randolph）用一句话概括了祖先的信条："我是一个贵族，"他宣称，"我热爱自由，但我憎恨平等。"[5]

在弗吉尼亚，这种支配性自由与种族奴隶制度相安无事。种植园主拥有剥夺他人自由的权利，即奴役他人的自由。因此，种族奴隶制巩固了支配性自由的文化重要性，英国人拥有的这些权利也就变成了他的社会地位，把他与不那么幸运的人区分开来。这个世界因此有了等级，人们按照不自由的程度被划分到不同等级，而这都是命运的安排，这对弗吉尼亚人的思维产生了重要的影响。并且，他们通过支配他人来拓展个人的自由，其特殊的自由观念也更加旺盛。

从现代观念来讲，支配性自由是一个自相矛盾的概念。我们从字面上就会发现它的矛盾。因为我们不再从等级来理解人类关系，更不能接受个人在世上的地位取决于命运这种观念。但十七、十八世纪的弗吉尼亚，甚至是 1865 年之前的整个美国南方，支配性自由的观念与周遭的环境都毫无悖谬。

18 世纪一位英国访客在所谓"南方殖民地"敏锐地理解到支配性自由的特殊含义。埃德蒙·伯克在国会里发表声明：

> 这些殖民地的环境……让这里的人们比北方更看重自由

弗吉尼亚文化最显赫的产物就是贵族观念，这通过托马斯·李得到体现。因为他品格出众，他的肖像被悬挂在巴德明顿（Badminton）著名的博福特公爵（Dukes of Beaufort）的宅邸。甚至当他被烧伤时，王后也向他捐款。

弗吉尼亚的贵族习俗在道德上有绝对的要求，包含真实、坦率、忠诚、勇敢、礼貌和责任心。最重要的是，贵族待人以礼，并且谨遵信条。他就应当领导地位低的人，而这些人也要以他为榜样。贵族的道德权威来源于他在经济上的独立。这一条件至关重要，在18世纪的职业列表上，“独立”和“贵族”是同义词。自由是弗吉尼亚贵族地位的必要条件，但其他人的自由则受到不同程度的限制，有的人完全没有自由。对他们的束缚为贵族的自由和独立提供了条件，进而演变成支配性的观念，这与新英格兰和宾夕法尼亚的自由思想殊为不同。

> 的精神，也更傲慢。在弗吉尼亚和卡罗莱纳有大量的奴隶。世界任何地方出现这种情况时，那里的自由民都对他们的自由非常骄傲，也更加悉心守护。
>
> 自由对他们而言，并不只是一种让人愉快的事情，也是一种等级和特权。在那里，自由不像其他国家那样为大众享有，像空气一样无处不在、随手可得，与自由相连的反而是卑贱的超时工作、悲惨的境遇和各种奴役，自由对他们而言，是高不可攀，是不受拘束。
>
> 先生，我并不认为这种观点有任何崇高，因为这里有多少道德，就有多少傲慢；但我无法改变人性本身。事实就是如此。这些南部殖民地的人比北方人更顽固地重视这种自由……在这些人中，统治的傲慢与自由的精神相结合，更使其牢固，也让其坚不可摧。[6]

伯克深知弗吉尼亚的这种支配性自由体系——或许也因为18世纪的很多英国贵族坚持这种原则。他正确地理解了，弗吉尼亚的自由既是一种权利，也是一种等级，里边包含着骄傲，也有很多矛盾。他也知道，支配性自由的概念包含着多重面向，并不断得到发展。

这种自由的一个面向是自治和最小政府的概念。支配性自由不主张无政府，也不一般地反政府。他们认为自由需要国家的保护，但国家的功能应该局限于这种最小的目标。这种观念在弗吉尼亚的初期就被提出来了。从1649年到1652年的关键时期，弗吉尼亚人愿意和伯克利总督以及保王党站在一起，条件是保证减轻税负，并且降低管制。这个愿望得到了首肯。伯克利同意进行普遍减税，完全废除人头税，坚持“无代表不纳税”的原则，实行公平估价——

“根据人的能力和地产制定相应的支付比例”。伯克利的税收政策是他获得认可的关键原因。议员们和他们的子孙都对此感激涕零。“这对我们和后代都是一种福利，”他们说，“这当然是前任总督惠予的。”[7]

支配性自由的另一个面向是法治的原则。就这个方面，伯克利总督对殖民地的宪法作了修改。1643年，他签署了一部法案，让法庭上诉的案件可以交由议会处理。这个改革所建立的法治秩序让弗吉尼亚的贵族议员成为自己世界的主宰。后来议会丧失了上诉案件的审理权，但政务委员会继续担任弗吉尼亚的终审法庭，而这个机构一直为弗吉尼亚的精英种植园主牢牢掌握。它为他们创造了文化统治的条件，持续达两百多年。同时，它也为弗吉尼亚殖民地时期激荡不平的两百年提供了坚实的法治基础。[8]

支配性自由的另一种面向是以自由为社会独立的条件这种观念。这原本也是一种等级观念。一个人的社会地位越高，他就被认为更加独立。大庄园主对他们的独立也颇感自豪。所以，兰登·卡特（Landon Carter）把他的宅第称为萨宾馆，说这是“建立在独立磐石上……的杰出小城堡”。佩顿·兰道夫（Peyton Randolph）也用了同样的说法。他与英国债主吵架，写信说：“我不会受到任何负面回应的影响，杰出小城堡可以保护我，它建筑在独立的磐石上，不会受到恐惧的动摇。”[9]外国旅客也对大庄园主的这种“独立性”推崇备至。17世纪到过弗吉尼亚的一位法国旅行者观察到，“这里没有谁是主上，每个人在自己的种植园里握有主权”。[10]

支配性自由最重要的面向是自我约束的概念。弗吉尼亚贵族培养的目标就是“严格地约束自己”，正像阿狄生的戏剧《加图》所描述的那样。他接受的教导是，一个真正自由的人应该是自己行为和思想的主人。同时，贵族应该履行自己的责任。“生活本身不如生活的责任重要，”约翰·兰道夫在他最精彩的一次讲道中说。[11]

自我约束的理想如此高远，贵族们都望尘莫及。但这种理想为人们执着地追寻。从好的方面说，它产生出弗吉尼亚最优秀的一批贵族，比如乔治·华盛顿、罗伯特·李和乔治·马歇尔。这些人物给大众的印象并不是历史的虚构。人们对他们了解越多，对他们也越尊敬。他们的品格是文化观念的产物。[12]

支配性自由作为一种不断变化着的传统，历经了至少三个历史时期。最早是英国内战中的保王主义。弗吉尼亚贵族罗伯特·贝弗利夸赞说，这个殖民地“因为在所有英国领地中最支持王室而闻名”。[13] 弗吉尼亚是最晚放弃支持查尔斯一世的英国属地，在 1660 年又是第一个宣布查尔斯二世为国王，甚至早于英格兰复辟。[14] 反对斯图亚特王朝的言论在弗吉尼亚的郡法庭都会遭到严惩。[15] 议会反复声明他们对国王的忠诚，并一再感谢“陛下对我们最仁慈的爱护，并且在必要时向我们屈尊”。[16]

在第二个阶段，支配性自由与辉格党政治以及英语世界普遍接受的个人独立观念产生了关联。在弗吉尼亚，17 世纪的很多坚决保王派家庭到 18 世纪都变成了坚定的辉格党；到 19 世纪，他们又成为杰弗逊共和党人。他们的原则倾向于精英主义和自由主义——这清晰地表达了一种具有扩展性的文化伦理。

在大不列颠，辉格党的支配性自由观念被很多英国地主家庭接受，这些人在 17 世纪是保王党，到 18 世纪又变成辉格党。比较典型的例子有英格兰的大贵族家族，像罗素家族和卡文迪什家族（Cavendishs）。两个家族在 17 世纪的内战中都是保王派。威廉·卡文迪什是第三代德文郡公爵，但因为对查尔斯一世的忠诚而失势。

他的兄长查尔斯·卡文迪什也因为同样的忠诚丢掉了性命，成为勇敢的保王党的榜样。诗人沃勒（Waller）在诗歌中赞誉这些保王党的忠诚：

> 忠诚的两兄弟服侍于国王左右，
> 凭他们的财富、勇气和技艺；
> 兄长管理着军队，
> 弟弟则用勇气和利剑。[17]

1680年，另一位威廉·卡文迪什成了德文郡第四代公爵、第一代伯爵，用家族历史学家的话来说，他把“家族政治从保王党转到了辉格党的序列上”。[18]卡文迪什和罗素家族都支持1688年革命，并且坚定地支持辉格党长达一个世纪，直到法国革命才让他们分裂。18世纪晚期，卡文迪什与伯克站在一起，罗素则站到了福克斯一边。但整个18世纪，英格兰很多大地主家族都是坚定的辉格党，正像一个世纪前他们都是保王党一样。其中有伯克利家族，他们在17世纪是极端的保王派，到18世纪又变成坚定的辉格党。

到十九、二十世纪，支配性自由的历史进入了第三个阶段，它已经变得不那么等级分明，而是趋向于平等。这是现代生活的条件决定的，自由不再是少数精英垄断的东西，其他人也不必再降低身份去服务于这些精英。政治民主的进步让所有人都有机会进入统治阶级。在今日的美英两国，精英依赖掌控他人而获得独立的观念已经消失。与此有关的个人独立与自主的观念则被广为接受。

注释

1 Samuel Johnson, *Taxation No Tyranny: An Answer to the Resolutions and Address of the American Congress* (London, 1775).

2 Fitzhugh to Thomas Clayton, 7 April 1679, Davis, ed., *Fitzhugh Letters*, 72.

3 Burnaby, *Travels* (1812), 715; quoted in Breen, *Tobacco Culture*, 244.

4 James Thomson, *Alfred* (1740), act 2, scene 5.

5 Bruce, *John Randolph*, II, 203.

6 Edmund Burke, Speech on Conciliation with the Colonies, 22 March 1775, in *Speeches and Letters on American Affairs* (London, 1908), 94.

7 Hening, *Statutes at Large*, I, 236-37; Steven D. Crow, "Your Majesty's Good Subjects," *VMHB* 87 (1979), 158-73.

8 Hening, *Statutes at Large*, I, 235.

9 *The Diary of Landon Carter*, I, 19; Peyton Randolph, *A Letter to a Gentleman in London, from Virginia* (Williamsburg, 1759); 也参见 Breen, *Tobacco Culture*, 86, 本章的写作深深受惠于这部作品。

10 Chinard, ed., *A Huguenot in Exile in Virginia*, 110.

11 Bruce, *John Randolph*, II, 205.

12 即使是最为挑剔的学者也感受到他们品格的力量。例如鲁珀特・休斯（Rupert Hughes），他在写作乔治・华盛顿的传记时，本意是揭露真相，但在完成书稿前，他已经变成崇拜者。

13 Beverley, *The History and Present State of Virginia*, 287.

14 Bruce, *Social Life of Virginia*, 31.

15 Bruce, *Institutional History of Virginia*, I, ch. V.

16 H. R. McIlwaine, ed., *Journals of the House of Burgesses, 1659/60-1693*, (Richmond, 1914), 110.

17 参见 Bernard Holland, *The Life of Spencer Compton, Eighth Duke of Devonshire* (2 vols., New York, 1911), I, 4。

18 同上 , I, 5。

iHuman

新民說

成为更好的人

DAVID HACKETT FISCHER

ALBION'S SEED

FOUR BRITISH FOLKWAYS IN AMERICA

阿尔比恩的种子

美国文化的源与流

（下）

[美] 大卫·哈克特·费舍尔 著

王剑鹰 译

GUANGXI NORMAL UNIVERSITY PRESS
广西师范大学出版社
·桂林·

阿尔比恩的种子
ALBION DE ZHONGZI

著作权合同登记号桂图登字：20-2015-236 号

图书在版编目（CIP）数据

阿尔比恩的种子：美国文化的源与流：全 2 册 /（美）大卫·哈克特·费舍尔著；王剑鹰译．—桂林：广西师范大学出版社，2018.7（2018.7 重印）

书名原文：Albion's Seed: Four British Folkways in America
ISBN 978-7-5598-0389-4

Ⅰ．①阿… Ⅱ．①大…②王… Ⅲ．①文化史—美国—近代 Ⅳ．①K712.03

中国版本图书馆 CIP 数据核字（2017）第 246715 号

广西师范大学出版社出版发行
（广西桂林市五里店路 9 号　邮政编码：541004
网址：http://www.bbtpress.com）
出版人：张艺兵
全国新华书店经销
北京盛通印刷股份有限公司印刷
（北京经济技术开发区经海三路 18 号　邮政编码：100176）
开本：889 mm × 1 240 mm　1/32
印张：40　　字数：922 千字
2018 年 7 月第 1 版　　2018 年 7 月第 2 次印刷
印数：15 001~25 000 册　　定价：198.00 元（上、下）

如发现印装质量问题，影响阅读，请与印刷厂联系调换。

从中北部到特拉华州

——贵格会的移民，1675—1725

我的朋友们，包括那些已经离开的和将要移民美国的人，请把你的种植园放在心中。

——乔治·福克斯

1677年一个春光明媚的日子，船长兼领主格雷戈里·马洛（Gregory Marlowe）率领着“靓舰肯特”驶离了伦敦的码头。它载着230个英国贵格会[①]信徒，出发前往英属北美。

当“肯特号”沿着泰晤士河下行时，詹姆士二世国王的船恰好在附近，并向他们打信号致意。这两艘船对比鲜明。国王的船周身闪烁着鲜亮的油漆，成排的小加农炮从金叶装饰的圆孔中伸出来，船首上方一只木质的独角兽高高腾跃在空中，船尾装饰的皇家徽章光彩照人。它看起来就像在水上跳舞——白色的船帆在阳光下亮得晃眼，杆头的旗帜自豪地飘扬着，指挥官们身着颜色鲜艳的制服，贵妇们妆容精致，下人也身穿制服，音乐家正在弹奏乐曲，小黄狗不时狂叫一通。注意力的焦点是表情阴郁的国王本人，他照样衣着华丽。

河的另一端是那艘移民船。这艘船很宽，外形较圆，船帆已经肮脏不堪，船身也已被盐锈蚀，悬挂在缆绳高处的船旗耷拉着头。船舷边挤满了惶惑的乘客们——有身穿手织灰衣的北部奔宁山脉（Pennines）的人，也有穿着灰褐色衣物的伦敦商人，有几个是身着蓝色套装的仆人、学徒，还有一些是衣物颜色混杂的穷困乡民。

两艘船错身之时，国王隔着河面大声吼出了一个问题。

“船上的人都是贵格会的人吗？”他问。

“是的，”回答声传过来，“我们都是贵格会的。”

国王祝愿他们平安到达美国，这两艘船就飞速地远离了——英国的两个部分就这样航向了不同的方向。[1]

几个月后，移民船“肯特”到达了目的地，在特拉华河上抛

---

① 贵格会也被称为教友会，本书主要采取贵格会的译法。——译注

了锚。疲倦的乘客们急不可待地上了岸，在那里建立起一个新的定居点，取名为布里德灵顿（Bridlington），这本是约克郡村庄的名字，他们中很多人来自那里。现在那里的名字是新泽西州的伯灵顿（Burlington）。

注释

1 对于这次相遇，有几种不同的说法，细节上有些差别；有些人说国王是坐在驳船里，有些人说是在皇家帆船里。参见 "Emigration from Yorkshire to West Jersey, 1677," AHR II (1897), 472-74; Samuel Smith, *History of the Colony of Nova Caesaria, or New Jersey* (Burlington, 1765), 93; Amelia Mott Gummere, "Friends in Burlington," *PMHB* 7 (1883), 249-67, 353-76; *New Jersey Archives*, II, 239; 对于皇家帆船细节的描述来自建造者的模型，参见 Frank C. Bowen, *From Carrack to Clipper; A Book of Sailing-Ship Models* (London and New York, 1948), plate 20。

贵格会移民
数字和比例

西泽西（West Jersey）成为殖民地之日标志着另一个英国民俗传统的开始，即所谓贵格会移民。最早在 1650 年代，就有个别贵格会教徒来到美国殖民地，那时英格兰的贵格会协会刚刚成立几年。这批早期的美国贵格会教徒多是四处流浪的福音派人士和传道士，他们在清教徒和圣公会的殖民地遭到了残酷迫害，这和他们在英国本土的遭遇类似。[1]

大规模的贵格会移民是 1675 年开始的集体行动，1675 年第一艘满载贵格会信徒的船停靠在西泽西某处，那个地方被命名为萨勒姆（来自希伯来语的“您好”一词），以此纪念“这片土地的光明”。其他船只接踵而至，到 1681 年总共运送了 1400 名左右的贵格会信徒抵达西泽西。[2]

1682 年，这波移民的规模突然激增，23 艘船载着 2000 多位移民先后到达特拉华湾，正是这些人建立了宾夕法尼亚殖民地。其中的一艘船名为“欢迎”，船上有威廉·佩恩（William Penn）本人和 100 名贵格会教徒，但这是一次可怕的旅行，因为这艘船染上了瘟疫，30 位乘客死于途中。“欢迎号”之后，另有 90 艘船移民在 1682 年至 1685 年的三年中先后抵达。[3]

贵格会移民一直持续到18世纪初期。从1675年至1715年四十年间，总共约有23,000位移民抵达特拉华湾。[4]这些移民多数是贵格会教徒或是他们的同情者。这波移民数量巨大，以至于英国中北部某些地方的贵格信徒数量急剧下滑。例如德比郡（Derbyshire），贵格信徒数量在1690年代达到顶峰，但此后几代大幅下滑。当地贵格会协会的重要历史学家认为，移民是人数下滑的主要原因。[5]在威尔士某些地方，贵格会移民的影响更为显著。威尔士贵格会每月的例会常常对“逃往美国”的现象表示担忧。威尔士彭林（Penllyn）一个小社区的历史记录提到逃往美国的现象时，认为“仅仅说彭林的贵格会数量下降是不够的，这完全是致命的一击”。[6]

18世纪早期，美国贵格会数量急速上升——每代人都翻倍。到1750年，贵格会已经成为英国殖民地第三大教派。他们总共拥有250个聚会所，仅排在公理会（465个）和圣公会（289个）之后。18世纪中叶之后，英属北美的贵格会在绝对数量上仍持续增长，但相对于其他教派下降了。在美国所有教派中，到1775年，贵格会已经下降到第五位（310个聚会所）；到1820年下降到第九位（350个）；到1981年则仅仅是66位（532个）。但在早期美国，贵格会并不是一个小教派。[7]

与贵格会移民同行的还有很多不属于贵格会、但同情该会的人。[8]在整个特拉华山谷，包括宾夕法尼亚东部、西泽西、特拉华北部和马里兰东北部，访问者注意到，贵格会的聚会吸引着很多来自邻近地区但并未加入该教会或归属该教派管理的人。例如1742年，一位英国贵格会教徒在西泽西看到，“聚会的规模很大，除了教徒外，也来了很多其他人，来自乡间大约20—30英里范围内”。[9]这个人在马里兰塞西尔郡（Cecil，位于马里兰的东北角）参加了另一个贵格会聚会，看到“非常多非贵格会的人来参加”。[10] 整个特拉华山谷的贵格会学校也吸收了很多其他教派的孩子。至迟在 1795 年，约书亚 · 埃文斯（Joshua Evans）参观了新泽西州的新不伦瑞克（New Brunswick），他在日记里写道：“很多人在贵格会中接受了教育，因而有了贵格会倾向。”[11]

总体而言，贵格会及其同情者两个群体到 17 世纪末已经占据了特拉华山谷英语人口的大半。1702 年，詹姆斯 · 洛根（James Logan）估算，宾夕法尼亚一半左右的人口是贵格会，其余的则是很多小群体。依据这个估计，再加上对总人口的估计，可以推测出，到 1700 年，特拉华山谷至少有 13,000 人是贵格会或有贵格会倾向。这部分人口上升得很快。到 1766 年，本杰明 · 富兰克林估计，单在宾夕法尼亚就有 60,000 到 70,000 人是贵格会。还有很多居住在邻近的西泽西、特拉华北部和马里兰北部。

其他住在特拉华山谷的人则是鲜明的非贵格派，对贵格会的信仰和习俗也不太认同。这些人中包括大部分费城人，其中有很多是流离失所或被其他殖民地赶出来的人，他们在 18 世纪的海港城市四处游弋。这些非贵格会移民的人口在 1716 年之后逐步上升，并很快搬到内陆居住。到 18 世纪中叶，贵格会聚会所的数量在整个宾夕法尼亚和新泽西被其他教派赶超了，但贵格会及其同情者继续在特拉华山谷的文化和制度中产生着巨大的影响。

注释

1 并非所有的贵格会移民都到了特拉华。一些人去了西印度群岛，也有些去了切萨皮克殖民地和新英格兰。还有很多追随伟大的贵格会殖民开拓者约翰·阿奇代尔（John Archdale）去了卡罗莱纳，他是来自白金汉郡的贵族。贵格会很长时间都是北卡罗莱纳人口的重要组成部分，直到19世纪他们为了躲避奴隶制而迁走。参见 Stephen Weeks, *Southern Quakers and Slavery* (Baltimore, 1896), 以及肯尼斯·卡罗尔（Kenneth Carroll）有关马里兰州贵格会的文章，*MDHM* 47 (1952), 297-313; 53 (1958), 326-70。

2 到达的船只包括“格里芬号”（*Griffen*），它载着150位移民于1675年到达，并建立了萨勒姆；“肯特号”，有230位移民，于1677年建立了伯灵顿；“愿望的心号”（*Willing Mind*）载有60到70位移民，以及“马大号”（*Martha*）载着114位移民，于1677年到达伯灵顿；“玛丽号”和“盾牌号”于1678年到达伯灵顿。1677年，约克郡西区海军上尉副官报告说：“大约200名来自谢菲尔德（Sheffield）和德比郡、诺丁汉郡附近的男人、女人和孩子从赫尔港（Hull）出发到达了‘美国的岛屿西泽西’。”多数学者认为，1681年之前约有1400名贵格会教徒到达西泽西。还有其他来源的少量贵格信徒在1680年之前也定居在宾夕法尼亚和特拉华。参见 John E. Pomfret, *The Province of West New Jersey, 1609-1702* (Princeton, 1956), 75, 102-3, 106-7; Amelia M. Gummere, “The Early Quakers in New Jersey,” in Rufus Jones, ed., *The Quakers in the American Colonies* (rpt. ed., New York, 1966), 357。

3 这些数字来自威廉·佩恩，他记录了“大约90艘船”的抵达情况，每艘船约有80位乘客，1682到1685年间，约有7200位移民。他也记载了，“计划抵达本省的船，由于上帝的仁慈，没有一艘失事”；但是很多到达宾夕法尼亚的移民船因为船上的传染病而损失惨重。参见 William Penn, “A Further Account of the Province of Pennsylvania,” in Albert Cook Myers, ed., *Narratives of Early Pennsylvania, West New Jersey and Delaware, 1630-1707* (1912, rpt. New York, 1967)。

4 人口增长的情况如下：

年代	西泽西	宾夕法尼亚	新特拉华	总数
1670	100	000	500	600
1680	1700	700	700	3100

续表

年代	西泽西	宾夕法尼亚	新特拉华	总数
1690	2500	11,500	1000	15,000
1700	4000	18,000	2000	24,000
1710	7000	25,000	3000	35,000
1720	10,000	31,000	4000	45,000
1730	16,000	52,000	6000	74,000
1740	24,000	86,000	9000	119,000
1750	36,000	120,000	14,000	170,000

1726 年西泽西的人口普查统计了 14,380 个人；1737—1738 年统计了 20,900 人；1745 年有 31,931 人。宾夕法尼亚在 1776 年之前没有人口统计，因为贵格会反对“数人数”。移民到特拉华山谷的人口（包括从大西洋对岸和美国本土来的人）可以按照 10 年期限来估计：1,500（1670—1680），11,000（1680—1690），3,000（1690—1700），2,500（1700—1710），5,000（1710—1720），总数是 23,000（1670—1720）。这批移民只有很少一部分带着贵格会聚会所派发的证件，但很多人是同情贵格会协会的。

这里的结论综合了两个研究：一个是约瑟夫·伊利克（Joseph Illick）的标准结果，“到 1685 年止，大约 8,000 人移民到宾夕法尼亚，几乎全是英国、威尔士和爱尔兰的贵格会”，1680 年时英国大约有 60,000 到 80,000 贵格信徒；另一个是理查德·范恩（Richard Vann）的改革派观点，宾夕法尼亚移民中“正常的贵格会数目……在 1680 年时，不会超过 1,000 人太多，到 1690 年时，又多出 1,000 人”，1681—1685 年，英国大约有 50,000—60,000 人是贵格信徒。参见 Joseph E. Illick, *Colonial Pennsylvania* (New York, 1976), 7, 21; Richard T. Vann, “Quakerism: Made in America?” in Richard S. Dunn and Mary Maples Dunn, eds., *The World of William Penn* (Philadelphia, 1986), 164-65; HSUS (1976), series Z1-19; Evarts B. Greene and Virginia D. Harrington, *American Population before the Federal Census of 1790* (New York, 1932); Robert V. Wells., *The Population of the British Colonies in America before 1776* (Princeton, 1975); Henry A. Gemery, “Emigration from the British Isles to the New World, 1630-1700: Inferences from Colonial Populations,” *Research in Economic History V* (1980), 179-233。

5 德比聚会所的贵格信徒数量估计如下（根据婚姻数量推算）：1660-69, 216; 1670-

79, 446; 1680-89, 533; 1690-99, 573; 1700-1709, 400; 1710-19, 493; 1720-29, 340; 1730-39, 240; 1740-49, 153. Helen Forde, "Derbyshire Quakers, 1650-1761" (thesis, Univ. of Leicester, 1977), 31.

6 J. Gwynn Williams, "The Quakers of Merioneth during the Seventeenth Century," *Journal of the Merioneth Historical and Record Society* 8 (1978), 335-36.

7 一些有关美国早期宗教的量化研究对教会或聚会所的估算如下：

教派	1650	1750	1775	1820	1850
公理教会（Congregationalist）	62	465	668	1096	1706
主教派（Episcopalian）	31	289	495	600	1459
贵格会（Quaker）	1	250	310	350	726
长老派（Presbyterian）	6	233	588	1411	4824
路德教派（Lutheran）	4	138	150	800	16403
洗礼教派（Baptist）	2	132	494	2885	9375
德国改革宗（German Reformed）	0	90	159	389	2754
天主教派（Catholic）	6	30	56	124	1221
卫理公会（Methodist）	0	0	65	2700	13280
基督门徒会（Disciples）	0	0	0	618	1898

来源：1650 年：Edwin S. Gaustad, *Historical Atlas of Religion in America* (rev. ed. New York, 1976), 21-26; 1750 年和 1820 年 : Edward Richkind 和 Janice Bassil 未出版的研究 ; Howard K. Macauley, Jr., "A Social and Intellectual History of Elementary Education in Pennsylvania to 1850" (thesis, Univ. of Pa., 1972), II, 895-927; 1775 年 : Marcus W. Jernegan 受 Charles O. Paullin 之托而主导的研究 , *Atlas of the Historical Geography of the United States* (New York, 1932), 50; 1850 年 : U.S. Census of 1850。

8 历史学家理查德·范恩发现，从英格兰和威尔士到宾夕法尼亚的移民中，仅有三分之一的人带着大不列颠贵格会聚会所的证书，宾夕法尼亚第一代购地者中只有不到 40% 的名字可以在贵格会重要事件的登记簿或者受难书上找到。他认为，从 1681 年到 1699 年，只有 2000 名左右“身份正常的英国贵格会移民到”宾夕法尼亚，但很多其他人是“参与者”或“同情者”。这个估计必须审慎对待，范恩自己也这么说。它的来源是一些没有充分登记并且在地域上有偏重的记录。多数贵格会聚会所没有正式的成员名单，“成员”“参与者”和“同情者”之间的界限也比较模糊。参见 Vann, “Quakerism: Made in America?” 157-72。

9 Edmund Peckover Journal, 1742-44, ms. HAV.

10 同上。

11 Joshua Evans, Journal, 29. Vii. 1795 to 17. Xii. 1796, ms., SWAR.

贵格会移民的宗教根源

贵格会移民的核心是其宗教目的和启示。这场运动起因于一群人因为信仰遭到残酷迫害，被迫出走。英格兰贵格派的月度聚会保存了特别的“受难书”，记载着他们所受的压迫。1675年后，最严酷的暴力迫害已经停止，但其他形式的迫害仍在继续——施害者主要是圣公会的人，因为贵格派拒绝支付教会税，他们的收入受到威胁。大批贵格派教徒被投入监狱，他们的财产被没收，损失远远超过十一税的数额。[1]

宗教迫害是驱使贵格派逃往美国的重要原因，但不是首要原因。贵格派移民的主要理由是积极的宗教追求，而不是负面因素。一位历史学家认为，特拉华创建者的目标是在工作中自由地贯彻贵格派的教义。[2]

宾夕法尼亚和西泽西的领导层多数也有相同目标，但在普通移民中，宗教目的更为私人化。很多人到美国来是因为直接的属灵体验。比如1711年，来自伦敦下层社会的贵格派教徒、16岁的简·霍斯金斯（Jane Hoskins）感染了严重的流感。她在濒死的病痛中已经神志不清，上帝的影像骤然出现在她面前，并且告诉她：“如果我医治你，你就去宾夕法尼亚吧。”简·霍斯金斯后来写道：“我灵魂的回答是，只要你高兴，我愿意去任何地方。”她康复后，向一位贵格派朋友借钱上了去往特拉华的移民船。[3]

对于像简·霍斯金斯这样的教徒而言，贵格派移民运动成了信仰的朝圣之旅，与我们这个时代的世俗化运动有天壤之别。简·霍斯金斯并没有斤斤计较来美国的支出和收益，只是对意外情况有所准备。她自认是上帝的仆人，怀着对信仰的充分肯定，在乐观的情绪中开启了西行之旅。

要懂得特拉华山谷的文化，我们必须了解像简·霍斯金斯这样的贵格派的宗教信仰。我们今天所称的贵格派，对基督教的教义进行了精致的阐释，在神学、教会艺术以及圣经注释等方面与清教和圣公会差异很大。

要理解这些差异，我们可以从贵格派读圣经的方式开始。所有的新教徒都直接从圣经学习。圣经是他们信仰的根基。但贵格派、加尔文教派和圣公会从这个共同的根源得到的东西非常不同。贵格派的信仰来源于新约部分。贵格派最重要的文献之一，罗伯特·巴克利（Robert Barclay）的《辩解书》（*Apology*, 1675）有 821 处援引圣经，其中 656 处（80%）指向了新约。巴克利的《教义问答》（*Catechism*）所引用的圣经 93% 是新约，只有 7% 是旧约。这种情况不同于圣公会，更不同于清教，后者对新旧约的使用都非常多。[4]

与贵格派的圣经征引习惯有关的是他们的神学，这方面与圣公会和清教也有很多差别。贵格派公开表达了对此前教义的不满，从不要求教徒只服从于某种教义。但贵格派发展了一套巴克利所说的“宗教体系”，正式抛弃加尔文的五点教义和圣公会的诸多教义。贵格派“体系”的核心是上帝的爱和光，他仁慈的圣灵使宇宙充满和谐。一位美国贵格派教徒抄写了以下几句格言：

为了独一真神对万物的爱，

> 不思邪恶之事，只为纯粹的善，
> 爱就是上帝，上帝就是爱和光，
> 充满愉悦、喜乐和伟大的欣喜。[5]

清教徒崇拜的是一个完全不同的神，一个既有爱、又有愤怒的神，他是一种黑暗的、神秘的力量，在他愤怒而无法琢磨的时候可能变得非常恐怖。圣公会则崇拜的是一个伟大而尊贵的全能主，他牢固而公平地统治着属于不同等级的造物。

贵格派神学的一个核心理念是灵光，认为耶稣给人类的灵魂种下了神圣的善和美德。他们相信，这种“灵光”为所有觉醒到其存在的人带来了救赎的手段。贵格派大多否认加尔文教派的有限救赎。他们认为，基督并不是为拣选的少数而赴死的，而是为所有人类。贵格派抛弃了加尔文教义中不可更改的宿命论、无条件的拣选和不可抗拒的恩慈等理念。他们认为，人们有可能看轻他们无条件得到的圣灵礼物。“人可以自我毁灭，”托马斯·乔克利（Thomas Chalkley）写道，“但他的拯救是来自主。”[6]

贵格派是重生的基督徒。他们认为，救赎只有通过信仰的转变才能获得。很多人年轻时困扰不已，直到他们感觉到自己已经重生。戴维·库伯回忆说：“当我年轻的时候，我感觉自己有两个灵魂在相互冲撞。”本杰明·费里斯记得：“我四五岁的时候，我常常独处，思考死后那无涯的世界。”[7]

贵格信徒信仰转变的心理过程与加尔文教徒有些类似，但两者并不完全相同。大多数贵格信徒深信，救赎是可以通过个人努力获得的，上帝已经把有用的工具放在了他们手中。一旦信仰转变，他们就会对将来的世界抱有乐观的宿命主义。他们不像清教徒那样，对救赎充满担忧，久久不能释怀，也很少在希望与绝望间反复跳跃。

贵格会的教会组织是其神学的直接体现。他们发明了一种独有的教会治理体系，与圣公会和清教徒判然有别。贵格派对所谓“重金聘用的神职人员”和“尖塔形教堂建筑”颇为不屑。他们抛弃了所有的圣礼、仪式、教堂、神职人员、圣职等级和十一税，不设一般意义上的牧师，而只有传道士和告诫者，对后者他们只是有时称为牧师。但贵格会并不主张教会的无政府状态。在17世纪英格兰出现的众多激进派别中，贵格派是仅有的几个留存下来的教派之一，这主要是因为他们创造了一套很强的宗教机构。

教友协会（贵格会别称）有一套复杂的聚会所结构，包括男性聚会、女性聚会、祷告聚会、事务聚会、阅读聚会、季度聚会和年度大会。他们确立了由长者和监督者构成的领导层，其任务是教导、咨询和支持，但这个领导层隶属于协会本身。贵格派创造了一个有力的集体约束机制，涉及婚姻、性、商业伦理、服饰、言论、饮食、政治和法律等诸多方面。下一代的抚育受到特别关照，这是贵格派能留存的重要因素，对特拉华山谷的文化也至关重要。[8]

这些贵格会的信条并不是僵化不变的，而是随着时间的流逝不断变迁。这个基督教派别的历史可以划分出四个阶段。第一个阶段是这个革命性派别的萌芽阶段（大约1646年至1666年期间），这一时期，贵格派比较激进、原始，好勇斗狠，具有攻击性，忠于福音，并以救世主自居。第二阶段（约1666—1750年）是贵格派迅速成长的阶段，教友协会逐渐制度化、理性化，更倾向于进步主义，一派乐观心态，比较开明、自由，同时也比较温和，喜欢卷入政治和世俗事务，但仍然保持虔诚，并忠于神圣的目标。第三个阶段（约1750—1827年），贵格派开始变得内向，越来越宗派主义，比较排外、避世，倾向于完美主义。第四个阶段是自 1827 年希克斯特分离事件（Hicksite separation）后，贵格会出现了分裂，也走向了成熟。[9]

在这四个阶段中，对美国历史尤为重要的是第二阶段（约 1666—1750 年），特拉华山谷的文化制度正形成于其间。这期间贵格派的主要原则不是第一阶段的革命性和以救世主自居，也不是第三阶段的反求诸己，而是处于两者之间。第二阶段贵格派的理念就 18 世纪而言，显得相当开放、外向和自由。

这一时期贵格派的特殊教义深深嵌入了特拉华山谷的文化之中。贵格派和立场相近的邻居们热情拥抱了宗教自由和社会多元化的思想。他们偏好较弱的政府形态，同时又有较强的社区团体。他们多数也赞同贵格会对文化普及的积极态度和对高等教育的轻视。他们也认同贵格会主张的所有权神圣不可侵犯、礼仪平等、朴素的生活风格，以及他们的工作伦理、入世苦行、对家庭的重视和性拘谨等理念。所有这些态度都在他们所处的地域文化中产生了很大的影响。

1750 年之后，贵格会开始内转，不仅远离同时代的其他人，也和之前的自己告别。它不仅逐渐发展出顽固的和平主义观念，退出政治，并且对内实行严格的宗派纪律，试图完全与世无争。但贵格派第二时期创造的开放自由的精神却在贵格会之外保留下来，在他们所处的地域文化中产生着影响。

注释

1 这些判断（与一些第二手的材料相反）来自德比郡和诺丁汉郡的一些受难书，其中又主要来自诺丁汉的纪录办公室。很多贵格派教徒因为拒绝支付“教会税”而长期受难。

2 Gummere, “Friends in Burlington”; 研究这一运动的历史学家并不认为宗教迫害是移民的重要动因，但 Rufus Jones 和 William Braithwaite 相信这是一个主要因素。另一面，Frederick Tolles 发现一些贵格派谴责通过移民逃脱迫害是“回避了十字架”。Joseph Illick 和 Richard Vann 采取中间的立场，认为迫害的境况创造了一种集体感，最终引发了移民。参见 Tolles, *Meeting House and Counting House: The Quaker Merchants of Colonial Philadelphia, 1682-1783* (Chapel Hill, 1948), 34-37; Illick, *Colonial Pennsylvania*, 11; Vann, “Quakerism: Made in America?” 163。

3 Jane Hoskins, “The Life of That Faithful Servant of Christ Jane Hoskins …,” *Friends Library*, I, 461.

4 J. William Frost, *The Quaker Family in Colonial America* (New York, 1873), 24.

5 Caleb Raper, *Commonplace Book*, 1711, HAV.

6 Thomas Chalkley, “Concerning Personal Election and Reprobation,” Works (Philadelphia, 1749), 544; quoted in David R. Kobrin, *The Saving Remnant: Intellectual Sources of Change and Decline in Colonial Quakerism, 1690-1810* (Philadelphia, 1968), 80.

7 David Cooper, Memoir, ca. 1777, Haverford; Benjamin Ferris Journal, n.d., Swarthmore.

8 对贵格派宗教纪律的代表性研究，参见 Jack D. Marietta, *The Reformation of American Quakerism, 1748-1783* (Philadelphia, 1984), 6-7。

9 贵格派的主要历史研究可参见 “Rowntree series”, 包括 William C. Braithwaite, *The Beginnings of Quakerism* (London, 1912); idem, *The Second Period of Quakerism* (London, 1919); Rufus Jones, *The Later Periods of Quakerism* (London, 1921); idem, ed., *The Quakers in the American Colonies*。对第一期贵格会尤有参考价值的有 Hugh Barbour, *The Quakers in Puritan England* (New Have, 1964); W. A. Cole, “The Quakers and the English Revolution,” in Trevor Aston, ed., *Crisis in Europe* (New York, 1967), 358-76; Barry Reay, *The Quakers and the English Revolution* (London, 1985)。第二期参见 Richard T. Vann, *The Social Development of English Quakerism* (Cambridge, Mass., 1969); Jones, ed., *Quakers in the American Colonies*; and Tolles, *Meeting House and Counting House*。第三期，有一篇简短而杰出的概述，参

见 Tolles, *Meeting House and Counting House*, 230-43。其他参见 Marietta, *The Reformation of American Quakerism*; Sydney V. James, *A People Among Peoples*; *Quaker Benevolence in Eighteenth-Century America* (Cambridge, Mass., 1963); and Kobrin, *The Saving Remnant*. (Philadelphia, 1968)。

贵格派移民的民族根源

贵格派提倡人类都有“灵光”，弘扬友爱的精神。他们称所有人为“朋友”，欢迎不同背景的人与他们比邻而居。特拉华山谷欧洲移民的各民族一开始就是混居的。在第一代英国贵格派到达之前，这里已经居住着多个民族。威廉·佩恩 1685 年时写道：“这里的人来自欧洲不同的国家：法国、荷兰、德国、瑞典、丹麦、芬兰、苏格兰、英格兰，以及其他所有人。”到 1700 年，英格兰和威尔士殖民者占当地人口的比例已经从一半上升到三分之二。但民族多元一直是殖民地的历史特点。这实际是被威廉·佩恩倡导的，同时代的宗教团体也乐意接受。[1]

不同于清教和圣公会，贵格派对民族的多元性非常认可。在 17 世纪，贵格派是一种传教运动，他们向世界各地派出传道人，去寻找愿意转变信仰的人。因此，贵格派迅速地从英格兰的诞生地，传播到威尔士、爱尔兰和清教徒密布的欧洲。贵格派不像清教徒那样有被拣选的希伯来观念，也不像圣公会贵族那样过度在意等级和民族的纯洁。他们把所有人都看作亲友。

这种态度因为特拉华殖民地贵格派来源的多样性得到强化。他们中多数人来自英格兰，但也有很多来自其他国家。爱尔兰虽是少数，但比例不小。费城郡登记的移民中有 10% 左右来自爱尔兰。费城年度会议确认的贵格派传道人中，有 16% 是爱尔兰人。贵格派爱尔兰人的比例在偏远的切斯特（Chester）和巴克斯（Bucks）等郡比较小，但在其他地方较大。西泽西的牛顿城居民主要是来自爱尔兰的贵格派，周边地区被称为“爱尔兰十一区”。[2]

从威尔士来的贵格派也人数众多，他们占据了斯古吉尔河（Schuylkill River）西边称为“威尔士之地”（Welsh Tract）的大片区域。他们主要来自比较繁荣的梅里奥尼思郡（Merioneth），东威尔士的拉德诺郡（Radnor）和蒙哥马利郡（Montgomeryshire）。来自落后地区如安格尔西岛（Anglesey）和卡那封郡（Carnarvon）的则较少。很多人说威尔士语，并且对自己的民族来源很自豪，即使在转变信仰成为贵格信徒之后，依然如此。[3]

威廉·佩恩在沿着莱茵河传道的过程中，大力征召荷兰和德国裔的贵格派。早在1683年，就有13个家庭定居在费城北面的德国镇，他们的领袖弗朗西斯·丹尼尔·帕斯图瑞斯（Francis Daniel Pastorius）在费城建立了第一个非英语的贵格派聚会。这些人多数来自莱茵河下游的清教徒社区，如克雷菲尔德（Krefeld）和格里斯海姆（Kriegsheim），他们说话混杂着德语、荷兰语的莱茵地区口音，被称为“格里斯海姆－荷兰口音”。[4]德国镇地区（一些小社区的聚集地）的宗教和民族特别多元化。沿着德国镇大路的两英里范围内，有路德派（Lutherans）、门诺派（Mennonites）、摩拉维亚（Moravians）、贵格派、浸礼宗教会和加尔文教派先后建起的教堂。1690年，在如此混杂的群体中，贵格派就占有三分之二。那一年，荷兰改革宗一位神职人员来到德国镇，记下了这样的文字：“这个村落有44个家庭，其中28个是贵格派，其他16个是改革宗，包括路德教派、门诺派，还有非常敌视贵格派的天主教徒。”[5]

1715年后，非贵格派的移民数目逐渐增多。其中有来自大不列颠北部边境的人，他们被称为苏格兰裔爱尔兰人（后面我们会知道这并不准确）。贵格派不喜欢这些人，把他们往西赶。18 世纪中期，其他非贵格派移民纷至沓来，他们分别来自德国西部、瑞士和阿尔萨斯（Alsace，法国东北部地名）的清教徒社区；费城德语社区的居民一半左右是在 1749 年到 1754 年期间到达的。[6]

到 1760 年，英国贵格派在他们建立的殖民地已经变成少数，特拉华山谷则是高度复杂的文化马赛克了。但其他民族在文化上非常认同贵格派。很多人也是出于这样的原因被威廉·佩恩招募的，他们留在特拉华山谷是因为当地的文化与他们比较投合。[7]

德国虔诚派与英国贵格派之间并无什么矛盾。本杰明·富兰克林贬低德国人是在领地上享有王权的乡巴佬，这种态度和新英格兰的洋基人完全一致，而后者并不属于贵格派。贵格派比较欢迎德国移民，彼此相安无事。德语精英则很快适应了英语文化。丹尼尔·皮斯托留斯（Daniel Pastorius）写信给儿子说："亲爱的孩子们，约翰·萨缪尔和亨利……虽然你们出身于高贵的荷兰家族，但要记住你们的父亲已经归化，你们出生在英国殖民地，所以你们每一个人都是 Anglus Natus，生为一个英国人。"宾夕法尼亚的很多德国人把姓名英国化了。例如在德国镇，齐默尔曼（Zimmermann）家族变成了卡彭特（Carpenter），瑞廷豪森（Rittinghuysen）变成了里滕豪斯（Rittenhouse），舒马赫（Schumacher）变成了休梅克（Shoemaker）。不同民族但相同信仰的后代之间通婚频繁。分别来自英国、爱尔兰、威尔士、荷兰和德国的贵格派迅速结成了远近不同的表亲关系。[8]

其他基督教派的德国人并没能和贵格派随意通婚，但他们在其他方面与贵格派主流达成融洽。德国人没有参与宾夕法尼亚议会席位的竞选；但他们投票给贵格派的候选人，支持"贵格党"。德国新教徒与英国贵格派在宾夕法尼亚的政治中长期携手。这种文化联盟在特拉华山谷占据统治地位长达近一个世纪。[9]这个联盟也帮助英国贵格派的精英在山谷占据文化统治地位达七十年之久。第一代中的鲁弗斯·琼斯（Rufus Jones）写道："我们所知道的早期著名人物除了贵格派的人没有旁人。"[10]

从1675年到1745年，这一精英阶层的统治地位日益强固，并无减弱的迹象。一个表征是宾夕法尼亚议会的构成。1730年，英国贵格派信徒占所有席位的60%。这一比例在1740年上升到80%，1745年达到顶峰，占比83%。1755年很多贵格信徒退出政治之后，这一比例仍占75%。在此之后，议会中贵格派的比例仍然保持了50%，直到1773年。[11]

总体而言，创建西泽西和宾夕法尼亚的英国贵格派让不同国家的移民不断涌入，但他们对殖民地长期维持着统治，深刻影响了本地的特点。他们在八十年的时间里制定了法律，分配了土地，决定了移民政策，并建立了至今仍然有效的制度。最重要的是，贵格派还确立了不同民族之间互相沟通的原则。这些原则来自贵格派有关社群、秩序、权力和自由的理念。即使在贵格派变成少数后，他们的价值观对特拉华山谷制度结构的影响持续了几百年。

人们容易对贵格派在特拉华山谷中创造的文化产生误解。艾伦·塔利（Alan Tully）警告说："由于宾夕法尼亚社会动态性的特点，观察者错误地把殖民地的社会组织描述为分散、脆弱。事实上，宾夕法尼亚拥有强有力的、结构明晰而又灵活的社区结构……因为人们认同和归属的是自己的本地社区，宾夕法尼亚社会是具有统一性的，只是表象让人产生误识。"[12]

特拉华山谷给人的第一印象是吸收了不同民族和宗教群体的大

熔炉，但贵格派创建者精心缔造的文化架构也让这种多元主义全面开花。他们这样做遵循着高度的原则性，而其主要原则在贵格派滑落到少数地位后仍然保持着影响力。

注释

1 Penn, "A Further Account of the Province of Pennsylvania," 260.

2 John Clement, *Sketches of the First Emigrant Settlers in Newton Township, Old Gloucester County, New Jersey* (Camden, 1877), 51; Nicholas Canny, "The Irish Background to Penn's Experiment," in Dunn and Dunn, eds., *The World of William Penn*, 139-56.

3 T. M. Rees, *A History of Quakers in Wales and the Emigration to North America* (Carmarthen, 1925), 178; J. Ambler Williams, "The Influence of the Welsh in the Making of Pennsylvania," *PH* 10 (1943), 120; Charles H. Browning, *Welsh Settlement of Pennsylvania* (Philadelphia, 1912), 27; A. H. Dodd, *The Character of Early Welsh Emigration to the United States* (Cardiff, 1953).

4 William Hull, *William Penn and the Dutch Quaker Migration to Pennsylvania* (Swarthmore, 1935).

5 Stephanie Grauman Wolf, *Urban Village: Population, Community and Social Structure in Germantown, Pennsylvania, 1683-1800* (Princeton, 1976), 12, 129.

6 Marianne Wokeck, "Promoters and Passengers: The German Immigrant Trade, 1683-1775," in Dunn and Dunn, eds., *The World of William Penn*, 259-78.

7 宾夕法尼亚人口的民族成分在 18 世纪的变化情况如下：

年代	英格兰 - 威尔士	苏格兰 - 爱尔兰	德国	其他	总数
1726	60%	12%	23%	5%	100%
1755	28%	28%	42%	2%	100%
1790a	35%	23%	33%	9%	100%
1790b	29%	30%	38%	3%	100%

来源：1726 年和 1755 年数据来自 Alan Tully, *William Penn's Legacy; Politics and Social Structure in Provincial Pennsylvania, 1726-1755* (Baltimore, 1977), 53; 1790a 来自 ACLS, "Report of the Committee on Linguistic and National Stocks," *AHAR for 1931* I (1932), 107-441; 1790b 来自 Thomas L. Purvis, "The European Ancestry of the United States Population, 1790," *WMQ3* 41 (1984), 98-101。

8 Wolfe, *Urban Village*, 140; Harry Tinkcom, Margaret Tinkcom and Grant Simon, *Historic Germantown* (Philadelphia, 1955).

9 James O. Knauss, *Social Conditions among the Pennsylvania Germans in the Eighteenth Century* (Lancaster, 1922).

10 Jones, ed., *Quakers in the American Colonies*, 422.

11 宾夕法尼亚州议会的宗教派别构成如下：

派别	1729—1730	1739—1740	1745—1746	1749—1750	1754—1755
贵格派	18	24	25	24	27
圣公会	3	5	2	1	1
长老派	3	1	2	3	2
洗礼派	2				
荷兰改革宗	1			1	1
摩拉维亚教					1
虔诚派					1
非贵格派				2	3
未知	3		1	1	
总数	30	30	30	32	36
贵格派比例（Tully）	60%	80%	83%	75%	75%
贵格派比例（Ryerson）	63%	90%	87%	75%	75%

表格来源：Tully, *William Penn's Legacy*, 170-73; 第二次数据来自 Richard Ryerson, "The Quaker Elite in the Pennsylvania Assembly," in Bruce C. Daniels, ed., *Power and Status; Officeholding in Colonial America* (Middletown, Conn., 1986), 106-35。

12 Tully, *William Penn's Legacy*, 53.

贵格移民的社会起源

1681 年到 1686 年，超过一千位英国移民先后到达西泽西和宾夕法尼亚。这期间平均每年到达的人数和马萨诸塞的清教徒差不多，与弗吉尼亚的移民也相似。但特拉华移民的社会根源与其他殖民地都不同。

贵格会移民在家庭规模上不如新英格兰，但又过于弗吉尼亚。宾夕法尼亚早期的两本移民注册资料显示，其中核心家庭的比例在宾夕法尼亚是 39%，在巴克斯郡是 58%。这方面，特拉华的移民运动处于马萨诸塞和切萨皮克之间。[1]

同一资料说明，从社会等级而言，宾夕法尼亚的移民出身低微，主要来自英国较低的社会阶层。他们的社会地位大致类似于英国的贵格派。[2]

谢尔登主教（Bishop Sheldon）1669 年记载到，贵格派多数“条件一般，至多是自耕农”。[3]这种说法在抛开蔑视的成分外，对错各半。在巴克斯和费城郡的移民登记资料中，只有很少人自称是自耕农，无人说自己是贵族。多数是农夫、手工艺人、劳工和仆役。谢尔登主教说出身高贵的贵格派很少，这是正确的；但关于他们多数来自最低阶层的说法，是错误的——这是对贵格派最具敌意的圣公会神职人员普遍的误解。[4]

英格兰和宾夕法尼亚贵格派保存的婚姻登记显示了社会等级的相似性。在农村社区，多数男性贵格派信徒自称为农夫。城市人口多把职业描述为手工工人、工匠、商人和小零售商。在费城的婚姻记录中，只有九十分之一自称为贵族，只有一个是劳工。其余人主要是工匠、商人和零售商。[5]

移民到宾夕法尼亚的威尔士贵格派比英格兰的贵格派社会阶层更高——或这些威尔士人自视更高。从梅里奥尼思郡（Merioneth，威尔士的郡）来的163位移民中，14位（8.5%）自称为贵族，42位（26%）自称为小地主。但多数人并没有写明等级或职业，或许多数是农夫或劳工。很少是手工匠人。[6]

总体而言，这些证据证明了历史学家弗雷德里克·托尔斯（Frederick Tolles）较为平衡的结论，即多数宾夕法尼亚的移民是"中等或下等阶层的人，其中一些人是穷乏之人"。有些领导者当初也比较贫穷。这与马萨诸塞和弗吉尼亚都不同。[7]

社会起源上的差别部分是因为贵格殖民地的移民结构。英格兰贵格派对贫穷家庭给予一定的旅费补助。所以，理查德·托尔（Richard Torr）为家人申请去美国的花费时，约克郡的季度集会予以了批准，"他在约克只是暂住，和本郡聚会所的很多成员一样没有什么财产，为表同情，聚会所愿意支付40先令……他离开的时候才能拿这个钱，而且不能用于其他目的"。[8]1699年切斯特的季度大会支付了8.12.2英镑，"是为芭芭拉·詹妮（Barbara Janney）和她女儿去宾夕法尼亚的资费及其他费用"。这种资助并不是大范围的，但它为一些如果没钱就只能留在家里的贵格信徒提供了旅费。[9]

也有贵格信徒从私人朋友得到资助。贵格派女仆简·霍斯金斯于1712年抵达宾夕法尼亚，旅费是朋友资助的：

> 威尔士男子罗伯特·戴恩与妻子和两个女儿准备移居费城；一位朋友告诉我这件事情，并和我一起去找他们。我们很快达成一致，由他支付我旅费，直到我在大洋的另一端挣钱后再还他。他接受了我的承诺，但没有出具文书或债券，也没有用合同来约束。[10]

宾夕法尼亚的贵格派创建者对仆役移民敞开大门，与马萨诸塞的领导者态度一致。所以，没有能力支付旅费的穷人大量涌向特拉华，数目甚至超过新英格兰。

贵格派移民的社会过滤机制倾向于把英国精英排除在外，主要是因为贵格派的原则对上层社会的家庭没什么吸引力。一个例外有助于说明这种情况。出身高贵、家庭富有的英国贵格信徒玛丽·宾宁敦（Mary Penington）描述了她的阶层和宗教之间的紧张关系。她写道：

> 一天夜里，我躺在床上，脑中有声音告诉我："不要急于加入那些贵格派的人。"在很长时间中，我的内心充满挣扎，并不是我抵制他们的教义，而是我反对以十字架的名义对抗这个世界的语言、风尚、传统和荣誉——因为我在生活中的位置和社会关系让我很难容忍这样去做。[11]

威廉·佩恩因为混迹于贵格派之中而受到其他英国贵族的谴责。1671 年，约翰·罗宾逊（John Robinson）告诉他：

> 我发誓，佩恩先生，我对您感到很抱歉。您是一位聪明的贵族，世界应该……允许您这样做，您也有足够的资材。为什么您要和这些低微的人在一起，让自己不高兴呢？

对这种反对的声音，佩恩回答说，他喜欢“诚恳的蠢人”胜于“聪明的恶棍”。在贵格派移民中，他找到了倾心的友谊。[12]

注释

1 这场运动大多是连锁性移民。比如在德比郡，亚当和约翰·罗兹（Adam and John Rodes）两兄弟 1684 年移民到宾夕法尼亚。他们的父亲约翰·罗兹紧随其后，然后是他们的兄弟约瑟夫和雅各布。这种连锁性移民持续了几十年。第一代邦廷家族（Bunting）最早在 1689 年从德比郡移民到新泽西州切斯特菲尔德；这个家族的其他人则于 1720 年代到达。所以，移民家庭彼此间的联系要比此前数据所显示的更强。也有很多仆役移民到宾夕法尼亚，而且比马萨诸塞还多，但比弗吉尼亚少。这种对连锁性移民的比较大致是正确的。Forde, “Derbyshire Quakers,” 40.

2 对英国贵格派的社会起源一直存在争议。Alan Cole, “The Social Origins of the Early Friends,” *FHSJ* 48 (1956-58) 中认为贵格派信徒主要是“小市民”阶层的商人和工匠。Richard T. Vann, *The Social Development of English Quakerism* 则发现，诺福克和白金汉郡的贵格派是“上层有产者”，比重较大的是自耕农和商人，较少的是劳工和手工艺人。戴维·普拉特（David Heber Pratt）主张，贵格派职业模式从 17 世纪的自耕农和工匠到 18 世纪转向了中产的商人。海伦·福德（Helen Forde）则认为，德比郡的贵格派主要是中产，大多数是农夫、自耕农和工匠，很少贵族或劳工（“德比郡贵格派”，81-99）。巴里·雷伊（Barry Reay）主张，“贵格派本质上是社会中间阶层。它要比范恩最初的主张更为平民化。最重要的是，它主要是农村地区的”。参见 Reay, *Quakers and the English Revolution*, 25; 也见 Alan

Anderson, "The Social Origins of Early Quakers, *QH* 68 (1979), 133-40; J. J. Hurwich, "The Social Origins of the Early Quakers," *PP* 48 (1970), 156-61; Barry Reay, "The Social Origins of Early Quakerism," *JIH* 11 (1970), 55-72; David Heber Pratt, "English Quakers and the First Industrial Revolution: A Study of the Quaker Community in Four Industrial Counties: Lancaster, York, Warwick and Gloucester, 1750-1830" (thesis, Univ. of Neb., 1975)。

3 Tolles, *Meeting House and Counting House*, 39.

4 这两份清单中的等级和职业如下：

职业	费城	巴克斯
自耕农	0	9
自由人	17	0
农夫	9	12
零售商	2	0
小工具的零售商	0	1
小贩	0	1
男教师	1	0
杂货商	1	1
手套商	2	1
鞋匠	2	2
地毡匠	1	0
铁匠	2	2
木匠	2	1
石匠	1	1
工匠	1	1
裁缝	2	0
制革工人	1	0
玻璃匠	1	0
砖石匠	1	0
黄铜匠	1	0
小贩	0	1
织工	0	1

续表

职业	费城	巴克斯
运水果工人	0	1
研光匠	0	1
车匠	0	1
仆役	185	78

这些数据来自“A Partial List of the Families Who Resided in Bucks County, Pennsylvania, Prior to 1687, with the Date of Their Arrival,” *PMHB* 9 (1886), 223-33; and “A Partial List of the Families Who Arrived at Philadelphia between 1682 and 1687,” *PMHB* 8 (1885), 328-40。

5 费城的贵格派婚姻登记显示出宽泛的城市职业分类：零售商16；皮匠8；裁缝7；木匠5；砖瓦匠、烤面包师傅、织工，每种各4人；制桶匠、木工和船工，各3人；船工、船上货商、车工、制砖工、锯木匠、车匠、农夫和自耕农，各2人；男裁缝、制造马鞍的工人、玻璃匠、制革工人、做手套的人、葡萄园工、毛料梳工、梳子制造工、铁匠、上衣制衣工、酿酒工、锁匠、烟管制作工、书记员、医生和贵族，各1人。伦敦的贵格派婚姻登记显示出相同的趋势；托尔斯发现，五分之三是工艺匠人和手工匠人；剩下的主要是商人和店员。参见Tolles, *Meeting House and Counting House*, 41。

6 Williams, “The Quakers of Merioneth,” 122-56, 312-39. 有关威尔士贵格派移民的社会起源有很多争议。查尔斯·伯朗宁（Charles H. Browning）认为，他们是“威尔士地主贵族中社会地位最高的群体”。安布勒·威廉姆斯（J. Ambler Williams）却主张，他们是“最穷困的弟兄”。后世的研究采取中间的立场。参见Browning, *Welsh Settlement of Pennsylvania*, 27; Williams, “The Influence of the Welsh in the Making of Pennsylvania,” 120; F. B. Tolles, *Quakers and the Atlantic Culture* (New York, 1960), 113; Dodd, *Character of Early Welsh Emigration to the United States*。

7 Tolles, *Meeting House and Counting House*, 40; 在另一个研究中，理查德·范恩发现，从布里斯托移民的贵格派信徒多数是纺织工（35.7%）和手工匠人、仆役和劳工（42.9%）；只有一位移民身份是贵族，两位是零售商或批发商。Vann, “Quakerism: Made in America?” 161.

8 W. Pearson Thistlethwaite, ed., *Yorkshire Quarterly Meeting* (privately published, Harrogate, 1979), 160; 这些请求并不总是得到批准。罗伯特·汤普森（Robert Thompson）1683 年提出请求，约克郡的季度大会决定，“对于资助他旅程的请求我们决定不予协助……我们期望他能安心在本地生活”；但鉴于他的贫穷，大会还是给了他一英镑。同上，160。

9 Chester Quarterly Meeting Records, 1699, EFC 1/1, CHESRO.

10 Hoskins, “The Life of That Faithful Servant,” I, 461.

11 Mary Penington Abstract, md., n.d., HAV.

12 “……简述威廉·佩恩不合法的宗教信仰，作者约翰·罗宾逊爵士，托尔中尉（Lt. of the Tower）……”（Feb. 1671）, *Papers of William Penn*, I, 199。

贵格派移民

地域性起源

宾夕法尼亚和西泽西的贵格派移民来自英格兰各地，但有一个地域最多。贵格派移民很大一部分来自中北部，尤其是柴郡（Cheshire）、兰开夏郡（Lancashire）、约克郡、德比郡和诺丁汉郡。在一份 1682 年至 1687 年间到达费城的英国移民清单中，80% 来自这五个相邻的郡。只有很少来自南部和西部，无人来自东盎格鲁。[1]

同样的情况也出现在 1687 年迁徙到宾夕法尼亚巴克斯郡的移民中。其中三分之二来自约克郡、兰开夏郡、德比郡、诺丁汉郡和斯塔福德郡。其余的主要来自伦敦和布里斯托附近地区。无人来自东盎格鲁；对马萨诸塞定居点最重要的地域完全从巴克斯郡的名单上缺失。[2]

相似的分布也出现在其他一些名单上，包括土地分配、婚姻记录、聚会所资格证、牧师名单、仆役名单和运输清单。例如，由费城年度大会确认的贵格派牧师中，有一半来自英格兰北部的五个郡：坎伯兰郡（Cumberland）、威斯特摩兰郡、达拉谟（Durham）、兰开夏郡和约克郡。还有很多人来自爱尔兰的英格兰人定居地。只有 10% 来自东盎格鲁，5% 来自英格兰西南部的郡，后者却是弗吉尼亚人口的主要来源地。不到10%来自伦敦市。贵格派的传道运动在英格兰北部郡最有声势。[3]《教友派图书馆》一书里选载的贵格信徒日记也体现了这种趋势，这本书包含了大量信仰自传。这些传道文字的作者大多数来自人们所说的“北部乡村”。[4]

那些从英格兰带了聚会所证件到费城的贵格信徒中，规律有所不同。大约300份证件记载了英格兰的来源地，其中三分之一来自伦敦，另外三分之一来自英格兰北部。其余的分散在各地。这类文件体现了贵格派的组织力量，也体现他们了对城市的偏重。但是，一位历史学家研究了这些证件后，仍然认为“最大部分”来自“英格兰北部”，很少人来自东部郡和南部沿海。[5]

在宾夕法尼亚“第一代购买者”（First Purchasers）中——指1686年之前从威廉·佩恩手中买得土地的589人——分布规律不同。这个名单并不能准确反映宾夕法尼亚定居者来源地。很多人从威廉·佩恩手中买地后并没有移民，而是再次售给了“第二次购买者”，他们才是这些地产的实际拥有者。但第一代购买者的名单仍然提供了宾夕法尼亚投资者的重要信息。其中大多数（88%）是英国人，并且集中于主要的金融中心。最大的群体（35个）来自伦敦和附近的郡。排名第二的是中北部，尤其是柴郡（11%来自该地）。第三是布里斯托及其周边郡。很少有人来自东盎格鲁，除了接近伦敦和布里斯托的一些郡，更少来自英格兰南部和西部的乡村地区，而这些地方对于弗吉尼亚的奠基至关重要。[6]

以上提及的六个人口清单都指向宾夕法尼亚州。而在西泽西贵格派殖民地，移民来源地的规律几乎一样。1681年之前建立西泽西的殖民者约有1400人。据说几乎所有人都是贵格派。其中一半来自伦敦和米德尔塞克斯，一半来自约克郡、德比郡和诺丁汉郡。[7]伯灵顿定居点建在河流两边，河上的桥被称为伦敦桥和约克桥。[8] 伯灵顿的创建者包含两个迥异的群体——来自英格兰北部的贫穷农夫和来自伦敦的商人、工匠。

在特拉华河两岸，这些贵格移民依不列颠的来源地分散在众多小定居点。来自柴郡、兰开夏郡和约克郡乡村的贵格派主要定居在切斯特郡和巴克斯郡。“农夫和来自北英格兰荒野的贫困山民，”弗雷德里克·托尔斯写道，“直接奔向巴克斯和切斯特的富饶山地。”[9] 特伦顿（Trenton）附近的土地被来自德比郡和诺丁汉郡匹克区的移民占据。[10] 来自布里斯托的移民在特拉华河上建立了同名的城市。都柏林（Dublin）的贵格派占据了西泽西的牛顿城。[11] 威尔士的移民在斯古吉尔河（Schuylkill River）西边建立了“威尔士之地”。[12]

这些移民的来源地也可以从新土地的命名得到印证。贵格派取的一些地名表达了他们的社会理想——例如：费城、萨勒姆、康科德、上届省和下届省。有些定居点则保留了印第安名字：蒂尼克姆（Tinicum）、夏克麦克森（Shackamaxon）和沙莫金（Shamokin）。郡的名字多数是英国地名，其中半数以上来自北方：宾夕法尼亚的切斯特、约克和兰卡斯特；新泽西的伯灵顿、坎伯兰和蒙默思郡（Monmouth）；特拉华北部的纽卡斯尔（Newcastle）。这种情况与新泽西东北部形成鲜明对照，来自新英格兰的清教徒在当地占据了一个郡，并取名埃塞克斯。特拉华南部的情况也不同，那里居住着来自弗吉尼亚和马里兰的居民，在文化上也与它们比较靠近，当地有两个郡叫苏塞克斯和肯特郡。[13]

宾夕法尼亚和西泽西城市的名字也显示出很多移民来自英格兰中北部和北部。城市的名字包括阿斯顿（Aston）、比尔顿（Billton）、伯明翰（Birmingham）、布拉福德（Bradford）、布里斯托（Bristol）、伯灵顿（Burlington）、卡莱尔（Carlisle）、切斯特（Chester）、切斯特菲尔德（Chesterfield）、德比（Darby）、达拉谟（Durham）、埃奇蒙特（Edgemont）、肯尼特（Kennet）、利兹（Leeds）、利物浦（Liverpool）、马普尔（Marple）、莫兰 （Morland）、纽卡斯尔（Newcastle）、里德利（Ridley）、谢菲尔德（Sheffield）、特伦顿（Trenton）和约克（York）。这些名字大多来自中北部。

威尔士来的贵格派移民主要集中在坎布里（Cambry），也就是所谓威尔士之地。这个地区最早的村庄名字揭示了母国的来源地，包括弗林特（Flint）、蒙哥马利（Montgomery）、巴拉（Bala）、特雷迪芬镇（Tredyffrin）、拉德诺郡（Radnor）、哈弗福德（Haverford）和登比（Denbigh）。这些地名大多数（不是全部）来自威尔士北部和东部，仅与柴郡隔着迪河（River Dee）。[14]

在 18 世纪，特拉华山谷还有些城镇用移民的姓名来取名。这种做法在 17 世纪早期的新英格兰或弗吉尼亚很少出现——这揭示了半个世纪后逐渐抬头的个人化社会意识。如今在特拉华山谷地图上还留有名字的个人和家族很多是从中北部来的移民。比如新泽西叫雷克利斯屯（Recklesstown）的小村庄取名自约瑟夫·雷克利斯（Joseph Reckless），他是来自诺丁汉上层家族的贵格派移民。他的祖先约翰·雷克利斯是诺丁汉的警长和富有的铁货商、麦粉商，乔治·福克斯（George Fox）1649 年被投入诺丁汉监狱时，雷克利斯转变为贵格信徒。[15] 同样类型的城镇名字包括迪尔沃斯敦（Dilworthtown）、希彭斯堡（Shippensburg）、彭斯伯里（Pennsbury）、诺里斯敦（Norristown）、莫里斯敦（Morristown）、史密斯维尔（Smithville）、艾伦敦（Allentown）、米夫林敦（Mifflintown）、赖茨敦（Wrightstown）、哈里斯堡（Harrisburg）和沃恩福德（Walnford），这些家族多数来自中北部。

来自莱茵河地区的荷兰下层和德国上层的贵格信徒建立了德国镇，并把他们的定居点取名为克里克（Cresheim）、克雷菲尔德（Crefeld）和索默豪森（Sommerhausen），这些名字来自德国与荷兰边界的社区，当初他们就是从这里被驱逐的。1730年后，其他民族迁入的速度逐渐提升，也把他们的名字留在了这片土地上。一些瑞典名字（例如，克里斯汀娜［Christiana］）保留下来。18世纪中叶，苏格兰人和爱尔兰人也在这片土地上留下了他们的名字。但贵格殖民地的中北部起源仍然反映在特拉华山谷的地名中，即使今天也是如此。

注释

1 1684年，宾夕法尼亚政府要求移民抵达时要进行登记。这一法律没有严格执行；费城只有410位登记了，而且很多没有写明来源地。那些写明来源地的人，统计如下：英格兰115，其中包括兰开夏郡52、约克郡20、柴郡18、伦敦7、苏塞克斯6、伍斯特郡5、德比郡3、什罗普郡3、格洛斯特郡1；另外，威尔士有34，其中包括蒙哥马利郡14、拉德诺郡（Radnorshire）13、梅里奥尼思郡（Merioneth）5、卡马森（Carmarthen）2；爱尔兰有39；德国71；荷兰2；未知来源地的人有142；总数410。参见“A Partial List of the Families Who Arrived at Philadelphia between 1682 and 1687,” 328-40。

2 在巴克斯郡的清单中，有几例与费城清单重复，其来源地的分布如下：英国移民234，包括柴郡89、约克郡32、兰开夏18、斯塔福德郡13、多塞特12、伦敦11、怀特郡10、米德尔塞克斯10、苏塞克斯7、萨默塞特6、波克郡5、德文郡4、牛津郡3、白金汉郡3、格洛斯特郡3、伍斯特郡1、威尔士7人；登比（Denby）6；蒙哥马利郡1；爱尔兰6人；不明来源地的人13；总数260人。资料来源：“A Partial List of the Families Who Resided in Bucks County, Pennsylvania,” 223-33。

3 1684 至 1773 年间参与费城年度大会的 111 位贵格牧师的来源地如下：坎伯兰郡 5，威斯特摩兰郡 7，达拉谟 2，约克郡 21，兰开夏郡 5，诺丁汉郡 2，赫特福德郡 2，伦敦 8，埃塞克斯 5，诺福克郡 3，林肯郡 2，康沃尔郡 1，萨默塞特郡 1，怀特郡 1，牛津郡 1，来自英格兰但具体地域不明确的人 24，爱尔兰 18，巴巴多斯岛 1，美国 2，总数 111。数据来源：Jones, ed., *Quakers in the America Colonies*, 540-43。

4 这一资料中贵格派自传作者的出生地如下：威斯特摩兰郡 10；约克郡 8；坎伯兰郡 8；伦敦 7；威尔士 4；格洛斯特 3；萨默塞特 3；康沃尔郡、苏塞克斯、诺丁汉、林肯郡、诺福克、埃塞克斯、伍斯特郡，每地 2 个；莱斯特郡、白金汉、赫特福德郡、达拉谟、贝德福德、柴郡、肯特、牛津、汉普郡、斯塔福德郡、德文和波克郡各 1；另外 10 位出生在美国，6 位来自爱尔兰，1 位来自西印第安，1 位来自荷兰，5 位不明来源地。资料来源：William and Thomas Evans, eds., *Friends' Library* (14 vols., Philadelphia, 1837-50)。

5 Albert Cook Myers, *Quaker Arrivals in Philadelphia, 1682-1750* (Philadelphia, 1902); "受贵格派影响最小的是中南部的一些郡"。Tolles, *Meeting House and Counting House*, 30，数字如下：伦敦 96；约克郡 27；格洛斯特 18；威尔士 15；兰开夏郡 14；坎伯兰郡 13；布里斯托 13；柴郡 11；伍斯特郡 8；埃塞克斯 7；米德尔塞克斯 7；萨默塞特 7；斯塔福德郡 6；波克郡 6；达拉谟 6；牛津 6；莱斯特 5；怀特郡 5；肯特郡 5；诺丁汉 4；苏塞克斯 4；德比 4；德文 4；萨福克 3；赫里福德（Hereford）2；什罗普郡 2；多塞特 2；威斯特摩兰郡 2；北汉普顿郡 2；汉普郡、萨里、沃里克、贝德福德、亨廷顿、赫特福德郡和诺福克，各 1；未明来源地 8。还有 81 位来自爱尔兰，3 位来自美国。数据由 Jonathan Schwartz 提供。

6 589 位第一代购买者的分布如下：伦敦地区 185（35%），包括伦敦 107，米德尔塞克斯 20，波克郡 13，白金汉 17，萨里 11，肯特 10，赫特福德 7；布里斯托地区 110（21%），包括布里斯托 36，怀特郡 53，萨默塞特 21；北部乡村 113（22%），包括柴郡 55，约克郡 13，德比郡 7，伍斯特郡 6，诺丁汉 6，威斯特摩兰 5，兰开夏 5，斯塔福德郡 5，什罗普郡 5，诺森伯兰郡 4，达拉谟 2，坎伯兰郡 0；东部 3（1%），包括埃塞克斯 2，萨福克 1，林肯郡 0，诺福克 0，亨廷顿 0，剑桥郡 0；南部和西部 32（6%），包括亨廷顿 7，苏塞克斯 25；多塞特 0，德文 0，康沃尔 0；中南部 24（4%），包括牛津 18，格洛斯特 2，赫里福德 2，沃里克 0，北汉普顿 2，莱斯特郡 0，拉特兰郡 0；其他 61（11%），包括爱尔兰 28，威尔士 23，苏格兰 2，德国 3，法国 2，荷兰 1，巴巴多斯岛 1，纽约 1；不知来源地 58。来源：*Papers of William Penn*, II, 630-64。

7 John E. Pomfret, "West New Jersey…," 8 *WMQ3* (1951), 493-519.

8 Amelia Gummere, "London Bridge, Burlington, N.J.," *PMHB* 8 (1884), 1-16.

9 Tolles, *Quakers and the Atlantic Culture*, 118.

10 Reuben Pownall Ely, *An Historical Narrative of the Ely, Revell and Stacye Families* (New York, 1910).

11 Clement, *Sketches of the First Emigrant Settlers in Newton Township*, 51.

12 T. M. Rees, *A History of Quakers in Wales and the Emigration to North America*, 178; J. Ambler Williams, "The Influence of the Welsh in the Making of Pennysylvania," 120; Browning, *Welsh Settlement of Pennsylvania*, 27; Dodd, *Character of Early Welsh Emigration to the Untied States*.

13 1775 年，宾夕法尼亚州的郡（和郡所在地）分别命名为费城（Philadelphia）、巴克斯（Newtown）、切斯特（Chester）、北汉普顿（Easton）、波克斯（Reading）、兰卡斯特（Lancaster）、约克（York）、坎伯兰（Carlisle）、诺森伯兰（Sunbury）、贝德福德（Bedford）和威斯特摩兰（Hannah Town）。这十一个郡中，六个是北部的名字；其余的分散在英国中心地带。没有一个来自东盎格鲁，只有一个（波克斯）来自西南部。第二个中心地带位于伦敦北部三个比邻的郡（白金汉郡、贝德福德和北汉普顿郡）。

14 对这些城市的早期解释，"威尔士人居住的地方"，参见 Richard Frame, "A Short Description of Pennsylvania," in Myers, ed., *Narratives of Pennsylvania*, 304。费城主干线上的威尔士名字是后期由铁路局主席取的。但是，拉德诺（Radnor）、哈弗福特（Haverford）、梅里恩（Merion）、格威内思（Gwynedd）、巴拉（Bala）和很多其他名字是在 1695 年之前取的。布林茅尔（Bryn Mawr）是罗兰·艾利斯（Rowland Ellis）的家乡，贝温（Berwyn）取自威尔士梅里奥尼思郡和蒙哥马利郡之间的乡村高地；参见 Browning, *Welsh Settlement of Pennsylvania*; J. J. Levick, "John Ap Thomas and His Friends," *PMHB* 4 (1880), 301-28。

15 James Lomax, "Early Organization of Quakers in Nottingham," *Thoroton Society Transactions* 48 (1944), 40-51; Henry Charlton Beck, *More Forgotten Towns of Southern New Jersey* (1937, rpt., New Brunswick, 1963), 199-206.

“贵格派的加利利”

英格兰的中北部

这些移民并不是来自中北部全地，而主要是来自奔宁山脉的旷野和高地，那片土地从德比郡的峰区（Peak District）往北延伸到约克郡和坎布里亚郡（Cumbria）的菲尔地貌区（Fells）。这里是英格兰海拔最高的地区，包含了德比、诺丁汉、兰开夏、东柴郡、西约克郡和南威斯特摩兰郡等六郡。奔宁旷野就是勃朗特(Bronte)的乡村。《呼啸山庄》（*Wuthering Heights*）和《简·爱》（*Jane Eyre*）所讲述的故事都是以约克郡西区(West Riding)为背景，夏洛特(Charlotte)、安妮（Anne）和艾米莉·勃朗特（Emily Bronte）成长的地方是哈沃斯村（Haworth）。她们的作品没有准确描绘出本地的异教文化，但可以唤起人们对当地气候与地理的记忆。

这一地区在现代后期成了英国的工业中心，囊括了一大片蓬勃繁荣的工业城市，包括曼彻斯特(Manchester)、布拉德福(Bradford)、谢菲尔德（Sheffield）和利兹（Leeds）等。当地的工人阶级大都簇拥在密集的砖砌公寓里，延伸在广袤的原野上。在17世纪，这里的景象完全不同——这里是英格兰最偏远的地区，人口稀少、极度贫穷。主要人口是小农场主和牧羊人，他们艰难求生，仅有的剩余羊毛才能拿到市场去卖钱。每年人们用马驮着羊毛，运送到南汉普顿那么遥远的市场。即使在收成好的年头，人们也所得甚少；在歉收的日子，就会发生严重的饥荒。

在17世纪，英格兰北部以危险闻名。英国古董商威廉·卡姆登（William Camden）来到兰开夏郡边界时感觉到“一种恐惧”——其他访问者也有类似的感觉。这个人烟稀少的地方弥漫着恐怖的气氛。孤立的房舍常常受到夜袭和抢劫，受害者有时被残忍地杀害以掩盖罪行。[1]1680年约克郡一位日记作者记载了一件事，当地一位贵族和母亲、仆人被抢劫、杀害，房子被点燃以掩盖罪行：“贵族老妇人被烧得面目全非，”他写道，“她的脸、腿和脚几乎烧成灰；她的躯干也大部被焚毁，她的心脏被烧成一颗炭悬在身体外面……有人看到，所有人的颅骨都被打碎，就像发生在同一个地方。”[2]

这个地区有相同的文化条件，也有共同的历史。英格兰中北部受北欧海盗的殖民统治最为严重。历史学家休·巴伯（Hugh Barbour）写道：“在北部的中心地区，奔宁旷野，贵格派势力最为强大，那里主要的人口和名字都是来自挪威，中世纪时期这里主要说挪威语。挪威人也带来了在岩石顶端或山顶召开大会或议会的传统，这或许影响了贵格派对聚会所的喜好。挪威人的传统是对房屋和土地的私有权：12世纪强加的诺曼封建庄园制度受到抵制。”[3]

英格兰北部的诺曼征服异常残酷，对当地造成了严重的分裂。统治阶层在文化上与被统治者严重脱节，却对他们的诺曼－法国根源异常执着。亨利八世与教皇决裂后，很多家庭仍然维持罗马天主教徒身份长达一个多世纪。17世纪，这个精英阶层很多人成为保王党。但北部的牧人和农夫阶层与主子自觉保持距离。他们在宗教上属于福音派和新教。他们自外于本地的学校、教会、法庭和政治机构，所有这些机构都牢牢地控制在统治阶层手中。这种立场也进入了贵格派的神学，深刻地影响了他们的社会目标。在某些方面，贵格派文化来源于这个地区；但在其他方面，它又是对这种地区文化的背离。[4]

用休·巴伯的话说，本地的农夫和牧人“以独立闻名”，并有平等相待的传统。“家里人和帮手都一起吃饭”，吃的都是“煮粥和燕麦糕”。他们都穿家纺的套装，颜色是独特的“土灰色”。房子几无装饰，坚持朴素的文化。所有这些民俗都成了贵格派的一部分。[5]

在17世纪局势起伏的时期，各种极端派别在中北部群雄并起——不同种类的洗礼派、马格莱顿教派信徒（Muggletonian）、家庭主义教（Familists）、第五王朝派（Fifth Monarchy Men）、吼叫派（Ranters）、探索派（Seekers）和贵格派。这些运动却源自共同的动机。1656年，英格兰受清教徒少将统治，把守北部的官员写信给约翰·瑟洛（John Thurloe）：“我们第五王朝的人让很多人转变为再洗礼派（Anabaptist）……很多人拒绝了那个教派和其他一些派别，被称为探索派……冷静的人们（我很畏惧他们）很快会转变为贵格派。”[6]

这个地区是贵格派起源地，并长期作为他们最强大的基地。创建者乔治·福克斯（George Fox, 1624—1691）是莱斯特郡纺织工的儿子，他在1646年发展出“灵光”的教义，并在中北部培养了他最早的信徒。到1654年之前，贵格派85%的集会是在英格兰北部的郡召开。[7]

贵格派在最穷的区域人数最多。比如从柴郡迁徙到宾夕法尼亚的贵格移民主要不是来自这个郡富裕而物产富饶的中心地区和西南区域，而是来自东部边缘峰谷交替之处。这里很原始，当地定居点的地名有波斯里克劳德（Bosely Cloud）、外德波尔克劳（Wildboarclough）等。在17世纪，这片地区覆盖着广阔的森林，是"英格兰狼和野猪最后的避难处"。

这里的气候比低洼地区更严酷——山谷里有浓厚的雾霾，高处可怕的直射光炙烤着山脊，杀死了很多不够谨慎的旅者。棕黑色磨石垒砌的农舍渺小而避世，让人顿生冷峻之感，更加重了当地的荒凉气氛。在柴郡东部陡峭的斜坡上，至今仍能看见它们的踪迹。[8]

在诺丁汉郡，贵格派并不是来自特伦特山谷（Trent Valley）肥沃的冲积平原，而是来自碎石遍布的高地。莫尼亚什（Monyash）月度大会的成员曾写道："……我们很贫穷、没地位、受人鄙视，散布在怪石嶙峋的山区和崇山峻岭的贫瘠山谷中。"[9]在德比郡，情况也类似。贵格派多数居住在郡东部的煤矿地区和峰区。很少有贵格派居住在德比郡南部。[10]

在约克郡的西区，贵格派主要是贫穷的山民，聚居在洛特山谷这样的地方——把约克郡和兰开夏郡隔开的山谷。在17世纪，这片地区"完全不通路"。偏远是它的主要特性。一些贵格派逃到这个地方以躲避迫害。[11]

贵格派历史最重要的问题之一是这个派别的起源地。休·巴伯认为，这个地区的斯堪的纳维亚传统为贵格派福音传教士创造了丰厚的文化土壤。这种民族文化学的解释被一些美国学者采用，但唯物主义学说更让英国历史学者信服。两种学说在一定程度上都是正确的。贵格派神学来源于地区性的被压迫阶层，他们对剥削他们的外国精英充满厌恶。他们也摒弃了上层社会强加的制度，他们在敌对的环境中培养了朴素、勤奋的品格。[12]这个人群的朴素文化为贵格派的发展提供了沃土。这个地区和这个阶层的价值观最终从英格兰中北部传播到了特拉华山谷。

注释

1 Joan Parkes, *Travel in England in the Seventeenth Century* (London, 1925).

2 Ralph Thoresby Diary, 24 Jan. 1680, ms. 31, YAS.

3 Barbour, *The Quakers in Puritan England*, 74.

4 William Kapelle, *The Norman Conquest of the North: The Region and Its Transformation* (Chapel Hill, 1979).

5 Barbour, *The Quakers in Puritan England*, 74.

6 Forde, "Derbyshire Quakers," vi.

7 Pratt, "English Quakers and the First Industrial Revolution," 53-65; 尤其有价值的是第三章 "The Geography of Nonconformity"，文中认为，"贵格派一直是北部的宗教"。到 17 世纪末，英国的每个郡和城镇都有贵格派了。在 18 世纪，很多贵格派向南迁徙到了伦敦和伯明翰，但大多数仍然留在特伦特河的北部和西部。

8 移民潮中尤其突出的教区包括 Stockport, Wilmslow, Macclesfield, Gawsworth, Middlewich, Northwich, Nantwich, Great and Little Budworth, Cheadle and Prestburty。除了 Budworths 之外，其他教区都分布在柴郡的东面。很少有移民来自柴郡北部，这里曾被错误地确定为 17 世纪贵格派的中心之一。对柴郡东部较好的研究可参见 R. N. Dore, *Cheshire* (London, 1974), chap. VI, "The Pennine Border."，有关风、阳光和雾，见 William Bagshawe Diary, 1 Jan. 1697, DERBRO。

9 Monyash Monthly Meeting Minutes, 21.xii.1672, ms. Q86/NRS, NOTTRO

10 Forde, "Derbyshire Quakers," 1-6.

11 Humphrey Moore, *The Case of Lydia Davy* (York, 1983), 25-26.

12 Barbour, *The Quakers in Puritan England*, 74.

贵格派的迦南地

特拉华山谷

特拉华山谷的欧洲移民以敬畏的心态来描述新世界的面貌。即使在今天，特拉华河的宽广和博大也会让疲倦的旅行者惊艳。在17世纪，它被认为是世界的奇迹。弗朗西斯·丹尼尔·帕斯特留斯（Francis Daniel Pastorius）1700年写道："特拉华河如此广大，欧洲的河流完全无法比拟。"在它的两个海角之间，形成了四十英里宽的海湾。由此上溯100英里到纽卡斯尔，河流仍然宽达2英里。17世纪最大的船只可以往内陆上行至特伦特，离海口165英里之遥。[1]

特拉华山谷的生态环境非常符合贵格派殖民者的文化目标。与大西洋沿岸的其他地方比较起来，它尤其适合商业和工业发展。河流和湾区成为巨大的公用资源，为各个定居点的繁荣提供了基础。威尔士贵格派信徒加百利·托马斯（Gabriel Thomas）写道："城市间一直有商业航运，这些城市也很依赖它们。"[2]

特拉华河两岸点缀着"数不清的"小溪河，佩恩写道。从西岸深入仅仅几英里就有瀑布。离海不远的布兰迪维因河（Brandywine Creek）、切斯特河（Chester Creek）等河流沿岸是设厂的上佳地段。靠近费城的地方有大量建筑石材、煤矿、铜矿、铁矿、橡树、胡桃木和栗树。土壤非常肥沃，佩恩称其为"丰厚的土壤"，"有的地方作物长得很快，可与英格兰最好的溪流媲美”。

特拉华山谷的其他特点对贵格派也很重要。土著很友善，与南面的切萨皮克和北方的新英格兰攻击性强的部族颇为不同。英国人所称的特拉华印第安人，或他们自称的伦尼莱纳佩人（Lenni Lenape），与好战的阿布纳基人（Abnaki）、凶猛的佩科特人（Pequots）、尚武的包哈坦部落（Powhatan Confederacy）等部族之间的差别，恰如贵格派与清教徒和加尔文派之间的差别一样。[3] 威廉·佩恩对印第安人的政策在马萨诸塞或弗吉尼亚将会有灾难性的后果，在宾夕法尼亚西部也确实失败了。但在特拉华山谷，这一政策大放异彩，这不仅是因为贵格派自身，也是因为当地的印第安人。[4]

第三个环境因素是这里的气候非常适合欧洲移民。当时的死亡率按照现代标准是比较高的，而且不稳定，但特拉华的第一代移民认为这里的环境比英格兰或弗吉尼亚更健康，不比马萨诸塞差。但在 18 世纪，疟疾侵入特拉华山谷南部，黄热病在费城肆虐，环境就开始恶化了。整个地区的死亡率上升了，但宾夕法尼亚地势高的地区健康状况依然很好。从整个特拉华山谷来看，较低的死亡率保证了家庭生活的稳定——这对于贵格派是非常重要的条件。[5]

贵格派选择在特拉华山谷建立定居点并不是偶然的。贵格派很早之前就对这个地区很感兴趣。早在 1660 年，乔治·福克斯和英国贵格派的一个团体派出乔赛亚·科尔（Josiah Coale）作为代表，从印第安人手中购置宾夕法尼亚州东南部的土地。他的使命并没有达成，但他向威廉·佩恩汇报了该地的情况。乔治·福克斯于 1672 年亲往特拉华山谷考察，发现印第安人“非常可爱”。[6] 他督促佩恩把殖民地设置在那里。[7]

在这个地区，英国贵格派步步为营拿下了三块殖民地——西泽西、宾夕法尼亚和特拉华。他们也曾占有过东泽西和部分卡罗莱纳。有的地方是通过很奇特的方式获得的。1674 年，新泽西被约克公爵（the Duke of York，未来的詹姆斯二世国王）赠送给他的玩伴约翰·伯克利领主（John Lord Berkeley）和乔治·卡特里特爵士（Sir George Carteret），他们把这个地域划分为两块，非正式地称为东泽西和西泽西。同一年，伯克利领主突然把西泽西卖给了爱德华·白林佶（Edward Byllinge），他是来自伦敦的贵格派，有可能是为贵格派采取了这次行动；之后他把这块地卖给了贵格派的一个团体。西泽西的大部分土地分配给了 1400 名贵格派信徒，他们于 1677 年至 1681 年间抵达该地。[8]

1682 年，东泽西被包括威廉·佩恩在内的贵格派团体拍卖给了乔治·卡特里特爵士的遗孀。东泽西的殖民者来自不同的教派——有很多从新荷兰来的荷兰移民和大量新英格兰的移民，他们主要的定居点被称为新方舟（New Ark，现在是纽瓦克，New Wark）。清教徒对贵格派地主抱怨不断，最后帝国当局于 1702 年收回了这两个领地，合并为皇家殖民地新泽西。[9]

1681 年，约克公爵帮助创建了宾夕法尼亚州，这是最大也是最重要的贵格派殖民地。这个大州在名义上是国王为了偿还欠威廉·佩恩父亲的债务而授予他的。但这并不是首要的原因。创建宾夕法尼亚主要是国王同情贵格派的处境，为解决“贵格派问题”作出的严肃决策。原初授予的土地要大于如今宾夕法尼亚的范围。宾州的总面积大约 60 万英亩，南北纬度跨 40 到 43 度，是大不列颠的 6 倍。威廉·佩恩后来从约克公爵购得特拉华殖民地，宾州的面积又扩大了一些。在很长时间里，特拉华被当作宾州的一部分统治。

从一开始，特拉华殖民地就被认为是各个分部组成的一个完整区域。贵格派在特拉华山谷组建单独的年度大会，轮换在河流两岸举行。圣公会在18世纪曾试图把当地的居民从“贵格派或异教徒”手中拯救出来，贵格派的对策是把整个山谷组建成“统一的传教地”。[10]山谷地区也成了单一的经济单元，源源不断把产品运送到费城。[11]历史学家弗里德里克·托尔斯记述到：

> 宾夕法尼亚的殖民者都很清楚，他是住在特拉华山谷。他在河上行船的时候，在甲板上第一次看到他的新家……特拉华河把西泽西、宾夕法尼亚和南部郡（后者最终变成了特拉华州）连接成一个经济区域，并且和大西洋沿岸地区联系在一起。它也把整个山谷地区变成单一的“文化区”。[12]

注释

1 Francis Daniel Pastorius, “Circumstantial Geographical Description of Pennsylvania,” 1700, in Myers, ed., *Narratives of Pennsylvania*, 378; “Letters of Thomas Paschall,” *ibid*., 251.

2 Gabriel Thomas, “An Historical and Geographical Account of Pensilvania and West-New-Jersey,” in Myers, ed., *Narratives of Pennsylvania*, 318.

3 C. A. Weslager, *The Delaware Indians* (New Brunswick, 1972); *idem*, “The Delaware Indians as Women,” *Journal of the Washington Academy of Sciences* 34 (1944), 381-88; Anthony F. C. Wallace, *King of the Delawares: Teedyuskung, 1700-1763* (Philadelphia, 1949); Albert C. Myers, ed., *William Penn, His Own Account of the Lenni Lenape or Delaware Indians* (Moylan, 1937); Daniel G. Brinton, *The Lenape and Their Legends* (Philadelphia, 1885); Frank H. Stewart, *The Indians of South Jersey* (Woodbury, 1932).

4 Thomas, “An Historical and Geographical Account of Pensilvania and West-New-

Jersey," 340.

5 1768 年，一位神职人员写信给特拉华南部的同事："这个粗野、讨厌的年轻男人看起来就像刚刚死里复活；以上帝的名义祷告，他可以搬到宾夕法尼亚的山上去。特拉华的苏塞克斯就像埃塞克斯的沼泽。"John Duffy, *Epidemics in Colonial America* (Baton Rouge, 1953), 211.

6 Fox, Journal, 619, 632 (9.iii.1672;9.vii.1672).

7 William Sewel, *The History of the Rise, Increase and Progress of the Christian People Called Quakers* (1717, 2 vols., London, 1811), I, 450; Josiah Coale, *The Books and Divers Epistles of the Faithful Servant of the Lord Josiah Cole* (London, 1617).

8 这些交易很复杂。西泽西实际上被伯克利卖给白金汉郡的约翰·芬威克（John Fenwick），后者是代表爱德华·白林信买下的。但不清楚芬威克和白林信主要是用于商业投机，还是宗教目的。无论何种情况，这块地域很快转交给了另外一个群体，其中有威廉·佩恩、高恩·劳里（Gawen Laurie）和尼古拉斯·卢卡斯（Nicholas Lucas）。

9 卖出东泽西的单据写明日期是 1681/82 年 2 月 2 日，ed., *Quakers in the American Colonies*, 368; Braithwaite, *Second Period of Quakerism*, 403。

10 Tolles, *Quakers and the Atlantic Culture*, 116.

11 James Weston Livingood, *The Philadelphia-Baltimore Trade Rivalry* (Harrisburg, 1947), 3.

12 Tolles, *Quakers and the Atlantic Culture*, 117.

威廉·佩恩与特拉华山谷

奠基者的意图

弗里德里克·托尔斯所说的“特拉华文化区”并不是社会的偶然选择，而是饱含贵格会奠基者的意志和目标。创建当地的主要领导者是威廉·佩恩，他曾在宾夕法尼亚、特拉华和西泽西从事过公共服务，担任过立法者、社会计划者、推广者和移民过程的管理者。要理解当地的文化史必须了解这一卓越人物的思想和品格。[1]

威廉·佩恩自身充满了矛盾——他是海军将领的儿子，却变成了和平主义者；他是牛津基督教会学院的本科生，后来转变为虔诚的贵格信徒；他是林肯律师学院的成员，后来又成为仲裁制度的倡导者；他是皇家学会的成员，却鄙视酸腐的学人；他出身富贵，却终身追求穷人的福利；他是优雅的国王近臣，却崇尚朴素的生活；他和好几任国王都是朋友，却加入了激进的辉格党；他是英国贵族，却成为伟大的基督教信仰领袖。

威廉·佩恩于 1644 年 10 月 14 日出生在伦敦的塔丘（Tower Hill），不远处就是他后来因为信仰被关押的伦敦塔。他出生时，世界正处于剧烈的动荡中，这也使他的生活充满了曲折。他早年生活中的重要事件有战争和革命，他的家庭也卷入其中。他的父亲是海军军官，曾效力于克伦威尔和国王，也因此被双方授予过爱尔兰的

这幅青年威廉·佩恩的武士肖像作于1666年（当时他22岁）。它所描绘的是尚未成熟的贵格会领导人。他在军人家庭长大，差点成了职业军人，所以他身上总有军人气质，虽然他反对战争。这位孔武有力的基督徒将为上帝的真理而战，他在信仰上更接近于圣乔治（St. George），而不是圣弗朗西斯（St. Francis）。他在画里穿着厚重的盔甲，这可能是那一年他在卡里克弗格斯（Carrickfergus）观察战斗时的穿戴。他的右臂和右胸上的反射光给人很有力量的感觉。而他颈部优雅纹饰的围巾又显得很高贵。很厚的黑色假发把佩恩过时的稀疏金发藏了起来。脸部精致、漂亮，神情坦率，下巴线条坚硬。各个部分的线条最后集中到眼睛，眼神饱满、深邃、多思——更增添了一丝与世界的隔离感。这幅画的原稿珍藏于宾夕法尼亚历史学会，已经遗失，这幅画是仿作。

大片土地。

佩恩在爱尔兰长大，曾误以为自己是威尔士人。但他的出身和家庭教养都是英国贵族。他的盎格鲁－诺曼家族（原称德拉佩恩［De La Penne］）有很多亲戚移民到了弗吉尼亚。弗朗西斯·卡尔佩珀·伯克利（Frances Culpeper Berkeley，威廉·伯克利爵士的妻子）是他的姻亲，对他很了解，并称他表兄。[2]

威廉·佩恩自小习武，剑法高超。他曾受到一个法国武士的攻击，但他非常专业地击败了对方，又大度地停止了攻击，迅速离开，只是觉得“这种仪式不值得要了人家的命”。1666 年，佩恩参与了镇压卡里克弗格斯叛乱的战斗，因为功勋卓著，他被推荐担任军内要职。[3]

这个职位对佩恩很有诱惑，但他命不如此。他在一个虔诚的新教家庭长大，人生的目标是做一个“基督徒和贵族”，他在 12 岁时就已经开始思考深远的人生目标。父亲把他送到牛津大学基督教会学院，是为了调和一下他的信仰。但结果适得其反。佩恩对牛津的“腐朽黑暗和道德败坏”感到震惊。他拒绝穿上黑长袍，也不去参加礼拜，最终因为不服从而被开除。

回到爱尔兰后，这个内心彷徨的年轻人听到了贵格会牧师托马斯·洛（Thomas Loe）的讲道，因此加入这个教派。他的父亲试图阻止他，先是“鞭打他，揍他，把他赶出家门”，后来送他去旅行。佩恩有些动摇了。日志作者萨缪尔·佩皮斯（Samuel Papys，他非常了解佩恩，对他的虔诚很是厌恶）有些调侃地记载到，回来之后，“佩恩先生……又变回了贵格会的人，或者类似这种让人郁闷的事情”。

佩恩很快成了贵格会的领袖。他在大不列颠境内四处传道，发表了 100 多种作品，常被惊慌的政府当局关押。1668 年，他因为撰写贵格会的书而被关押在伦敦塔。佩恩利用在狱中的时间写了另一本书《没有十字架，就没有王权》（*No Cross, No Crown*），很多人认为这是他的代表作。[4]这次释放后，1670 年他又因为在伦敦一所关闭的聚会所外传道而被捕。审判过程中，他为自己进行了精彩的辩护，陪审团竟然甘愿被捕也不愿定他的罪。这个案例成为陪审团制度历史上的标志性事件。[5]

1671 年，佩恩再次被捕。这一次他在伦敦塔里被秘密审判，并被送往新门监狱①；在那里他拒绝享受爵位带来的特权，宁愿待在普通牢房。他在那里完成了《心灵自由的伟大事例》（*The Great Case of Liberty of Conscience*），这是对宗教自由最有尊严的雄辩之一。[6]

虽然因为信仰深陷囹圄，佩恩仍然被迫害者所尊重，也得到狱卒的同情。他与查尔斯二世以及未来的詹姆斯二世保持了良好的私人关系。他在狱中追求古列尔玛·斯普林格特（Gulielma Springett），并得到了她的帮助。斯普林格特出身高贵，因其虔诚的贵格会信仰和金发碧眼的美貌而闻名一时（佩恩的情敌包括伦敦复辟势力的登徒子们）。她广泛的社会关系帮助佩恩在英国社会建立了影响力，也帮助他取得了宾夕法尼亚的许可证。她去世后，佩恩迎娶了汉娜·卡罗维（Hannah Callowhill），她是布里斯托富裕家族的继承人，为他每年增加了三千英镑的收入，这足以使他的殖民地保持运转。

1671 年，佩恩到欧洲旅行，遇到了同样深受迫害的虔诚派。在与他们探讨的过程中，佩恩更加严肃地考虑在美国建立一个殖民地，这是自 1661 年以来就盘绕在他心头的想法。他成了西泽西的信托人，

① 伦敦西边的著名监狱。——译注

并起草了那个殖民地的基本法律。西欧对贵格会和虔诚派的迫害从未中断，佩恩感到需要建立一个更大的避难所来帮助世界范围内受迫害的基督徒。他请求他的朋友查尔斯二世准许他建立这样一个殖民地。1681 年，查尔斯排除了大臣的阻挠，批准了这一申请。国王亲自给殖民地取名，并把前缀“Penn”（即佩恩的名字。——译注）加在了建议的“Sylvania”前面。[7]

按照佩恩的说法，宾夕法尼亚和周边的省份要为“光明的孩子”建立“天堂的居所”。他并没有把这个殖民地看作对世界的逃避，而视其为可以被仿效的榜样。就像清教徒的马萨诸塞和保王党的弗吉尼亚一样，佩恩想把这个地方建成所有基督徒的范例。

这个“神圣实验”的原则是心灵的自由——不是针对所有人，也不是以此为目的。威廉·佩恩认为，宗教自由是基督徒获得救赎的工具。他不以自由本身作为目的。他从殖民地驱除了无神论者和无信仰的人，并且只允许基督徒在政府任职。虽然如此，宾夕法尼亚比 17 世纪所有其他基督教地区都更接近他的非强制性社会目标。

佩恩神圣实验的另一个部分是宣言放弃战争。贵格殖民地没有军队建制；佩恩在 1685 年写信给一位信徒说，在特拉华山谷，“没有一个士兵，没有武器，也没有尚武的人，自我到宾夕法尼亚开始”。[8]

佩恩也想在贵格殖民地试验他所赞同的激进的辉格党政治规则。他不是民主主义者，但他深深地认同“英国古老宪法”中的混合政府或制衡政府。最重要的是，他崇尚法治。“为了自由和权利的缘故，”他写道，“我提议……让我和后继者都没有作恶的机会，即不要让个人的愿望凌驾于国家的利益之上。”[9]

在经济方面，佩恩对建立农业乌托邦没有兴趣。从一开始，他就想让这个殖民地成为商业和工业的重地，“在工农之间实现平衡”。他比其他殖民地领导者都更积极地招募了大批工匠和他所说的“勤

在弗朗西斯·普莱斯(Francis Place)这幅未完成的蜡笔素描中，成熟期的威廉·佩恩凝视着我们，此时他已是宾夕法尼亚的主人，年已52岁。他的脸已经很臃肿，脸颊多肉，还有双下巴。即使如此，一位女性仍然说他“有最英俊的容貌，是她所遇见过的最有趣的贵族”。(Hull, 301)这张优雅、和善的贵格信徒的脸给人朴素、柔和的感觉，但也有人看出了等级和权威的感觉。这张嘴的模样和眉毛的形状都属于习惯发令的男性。

劳的手工艺人”，这证明非常成功。[10]

在社会层面，佩恩设计了一个不同信仰的人和平共处的社会。他的梦想不是统一，而是和谐——不是平等，而是“爱和兄弟情谊”。佩恩从不幻想所有人都有同样的地位。他所期待的是“服从上级，爱身份平等的人，帮助和宽恕地位低的人”。邪恶的人没有自由的权利。佩恩制定的刑罚措施在某些方面比清教徒或圣公会都更加严格。

佩恩对殖民地的某些理念已经具备了现代性的特性，但他并不是一个现代人。他贬低日益增长的物质、世俗的动机，梦想建立一个基督徒彼此相爱的世界。他对美国的蓝图是向后的，参照的是初始教会和他所称的英格兰的古老宪法。这些并不是进步观念。[11]

威廉·佩恩神圣实验的结果并不完全是他所期望的，但他对特拉华山谷文化的形成起了决定性作用。这里的传统留下了他品格和个性的深刻烙印。“制度，”爱默生评论说，“是一个人延伸的背影；正如……贵格会是福克斯的背影。”他或许还可以说：“正如宾夕法尼亚是佩恩的背影。”[12]

注释

1 威廉·佩恩的编年史是一个迷人的故事。1870 年他的书稿遭到一位可能是被剥夺继承权的非婚生后代的破坏，并被当作废纸卖掉。幸运的是，买家留下了大部分资料。到 20 世纪，2600 份手稿被制成微缩胶卷，部分被出版在书信体的《威廉·佩恩手稿》（*The Papers of William Penn*）。埃德温·布朗纳（Edwin Bronner）和戴维·弗雷泽（David Fraser）所著的阐释性传记确认了 135 份在佩恩生前及逝世后不久发表的文稿。弗里德里克·托尔斯和戈登·奥尔德弗（E. Gordon Alderfer）出版了一本精选的佩恩文集，为现代读者提供了很好的入门读物，见 *The Witness*

of William Penn。

在所有 40 部全景式佩恩传记中，最有价值的作品包括早期的 Sewel (1722), Clarkson (1813) 和 Janney (1852)，后期的 Fisher (1900), Dobree (1932), Pound (1932), Vulliamy (1934), Hull (1937), 和 Peare (1956, rpt. 1966)。高质量的专著包括 Mabel Brailsford, *The Making of William Penn* (London, 1930), Mary Maples Dunn, *William Penn: Politics and Conscience* (Princeton, 1967); Joseph Illick, *William Penn the Politician* (Ithaca, 1965); Edward C. O. Beatty, *William Penn as a Social Philosopher* (New York, 1939); Melvin Endy, Jr., *William Penn and Early Quakerism* (Princeton, 1973); and Dunn and Dunn, eds., *The World of William Penn*。

2 威廉·佩恩第一任妻子古列尔玛·斯普林格特的曾祖母是托马斯·卡尔佩珀领主的大姑。卡尔佩珀的女儿弗朗西斯·伯克利是威廉·伯克利的妻子，她与佩恩通信，称他为表兄。见 Penn to Lord Thomas Culpeper, 5.xii.1682/83; Lady Culpeper Berkeley to Penn, 13 Oct. 1685, *Papers of William Penn*, II, 350; III, 64-65。

3 William Penn, *No Cross, No Crown* (London, 1682), 148.

4 佩恩曾因著有 *The Sandy Foundation Shaken* (London, 1668) 而被捕入狱。这本书否认基督的神性和救赎的教义。在狱中，他又写作了 *Innocency with an Open Face* (London, 1669), 和他最成功的书 *No Cross, No Crown* (London, 1669)。

5 [Thomas Rudyard?] 作者不确定，*The People Ancient and Just Liberties Asserted in the Tryal of William Penn, and William Mead*...(London, 1670), 1670 年再版至少 9 次，此后也多次再版。

6 *The Great Case of Liberty of Conscience* (1670, rev. London, 1671).

7 Fulmer Mood, "William Penn and English Politics in 1680-81," *FHSJ* 32 (1935), 1-19.

8 Penn to Stephen Crisp, 28 Feb. 1685, *Papers of William Penn*, III, 28.

9 Penn to Robert Turner et al., 12.ii. [Apr.]1681, *Papers of William Penn*, II, 89.

10 Penn, "Some Account of the Province of Pennsylvania," 197-254.

11 在这个问题上，我采信 Mary Maples Dunn, *Politics and Conscience* (Princeton, 1967), 只有一个差别。我认为，佩恩的理念并不是基督教的统一，而是基督徒的和谐——这是一个关键性的差别，也是佩恩“相互自由”观念的基础所在。

12 Ralph Waldo Emerson, "Self Reliance," in *Essays: First Series*, in *The Selected Writings of Ralph Waldo Emerson* (New York, 1940), 154.

“我们的暴徒”
威廉·佩恩的特拉华精英追根溯源

威廉·佩恩基于对人性的了解，从不相信社会平等。“上帝创造各国源于一个血脉，”佩恩写道，“他并没有将各国从高到低排序，但在其中设定了服从或从属的关系。”[1]

这种“从属”的原则在17世纪被引入了西泽西、宾夕法尼亚和特拉华。在第一代定居者中，这些省份都已出现小群的精英。核心成员是一群贵格会家族，费城的底波拉·诺里斯（Deborah Norris）称之为“我们的暴徒”。[2]这个贵格会“网络”的关系非常紧密，1727年至1750年期间，他们中所有的男性都加入了费城公司（Philadelphia’s Corporation），其中至少85%的成员彼此有关系。[3]

这个特拉华精英群体主要来自英格兰中北部。不少人是从北部的小村庄迁徙到伦敦、布里斯托以及帝国的其他港口城市。在积累了一定的资本后，他们再移民到宾夕法尼亚。例如希彭（Shippen）家族，他们原先来自约克郡西区的希拉姆（Hillam）。爱德华·希彭（1639—1712）于1668年移民到波士顿，他在那里取得了商业成功，但因为他的信仰而遭到残酷迫害。之后他移民到费城，成为城里最成功的商人之一，先后担任过市长、议会的议长、首席法官和省议会的主席。他的子女与特拉华精英阶层的顶尖家族通婚。[4]

很多这样的家族来自英格兰的中北部。迪尔沃思（Dilworth）、沃恩（Waln）、彭伯顿（Pemberton）、哈里斯（Harris）和莫里斯（Morris）家族都来自兰开夏郡。沙普利斯（Sharpless）、詹尼（Janney）、西姆科克（Simcock）、斯坦菲尔德（Stanfield）和布拉西（Brassey）家族来自德比郡；亚德利（Yardly）和拉迪亚德（Rudyard）家族来自斯塔福德郡；霍普金斯家族来自诺丁汉郡；霍姆斯（Holmes）家族来自约克郡；沃顿（Wharton）家族来自威斯特摩兰郡；柯克布赖德（Kirkbride）家族来自坎伯兰郡；芬威克（Fenwick）家族来自诺森伯兰郡。

另外一个贵格会家族群体来自布里斯托和周边地区——巴德（Budd）、埃姆伦（Emlen）、艾伦（Allen）等家族，地主的秘书詹姆斯·洛根（James Logan）也与布里斯托有关联。很多这样的家族是通过威廉·佩恩的第二任妻子汉娜·卡罗维与他建立了关系，佩恩在布里斯托居住时与卡罗维成婚。

显赫的还有围绕白金汉郡形成的家族网络，有考克斯（Coxe）、彭宁顿（Pennington）和福特家族——这是一个富贵的贵格会贵族群体。他们通过佩恩的第一个妻子古列尔玛与他建立了关系，她的继父和母亲是艾萨克·彭宁顿和玛丽·彭宁顿（Isaac and Mary Pennington）。所有这些家族都居住在西泽西和宾夕法尼亚。

但另外一个群体的成员是来自威尔士的贵格会成员——戴维·劳埃德（David Lloyd）以及和他敌对的亲戚托马斯·劳埃德，还有琼斯（Jones）、卡德瓦拉德（Cadwalader）、欧文（Owen）、梅雷迪思（Meredith）和佩因特（Painter）家族。还有一些精英家族从英国的其他郡先后移民过来，来自帝国的各个角落——伦敦的诺里斯（Norris）家族路经牙买加过来，苏塞克斯的卡朋特家族经过巴巴多斯，迪金森（Dickinson）家族取道牙买加，罗威（Rawl）家族取道康沃尔。在新世界，尚有德国和荷兰的贵格会成员加入他们。

1682年之前，有些精英曾定居在西泽西的伯灵顿——包括比德尔（Biddle）、莫里斯（Morris）、里德（Read）和罗伯逊（Robeson）家族。其他如叶芝（Yeates）家族，曾定居在特拉华的纽卡斯尔郡（Newcastle）。两个群体先后被吸引到费城市区，那里也成了特拉华"上层家族"的基地。费城的精英阶层通过血缘和婚姻与乡村的家族关联起来，在其他民族人口繁盛之后，依然统治着当地的乡村文化。费城兰卡斯特郡的德国人口在1720年后迅速增长，但其文化并没有大的改变。到18世纪中叶，据说只有100个贵格会成员居住在兰卡斯特郡，其中包括怀特（Wright）、布鲁斯通（Blunston）、巴伯（Barber）、林德利（Lindley）、沃勒尔（Worral）、韦伯（Webb）和艾伦（Allen）家族，他们牢牢控制着郡政府。罗达·巴伯（Rhoda Barber）记得：

> 第一代地主都彼此关联，他们之间的关系和谐友好，相互守望，心存善念。我依然清晰地记得第一天下午他们出现在我父亲房里的情形。他们吃的是苹果和苹果汁、面包、黄油，还有熏牛肉。[5]

这些常在巴伯家聚会宴饮的贵格会上等家族，长年统治着兰卡斯特。

特拉华山谷的其他地方也有相似的贵格会精英。在巴克斯郡，有一个由耶利米·兰霍恩（Jeremiah Langhorne）领头的贵格会精英群体，他们在本地事务中权倾一时。第三个贵格会精英群体控制着切斯特郡的公共事务。第四个居住在威尔士之地。另有一个贵格会群体，包含考克斯、彭宁顿和福特家族在内，统治着马里兰东北部。

所有这些本地精英都靠一个巨大的表亲关系网与费城的上层家族联系在一起，包括里德、彭伯顿（Pemberton）、洛根、诺里斯、劳埃德、卡朋特、普雷斯顿（Preston）、史密斯、埃姆伦（Emlen）、鲍威尔、莫里斯、卡德瓦拉德和休梅克（Shoemaker）。

到1750年，特拉华山谷精英阶层的多数成员都以各种方式与这个圈子形成了关联。很多人是莎拉·里德·洛根（Sarah Read Logan）的直系或旁系亲属，莎拉是詹姆斯·洛根的妻子，她与这个地区上流家族的关联正如玛丽·霍斯曼敦（Mary Horsmanden）之于弗吉尼亚的上层家族，以及莎拉·斯托利·科顿·马瑟之于马萨诸塞的牧师和地方官员。

特拉华精英内部的团结类似于新英格兰和弗吉尼亚，但从起源和态度上又有所不同。他们中很大一部分出身卑贱——包括乡村手工匠人、小商人、佃农、仆役和劳工等。第一代威廉·费舍尔（William Fisher）是皮匠；第一代比德尔（Biddle）是鞋匠；第一代布里赫斯特（Bringhurst）是制桶的学徒工；第一代哈里森（Harrison）是鞋匠；第一代霍林斯沃思（Hollingsworth）是仆役；第一代柯克布赖德（Kirkbride）是木匠；第一代马特拉克（Matlack）是木匠；第一代斯坦斯菲尔德（Stansfield）是农场劳工；第一代韦斯特（West）是做腰带的人；第一代温（Wynne）是赤脚医生；第一代赞恩（Zane）是锁毛边的人；第一代詹金斯（Jenkins）是给牲畜阉割的人。有很多人是农夫，包括兰霍恩、尼克松、迪尔沃思（Dilworth）、沃恩、布拉西（Brassey）、西姆科克（Simcock）等。其他的有小商人、小零售商。这些贵格会精英很少来自有徽章资格的家族。那些去弗吉尼亚的英国贵族很明显在特拉华山谷是缺失的。也有少数例外。威尔士贵格会成员托马斯·劳埃德（Thomas Lloyd）来自一个古老的

The Delaware Elite

I. The Core Connection: Burlington and Philadelphia
(Read–Pemberton–Logan–Norris–Lloyd–Carpenter–Preston–Smith–Emlen–Powel–Morris–Cadwalader–Shoemaker)

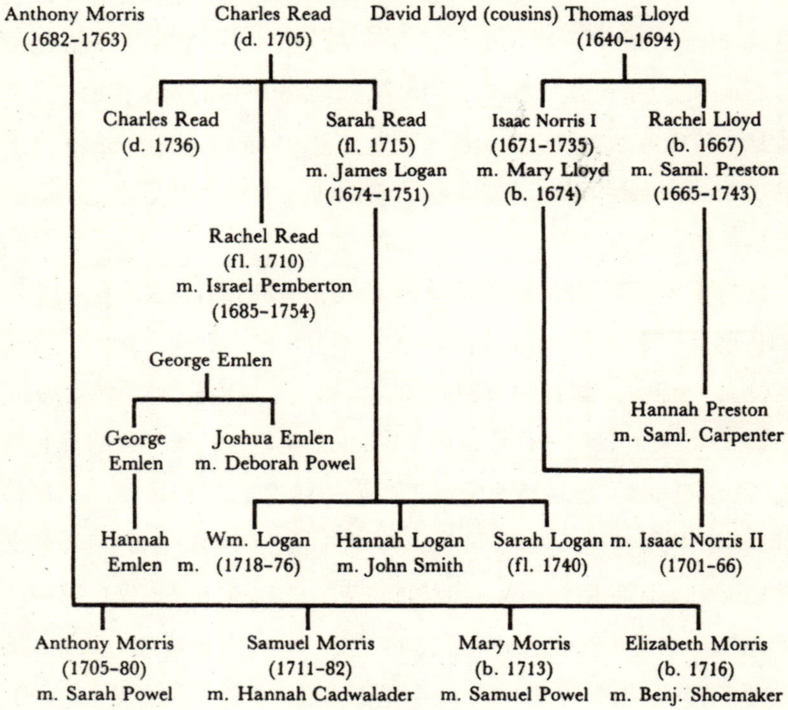

家族关系图 1　特拉华精英阶层 I. 核心关联：伯灵顿和费城

II. The Bristol Connection (Budd-Allen-Logan-Penn-Callowhill)

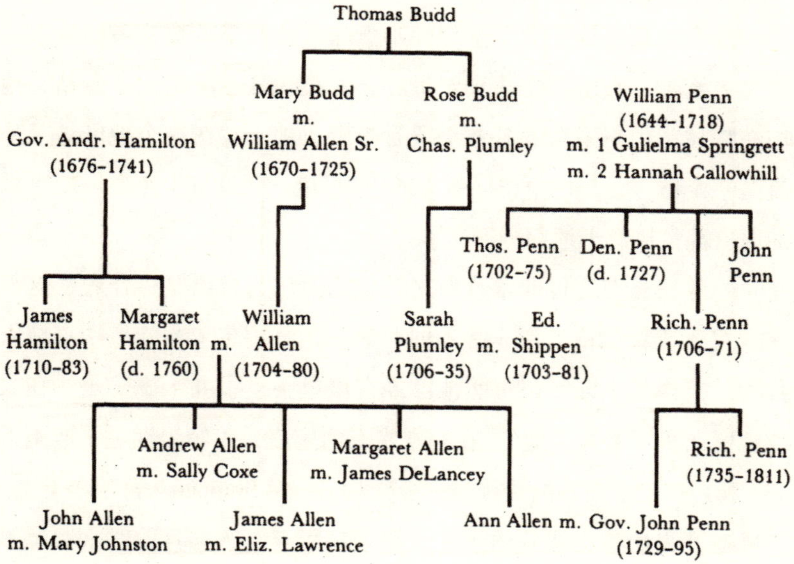

家族关系图 2　特拉华精英阶层 II. 布里斯托关联

家族，他声称在他们家的盾牌上有 15 个四等分花纹。但贵格会家族极少享有这种特别的荣耀。

更少有人上过大学，仅有威廉·佩恩自己，他的秘书詹姆斯·罗根和其他几个人。但贵格会信徒如果不放下自己的信仰，就没有资格就读牛津和剑桥。作为新英格兰精英要素之一的正式教育在特拉华山谷并不重要。

缺少徽章家族和大学学位并不意味着特拉华的奠基者是穷人。很多人携带了大量的资金到新世界，并很快从小康走向了富裕，他们在特拉华山谷采取的基本手段是投资土地。“在这个地区这几乎就是一个格言，”一个访问者 1768 年写道，“近五十年每一笔巨大的财富都是通过土地获得的。”[6]

这些精英在变得非常富有之后，仍然认为自己是劳作者，这与弗吉尼亚或新英格兰都非常不同。第一代萨缪尔·鲍威尔一直被人称为“富裕的木匠”，虽然他已经在城里买下了九十栋房子，在农村地区获得了大片土地。[7]在非常富有的家庭，年轻男性也不敢闲下来。所以，兰卡斯特的爱德华·希彭（Edward Shippen）教导儿子说：“要避开人们称为快乐的东西。快乐只属于王族和其他财富源源不断的伟大人物……到你的表兄艾伦那里去，像他那么富有的人，你会看到他仍然起早，而且终日繁忙。”[8]

很多这类精英在工业和商业上有关联。爱德华·希彭与詹姆斯·洛根成为商业伙伴，开办了洛根－希彭公司从事贸易。此后，希彭又和另一个朋友托马斯·劳伦斯（Thomas Lawrence）组建了希彭－劳伦斯公司。在 18 世纪，最重要的公司是莫里斯－威林（Morris Willing），很多精英家族都与他们有生意。其他背景的商人也逐渐在费城站住了脚跟，但传统家族势力仍然保持了道德和经济方面的统治权，直到20世纪。

早期的精英家族也有宗教上的联系。他们的奠基人几乎都是贵格会成员。很多人来特拉华之前都深受迫害之苦。第一代爱德华·希彭曾因为参加贵格会的聚会，两次受到清教徒的鞭刑。其他人在英格兰也坐过牢——这些体验决定了他们后来对权力和自由的态度。[9]

但这些奠基者的子孙后来逐渐从贵格会中脱离出去。在18世纪，一些家族，包括希彭、克莱默（Clymer）、米夫林（Mifflin）、邦德（Bond）、普伦斯特德（Plumsted）、雷德曼（Redman）、斯特雷特尔（Stretell）等，甚至佩恩家族都返归英国国教。早期的贵格会领袖曾因基斯争议①产生分裂，后来在严格的贵格派与“温和贵格派”之间又有分裂。[10]

特拉华精英阶层在政治上也有矛盾，分裂为所有权党和贵格党。但两党领袖彼此关联甚多。所有权党由托马斯·劳埃德领导，贵格党由他的亲戚戴维·劳埃德领导。党派斗争使得表亲之间在家族圈子内互斗。

但这个精英阶层比马萨诸塞和弗吉尼亚更加开放。它在18世纪展现出强大的再造能力。它让新富的传统贵格会家族（比德尔、克莱默、霍林斯沃思和彭罗斯）从边缘逐步走向中心。[11]它也容纳了一些新成员，包括圣公会、长老会，还有本杰明·富兰克林、本杰明·拉什（Benjamin Rush）这样的自由思想者。但它要求他们有合适的婚姻（富兰克林娶了里德家的女子，拉什的妻子是斯托克顿家族的人）。这些新来者也必须遵守特拉华山谷的服饰和行为传统。

这个特拉华的精英阶层长期统治着当地。从17世纪晚期到20

① Keithian controversy，乔治·基斯（George Keith）是早期费城贵格会的重要传道人，后对贵格会信仰产生怀疑，引起教内纷争。——译注

III. The Allen-Penn-Emlen-Logan-Powel Connection

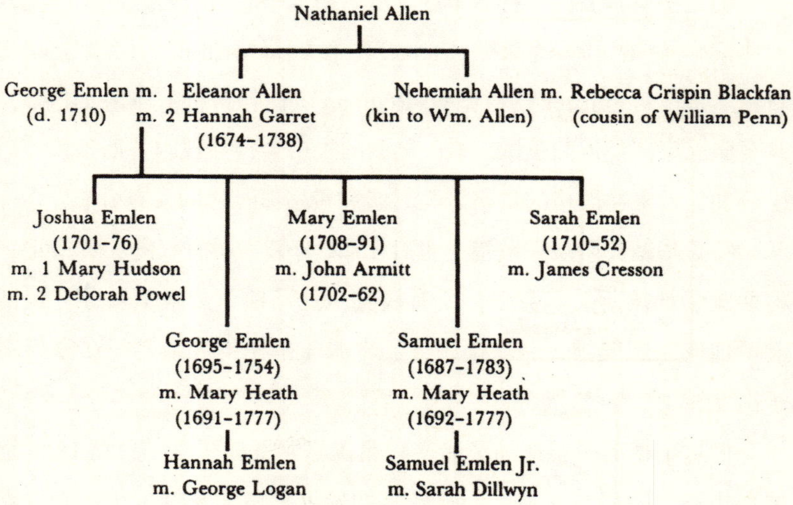

家族谱系 III. 艾伦－佩恩－埃姆伦－洛根－鲍威尔关联

IV. The Yorkshire Connection (Shippen–Plumley–Willing–Francis–MacCall–Yeates)

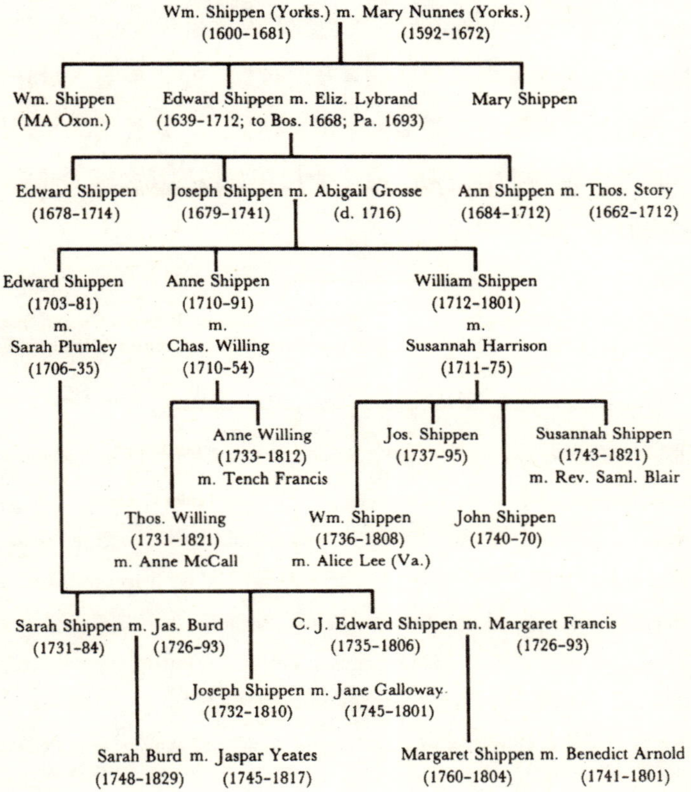

V. The Lancashire Connection (Waln, Dilworth)

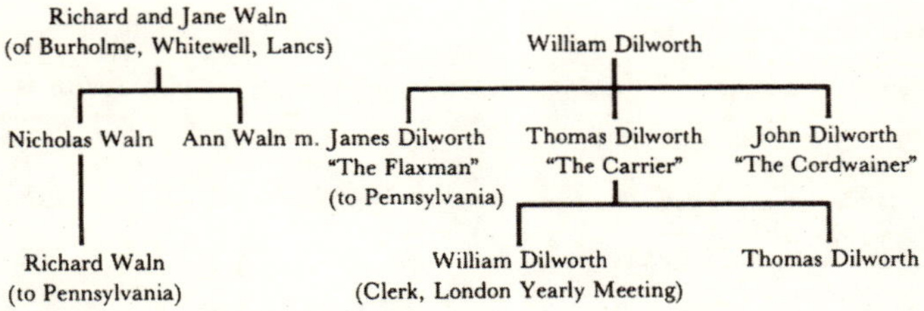

IV. 约克郡关联（希彭 – 普拉姆利 – 威林 – 弗朗西斯 – 叶芝）

V. 兰开夏关联（沃恩、迪尔沃思）

世纪初期，这个阶层的核心都是贵格派家族或曾为贵格派的家族，均于 1675 年至 1695 年期间到达。[12] 研究宾夕法尼亚政治的学者发现，“贵格会成员占据着大多数民选官员的位置，也把控着大量任命的职位，当地的经济和社会领袖也多出自他们”，这种情况从殖民地初建一直持续到 18 世纪中期。这个阶层在费城的社会统治地位甚至延续到我们这个时代。[13]

注释

1 William Penn, *Some Fruits of Solitude* (London, 1693); quoted in Tolles, *Meeting House and Counting House*, 110.

2 Deborah Norris to Isaac Norris, 3 Nov. 1733, quoted in Tully, *William Penn's Legacy*, 81.

3 这是一个封闭式的公司，称为“费城市长和大众”（the mayor and commonalty of Philadelphia），他们从 1701 年至 1776 年期间控制着城市；参见 Judith Diamondstone, “The Philadelphia Corporation, 1701-1776” (thesis, Univ. of Pa., 1969), 258-68; and “Philadelphia's Municipal Corporation, 1701-1776,” *PMHB* 90 (1966), 183-201; 也见 Daniel R. Gilbert, “Patterns of Organization and Membership in Philadelphia Club Life” (thesis, Univ. of Pa., 1952)。

4 Randolph Shipley Klein, “The Shippen Family: A Generation Study in Colonial and Revolutionary Pennsylvania” (thesis, Rutgers, 1972).

5 Rhoda Barber Journal, HSP.

6 “Extracts from Letters of Alexander Mackraby to Sir Philip Francis,” *PMHB* 11 (1887), 277.

7 Carl Bridenbaugh, *Rebels and Gentlemen; Philadelphia in the Age of Franklin* (1942, rpt. New York, 1962), 199.

8 Edward Shippen of Lancaster to his son the future Chief Justice Edward Shippen, 20 March 1754, *PMHB* 30 (1906), 85-90.

9 关于他所经历的苦难，参见 Anthony Sharp Papers, Dublin Friends Meeting, microfilm in SWAR。

10 Thomas Wendel, “The Keith-Lloyd Alliance,” *PMHB* 92 (1968), 293.

11 特拉华的这个贵格会精英群体不应和加里·纳什的“费城早期商人”相混淆，这是两个有重合，但又有区别的群体。纳什确认了 102 位“第一代”费城商人，和 143 位第二代商人。他发现，第二代商人中有 111 或 112 位和第一代并没有血缘关系，他认为创立期的精英没能使自身的成功延续。但在纳什的分析中，“没有血缘关系”意味着不是第一代商人的儿子；这个研究并没有考虑其他亲戚关系。精英家庭的一些成员在商界进进出出，职业上的变动并不能证明“精英的衰退”。而且，每一代商人（包括富有的商人）都有很多人不属于费城精英阶层——例如 1711 年后从纽约或海外移民过来的犹太人。他们的出现并不能证明精英阶层的衰退。纳什研究的很多商人是小商人，有中等规模或小规模的遗产；在第二代中，有 21 位商人留下了不足 500 英镑的遗产，有 5 位留下的遗产在 100 英镑以下。总体而言，纳什所称的“早期商人”与特拉华精英的关系如果用维恩图集来表示，可能有重合的地方。参见 Gary B. Nash, “The Early Merchants of Philadelphia: The Formation and Disintegration of a Founding Elite,” in Dunn and Dunn, eds., *The World of William Penn*, 337-62。

12 很多学者区分了 18 世纪中期费城的贵格会和非贵格会精英。非贵格会精英有自己的生活机制，包括费城学院（the College of Philadelphia）、盛宴山渔业公司（the Mount Regale Fishing Company）、合作消防队（the Hand-in-Hand Fire Company）和舞蹈集会（the Dancing Assembly）。布罗贝克（Brobeck）确认的非贵格会领袖包括佩恩、希彭、艾伦、考克斯、迪克森和其他曾经是贵格会成员的家族。有些人来源不同，比如理查德·彼得斯（Richard Peters），他为了躲避重婚罪的逮捕而逃离了英格兰。但这些“非贵格派”通常都是前贵格会成员，并且与贵格派精英有错综复杂的亲戚关系。参见 Stephen J. Brobeck, “Changes in the Composition and Structure of Philadelphia Elite Groups” (thesis, Univ. Of Pa., 1974), 123-81。

13 Tully, *William Penn's Legacy*, 141.

殖民地的情绪

新环境中的文化乡愁

特拉华殖民地的开创人是宗教上的极端派，但与大多数美国移民一样，他们成为文化保守主义者，对远离的故土充满了乡愁。失落感和对祖国的怀念也遗传给了他们的子孙，潜移默化地影响着特拉华山谷。

1725 年，殖民地的这种情绪表达在费城年轻人约翰·琼斯（John Jones）写给威尔士亲戚的一封信中。作者出生于美国，但他丝毫没有 20 世纪现代移民史学家所称的“二代症状”。约翰·琼斯以一种疏离的口气描绘了生活的地方：“崭新的世界郁郁苍苍……这片遥远而陌生的土地。”他父母来美国已经多年，但他用的语言仍然是威尔士语。他对威尔士的亲戚描绘了对祖国的乡愁：

> 我听父亲总是在说老威尔士……我记得他经常提到的地方有 Llanycil、Llanuwchllyn、Llanfor、Llangwm、Bala、Llangower、Llyn Tegid、Arenig Fawr、Fron Dderw、Brynllysg、Phenbryn、Cyffdy、Glanllafar、Fron Goch、Llaethgwm、Hafodfadog、Cwm Tir y Mynach、Cwm Glan Lleidiog、Trawsfynydd、Tai Hirion yn Mignaint 和其他地方。

> 你听到这些地名可能觉得无趣；但我只要想到它们，就感觉有光明，虽然我并不知道这到底是些什么地方。我长久以来就想亲眼去看看。我的父母经常用饱含感情的语气提到那里居住着善良、无辜的故人，现在他们多数已经去了天家。
>
> 在冬天漫长的夜晚，他们常常愉快地畅谈祖国，直到午夜；即使就寝之后，他们仍会亲切地彼此回忆某个人、房子、山峦或岩石。
>
> 真的，我很难用语言表达，这对和善的老夫妻在谈到他们的老邻居、父母、兄弟、姐妹时有多么高兴，他们已经在这片遥远而陌生的土地居住了 24 年，却不想多看一眼这地方。[1]

这种殖民地情绪成为特拉华山谷非常重要的文化存在，正如在新英格兰和切萨皮克的情形一样。它使得贵格会移民紧紧依靠他们从英格兰带出来的文化。

殖民地情绪的另一面是对未来强烈的担忧，还有对新定居点经常发生的文化裂变的焦虑。这种文化焦虑带来反面效应，引发了宾夕法尼亚内部的冲突，正如其在马萨诸塞和弗吉尼亚产生的结果一样。定居几年后，特拉华的贵格会信徒之间发生了激烈的矛盾，反复争执是否需要教义典籍来帮助他们在新世界保持信仰。有些人认为，缺少一部正式的教义会使殖民地陷入混乱。而其他人觉得，这种正式教义会违背他们想保护的信仰目标。结果，宾夕法尼亚的贵格会发生了分裂，史称“基斯争议”（1690—1693），这个名字取自乔治·基斯，他是来自苏格兰的贵格会信徒，为了他所认同的教义领导了这场运动。基斯因此被指责“宣扬两个基督”，“否认灵光的丰足”。这场斗争导致了贵格会深刻的分裂。

1690 年代早期还有很多矛盾和热点事件。一群海盗从费城盗走了一艘船，并在特拉华山谷抢劫，贵格会为此争执一个放弃暴力的社会如何压制犯罪的问题。宾夕法尼亚的领导层深思之后，决定用暴力对付海盗，但基斯反对使用武力。这是另一场震动贵格会殖民地的冲突。

乔治·基斯及其跟随者公开发表对宾夕法尼亚领袖的人身攻击，斥责他们是“灵魂和肉体的娼妓”，把殖民者描述为“居住在荒野里的一群婊子”。这让曾在英格兰倡导言论自由的贵格会要求在美国限制言论。出版商因为出版“没有许可证的书”而被逮捕，他们的印刷机和打字机也被收缴，贵格会的目的是为保护殖民地的文化秩序。[2] 最终，异议者被挫败，乔治·基斯于 1693 年离开了殖民地。但这种殖民地情绪延续了多年。

特拉华山谷的文化与马萨诸塞和弗吉尼亚的民俗在很多方面都有差别，但其发展的历史脉络又很相似。人们可以再次观察到，从英格兰到美国的文化传递中强大的延续性，以及在新环境下相似的变化模式。我们将进一步研讨这个过程，从各方面分析这一文化。我们首先来看看特拉华山谷的语言方式。

注释

1 John Jones to Hugh Jones, n.d., ca. 1725, Myers, ed., *Narratives of Pennsylvania*, 454-55. 这封信最早以威尔士语发表在 *Y Greal V* (1806), 210-14; 删减后又再版在 *PMHB* 14 (1890), 227-31。

约翰·琼斯的父母 1682 年从北威尔士的巴拉移民到宾夕法尼亚。有趣的是，在移民清单上，他们被错误地注明为伦敦人，因为他们是从市区上船，并把伦敦指定为来源地。这些文件又显示出对伦敦和布里斯托的偏好。

2 Edwin B. Bronner, *William Penn's "Holy Experiment": The Founding of Pennsylvania, 1681-1701* (New York, 1962), 134-53; Gary B. Nash, *Quakers and Politics: Pennsylvania, 1681-1726* (Princeton, 1968), 127-80.

特拉华的语言方式

美国中部方言的英国起源

美式英语的学者在美国画出了一片语言区域，称其为“中部语言”区。它的边界恰好是特拉华的贵格会殖民地的扩展定居区。这种美国方言主要是从英格兰中北部的语言发展出来的——那里并不是唯一的来源，但在语言交汇、融合的复杂过程中，那里是基本的来源。[1]

英格兰中北部的方言本身融合了不列颠和斯堪的纳维亚的口音，经过几个世纪发展出来。这是一种男性化的语言——爽快、明确、直接、生动、有力度感并且直白。它对事物的表达有力而质朴，很少用到拉丁语和法语中的微妙表达。它在发音、语汇和语法上也有自己的特点。

比如语法。20世纪的早期和中期，英国语言学家发现，英格兰农村地区的语法结构有很强的地域性特点。东盎格鲁人喜欢说 you are；但威塞克斯的人习惯说 You be，北方人则说 thee is 或者 thou art。东盎格鲁地位较高的人会说 I ain’t，但北方人即使地位低贱也会说 I’m not，威塞克斯不同阶层的人都说 I be’ent。很多动词形式在不同地区也有差别：比如，动词 to grow 的过去式，在东盎格鲁是 he did grow，在威塞克斯则是 he growed，在北方是 he grew。[2]

地域差别也出现在语汇和发音上。南方说结婚 married，英格兰北部就说 wed。东盎格鲁说留宿 stay the night；威塞克斯人说的是 bide a while；北方人则是 stop over。在东面，人们说恐惧是 scared；南方人则说 afeared；中北部的人说 frighteded。[3]

在 17 世纪，英国的这些方言传播到英属北美的不同地区。语言学家汉斯·库拉斯（Hans Kurath）发现一个很有趣的拟声词例子，是用来模仿马声的词。东盎格鲁和新英格兰马鸣一词是 neighed，与荷兰语的 neijen 有关联；在英格兰西南部和切萨皮克湾，骑士上马用的词是 whicker；在坎伯兰郡和达拉谟的英国边界，以及在美国阿巴拉契亚山脉地区，他们用的词是 nickered；在英格兰和美国的中部，用的词是 whinny。这些地域性的差别保留到了 20 世纪。库拉斯认为，这些词可以被看作"标志性词"或"痕迹词"，可以帮助我们跟踪民间移民的规律。[4]

贵格会移民把英国中北部的方言带到了特拉华山谷，使之成为美国一种地域方言的基础（并不完全是这种方言本身）。这种美国方言的中心地区是新泽西的伯灵顿和宾夕法尼亚的巴克斯郡，尤其是切斯特郡，"最迟到 18 世纪中叶，切斯特人仍然说一种口腔很宽的约克郡方言"。[5]

这种口音在新世界并不是一成不变的。中北部方言不断和英格兰其他的方言发生冲撞融合，逐渐失去其清晰的边界。宽阔的北方发音 come（发为 coom）18 世纪中叶之后就在宾夕法尼亚消失了。但相对柔和的中北部元音成为特拉华山谷的标准发音，延续至今。最显著的例子是 dance 一词中 a 的发音。英国中北部和美国中部对这个词的发音是一样的，与很多其他发音相区别，包括英国精英所发的 dahance，洋基－东盎格鲁所发的坚硬鼻音 daance，和南方人懒散的发音 day-ence。类似的地域性差别也呈现在以下单词的元音中：

caught，fast，calf，aunt，fertiel，got，cover，crop，God，stock，frog，earth，firm，turn，cut 和 enough——所有这些发音在英格兰的中北部和英属北美的中部都是一样的。

延续性也体现在这些方言的重音上，比如 de' tail（细节）相对于 de-tail'，尤其是那些刻意突出的辅音，比如元音后的 r 和 t 这样的辅音。但其他一些辅音却在字的结尾常被省略，比如 learnin 相对于 learning（学习），这对于英格兰和美国中部来讲是常有的现象。

不仅是发音，英格兰中北部的词汇也成为美国中部语言的一部分。我们发现，柴郡、德比郡、兰开夏郡和约克郡词汇表上的一些词在特拉华山谷也保留下来，比如，can' t abide it（不能容忍）中的 abide（容忍），all out 用来表达 entirely（完全地），apple-pie order（苹果派订单）用以表达 very good order（很好的订单），bamboozle 用来表达 deceive（欺诈），black and white（黑与白）用来表达 writing（写作），blather 表达 empty talk（空洞的谈话），boggle 表达 take fright（恐吓），brad 表达 child（孩子），budge 表达 move（移动），burying 表达 funeral（葬礼），golly 表达 an expletive（一个咒骂词），gum 表达 another expletive（另一个咒骂词），cattails 表达英格兰南部的一种植物 bullrushes（蓝色灌木），catawumpus 表达 come down（下降），chuck 表达 toss（掷币），chock-full 表达 completely full（十分充足），clean（如 clean gone，无影无踪）表达 entirely（完全地），clump 表达 clod（土块），cotton 表达 attach（附着），如 to cotton on；cuddle 表达 caress（拥抱），crib 指在英格兰南部被称为 cot 的小孩床，dad 表示 father（父亲），daddy long legs 指在英格兰南部被称为 crane fly（大蚊盲蛛）的昆虫，dither 表达 upset（沮丧），dresser 表达 chest of drawers（抽屉的腔体），drat 表达 imprecation（诅咒），

如 drat that person（诅咒那个人），dumb-founded 表达震惊（astonished），egg on 表达 urge on（催促向前），elbow grease 指 industry（工业），expect 指 suppose（假设），如 I expect that’s so（我假设是这样），find 表达 provide for（提供），flabbergasted 表达 extremely surprised（极端吃惊），flare-up 表达 quarrel（吵架），fuzzball 表达 puffball（马勃菌），gab 意指 talk（谈话），gallivant 意指 go about in search of pleasure（寻找欢乐），gawk 指 stare（盯着），get shut on 意指 attached to（附着于），ginger snap 指 a type of cookie（一种饼干），good grief 意指 an expression of surprise（一种惊讶的表达），grub 指 food（食物），gumption 指 determination（决心），guts 指 belly（肚皮），guzzle 指 drink greedily（贪婪地喝酒），heal 指 a large number（大量），home-coming 指 a return（回家），howsomdever 指 however（尽管），kindling 指 light wood（轻木头），knuckle under 指 give way（让路），lick 指 try（试图），如 give it a lick，mad 指 angry（生气），nailed 指 caught（被抓住），nap 指 a short sleep（小睡），nice 用于 nice and short（优美而简短），poke 用作 bag（包裹），pummel 意指 beat（打击），quality folks 指 gentry（贵族），rag 指 tease（嘲弄），road 指 way（道路），rumpus 指 tumult（吵闹），scalawag 指 a good-natured rascal（善意的恶作剧），scruff 指 the back of the neck（后颈），shaggareen 指 untidy person（凌乱的人），sick 指 ill（病痛），skimpy 指 slight（轻微的），slam 指 put down with violence（暴力镇压），slugger 指 a person who beats（打人的人），sneezlepooak 指 a hesitating person（忧郁的人），spuds 指 potatoes（土豆），sucker 指 a sugar candy（甜食），swatch 指 a fabric sample（织物样品），thingamajig 指 an article of unknown name（佚名氏的文

章），tiff 指 quarrel（吵架），upsa daisy 指 an ejaculation for a child in play（玩耍的小孩突然的叫喊），us 指 me（宾格的我），例如“wake us up...”（叫醒我），wallop 指 beat（殴打）。这些词都不是在美国发明的，虽然有很多被误认为是美国的产物。它们都是从英格兰的中北部传播到特拉华山谷的，并且成为美国这个地域语汇的基础，今天仍然在使用。[6]

英格兰中北部的语言是美国中部方言的基本来源，但它并不是唯一来源。另一个重要的成分是贵格会的特殊语言，它增加了本地方言的宗教语气。把 thee 和 thou 用作第二人称代词的做法在英格兰的中北部一直是传统。这被贵格会采用，并赋予它们以特殊的平等含义。据认为，特拉华山谷贵格信徒的这种用法不同于十九、二十世纪英国贵格会成员的用法。美国人说 thee is，伦敦的贵格派则说 thou art。美国人对 thee 的偏好，而不用 thou，是英格兰中北部的习惯。历史学家休·巴伯发现，英国中北部贵格派的写法是“If thee will, thee may send it when thee finds freedom”（如果你愿意，你可以在有空的时候把它发出来），与他们的美国后代做法一致。巴伯认为，这既是宗教的，也是地域性的用法，这在特拉华山谷是固定用法。[7]

“对贵格会语言的观察，”历史学家威廉·布雷思韦特（William Braithwaite）写道，“……涉及他们生活中一些最重要的问题。”他们崇尚朴素的语言，也欣赏沉默的态度。“尽量少说话”，是一个贵格会信徒对另一个信徒的建议。贵格会信徒培养了理查德·鲍曼（Richard Bauman）所说的“直言风格”，有意识地去除程序化的语言细节，因为这些在他们看来“没有必要”。[8]这种简朴的语言风格在美国贵格会延续了两百多年。其中的一些原则也进入了美国中部的方言。

除了贵格会的语言，很多其他来源也影响了美国中部的语言方式。当地大量的词汇取自印第安人。贵格会比其他英语定居者都更乐于这种借用。威廉·佩恩花了很多时间去学习阿尔贡金语（Algonkian），并用印第安人的语言和他们交流。保留在宾夕法尼亚的印第安地名比其他殖民地都多。[9]

有些表达方式取自荷兰人、瑞典人、德国人和威尔士人的定居点。比如德语，说英文的宾夕法尼亚人不仅借用了他们的个别词，像 hex（妖法）、fresh（指放肆）、bum（流浪者）、bub（小家伙）、spiel（流利的演讲）和 phooey（表示厌恶的呸），而且学来了句法结构。宾夕法尼亚的德国人可能用英文说，“Throw your father down the stairs his hat”（帮你父亲把帽子丢到楼下去）。这样一些德语语法结构进入了特拉华的英文——比如，涉及 already，get，need 和 still 的用法。[10]

有一些新词是为了应对新世界的情况而临时发明的。通过以上这些方式，英国定居者的北方方言逐渐演化为一种主要的美国方言。在这个过程中，他们保留了英格兰中北部语言的基本特征。其结果是特拉华山谷特有的美国语言方式，到 18 世纪中期已经与新英格兰和南方的语言判然有别。在过去三个世纪中，它一直保持着自己的特点。

注释

1 Craig Carver, *American Regional Dialects: A Word Geography* (Ann Arbor, 1987), 248; Hans Kurath, *A Word Geography of the Eastern United States* (Ann Arbor, 1949), v; 阿什科姆（Ashcom）认为：“这个中部地区在语言上区别于北部和南部，这部分

是由于地理上有比较清晰的边界，即基本是与宾夕法尼亚定居区重合的。” B. B. Ashcom, “Notes on the Language of the Bedford, Pennsylvania, Subarea,” AS 28 (1953), 241; 也 见 Ann Louise Sen, “The Linguistic Geography of Eighteenth-Century New Jersey Speech Phonology” (thesis, Princeton, 1973); Raven I. McDavid, Jr., *Linguistic Atlas of the Middle and South Atlantic States* (Chicago, 1980)。

2 Orton, *A Word Geography of England* (London, 1974), M28, 29, 59, 67.

3 很多其他例子收集在 Orton, *Linguistic Atlas of England*, 包括：

标准英语	东盎格鲁乡村英语	南部乡村英语	北部乡村英语
She isn't	She ain't	She ban't	She isn't
He doesn't	He don't	He don't	He doesn't
We are	We are	We be	We are
I haven't	I haint	I haint	I haven't
His	His	His'n	His
Yours	Yours	Your'n	Thine
Himself	Himself	Hissell	hisself

4 Hans Kurath, *Studies in Area Linguistics* (Bloomington, Ind., 1972), 66; EDD, s.v., “nicker”; OED, s.v., “neigh”; H. Orton and W. J. Halliday, *Survey of English Dialects: The Six Northern Counties* (Leeds, 1962-63).

5 John F. Watson, *Annals of Philadelphia* (2 vols., Philadelphia, 1830, new ed., 1856), I, 129.

6 这些词可以在以下书中找到： J. C. Atkinson, *A Glossary of the Cleveland Dialect* (London, 1868); Abel Bywater, *Sheffield Dialect* (Sheffield, 1839); W. H. Thompson, *Speech of Holderness and East Yorkshire* (Hull, 1890); John H. Wilkinson, *Leeds Dialect and Glossary* (2 vols., Leeds, 1924); Samuel Dyer, *Dialect of the West Riding, Yorkshire* (Brighouse, 1891); 以及一些没有注明作者的集子，*The Dialect of Craven* (London, 1828); *The Dialect of Leeds and Its Neighborhood* (London, 1862); *A Glossary of Yorkshire Words and Phrases Collected in Whitby and the Neighborhood* (London, 1855)。

7 Barbour, *The Quakers in Puritan England*, 165.

8 Richard Bauman, *Let Your Words Be Few: Symbolism of Speaking and Silence among Seventeenth Century Quakers* (Cambridge, 1983); T. Edmund Harvey, *Quaker Language* (Philadelphia, 1928).

9 各殖民地对印第安语的偏好程度可以通过各地河流名字得到检验。贵格会殖民地几乎所有主要河流都保留了印第安名字，即使这些名字对英国人来讲很难发音（Susquehanna, Schuylkill, Juniata, Tioga, Kiskiminetas, Youghiogheny, Allegheny, Conemaugh, Monongahela, Kishecoquillas, Lackawanna）；唯一的例外是特拉华这个名字，它在贵格会信徒到达之前就已经取好了。

但在新英格兰南部，多数的河流都取了英文名字(Charles, Sudbury, Concord, Taunton, Farmington, Ware, Miller's, Swift, Deerfield, Westfield, Thames, Blackstone）。主要的例外是 Merimack, Pawtucket, Connecticut, Naugatuck 和 Housatonic。新英格兰南部很多小的湖泊和溪流现今的印第安名字是在 19 世纪才取的。所以，伍斯特东边的水域被清教徒取名为长塘（Long Pond）；在 19 世纪，它被重新命名为奎因斯加芒湖（Lake Quinsigamund）。

在弗吉尼亚，情况是混合的（Potomac, Rappahannock, York, James, Blackwater, Shenandoah, Dan, Roanoke, Appomattox）。所以，这里有三种河流命名的地域性规律。

10 Albert H. Marckwardt, *American English* (1958, .rev. Ed. J. L. Dillard, Oxford, 1980), 59.

特拉华的建筑方式

贵格房屋的中北部起源

地域性规律也呈现在特拉华山谷的本土建筑上。即使在今天，当人们沿着新泽西的老公路从曼哈顿南下时，道路两旁的古代建筑也提供了很多有关本地区文化史的线索。在纽瓦克地区，老式的建筑多为凌乱的木质结构，和马萨诸塞、康涅狄格比较相似，因为那里正是这些建筑的来源地。但如果人们穿过普林斯顿小城，再往南四十英里，建筑就发生了变化。老式建筑多为石质，风格和比例都很不同。这些正是定居在特拉华山谷的贵格信徒的居所。它们代表了一种截然不同的本土建筑。

这些贵格房舍不是本地区的第一代欧洲建筑。17 世纪中叶，瑞典人和荷兰人的建筑方式曾传入特拉华山谷。但一位建筑史家写道："直到 1682 年，英国贵格信徒开始大批到达的时候，这里的建筑才形成自身的文化品格。"[1]1748 年，瑞典旅行者彼得·卡尔曼（Peter Kalm）在特拉华山谷观察到，"这里的房子普遍是按英国样式修建的"。它们的确如此。但当地选择的英国建筑样式却有别于马萨诸塞和弗吉尼亚。[2]

最显著的差别是建材。特拉华山谷的英国定居者最早采用的材料是木材。"屋顶、头尾和两边，"有人写道，"我们用的是木板，一般有五英尺半长，边缘削得很薄……这种方式可能很简陋，但对于普通的初来者已经足够了，而且也很安全。”这些早期建筑没有任何美国特点，它们“用灰泥涂抹，并盖上天花板”。[3]

第一代移民开始在西泽西和宾夕法尼亚用更牢固的材料修建房屋。在特拉华河两岸，人们用灰色大卵石修建农舍，这使得当地的建筑具有了特色和经久不衰的魅力。特拉华山谷的这些乡村建筑在外表上与英格兰北部比较相似。特拉华石匠的技艺也类似于英国北部一些地区的卵石农舍，包括湖滨诸郡、兰开夏郡北部、约克郡西部、柴郡东部和德比郡的峰区。[4]

在新世界，人们对建材作了必要的修改。门楣、门道和窗棂不易用石材制作，所以在美国它们是用木头做的。但在其他方面，西泽西和宾夕法尼亚东南部的卵石农舍基本与英格兰中北部的家庭建筑一样。

这种延续性也表现在建筑装饰及其材料上。宾夕法尼亚和西泽西的住房、聚会所和附属建筑的一个突出特征是小的单斜面屋顶，它们通常从前墙的门窗上向外伸出。这种样式的屋顶有时延伸到整栋房子的宽度，一般则不会宽于相应的门窗。它们是用漆成白色的木棍支撑，并与灰色的卵石墙形成鲜明对比。这种单斜面屋顶在英格兰北部的谷仓、商店和住房上用得很普遍，出现的地域包括从中北部到兰开夏郡和约克郡，它们在那里被称为“pentise”，或“pentice”。[5] 在宾夕法尼亚和西泽西，没有单斜面屋顶的房子一般有山形屋顶罩，与墙之间形成恰当的夹角。有罩子的屋顶用石板覆盖，并且用粗壮而简单的木结构支撑。这种传统在英格兰中北部同样存在。[6]

特拉华山谷的房子有几种独特的设计。一种被建筑史家称为“贵格设计”房。这种房子一般是简朴的农舍，一楼有三间房，角落的

特拉华山谷的本土建筑与新英格兰和弗吉尼亚差别很大。卵石墙、石板屋顶和简单的木框等相结合，形成了一种朴素的样式，体现着贵格派－虔诚派的价值观和中北部的传统。本地区发展出两种独特的建筑设计。一种称为贵格设计房（Quaker Plan House），一般在一楼有三间房，角落里有一部楼梯，一个大烟囱连接着好几个生火处，并经济地安排在一个外墙上。这种设计有效地利用了有限的空间和材料，在城市和农村得到广泛应用。另外一种称为四对四房屋，这种房子有很大的对称结构，两层楼都有四间宽阔的屋子和中央厅。这种设计主要用于英国贵格信徒的家庭住房，也被特拉华山谷的其他族群采用。

单斜面屋顶和门罩是宾夕法尼亚贵格建筑的特色。特拉华山谷很多房子和谷仓都采用了这种小的覆盖结构，通常伸出在底楼的门窗外边。单斜面屋顶至今仍是英格兰中北部建筑的普遍特征，包括从柴郡和德比郡北部到坎布里亚郡的地区。

楼梯通往完整的二楼，一面墙上有一个大烟囱连接着好几个生火处。这种设计在英格兰中北部比较常见。它在西泽西和宾夕法尼亚，以及贵格移民定居的美国其他地区也很普遍。[7]

另一种普遍的“贵格设计”是特拉华山谷宽敞的四对四房屋，它与英格兰北部的住宅建筑非常相似。[8] 历史学家巴里·利维（Barry Levy）发现，贵格的住房虽然很朴素，但比圣公会或公理会信徒建筑的房屋更宽敞舒适。而且，贵格信徒的住房里，卧室与起居室的比例更大。利维认为，贵格派的住房更重视隐私和家庭氛围，而“圣公会的住房看重公共性”。[9]

这些建筑内部比较明亮、洁净，也很朴素、宽敞。墙壁都用石灰石和毛发的混合灰浆涂抹。这些房屋装饰都极少，感觉像修道院，马克斯·韦伯因此称其为入世的禁欲主义。美国贵格信徒的日志常常谴责约书亚·埃文斯（Joshua Evans）所说的“各式各样的奢侈品，像精致的房屋、贵族的家具和花哨的衣物等”。[10] 贵格派的集会对这些问题采取积极介入的态度；有一次他们告诫其成员，厨房不要用“华丽而无用的银器和黄铜器”装饰。[11]

大西洋两岸的贵格派财产清单显示了房屋装饰上同样的朴素态度——用餐室里有几把灯芯草制成靠背的椅子，围着光秃的桌子摆放；起居室里有一个壁橱，几个凳子和一个长椅；卧室里摆放着床架和长凳；厨房里只有必要的烹饪设备。[12] 阿米莉娅·格默里（Amelia Gummere）还记得年幼时，她位于伯灵顿的家中简单的松木桌，它们唯一的装饰是金色的木纹，闪烁着年代久远的光彩。[13] 地毯被认为是“无用”“不需要”的装饰品。贵格派把它称为“地板衣”。[14]

这些建筑方式后来增加了一些元素。德国虔诚派引入了一种特别而稳固的木质谷仓，它的特点是厚重的墙壁支撑，巨大的地板托梁和结实的屋梁。德国移民也有其独特的房屋设计，比如走廊厨房屋（corridor-kitchen house），它有一个宽敞的厨房，和整栋房子等长；还有一种叫穿房（crosshouse），它有一个很长的厨房，并且分了一部分作为餐具室。[15] 另外一个族群的风格是瑞士银行屋，它有部分建在山里，厨房和工作间在底楼。[16]

特拉华山谷也发展出独特的城市建筑。费城在 17 世纪末至 18 世纪早期很快变得像布里斯托、伦敦或都柏林的一部分。房屋的正面是砖砌的，进门的地方略高，另一面有通往地窖的路，其纯真的风格创造出简朴、高尚、安详和慈善的氛围。

这些不同种类的建筑传统有一些共同的特征。它们都以稳固为要，兼有朴素的风格，体现出实用而不炫耀的设计目标。孕育它们的文化遵循着英国贵格派和德国虔诚派的价值观。它们之间相互学习，到 18 世纪中期发展出了本地域的独特风格。

注释

1 Allen G. Noble, *Wood, Brick and Stone; The North American Settlement Landscape* (2 vols., Amherst, 1984), I, 40.

2 Peter Kalm, *Travels in North America* (1770, New York, 1964), 98 (11 Oct. 1748).

3 "Directions to Such Persons as Incline to America," *PMHB* 4 (1880), 335; "Present State of the Colony of West Jersey," Myers, ed. *Narratives of Pennsylvania*, 192.

4 R. W. Brunskil, *Vernacular Architecture of the Lake Counties* (London, 1974), 53,70,110.

5 有关单斜面屋顶，参见 Brunskill, *Vernacular Architecture of the Lake Counties, 83;* John and Jane Penoyre, *Houses in the Landscape: A Regional Study of Vernacular Architecture* (London, 1968), 139; K. R. Adey, "Seventeenth Century Stafford," *MH* II (1974), 161; 屋顶罩也从斯塔福德郡北部传播到威斯特摩兰郡，参见 e.g., *Some*

Westmorland Wills, 1686-1738 (Kendal, 1928), 5.

6 John and Jane Penoyre, *Houses in the Landscape,* 139.

7 这种三间屋的贵格住房有很多例子在兰开夏郡、约克郡西边、柴郡和德比郡，参 见 Eric Mercer, *English Vernacular Houses* (London, 1975), 185, 220, 224, 227, 142, 146-47; 特拉华的贵格设计，参见 Noble, *Wood, Brick and Stone*, I, 45; Henry Glassie, *Pattern in the Material Folk Culture of the Eastern United States* (Philadelphia, 1969), 56; Patricia Irvin Cooper, "A Quaker-Plan House in Georgia," *Pioneer America* 10 (1978), 14-34; "Postscript to a Quaker-Plan House in Georgia," *Pioneer America* 11 (1979), 143-50; Thomas T. Waterman, *The Dwellings of Colonial America* (Chapel Hill, 1950)。

8 Brunskill, *Vernacular Architecture of the Lake Counties, 53;* Eleanor Raymond, *Early Domestic Architecture of Pennsylvania* (Exton, Pa., 1977).

9 Barry Levy, "The Birth of the 'Modern Family' in Early America: Quaker and Anglican Families in the Delaware Valley, Pennsylvania, 1681-1750," in Michael Zuckerman, ed., *Friends and Neighbors: Group Life in America's First Plural Society* (Philadelphia, 1982), 26-64; 本书完成写作后，利维又出版了 *Quakers and the American Family; British Settlement in the Delaware Valley* (New York, 1988), 这本著作也很有帮助和启发。

10 Joshua Evans Journal, n.d., SWAR.

11 Gummere, "Friends in Burlington," 354.

12 有个例子是乔治·霍普金森的财产清单，日期是 1700 年 4 月 12 日，ms. PRNW, NOTTRO。

13 Gummere, "Friends in Burlington," 354, 357; 马克斯·韦伯《新教伦理与资本主义精神》（1904-5，纽约 1958 年再版）。

14 Amelia Gummere, *The Quaker: A Study in Costume* (Philadelphia, 1901), 23.

15 Dell Upton, "Traditional Timber Farming," in Brooke Hindle, ed., *Material Culture of the Wooden Age* (Tarrytown, 1981), 35-96; Noble, *Wood, Brick and Stone*, I, 40-43.

16 Robert C. Bucher, "The Swiss Bank House in Pennsylvania," *PF* 18 (1968-69), 2-11.

特拉华的家庭方式

贵格观念中充满爱的家庭

贵格会信徒的家庭观念像他们的语言和建筑一样特色鲜明，研究家庭生活的历史学家对此兴致盎然。一些学者认为“现代美国家庭”源自特拉华山谷的民俗。历史学家巴里·利维的看法是，贵格信徒的定居点“第一次让人们看到早期美国，尤其是盎格鲁美国，以孩子为中心的幸福核心家庭，这是主要的模式，很流行，也很成功”。[1]

这种观点包含着重要的事实。但对于贵格家庭，必须从他们的时代去理解，而不是后世的眼光。重要的是，贵格会信徒使用“家庭”一词的含义与现代迥然有异。他们在谈论贵格会时，也称之为“家庭”。乔治·福克斯说贵格会聚会就像“神的家庭”，是“信仰的家庭”。在英格兰和美国这样的聚会上，人们都习惯把彼此称为“家里的兄弟”。这些说法并不仅仅是比喻。贵格信徒把彼此看作是“亲近的关系”，并欢迎他们到家里来。从这个角度说，贵格会并不比其他英国殖民地更看重核心家庭，事实上是不太重视。[2]

在所有盎格鲁美国的文化中，核心家庭都是最经常的居住单元，大家庭则是传统观念。贵格会也不例外。他们也是围绕核心家庭生活，同时把祖父母、表亲、叔叔、阿姨、侄子侄女都看作家庭成员。姻亲关系并不称为“姻亲”，而直接称为“父亲”“兄弟”和“姐妹”。

在这些方面，贵格会的家庭方式与同时代多数英语文化区并无不同。但贵格信徒把核心家庭和大家庭都归属在“神的家庭”这个大范围内。[3]

贵格家庭传统在其他方面也有自己的特点。姓名继承的研究表明，贵格家庭的核心家庭意识比弗吉尼亚的圣公会更强烈，但弱于新英格兰的清教徒。特拉华山谷家庭的构成也符合这样的规律，处于南北之间。一个典型的贵格家庭里，孩子的数量比新英格兰少，仆役的数量则更多。但与弗吉尼亚相比，贵格家庭孩子的数量更多，仆役则更少。[4]

贵格会的家庭观念比新英格兰的清教徒或弗吉尼亚的圣公会较少等级特征。虽然很多贵格信徒坚持孩子在家里应该听从父母，年轻人应当尊重长辈，他们仍把家庭看作上帝面前平等的个体组合。贵格信徒约翰·巴川姆（John Bartram）家曾有一位欧洲来客，他惊异地发现所有人都在同一张桌子旁用餐——父母、孩子、雇工、仆役和奴隶：

> 长桌上堆满了食物：桌子尾部坐着奴隶；然后依次是雇工、家庭成员，和我自己；桌首是尊贵的父亲和他的妻子。每个人都低头祷告。[5]

这并不是一个完全平等的体系，但它比其他西方文化都更平等。

同时，贵格会信徒也特别强调爱是家庭的精神黏合剂。一位第一代的宾夕法尼亚人写信给子女说：“看到兄弟姐妹在爱中生活是件美好的事情，只要环境需要，他们就彼此帮扶。”他们的家庭通信常常表明父母与子女、兄弟姐妹和丈夫与妻子之间的爱。[6]

贵格会拒绝把恐惧当作家庭关系的要素。清教徒和圣公会信徒都把恐惧当作健康的情感，督促家庭在父母与孩子之间培养这种情感，乃至夫妻之间也应如此。贵格会成员却明确谴责把恐惧作为人际关系的组织原则，除了对上帝的恐惧。他们的家庭观念建筑在完全不同的基础之上。

用奠基人乔治·福克斯的话来说，贵格会相信，家庭应该“在诸多方面超越世界，包括品格、纯洁、贞洁、虔诚和神圣；还有端庄、文明、正义和爱”。[7] 他们把家庭看作信仰的结合体，在罪和仇恨的世界上是良善与爱的庇护所。这是来自他们信仰的教义，也注入了要在罪的世界之外团聚的观念。

同时，贵格会坚持，家庭成员应该远离亲戚之外的人和信仰不同的人。教会反复强调，要把家庭隔离在无关的人群之外。1682 年，一个贵格教会强烈建议“那些没有明确原则的家庭拒绝仆役进入他们的房子”，如果这些仆役不是贵格信徒。[8] 他们特别注意把不同信仰的因素排除在家庭之外。[9] 并且，贵格会认为，家庭的基本作用是养育孩子，使其成员获得正确的信仰。贵格会家庭以孩子为核心是出于其宗教原则。这些贵格会信仰在很多方面都很接近“以孩子为中心的幸福核心家庭”的闪光理念，这主导了后世有关家庭关系的理念。但应当知道的是，他们的价值和目标与三百年后美国世俗家庭之间存在巨大的差距。贵格信徒对家庭关爱的重视，对子女教养的强调，以及把家庭作为信仰避难所的观点，都来自一套 17 世纪的基督教信仰，而并不属于 20 世纪。贵格会家庭从未把自身作为目的，而是将其作为上帝实现在世间的神圣目的的工具。

其他族群也把不同的家庭方式带入了特拉华山谷——尤其是从德国、瑞士和荷兰来的移民。德国虔诚派的家庭观念比英国贵格派多一些等级化的因素，但在其他方面都一样。在这两个族群中，人们都能发现“上帝的家庭”这样的观念，和“爱的家庭”这样的概念。这些家庭观念对婚姻、性别、性爱、子孙养育、代际关系和继承等都有重要影响。在这些方面，英国贵格派和德国虔诚派共同为特拉华山谷创造了一套习俗，使之与马萨诸塞和弗吉尼亚区别开来。

注释

1 Levy, “The Birth of the ‘Modern Family,’” 56.

2 Frost, *The Quaker Family*, 64.

3 Judy Mann DiStefano, “The Concept of the Family in Colonial America: The Pembertons of Philadelphia” (thesis, Ohio State Univ., 1970), 136-68.

4 西泽西家庭的平均人数是 6.4（1772）；马萨诸塞是 7.2（1764）。小孩的平均数目西泽西是 3.1，马萨诸塞是 3.4；但特拉华山谷仆役和奴隶的平均数目要比新英格兰大。Robert V. Wells, *The Population of the British Colonies in America before 1776* (Princeton, 1975).

六个家庭重组的研究表明，17 世纪和 18 世纪早期，特拉华山谷的完整家庭（除了费城精英之外）要比新英格兰小，但比切萨皮克地区大很多。住在中部殖民地的加尔文教派生育率与新英格兰清教徒持平：

群体	年代	整体	完整的	不完整的	统计数量
费城精英	m. 1700—1775	7.5	9.2	6.0	42
	m. 1776—1825	7.9	9.1	5.8	46
新泽西和宾夕法尼亚的贵格会信徒	b. 1730 之前	6.7	7.5	5.4	
	b. 1731—1755	5.7	6.2	4.4	
	b. 1756—1785	5.0	5.1	4.8	
	所有年代	5.7	6.0	4.9	

续表

群体	年代	整体	完整的	不完整的	统计数量
德国镇贵格会成员	第一代定居者	5.8			14
宾夕法尼亚施文克菲尔特教会信徒（Schwenkfelder）	m. 1735—1764		5.3		28
	m. 1765—1789		6.1		39
新泽西和纽约荷兰人	m. 1685—1689		8.9		34
	m. 1760—1789		7.0		46
纽帕尔茨胡格诺（New Paltz Huguenots）	m.1750—1774		7.3		28
	m.1775—1779		8.9		34

资料来源: Louise Kantrow, "The Demographic History of a Colonial Aristocracy: A Philadelphia Case Study" (thesis, Univ. of Pa., 1976), 103-8; Robert V. Wells, "Family Size and Fertility Control in Eighteenth Century America: A Study of Quaker Families," PS 25 (1971), 73-82; Stephanie Wolf, *Urban Village* (Princeton, 1976), 269; Lawrence J. Kilbourne 未出版的关于施文克菲尔特教会信徒、荷兰人和胡格诺派的家庭重建的研究。

5 Crevecoeur, *Letters from an American Farmer*, letter XI.

6 Joseph Oxley, "Joseph's Offering to His Children," ms. HSP; Abigail Pemberton to Israel Pemberton, 5 day, 4 mo 1700, ms. HAV.

7 参见 Frost, *The Quaker Family*, 187。

8 Gummere, "Friends in Burlington," 354.

9 同上。值得注意的是，"不允许仆役进入"的建议不只适用于无信仰的人，而是针对所有仆役。

特拉华的婚姻方式

贵格派把婚姻看作“爱的契约”

贵格派也把一套严格的婚姻传统带到了美国，内容包括婚姻对象，结婚的方式、时间、地点和缘由等。这些问题对贵格会来说非常重要，所以其奠基人乔治·福克斯写了不下六十篇相关的书信。其他领袖也经常讨论同样的主题。

在婚姻伴侣的问题上，贵格派强烈反对与本派之外的人通婚。[1] 贵格派制定了很多纪律来限制与外界的通婚。例如，1706 年，一个英国贵格教会驱逐了叫巴塞洛缪·马斯登恩（Bartholemew Mastin）的成员：

> 他放纵自己，与我派之外的、我们完全陌生的人结婚……根据经文的教义，信徒不应和非信徒结婚……我们为此作出谴责，并驱逐这个叫巴塞洛缪的人。[2]

贵格派反对同外界通婚的规则在美国得到严格实施。在两个世纪中，宾夕法尼亚贵格会有一半的纪律是用于与非信徒的恋爱和婚姻。然而，这种案例也越来越多。[3]

反对与外界通婚的规则，从负面来说，是源于派系区隔；从正面讲，是因为他们相信婚姻的基础应该是真正的基督之爱。对贵格派而言，爱不是浪漫的吸引力、性的激情或家庭情感。他们所谓“纯而又真的爱”并不是希腊语中的 eros（男女之爱），也不是罗马人说的 amor（情欲之爱），而是基督教的 caritas（博爱）和 pietas（敬爱），只有信徒之间才有这种爱。

贵格派认为婚姻的目的不是为了满足肉欲。一位信徒在摘录簿中写道：

> 如果你想结束单身，
> 变成一位妻子，
> 就不要以世俗的目的选择丈夫，
> 不要看英俊的外表或无用的漂亮。
> 若以金钱为目的，或参杂着肉欲，
> 新郎新娘终将悔恨。[4]

贵格派道德家要求，每段婚姻中都应该有爱。他们认为，婚姻应该是“甜心”的结合，这是他们常用的一个词。他们还坚持，应该先恋爱再结婚，而不是结婚后才有爱情。而且这应该是基督徒之间纯而又纯的爱，而不是肉体的冲动。[5]

贵格派也贬低以财产为目的的近亲结婚。他们禁止第一层表亲之间的婚姻，而这在弗吉尼亚很普遍。在 18 世纪，很多贵格派的教会甚至禁止第二层表亲之间的婚姻——这在小的农村社区是一个重要的限制，对特拉华的精英阶层而言尤其严峻。[6] 他们坚持婚姻必须得到家庭、教会，乃至整个贵格会社区的批准。父母的正式认可是必须的；没有这种认可，婚姻会被拒绝。[7] 有时也需要社区多数人的许可。英格兰 1735 年的一份贵格派婚姻证书上签署了至少 23 个支持者的名字。威廉·佩恩和古列尔玛 1672 年的婚姻得到了 46 个见证人的支持，他们证实，这对伴侣“首先得到了他们最亲密的朋友和相关人士的祝愿和同意”。这些传统在美国也得到保留。特拉华精英阶层的成员曾有多达 50 个证人的支持，乡村的普通民众通常有 20 或 30 个证人。[8]

以上这些规则都通过贵格教会严格执行。其结果是英国贵格会信徒和德国虔诚派的婚龄都较晚。他们第一次婚姻的平均年龄高于圣公会信徒。[9]

另一个结果是很多贵格派信徒终身不婚。有关 18 世纪新泽西贵格派的一个研究发现，16% 的妇女到 50 岁仍然独身。与其他殖民地比较，这些未婚妇女的数目太大了。在新英格兰和弗吉尼亚，95% 到 98% 的妇女在同一个年龄段结婚。这种差别无法用性别比例来解释。它的原因在于不同文化的婚姻理念。[10]

贵格派的婚礼仪式也表达了他们的婚姻观念，在诸多细节上与马萨诸塞的清教徒和弗吉尼亚的圣公会有差别。并且他们的这些做法在美国殖民地时期很少变化。一位权威学者认为：“贵格会的婚姻习俗在英格兰就已成型……具体做法几乎毫发无损地传播到新世界。”贵格会的婚姻仪式是对英国国教和公理教会的繁复仪式的一种回应。但贵格会的婚礼最后也变得非常精致，清教徒和圣公会的仪式则相形见绌。[11]

一个正常的贵格会婚礼至少有十六个步骤。一对男女决定结婚后，第一步是征询父母的意见，这一步有时候甚至是在他们双方私下同意之前。宾夕法尼亚贵格派本杰明·费里斯决定结婚后，他首先问了自己的父母，再问未婚妻，然后又问了她的父母——这是一个通常的顺序。[12]

如果所有人都同意，这对未婚夫妻就会在妇女集会上宣布婚姻意向。在社区消化这个消息一段时间后，一位女性朋友会正式地向男性集会传达婚姻信息。然后，未婚夫妻会到男性集会上现身，宣布“在上帝的允许和朋友们的批准后，他们相互缔结婚姻”。然后，男性集会将向双方的父母征询意见。除非父母出具正式的同意书，否则婚礼就不能继续。如果未婚夫妻任何一方来自另一个教会，男性集会将向那个教会征求“许可证明”。这个过程需要男性集会再开一次会议，这样监督者可以报告他们调查的结果。

在这个阶段，有一段必要的等待期，即两次聚会之间的时段，这样可以给其他人反对的机会。这段时期过去后，男性集会将正式考虑眼前的问题，表示同意或者反对结合。这被称为“集会批准”，这是一个重大事件。

这之后，婚礼就可以继续了。另外一个阶段开启，就是婚礼的筹备。要为家庭成员和亲近的朋友准备盛大的宴会。[13]婚礼的邀请函陆续发出，公告具体的时间和地点。没有这种正式的公告，婚礼是不能举行的。在预定的日子，婚礼会按约举行。具体的过程很像一次祷告的聚会。人们安静地进来并坐下，有时需要长时间保持安静。如果有人想发言，可以起立说话，有的人愿意发表长篇演讲。然后，突然间，一对配偶安静地宣布他们立约结婚，并用自己的话彼此立誓。交换誓言后，所有人都静坐一段时间，然后安静地离开。

新婚伴侣去新娘父亲家住大约两周时间，每日接待来访者。这个阶段结束后，新婚夫妇回到他们自己的家，这个家通常是由他们的朋友和邻居帮助兴建的。此后一段时间，这对夫妇会陆续回谢来探望他们的人。这个回谢拜访的过程需要谨慎的处理，因为回谢之后，就意味着夫妇俩愿意与对方建立长期的关系。如果不这么做，意味着关系就此终止。[14]

贵格信徒的婚礼实际上非常乏味，但整个过程却非常复杂。这不仅是一男一女之间的契约，也是一对伴侣与社区之间立约。

注释

1 “……他们精神上是痛苦的，混搭的婚姻对所有信神的父母来说都是如此”。Ann Cooper Whitall Diary, 1st day, vii month, 1760, Haverford.

2 Break Meeting Records, 10.v.1706, NOTTRO. 对与外来者通婚的反对有地域和宗教的根源。“宁愿和大粪结婚，也不要与摩尔人结婚”是柴郡的古老格言。贵格派的信仰为中北部的传统和习俗增加了宗教的维度。*Cheshire Proverbs* (Chester 1917), q.v. “Mixen”; 也参见 OED and EDD, “Mixen”。

3 Jack D. Marietta, “Ecclesiastical Discipline in the Society of Friends, 1682-1776” (thesis, Stanford, 1968), 31-32.

4 Caleb Raper Commonplace Book, 1711, HAV.

5 “我们聚集在这里是要确认这位弟兄和他的甜心之间的契约……她是一位让人愉快的姐妹，也毫不怀疑他们可以幸福地一起生活”。James Pemberton to John Smith, 15.xi.1741/2, John Smith Correspondence, HSP.

6 Cheshire Quarterly Meeting Records, 2.ii.1685, ms. EFC 1/1, CHESRO, see also Arnold Lloyd, *Quaker Social History, 1669-1738* (London, 1950), 58; Forde, “Derbyshire Quakers,” 138.

7 有两对伴侣因为“没有提供相关人的批准”而被拒绝授予婚姻许可，参见 Chesterfield Monthly Meeting Records, ms. Q62b, NOTT。

8 Forde, “Derbyshire Quakers,” 14, Low Laughton Monthly Meeting, ms. EFC 3/2, 1735, CHES; William Penn and Gulielma Springett, Marriage Certificate, [4 Apr. 1672], *Papers of William Penn* I, 238-39.

9 在七个有关研究中，英格兰和美国贵格派第一次婚姻的平均年龄，和新泽西、宾夕法尼亚其他族群的平均婚龄，统计如下：

样本群体	婚姻代际	男性	女性
德比郡贵格派（Forde）	1710 年前结婚	31.0	27.0
	1710 年后结婚	31.9	29.8
诺丁汉郡贵格派（Forde）	1710 年前结婚	31.9	29.8
	1710 年后结婚	27.7	26.9
宾夕法尼亚和新泽西贵格派（Wells）	妻子在 1730 年前出生	26.5	21.9
	妻子在 1730—1755 间出生	25.8	22.8
	妻子在 1756—1785 间出生	26.8	23.4
费城精英（Kantrow）	1700—1775	26.2	23.3
	1776—1825	26.1	24.0
	1826—1875	28.2	26.6
德国镇家庭（Wolf）	1750—1759	29.8	25.0
宾夕法尼亚施文克菲尔特教会（Killbourne）	1735—1764	无信息	27.1
新泽西和纽约荷兰人（Killbourne）	1685—1759	无信息	21.2

必须强调，这里统计的是平均婚龄；而中间年龄比较低。这些研究都是有关第一次婚姻的年龄，除了沃尔夫（Wolf）的研究包括了再婚的年龄。来源包括：Forde, "Derbyshire Quakers," 33; Wells, "Quaker Marriage Patterns in a Colonial Perspective," *WMQ3* 29 (1972), 415-42; Kantrow, "The Demographic History of a Colonial Aristocracy," 71; Wolf, *Urban Village*, 257; Lawrence Kilbourne 未出版的关于施文克菲尔特教会信徒和荷兰人家庭的研究报告。

10 Wells, "Quaker Marriage Patterns,"

11 Frost, *Quaker Family*, 172.

12 "我的内心已经决定了，要去见我亲爱的朋友汉娜·布朗（Hannah Brown），前提是我父母已经同意，"他在日志里写道。她允许之后，他就去见她父母。"我提前告知他们我会去，也让他们知道，我相信父母应该及时得知任何这样的意图”。Benjamin Ferris Diary, 1.vi.1765, SWAR.

13 贵格派对托马斯·乔克利（Thomas Chalkley）所说的“婚礼上的大娱乐”有很多争议（“Journal,” 1714, *Friends' Library*, VI, 30）。但盛大的宴会很流行，即使像本杰明·费里斯这么虔诚的贵格派也是乐意的。“我……与我的妻子结婚，以为我会有更多的时间隐居。”事实上他很失望。但在婚礼日，费里斯与“22 个朋友一起”吃了晚餐，还有亲戚“从威灵顿来和我们共进晚餐”。Ferris Diary, 24.x.1765, SWAR.

14 Frost, *Quaker Family*, chap 9; 有关贵格会婚礼，参见 Peter Kalm, *Peter Kalm's Travels in North America: The America of 1750* (2 vols., New York, 1937), II, 677; Gottlieb Mittelberger, *Journey to Pennsylvania* (Cambridge, 1960), 69; Moreau de St. Mery, *Moreau de St Mery's American Journey, 1793-1798* (Garden City, N.Y., 1947), 286-87。

特拉华的性别方式

贵格派主张“互相帮助”

贵格派有句关于性别的格言：“灵魂没有性别之分。”这句话捕捉到特拉华奠基人与南北殖民地之间最深刻的差别之一。[1]在17世纪的英语世界，贵格派在性别平等上走得最远。奠基者乔治·福克斯在1647年的日志中已经立定了原则：

> 一些人轻佻地对我表示，女性没有灵魂，比傻瓜好不到哪里去。我予以驳斥，并告诉他们这是不对的，因为玛丽说过：“我的灵魂荣耀了我主。”[2]

他的跟随者把这种观念发展为一种教义，即性别之间主要是肉体的差别，男女在灵魂上是平等的，灵魂的力量“在男性和女性之间都是一样的，一样的信仰，一样的光芒，一样的生命，一样的力量，如此方能带出同样的见证”。[3]

多数贵格信徒真诚地认同这些原则。教内一位权威历史学家认为：“男女在信仰上的权利和义务是平等的，这一直是贵格派的荣誉之一。”[4]

所以，贵格派女性的角色与新教的其他派别有本质的差别。多数基督徒接受保罗的教义："让女人保持静默，并在所有事上服从……也勿让女人讲道。"[5]但贵格派的路线完全不同。贵格派的女信徒从一开始就与男信徒平等参与讲道，并可以在教内成为重要的传道人和"牧师"。这种格局从乔治·福克斯的第一位信徒开始就奠定了，这位叫伊丽莎白·胡滕（Elizabeth Hooten，1600—1672）的老祖母是贵格派第一位女性传道人，于72岁高龄在美国的传道途中去世。1658年，贵格派传道人玛丽·费舍尔（Mary Fisher）独自在奥斯曼土耳其帝国（the Ottoman Empire）传道，并试图说服土耳其苏丹穆罕默德四世（Mehmed IV）转变信仰。还有一些女性传道人在大西洋两岸传道，承担教会的传道使命。[6]

贵格派女信徒也和男信徒遭受同样的迫害。女仆多萝西·沃（Dorothy Waugh）嘴里被套着一根铁绳拖过卡莱尔①的大街，以惩戒她向这个北方城市的男性传道。在斯塔福德（Starford），一位贵格派女信徒向圣公会的一个团契传道，结果被教会官员抓住，锁在笼子里，"她在里面待了7个小时，被侮辱，被吐唾沫"。在兰开夏郡的奥姆斯柯克（Ormskirk），贵格派牧师丽贝卡·巴恩斯（Rebecca Barnes）被一伙愤怒的暴徒殴打致死。在马萨诸塞州的萨勒姆，清教徒官员命令贵格信徒卡珊德拉·索思威克（Cassandra Southwick）在拍卖会上卖掉自己的孩子。在马萨诸塞的剑桥镇，年长的传道人伊丽莎白·胡滕被三股粗的鞭子猛烈鞭打，又被带到戴德姆和沃特敦，再次遭到鞭打，并抛弃在森林里。她毫无畏惧地回到剑桥镇，又遭遇哈佛的一帮师生暴徒攻击，然后被绑在车尾鞭打，拖着在四个清教徒城镇巡游，最后她又伤痕累累、身子半裸地被抛在新英格兰的

① Carlisle，英格兰西北部城市。——译注

森林里。境遇更糟的是贵格信徒玛丽·戴尔（Mary Dyer），她是一位“好看、优雅的老妇人”，公然藐视马萨诸塞的驱逐法令；一位清教徒看到，她被吊死在波士顿的高山上，裙裾“像旗帜”一样飘扬在风中。[7]

这些针对贵格会妇女的暴力，部分是因为她们对既有性别关系的挑战。在17世纪，一旦有女性传道人出现，就足以引起一场暴乱。到1763年，女性传道的景象还被很多英国人认为是不正常、不自然的，萨缪尔·约翰逊（Samuel Johnson）博士甚至专门针对贵格女信徒散布谣言：

> 博斯韦尔（Boswell）：我告诉他，那天早晨我参加了贵格派的聚会，聆听了一位妇女的传道。
>
> 约翰逊：先生，女人的传道就像狗用看不见的腿走路。即使她做得不好，你也会惊讶地发现，这事至少能完成。[8]

贵格会并不能完全逃脱这些传统上的歧视。他们所认同的两性信仰平等也有局限。早期的贵格派不是现代女权主义者，他们期待女传道人以庄重、克制的面目出现。例如有关安·卡姆（Ann Camm）的说法：

> 她很有智慧，知道什么时候、什么时机传道最妥当，这在她的性别中是一个榜样。如果没有特别的冲动和考虑，她很少会在大型聚会中传道，因为她知道在这种场合，有不少弟兄更适合传道；在这种聚会中，如果女性的传道显得太仓促、太超前或不合时宜，她都会感到伤心。[9]

17 世纪，妇女在贵格会中担任的角色超过所有其他基督徒派别的妇女。这幅旧印刷品中的图画揭示了一位女性传道人站在澡盆上向聚精会神的男女信徒讲述圣经的含义。清教徒和圣公会都禁止女性向男性传道。

安·卡姆不是一个退缩羞怯的人。她被看作“威斯特摩兰郡领头的贵格女信徒”，尖锐地批判教会十一税。她的态度显示出她的世界与当代女权主义者的差别。[10]

这些观念相互作用，产生了贵格派内部的制度结构：贵格派的男女信徒一起参加聚会礼拜，但分开进行具体的活动。乔治·福克斯揭示其中的原因：

> 有些黑暗的灵不应该让妇女会面，而应该让男性去接触；出于文明和庄重的目的，妇女不应该在男性面前谈女人的问题，谨慎的男人也不应该有这样的期望，只有激进的人才想干涉女性的话题。[11]

威廉·佩恩对此表示同意：

> 为什么妇女在聚会时应该分开？我们有很好的理由。教会在增长，教会的事务也在增长，女性因为羞怯无法在男性面前或说或做太多教会的事务；但女性在一起时，她们就可以施展智慧和理解力，直接处理自己的事务。[12]

1681年女性集会的形式也传播到了特拉华山谷。她们保存自己的记录，执行自己的纪律，与世界范围内的其他教会通信，同时也运作她们自己的慈善体系，管理自己的基金，完全处于男性的掌控之外。这些集会在贵格会殖民地成为重要的机构。[13]

在两性的世俗关系中，贵格派也不能完全逃脱包围着他们的等级观念。但“灵魂没有性别”的原则具有扩展性，在贵格会的殖民地创造出一种完全不同的氛围。虽然贵格派没有完全实现性别平等的理想，他们也比同时代英属北美的其他宗教群体更接近它。他们在这方面持续的努力对特拉华山谷的文化产生了重要的影响。

例如贵格派对家庭内部权威的处理方式。他们的态度是复杂的。一位保守的贵格信徒以圣徒保罗式的传统方式说，丈夫“按神的命令是妻子的头”。他劝告男人“应该把妻子当作脆弱的器皿来看顾，而不是刚愎自用地统治她们；心里要对上帝怀有恐惧，正如那些想成为上帝子嗣、获得永恒生命的人一样”。[14] 有的贵格派教会也认同男性作为一家之主的特别责任。例如 1677 年，柴郡的莫利教会（Morley Meeting）认为：“这是一次不错的有成果的集会，每个作为一家之主的男性都公开反对十一税和教会领地。”[15] 但这些教会也清楚地把妻子作为“家主”。他们的书信把父母都称为“家主”，“男主”或“女主”。这区别于同时期的其他群体。[16] 贵格派修改了《创世记》中的另一个圣经概念，即女性是作为男性助手被创造的。乔治·福克斯主张，两性是彼此的助手。“男人和女人是互助的，”他宣称。[17]

一般而言，贵格家庭里男性作主的现象少于清教徒或圣公会。马萨诸塞和弗吉尼亚的男性和女性都习惯于说他们的家是“我父亲的房子”。贵格派会说“我父母的房子”。父亲在前，但贵格派的价值观体现在夫妻的这种语义平等上。

相似的态度也体现在特拉华殖民地的制度架构中。贵格派地区的法律在美国最早开始常规性地使用双重人称代词“他或她”（he or she）。在特拉华山谷的文化中，女性的地位特别高，有时还有很大的权势和影响力。例如苏珊娜·怀特（Susannah Wright），她继承了第一代贵格派中最富有的人之一萨缪尔·布朗斯通（Samuel Blunston）的财产。她的一个熟人写道：

> 苏珊娜·怀特是本地的著名人物。她所受的教育在那个时代是一流的。人们有困难都会去请教她，她也会帮助撰写必要的文件，她对穷人很慈善，把药品免费分发给邻居。她自始至终都按照贵格会的原则生活。[18]

“人们有困难都会去请教她”的女性在新英格兰很少见，在弗吉尼亚更是闻所未闻。这是女性在贵格派殖民地享有很高地位的例证。

当然，当地的实际情况有族群差异和家庭差异。宾夕法尼亚一些贵格妇女在日记里倾诉灵魂遭受摧残的苦闷生活。贵格信徒安妮·库伯·怀特尔（Anne Cooper Whitall）在日记中援引圣经的哀歌：

> 我如同旷野的鹈鹕，我好像荒场的鸮鸟……我像房顶上孤单的麻雀。我的仇敌终日辱骂我，向我猖狂的人指着我赌咒。我的年日如日影偏斜，我也如草枯干……我没有地方可以寻得安慰；家里只有悲哀……我有很多病痛，常常觉得活不下去了。[19]

更不幸的是安妮的朋友艾利斯·海耶斯（Alice Hayes），她常常遭受丈夫专横的羞辱：

在很多个法庭开庭的日子，她避开丈夫来见我。有时她告诉我，当她想穿上最好的衣服去参加聚会的时候，丈夫就会拿走她的衣服；但她并不看重这些，宁愿穿着现有的衣物去，因为这样她丈夫就不会再打扰她。[20]

安妮·库伯·怀特尔评论说：

我相信，只要离开她遇到的那种男人，还有很多事情可以做，去有真理的地方，或者去见那些敢于说出真理的人。[21]

但有很多家庭接近理想的状态。贵格派一些丈夫积极支持妻子参与社会活动，而其他基督教文化则可能禁止妇女参与这些活动。比如在宾夕法尼亚州的赖茨敦（Wrightstown），萨缪尔·鲍纳斯（Samuel Bownas）记得一位妇女，“她作为一个牧师想表达一些主张，她丈夫知道，她并不像自己认为的那样想保持沉默”。他鼓励她把想法说出来，并在社区担任领袖。[22]

这些性别方式的兴起并不仅仅是因为贵格派的信仰，也是因为英格兰中北部的地域文化。在母国，贵格会的性别观念（和其他很多问题）在有的地区赢得了强烈的认同，这些地区有明显的族群特征，是大量斯堪的纳维亚移民居住的地方。兰开夏郡和柴郡的海岸有很多河流和可掩护的海湾，挪威人由此很容易进入英国中北部，并以这个区域为主要的殖民目标。学者们注意到，贵格会兴盛的中北部与北欧海盗的殖民地在地理上重合性很高。[23]

在斯堪的纳维亚的文化中，女性享有很高的社会地位和完全的法律权利。女性的坟丘与同样社会等级的男性是不分轩轾的。挪威的民间传说有很多强大而独立的女性，虽然在文化上她们与男性的地位并不完全平等，但她们渴望被平等对待。《尼雅尔萨迦》（*Njal's Saga*，古冰岛史诗。——译注）中有一个著名的例子，哈尔杰德（Hallgerd）是一位心志坚定且直言坦率的女海盗，她在男性面前说话极为自信。《狡猾的鲑鱼野史》（*Laxdaela saga*）中有一位心思深沉的安（Unn），她领导着家族男性从大不列颠抵达冰岛。还有伟大的北欧女海盗古德龙（Gudrun），“是爱尔兰最可爱的女性……是最精明、最受敬重的女性”，她以自己的梦想鼓舞了男性。[24]

定居在英格兰中北部的北欧海盗女性在很多方面都与后世的贵格派不同。基督徒到达之前，北欧女性都在服饰上佩戴短匕首，只要不被尊重，就会毫不犹豫地拔刀相向。传说中有不止一例，挪威武士从史诗般的大屠杀中凯旋，却因为在家里的粗暴举止而被妻子杀害。虽然贵格派女性抛弃了暴戾的历史，但她们仍然保留了坚强的品格、独立的心志、对目标的坚持、斯堪的纳维亚祖先的勇气和对尊重的执着。如果说贵格派“灵魂没有性别”的观念起源于一种宗教理念，这种宗教也可以说源自一个族群和地域的文化，而后者对盎格鲁－美国的历史产生了深远的影响。

注释

1 佩恩写道：“性别之间没有差别，因为在灵魂里就没有差别。”*Some Fruits of Solitude*, 33；有关这句话，参见 Margaret Hope Bacon, *Mothers of Feminism: The Story of Quaker Women in America* (San Francisco and New York, 1986), 2; 有关这个主题的著作，较有价值的包括 Mary Maples Dunn, “Women of Light,” in Carol Berkin and Mary Beth Norton, eds., *Women of America: A History* (Boston, 1979), 114-36; Jean

R. Soderlund, "Women's Authority in Pennsylvania and New Jersey Quaker Meetings, 1680-1760," WMQ3 44 (1987), 722-49; Joan M. Jensen, *Loosening the Bonds: Mid-Atlantic Farm Women, 1750-1850* (New Haven, Conn., 1986)。

2 乔治·福克斯在传教过程中，多次针对英国社会境遇最糟糕、最受歧视的妇女传道。1649 年，他在诺丁汉监狱里发现一个说胡话的疯女人。"这个可怜的女人用怒吼来制造噪音，"他写道，"……这让所有信徒感到尴尬……很多朋友难以忍受她身上散发的难闻气味，不时狂吼和在地上撒泼的行为。"福克斯安慰她，让她变得安静平和。在曼斯菲尔德-伍德豪斯（Mansfield-Woodhouse），福克斯发现一个"心智昏乱、披头散发的妇人正在接受医治"。医生要给她放血，"她就弹跳起来，又被很多人奋力压制"。福克斯制止了这些人，放开了她，"打赌说她会变得平静，她果然如此。上帝安抚了她，她恢复了健康，并接受了真理，一直到去世都是如此"。Fox, *Journal* 8, 43 (1647, 1649).

3 Sarah Blackborow [Blackbury], *The Just and Equal Balance Discovered* (London, 1660), 13; quoted in Bauman, *Let Your Words Be Few*, 36.

4 Braithwaite, *The Second Period of Quakerism*, 270.

5 I Timothy 2. 11-12.

6 Sewel, *History of the Rise, Increase and Progress of the Christian People Called Quakers*, I, 433; Braithwaite, *The Beginnings of Quakerism*, 421-24.

7 Joseph Besse, *Suefferings of the Quakers* (London, 1753), II, 228-32; Bauman, *Let Your Words Be Few*, 67.

8 James Boswell, *The Life of Samuel Johnson* (1791, rpt. New York, Modern Library, n.d.), 279 (31 Jan. 1763).

9 Braithwaite, *Second Period of Quakerism*, 286.

10 必须注意其中的时代差异，17 世纪的贵格派并不是 20 世纪的女权主义者。他们并不认为，女性应该获得经济独立或社会自主，也不认为她们的性别可以成为一个利益群体。

11 George Fox, *A Collection of Many Select and Christian Epistles, Letters and Testimonies*...(2 vols., London, 1698), 313; Braithwaite, *Second Period of Quakerism*, 274.

12 William Penn, *Just Measures* (London, 1692).

13 Margaret Hope Bacon, "A Widening Path: Women in the Philadelphia Yearly Meeting Move Toward Equality," in John M. Moore, ed., *Friends in the Delaware Valley: The Philadelphia Yearly Meeting, 1681-1981* (Haverford, 1981), 173-99.

14 "Epistle to Friends in Holland," 15.vii.1682, in "A Collection of Letters Dreams, Visions and Other Remarkable Occurrences of Some of the People Called Quakers," ms. Weeks v/1936, 8/6, FLL.

15 Morley Monthly Meeting Records, 2.xi.1677, ms. EFC 2/1/1 CHESRO.

16 有很多例子参见 DiStefano,"Concept of the Family in Colonial America," 22-23。

17 Soderlund, "Women's Authority in Quaker Meetings," 726.

18 Rhoda Barber, Journal, HSP.

19 Anne Cooper Whitall Diary, 6.vii.1760, HAV; 这位日记作者出生于 1716 年，1739 年出嫁，然后生了 9 个孩子。她住在新泽西州雷德班克（Red Bank），于 1797 年去世。参见 John M. Whitall, *Story of Her Life, by Hannah Whitall Smith* (Philadelphia, 1879)。

20 Anne Cooper Whitall Diary, 31.i.1762, HAV.

21 同上。

22 Samuel Bownas, "Life," *Friends' Library*, III, 57.

23 "在贵格派势力最盛的地方，村子的居民主要来自挪威，名字也是挪威语，中世纪时期那里主要说挪威语。"Barbour, *The Quakers in Puritan England*, 74.

24 *Njal's Saga*, tr. Magnus Magnusson and Hermann Palsson (New York, 1960), 56, 66; *Laxdaela Saga*, tr. Magnusson and Palsson (New York, 1969), 51, 117-19.

特拉华的性方式
“只为了生育”

贵格派所谓“灵魂没有性别”还有另一层含义。贵格派信徒把“灵光”看作肉欲的敌人。贵格派在爱与肉欲之间划了严格的界限。威廉·佩恩写道：“性欲与爱之间的区别是固有的，但也容易被模糊。爱使人成长，而肉欲则以享乐来消耗人。”[1]

贵格派教会大力约束他们的成员，信徒中的性侵案数量也少于清教徒或圣公会；他们在处理这种案件时格外严格。结婚前的私通在马萨诸塞的清教徒和弗吉尼亚的圣公会看来是轻微罪，但贵格派教会则可能施以最重的处罚，驱逐出教会。例如，利兹预备教会（Leeds Preparative Meeting）从1692年到1712年的二十年时间处理了三桩这类案件，对象都是男性。两例的结果是驱逐；第三桩的嫌犯接连两次受到集会的谴责，最后被允许留在本地。[2]

贵格会特别关注下层百姓受到的性剥削。乔治·福克斯在1672年提出，任何与女仆发生了性关系的主人都应娶她，“无论两者之间在等级或种族上有什么差别”。[3]贵格教会谴责性的掠夺性态度，而这在弗吉尼亚是普遍的性习俗。马斯登（Marsden）月度集会认为：

> 那些追逐女人的男人，从一个女人到另一个女人；还有

> 那些对一个又一个男人产生感情的女人……一会儿对这个产生感情，一会儿又离开这个，奔向那个，这些行为让他们像鸡奸犯，而不是圣徒，这不是上帝喜悦的行为，他们更没有喜乐。[4]

除了贵格教会采取的行动，宾夕法尼亚的公共法律对性侵的惩罚也相当严厉。当地 1683 年的法律加入了一条有关私通的规定，犯有这种行为的单身男女“应当结婚，罚款，或体罚，其中一种或所有这些惩罚并用”。这一法律规定比马萨诸塞、弗吉尼亚或英格兰都更加严苛。1700 年后，这一规定被国王宣布为“不合理”而被取缔。[5]

1682 年开始，宾夕法尼亚对通奸的刑罚是，第一次违法入狱一年，第二次则是无期徒刑。1700 年修改法律后，对于第三次违法要在额头前烙上字母 A。他们要求的不仅是像新英格兰那样在衣服上绣上 A 字母。贵格派的理念是，通奸者的脸应该因其罪行而被永远毁容。贵格派不像清教徒那样对通奸者处以绞刑，但这是因为他们对待死刑的态度不同，而不是对罪本身的态度有差别。[6]

对于鸡奸和兽奸，宾夕法尼亚的法律对单身男子处以无期徒刑，每三个月遭受一次鞭刑。结婚的男子则被要求离婚，并被处以阉割。帝国政府同样宣布这种法律“不合理”，过于严厉。贵格派在性欲问题上并不是自由主义者。[7]

对于婚内的性行为，贵格派内的意见并不统一。有些人坚持禁欲主义，谴责夫妻之间任何肉体的欢愉。这种观点曾在新英格兰短期盛行。1660 年，传道人约瑟夫·尼科尔森（Joseph Nicholson）和妻子来到萨勒姆，他们观察到，大多数贵格派夫妇完全没有性关系；

一对夫妇像这样已经四年；其他有一年或更长的时间。在波士顿被绞死的贵格信徒玛丽·戴尔倡导婚姻内完全的独身主义。[8]这种态度在极端的贵格信徒当中一直坚持到18世纪晚期，产生了一派贵格异端，被称为摇摆的贵格派或摇摆者，他们因为坚持婚内独身主义而从教会中脱离出去。

大多数贵格派不认同独身主义，但很多人限制婚内的性行为。1795年贵格信徒约书亚·埃文斯（Joshua Evans）与一位摇摆者就婚内性行为的道德有一段有趣的对话。摇摆者宣称："你在你妻子无法怀孕的时候用她来满足自己的欲望就是私通，因为这不是为了延续下一代。"对这种说法，这位贵格信徒回复说：

> 我告诉他，其他人的行为虽然为摇摆者所禁止，但基督并没有禁止，他们还被教导要离开父母而与妻子住在一起。虽然我看见他们做了所谓的错事，但他的看法值得严肃考虑，即如果不是为了延续子孙，人们不应该滥用婚姻的权利来满足肉欲。虽然他们（摇摆者——译注）在这个问题上走向了极端，如此看重男女之间的罪，但我并不感到奇怪，因为他们是在不允许碰女人的氛围中长大。然而，我告诉他，正确的路径是在两者之间，一方是我们，一方是结婚但与妻子只是生育下一代的关系，我还问他，是否并不认同这种态度。他说的确不这样认为。[9]

对性行为的限制很常见。长期节欲在贵格家庭中很普遍，甚至被视为常规。甚至在夫妻之间，贵格会也强烈建议节制"动物性激情"。英国贵格派罗伯特·达德利（Robert Dudley）第三次结婚时，有两位贵格会的高龄老处女来拜访他：

> 他被其中一人警告不要沉迷于夫妻间的欢愉，否则（就像此前的桑普森那样），当他沉睡在黛利拉（Delilah，圣经中的妖妇——译注）的臂弯时，他可能失去自身的力量。我朋友还向我信誓旦旦地说，另外一位牧师对双方有同样的担忧（或他认为她有这样的担忧），尤其是有关这些老妇人本不该懂的事情。这些事情都发生在一个年轻人和这对夫妇的儿子和继子面前。[10]

这种态度背后有一种假设，即性本身是罪恶的，夫妻之间过于强烈的肉体关系会削弱婚姻正确的信仰基础。

这种基调也是由威廉·佩恩定下的。早在 1671 年，佩恩在筹备与美丽的古列尔玛的婚礼时，他就开始被“肉欲”和“下流的想法”所困扰。为了限制这些想法，他在婚礼前夜为男性集会写了一篇文章，他在其中祷告，他和妻子“不会屈服于过度的感情，因为那样会让婚床失去名誉，变成被玷污的床榻，成为污秽”。[11]

这种态度导致了未曾预料的后果，其中之一是贵格会成为盎格鲁－美国第一个成功控制婚内出生率的族群。特拉华山谷的出生率一开始很高。1690 年前，威尔士贵格移民加百利·托马斯（Gabriel Thomas）记载到：“我们看到的少妇要不是怀着孕，要不就是臂弯里有一个。”[12] 但早在 18 世纪中叶（甚至更早），特拉华和楠塔基特岛上的贵格派就开始在婚内使用一些控制生育的方法。他们的具体方法不得而知，可能也无法知晓。贵格家庭用于性交干预或者节欲的证据并没有存留下来。但很多量化证据证明了节欲制度的存在，包括单人床、分房和夫妻之间肉体接触的控制措施等。

贵格派从早期就鼓励性的节制态度，19 世纪的人认为这是大惊小怪。贵格会的集会对女性穿着进行严格的监控，防止哪怕最轻微的性暗示。1718 年，伦敦的年度大会甚至斥责“裸露的脖子”。[13] 日常语言也小心地清除任何与肉欲的关联。18 世纪的一位法国游客惊异地发现，宾夕法尼亚有地位的妇女甚至无法在医生面前坦率谈论自己的身体，刻意地把从颈部到腰部的所有部位统称为“胃部”，又把从腰部到脚上的所有部位统称为“脚脖子”。[14] 这种严防死守有重要的功能。它降低了社会关系中的性张力，包括夫妻之间。特拉华的贵格派在这方面与新英格兰的清教徒和弗吉尼亚的圣公会差别很大，但与英格兰的教友非常相似。

德国虔诚派的很多团体也有类似的禁欲主义，有些甚至今天仍在践行。它也变成费城官方文化的一部分，以此区别于纽约或巴尔的摩。迪格比·巴尔策尔（Digby Baltzell）所称的“贵格传统中轻微的性冷淡特质”在漫长的历史阶段决定了一个地区的性观念。[15]

注释

1 Tolles and Alderfer, eds., *The Witness of William Penn*, 174; 其他人指责贵格派在性方面是自由派，这种意见是把贵格派与其他激进派混淆了；关于新英格兰这段时期，参见 Christine Leigh Heyrman, *Commerce and Culture, The Maritime Communities of Colonial Massachusetts, 1690-1750* (New York, 1984), 99-103。

2 丹尼尔·兰斯塔夫（Daniel Langstaff）因为很多违法行为而被驱逐，其中包括与他的妻子“产子后私通”。约瑟夫·西德尔（Joseph Siddall）因为“在牧师面前带走妻子，并且在婚前就和她有性关系”而遭到同样的处罚。一个叫以马内利·拉佩奇（Emanuel Lapage）的“有麻烦的朋友”在“和他的女仆私通时”因为“没有尽到必要的注意”而受到严惩。参见 Jean and Russell Mortimer, eds., *Leeds Friends' Minute Book, 1692-1712* (Leeds, Publications of the Yorkshire Archaeological Society, vol. 139, 1980), 38, 63, 107-10。

3 George Fox, *Works* (Philadelphia, 1831), 7, 338-39; Frost, *Quaker Family*, 181.

4 Marsden Monthly Meeting, Book of Suffering, 1679, ms. FRM 1/739, LANCRO.

5 Frost, *Quaker Family*, 181.

6 同上。

7 同上，185-186。

8 Joseph Nicholson to Margaret Fell 2.iii.1660, Swarthmore Mss., FLL; Frost, *Quaker Family*, 179.

9 Joshua Evans Journal, 1794-96, 28.ix.1795, SWAR; 这个段落从这本日记中删除了，必须和原始手稿核对。

10 J. William Frost, ed., *The Records and Recollections of James Jenkins*...(New York, 1984), 205.

11 William Penn, "Right Marriage," 1671, *Papers of William Penn*, I, 232-37.

12 Thomas, "An Historical and Geographical Account of Pennsylvania and of West-New-Jersey," 333.

13 Frost, *Quaker Family*, 180.

14 同上，48。

15 E. Digby Baltzell, *Puritan Boston and Quaker Philadelphia* (Boston, 1979), 102.

特拉华后代的取名方式

贵格派的名词学

这个文化的另一种线索是他们给后代取名的方式。贵格会没有弗吉尼亚圣公会那样的教父教母和洗礼仪式，也没有马萨诸塞清教徒那样的洗礼。贵格派把这些“无用”仪式斥为基督教的堕落。他们为孩子举行另一套取名仪式，称为“命名”。婴孩的名字是由父母谨慎选择的，并由贵格会认可，邻居见证，慎重录入教会的名册。到17世纪晚期，这种仪式逐渐背离了贵格会崇尚的朴素风格。1694年，威廉·佩恩对“命名”仪式有如下描述：

> 父母为孩子取名，通常是在他们出生后的某个日子，如果助产婆能到场，就在她的见证下，还有孩子出生时在场的其他人；他们会签署为此准备的证书，上面有孩子出生的时间以及他们的名字，这些内容会记录在父母所属的月度大会的登记簿上，这样就避免了传统的仪式和节庆。[1]

特拉华的贵格派与其他英语族群的差别还在于他们把上一代的名字传承给下一代的方式。与新英格兰清教徒不同，贵格派用祖父母的名字来给他们第一个出生的孩子取名。与弗吉尼亚的圣公会不同，他们精心地在名字上维持父母两个族裔的平衡。例如托马斯和雷切尔·沃顿（Thomas and Rachel Wharton）的家庭，他们分别从威斯特摩兰郡与威尔士移民到宾夕法尼亚。夫妻俩用双方祖父母的名字给第一个出生的孩子命名，之后的孩子则用自己的名字命名：

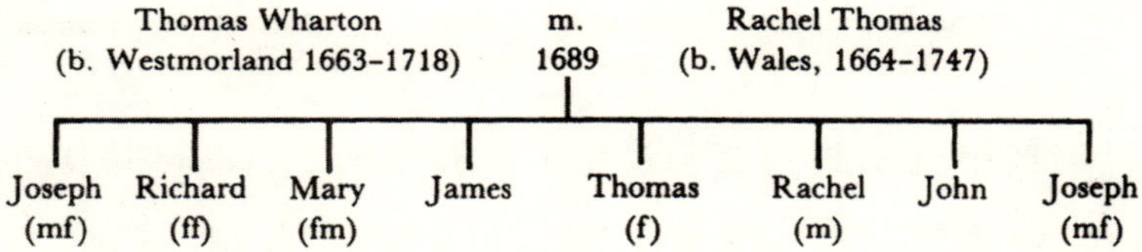

大儿子是以外祖父来命名，大女儿则以祖母来命名。

其中一个儿子约翰·沃顿（John Wharton）娶了玛丽·杜宾斯（Mary Dubbins），她是詹姆斯·杜宾斯的女儿。他们的孩子取名如下：

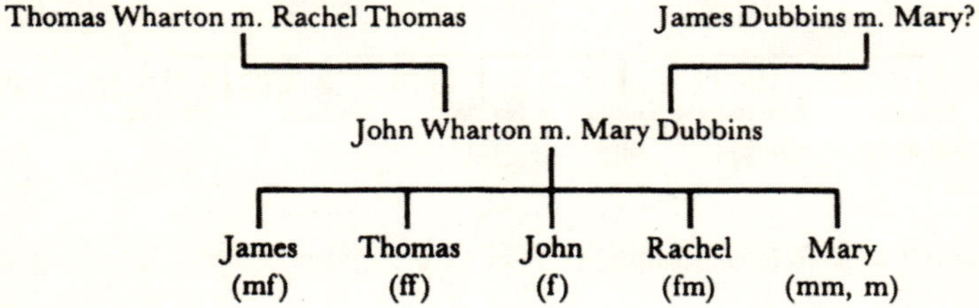

这里再次体现出，祖父母的名字先于父母的名字得到纪念，而且母亲的父亲和父亲的母亲都是首先被纪念的。[2]

还有一个例子是约翰和伊丽莎白·伍尔斯顿（John and Elizabeth Woolston）夫妇，他们于1735年在宾夕法尼亚的巴克斯郡米德尔敦（Middletown）结婚。第一批孩子是三个女儿，他们取名的顺序是祖母、外祖母和母亲自己。大儿子取的名是他的父亲和外祖父共用的名字，第二个儿子用了祖父的名字。这里也可以看出，后代的名字在母系和父系之间保持了平衡。[3]

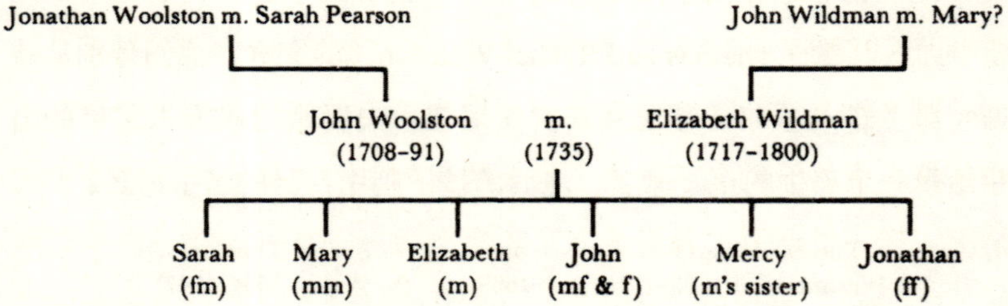

第四个例子是内森和汉娜·沙普尔斯（Nathan and Hannah Sharples）夫妇，他们也是来自宾夕法尼亚州的巴克斯郡。[4]

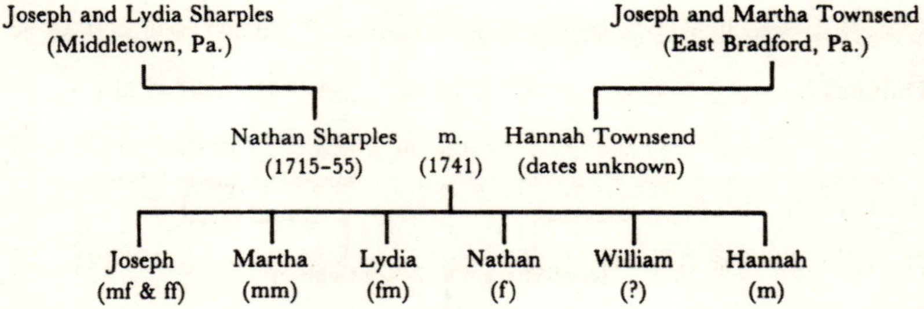

并非所有贵格派家庭都会在后代名字上照应父母双方，但它在特拉华山谷非常普遍——比马萨诸塞或弗吉尼亚都更显著。命名习俗中的夫妻平等在贵格派家庭比其他盎格鲁－美国文化也更突出。平等原则驱使他们对不同性别孩子的命名分别依照父系和母系，所以长女遵循父系，而长子遵循母系。这种传统在以上例子中只有一个例外。在沃顿家族和伍尔斯顿家族，长子都按照母亲的父亲取名，而长女都按照父亲的母亲命名。

贵格派的命名学对名字的选择也很独特。他们偏好的名大都来自圣经，但圣经名字的比例不如清教徒高。在英格兰，只有 50% 的贵格男性取了圣经名字，而加尔文派家庭中这个比例是 90%。最常用的名字是约翰、约瑟夫和萨缪尔。传统的英文名字和德语名字在贵格派中仍然很普遍。清教徒对圣经的执着被贵格派简朴的风格冲淡了。[5]

对圣经名字的喜好在女性中比男性更为普遍。玛丽、伊丽莎白和莎拉在贵格派的名字中占了很大的比例，这和其他英语族群中的情况一样。贵格派中普遍的名字还有安妮－安娜－汉娜，以及以斯帖（Esther）－赫丝特（Hester），她们对应着圣经中较为突出的两个女性角色，一个是直率的女性预言家，一个是波斯国王薛西斯一世（Xerxes）的配偶。以斯帖第一眼看起来似乎不太可能成为贵格派的名字——尤其是鉴于这位犹太妇人在外邦人大屠杀中的作为。但她在圣经中也以强大而独立的面目出现，并且献身于帮助上帝子民的使命。

这些选择名字的方式并不是在新世界发明的。英格兰中北部和美国特拉华山谷的贵格信徒采用的方式是一样的。在 18 世纪的大西洋两岸，贵格派男性同样有圣经和日耳曼人的名字，包括约翰、托马斯、威廉、约瑟夫和乔治。英格兰和美国的贵格派女性名字最多的都是玛丽和莎拉，而汉娜、安妮、伊丽莎白、赫丝特、以斯帖和黛博拉则处于第二序列。英语名字如简，和传统的基督教名字如凯瑟琳、玛格丽特等，在贵格派中也很普遍，比之清教徒更突出。在英格兰和美国贵格派信徒中都很流行的名字还有菲比（Phebe），这在清教徒和圣公会家庭中很少出现。[6]

很多贵格派家庭也为女儿取很优美的名字，尤其偏好的名字有佩兴斯（Patience）、格蕾丝（Grace）、默西（Mercy）和查丝蒂蒂（Chastity）。一些家庭也给男孩子取这种名字。理查德和阿比盖尔·利平科特（Richard and Abigail Lippincott）夫妇给他们的八个孩子取的名字连起来就是一个祷告：

Remember 纪念

John 约翰

Restore 恢复

Freedom 自由

Increase 增殖

Jacob 雅各布

Preserve 保留

Israel 以色列

利平科特家庭原为加尔文信徒，后转变为贵格派。[7]

总体而言，贵格派的姓名在大西洋两岸几乎一样。在对名的选择上，他们的命名学某些方面与清教徒相似；后代命名的隔代规律则近似于圣公会；而后代命名的夫妻平等则独成一格。所以，特拉华山谷的贵格文化有独特的孩子命名习俗。

注释

1 William Penn, *The Rise and Progress of the People Called Quakers* (London, 1694), chap. Xi; 其他证据参见 Frost, *Quaker Family*, 70。

2 Anne Wharton, "The Wharton Family," *PMHB* I (1877), 324-26.

3 Jane W. T. Brey, *A Quaker Saga: The Watsons of Strawberyhowe, the Wildmans and Other Allied Families from England's North Counties and Lower Bucks in Pennsylvania* (Philadelphia, 1967).

4 Joseph Sharpless, *Family Record: Containing the Settlement and Genealogy to the Present Time of the Sharples Family in North America* (Philadelphia, 1816).

5 在英国贵格派中，最普遍的名字如下：

德比郡贵格派，1680—1750		柴郡贵格派，1680—1750	
John	Mary	John	Mary
Joseph	Sarah	Thomas	Elizabeth
William	Anne	Samuel	Sarah
Samuel	Elizabeth	Jacob	Martha
Thomas	Hannah	Joseph	Hannah
George	Hester/Esther	Richard	Anne
Francis	Phoebe	Daniel	Catherine
Henry	Martha	Benjamin	Ellen
Benjamin	Margaret	James	Hester
Elihu	Ruth	David	Phoebe
		Isaac	

以上资料来源于切斯特菲尔德月度大会记录，DERBRO；以及柴郡和斯塔福德郡教会记录， CHESRO。

6 集中居住在沃森（Watson）、斯梅德利（Smedley）和沙普尔斯的三个贵格信徒家谱记载了这些家庭从 1675 年到 1750 年期间出生的孩子的名字，排名如下：

男性名字	女性名字
1. John	1. Mary
2. Thomas	2. Sarah
3. William	3. Ann
4. Joseph	4. Jane
5. George	5. Hannah
6. James	6. Elizabeth
7. Samuel	7. Lydia
8. Jacob	8. Esther
9. Robert	9. Martha
10. Daniel	10. Rebecca

排在之后的十个男性名字是 Benjamin, Nathan, Joshua, Richard, Caleb, Henry, Amos, Ezra, Edward 和 Adam；之后的十个女性名字是 Rachel, Margaret, Grace, Phebe, Susanna, Abigail, Alice, Edith, Patience, Mercy 和 Deborah （最后三个并列）。资料来自 Sharpless, *Family Record*; Gilbert Cope, *Genealogy of the Smedley Family* (Lancaster, 1901)。

7 Brey, *A Quaker Saga*. “Notes on the Lippincott Family,” ms. FLL.

特拉华的儿童教养方式
钳制愿望

贵格会的儿童教养理念是在17世纪逐渐形成的。奠基人乔治·福克斯一直比较赞同加尔文教派的观念："所有孩子都应长期置于管辖之下……打破他们顽固的欲念。"[1]但很多贵格信徒否定孩子生为魔鬼的观念，有些人也拒绝原罪的思想。罗伯特·巴克利（Robert Barclay）批判加尔文基本教义为"非基督教的野蛮信念"。[2]到18世纪早期，英格兰和美国的贵格派已经有了共识，小孩是"无害、正直和无辜的造物"。[3]贵格派很多人认为，孩子要到足够成熟，懂得自己的行为之后，才能犯罪。还有人认为，小孩直到11岁或12岁之前都是天真无邪的。[4]

对孩子品性的这些观念缔造了贵格会儿童养育的独特传统，与清教徒和圣公会风格迥异。最为重要的差别是贵格信徒对下一代密切的关注。一位贵格家长在日记中写道："我主要关心的是我的孩子。他们是否能脱离邪恶……现在到处都有邪恶。"[5]也有人以愉悦的方式表达了类似的关注。艾萨克·诺里斯（Isaac Norris）谈到孩子时，写道：

> 我有两个女儿，快乐的孩子……我常常为她们操心，但

> 给她们正确的教育也予我巨大的欢乐和消遣，只要看到她们稚嫩的心灵有所长进，我就感到真正的满足。[6]

不仅父母密切关注着孩子们，社区同样如此。一位历史学家以长期的集会记录为依据，认为“贵格会近三百年的年度大会对下一代教育的关注超过所有其他问题”。[7]

贵格信徒的自传也证明了他们的父母始终如一的关注。“我不是在教会里洗礼的，”鲁弗斯·琼斯（Rufus Jones）写道，“但我从早到晚都受到宗教的浇灌。”甚至在17世纪晚期，贵格家庭的氛围也比所有其他文化更以孩子为中心。[8]

在孩童时期的最初几年，贵格派主张进行“保卫教育”。他们认为，婴幼儿应该从世界中受到庇护，在精心控制的环境中养育。这种观念是基于经验主义，即可以通过控制环境来培养孩子。“品行不能简单地继承，虔诚亦然，”伦敦的教会说。[9]

贵格派养育孩子的第二个阶段首先是对孩子“理性开悟”。一位费城母亲坦率地写道：

> 我感觉我并不溺爱小孩，这和有些人是一样的，我并不想亲吻那些小脏嘴，虽然他们想引起我的注意，但我很想避开，我其实更喜欢和乐于逗笑的大小孩玩，而不是只有两三个月的婴儿。但是开始理性启蒙后，我就觉得他们是这个世界上最迷人的小家伙。[10]

到了这个阶段，贵格会敦促父母通过理性的引导来培养他们的孩子。威廉·佩恩认为：

> 如果上帝给了你孩子，就要用智慧去爱他们，用感情去矫正他们的行为：永远不要用暴打，而是用适合他们年龄和本性的方式去规正。在你严惩他们之前，要以他们自己的错误去说服他们……用理解力来惩罚他们，而不是棍棒。[11]

其他教派的访客观察到，当孩子表达“不愿意”时，贵格信徒多采取包容、不惩罚的态度。他们也观察到，贵格家庭高度以孩子为中心（用当代术语来说）。他们在这个文化中观察到的孩子教养习俗是准确的。[12]

贵格父母习惯用奖赏替代惩罚，用承诺替代威胁。一位父亲在去英格兰的路上写信给美国的女儿说：“如果我回来的时候听说你很乖，你将得到伯灵顿任何一个女孩都得不到的东西。”[13]

某些贵格父母和校长会有限地使用体罚，其他人则完全不用体罚。戴维·库伯（David Cooper）在回忆录里写道：“从不记得校长哪怕打过我一次。”但理念和现实并不相同。库伯自己说：

> 严格地服从命令非常重要，家长要维持他们的地位，不可能是完全心平气和的，只有采取及时、坚定的手段，服从的秩序才能保持下去，这样才可以避免大量的冲突、责备和矫正等。[14]

但贵格派对孩子的教养与现代宽容的体制不能混为一谈。贵格派的下一代是严格依照“沉默和服从”的原则来培养的——主要是指服从教会，而不是父母或长者。贵格派孩子的个性是屈从于社区的，虽然这种体系不同于清教徒对孩子愿望无休无止的打压，也不同于弗吉尼亚人对孩子愿望的等级化。[15]

孩子养育属于社区事务，除了父母之外，还牵涉到很多人。“在摸索养育孩子的目标时，”一位历史学家在研究一个贵格家庭时指出，“彭伯顿（Pemberton）家族常常与家庭成员和朋友交换意见……大体上，父母希望采用他们被养育的方式去养育他们的孩子。”[16]

孩子们之间很早就有活跃的交往。这在每个文化中都是如此，但贵格派很有特点。比如，贵格派记者约翰·凯尔萨尔（John Kelsall）写道：“我记得在我六岁的时候，我和哥哥会跑到树篱下或墙下，我们总是仿照贵格派信徒那样聚会。”[17]并且，贵格派的孩子从很小就被灌输要服务于社区。威廉·迪尔温（William Dillwyn）写信给女儿苏姬（Sukey）：“好女孩乐于服务穷人，让他们的生活幸福——这比和鲁莽的孩子嬉笑打闹要好多了。”[18]

贵格派的下一代主要是通过榜样、实例，以及整个社会化的架构，学会了服从社区的价值观，而不是服从于某个个人。文化正是通过这样的过程实现了代际传递。

贵格派把第三个阶段称为青年人，我们主要称为青少年——在他们的定义中是从 14 岁到 21 岁期间。[19]一位贵格派说这是“变动性和危险性都很大的阶段”。[20]在此期间，贵格派父母比清教徒和圣公会更为主动，也更强制。贵格派主张，青年人应该待在家里。“我认为孩子们最好留在家里，”有人写道，“而不是满世界闲逛。”[21]很多人严厉斥责把孩子“送出去”的传统，而这是清教徒普遍的做法。威廉·佩恩生气地指责，那些人“这样做就像把自己的灵魂送出去，置于仆役的地位长达一年”。[22]在必须让孩子当学徒的时候，贵格派会谨慎选择本派的信徒当师傅。如果他们找不到这样的人，这个问题就会提交季度大会，就成为一件很严肃的事情。[23]

贵格派鼓动他们的孩子留在家里，直至成年。其他教派的人质疑这可能不完全出于信仰的原因。亨利·米伦伯格（Henry Muhlenberg）1748年写道，宾夕法尼亚的年轻人几乎和他们的父母"绑在一起"。无论什么原因，贵格派的年轻人倾向于留在家里，与清教徒的孩子差别很大。[24]

贵格派在其他方面对青少年也很严格。例如他们对舞蹈的态度。贵格派一个牧师到马里兰比较虔诚的地区去旅行，看到一群年轻人在愉快地跳舞。他像愤怒的天使一样跑进去，制止他们跳舞，还要求他们考虑是否认为马丁·路德是一个好人。惊诧的年轻人给予了确定的回答。这位贵格派的福音传道士引述马丁·路德有关舞蹈的论述："一个人跳了多少舞步，他就朝地狱行进了多少步。"他就像施虐狂得到了满足似的，说"这会腐蚀他们的灵魂"。[25]

从某种角度说，贵格派完全可以让年轻人更加压抑。但他们从来不像其他文化那样坚持等级制度。他们在孩子们中培养了平等的理念。威廉·佩恩要求贵格派父母能平等对待孩子。"若不能平等地爱孩子，至少在他们面前这样表现，就既不公平，也不明智；还会削弱他们对父母的爱，并在孩子中引发嫉妒。"这种建议很快就变成了孩童教育书上的陈词滥调。但贵格派远比其他族群更加坚持要对下一代平等相待。[26]

贵格派也把平等的理念延伸到孩子与成人之间。其他教派的人惊讶地看到，贵格派的孩子有时会对成人宣讲道德和宗教上的训诫。我们发现一个记录，一个十岁的孩子打断成人的一个聚会，发表了有关救赎的临时演讲。那些成人怀着敬意聆听他的演讲，他讲完后，一位老祖母进行了祷告："上帝啊！这个年轻人应该成为我们这些年长者的老师。”

另一个年幼的贵格信徒，托马斯·乔克利（Thomas Chalkley）在10岁的时候就经常谴责家里的成年人，打断他们的纸牌游戏，对他们教导罪与救赎。在其他文化的人看来，这些贵格派小坏蛋似乎颠覆了整个世界。但在贵格派来说，他们只不过是把事务正确的一面再次树立起来。[27]

其他族群也把自己的后代养育习俗带进了特拉华山谷。有趣的是，德国虔诚派在这方面与贵格派非常相似。例如阿们宗派（Amish）有关孩子天性和养育的习俗与英国贵格派有诸多相似处。两者都相信孩子是无辜的，都对孩子倾注强烈的爱和关怀，对婴孩也很宽容，对青少年都施加很多限制，也都反对把孩子“送出去”，都坚持让孩子们在信仰上严格地从属于社区。[28]

德国虔诚派和英国贵格派在后代养育的习俗上有很多相似性，这为特拉华山谷形成地域性文化奠定了基础，更成为代际文化继承的工具。

注释

1 Fox, *Works*, VIII, 23.

2 Walter Joseph Homan, *Children and Quakerism* (Berkeley, 1939), 32.

3 John Hepburn, *The American Defense of the Christian Golden Rule*…(Philadelphia, 1714?).

4 Frost, *Quaker Family*, 67.

5 Anne Cooper Whitall Diary, 3.vii.1760, HAV.

6 Isaac Norris to Sampson Lloyd, 27.x.1746, Isaac Norris Letterbook, HSP.

7 Lloyd, *Quaker Social History*, 166.

8 Rufus Jones, *Finding the Trail of Life* (New York, 1926), 21-22.

9 Frost, *Quaker Family*, 76; Homan, *Children and Quakersim*, 48, 55.

10 Hannah Pemberton to Thomas Parke, 29 Aug. 1780; quoted in DiStefano, "Concept of the Family in Colonial America," 95.

11 Penn, *Works I*, 901; Frost, *Quaker Family*, 77.

12 Joseph Oxley, "Joseph's Offering to His Children" (1770), 357, HSP.

13 William Dillwyn to Susannah Dillwyn, 21 Dec. 1774, Dillwyn Papers, HSP.

14 David Cooper, "Some Memoirs…Intended for the Use of His Children," 1725-95, HAV.

15 Frost, *Quaker Family*, 81.

16 DiStefano, "Concept of the Family in Colonial America," 81.

17 John Kelsall Journal, ms. 3/194, FLL, ca. 1690.

18 William Dillwyn to Susannah Dillwyn, 21 Dec. 1774, Dillwyn Papers, HSP.

19 Frost, *Quaker Family*, 133-49.

20 John Smith to Dr. William Logan, 2 June 1750, J. Smith Papers, HSP.

21 Anne Cooper Whitall Diary, 10 day of 6 month, 1760, Haverford.

22 Penn, *Works*, I, 901; Frost, *Quaker Family*, 144.

23 "艾伦·查普曼（Ellen Chapman）曾去过一个不容易找到她的地方，她在那里可能是作为贵格派的学徒。"月度大会同意"把问题提交给季度大会"，参见 Marsden Monthly Meeting Records, 7.iv.1686。

24 Henry Muhlenberg, *Journal* (Philadelphia, 1958), I, 197.

25 Thomas Challey, *Journal* (New York, 1808), 93.

26 William Penn, *Fruits of a Father's Love*, 50-51; quoted in DiStefano, "Concept of the Family in Colonial America," 97.

27 Frost, *Quaker Family*, 43, 80. 保守的贵格派对这种做法抱怨很多。有人写道："我很清楚，极端者有很多谬论，他们假装宣称很多六岁或者大一点的孩子已经有了很深的觉悟，而不是被牧师所转变。我看见过一个小男孩模仿牧师，惟妙惟肖，用流行的话语自己讲道，就好像他也被自己所说的感动。我不认为这是奇迹。谁不知道，那个年龄的孩子用模仿和直觉能模仿几乎任何事情……连鹦鹉也可以被教会一些词，但他显然不能对这些词的缘由进行解释”。John Smith to James Pemberton, 20.v.1741, Pemberton Papers, HSP.

28 John A. Hostetler, *Amish Society* (rev. Ed., Baltimore, 1968), 108-9, 153-57. 阿们宗派不能代表瑞士和德国移民，但笔者自己家庭的经验可以证明，有关孩童天性和教养的相似理念也存在于德国路德派中。德国改革宗家庭有不同的做法，他们更接近英国清教徒。

特拉华的尊老方式

作为“慈父慈母”的贵格长者

贵格传道人玛丽·戴尔在波士顿即将被绞死的时候，清教徒行刑者问她，是否要长者为她祷告。“不，”她说，“秩序应该先是孩子，然后是年轻人，再是一个壮年人，最后才是长者。”从她的反应可以看出，她对传统的挑战有多么激进。玛丽·戴尔不仅挑战主流的年龄等级秩序，她还要完全颠覆这个制度。[1]

第二代贵格派看法则不同。他们在一定程度上恢复了传统上对年龄的尊重，并通过教义作了调和。特拉华山谷的教会和道德家常常督促人们尊重长者，并引用马萨诸塞人和弗吉尼亚人常用的圣经戒律和赏罚。“当孝敬父母，使你的日子……得以长久”，这是伯灵顿贵格教会引用的圣经，与新英格兰一样。并且，贵格派老人享有父母一样的尊荣。[2]

但在其他方面，贵格派有关年龄差距的理念又有不同。他们的尊老观念不像新英格兰是基于尊敬，或者像切萨皮克是基于父权。贵格派并不把老人看作亚伯拉罕的种子，即上帝挑中的长寿者。他们也不认为老人是亚当的继承者，理当领导年轻人。

贵格会主要把老人看作“守护年轻人的父母”，和有特殊教养作用的老师（在基督教的意义上），贵格派称之为“长者”。这种观念在17世纪晚期发展起来，此时正当1650年代出现的贵格会激进派别发展为“古典贵格派”，并在本宗派内占有特殊地位。用理查德·鲍曼（Richard Bauman）的话说，他们被尊为“羔羊战争中的重装武士”。当他们向年轻人训诫时，其话语非常贴合贵格运动的根由。他们以能够预言的牧师而闻名，他们的角色就是“喂养上帝的羔羊”。此后，这种角色传承给了后代的长者。[3]

贵格派的一个女性集会把长者的功能描述为：

> 掌握真理的老妇人不仅被称为老人，也是母亲，就像以色列人的母亲一样；基督教会里的母亲和以色列人的母亲一样，让孩子吸吮乳汁，给予拥抱，提供食物和衣物，帮助洗涤，进行训诫，她们在教会里也是老师……告诫者、引导者和倡议者……所以，作为母亲的老妇人可以教导好行为，成为年轻人的老师，在品行、圣洁、神性、智慧以及对上帝的恐惧上给予训导。[4]

男性的集会谈到类似问题所用的比喻不同，但基本原则是一样的。贵格派的长者不是圣徒，也不是元老，而是“保育的母亲”或“保育的父亲”，他们对年轻人给予支持、劝告和训诫，必要时也纠正他们。相应的，年轻人也被敦促要尊重老人，听取他们的建议。回忆录就用于这种目的，贵格老人为教导年轻人写了大量这类文本。例如约瑟夫·奥克斯利（Joseph Oxley）的大量手稿，被称为“约瑟夫给孩子们的课程”。另一个是戴维·库伯的自传，他称之为“某种回忆录……留给孩子们”。[5]

保育关系的理念在特拉华山谷成为生活的现实。自传作者常常动情地回忆年轻时在困难的关头长者给予的帮助。所以，本杰明·班斯（Benjamin Bangs）写道："……老人给予我温柔的看护，时常给我及时的提醒，使我受益良多。"[6] 以色列·诺里斯（Israel Norris）回忆他的父亲：

> 在生命的晚期，他非常注意老人和年轻人的差别……他对自己的孩子有纯真的喜悦……他完全值得他们尊重和信任；他们的陪伴让他快乐，他也很容易沟通，所以他们愿意把他当作朋友和伙伴。[7]

"老人和年轻人的差别"也有另外一面。老人忙于劝诫年轻人，以至于在贵格派中，"长者"不仅是一个名词，也是一个动词，意思是嘲讽或纠正年轻人。一位信徒提到另一位信徒时，说"她给朋友做了长者"。[8]

在贵格会运动的早期，长者并没有特殊地位。他们逐渐在教会内具有了特殊的地位，或者成为非正式官员——"上帝殿中的柱石"，巴克利这样称呼他们。[9] 贵格派信徒只有年长时才被选出来为教会做事——这个过程对贵格信徒而言充满艰辛。[10] 早在 1686 年，费城月度大会要求长者与那些"对真理只说不做"的人恳谈。[11]1727 年，英格兰约克郡的季度大会任命了四位长者矫正"日益增多的骄傲的罪……和贵格年轻人常做的自负和有害的行为，这些行为违反了经常给予他们的建议……"[12] 长者也负责组织教会的集会，保持秩序。他们要负责处理集会中精神反常的人。[13] 在 18 世纪早期，他们还要给牧师提建议。

遇到困难和疑问，年轻人和中年人都被教会要求去咨询长者。

所以，约克郡季度大会在1708年发布了一个有关“不必要的、过度的假发”备忘录，要求需要戴假发的贵格信徒就这个问题“询问”长者，取得他们的建议。[14]咨询长者在这个文化中很常见。安妮·库伯·怀特尔回忆她长大的那个贵格社区时说：

> 年长的管理年轻的，那些不服从的……就受到惩罚——如果在年轻人中听到责难，而长者没有给予惩戒，是羞耻的……年轻人与年长者相处，敬畏他们，以他们为榜样。[15]

当长者之间发生纷争，社区会陷入深深的分裂。乔治·丘奇曼（George Churchman）认为，“两个地位不低、年龄较长的人之间发生矛盾”会有震动的效果，尤其会让“我们天父家庭里的年轻人”感到痛苦。[16]

但在贵格会的文化中，长者的权威是有限制的。他们并不像马萨诸塞的清教徒或弗吉尼亚的圣公会那样具有权威性。年轻一辈需要听取他们的建议，但并不总是服从。并且，只有当长者是正确的才会被尊重。并非所有的老人都被尊重。当年轻人是正确的，他们也应当受到尊重。任何年龄的贵格信徒都可以当牧师：有的只有十岁，其他的比较成熟。长者并不一定很老；教会经常会提醒人们不能总是根据年龄来选择长者，虽然年龄是通常的标准。[17]

在日常事务上，贵格年轻人常会等待长者的指示。若长者没有履行职责，年轻人就会自行其是。约翰·伍尔曼（John Woolman）记载了一件这样的事情。起因是1742年发生在新泽西州芒特霍利（Mount Holly）酒馆的一次意外。当时，“很多城里人和乡下人，正在喝酒玩游戏，打发时间”。伍尔曼是一个23岁的年轻人。他等着长者发出指令。“我认为自己是年轻人，”他写道，“而城里几个年长的贵格派完全可以掌控局面。”但他们什么也没做，这个年轻人就自己站出来指责酒馆的主人。[18]

贵格长者在保育和教导方面通常很积极。例如贵格传道人苏珊娜·莫里斯(Susannah Morris)。1746年，64岁的她“觉得内心有呼召，要去走访各个教会”。她离别家里的丈夫和孩子，坐船从宾夕法尼亚出发，第四次穿过大西洋到达欧洲，目的是为转变人们的信仰。两年后，她又为了传道穿越美洲大陆。即使是在特拉华最寒冷的冰冻时节，她也忙于访问“冬季待在家里的人们”，虽然她承认“我的年龄已经不能忍耐太冷的天气”。1752年70岁时，她为了传道再次穿越大西洋，一直工作到73岁去世。[19]

总的来说，贵格派尊老的方式与弗吉尼亚或马萨诸塞相比，较少等级的特征。父权制与尊崇的原则受到贵格会的斥责。但长者在这个文化中以其他方式受到尊重，而且他们一直从事服务工作，直到生命结束——这牵涉到另一个问题，即对死亡的态度。

注释

1 Jones, *Quakers in the American Colonies*, 87.

2 Frost, *Quaker Family*, 64, 40.

3 Bauman, *Let Your Words Be Few*, 139.

4 Marsden Monthly Meeting, Womens Meeting Book, 1678-1738, ms. FRM 1/24, LANCRO.

5 Oxley, “Joseph’s Offering to His Children”; David Cooper, “Some Memoirs.”

6 Benjamin Bangs, *Memoirs*…(London, 1798), 19; Quoted in Bauman, *Let Your Words Be*

Few, 139.

7 Israel Norris to Sampson Lloyd, 12.vi.1736, Israel Norris Letterbook, HSP.

8 Harvey, "Quaker Language," 19.

9 Bauman, *Let Your Words Be Few*, 145.

10 同上, 139-44。

11 Frost, *Quaker Family*, 53.

12 Thistlethwaite, ed., *Yorkshire Quarterly Meeting*, 238.

13 同上，39。

14 *Leeds Friends Meeting Book*, xxxviii.

15 Anne Cooper Whitall, *Diary*, 10.vi.1760, HAV.

16 George Churchman, *Diary*, 26.ii.1761, HAV.

17 Frost, *Quaker Family*, 46-47.

18 Phillips B. Moulton, ed., *The Journal and Major Essays of John Woolman* (New York, 1971), 32.

19 Susannah Morris, *Travels*, 1746, HSP.

特拉华的死亡方式

贵格派的乐天观念

按照年龄的标准，特拉华山谷的死亡率从17世纪晚期到18世纪早期处于中位——低于弗吉尼亚，但高于马萨诸塞。从1675年到1750年，死亡率升高了，同时也越来越不稳定——主要是流行病导致的突然升高。[1]

在那样的环境中，贵格派和清教徒、圣公会一样，经常用约翰·伍尔曼所说的“世间事务的不确定性”来提醒自己。他们接受了那个时代普遍的宿命主义。但他们的宿命主义在本质上与其他人不同。贵格派的态度或许可以说成是乐观的宿命主义——多种多样的乐观。他们把死亡看作生命的顶点——不必恐惧或回避，而是要欢迎和拥抱。对于贵格信徒来说，死亡是基督徒神圣的行为，可以借此消灭凡人自身。

贵格派对临终景象饶有兴致，但语境与马萨诸塞的清教徒不同。贵格派推崇的《推动虔诚》（*Piety Promoted*）一书，是有关贵格信徒临终景象的神学著作，在18世纪先后有三十个版本。这类书并非贵格派独有，清教徒和圣公会也有很多类似的选集，但贵格派表达的死亡观念不同。[2]

例如1759年28岁的贵格信徒西比尔·马特洛克·库伯（Sybil

Matlock Cooper）的死亡。她的丈夫记载了这件事情：

> 临死之际，她说："再给我一滴冷水，就让我离开吧，如果这是你的愿望，我的父。"然后她不断重复着："死亡来临了，死亡来临了……"血气从她的脸上消退了，她看起来像是要死了，但她又恢复了过来，脸上又有了健康时的血色，她睁开眼睛让我们把她扶起来。当她发现自己仍然和我们在一起时，她由衷赞美……我说："亲爱的，这或许是大能的上帝想把你送回给我们。"她回答说："我没有想到。"[3]

很多人不仅接受死亡的事实，并且对之表示欢迎。玛丽·宾宁敦（Mary Penington）写道，既然她是"生活在真理里"，她"就不再惧怕死亡，也不惧怕生存"。[4]另一个例子是威廉·迪尔温对妻子死亡的记载：

> 她的知觉一直持续到最后，而且并不疼痛……（她）怀着愉快的心情和对永生的坚信慢慢停止了呼吸——即使在这种庄严的时刻，她的面孔也在微笑着作证——那是在尸体上保持的纯真微笑。[5]

贵格男信徒态度也是一样的。约瑟夫·奥克斯利写道：

> 我现在已经老迈了，每日都在等待变化的到来，我并不想比主的意旨活得更长；我想活在顺从的状态，直到死亡

来临。[6]

贵格信徒和新英格兰的清教徒、弗吉尼亚的圣公会信徒一样经常梦到死亡，还把这些梦写在成百上千的日志中。这类描述多是对死亡的幻想，作者虽然最初对此抱有反感，但既而拥抱和赞美死亡。著名的有约翰·伍尔曼躺在病床上做的梦：

两年半前我得了胸膜炎，在病痛中，我几乎就要跨过死亡之门，以至于忘了自己的名字。我极度渴望知道自己是谁，我看见南面和东面之间有一大群灰暗的人，人们告诉我那些人生活极度悲惨，并且我正深陷这个人群，所以我并没有认识到自己是独立的人。

我在这种状态中徘徊了几个小时。然后我听到一个悦耳柔和的声音，比我以前听到的任何声音都纯洁、和蔼；我相信这是一个天使在对其他天使讲话。他们说的是，“约翰·伍尔曼死了”。我很快记起，我曾经是约翰·伍尔曼，并且确信我的身体还是活着的，我很好奇那个天堂一般的声音到底是什么意思。我毫不怀疑，那是天使的声音，但这仍是一个谜……

天使的歌曲仍然是一个谜；早晨的时候，我亲爱的妻子和其他人来到我的床边，我问他们是否知道我是谁，他们说我是约翰·伍尔曼，他们认为我头昏了，因为我告诉他们天使不是这样说的……

我终于感到神圣的力量给了我说话的能力，我就说：“我与基督同钉十字架，我仍然活着，但并不是我，而是基督在我里面活着……”然后，秘密都打开了，我感受到忏悔的罪人在天堂里才有的喜乐，“约翰·伍尔曼死了”，意思是我自己的欲望死了。[7]

面对死亡，贵格派不仅顺从，并且怀着信心去期待。对有信仰的贵格信徒而言，死亡是生命的完成。它是对腐朽世界的逃避，最终超越了必朽的生命。

当死亡降临一个贵格家庭，全家都聚集在一起，共度庄严的时刻。人们用爱去倾听最后的话语。濒死的信徒躺在亲友当中。客人涌进屋里，孩子们也要旁观，倾听并反思。但“灵魂飞逝”后，贵格信徒对尸体就没什么兴趣了。这个文化中葬礼和悼唁习俗特别简朴。贵格派和所有人一样深切哀悼亲友的去世。但他们排斥“傲慢”“空洞”或“无用”的哀悼表演。1728 年的年度大会谴责“在葬礼上穿戴黑衣服或黑白衣物”。[8] 葬礼通常很平静而且简朴。不时兴大操大办。没有棺材，没有抬棺人，没有静默时刻，没有铃声，也没有手套。教会颁布了对这些场景的严苛规则。有个教会要求它的成员“避免所有空洞无物的言辞，举止庄重，内心沉静，要与真理相称；不要急于把尸体埋到地下，要有暂停，让所有环节庄重地进行”。[9]

贵格派的葬礼也很节约。理查德·库克（Richard Cooke）被埋在柴郡，所有花费包括：简易的木棺材 6 先令，其他 4 先令。[10] 约翰·伍尔曼要求他的棺材除了橡木之外，不要有任何桲木做的装饰，因为“橡木……作为木头，比桲木有用得多”。[11] 用于包裹尸体的寿衣很朴素，在英格兰是羊毛质地的，在美国是亚麻布。

正如皮尔森·西斯尔思韦特（Pearson Thistlethwaite）所记载的，墓碑成了贵格派棘手的问题。[12] 伦敦年度大会于 1766 年建议，所有墓碑都应该从贵格派的坟墓上移除。很多教会反对这个提议，贵格派内部为此争吵了很多年。直到 1850 年，墓碑才被伦敦年度大会批准——一块平整的石头，没有装饰或多余的字刻。[13]

守灵也不被许可。乔治·福克斯把这种行为称为“野蛮的习俗”。1700 年，约克郡季度大会通过了决定：

> 大会严肃考虑了很多贵格派地区实行的葬礼形式，包括用蛋糕、肉食和酒类等招待参加葬礼的邻居和朋友等。我们认为，像前面说的那样提供太多肉食、酒类以及蛋糕等食物，会对宣讲真理有伤害。

不久之后，蛋糕等食物被约克郡大会完全禁止了，“两位持重、虔诚的贵格信徒”被任命去“巡查这类做法”。虽然有官方的禁令，这种做法仍在继续。[14]

守灵在美国也不被许可，但并没有完全禁止。囿于传统，特拉华山谷的贵格派达成了妥协。葬礼之前，可以提供蛋糕和葡萄酒，之后可以供应大餐，但必须自我节制。酒类只允许供应两轮。[15]

贵格派殖民地的悼唁传统日趋复杂。托马斯·乔克利在 1714 年表达了不满，“我们的葬礼越来越烦冗”。[16]1782 年，贵格派墓园里举行了一个小孩子的隆重葬礼，一位不满的教友写道：

> 孩子的父亲在支付了军事罚款之后被开除了。他的母亲是教内重要的人物，但她并不在。他的妻子和孩子都是成员。尸体被四位年轻的夫人抬过来。其中三位并不是贵格派，另一位是一个被驱逐的寡妇的女儿。她们穿着白衣服，手上沾

> 满白粉，也没戴帽子。看着这场表演在我们的墓园上演，死者又是我们的成员，而我们的教会早就宣称要朴素和节制，这让我很不愉快，我的观感完全是否定的。[17]

这段评论揭示出，对待死亡的传统态度对特拉华山谷的影响持续了一个多世纪。

在这个地区，德国虔诚派保留了相近的死亡习俗。例如阿们宗派带有类似的乐观宿命倾向，临终之前也有很多亲友的守护，葬礼同样很简朴，感情上也很节制。当然，细节上有些差异。阿们宗派会很仔细地洗濯尸身，然后穿上白色的寿衣。除了这些差别外，德国虔诚派、英国贵格派和其他新教的“属灵派”在丧葬习俗上都很类似。总的来说，特拉华山谷的英国和德国文化在死亡习俗上有特别的语境，主要起源于他们的宗教信仰。

注释

1 这是英属北美普遍的趋势，参见 D. H. Fischer and Mary Dobson, “The Dying Time,” chaps. 2, 3。

2 这类文字的范例有 John Tomkins, ed., *Piety Promoted; in a Collection of the Dying Sayings of Many of the People Called Quakers* (1701, 2d ed., London, 1703)；也见 *A Seasonable Account of the Christian and Dying-Words, of Some Young Men Fit for the Considerations of All; But Especially the Youth of This Generation* (Philadelphia, 1700); Hannah Hill, *A Legacy for Children; Being Some of the Last Expressions and Dying Sayings of Hannah Hill* (Philadelphia, 1717)。

3 David Cooper, Diary , 16.iv.1759, HAV.

4 Mary Penington, "Abstract," HAV.

5 William Dillwyn to Susannah Dillwyn, 5.i.1770, Dillwyn Papers, HSP.

6 Oxley, "Joseph's Offering to His Children." HSP.

7 Moulton, ed., *Woolman Journal*, 185-86.

8 Bacon, "A Widening Path," 178.

9 Thistlethwaite, ed., *Yorkshire Quarterly Meeting*, 63.

10 Chester Mens Quarterly Meeting Minutes, 4.x.1683, ms. EFC1/1/120, CHESRO.

11 Frost, *Quaker Family*, 43.

12 Thistlethwaite, ed., *Yorkshire Quarterly Meeting*, 63.

13 同上，63-64。

14 同上，63。

15 Frost, *Quaker Family*, 44.

16 Chalkley, "Journal," *Friends' Library*, VI, 30.

17 David Cooper, Memoir, 1782, HAV.

特拉华的宗教方式

贵格派的属灵者模式

"关于宗教,"特拉华贵格信徒戴维·库伯在1772年告诉他的孩子,"……要让它在你的心中占有最主要和基本的位置。"他解释说:"我是说真正的信仰，而不是仅仅参与教会的仪式，把上帝和圣洁放在嘴上。"[1]

戴维·库伯所谓"真正的信仰"与马萨诸塞清教徒和弗吉尼亚圣公会的做法有很大区别。由此产生了一套独特的敬拜仪式，以灵光和圣灵的运行为核心。

贵格派的成员每周聚会一次，或几次。他们的敬拜活动通常有一系列严格的仪式步骤。首先是聚集。信徒们安静地到达，或者单独一个人,或者三两成群。他们在来的路上必须举止庄重。"无意义的"对话会受到谴责，大笑、抽烟、吐痰和咀嚼同理。男人和女人从不同的门进入聚会场所，按到达的先后就座，而不是按照他们的等级、财富或年龄，除非是有特殊荣誉的长者。

紧接着是第二阶段——要求保持静默，"把心灵转向光芒"。英国贵格派亚历山大·帕克（Alexander Parker）1660年写道：

> 教友们，当你们来这里等候上帝的时候，要心怀敬畏，

> 有秩序地进来；最先进来的人，不要漫不经心，也不要到处闲逛；手洁心清地坐下来，把内心转向光芒，以歌声等候上帝，就像除了上帝，没有其他人在场……后来的人，也要内心清净地坐下，转向同样的亮光，在圣灵里等待；所有人进来的时候，都应心怀敬畏，手洁心清地坐下，在光亮中等待。[2]

有时完全没人讲话，但这样的聚会仍然被认为是很有成效的。很多贵格派认为，最好的聚会是没有任何不必要的话语。

聚会进入下一个阶段的标志，是人们站起来发言，或者是传道（向会众），或者是祷告（向上帝）。发言的方式与日常不同。18世纪的访客对它奇特的调子和口音有很多评论。1750年12月7日，瑞典游客彼得·卡尔曼（Peter Kalm）在费城的河岸教会参加了一次敬拜仪式，他是这样描述的：

> 我们从10点一直静坐到11点一刻……最后，坐在前排的两位长者有一位站起来，脱掉帽子，向各个方向转了转身子，就开始发言了，但他的声音很柔和，即使坐在教堂中间的人也只能听到一些咕哝声。然后，他开始提高声音，但他说话很慢，两个句子之间相隔有四五分钟，到最后，他才开始快速地高声讲话。贵格派传道的表达方式很特别，就是半说半唱，腔调奇异，每段旋律结尾的地方带着哭腔……或者干脆哭泣。每段旋律都有两个，或三四个音节，有时更多，主要是根据词语和语义的要求；例如，my friends/put in your mind/ we/do nothing/ good of ourselves// without God’s //help and assistance……他站着唱了一会儿后，改成用自然的方式讲

> 话……正当他用力演讲的时候，他突然停了下来，坐下，并戴上帽子。[3]

任何人都可以在聚会里讲话——贵格信徒，陌生人，长者，年轻人，男人和女人。有位日记作者记下了他参加过的聚会中每个人的发言；男人和女人都经常参与，但最常讲话的只有一小部分人。长者负责处理心智失常或故意捣乱的演讲者。聚会有时会采取静默站立的方式反对不受欢迎的讲话。[4]

聚会的最后阶段是回到静默的状态。敬拜仪式的结束通常是一个成员（通常是长者）站起来和另一位握手，然后所有人默默离开。所以，贵格派的聚会方式与圣公会的礼拜、清教徒的演讲方式都有差别。

贵格派聚会的场所也不同。英格兰和特拉华山谷的聚会所多是简朴的四方建筑，有厚重的石墙和朴素的百叶窗。让男人和女人分别进出的门上都有伸出的罩子。[5]

贵格派聚会所的突出特征是强烈的光线。它们的内部空间很明亮。窗户很多很大，高高地开在墙上。内墙和天花板经常刷成白色，以强化效果。贵格派偏好在光明的空间里礼拜——这是他们信仰的象征；与此形成鲜明对照的是，圣公会教堂比较昏暗，而清教徒的聚会所也很暗淡，连牧师都抱怨他们无法看清自己的讲道词。[6]

在聚会所内部，所有“无用的”和“不必要的”家具都被无情地排斥在外。贵格派不需要讲坛和祭坛，但通常会有一个高台被称为“站台”，长者站在这里以表示一种特殊的荣誉。所有其他人都坐在简朴的长椅上，男女各占一边。他们没有像圣公会和清教的教堂那样安排特别席位。有一个被称为阁的廊道是孩子和年轻人坐的

特拉华山谷的贵格聚会所与新英格兰清教徒的聚会所以及弗吉尼亚圣公会的教堂差别很大，却与英格兰中北部的贵格建筑几乎一样。这些异同的根源在于宗教信仰和地域传统。在特拉华山谷，其他基督教派别的教堂建筑也受到本地主流文化的影响。18 世纪宾夕法尼亚部分地区的路德教派和长老派的教堂有时会仿效贵格聚会所的外观设计。

地方。其他的家具包括：一个可以滑动的隔板，当男女分别集会的时候，用来隔开他们；一个用来保留记录的壁橱，里面还有一个上锁的文书保险箱，只有三个信徒在场才能打开。[7]

美国贵格派的聚会所与英格兰有一些细节上的差异。特拉华山谷的石工主要体现在石墙，而不是削割的石块。美国的门安装方式不同；另外有大型的马厩，这是为需要长途旅行的贵格信徒准备的，英格兰则没有这种需要。但在主要方面，新世界的聚会所建筑并没有作什么改变。[8]

有趣的是，贵格派聚会所成为特拉华山谷乡村宗教建筑的模板。该地区其他宗派修筑的乡村教堂仿照了贵格派的简朴形式。加尔文派和路德教派的一些教堂外观有时很难与贵格建筑相区别。这从另外一个方面证明了贵格派的宗教传统影响了整个地区的文化。

注释

1 David Cooper, Memoir, HAV.

2 A. R. Barclay, *Letters & of Early Friends* (London, 1841), 365; 引自 Bauman, *Let Your Words Be Few*, 121。

3 Frost, *Quaker Family*, 36-37.

4 同上。

5 1789 年之前建成的 73 栋贵格派聚会所保留了下来，照片参见 Harold Wickliffe Rose, *The Colonial Houses of Worship in America* (New York, 1963)。

6 19 世纪一个聚会所的设计合同特别强调了“环境光线”。参见 William Alexander, *Observations on the Construction and Fitting Up of Meeting Houses* ... (York, 1820)。

7 有关上锁的文书保险箱，参见 Chesterfield Meeting Records, ms. Q61a, l.xi.1690。

8 Hubert Lidbetter, *The Friends Meeting House* (2d ed., York, 1979) 一书中研究了大西洋两岸的建筑。参见 David M. Butler, *Quaker Meeting Houses of the Lake Counties* (London, 1978); 有关美国的聚会所，见 Horace Mather Lippincott, *Quaker Meeting Houses, and a Little Humor* (Jenkintown, 1952)。

贵格派的巫术方式

贵格派对招魂的执着

“我们的宗教既没有蹄也没有角。”贵格派喜欢这样说。[1]但即使是光明之子也不会一点也不相信超自然现象。特拉华山谷的巫术史是旧的恐惧与新的信仰之间长达两百年的拉锯战，即古代的迷信和灵光的法力之间持久的较量。许多传统的民间魔法是通过移民带到西泽西和宾夕法尼亚的。这些殖民地的贵格领袖没有利用这些“无用”的迷信，而是尽力去打压，但没能完全消灭。贵格殖民地的老巫术在流传与压制之间持续了多年。

早在1683年，两位老妇人玛格丽特·马特森（Margaret Mattson）和亚素·亨德里克森（Yeshro Hendrickson）被控施巫术，并被带到领主前审判。两个人都是瑞典人，在英国法庭上要求有翻译的协作。玛格丽特·马特森是被自己的女儿起诉的。在指控她们的证人中，有一位控诉说，被告人在他的牛身上施了巫术。另一位作证说，他相信他的牛被巫术杀死了，所以就煮食牛心，但玛格丽特·马特森走进他家时，表现得非常不安。第三位说，他的妻子“非常恐惧地叫醒了他，说她看见很亮的光，然后一个老妇人拿着一把刀站在床脚”。但在核查的时候，证人无法证明他们的不幸就是玛格丽特·马特森导致的，所以领主的法庭下了一个奇特的判决，这反映出宾夕法尼亚贵格会对巫术的矛盾心态。玛格丽特·马特森因为“以巫师闻名”被判处有罪，但没有发现她有施巫术的行为。她最后被释放。[2]

这次巫术审判在贵格会殖民地是一次例外。宾夕法尼亚在 17 世纪没有巫术方面的法律。贵格领袖对这方面的诉讼很反感，有意压制这类案件，但在 17 世纪晚期的新英格兰同类案件却受到牧师和地方官员的鼓励。[3]

宾夕法尼亚的民众普遍信巫术，所以当地的统治精英有时也觉得有必要采取一些行动。1719 年，切斯特郡法官获得特别授权调查“巫术、幻术、魔法、魔术”。但这个命令的主要目的是阻碍对巫术的信仰，而不是去惩罚被控诉的罪犯。[4]

但古老的迷信幸存到 18 世纪末。法庭不采取行动的时候，暴徒就会寻找其他办法来惩戒那些传说为巫师的怪异人物。1749 年，法庭拒绝审理一个被诉的巫师，费城就发生了暴乱。1787 年，一个老妇人被一伙年轻的暴徒拖出家门，在费城大街上被当作女巫用石头砸死。[5] 在新泽西州伯灵顿，一位老妇人在一棵长寿的巨树上被吊死后，人们就把这棵树唤作“巫树”。[6]

这是贵格殖民地内在的矛盾。创建宾夕法尼亚的贵格派不愿意亲自迫害巫师，但又不能阻止其他人施加迫害。贵格殖民地法庭从未下令处死巫师。但在 1787 年之前，巫师一直遭到围攻，被吊死或砸死。

宾夕法尼亚的普通老百姓也要预言和占卜。1695 年，罗伯特和菲利普·罗曼（Robert and Philip Roman）被带到月度大会接受审判，后来罗伯特·罗曼接受切斯特郡大陪审团的审判，“因为据希顿（Hidon）说，他用泥土占卜，又用棍子预言”。他因为这些行为被罚款5英镑，并把他的书全部送到法庭——有“希顿的《智慧的殿堂》（*Temple of Wisdom*）和斯科特（Scott）的《发现魔法》（*Discovery of Witchcraft*）”。创建德国镇的日耳曼移民也有一些巫师、巫术医师和算命者。人们需要他们的服务，尤其是要寻找被偷的物件和埋葬宝物的地点，或者需要移除咒语。[7]

但贵格派并不需要魔鬼来解释世界中的邪恶力量，也不需要泥土占卜法来预测未来。基督徒很少对黑魔法感兴趣。贵格派认为这个世界的问题是人造成的，而不是魔鬼——是人们不谨慎，掉以轻心或者人性的错误造成的。[8]

贵格派相信错误可以通过灵光得到克服，在贵格会历史的第二阶段尤其如此。历史学家弗雷德里克·托尔斯认为：“贵格派限制超自然行为的领域，从而扩展自然规律起作用的范围。”[9]

白色魔法和黑色魔法都遭到贵格派的谴责。变成巫师或算命者的贵格信徒会被教会驱逐。贵格派对星相学也非常憎恶。对贵格派的信仰来说，星辰的光芒会掩没灵光。[10]

但贵格派不能完全避免巫术。他们相信一些超自然的现象。灵光的理念让他们迷信我们所称的招魂说。在17世纪，贵格派反复尝试与死去的人沟通，甚至为此把他们从墓地里抬出来。例如在伍斯特郡，一位英国贵格派挖出了另一位信徒的尸体，“以上帝的名要他站起来行走”。还有很多类似的事例，贵格派想复活死者。[11]

他们也相信圣灵的治愈能力。基斯·托马斯（Keith Thomas）写道：“在对奇迹的执着上，没人能与贵格派相比。乔治·福克斯宣称他一人就治愈了150个病例，很多贵格信徒也夸耀有这样的治愈能力……早期贵格派在治病方面被认为与早期教会相近；他们帮助贵格会成为人数最多的教派。”[12]有历史学家认为：“这当中有赫耳墨斯神智学（Hermeticism）的痕迹，这种理论认为，人类与神分离了，但在完美的状态下，人与神仍然能够合一，自然的隐秘将被揭示。”[13]

贵格派也相信投胎转世。他们对动物权益的关注有时与这种信仰相联。艾萨克·霍珀（Isaac Hopper）写道：

> 有一天，他看见有个人残忍地打他的马，他就上前制止这个人，严肃地说：“你知道吗，有些人认为人死后就变成动物？”
>
> 这个人被出人意料地问住了，回答说，他从来没听人说过这种信条……
>
> “但确实有人相信这个，”信徒霍珀回应说，“他们还相信动物可以变成人。我在想，如果你以后变成一匹马，而那匹马变成一个人，他又恰好有这种脾气，那你有可能被残酷地殴打。”[14]

由于五花八门的信条，贵格殖民地对巫术并存着两种不同甚至相互敌对的态度，有时一个人就有两种态度。这种矛盾持续了很多世纪，直至今日。

注释

1 Watson, *Annals of Philadelphia*, I, 266.

2 Lawrence Lewis, Jr., “The Courts of Pennsylvania in the Seventeenth Century,” *PMHB* 5

(1881), 141-90.

3 Amelia Mott Gummere, *Witchcraft and Quakerism* (Philadelphia, 1908).

4 同上。

5 George Winthrop Geib, "A History of Philadelphia, 1776-1789" (thesis, Univ. Of Wis., 1969), 23; 引自 Philadelphia *Pennsylvania Packet*, 16 July 1787; *Pennsylvania Herald*, 21 July 1787。

6 Gummere, "Friends in Burlington," 259.

7 这些书包括 John Heydon, *Theomagia: or, The Temple of Wisdom* (1644), 和 Agrippa [a false attribution], *The Fourth Book of Occult Magic* (1655)。 Reginald Scot, *Discoverie of Witchcraft* (1584) 认为，并不存在女巫。有关这段时期的研究可参见 Jon Butler, "Magic, Astrology and the Early American Religious Heritage, 1600-1760," AHR 84 (1979), 333-34。

8 我被告知，在约翰·肯尼迪被刺杀后，英格兰牛津贵格会的唯一祷告是为暗杀者的。

9 Tolles, *Meeting House and Counting House*, 213.

10 Keith Thomas, *Religion and the Decline of Magic*, (New York, 1971), 261.

11 Reay, *The Quakers and the English Revolution*, 37.

12 Thomas, *Religion and the Decline of Magic*, 127.

13 Reay, *The Quakers and the English Revolution*; G. F. Nuttall, "Unity with the Creation: George Fox and the Hermetic Philosophy," *Friends Quarterly* I (1947).

14 Issac T. Hopper, *A True Life,* ed. Lydia Marcia Child (Cleveland, 1853), 92; Howard H. Brinton, *Quaker Journals: Varieties of Religious Experience among Friends* (Wallingford, Pa., 1972), 92.

特拉华的学习方式

贵格派关于学习和灵光的理念

贵格派信仰对灵性的强调，是以理性为基础的。“既然只有人有思考的能力，”佩恩写道，“没有思想的人就需要谦卑。”[1]贵格派认为，理性是灵光的一部分。在灵光理念的影响下，他们以特殊的方式学习。他们关于知识、书本、阅读和学校教育的观念纷繁复杂——这也是文化冲突研究的好题目。即使是文化水平最高的信徒威廉·佩恩也警告家里的年轻信徒：“读书太多会压抑心灵，熄灭自然的烛光，这就是为什么世上这么多学者如此无知。”

佩恩相信理性是“自然的烛光”，因此建议自家的孩子不要读书太多：

> 可以读一些书，但需要审慎选择书目并仔细阅读，无论是宗教的或世俗的题目……读太多的书会让心灵离开深思。在与人的相处及对行为的观察中，读懂你自己和自然就是真正的智慧。[2]

这种意见必须置于一定的语境中去理解。威廉·佩恩专门写一本书反对“读太多”，是完全可以理解的。他明确地表达出，在贵格派的观念中，灵光与学习启蒙之间存在矛盾。

这个新教文化另一个有关阅读的矛盾是，有本特别的书占据了贵格派的核心位置，让其他的书相形见绌。所以，托马斯·乔克利在 1727 年责备他的女婿："我感觉你喜欢读很多东西：我为你祷告，主要的学习还应该是圣经。其他的书都不如这本书（其他的书就让它们发挥应有的作用吧）。"[3]

第三个矛盾是贵格会对阅读行为本身的态度。1744 年，美国贵格派信徒伊丽莎白·哈德逊（Elizabeth Hudson）认为自己"对书很有品位，兴趣浓厚，书本是我们时代最能吸引人的事物"。伊丽莎白·哈德逊觉得书很奇妙、有趣，甚至是诱人的。但她认为书让人们从严肃的日常生活中分心。[4]

这些观念与马萨诸塞和弗吉尼亚差异很大。贵格派对学习不像新英格兰的清教徒那样孜孜不倦。他们也不像弗吉尼亚的第一代贵族那样，只强调上层社会受教育，而拒绝普通人学习文化的权利。贵格派反其道而行之。他们一方面提倡普及文化，另一方面对学术避而远之，但同时他们对这两者都有矛盾的心态。

这些贵格派的态度流传到了特拉华山谷，成为美国中部文化内在的特征。真实情况可以在特拉华山谷的文化水平和学校教育中得到印证。贵格会殖民地人口的文化水平低于马萨诸塞，高于弗吉尼亚。在宾夕法尼亚的切斯特郡和兰开夏郡，约一半左右的成人不会签署自己的名字，水平处于新英格兰和切萨皮克之间。德国虔诚派和英国贵格派在这方面比较类似。历史学家阿兰·塔利发现，这两个族群的文化水平"并没有大不同"，在定居的第一个世纪中变化得很慢。[5]

特拉华山谷文化水平的分布有很大的性别差异；考虑到贵格派男女信仰平等的态度，这种状况让人惊讶。在宾夕法尼亚的切斯特和约克郡，不能写自己名字的女性是男性的两倍。在费城市中心，男女之间的差别要小一些，整体的文化水平也高于乡村地区。但仍然可以看到明显的男女差异。[6]

不同社会等级之间也有很大的文化差异。最上面的是像詹姆斯·洛根（James Logan）这样的贵格信徒，他热心于藏书，藏书量在英属北美名列前茅。“书籍就是我的病症，”他坦承说。洛根痴迷地收藏了3000本书，后来交给了洛根图书馆的公共基金会，保存在州议会旁一栋特别的建筑内。一位学者研究了这批藏书后，认为“英属北美的藏书……在选择的广度和涵盖面上这批书是最好的；这批书包含的经典珍本书和科学名著是最多的”。[7]

然而，在较低的等级，文盲率却很高，而且在特拉华山谷长期延续。到1837年，新英格兰早已普及了文化之后，宾夕法尼亚议会的一个委员会发现，在该州工厂的童工中，“最多三分之一有读写能力”。[8]

这种社会矛盾源于特拉华山谷的地域生活。灵光以及良心自由所包含的平等主义观念削弱了正式的文化普及制度。制度上的缺陷又导致了文化上的不平等——因为富有者有很多资源，而穷人则资源有限。这种平等主义之下的不平等现实是美国中部文化的要义之一。[9]

这种矛盾也表现在特拉华山谷乡村地区的学校体系上，它是贵格理念与英国经验在美国土壤里的结晶。我们已经知道，在英格兰的中北部，很多变成贵格信徒的穷人把教育机构看作舶来品。在那个地区，教堂和学校都掌握在外来精英手中。所以，平民对于正式教育的机构都抱有很深的敌视。这种态度也导致贵格派对于经过学校训练的神职人员抱有成见，乃至对于教育本身也有偏见。这些偏见又被其宗教理念所强化。历史学家弗雷德里克·托尔斯认为，贵格派看重“人的内在品质，也就相应地轻视文化教育这种外在的东西”。[10]

这些理念对贵格殖民地的教育方式产生了深远的影响。宾夕法尼亚和西泽西从来没有过新英格兰那样的教育法，更没有马萨诸塞那样高的入学率。与此同时，这些地区也没有弗吉尼亚精英阶层对普及教育的恐惧。在宾夕法尼亚，学校教育被理解为道德范畴内的事情，每个宗派、家庭和个人都应找到自己的办法。

这并不是说贵格派敌视学校教育。威廉·佩恩和托马斯·巴德都对教育问题长篇大论，阐述自己的观点。他们并不喜欢英国学校的普遍做法。“我们太强调记忆力，”佩恩写道，“强迫他们背诵那么多词语和规则，学会使用那些语法和修辞，还有一些特殊的发音方式，但实际上多数以后是用不着的；这让他们没有机会运用自己的天才去学习机械、物理和自然的知识，这些才是在今后的生活中真正有用，并且给他们带来快乐的知识。”[11]

宾夕法尼亚的“政权架构”授权总督和咨询委员会在本州“建立和运转所有的公立学校”。1683 年的一部法案要求，所有的孩子，无论穷富，必须在 12 岁之前被教会读写能力，和一种实用的行业或技能。违法的将被严厉罚款，并且“贵格公立学校”免费向所有贫穷家庭的孩子开放。[12]

有的贵格派希望在教育上有更多建树。托马斯·巴德在 1698 年提议在宾夕法尼亚和新泽西建立贵格学校系统，并要求所有的孩子连续七年每天上学（周日只上半天）。巴德也提议，男孩和女孩都

在特拉华殖民地，六角形的学校建筑被德国虔诚派和英国贵格派广泛使用。它们比新英格兰的学校建筑要小，内部设计也不同。学生是围着圈坐的，而不是按行列坐——这种安排削弱了等级性，有更显著的公共性，表达出贵格殖民地对于学习、权威和孩子的态度。很多这样的六角形建筑是木质的，现在已经消失。图中的这个例子位于切斯特郡的纽敦附近，用石头垒砌，得以保存到 20 世纪。这幅画临摹自 1930 年埃利诺·雷蒙德（Eleanor Raymond）的一张旧照，刊载于 *Early Domestic Architecture of Pennsylvania* (1930, rpt. Exton, Pa., 1977)。

应当受教育（分班），并且学校应当“在最实用的技艺和科学等方面”提供职业教育。男孩应当“被教授某种秘诀或行当，例如机械工具制作，木匠，车床，钟表制作，编织，制鞋或其他有用的行当”。女孩应当学习“纺织亚麻和羊毛，编织手套和袜子，缝纫，做各种针线活，稻草编织的活，比如草帽、篮子等”。巴德坚信教育平等的原则。“为了让穷人的孩子和印第安人的孩子与富人的孩子一样接受良好的教育，”他写道，“不要对他们的父母收费。”[13]

这个计划在贵格殖民地没有得到广泛支持。在教育上，宾夕法尼亚从1700年到1776年没有颁布任何重要的法律。约翰·伍尔曼记载到：“反思我们省份的学校状况，我的内心有时感到很悲哀。”但他所推荐的解决方式——以私人慈善代替公共资源——也是问题的一部分。[14]

贵格派这些理念产生的结果是宗派学校的兴盛，它们主要通过私立宗教团体得到民间资助。贵格教育体系发展了一系列本土学校，依附于各地的教会和社区。当时有大量的这类学校建立起来。一位历史学家估计，1776年之前，大约有60所普通学校由贵格教会来管理，同样数目的社区学校也是由贵格派资助。[15]其他族裔或宗教群体定居在特拉华山谷后，也被鼓励通过自己的教会建立教育机构。在此过程中，很多宗派性的学校体系在宾夕法尼亚发展起来。它们的包容性不如新英格兰的城镇学校强，但比弗吉尼亚等级性学校强；在弗吉尼亚的系统中，有精英学校、平民学校和黑奴的学校。[16]

贵格派这些理念的另一个影响是对高等教育刻意的冷淡。在美国早期的主要基督教派别中，贵格派是最晚建立大学的。新教的其他主要宗派在这一领域都很主动积极。公理教会、长老教会、圣公会、浸礼教会、荷兰改革宗和卫理公会都在1800年之前就建立了大学。

贵格会并不需要有太高学位的牧师，对高等教育也并不倾心。

这也成为宾夕法尼亚民俗的一部分。与其他北方殖民地比较，宾夕法尼亚、特拉华和西泽西对高等教育并不热心。在美国独立战争前，新英格兰建立了四所大学，纽约和东泽西有三所。特拉华山谷只有一所，也就是目前的宾州大学，但他们从贵格会得到的帮助很少。连威廉·佩恩这么博学的人也以怀疑的眼光看待高等教育。他经常为此写一些警句：

> [大学是]空言、散漫、渎神、挥霍、粗心大意最显著的地方。
>
> 我们花了很多时间把他们培养成学者，而不是人，让他们学会了说话而不是求知，这是伪善的。
>
> 我们追逐虚假的知识，严重误导了教育。
>
> 孩子们宁愿制造工具和玩耍的器具，做造型，画图画，或者钉框架，而不是去记忆那些讲话的规矩。
>
> 如果正如哲学家告诉我们的那样，人是世界的缩影，那我们就只应当通过了解自己来知晓世界。[17]

与此同时，佩恩非常支持实用性的教育：

> 学习应该是自由的，而且不应收费，因为如果在这方面斤斤计较，积攒的那点钱也最终会失去，但应当学习有用的知识，要与真理和信仰相称，而不是看重那些无用的讨论或空虚的幻想。在任何行当上用心发明，都将有益于身心。我建议学习数学中有用的部分，以帮助建造房屋或轮船，或用于测量、调查、控制和巡航等；但农业特别重要。我的孩子最好是农

夫和家庭妇女。[18]

这些意见容易被误解。它们并不是源于对教育的漠视，而恰恰是相反。安妮·库伯·怀特尔 1761 年写道："正确的教育和抚育对后代如此重要，我们强烈建议父母和家长能够珍视孩子们有益的学习，只要他们的能力许可，就要鼓励他们，就像箴言里的例子表明的那样。"[19]

这种态度主要鼓励的是家庭和教会，而不是学校和州政府。它支持的主要是宗派性的学校，而不是公立学校；关注的主要是中学以下的教育，而不是高等教育。这种观念是基于一个理念：教育就像政治一样，属于良知的范畴。这些倾向是贵格派价值观的核心要素之一，深入文化的底部。

注释

1 Penn, *Some Fruits of Solitude*, preface.

2 William Penn, "The Advice of William Penn to His Children," *Works*, I, 898-99.

3 Chalkley, "Journal," 210; Tolles, *Meeting House and Counting House*, 146.

4 "Abstract of the Travels of Elizabeth Hudson from 22.i.1743," HAV.

5 阿兰·塔利从宾夕法尼亚的遗嘱中收集到如下结果（1729—1774）：

地区	以印章签名的比例				
	时期	男性	女性	平均	数量
切斯特郡	1729—1744	32%	54%	43%	312
	1745—1754	27%	81%	54%	328
	1755—1764	31%	73%	52%	333
	1765—1774	27%	56%	42%	413
兰开夏郡	1729—1744	37%	100%	68%	63
	1745—1754	40%	86%	63%	182
	1755—1764	35%	85%	60%	273
	1765—1774	36%	62%	49%	412

来源：Alan Tully, "Literacy Levels and Education Development in Rural Pennsylvania, 1729-1775", *PH*, 39 (1972), 304。

6 劳伦斯·克雷明（Lawrence Cremin）从费城得到如下结果：

时期	用印章签名的比例		
	男性	女性	数量
1699—1706	20%	40%	50
1773—1775	18%	29%	136

来源：Cremin, *American Education: The Colonial Experience* (New York, 1974)。

7 Frederick B. Tolles, *James Logan and the Culture of Provincial America* (Boston, 1957), 194.

8 Macauley, "A Social and Intellectual History of Elementary Education in Pennsylvania,"

I, 671.

9 人们可以在这里看到历史规律的作用。平等主义运动奉行“降低水准”的方式，但往往导致了大量的不平等，虽然这并不是他们自己的目的；因为极少有人能逆势而上，找到上升的渠道。这种规律对于苏联的乡间别墅和宾夕法尼亚的教育都是同样的道理。以“提高水准”的方式来促进平等往往更为成功。

10 Tolles, *Meeting House and Counting House*, 3-11.

11 Penn, *Some Fruits of Solitude*, in Tolles and Alderfer, eds., *The Witness of William Penn*, 169.

12 这所学校仍然以佩恩特许学校（Penn Charter Academy）的名义存在。

13 Thomas Budd, *Good Order Established in Pennsylvania and West New Jersey in America* (Philadelphia, 1685); 关于巴德研究的研讨，参见 Thomas Woody, *Early Quaker Education in Pennsylvania* (New York, 1920), 36-37。

14 Woolman, *Works*, 305-6.

15 Woody, *Early Quaker Education in Pennsylvania*; *Quaker Education in the Colony and State of New Jersey: A Source Book* (Philadelphia, 1923). Macauley, “A Social and Intellectual History of Elementary Education in Pennsylvania,” II, 388-415, 908-12.

16 有关宾夕法尼亚的量化研究，参见 Macauley, 同上，II, 895-928。

17 Tolles and Alderfer, eds., *The Witness of William Penn*, 167-99.

18 William Penn, *A Letter from William Penn to Wife and Children* (London, 1761).

19 Anne Whitall Cooper Diary, 1.ii,1761, HAV.

特拉华的饮食方式

贵格派的理念和中北部的传统

这种地域文化既是一种心态，也是一种外在的秩序。它对日常生活的多数方面有严格限制，包括衣食住行。

以食物为例。贵格派的饮食方式初看起来非常简单淳朴。但历史学家威廉·韦弗（William Weaver）在长期研究中发现，“用贵格派的术语来说，没有比简单更为复杂的了”。这又一次体现出，简朴的风格经由文化的阐释变得无比复杂。[1]

贵格派的饮食方式在这一宗教运动的早期就成型了。奠基人乔治·福克斯直率地谴责所有的“饮宴作乐，红白喜事”。[2] 放纵味觉被认为是“纵容自我低俗的一面”。[3] 基督教的最高层推荐简单的饮食。玛格丽特·费尔写道：“耶稣基督说过，我们不应花太多的心思在吃的上面。”[4] 简朴的风格进一步被贵格会的慈善原则强化了。“这会是圣徒的行为吗？”内勒（Nayler）问道，“……耽于锦衣玉食……当你的弟兄们还缺衣少食的时候？”[5]

在贵格派的第二个历史时期，威廉·佩恩及其同时代人详尽阐述了饮食禁欲主义。“奢侈有很多表现，”他警告说，“肚腹之欲首先被节制的耶稣所禁止。”[6] 佩恩写给自己孩子的建议用了整整一章来讲这个问题，从中可见，贵格派如何耽溺于自我节制的主题。

他写道：

吃的目的是为了生活，但生活不能是为了吃。前者是人应当做的，而后者就变成了动物。

要吃得健康但不要奢侈，保证卫生就好，不用太精致。

烹饪的食谱可以很丰富，但好的饮食习惯高于这些，劳作和节制都可以帮助养成好习惯。

如果总想吃好吃的，你就永远停不下来。

虽然谚语说“盛宴比什么都好”，但必须了解暴饮暴食的错误，尤其是在节日期间。

醉心于好吃好喝的人太过照顾他的肠胃……他让自己饱食终日，但他的肠胃本应承受饥饿，而不是总去满足它。

佩恩在饮酒的问题上也有相似的看法：

要少喝酒，只在你感觉口干的时候；餐点之间不要饮酒，要尽力回避。

喝得越少，头脑越清醒，血液更冷静，这有利于控制脾气和处理事情。

度数高的酒喝一点有好处，这更适合于医用，而不是日常饮食；要用于招待客人，而不要平日使用。

所有过度的东西都是不好的，醉酒尤其如此：它毁坏健康，让心灵停止运转，让人变得不像人；它会让人吐露秘密，陷入争吵，变得下流无耻，乃至疯狂。总而言之，醉酒的人不是人，因为他已经倒空理智，那才是人区别于动物的原因。[7]

这些警句体现了禁欲本体论，来源于贵格派的核心价值观：

> 在我们用于招待人的餐点中挥霍是很愚蠢的，在肉上用很多调料汁简直就是浪费。
>
> 最普通的食物往往是最有好处的，因为这显示了我们主的智慧与仁慈。
>
> 所以主所造的稀少的事物，不要用得太多，如果逆天而行，就会显得荒唐、奢侈，祝福也会变成诅咒。
>
> “不要丢掉任何东西”，救主说；但误用就等同于丢掉。
>
> 己所不欲勿施于人，也不要做任何在别人看来不得体的放纵的事情。

这种哲学的核心要旨很明确、一致。饮食不应该是为了享乐，而只应该是为了生存。普通的食物是最好的，享用这些东西可以培养自我节制的精神。[8]

贵格教会严格奉行饮食上的节制。这方面小过失也会遭致严厉的惩罚，违反者必须在聚会上罚站，自我责备。威廉·凯在莫利教会上的遭遇就是一个例子：

> 我因为喝多了葡萄酒而流产，这对我精神上造成很大的压力。在这个见证中，我想说，我所做的在上帝眼中是罪恶……我该受这种羞辱，为上帝的子民扫清道路。[9]

所有事上的过度都被禁止，除了节制本身，这正是宾夕法尼亚的道德家所推崇的。宴乐虽然在弗吉尼亚的民俗中有重要的位置，但受到特拉华贵格派谴责。这些禁令产生的影响是，饮食上的节制在特拉华山谷的民俗中一直持续到20世纪。“去悼念的地方也比去盛宴要好，”安妮·库伯在1762年写道。[10]

贵格派也拒绝“社会罪恶”沾染过的食物。有些人不用糖，因为糖是由奴隶生产的。有的人不用盐，因为盐要上军事税。[11]贵格派的一个怪人本杰明·莱（Benjamin Lay）住在洞里，拒绝喝茶和穿动物毛皮，甚至不用羊毛。约书亚·埃文斯（Joshua Evans）不吃任何动物的肉，只喝肉汤和肉汁。贵格派很少有像莱和埃文斯这么极端的人，但很多人会做一些小小的举动。例如安妮·密弗林（Anne Mifflin）放弃了黄油，因为她认为这对灵魂有腐蚀作用。[12]

贵格派的节制精神受到美国丰饶物产的挑战。有人1677年写信回家，说“这里有很多鱼和飞禽，大量的野味，比我们在英格兰的时候好太多了，口感不觉得干，肉多，像是小肥牛”。[13]还有人说，“桃子漫山遍野，人们甚至驱车过来摘桃子”，还有“很多种野果，像草莓、蔓越橘，有一种和我们英格兰相像的越橘，只是更甜；它们都是很健康的水果。蔓越橘从大小和颜色上都很像樱桃……有一种很棒的调料就是用这种野果制成，用于烹饪野味、火鸡和其他的家禽，它们用来做果馅饼也比醋栗或樱桃要好”。[14]

特拉华山谷的河流挤满各种各样的鱼，尤其是“又大又肥的石斑鱼和鲈鱼，可以用鱼钩捕捉”。西鲱鱼春季产卵回游的时候充塞了溪流。[15]天空被各种鸟类遮蔽，可以很容易用网抓住，一车一车地送到市场上。1829年，费城早期的一位历史学家告诉持怀疑态度的同代人，“他的祖先……曾看到过成群的鸟从城市上空飞过，遮住太阳长达两三个小时，其中很多撞到房顶而死”。[16]1763年，泽西的一个贵格信徒一轮射击就打下来三十只鸽子。[17]

但贵格派在丰富的物产面前仍然很节制。爱德华·希彭说："我们吃得很节制……所以整天都像是在等待午餐开饭。"[18]

特拉华山谷的烹饪方式在18世纪早期就成型了，贵格派的朴素观念与英格兰中北部传统的烹饪方法结合，在该地区延续至今。

对大不列颠各地域饮食方式的定量研究发现，东盎格鲁比较典型的是烘烤，西部和南部是煎炸，北部则是煮食。英国的权威学者认为，"……至今，北方人仍然喜爱煮食，而南方人喜欢烤焙或烧烤——总是用锅，所以很少改进炉子"。[19]

这些煮熟的早餐和晚餐成为特拉华饮食的重要组成部分。约翰·沃森（John F. Watson）还记得特拉华山谷的孩提时代，也就是18世纪中叶，"在乡间，早餐和晚餐一般用奶制成，面包在里面煮过，或者是厚厚的'流行的罗宾斯'（pop-robbins）——用面粉、鸡蛋混合黄油，然后滴进煮沸的牛奶里制成"。[20]

贵格的重要食品还有煮熟的水果布丁和其他布丁。它们是饭桌上的常见食品，以色列·阿格流斯（Israel Acrelius）称之为"贵格食物"。[21] 彼得·卡尔姆（Peter Kalm）也经历过，特拉华山谷以煮熟的苹果布丁为日常食物。各种各样的布丁是食谱中永恒的主题。该地区食谱也以布丁见长。[22]

贵格殖民地从英格兰带来了一种特殊的食物保存形式，成为特拉华山谷的特点。这种方法就是通过煮或炖，或树立的方式脱水。典型的例子是全美著名的费城奶油干酪。它的传统样式并不是通常意义上的干酪，因为它并不含有任何凝乳。奶油或牛奶用小火慢慢煮热，然后用布包裹并树立几周的时间，直到它失去大量水分，变得半凝固。"真正的奶油干酪，"威廉·韦弗写道，"其实就是部分脱水的酸奶油。”他说：“制作奶油干酪的技术是在 17 世纪晚期由英格兰和威尔士的移民大规模带入宾夕法尼亚的。”[23]

水果和蔬菜也以相似的方式保存。贵格派很喜欢所谓“苹果奶酪”，和苹果黄油很相似。果酱通过慢煮的方式变厚，并且半干，再加入糖和香料。通过慢煮或挤压脱水并且加厚的食物在特拉华山谷和英格兰中北部通称为“奶酪”。特别受推崇的有李子奶酪、梨子奶酪、核桃奶酪和柠檬奶酪。[24]

柠檬奶酪也被称为柠檬黄油，用韦弗的话说，“中大西洋地区的贵格派大多会把它指定为本地代表性的食物”。它的形态是奶糊状，在特拉华的餐桌上不是作为甜点，而是主食。相似的橙子奶酪或橙子黄油在贵格派家里是圣诞节才能见到的食物。

贵格派也用脱水的方法来保存肉类。牛肉干是很受喜爱的主食，只要认真处理，可以保存好几年。[25]韦弗说：“贵格派脱水的牛肉干可以在宾夕法尼亚和马里兰的几乎所有乡村店铺里买到，所以在中大西洋地区就被认为是贵格派食物。”在做果冻和布丁时牛肉干常被当作调料；在 18 世纪，它被称为“贵格卤肉”。[26]

贵格烹饪自然不是特拉华山谷唯一的烹饪方式。早期居民保存着他们自己的传统，而后德国移民带来了 18 世纪另一种烹饪传统。不同族群之间又彼此借鉴。贵格烹饪也很快汲取了相似的德国菜肴，例如玉米肉饼——这是用肉和荞麦煮成的布丁，很快进入了该地区的食谱。但贵格派和他们的英国传统为特拉华的饮食奠定了基调，流传后世。[27]

注释

1 William W. Weaver, *A Quaker Woman's Cookbook: The Domestic Cookery of Elizabeth Ellicott Lea* (Philadelphia, 1982), xvi.

2 Thomas J. Wertenbaker, *The Founding of American Civilization: The Middle Colonies* (New York, 1938), 193.

3 Braithwaite, *Second Period of Quakerism*, 556.

4 Lloyd, *Quaker Social History*, 73.

5 James Nayler, *A Collection of Sundry Books, Epistles and Papers …* (London, 1716), 46; 引自 Barbour, *The Quakers in Puritan England*, 170。

6 Penn, *No Cross, No Crown*, in Tolles and Alderfer, eds., *The Witness of William Penn*, 54.

7 Penn, *Some Fruits of Solitude*; ibid., 172.

8 同上，54。

9 Testimony of William Kay, 28.v.1685, Morley Monthly Meeting Records, ms. EFC 2/1/1, NOTTRO.

10 Anne Whitall Cooper Diary, 26.iii.1762, HAV.

11 同上，110。

12 Marietta, *Reformation of American Quakerism*, 110.

13 John Kips to Henry Stacy, 28 Aug. 1677, in Harry B. Weiss, *Life in Early New Jersey* (Princeton, 1964).

14 Mahlon Stacy to Henry Stacy, 1680, 同上，21。

15 Watson, *Annals of Philadelphia*, I, 26.

16 同上，I, 260。

17 Isaac Decow, *Journal*, 8.xi.1763, SWAR.

18 Edward Shippen of Lancaster to C. J. Edward Shippen, 20 March 1754, PMHB 30 (1906), 85-90.

19 Allen, *British Tastes*, 23.

20 Watson, *Annals of Philadelphia*, I, 179.

21 J. Thomas Scharf, *History of Delaware 1609-1888* (Philadelphia, 1888) I, 158; Weaver, *A Quaker Woman's Cookbook*, xxix.

22 Kalm, *Travels in North America*, I, 66; Weaver, *A Quaker Woman's Cookbook*, xlv; Evelyn A Benson, ed., *Penn Family Recipes* (York, Pa., 1966).

23 Weaver, *A Quaker Woman's Cookbook*, lix; 奶油干酪的食谱，参见 Mary Smith, *The Complete House-Keeper* (New Castle, Eng., 1786); Elizabeth E. Lea, *Domestic Cookery, Useful Receipts and Hints to Young Housekeepers* (Baltimore, 1853)。后者在“宾夕法尼亚奶油干酪”的食谱中要求使用凝乳。

贵格的家庭主妇也用其他方式来保存奶制品。她们用慢火炖牛奶，直至它变得又厚又黏像奶油，然后装在瓶子里；压缩奶制品的食谱，参见 Margaret Hill Morris Recipe Book, 26.iii.1762, HAV。

24 Weaver, *A Quaker Woman's Cookbook*, xliii.

25 “每一片牛肉都放一勺盐——把盐和糖浆混合在一起，使它们看起来像红糖——仔细搅拌，然后放置三天；把腌菜和鸡蛋混合一下，倒在肉上，放置十天，之后把腌菜倒干净，再焙烤。”这种做牛肉干的方法，参见 Margaret Hill Morris Recipe Book, ca. 1750, HAV。

26 同上，xxix。

27 Susan J. Ellis, “Traditional Food in the Commercial Market: The History of Pennsylvania Scrapple,” *PF* 22 (1973), 10-21.

特拉华的服饰方式

贵格派"朴素面对世界"

"印花布啊，印花布！"安妮·库伯1762年写道，"烟草、茶，还有印花布，都可以和黑奴归在一起，因为它们都一样糟糕。"[1]

对新来乍到的人来说，贵格派的文化价值首先体现在他们对服饰的态度上，这是贵格身份的标识，也表达出他们的信仰。"朴素面对世界"的观念在贵格派第一个历史时期就形成了，并且成为乔治·福克斯所传福音的一部分。他的追随者热情地拥抱这种观念。很多中北部城镇在贵格福音传道人的教导下，都会进行"烧掉华服"的运动，把他们的缎带和丝绸当众烧掉。[2]

贵格派的第二个时期，教会将乔治·福克斯的朴素服饰观念发展成精妙的服饰准则。贵格派认为，所有衣物都体现着亚当堕落的观念——"失去天真的标志"。威廉·佩恩主张，"罪恶带来羞辱，羞辱带来了围裙和外套"：

> [既然]罪性导致了第一件衣服的出现，亚当可怜的子孙没有理由对他们的衣物感到骄傲；既然罪性是衣物的基础，它再华丽也无法让他们变得更高贵或让他们再次变得圣洁……我们的祖先……他们那时赤身露体，并没有羞耻心，但罪性

> 让他们耻于把身体裸露在外。
>
> 罪带来了羞耻，羞耻又带来了围裙和外套，他们却毫无羞耻、得意扬扬，并以这种堕落为自豪。他们花很多心思和钱财来装饰自己，穿戴那些可笑的制服和徽章……如果小偷终生必须戴上铁链，难道精致的金链就会减低他的罪过？事实上，他的这些选择只会增添他的罪。[3]

这种观念被另一种观念强化。贵格派相信，衣物只要“必需”，“遮羞”和“避寒”就可以了。任何“不需要的”装饰都会被指出来，受到谴责。贵格派认为，奢侈的衣物是“不符合圣经的”。佩恩追问道：

> 亚当和夏娃在天堂里拥有多少绶带、羽毛衣物、蕾丝带或类似的衣物呢？还是什么都没有？亚伯（Abel）、伊诺克（Enoch）、诺亚（Noah）和老好人亚伯拉罕又有什么样的精致刺绣、丝绸和缀饰呢？夏娃、莎拉、苏珊娜、伊丽莎白和圣母玛利亚会卷发、扑粉、用美人斑、搽脂粉吗？她们会穿戴奇怪的颜色，富丽堂皇的缀饰，作各种修饰，穿着蕾丝长袍、刺绣衬裙，和有丝绸或银边装饰、有鸽子脚一样皱褶的鞋子和拖鞋吗？[4]

在所有这些强调“穿着朴素”的理由之外，贵格还认为，时髦的基本目的是为了唤起性趣，这是他们害怕和鄙夷的。“这是丑恶的，”佩恩写道，“那么多时髦的物品被发明出来是为了引起性兴奋……这把他们的心灵囚禁在让人羞耻的欲望里。”[5]

这些反对的理由似乎还不够，贵格派认为，贵重的服饰在世间惹来妒忌，在贵格会中制造分裂。他们也认为（和同时代的多数人一样），财富的总量是固定的，一个人的富有就会导致另外一个人的贫穷。“如果你是干净、温暖的，就足够了，”威廉·佩恩写道，“如果再多，就等于在抢劫穷人。”[6]

贵格派还认为，把注意力放在浮华的事物上会削弱对内在生命的深切关注。艾萨克·诺里斯1719年从费城写信给远在伦敦的儿子：“保持本色回来吧。这将为你造就名誉，把你带到最优秀、最明智的人面前——我一直对外在的装饰保持警惕，因为这样会显得放荡和浮华。”[7]

重要的是，贵格派想显得与众不同。1726年，费城贵格会的女信徒年度大会向教会所有女性发表了一封公开信，谴责“世上无聊的谈话、习惯和时髦”。“亲爱的姐妹们，”她们写道，“我们力荐这些需要你们注意的事项……我们可能会回归上帝，成为被拣选的一代，或皇家的祭司，或神圣的民族，或者特殊的族群。”[8]

贵格派在实践“朴素”理念时，采用了一种特殊的简朴服饰，其来源是英格兰中北部的民间服饰。乔治·福克斯曾穿过北部乡村鞋匠的套装，包括厚重的皮短裤和款式独特的紧身上衣，后来成为他与这场运动的标志。福克斯被称为“穿皮短裤的男子”，传说他总是穿着它，“除了较热的夏天”。[9]

乔治·福克斯的服饰长期被贵格会其他男性仿效。老旧的皮短裤从父亲传给儿子。19世纪约克郡一个贵格信徒回忆说：“我还是小孩的时候，很多人仍然穿着他们父亲的皮短裤，还有很多我认识的人穿着祖父的马裤，它们都还保存得很好。”[10]

中北部的平民喜欢穿宽裤子，前面有一片皮围裙。这种服饰传播到了特拉华山谷，是农夫常年的穿着。一个英国游客发现贵格农夫约翰·巴川姆（John Bartram）穿着“宽裤子和大片的皮围裙”。[11]

贵格男性的传统服饰在其他方面也传承了英格兰北部农夫和工匠的穿着。北方的常见衣着是一种家纺的“灰呢绒”。[12]有一种叫佩尼斯通（penistone）的服装是羊毛制品，用约克郡的一个村庄命名。在特拉华山谷，佩尼斯通是第一种广泛制作的织品。它那种温和的棕色成为贵格服饰长期的基调。[13]这种服饰非常普遍，所以玛丽·宾宁敦（Mary Penington）在描绘她“看见”耶稣的时候说，救主出现时，“青春洋溢，身上穿着棕色的衣物，朴素、干净”。[14]

英格兰和美国的贵格教会都用复杂的规则来保证服饰的简朴。宾夕法尼亚咨询委员会考虑过一个议案，要全年限制所有男性只穿两种衣物。[15]贵格派男性不允许穿“有各种口袋的”外套，衣服上不要有任何不必要的口袋。他们也被警告，衣服上不要有褶边、深袖口、假肩、装饰扣、时髦的皱褶、宽裙边和竖帽子。[16]贵格派拒绝复杂的缝纫技术，导致产生了一种奇异的款式，在特拉华山谷被称为“鲱鱼肚外套”。男性的帽子也在贵格派中讨论了很久。他们一般戴宽边的河狸皮帽子，没有染色，也没有刻意竖立。这种款式变得很流行，所以18世纪初期的美国贵格派又被称为“戴宽边帽的人”或“宽帽子、没口袋的男人”。[17]

很多教会在假发问题上颇为纠结。秃顶的贵格派被允许戴少许假发，但必须征得长者同意，而且要得到肯定的答复，“他们戴这个是必需，而不是贪图享受”。就是这样“必需”的假发也要“在颜色和形状上类似于之前的头发”，不能太长、太多、太乱、太炫目，也不能扑粉。而有头发的贵格派则不允许戴假发。[18]

女性的服饰则受到更多规则的限制。女信徒聚会把女性服饰的每个方面都拿来详尽讨论。时髦的发型和帽子都会受到谴责。所有年龄的女性都要戴上朴素的头巾，到18世纪又被很严肃的无边帽取代了。连衣裙的上身要披上围巾。女信徒上街也必须穿上围裙——“绿色、蓝色或其他朴素的颜色，不能是白色……也不能穿丝绸围裙”。[19] 衣物要简单剪裁，颜色素淡。特别要禁止“穿戴带状或枝叶状纹饰，或丝绸，或长围巾，或任何让我们坠入世俗时髦的物件”。[20]

在18世纪，贵格派不允许给衣服染色，尤其禁止靛蓝色，因为这是由奴隶生产的。闪亮的颜色会被斥为骄傲，黑暗的色彩又因为藏污纳垢而被禁止。新泽西贵格派约翰·伍尔曼终身都反对使用染色，他的理由是：

> 我去过很多有染色服装的地方（他在日记里写道），也常看到这些染色褪色的现象。这让我希望这些人能够手洁心清，把他们的住所和服饰也变得干净纯洁……
>
> 真正的纯洁是圣人的品质，用染色的服饰来隐藏污秽显然是不诚恳的。有的色彩会让衣服不适合某些场合。考虑到染色的价值、染色的费用和给衣服带来的损耗，如果节省这些成本用于保持整洁，会让多少真正纯净的事物得到推广啊！[21]

其他方面也有整洁的要求。阿米莉娅·格默里（Amelia Gummere）记得，贵格派以“款式老旧和整洁出名。他们的亚麻衣物总是显得优雅而干净”。[22]

贵格派禁止买卖被限制的服饰。在英格兰和美国都是如此。早

贵格派的这套婚礼服创制于18世纪中叶，在费城保存至今。它没有纽扣、腰带、肩带、装饰或任何饰品；但它设计得非常精致、优雅，并用丝绸制成。这套衣服的上身低调地围着一块方巾，符合女信徒聚会制定的规则。来源：John A. Gallery, ed., *Philadelphia Architecture* (Cambridge, Mass., 1984), 17。

在1699年，柴郡的季度大会就颁布了这方面的严格规则：

> 有个问题在大会上提出了讨论，贵格派信徒能否生产、售卖或购买不符合真理的或者不允许信徒穿着的服饰。讨论的结果是，制作、购买或销售禁止贵格派穿着的有条纹的、能显身材的或有花纹的丝绸、布料或衣物等，都不符合真理，应当避免。已经有这类物品的应当处理掉，未来也不能再买。[23]

贵格派对时尚的敌视让他们固守着过时的款式。阿米莉娅·格默里写道："在任何时候要穿得符合贵格派的规则或习俗，比较安全的做法是采用前一个时期的款式或习惯。"[24]

但总是有人违反这些规则。有些不安分的人穿着全凭喜好，被称作"快乐的贵格派"。但多数贵格派，即使是那些富人，也倾向于遵守"朴素"的原则。有个衣着有银纽扣的人仍然坚持不要在扣子上有纹饰。1724年，一位德国出版商注意到，宾夕法尼亚的富裕贵格派仍然穿着款式简单的衣物，"只是布料很昂贵，甚至采用丝绒"。[25]"简朴"不意味着便宜。很多贵格派，包括威廉·佩恩自己，把优雅的品位与简单的款式结合起来，而且愿意花很多钱购买质量好的衣物。[26]

贵格派的服饰风格起源于英格兰中北部。但它们在新世界流传的时间比来源地还要长，它们的样式在特拉华山谷比大不列颠更加的统一。早在1770年，一位英国贵格派第一次在美国参加信徒大会，他对看到的景象吃惊不已，"这是我从未看到过的——人们的服饰如此统一"，他写道。他注意到，服装的统一性美国比英格兰要强。[27]布里索·德·窝里勒（Brissot de Warville）1788年参加费城年度大会时观察到，90% 的贵格派穿着简单的家纺衣物。[28]到1985年，贵格派服饰已经在英格兰被抛弃很久之后，历史学家看到，“简朴的衣物样式只在美国贵格派的一些群体里保留下来”。[29]

贵格派并不是特拉华山谷唯一采用简朴款式的族群。很多德国虔诚派也有相似的服饰。门诺派（Mennonite）各个派别的男性都要穿简单的布料，暗黑的色彩，朴素的套装，戴宽边帽子。女人则要穿低调的服饰，一件围裙，上身穿三角形的胸衣，脑后要戴帽子。每个宗派和社区采用的帽子在布料和褶子的形式上都有差别。宾夕法尼亚很多德国人采用的简朴样式在色调和感觉上都和英国贵格派相似。

在 18 世纪，贵格派的这些简朴样式受到广泛推崇。1784 年，拉丁裔探险者弗朗西斯科·德·米兰达（Francisco de Miranda）在全美旅行。某个周日他好奇地参加了一个贵格派的聚会，立即被当地的妇女迷住了。他在日志里写道：

> 三点我去了贵格派的教堂，我在他们当中待了三个小时，没有任何一个人说话。我用这段时间仔细打量了女信徒的穿着和表情，我敢向你保证，第一眼看去没有比她们更简单、整洁的了，第二眼看去也没有比她们更自然、更淳朴的美了。我绝对相信，即使是鲁本斯（Rubens，荷兰画家）和提香（Titian，意大利画家）也无法画出这些简朴的贵格女人身上自然的色调和复杂性，她们身上没有一点脂粉，没有一滴油彩。[30]

宾夕法尼亚很多非贵格派或德国虔诚派的人也模仿他们的服饰款式。本杰明·富兰克林是从马萨诸塞移民过来的清教徒，他接受了贵格派的“朴素”观念，严格遵守他们的服饰规则，有时连他都认为自己是贵格派。相似的还有长老派的本杰明·拉什，自由主义者托马斯·潘恩等。简朴的衣着观念从特拉华山谷传播到美国中部，成为该地域传统文化的一部分。

注释

1 Anne Whitall Cooper Diary, 18.iii.1762, Haverford.

2 Braithwaite, *The Beginnings of Quakerism*, 72.

3 Penn, *No Cross, No Crown*, 54-55.

4 同上，56。

5 同上，55。

6 Penn, *Some Fruits of Solitude*, 174.

7 Isaac Norris to Joseph [?] Norris, April [?] 1719; 引自 Tolles, *Meeting House and Counting House*, 58。

8 Epistle of Women Friends at Burlington Yearly meeting, 21.vii.1726, Alice Morse Earle, *Two Centuries of Costume in America, 1620-1820* (1903, rpt. Rutland, 1971), II, 595.

9 引自 Joan Kendall, “The Development of a Distinctive Form of Quaker Dress,” C 19 (1985), 59.

10 同上，59。

11 Crevecoeur, *Letters from an American Farmer*, 178.

12 有关 “the well-known hodden gray of the Cumberland yeoman”, 参见 Walter McIntire, *Lakeland and the Borders of Long Ago* (Carlisle, Eng., 1948), 240-42; Barbour, *The Quakers in Puritan England*, 74.

13 “Letter of Thomas Paschall,” 1683, in Myers, ed., *Narratives of Pennsylvania*, 250.

14 Thomas, *Religion and the Decline of Magic*, 475; *quoting Some Account of the Circumstance of Mary Penington* (1821), 24.

15 J. W. Frost, "Religious Liberty in Pennsylvania," *PMHB* 105 (1981), 419-51.

16 有关各种口袋，参见 David Cooper, *Memoir,* 1777, HAV。

17 *PMHB* 92 (1968), 318.

18 Lloyd, *Quaker Social History*, 73.

19 Braithwaite, *Second Period of Quakerism*, 514.

20 Thistlethwaite, ed., *Yorkshire Quarterly Meeting*, 237.

21 Moulton, ed., *Woolman Journal*, 220.

22 Gummere, *The Quakers: A Study in Costume*, 33.

23 Cheshire Quarterly Meeting, 14.i.1699, ms. EFC 1/1. CHESRO.

24 Gummere, *The Quakers: A Study in Costume*, 195.

25 Rayner Kelsey, ed., "An Early Description of Pennsylvania," *PMHB* 45 (1921), 252-53; Tolles, *Meeting House and Counting House*, 127.

26 Richard S. Dunn, "Penny Wise and Pound Foolish: Penn as a Businessman," in Dunn and Dunn, eds., *The World of William Penn*, 37-54.

27 Oxley, "Joseph's Offering to His Children."

28 Brissot de Warville, *New Travels*, 301; Frost, *Quaker Family*, 195.

29 Kendall, "The Development of a Distinctive Form of Quaker Dress," 72.

30 Francisco de Miranda, *The New Democracy in America: Travels*...(Norman, Oka., 1963), 5 Sept. 1784, 140.

特拉华的运动方式
贵格派的有益休闲观念

虽然贵格派在很多问题上很开放，但在运动问题上却特别不宽容。宾夕法尼亚的法律明确禁止多种运动，违者将受到严厉的刑事处罚。这些与英格兰相似的法律禁止“所有奖项、台上游戏、纸牌、骰子、猜谜游戏、假面舞会、宴会、逗牛、斗鸡、逗熊，等等”。[1]

英属北美多数地区颁布了运动法律，但宾夕法尼亚是最为严格的。新英格兰著名的清教徒法规也相形见绌，因为贵格派法律给法庭无限授权以惩罚那些“让人变得粗鲁、冷酷、放荡和无信仰”的娱乐活动。[2]

贵格教会也限制信徒做任何无聊的事情。约克郡的季度大会警告其成员“回避所有公共娱乐的场所（包括草地保龄球、娱乐大厅，或任何用于玩耍、游戏或舞蹈的地方），或任何不庄重的空虚场合和表演”。[3]莫利教会还禁止“进行比赛”，因为这是“黑暗的无用功”。[4]

贵格派也非常憎恶新英格兰流行的球类游戏。安妮·库伯·怀特尔看到家里的男性在玩球类游戏，感到非常生气。“他们今天玩球，让我感到多么失望啊，”她在日志里写道，“我相信他们并不知道这对贵格派到底意味着什么。”[5]

贵格派一方面憎恶“无用”的游戏，同时对捕猎运动也深感厌恶。他们认为，没有人“有权利通过折磨或杀死动物取乐”。[6]以饮食为目的杀死牲畜是允许的，为娱乐做这种事则被禁止。约克郡季度大会发布了宣言，谴责不必要的狩猎，认为这“不仅无意义，而且残酷……违背人类的情感和基督徒的职责”。宣言称，贵格信徒如果继续狩猎，会“被处理”。[7]

贵格派也反对赛马，原因是这种运动“强迫这种动物……超出了它们的承受力”，非常残酷。[8]他们甚至责备对猎物的展示，因为这会伤害他们的感情。有个走街串巷表演的人在宾夕法尼亚展示圆筒里的狒狒，贵格派伊丽莎白·德林克（Elizabeth Drinker）窥视后，在日记里写道：“……它看起来那么悲伤，我为这可怜的小东西感到遗憾，希望它能回到自己的国家。”[9]

在18世纪，地下的捕猎活动在费城悄然兴起。北部自由派屠夫引入了逗牛游戏。但这种残酷的运动被勇敢的贵格派市长沃顿“长官”制止了，他为此冒了被伤害的危险：

> 他以旁观者的身份去了这个活动……当参赛者预备把狗放出来的时候，他突然站到起跑线上大声叫嚷，他宁死也要抓住并惩罚第一个胆敢开始的人；他呼吁在场的人冒险帮他，他走到拴牛桩，释放了公牛。然后他宣布，他会继续严惩那些胆敢继续从事这种活动的人。自那之后，没有人为此被抓过。[10]

虽然贵格派反对捕猎和无用的游戏，但他们并不完全反对体育运动。虽然他们在一般意义上反对“运动”，但仍然鼓励那些被认为“有用”和“有需要的”娱乐活动。

实际上，贵格派相当热衷于能锻炼身体的娱乐活动。威廉·佩恩说：“孩子们可以在锻炼中成长，这样他们不仅可以承担上帝所赋予的艰巨任务，也可以变得更加雄壮有力，积极和健康。”[11]贵格派学校的日常课程中包含着体育锻炼。乔治·福克斯去世时，给费城教会留下了16英亩土地，要求其中一部分用于“城里的孩子们玩耍的地方”。[12]

出于相似的目的，贵格派也提倡在成人中进行“有必要的”和“有用的体育活动”。他们是美洲最早开展游泳、沐浴的族群之一。冬天的时候他们溜冰，这在斯古吉尔河和特拉华河非常流行。“在旧时的冬天，”沃顿写道，“……河面上有不同种族和年龄大小的溜冰者在飞奔。”[13]

贵格派允许以食物为目的的渔猎，并且让所有人都有机会参与。“英格兰的法律”许可所有的居民“能在自己的土地上狩猎，但不包括其他的土地；能在上述土地的水域内捕鱼……并可以把他的鱼拖到其他人的岸上”。[14]

最具贵格特点的休闲方式或许是园艺，这种“优雅的休闲”有大批拥趸。贵格派习惯性地认为，培植蔬菜、水果和鲜花比较有道德性，但很多人从中感受到的是激情。历史学家基斯·托马斯认为，“早期的贵格信徒通常安葬在自己的花园里”，并且贵格会也产生了“大批园艺学家、植物学家和种植专家”。贵格派的彼得·科林森（Peter Collinson）和约翰·巴川姆（John Bartram）成为英格兰和美国一流的园艺学家。[15]

虽然贵格派把他们的兴趣限制在“需要的”和“有用的”休闲活动，但他们从不认为这些业余爱好是生活中重要的事情。威廉·佩恩用警句概括了他们的态度。“最好的休闲，”他写道，“是做好事。”[16] 在他们眼里，更高形式的“休闲”是其他族群所说的工作。

注释

1 *Pennsylvania Colonial Records*, I (1838), xxxiii.

2 同上。

3 Thistlethwaite, ed., *Yorkshire Quarterly Meeting*, 238.

4 Morley Meeting, 5.viii.1681, ms. EFC 2/1/1, CHESRO.

5 Ann Cooper Whitall Diary, 2.v.1760, HAV.

6 Frost, *The Quaker Family*, 207.

7 Thistlethwaite, ed., *Yorkshire Quarterly Meeting*, 238.

8 Keith Thomas, *Man and the National World* (New York, 1983), 158.

9 Elizabeth Drinker Diary, 16.x.1793, HSP.

10 Watson, *Annals of Philadelphia*, I, 279.

11 Frost, *Quaker Family*, 83.

12 Ulysses P. Hedrick, *A History of Horticulture in America* (New York, 1950), 84.

13 Watson, *Annals of Philadelphia*, I, 280.

14 同上。

15 Thomas, *Man and the Natural World*, 237; 参见后文：“Land Ways”。

16 Penn, *No Cross, No Crown*, 56.

特拉华的工作方式

贵格派的受苦与天职

如果说贵格派把休闲当成了工作，他们也把工作当成了某种形式的敬拜。他们对工作的态度，以及他们习惯的工作方式与他们对其他事务的态度一样特立独行。这方面的习俗是由第一代贵格移民带入特拉华山谷的。这些习俗与相近的德国虔诚派移民习俗相结合，成为地区经济的基础，并且与新英格兰和切萨皮克地区相区别。

这个地域文化很重要的一方面是激励劳作、蔑视闲散的态度。威廉·佩恩 1669 年在参观一座爱尔兰监狱时，发现这里关押的贵格信徒在牢房里按照自己的计划长时间辛苦工作——唯有礼拜能让他们从工作中抽身。“监狱，”他写道，“在这种意义上就变成了聚会所和工作间，因为他们在那里没有地方闲散。”[1]

这种工作伦理体现的观念是要以最大的能力去侍奉上帝。约翰·伍尔曼写道：“我们的责任和权益是完全合一的，如果我们放弃或滥用自己的技能，我们就会与上帝分离。”这种观念源自马丁·路德关于天职（beruf）的概念，而这一概念对很多新教派别的文化理路有重要影响。它对贵格派的影响尤其显著。[2]

另一个重要观念是“约束”，这个词在贵格派的文字中经常出现。英格兰和美国贵格派信徒的日志充满了属灵操练的内容，试图完全控制自己的行为。有一个例子是英国男孩约翰·凯尔萨尔（John Kelsall），他 14 岁时“对聚会中喜欢瞌睡的问题感到很矛盾。我为此非常困扰，对必须克服这个毛病感到很痛苦……有时我会用别针刺自己，还经常站起来，走出去，我愿意用我所有的力量来克服它”。[3]

同样重要的还有对苦行的鼓励。贵格派比新教其他主要派别更加提倡马克斯·韦伯所称的世俗禁欲主义——生活在世界上但不效法世界。工作本身变成一种神圣的仪式，而闲散则是必死的罪。财富不应用来展示，而应该储存起来，用于投资，作出建设性贡献。放纵的行为也受到限制。这种信念更常见于贵格派，而不是通常认为的清教徒。

但韦伯的观点简化了贵格派对工作的复杂思想。贵格派的日记，包括很成功的商人和匠人，常常谈到的主题是不应过高估计商业的重要性。乔治·福克斯警告说：

> 如果你的心灵被商业过度占据、受到它的阻滞，这对你是危险的蛊惑。这样下去，你就很难侍奉上帝，你会喊叫，哎呀，我的商业，我的商业。你的心灵会被商业埋葬，而不是高于它。[4]

贵格派的日记作者经常提醒自己，“不要太受外界拖累”，约翰·伍尔曼这样写道。“拖累”的说法很有趣，是贵格派思想中反复重现的主题。托马斯·乔克利试图作某种平衡。“我们从上帝和圣子那里得到许可，为了生存的目的，要通过工作得到衣食；但它的重要性不如获得救赎这个第一要务。”[5]

这种平衡的态度为资本主义的发展提供了牢固的伦理基础，这比马克斯·韦伯归于贵格派的一元论思想更有说服力。[6]

贵格派还坚持，商业中应有最高程度的诚实。月度大会任命了专门委员会来监督其成员的商业伦理。1711年，约克郡的基督大会作出了决定：

> 本会决定，每次月度大会任命两位以诚实闻名的信徒，由他们在特别会议中调查贵格信徒声明的真实性，尤其是在商业和贸易领域，以此避免任何人订立到期无法兑现的合同或无法承担的债务，或让他们卷入超越其能力的世俗事务，或是过度参与世间事务。[7]

大西洋两岸的贵格教会成员都会因“不诚实交易”受到处罚。布里克（Break）教会驱逐了一位名叫卢克·汉克斯（Luke Hanks）的信徒，因为他“在交易中一再违背诺言”。这种程序多用于处理出于各种原因没能偿还债务的成员。贵格派厌恶债务，认为这毫无疑问是世间的恶魔。承担超过能力的债务被认为是最大的道德失败。[8]

与此同时，贵格派也谴责债主的贪婪。威廉·佩恩在这方面给自己的孩子很多建议——他们确实很需要这种建议。“贪婪是最大的魔鬼，”佩恩写道，“一个对钱袋贪得无厌的人……等同于自杀者，不应按照基督徒的礼仪安葬。”有趣的是，佩恩还认为守财奴是“大家都讨厌的人，是阻碍河流的堤坝，应该被法律清除”。[9]

贵格派依靠伦理原则来谴责穷奢极欲的资本主义商业扩展，将其限制在一定范围内。然而，贵格派的信仰也为工商业提供了强有力的支持。而贵格派的社会结构对工商业提供了更实际的帮助。贵格派乐于互助。信徒对彼此之间借贷的利率要比对外的低，有时对“那些没有资本而又想开展新事业的人”甚至没有利率。[10]有趣的是，贵格派为了克服商业风险，也发展出一套保险体系，这对保险行业的发展起到了重要作用。美国现存最古老的商业公司是费城房屋火险救助公司——成立于1752年，并于1768年公司化。[11]

大西洋两岸的跨国联系在18世纪让贵格商人得益良多。“通过他们的商业、宗教、个人和家庭联系，”历史学家弗雷德里克·托尔斯写道，“费城的贵格派与整个北大西洋地区保持紧密的联系，从新斯科舍(Nova Scotia,加拿大省名——译注)到库拉索岛(Curacao,位于加勒比海——译注)，从汉堡到里斯本。”[12]

贵格派凭借这些特色为工业和资本主义的发展创造了有利的伦理和文化氛围。弗雷德里克·托尔斯长期研究贵格资本家，他认为：“可以说，贵格商人非常谨慎、精明，在细节极度精确，并且也要求其他人同样这样做。所以，不难理解，在商业交易中具备这些品质的商人以锱铢必较闻名（无论他们作为个人和朋友有多么慷慨和富有同情心）。”[13]

在英格兰，贵格派在工业革命中所起的作用非常突出。英格兰的大银行都是贵格派建立起来的。大不列颠最大的私人银行是著名的贵格作家罗伯特·巴克利（Robert Barclay）的后代建立的。劳埃德的银行也为贵格派所有，还包括伦敦的很多金融机构。英格兰北部的工业企业也通常是由贵格派建立和经营的。[14]

新世界的情形一样。贵格派在英属北美建立了第一家银行，并使得费城成为新世界最为重要的资本市场，直至纽约在19世纪崛起。特拉华从一开始就成了工业中心，比新英格兰更为发达。甚至在宾夕法尼亚成立之前，贵格派到达新泽西仅几年就发展出非常复

宾夕法尼亚州至今保留的一些农庄建筑反映出英国贵格派和德国虔诚派对时间、工作和土地的态度。其他文化区域的居民习惯以最节约时间和材料的方式来修筑临时的木质建筑。但在宾夕法尼亚农庄中，即使是最小的外屋也经得起时间的考验，有厚重的石墙和石板屋顶。这些结构设计简单但经久耐用，在盎格鲁－美国的其他文化中殊为少见。贵格派和虔诚派对于眼前的境况有深远的考虑。他们对土地细心经营，所以在耕作三个世纪后，他们的土地在今天的美国东部仍然是最多产的。他们所建立的牢固的石头屋、谷仓和外屋都是他们世界观的标志，是他们习俗的重要组成部分。

杂的工业经济。一位观察者1681年写道："……他们还有制桶工、铁匠、砖匠、轮胎匠、犁匠、木船工和其他行业，他们就是依靠乡村能产出的任何东西进行生产……这里还有铁厂，一家拥有铁炉和锻造车间的工厂在东泽西已经建立起来，用于生产铁。"[15]有人于1698年记载到，在伯灵顿和萨勒姆的贵格社区，"纺织工制造出很好的毛哔叽、粗毛毯、黑绉绸、仿驼毛呢、长绒棉和其他羊毛织物。很多家庭全家都从事这一类制造业，用的是他们自己生产的羊毛和亚麻"。[16]英格兰的中北部，以及宾夕法尼亚和新泽西的殖民地都成为各自国家的工业中心。

注释

1 Tolles, *Meeting House and Counting House*, 57.

2 Moulton, ed., *Woolman Journal*.

3 John Kelsall Journal, n.d., ms. s/194, FLL.

4 Brinton, *Quaker Journals*, 69.

5 Chalkley, *Journal*.

6 Brinton, *Quaker Journals*, 69-75. 这篇文章包含了"商业限制"的一章内容，这对韦伯的理论有所修正。

7 Thistlethwaite, ed., *Yorkshire Quarterly Meeting*, 358-59.

8 Monyash Monthly Meeting, 1672-1735, ms. Q86; Break Monthly Meeting Records, 1701-64, ms. Qxx, NOTTRO.

9 Penn, *Some Fruits of Solitude*, 175.

10 "A Collection of Divers Letters," 15. Vii.1682, ms. Weeks Colls/1936/8/6, FLL.

11 N.S.B. Gras, "The Oldest American Business Corporation in Existence," Business Historical Society *Bulletin* 10 (1936), 21-24.

12 Tolles, *Meeting House and Counting House*, 91.

13 同上，95。

14 Pratt, "English Quakers in the First Industrial Revolution."

15 "Present State of the Colony of West Jersey," in Myers, ed., *Narratives of Early Pennsylvania*, 191-95.

16 Weiss, *Life in Early New Jersey*, 21.

特拉华的时间方式

贵格派“赎回时间”的观念

与贵格派工作态度紧密相联的还有他们的时间观念。不同于清教徒的“善用时间”和圣公会的“打发时间”，贵格派的观念是“赎回时间”。这种概念的含义很复杂。本质上，贵格派想从时光里清除罪和堕落。他们也不想让时光流于世俗。[1]

“赎回时间”的观念始于对时间计算方式的改革。贵格派记录年月日的方式是他们的一个特点。贵格派抛弃了古老的基督纪年，采用的新体系清除了所谓异教徒堕落的痕迹。月和日的传统名字因为“不必要”和“不符合圣经”而被弃用。在贵格派的年历上（罗马教皇格雷的改革启用之后），一月成了“第一月”，十二月成了“第十二月”。[2]一周不是开始于圣公会的周日，也不是清教徒的安息日，而是贵格会的“第一日”，结束于“第七日”。贵格信徒的日记和信函中，事件都是以这种方法作简单的标记。“第十一月的第十一天，1758 年，这天我出发了”，约翰·伍尔曼通常的写法就是如此。[3]

在 17 世纪，这些传统在基督教的很多派别通用，包括英国清教徒，他们也很不喜欢年历的异教徒起源，因而在《创世记》中为新发明的计数系统找到了根据。[4]但这种计数系统并非专门的年月日计算方式，并且其起源是在贵格派。这种方法启用后，宾夕法尼亚和西泽西的法庭记录和很多公共文件长期使用这种方式来标注时间。[5]

贵格派与基督教很多激进派别一样，包括新英格兰的清教徒，摒弃了很多宗教节日。这么做部分是因为这些节庆显得败坏，对他们“无用”，同时还有深层的原因。“所有的日子在上帝眼中都是神圣的，”罗伯特·巴克利宣称。威廉·佩恩同意这种说法：“我们不认为只有某些日子和时刻是神圣的。”[6]

贵格派排斥很多传统的英国民间节日，比如五月节，他们觉得这个节日是败坏的异教徒的庆典，与“真理”不相符。甚至圣诞节也被排除在贵格派的年历之外，和清教徒相似。利兹教会在1702年敦促教会成员不要把圣诞节作为家庭的假日：

> 本教会严肃地考虑了黑暗时代建立的日月和时刻标注方式，我们这个族群自诞生以来就反对这些做法；但我们当中一些人没有在见证中表示反对：因此，出于对上帝的爱和对真理的热诚，我们建议教会所有的信徒在见证中强烈反对这些节日。在这些日子中，信徒应该让仆役一直工作，他们也不应走访亲友，或让仆役这样做。[7]

但赎回时间还有另一层含义。像清教徒一样，贵格派希望最大限度地利用时间，时间对他们来说是珍贵的礼物。他们对一些人挥霍时间感到震惊。威廉·佩恩写过很多有关时间价值的专题。有一次他写道：

> 没有任何东西能像时间那样容易浪费，对此我们应当谨记在心，如果没有时间，我们在世上将一事无成。时间是我

> 们最需要的，也是我们最不善于运用的；当日子到了的时候，上帝会以最严格的方式来和我们计算时间。[8]

还有一次，他写道：

> 这些人会在什么地方？他们能做什么？他们会有什么？那些有事可做的人在他们的时间里还无法完成工作责任的一半。而那些没事可做的人，就无所事事（这更糟糕），只能去犯罪（这是最坏的），实际上这里有很多让人愉快的、有尊严的、可借以发展的工作机会和事务。而他们却宁愿终日嬉皮笑脸地去看戏、看球，参加假面舞会，玩牌、玩骰子、喝酒、买醉，参加盛宴，等等；他们把夜晚当作白昼，把上帝创造的世间万物用于满足个人肮脏的欲望。除了吃饭、睡觉，甚至让人怀疑，除了死亡把他们招去，他们是否会从这些空虚而罪恶的消遣中停下来。他们是认为坐下来长时间从事有益的或神圣的工作是无法忍受的、不可能的吧？[9]

像清教徒一样，贵格派计算时间力求精确。1680 年去世的柴郡贵格派爱德华·阿斯特尔（Edward Astell）留下的遗产清单中，最有价值的个人财产是一个价值 2 英镑 10 先令的“黄铜钟”——这比他的盘子贵两倍。[10] 早在 1670 年，宾夕法尼亚的贵格派就为买不起其他材质的家庭制作木钟。[11]

贵格派相比于他们的邻居更喜欢早起。他们详细计划每日的事务，并且遵守时间，这与弗吉尼亚贵族的方式截然不同。爱德华·希彭 1754 年对家里的时间管理进行了描述：

> 我和儿子约（约瑟夫·希彭）日出而起，昨晚已经准备好干燥的山胡桃木用于生火——然后我们开始做事情，直到9点，我们发现这段时间的效率在一天中是最高的……
>
> 我们吃得很少，不沾一滴酒，全天感觉就像一个漫长的早晨……
>
> 足够的睡眠就可以让我们充分休息，所以我们晚上都是10点上床；我们吃过简单的晚餐、喝一点葡萄酒后，就这样躺下，胃里感觉很轻，头脑依然清醒，意识很安静。[12]

贵格派的作息安排使“全天感觉像漫长的早晨”，这让很多英国贵族感到恐惧。

贵格派和清教徒的时间态度有很多相似之处，但这两个新教派别也有很多差异。贵格派极力避免所谓时间崇拜。“时间就是金钱”这种话并不是贵格派说的，而是波士顿的新英格兰清教徒说的。对于贵格派来说，如果完全陷入世俗，就会忽略掉主要的事情。他们常常提醒自己“世间事物的不确定性”。[13]

他们并不认为一个人应该把所有时间都用于他的职分。博物学家约翰·陆第（John Rutty）常在日记里责备自己在工作上花太多时间。一天他写道：“每晚应该匀出一个小时用于休息，作为对过度研究的平衡。”[14]

贵格派的格言也批评过于匆忙的日程。威廉·佩恩在这方面与平民理查德大异其趣：

要特别小心船帆超过压舱物的平衡能力的情况。

如果我们在自然中去研究自然，是一件让人愉快的事情……从她开始的地方开始，按照她的节奏，在她结束的地方结束。

不要急促，要稳定地顺势而为。

匆忙不是我们做事的方式。

醒来后，就要让自己的心沉静下来，抛开所有关于俗务的想法。[15]

对贵格派的道德家来说，时间太重要了，不能因为轻率的行为而浪费。约翰·伍尔曼在参观英格兰时，对英国人做事的匆忙态度感到震惊：

驿马车一天要跑一百多英里；我在不同地方听贵格信徒说，马因为跑得太狠而死掉是很平常的事情……有的马夫因为冬天的晚上骑太长的距离而健康受损，在好几个地方我听说有人因此而冻死。这个地方灵魂也很匆忙，就是为了快速地达成交易，挣更多的钱，今天的人们就是如此贪得无厌。[16]

贵格派在时间上深谋远虑。他们对自己在历史中的位置非常有自觉，把自己称为世界的“受托人”。

我们对后代倾注了情感吗？我们的职责就是要使他们获

> 得幸福吗？我们对外在事物的思想是否超越了自己必朽的生命？我们是否也为子女的后代有所筹谋？让我们如智慧的建造者一样，把根基打得深厚……[17]

贵格派的时间方式与他们的信仰关系紧密，与他们在新世界创造的文化形式也是相关的。特拉华山谷贵格派的生活节奏与马萨诸塞的清教徒和弗吉尼亚的圣公会信徒有所不同，但与英格兰中北部相似。

例如结婚的时令。在 17 世纪，每一个西方文化都有不同的“婚姻时间”，这源自于同时代的习俗。在新英格兰，我们已经知道，婚姻季节主要在晚秋和冬天——这与东盎格鲁和英格兰南部相似。但贵格派多数来自中北部，那里的婚姻季节一直都不同，主要在春秋两季。[18] 中部的这种习俗传播到了特拉华山谷，当地的婚姻季节也变成一年两季，一波是在 3 月到 5 月，一波是在 9 月到 11 月。[19]

特拉华时间方式的另一差别是怀孕周期。新泽西的贵格派家庭，一年不同时期生育数量的起伏小于弗吉尼亚的圣公会或新英格兰的清教徒。每月怀孕数量的变化也比其他文化要小，只是在春天有少许高峰，夏季有少许低点，而在基督教占主导的欧洲，峰值和低点都比较突出。用社会科学的术语说，贵格派的生育与其他族群相比是没有季节性的。这种规律与贵格派对婚内性关系的态度有关：因为他们节欲，并且很早开始就采取节育措施。贵格派在这方面与南北的临近地区有所不同。

注释

1 Winton Solberg, *Redeem the Time: The Puritan Sabbath in Early America* (Cambridge, 1977), 231.

2 议会在 1752 年采用格雷教皇的年历之前，一年的第一天是夫人日（3 月 25 日），而贵格派的第一个月是三月。

3 Moulton, ed., *Woolman Journal*, 94.

4 乔治·福克斯认为，这种计数方式是“上帝从开初就赐予和称呼的”，在《创世记》里有记载。见 Bauman, *Let Your Words Be Few*, 44。

5 很多这样的例子出现在柴郡法庭记录中。

6 Solberg, *Redeem the Time*, 231.

7 *Leeds Friends Minute Book*, 23 Dec. 1702, 80.

8 Penn, *Some Fruits of Solitude* (1693), Tolles and Alderfer, eds., *The Witness of William Penn*, 166.

9 Penn, *No Cross, No Crown*, 57.

10 Hodson, *Cheshire, 1660-1780*, 82.

11 M. L. Baumber, *A Pennine Community on the Eve of the Industrial Revolution: Keighly and Hawworth between 1660 and 1740* (Keighly, n.d.), 89.

12 Edward Shippen of Lancaster to C. J. Edward Shippen, 20 March 1754, *PMHB* 30 (1906), 85-90.

13 Moulton, ed., *Woolman Journal*, 101.

14 Brinton, *Quaker Journals*, 73.

15 同上，180-202。

16 Moulton, ed., *Woolman Journal*, 183.

17 同上，101。

18 Ann Kussmaul, “Time and Space, Hoofs and Grain: The Seasonality of Marriage in England,” *JIH* 15 (1985), 775-79.

19 威尔斯（R. V. Wells）在新泽西的拉威（Rahway），普莱恩菲尔德（Plainfield）和切斯特菲尔德等地的贵格派中发现了婚姻的两季模式：

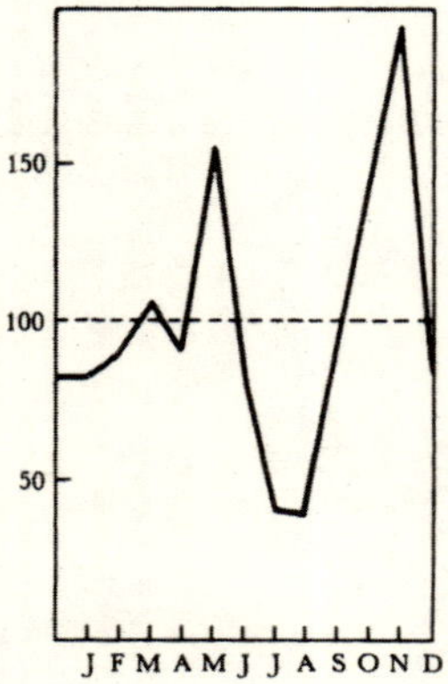

月份	婚姻指数	怀孕指数
一月	81.7	96.9
二月	89.1	89.0
三月	106.0	88.4
四月	89.0	117.5
五月	155.0	114.9
六月	82.3	102.3
七月	41.2	105.7
八月	40.6	93.9
九月	90.8	77.2
十月	147.0	99.2
十一月	194.9	111.7
十二月	82.3	103.3
总数	1199.9	1200.0
	n=447	N=1542

来源：R. V. Wells, “A Demographic Analysis of Some Middle Colony Quaker Families of the Eighteenth Century” (thesis, Princeton, 1969), 66, 99。

特拉华的财富方式

贵格派的经济秩序

贵格派的财富方式揭示出他们的社会价值观深层的讽刺意味。一方面，这些好人坚持信仰上的平等；另一方面，他们的理念和制度逐渐发展出一套不平等的经济体系，与他们最初的目的南辕北辙。

贵格殖民地分配土地的方式与马萨诸塞和弗吉尼亚存在很大的差别。在宾夕法尼亚和特拉华，威廉·佩恩的土地政策有两个目的。首先是为他建立的殖民地提供保障资金——即使是一个“神圣的试验”也需要经济基础。第二个目的是创造一个贫富相对平均的、由自立的农村家庭组成的农业社会。虽然经历了很多困难和失败，佩恩最终成功实现了这个计划。[1]

为了给殖民地提供资金，威廉·佩恩希望以大宗土地的形式（5000或10,000英亩）卖给英国买家。大多数这种交易都附随某些限制。定居者需要持续拥有这些土地。地主如果不在本地，则必须把土地划分成小份分给小的定居者。土地财产办公室和财产委员会负责管理这个系统。

1681到1685年期间，佩恩实际售出了715,000英亩的土地给589位“第一代购买者”，其中很多人是伦敦和布里斯托的贵格派富人。这批购买者大约有一半从没有驻足美国，很多笔交易因为没有付款或实际居住而被放弃。[2] 很多土地被实际占有的二手买家分割。宾夕法尼亚的土地规模大多是 100 到 500 英亩。平均大小为 250 英亩——在 17 世纪，这比马萨诸塞的城镇分给各家的土地大一倍，但又比弗吉尼亚的平均土地规模小一倍。[3]

威廉·佩恩的做法有效地推动了移民定居。1715 年就有报道显示，在费城 50 英里范围内所有土地都已经被定居者占有。这位领主和助手迅速地把土地分配出去，同时也阻止了小撮土地寡头的形成。这位领主解释说：

> 乡间的规则是每户家庭最多有 500 英亩土地……很多拥有这些土地的人最初只是贪婪地想拥有这些土地，而不在乎具体的定居方式，让土地抛荒，并且破坏了乡村，这显然不符合我们的利益。我期望能把社会、协助体系、繁忙的商业、青年人的教育、行为的管束、宗教集会的便利、对技术的鼓励、方便的道路等所有这些方面容纳进来。[4]

特拉华山谷的财富分配长期比其他英属北美地区更平等。以农业为主的切斯特郡税务单上，1693 年 10% 最富有的人只拥有可征税财富的 23.8%——这个比例明显小于其他文化。在切萨皮克地区，我们知道，10% 最富有的人拥有可征税财富的三分之二。[5]

特拉华山谷的财富分配也并不完全统一。财富主要集中在费城都市区，而非切斯特乡村地区。但即使是在特拉华山谷的都市区，财富的平等性也超过美洲殖民地的其他海港城市。根据遗嘱记录，17 世纪晚期，费城最富有的 10% 居民只拥有当地 36% 的财富。而在波士顿，最富有的 10% 拥有该市一半以上的财富。在弗吉尼亚，最富有的 10% 拥有三分之二以上的财富。[6]

这种财富分配一定程度上通过继承维系。在未留遗嘱去世的情形下，西泽西和宾夕法尼亚的法律最初是根据圣经的两分原则进行继承，遗孀得到三分之一，有挥霍习性的子女只得到很小的份额。但后来的法律中，这种两分原则让位给了所有子女平均分配的方式。贵格殖民地的这种继承法律符合实际的做法，比新英格兰和切萨皮克地区更为平等。贵格家庭的一般准则是平均分配遗产——不仅是长子和其他儿子之间，在兄弟姐妹之间也是如此（主要指动产）。但女儿不允许继承土地。她们在出嫁时有嫁妆，也可分享动产。[7]

相似的规律也出现在英国贵格派的遗嘱中。约克郡斯蒂顿（Steeton）的狄俄尼斯·戴维（Dionnis Davy）把三分之一的财产留给了妻子艾利斯，其余的“在他的子女中平分”。[8] 也存在一些不同的方式。有的贵格派把小额的土地留给一位继承人，其余的财产则平分；柴郡的詹姆斯·桑迪兰兹（James Sanderlands）把房子留给了妻子，土地留给了一个儿子，其他财产在所有子女中平分。[9] 贵格派经常会给孙子女留一些财产，在他们之间平分小额的礼品。诺丁汉的约翰·哈特（John Hart）在 1712 年给孙子女留了等分的遗产，他们年满 24 岁时可以领取；如果其中有人去世，留下的份额就在其他人中平分。[10] 埃德蒙·吉布森（Edmund Gibson）把所有的遗产留给了“挚爱的妻子汉娜”，供她有生之年享用，在她去世后再出售，在所有孙子女当中均分。[11] 还有很多其他不同的安排：有时是幸存的儿子得到所有地产，幸存的女儿得到所有动产。[12] 有些拥有农业财产的贵格信徒把农场留给一个孩子，并要求他给其他孩子一些钱。[13]

虽然英国贵格派家庭之间在财产继承的细节上有差别，仍有一般规律。首先，根据传统，配偶得到遗产的三分之一（有时是四分之一或一半），很多文件都是这样记录的。其次，长子继承非常少见，而普遍是子女均分。第三，女儿通常得到地产之外的遗产。第四，孙子女通常会有象征性的少许遗产。这种模式不仅来源于贵格派的信仰，而且这种信仰和英格兰中北部习俗相互作用。这个地区的中下家庭长期是遗产均分。贵格派在这个传统中加入了宗教性的含义。[14]

在新世界，贵格派进一步摆脱了长子继承制，而向均分的做法靠拢。研究显示，宾夕法尼亚的英格兰和威尔士贵格派有一个以上儿子的家庭至少有 87% 实行均分制。[15]

英格兰和美国的贵格派都有意用继承制度对年轻人实行社群控制，尤其是在对外通婚的问题上。一些教会要求其成员剥夺与非信徒通婚的子女的继承权，或至少拒绝给嫁妆。柴郡季度大会规定：

> 如果贵格信徒的孩子与非贵格派结婚，其父母在没有征得季度大会的建议和批准前不得给孩子嫁妆，或者只有等到他们去世之前，才能给予遗产。[16]

美国贵格派对改变信仰的后代会毫不犹豫地取消继承权。例如富裕的信徒威廉·温（William Wynne）作出决定，他遗产的一半归妻子，另外一半在所有子女中平分，除了“退出贵格派”的女儿塔比瑟·温（Tabitha Wynne）。塔比瑟只得到象征性的 50 先令遗产；她的兄弟姐妹每人都得到 50 英镑以上。1748 年的一个观察记录到，特拉华山谷的贵格派家庭因为信仰原因而取消继承权的情况非常普遍。[17]

遗嘱的执行是重要的社会事务，除了留遗嘱的本人外，还有很多其他人介入。贵格信徒通常会询问邻里有学问的人，这些人可以帮助准备相关的内容和文件。约翰·伍尔曼记得“邻居有位很受尊敬的长者到我们家里，让我们帮助他写遗嘱”。这位邻居拥有奴隶，伍尔曼要他保证还奴隶以自由，才帮他写遗嘱。[18]

贵格派的遗嘱通常会包含慈善性质的遗赠。无论遗产数额多少，都有类似的项目。慈善是这个文化重要的组成部分——比新英格兰和弗吉尼亚更为突出。通过以上这些方式，特拉华山谷贵格派的继承传统帮助实现了经济上的平等。

随着社会的发展，特拉华山谷的财富分配不平等的趋势在加强。1750年之前，这种趋势还是很缓慢的。在特拉华山谷的一些农村地区，直到19世纪才开始向这个趋势转化；在某些偏远的地区，趋势甚至是相反的。但在特拉华山谷的多数地方，经济不平等的趋势在1750年之后显著起来。

18世纪中期以后，租赁在特拉华山谷逐渐增多。这个地区的第一代和第二代移民较少有租赁的开展。但发展到1760年，宾夕法尼亚早年建立的一些郡内，已经有三分之一的家庭耕作的土地不是他们自己的。[19] 特拉华山谷和切萨皮克地区的租赁制度在文化内涵上是不同的。罗达·巴伯（Rhoda Barber）记得，在贵格殖民地，租赁并不是永久性的状态，往往是过渡性的。她写道：

> 为地主工作过一段时间的人或者被雇用的人可以从地主那里要求得到一些资助。他们很少离开租用的地方，而是设法在附近找到住处，通常是在地主的土地上。他们可以有小花园和西红柿苗圃；他们的租金在收获时计算。[20]

1760 年左右，切斯特郡的租赁达到峰值，此后一直下降，直到独立战争之前。之所以如此，是因为宾夕法尼亚相比切萨皮克地区更容易获得小块土地。[21]

虽然如此，特拉华山谷的主要趋势还是不平等日渐增强。贵格派的道德家对此忧心忡忡。约翰·伍尔曼不断对富人集中财富的状况提出警告："让自私的人拥有大量财产是很不好的趋势，因为真正做有用的事情的人会减少……很多人需要能挣钱养家的工作，而不是那种没有实际用处，仅仅服务于空虚心灵的工作。"[22] 约书亚·埃文斯对繁荣的哈弗福德（Haverford）和梅里奥尼思郡（Merion）感到很不满，"他们建起了很大的农场，但却几乎没有聚会所"。[23]

具有讽刺意味的是，约书亚·埃文斯和约翰·伍尔曼这样的贵格派恰恰是不平等递增趋势的获利者。而首要的受害者是晚近到达的移民。在特拉华山谷社会的底层逐渐形成了一个无产阶层——主要是规模递增的穷人。[24]

贵格派一直很关心穷人。可能没有任何英国族群比他们更热心慈善。贵格会从最初就开展对穷人的慈善活动。他们为减轻贫穷所做的努力远远超出更为富有的圣公会和加尔文教派。在英格兰，月度大会一般有"公共金库"用于帮助需要的人，同时还有"全国金库"由伦敦的年度大会运作。女信徒集会在这方面特别主动。每个成员每个月都要付点钱，即使只有一两个便士。在贵格派中，慈善是一种深入的文化习惯。[25]

慈善是贵格派生活中很重要的一部分，这或许是因为他们中很多人曾经非常贫穷。对美国慈善活动的研究表明，穷人的收入用于慈善的比例要高于富人。贵格派执着于慈善，也是因为他们对其他人有责任感。17、18世纪贵格派慈善资金的大部分用于贫穷的本派信徒。但早在1683年，费城教会就已积极地为非贵格信徒提供帮助。[26]只要条件允许，教会会帮助有需要的人找到工作，而不仅仅是给他们救济品。比如，切斯特的女信徒月度大会在1698年邀请男信徒大会和她们一起“集资购买拖斗……以帮助一些贫穷的信徒工作，这样他们就不再成为他人的负担”。贵格信徒对不幸之人有特别强烈的同情心和帮助他们的决心。[27]

这当中也有矛盾之处。贵格派在宾夕法尼亚创造的社会体系让他们有机会去实现慈善的心愿。而他们真诚帮助的贫穷阶层却是他们自己的价值观和制度导致的。有的贵格派非常明白个中奥妙。约翰·伍尔曼写道：“富人从穷人那里攫取了财富，又转而去支付给其他穷人；穷人又往往花更多的比例去帮助这些穷人。”[28]

这个微妙的穷富之间的文化结构形成于特拉华山谷殖民地建成的头十年，并且至今没有改变。

注释

1 有关宾夕法尼亚土地政策的两个杰出研究见 Edwin Bronner, William Penn's “Holy Experiment,” 39-60, 和 James T. Lemon, *The Best Poor Man's Country: A Geographic Study of Early Southeastern Pennsylvania* (Baltimore, 1972)。

2 “The First Purchasers of Pennsylvania, 1681-1685,” *Papers of William Penn*, II, 630-64.

3 Lemon, *Best Poor Man's Country*, 65; John R. Stilgoe, *Common Landscape of America, 1580 to 1845* (New Haven, 1982), 79.

4 Penn, “A Further Account of Pennsylvania,” in Myers, ed., *Narratives of Pennsylvania*, 263.

5 James T. Lemon and Gary B. Nash, "The Distribution of Wealth in Eighteenth Century America," JSH 2 (1968), 1-24; 德国镇相似的财富分配，参见 Wolf, *Urban Village*, 108-9, 120-24.

6 费城市区以及切斯特乡村地区 1684 到 1750 年期间，税收及遗产清单中的财富分配规律如下：

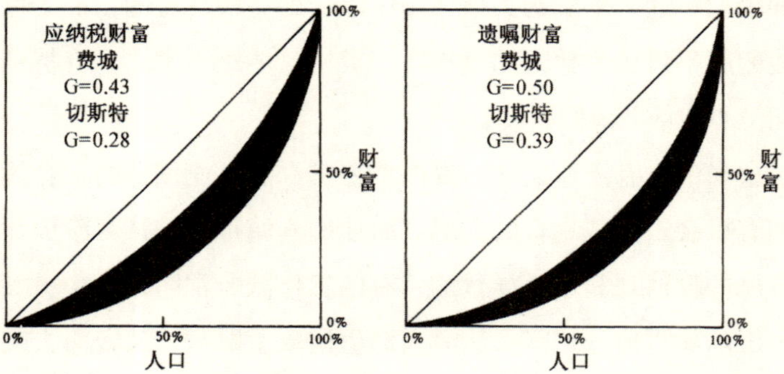

年代	切斯特郡税务单（最富有的10%）	费城税务单（最富的10%）	切斯特郡遗产清单（最富的20%)	费城遗产清单（最富的10%）
1684—1699				36.4%
1693	23.8%	46.0%		
1700—1715				41.3%
1715	25.9%			
1714—1731			*46.4%	
1716—1725				46.8%
1730	28.6%			
1726—1735				53.6%
1734—1745			*53.0%	51.3%
1748	28.7%			
1756		46.6%		

来源：Lemon and Nash, "The Distribution of Wealth in Eighteenth Century America"; G. B. Nash, "Urban Wealth and Poverty in Pre-Revolutionary America," *JIH* 6 (1976), 545-84; G. B. Nash, "Poverty and Poor Relief in Pre-Revolutionary Philadelphia," WMQ3 33

(1976), 3-30; Duane Ball, "Population and Wealth in Pennsylvania," *JIH* 6 (1976), 545。

7 George Staughton et al., *Charter to William Penn, and Laws of the Province of Pennsylvania, Passed between the Years 1682 and 1700*...(Harrisburg, 1879).

8 Moore, Case of Lydia Davy.

9 Will of James Sanderlands, 6 April 1692, ms. 546/253/viii, CHESRO.

10 Will of John Hart, Nottingham, 23 Oct. 1712, ms. PRNW, NOTTRO.

11 John Somervell, *Some Westmorland Wills, 1686-1798* (Kendal, 1928), 80; 这本书收集了肯德尔（Kendal）及其周边乡村区域贵格派的遗嘱。

12 Will of Thomas Wilson, 同上，69。

13 Will of Thomas Braithwaite, 同上 , 74。

14 Cunliffe Shaw, "The Townfields of Lancashire," *HSLCT* 114 (1962).

15 这种做法不同于圣公会家庭，他们"比较看重家庭财产的延续，而不是看重孩子个人"。见 Levy, "The Birth of the 'Modern Family' in Early America," 44, 37。

16 Cheshire Quarterly Mens Meeting Records, 10.vii.1689, ms. EFC 1/1/CHESRO.

17 G. H. Jenkins, "Thomas Wynne," ms. 61, FLL.

18 Moulton, ed., *Woolman Journal*, 50-51.

19 各种不同的统计，参见 Main, *Social Structure of Revolutionary America*, 180; Lemon, *Best Poor Man's Country*, 94; Lucy Simler, "Tenancy in Colonial Pennsylvania: The Case of Chester County," WMQ3 (1986), 542-69。

20 Rhoda Barber, Journal, HSP.

21 Simler, "Tenancy in Colonial Pennsylvania," 555.

22 Woolman, "A Plea for the Poor," in Moulton, ed., *Woolman Journal*, 238-39.

23 Joshua Evans Diary, 4.x.1796-29.vi.1798, 81, SWAR.

24 Tolles, *Meeting House and Counting House*, 109-143.

25 Chester Quarterly Meeting Records, 3.iv.1684, ms. EFC 1/1 CHESRO; Break Meeting, 1701, ms. Q59, NOTTRO.

26 James, *A People Among Peoples*, 40.

27 Chesterfield Woman's Meeting Records, 1698, ms. Q62b, NOTTRO.

28 Woolman, "A Plea for the Poor," 225.

特拉华的等级方式
单一秩序中的科层

在财产问题上，贵格派很传统，甚至保守。但在社会等级上，他们很激进，具有革命性。在这个运动的早期，贵格派对等级的主张让有产阶层深感恐惧。“我为你们感到悲哀……你们这些被称为主上、夫人、骑士、贵族、贵妇人的人……，”英国贵格派詹姆斯·帕内尔（James Parnell）在1655年警告说，“为你们感到悲哀……你们这些被称为先生、爵士和小姐的人……因为你们所拥有的财富都是通过欺诈、骗术和压迫得来的，你们在同类面前显得傲慢，却让穷人颜面扫地。他们成了你们之下的奴隶，为你们辛勤工作，而让你们舒适地生活。”[1]

这种论调到贵格派的第二代就减弱了，但基本的态度仍然延续着。出身高贵的威廉·佩恩发表了一篇谦和的文章，批评社会等级和贵族制。“这些贵族在世界制造了怎样的混乱啊……”他说道，“人是多么愚蠢，没有足够的理智去减轻这种状况。”[2]

威廉·佩恩对“血缘”和“出生”形成的差别感到不满。他认为，英国的继承秩序在原则上很荒唐，内容充满矛盾。他说：

> 既然品格和代际没有关系，我和祖宗比较起来，自然是没有高低……继承财产和头衔，并不会让任何人的头脑得到智慧，也不会让他们的心灵充满真理……
>
> 有人会说，既然我们有那么多上等贵族，这就不是一个好的世界。但那个人的祖先，当他刚刚了解这个世界的时候，该怎么说呢？对他，以及所有男人和家庭来说，所有的国家和王国都有他们的上等人，他们开始时就是如此……[3]

和对待贵族制一样，威廉·佩恩对富豪也深恶痛绝，“不要因为别人有钱或自己有钱，就认为都值得特别尊重，”他写道，“也不要以为你自己或其他人的举止是值得仿效的。”[4]

但佩恩并不是平均主义者。他相信社会应该由具有基督徒品格的贵族来治理。“祈祷让高贵与品格相伴，因为他们最有亲缘性，”他写道。[5]他认为最重要的是，要通过个人的工作和行为来对他作出判断。“一个人，就像钟表一样，应该依据他的动作进行评价，”他宣称。[6]

很多贵格派赞同佩恩关于社会等级的观点。他们以实际行动而不是语言，来表达对英格兰社会次序的反对。弗吉尼亚圣公会信徒对地位的仪式性尊重在特拉华山谷受到压制。旧有的习惯如“脱帽”“屈膝”等被贵格派谴责。很多人反对在上流社会面前“脱帽”以示尊敬。贵格派摒弃了弯腰、屈膝、退行和揭面等礼节，代之以统一的握手礼，并把这种礼节延伸到所有人，包括社会的上层。[7]

在英格兰，那些顽固拒绝脱帽礼的贵格信徒要受到残酷的惩罚，显示出这些礼仪在17世纪有深邃的内涵。例如在1655年，兰开夏郡的高级警长约翰·帕克（John Parker）经常欺辱、殴打不向他行脱帽礼的贵格信徒。一天驾车外出，帕克警长遇到了拒绝向他脱帽行礼的贵格佃户詹姆斯·史密森（James Smithson）。

“你不认识我吗？”警长高高在上地说。

“我认识你。”这位贵格派说。

“我是谁呢？”

“你是我的地主。”

“我当然是！”警长说，“但我要教会你我是谁。”

警长挥舞着手中的大棒，准确地击中了詹姆斯的头。然后他拉开了这个贵格派的帽子，“他继续打他的头，直到他的棒子打断，他又甩开棒子，直接用手打他，直到他求饶”。

不久之后，史密森又遇到了警长，再次拒绝行脱帽礼。“对你的地主难道就不应该尊重吗？”警长愤懑地问道。

“我付租金就是对你的尊重了，”史密森回答说，“我并没有其他的礼貌义务。”

警长又一次“用棒子打他的头，扯掉他的帽子，直接打他的头和脸，直到头破血流”。[8]

“脱帽礼”只是贵格派拒绝向上层社会遵行的主从礼仪之一。另外一种是第二人称的复数，就是代词“you”，这在很多欧洲语言中表示尊重。贵格派用“thee”和“thou”取代“you”，有时候会引来暴力相向。贵格仆役理查德·戴维斯（Richard Davies）记得，他的主人对此并不在乎，但女主人很生气：

> 当我对女主人说 thee 和 thou 的时候，她会操起一根棒子直接打我的光头，让我的头部肿胀、疼痛很长一段时间；她

对此特别在意，她发誓她会杀了我，即使她会因此被绞死；仇恨占据了她的心，她完全失控了；虽然之前她很少对我说气话。[9]

贵格派也拒绝使用社会头衔。他们不会叫任何人“主人”，“先生”，“长官”，或者“夫人”。他们不会叫有头衔的贵族为“我的主人”，因为他们只认识一个主（指上帝——译注）。他们很鄙夷把公爵称为“大人”（Your Grace），因为他们认为英格兰的公爵家族都缺乏真正的大恩德。他们也拒绝称贵族和高官为“阁下”。贵格派在美国和在英格兰一样，坚持认为“所有这些头衔和荣誉的称呼都应该被基督徒拒绝，因为他们要寻求的是来自上天的荣耀，而不是来自地上的”。[10] 所有人都简单地称呼为“朋友”，没有任何年龄、地位、性别、官职或等级的差别。

贵格派也反对其他的等级习惯——尤其是出于礼貌的恭维语言，这在 17 世纪很盛行。一个著名的例子是乔治·福克斯 1656 年被关押在朗斯顿（Launceston）监狱期间的事情。一天早晨，他在堡垒的草地上锻炼身体，英国贵族西利少校（Major Ceely）向他脱帽致意，并礼貌地说：“您好吗，福克斯先生？我是您的仆人。”这个礼貌的行为招致了粗鲁的回应。“西利少校，”这位贵格派说，“丢掉你的假仁假义吧，难道我是这里的主人，而你是我的仆人？仆人会把他的主人投入监狱吗？”[11]

贵格派有各种理由来反对这些礼貌，因为它们都是虚假的，有欺骗性，显得虚伪；这样做只会对恶魔有好处，是对罪的纪念；这些行为让人们只关注空虚的荣誉；它们会让人们从真正重要的非俗世的荣耀中偏离。[12]

然而，贵格派在仅仅一代人的时间里就把这些不平等的礼仪发展到了顶峰。行为历史学家认为，还没有一个时期像16、17世纪的精英这样要求如此严格的等级礼仪。[13]

在特拉华山谷，贵格派的等级方式很快成为所在地域文化的组成部分，并使其区别于新英格兰和切萨皮克地区。用历史学家加里·纳什（Gary Nash）的话说，传统的“精英主义、等级和从属方式在宾夕法尼亚的早期阶段逐渐衰退”。[14]用英格兰等级世袭的术语来说，贵格派的理想是单一次序的社会。在他们自己看来，他们的目标并不是建立平等的社会，而是一个有道德特征的新体系，其中的男女依据他们的品行和价值归入不同等级。

注释

1 James Parnell, "The Trumpet of the Lord," [1655] in *A Collection of the Several Writings of James Parnell* (London, 1675), 28-29; Barbour, *The Quakers in Puritan England*, 171.

2 Penn, *No Cross, No Crown*, 50.

3 同上，51。

4 同上。

5 同上。

6 Penn, *Some Fruits of Solitude*, 180.

7 Bauman, *Let Your Words Be Few*, 45.

8 Marsden Monthly Meeting Records, 1655, ms. FRM 1/39, LANCRO.

9 Richard Davis, *An Account of ... Richard Davies* (Philadelphia, 1832), 引自 Bauman, *Let Your Words Be Few*, 51。

10 Frost, *Quaker Family*, 192; Staughton George et al, *Charter to William Penn and Laws of the Province of Pennsylvania* (Harrisburg, 1896), 111.

11 Bauman, *Let Your Words Be Few*, 47.

12 同上。

13 Joan Wildeblood and Peter Brinson, *The Polite World: A Guide to English Manners and Deportment from the Thirteenth to the Nineteenth Century* (Oxford, 1965).

14 Nash, *Quakers and Politics*, 327.

特拉华的群居

迁徙、定居和社群的模式

威廉·佩恩到达宾夕法尼亚的第二天，就把所有移民召集起来，庄严宣布他会完整保护他们的“信仰及世俗的权利”。他只要求两件事情：一是希望他们保持冷静，二是要做彼此相爱的邻人。[1]

“相爱的邻人”这个观念在特拉华山谷非常重要。它成为一种特殊群居方式的文化黏合剂，并结合了贵格理念和中北部的传统。特拉华的这种群居方式与新英格兰和切萨皮克地区有很多区别——包括定居、迁徙、群体生活和社会纽带等方面。

特拉华山谷的理想型定居是每家都居住在自己耕作的田地旁，但又不完全与其他人隔绝。各家住所建成小群落，由此成为乡村地区的邻里——这种模式至今在宾夕法尼亚乡间常见。

这种定居方式在英格兰北部长期存在，与东盎格鲁的城市生活和威塞克斯的庄园式村庄判然有别。集中的城镇在中北部相对少见。一座巨大的庄园环绕着一群小农舍的居住方式同样少见。北部乡村的经济方式需要小的居住单元和更加开放的定居模式。[2]

在美国，英格兰中北部的这种模式有所修正，并通过贵格派的理念得以强化。威廉·佩恩的计划是让 5 到 10 个家庭组成一个小镇，建立邻里关系。这些住所一般在 10 英亩的范围内彼此靠近修建，周边环绕着各户拥有的约450英亩农地。其目的是为了把经济自治与宗教社区结合起来。“在房屋的门前，”佩恩解释到，“有绵延的道路，穿过每家每户的450英亩地……这样社区因地制宜，非常方便。”[3]在每个小镇的中心，他还命令修建公共草坪和牧场。

佩恩理想的小镇在规模上不同于新英格兰的城镇，后者的边长一般有6英里，面积广达20,000英亩——有时甚至更大。宾夕法尼亚的小镇最初的计划就只是覆盖5000英亩的面积，只容纳50个人。他们并不实行自治。奠基者的蓝图是建成安静而开放的乡村社会，各处点缀着成群的独立农场。到1685年，宾夕法尼亚已经至少有50个这样的小镇。

领主的官方政策在贵格信徒中反响不一。多数人赞同的原则有私人财产受到严格保护，以缴费为对价的终身占有，规模有限、大小均等的土地授权和以实际占有为前提的所有权等。但他们并不喜欢集中的农业小镇和公共牧场、草地等。与领主愿望相反，宾夕法尼亚人创造出独特的土地分配方式：小农场三两成群地散布乡间，没有佩恩期望的公共草地。

历史学家詹姆斯·莱蒙（James T. Lemon）在这个过程中观察到，“贵格派建立了一种稳固的模式，为18世纪的后来者仿效，并沿用到20世纪”。[4]

随同佩恩到达的那批移民已经有人从特拉华山谷迁徙到了宾夕法尼亚的内陆地区，那里层峦叠嶂，像大海的波涛一样。在这片地势起伏的乡间，陡峭而贫瘠的山峦上并没有多少人居住。很多地方至今是空旷的。而土地肥沃的山谷则成为定居地，并且形成自己独立的文化特色。例如大山谷（Big Valley），这是靠近如今宾夕法尼亚地理中心的一个美丽的月牙形山谷。大山谷现在是宾夕法尼亚的荷兰人聚居地。信箱上的名是祖克（Zook）、皮奇（Peachey）和霍斯泰特勒（Hostetler）等。18 世纪的一种瑞士 – 德国方言仍然是山谷里主要的口音。位于大山谷北面，横跨石山的是尼塔尼（Nittany）山谷，那里又是一个不同的文化。18 世纪时，这里的定居者是长老会和圣公会的人，他们主要来自大不列颠北部的偏远地区。今天，尼塔尼的年轻人仍然不自觉地把一些元音发成英国北部的古老发音。这些地方很少居住着贵格派，但他们的定居方式却和特拉华河两岸英国贵格派相似。这种宾夕法尼亚的模式就成为整个地区的典型。

迁徙的行为也有相似的趋向。一种独特的“迁徙制度”由英国贵格派引入了特拉华山谷。该地区的流动性要高于马萨诸塞，甚至弗吉尼亚。其中多数是本地的短距离迁徙。[5]

在这方面，特拉华山谷与英国中北部也很相似。对英国迁徙模式的研究与美国的可比性不太大。相对有可比性的是中部诺丁汉郡的克莱沃思（Clayworth），那个地区很多人移民到了宾夕法尼亚。有趣的是，克莱沃思定居的比率与宾夕法尼亚州的切斯特和兰开夏几乎一样。[6]

这些迁徙与定居的模式也影响了社群的模式。宾夕法尼亚的群居方式不如新英格兰那么紧密或靠近，也没有切萨皮克地区的法庭日和郡大会那样的热烈气氛。贵格教会提醒他们的成员，不要做“无益的”社交。莫利（Morley）的妇女集会敦促成员：“信徒不要到外界去做无益的访问，彼此之间也不要如此，无论是在孩子上床后或其他时间；若无必要，既不要去串门，也不要接待来客。”[7] 柴郡季度大会也有相似的说法：

> 教会要考虑的问题是，无论是经常性的洗礼仪式，还是传播流言，或是房屋买卖之类的事情，人们是否可以借这些理由聚会，答案都是不。教会的理由是，如果信徒可以快速把事情处理掉，聚会这种事情就没必要了。[8]

贵格信徒的私人日记也显示出相似的态度。约翰·凯尔萨尔（John Kelsall）在1700年左右的日记里写道："我无法忍受有些人自由自在地交谈、大笑或类似的行为。"[9]同理，美国贵格派安妮·库伯·怀特尔写道：

> 尽量用自己的良知去和上帝以及他的天使对话：不要抱怨没有朋友……你应当拒绝人群和陪伴，因为经常与人谈话，无论是新闻或者无关紧要的事情，有可能对品格造成损害。[10]

很多贵格派对"有人陪伴"会感觉不舒服，即使是和其他信徒在一起的时候。

但佩恩有关"良邻"的观念还是很被看重的。"有用的"聚会仍然受到欢迎。在聚会所、库房或家里举行的"聚会"从18世纪早期开始，就在英国贵格派和德国虔诚派中很普遍。这些聚会是"有用"社交的典型形式。[11]

罗达·巴伯（Rhoda Barber）记得，18世纪早期，宾夕法尼亚她年幼时居住的邻里氛围：

> 当地人虽然不像今天那样住得很近，但情感上依然相互

依靠。我记得很清楚，邻里有人去世后，整个社区都笼罩在黯淡的气氛中，即使这个去世的人来自最低阶层，每个家庭都要派人参加。离得很远的邻居之间也彼此认识。陌生人会很容易被认出来，引起众人的好奇心，要知道这个人是谁，从哪里来。[12]

历史学家悉尼·詹姆斯（Sydney James）说过，贵格派的社群可以理解为一个“众人之中的人群”系统；意思是，“这是一个组织良好的群体，等级中包含特有的公序良俗，他们对政府敬而远之，并认为其他人也应采取同样的生活方式”。这种多元主义理念在贵格殖民地被广泛认可。它并不是出于族群的自利，而是来源于某种高度的原则，背后有极强的道德诉求。[13]

群居组团迅速在宾夕法尼亚铺展开来。所以，乡间保持着非常开放的秉性。但每个社群内部结构却很紧密、封闭，并有严格戒律。在这个系统中，声誉变成最紧要的事情。对贵格派而言，好的声誉就像荣誉一样重要。失去荣誉会让人羞愧难当。

贵格派对荣耀的观念不同于历史学家伯特伦·怀亚特-布朗所说的“基本荣誉”。它们的目的不是为了表彰勇气、男性气概或等级的升迁。这些荣誉不符合贵格派的价值观。[14] 贵格派和同时代人一样在乎“荣誉”和“声誉”，只是方式不同。托马斯·米夫林（Thomas Mifflin）在备忘录里提到：“荣誉感，在我们意味着对人的赞许；如果受到谴责，则会感到不安。”[15] 艾萨克·诺里斯记载了他对一项商业交易的犹豫，“如果我们在向你交货时感到担忧，就有可能显得不太荣誉”。[16]

贵格派的荣誉远不是弗吉尼亚贵族们在乎的保王党风度。它也不同于新英格兰的特别圣徒所遵循的契约规则。它所彰显的是基督之爱、平和、“好邻里”、圣洁、和善待人等品质。这些对于他们的群居非常重要。约瑟夫·奥克斯利（Joseph Oxley）这样教导自己的孩子：

> 美善的行为应该是以爱来看顾自己的兄弟姐妹，只要需要，就尽力帮助……孩子们，这样做会让你的心灵充满平安，你也将美名远扬。上帝将让你充满喜乐。[17]

这个文化与同时期其他文化一样，非常看重“声誉和荣誉”。如果一个贵格信徒失去了荣誉，他要被迫站在众信徒面前，“自我羞辱”，或被从被这个群体中驱逐出去。在17世纪和18世纪早期，贵格派、清教徒和圣公会在荣誉、声誉以及耻辱的实现方式上有相似处。但这些社会观念的实质彼此相异。[18]

在以上所述的这些方面，英格兰中北部的历史经验、贵格派的理念和当时移民的价值观等相互作用，产生了特拉华殖民地特殊的群体生活方式。宾夕法尼亚的自然条件限制了其外部形式；中北部的经验提供了群体生活的不同趋向，也决定了内部迁徙的规模；贵格派的信仰则贡献了“众人之中的人群”这种多元主义理念，和朴素的群居生活观念，荣誉、声誉和耻辱在其中起到重要的作用。这些特质在美国中部产生了长期的影响力，有些延续至今。

注释

1 Philip Ford, *A Vindication of William Penn* (London, 1683); Jean R. Soderlund, ed., *William Penn and the Founding of Pennsylvania* (Philadelphia, 1983), 188.

2 “在约克郡和坎伯兰郡，以田园经济为主流的生产方式和较低的人口水平决定了只需要稀疏的市集。” Peter Clark and Paul Slack, *English Towns in Transition, 1500-1700* (Oxford, 1976), 18.

3 Penn, “A Further Account of Pennsylvania,” in Myers, ed., *Narratives of Pennsylvania*, 263.

4 Lemon, *Best Poor Man's Country*, 220.

5 一个研究发布了成年男性定居的原始数据：

地点	时期	年均	十年期
宾州切斯特郡	1774—1785	94%	38%
宾州兰开夏郡	1771—1782	95%	无数据

来源 : Lemon, *Best Poor Man's Country*, 74-75, 249。

6 拉斯利特（Laslett）和哈里森（Harrison）报告了以下定居数据：

地点	时期	年均	十年期
诺丁汉克莱沃思	1676—1688	95%	39%

这些原始的定居率与切斯特和兰开夏郡只相差 1%。见 Peter Laslett, *Family Life and Illicit Love in Earlier Generations; Essays in Historical Sociology* (Cambridge, 1977), 79; 这一发现最早公布是在 Laslett and John Harrison, “Calyworth and Cogenhoe,” in H. E. Bell and R. L. Ollard, eds., *Historical Essays Presented to David Ogg* (1963), 157-84; 证据来自一位卓越的教区神父长的书，由威廉·桑普森（William Sampson）保留并出版，*Sparrows of the Spirit*, Harry Gill and Everard L. Guilford, eds. (London, 1961)。

7 Morley Womens Meeting, 4.vii.1706, ms. EFC 2/3/1, CHESRO.

8 Cheshire Monthly Meeting, 1.vii.1686, ms EFC/1/1, CHESRO.

9 John Kelsall Journal, n.d., [circa 1700], p.35; ms. S/194, FLL.

10 Anne Cooper Whitall Diary, 28.viii.1760, HAV.

11 关于聚会所的“兴起”，参见 John Bernard Diary, x.1775, HSP。

12 Rhoda Barber, Journal, HSP.

13 James, *A People Among Peoples*, 332-33.

14 Bertram Wyatt-Brown, *Southern Honor* (Oxford, 1982), 17, 75-78, 150-51.

15 Thomas Mifflin, “Abridgement of Metaphysicks,” 1759, HSP.

16 Isaac Norris to Moses Gainsborough, 8 Oct. 1735, Norris Letterbook, HSP.

17 Oxley, “Joseph’s Offering to His Children,” HSP.

18 有关宾夕法尼亚贵格派和弗吉尼亚贵族在这方面的比较，参见 Wyatt-Brown, *Southern Honor*, 77。

怀亚特 - 布朗认为：“荣誉在这些文化中不仅是一个名词，也是动词。”这方面贵格派与弗吉尼亚贵族也是不同的。名为托马斯·埃尔伍德（Thomas Ellwood）的年轻英国贵格派 1659 年转变信仰后写道：“来自父母的荣誉不构成脱帽弯腰向他们致敬的原因，但要服从他们所做的合法命令，并且在所需的事务上要为他们提供服务。”他的父亲托马斯·埃尔伍德是圣公会教徒，对荣誉的观念不同，对儿子的观点很愤怒，“老人用双拳猛揍他的儿子，‘扯掉他的帽子’，‘扔了出去’”。参考资料同上。

特拉华的秩序方式

贵格派以秩序为和平

贵格派的群居观念牵涉到他们的秩序概念。他们对秩序的定义，不是统一（如清教徒），也不是等级（如圣公会），而是另有其义。他们认为，秩序是社会和平的一种状态。

这个概念在贵格运动的早期并不存在。第一代英国贵格派并不以和平为旨归。他们制定的原则也不是和平的。但在1651年，清教徒以乔治·福克斯拒绝参加伍斯特战斗为由，把他关押在地牢里。自此以后，和平就成为贵格派的重要教义之一。1659年，当英格兰濒临战争边缘，乔治·福克斯给信徒们寄去一封信：

> 你们被呼召去追求和平，就遵从它……为所有人寻求和平，不要伤害任何人……放弃诡计、战争和武器，正因为有这些，亚当的后代堕落成性，摧毁人的生命，就像猪狗彼此撕咬、撞击，互相毁灭，搏杀得血肉横飞。这些战争和杀戮不是起源于人的欲望，还能是什么？[1]

基于这些教义，贵格派建立了一套社会秩序的观念，并将之传播到特拉华山谷。在外人看来，这些观念像乌托邦一样不现实，在新世界几乎不可能成功。它的确在某些方面失败了。但在其他方面，它取得的成就远远超过奠基者的想象，并且成为美国中部社会秩序的基本框架。

正如在其他方面一样，首要的倡导者是威廉·佩恩自己。他把秩序定义为一个系统，“身处其中的人们公正、诚实、品行端正；不会犯错、杀人、抢劫、欺骗、歧视他人；人们像对待自己一样对待他人”。[2]这些原则进入西泽西、宾夕法尼亚和特拉华的法律，产生的相关规定是，官员的职责在于维持“公序良俗”；这种秩序意味着一种和平的社会状况，任何人都不得干涉他人宁静的生活。[3]

在那个时代，这种观念是一种革命——它意味着人们不必信仰同样的教义，或被迫置于某种单一的等级秩序中。这是一种开放的秩序观念，其背后是贵格派对于秩序的黄金律令和“灵光”的教义。对圣公会来说，贵格派的秩序观念具有危险的传染性；对清教徒而言，这种观念本身比较矛盾。但贵格派以相互克制为秩序的基础，由此设定人们的基本义务，并且在殖民地严格执行。他们这方面的坚定决心超出了崇拜者和批评者的想象。

为了维护和平秩序，让信徒相互克制，特拉华殖民地的贵格派奠基人创造了一系列新颖的制度，以实现他们的秩序理想。宾夕法尼亚最重要的秩序维护者是郡里的警长和法医。这些政府官员不像弗吉尼亚由一小撮贵族控制着，也不像新英格兰的地方官由社区投票选举产生。宾夕法尼亚选举警长的方式比较复杂。每个郡都会举行公开选举，并要求有一个以上的候选人。在得票最多的两个人中，由总督任命其中一人为警长。警长的任期很短，通常只有一年。1730年后，职位轮换成为硬性要求；警长最长连任不超过三年，否则此后就不能再连续任职三年。这些选举的竞争都非常激烈。1764年，领主派别的一个成员写信给另一个成员，提到兰开夏郡，“我希望这种有关警长的不愉快竞争在我们这一派减少到两个候选人……这样可以联合我们的朋友一致行动”。[4]

这种选举方式所隐含的是国家与社会的两分，中央与地方的分立，以及对利益及价值多元化的认可。宾夕法尼亚警长成为一种社会裁判，其主要任务是在不同群体之间保持和平的秩序。

警长并不是特拉华山谷唯一的秩序维护者。郡法官也由领主派遣了相似的职责。他们保证执行所有权的政策，所以他们多数是贵格信徒，即使在这个宗派不再占有人口多数后，依然如此。1764 年，理查德·彼得斯（Richard Peters）写信给领主托马斯·佩恩说：“因为你在选择和平委员会成员时，总是首先想到贵格派，给了他们很多优先权，所以他们在郡里获得了巨大的影响力。”[5]

这些法官还有一帮官员作为助手，这些人是贵格派殖民地独有的，被称为维和者。非刑法方面的争端由法庭指派这些官员作裁决。[6] 贵格派内部的争议则有不同的处理方式，主要是在教会内解决。贵格会成员一般被禁止通过法律来解决纠纷。如果他们坚持这样做，有可能被逐出教会。由警长、法官、维和者和仲裁人组成的治安力量是特拉华山谷的特色。

特拉华殖民地违法的形式与英属美洲殖民地的其他地区不同。1755 年之前，贵格殖民地没有良心犯一说，也较少有违背道德或秩序的罪名。[7] 在切斯特郡，挑战政府权威的行为主要发生在阻挠维持秩序的官员行使公务的情况下。这些行为会受到严厉惩罚，贵格派在维护治安机构的权威方面毫不手软。亚伯拉罕·厄芬韦尔（Abraham Effingwell）因为“威胁本郡官员”而被判处“当众裸背接受 21 下鞭打，并在感化院囚禁 14 天做苦力”。[8]

如果说宾夕法尼亚挑战公共权威的罪行相对较少，违反私人权利而遭到惩罚的人则为数众多。切斯特郡法庭的诉讼事件表上一度挤满了擅入他人领地、侵占他人财物或偷窥等案子，这些普通法上的传统诉讼开始出现多元文化的因素。[9]在特拉华山谷，财产犯罪和人身侵害的犯罪数目持平，而新英格兰财产犯罪比例要高很多，南部殖民地人身侵害的罪行比例较高。[10]

贵格殖民地对违法行为的惩治措施也不同于英属北美的其他地方。莫基人坚决摒弃了英格兰严厉的死刑。[11]在宾夕法尼亚和西泽西，绞刑的刑律只有两种（叛国罪和谋杀罪），而在英国法律中则多达200多种。贵格派失去对殖民地的控制权后，死刑的数量上升了，但与其他殖民地比较仍然偏少。独立革命后，宾夕法尼亚领导了西方世界的刑罚改革。1794年，宾州就废除了几乎所有死刑，只将其保留给一级谋杀罪。[12]

虽然贵格殖民地在死刑方面态度柔和，但在惩戒侵扰他人生活秩序方面则非常严厉。在宾夕法尼亚，针对女性的性犯罪惩罚尤其严苛。鞭刑用得很广泛，这是羞辱而恐怖的事情。1743年，一个即将被执行鞭刑的男人，在众人面前掏出刀割断了自己的喉咙，只因他不愿意接受公共鞭打。[13]萨缪尔·布雷克（Samuel Breck）记载了18世纪费城公开惩罚的情形：

> 执行鞭刑的巨大柱子，涂成红色，醒目而稳固地矗立在城里人流最多的街上。它位于州大街上，正好在当地一所有名的写作学校的窗下，我经常去那里，那里的学者醉心于发明各种整人的办法……
>
> 女人们从监狱被拽上庞大的牢车，然后运送到鞭刑柱那

> 里；从车上出来后，她们背部裸露着被绑在柱子上，在群情激愤、众目睽睽之下，三四十鞭笞在罪犯的尖叫中执行完毕。
>
> 再往街里走一走，就能看见带着颈手枷的犯人，通常是三四个罪犯头部连在一起，以尴尬的姿态站立一个小时，被来往民众粗鲁地羞辱，他们经常把能找到的烂鸡蛋、恶心的蔬菜等等往罪犯身上扔。这种事情我见得太多了。[14]

从这些鞭刑的传统看，特拉华山谷的秩序方式与马萨诸塞和弗吉尼亚表面相近。但同样的惩罚措施维护着不同的社会秩序，在根本理念上有差异。

贵格派采取刑罚措施的目的不是为了惩罚违法者，而是使其回复正常。其目标不是为了把罪犯同社会隔绝开来，而是尽快让他们重回社会。1690 年代，费城感化院的罪犯在炎热的天气中被允许离开牢房。[15] 宾夕法尼亚和西泽西的法庭以特殊的方式发行和平债券，用来代替诉状，作为刑事诉讼的一种替换方式。[16]

贵格派在秩序与和平方面的做法成为特拉华山谷文化的一部分。在独立革命后，这个地区的人们逐渐接受了贵格派在犯罪与惩罚方面的很多观念。暴力犯罪的比率相对较低。维和者继续在不同文化族群之间担任仲裁者。秩序观念仍然以社会和平以及相互克制为要义，而不是统一或者等级。

历经各种跌宕起伏之后，宾夕法尼亚逐渐形成了一种氛围，即和平是上帝不可动摇的意旨。所以，一位贵格派写信给朋友说："我们享有的富饶与和平是上天所赐的福分，我们应该持感恩之心，把感谢赞美归给无需用剑就能保护我们的仁慈的神。"[17] 特拉华生活的现实证实了这种乐观主义。18 世纪参观费城的一个葡萄牙人写道：

“这个潜力无穷的人群所维系的宁静真是值得关注。”[18] 从以上这些方面来说，特拉华山谷的习俗要归功于贵格派的理念与英国传统在美国环境中的相互成就。

注释

1 George Fox, *Journal* (Cambridge, 1952), 357.

2 William Penn, *The People's Ancient and Just Liberties Asserted* (London, 1670).

3 *Colonial Records of Pennsylvania*, I, 96.

4 任期在 1701 年延长到三年，但在 1706 年再次减少到一年。但任期限制不适用于法医。参见 Wayne L. Bockelman, “Local Government in Colonial Pennsylvnia,” in Bruce C. Daniels, ed., *Town and Country: Essays on the Structure of Local Government in the American Colonies* (Middletown, Conn., 1978), 219-20。

5 同上，232。

6 有关维和者，参见 *Record of the Courts of Chester County*, 34, 39; 14.x.1683。

7 1755 年后，拒绝支付战争税的贵格派信徒在宾夕法尼亚会受到惩罚。但这种矛盾的局面主要出现在下一个历史时期。

8 *Record of the Courts of Chester County,* 56 (3.iv.1685); Winthrop, *Journal*, 14 June 1631.

9 *Record of the Courts of Chester County,* 5, 9, 10, 12, 15.

10 艾伦·塔利（Alan Tully）从切斯特郡法庭每季的案例中发现如下规律（1726—1755）：

罪名	数目	比例
人身犯罪	（192）	（27.7%）
攻击及殴打	192	27.7%
财产犯罪	（158）	（22.8%）
盗窃	144	20.8%
欺诈、造假	8	1.1%
闯入	6	0.9%

续表

罪名	数目	比例
道德犯罪	（167）	（24.1%）
性犯罪	159	22.9%
房屋不整洁	8	1.2%
违反秩序、挑战权威的犯罪	（56）	（8.1%）
暴乱及干扰和平	31	4.5%
违反许可	16	2.3%
不尊重权威	9	1.3%
未名犯罪	93	13.4%
其他犯罪	28	4.0%
总数	694	100.1%

来源：Tully, *William Penn's Legacy,* 190-91；此后对费城郡的一个研究发现了很高比例的财产犯罪；参见 A. H. Hobbs, "Criminality in Philadelphia, 1790-1810, Compared with 1937," ASR 8 (1943), 198-200。

11 乔治·福克斯和约翰·贝勒斯（John Bellers）反对死刑的言论，参见 Herbert W. K. Fitzroy, "The Punishment of Crime in Provincial Pennsylvania," *PMHB* 60 (1936), 244。

12 Fitzroy, "The Punishment of Crime in Provicial Pennsylvania," 242-69; Harry and Grace Weiss, *An Introduction to Crime and Punishment in Colonial New Jersey* (Trenton, 1960); Albert Post, "Early Efforts to Abolish Capital Punishment in Pennsylvania," *PMHB* 68 (1944) xxx; Harry Elmer Barnes, *The Evolution of Penology in Pennsylvania: A Study in American Social History* (Indiannapolis, 1927); Harry Elmer Barnes, *A History of the Penal, Reformatory and Correctional Institution of the State of New Jersey* (Trenton, 1918); Kathryn Preyer, "Penal Measures in the American Colonies: An Overview," *AJLH* 26 (1982), 326-53.

13 Watson, *Annals of Philadelphia*, I, 309.

14 Samuel Breck, *Recollections* (Philadelphia, 1877), 36-37.

15 Lewis, "The Courts of Pennsylvania in the Seventeenth Century," 176.

16 Paul Lermack, "Peace Bonds and Criminal Justice in Colonial Philadelphia," *PMHB* 100 (1976), 173-77.

17 I. Norris to Richard Partridge, 31.v.1744, Norris Letterbook, HSP.

18 Robert C. Smith, ed., "A Portuguese in Philadelphia," *PMHB* 78 (1954), 86-87.

特拉华的权力方式

委员会政府的政治

贵格派控制了宾夕法尼亚政府长达67年（1682—1755）。① 这一时期，他们缔造了一个不同于新英格兰和弗吉尼亚的政治体系。这个政体中的各个机构在1725年就已成型，其中有些持续了两个多世纪。贵格派把权力移交给其他群体之后，他们形成的传统长期影响着该地区的政治制度和民俗。[1]

英国贵格派把强烈的公共参与和一系列高度发展的政治原则带到了美国。他们虽然受到政敌的指责，但他们并不是17世纪的无政府主义者。“当然，”艾萨克·诺里斯在1710年写道，“每个有思想的人都应该相信，政府绝对是必要的；群体的人数无论多少，他们的日常经验都证明了这一点。”[2]

用威廉·佩恩的话说，贵格派相信政治是“宗教的一部分，它的制度和目标都是神圣的”。[3] 费城年度大会反复提醒其成员，他们在公共事务与私人领域都受到宗教原则的约束。[4]

然而，这些宗教原则的政治意涵是可争议的。贵格派内部经常就公共问题激烈争吵。威廉·佩恩曾恳求他们：“为了上帝的爱，以及我和可怜的国家，不要那么官僚吧！”[5]

---

① 原文如此。——译注

宾夕法尼亚的内部争议十分剧烈，这让詹姆斯·洛根觉得，“权力已经从中心崩溃了”，统治的工具已经破裂，只剩个人的良心。[6]贵格派认为，真正的基督徒负有神圣的职责去反对政府的恶，而人的良知可以判断出上帝的真实。贵格派的意识形态为政治对立正名，而这在其他英语文化中是缺失的。宾夕法尼亚的政治文化不仅受到贵格派教义本身的左右，他们对教义实践的争议也留下了持续的影响。

影响之一是在宾夕法尼亚很早就出现了政党。1701 年，该地区已经活跃着两个政党。两党都是由贵格派信徒组成。乡间党的成员主要是郡里的农场主和工匠。领主党主要是和佩恩家族关系紧密的人，他们通过代理人詹姆斯·洛根与费城的贵格大商人结成联盟。

两党都提名候选人，展开竞选，发表政纲，招募稳定的职员队伍，并努力维护其最高原则。政党之间针锋相对的主要是美国政治中经典的宪法问题：领主和议会之间的权力关系，财产权与个人自由的相对重要性，以及对司法的控制权等。两党均宣称，他们通过两种辉格党意识形态的经典斗争来捍卫自由。

威廉·佩恩于 1718 年去世后，第一个美国党派体系分崩离析了。之后党派活动沉寂了一段时间。到 1720 年代中期，宾夕法尼亚的政治由两个新党派统治着，一个叫贵格党，一个是贵族党。贵格党的支持者主要是英国贵格派和德国虔诚派信徒，他们的价值观和目标趋于一致。贵族党赢得了圣公会商人、海员、苏格兰－爱尔兰移民和费城非贵格派的中产阶级的支持。这两个党派也提名候选人，并展开长期的竞选。宾夕法尼亚殖民地时期的这两个党派体系加起来要比美国政治历史上的第一或第二个政党体系的时间要长。

这个政治文化的另一个重要部分是族群政治。族群政治的发端是在1680年代，威尔士和英格兰贵族派之间的斗争。两个族群彼此心有芥蒂，所以占据多数的英格兰贵格派控制了宾夕法尼亚各郡边界的划分，刻意分裂威尔士的定居地区。哈弗福德和拉德诺（Radnor）两个城镇被划到了切斯特郡，而梅里奥（Merion）则被划到了费城郡。这样做的目的，是避免威尔士贵格派控制整个郡——这是美国历史上最早的对选区的不公正操控。[7]

在18世纪威廉·佩恩的代理人招募德国虔诚派前往宾夕法尼亚的同时，不受欢迎的苏格兰人与爱尔兰人也大量移民过去，族群关系在宾夕法尼亚的政治中日趋重要。但制度结构业已存在。族群多元化的传统受到贵格派的认可，很多人自称是“自己土地上的异议人士”。这种观念也促使宾夕法尼亚的政治多元化迅猛发展。

另一种贵格传统是特别的地方制度。宾夕法尼亚的奠基人选择性地继承了与贵格派价值观相符的英国传统制度。在地方政府制度中，他们摒弃了圣公会的教区制度，但保留了英国的郡，并因地制宜作了调整。从一开始，奠基人就把大多数地方管理的权力交给了郡法官，他们一般由政府高层任命。

但这个体系没有运作太长，因为它不被乡间党接受。州议会通过一系列法令（1718, 1725, 1728）建立了崭新的由郡委员会构成的地方管理机构。这些官员最初由议会任命，1725年后则由人民选举产生。每个郡有三个管理委员，其中一人每年秋季与警长和法医一起进行改选。征税的权力授予郡委员会和郡财税顾问，后者每年选举一次。[8]

宾夕法尼亚州的郡委员会运作方式不同于新英格兰的城镇大会和弗吉尼亚通过法庭和礼拜堂来管理的模式。宾夕法尼亚没有像新英格兰那样，通过机构来保证制度的遵守。[9]它也没有像弗吉尼亚那么强的寡头政治倾向。但宾夕法尼亚的选举很频繁。到 1775 年，选民一年要参加五次投票。在这种文化中，“居民经常积极参与政治过程”，这不同于其他殖民地。[10]

纳税的白人成年男性投票比率在宾夕法尼亚低于弗吉尼亚，但比新英格兰高。参与比率每年都有起伏，在 1740 年代和 1760 年代党争剧烈的时期，投票率比较高。但整体上，参与度比较稳定，不像新英格兰小镇，像断奏的乐章陡升陡降。[11]

这个政治文化的另一要素是英格兰复辟时期的辉格党意识形态，它在宾夕法尼亚扎根很深，远胜于马萨诸塞或弗吉尼亚。威廉・佩恩就是一个忠贞不渝的英国辉格党，他支持阿尔杰农・悉尼（Algernon Sydney）当选，并且从监狱里救过洛克和特伦查德（Trenchard）。宾夕法尼亚所有政党的领袖都自称为辉格党。历史学家卡罗琳・罗宾斯（Caroline Robbins）和弗里德里克・托尔斯（Frederick Tolles）在对贵格派图书馆的研究中，发现了他们对一些经典著作的“长期偏好”，罗宾斯将这些著作称为共和国的传统，包括特伦查德和戈登的《独立的辉格党》（*Independent Whig*），以及《加图来信》（*Cato's Letters*）。[12]

这种意识形态逐渐在美国殖民地传播开来。但在宾夕法尼亚，它的形式比较特殊，包括议会一院制，年度会期由他们自己决定等等。还有一个要素是小政府的理念。安德鲁・汉密尔顿（Andrew Hamilton）1739 年写道：“我们只设立必要的官职，只向他们支付必要的薪酬，他们一般由人民选举，或者由议会任命。”[13] 除此以外，还有最少税收的观念，宾夕法尼亚的税收略低于多数殖民地。1692 年有人建议每英镑财产增加一便士的税负，这相当于估值财产 1% 的十分之四，但最后以“重大的税负”，对“自由和财产”带来毁灭等理由遭到否决。[14]

小政府的观念在宾夕法尼亚践行的程度超过所有其他殖民地。当地直到 1750 年才有合法的常设性民兵组织。在某个时期，因为土地银行带来的利息较高，成为替代性收入来源，当地就没有任何税收。在 1750 年代之前，宾夕法尼亚议会通过的法律少于英属北美的所有其他地区，它的法庭在执行法律方面也比其他多数地区更为被动。在所有这些方面，贵格殖民地都不同于英属北美的大多数地方。[15]

1740 年之前，这个由制度化的政治反对派、有组织的政党、政治多元化、委员会政府、轻税收和小政府等构成的体系已经全面建立。它由贵格派缔造，结合了基督教信仰、英国传统和 17 世纪晚期一代的经验。1756 年，很多贵格派领袖退出了政治，对殖民地的控制权也转交给了其他人，但他们所创造的政治文化却继续繁荣。这也是贵格派留给美利坚共和国的一笔不朽遗产。

注释

1 从 1692 到 1694 年有短期的皇家控制期。

2 Isaac Norris, *Friendly Advice to the Inhabitants of Pennsylvania* (n.p., n.d., Philadelphia, 1710?); 副本见 Pemberton Paper, HSP。

3 Tolles, *Meeting House and Counting House*, 10.

4 1711 年费城年度大会的样本，参见 Richard Bauman, *For the Republican of Truth*, 2。

5 William Penn to Thomas Lloyd et al., 15 Aug. 1685, Penn Papers, HSP.

6 Nash, *Quakers and Politics*, 241.

7 Tolles, *Quakers and Atlantic Culture*, 124.

8 Clair W. Keller, "The Pennsylvania Commission System, 1712 to 1740," *PMHB* 93

(1969), 372-82; 这篇文章概括了作者本人的博士论文，“Pennsylvania Government, 1701-1740” (thesis, Univ. of Wash., 1967)。

9 Tully, *William Penn's Legacy*, 书中首次阐述了这种观点。

10 Bockelman, “Local Government in Colonial Pennsylvania,” 216-37.

11 从特拉华山谷几处地方的议员和地方官的选举中，收集到如下投票率的数据（以白人成年男性为基数）：

地方	年代	投票率	地方	年代	投票率
宾州巴克斯郡	1738	26%	宾州费城公司	1727	28%
	1739	19%		1728	33%
	1740	22%		1730	19%
	1765	46%		1732	26%
	1742	38%		1734	22%
宾州切斯特郡	1737	29%		1735	28%
	1738	37%		1736	18%
	1739	32%		1737	21%
	1742	32%		1738	29%
	1765	22%		1739	12%
宾州兰开夏郡	1737	31%		1740	38%
	1738	40%		1741	23%
	1740	34%		1742	34%
	1741	37%		1743	19%
	1742	45%	宾州费城	1737	15%
	1749	32%		1742	32%
	1757	14%		1751	37%
	1765	48%		1757	23%
新泽西州米德尔塞克斯	1754	49%		1758	7%
特拉华州肯特郡	1751	48%		1764	42%
				1765	62%
				1766	46%
				1774	36%
				1775	27%

来　源：Robert J. Dinkin, *Voting in Provincial America* (Westmont, Conn., 1977), 158-59; Tully, *William Penn's Legacy*, 93; Chilton Williamson, *American Suffrage from Property to Democracy* (Princeton, 1960), 34; Richard P. McCormick, *History of Voting in New Jersey* (New Brunswick, 1963), 63; David P. Peltier, "Border State Democracy: A History of Voting in Delaware, 1682-1897" (thesis, Univ. of Del., 1967), 36。

12 Tolles, *Meeting House and County House*, 178.

13 Jones, *Quakers in the American Colonies*, 487.

14 "An Early Petition of the Freemen of the Province of Pennsylvania to the Assembly, 1692," *PMHB* 38 (1914), 495.

15 Jones, *Quakers in the American Colonies*, 487.

特拉华的自由方式
贵格派的相互自由

1751年，宾夕法尼亚议会举行了一次周年庆。威廉·佩恩于1701年发布保障当地居民自由权利的《权利宪章》在那一年刚好50周年。为了纪念这一事件，议会下令为宾夕法尼亚州议会购买一个大钟。

州议会所在的那栋建筑就是今天的独立宫，而这个贵格派大钟就是自由钟。在一般人心目中，这两个历史标志都与美国革命相联。但事实上，它们是盎格鲁－美国早期历史的产物；它们本身的意义是为纪念宾夕法尼亚的贵格派奠基人所倡导的自由理念。

购买这个贵格派大钟的最初方案由贵格派成员投票通过，在1750年的议会中，他们占了70%的席位。钟上的铭文由贵格派议长选定，他从《圣经·利未记》中选择了一段与其宗派信仰联系紧密的话。这段引文倡导的自由，由上帝赋予了他所有的子民，而不是被拣选的少数；这种自由可以保证家庭的圣洁，以及财产的安全。全段引文似乎完全契合纪念威廉·佩恩《权利宪章》的主旨：

> 第五十年你们要当作圣年，在遍地给一切的居民宣告自由。这年必为你们的禧年，各人要归自己的产业，各归本家。[1]

大贵格钟是宾夕法尼亚议会在美国革命多年前购买的。1776年7月8日，钟声敲响庆祝独立宣言的通过，此后这个钟就改名为自由钟。1835年为最高法院首席法官约翰·马歇尔（John Marshall）敲响丧钟之后，自由钟出现了裂痕，但此后有大事件时，它仍然被使用。本书作者在1944年6月6日诺曼底登陆之日，听到过它的钟声，当时它的钟声通过收音机传向全世界，昭告西欧解放即将来临。这个大自由钟业已成为通用的标志，但它的原意是为了铭刻一种非常特殊的自由观念，这种观念属于定居在宾夕法尼亚的激进新教徒，包含的群体有英国贵格派和德国虔诚派。钟上有一段圣经的铭文："在遍地给一切的居民宣告自由"（译文来自和合本圣经——译注）。它揭示了一种相互自由的理念，迥异于英属北美的其他自由观念。

这里包含的自由理念大大不同于清教徒，后者倡导把有序自由只赋予上帝所拣选的少数，它也不同于弗吉尼亚贵族所提倡的奴隶主的等级化自由。贵格派以“相互自由”为金科玉律，并希望普及全人类。

这种基督教观念带有很强的英伦自由风，在贵格思想中扎下了根基。早在1687年，威廉·佩恩下令在费城重印大宪章，同时加印了其他一些重要的宪法文件。他是想提醒宾夕法尼亚的土地所有者享有的英国公民权。他敦促他们：

> 不要随便放弃现在享有的自由权，要从祖先那里学到经验，放弃权益是容易的，要重新获得就难了。[2]

在自由的问题上，宾夕法尼亚人并不需要领主的教导。当地居民对公共问题的讨论大都是从权利和自由的角度。表面上，这些自由的话语方式类似于马萨诸塞和弗吉尼亚。但宾夕法尼亚的奠基人不同于其他的英格兰移民——他们是后一代移民，来自英格兰另一个地区，并且所持的基督教信仰也不同。他们的自由观念与其他英属北美的移民不同。

最大的不同在于宗教自由，即威廉·佩恩所说的“良知的自由”。这不是传统意义上的新教自由观，即只做正确的事情。贵格派认为，良知的自由甚至包含了他们看来是错误的观念。他们所谓“灵魂自由”保护基督徒的任何一种良知。

威廉·佩恩对此作了清晰的阐述。佩恩来美国前出版了大约60本书和宣传册，其中有一半是对良知自由的捍卫。当中一些文章是这个主题至今为止最有力的阐述之一。有一篇结尾他从个人的角度作出了评论：“……这是对作者极大的满足，因为他恳求所有人获得自由，明明白白地表达了他的良知。”[3]

佩恩的良知自由是道德上的绝对律令。他用警句对此作了概括：

> 良知是上帝赐予人的，它的力量来自他的权柄。
>
> 良知自由是每个人的天赋权利，被剥夺良知自由的人就是缺失了最大自由的奴隶。
>
> 这个世上没有任何理由应为一个人的良知而去迫害他。
>
> 没有人应该为他的良知而被社群强迫、限制或迫害。
>
> 出于自由和权益的关系，我提议……不要给予我和我的继承者任何作恶的权力，不能因为一个人的缘故阻碍整个社区利益的达成。

良知自由的这些理念建基于佩恩的贵格信仰。他曾经评论说，每个人的灵魂深处都有“一种神的本能”，不需要任何世人的强迫。基于灵光的原则，他认为，每个人都能从谬误中找到真理。贵格派乐观主义的宿命观让他相信，真理最终会战胜谬误，只要人们可以自由地追求真理。佩恩的“良知自由”并不是世俗的自由主义观，不以自由本身为目的。它是追求更大目标的工具：这个目标就是基督教信仰在世界的胜利。

威廉·佩恩个人受到的宗教迫害也是他笃信宗教自由的原因。个人的苦难让他相信，对良知的压制不仅罪恶，而且无效，对真正的信仰是非常危险的。“他们败坏所有真正的宗教，”佩恩写道，“……而要让人们相信威权者命令的东西。”[4]

这些记忆和经历并不是佩恩一人的。历史学家们估计，从 1661 年至 1685 年，英格兰至少有 15,000 位贵格派被投入监狱，有 450 人因为他们的信仰而被处死。到 1685 年，仍有超过 1400 位贵格派被关押在英国监狱里。多数“受难书”都记载了这一持续到 18 世纪的惩罚经历——多数是因为没有支付十一税而导致的罚款和追捕。这些记录也表明，对贵格派最严酷的迫害来自圣公会的神职人员：

> 斯德克霍尔（Stockhall，属于德比郡）的年轻人约翰·林加德（John Lingard）因为福丽特教堂（Chapell of Fritt）威廉·怀特（William White）牧师的起诉而被投入监狱。当时，约翰正在收割最后的玉米，威廉抓住并拘留了他，直到警官前来带走他，把他投入德比监狱……
>
> 这位牧师此前曾闯入约翰·林加德父亲的房屋，不但把外门掰下来，也把内门打成碎片，把玉米抢过来，然后骑着马逃离了。[5]

贵格派常因为拒绝支付十一税而被处以远远超过原来数目的罚款，有时他们所有的财产都被充公。1672 年，英国贵格派威廉·库伯拒绝支付几先令的十一税，因此被罚了 5 英镑 15 先令，“为此他不得不卖了奶牛、玉米、干草和家里的物资以履行税负”。[6]

宾夕法尼亚的很多贵格移民都经历过这种宗教迫害，他们决心在自己的土地上避免这种事情的发生。宾夕法尼亚通过的第一部基本法保护所有相信“独一全能神”的人们享有良知自由，并且确立了完全的礼拜自由。它也惩罚那些“嘲弄别人宗教”的人。宾夕法尼亚的奠基人并不满足于阻止政府干涉良知自由。他们也安排了积极保护这种自由的手段。他们旨在相互给予宗教自由，适用的对象包括他们自己和其他人。[7]

良知自由是贵格派平等适用于所有人的自由的一种。威廉·佩恩确认了三种世俗的“英国人的权利”：“第一，生命、自由和财产的权利；第二，代议政府；第三，由陪审团审判的权利”。[8]在宾夕法尼亚，这些自由权利的范围远远超出马萨诸塞、弗吉尼亚和英格兰赋予的权利。在陪审团审判的权利上，佩恩认为，每一个生而自由的英国人都有权利受到同乡的审判；陪审团有权在事实和法律两方面作出决定；法律不能因为陪审团作出的裁决而惩罚他们。宾夕法尼亚的法律也规定每个自由人有权获得及时的审判，在刑事案件中可以通过抓阄来挑选陪审团，在诉讼过程中享有和证人、律师同等的权益。这些观念远远高出当时英格兰和美国的普遍做法。[9]

财产保护对威廉·佩恩来说也是很重要的原则。贵格派因拒付十一税而被罚没财产的情况被谴责为践踏良知和违背财产权。有人指出个人权利与财产权利之间存在矛盾。但威廉·佩恩并不这样认为。贵格殖民地的法律反映了他的这种认识，这两种权利都是自由主义传统的组成部分。1701 年的权利宪章规定，人们有权拒绝“在总督和议会面前回应任何有关财产的控诉、麻烦或问题”，除非“在正常的诉讼过程中”。[10]

至于代议制政府，贵格殖民地在英属北美也是领先的。宾夕法尼亚的一部基本法要求税负只有在被统治者同意的前提下才能征收，并且所有的税法在颁布 12 个月后都自动失效。这些规则表达了贵格派相互自由的原则，是他们对这一金科玉律的实现方式。

通过这些方式，贵格派对英格兰要求的权利也同等地适用于美国。而其他很多自由主义者在掌握权力之后，都倾向于仅仅保护自己的权益。这种不幸的情况在世界史上发生过多次，从新英格兰的清教徒到法国的雅各宾派再到以色列的犹太人，他们都曾残忍地拒绝让其他人分享自己的权利。但贵格派一直忠诚于相互自由的观念，这是他们宗派不朽的荣耀。

特拉华山谷的贵格派在对待种族奴隶制方面也不同于其他英裔群体。他们曾踌躇不已。第一代贵格派就对奴隶制感觉很棘手，但很多人并不公开反对。在特拉华山谷，奴隶制展现出了经济成效，又把这个问题复杂化了。很多贵格派购买奴隶，甚至威廉·佩恩也这么做。已有的证据表明，从 1681 至 1705 年，费城年度大会的领导层 70% 拥有奴隶。[11]

但在特拉华山谷，定居的头十年就兴起了影响广泛的反奴隶制运动。早在 1688 年，德国镇的贵格派就发出讨伐奴隶制的告书，指责这种制度违背了最高原则。[12]1696 年，两位贵格派领袖凯威莱德·摩根（Cadwalader Morgan）和威廉·索思比（William Southeby）向费城年度大会倡导禁止奴隶制和奴隶贸易。大会拒绝太过激进的措施，但决定对贵格派提出建议，“让他们不要再增加黑奴的数目”。随着贵格派反对奴隶制的呼声日益高涨，费城年度大会拥有奴隶的领袖比例逐渐下降——从 1705 年之前的 70% 下降到 1756 年的仅仅 10%。[13]

宾夕法尼亚议会在 1712 年采取行动，通过决议禁止进口奴隶。这项措施被英国国王否决，因为他靠奴隶贸易获取暴利。1730 年，费城年度大会对其成员提出了警告，但一些贵格信徒继续购买奴隶。贵格派反对奴隶制的请愿书和文章数目不断增长。该领域的研究者发现，“反对奴隶制的贵格改革派从没有说，奴隶制不利于经济发展”。他们认为，这种制度主要是道德上败坏，与基督教最重要的价值相违背。这种主张实际上是依据相互自由的金科玉律。贵格派说，如果他们自己不愿意当奴隶，他们就没有权利让别人为奴。[14]

特拉华山谷的贵格教会向奴隶主派出了很多代表，推动解放奴隶的有偿政策。当时的私人日记和公共文书表明，很多贵格奴隶主对此深感忐忑，甚至睡不着觉。但仍有一些人保留着奴隶，想在这个问题上达成普遍的一致还是无法办到。

转捩点发生在 1758 年。费城年度大会记录显示，人们“普遍关注”并反对 “进口、购买、售卖或终身拥有奴隶的做法。”[15] 这是西方世界废奴行动的首次成功。“早期废奴运动的历史，”历史学家阿瑟·齐尔弗斯米特（Arthur Zilversmit）写道，“实际上就是贵格派的废奴行动。”[16]

贵格派也主动关心奴隶自由后的处境。有些人对他们自由之前的工作进行补偿。阿布纳·伍尔曼（Abner Woolman，约翰·伍尔曼的弟兄）1767 年解放了他的妻子继承的两名奴隶，并支付他的财产因为他们的劳动而增值的部分，还请求哈登菲尔德（Haddonfield，位于新泽西）教会帮助他算出一个公正的数字。[17]

贵格派的废奴理念也得到了特拉华山谷其他族群的认可。德国虔诚派的态度与英国贵格派相似。贵格废奴主义者约翰·伍尔曼、安东尼·贝内泽（Anthony Benezet）等人积极向山谷里的其他族群传播这些理念。1773 年，宾夕法尼亚议会的非贵格派与贵格派联合推动对奴隶主征收禁止性高税收，以阻止奴隶贸易。这次又遭到英国王室的否决。1775 年 1 月，宾夕法尼亚代表大会（Pennsylvania’s Provincial Convention）在摆脱英国监督后，首先采取的行动之一就是禁止进口奴隶。经过漫长的立法程序后，议会在 1780 年颁布了逐渐废除奴隶制的法律。这是相互自由理念的另一种体现，贵格派使之成为特拉华山谷政治习俗的一部分。[18]

贵格派是他们所处时代最激进的自由主义者。但他们并不是无政府主义者。佩恩在《政府框架》(*Frame of Government*)中写道："没有义务的自由是混乱,没有自由的义务则是奴役。"[19]佩恩向总督提出，"温柔地对待温柔的人，而对那些不守秩序的人，则要强制"。[20]

贵格派革命性地用基督教信仰重新定义了"英国人的权利"。但他们从没有意识到他们创造了新的东西。佩恩和殖民地的其他人总是把权利表述成"古老的"和"基本的"原则，并认为它们来源于英语族群久远的传统以及初始教会的实践。

贵格派的自由主义思想也有保守的一面，并且与清教徒和圣公会很类似。但他们的自由主义思想非常独特。在有关良知自由、陪审团审判、财产权、代议规则以及种族奴隶制等方面，贵格派真诚地相信，在得到某种自由的同时，也必须同样适用于他人。

这个领域的一位重要学者把贵格派自由原则归纳为一句话："人若被善意、公平地对待，也必同样对待他人。"他写道，这是"贵格派处理与他者关系的基础"。[21]

这种相互自由的原则仍在美国发生着影响。它在很多方面已经发生了改变，比原先更加程式化，实质却少了很多。很多人认为，共和国追求的仅仅是世俗化的自由原则，因此只取了相互自由的表面字义。这种道德上的中立原则与贵格派的目的存在深刻差别。但现代版的相互自由在今日美国与其他自由原则处于良性竞争的关系，影响日益广泛。

注释

1 *Leviticus* 25:10; italics original in the King James version.

2 Tolles, *Meeting House and Counting House*, 12.

3 William Penn, *The Great Case of Liberty of Conscience* (London, 1670).

4 Braithwaite, *Second Period of Quakerism*, 114. 这是一种保守的估计。其他人的估计高很多。贝西（Besse）在《受难》（*Sufferings*）中列出了 366 位贵格派殉道者的名字；布雷思韦特（Braithwaite）把这个数字提高到“至少 450”。贝西的多本书列出了 12,406 位因为基督教信仰而受难的人的名字。真正的数字显然要高很多。杰里米·怀特（Jeremy White）统计了 60000 例坐牢和 5000 例在监狱中去世的信徒。

5 Book of Sufferings of Friends in Derby, 1672, ms. Q/62A/1, NOTTRO.

6 同上，1670。

7 Bronner, *William Penn's "Holy Experiment,"* 264.

8 Tolles, *Meeting House and Counting House*, 13.

9 Penn, *The People's Ancient and Just Liberties Asserted*; "Injustice Detected...," *Papers of William Penn*, I, 194-204; Dunn, *William Penn, Politics and Conscience*, 13-19.

10 Bronner, *William Penn's "Holy Experiment,"* 267-68.

11 Jean R. Soderlund, *Quakers and Slavery* (Princeton, 1985), 34.

12 "The Germantown Protest," *PMHB* IV (1880), 28-30.

13 Soderlund, *Quakers and Slavery*, 34.

14 同上， 137。

15 Arthur Zilversmit, *The First Emancipation: The Abolition of Slavery in the North* (Chicago, 1967), 74-75.

16 同上，3。

17 Soderlund, *Quakers and Slavery*, 179.

18 有关南方贵格派和奴隶制的情况，参见 Hiram H. Hilty, *Toward Freedom for All: North Carolina Quakers and Slavery* (Richmond, Ind., 1984)。

19 William Penn, *Frame of Government* (1682).

20 Bonner, *William Penn's "Holy Experiment,"* 266.

21 William Comfort, *The Quakers, A Brief History of Their Influence on Pennsylvania* (rev. by F. B. Tolles, Harrisburg, 1955), 6.

从边境到边区

——北不列颠的逃亡，1717—1775

整个社区为了搬迁自动组团，这样他们离开祖国的行动就不会像流放那样凄惨。那个一直伴随左右的人……坐在阳光下，四周围绕着朋友和志趣相投的人：他们带着自己的语言、自己的想法、喜爱的歌曲以及天生的乐观情绪，他们只是换了个地方居住，其他什么也没有改变。

——萨缪尔·约翰逊博士（Dr. Samuel Johnson）谈从北不列颠到美国的移民，1773

1717年初夏，费城的贵格商人们看到抵港的移民船只比以往多了很多。9月，当秋天的迹象初现，特拉华河上挤满了各种船。它们并不是从伦敦和布里斯托来的，而是从利物浦、贝尔法斯特，以及北方一些名字奇特的小港口——包括北爱尔兰的伦敦德里（Londonderry）、卡里克弗格斯（Carrickfergus），苏格兰的柯库布里（Kirkcudbright）、威格敦（Wigtown），以及英格兰北部边境的怀特黑文（Whitehaven）、莫克姆（Morecambe）。

同年10月，费城贵格信徒乔纳森·迪金森（Jonathan Dickinson）抱怨说，城市的街道"挤满了成群结队的人，又不懂我们的法律和习俗，甚至说话都听不懂"。[1]这些新移民穿着怪异。男人既高且瘦，神色木讷而疲倦。他们戴着毛毡帽子，穿着宽大的麻布衣服，束着腰带，裤子很肥，脚上是很厚的毛绒长袜和拘谨的木鞋，"感觉像是钉着铁掌的马蹄"。但年轻女人的美貌让费城贵格信徒为之惊艳，她们身着紧身上衣，紧束腰身，裙子下摆短如英国人的内衣，大腿都露在外边，显得有些招摇。老妇人穿着样式奇特的长袍。有的人把脸完全埋在无边帽里，有的人把手帕用新奇的方式叠起来戴在头上。[2]

这些人说英语带着很轻快的音律，听起来让人感觉陌生。很多人都很穷。即使如此，他们也显出尖锐而强硬的骄傲感，不容侵犯。[3]

费城街头出现的这些移民标志着另一波从英国到美国的移民潮。这次移民的规模相当大——总数超过25万人。这是一次真正的大规模移民，超过了以往历次移民的总和。它的过程很不一样——并不是一次性的，而是好几波浪潮，一直持续了大半个18世纪。它的来源更有英国不同的地域。其中很多人来自濒临爱尔兰海的地区——北爱尔兰、苏格兰低地和英国北部的郡。他们给新世界带来了另一种英国文化。

最早在17世纪，就有一些移民稀稀落落地从北不列颠来到美国。1630年之前，弗吉尼亚就给爱尔兰的仆役授予了人头权。1636年，就有140名爱尔兰加尔文教派的人乘坐名为“雄鹰的翅膀”[4]的移民船，从贝尔法斯特到达新英格兰。17世纪一直有类似的小波移民。1713年安妮女王的战争后，这种移民规模迅速上升，一直持续到独立战争。巅峰年代有1718、1729、1741、1755、1767和1774。其中三分之二的移民是集中在1765到1775年期间到达的。有大约三分之一的移民在美国独立战争前的四年中抵达。

注释

1 Jonathan Dickinson to John Aiken, 22 Oct. 1717; Dickinson to brother, 22 Aug. 1718; Dickinson to cousin, 17 Oct. 1719, Jonathan Dickinson Letterbook, 1715–21, HSP.

2 有关装饰和容貌的细节，参见 GM 36 (1766), 582; 也见 Robert Ferguson, *Northmen in Cumberland and Westmorland* (London, 1856), 144–45。

3 GM 36 (1766), 582.

4 这个名字来源于《圣经·出埃及记》19: 4–5，上帝对摩西说：“我向埃及人所行的事，你们都看见了；且看见我如鹰将你们背在翅膀上，带来归我。 如今你们若实在听从我的话，遵守我的约，就要在万民中作属我的子民；因为全地都是我的。”（译文引自和合本圣经）

移民的动机

从北不列颠的逃亡达到顶峰的时候，萨缪尔·约翰逊博士和他的挚友詹姆斯·博斯韦尔（James Boswell）正在苏格兰西海岸旅行。在阿马代尔（Armadale），他们被邀请去参加乡间的舞会，让他们有机会了解到这次大规模移民的特质。博斯韦尔记得：

> 我们又享用了一顿美味的晚餐，晚上跳舞也畅快淋漓……我们跳了一支舞蹈，我想是斯凯岛（Skye）的移民带来的。他们把这个舞蹈叫作“美利坚”。轻快的旋转舞曲奏起来。一对舞伴先开始，首先彼此相对，然后各自找另外一个舞伴，当他们找到下一对舞伴的时候，第二对、第三对舞伴先后加入进来，然后这个过程又继续，直到所有人加入进来，找到自己的舞伴并彼此围绕着转圈，然后挨着每个人都轮一遍。这揭示的是，移民潮把所有人都送上了海。[1]

博斯韦尔请一位女士解释这个舞蹈，并记下了她的答案：

> 麦金农（Mackinnon）夫人告诉我，船只去年从波特里（Portree，斯凯岛的一个小村庄）出发去美国的时候，岸上的人们见到家人渐行渐远，深感绝望；他们躺在地上，来回打滚，

用牙齿撕咬野草。但是人们并没有崩溃。岸上的人似乎已经意识到，他们也即将启程。[2]

从1718到1775年这么长的时间中，平均每年从爱尔兰、苏格兰和英格兰北部出发的移民多达5000人。其中至少有15万人来自北爱尔兰，多数是从贝尔法斯特、伦敦德里、纽里（Newry）、拉恩（Larne）和波特拉什（Portrush）等海港出发的。[3]另有75,000人从苏格兰西部的港口出发，包括克莱德班克（Clydebank）和索尔威湾（Solway Firth）等地。[4]至少有50,000人（很可能更多）从英格兰北部的港口城市出发，包括玛丽波特（Maryport）和默西塞德郡（Merseyside）等城市。这些只是保守估计。真正的数量可能要大得多。[5]

从北不列颠出发的移民与此前其他移民在一个方面是相似的。他们都是家庭移民。对英国历史记录（1773—1776）的研究表明，61%从英格兰北部出发的移民是按照家庭为单位。从苏格兰边境地区出发的移民，有73%是这种状况。[6]从北爱尔兰出发的405位阿尔斯特移民于1740年到达弗吉尼亚的谢南多厄山谷（Shenandoah Valley），其中91%是以家庭的形式存在。只有37位是单身的身份。[7]

这些移民中很多是妇女和儿童。1770年代从苏格兰出发的移民中，性别比例是148位男性对100位女性。——对移民人口来讲，这已经是很平衡的比例了。这种男女比例还是不如新英格兰平均，但又比切萨皮克地区要好。[8]

这批移民的年龄跨度比较大。青少年和壮年人比例较大。但有25%是小于15岁的孩子，有接近40%大于25岁。除了老人之外，几乎所有年龄段都有很多人口。这种情况又是居于新英格兰和切萨皮克之间。[9]

但在其他方面，第四波移民与先期移民差别很大。这些移民的动机不同于新英格兰的清教徒、特拉华的贵格派和弗吉尼亚的保王党。在北不列颠，没有人谈论“神圣实验”，或者山巅之城等。这些晚期移民是为了寻找更好的物质生活条件。18 世纪早期的很多研究发现，他们关心的主要是租金太高，工薪太低，税负太重和租期太短，等等。在北爱尔兰，由于条件过于恶劣，饥荒成了他们最常提及的移民原因。[10]

五十年后，当这波移民接近尾声的时候，人们最常提及的也是同样的物质原因。1774 年，当四艘移民船到达新斯科舍的时候，每个移民都被调查移民原因。他们的回答比此前更加充满乐观的情绪，但仍然主要是物质原因。他们又提到英国地主的贪婪、食物的短缺和对新世界美好生活的向往。[11]

刺激这波移民的一个重要原因是那些已经到达美国的家人和朋友的来信。1729 年，两位神职人员记载到，他们教会的成员收到“很多在种植园的朋友和熟人寄来的信……邀请他们乘船去那边，并保证，只要认真工作，就能获得自由和舒适的生活，并完全能把他们的财产和权益留给后世子孙，而不需要担忧不断上涨的租金和其他负担”。[12]

移民本身在 18 世纪也变得更加物质化。大部分是由航运商组织的，他们到乡间四处搜寻潜在的移民对象。横跨大西洋的运输也逐渐转移到贪婪的商人手中，带来了一些可怕的人为后果。船只常常超载。1767 年，一艘从贝尔法斯特前往南卡罗莱纳州的移民船上爆发了传染病；毫无节制的船主装载了 450 个人，有 100 人死于途中。另一艘从贝尔法斯特到费城的船在途中食物耗尽。46 个乘客饥饿而死；幸存者被迫吃人，有的人甚至吃自己亲属的肉。穿越大西洋的旅程在 18 世纪变得比 17 世纪更加危险。从北不列颠出发的船只死亡率接近奴隶贸易的水平。[13]

这些人到达新世界后，面对的是其他族群的歧视。“我被当作原始人看待”，詹姆斯·麦克迈克尔（James MacMichael）上尉写道。[14] 但故乡的境况更糟糕，所以很少有人会选择回到他们离开的地方。一个苏格兰裔爱尔兰人 1767 年从费城写信说：“我不认识任何离开爱尔兰之后还想回去的人。”[15]

注释

1 James Boswell, *Journal of a Tour to the Hebrides with Samuel Johnson, LL.D.* (1785, New York, 1936), 242 (2 Oct. 1773).

2 同上。约翰逊博士在日记里写道：“我询问这些歌曲的主题，得知了其中一首歌的内容，那是一首爱情歌曲，另外一首有关离别，是一个即将离开本岛的人写的，在熙熙攘攘的移民潮中，他打算去美国寻找幸福。” Samuel Johnson, *A Journey to the Western Islands of Scotland* (1775), ed. Mary Lascelles (New Haven, 1971), 59, 67, 95.

3 1775 年“苏格兰 – 爱尔兰”到盎格鲁 – 美国的移民已经统计过多次了，如下：

移民时期	数字	地区或人群	来源和时间
1733—1773	400,000	爱尔兰“阿尔斯特人为主”	Dublin Journal, 1773
1750—1799	200,000	爱尔兰	Newenham, 1805
1718—1775	250,000	苏格兰 – 爱尔兰	Dunaway, 1944
1718—1775	200,000	苏格兰 – 爱尔兰	Leyburn, 1962
1718—1775	114,000	阿尔斯特的苏格兰人	Dickson, 1966

美国历史学家伯纳德·贝林（Bernard Bailyn）最近统计的结果是，1718 到 1775 年间，有 155,000 到 205,000 左右的人离开阿尔斯特前往新世界。1760—1775 年，估

计从北爱尔兰出发的人有 55,000 人左右，苏格兰有 40,000 人，英格兰有大约 30,000 人。参见 Bailyn, *Voyagers to the West* (New York, 1986), 26; *Faulkner's Dublin Journal,* 10-13 April 1773; Thomas Newenham, *A Statistical and Historical Inquiry into the Progress and Magnitude of the Population of Ireland* (London, 1805), 59-60; James G. Leyburn, *The Scotch-Irish: A Social History* (Chapel Hill, 1962), 180; R. J. Dickson, *Ulster Emigration to Colonial America, 1718-1775* (London, 1966), 23, 34, 59, 64; Forrest McDonald and Ellen Shapiro McDonald, "Commentary," *WMQ3* 41 (1984), 95.

4 对苏格兰移民的统计有很多疑问。一位当时的观察者统计说，1763—1773 年有 20,000 人离开；另一个估计说，1773—1775 年就有 30,000 人乘船离开。格雷厄姆（I.C.C. Graham）在当代做了一个统计，发现 1768—1775 年的记录显示，15,989 人离开了苏格兰，另外又从美国的记录中找到 4256 个是从苏格兰过去的。他认为，从 1768 到 1775 年间，移民总数有 20,245 个人。著名的苏格兰历史人口学家迈克尔·弗林（Michael Flinn）看法类似，他认为："很难相信……18 世纪到 19 世纪早期的苏格兰移民的数额能连续几年每年超过 2000 人。" 美国学者珀维斯 （T. L. Purvis）统计的结果是，1707—1775 年，从苏格兰来的移民有 625,000 左右。如果每年的移民数能在 1200 至 1500 之间，从 1717 年到 1775 年，从苏格兰到美国的移民大约是在 70,000 到 80,000 人之间。参见 Ian C. C. Graham, *Colonists from Scotland: Emigration to North America, 1707-1783* (Ithaca, 1956); Michael Flinn, ed., *Scottish Population History* (Cambridge, 1977), 443; Thomas L. Purvis, "The European Ancestry of the United States Population, 1790," *WMQ3* 41 (1984), 85-101。

5 狄金森、格雷厄姆和弗林等人对苏格兰和爱尔兰人移民的统计过低，与麦克唐纳（超过 25%）、珀维斯（21.6%）和巴克（14.3%）等人依据美国人口统计局 1790 年的资料所确认的苏格兰裔爱尔兰人、苏格兰人和爱尔兰人相去甚远。这些美国历史学家所作的估算只有当美国的"苏格兰裔爱尔兰人"确实是盎格鲁裔爱尔兰人、盎格鲁裔苏格兰人或英国边境人口的情况下，才可以与爱尔兰和苏格兰的人口学家的研究相符合。

重要的是，苏格兰的总人口在 1650 年也才 100 万，到 1800 年上升到 150 万；爱尔兰在 1650 年是 250 万，到 1800 年上升到 525 万；英格兰在 1700 年是 575 万，1800 年上升到 925 万。

这个时期从英格兰北部和威尔士移民到美国偏远地区的人口没有准确估计。散见各处的材料显示，这些人口大约相当于从北爱尔兰出来的人口，并且远大于苏格兰的移民。有一个粗略的估计是查尔斯顿（Charleston，西弗吉尼亚州首府）的公报（Gazette）上提到 1733—1773 年来自不列颠和爱尔兰的仆役人数，其中爱尔兰人和苏格兰裔爱尔兰人占 38.6%；英格兰和威尔士有 40%；苏格兰人占 21.4%。参见 Warren B. Smith, *White Servitude in Colonial South Carolina* (Columbia, S.C., 1961), 44-48。

6 这些估算是贝林对六个郡的数据加权，包括坎伯兰郡、威斯特摩兰郡、诺森伯兰郡、达拉谟、兰开夏和约克郡。他所作的有关苏格兰边境地区的数据涵盖了七个郡，包括贝里克郡（Berwick）、罗克斯巴勒郡（Roxburgh）、皮布尔斯（Peebles）、塞尔扣克（Selkirk）、邓弗里斯（Dumfries）、柯库布里（Kirkcudbright）和威格敦（Wigtown）。对苏格兰的其他地区，贝林的数据显示了复杂的模式；总的来说，有 48% 是以家庭为单位移民的。英格兰南部的移民以家庭为单位的比例较低，1773—1776 年期间有 7%，不同地区的幅度大约是 2% 到 14%。参见 Bailyn, *Voyagers to the West*, 140。

7 在这 405 位移民中，379 位（93.5%）是从北爱尔兰来的；20 位（4.9%）来自大不列颠或爱尔兰；6 位（1.5%）来自德国。剩下的无法确认。379 位从北爱尔兰来的人中，93% 乘船去了费城，然后又步行去了边区。其余的到达弗吉尼亚的港口。其中多数人说他们是自己花钱来的。参见 Robert David Mitchell, “The Upper Shenandoah Valley of Virginia during the Eighteenth Century: A Study of Historical Geography” (thesis, Univ. Of Va., 1969), 68。

8 Bailyn, *Voyagers from the West*, 129-43.

9 1773 至 1776 年间苏格兰移民的年龄跨度在伯纳德·贝林对移民记录的研究中统计如下：

年龄段	苏格兰移民 1773—1776	苏格兰人口 1755
1—14	24.7%	33.1%
15—24	35.8%	18.0%
25—59	38.7%	41.1%
60 以上	0.8%	7.8%

资料来源： Bailyn, *Voyagers to the West*, 128。从北爱尔兰和英格兰北部出发的移民缺乏数据。

10 迪克森（R. J. Dickson）整合了六个有关 1719 年北爱尔兰和北英格兰的移民动机调查的数据。以下以肯定或否定的态度区分：

原因	英国法官	长老派牧师	圣公会主教	都柏林作家	地主	移民
饥荒	是	是	是	是		是
租金太高	是	是	是	是	是	是
教会税收	是	是	否	是	是	是
美国新闻	是	是			是	是
租约太短	是	是			是	是
钱太少				是	是	是
富人的奢华					是	是
亚麻贸易下滑	是					是
耕地少			是		是	
地主不在和养老金问题					是	是
逃避债主	是					
被地方官压迫		是				
人口太多						是
宗教测试		是	否			

来源 : Dickson, *Ulster Emigration*, 46; 以频率重新排秩序；相似的数据，见 Bailyn, *Voyagers to the West*, 189-93。

11 这个移民群体有 518 人提到如下的移民动机（有的人提到不止一个原因）：寻找更好的生活，或者找工作，298 人；租金太高，156 人；资源太少、价格太高，67 人；小农场被占用，4 人；其他原因（走亲戚、旅游，等等），19 人。Dickson, *Ulster Emigration*, 81.

12 C.M.L. Bouch and G. P. Jones, *A Short Social and Economic History of the Lake Countries, 1500-1830* (1961, rpt. New York, 1968), 897.

13 横跨大西洋的安全性在 18 世纪下降了，乘客面临的境况又更糟糕。参见 James F. Shepherd and Gary Walton, *Shipping, Maritime Trade and Economic Development of Colonial North America* (Cambridge, 1972)。

14 James MacMichael, "Diary ...," ed. William P. MacMichael, *PMHB* 16 (1892), 145-46,

15 A. C. Davis, "'As Good a Country as Any Man Needs to Dwell In': Letters from a Scotch Irish Immigrant in Pennsylvania, 1766, 1767, and 1784," *PH* 50 (1983), 313-22.

社会起源

贫穷与傲慢

对这批移民的社会起源，当代看法不一。一些人认为，这些移民多数来自社会的中间层。例如 1774 年来自爱尔兰三个港口的报告显示，大多数“乘客是自己付钱的中产阶层”。[1] 但也有人得出了不同的结论。一位作者嫌恶地把苏格兰裔爱尔兰移民称作“两个国家的废弃物”。圣公会一位神职人员公开把他们称为“宇宙的糟粕”，虽然这还不是最糟糕的说法。另有人认为“不超过十分之一的人是有社会地位的”。还有人说，多数看起来都“很贫穷”。[2]

这些观察都揭示出北不列颠移民的某个部分，但都不是全貌。这次移民在社会构成上非常复杂。有一小部分重要的移民是来自爱尔兰和北不列颠的贵族，他们是各自地区的统治阶层。这批精英注定要在美国社会发挥突出作用。但从数量上，他们只占总体移民的 1% 到 2%。

稍大一点的一个群体是独立的自耕农，他们已经从统治边境地区的大地主手中获得独立。在坎伯兰郡和威斯特摩兰郡，他们被称为“绅士”阶层。他们的数目在该地区相对较小，在整个移民潮的比例就更小。

大多数移民来自低于这些贵族和绅士的阶层。在英格兰、苏格兰和北爱尔兰的边境地区，多数人是农夫或者农场雇工，他们没有自己的土地，以佃户或转租者的身份工作。还有一个数目较大的少数群体是具有一定技能的工匠或小商人。在北爱尔兰，很多人从事亚麻业——贫穷的手工纺织者、失业者、商人和企业家。1772 至 1774 年间，来自这个行业的移民尤其多，当时亚麻行业经历了剧烈的收缩。[3]

仆役身份移民的比例很低。1773 至 1776 年间，契约仆役只占苏格兰边境移民的 1%，在北英格兰六郡的移民中只占不到 20%。[4] 从北爱尔兰出发的移民中，仆役的比例稍高，但自由身份的仍占多数。这部分是因为爱尔兰仆役在美国不太受欢迎。他们被认为比较暴力，不好管束，有攻击雇主的倾向。雇主对爱尔兰仆役的可怕传说感到担忧，他们要不是参与过巴巴多斯岛的暴乱，就是在百慕大到处流浪，或者从大陆逃跑，有时拖车里还带着主人家的妻子和女儿。背风群岛 125 位不受管教的爱尔兰仆役被流放到孤绝的螃蟹岛。在英属北美的很多地方，雇主经常埋怨这些人的“傲慢”和“自大”。[5]

这批移民的社会起源比新英格兰清教徒和特拉华的贵格派更低微。但他们并不是来自英国社会的底层。其中只有一小部分是无技能的劳工。和以往一样，自愿移民的群体中，赤贫的人因为贫穷本身就被隔绝在外了。去往美国的旅费最穷的人无法支付，只好留在家里。更大的障碍是贫乏的精神，让这些穷人失去了希望、自豪和上进的梦想。

在这个意义上，18 世纪到达美国的苏格兰裔爱尔兰人并不贫穷。而他们的骄傲让英国邻居深受刺激，不知道他们的骄傲所为何来。有个苏格兰裔爱尔兰人被形容成这样：“他的神情已经表明，即使和魔鬼面对面，他也不会惧怕……他喜欢谈论自己，就像亚历山大和凯撒年轻时那样自由地高谈阔论。”[6]

贫穷和傲慢的这种结合让来自北不列颠的人与美国殖民地其他的英语族群拉开了距离。这些边境地区的移民虽然衣衫褴褛，却要求得到平等对待。他们虽然出身低微，却并没有其他人期望于他们的顺从态度。这种尖锐而顽固的骄傲将会对他们即将占领的地域产生重要的文化影响。

注释

1 Dickson, *Ulster Emigration*, 97.

2 Boulter to Newcastle, 23 Nov. 1728, Wayland F. Dunaway, *The Scotch-Irish of Colonial Pennsylvania* (Chapel Hill, 1944), 20; John Stewart, "Letter," 3 May 1736, *PMHB* 21 (1897), 485-86; S. F. Warren to Dr. Warren, 22 Jan. 1766, in H. Roy Merrens, ed., *The Colonial South Carolina Scene: Contemporary Views, 1697-1774* (Columbia, S.C., 1977), 233-34.

3 美国历史学家伯纳德·贝林对英国移民注册表（1773—1776）进行了定量研究，就来自边境地区移民的职业身份统计如下：

职业	从北英格兰来的移民	从苏格兰边境地区来的移民
贵族	1.0%	0.6%
销售商	4.8%	3.3%
高技能工匠和商人	4.6%	7.8%
一般技能工匠和商人	37.5%	27.2%
农夫	40.0%	26.7%
劳工	12.1%	34.4%
总数	100.0%	100.0%

注：北英格兰包括了六个郡，有坎伯兰、威斯特摩兰郡、北汉普顿郡、达拉谟、

兰开夏和约克郡；苏格兰边境地区包括七个郡，有威格敦、柯库布里、邓弗里斯、罗克斯巴勒郡、塞尔扣克、皮布尔斯和贝里克郡。来源：Bailyn, *Voygers to the West*, 162-63。

4 同上，170-71。

5 Cheesman A. Herrick, *White Servitude in Pennsylvania* (Philadelphia, 1926), 164-66; Abbot E. Smith, *Colonists in Bondage: White Servitude and Convict Labor in America, 1607-1776* (Chapel Hill, 1947), 171, 289.

6 George R. Gilmer, *Sketches of Some of the First Settlers of Upper Georgia* ... (rev. Ed., Baltimore, 1965), 62.

宗教起源

好斗的基督徒

北不列颠的边境移民宗教信仰驳杂。来自苏格兰和北爱尔兰的人多数是长老派，也有一些罗马天主教徒。英格兰边境的人多数是圣公会教徒，也包含一些小的新教派别。圣公会和长老派这两大教派的边境移民在18世纪显示出很强的新光基督教倾向（New Light Christianity）。很多苏格兰和爱尔兰的长老派教徒在来美国之前就称自己为新光之人。他们相信“无条件的恩慈”，在移民之前，他们已经形成在“场外聚会”和“祷告会”聚集的习惯，他们把这些习惯带到了美国，在边区延续。在苏格兰，这些新光长老会教徒尤其喜欢聚集在爱尔兰海的边缘地区。[1]

在新教盛行的爱尔兰，也出现了相似的宗教倾向——对宗教改革热情很高，对既有的教会抱有敌视，相信“无条件的恩慈”，喜欢在野外聚会，并偏向新光基督教义。盎格鲁－爱尔兰的一位主教在1714年写道：“北方的人特别厌恶教区牧师，说他们是来赚钱的。”[2]

英格兰边境地区也有相似的宗教态度。虽然他们多数是圣公会教徒，但越来越多的人加入到小的新教派别，或者被卫理公会和洗礼派的传教人说服，转到更倾向于福音派的教会中。他们也很敌视“以牟利为目的的神职人员”，英国国教就是以此为基础的。

在苏格兰，有一些人属于一个有攻击性的派别，名为“社会人类”，或“改革长老会”。他们的创立人理查德·卡梅隆（Richard Cameron）是一个在乡野传道的牧师，他推崇毫不妥协的誓约基督教义。改革长老会在苏格兰南部和西部势力特别强大，经常从事一种所谓“搅拌”的行动，就是强制把那些冥顽不化的神职人员赶出家门，有时使用暴力。政府在乡间野蛮地追捕改革长老会的会员，绞死了几位领袖。但很多人逃过了劫难，他们经常一手拿着圣经祷告，一手拿着武器自卫，杀死被派来镇压他们的人。1689 年，政府承认失败，采取了北不列颠的措施，招聘这些新教反对力量到高原地区与罗马天主教的二世党人作战。结果是在大不列颠产生了一个强大的作战团体，被称为卡梅隆战士团，这是在军队名册上唯一以宗教领袖的名字命名的战斗单位。这种战斗单位在每一个单元的步兵团队任命一个年长者，并要求每个登记在册的士兵都带上一本圣经。甚至 20 世纪，这个长老派性质的战斗团队仍然把武器带到礼拜的场所，并让哨兵站到教会的四个角落。他们很快因为勇猛的战斗作风而闻名于世。在 1689 年的第一次战役中，这个战斗团队的 1200 名士兵打败了 5000 名二世党的部队，并把很多人烧死在他们的堡垒中。[3]

1743 年，理查德·卡梅隆的门徒重新组建了改革派长老教会。他们中很多人和北不列颠的其他教派一起设法去了美国边区。圣公会传道人查尔斯·伍德梅森（Charles Woodmason）在 1765 年丧气地写道：“阿弗里克（Africk）充斥着新牧师，甚至比宾夕法尼亚的新教派还多，这些人老是派出使者到周边地区。其中一个派别叫新光或上天派下来的弟兄（他们总是假装能启发别人）现在大量出没在整个边区。”[4]

在边区，宗派之间的矛盾比较普遍。很多宗派扎根在这些地区，但长老会的一些群体数量大大超过其他群体，他们倒行逆施、盛气凌人。[5]英国传道人查尔斯·伍德梅森的日记对宗教斗争进行了紧密的跟踪。伍德梅森曾试图在这些地区进行圣公会的宣道，但长老会的人打断他的仪式，扰乱他的讲道，让几只狗在教堂外互相打斗，又放走了他的马，偷走教堂的钥匙，拒绝给他提供住所和食物，还在一次聚会前给他的会众搬来两桶威士忌。洗礼派的一个人到圣公会传道的地方捣乱，偷走了神职人员的长袍，在黑暗中和一个女人爬到床上去，“然后让她第二天放出传闻，说牧师和她睡了觉”。[6]

这些行为的受害者痛苦地埋怨说：“长老会在这里实施的迫害比在苏格兰还多……这些宗派永远只能在内部诉苦。”但他很快学到了黄金规则的边境版本——以彼之道，还诸彼身。他在讲道中与长老派针锋相对，并试图对他们提起法律诉讼，但最终归于无效。“由于地方官都是长老会的，我甚至得不到一张禁令，”他写道，“即使我能得到禁令，由于警员都是长老会的，所以也得不到执行。”[7]

这种宗派之间的矛盾在边区持续了很多年。1846年，艾伦·威利（Allen Wiley）记载到：“今天的牧师和人们无法想象那种语言和情感的暴力，这种情况在当年多事之秋非常盛行，即使是所谓好人和能干的牧师也是如此。”[8]攻击性的比喻在边区的传道和诗歌中也随处可见。祷告的内容也包含复仇和摧毁敌人。这些基督教的斗士要么彼此争斗，要么就把愤怒倾泻到印第安人身上。他们好斗的信仰在边区逐渐盛行，正像很多年前他们在北不列颠的边境地区所做的那样。

注释

1 T. C. Smout, *A History of the Scottish People, 1560-1830* (London, 1969), 213-22; J. D. Mackie, *A History of Scotland*, eds. Bruce Lenman and Geoffrey Parker (2nd ed., Harmondsworth, 1978), 298-305; W. L. Mathieson, *The Awakening of Scotland, 1747-1797* (Glasgow, 1910); *idem, Church and Reform in Scotland* (Glasgow, 1916), P.W.J. Riley, *The English Ministers and Scotland* (London, 1964).

2 Charles K. Bolton, *Scotch Irish Pioneers in Ulster and America* (Baltimore, 1967), 68.

3 R. M. Barnes, *The Uniforms and History of the Scottish Regiments* (London, 1960), 37, 42-45, passim.

4 Charles Woodmason, "An Account of the Churches in South Carolina, Georgia, North Carolina and the Floridas," in *The Carolina Backcountry on the Eve of the Revolution: The Journal and Other Writings of Charles Woodmason, Anglican Itinerant* (Chapel Hill, 1953), 78.

5 Carl Bridenbaugh, *Myths and Realities, Societies of the Colonial South* (Baton Rouge, 1952), 183.

6 Woodmason, *Carolina Backcountry*, 20, 30-31, 39, 45.

7 同上，45, 53。

8 T. Scott Miyakawa, *Protestants and Pioneers* (Chicago, 1964), 128.

民族起源

“我们是杂合的人群”

有历史学家把这批移民标注为“阿尔斯特爱尔兰人”或“北爱尔兰人”。的确有很多人是从北爱尔兰的阿尔斯特乘船过来的，但这些标记如果用于整个移民运动则不太准确。从阿尔斯特出来的移民只是一小部分，更多的人来自苏格兰南方、英格兰北方和爱尔兰海周边地区。

很多学者把这些人称为“苏格兰裔爱尔兰人”。这是一种美国化的表达方式，在大不列颠很少使用，并且被它所指称的这些人所拒绝。“我们不是爱尔兰人，也不是苏格兰人”，他们中有个人在宾夕法尼亚曾说过。[1] 其中一些人喜欢被称为盎格鲁－爱尔兰人，在 18 世纪这个标志在他们身上使用得比苏格兰裔爱尔兰人更多。其他人被称为“撒克逊－苏格兰人”。[2] 有位学者写道，“一些阿尔斯特的新教徒来自和苏格兰没有关系的家族，但可能是英格兰或爱尔兰人”，他又说，“……一些被历史学家标记为苏格兰裔爱尔兰人的移民群体从来没有在爱尔兰生活过，却是直接来源于苏格兰”。[3]

一个研究 20 世纪早期阿巴拉契亚文化的学者得到同样的结论：

> 对家庭历史和种族群体的研究很少得到如此确定的答案，有很多祖辈居住在北卡罗莱纳或者弗吉尼亚，还有少数住在宾夕法尼亚，他们认为自己是英格兰人，或苏格兰人，或爱尔兰人，而无论哪种，其实意思都是苏格兰裔爱尔兰人。[4]

两位历史学家把这些人比拟为“凯尔特人”（Celts）。但这个标记对他们民族起源的描述过于粗略，因此有误导作用。他们中有些人确实有凯尔特人的血缘。在罗马人侵入北方之前，在英格兰北部占统治地位的人是众多凯尔特武士部族形成的松散联盟，称为拉丁布里甘特人（Latin Brigantes）。他们在山上所建的防御城堡的残垣断壁至今仍然能在哥比亚（Cumbria）地区的卡洛克费尔地貌区（Carrock Fell），以及附近很多地方见到。[5]这些布里甘特人在公元80年被罗马人击败。自此以后，很多其他部族侵入过该地区，并进行殖民统治——第一世纪是罗马人，第六世纪是撒克逊人，第十世纪是斯堪的纳维亚人和爱尔兰人，第十一和十二世纪是诺曼法兰西人。所有这些部族对该地区文化的发展都有贡献。[6]

到18世纪，这个地区的文化与古代凯尔特人的传统已经没有什么相似性了。主要的语言是英语——不同于那些说盖尔语的爱尔兰天主教农民、苏格兰高地人、威尔士农夫，以及凯尔特矿工。边境居民与凯尔特人几乎没有联系（实际很敌视）。在17、18世纪，有证据表明“阿尔斯特的居民与英格兰的清教徒和胡格诺教徒自由通婚”，但很少与说盖尔语的爱尔兰人和苏格兰人通婚。[7]

19世纪之前，极少有说盖尔语的人从爱尔兰、康沃尔或威尔士移民到美国殖民地。凯尔特裔的爱尔兰移民被一些美国殖民地的法律隔绝在外。1716年南卡罗莱纳的一部法律禁止“被称为爱尔兰土著，或品格有问题的人，以及罗马天主教人移居”。[8]

操盖尔语的苏格兰高地人与边境居民的民族也有很大差别。苏格兰低地人和高地人之间没有什么关联，他们在语言、政治、宗教和文化上差别很大。在美国，苏格兰高地人单独定居在北卡罗莱纳州的恐惧角山谷（Cape Fear Valley），盖尔语在这里一直使用到20世纪晚期。很多移民的高地人在美国独立革命中成了托利党，主要原因是他们在边境地区的邻居是辉格党。他们之间斗争的残忍程度不输于北不列颠地区的任何争斗。[9]

“我们是混杂的人群，”一个美国的边境移民在18世纪时说。“我们是混合产物，”另一个说。所以他们背景驳杂。他们在社会等级和宗教派别上很混杂，但最为混杂的是祖先的背景，包括凯尔特人、罗马人、德国人、英国人、斯堪的纳维亚人、爱尔兰人和苏格兰人，各自比例不同。他们的居住地也很混杂——分别来自英格兰、苏格兰和爱尔兰。[10]

但在另一方面，这些移民又很相似。无论贫富，圣公会或长老会，撒克逊或凯尔特人，他们都是来自边境地区。他们有共同的地域文化，是在同一个时空中产生的。

注释

1 Dunaway, *Scotch Irish in Colonial Pennsylvania*, 10.

2 Gilmer, *First Settlers of Upper Georgia*, 173.

3 Ned C. Landsman, *Scotland and Its First American Colony, 1683-1765* (Princeton, 1985), 8.

4 John C. Campbell, *The Southern Highlander and His Homeland* (New York, 1921), 51.

5 R. G. Collingwood, "The Hill Fort on Carrock Fell," CWAAS NS 10 (1910), 342-53.

6 这个地区的考古，包括卡洛克费尔地貌区的开掘，主要是由科林伍德（W. G. Collingwood）和他的哲学家儿子科林伍德（R. G. Collingwood）完成。两个相关的高质量研究参见 Nick Higham, *The Northern Counties to AD 1000* (London, 1986), and Roy Millward and Adrian Robinson, *The Lake District* (rev. ed., London, 1974)。

7 这种“凯尔特”阐释出自 Forrest McDonald and Grady McWhiney, "The Antebellum Southern Herdsman: A Reinterpretation," *JSH* 41 (1975), 147-66, 和很多其他论文；一个不同的解释出自 Landsman, *Scotland and Its First American Colony*, 282-83, passim。

8 William A. Schaper, *Sectionalism in South Carolina*, (1901, rpt. New York, 1968), 66.

9 Duane Meyer, *The Highland Scots of North Carolina, 1732-1776* (Chapel Hill, 1961), Graham, *Colonies from Scotland*, 188; Bailyn, *Voyages to the West,* 110-11.

10 Woodmason, *Carolina Backcountry*, 6.

北不列颠的边境

20世纪早期，英格兰民俗研究者塞西尔·夏普（Cecil Sharp）离开家乡埃文河畔的斯特拉特福（Stratford-on-Avon）前往美国阿巴拉契亚山脉，收集边区定居者的歌曲和舞蹈。他把这些材料与大不列颠进行了详细的比较，这样写道：

> 分析他们的传统歌曲、民谣、舞蹈、唱歌游戏等等……可以得知，他们来自英格兰文明最为落后的地区——可能是英格兰北部，或者在苏格兰与英格兰交界的乡村地区。[1]

这个边境地区包含了英格兰最北部的六个郡：坎伯兰郡、威斯特摩兰郡、兰开夏郡位于奔宁山脉西边的部分、北汉普顿郡、达拉谟郡和约克郡东部。它也包含了苏格兰南部的五个郡——埃尔（Ayr）、邓弗里斯、威格敦、罗克斯巴勒郡和贝里克郡。在17世纪，该地区的文化向西传播到爱尔兰海的对岸，阿尔斯通的五个郡——德里郡（Derry）、唐郡（Down）、阿马郡（Armagh）、安特里姆郡（Antrim）和蒂龙郡（Tyrone）。[2]

在这个区域内，从北不列颠到美国的移民主要来自爱尔兰海域的周边地区，即苏格兰的埃尔郡、邓弗里斯郡和威格敦；英格兰的坎伯兰和威斯特摩兰郡；爱尔兰的德里郡、唐郡和安特里姆郡。大海将周边这些区域在文化上联系起来。[3]

旅行者若从英格兰南部进入这个边境地区，看到的景象会让人感到陌生且颇多阻滞。如果从 M6 号快速路开车北行，首先得到的印象是荒芜而空洞的乡村，与丰饶的英格兰中部地区比起来，这里像是无人居住。地形不平坦——光秃的山脊和深邃的山谷连绵不断。在威斯特摩兰郡用石头建起来的郡府所在地肯德尔（Kendal）的西边，乡村景象开始变化。从这里进入湖滨地区，可以看到浪漫而怡人的景观。温德米尔湖（Windermere）以西散布着费尔地貌区，这是人烟稀少的山区，山峰海拔能提升到 3000 英尺，地表植被稀疏，像月球表面一样荒芜。再向西，越往爱尔兰海滨走，房屋的密度越大。

肯德尔以北 45 英里的地方是卡莱尔市（Carlisle），是英格兰前沿地区的都市。这个城市至今保留着巨大的城堡，它那巨大的深红色岩石墙体俯视着城堡前的繁忙客旅。如果能到卡莱尔城堡潮湿的地牢走一遭，仔细看看很多个世纪前囚犯们在墙体上留下的涂鸦，就能立刻感受到当时边境地区生活的暴力性。这个地区到处还能看见被摧毁的残垣断壁，倒塌的塔形建筑，处处述说着它那暴戾的过去。在位于卡莱尔和肯德尔之间的市集小城彭里斯（Penrith），在光秃的山顶上矗立着一个巨大的红色砂岩修筑的灯塔，当年一旦有苏格兰人侵犯边境，上面就会亮起警示的火焰。[4]

边境地区主要的文化特质来源于一个重要的历史事实。大约在 700 年中，苏格兰和英格兰的国王对这片土地的所有权争执不下，互相干涉对方的事务。从 1040 到 1745 年，除了三任国王以外，几乎所有的英格兰国王要不遭受过苏格兰人的入侵，要不就侵入过对方。同一时期，大多数苏格兰国王参与了针对英格兰的战争，其中不少人是战死的，至少边境的传说如此。苏格兰的第一任国王邓肯（1034—

1040）在对诺森伯兰人的战争中失利后，被麦克白（Macbeth）暗杀。1057 年，麦克白在邓斯纳恩（Dunsinane）的森林战役中败给英格兰军队后，也遭到同样的命运。另一个苏格兰国王马尔科姆·坎莫尔（Malcolm Canmore，1058—1093）为了占领英格兰北部的省份，五次侵入英格兰，最终在诺森伯兰郡（Northumberland）战死。1093 年后，诺曼人袭击了苏格兰北部地区，苏格兰国王唐纳德·贝恩（Donald Bane）奋起还击，但诺曼人俘获了他，他们在苏格兰的奸细挖下了他的眼睛。

这之后有一段和平时期，但 1136 年，苏格兰国王戴维率领一支军队入侵英格兰，战争又爆发了。此后的一个世纪中，边境两边的多数城镇都惨遭屠戮和焚毁，从纽卡斯尔到爱丁堡的乡村地区也遭到蹂躏。教堂和修道院更容易遭受攻击；有一队苏格兰士兵带着沉重的战利品回乡，因为抢掠来的圣杯和十字架过于沉重，不少人淹死在艾登河里。

这种情况持续了很多代。1215 年，英格兰国王约翰为了复仇率兵北伐。苏格兰贝里克郡的很多市民遭酷刑而死；英国国王亲手烧毁了他们的家园。在 13 世纪晚期，苏格兰被迫接受了英国的领主地位，这带来了一段压抑的和平时期。亚历山大三世（1249—1286）在任期间，情况有所改善，这段时期是苏格兰文化的黄金时期。但在 1286 年一个黑夜，亚历山大坠下悬崖摔死——或者是被推下去——屠杀又开始了。英国国王爱德华一世（1272—1307）占领了边境的贝里克郡，并处死了正当军龄的所有男子。在三个世纪中，苏格兰战士在血战中都会高喊“铭记贝里克！”

苏格兰低地在 1297 年之前一直被英格兰所控制，直到那年苏格兰英雄威廉·华莱士（William Wallace）入侵坎伯兰郡。他的士兵把所有捕获的英格兰士兵打得皮开肉绽。当华莱士被捕时，他的躯体被五马分尸，脑袋钉在英格兰一条大道旁的木桩尖上。英格兰孔武的爱德华一世国王随后迅速北上，实施暴力镇压，他因此被称为“苏格兰头上的锤子”；他在坎伯兰即将去世前，命令把他的骨头由英格兰复仇的军队随军带到苏格兰。他那倒霉的儿子爱德华二世（1307—1327）照此办理，但 1314 年在班诺克本（Bannockburn）被苏格兰英雄罗伯特·布鲁斯（Robert the Bruce）击败，他的军队洗劫并焚烧了英格兰北部城镇，也骚扰了部分爱尔兰地区。英格兰的爱德华三世（1327—1377）进行了军事报复，史称燃烧的圣烛节（“burnt Candlemas”）——就是对苏格兰低地地区（直至最北的爱丁堡）系列的毁灭行动。这些野蛮行动引发了苏格兰最新一轮的暴行，紧接着是英格兰查尔斯二世（1377—1399）和亨利四世（1399—1413）的远征行动。

边境两边军事力量的小型战役也从来没有停止过。整个 15 世纪，北不列颠崩溃成无政府状态。苏格兰的詹姆斯一世（1406—1437）被他的心腹所杀；“满脸怒容的”詹姆斯二世（1437—1460）在率兵攻打英格兰的罗克斯巴勒郡时，落得死无全尸；詹姆斯三世（1460—1488）被边境地区一伙四处烧杀的军事暴徒所害；詹姆斯四世（1488—1513）在弗洛登（Flodden）与英格兰人打仗时战死。英格兰人也展开了血腥的报复，尤其是亨利八世（1509—1547）时，为了复仇，他下令摧毁数百个边境地区的村庄，苏格兰称之为“粗鲁的求爱”[①]。

1567 年后，边境地区安静下来，詹姆斯六世成为苏格兰国王，后来又成为英格兰国王。但在查尔斯一世治下，英格兰与苏格兰再

① 与苏格兰女王玛丽一世和英格兰国王亨利八世的婚约有关。——译注

彭里斯灯塔高高地矗立在哥比亚的彭里斯城外的山上。它的功能是当苏格兰人进犯边境时，对英格兰乡民发出警报。这个战乱频仍的地区修筑了很多类似的灯塔。在这个灯塔竖立的地点曾有好几个灯塔，现在这个是1715年苏格兰的二世党人起义时用本地的红色砂岩修筑的。在1745年苏格兰人最后一次对英格兰的进攻中，灯塔曾经使用过。彭里斯灯塔至今仍然矗立着，代表着边境地区长达几个世纪的暴乱史。这幅画参考了彭里斯图书馆提供的两幅画图。

次爆发战争，英联邦与受保护国之间仍然怨毒甚深。大型战争和边境起义先后发生在 1680、1689、1715 和 1745 年间。两位研究边境地区的历史学家写道：“直到 1745 年之前，这个地区从来没有享受过连续五十年的安宁。”这种连续不断的地区性军事冲突造成边境两边大量的死亡。据记载，“苏格兰人在向泰恩河进军过程中对当地人口的杀戮几乎和瘟疫在各个地方造成的死亡一样严重”。[5] 暴力的文化效果是催生了一种恐怖的氛围，甚至在和平时期也阴魂不散。在 1745 年的进攻后，很多英格兰人的日记里记载了苏格兰人又来进犯的传言。在几百年的缠斗后，恐惧本身也成了一个重要的社会事实。[6]

英格兰和苏格兰王朝数代以来的斗争还仅仅是边境地区苦难的一部分。国王之间的战争给抢劫、强奸和谋杀等以可乘之机，并且无人管束。在边境两边，尤其是两国有主权争议的地区，权倾一时的部族包括泰勒、贝尔、格雷厄姆和班克黑德（Bankhead）等完全不受法律的约束，“随他们高兴说自己是苏格兰人或英格兰人”。[7] 他们对周边地区“掠夺”成性。[8] 其他势力则大肆盗窃牲畜，边境地区称之为“偷牛”。小规模的偷牛行动在这个地区比比皆是。有组织的偷牛行动“其规模更容易让人联想到美国传统的模式，而不是立即想到英格兰”，一位历史学家这样评价。[9]

无休无止的暴力塑造了边境地区的文化，也产生了非常不同于英格兰南部的社会体系。在边境地区，租赁的模式主要是为了保持庞大的战斗力量。领主伯利（Lord Burghley）记载说，“……这里的乡村地区没有租约，但有条件，就是必须是能打的人，而且要有马和武器”。[10] 在沃克（Wark）和哈博特尔（Harbottle）的大庄园里，“传统的重要职位很稳固……下一代人甚至可以部分继承，这样有战斗能力的人可以维持生计”。[11]

随处可见的暴力对经济也产生了影响，当地的经济在发展速度和模式上都落后于英格兰其他地区。1617年，威尼斯大使观察到，“在离边境仅有40英里的地方，诺森伯兰郡尤其贫穷，文化落后，境况凄惨……不仅是因为贫瘠的土地，也因为国家之间连年进行毁灭性的战争”。在好几个世纪中，这个地区一直处于恶性循环。贫穷与暴力又引起了更多的贫穷和暴力。[12]

在边境不安全的环境下，出现了独特的地区性建筑。贵族居住在称为佩列（pele）的建筑里，通常用石头修筑三四层。第一层是没有窗户的储藏间，有10英尺厚的墙。上面是起居室和睡房，再上面是作战平台。卡姆登（Camden）写道：“这些富人中没有一家是没有自己的塔或佩列的。”[13]这种结构的房屋最早在12世纪就存在了，最迟在1586年还有修建。其中一些存留今日。[14]贫穷的佃户另有方式来应付危险，他们树起成排的石头、木桩或土堆，“就是一人之力几小时就可以建好的那种”。这些临时建筑被摧毁也不会是严重损失，因为他们可以被毁坏那样的速度重建。[15]

边境的暴力对社交方式也有影响。在一个充斥着背叛与危险的世界，血亲关系变得尤其重要。家族之间结成部族，亲属之间把对家族的忠诚看得比对国王的忠诚更为重要。一个被国王委以保护边境秩序的危险任务的官员在1611年怀着绝望的心情写道：

> 他们没有良知和对上帝的敬畏；他们所有人都是姻亲，彼此多少都有亲戚关系，然后成群结队地去偷盗，彼此照应，所以极少有人被证明有罪。[16]

边境的人对法律机构没有信任感。他们形成了习俗，通过世代复仇和抚恤金等同态复仇的方式来解决彼此的纠纷。他们也有一种称为“保护费”的制度，就是给权势家族付钱以寻求保护。[17]

我们还会看到，不绝的暴力也在其他方面塑造了该地区的文化——包括对工作、运动、时间、土地、财富、等级、继承、婚姻和性别等的态度。边境两边在文化上没有什么差别。“除了国籍之外，边境两边的英格兰人和苏格兰人几乎一样，”历史学家乔治·弗雷泽（George Fraser）写道，“他们属于同一个小小的、自足的、独特的世界，遵循着同样的规则和传统。”[18]

边境文化越过爱尔兰海，由所谓苏格兰裔爱尔兰人和盎格鲁爱尔兰人传播到阿尔斯特。这些移民来自苏格兰和英格兰的不同区域，但一位历史学家认为，“人数最多的还是来自边境地区”。在爱尔兰，他们遭遇了另一种不休的暴力。一些旧的习俗在边境地区消失后在北爱尔兰留存下来，并持续至今，包括新教徒的连打，天主教徒的炸弹，野蛮的击穿膝盖骨和密室里的各种酷刑方式。在这片残损而美丽的土地上，边境的暴力传统产生了很多恶果。

但边境地区旧的文化传统在17世纪逐渐被改造，主要原因是新的政治状况。两个征战不休的王国经过漫长的整合后最终合二为一，这个过程始于苏格兰的詹姆斯六世于1603年继承英格兰王位，止于1706至1707年的联合法案。

在这个过程中，边境地区经历了天翻地覆的社会改革。这里有很多重要的事实。一是改革的主导机构，他们把这个过程看作建设和平秩序。另一个是它的对象，这些人并不把自己看作罪犯，而是受害者。实际上，这个重建秩序的过程和它所埋葬的那个世界一样充满暴力。要为这个弥漫着血腥味的地区重建秩序，就必须打破已经形成上千年的文化。英格兰边境地区的山上树起了很多绞刑架，常常有绞刑在那里执行。节俭的苏格兰人为了节省绳子的费用，不用绞刑，而是淹死他们抓捕的掠夺者，有时一次就执行10个或20个之多。很多家族被整体放逐，其中有些在这种流放中被消灭殆尽。有些被迫迁居爱尔兰，当地的官员又抱怨说，他们“在爱尔兰和在坎伯兰北部一样难以管束”，对他们进行再一次放逐，这次是去了殖民地。所以，这些所谓苏格兰裔爱尔兰人来到美国的过程中经历了两次筛选，他们是那片无序的土地上最难被束缚的居民。[19]

对边境地区的平定改造了当地的社会体系。边境地区的旧军阀被剥夺了收入来源，深陷债务之中，他们的财产权被迫移交给了正在崛起的城市富商。在有关苏格兰边境的伟大小说《罗布·罗伊》(*Rob Roy*)中，俄斯博得斯通（Osbaldistone）家族的历史是对这些旧军阀命运的浪漫写照。现实中的例子是威廉·蔡特（William Chaytor）爵士，他因为债务在自己的佩列古宅中被捕，被投入伦敦的弗利特监狱（Fleet Prison），他在狱中愤怒而绝望地大吼：“不管是黑地狱，还是哈里法克斯，或是约克，仁慈的上帝带我们走吧。”[20]

旧的武士家族被新的商人阶层取代，他们对这个地区的商业和煤矿雄心勃勃。边境地区适于耕作的土地转移到土地资本家手中。坎伯兰和威斯特摩兰郡多数大地主都不在当地，既没有见过他们的租赁户，也很少来查问自己的地产。其中一个最大的地主，萨默塞特伯爵（1682—1748）在66年中只访问过自己在哥比亚的土地一次。这些地产是由管家和当地的官员看管。租赁收入都汇到英格兰南部。边境地区财富分配不平等的状况由此也加剧了。[21]

一些被称为绅士的中等家庭通过努力逐渐改善了自己的经济状况。这些小地主虽然理论上是佃户，但他们拥有土地上所有的东西，除了要为地下的矿脉付一点名义上的费用。其中有一些人扩大了他们的所有权，在支付两年租金和一片银子（称为“神的便士”）的前提下可以把所有权留给他们的子孙。[22]

其他人就没这么幸运了。边境平定的同时，土地使用期也被改变了。“战斗力量不再需要的时候，”一位历史学家写道，“地主就提出,传统的佃户实际是随地主的意志来调整的。”[23]在这个过程中，佃户和转租户都很容易受到剥削。冷酷的租约很快在该地区蔓延，很多人被赶出土地。所以，当很多移民来到美国后，都有很深刻的被压迫记忆，给后世的政治态度打下了烙印。[24]

很多人对地主提起了起诉。也有人以自力的方式捍卫权利。尤其是在苏格兰南部,农民起义反对地主,铲平地主用来关牲畜的石墙。最大的一次是1724年的加洛韦铲平者起义（Galloway Levellers' Revolt）。在北爱尔兰，租赁户团结起来组成一个个反抗贪婪地主的暴力自卫团，称为钢铁的心或者橡树心等等。真正的土地所有权者安逸地待在伦敦或都柏林，但他们的很多代理人被残酷地杀害了。[25]

该地区开始兴建新路的时候，遭到强烈的抵抗，也发生了很多暴力事件。一种称为“阻止道路”的风俗变成农村地区抵抗文明侵入的普遍模式。英格兰新建的军队被调往边境地区镇压这些路上的暴乱。[26]

似乎这些苦难还远远不够，边境还常常遭受饥荒和传染病的侵袭，并一直伴随着该地区现代初期急速的变化。当地大部分人口生活在饥饿的边缘，很容易受到土地收成的影响。在18世纪，收成锐减的情形反复发作，尤其是在1727、1740和1770年。每次食物短缺都伴随着一波移民。

这种现象也发生在爱尔兰，从这里迁徙到加尔文教派殖民地的移民既有贪婪的圣公会精英，也有迅速上升并在人口上占多数的天主教徒。这些天主教徒受到地主日益贪婪的剥削，也被郡里的权势人物欺辱，还被他们并不归属的教会征税。在爱尔兰还有一个因素促成了移民，就是亚麻贸易。在移民时期，这个行业遭受长期的下滑，尤其在1770年代早期更是大幅下挫。

这些社会问题的根源在于当时复杂的社会改革。而这些问题造成的结果是一大波移民，观察家将之形容为“迅速传播”，“愤而出走”，或者“像瘟疫一样”。统治者对人口锐减感到惊骇，但无法阻止。其中有个人在1728年写道：

> 整个北部现在都发烧了，人们每天都在谈论明年去西印度的话题。这些传言像瘟疫一样传播，人们很难听进去劝阻的声音。最糟糕的是，被影响的只有新教徒。[27]

在爱尔兰，绝望的人们已经急不可耐，有人试图从跨越爱尔兰海的船上出逃，结果被淹死在险恶的海水里。[28]

这些人是历史上一次伟大变革的难民，因为这些变革让他们的处境变得复杂而艰难。有的人只是希望保持自己的传统，而有的人主要想到的是未来。对这两种人，新世界代表着幸福的期许，让他们在故乡就魂牵梦系。他们如洪水一样逃亡美利坚。

注释

1 Cecil Sharp to John Campbell, n.d., in Campbell, *The Southern Highlander and His*

Homeland (New York, 1921), 70; see also Olive Campbell and Cecil J. Sharp, *English Folk Songs from the Southern Appalachians* (New York, 1917).

2 传统上，这个地区被称为英格兰的边境和苏格兰的边境。

3 这是对帕默－戈德肖（Palmer-Godechot）假设的又一次应用，即 18 世纪陆地和海洋的相对渗透性。中世纪以来，海洋上的沟通方式已经有很大的提升，但陆地上的旅行并不比罗马时代好多少。帕默和戈德肖有关“大西洋世界”边境地区的论点也适用于爱尔兰海的周边地区。参见 Jacques Godechot and R. R. Palmer, “Le problem de l’Atlantique du XVIIIe au XXe siècle,” *Relazoni del X Congresso Internazionale di Scienze Storiche (Roma 4-11 Settembre 1955)*(Florence, 1955), V, 175-239。

4 彭里斯灯塔建于 1719 年，是在美国移民开始后一年。1745 年它曾被使用过，1780 年时得到修缮。Nikolaus Pevsner, *The Buildings of England: Cumberland and Westmorland* (Harmondsworth, 1967), 178.

5 Bouch and Jones, *Economic and Social History of the Lake Counties*, 2, 11, 16.

6 George Williams Diary, Ms. DX 124, CUMROC.

7 George M. Fraser, *The Steel Bonnets*, (New York 1972), 65.

8 “掠夺”（reiving）这个词来源于 ME reven，意思是强力夺取；有关有争议的土地，参见 T.H.B. Graham, “The Debatable Land,” *CWAAS* n.s. 12 (1912), 33-58。

9 从时间顺序来讲，更恰当的说法是美国的偷牛行动让人联想起英格兰北部的传统模式。参见 R.A.E. Wells, “Sheep Rustling in Yorkshire,” *NH* 20 (1984), 127-84; J. G. Rule, “The Manifold Causes of Rural Crime: Sheep Stealing in England, circa 1740-1780,” in J. G. Rule, ed., *Outside the Law* (Exeter, 1983)。

10 Robert Newton, “The Decay of the Borders: Tudor Northumberland in Transition,” in Christopher Chalkin and Michael Haveden, eds., *Rural Change and Urban Growth, 1500-1800* (London, 1977), 2-31.

11 Joan Thirsk, ed., *Agrarian History of England and Wales*, (Cambridge, 1967), IV, 49.

12 *Calendar of State Papers*, Venetian, 1615-1617, 150.

13 Douglas L. W. Tough, *The Last Years of a Frontier; A History of the Borders During the*

Reign of Elizabeth (Oxford, 1928), 38; Bouch and Jones, *Economic and Social History of the Lake Countries*, 123.

14 Pevsner, *Cumberland and Westmorland*, 29.

15 Tough, *Last Years of a Frontier*, xvi; R. T. Spence, "The Pacification of the Cumberland Border, 1593-1628," *NH* 13 (1977), 62.

16 Sir William Hutton to the Earl of Cumberland, Dec. 1611, quoted in Spence, "The Pacification of the Cumberland Border," 123.

17 "保护费"这个词来源于法语中用于租约的邮件 mail，但被 OED 定义为"英格兰和苏格兰边境地区从农户和小地主手中榨取的贡品……使他们免于被抢劫"。

18 Fraser, *The Steel Bonnets*, 66.

19 一个显著的例子是格雷厄姆的"抢劫一族"，被强制"驱赶到海外"。J. Nicolson and R. Burn, *The History and Antiquities of Westmorland and Cumberland* (2 vols., 1977), I, cxviii-cxxi; and Spence, "The Pacification of the Cumberland Border," 59-160.

20 Edward Hughes, *North Country Life in the Eighteenth Century: The North East, 1700-1750* (London, 1952), 1, 3, 5, 11, xx; J. D. Marshall, "The Rise and Transformation of the Cumbrian Market Town, 1660-1900," *NH* 19 (1983), 128-209; 同上, "Kendal in the Late Seventeenth and Eighteenth Centuries," *CWAAS* 75 (1975), 188-257.

21 J. V. Beckett, "Absentee Land Ownership in the Later 17th and Early 18th Centuries: The Case of Cumbria," *NH* 19 (1983), 87-107.

22 S. H. Scott, *A Westmorland Village: The Story of the Old Homesteads and "Statesman" Families of Troutbeck by Windermere* (Westminster, 1904), 21. 有位"绅士"的文章还保留在肯德尔的哥比亚记录办公室，他是来自威斯特摩兰郡的本杰明·布朗（Benjamin Browne, 1664-1748）。

23 Paul Brassley, "Northumberland and Durham," in Thirsk, ed., *Agrarian History of England and Wales*, Vol. 5, Part 1, 49.

24 Robert V. Remini, *Andrew Jackson and the Course of American Empire, 1767-1821* (New York, 1977), 15; T.G.F. Darby, "The Agrarian Economy of Westmorland" (thesis,

Univ. of Leicester, 1965).

25 J. Leopold, "The Levellers' Revolt of Galloway in 1724," *SLHSJ* 14 (1980), 4-29.

26 Hughes, *North Country in the Eighteenth Century: The North East, 1700-1750*, 16.

27 Hugh Boulton to Duke of Newcastle, 23 Nov. 1728, in *Letters Written by His Excellency Hugh Boulton*, D.D. (2 vols., Dublin, 1770), I, 225-26.

28 Dickson, *Ulster Emigration*, 76.

美国边区

英国边民进入美国的口岸主要是费城和纽卡斯尔港口。他们很快就移居周边的乡村，用当地官员的话说，就是只要找到“一块空地，”就留守在那里。贵格派对这种入侵很不满。“我们的人民很痛苦，”乔纳森·狄金森在1717年写道，“从北爱尔兰来了成百上千的人。”[1]北不列颠人带来了古代边民针对其他族裔的好斗本性。早在1730年，费城官员就抱怨说，他们这些人“鲁莽而不好管束”。其中一人写道：“我必须承认，从我在土地办公室的经验来讲，让五个爱尔兰家庭定居比其他民族的五十个家庭还麻烦。我们的生活格局被打破了，之前的老一辈贵格派和第一代定居者生活在一起多么欢乐；但现在情况完全变了。”[2]

在贵格派内部，早在1718年就有人希望限制移民，“可以对部分人征收5英镑的人头税，另外一些可以加倍”。[3]但这个想法违背了威廉·佩恩所培植的神圣实验的观念，所以没有被采纳。贵格派决定另辟蹊径，规劝这些边民移居到殖民地的偏远地区。1731年，詹姆斯·洛根通知英格兰的佩恩家族，他正筹划把北不列颠人带到西部去，“无论如何也要去做开拓者”。洛根认为，这些人若成为印第安人与贵格派之间的缓冲带，更为有用。他同时也声明要脱离定居在东面的这些人。[4]

在贵格派领导层的督促下，北不列颠人迅速地从费城往西迁移到内地连绵的群山中。很多人沿着马里兰、弗吉尼亚和卡罗莱纳的山脉漂泊到西部和南部。从阿巴拉契亚山脉的高地一直延伸到旧时的西南部（the Old Southwest，大约从独立革命时期到19世纪早期的一种旧称，覆盖了密苏里州、密西西比州、阿肯色州、路易斯安那州、德克萨斯州，还有部分田纳西、肯塔基和佛罗里达州），这大片区域逐渐被这些人带来的英语文化所占领。在19世纪，他们跨过密西西比河，迁徙到阿肯色州、密苏里州、俄克拉荷马州和德克萨斯州等地。到20世纪，他们的影响力往西一直延伸到新墨西哥州、亚利桑那州和加州南部。

他们定居的区域由美国联邦统计局在1790年首次记载。姓氏的分布显示这些从北不列颠来的人深入到了美国殖民地的所有地域。但至今为止最集中的地区还是在几处偏僻的地方，包括宾夕法尼亚的西南部、马里兰和弗吉尼亚的西部，以及北卡罗莱纳、南卡罗莱纳、佐治亚州、肯塔基州和田纳西州。[5]

在这片广阔的区域内，超过一半的人口来自苏格兰、爱尔兰和英格兰北部。其他少数族裔也迁徙到了这些地区，但他们的数目相对较小。最大的非英语族裔是德国人，他们主要集中在宾夕法尼亚和马里兰的中西部，也有定居在弗吉尼亚山谷的北边。但总体而言，1790年时，德国人在南、北卡罗莱纳州，佐治亚州，田纳西州和肯塔基州等地人口中只占5%。他们在南部高地一直是很小的一个比例。[6]

还有其他一些零星散布的族裔，包括法国的胡格诺教徒（Huguenots）、瑞士的新教徒、威尔士的洗礼派、西印度群岛的人，甚至还有一个希腊殖民地。但偏远地区90%的人都是英格兰人、爱尔兰人或苏格兰人；而多数实际又是从阿尔斯通、苏格兰低地和英格兰北部移民过来的。北不列颠人在弗吉尼亚州的奥古斯塔（Augusta）、罗克布里奇（Rockbridge）、费耶特（Fayette）和林肯郡占总人口的73%—80%；在宾夕法尼亚的华盛顿郡占75%；在田纳西和肯塔基的很多郡占90%；在北卡罗莱纳的希尔斯伯勒（Hillsboro）几近100%，在南卡罗莱纳的内陆也占绝大多数。这些地区也成为南部高地定居点最早的发源地。

但人数并不是这些族群统治地位唯一的指标。从北不列颠来的移民在南部高地所建立的文化统治超过了他们在人数上的多数地位。[7] 这可以从美国当地的环境去解释，因为它与不列颠边境文化非常契合。

南部边区地域广大，面积与西欧相当，从宾夕法尼亚向南延伸800英里直到佐治亚州，从皮德蒙特高原（Piedmont plateau）向西延伸几百英里直到密西西比河。这片区域山峦起伏，从沿岸的平原向西逐渐抬升到阿巴拉契亚山脉，最高点是北卡罗莱纳州的米切尔峰（Mt. Mitchell，6684英尺高），再逐渐下降直达西边的河流。

在18世纪中叶，这片区域覆盖着大片的落叶森林，其中主要有橡树、山胡桃木和栗树。在山里，森林逐渐变成以桦树、万年青和枫树为主。在密西西比河岸边，树种主要是紫树、赤桉树和柏树；向南又主要是火炬松和长叶松。这一区域还分布着藤丛和开阔的草地，比如肯塔基牧草，早期曾因它的盛产而吸引了大量的定居者。

边区四季如画。晴朗的春日，阳光透过森林，给树木镶上金边。灌木丛里盛开的水木、山月桂、野杜鹃和野草莓闪闪发亮。夏日清晨，乡间飘散着薄雾，仿佛缥缈的白云；这种景象在笔者的孩提时代唤起了各种奇思妙想。夏日午后，远处的山顶上覆盖着发光的云彩，这些山峦因此而得名：大雾山（Great Smoky）、蓝岭（Blue

Ridge）、紫山等。当秋季来临，南部高地上的山岭像英格兰一样五颜六色——在十月的晴空下，红色的枫树、黄色的山胡桃和褐色的橡树杂糅成迷乱的色彩世界。甚至冬天也有肃杀的美，光秃秃的黑色树干在夕阳的衬托下如哥特式花窗。

边区的气候很湿润，一年有40到50英寸的降雨，在北卡罗莱纳州的迎风坡高达80英寸。靠山的地区分布着很多瀑布和泉源，水量丰沛。水源丰富对边区产生了重要的社会意义，因为这让小型的家庭式农庄独立自足，无需任何权威的帮助，这个农业群体也因此养成坚定的自治原则。

这些地区的气温比较温和，这也很重要。按照17世纪的标准，南部高地对于初期的欧洲移民是一个相对健康的环境，但疟疾寄生虫很快就随着它们的宿主传遍了边区，乳毒病也成为一种主要的疾病。但即使在最坏的年份，边区的死亡率也比沿海地区要低得多，更是低于热病肆虐的老西南山谷地区。虽然地方病的发病率较低，但这些地区居民比较容易感染致命的传染病；然而家庭人数增长仍然很快，而且不像美洲其他地方一样容易因病而破碎。

在不列颠的边民到达之前，边区主要被强悍、好战的印第安民族占领，北方是肖尼人（Shawnee），南方是切罗基族（Cherokee）、克里克联盟（Creek）、乔克托族（Choctaw）和奇克索族（Chickasaw）。这些傲慢的族裔是不会轻易在白人定居者面前屈服的。残酷的战争始于17世纪晚期，一直延续到19世纪初期，这些都是美国历史上最激烈的印第安战争。

对于第一代定居者，美国的边区非常危险，与不列颠边境的环境非常相似。南方高地由于没有政府和法治，大部分地区就像边境地区一样存在争议。边民们比其他族裔更适应这种无政府的环境，他们的家庭体系、适合战争的行为准则、农牧经济方式、对土地和财富的态度、工作观念和权力观等等都很贴合当地的情况。由于边民的文化习俗与环境高度契合，所以其他族裔也纷纷仿效。北不列颠边民的精神气质由此统治了这个黑暗而血腥的地区，这固然是因为他们人数甚众，但更重要的是因为它支撑着人们在这个野蛮而危险的世界生存下来。

注释

1 Jonathan Dickinson to John Asher, 22 Oct. 1717, Dickinson Letterbook, 1715-1721, HSP.

2 Charles A. Hanna, *The Scotch-Irish; or the Scot in North Britain, North Ireland and North America* (2 vols., New York, 1902), II, 63.

3 Jonathan Dickinson to John Asher, 22 Oct. 1717, Dickinson Letterbook, 1715-1721, HSP.

4 James Logan to John, Thomas and Richard Penn, 17 April 1731, Penn Papers, Official Correspondence, Historical Society of Pennsylvania; Frederick B. Tolles, *Quakers and the Atlantic Culture* (New York, 1960), 126.

5 有两个研究依据 1790 年人口普查统计了苏格兰和爱尔兰的姓氏比例，结果如下：

州	麦克唐纳的研究（McDonald）	珀维斯的研究（Purvis）
缅因州	20.8%	17.4
新罕布什尔	20.8	15.7
佛蒙特州	18.6	14.5
马萨诸塞州	15.0	10.5
罗德岛州	16.9	13.1

续表

州	麦克唐纳的研究（McDonald）	珀维斯的研究（Purvis）
康涅狄格州	11.3	8.3
纽约州	21.0	17.1
新泽西州	无数据	14.3
宾夕法尼亚州	36.9	29.8
特拉华州	无数据	21.8
马里兰州	31.6	26.5
弗吉尼亚州	32.2	24.4
北卡罗莱纳州	40.9	32.3
南卡罗莱纳州	44.6	36.5
佐治亚州	无数据	26.9
肯塔基州	无数据	33.8
田纳西州	无数据	35.3

另外，在18世纪中期，在偏远地区定居的英格兰族裔至少有四分之一（甚至更多）来自北方六个郡。如果我们平均一下珀维斯和麦克唐纳的人口统计，再加上25%的英格兰人口，那么1790年左右，苏格兰、爱尔兰新教徒和英格兰北方移民的总数就超过了北卡罗莱纳51%的白人人口，也超过了南卡罗莱纳53%的白人人口。这些数据涉及殖民地所有地区，包括沿海地区；在偏远地区，这个比例更高达60%以上。参见Forrest McDonald and Ellen Shapiro McDonald, "The Ethnic Origins of the American People, 1790," *WMQ3* 38 (1980), 179-99; Purvis, "The European Ancestry of the United States Population, 1790," 85-101; John B. Sanderlin, "Ethnic Origins of Early Kentucky Land Grantees," KSHSR 85 (1987), 103-110。

6 证据支持了麦克唐纳的结论，德国人较少迁徙到费城300英里之外的地方。参见McDonald and McDonald, "Commentary," 134，其他学者的研究也再现了这一结论。约翰·坎贝尔（John Campbell，*The Southern Highlander*, 63）依据养老金的名单、集会花名册和人口普查的跟踪数据得出结论，在北卡罗莱纳和田纳西，英格兰与苏格兰裔爱尔兰人各占三分之一的人口；在肯塔基，英格兰人占40%，苏格兰裔爱尔兰人占30%；在佐治亚州，英格兰人与苏格兰裔爱尔兰人各占40%的姓氏。

他的统计显示，德国姓氏占北卡罗莱纳的五分之一，田纳西的七分之一，肯塔基的二十分之一。这个统计其实也高估了德国人口。H. Roy Merrens, *Colonial North Carolina in the Eighteenth Century*,（Chapel Hill, 1964）, 53-81. 这本书中的统计结果是，德国人在北卡罗莱纳的总人口中所占比例在 2.8% 到 4.7% 之间，但在摩拉维亚地区（Moravian Tract）的两个郡之间占 22.5%。

7 布里登博（Bridenbaugh）认为他们是苏格兰裔爱尔兰人，“在不同国家的移民中，苏格兰裔爱尔兰人人数最多，所以让他们在偏远地区占统治地位并不奇怪”。麦克唐纳和麦克温尼（McWhiney）认为他们是凯尔特人，并且在南、北卡罗莱纳州以及南部和西部的其他地方占据统治地位。Bridenbaugh, Myths and Realities, 132; McDonald and McDonald, “Ethnic Origins,” 199; *idem*, “Commentary,” 133; Schaper, *Sectionalism in South Carolina*, 43; Mitchell, “Upper Shenandoan Valley,” 218.

新地上的边境地名

边民的文化霸权体现在新土地的取名上。在南部高地，人们很少能看到弗吉尼亚滨水地区的王室地名。只有少数例外，如夏洛特（Charlotte）、梅克伦堡（Mecklenburg），以及北卡罗莱纳州的橙县（Orange County）、南卡罗莱纳州的奥兰治堡（Orangeburg）等，这些名字对苏格兰裔爱尔兰人中的长老派教徒有特别含义。但一般而言，这些定居者很少受英国王室的蛊惑。弗吉尼亚人把一条西部河流命名为路易莎公主河（Princess Louisa），但边区的人却将之取名为列维莎（Levisa）。格调很高的名字在这些地区并不受欢迎；北卡罗莱纳州一个原名叫情郎山（Mont Beau）的地方被改名为芒博（Monbo）。与马萨诸塞和宾夕法尼亚的做法不同，阿巴拉契亚山脉的定居者很少用激励性的语言来命名。当他们取类似名字的时候，选择的不是像新英格兰的 Concord（和谐）或 Contentment（知足），而是 Liberty（意为自由，西弗吉尼亚州和佐治亚州有同名地点），Soldier's Delight（战士的兴奋），Barbacue（烧烤），Frolicsome（爱玩闹的），Faro（一种纸牌游戏），Bacchus（罗马神话中的酒神）和 Calypso（荷马《奥德赛》中的海中女神），这些地方全在北卡罗莱纳州。[1]

阿巴拉契亚山脉地区的很大一部分地名取自大不列颠的地名，

并且多数来自边境地区。阿巴拉契亚地区最普遍的英国郡名是坎伯兰，这是英格兰最西北角的郡。在马里兰西部有一个坎伯兰城，在肯塔基有坎伯兰山，在田纳西有坎伯兰河，在北卡罗莱纳州有坎伯兰山，穿越阿巴拉契亚山脉的有坎伯兰缝隙，这个区域的多数州都有坎伯兰郡。这个名字对英国边民特别有号召力，因为人们可以借此纪念坎伯兰公爵，他在卡洛登(Culloden)战役中打败了高地的宿敌。

其他一些边境的地名也反复出现在美国的偏远地区。在北卡罗莱纳州，人们发现有加洛韦（Galloway）溪、加洛韦街口、加洛韦山，在六个不同的郡都有加洛韦城。也有达拉谟（Durham）支流，好几条达拉谟河，达拉谟郡，达拉谟城和达拉谟市，这些地名是在1705至1855年之间取的。[2] 宾夕法尼亚州的一些郡也被命名为威斯特摩兰和诺森伯兰。

一个特别流行的名字是伦敦德里或德里，在新罕布什尔州最大的苏格兰裔爱尔兰人的定居点以此命名，同时，宾夕法尼亚西南部以及弗吉尼亚和南、北卡罗莱纳州的一些城镇和村庄也以此命名。新罕布什尔州一个苏格兰裔爱尔兰人的定居点命名为安特里姆郡（Antrim），马萨诸塞和缅因州的边区地区一些城镇分别命名为新格拉斯哥、科尔雷恩（Colerain）、贝尔法斯特和纽克斯尔等。边区其他的一些定居点命名有阿伯丁(Aberdeen)、阿伯内西(Abernethy)、埃尔（Ayr）、巴尔弗（Balfour）、布兰太尔（Blantyre）和达尔基思（Dalkeith），以上全在北卡罗莱纳州；还有多尼戈尔（Donegal，位于宾夕法尼亚)、新都柏林(位于弗吉尼亚)、希尔斯伯勒(Hillsboro，位于北卡罗莱纳州）和洛哈伯（Lochaber，位于南卡罗莱纳州）。还有很多New Scotlands（新苏格兰）、Caledonias（苏格兰古称）和Little Britain（小不列颠）以及Scotchtown（苏格兰城）。

从北不列颠来的移民也喜欢把定居点取名为他们个人或部族的名字，这在新英格兰的清教徒和弗吉尼亚的圣公会教徒比较少见。这些名字很多也是来自边境地区。在北卡罗莱纳州，有130多个地名前缀是Mc或Mac，还有很多亚历山大（Alexander）、杰克逊（Jackson）、罗伯特森（Robertson）、威廉姆森（Williamson）和格雷厄姆（Graham）。其他的一些例子还包括弗吉尼亚的哈珀斯费里（Harpers Ferry）、格雷厄姆聚会所（Graham' s Meeting House）、戈登聚会所（Gordon' s Meeting House）、麦卡登教堂（McAden' s Chruch）、克雷格河（Craig' s Creek）和杰克逊河（Jackson River）；南卡罗莱纳州的霍布柯克山（Hobkirk' s Hill）和林奇河（Lynch' s Creek）；肯塔基的布莱恩站（Bryan' s Station）、洛根堡（Logan' s Fort）和麦卡菲（McAfee's）；以及田纳西的麦克明维尔（McMinnville）、约翰斯顿福克（Johnston Fork）、苏里文（Sullivan）和诺克斯维尔（Knoxville）。

边区的地名也反映了边境文化的其他层面。它的烹饪方式反映在以下地名：Clabber Branch（牛乳支流）、Frying Pan（煎锅）、Corncake（玉米饼）、Whiskey Springs（威士忌泉）和Hangover Creek（醉酒河）。它的宗教反映在定居点的名字上，如Campground（宿营地）、New Light（新光）等。文化中的一些经济习惯也反映在村庄的名字中，如Ad Valorem（从价）、Need More（需要更多），两地都在北卡罗莱纳州。失意反映在Hardbargain Branch（吃亏的买卖支流）、Pinchgut Creek（困乏的河流）、Lousy Creek（不清洁的河流）、Worry（担忧）、Noland（乌有之地）、Big Trouble（大麻烦）、Hell' s Half Acre（地狱的半亩地）和Devil' s Tater Patch（恶魔的土豆块）。文化中的暴力因素体现在北卡罗莱纳州的Bloody Rock（浴血岩）、Bloodrun Creek（血溪）、Breakneck Ridge（断颈脊）、Brokeleg Branch（断腿支流）、Cutthroat Gap（断喉山口）、Gallows Branch（绞刑架支流）、Hanging Rock（绞刑岩）、Killquick（速杀）、Scream Ridge（惊叫脊）、Lynch's Creek（私刑河）、Whipping Creek（鞭刑河）、Skull Camp Mountain（头颅营山）、Scuffletown（混战城）、Grabtown（攫取城）和 See-off Creek（挥别河）。这些名字在新英格兰边境很少见。[3]

边区地名既受移民来源地影响，也受到历史时期的影响。在北卡罗莱纳州，有个地方叫辉格支流，还有一些富含辉格精神的地名，像 Enterprise Town（进取心城）、Improvement（提升城）和 Progress（进步城）。肯塔基有一条河流叫卢比格鲁德，取自《格列佛游记》（*Gulliver's Travels*）中布罗丁那格（Brodingnag）的都城卢比格鲁德（Lulbegrud）。它的名字是由丹尼尔·布恩（Daniel Boone）的一个探险者取的，他随身带着乔纳森·斯威夫特（Jonathan Swift）的整套书走向旷野，每天晚上在篝火旁大声朗诵。[4]

还有一些边远地名反映出其他地区少见的即兴特征。例如，南卡罗莱纳州的 Thicketty（厚重之地）和 Saltketcher（受盐器），田纳西州的 Licking Creek（甘甜的溪流），还有像 Big Sandy（大沙池）、Kerless Knob（克尔不在的山丘）、Tater Knob（土豆丘）和 Teeny Knob（小丘）等。有个叫 Aho（啊呵）的地方，因为当初奠基者在地名上无法取得一致，就用他们到达当地发出的第一个声音来命名。相似的名字有 Why Not（为什么不）、Odear（哦，亲爱的）、Shitbritches（大粪裤）、Naked Creek（裸露的溪流）、Cuckold's Creek（戴绿帽的溪流）、Stiffknee Knob（膝关节僵硬的丘陵）、Big Fat Gap（大肥缺）、Ben's Ridge（本之岭）、Bert's Creek（伯特的溪流）和 Charlie’s Bunion Mountain（查理脚肿的山）等。这种随意的取名方式与清教徒、贵格派和保王党都不同。[5]

这些地名的分布勾勒出 18 世纪这个被称为偏远定居点、边区或偏远地区的文化边界。在美国历史的前两百年，很少有人会从弗里德里克·杰克逊·特纳（Frederick Jackson Turner）所称的“边疆”的角度去看待这个区域。它被称为“边区”而不是“边疆”，其实也暗示出那个时期殖民者内心的倾向。[6]

注释

1 Hanna, *Scotch-Irish*, II, chap. 5, “The Settlements Enumerated,”

2 William S. Powell, *The North Carolina Gazetteer* (Chapel Hill, 1968).

3 同上。

4 George R. Stewart, *Names on the Land* (new ed., San Francisco, 1982), 113, 151.

5 同上，150。

6 有人从 18 世纪传统的政权边界的角度称它为“边境”—— 这种含义与特纳是不同的。另外就是本杰明·富兰克林，他在 1760 年又阐述了一种新的边境含义。

边区的"贵族"

一个美国精英阶层的边境起源

这些边区的居民并不都是出身寒微。有些人原先在旧大陆地位崇高。他们移民到美国的动机并不是要寻求更高的社会地位，而是防止从原有的社会地位上跌落。例如安德鲁·杰克逊的家族，他是祖上来自边民的第一个美国总统。反映杰克逊竞选的传记都强调这位民粹领袖的平民出身。但事实上他的出身并不穷，也不是平民。他在幼年时期就接受了贵族教育。杰克逊总统的爱尔兰祖父休·杰克逊（Hugh Jackson）是一个富人，自称是卡里克弗格斯（Carrickfergus，爱尔兰小镇）的纺织厂主和商人；他给美国孙子留下的遗产价值 300 到 400 镑银币。这位未来总统的父亲移民美国之前就是成功的农场主，在北爱尔兰的卡斯尔雷镇（Castlereagh）附近有大笔财产，并且在 1765 年组织了一批移民到美国。安德鲁·杰克逊的妻子雷切尔·唐尼尔森（Rachel Donelson）也来自上流社会。她的父亲约翰·唐尼尔森上校（Colonel John Donelson）在南部边区曾权倾一时。她也是萨缪尔·戴维斯博士（Dr. Samuel Davies）的侄孙女，戴维斯博士学养深厚，曾担任普林斯顿学院的校长。[1]

还有一些移民来自更高的等级，属于一个很小的精英群体，被爱尔兰和边民称为"富豪"。他们在移民中只占很少的人数。但他

安德鲁·杰克逊是典型的来自边区的领袖，他是苏格兰裔爱尔兰血统，是美国第七任总统。历史学家和社会科学家从不同角度对他和他所发起的运动进行了阐释。从他所处的时代和地域来研究，会发现他身上浓厚的民俗印记，是从北不列颠边境地区传播到美国边区的文化。

们迅速地在美国边区建立了文化上的统治地位，并且延续了很多代。边区“富豪”的一个例子是波尔克（Polk）家族。这个家族的先驱是罗伯特·波尔克上尉（1699年去世），他于1680年从爱尔兰的多尼戈尔郡（Donegal）移民美国。他在盎格鲁－苏格兰裔爱尔兰人中社会地位崇高。他的妻子莫德林·塔斯克·波特·波尔克（Magdalen Tasker Porter Polk）是爱尔兰大臣领主（Lord Chancellor of Ireland）的女儿，他们家居住在伦敦德里附近的布卢姆菲尔德城堡（Bloomfield Castle），并且继承了爱尔兰一片叫穆尼（Moneen）的地产。罗伯特与莫德林婚后有七个儿子。其中一个叫戴维·波尔克（David Polk），后来定居在马里兰，他的后裔与切萨皮克地区的贵族通婚，包括蒂尔曼（Tilghman）、福特（Ford）、考克斯（Coxes）和哈克特（Hackett）等。另一个儿子，威廉·波尔克（William Polk），去了弗吉尼亚州，他的五个子女多数定居在北卡罗莱纳州的梅克伦堡郡（Mecklenberg）。到18世纪末，梅克伦堡郡的波尔克家族已经与北卡罗莱纳州和田纳西州的上层家族通婚，包括亚历山大、阿什（Ash）、考德威尔（Caldwell）、坎贝尔、多纳尔森（Donelson）、霍金斯（Hawkins）、吉尔克里斯特（Gilchrist）、诺克斯（Knox）、谢尔比（Shelby）、斯普拉特（Spratt）和很多其他家族。这个家族的一个成员是卓越的主教将军利奥尼达斯·波尔克（Leonidas Polk），他曾担任路易斯安那的主教和邦联军队的中将。另一位后裔是美国总统詹姆斯·诺克斯·波尔克（James Knox Polk）。另有两位美国总统，安德鲁·杰克逊和扎卡里·泰勒（Zachary Taylor），与这个家族是姻亲，北卡罗莱纳与田纳西的很多政治领袖也与这个家族是姻亲。[2]

边区富豪第三个范例是卡尔霍恩家族（Calhoun），他们于17

在南部高地的历代政治领导人通常把自己的血统归于北不列颠边境地区的富豪家族。一个著名的例子是美国第11任总统詹姆斯·诺克斯·波尔克（1795–1849）。他被称为“青年希科里”（Hickory），并被推举为民主党领袖，但实际上他的祖先来自北不列颠的上流社会。波尔克总统的公德和私德，以及他对荣誉和忠诚的理念都深受他的边境祖先文化的影响。

世纪从苏格兰移居爱尔兰，又于1733年移民到美国。移民的家庭成员包括帕特里克·卡尔霍恩（Patrick Calhoun）和他的妻子凯瑟琳·卡尔霍恩（Catherine Calhoun），以及他们的四个儿子詹姆斯、威廉、伊齐基尔（Ezekiel）和帕特里克。这四个兄弟非常团结，也住得很近。1746年，他们四人以“散布虚假信息”为名被一同起诉。[3]

卡尔霍恩家族最早定居在宾夕法尼亚州的兰开夏郡，然后向西南方向迁徙到卡罗莱纳的内地，最后在长藤溪（Long Cane Creek）定居下来，并且一路上与北不列颠的其他家族通婚，包括蒙哥马利、诺布尔（Noble）和皮肯斯（Pickens）等，他们在来美国之前就与这些家族是世交。他们也在家族内部通婚。这个家族最有名的人物约翰·C.卡尔霍恩（John C. Calhoun）与他的表妹弗洛里德·卡尔霍恩（Floride Calhoun）结婚，后者是约翰·F.卡尔霍恩的女儿。这个家族的多数姻亲都是边境家族，包括来自苏格兰、爱尔兰和英格兰的。

卡尔霍恩家族是卡罗莱纳边区的开拓者，他们定居的地方靠近边疆，1760年的一场战争中，切罗基族[①]杀死了这个家族的23个人，包括他们的女族长——76岁高龄的凯瑟琳·蒙哥马利·卡尔霍恩（Catherine Montgomery Calhoun）。[4]到18世纪末，卡罗莱纳内地的卡尔霍恩家族人数已经有好几百人。

卡尔霍恩家族一直被认为很有实力。家族族长帕特里克·卡尔霍恩（Patrick Calhoun）定居在南卡罗莱纳州之前就已经被称为“地主”。在18世纪中期，四位卡尔霍恩兄弟已经拥有几千英亩土地，并且很快集中了大量的奴隶。他们也占据了政府中的高位。在1815年之前，他们四人担任了南卡罗莱纳州的国会议员。

---

① Cherokee，北美易洛魁人的一支。——译注

在旧式的肖像画和早期的照片中，边区领袖凶恶的面目比较符合对阿巴拉契亚高地的北不列颠边民的描述。同时代的观察者把这里的男人描述为高大瘦削、肌肉发达，坚硬而易怒，并且饱经风霜。这个社会强烈的情感方式在他们身上留下不可磨灭的印记。例如约翰·考德威尔·卡尔霍恩（John Caldwell Calhoun），他的外貌与其敌人安德鲁·杰克逊很像。两个人都是边区富豪家族的后裔。这些可信度极高的肖像有力地传达出他们强硬的个性和执着的欲望，也描绘出他们的勇气和冷酷。他们的良善与恶行都受到不列颠边境和美国边区的环境影响。

另一个例子是亨利家族。他们的先辈是盎格鲁－苏格兰裔的贵族约翰·亨利，他于1730年移民美国。他与边境两边的统治家族都有联系。他的表兄弟中有戴维·亨利，《贵族期刊》（*Gentleman's Magazine*）的出版人；他母亲那边与威廉·罗伯特森（William Robertson）有关联，他是历史学家，曾担任爱丁堡大学的校长。约翰的另一位表妹埃莉诺·赛姆（Eleanor Syme）是爱丁堡的名媛，嫁给了威斯特摩兰郡布鲁厄姆庄园（Brougham Hall）的亨利·布鲁厄姆，成为英格兰最著名的政治家族之一。

移民约翰·亨利在汉诺威郡（Hanover）遇到了他的一个亲戚，美丽寡妇莎拉·赛姆（Sarah Syme），并与之成婚。四处游历的威廉·伯德曾在这个妇人家逗留过一个晚上，他在日记里记载到，“她是一位丰腴而美丽的妇人……我们有一场生动而愉快的谈话”。他继续写道：

> 我们用掷币的方式喝了一瓶酒，伴有一只煮鸡。九点我就休息了，睡得很香甜，梦里浮想联翩，我以为会梦到宽宏的女主人……这位礼数周全的寡妇请我留到第二天，并和她一起去教堂，但我推却了，我告诉她说，她会毁掉我虔诚的信仰。她礼貌地恳求我，只要我来参观她的种植园，都要把她的房子当成自己的家，这让我感觉很谦卑。[5]

不久之后，赛姆小姐嫁给了约翰·亨利，1736年，她生下了帕特里克·亨利。这位伟大的革命家喜欢以人民领袖的面目出现，但他的出身是边区的富有贵族，与英国边境地区的贵族阶层有很深的渊源。帕特里克·亨利是英国伟大的辉格党领袖威斯特摩兰郡布鲁厄姆庄园的布鲁厄姆领主的表亲。[6]

边区富豪的另一个例子是约翰·休斯顿，他与妻子和六个孩子于 1730 年到达美国。他签字时写的是“约翰·休斯顿，绅士”，并注明是边境地区的准男爵。他来到新世界的时候并不是一无所有。根据家族的传说，他来的时候带来了一小桶金币。在来美国的途中，贪婪的船长和一些乘客发现了他随身带的财富，并且错误地以为可以偷到手。约翰·休斯顿立即团结船上的乘客控制了船，并自己率领全船人到达了美国。到达边区后，他很快担任了郡法官的职位，并且在弗吉尼亚山谷获得了大片的土地。在 65 岁的时候，他被一棵倒下的树砸死。他的后裔中有一位是山姆·休斯顿，曾担任过田纳西的总督以及德克萨斯的总统。[7]

边区的其他精英群体还有三个极具攻击性、掠夺性和嚣张的家族，均来自英格兰西北部边境，包括格雷厄姆、贝尔和班克黑德（Bankhead）。他们都被英格兰驱逐，被迫定居在爱尔兰。这些家族的很多成员移民美国，加入了南部高地的精英阶层。班克黑德家族尤其在阿拉巴马州非常耀眼——由此走出了不同领域的领袖级人物，包括美国联邦参议员约翰·班克黑德，他的兄弟威廉·班克黑德是联邦众议院议长，议长本人的女儿是演员塔卢拉·班克黑德（Tallulah Bankhead）。即使在今天，班克黑德家族仍然在南部高地占据着很多重要的职位。格雷厄姆和贝尔两个家族人数更为众多，他们较早就定居在北卡罗莱纳州的西部。他们同样出了很多政府高官，他们的名字也用来命名了南部高地很多郡和城镇。

卡尔霍恩、波尔克、杰克逊、亨利、休斯顿、贝尔、格雷厄姆和班克黑德等是边区典型的精英家族。这些美国家族的奠基人在北不列颠都是实力雄厚的人家。他们多数在 18 世纪早期移民美国。多

The Backcountry Elite: The Polks of Mecklenberg

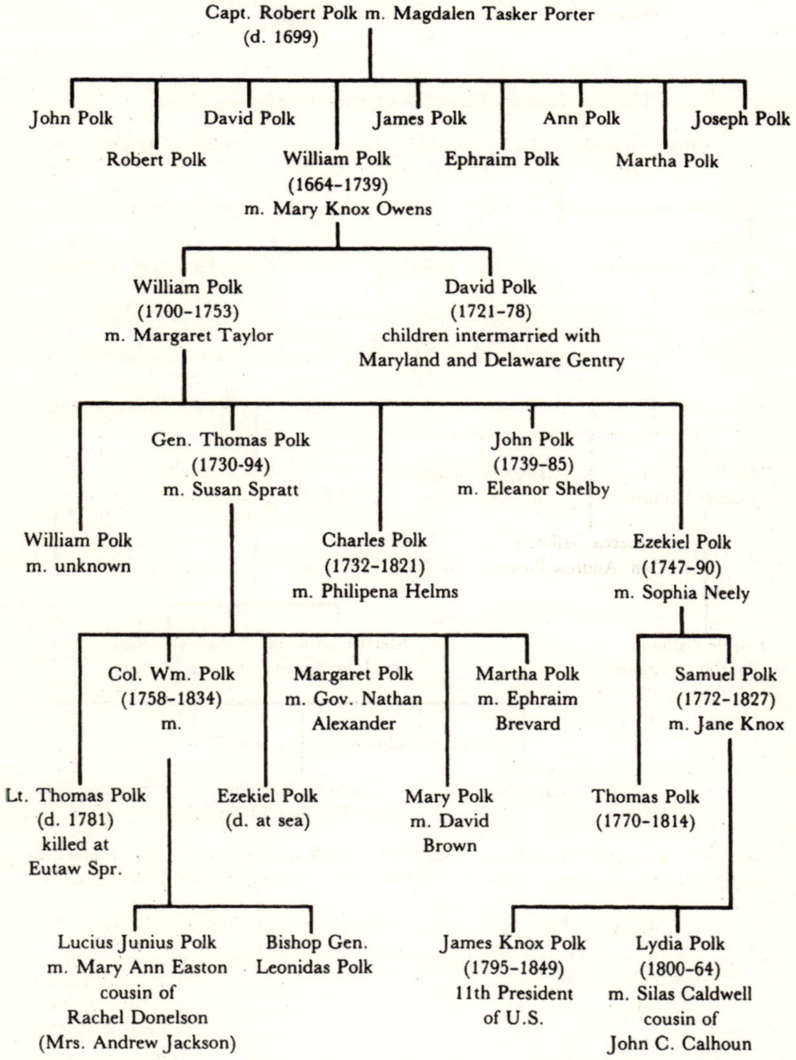

Source: Angellotti, "The Polks of North Carolina and Tennessee," *NEHGR* 77 (1923), 133-45; 78 (1924), 33.

波尔克家族谱系图

The Backcountry Elite: The Calhouns of Long Cane

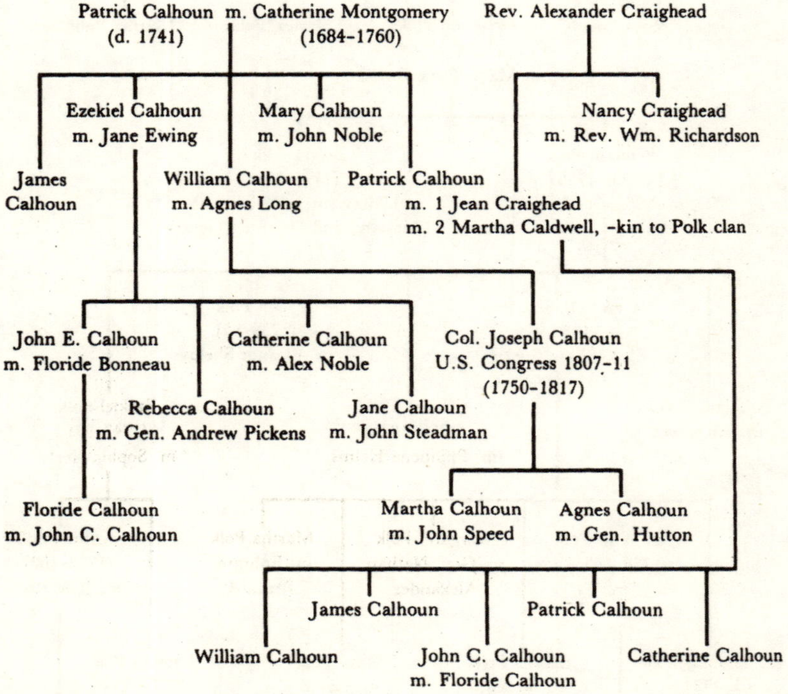

Source: A. S. Salley, Jr., "The Calhoun Family of S.C.," *SCHGM* 7 (1906), 81-98, 153-69; *idem*, "The Grandfather of John C. Calhoun," 50; Charles M. Wiltse, *John C. Calhoun, Nationalist* (Indianapolis, 1944), 18.

卡尔霍恩家族谱系图

数人是在1730年代来到边区，只有其中一些来得稍早或稍晚一代。他们很快爬到了边区社会的顶层，并把这种显赫地位维持下去。

这些精英家族在美国独立战争之前就已经在边区建立了统治地位。这一地区也有其他一些族群的精英，但北不列颠的边民掌控了最高权力。这种统治地位的一个例子是1780年国王山战役中的领导方式，这是美国革命期间在南部高地具有决定性的战役。当地的居民在十位将领的率领下取得战斗的胜利。其中一位将领来自苏格兰西南部，另一位来自北爱尔兰，三位来自英格兰北部，两位来自威尔士。有一位来自德国，一位是胡格诺教徒与边境家庭的混血，还有一位来源地不明。从这里得到的第一印象是他们的族群背景很多元化。但在九位来源地明确的将领中，七位来自北不列颠的边境。没有一位来自东盎格鲁或英格兰西南部。而移民日期明确的八个家族都是在1726至1740年期间到达美国，这一时期正是边区精英阶层形成的关键期。[8]

这些边境的家族，无论来自英格兰、苏格兰，还是苏格兰裔爱尔兰人，或盎格鲁爱尔兰人，或盎格鲁威尔士人，在价值观和信仰上比较趋同。他们彼此通婚，很快在南部高地形成一个关联紧密的精英阶层。在长达两百年的时间里，这个地区的公共生活中的活跃人物，其祖先都是在18世纪中叶的几十年中到达边区。

注释

1 Remini, *Andrew Jackson*, 2; Marquis James, *The Life of Andrew Jackson* (unbar. One-vol. ed., Indianapolis, 1938), 31.

2 Mrs. Frank M. Angellotti, "The Polks of North Carolina and Tennessee," *NEHGR* 77 (1923), 133-45, 250-70; 78 (1924), 33.

3 *SCHGM* 7 (1906), 81.

4 A. S. Salley, "The Grandfather of John C. Calhoun," *SCHGM* 39 (1938), 50.

5 Moses Coit Tyler, *Patrick Henry* (Boston, 1887), 2.

6 两个家族都很清楚这种关联性；帕特里克・亨利的侄孙在 19 世纪去大不列颠旅行时受到布鲁厄姆领主的接待，见 Tyler, *Patrick Henry*, 4。

7 Marquis James, *Sam Houston* (New York, 1929), 3-6.

8 这九位将领，还有一位是在革命之前刚刚换班的，分别是威廉・坎贝尔（William Campbell，1745 年出生在弗吉尼亚州奥古斯塔郡），他的祖先与苏格兰贵族有关联，而且于 1726 年移民美国；本杰明・克利夫兰（Benjamin Cleveland，1738 年出生在弗吉尼亚州威廉王子郡），他的父母于 1730 年代从约克郡的北部边缘移民美国，他们在原住地是古老的徽章家族；弗雷德里克・汉布赖特（Frederick Hambright，于 1727 年出生在德国），约 1738 年移民美国，并与边民血统的沙拉・哈丁（Sarah Hardin）成婚；威廉・格雷厄姆（William Graham）来自坎伯兰的上层家族；爱德华・莱西（Edward Lacey，1742 年出生在宾夕法尼亚州的希彭斯堡），英格兰血统，地区不详；约瑟夫・麦克道尔（Joseph McDowell，1756 年出生在弗吉尼亚州的温彻斯特），他的父亲是一个苏格兰裔的爱尔兰纺织商，于 1740 年移民美国；约翰・塞维尔（John Sevier，1745 年出生在弗吉尼亚州的罗金厄姆郡［Rockingham］），他父亲是法国胡格诺教徒的儿子，入赘到英格兰北部的一个家庭，约于 1740 年从英格兰移民美国；艾萨克・谢尔比（Isaac Shelby，1750 年出生在马里兰州的北部山区，现在是华盛顿郡），他的父亲于 1735 年从威尔士移民美国；詹姆斯・威廉姆斯（James Williams，1737 年出生在弗吉尼亚州的汉诺威郡），他的父亲于 1730 年从威尔士移民美国；约瑟夫・温斯顿（Joseph Winston，1746 年出生在弗吉尼亚州的路易莎郡），他的家庭从约克郡移民美国，时间不详，他的父亲是帕特里克・亨利母亲的亲戚。

殖民地的情绪

边区定居点的焦虑与不安

边区的贵族曾采用这样的方式祷告：“主啊，请保守我能做正确的事情，你也知道我本性难改。”[1]这段祷告集中体现出，边区定居点的文化氛围非常保守和排外。这个地区的人强烈地抗拒改变，对外来人狐疑很深。对阿巴拉契亚山区方言的研究发现，“外来人这个词在阿巴拉契亚地区的含义，是伊丽莎白时代用来指称那些与说话者来自同一个国家，但不是同一个地域的人”。整个世界对于边区定居者来说都属于域外，除了他们自己的邻居和亲戚。[2]

南部高地的人在19世纪以排外而闻名，同样出名的还有他们暴虐的表达方式。在19世纪早期，他们既憎恶大种植园主，也讨厌废奴主义者。内战时期，他们中有些人两面为敌。在20世纪早期，他们又变得既憎恶黑人，又有反犹太倾向。在我们这个时代，他们则同时对共产主义者和资本家充满怨愤。这些南部高地的人在反感的对象上不偏不倚——他们对外来者一视同仁，不分种族、宗教，或来源国。

这种态度的背后深藏着殖民地社会普遍的文化焦虑和不安。这种情绪在第一代移民中尤其强烈。在1765至1771年间横扫南、北卡罗莱纳州边区、被称为“管制”的暴力运动中，这些情绪更是达到了顶点。在这两个地区，管制者是边远地区的治安团成员，他们试图在当地强制推行秩序，并攻击外来者。他们的行动是新殖民地共有的文化过程，表达的是一种文化上的危机和失落。[3]

这种态度的另一种征兆是强烈的文化保守主义。从 17 世纪至 20 世纪，去过边区的旅行者经常观察到当地的复古倾向。圣公会牧师查尔斯·伍德梅森（Charles Woodmason）用厌恶的口吻写道："他们对自己当前低级、懒惰、邋遢而又讨厌的异教生活很满意，似乎也不想去改变。"[4] 这种论调，即使不管它轻蔑的语气，也描绘出了一种保守主义的本能，这不但被旅行者注意到，连这些边远的居民自己也承认。"只要一个信条在我们心中扎根，我们永不会改变，"阿巴拉契亚的一位妇人骄傲地写道。[5]

这种文化意绪让边区的人对自己从北不列颠带来的传统异常执着。这里的历史过程中固守与变化交织，在形式上与新世界的其他文化区域并无二致，但在实质上却自有千秋。我们会对这个主题做深一步的挖掘，首先要看一看传播到美国边区的语言方式。

注释

1 Bridenbaugh, *Myths and Realities*, quoting Dunaway, Scotch Irish, 182.

2 Wylene P. Dial, "The Dialect of the Appalachian People," *WVAH* 30 (1969), 463-71.

3 历史学家把"管制"运动首先理解为一个政治事件；其他学者将其解释为一个社会运动。它具备两种事件的因素，但同时也是文化运动；参见 Richard M. Brown, *The South Carolina Regulators* (Cambridge, 1963); Rachel N. Klein, "Ordering the Backcountry: The South Carolina Regulation," *WMQ3* 38 (1981), 661-80; Ronald Hoffman et al., eds., *An Uncivil War: the Southern Backcountry during the American*

Revolution (Charlottesville, 1985)。

4 Woodmason, *Carolina Backcountry*, 14, 31, 52; Bridenbaugh, *Myths and Realities*, 177.

5 Emma Miles, *The Spirit of the Mountains* (1905, rpt. Knoxville, 1975), 137.

边区的语言方式
南部高地方言的边境起源

在今天的美国，阿巴拉契亚山脉和奥扎克山脉（Ozark）、密西西比河谷南部、德克萨斯和南部平原地带还能听到一族特别的地域方言。它通常被称为南部高地方言，或中南部方言。[1]

这种美国方言至少有两个世纪的历史。早在独立战争之前，它就在殖民地形成了，但当时是以民族身份，而不是地域身份被命名的，称为“苏格兰裔爱尔兰人口音”。在边区，它很快成为主流的口音，其他族群也纷纷效仿。1772年，有一份报纸广告上说，一个逃逸的非洲奴隶杰克的特征是说“苏格兰裔爱尔兰方言”。[2]

这种“苏格兰裔爱尔兰方言”最早的记录与今天南部高地的口音非常相似，并且因为英文乡村音乐歌手、长途卡车司机、电影里的牛仔和边区政客们的努力而在西方世界广为流传。

这种南部高地的口音在发音方式上非常特别。在说 where（哪里）的时候发成 whar，there（那里）说成 thar，hired（被雇用）说成 hard，creature（造物）说成 critter，certain（某些）说成 sartin，going（前行）说成 a-goin，it（它）说成 hit，hit（击打）说成 he-it，fire（火）说成 far，deaf（聋的）说成 deef，poison（毒物）说成 pizen，naked（赤裸的）说成 nekkid，itch（发痒）说成 eetch，bush（灌

木丛）说成 boosh，wrestle（摔跤）说成 wrassle，china（瓷器）说成 chaney，chew（咀嚼）说成 chaw，push（推动）说成 poosh，shut（关闭）说成 shet，bat（短棒）说成 ba-it，be（是）说成 be-it，narrow（窄小）说成 narrer，window（窗户）说成 winder，widow（寡妇）说成 widder，young ones（年轻人）说成 young-uns。[3]

它的语法在诸多细节上也和其他英语方言有差别。动词形式例如，he come in，she done finished，they growed up；复数形式例如，they is judged；疑问格式有如，you wasn' t there, was you；强调语气例如，he done did it，heave 的过去式是 hoove。不定冠词例如，she had a one 这种形式在南方很常用，还有双重否定表示强调，例如 he don' t have none。[4] 它用介词的方式也比较新颖。19 世纪早期，詹姆斯·帕顿（James Parton）记载了这样的例子，"He went till Charleston（他去查尔斯顿了）" 和 "there never was seen the like of him for mischief（从没见过他这样的祸根）"。帕顿写道："这些是他们口语的范例。"[5]

南部高地方言的语汇也是独特的，例如 fornenst（next to，下一个），skift（dusting of snow，扫雪），fixin（getting ready to do something，为做某事做好准备），brickle（brittle，易碎的），swan（swear，发誓），hant（ghost，鬼魂），hate（it ain' t worth a hate，那不值得你去恨），nigh（near 接近），man（husband，丈夫），cute（attractive，有魅力），scawmy（misty，模糊的），lowp（jump，跳跃），lettin' on（pretend，假装），sparkin（courting，招致），hippin（a baby's diaper，婴儿尿布），bumfuzzled（confused，困惑的），scoot（slide，滑动），honey（endearment，亲热的表示）等等。[6]

这些方言比较生活化。清教徒英语中的禁忌直到 20 世纪才对南部高地的方言产生了一些影响。性行为和自然生理的词语常常用来做修饰词。例如，小孩经常被爱称为“小粪便”（“little shit”），表示亲近的意思。这个地方的奶奶会经常对小孩说：“你不就是一坨小粪便吗？”[7]性的词语也常常出现在边区的地名当中，直至后世维多利亚时代的人从地图上抹掉了这些地名。在弗吉尼亚州的卢嫩堡（Lunenberg），有两条小溪，名字分别是瘙痒的女人（Tickle Cunt Branch）和做爱河（Fucking Creek）。[8]

学者们一般认为，这种语言源自北方或诺森伯兰的英文，主要是17世纪到18世纪早期，苏格兰南部、爱尔兰北部和英格兰边境地区的人们使用。[9]我们今天所认定的美国边区典型词语都出现在英格兰边境地区坎伯兰郡和威斯特摩兰郡19世纪的词汇表上。W. 迪克森说，比如man（男人）这个词就是坎伯兰的妻子用来称丈夫的，例如“支持你的丈夫”。他注意到，honey（小蜜糖）在英格兰边境、北爱尔兰和南部低地是用来“表达非常亲近的意思”。迪克森和其他研究者记载了坎伯兰的一些英语用法，例如let on表示tell（告诉），scawmy表示thick（厚）或者misty（模糊），cute表示attractive（有魅力），nigh表示near（接近），fixin表示getting ready（准备好），lowp表示jump（跳跃），hoove是heave（举起）的过去式，lang sen或langseyne表示long since（自那以后很久）。用双重否定表示强调的用法在边境的方言中也很普遍。诺森伯兰的一个贵族写信给另一位说：“我向您保证，我从来没有告诉任何人（I never sold none）。”[10]

在北不列颠，边境两边的方言大体上是相似的。一位研究19世纪早期坎伯兰郡和威斯特摩兰郡的学者发现，“在边境上，沿着旧边界线或者在有争议的地区，人们的方言几乎完全是苏格兰式的，除了有时候会有一点口音”。[11] 另一位语言学者认为，在边境上，苏格兰低地的口音“其实就是现代口音的某种退化……在英格兰北部郡情况都是如此”。[12]

这种边境口音是如今美国南部高地方言的前身。而它传播的过程比较复杂。南部高地方言并不仅仅是北不列颠的古老发音，并不是对过去形式的简单重复。美国环境需要新的词语去描述，很多词因此在边区地区被创造出来。还有一些表达方式借用了印第安人、西班牙人、法国人和德国人的语言。但其中最主要的成分还是来自17世纪北不列颠的方言。

注释

1 Hans Kurath, *A Word Geography of the Eastern United States* (Ann Arbor, 1949); Craig M. Carver, *American Regional Dialects*; *A Word Geography* (Ann Arbor, 1987); Robert F. Dakin, "South Midland Speech in the Old Northwest,"*JEL* 5 (1971), 31-48; C. Williams, "Appalachian Speech," *NCHR* 55 (1978), 174-79.

2 Virginia *Gazette*, 22 Oct. 1772; Bridenbaugh, *Myths and Realities*, 169.

3 对边区方言的一个早期描述（指18世纪移民的语言）是由美国旅行者安妮·罗亚尔（Anne Royall）做出的，她当时参观了这个地区，并为它取了一个时髦的名字——格里森共和国（Grison Republic），现在是西弗吉尼亚州。“再来说说格里森共和国，”她写道，“他们的方言是对正规语言的藐视，很难懂；比如，他们对 by, my, rye 等的发音，就像你说 ay。他们引进了一些字，又删除了一些字，他们还把一些字与其他字结合起来，几乎所有的英文都被他们刀砍斧凿，的确很少见。当他们想说 pretence（借口）的时候，他们实际说的是 lettinon，而且是他们经常的用法。它的含义是一种戏谑的意思，用以表达非难、轻视；‘你就是找借口把他们的汤匙抢过来——玻莉（Polly）并没有发疯，她就是找借口’。Blaze 他们发成 bleez，one 发成 waun，sugar 发成 shugger； ‘and is this all it ye got’？ Handkerchief 发成 hancorchy，重音在第二个音节； ‘the two ens of it comed loose’；get out of the way，他们说成 get out of the road：road 也一般被用来指代 way； ‘put them cheers, (chairs) out of the road.’ 但他们喜欢的词是 hate，用来指 thing（事物），比如，nothing，他们解释为 ‘not a hate—not wann hate will ye's do’。What did you buy at the stores ladies? ‘Not a hate—well you hav'nt a hate here to eat’。他们还有 hickups 和 corp（corpse），are a (cute) people 等说法。他们和莎士比亚一样，如果没有某个词，就自己生造一个：scawm'd 就是一个例子，意思是有斑点的。” 见 Anne Royall, *Scketch of the History, Life and Manners in the United States* (New Haven, 1826), I, 53; 对这种方言的早期描述，见 “Skitt,” [H. E. Taliaferro], *Fisher's Rover (North Carolina) Scenes and Characters* (New York, 1859); and Ralph Steele Boggs, “North Carolina Folktales...,” *JAF* 47 (1934), 268-88。

4 Dial, “The Dialect of the Appalachian People,” 463-71.

5 James Parton, Life of Andrew Jackson (3 vols., New York, 1859), I, 47.

6 Honey（蜜糖）作为表示亲密的词偶尔能在新英格兰和切萨皮克听到。但它与北不列颠和爱尔兰的方言有特别关联，在 18 世纪被认为是“爱尔兰用语”。

7 Dial “The Dialect of the Appalachian People,” 470.

8 Richard R. Beeman, *The Evolution of the Southern Backcountry: A Case Study of Lunenburg Country, Virginia, 1746-1832* (Philadelphia, 1984), 18.

9 J. H. Combs, “Old, Early and Elizabethan English in the Southern Mountains,” DN 4 (1913-17), 283-97; Thomas Pyles, *The Origins and Development of the English Language* (New York, 1964).

10 W. Dickson, *Glossary of Words and Phrases Pertaining to the Dialect of Cumberland* (London, n.d.); 参见无名氏编 , *Westmoreland and Cumberland Dialects, Dialogues, Poems, Songs & Ballads by Various Writers in the Westmorland and Cumberland Dialect Now Collected with a Copious Glossary* (London, 1839); 也 见 W. Dickinson and E. W. Prevost, *A Glossary of the Words and Phrases Pertaining to the Dialect of Cumberland* (London, 1879); and Ann Wheeler, *Westmorland Dialect*...(London, 1840), 130。18 世纪有关 “Cumberland Bard”（Robert Anderson）的记载也很有价值。早

期的描述对于历史学家比 20 世纪的方言研究更有价值，后者虽然在研究方法上更为先进，但对于研究旧时的规律用处不大。

语法的模式也是同样。例如休斯注意到，边民“对不定冠词的用法很自由，比如‘he had a one’”。参 见 Hughes, *North Country Life in the Eighteenth Century: The North East*, 37， 诺森伯兰的双重否定式用法见 Fraser, *Steel Bonnets*, 72。

11 *Westmorland and Cumberland Dialect*, vi.

12 Ferguson, *Northmen in Cumberland and Westmorland*, 152-53； 也 见 Dickinson and Provost, *A Glossary of the Words and Phrases Pertaining to the Dialect of Cumberland*, xxv。

边区的建筑方式

简易屋和室外牛栏的边境源流

早在 18 世纪初期，旅行者就发现阿巴拉契亚高地本土建筑的一种特点。“这些人住在开放式的圆木屋里，只用毯子搭盖。”查尔斯·伍德梅森在 1767 年写道。[1]

17 世纪时，圆木屋在马萨诸塞、弗吉尼亚州或特拉华山谷等地用得比较少，并且不是在美国的边疆发明的。这个领域的著名专家舒特莱夫（H. B. Shurtleff）根据长期研究认为，这种圆木屋最早是斯堪的纳维亚人传进来的，在 18 世纪经由苏格兰裔爱尔兰人移民发扬光大。“这种木屋并不是天然地适合于英国殖民者，”舒特莱夫写道，“苏格兰裔爱尔兰人在 1718 年之后大批移民，似乎从他们开始才采用这种建筑形式的。”[2]

对这种圆木屋的历史记载主要围绕着圆木的历史，但简易屋自身的因素也很重要。这个线索又要从美国边区牵连到大不列颠的边境地区。在 17、18 世纪，简易屋建筑在苏格兰低地、北爱尔兰，以及英格兰的坎伯兰郡、威斯特摩兰郡和诺森伯兰郡非常常见，但在英格兰南部不多见。边境地区的旅行者对他们看到的房舍都很惊奇。一个来自英格兰南部的士兵曾在邓斯（Duns）附近沿着特威德河（Tweed）向北行进了几英里，他发现“农夫的房子……和我们的猪圈差不多，很少有多余一层的房子，而且很低矮，多数是用泥土覆盖，人们的生活习惯也和这种居住条件很相适应”。[3]

狭小、临时的房屋遍布北不列颠，这部分是因为当地的土地占有制度让人们没有动力修筑好而坚固的房子。1521 年苏格兰一位历史学家写道：

> 在苏格兰，乡村的房屋都是很小的农舍，原因是：他们没有属于自己的恒产，都是被雇佣的，或者租约只有四年或五年，并且完全取决于地主的意愿；所以，他们不敢建好的房子，虽然到处都有石材，他们也不愿意修建藩篱、培植果园，他们也不给地施肥；这对于整个地区其实是很大的损失。[4]

在边境地区，还有一个因素是长期的不安全感。所以，农舍的形式都是原始的小简易屋。“简易屋”这个词本来就是边境地区通用的词，意思是各种粗糙的占有空间，通常是用随手可得的最廉价的材料建成，像爱尔兰的草皮、淤泥，苏格兰的石材和尘土，美国的圆木和泥土。[5]

直至 1582 年，这些建筑里还比较少见升高的床，当时乔治·布坎南（George Buchanan）写信给苏格兰的朋友说：“在房子里，他们躺在地上；地板上撒满荒草，草根都藏在下边，叶子翻上来。他们用这种方式做成一张舒适的床，不但柔软，而且有利于健康。”[6]

在美国边区，从边境来的第一批移民最早修筑的是泥土小屋，人们把它描述为“脏屋子，很像土豆房，全家都住里面”。屋顶是用棍子和沙盖起来的，所以一旦下大雨就成了灾难。“雨水很快透过棍子的间隙漏进来，沙也被带下来，弄得到处都是，几乎要把我们活埋……我相信我们所有人都希望我们还是回到贝尔法斯特比较好。”[7]这些泥土和石头修筑起来的小屋子很快让位给圆木屋，因为它更适合新世界的气候，建材也很丰富。但无论材料是什么，小屋子的基本形制没有变。[8]

这些屋子的内部设计在大西洋两岸也差不多。四方的墙围起单一的空间，全家都生活在里面。地板通常是夯实的泥土。墙体有一些简单的开口作为窗户，门通常被放在前墙和后墙，以便于进出。有的屋里会有火炉，并且在天花板上有开孔；有的房子在山形墙有开口的生火处。[9]

边区小屋的尺寸有大概的标准。很多在 16 到 17 英尺长。这种长度在英格兰北部比较普遍，它取自一种古老的度量标准，人们称为一棍，或一柄，或一杆，或一边等，通常是五码半长。这种尺度在母国的地方法律中用来限制砍伐幼树的枝条。这些传统在新世界圆木屋的修筑中一直保持了很多年。[10]

修筑的方法在大西洋两岸也很相似。圆木或者其他材质之间的空间用泥土填满。在英国边境地区的坎伯兰郡，这个工作是在社区中以“填泥”的集体活动来完成，邻居和新婚夫妇的朋友都一起来参与，帮助他们建起能经得起风雨的墙体。这个工作是由被称为“填泥者”的人指挥。[11]同样的编织和填泥技术在美国边区被广泛使用。例如 1753 年，詹姆斯·帕顿（James Patton）在自己谢南多厄的农场里有两座圆形的木屋，“用墙板做的屋顶，两头有圆木做的烟囱，里里外外都用泥涂抹”。[12]

边区的大宅也不过是几个小木屋紧靠在一起修筑起来的，不是另一种形制。旅行者约翰·舍普夫（Johann Schoepf）1784 年写道：

简易屋并不是美国土生土长的建筑。它是欧洲的本土建筑，由斯堪的纳维亚人、德国人，尤其是北不列颠的边民们传播到美国。圆木屋在所有这些族群中都很普遍，但简易屋这种形制却是从边境地区传出来的。材质的选择在新世界已经改变了，圆木做的墙和木头屋顶取代了石头和茅草顶。但简易屋的设计和比例几乎一模一样。很多其他形式的圆木建筑在美国也出现过，比如新英格兰的守卫堡垒、稀薄的瑞典木屋、带槽孔的芬兰木板建筑和德国的大型圆木屋等，但经典样式的美国圆木屋源自北不列颠。

> 他们就是逐步把一些小房子和小木屋修筑在一起，不需要木匠的帮助，就是他们自己和黑奴；这比一次性修建一所大房子要容易一些。在既缺少材质，又没有足够资金修建大房子的地方，这种小房子就渐渐多起来。[13]

一般的做法是把两个圆木结构靠在一起，之间建一个有屋顶的开放通道。在阿巴拉契亚地区，这被称为狗道木屋。同样的设计在大不列颠早行之有年，狗道也因此出名。[14]

其他一些设计像马鞍包，两个靠近的木屋共用一个大烟囱；还有所谓“双笔”的结构，两所屋子共有一堵墙。这些结构在大不列颠早已经被使用。[15]

简易屋建筑突出的特点是粗糙，并且不稳固。这是一种简单的建筑样式，比较合适穷困、财产较少、对未来缺少信心的移民。这也是一种不显眼的结构，适合于一个充满暴力的世界，因为较好的建筑会招致灾难。在这方面，简易屋建筑体现了北部边陲不安全的现实。[16]

这种简易屋也是资源稀缺的产物。它是从 17 世纪晚期至 18 世纪早期，北不列颠极度贫困的人们创造出来的建筑形式。在那个不毛之地，用泥土和石头建起来的简易屋是为了适应当地的环境，因为其他的建筑材质实在很难寻获。

简易屋的结构也比较适合强调家庭观念、对个人隐私不太重视的人群。从英格兰南部来的旅行者对这种缺少个人隐私的情况大感惊讶。在美国边区也有人说过同样的现象。“他们所有人都睡在一个屋子里，起居穿戴都在众目睽睽之下，毫无仪式感，”伍德梅森写道，“……裸露也是无关紧要的。”有时甚至连床都没有。威廉·伯德把一个边区家庭描绘成，“像猪一样彼此腻味”在地板上。[17]

在18世纪，随着北不列颠的移民在美国定居，这些简易屋逐渐在美国边区流行开来。这些建筑与英国边境本土建筑的相似性很早就被到过两地的旅客注意到了。一个英格兰的旅行者在宾夕法尼亚边区苏格兰裔爱尔兰人的定居点看到，人们生活在“很小的圆木屋里，和在北爱尔兰或苏格兰一样脏”。[18]

在新环境里，简易屋并不是一成不变的。民俗专家深入研究了用于建造木屋的圆木削痕、转角的开口、地板的设计和开窗的细节。这几乎可以说是文化的回归，各方面虽然更加精致，但总的特征却是趋同的。[19]

这种木屋建筑仅仅是整个区域本土文化的一部分，除此之外，还有其他形制的建筑。谷仓和马厩都是粗糙而临时的遮蔽处，通常是用大小树枝建起来的，这种方法在边境地区很常用。[20]牲口都关在很简陋的室外牛栏里，这是源自北不列颠地区盛行几百年的城墙外塔楼的传统。历史学家鲍奇和琼斯观察到，“中世纪定居点的基本原理像是‘塔楼’，那是一种畜栏或栅栏围起来的地方，牲口和被保护人待在木栅栏后面，就可以受到男性们的保护”。室外牛栏在18世纪就已经在南部高地很普遍了。卡罗莱纳内陆的一个地区后来在美国独立战争中成为牛栏战役之地。[21]

在北不列颠，木屋和牛栏在17、18世纪逐渐被弃用，因为暴力事件逐渐消失，地区开始繁荣起来。人们今天在当地看到的本土建筑都是后来发展起来的。“在17世纪，”一个本地的历史学家写道，“绅士们开始修建更好的房子，模仿詹姆士一世时期的豪宅，并且发展出他们自己的样式——一种比较低矮、外形粗糙的建筑，带有门廊，比较封闭，牢固的门，巨大的居室，竖框的窗户，煤栏之后有开放的火口，泥炭就放在鹅卵石砌成的炉子里燃烧。”[22]

但木屋和牛栏在美国边区沿用了很长的时间。到 1939 年，美国还有 27 万左右的木屋有人居住。其中很多是在南部高地。在弗吉尼亚州的哈利法克斯郡（Halifax），直到第二次世界大战，还有 42% 的房屋是这种圆木屋。[23]

临时建筑在今天仍有新的表现形式，例如预制房屋结构、移动式房屋等，这些在南部高地依然是常见的。移动房屋是在轮子上的简易屋——小而便宜，简单，并且是临时性的。其材质已经从草皮和圆木变成了塑料和铝材，但它的核心概念仍然是三百年前传播到边区的建筑态度。

注释

1 Woodmason, *Carolina Backcountry*, 16.

2 参见 H. B. Shurtleff, *The Log Cabin Myth* (Cambridge, Mass., 1939)。各种形式的圆木屋更早的时候在殖民地就出现了，但主要是用于特别的目的，比如用于保卫、监狱和储藏弹药等，这些建筑的墙体通常设计得很厚实。有关的例子可见 *Archives of Maryland*, II (1884), 224; *North Carolina Colonial Records*, I (1886), 300。

德国人也带来了圆木建筑的样式，但他们的结构和经典的圆木屋有很多重要的差别。见 C. A. Weslager, *The Log Cabin in America* (New Brunswick, N.J., 1969); Henry Glassie, “The Appalachian Log Cabin,” *MLW* 39 (1963), 5-14; idem, “The Types of Southern Mountain Cabin,” in *The Study of American Folklore*, ed. Jan H. Brunwand (New York, 1968), 338-70; Fred Kniffen, “Folk Housing: Key to Diffusion,” *AAAG* 55 (1965), 549-77; Fred Kniffen and Henry Glassie, “Building in Wood in the Eastern United States,” *GR* 56 (1966), 40-66。

3 John Aston, “Diary,” in “Six North Country Diaries,” *Publications of the Surtees Society*

118 (1910), 31; 现代的研究参见 R. W. Brunskill, "The Clay Houses of Cumberland," *AMST* 10 (1962), 57-80; Christopher Stell, "Pennine Houses," *FL* 3 (1965), 5-24; James Walton, "Upland Houses: The Influence of Mountain Terrain on British Folk Building," *AA* 30 (1956), 142-48; Caoimhin o Danachair, "The Combined Byre-and-Dwelling in Ireland," *FL* 2 (1964), 58-75; Alan Gailey, "The Peasant Houses of the South-west Highlands of Scotland: Distribution, Parallels, and Evolution," *G* 3 (1962), 227-42; M. W. Barley, *The English Farm House and Cottage* (London, 1961); Henry Glassie, Pattern in the Material Folk Culture of the Eastern United States (Philadelphia, 1968); idem, *Folk Housing in Middle Virginia* (Knoxville, 1975); Carl Linsberg, "The Building Process in Antebellum North Carolina," *NCHR* 60 (1983), 431-56。

4 John Major, *Historia Majoris Britanniae tam Angliae q. Scotiae* … (Paris, 1521); tr. In P. Hume Brown, ed., *Scotland before 1700 from Contemporary Documents* (Edinburgh, 1893), 44.

5 *OED* 把这种小屋子定义为"修建粗糙的人类永久性定居场所。尤其是奴隶和贫穷的农家用泥土或草皮修筑的小屋子，与劳工居住的舒适农舍差别较大"。17、18 世纪多数的例子来自苏格兰、爱尔兰和英格兰边境地区。*EDD* 把英格兰使用这种屋子的地方限定在诺森伯兰郡、达拉谟郡和约克郡。

6 George Buchanan, "苏格兰的描述"，参见 Brown, ed., *Scotland before 1700 from Contemporary Documents*, 235。

7 Robert Witherspoon, "Recollections," in Merrens, ed., *Colonial South Carolina Scene*, 126.

8 E. Estyn Evans, "Cultural Relics of the Ulster-Scots in the Old West of North America," *Ulster Folklife* 11 (1966), 33-38.

9 不同族群在内部设计上有一些有趣的差别。德国人倾向于把屋子分割成三间，上面悬空有一个睡觉的地方。边民则喜欢一个大的敞开式空间，四方的形制，前后门相对。Evans, "Cultural Relics of the Ulster Scots"; Glassie, "The Apppalachian Log Cabin," 5-14; *idem, Pattern in the Material Folk Culture of the Eastern United States*, 78.

10 *OED*, s.v. "rod", "perch" and "pole." 长度在各地有所差别。在爱尔兰，一边的长度

是 21 英尺。有关美国边区对这种尺度的运用，诺布尔认为，“圆木屋的尺寸一般是 16-17 英尺宽、21-24 英尺长……在英格兰的房子和谷仓中，16-17 英尺长期以来都是标准长度”；Allen G. Noble, *Wood, Brick and Stone* (2 vols., Amherst, Mass., 1984), I, 114。

11 *Westmorland and Cumberland Dialect*, 339.

12 Mitchell, “Upper Shenandoah Valley,” 294.

13 Johann David Schoepf, *Travels in the Confederation* [1783-84] (1911, New York, 1968), II, 33.

14 这种狗道屋在设计上与大不列颠的绅士屋相似，见 Bouch and Jones, *Economic and Social History of the Lake Country*, 108-9。

15 Martin Wright, “The Antecedents of the Double Pen House Type,” AAAG 48 (1958).

16 莱伯恩 (Leyburn) 就苏格兰低地本土建筑的延续性收集了大量有价值的证据，他引用弗鲁瓦萨尔 (Froissart)15 世纪的著述说：“在一次英格兰人的侵略后，乡民们并没有遭受太大的损失，他们说早已经把牛赶进了山里，再需要六或八根柱子，他们很快就可以把新房子建起来。”

麦肯齐氏 (Mackenzie) 写道，16 世纪在整个苏格兰，农舍和简易屋多是用“粗糙的漂浮木建起来的，树枝彼此交织，上下前后都覆盖着泥土和野草的混合物”。

1670 年的一个报告写着：“这些平民的房子都非常简陋，泥做的墙和屋顶算是好的了；虽然居住在如此糟糕的地方，这些最贫穷的人并不缺乏远见……在有的地方，如果草皮比较丰富，他们就用这些材料来建简易屋，屋顶就是把草皮做成拱形，连支撑的柱子都没有；在房子干得快着火的时候，他们就把这些东西当作燃料，然后他们搬到另外一处。”

18 世纪的记述是这样的，这些房子“几乎无法住人，地板是泥土的，灶台是开放式的……只有经济情况较好的农夫有两间屋，但因为窗户太小，房子里光线很差”。Leyburn, *The Scotch-Irish: A Social History*, 18; P. Hume Brown, *Early Travelers in Scotland* (Edinburgh, 1891), 12-16; William Mackenzie, *History of Galloway from the Earliest Period to the Present Time* (2 vols., Kirkcudbright, 1841), I, 232; *Harleian Miscellany*, VI, 139; H. G. Graham, *The Social Life of Scotland in the Eighteenth Century* (London, 1899), 181-83.

17 Woodmason, *Carolina Backcountry*, 31; William Byrd, *The London Diary (1717-1721) and Other Writings* (New York, 1958), 588-89; Edmund Morgan, *Virginians at Home* (New York, 1952), 73; 有关阿巴拉契亚地区家庭的居住方式，在两个世纪后的像巴尔的摩和底特律这样的工业城市仍能找到类拟的描述。

18 Leyburn, *The Scotch-Irish: A Social History*, 151.

19 Michael J. O'Brien and Dennis E. Lewarch, "The Built Environment," in M. J. O'Brien, ed., *Grassland, Forest and Historical Settlement* (Lincoln, Neb., 1984), 231-65; Terry Jordan, *Texas Log Building: A Folk Architecture* (Austin, 1978); Wilbur Zelinsky, "The Log House in Georgia," *GR* 43 (1953), 173-93; Eugene M. Wilson, *Alabama Folk Houses* (Montgomery, Ala., 1975); Donald A. Hutslar, *The Log Architecture of Ohio* (Columbus, 1977); Charles McRaven, *Building the Hewn Log House* (New York, 1978); Fred Kniffen, "Louissiana House Types," *AAAG* 26 (1936), 179-93.

20 Amos Long, "Fencing in Rural Pennsylvania," *PF* 12 (1961), 30-35; Arthur Dobbs in *Colonial Records of North Carolina*, V, 262.

21 Bouch and Jones, *Economic and Social History of the Lake Countries*, 33; Eugene Cotton Mather and John Fraser Hart, "Fences and Farms," GR 44 (1954), 201-23.

22 Ernest Hudson, *Barton Records* (Penrith, 1951), 56; W. G. Collingwood, *The Lake Counties* (London, 1902), 144; Scott, *A Westmorland Village*, 64-65, Bouch and Jones, *Economic and Social History of the Lake Countries*, 108.

23 Shurtleff, *Log Cabin Myth*, 185.

边区的家庭方式

关于家族和亲戚的边境观念

边区的家庭方式，正如它的语言和建筑方式一样，也源自北不列颠的边境地区，虽然为了适应新的环境作了一些改变，但变化不大。“对边区的占领，”卡尔·布里登博（Carl Bridenbaugh）写道，“是通过家庭做到的……家庭作为基本的社会单位，没有受到损害……虽然欧洲民俗在移植过程中有重新洗牌。”[1]

从文化内部的个体看来，家庭的结构是一系列封闭的环，而其最外部的环要比其他英语族群更大更强。在核心之外，甚至在延伸的环之外，有两个环是这个文化中独有的。一个被称为父系亲属关系，包含了四代以内的所有亲戚。在很多个世纪中，北不列颠和爱尔兰的法律都规定父系亲属关系是财产和权力继承的基本域限。它不仅把不同的核心家庭联系在一起，也把不同代的人联络起来。

在父系亲属关系之外，是一圈更大的亲属关系，在北不列颠被称为宗族。我们今天主要把宗族与苏格兰高地联系起来。但他们在苏格兰低地、北爱尔兰和英格兰边境地区也是存在的，在这些地区他们是为了适应一个充满暴力、长期不安全的环境而产生的。

边境地区的宗族与苏格兰高地并不一样，也和我们所理解的维多利亚时代的对应物不同。他们没有正式的议事会，也没有宗族的花格呢、毛皮袋、阔帽等，更没有氏族的结构。但他们在更基本的意义上是宗族化的：一群相互关联的家庭互为邻里，姓氏都一样，并宣称来自同样的祖先，危险来临时彼此紧紧依靠。

有一些边境宗族令人生畏。坎伯兰郡在 16 世纪最大的宗族之一，阿姆斯特朗宗族，据说拥有 3000 位骑士，让他们的邻居深感畏惧。格雷厄姆宗族（Grahams）于 1552 年在他们的西部边界树立了十三座防卫塔楼，对敌人完全是一种俯视的姿态。卢瑟福家族（Rutherfords）和霍尔家族（Halls）滥用暴力，以至于 1598 年皇家官员宣布不招募这些家族的任何人入伍。约翰斯顿－约翰逊（Johnston-Johnson）宗族在与麦克斯韦宗族（Maxwells）长期的争斗中，用俘虏血淋淋的人皮装饰房子内部。[2]

从北不列颠到美国边区的移民是宗族规模的行动。典型的例子如罗伯特·威瑟斯庞（Robert Witherspoon）家庭，他们来自苏格兰边境地区，定居在南卡罗莱纳州。威瑟斯庞回忆道：

> 我的祖父母于 1670 年左右出生在苏格兰。他们是表兄妹，姓氏相同。祖父的名字是约翰，祖母是珍妮特。他们年轻时居住在格拉斯哥附近，1695 年他们离开苏格兰，移居爱尔兰，并定居在唐郡……他在那里的生活很优渥，名声也不错，直到 1734 年他带领整个家庭移民到南卡罗莱纳州。

威瑟斯庞用“家庭”这个词的时候，他的意思并不是核心家庭，甚至也不是大家庭，而是意味着整个宗族。祖父和他的七个孩子，以及至少 17 个孙子女和很多叔叔阿姨、表兄妹等一起从贝尔法斯特湾出发乘船到达美国，最后全都定居在南部边区的一个地方。威瑟斯庞描述了这次移民的细节：

> 我们不是乘同一艘船来的，也不是一次全部到达。我的叔叔威廉·詹姆斯（William James）和戴维·威尔逊（David Wilson），带着他们的家庭，还有加文叔叔，于 1732 年初离开了贝尔法斯特，罗伯特叔叔则是 1736 年跟过来的。[3]

这是系列移民或者说连锁移民的典型例子，这在边区的人口中非常普遍。宗族内的一些成员开拓了道路，其他成员随后跟进。

这些北不列颠边境的宗族到达美国边区后，喜欢紧靠居住。例如亚历山大宗族。在北卡罗莱纳州的卡托巴郡（Catawba），美国 1790 年的第一次人口普查发现，有三百个核心家庭的姓氏是亚历山大。其中多数是血亲。整个边区有很多这种集中居住的宗族，例如梅克伦堡郡的波尔克宗族、长藤郡（Long Cane）的卡尔霍恩宗族、亚德金河（Yadkin）的格雷厄姆宗族，以及佐治亚州内地的克劳福德宗族（Crawford）等。

亲戚集中居住并且姓氏相同的情况，给名字谱系的研究带来了很多麻烦。我们得知在卡托巴郡，“亚历山大宗族的人如此众多，只能按照他们的职位、商户或者中名来区分”。最有名望的亚历山大人被称为“纳特总督”（Governor Nat），以此区分“红头纳特”（Red Head Nat）和“富勒纳特”（Fuller Nat）。这成了南部高地的一种习俗。[4]

这种宗族体系很快在南部高地流布开来，并且逐渐把英格兰和德国定居者也包含进来，因为这种体系与新环境非常契合。乔治·吉尔默（George Gilmer）在撰写佐治亚州边区的历史时，他是按照宗族来组织论述结构的，一开始他谈论的是吉尔默宗族，然后按照与作者本人的亲戚关系远近依次谈及其他的宗族。他把这些群落定义为宗族，认为宗族的成员“都互称表亲，叫长辈为叔叔、阿姨。他们以最亲密的社会方式居住在一起，经常搬到一起住”。[5]

这些宗族的内部结构对于现代的观察者是无法想象的。历史学家内德·兰兹曼（Ned Landsman）写道：“宗族组织最突出的特征之一是他们很强调旁系的亲戚关系，而不是直系亲属。在有关宗族关系的理论中，家族的所有支系，无论男女老幼，都同等重要。这非常适合乡间环境的流动性，在这种环境下，儿子直接继承父亲土地的直系亲属关系难以形成。”[6]

姻亲的形成是一个很复杂的过程。“如果一个苏格兰男人或女人与非苏格兰裔的人结婚，”兰兹曼写道，“对方整个家庭都可能被吸纳到苏格兰裔的社群中。”[7]但如果新娘属于敌对的宗族，忠诚的问题就变得很难。一般来说，新娘要离开自己的亲戚，融入到新郎的宗族中。有很繁复的规矩来约束妻子和她丈夫的宗族之间的关系。这些习俗非常复杂，但基本的原则是婚姻纽带的重要性弱于血缘关系。威斯特摩兰郡的一个婚姻合同清楚地说明，新婚妻子永远不能坐在婆婆的位置上。[8]

很多时候，丈夫与妻子来自同一个宗族。例如在坎伯兰的霍克斯黑德（Hawkshead）教区，从 1568 到 1704 年，新婚夫妇姓氏相同的情况占比是 25%。边区的婚姻与边境地区的婚姻相似，也常常发生在亲戚之间。[9]

在这种家族网络内部，核心家庭非常抱团，同时也从周边的亲戚群落中得到支持。兰兹曼写道：“苏格兰人选择有规律地散居，而不是把个体定居者与他们的家庭和宗族隔绝开来，这有助于把分散居住的人们通过互相连接的家庭网络团结起来。流动性并没有阻碍社区生活的形成，反而有助于它。”这种效果又通过交换土地、轮流照顾孩子和连锁移民得到加强。[10]宗族并没有取代核心家庭，而是为其提供了护养和帮助。这些核心家庭内部的团结不同于清教徒和贵格派，在后两者的核心家庭中，内部约束非常强，而且通过伦理和宗教的教导来加固。在北不列颠人中，宗族体系实际是促进家庭内部团结的外部资源，它就像外围的城堡一样为核心家庭提供支撑。

边区的核心家庭比较大，在18世纪的英属北美是最大的家庭之一。圣公会传道人查尔斯·伍德梅森在写作中混杂着事实与偏见：“任何一个小木屋里都住有十到十二个年轻人……在很多木屋里，你可以发现十个或十五个孩子——子女和孙子女的数目差不多——母亲和女儿看起来年纪差不多。”[11]

伍德梅森的解释有些夸张，但有些证据表明这种规律还是存在的。北卡罗莱纳的总督阿瑟·多布斯（Arthur Dobbs）在爱尔兰曾经担任过勘测员，他自己在边区做过非正式的人口普查，发现在靠近南、北卡罗莱纳边界的洛基河（Rocky River）三十个家庭中，每个家庭都有不少于五个或六个孩子。[12]

1800年对边区的第一次大规模人口普查中，南部高地的出生率比特拉华山谷要高出40%，也比北部边疆高。边区有很大比例的家庭是完整的，夫妻都有。有很多家庭是联合型的，也就是同一屋檐下居住着不止一个核心家庭。到1850年，南部高地三分之一的家庭有非核心家庭的成员。[13]

这个地区的前两百年并没有出现现代性的核心家庭。趋势竟然是相反的。南部高地的宗族越来越强大，而不是削弱。20世纪初期，一个在山里居住的妇人写道：

> 这个区所有的孩子都有不同程度的血缘联系。我们的点名册上既有莎莉·玛丽（Sally Marry）和跛子约翰的玛丽，以及坦（Tan）的玛丽，她们的姓氏都相同；同时还有罗丝·玛丽阿姨，以及玛丽－乔，她就住在溪水旁。罗杰斯家族有不同的分支——克莱和弗兰克，雷德·吉姆（Red Jim）以及撒谎的吉姆，唱歌的吉姆，黑皮肤的吉姆·罗杰斯，等等，在这个区，他们的亲戚都彼此通婚，直到没有人能弄得清他们的血缘以及后代之间的关系。但孩子们并不受这个问题的困扰。他们彼此之间并不称呼表亲；他们都知道饥饿的时候坦叔叔的熏房可以找到吃的；他们生病的时候，玛撒阿姨亲切而有力的手总是可以医治他们；菲尔莫尔叔叔在所有舞蹈里都会奏起小提琴，戴夫叔叔给部落里所有的驴子钉上脚掌。[14]

这些宗族内部有很强的忠诚感，一位现代社会学家从自己时代的伦理角度将这种忠诚感称为"非道德的宗族主义"。[15]在当时那种环境下，这并不是非道德的，而是另一种道德秩序，以维护对亲属的责任。这种规范是为了适应那个无序并且暴力横行的世界。在其存在的理由消失后，宗族忠诚的观念在美国边区仍然有强大的影响。

这具体可以说到宗族之间绵延不休的世仇，这在南部高地存在了很多个世纪。这种世仇的根据是因为在英国边境以及美国边区，宗族被赋予了道德属性，而在其他英语文化中，这种属性是附着在个人身上的。其中主要的因素是名誉观和羞耻观。当一位男性失去了名誉，整个宗族也变得暗淡无光。如果一位女性被引诱又被抛弃，她所有的男性同胞都会觉得没有面子。边境与边区的世仇多数是出于这样的原因。魔鬼安斯·哈特菲尔德（“ Devil Anse” Hatfield）被要求解释为什么谋杀了那么多麦考依（McCoy）宗族的人时，他说：“男人有权利捍卫自己的家庭。”他所说的家庭是指哈特菲尔德宗族所有的人以及他们的亲戚。边区这方面的习俗与边境地区非常相似。[16]

唯物主义历史学家认为，世仇是南部高地的现代产物。有人称之为“对个人主义的回应”。另一位将之解释为生产方式变革的产物。这些现代术语确实为世仇描述了某些环境条件。[17]但这些都不是世仇产生的原因，世仇本身有很深的文化根源。还有一些历史学家认为南部的世仇主要是内战的遗产。但边区的世仇在 1861 年之前就产生了。美国独立革命期间，边区的暴力事件部分是来自世仇。宗族世仇甚至可以从美国边区追溯到北不列颠的边境地区，这种规律在南部高地一直持续到 20 世纪。[18]

注释

1 Bridenbaugh, *Myths and Realities*, 135.

2 Fraser, *Steel Bonnets*, 55-65 passim.

3 Robert Witherspoon, “Recollections,” in H. Roy Merrens, ed., *The South Carolina Scene: Contemporary Views, 1697-1774* (Columbia, S.C., 1977), 124. 另外一个有关宗族移民的描述参见 Parton, *Life of Andrew Jackson*, I, 46。

4 Charles G. Sellers, *James K. Polk, Jacksonian, 1795-1843* (Princeton, 1957), 8-9.

5 Gilmer, *First Settlers of Upper Georgia*, 168.

6 Landsman, *Scotland and Its First American Colony*, 46.

7 同上，160。

8 Bouch and Jones, *Economic and Social History of the Lake Countries*, 30.

9 G. E. Braithwaite, "The Braithwaites," 10, LANCSRO.

10 同上，153。

11 Woodmason, *Carolina Backcountry*, 39.

12 Arthur Dobbs to Board of Trade, 24 Aug. 1755, *Colonial Records of North Carolina*, V, 355; 较小家庭的研究见 Alan D. Watson, "Household Size and Composition in Pre-Revolutionary North Carolina," *MQ* 31 (1978), 551-69。

13 Yasukichi Yasuba, *Birth Rates of the White Population in the United States, 1800-1860* (Baltimore, 1962), 61-62, 131-32; Colin Forster and G.S.L. Tucker, *Economic Opportunity and White American Fertility Ratios, 1800-1860* (New Haven, 1972), 40-41; 有关该地区 19 世纪庞大而复杂的宗族系统，参见 William M. Selby, Michael J. O'Brien and Lynn M. Snyder, "The Frontier Household," in Michael J. O'Brien, ed., *Grassland, Forest and Historical Settlement* (Lincoln, Neb., 1984), 266-316。 有证据显示阿尔斯特存在大家庭，平均每个家庭有五位男性，见 Raymond Gillespie, *Colonial Ulster: The Settlement of East Ulster, 1600-1641* (Cork, 1985), 55。

14 Miles, *The Spirit of the Mountains*, 13-14.

15 Edwards C. Banfield, *The Moral Basis of a Backward Society* (New York, 1958), 110.

16 W. D. Weatherford and Earl D. C. Brewer, *Life and Religion in Southern Appalachia* (New York, 1962), 9.

17 Otis K. Rice, *The Hatfields and McCoys* (Lexington, 1978).

18 Charles G. Mutzenberg, *Kentucky's Famous Feuds and Tragedies* (New York, 1917); S. S. McClintock, "The Kentucky Mountains and Their Feuds," AJS 7 (1901), 1-28, 171-87; O. O. Howard, "The Feuds in the Cumberland Mountains," I 56 (1904), 783-88; Jenny Wormald, "Blood Feud, Kindred and Government in Early Modern Scotland," *Past and Present* 87 (1980), 54-97.

边区的婚姻方式

婚礼习俗的边境起源

边区的婚姻习俗也起源于边境地区。英国边境有一个古老习俗——“抢新娘”。在苏格兰、爱尔兰和英格兰边境地区，这个习俗在好几个世纪中是通过习惯法来维系的，它要求新郎支付“身体的价格”和“名誉的价格”。有两种抢的方式：一种是自愿劫持，就是新娘自愿离开，但她的家庭并没有同意；另一种是强制劫持，用武力把新娘抢走。[1]这两种劫持一直到18世纪还有人实践。据观察，这个时期，在边境地区和阿尔斯特，“‘或是出于娱乐，或是出于贪财’，劫持的行为都比较频繁”。[2]

边境抢新娘的习俗也传播到了美国边区。在18世纪的南、北卡罗莱纳州，有人向政府告发，“他们的妻子和女儿被敌对的家族劫持了”。[3]

安德鲁·杰克逊在当美国总统之前曾用自愿劫持的方式抢走了他的妻子。事情是这样的，雷切尔·唐纳尔森·罗巴兹（Rachel Donelson Robards）与丈夫的婚姻并不愉快。夫妻之间经常争吵，雷切尔直言不讳地说她不喜欢丈夫，而是喜欢安德鲁·杰克逊，安德鲁还威胁她丈夫路易斯·罗巴兹（Lewis Robards），要“砍掉他的耳朵”。杰克逊马上被捕了。但在案子判决之前，这位求婚者向这

边境抢新娘的古老习俗在美国边区得到延续。有人经常向政府告发这种劫持行为，但上流社会的人也会这么做。著名的例子有安德鲁·杰克逊和雷切尔·唐纳尔森。这是自愿劫持的例子；雷切尔是自己选择离开的。但她的离去引发了绵延多年的世仇。这个事件后来在美国的其他地方变成了选举中的一个重要问题，但在边区，雷切尔和安德鲁·杰克逊并没有受到社区的责备。当然，边区的多数婚姻并不是劫持的结果，但抢新娘的仪式在该地区的婚礼中长期存在，并且是其中重要的一部分。

位丈夫寻仇，手里拿着刀一直把他追到竹林里。此后，案子被撤销了，因为找不到原告，他实际是为了保命躲起来了。安德鲁·杰克逊因此带走了雷切尔·罗巴兹，对外声称她已经被丈夫抛弃了。她自愿跟着杰克逊，这是一个自愿劫持的典型例子。但她的离开招来了家族间的世仇。[4]

对于文化历史学家来说，对这种事的反应倒比事件本身更重要。

后来，杰克逊求爱的方式在竞选中成了大问题，在其他地区引起了道德指责；但在边区，他并没有受到责备。历史学家罗伯特·雷米尼（Robert Remini）认为："有一件事情是确定的。无论雷切尔和安德鲁做了什么，以及无论何时做的，他们的行动不会在当地的社区引起多大的反响。"[5]

边区多数的恋爱关系并不是这么粗野。苏格兰人的新教伦理和阿尔斯特的长老派教义在道德上有很严格的规范。但边区的很多婚礼仪式上仍然有表演性的劫持仪式，以把这种传统流传下去。边区的婚礼常常让人们野性大发。在结婚的日子，新郎的朋友们会全副武装一齐现身婚礼。他们经过木屋的时候会停下来一齐打枪，接龙式地喝一瓶威士忌酒，然后飞奔到下一个木屋。他们的行动会遭到新娘朋友游戏似的抵抗，他们同样全副武装，他们会在路上砍下一些树，用葡萄藤和树枝垒起障碍，阻止新郎朋友的前进。

> 有时路上会有埋伏，有人会出其不意地打几枪，给这些参加婚礼的人制造一些烟雾。我们可以想象一下，这几枪之后发生的情形，马会突然跳起，女孩们发出尖叫，男子气的同伴们赶紧来扶着她们，防止她们掉下马。有时，虽然使尽力气，有的人还是被摔下马；如果腕肘或脚脖子扭伤，会用

手帕捆绑一下，没有人会太在意。[6]

然后这两队人凑在一起，彼此赛马，就是为了一瓶装饰着缎带的威士忌。结果出来后，众人又会鸣枪祝贺。

> 两个年轻男子会被挑选出来争夺这瓶酒；人们会想尽办法在路上放很多圆木、灌木，挖一些深洞，这样更能显示出骑马者的勇敢和技巧。英格兰流行的追狐狸游戏对骑手和马匹构成的危险，远远比不上这种游戏。一个印第安人大喊一声，比赛就开始了，两个骑手会迅速绕过圆木、灌木、泥洞等，穿过山丘和峡谷。这种时候酒瓶总是灌满了酒，以免裁判官偷喝。第一个到达门边的人会得到奖品，他会带着胜利的美酒走向同伴。在回到他们身边前，他会大声宣布自己的胜利。他从队伍的前端把酒分给新郎和伴郎，每人一杯，然后依次给行列中每对相伴的人，一直到队尾。然后他会把酒放在猎装的胸部，回到自己在队列中的位置。

最后，两边的队伍和受邀的邻里聚集在一起。这是所谓“受邀婚礼”，即只有受邀的客人才能参与。“经常的情况是，”科奇吾（Kercheval）记得，“有些没有被邀请的邻居或熟人进行报复，他们采取的行动是剪掉婚礼用马的鬃毛、额发，或脚趾。”[7]

当所有人聚拢之后，新娘会被伴郎带到屋里——并不是她的父亲来带领。新娘新郎都把右手放在背后，他们的手套由伴郎伴娘取掉，而且会尽力做到同步。

仪式之后，人们又会兴之所至地枪弹齐发，欢呼、饮酒、亲吻，狂欢胡闹。之后是晚宴和舞蹈，每个人都会加入这种狂野的舞步和节奏，小提琴手在角落里奋力地奏乐。在婚宴之前，屋里会上演一场模拟的劫持，新娘会被一队人劫走，又会被另一队人抢回。晚宴过程中，人们又会玩起另一场劫持的游戏，称为偷鞋。年轻人都钻到桌子下面，伴郎会试着去偷新娘的鞋子，其他人就拼命地阻止他们。人们会选出四位最漂亮的女孩和最英俊的男子作为侍者，招待大家饮食，同时担负保护新娘的责任。他们正式的服装是精心刺绣的围裙，这是新娘和她的家人花好几个星期才做好的。如果新娘的鞋子被偷取，她就不能跳舞，直到她的同伴在模拟性的打斗中把鞋夺回来。

当夕阳照在这个混乱的场面时，新婚夫妇就退回到自己的屋里，一大群好事者围着床，七嘴八舌地给他们出下流的主意。另一场竞逐就在婚床边展开了。新婚夫妇被塞进床褥里，伴娘就一个接一个地把卷好的长袜背对着扔向新娘；伴郎也朝新郎做同样的事情。第一个扔准目标的人就被认为是下一个可能结婚的人。这些游戏会一直玩到夜里。参加婚礼的人离开婚房后，外面会奏起“喧闹小夜曲”（“calithumpian serenade”），铃声与口哨齐鸣，还不时夹杂着枪声，有时会不幸导致婚礼之后是葬礼。[8] 早晨到来之际，新娘新郎会喝一瓶黑贝蒂酒醒神，然后婚礼继续，有时延续好几天。[9]

这些举动非常类似北不列颠边境的婚礼习俗。“坎伯兰诗人”罗伯特·安德森（Robert Anderson）这样描述道：

> 他们在沃顿的婚礼上唱歌，
> 喧闹、有趣，又装模作样！
> 就跟我们在科德贝克听到的一样，
> 在夕阳西下的时候。

新郎是纺织商乔·贝利，
他来自劳瑟格林；
新娘是约翰尼·道尔顿的女儿，
贝蒂酒很快就推过来。[10]

这里说的贝蒂是指黑贝蒂，一种威士忌酒。

这种场合实现了大量财富的易手。坎布里亚郡的富裕家庭都有嫁妆的习俗，通常数额很大，要用好几年的时间才能完成交付。[11]贫穷的家庭常常无法给嫁妆，但其他一些婚俗还是从边境地区传到了美国边区，包括“受邀婚礼”和“新娘马车”（bridewain）。坎布里亚郡的古文物研究者对前者的解释是：

一些坎布里亚人，尤其是那些穷人，举行“受邀婚礼”，只邀请部分亲友参加，以见证新人在世界中的结合。婚礼上都有音乐和舞蹈，和小提琴手；婚礼的仪式会提醒客人们捐款的责任，内容类似下面对联：

来吧朋友们，可以空手而来，
新娘可不是来讨钱的。[12]

另一个习俗称为新娘马车，它的社会功能相似：

在坎布里亚……新婚夫妇的朋友会聚在一起，招待他们的是冷馅饼、发酵的面包和浓啤酒；夜晚来临的时候，新娘和新郎会被安置在空地上的两张椅子上，或者在谷仓里，新娘的膝盖上放着一个锡镴制的碟子，餐巾纸已经占了一半。

> 朋友们把礼物放进碟子里，这些礼物通常会堆积得很高。马车（wain）这种说法据说是北方古代的习俗。[13]

边境地区即使是贫穷的家庭，也会在婚礼上花大把的钱。一位古文物学家提到边民时说："他们彼此通婚，在结婚的那周花掉所有的钱，然后一起去乞讨。"[14]

美国边区的婚俗与不列颠边境非常相似——包括抢新娘和劫持表演，彼此的竞争和模拟打斗，受邀婚礼和新娘马车，狂欢晚宴和酩酊大醉，婚礼上的旋转舞和吉格舞，婚房的仪式，以及常见的黑贝蒂酒，等等。有些习俗在其他文化中也能见到。但美国边区的婚礼整体上是英国边境古老习俗在美国的翻版。

这个体系的独特性也体现在数量上。边区的婚龄与美国其他地区都不同。新郎和新娘都很年轻。南卡罗莱纳州的戴维·拉姆齐（David Ramsay）在描述边区时写道："……这里结婚很早，而且生育众多。有个区有17,000个白人，所有到25岁的女性要么已经为人妻，要么是寡妇，无一例外。"[15]这种印象在统计中被证实。历史学家马克·卡普兰诺夫（Mark Kaplanoff）发现，18世纪，在南卡罗莱纳州边区的三个地区中，女性一般在19岁结婚；男性在21岁。英属北美所有其他地方的结婚年龄都没有这么小的。其他地方男女的婚龄也没有如此接近。[16]

这部分是因为当地的边疆环境，但并不完全如此。其他边疆地区与此差异很大。有趣的是，在英格兰所有地区中，北方的婚龄是最低的——比英格兰南部要低三岁。这里又一次体现出美国边区的定居者对他们祖先模式的效仿。[17]

注释

1 Patrick C. Power, *Sex and Marriage in Ancient Ireland* (Dublin and Cork, 1976), 42-47.

2 Leyburn, *The Scotch-Irish: A Social History, 32;* R. Chambers, *Domestic Annals of Scotland* (Edinburgh, 1858-61), I, 5.

3 Woodmason, *Carolina Backcountry*, 207.

4 这个纠缠有很多不同的版本；一个比较权威的解释出自 Remini, *Andrew Jackson*, I, 40-58。

5 同上，I, 66。

6 Samuel Kercheval, "The Wedding," in *A History of the Valley of Virginia*, (1833, 3rd ed., rev. And extended, Woodstock, Va., 1902), 58, 266-69.

7 同上，269。

8 对新罕布什尔州伦敦德里的苏格兰裔爱尔兰人的婚礼习俗，有几乎相同的描述，见 Alice Morse Earle, *Customs and Fashions in Old New England* (1893, Rutland, Vt., 1973), 74; 也见 *North Carolina Folklore*, II, 238。

9 Kercheval, *Valley of Virginia*, 266-69; John Lewis Peyton, *History of Augusta County, Virginia* (Staunton, Va., 1882), 44-46; Julia Cherry Spruill, *Women's Life and Work in the Southern Colonies*, (1938, New York 1972), 110-11.

10 Robert Anderson, "The Codbeck Weddin," in *Westmorland and Cumberland Dialect*, 262-63.

11 坎伯兰的一位男子详细记述了女儿的嫁妆："1677 年 9 月 20 日，向我的女婿爱德华·威尔逊支付了他妻子的嫁妆 10 英镑……1678 年 3 月 18 日，向我的女婿威尔逊支付了他妻子更多的嫁妆 9/0/0……1978 年 5 月 17 日，给他更多的嫁妆 20 英镑……1678 年 6 月 28 日，给了更多的嫁妆 20 英镑……"Danlie Fleming Accounts, WD/R/box 199, CUMROK.

12 "讨钱的"（"Toucher"）是边境地区嫁妆的用词，见 *Westmorland and*

Cumberland Dialect, 330。

13 同上。

14 Jane M. Ewbank, *Antiquary on Horseback: The First Publication of the Collections of the Reverend Thomas Machell, Chaplain to Charles II, towards a History of the Barony of Kendal* (Kendal, 1963).

15 David Ramsey, *History of South Carolina from Its First Settlement in 1670 to the Year 1808* (2 vols., Charleston, 1809), II, 600.

16 马克·卡普兰诺夫对南卡罗莱纳州 1800 年人口普查数据进行了灵巧的分析，针对当时有婚约的人群，得到以下平均婚龄的数据：

地区	男性	女性
格林维尔（Greenville）	22.3	19.4
纽伯里（Newberry）	21.4	19.1
萨姆特（Sumter）	20.9	19.8

来源：承蒙马克·卡普兰诺夫提供未出版的研究成果。

17 1750 年之前的英格兰，26 个南方教区的女性第一次婚姻的平均年龄是 26.9，在 16 个北方教区是 23.5。不列颠所有地区的平均婚龄比美国殖民地要高，但相对差别则一致。见 Michael W. Flinn, *The European Demographic System, 1500-1820* (Baltimore, 1981), 124-25。

边区的性别方式

爱与暴力的边境仪式

萨缪尔·科奇吾（Samuel Kercheval）对边区婚姻的描述中，有一种被称为婚礼敬酒的习俗。晚宴后，黑贝蒂酒会在众人手中传递，每位男性客人都要用右手握紧酒杯，举起来高喊："献给新娘，幸福美满，多子多孙。"科奇吾说：

> 多子孙，尤其是儿子多，非常重要，我们人数太少，又不断和印第安人发生冲突，结局谁都不好说。实际上，他们很多人都觉得战争是人类的常态，看不到尽头；所以每一个壮士都可以成为战士。[1]

这里说清楚了边区性别关系的基础。第一原则是男人都是武士; 第二，妇女是劳动者。这种观念在北不列颠边境非常普遍。基督教伦理渗入后，产生了非常复杂的性别制度，内部充满了各种矛盾。

其中一个矛盾是性别差异。在边区，工作的角色并不像其他英语文化中那样性别分明。与此同时，边区人对举止、语言、服饰、礼貌和身份等都有很清晰的男性化和女性化的分野。[2]

到边区的旅游者经常看到，男女经常分担最沉重的体力活。他们一起在田地里劳作，不仅在收获期，而且是整个作物的生长期。妇女不仅照应牲畜，而且屠宰最大的动物。旅行者会惊讶地看到妇女用有咬合口的斧头砍倒肉牛，转过身就取下袖套，脱下血染的围裙，扎起头发，邀请参观者一起去喝茶。妇女也参与清除树林、开垦荒地这样的重活。威廉·伯德注意到，边区的妇女不仅“做轻省的家务活”，而且干很多其他英语文化中男人的活。[3]

这些习俗被认为是为了适应边疆的环境。但在清教徒的边境地区这种现象并不存在，而同样的习俗却在北不列颠的边境经常被游客观察到。一位参观过坎伯兰郡和威斯特摩兰郡的无名氏写道，地主的妻子也需要与丈夫共同负担很重的农场活儿。“这些小地主就像奴隶一样干活，”一个旅行者在 1766 年观察到，“他们无法支付人工，所以丈夫、妻子、儿子和女儿都到地里干活。”[4] 加洛韦的一位历史学家认为，“几乎每一种工作和苦役都会分派给”妇女。[5]

无论是不列颠边境，还是美国边区，夫妻之间在其他方面也不太平等。所谓边疆创造了性别之间的平等精神不过是一种历史虚构，远离真实。边区的家庭是男性绝对主导——比新英格兰和特拉华山谷更甚。男性是一家之主；他的配偶理应平静、愉快地顺从，毫无怨言。这是边民的传统习俗。莱伯恩（Leyburn）曾就女性地位写道：“女性的地位，无论是法律上或事实上，在 17 世纪并没有提高……她们在教会就受到这种教育，在教会之外，她们在父权社会中也服从男性的传统角色。”[6] 美国边区家庭也是相同的模式。阿瑟·卡尔霍恩（Arthur Calhoun）回忆自己在阿巴拉契亚乡间度过的童年，“苏格兰裔爱尔兰人……以家庭忠诚而著称。对今天（1917 年左右）宾夕法尼亚西部边区熟悉的人会注意到，这些特征遗留的影响”。[7]

边区妇女的身份是隐藏在丈夫身后，这一点比其他英语文化都更强烈。在墓碑石上有这样一个例子。帕特里克·卡尔霍恩为妻子树立了一个纪念碑，他把自己的名字放在妻子的上边。铭文是这样写的：

> 帕特里克·卡尔霍恩绅士
>
> 纪念凯瑟琳·卡尔霍恩夫人
> 终年76岁，与其他22人一起
> 被印第安人残害。
> 1760年2月1日[8]

乔治·吉尔默对这个社会性别关系的记忆也有很多相似的片段。他讲述了有关约翰·马克思（John Marks）和他的漂亮妻子玛丽·汤姆金斯（Mary Tomkins）的一个故事。一天，这位丈夫修建了一座圆木屋：

> 他的妻子到了这里，反对他做这些的方式。他有时听听她讲的意见，与她共同讨论一下；但她坚持这栋房子要按照她说的方式去修建。他脱下自己的马裤，朝下扔到她的身上，让她把马裤穿上。[9]

在这些关系中，还有另一种矛盾，即同时充满爱与暴力。吉尔默讲述了一个酗酒的边区人的故事，他自称尼古拉斯·约翰逊上校（Colonel Nicholas Johnson）。一天，约翰逊上校喝醉了，攻击了他的女儿和妻子：

> 约翰逊上校把一个女儿扔到地板上，把刀插到靠近她头部的地板上，他佯装如果妻子要救孩子，就要杀死她。他很快放过了孩子，又想抓住妻子。她从房子逃到了布罗德河（Broad River）上，大约半英里的距离。她坐在水边，正考虑要不要跳水，突然间她就落水了，她转过头的时候，看见是她丈夫把她推下水的。他突然意识到他的妻子生命有危险的时候，态度整个发生了变化。他突然清醒了。但他不会游泳，如果跳进水里，两个人都会没命。他向周围看看有什么可以帮助妻子。但他没有找到工具，只有一根很长的芦苇。他把芦苇朝妻子伸出去，温柔地让她专注。充满爱意的声音柔软了她的心。她的衣服帮助她在水面上浮了一小会儿。她注意到丈夫感情的变化，就按照他恳求的那样抓住了芦苇。[10]

爱与暴力是边区婚姻里普遍共存的因子——都以很强烈的方式表达出来，却很少在马萨诸塞或特拉华看到。吉尔默又讲述了边区家庭托马斯·梅里韦瑟（Thomas Meriwether）夫妇的故事：

> 他对妻子的爱从未停息，而……他的勇敢表达也毫不逊色于他的爱。当她朝一边睡累了，翻到另一边时，他只要醒着，就总是横跨过来，这样他们就面对面了。

但托马斯·梅里韦瑟也毫不犹豫地用暴力来统治这位他深爱的女人。有一次，他和妻子参加一个野营会，她对活动的兴趣非常浓厚。“托马斯·梅里韦瑟”，据我们所知，“就变得有些惶恐，他唯恐妻子的兴趣会飘散，转移到一些他毫无兴趣的事务上。他于是抓住她的手臂，强行把她带离了现场”，其实是把她从野营会拽走了。[11]

虽然会有爱的表达，边区的男女平时却保持着很远的距离。一位山区的女性根据自己的婚姻体验写道：

> 在抚养孩子的过程中，性别之间有裂痕，并且随着时间日益加宽，虽然在日常生活中，夫妻之间相互依靠，但这种裂缝从未弥合。但山区的夫妻很少分开；而夫妻同心的情况又极少……这种令人悲伤的情况糟糕透顶，因为人们很少把它摆在明面上说。人们是如此沉默。他们对彼此的生活都不太了解。
>
> 当然，女性这方面的体验又更深一层；而男性至少从外表看起来是获胜者。野心让他不断剥削沉默的伴侣的能量。她的位置就意味着牺牲，牺牲，再牺牲，首先是为她的男人，其次是为她的儿子。[12]

边区的性别关系和英格兰边民比较相似，融合了骑士文化中的多种因素，包括泾渭分明地把男性作为骑士和女性作为劳作者的观念，家庭内部男性的绝对统治地位和女性的附属地位，夫妻之间爱与暴力的强烈表达方式，以及两性之间让人心痛的距离感。

在此，人们可能不由自主地忽略历史的作用，而试图构建社会学家所谓的理论。在长期不安全的环境中发展起来的文化，把战争看得比劳作更加重要，力量比理性更重要，男性也比女性更重要。这种模式在北不列颠的边境发展起来，并且传播到美国边区，被敌对的环境强化，又因为基督教福音派的教义而有所减弱。其结果是一种独特的性别角色文化，并且至今仍在我们的时代流传。

注释

1 Kercheval, *Valley of Virginia*, 268.

2 Alan D. Watson, "Women in Colonial North Carolina…," *NCHR* 58 (1981), 1-22.

3 约翰·奥尔德米克森（John Oldmixon）写道，在整个边区，"普通女性照料奶牛、猪和其他小牛，做奶酪和奶油，纺织棉花和亚麻，而且帮助种植和收割作物，还有收蚕茧，采集野果，照看房子等等"；*The History of the British Empire in America* in Alexander S. Salley, Jr., *Narratives of Early Carolina* (1911, New York, 1967), 372。

4 *Gentleman's Magazine* 36 (1766), 582.

5 Mackenzie, *History of Galloway*, I, 236.

6 Leyburn, *The Scotch-Irish: A Social History*, 148.

7 Arthur W. Calhoun, *The American Family, the Colonial Period* (rpt. New York, 1960), 207.

8 A. S. Salley, "The Grandfather of John C. Calhoun," *SCHGM* 39 (1938), 50.

9 Gilmer, *First Settlers of Upper Georgia*, 117.

10 同上，95。

11 同上，78。

12 Miles, *The Spirit of the Mountains*, 70.

边区的性方式

边境的性风尚

在性这个主题上，边区人比其他英属北美的人更为开放。性话题在边区自由而放松，这方面无论是清教徒的马萨诸塞，还是贵格会的宾夕法尼亚，或者是圣公会的弗吉尼亚都比不上。性行为同样如此。

圣公会传道人查尔斯·伍德梅森对边区人的性开放感到震惊。“要是在伦敦，绅士们怎么可能盯着漂亮女人看……”他写道，“这里的年轻女人有一种不寻常的做法，我完全无法阻止她们。她们尽力在胸前把带子系紧，让腰部显得很柔弱（她们的身材通常保持得很好），她们的衬裙把臀部也裹得很紧，以显出优雅的身材，给人似乎一丝不挂的感觉，实际上裸露在这里算不上什么，也没有不雅的说法，她们经常让自己穿得很暴露，不拘小节，还用熊油涂抹在身上和头发上，还喜欢把头发束起来，像是印第安人。几年之内我希望改变这一切。”[1]

边区人在房屋的设计或生活方式上不太在意性的隐私。“裸露都不算什么事，”伍德梅森评论说，“他们常常睡在一起，不避人前地换衣服，穿着不拘小节……孩子们也半裸着。印第安人的穿着和住房都要更保守。”[2]萨缪尔·科奇吾记得，年轻男子喜欢穿印第安人的短裤和绑腿，并且进行了一些裁剪，使得“大腿的上部分，还有部分臀部是裸露在外面的。年轻的武士并不对这种裸露感到羞耻，而是为这种印第安穿着感到骄傲”，科奇吾写道，“在一些地方，我看到他们穿着这样的服装去参加公共的礼拜活动”。[3]

一些证据显示，边区人的性行为有深层的基础。边区的婚前怀孕率高出其他的美国殖民地。1767 年那一年，伍德梅森主持过的婚礼上，94% 的新娘已经怀孕，有的肚子已经很大了。他把这归因于边区的社会习俗：

> 最重要的原因是他们所谓爱宴和仁慈的吻。在这种爱的晚宴上，人们喝得酩酊大醉，常常倒在地上，睡得到处都是。周日唱诗班上的约会也很重要。年轻人在夜里结伴走几英里穿过树林回家，这就不奇怪事情变成现在这样。或者他们整晚都待在小木屋里，比如在周日的晚上，双双睡在一起，随便发生性关系。或者一个女孩爬到男子的身上，要他带回家，或去任何地方。所有这些因素都导致了边疆乡村的生育率很高，也常常因此受到地方官和教区官员的警告。[4]

另一个因素是边区很缺乏神职人员来主持婚礼。也有另一种解释。非婚生子和婚前怀孕在英格兰的西北角一直比国内的其他地方高，地区差异很大。16、17 世纪，西北部私生子的比率比英格兰东部要高出三倍。地区差异从教区有人口记录开始，一直持续到20世纪。历史学家彼得·拉斯利特（Peter Laslett）观察到，“维多利亚初期的坎伯兰……在全国范围内是私生子比例最高的”。威斯特摩兰郡的情况类似。边区私生子率和婚前怀孕率这么高并不是边疆环境的必然产物。清教徒移民居住的地方也是北部殖民地的荒野，但一直保持着清教的行为规范。贵格会教徒移民到边疆地区时，同样如此。南部边区的性习俗实际类似于英格兰西北部。[5]

婚前怀孕后，边区社会的传统反应不同于其他地区。清教徒、贵格会和保王党们对私通有正式的控告程序，而边区人却以婚姻的方式来处理，一笑了之。科奇吾记载了边区的一种传统，“当新娘的清白受到质疑的时候，人们会在新婚队伍行经路旁的杆头或树上竖起一对牛角”。[6]

另一种非常规性行为在边区很少，就是诱奸和抛弃。当地认为这不仅是对女性的侮辱，而且有损她整个家庭的荣誉。这种行为被看作一种重罪，犯了此罪的人很少能逃脱绞刑。科奇吾记得这样一个案例，受害者的反应非常暴力，“以致这个男人的生命受到这个女孩家庭的威胁……这种罪行发生后，受害者的兄弟或其他亲戚都会带来的巨大危险，因为其中牵涉到极为重要的家庭名誉”。[7]有些案例私下里用钱解决问题，不需要教会或法庭的介入。例如在 1770 年，边区一个日记作者写道：“我听说，乔治·约翰逊赔偿佩格·怀特（Pegg Wright）10 英镑。”这样的数额足以保全家庭的荣誉，如果不计入离经叛道的女儿的名誉。[8]

边区的性习俗在这方面比较死板，类似于北不列颠的边民。但在其他方面，他们又非常自由。例如一种叫作小船面包的性游戏，在威斯特摩兰郡一般是婚龄女孩在玩。维多利亚时代一位民俗研究者对此表示鄙夷，说这是“年轻通奸者的荒淫游戏”，她们会“爬到桌板上，把膝盖蜷缩起来，把外套卷得老高，然后来来回回磨她们的臀部”，边动边唱，“举起你的脚踝，低下你的头颅；这样就可以制作出小船面包”。[9]

这是对性爱粗俗而毫无禁忌的歌颂，大大有别于清教徒、贵格会和保王党们。这是不列颠边境与美国边区的又一处相似性。

注释

1 Woodmason, *Carolina Backcountry*, 30, 61.

2 同上, 32。

3 Kercheval, *Valley of Virginia*, 257.

4 Woodmason, *Carolina Backcountry*, 7, 100.

5 彼得·拉斯利特提供了英格兰一些地区私生子率的数据（1581—1820）：

地区	1581—1640	1661—1720	1721—1780	1781—1820
西部和西北部	3.6	1.4	4.6	6.2
北方	2.9	1.3	3.5	4.2
南方	2.1	1.4	4.0	4.5
中部	1.6	1.3	2.9	3.1
东方	1.2	1.0	3.3	4.0

“西部和西北部”包括大部分边境地区。至迟到 1842—1845 年间，坎伯兰郡的非婚生率在英格兰所有郡中是最高的。见 Peter Laslett, “Long Term Trends in Bastardy in England,” in *Family Life and Illicit Love in Earlier Generations* (Cambridge, 1977), 142-46。

6 Kercheval, *Valley of Virginia*, 269

7 同上, 294。

8 Dyer Journal, 9 Nov. 1770, HSP.

9 Alice B. Gomme, *The Traditional Games of England, Scotland and Ireland* (1894-98, new ed., London, 1984), 75.

边区儿童的取名方式

边境命名学

边区文化的另一个重要线索是孩子的取名。这些居民的命名习俗很独特。边区偏爱的名字混杂了圣经名字（约翰是最常用的名字），日耳曼人的名字（例如罗伯特或理查德），以及边境的圣者（尤其是安德鲁、帕特里克和戴维）。这种构成在其他英语文化中并不存在。

边区经常出现的同名是圣安德鲁（Saint Andrew），他是最后变成苏格兰守护神的使徒。比较流行的还有大卫（David），与之相关的不仅有圣经人物，还有七世纪的一个大主教，后来成为威尔士的一个圣徒，还有两个早期的苏格兰国王。另一个被人喜欢的名字是圣帕特里克（Saint Patrick），他是传说中把爱尔兰转变成基督教信仰的牧师；他的名字在北爱尔兰地区经常被新教徒和天主教徒使用。

这些圣徒的名字在英属北美的其他地域很少使用。大卫在新英格兰和特拉华山谷之间的地域很少见，清教徒和贵格会不太喜欢大卫王在圣经中古怪的行为。帕特里克在圣公会的弗吉尼亚也不太常见，在清教徒的新英格兰则几乎无人知道。哈佛学院从 1636 至 1820 年期间没有录取任何一个叫帕特里克的本科生。但在宾夕法尼亚州的坎伯兰郡，帕特里克在 18 世纪的军队名册上则是第四多的名字。[1]

边区人有时会用凯尔特人的名字，例如欧文（Ewan, 或 Ewen, Owen）、巴里（Barry）和罗伊（Roy）。他们也会使用其他英语文化不太用的斯堪的纳维亚和日耳曼名字，例如阿奇博尔德（Archibald）和罗纳德（Ronald）。美国边区特别喜欢的是苏格兰国王的名字，例如亚历山大（Alexander）、查尔斯（Charles）和詹姆斯（James）。比较普遍的还有边境两边勇士的名字，比如华莱士（Wallace）、布鲁斯（Bruce）、珀西（Percy）和霍华德（Howard）。思乡心切的父母甚至用边境地名来为孩子们取名，例如罗斯（Ross）、克莱德（Clyde）、卡莱尔（Carlisle）、泰恩（Tyne）、坎伯兰（Cumberland）和德里（Derry）。[2]

边区这些取名的模式在北不列颠早已存在。但它们与英格兰南部有所差别，也与苏格兰高地和天主教爱尔兰的盖尔语人的取名方式不同。边民取的名不太用诸如道格拉斯、唐纳德、肯尼思、阿兰、伊恩、尼尔或斯图亚特等高地人喜欢的名字。他们也不太用盖尔语的爱尔兰人名字，诸如肖恩、凯思琳（Kathleen）、莫林（Maureen）或希拉（Sheila）等。[3] 总体而言，这个地区独特的命名文化包含了圣经名字、凯尔特人名字、日耳曼人名字、圣徒名字、平民名字、苏格兰国王名字和边境武士的名字等。

另一方面，边区的命名习俗并不特殊。代际名字的继承类似于弗吉尼亚和英格兰南部的习俗，又与清教徒和贵格会不同。边区家庭的长子通常用祖父的名字取名，第二个或第三个儿子则随父亲，这与切萨皮克湾区非常相似。例如安德鲁・杰克逊（1767—1845）家庭。这位未来总统是一位苏格兰裔爱尔兰移民的二儿子，这位移民也叫安德鲁・杰克逊（1730—1767），杰克逊总统的祖父是休・杰克逊（1782 年去世），他是爱尔兰小城卡斯尔雷（Castlereagh）的纺织商。这三代人的命名节奏如下：

Hugh Jackson (d. 1782)

Andrew Jackson (1730–67)

Hugh Jackson (1762–79) | Robert Jackson (1764–81) | Andrew Jackson (1767–1845)

同样的命名方式在英格兰西北部地区和苏格兰、北爱尔兰已是传统。另一个例子是一个坎伯兰家庭，他们交替着自称是麦奎斯丁（McChristen）或克里斯琴（Christian）：

Ewan Christian (1579–1653)

John Christian (b. 1602) m. Margaret Parker

Ewan Christian | John Christian[4]

这种命名节奏在边境的所有地区都一样，包括英格兰的坎伯兰郡和威斯特摩兰郡，苏格兰低地和北爱尔兰。在 18 世纪，这种方式传播到美国边区，并流传了很长时间。[4]

这种传统的显著例子是另一个总统家族，即扎卡里·泰勒（Zachary Taylor）。他的祖先是来自坎伯兰郡卡莱尔市（Carlisle）的一个英格兰边境家庭，他们先定居在弗吉尼亚，后来移居到肯塔基州。泰勒家族后代的名字如下：[5]

Zachary Taylor (1707–66)
(Virginia farmer of Cumbrian descent)

Richard Taylor (1744–1829)
(settled in Kentucky)

Zachary Taylor (1784–1850)
(12th U.S. President)

Richard Taylor (1826–79)
(Lt. General, Confederate Army)

Zachary Taylor (1857–died young)

在这方面，边区的命名方式很像南部沿海地区。他们从早期就形成了命名上的特性，但有时会发生奇特的结果。霍格（Hogg）家族在边区很有名望，后来成为德克萨斯最富有、最有成就的家族之一。这个家族有一位女儿，是一位优雅而很有品位的夫人，她的父母骄傲地为她取名伊马·霍格（Ima Hogg）。另一取名的个性化例子 1940 年代发生在俄克拉荷马市，一位叫霍伊特·怀特（Hoyette White）的夫人给女儿们依次取名为霍伊特、诺维塔（Norvetta）、耶蒂斯（Yerdith）、阿瑟塔（Arthetta）、玛丽莲（Marlynne）和威尔巴林（Wilbarine）·怀特。当地一家报纸派一位记者去问她，为什么给女儿取这些名字。怀特夫人说："我母亲看见我长得很像我父亲，她就从家族的名字霍伊特（Hoyt）为我取名 Hoyette。我就从那里得来的灵感。我在给女儿取名的时候，希望这些名字是以前没人用过的，而且以后人们也不会再用。所以我就创造了这些名字。"[6]

注释

1 1776 年左右在边区军队名册上最多的十个名字如下：约翰、威廉、詹姆斯、帕特里克、罗伯特、托马斯、查尔斯、萨缪尔、爱德华和约瑟夫。见 George R. Stewart, *American Given Names* (New York, 1979), 25, 208-9。

2 同上。

3 边境取名的方式不应同维多利亚时代边境诗人和小说家的浪漫化发明混淆。伊妮德（Enid）因为丁尼生（Tennyson）而变得流行起来，洛纳（Lorna）因为布莱克莫尔（Blackmore）而流行，而塞德里克（Cedric）因为沃特·斯科特爵士（Sir Walter Scott）而流行。

4 William Hutchinson, *History of the County of Cumberland* (Ilkley, Yorkshire, 1974), 146.

5 *Burke's Presidential Families of the United States of America* (London, 1981), 235-46.

6 Oklahoma City *Oklahoman*, 19 May 1947; 正如托马斯·派尔斯（Thomas Pyles）的引用，“圣经带地区的取名方式；或者反幼儿洗礼论者的取名方式的一些特点”，*Selected Essays on English Usage* (Gainesville, 1979), 152。

边区的儿童教养

培养愿望

边区家庭教养下一代的方式比较特别。南部高地教育儿童的习俗有别于新英格兰的清教徒、宾夕法尼亚的贵格派和弗吉尼亚的圣公会信徒，但与不列颠边境类似。

这种儿童教育体系与现代思维有很大差别。从文化上讲，婴儿出生之前是最重要的阶段之一。在一个极度没有安全感的世界，命运所要求的关注和照料肯定不同于现代市郊母亲们掌握的婴儿科学。在这里，整个社区都参与到照料当中，老保姆受到的尊重就如现代的儿科医师一样：

> 婴儿出生前后，需要什么草药、会有什么征兆和预示等等……婴儿必须在脖子带上一圈硬玉米，有利于他咬合、长牙，之后会带上一个子弹或硬币，以阻止他流鼻血。他小小的足印必须印在第一场新雪上，以防止得喉炎。婴儿身上长的第一个木虱也是一种预示：如果你希望他长成一个灵巧的工人，你必须在斧子或其他工具上碾死它；如果你在铃铛或者班卓琴，或任何有声响的器具上杀死它，他就会养成一副好歌喉；如果是在书上杀死它，他就会学会“任何恰当的言辞”，以

及所有在山区受人尊重的技能。[1]

所有母亲都不敢忘记这些出生前后的重要事项。

孩子出生后，父母就开始了让孩子社会化的过程，按现代术语来说就是如此。对于边区的男孩，不会像清教徒那样打破愿望，或像弗吉尼亚那样扭曲意愿。边区对男孩的养育旨在从正面强化他的理想。其基本目的是在年轻人身上培养强烈的荣誉感、坚强的独立精神和武士的勇气。意想不到的是，整个社会充满了独立性很强的个体，人们不堪忍耐外界的控制，也无法忍受任何阻挡他们的人。

例如美国第七任总统安德鲁·杰克逊的童年。在这个口述文化中，他的社会化过程的重要部分是他母亲所讲的故事。那些都是边境的古老传说，彰显勇气、信心和独立的品格。他年幼时的游戏是为了争夺统治权，包括摔跤、赛跑和格斗。他幼年时的一个朋友记得，“四次当中有三次我可以把他摔出去，但他是不会甘心于被摔的”。[2]

杰克逊还是小男孩的时候，就被认为“野蛮、爱玩闹、爱恶作剧、大胆、鲁莽”。他所受的教育让他喜欢采取攻击行动，喜欢发脾气，并常常转变成向对象施加暴力。当兵后，他被认为“胆大、有锐气、无所畏惧，对敌人无所不用其极”。这种行为模式在边区很受尊崇，小男孩受的就是这种教育。[3]

这种教养方式的基本特征是骄纵、宽容。在英国边境和美国边区，父母对男孩的过分溺爱让旁观者感到震惊。18 世纪的北不列颠有这样一个例子：

哈利·波茨（Harry Potts）得了一个他非常喜爱的儿子……昨天早晨儿子出生的时候，波茨圈住他的手臂说：“小可爱，你就是我亲爱的，我的盐，只要我能为你工作，其他一切都不需要了。”[4]

这种习俗传播到边区，婴儿受到来自父母双方的溺爱，远胜后来的任何阶段。法国将军夏斯特吕侯爵（Marquis de Chastellux）1782年就注意到这个倾向，他发现南部高地养育儿童的方式不同于自己的国家。“他们非常喜欢小孩子，对其他孩子就不太关心，”他在一趟边区之旅后写道。这种方式甚至在20世纪依然如故。[5]

在18、19世纪，查尔斯·伍德梅森这样的旅行者经常批评边区孩子的鲁莽和散漫。查尔斯的评论在南部高地被其他观察者反复证实。有人写道：“在三个世纪中……如果他们的孩子冒犯安静而谦卑的人，父母会认为这是强悍和聪明。”19、20世纪南部高地的旅行者和当地人也常常有这样的描述。山区的一个妇女1905年写道：“……孩子大多像小野兽一样到处乱跑，相互追逐玩闹。”[6]

在小男孩脱掉衬裤，穿上他的第一条短马裤后，他就可以跟在父母后面蹒跚学步，并在农场里随处闲逛了。男孩子小时候就得到小型武器，包括斧子、匕首和弓箭，甚至有孩子枪。丹尼尔·德雷克（Daniel Drake）回忆说，小时候他就得到了一个短柄小斧，用来砍树苗，而他的父亲就在旁边砍重木。15年后，德雷克还记得他在砍倒第一棵树时的快乐。“我喜欢这个工具，因为我能用它来毁灭，”他写道。[7]

对孩子的体罚在原则上是被谴责的，但有时仍然被执行。弗吉尼亚州卢嫩堡郡的一个教会考虑过相关问题：“击打或鞭打仆役或孩子是合法的吗……尤其考虑到基督在《马太福音》第十八章已经规定了一些办法？”他们最后投票否定了这种方式。《马太福音》

中的另一条教义也被这个教会明确认可："注意不要轻视任何小孩。"[8]

但边区人的自传记载了可怕的殴打，这通常是因为父母感觉自己无法控制孩子，或者无法节制自己的愤怒了。这些自传作者也表达了对父母暴政的愤懑。其结果是极不平稳的教育过程：大多数时候很宽容，但不时会发生愤怒的行为和非法的暴力。

对孩子随意的暴力又因为醉酒而变得更加复杂。田纳西州一个学龄男孩的日记里记载着，每当"父亲情绪不稳定时"，整个家庭都感觉恐惧。家里所有的成员都密谋稀释他的威士忌，希望借以消灭他的愤怒，避免"爸爸"踢打所有人，甚至包括他的小婴儿。[9]

孩子们的应对通常是逃跑、反击，有时甚至试图杀死自己的父母。1805 年，北卡罗莱纳州一位母亲试图控制整个大家庭的孩子，他们集体起义，并想杀死她。[10] 很小的时候，男孩子就被教育要看重自己的名誉，并且尽力保护名誉。这个社会的荣誉感看重的是男性的骄傲，包括阳刚气质、健壮有力和武士的品格。男孩子必须毫不犹豫地保卫自己的名誉，对挑战者用野蛮的暴力予以即刻回击。

这种教育方式主要适用于男孩子。边区对女孩子的教育是不同的。母亲要教给女孩子家庭内必须具备的品格，包括勤劳、顺从、耐心、牺牲和奉献的精神。男孩子要学会勇于表达，女孩子则要习惯自我否定。

边区的孩子教育并没有受到奴隶制或边疆环境的太大影响。它们是从北不列颠的边境传播过来的，然后必须适应当地无所不在的暴力环境。这些方式和武士等级制下的社会化过程比较类似。

这种教育方式在新的美国环境中被广泛接受。边区的环境有不同的危险因素，但教育方式却基本相同。印第安人、土匪、监管者、弱政府和战争等因素强化了边区的武士伦理规则。这种伦理体系促进了一套相应的孩子教育方法，其目的是把男孩培养成武士，女孩则成为他们的伙伴和帮助者。边区的环境也在年轻人和长辈之间强化了这些习俗。

注释

1 Miles, *The Spirit of the Mountains*, 100-101.

2 Remini, *Andrew Jackson*, I, 9.

3 同上，9。

4 参见 Hughes, *North Country Life in the Eighteenth Century: The North East*, 36-37。

5 Marquis de Chastellux, *Travels in North America in the Years 1780, 1781 and 1782* (2 vols., Chapel Hill, 1963), II, 442; 这些说法常被认为适用于“美国人”或“弗吉尼亚人”，但实际指的是边区的情形；现代相似的描述，参见 Miles, *The Spirit of the Mountains*, 3; Margaret J. Hagood, *Mothers of the South: Portraitures of the White Tenant Farm Women* (New York, 1977); Bertram Wyatt-Brown, *Southern Honor* (New York, 1982), 159。

6 Johnson, *Antebellum North Carolina*, 254; Miles, *The Spirit of the Mountains*, 3.

7 Daniel Drake, *Pioneer Life in Kentucky, 1785-1800* (New York, 1948), 37.

8 Beeman, *The Evolution of the Southern Backcountry*, 109.

9 William B. Little Diary, ms., NYPL.

10 Raleigh *Register*, 16 Sept. 1805.

边区人的衰老方式

来自边境的老乡绅观念

年长的移民最初大多不太愿意搬到边区。这是一个为年轻人存在的国度。在18世纪，超过65岁的人口不足1%，这个比例相当小。但在新建的边区定居点也有一些较老的移民。他们的待遇显示出这个地区文化的特点。边区老人的待遇差异很大，相比其他殖民地这个特点很突出。一些人极受顺从和尊重。例如帕特里克·卡尔霍恩和他的妻子凯瑟琳·卡尔霍恩；帕特里克被人称为“卡尔霍恩大人”，他是长藤（Long Cane）地区卡尔霍恩家族的家长和奠基人。这对老夫妇在公共场合常常坐上座。人们常就家庭问题征询他们的意见，他们的话语在社区就是法律。[1]

对老人的尊重也体现在阿巴拉契亚山区的长老会中。教会里的会众一般按年龄排座，最年长的坐最好的或最舒服的位置。“带着幼子的妇女坐在离火炉最近的地方，年长的男性坐在离墙较近的地方，这样他们可以往后靠在墙上，年轻男女坐在他们前面的一排，正处于不好管教的年龄的好动男孩子则被放在中央，这样人们可以从不同角度监管他们。”[2]

年长的女性和同龄的男性在这个文化中都能得到特别的尊重。艾玛·迈尔斯（Emma Miles）给我们留下了一幅边区老奶奶吉尼瓦·罗杰斯（Geneva Rogers）的肖像，名为“吉尼瓦阿姨”。她一生的经历非常坎坷。她举止文雅，但她在社区是有影响力的人物。艾玛·迈尔斯回忆道：

> 老奶奶吉尼瓦·罗杰斯是那么优雅、有礼貌，但她背后发生过很可怕的事情……那是一个野蛮民族的母亲转变为贤惠主妇的时代……她一如既往地长时间辛勤工作。她常常长途跋涉，可以随时为了自卫进行反击。她的力量和耐力超出了我对所有家居妇女的想象……我更喜欢与这些女先知作伴，而不是其他人。她们的经验非常宽广；而且她们也是宗族的知识库，包括传统、歌曲、医药和宗教。她们是护士、实用技艺的老师和祈祷者，她们的智慧受到所有人的尊重。老妇人对坏男孩通常比同龄的男性更有威慑力。古代以色列人的母亲也曾得到这样的尊重，正如人们对圣徒的尊重……但这并不是出于感性，更不是由于敬畏。[3]

山区老祖母的权威很大，她们的愤怒很难忍受。艾玛·迈尔斯曾看到过一幕，发生在一位老祖母和边区牧师以利沙·罗宾斯（Elisha Robbins）之间。以利沙曾说过，即使是他的母亲，如果不在自己的宗派里受洗，将遭受永远的诅咒。这个说法让山区一位老奶奶对他愤怒相向：

> “利沙（Lishy），”她生气地对他说，完全无视众人，“利沙·罗宾斯，你还没满三岁的时候，我就把你抱在手臂里……你应该因为说这样愚蠢的话被掌嘴，我就要这样做！”

她走上去就是一巴掌。她因为长期艰苦劳作变得坚硬的拳头让年轻的传道人猝不及防，像玉米秆一样倒在地上。生气吗？他当然生气，但她在山区是一位老祖母。他没有办法，只能自己爬起来，挽回仅有的尊严。[4]

尊老的准则在边区得到广泛认可，但并不是一贯如此。一些老人受到尊重、顺从，而其他一些则极不受尊敬，被极度蔑视。一位旅行者在边区的树林里遇见一个无牙的老人，他可能只有五十岁，但看起来要老很多。他是一个无助的依靠者，他的女儿把他安置在树林里的小棚屋，让他勉强活着。旅行者说他是“一个像印第安人的动物……他的仪态、模样和破烂的衣服；他点燃烟杆，又在他的印第安鞋上生硬地刮了一下……然后沉默着吸烟大约 15 分钟，不说一句话”。[5]

还有旅行者记录过相似的独居老妇人，她们独自在美国树林里流浪，这是文化的遗弃者。在宾夕法尼亚州边区，罗达·巴伯（Rhoda Barber）记得一个叫玛丽·皮彻（Mary Pitcher）的老妇人。“我听母亲说过，她牵着一匹马在树林里游荡，手里拿着她唯一的财产，一捆衣物，她的穿着脏得像羊皮，”巴伯写道。[6]

还有很多记录是有关边区那些孤独、病弱和贫穷的老人的。丹尼尔·德雷克生动地记录了一个被抛弃的边区老人：

老罗兹（Rhodes）先生，或者像孩子们叫他的“老爹爹”，身材高大，穿得很破烂，满脸的白胡子。有段时间我经常看见他，那时他一定差不多九十岁了，至少我看起来是这样。他一直待在一个小木屋里，多数时间在床上。他很沉默、孩子气，而且很阴郁，他与周围的人完全和不到一块儿去，他

> 们也对他不太理睬，因为他在他们中间是一个恐怖的因素。他的面目和他与家庭的关系在我的情感和记忆中留下了不可磨灭的印象。之前与之后，我都很少见过如此凄凉又让人厌恶的老人。我相信，我之所以害怕年老的时候与儿女、孙子女，甚至他们的晚辈失去沟通，远因就是五十三四年前他展现出的悲哀情景。当一个老人处于那种孤立无援的境地时，周围的人都想让他赶快死去，而不是努力让他感到更舒服、高兴，我认为这种错误应该在于他自己；比较合理的解释是，这个人在行为和感情上有问题，而不是整个家庭。[7]

这些不幸被忽视的老人，与帕特里克·卡尔霍恩这样的族长和吉尼瓦·罗杰斯这样的老奶奶受到的尊重形成鲜明对比。这种对比在很多文化中都存在，但在边区，这种差别尤其鲜明。它来源于北不列颠文化中的一种古老传统——凯尔特族酋长继承人规则（tanistry）。

在北不列颠，从古远以来，这种规则已经确定了权威要在宗族内部传承。它的内容是，“对不动产或荣誉的继承要通过选举授予宗族中‘最年长并且最有价值’的人”。[8]这种荣誉的候选人是宗族内部的男性，即四代以内所有的男性亲属（derbfine）。根据凯尔特族酋长继承人规则，宗族中的一位男性被选举出来领导整个家族：他应该是最强壮、最坚强，也最有手段的人。这个原则引来了暴力冲突，而纠纷解决的方式是测试候选人的力量和手段。赢者成为家庭或宗族中地位最高的人，享有荣誉和敬重。失败者则被贬低、蔑视，这还算幸运的。在古代，失败者有时被杀害、弄瞎或者致残。

凯尔特族酋长继承人规则在爱尔兰和苏格兰的部分地区有很长的历史。在很多个世纪中，它被苏格兰人正式用于王位继承的程序。[9]这一规则在北不列颠的历史上带来了长期的血雨腥风。它本身就是暴力的产物，因为宗族中有能量、有手段的长者会利用这种规则来保护自己的家族，并且获得认同。而那些在这种规则的竞争中失利的长者就变成人民的危险。他们遭到唾弃，甚至毁灭。这种习俗也体现出北不列颠的文化对边境地区常年暴力的适应。凭借这种规则，家族、宗族，或者王国选出强有力的领导人来保护自己。

在北不列颠，这种酋长继承人规则在两个层面上运作。它是决定高级官职的正式制度，例如苏格兰人用它来决定王位。与此同时，它也被广泛用来决定聚落的长者，因此把老人分为两种类型：那些强大的、享有荣誉和尊重的人，和那些弱小的被唾弃和蔑视的人。在其他文化中，对老人的尊重是为了表明一种归属。而在不列颠边境和美国边区，它更多是表明一种特殊的成就，强调的是手段、影响力、力量和对他人的操控能力。

这些习俗反映在年龄积算的数据中。1776 年马里兰州弗雷德里克郡对人口年龄的普查显示出很有趣的年龄积算规律（其中包含了当地的边区）。很大比例的人报年龄时，都归结到整 0，或整 5。这种趋势在 30 岁后更加显著，50 岁之后则非常强。在这些规律中，我们很想知道低报年龄或高报的相应比例。

这些数据中没有美国 20 世纪才出现的喜欢低报年龄的倾向，也没有与 17、18 世纪新英格兰或切萨皮克地区相似的年龄倾向。边区人的年龄态度非常复杂。除了在 21 岁之前，边区人在接近 50 岁以及之后的阶段，都显示出较强的低报年龄的倾向。[10]

边境和边区的这些年龄倾向不同于英属北美的其他地区，也不同于我们这个时代。但他们并不是唯一的。相似的态度在长期不安全的边缘地区的文化中都存在过。正是这样的因素解释了北不列颠的酋长继承制规则，也因为如此，帕特里克·卡尔霍恩在长藤当地受到尊重，而吉尼瓦奶奶得到顺从，而那位住在小木屋里的“沉默的、

安德鲁·杰克逊熟悉的面目典型地反映了边区老人的样貌。在他的中年时期，这位老斗士坚硬的面部就已布满岁月的风霜。杰克逊憔悴的面颊上留下了很深的痛苦的印记，他的前额满是焦虑的沟壑，深陷的眼中有无法掩饰的哀伤。然而，这是一个权势者的脸，习惯于发布命令。岁月留下的痕迹更突出了权威感。

然而，边区老人还有另一张脸。边境地区不但有位高权重的年老酋长和山里恐吓过邻居小孩的老奶奶，也有因为年长而被遗弃的老人。不列颠边境也因为长期实行酋长继承制规则，强大者受到尊重，而弱小者受到鄙视和抛弃。

孩子气的、阴郁的”老人和在树林里流浪的老妇人则被遗弃和蔑视，直到死亡的终点。

注释

1 Salley, “The Grandfather of John C. Calhoun,” 50.

2 William Stuart Fleming, *Historical Sketch of Maury County* (Columbia, Tenn. 1876), 26.

3 Miles, *The Spirit of the Mountains*, 37, 54.

4 同上 , 136。

5 Vernon L. Parrington, *Main Currents of American Thought: The Colonial Mind, 1620-1800* (New York, 1927), 138.

6 Rhoda Barber Journal, Ms. HSP.

7 Drake, *Pioneer Life in Kentucky*, 219.

8 *OED*, s.v., “tanistry.”

9 Mackie, *A History of Scotland*, 33, 42, 65.

10 以下规律出现在 1776 年马里兰州弗雷德里克郡下波多马克河百户区的普查数据中：1.0 的比值是真实自然的年龄；低报年龄的比值和高报年龄的比值是相同的。低于 1.0 意味着低报年龄；高于 1.0 意味着高报年龄：

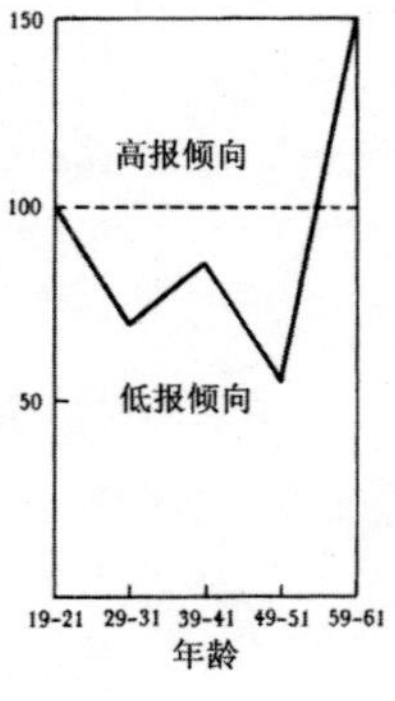

报告的年龄	边区人报告年龄的倾向（1776）	现代美国人的年龄倾向（1950）
19—21	1.0	1.04
29—31	0.67	0.94
39—41	0.83	0.93
49—51	0.53	0.93
59—61	1.5	0.92

数据来源：Gaius M. Brumbaugh, ed., *Maryland Records* (2 vols., Baltimore, 1915, rpt. 1967), 181-92。签名的证据显示，这一百户中一大部分来自北不列颠；20世纪的数据来自 Ansley J. Coale and Melvin Zelnik, *New Estimates of Fertility and Population in the United States* (Princeton, 1963), 127-29。

边区的死亡方式

来自边境的命运不可知论

在北不列颠的边境，死亡与生命如影随形。战争和侵略对边境两边的人来说都是沉重的现实。被暴力肆虐的社区也受到饥馑和传染病的侵袭。18 世纪，随着传染病的消失和暴力的削弱，这种境遇有所变化。但边民仍然提心吊胆地活着，死亡随时在侧。

美国边区被浪漫化为“血腥之地”，但当地的环境比不列颠边境更为健康。南部高地的死亡率高于北部殖民地，这主要是因为殖民者自己传播的疟疾，后来还有其他的环境病，如乳毒症。但这里的死亡率低于切萨皮克乡间，甚至也比北不列颠低。[1]

虽然如此，当地在最初开拓的时期危险丛生。定居者和印第安人经常发生战争。土匪游荡在郊外，没有保护的旅行者不时无缘无故地消失。治安官以暴制暴。从 1689 年到 1865 年间，几乎每一代人都会发生大型战争。这些血腥事件给边区带来的死亡并不像切萨皮克地区或英属北美的其他地方严重。但它们制造了一种危险而不安定的氛围，让边境的传统得以延续。边区对死亡的态度与边境地区非常相似。

这些文化对死亡的观念很特别——死亡就像针对生命的非法暴力。死亡在边境诗人的描述中，大大不同于英格兰南部。罗伯特·彭斯（Robert Burns）在给朋友写的一篇诗歌墓志铭中，把死亡描述为谋杀者：

无论你是谁，作为读者当知道
死亡谋杀了约翰尼！……[2]

彭斯在另一首诗中把死亡与边境战争作比较：

今天，死亡这可怕的伯爵，
正向着宗教战争迈进……[3]

在另一首诗中，他又把死亡比拟成对不确定生命的统治者，恶毒、不合逻辑而又充满暴力：

哦，死亡啊！你这血腥而堕落的暴君！
站在上吊的树旁的恶魔。[4]

罗伯特·彭斯的诗歌在多数主题上色彩明丽、充满阳光，带着善意的幽默感，但在死亡的问题上却大肆渲染愤怒、黑暗和绝望：

我已看见让人疲乏的冬季阳光
无数次地照射下来，
每次都无误地证明，
人就是用来哀悼的。[5]

这个文化对死亡很迷信。他们满世界寻求死亡的征兆和迹象。例如，丹尼尔·德雷克写自传的时候，他的两支蜡烛同时爆燃了。这件事情马上把他的思路转到了自己的死亡上：

> 我的两支蜡烛同时爆燃了，这表明死亡要在一个小时内把一对老夫妇的生命同时终结。我又燃起了另两支蜡烛；这表明我会继续撑下去，虽然离午夜已经很近了。[6]

两支摇摆不定的蜡烛又启发丹尼尔·德雷克在恐怖的午夜开始想象自己死亡前的景象。“当这件哀伤的事情来临的时候，”他写道，“我希望在床边看到妇女们。”

> 我希望一只女性的手
> 来合上我死亡的眼睑，然后说——安息吧！[7]

德雷克在夜里阴郁的思索和彭斯尖锐的诗歌在情绪上并不相同，但两者有很多相似处。德雷克对另一个世界仅是略表兴趣而已，他更想知道的是死亡如何在这个世界降临。这个问题对于清教徒或贵格派来说，充其量只是一个小问题，他们更关注的是伟大的救赎。但对丹尼尔·德雷克和罗伯特·彭斯来说，死亡的世俗境遇和它的宗教属性一样重要。两个人都很清楚死亡的不可避免，但他们深受死亡不可确定性的困扰。

这是面对无所不在的暴力时普遍的态度。20世纪，在叵测的命运面前，也存在同样的悖论，但主要是针对那些战争中的男人。而在常常面对突然的、暴虐的和无意义的死亡的文化中，态度是一样的，这包括不列颠边境和美国边区。

贝尔部族的一位女性非常了解边区的这种文化，她试图向外界解释它特殊的宿命论：

> 这些自由的人所持有的宿命论和远东不同；虽然它色调灰暗、很有神秘感……但它也闪烁着斯堪的纳维亚人的精神。来自广大而蛮荒的土地上的男人总是有宿命论的。在他眼里，世界并不是芳草连天、溪水潺潺，人们友善地栖居，土地降伏在手中，反而是无限宽广，有骇人的高度，无远弗届，人在其中非常渺小。他感觉自己被强大的力量裹挟，而他却无法理解，而且常常面对战争，人只有生与死的问题……他不可避免地会带着一种包含着自尊的谦卑，并且感觉到，他在大千世界面前无法作为，只能通过祷告和顺从活在统治一切的秩序下边。[8]

这种宿命论不同于清教徒的马萨诸塞，也不同于贵格会的宾夕法尼亚和圣公会的弗吉尼亚。边区很多定居者是严格的加尔文信徒，他们都很关切救赎的问题。但他们很少像清教徒那样焦虑，也不会进行“日常死亡”那样的仪式。边区人与他们在边境的祖先一样，并不需要那种灵魂上的操练。他们把死亡理解为对生命冷酷、暴力的终结，他们也知道命运有多么无常。人主要的任务是在面对不确定的命运时，养成勇气。有人写道：“勇气是我们整个信仰体系的关键。”这种勇气不但能克服危险、暴力和魔鬼，也能在不安定世界的多数事务上取得胜利：

“你不能预知这个世界的任何事情，”一位百夫长告诉山谷中的一位认为可以预知命运的牧师，“基督难道不是拒绝给法利赛人提示吗？他难道没有告诉他们，‘你们说当你们早上看见红霞的时候’，等等？我不会忘记这些话，但他从来没有明确告诉他们，而是说‘你们说’。他知道天气是随时变化的！”[9]

边区的死亡仪式在很多方面不同于其他的英语文化，无论是死亡态度，还是整个过程。但最后一刻到来的时候，即将死去的男人或女人被轻柔地从床上抱起，放在地板上，据说灵魂因此与来自地下的神秘力量相连。然后尸体会被放在木板上，让朋友和亲属们前来见最后一面。一大盘盐和泥土混合后放在尸体的胃部。盐是灵魂的象征，而泥土代表着肉体。[10]

按习俗，每个邻居都要来见最后一面，包括朋友和敌人。所有人都必须触碰一下尸体。这种做法来自一个古老的信条：当谋杀者把手放在被害人的身上时，尸体会再次流血。每一次“触碰”都受到监视，因为在边境，不洁的触摸会受到怀疑。[11]

对死者的观瞻结束后，接着是一波由家庭成员、朋友和邻居进行的民俗仪式：

一个人死后，近处的邻居都要停止工作，直到遗体下葬。在死者的家里，所有的碗盏和厨房器具都要从架子或抽屉里拿开；窗玻璃要摘下来或盖上，钟要停止，钟盘也要盖上。除非在有传染病的情形下，遗体总是在家里待一晚上，有时是两晚上。这种处理尸体的过程被称为守灵，这是来自苏格兰

> 人的说法（“类似守灵”），在葬礼之前死者的朋友都要相聚在一起。这种聚会很庄重；有人会朗读圣经经文，还有祷告，人们也会为这庄重的时刻唱起相应的诗歌。桌子上放着烟草，晚上还会散发酒和糕点。如果狗或猫经过死者的身旁，它会立刻遭到处决，因为人们相信，这个畜生此后经过的第一个人，就会把病传染给他。通常会在死者胸前放一盘盐。

这些习俗是在 18 世纪北爱尔兰的卡里克弗格斯（Carrickfergus）记录下来的。但在阿巴拉契亚山区，它们延续了两百年。[12]

在北不列颠，教堂会为葬礼敲响复杂的钟声，这时遗体被运送到墓地。钟声的调子会传达出死者的年龄、性别、财产和声誉高低。葬礼是一件重大的事情，很多人会被劝说去参加。坎伯兰的重要人物本杰明·布朗（Benjamin Browne）在第一个妻子去世时，邀请了 271 位客人参加葬礼。他自己的葬礼有 258 位客人参加。葬礼之后是一场盛大的宴会。一种叫“葬礼面包”的小糕点会送给客人，作为“死者的告别礼物”让他们带回家。[13] 边境地区的遗嘱多数会写明礼物的内容，而这些礼物会耗费小地主的大部分钱财。坎伯兰一个叫约翰·威尔逊（John Wilson）的政府官员在遗嘱中嘱咐：“我希望根据习俗，对每位来参加我葬礼的人用麦芽酒和面包好好招待。”[14]

富有之家会向整个社区慷慨地赠予礼物。坎伯兰郡吕达尔庄园（Rydal Hall）的富有贵族丹尼尔·佛兰芒（Daniel Fleming）为妻子筹备了葬礼，她在生下他们的第十四个孩子两天后去世（死于 1675 年 4 月 13 日）。这位悲伤的丈夫定制了六刀纸（150 大张），用来包“甜肉”。他下令，向坎伯兰的每个穷人赠送四便士，他为此专门准备了 30 英镑 10 先令 4 便士——足以支付给 1831 个穷人。[15]

丹尼尔·佛兰芒还花了一大笔钱支付敲钟、唱诗、布道、坟墓和棺材。但这是比较例外的一次葬礼。在这个贫穷的地区，棺材并不常用。边民的遗体一般是装在布袋子里埋葬。1678 年一部法律还要求，苏格兰边境以南只能用英格兰的羊毛。苏格兰人和爱尔兰人喜欢用亚麻布，但在其他多数方面的习俗是一样的。[16]

这些边境习俗在 18 世纪传播到美国边区。同样的死亡—观瞻—布置—埋葬的程序在那里被遵循着。甚至是最小的细节也在新世界亦步亦趋。尸体被放在一块敞开的木板上，被悼唁的宾客触摸，正如在边境上一样。[17] 一盘盐与土放在死者的身上，边区的做法和北不列颠完全一样。20 世纪北卡罗莱纳州的人告诉一个民俗收集者说："尸体被伸展放在木板上。身体上放着一盘盐和泥土，但没有混合。盐代表着不死的灵魂，土是肉身。"[18]

边区的葬礼也是一件重大的事情，让很多人聚集在一起。北不列颠的移民罗伯特·斯图亚特（Robert Stuart）和三个儿子挖井的时候被硫黄蒸汽毒害，他们的葬礼成了一场巨大的集会。"他们被葬在一个墓园里，那里葬着上千人，"一个邻居在 1767 年时写道。两年后在同一个社区，一个名叫约翰·斯卡布罗（John Scarborough）的边民的普通葬礼也吸引了"超过一千人"。[19]

北不列颠边境传统的葬礼在美国的南部高地被保存了两百多年。在 20 世纪，民俗收集者很惊讶地发现，他们在美国的这个地区观察到的葬礼仍有过去的影子。[20]

注释

1 1806 年，萨缪尔·布洛杰特（Samuel Blodget）估算了各地区每千人中的年度死亡率：南部高地，21-22；波士顿，20-21；费城，20-23；南部沿海，26-29。Samuel Blodget, *Economica: A Statistical Manual for the United States of America* (Washington, 1806), 76.

2 "Epitaph on Wee Johnny," *The Poetical Works of Robert Burns* (Oxford, 1904, 1960), 316.

3 "Epitaph to J. Rankine," 同上 , 310。

4 "Elegy on Captain Matthew Henderson," 同上 , 102。苏格兰人也对此进行了翻译。

5 "Man Was Made to Mourn"，同上 , 111。

6 Drake, *Pioneer Life in Kentucky*, 35.

7 同上 , 35。

8 Miles, *The Spirit of the Mountains*, 140.

9 同上 , 143。

10 " 在英格兰北部的一些地方，这是一种习俗，就是把一大盘盐放在死者尸身上。" 见 Charles Hardwick, *Traditions, Superstitions and Folklore* (London, 1872), 181; Lowry C. Wimberly, *Death and Burial Lore in the English and Scottish Popular Ballads* (Lincoln, Neb., Univ. of Nebraska Studies in Language, Literature and Critcism, no.8, 1927)。

11 William Rollinson, *Life and Tradition in the Lake District* (London, 1974), 56.

12 Parton, *Andrew Jackson*, I, 42-43.

13 Scott, *A Westmorland Village*, 78.

14 Will of John Wilson of Rosthwaite, 23 March 1763, ms. DX 241/108, CUMROC.

15 Daniel Fleming, Book of Accounts, 15 April 1675, ms. 386, WD/R/box 199, CUMROK.

16 Hudson, *Barton Records*.

17 " 如果谋杀者触碰了被谋杀的人的尸身，它就会有液体流出来；所以，一定要让嫌疑人触摸尸体。"*North Carolina Folklore*, VI, 490.

18 *North Carolina Folklore*, VI, 258.

19 Dyer Journal, 24 Aug. 1767, 7 June 1769, Ms. HSP.

20 Johnson, *Antebellum North Carolina*, 145-48.

边区的宗教方式

北不列颠的外出集会传统

边区文化中的宗教信仰也有很强的延续性。圣公会传道人查尔斯·伍德梅森与这个传统发生过碰撞。1766年，伍德梅森在马鞍包里装上祷告书和一品脱朗姆酒，满载负荷地骑行到卡罗莱纳边区云传道。他的任务很重要，在他看来，这片宽阔的土地上不信神的人数众多，包括印第安人、非洲人、长老派教徒、公理会教徒、贵格会、洗礼派、各种信仰的爱尔兰人，甚至还包括低教派（“low church”）的圣公会教徒。

伍德梅森在卡罗莱纳内地旅行，在各处有不同遭遇。一些定居者迎接他到木屋里。有的人则把他赶出去。苏格兰长老会一个家庭直接告诉他，“他们不想他们当中出现穿着黑色长袍的龟孙子”，还威胁说要把他当柴烧。有人还偷了他的马和衣物，喝光他的朗姆酒，甚至把他的祷告书也掠去了。

在经过了斯威夫特（Swift）、菲尔丁（Fielding）等地的历险后，真正的高潮来到了。伍德梅森落到了一个陷阱里，被一帮带着边境匪气的人抓住了。他们把他带到一个秘密的定居点，他们的妻子和儿女生活在那里。神职人员准备把他当作基督的祭品，但当他进入木屋之后，他的待遇完全改变了。让他震惊的是，这些匪徒给予他很高的礼遇，还回了他的财产，并且向他保证，只要他满足一个条件，就立刻让他自由：他只要作一个地狱之火和遭天谴的布道，而这恰恰是他真心拥护的。[1]

这个有趣的经历揭示出边区基督教的核心悖论，一方面他们对组织森严的教会组织和神职人员很敌视，另一方面他们又热衷于宗教。这种好斗的基督教义并不太契合英国王室的计划，后者的设想是把边区变成圣公会的乐土。南卡罗莱纳的总督威廉·布尔（William Bull）优雅地记述到，“虽然我真心希望基督教的每个派别都能升到天堂，但我认为英格兰的国教最适合英格兰的领土”，这里包括了英属北美的疆域。

布尔总督的愿望必定要遭到挫折，他自己的殖民地同样如此。1770年，他抱怨说，圣公会徒已经把边区输给了“不开化的狂热”。他写道：

> 我们宽容的对象包括基督教所有的派别，但不包括罗马天主教徒，这些人在边区会无休无止地分裂下去，不开化的狂热或不受拘束的想象力会造成对圣经的误读……我知道，在康加里沼泽（Congaree）、印第安边境和萨卢达河（Saludy River）之间，有1400名战士，那里的穷人修筑了至少六所聚会所，供养了很多牧师，在希尔斯伯勒（Hillsborough）聚集着很多法国新教徒，在伦敦堡（Londonburgh）有很多德国路德派教徒，但没有一个英格兰国教的教堂。[2]

边区确实混合了很多不同的宗教派别，与北不列颠相似。根据多数访客的见证，长老教会到18世纪中叶已经占据主导地位。[3]但英国人中的异教者越来越多。边区圣公会教徒的举止也像异教者。而在不列颠，边境两边的居民也对国家教会、宗教税收和教堂神职人员都有抵触情绪。[4]

在美国边区和不列颠边境，圣公会牧师常常受辱，因为他们缺少个人立场，容易倒向地主精英。17 世纪晚期和 18 世纪早期神职人员的日志反映出，这些看法有某种事实的依据。英国坎伯兰郡的圣公会牧师乔治·威廉姆森（George Williamson）在日记里用大量细节记述了很多世俗活动，包括打猎、钓鱼、骑马奔驰、喝酒和赌博，但很少提灵魂上的问题。在谈到教会事务的少量资料中，有一份记录了他们就一个同事能否继续担任教区职务的打赌。体制内的英国神职人员被认为是外来者，并且对边境有腐蚀作用。这种偏见也传播到美国边区，圣公会传道人因此常常遇到其他人的敌视，包括苏格兰人、苏格兰裔爱尔兰人和英格兰人。[5]

但那些博学、虔诚、意见中允的牧师，则不会遇到敌视。长老会的移民会返回苏格兰和北爱尔兰寻找经过大学训练的神职人员。早在 1736 年，据记载，“大约在这个年代，人们逐渐形成不同的社区，并且回爱尔兰找牧师”。[6] 这些长老派牧师自视甚高。其中一位的说法激怒了一个贵格派牧师，他说“水平最差的大学毕业生对圣经的解释也要好于那些最聪慧的没有大学训练的信徒”。[7]

这些牧师评价的标准是讲道技能，既要有很强的理性思维，又要有亲和力。18 世纪末叶，边区的福音派信徒比较熟悉的活动形式是野外聚会。这是一种在室外的集会，一般是在森林里，很多人聚集在一起连续祷告好几天。很多历史学家以为这种野外聚会是在美国边境首创的。但事实上，它是从不列颠边境传播到美国的，这种聚会在那里早已定型。18 世纪时，边境的圣公会信徒也喜欢在室外举行集会。苏格兰长老会成员也经常举行类似的“神圣聚会”，这实际是野外聚会的别名。

下面是1759年对苏格兰神圣聚会怀有敌意的一个描述：

> 每当周四、周六和周一，在圣餐的时间，我们会在教堂旁边的野地里聚会听道。让我对此进行一个真实的描述：第一眼你会看到男男女女躺在草地上一大片；他们都在睡觉、打鼾，有的人面朝上，有的人面朝下，也有人用帽子盖住脸部；一对对的男孩和女孩晚上结伴回家，或者在啤酒房里约会；在另一个地方，你又会看到一群虔诚的信徒围绕着啤酒桶坐成一圈，还有一些人站在四轮马车上，聆听牧师的话语……在这个神圣的集会里，奇妙地混合着宗教、睡眠、饮酒和恋爱，有男男女女，不同年纪和性格的人。如果你靠演讲者近一点，刚好听到他的声音，不需要听清他讲的内容，因为只有他周围小圈子能听清……你会发现有的人在哭泣，又有的人在发笑，还有的人尽量靠帐篷或桶近一些，牧师正在里面发牢骚，或叫喊、蹦跳，或击打桌面；有的人在这种令人窒息的热烈氛围中晕倒，或者挣扎着从人群中走出去；有的人看起来很严肃很虔诚，但下一刻他又开始挖苦、诅咒旁边的人，因为他人挤到或踩到了他；一会儿，他的面容又露出宗教式的阴郁，然后他开始为自己的罪呻吟、叹息或哭泣。总之，这种混合着严肃和滑稽的场面非常荒诞，如果我们不是出于崇拜上帝和造物主的原因来参加聚会，这幕情景简直胜过任何喜剧。[8]

大不列颠的边民对这种礼拜深信不疑，并因此在大不列颠和爱尔兰受到迫害。罗伯特·威瑟斯庞（Robert Witherspoon）记得，他的父亲“所在的部族也举行这种野外的聚会，并且他和亲戚因此经常受到攻击”。[9]

像威瑟斯庞这样的长老会移民在1734年把这种聚会带到了美国边区，有可能时间比这个还早。在独立革命之前，长老派和洗礼派也举行同样的野外集会。1768年，伍德梅森记录了很多次所谓“大型集会”。[10]革命后，长老派和卫理公会开始常规举行这种大型“野外集会”。

1785年7月25—26日，弗吉尼亚州不伦瑞克（Brunswick）区的马布里教堂（Mabry' s Chapel）举行的一次季度大会，据说吸引了4000人参与，包括黑人和白人。更大的一次是1785年7月17—28日在琼斯教堂（Jones Chapel）举行的聚会。第一天有5000人参加；第二天的规模更大，以致无法计数。不仅是人数多，更让人瞩目的是人们的行为很激烈。半英里之外就能听到他们的吼声，人们肆无忌惮地在地上发泄。“那种景观，”一位观察者写道，“我从未见过。牧师们都处于癫狂的状态，好多人哭喊着乞求怜悯，还有些人躺倒在地上，翻着眼白，显得毫无力气，全体会众都像灵魂出窍了一样。”[11]

卫理公会的巡回传道人弗朗西斯·阿斯伯里（Francis Asbury）1780年代到很多聚会上讲过道，在马里兰东岸的贝赛德（Bayside）教堂有500人聚会（1783）；在弗吉尼亚西边的锡卡莫尔（Sycamore）有400人聚会（1784）；在巴尔的摩的城区有1000人聚会（1785）。[12]多数人会待两天。这些聚会开始是祷告和讲道，然后在“伟大的嚎叫”中达到顶点，最后在基督教的爱宴中结束。

其他的野外聚会一波又一波地传播开来，向南到了卡罗莱纳州，向西到了更远的边疆。它们逐渐发展成“肯塔基模式”，主要是不同的派别紧密合作，事前筹备周详，有技艺高超的牧师成队出席，而且节奏很快，伴有不少团契活动。[13]

来自不列颠的边民还引入了一种礼拜形式，在欧洲的改革宗基督教徒中非常盛行。这种礼拜仪式在北不列颠称为“盛宴”（“Feast of Fat Things”），或“爱宴”（“Love Feast”）。1726 年，一个叫本杰明·费里斯（Benjamin Ferris）的边区人写道：

> 我加入了长老会，并且在他们所称的盛宴中和他们一起吃面包、喝葡萄酒，有时他们也称之为爱宴。但我并不这样看，因为他们经常发生争执或吵架，说人闲话，甚至造谣。[14]

费里斯后来加入了贵格会，并且不再参与这种形式的礼拜。但对很多人而言，这是一种容易打动人的经历，并且在卫理公会、洗礼派和一些小派别中践行着。这种形式在南部高地的宗教民俗中保持了两百多年。边区宗教的重要内容包括：野外集会、基督徒团契、爱宴、福音派讲道、新教原教旨主义神学，以及重生复兴主义。这些内容 18 世纪就已出现在了这一地区。

总之，这种革新性的宗教形式，以强烈的情感、福音倾向和个体化为特征，正是边区文化的核心成分。罗伯特·威瑟斯庞写信给家里说：

> 我亲自了解他们的生活和死亡，并学会忍受他们的仪式，他们是上帝的侍者，他们都很熟悉圣经，他们也常常祷告，

也严格遵守安息日的规定，他们是一些内心纯洁、外表虔诚的动物而已。[15]

这种形式的基督教并不是在美国边疆地区发明的。它是北不列颠边境的宗教传统适应美国环境的产物。

注释

1 Woodmason, *Carolina Backcountry*, 29.

2 Governor William Bull to Board of Trade, 30 Nov. 1770; reprinted in Merrens, ed., *Colonial South Carolina Scene*, 254-70.

3 "长老派是人数最多的", *Informations Concerning the Province of North Carolina, Addressed to Emigrants from the Highlands and Western Isles of Scotland* (Glasgow, 1773); reprinted in Wm. K. Boyd, ed., *Some Eighteenth Century Tracts Concerning North Carolina* (Raleigh, 1927), 450。

4 Thomas P. Ford, "Status, Residence and Fundamentalist Religious Beliefs in the Southern Appalachians," SF 39 (1960), 41-49.

5 "我赌了 5 先令，格雷厄姆先生今后两年不再继续担任奥斯雷特（Arthuret）的教区长"，George Williamson Diary, 18 Jan. 1745, ms. CUMROC。

6 Witherspoon, "Recollections," 127.

7 Benjamin Ferris Journal, ca. 1777, ms. HSP.

8 "A Letter from a Blacksmith to the Ministers and Elders of the Church of Scotand," 1759, 引自 Robert T. Fitzhugh, *Robert Burns* (Boston, 1970), 72。

9 Witherspoon, "Recollections," 127.

10 Woodmason, *Carolina Backcountry*, 95; Guion Griffis Johnson, "The Camp Meeting in Ante-bellum North Carolina," *NCHR* X (1933), 1-20; Robert B. Semple, *A History of the Rise and Progress of Baptists in Virginia* (1810, rpt. 1894), 23-24.

11 Wesley M. Gewehr, *The Great Awakening in Virginia, 1740-1790* (Durham, 1930), 170.

12 Francis Asbury, *Journal* I, 444, 447, 461, 493, 612.

13 John B. Boles, *The Great Revival, 1787-1805; Origins of the Southern Evangelical Mind* (Lexington, 1972); Dickson D. Bruce, *They All Sang Hallelujah: Plain-Folk Camp-Meeting Religion* (Knoxville, 1974).

14 Benjamin Ferris Journal, 1726, Ms., SWAR.

15 Witherspoon, "Recollections," 128.

边区的巫术方式

边境对巫术的迷恋

1920年前往奥扎克山区（Ozark）的一位旅行者看到一幕让人惊异的情景。春天的清晨，鸟鸣刚起，他惊奇地看到，一对农民夫妇从小木屋里快速地跑到新犁的地里，脱下衣物，“开始像兔子一样互相追逐”，然后倒在地上性交。这对夫妇安分守己在当地是有名的，而且家庭背景良好，常去教会。

在密苏里西南部，奥扎克的民族志学者万斯·兰道夫（Vance Randolph）收集到很多相似的报道：

> 一位老妇人说，7月25日日出之前，四个女青年和一个男孩子在地里种地。“他们都脱光了衣服，”她告诉我，“男孩子站在地块的中央，四个大女孩在他周围跳跃。男孩子已经把种子全部洒出去了，女孩却一直在高喊：‘锄得深些！锄得深些！’他们干完活后，都在土里像野兽一样打滚。这完全没有意义，”老妇人说，“但这些人种的萝卜是河边最好的。”[1]

边区的这种巫术甚至延续到了今天。它提醒了我们历史中的重要问题。盎格鲁－美国的每一个民俗文化都不仅是环境的产物，也是时代的产物。边区人带来了曾在18世纪早中期在北不列颠边境的巫术信仰。这些信仰的对象包括巫术、魔法和其他具有魔力的事物，但这种巫术信仰不同于一个世纪前在清教徒中流行的巫术偏好。

巫术至今在这个文化中流传。丹尼尔·德雷克（Daniel Drake）记得在美国边区遇到过一个叫老比利·约翰逊（Old Billy Johnson）的边民，他是“巫术的坚定信仰者，能够唤起魔鬼，又让其沉睡”。[2]南部高地的民俗中长期充斥着女巫和小妖精的传说。1930年代，南部山地的民俗收集者还听到过很多有关女巫的说法：

> 如果一个老妇人只有一颗牙齿，她一定是女巫。
>
> 如果你感到身边有热流经过，说明女巫们正在过路。
>
> 如果你在11点醒来，你就会看到女巫们。
>
> 如果你的一只眼抽动，说明你在被施魔法。
>
> 如果早晨起来你的头发有很多纠结，说明女巫曾骑在你的身上。
>
> 狗的哀号就说明女巫出现了。
>
> 如果你的鞋带都连起来了，就是女巫正在追踪你。
>
> 如果你看见一个斜视的人，你要把手握起来以避开恶魔的眼睛。[3]

很多边区人自己也玩巫术。

> 把你的破衣服沾上敌人的血，放在烟囱里的石头后。当它腐烂的时候，你的敌人就会死。

> 想要把魔鬼引到一个人身上，先拿到他的照片。
>
> 从血蛇身上拔七根毛发，再从响尾蛇身上拔七个鳞片，从猫头鹰身上取下七根羽毛，加上一根你思念的人的头发，一些指甲碎片，用四月的第一场雨水在大火里烹饪七分钟。然后把这种混合液体洒在你想吸引的那个人身上。你就会成功地勾引到对方。
>
> 用右手的食指或小指头指向一个人，那个人就会走厄运。

移民的初期，定居点都有一个专门负责魔法的人称为魔法师，他的工作应接不暇。萨缪尔·科奇吾回忆说："我认识好几位这样的魔法师，他们就是这样叫他的，他会在公众面前为那些被巫术伤害的人治病。"这些魔法师的工作就和20世纪的医生一样，是常规而且固定的。魔法师们是要上门医疗的。如果他们无法前去医治，边区人就要学会自己急救。

> 如果你想要远离女巫，就要把草编的扫帚放在门道里。
>
> 如果想杀死一个女巫，就在冬青树上画一颗心，连续九个早晨在她的心上插上长钉。

但这些做法完全不似17世纪新英格兰对待女巫那样急不可待。南部高地从未有人因为巫术被处死，只有一些人因为其他罪行被吊死。这与早期的文化是一个重要差别。

边区人对占星术和占卜也有浓厚兴趣。人们普遍相信，恒星和行星都对地上的事情有影响：

> 在开花的季节种上花（要在处女座的标记下）。
>
> 当黄道十二宫指向狮子座的时候，不要阉割牲畜。流血会很多……当黄道十二宫在头上的时候（双鱼座），才是阉割猪最好的时候。
>
> 当天秤座出现在天边时，就是该种鱼尾菊的时候了。
>
> 在快要下雨的时候，或在新月的时候，不要采集野果，因为那样会坏得很快。

这些信念的兴起和传播并不像弗吉尼亚农场主或者西欧崇尚文艺复兴的贵族们那样优雅、文明。在发展的高峰期，它所表达的实际是对正在逝去的边区兴建时期的缅怀。但它以更为人喜闻乐见的方式得到了传播和延续。

边区的民俗也喜欢另一种形式的巫术，或可称为实验性巫术或者世俗化迷信。它主要表现为对巫术、魔法、咒文、征兆、符咒、药物、咒语和占星术等的实际运用，以达到改变事件进程或预测它们的目的。[4]

这些魔法的运用涉及任何你能想象的情况，主要是动物、作物、邻居、孩子、天气以及病痛等带来的麻烦。它会表现出对情感的控制，以实现在世俗的目的。20世纪早期，民俗研究者在北卡罗莱纳州收集到近万例这样的具体例子，我们从中选择几个。其中一些描述已经被科学证实：

> 吃玉米饼会染上糙皮病。
>
> 如果得了坏血病，就把生土豆切片，在醋里泡一下吃。
>
> 如果被蛇咬了，嘴里没有伤口的话，就把毒吸出来再吐掉；

用刀在火上烤一下，切开伤口让血自然流出来。

还有一些明显是致命的：

对思乡的治疗，就是把很多火药放进衬衫靠近脖颈的地方。

要治好感冒，就用手（不要用脚）爬上一棵高树，然后跳下来。

还有很多是矛盾的：

鸟飞进屋里表明幸运。

如果鸟飞进了屋里，就说明会有厄运。

杀死一只猫会带来厄运。

要有好运，就活活地蒸死一只黑猫。

有很多咒语和治疗方法非常野蛮：

要治疗羊痫疯，带上一个人类的头盖骨。

得羊痫疯的人摸一摸吊死人的绳子就能治病。

要治疗感冒，就把一只黑皮鸡活生生地砍开，绑在脚底。这样会带走感冒。

蝙蝠的血可以治疗秃头。

吃猫头鹰的大脑是唯一可靠的治疗头疼的方法。

要治疗风湿病，把切开的青蛙绑在脚上。

要治疗肿胀的腿，把猫活生生切开，还在有热度的时候绑在腿上。

咬掉你看到的第一只蝴蝶的头，你会得到一件新衣服。

撬开奶牛的嘴，把一只活的蟾蜍扔到它的喉咙里，可以治疗它的空角。

这些以好运为主旨的咒文无论给人类带来了什么，但对边区的猫、蝙蝠、青蛙、猫头鹰、蛇、小鸡和小狗却带来了厄运。萨缪尔·科奇吾记得，边区第一批制造玻璃的工厂，“把活狗扔进炉子以把女巫赶出来”。他还记得，“这里很难看到一只完整的黑猫，人们常把它们的耳朵和脚趾砍掉，以得到它们的血”。[5]

巫术信仰对边区民众的行为举止、穿着、饮食和外貌都有很深刻的影响，来自其他地区的人为此感到很惊奇：

有的老人让小指的指甲长得很长，他们称之为“幸运指甲”。

把衣服反穿一整天可以带来幸运。

说谢谢您会带来厄运。

结婚的日子洗澡会走厄运。

把屎涂在一个袋子上，再带在颈子上，可以驱赶病痛。

三伏天的水是有毒的。

有些习俗向我们透露出边区小木屋的生活场景：

当三个人在床上同时醒来时，最年长的那位将第一个死去。

如果两个人在同一个水源里洗手，他们将会是永远的朋友。

还有一些是要急切地控制他人的命运：

如果一个女人怀孕了，喝了她的小便，就会让她流产。

如果坐在一锅闷熟的洋葱上面，就会流产。

但多数是天真的预言和无害的咒语：

要治疗疼痛的眼睛，可以亲吻红头发的人。

要去掉雀斑，可以用蜘蛛网上的露珠洗脸。

如果蝴蝶飞进了房屋，就意味着陌生人会来访。

用你的三滴血去喂另外一个人，这会吸引他的爱。

拿走一个人的一撮头发，你就可以控制他。

让你认识的最丑的人往奶油罐里看一下，你也可以制造奶油了。

土豆应该在圣帕特里克日种下去。

很多这样的习俗来自爱尔兰、苏格兰和英格兰北部。但边区的巫术是选择性的借用，所以也有来自印第安人、非洲人、德国人和其他文化的内容。在这个文化内部，经常有新颖的民俗产生。值得注意的是，20 世纪记录的这些边区“传统”习俗，其中一些产生的时间并不是那么久远。阿巴拉契亚地区的人们也赋予了很多现代工业产品以魔法的性质。一个特别受宠的产品是煤油：

喝煤油可以治哮喘。

要止住伤口流血，可以倒一点煤油在上面。

治疗烧伤，可以用煤油。

如果脚冻伤了，可以把煤油和盐在脚上揉搓。

吃上一勺糖加煤油，可以治疗重感冒。

喝煤油可以治疝气。

煤油可以止住被蛇咬伤之后的肿胀。

如果让油灯里的煤油烧光，会遭受厄运。

在树上挂一瓶煤油，可以防止枯萎。

雨伞也被赋予了特别的力量：

如果在屋里打开一把伞，那年你不可能结婚。

如果你掉了伞，让别人捡到了，或许你会对某些事感到失望。

在屋里把伞举高，会带来厄运。

把伞放在床上会引起纠纷。

铁路和汽车也被赋予了特别的力量：

如果在铁路上走过了十六条枕木，任何愿望都可以实现。

如果一只猫在你的车前横穿马路，就在挡风玻璃上画一个十字架。

不断更新的边区巫术并不需要任何机构来把关，这不同于清教徒在新英格兰的做法。它也不需要任何智识阶层的提炼，这方面又不同于弗吉尼亚的乡间贵族为求得幸运所作的努力。边区的巫术是一些朴素、简单的迷信，主要是为一小群未开化的民众所用。

边区的巫术在性质和目的上都很世俗化。它残留着某些对恶魔、女巫、恒星和行星的信仰。但它主要是通过控制某些物品以控制世俗事务的发展。

边区的巫术具有很强的唯物主义倾向、试验性和经验性。它古老的仪式和朴素的治疗办法说明人们是想通过它在一个充满不安定因素的世界里理解并控制自己的生活。

现代社会科学家可以从不同方面来解释边区巫术的延续性，包括马克思、弗洛伊德、黑格尔、亚里士多德、结构主义者和经验主义者，等等。但这些民间的巫术之所以流行，就是因为任何以上的解释方法在这一文化中都不存在。边区那些活跃和聪慧的心灵并没有其他方式来解释世界的不确定性。一位山区的妇女写道：

> 从我的人民的角度说，我很确信，几乎每个人都有一些他自己无法解释的经验。或许他听到过对某个人将死的警告，或者是奇怪的噪音，又或者是屋顶上的一声尖叫。也许在路上有人从他身边经过，又突然消失，没有留下任何踪迹……我的人民和印度人、苏格兰高地人一样，有能力面对非自然现象，也能看见和听见受过更多教育的人无法见证的事情。灵魂世界在山区人的大脑中总会留下某种印记。他不愿意接受这种东西，不愿意相信它所暗示的事物。但它就在那里。[6]

注释

1 这些和其他一些说法，参见 Vance Randolph, “Nakedness in Ozark Folk Belief,” *JAF* 66 (1953), 333-34。

2 Drake, *Pioneer Life in Kentucky*, 216.

3 本章的引文，除了特别说明，都是出自 Newman Ivey White, ed., *The Frank C. Brown Collection of North Carolina Folklore* (7 vols., Durham, 1952-64), I, 329-502。

4 魔法原先是指某种仪式，人们可以用神秘的咒语和礼仪召唤灵魂。17 世纪的魔法主要是指黑魔法，尤其是制毒的科学。迷信在拉丁词根上是指对诸神过度的恐惧。所有这些词后来都有了更宽泛、普通的含义，也就是我们在这里使用的含义，即认为可以通过咒语、兆头、符咒、药剂和咒文等改变事件进程的信念。

5 Kercheval, *Valley of Virginia*, 288, 281.

6 Miles, *The Spirit of the Mountains*, 118.

边区的教育程度

在教育这个主题上，边区的民众有很多可以谈的。他们夸张地说，北卡罗莱纳州内地的一个郡里识字的人太少，所以唯一有文化的人就被选出来做“郡识字官”。这个故事的真实性存疑，但北卡罗莱纳州的摩尔郡留有一本残损的书，其扉页上有一行字：“戴维·肯尼迪或许可以读书，但上帝知道他什么时候才能做到”。[1]

这些有趣的例子让粗心的历史学者误以为边区的文化水平普遍较低。但这并不属实。在整个南部高地，情况参差不齐。查尔斯·伍德梅森在1767年写道：“很少人有阅读能力，能写的人就更少了……这些人轻视知识。”很多旅行者也得到相似的印象。[2]但在其他社区，情况有所不同。南卡罗莱纳州威廉姆斯堡的边区定居点是由苏格兰裔爱尔兰人的长老派信徒建立的，历史学家威廉·博迪（William Boddie）在那里发现，“最初的遗嘱、移转证明或财产证明书的签署者中，至多百分之一的人是盖章，其余都是签名”。博迪还发现，独立革命期间来自威廉姆斯堡的士兵98%的人可以写自己的名字：这个比例相当高了。[3]

边区文化水平的高低不仅有地区差异，在不同等级以及经济地位的人群间也有差异。无产者大多不能书写，但大多数富有者都能在遗嘱和合同上签自己的名字。这种差别在英属北美的很多地方都存在，但边区的差异尤其大。不同族群之间也有差异。一些研究表明，德国新教徒和法国胡格诺教徒是文化水平最高的：90% 以上的人可以写自己的名字。苏格兰高地人文化水平最低；在 18 世纪末叶，北卡罗莱纳州坎伯兰郡 50% 以上的苏格兰高地人在签署遗嘱时是盖章，而不是签名。处于这两个极端之间的是来自英格兰北部、苏格兰低地和北爱尔兰的移民，在 18 世纪中期，这些人中有 20%—30% 是用盖章，而不是签名——这接近整个地区的平均水平。[4]

边区的文化水平在主要趋势和变动幅度上与北不列颠相似。近期的修正主义历史研究发现，苏格兰低地和英格兰北部地区的文化水平与边区相差无几。[5] 在边境两边，男性佃户和手工匠人用盖章签字的比例也在 20%—30% 之间，与边区完全一样。这些人属于低端中产阶层，美国边区的多数移民正是来自这个阶层。[6]

边境地区文化水平的阶层差别很大，类似于美国边区。17 世纪的贵族几乎都接受了教育。但直到 1770 年，苏格兰低地和英格兰北部的劳工阶层只有不到 15% 的人可以签自己的名字。这种差别也被带到了美国。[7]

不列颠边境和美国边区在书籍和图书馆的分布上也很相似。少数优越的个人和家庭拥有大型的藏书。威斯特摩兰郡有一个突出的例子是特劳特贝克（Troutbeck）的布朗家族，这是一个文化水平很高的“活动分子”家庭，他们在 1700 年就拥有 2000 册图书。[8] 美国边区也有一些大量藏书的家庭。但 1783 年之前，在北卡罗莱纳州，40—50 册藏书已经被认为是较大的藏书量。[9] 多数遗嘱财产里都至少包括几本书，启蒙的、祷告的或用于事农或医药的实用手册。但与新英格兰、宾夕法尼亚州和弗吉尼亚相比，北卡罗莱纳州的私人藏书比较世俗。1753 年之前，藏书中只有五分之一是宗教的。到 18 世纪晚期，这个比例下降到九分之一，这是一个很小的比例。[10] 这些边区的藏书大多是本土的书籍。对 1733—1783 年北卡罗莱纳州 500 多个书籍清单的调查表明，没有一本书是拉丁文或希腊文的。安德鲁·杰克逊是典型的边区精英，他自己说一生中只读过两本书，即《圣经》和戈德史密斯（Goldsmith）的《威克菲尔德的牧师》（*The Vicar of Wakefield*）。[11]

这些现象必须从对比的角度去看。与当时世界的其他部分相比，边区还不算文化水平低的地区。在南部高地 20%—30% 的男性没有读写能力的时代，意大利和西班牙的文盲率高达 70%—80%。

虽然如此，边区还是属于口述文化，写作不如口述来得重要。边区的文化对正确的拼写特别不在乎。安德鲁·杰克逊担任总统之前曾宣称，他从不尊重只知道一种拼写方式的人。他并不完全是开玩笑。这种态度在边区比较普遍，在不列颠边境同样如此。据说，那里"即使受过良好教育的人拼写也常常不一致"，而且这种情况持续的时间比其他地区长很久。[12]

这个文化的书面文字比较贫乏，但民谣和民间传说却非常丰富，并且代代相传。萨缪尔·科奇吾记得，18 世纪边区喜闻乐见的娱乐方式是唱传统的民俗歌曲。"调子当然很原始，"他写道，"罗宾汉也出现在我们的歌曲中；曲调平衡是悲剧似的，被人称为'有关谋杀的爱之歌'（'love songs about murder'）。"另一种大家喜爱的娱乐方式是"戏说"（"dramatic narration"）：

> 很多这样的故事很长，包含了很多事件……在不同的情景下，讲述的方式也不同，但很容易记忆；它们显然是从很久之前就代代相传了。[13]

1859年由H. E. 托利弗（Taliaferro）出版的回忆录有早期记录下来的民间故事，他是北卡罗莱纳州西部萨里郡的居民。[14]其中有故事讲到了一个叫沃克的边区人，他有讲道的冲动，于是请求牧师的许可。以下是他们之间的对话：

牧师：沃克弟兄，你认为是上帝呼召你去讲道吗，就像亚伦①一样？

沃克：我非常确信。

牧师：请给教会一些证明，弟兄。

沃克：当时，我觉得自己在能力上不够，难以面对我的对象，所以我决定去树林里格斗。

牧师：请继续，沃克弟兄。

沃克：当我像雅各布一样格斗的时候，我听到了有生以来最奇特的一种声音。

牧师：说得很好，沃克弟兄。请继续。

沃克：我说不清这个声音是来自空气中何处，但它很奇特。

牧师：可怜的人啊！真是让人发愁。请继续说，沃克弟兄。你听起来像什么？

沃克：就像这样："沃克——沃克！去讲道，去讲道，去讲道，去讲道，去讲道，去讲道，去讲道……"

牧师：兄弟姐妹们，这就是一种呼召。沃克弟兄，你已经说得很好了。这不是让你去读书，也不是让你去挣钱。神

① 圣经人物，犹太人的第一个大祭司。——译注

学博士也没有听到过这样的呼召。沃克弟兄，你应该得到许可。[15]

这个故事1830年前就被阿巴拉契亚山地的人记录下来，在1859年发表。说这个故事的人出生在18世纪，或许是在英格兰边境地区。他的口音至今在阿巴拉契亚地区一些老人口中还能听到。他对“读书的呼召”、神学博士、受过教育的专业人士和任何读书的轻视，是边区文化重要的一部分。[16]

边区对口头交流的重视导致对见证的强调。见证的力量又使人们特别重视说真话，这主要是从宗教意义上而言的，即不能做假见证。这种观念使其不同于其他文化。这个文化保留的一些回忆录经常讲到真实性的问题。佐治亚州的托马斯·梅里韦瑟（Thomas Meriwether）被认为是“从不说谎的人……他对真相有最高的尊重，从不违背它的精神，不会有最低限度的违背”。[17] 一个叫托马斯·吉尔默（Thomas Gilmer）的律师被认为是“很可靠的人，乐于助人，从不只说表面话……他很诚实正直”。[18]

这种对真相的坚持在边区创造了一种有趣的传统，所谓“撒谎单”。“如果你在老佐治亚人中诽谤他人，”吉尔默写道，“他们会认为你是在用撒谎单上的花言巧语……在过去的时代，这是一种指出作者撒谎的文件。”这些有趣的文件被记入了边区的法庭记录。[19]

口头文化对讲真话极端重视。撒谎或者不遵守承诺所受到的惩罚是从社会驱逐，甚至是被亲戚驱逐。20世纪南部高地的一个警察根据他长期的经验认为：“即使是最恶毒的罪犯也希望人们说他从不违背诺言。”

这种口头文化也很重视记忆力，书面语言没有记录下来的，相关记忆就越被重视。例如佐治亚州总督乔治·马修斯（George Mathews），他来自边区，但他的读写能力很有限。“他没有受过教育”，一个朋友回忆说：

> 他朗读的时候总是很大声，而且自以为很擅长于此。他在读 would, should 等词末尾的 l 音，以及复合词末尾的 ed 音时，总是故意拖长音。把 coffee 发成 Kaughphy。他写 congress 时总带有一个 k。在做总督的时候，他把要传达的意思先交给秘书，再传给爱尔兰人学校的校长詹姆斯·梅森·西蒙斯（James Mason Simmons），由这位校长组织成句。

但马修斯总督是一个很聪明的人，记忆力超群：

> 他的记忆力是没人可以比的。他担任国会议员的时候，有一个会议上朗读过的文件丢失了。他竟然可以逐字逐句地复述出来。

他在独立革命之前曾担任奥古斯塔郡（Augusta）的警长，他把全郡的税务名册全部记在脑子里，“很久之后都能把每个纳税人的名字回忆出来”。[20]

边区的口头文化有一种特别的认识论结构，使其区别于盎格鲁－美国人的其他民俗。它特别强调经验、记忆、见证和说真话。它也比较反感固定的语法结构、正确的单词拼法和标点符号。所以，美国早期的这四种民俗不仅认知的事物不同，认知的方式也不同。

注释

1 Blackwell P. Robinson, *A History of Moore County, N.C., 1747-1847* (Southern Pines, N.C., 1956), 140.

2 Woodmason, *Carolina Backcountry*, 49, 52; Arthur K. Moore, *The Frontier Mind* (1957, New York, 1963), 192-193, passim.

3 William W. Boddie, *History of Williamsburg* (Columbia, S.C., 1923), 543.

4 Robert L. Meriwether, *The Expansion of South Carolina, 1729-1765* (Kingsport, Tennesse, 1940, rpt. Phila. 1974), 177; Duane Meyer, *The Highland Scots of North Carolina, 1732-1776* (Chapel Hill, 1961), 119.

5 最深入的研究修正了此前的一些估计，认为“苏格兰低地的文化水平和具体情况与英格兰北部非常相近……苏格兰低地的文化水平并没有高出英格兰北部”。R. A. Houston, *Scottish Literacy and the Scottish Identity* (Cambridge, 1985), 41, 34; idem, “Illiteracy in the Diocese of Durham, 1663-89 and 1750-62: The Evidence of Marriage Bonds,” *NH* 18 (1982), 229-51.

6 休斯顿罗列出了移民时期边境地区工匠和商人的文盲率：

年代	英格兰北部	苏格兰低地
1710 年代	无数据	22%
1720 年代	44%	14%
1730 年代	23%	15%
1740 年代	22%	17%
1750 年代	31%	21%

数据来源 : Houston, *Scottish Literacy and Scottish Identity*, 40。

7 休斯顿的研究揭示了 1700—1770 年不同职业的文盲率：

职业	英格兰	苏格兰
专业性职位	0%	1%
贵族	0%	3%
工匠与商人	26%	18%
农夫和佃农	26%	32%
劳工	64%	68%

数据来源 : Houston, *Scottish Litearcy and Scottish Identity*, 41, 34。

8 Scott, *A Westmorland Village*, 70.

9 Ralph L. Rusk, *The Literature of the Middle Western Frontier* (2 vols., New York, 1925, 1962), I, 51-76.

10 宗教书的比例分别是：埃奇库姆郡（Edgecombe, 1733—1753），1 ∶ 4；伯蒂郡（Bertie, 1720—1774)，1 ∶ 6；后来下降到，埃奇库姆郡（Edgecombe, 1765—1783），1 ∶ 8；伯蒂郡（Bertie, 1775—1783), 1 ∶ 10。这些数据来自 Helen R. Watson, "The Books They Left: Some 'Liberies' in Edgecombe County, 1733-1783," *NCHR* 46 (1971), 245-57。

11 其他人证实杰克逊只读过《项狄传》（*Tristram Shandy*）和关于南海泡沫的手册（*South Sea Bubble*）。不同看法参见 Parton, *Life of Andrew Jackson*, and Remini, *Andrew Jackson*, I, 7; 也见 Arda Walker, "The Educational Training and Views of Andres Jackson," *ETHSP*, 16 (1944), 22。

12 Hughes, *North Country Life in the Eighteenth Century: The North East*, 37.

13 Kercheval, *Valley of Virginia*, 285-86.

14 Taliaferro, *Fisher's River (North Carolina) Scences*; 相关分析见 Ralph Steele Boggs, "North Carolina Folktales Current in the 1820's," *JAF* 47 (1934), 268-88。

15 Taliaferro, *Fisher's River (North Carolina) Science*, 233.

16 James T. Pearce, "Folk Tales of the Southern Poor-White," *JAF* 63 (1950), 398-411.

17 Gilmer, *First Settlers of Upper Georgia*, 78.

18 同上 , 13。

19 有一个例子，同上 , 146；也见 *North Carolina Folklore*, I。

20 Gilmer, *First Settlers of Upper Georgia*, 62.

边区的学习方式

北不列颠的教育仪式

在整个南部高地，正式教育的平均水平很低——在英属北美是最低的。19 世纪早期开始有学校注册数据的统计，其中北卡罗莱纳州一个郡白人学生的比例低于学龄人口的 10%。这个惨淡的数据所反映的是，这个文化中的孩子平均入学就读的时间仅为一年半。考虑到边区学校每年学期的长度，他们一生中只接受过几周的正式教育。还有证据表明，北卡罗莱纳州的情况与南卡罗莱纳州、肯塔基、田纳西和佐治亚州并无不同。[1]

定居时间越长，受教育的时间也就越长；但在整个南部高地，低入学率是长期而普遍的现象。从 19 世纪早期到 20 世纪晚期，该地区的教育程度都要低于美国其他地方。[2]

这种现象不能仅仅归咎于大量穷人的涌入，因为其他地区的穷人非常支持教育。它也不仅是边疆地区环境的产物，因为其他边境地区情况就很不一样。这也不是南部历史的传统恶魔，即种族奴隶制导致的，因为南部高地入学率最低的地方并没有奴隶制。恰当的解释是，要在这三个因素之上，再外加一个因素：来自北不列颠边境的文化传统。

在北爱尔兰、英格兰北部和苏格兰乡村地区，苏格兰改革宗和爱丁堡启蒙运动并没有能影响这些地区，正式的教育因此非常有限。苏格兰也有例外，因为这里建立了教区学校系统，由地主的税收供养，并主要由长老会控制。这些苏格兰学校受到苏格兰学者的高度赞誉。但它们在西南部并不太盛行，而这一地区正是美国移民的主要来源地。例如，亚尔夏（Ayrshire）有很多人移民去了美国边区，但该地区的教区在18世纪初期没有一所学校。而且教区所在地主要目的是筛选有天赋的男孩子，送他们去更高等的学府，而不是提供大众教育。而那些天资平平的孩子，在边境两边所受的教育水平都很低。对于女孩子尤其如此。[3]

边境的这种状况也传播到了美国边区，这里没有设立像新英格兰那样的城镇学校，也没有弗吉尼亚那样的教区学校。查尔斯·伍德梅森写道："由于没有建立公共教育体系，大量的孩子长大后大字不识一个，却沾染了很多恶习。"[4]很多住在这个地区的人也有类似的结论，只是没有这么直白。南卡罗莱纳州的布尔总督在1770年写道："这里的教育水平还处于起步阶段。我们没有任何一个学校能教好语法，虽然我们临近的几个教区基础还不错。我们的贵族们虽然都有良好的教育，但却是在英格兰得到的。"[5]

边区的教育大多数是在很小的"社区学校"进行的，人们自己缴钱上学，由巡回的教员每年教上几周的课。这些条件简陋的学校类似于不列颠边境的学校，那里的老师是由本地贵族临时招聘的。[6]美国边区和英国边境有的父母会竭尽全力为他们的孩子提供一些教育。遗嘱也常常会表达出对年轻人教育的忧心忡忡，专门拨出一笔钱用于教育。但导致这种焦虑的文化氛围也暗藏着让其无法达到目的的因素。[7]

虽然边区的大众教育很贫乏，长老会学校却逐渐增多起来。这些学校模仿的是17世纪爱尔兰和北不列颠异教分子的学校。它们的基本目的是培养传教的后备军。这些学校最初的美国样板由长老派牧师威廉·坦南特（William Tennent）于1727—1728年在宾夕法尼亚州的小内沙米尼（Little Neshaminy）建立。坦南特毕业于爱丁堡大学。他的目标是在美国建立一个专门转化信仰的传道人队伍。乔治·怀特菲尔德（George Whitefield）在1739年参观过坦南特的学校，他写道："这些男孩子学习的地方现在被不屑地称为大学。它实际是一座圆木房子，大约二十英尺长，宽度一样，在我看来，它很像过去培养先知的学校。"[8]

到1750年，边区至少建立了12所这样的长老会学校。到1770年，已经开设了至少33所这样的学校。有些学校发展得很快。戴维·考德威尔（David Caldwell）在北卡罗莱纳州吉尔福德郡（Guilford）建立的学校从1767年到1820年期间运营，据可信的资料每年有50到60位学生就读。多数学校很小而且不稳定，没几年就关闭了。但它们还是帮助边区居民培养了一些牧师和有文化的精英阶层。[9]

我们习惯认为正式教育是民俗的敌人。但多数社会都有某种民间的学习方式，他们也称之为教育。边区就是这样。他们采用了北不列颠岛的民间教育传统。例如一种被称为"赶出去"的民俗传统。这是一种反叛的仪式，一般在圣诞前，有时在其他日子。一般的情形是年长的学生把校长从教室里赶出去，直到他同意学生放长假。他同意之后，会收到学生的小礼物作为回报。[10]

在英格兰，这种传统有不同的名字——赶出去，隔外边，关外面，或者干脆叫驱逐。据说它起源于古代，起始于1558年。在17、18世纪，"赶出去"是英格兰最北部、苏格兰低地和北爱尔兰等地的区域性传统。它最流行的地方是英格兰边境的郡，包括坎伯兰、威斯特摩兰、达拉谟、诺森伯兰和约克郡。[11]

这种有趣的传统传播到了美国，成为边区的习俗。它在其他殖民地也时有耳闻，但在新英格兰很少发生，在南部沿岸地区也比较少见。[12]这个习俗主要还是在边区，从宾夕法尼亚传播到南部高地，又往西传到了俄亥俄和密西西比河谷。它尤其在位于边区的不列颠边境移民的后代中比较流行。[13]

有时“赶出去”这个习俗不再只是一个仪式，而是年长的学生与老师的朋友之间的打斗：

> 在我们最初上的学校里有一种比赛，我在这里提及，是因为它显示出那个时代的习惯。男生决定把校长威廉·P. 卡伯特森（William P. Culbertson）赶出去，以争取一天放假。他们在早上集合，然后用椅子和其他重物塞住门，阻挡人们进入校舍。校长和亚伯拉罕的父亲那个时候正要进来。他就和自己的兄弟一起对抗这些男生。他的兄弟比他还早一点到了门前，用教鞭威胁这些学生。他们采用激将法，想让学生出去。里面的人把我从圆木透光的一个开口里推出去，接受亚伯拉罕的挑战。然后我们就开始了。我打空了一拳，滑倒了，或者是出于其他的原因倒在地上，亚伯拉罕就压在我身上。他的弟兄们围在我们身旁，怂恿亚伯拉罕狠狠地揍我。这让里面的男孩子们无法忍受。他们拉开门前的障碍物，把我从危险的境地里拯救出来，让我站起来，要求公平比赛。[14]

“赶出去”的习俗比较符合边境和边区的文化。在这个武士社会，即使是最有学问的学者也必须为了在社区里的尊严而战斗。即使是

“赶出去”仅成为一种仪式后，它也残留着一些暴力的传统。

“赶出去”这种传统也表达了对体制的抗拒，它在形式上有时比较暴力，但隐含着自由的精神。在早期一个赶出去的事例中（1587），苏格兰学校的男生嘲笑他们的老师说：

> 自由，在压力下的自由，
> 给我们六周的假日，要不就永远别进来！[15]

这是一种非常特别的自由观念，既不同于清教徒的有序自由，也不同于贵格会的相互自由和弗吉尼亚保王党的支配自由观念。它深深根植于边区的文化中。

“赶出去”仅仅是边区教育民俗的一种。另一种或许可以称为教育魔法。阿巴拉契亚的孩子们上学后，会习得一套教育上的迷信，虽然这来源于祖先的文化，但他们不断注入新的内容。民俗研究者在宾夕法尼亚、马里兰、肯塔基、田纳西和卡罗莱纳州等地记下了很多这样的信仰：

> 如果你睡觉的时候，在枕头下放上你的书，第二天你就能懂要学的内容。
>
> 考试前一晚睡觉的时候，把书放在自己的头下，你就能成功通过考试。
>
> 把柳树叶放进你要考的一本书里，你就可以通过考试。
>
> 如果你把书掉在地上，你会错过那堂课，除非你亲吻当时书打开的页面。
>
> 永远不要在一垛纸的第一张上写字。如果这样做，你的

作业会做得很糟糕。

你在春天里看见第一只跑过的蜥蜴，意味着你会很聪明。

在书里放进一根小木棒，你可以在一个圆木上走过而不头昏。[16]

教育巫术在边区很流行，它同样也是从北不列颠传播到新世界的教育方式的一部分。

注释

1 这里计算平均教育年数的方法和其他文化是一样的，公式是注册学生数除以学龄人数，再乘以就读学生的年龄跨度。计算的结果可以看作总的教育率，相当于以出生率为基数来计算人口的认知水平。数据来源：A. R. Newsome, “Twelve North Carolina Counties in 1810,” *NCHR* 6 (1929), 17-99; 这个问题在第二卷会作进一步讨论。

2 *SAUS* (1984), 145.

3 对这个历史问题最重大的修正，参见 Houston, *Scottish Literacy and Scottish Identity*, 110-61; 也见 Rosemary O’Day, *Education and Society, 1500-1800* (London, 1982); D. J. Witherington, “Education and Society in the Eighteenth Century,” in N. T. Phillipson and R. Mitcheson, eds., *Scotland in the Age of Improvement* (Edinburgh, 1970); idem, “Schools in the Presbytery of Haddington in the Seventeenth Century,” *ELAST* 9 (1963), 90-111; T.C. Smout, *A History of the Scottish People*, 424; W. Boyd, *Education in Ayrshire through Seven Centuries* (London, 1961)。有关英格兰北部的教育状况，参见 Hughes, *North Country Life in the Eighteenth Century: Cumberland and Westmorland*, 293-333; and idem, *North Country Life in the Eighteenth Century: The North East*, 341-79。

4 Woodmason, *Carolina Backcountry*, 26.

5 Gov. Wm. Bull to Board of Trade, 30 Nov. 1770, Merrens, ed., *Colonial South Carolina Scene*, 265.

6 “昨天在安布尔赛德（Ambleside）和威廉·巴克斯特（William Baxter）喝酒——然后就聘用了他来做校长，从5月2号开始的一年，总共40先令，还要包他吃饭，又只好辞退其他人，要支付1先令。” Daniel Fleming, Book of Accounts, 19 Feb. 1663, ms. WD/R/Box 199, CUMROK.

7 阿兰·沃森（Alan Watson）在北卡罗莱纳州的遗嘱中找到了布鲁斯在弗吉尼亚发现过的对教育的相似担忧。Alan D. Watson, “Society and Economy in Colonial Edgecombe County,” *NCHR* 50 (1973), 231-55.

8 Douglas Sloan, *The Scottish Enlightenment and the American College Ideal* (Columbia, 1971), 45.

9 同上, 36-72；斯隆（Sloan）找到的1800年之前的长老会学校名单在281-84页。

10 坎布里亚郡的丹尼尔·佛兰芒（Daniel Fleming）在账簿里几乎每年都记载着一笔一先令的账目，“在‘赶出去’的时候给孩子们”。日期从11月24日到12月10日间不等。他也曾给孩子们更大的数额，从1月30日到3月24日之间，“是要给校长的公鸡便士”。参见 Daniel Fleming Account Books, 9 Dec. 1664, 6 Feb. 1665, 26 Feb., 26 March, 10 Dec. 1666; 24 Nov. 1668, 25 Nov. 1670, 30 Jan. 1675; Ms. WD/R/box 199, CUMROK。

11 基斯·托马斯（Keith Thomas）详细调查过“赶出去”的发生情况，他认为：“我从九十多所学校收集到这种仪式的证据，他们全都位于从塞弗恩（Severn）到沃什湾（Wash）一线以北，这条线是英国历史的重要分界线。这种民俗发生在这个界限以北几乎所有的英格兰郡里，尤其是被称为坎布里亚的地方，但从未在北方和中部以外的地方发生过。” 见于 *Rule and Misrule in the Schools of Early Modern England* (Reading, 1976), 30; 以及和该书作者的谈话。

怀特黑德（Whitehead）观察到，“赶出去”在坎伯兰几乎所有村庄都发生过；“校长知道在某个时候会发生‘赶出去’，到时候就会退到村子里的啤酒库，并且招待最年长的男孩子们喝热啤酒，因为在冬季学期，有很多18-20岁的男孩会来上学”; *Talks about Brampton* (Selkirk, 1907), 171-72。

罗林森（Rollinson）把发生在威斯特摩兰的“赶出去”看作“性质良好的……学校暴动”。多数会持续“一天一夜，到第二天下午结束”。但布兰普敦（Brampton）的传统是三天。见 *Life and Tradition in the Lake District*, 60。

12 在北爱尔兰，“赶出去”非常盛行。“在我的记忆里，”卡里克弗格斯的一位历史学家写道，“通常是在圣诞节前的一天早晨，男孩子们很早聚集在校舍，把校长赶出去，直到他承诺给学生几天假期，才让他进来。圣诞节那天很早，男孩子们 8 到 12 个组成一队，向乡村进发，随身带着棍子和大头棒，在道上遇到任何野禽就杀死并带走。它们会被带到各个教室，然后剥皮加工，为第二天的盛宴做好准备。这个盛宴会邀请很多人，带着酒饮和其他必需品；娱乐活动会持续好几天。” Parton, *Andrew Jackson*, I, 44.

13 “赶出去”在威廉姆斯堡的语法学校发生过，分别在 1702 年和 1705 年；传道人詹姆斯·布莱尔（James Blair）写道，副总督弗朗西斯·尼科尔森（Francis Nicholson）是“这个事情的发明者和策划者”。尼科尔森是约克郡人，他来自英格兰北部，这种传统在那里很普遍。资料被整合在以下书籍中，Edgar W. Knight, ed., *A Documentary History of Education in the South Before 1860* (5 vols., Chapel Hill, 1949), I, 474-88。

14 经典的描述见于 Edward Eggleston, *Hoosier School-master* (1872, rpt. New York, 1957), 73-74; 也见 idem, *Transit of Civilization*, 270; 其他记载有 H. M. Brackinridge, *Recollections of Persons and Places in the West* (Philadelphia, 1834), and J. P. Wickersham, *History of Education in Pennsylvania* (Lancaster, 1886), 207。

15 参见 Thomas, *Rule and Misrule,* 21。

16 *North Carolina Folklore*, VI, 69-70.

边区的饮食方式

南部高地烹饪的北不列颠起源

在饮食方面，南部内地与英属北美的其他地区有很大不同。萨缪尔·科奇吾记得，18 世纪的标准晚餐是一木碗的牛奶糊，用熊油调味。圣公会传道人查尔斯·伍德梅森对这些边区食物充满恐惧，经常抱怨他不得不吃这些东西。“凝乳、黄油、油乎乎的培根肉、玉米面包”，他写道，“至于茶和咖啡，他们根本就不懂……既没有牛肉，也没有羊肉、啤酒、苹果汁或任何比水好一点的东西。”伍德梅森参观过阿尔斯特的一个移民社区，他写道：“所有人都来自爱尔兰，吃的完全是黄油、牛奶、凝乳和英格兰人给猪吃的东西。”[1]

很多访问者评论说，边区人吃的东西是其他英语地区用来喂牲口的。这种说法反复被人们提及，几乎成了南部高地旅游文字的一个标记。有趣的是，到北不列颠边境地区旅行的英格兰人也作过同样的评价。[2]

边区的饮食习惯在某些人看来是边境条件的产物。在某种程度上确实如此。但这些习惯体现的主要是从北不列颠边境地区传来的习俗。在偏好的食物、烹饪的方式以及用餐的举止等方面都体现出很强的延续性。

例如当地一种重要的食物凝乳，实际上是一碟酸奶、炼乳和乳清等的混合物，边区的成年人、未成年人都喜欢吃，和北不列颠长期的习惯一样。在英格兰南部，这种食品被称为“腐坏的奶制品”，是用来喂动物的；在边境，它是“健康的奶制品”，多是给人食用。到这里的很多旅行者觉得它恶心，宁愿饿着肚子。[3]

边境和边区共有的另一种重要食物是土豆。这种美国蔬菜 17、18 世纪在西欧得到广泛传播，在爱尔兰、苏格兰和英格兰北部尤其受欢迎。虽然土豆起源于美国，但直到18世纪北不列颠人到达美洲后，它才在英国殖民地流行起来，成为边区餐桌上重要的菜肴。[4]

另一种食品是一种面包，它的叫法有很多：“拍掌包”“闲散包”“煎饼”和“薄饼”等。有时，它也被称为“司康饼”，是沿用了挪威人说面包皮的老词。它的成分变化不拘，但制作的方法是一样的：就是在平整的石面或开敞炉膛的煎锅上烤制未发酵的生面包团。这种面包团是从北不列颠边境传到美国边区的，并且是当地长期的主食之一。[5]

但在其他方面，边区的饮食与北不列颠的传统产生了区隔。燕麦让位给了玉米，通常制成玉米粉，用煮的方式来烹饪。但这只不过是从燕麦粥变成了玉米粥，在南部高地它又被称为“玉米糊”。成分变了，但盘中食物的结构还是一样。

另一个变化发生在肉食上。北不列颠人很少在家吃猪肉。边境地区的人和基督教、伊斯兰教一样排斥猪肉。但这种禁忌在新世界并没有生效，因为这里很难牧养羊群，而猪只要好好喂，繁殖能力甚至超过了人类。所以猪肉在边区的餐桌上很快替代了羊肉，但它仍然按照边境的传统方式来煮或炒。[6]

美式蔬菜也出现在边区餐桌上。多数家庭都有卡车大小的自留地，用来种植西葫芦、倭瓜（西葫芦的近亲）、南瓜、葫芦、豆子和印第安甜玉米等。有的家庭也种沙拉生菜、水芹和莴苣。这些成分也是新的，但这里吃沙拉生菜的习惯与母国是一样的。[7]

边区独有的饮品是威士忌。在英格兰南部和东部，人们不太饮用从谷物蒸馏的酒类饮料。但它在北不列颠比较盛行，并且被这一地区的人带到了美国边区。“威士忌”，法国将军夏斯特吕侯爵写到弗吉尼亚边区时说，“是我们唯一的饮品，我们可以连续喝三天。但我们想办法把它做成甜美的热酒”。[8]

但新环境使威士忌的成分发生了一点变化。在边区，苏格兰威士忌（原料是大麦）不得不让位于波旁威士忌（原料是玉米和黑麦）。除此之外，并没有多大的变化，只是消费量可能有些差别。威士忌成为边区餐桌上最常见的饮品。甚至小孩子也允许喝威士忌，但要加上一些糖，让味道变得更好。[9]在这个社会中，节制的含义不同。阿巴拉契亚地区的观念认为，一次喝一夸脱酒是合适的量，暗示人们常常喝得比这个更多。[10]

边区对其他饮料有些看轻。“茶和咖啡都只是残羹，”科奇吾记得，“这些饮料只是给那些不劳作的上等人，或者给病人。一个真正的边区伐木者如果表现出喜欢这种饮料，会感觉很丢脸。实际上很多这种人至今也不喜欢这些饮品。”[11]

在烹饪的方法上，边区对边境地区也有很多继承。在南部高地，人们烹饪的方式主要是煮食，而较少烘烤。北不列颠也是一样。对不列颠不同地域烹饪方式的研究已经发现，英格兰南部和西部喜欢煎炒；东盎格鲁喜欢烤焙，而北边多数是煮食。“蒸锅”是边境诗人和古董研究者常常提及的物件。约翰·高夫（John Gough）注意到，边民的早餐“主要是粥……用牛奶煮的”。很多到边区的旅行者都观察到当地人对“牛奶羹”的偏好。英国边境和美国边区的居民在吃第二餐时，多喜欢汤品、炖品和肉馅饼。[12]

边区的烹饪比盎格鲁－美国的其他文化较少挑剔——“这些人的食品特别脏，极度让人厌恶”，伍德梅森对此心怀怨气。[13]这种观察在到过美国边区和不列颠边境地区的人中多有共鸣。有个做客的人震惊地看到他的女主人用煮锅洗脚。另外一个旅客从主人得到一块桌布，用来做床单。这个地区的人刻意保持不卫生的状态。他们认为把搅乳桶洗干净会带来坏运气。他们会把青蛙放进牛奶里，只是为了让牛奶更浓稠。黄油里放的头发越多，会被认为品质越高。“脏一点能减少伤害”是阿巴拉契亚地区主妇的口头禅。[14]

边区人饮食的习惯也与其他文化不同。他们一般一天只吃两餐——简单的早餐和隆重的午餐。“这些人一天只吃两餐”，伍德梅森宣称；他还抱怨说，他都找不到正宗的英式早餐、午餐和晚餐。一天两餐是北不列颠的习俗，由边民传播到美国边区。[15]

桌子上会摆上木制和白镴制的餐盘和小酒杯。用具是两根齿的餐叉、厚重的勺和猎刀。科奇吾记得，陶瓷常常被禁用。“边区人认为，把代夫特陶器用品介绍进来是错误的革新，”他写道，“它太容易被打碎了，而且这种质地的盘子会让割肉的餐刀变钝。”[16]

边区有很多宴会。在这种盛大的场面，主食不是像新英格兰那样的烘焙食品，也不是弗吉尼亚那样的烤焙品，而是在炉膛边用黑铁锅煮出来的食品。科奇吾记得，用于“滚圆木日或房屋上梁日和收获日”的“标准大餐”，是“肉馅饼，其他乡里可能称为海饼（sea-pie）”。[17]这里没有饮食方面的禁欲主义，但这种禁欲主义在清教徒和贵格会却很显著。边区人和边民想吃就吃，想喝就喝，热情高昂。这些人的饮食方式体现了相应的文化传统，在不列颠边境地区历史悠久，又在美国南部高地延续了很长时间。[18]

注释

1 Kercheval, *Valley of Virginia*, 196, 253; Woodmason, *Carolina Backcountry*, 34, 173.

2 Woodmason, *Carolina Backcountry*, 34, 173, 176, 196; Thomas Anburey, *Travels* (2 vols., London, 1789), 340, 376; William Eddis, *Letters from America* (1792, Cambridge, 1969), 57; "Observations on Several Voyages and Travels to America," *WMQ3* 15 (1958), 146.

3 John Gough, *The Manners and Customs of Westmorland* (Kendal, 1827), 20; also *Ulster Journal of Archaeology II* (1854), 204; Woodmason, *Carolina Backcountry*, 176, 34, passim.

4 Redcliffe N. Salaman, *The History and Social Influence of the Potato* (Cambridge, 1985); 有关北不列颠移民把土豆传播到边区的第一手资料，见 James Ellerton, *Journal*, 19 March 1740, in Merrens, ed., *Colonial South Carolina Scene*, 132; 英属北美其他地方并不是不知道土豆，但不把它当作主菜。

5 Ferguson, *Northmen in Cumberland and Westmorland*, 149; Rollinson, *Life and Traditions in the Lake District*, 38-40, 49.

6 Sam Bowers Hilliard, *Hog Meat and Hoecake: Food Supply in the Old South, 1840-1860* (Carbondale, Ill., 1972).

7 Kercheval, *Valley of Virginia*, 253.

8 Chastelleux, *Travels*, II, 409, 19 April 1782.

9 Hudson, *Barton Records*, 56; John C. Campbell, *The Southern Highlander and His Homeland* (New York, 1921), 203.

10 Campbell, *The Southern Highlander*, 203.

11 Kercheval, *Valley of Virginia*, 255.

12 Allen, *British Tastes*, 75 passim; 也见 Gough, *Manners and Customs of Westmorland*, 20;

Bouch and Jones, *Economic and Social History of the Lake Counties*, 243。

13 Woodmason, *Carolina Backcountry*, 173.

14 Leyburn, *The Scotch Irish: A Social History*, 25; Graham, *The Social Life of Scotland in the Eighteenth Century*, 179-80.

15 同上 , 196。

16 Kercheval, *Valley of Virginia*, 255.

17 同上 , 253。

18 坎伯兰人本杰明・布朗（Benjamin Browne）的账本记录了很多宴会和特别聚餐。参见 Browne Account Book, 1719, Browne mss., WD/TE box 8, CUMROK。 20 世纪这些饮食方式在阿巴拉契亚地区的延续，参见 Campbell, *The Southern Highlander and His Homeland*, 198-203。

边区的衣饰

西部乡村服装的边境起源

旅行者对边区的衣着颇感惊讶。男人、女人，甚至孩子的穿着方式看起来都与其他英语文化不同。

边区妇女的穿着被圣公会神职人员查尔斯·伍德梅森称为“衬衣衬裙”，与英格兰南部最为相似。但实际上它是一种完全不同的衣着——完整的紧身马甲加低领，腰部收身，短裙，踝关节上较高的地方系着褶子。这位圣公会牧师认为这种款式过于暴露了。

婚后妇女衣着更长，通常有羊毛披肩遮盖着头和肩。年长的妇女戴着较宽的阔帽，是由所谓六七百线头的亚麻布做成，脚上穿着粗糙的鞋或很重的“防水鞋”，这是它们18世纪时的名称。[1]

边区妇女无论长幼都穿着亚麻毛织的衣服，非常精致、漂亮。连尖酸的伍德梅森也被打动，他曾赞美五十位长老会女士，“所有人都穿着自己织的白色衣服”。[2]这些衣服平时不是藏在衣橱里，而是挂在木屋的墙上，作为一种装饰。边区的一位作者记得，在18世纪：

> 妇女的衣服和睡衣……挂得木屋四面墙到处都是，所以当它们出现在本该挂着纸品或挂毯的地方，实际上就向陌生人和邻居显示了这个家庭的富有或贫穷。这种做法至今在边区的一些家庭沿用。[3]

边区男性的穿着也让陌生人惊异。他们夏天常穿着亚麻衬衫，冬天则穿着鹿皮。科奇吾记得：

> 人们通常穿着猎装。这是一种宽松的长袍，下摆一直到大腿中部，袖口宽大，所以当弯下腰时，甚至可以把脚盖住。斗篷很大，有时边缘会镶一些色彩不同的布块，但磨损严重。胸襟部分可以装面包、蛋糕、牛肉干、擦拭来复枪管的抹布，以及任何对打猎或作战有帮助的物品。腰带虽然通常是绑在背后，但可以用作好几个目的……猎装一般是用亚麻布做的，有时是粗亚麻加一些制好的鹿皮。[4]

这件上装在胸部和肩部都有很宽的接缝，水平绕过前后，然后窄窄地收在腰部。其效果是扩大肩部和胸部的尺寸。就像边区的女装强调女性特征一样，男装也突出男子气概。边区的衣饰总体上强调性别差异。

边区的男子穿得比较宽松，长短裤常常下垂着，科奇吾称之为“小衣”。腿的下部通常包裹着长筒靴，称为“皮袜”，作家詹姆斯·费尼莫尔·库伯（James Fenimore Cooper）在他的《皮袜故事》（*Leatherstocking Tales*）里把它作为边区男性的标志。

边区的孩子穿得与英属北美的其他地方不同。他们衣物的质地有很大的自由度。“没有鞋子或长袜，”查尔斯·伍德梅森以惯常的否定态度写道，“孩子们都半裸着。连印第安人的穿着和住房都要比这个好。”[5]

边区成人的穿着通常被用来与印第安人作比较。但事实上，边区人的穿着与东部印第安部族的马裤、绑腿和斗篷有很大区别。而且在东部的林地里，这些衣着方式也不太实用——“在坏天气里，这种衣服感觉很冷很不舒服”，科奇吾记得；根据他的说法，年轻的欧洲移民喜欢模仿印第安人的实用服装，一旦发生战争，就把平时的衣服换下来。[6]

后世认为这种边区穿着是美国原生的——是属于边疆地区的样式。实际上它在多数边疆地区都没有出现过，而且并不是在美国发明的。根据旅行者的描述，它类似于英格兰北部、苏格兰低地和北爱尔兰的穿着。不列颠边境乡村的男性服饰非常类似于美国边区的样式——同样的亚麻或皮制衬衣，同样在肩部和胸部宽阔的切片，同样的水平接缝，同样展现男子气的重型装束，同样的衬裤和长裤，和同样的皮袜。皮衬衫和绑腿并不是边疆的发明。它们在 18 世纪英国边境地区很常见。坎伯兰一位自耕农的账本记载了腿上穿一套羊皮绑腿的成本。[7] 另一个人 1742 年在卡莱尔买了一套护腿，他称之为“皮袜子”。库伯等美国作者把这个短语与边疆地区联系起来，但它事实上是英国北部边境常用的表达方法。美国边区人的穿着方式在几乎所有方面都借鉴了不列颠北部边境的习俗，只有软皮平底鞋和浣熊皮帽子是例外。[8]

女性服饰上也有很多醒目的相似性。柴郡一个英格兰人 1639 年去苏格兰低地旅行，他看到当地的老妇人“穿的羊皮装原料和我们在英格兰用来做鞍褥的完全一样：她们的衣物盖过了头，把脸颊两边都遮住了”。他还看到，“未婚的侍女头上没有任何装饰”，“老龄妇女”戴着“前缘宽大而突出的帽子，遮住了她们的眉毛”。这种帽缘是从帽子上接出来的一片布或帘子。这种款式的帽子也出现在英格兰北部的郡，它在诺森伯兰郡被称为“丑帽子”。[9]

英国边境地区小孩的服饰与美国边区也多有相似处。在英国边境地区，孩子们经常赤足，和美国边区的习惯一样。一位观察者写道，他们喜欢跳跃，“就像他们有蹄子一样，在整个北部都是如此”。[10]

这些样式各异的服装在南部传播很广，并流传到西南部边疆地区。其中很多要素至今存在美国所谓“西部服饰”当中。衍生形式也体现在西部歌手的舞台服装中，以及边区出身的总统林登·约翰逊和罗纳德·里根等人的衣橱里。从纳什维尔（田纳西州首府——译注）到达拉斯（德克萨斯州大城市）普通人的服饰上相似的元素也屡见不鲜。时尚的演进不断改变着这些服饰，例如 19 世纪西班牙样式的传入，以及 20 世纪好莱坞精致时尚的入侵。但在 17 世纪北不列颠，18 世纪美国边区，以及今天西部的服饰之间仍存在很强的连续性。

注释

1 Woodmason, *Carolina Backcountry*, 61.

2 同上，21。

3 Kercheval, *Valley of Virginia*, 257.

4 同上，256。

5 Woodmason, *Carolina Backcountry*, 176.

6 这种服饰与印第安人之间的差异，参见 Kercheval, *Valley of Virginia*, 256。

7 Rollinson, *Life and Traditions in the Lake District*; Scott, *A Westmorland Village*, 91-93.

8 有关皮袜的讨论，参见 George Williams Diary, 22 May 1742, ms. DX/124, CUMROC.

9 Journal of Sir William Brereton, *SSP* 124 (1914) 30.

10 Roger North, *Lives of the Right Hon. Francis North* … (3 vols., London, 1826); 引自 Hughes, *North Country Life in the Eighteenth Century: The North East*, 14。

边区的运动方式

南部高地游戏的北不列颠起源

边区人也带来了自己的民间游戏，而且大多已在北不列颠边境流行多年。这些娱乐方式通常很暴力——和 17、18 世纪英格兰流行的民间娱乐一样。但边境的游戏又有自身的特点，与该地区的暴力冲突关系紧密。例如，“苏格兰人与英格兰人”就是边境两边都很受欢迎的游戏。两边的男孩把帽子和外套脱在后面，然后两队相对站立。两边要跨过中线彼此攻击，目的是抢夺对方的衣帽，而不被抓住。男孩们是在模仿本地的古代战争。[1]

边境的民间游戏和当地文化的其他部分一样，不仅反映着充满不安全感的生活，同时也通过这种游戏来培养男子。边境的游戏比英格兰其他地区更强调勇气、力量和暴力。

摔跤尤其受重视——这是边境的古老游戏，普遍的发音是“wrasslin”，或“russlin”。该地区有两种摔跤。其中一种有很多规则，并且适合在年度锦标赛上表演。健壮的竞赛者穿着无袖的马甲，长裤的裤腿扎进长袜里，丝绒外套的上衣绣着很多精美的花朵。男子们两两相对，手臂环抱着对手的身体，下颚抵在对方的右肩上：

> 等两人站好位，比赛就开始了；开始的时候，两个竞赛

> 者的动作都很慢，像螃蟹一样挪动，彼此探索着；突然之间，有人的腿被举起来，随后有人被摔出去。除了脚之外，身体的任何一部分触地，比赛就输了；同样的，如果有人失去了控制，他就算放弃了比赛。显然，这样的运动要求不仅有很大的力量，也要有技能和耐力，要保持很好的身材。[2]

这种运动传播到阿巴拉契亚山区，摔跤比赛就常规地举行。北卡罗莱纳州居民赛勒斯·亨特（Cyrus Hunter）记得，“摔跤和跳跃是早期两个最流行的运动”。[3]

边民还玩另一种摔跤比赛，或者叫打斗比赛。这是一种粗野的打斗，没有什么禁忌，可以一直持续到一方放弃，或者动弹不得。[4]这种打斗的起因一般是两个喝醉的人互相吹嘘。在英格兰的大湖区，一个贵族法官看到过这样的事情，并且予以制止。“在一个周四，”他写道，“我又去了安布尔赛德（Ambleside）……去看那里的摔跤。感觉非常好。有个坎伯兰来的人戴着白色帽子，身穿褐色上衣，他威胁说要挑战每个人，与他们搏斗。我制止了他们的打斗。”[5]

英国边民习以为常的吹嘘和打斗也传播到了美国边区，在那里被称为“拳打脚踢”。在这里，仍然是两个或更多的男子之间粗野的打斗（偶尔也有女子），有时甚至让竞赛者失明或者残废。爱尔兰游客托马斯·阿希（Thomas Ashe）曾非常形象地描述过一个西弗吉尼亚人和一个肯塔基人之间的“拳打脚踢”。人群围拢过来，形成一个不太规则的圈。参赛者被问到，是要选择“公平打斗”，还是“拳打脚踢”。他们最终选择“拳打脚踢”的时候，人群里发出了欢呼声。这两人进入人群的圈子后，先是试探性的彼此挥拳。突然间，这个弗吉尼亚人“全身收紧，把手臂收回到面前”，然后“猛地向对手胸前冲去”，张开手抓向肯塔基人的头部。据说，“这个弗吉尼亚人从没有输过……他用手掌伸到对方头发里，拇指抠住对方的眼睛，从眼窝里狠狠地往外挖。受害者尖声惨叫，又没法抱怨”。虽然眼睛被挖出来，打斗在继续。弗吉尼亚人用牙齿咬住肯塔基人的鼻子，用劲把它咬成了两半。然后他又扯掉了肯塔基人的耳朵。最后，“肯塔基人失去了眼睛、耳朵和鼻子，彻底放弃”。胜利者自己也受了伤，鲜血直流，但人们为他送来座椅，并为他阵阵喝彩。[6]

有时有人出来制止“拳打脚踢”。弗吉尼亚滨水地区的议员1748年通过了一部反对致残打斗的法律，1772年又在其中添加了一条具体的禁令，禁止“挖眼睛、撕扯眼睛，撕咬，踢脚或者重踩等”。[7]1800年田纳西州富兰克林郡的大陪审团规定，“打斗中致残、挖眼睛的行为，如果攻击者没有被绳之以法”，可以追究其责任。[8]

但在南部高地，拳打脚踢仍然广受欢迎。在独立战争期间，英国囚犯托马斯·安伯里（Thomas Anburey）目睹过好几次边区的打斗竞赛。“这是一场英式的拳击比赛，”他写道，“……与弗吉尼亚打斗方式相比，已经够文明了”，虽然也有“咬、挖和缠斗”[9]。安伯里描述到，“有个人被认为很适合撕挖的斗法，因为他一直把自己的拇指和食指的指甲保持得又长又尖；还防止指甲破碎或分裂……他每天晚上用蜡烛把指甲硬化”。血腥的运动在很多文化中都存在过，但这种运动是少有的把流血、致残和阉割等结合起来的几种之一。[10]

北不列颠边境流行的还有跑步、跳跃、掷斧头和掷矛的比赛。例如坎布里亚郡大湖区每年在费里（Ferry）、安布尔赛德和格拉斯米尔（Grasmere）都有年度竞赛。[11]其中的一些比赛历史相当悠久。

有一个比赛是在格雷斯托克（Greystoke）附近著名的古迹卡尔石（Stone Carr）的遗迹上举行。摔跤者们为了一根皮带参加竞赛，跳高者为了一双手套，而赛跑者为了一块手帕。这些比赛都是大型节日，人们蜂拥而来，开怀畅饮，尽享各种美食，到处都是卖酒的棚子，姑娘们打着手鼓，小伙子弹奏着手风琴，寻欢作乐。[12]

这些运动比赛也被北不列颠的移民传播到了美国边区。安德鲁·杰克逊年轻时就是因为跑步和跳跃方面的技能开始受到瞩目。有些人比赛掷雪橇和“长子弹”，后者是指青年人投掷铁质的加农炮弹药球，有时甚至朝彼此投掷。人们对这些比赛的热衷一点也不亚于不列颠边境的竞赛。[13]

这些运动比赛是通过边民和苏格兰人介绍到美国的，他们古老的“苏格兰体育大赛”成了美国田径运动的雏形。这些比赛通常包括掷铅球、掷链球、跳远、跳高、撑竿跳、三级跳远、障碍赛跑、一英里长跑、竞走、套袋跑、独轮手推车跑、双人三腿赛跑、高地舞和标枪。所有这些活动都是在500英尺的圆周性场地里完成。[14]

“苏格兰体育大赛”在美国变得非常流行，并且逐渐向非苏格兰人开放。早在1836年，纽约高地协会就在哈德逊河对岸的乐土（Elysian Fields）举行了“体育比赛”。其他的运动俱乐部、学校和大学逐渐开始协办，取消了标枪等对于本科生比较费力的比赛，套袋跑等不够费力的比赛，和男子舞蹈等不够男子气的比赛。北美第一所正式协办比赛的大学是蒙特利尔的麦吉尔大学（McGill University）。在美国，苏格兰人长老会建立的普林斯顿大学在苏格兰校长詹姆斯·麦科什（James McCosh）和热爱运动的苏格兰教师乔治·戈尔迪（George Goldie）的领导下，率先开始协办这类比赛。到19世纪中叶，苏格兰体育大赛已经在125个美国城市举行过，北不列颠的田野运动也因此演变成了风靡全美的田径运动。[15]

很多其他民间游戏也从英国边境传播到美国边区。例如古老而原始的简易曲棍球比赛（shinny）。[16] 这是冰球的前身，最初只是用羊的长骨头玩的比赛。这种游戏在英伦诸岛都很流行。在英格兰西部，它被叫作诺特（not）；在伦敦，它的名字是曲棍球（hockey）；在边境，它又被称为简易曲棍球。据说，苏格兰裔爱尔兰人中的“青壮年男子到了这一天都会蜂拥到球场打曲棍球”。美国边区人继承了这种北方的运动，在圣诞节期间举办礼仪性的比赛。这种传统在阿巴拉契亚山区一直保存到 20 世纪。这方面又一次体现出从北不列颠到美国边区和当今阿巴拉契亚地区具有的延续性。[17]

美国边区的运动方式不单纯是继承传统，他们也积极进行了改进。当地人在既有的运动文化基础上发明了一些新颖的运动方式。

例如一些需要枪的娱乐方式。“打靶是男人中流行的娱乐，只要他们有足够的子弹都会去玩，”科奇吾记得。边区的枪击游戏与英国乡村贵族三心二意的打枪区别很大，后者常常采用的比赛方式是以躺卧的位置漫射近距离的半家养鸟类，数量庞大，也因此耗费颇巨。在阿巴拉契亚山区，打靶的人必须从远距离精准射击。科奇吾记得，“漫射在那时不太常用；试枪时不这样射击，测试一个人的射击技能也不采用这种方式”。边区人在射击方面取得了伟大的成就，他们射击的方式是，在树干上用苔藓做成垫子，把步枪放在上面，从远距离缓慢地射击。[18]

边区的另一种娱乐方式是投掷印第安人的战斧。萨缪尔·科奇吾记得，“小男孩只需要一点经验就可以目测距离，在穿过树林的时候，他可以把自己的战斧扔向任何一棵树”。[19] 也有模仿野兽叫声的比赛。“幼鹿的一声哀鸣会摧垮它的防线，”科奇吾记得，“而火鸡和猫头鹰的鸣叫是在战争中做掩护的必要手段。”科奇吾观察到，“实际上，这个国家早期居民的运动就是对狩猎和战争的演练模仿”。从这个角度说，它们与不列颠边境的战争游戏是一致的，只是战争的性质不同而已。[20]

注释

1 Gomme, *Traditional Games of England, Scotland and Ireland*, 183; William Dodd, ed., *Edenhall and People Who Have Lived There* (n.p., 1974), 19, CUMBROC; Ferguson, *Northmen in Cumberland and Westmorland*, 150; Scott, *A Westmorland Village*, 18.

2 Rolinson, *Life and Tradition in Lake District*, 161-62.

3 Parton, *Andrew Jackson*, I, 66.

4 Jacob Robinson and Sidney Gilpin, *Wrestling and Wrestlers* (n.p., 1893).

5 Hugh W. Mackell, *Some Records of the Annual Grasmere Sports* (Carlisle, 1911), 15.

6 Thomas Ashe, *Travels in America, Performed in 1906* (New York, 1811).

7 Hening, *Statutes*, VI, 250; VIII, 520.

8 Greenfield *Gazette*, 12 July 1800.

9 Anburey, *Travels*, II, 217-18.

10 同上 , II, 201-2。

11 Mackell, *Some Records of the Annual Grasmere Sports*; Robinson and Gilpin, *Wrestling and Wrestlers*.

12 Collingwood, *Lake District*, 150; Rollinson, *Life and Tradition in the Lake District*, 162.

13 Johnson, *Antebellum North Carolina*, 111.

14 苏格兰体育大赛并不只是在高地举行。一位权威历史学者写道：“相似的比赛也在苏格兰其他地方举行，低地人和边境居民常为此对高地人的趾高气扬愤愤

不　平。” Gerald Redmond, *The Caledonian Games in Nineteenth-Century America* (Rutherford, N.J., 1971), 30.

15 同上 , 37; Rowland Berthoff, *British Immigrants in Industrial America* (Cambridge, 1953), 151。

16 *PA* 2 series XV, 175-78.

17 简易曲棍球比赛在苏格兰低地和北爱尔兰，以及德比、兰开夏、坎伯兰、柴郡等地有很多记载。参见 Gomme, *Traditional Games of England, Scotland and Ireland*, II, 190; Parton, *Andrew Jackson*, I, 45; 唐·普赖斯（Don K. Price）告诉笔者，他记得孩提时期曾在肯塔基州的米德尔斯伯勒（Middlesboro）玩过这种球，他于 1910 年出生在当地。

18 Kercheval, *Valley of Virginia*, 285.

19 同上 , 284。

20 同上 , 283。

边区的工作方式

边区人对战争和工作的态度

在好武之风盛行的地方，工作态度就相对疲弱。在大西洋两岸的英国边境与美国边区，都是如此。一位游客从北不列颠回来，评论说："那里的人都很懒惰，除非受到战争的刺激。"[1] 在美国边区，一些旅行者也作过相似的评价。"他们的极端贫穷全是因为自己的懒惰，"一个巡回牧师写道。费城一个贵格派认为："爱尔兰人大多是贫穷木讷的傻瓜。"[2]

这种木讷的印象不太真实。留下这种印象的原因是这里的人工作方式与其他人不同。他们多数人的生产方式主要是耕作和放牧，所以在某些季节，他们要奋力劳作，而其他时候则百无聊赖。在美国崭新的环境中，边区人仍然采用了不列颠北部传统的农作方式，即所谓"轮耕制"。他们对最有价值的经济作物精耕细作，用的是在北不列颠常用的轻犁，或在边区流行的锄头。其他时候，他们则休耕，并且在地里修起可移动式牛栏，把牲口圈禁在里面，可以起到肥土的效用。[3]

阿巴拉契亚山区的耕作很原始。人们主要采用的是北不列颠传来的人力耕作。1730 年代，这些定居点的人用的工具主要是"一把斧头、一根宽锄和一把窄锄"，而犁很少用。[4] 除了有犁的差别外，这个农业体系基本上还是效仿了英格兰边境、苏格兰低地和北爱尔兰。这种耕作方式在早期就传入了美国边区。[5]一个到边区旅行的人注意到，“新开垦的土地……不会用来种烟草，除非在过去两三年圈过牛栏；他们在丈量土地时，首先考虑的是能否把牛围在牛栏里；当这些牛给土地施够了肥之后，他们再把牛栏移开”。[6]

在一些季节，人们把牲口放牧在老西南地区的树林和灌木丛中，让它们自由地吃草，然后再把它们带到德克萨斯开阔的草原上。1773年，南卡罗莱纳州的一个土地测量员仔细描述过这种做法。他写道，大批的牛群，数目常常上千，被放养在从萨凡纳（Savannah）到奥吉奇河（Ogeechee，佐治亚州的一条河流）的广大边区森林里。“看护他们的是一大帮牛仔，他们从一片森林到另一片森林，依据草场的荣枯情况或者当地庄稼人的容纳程度，他们就像犹太人的祖先或阿拉伯的贝都因人（Bedouins）。”每年一次，这些牲口会被聚拢，然后圈起来，赶到市场上去卖掉。[7]

此前在北不列颠就已经实行这种放牧方式，后传播到美国边区。当地人根据新环境作了一些必要的改革。羊在不列颠岛是主要的放牧对象，但在美国的旷野却容易被野兽攻击。它们很快被猪取代。人们把猪放养在圈禁的野地里，它们因此很快退化为野种。由此产生了边区荒猪，这个品种更靠近野猪，而不是家养猪。它们变得非常野蛮，人们只好用步枪来对付它们。

相似的过程产生了健壮粗野的德克萨斯长角牛。它们是17、18世纪在苏格兰、北爱尔兰和英格兰北部风靡一时的牛种在美国环境下退化的结果。[8]

边区这种以牛和猪为主的牧养方式在18世纪中期已经建立起来。罗伯特·威瑟斯庞记得，“在牧场较好的时候，他们几年都不用专门喂养这些牲口”。[9]1767年一个居民的诉状上写着“我们庞大的牛栏数”，还描述了这种圈养方式，以及轮耕的耕作制度。这种耕作方式对土地的消耗比较大，但节约劳力。根据一个估计，南部边区牛场每头牛需要多达十五英亩的松木——若要圈养100头牛，就需要1500英亩土地。[10]

边区人也在生产方式中加入了家庭制造业。亚麻的种植和纺织在整个南部高地成为繁荣的家庭工业，与北不列颠边境的情况很相似。南卡罗莱纳州总督威廉·布尔1770年写道：“从贝尔法斯特来的爱尔兰人自己种植并纺织亚麻，并用亚麻布和临近地区交换他们需要的货物。”1768年的一封信里写道，在边区，“居民能制造出大多数自己需要的亚麻布（其成本与英格兰相当，一码布从12到18美元），亚麻与羊毛混纺布，甚至还有粗布”。阿巴拉契亚山区这种工业化趋势在19世纪却被放弃了，直到20世纪才重整。但在18世纪，这股发展的趋势很强。通过这种以及其他方式，美国边区的居民转变了其近亲北不列颠边民的生产方式。[11]

注释

1 Thomas Pennant, *A Tour of Scotland* (London, 1790); qtd. In Grady McWhiney and Perry D. Jamieson, *Attack and Die: Civil War Military Tactics and the Southern Heritage* (University, Ala., 1981), 183.

2 Woodmason, *Carolina Backcountry*, 49; J. Dickinson to John Harriot, 10 Nov. 1719, Jonathan Dickinson Letterbook, 1715-21, HSP.

3 A. R. H. Baker and R. A. Butlin, eds., *Studies of Field Systems in the British Isles* (Cambridge, 1973)，这本著作对英格兰边境、苏格兰和爱尔兰有专门章节；相关

的还有 Thirsk, ed., *Agrarian History of England and Wales,* vols. 4 and 5; 这些著作中概括了大量相关研究文献，其中也包含了详细的索引。

4 Witherspoon, "Recollections," 125.

5 有关诺森伯兰郡的牛围栏，参见 Thirsk, ed.s, *Agrarian History of England and Wales*, IV, 17, 27。

6 OED, "cowpens."

7 Schaper, *Sectionalism in South Carolina*, 59; Forrest McDonald and Grady McWhiney, "The Antebellum Southern Herdsman: A Reinterpretation," *JSH* 41 (1975), 147-66; *idem*, "The South from Self-Sufficiency to Peonage: An Intrepretation," *AHR* 85 (1980), 1095-118; *idem*, "The Celtic South," *History Today* 30 (1980), 11-15; Grady McWhiney, "Antebellum Piney Woods Culture: Continuity Over Place and Time," in Noel Polk, ed., *Mississippi's Piney Woods: A Human Perspective* (Jackson, Miss., 1986), 40-59.

8 Grady McWhiney and Forrest McDonald, "Celtic Origins of Southern Herding Practices," JSH 51 (1985), 165-82，这篇文章对从不列颠和爱尔兰到美国边区的延续性作了跟踪研究；Terry G. Jordan, *Trails to Texas: Southern Roots of Western Cattle Ranching* (Lincoln, Ndb., 1981)。此外， McWhiney-McDonald 的观点如果从种族立场转化成以地域性为基础进行论述，会更有说服力。

9 Witherspoon, "Recollections," 126.

10 "Remonstrance presented to the Commons House of Assembly by the Upper Inhabitants," 1767, 参见 Woodmason, *Carolina Backcountry*, 213。

11 Boston Chronicle, 5-12 Dec. 1768; Gov. Wm. Bull to Board of Trade, 30 Nov. 1770; reprinted in Merrens, *The Colonial South Carolina Scene*, 265.

边区的时间方式

“挨过光阴”的边境观念

边区人对待时间的态度也很特别。和同时代人一样，他们也相信《传道书》(圣经的一章——译注)中的古老规则：“凡事都有定期，天下万务都有定时。”但边区人心目中的定期和定时都与英属北美的其他文化不同。南部高地的生活节奏不同于新英格兰，也不同于弗吉尼亚滨水地区，更不同于特拉华山谷。

例如结婚的季节。我们知道，新英格兰的公理教派信徒结婚主要在秋季，特别是十一月和十二月。而弗吉尼亚的圣公会信徒则喜欢在圣诞节和四旬斋之间结婚。特拉华山谷的贵格会信徒属于第三种，选择在春季和秋季两个高峰。所有这些美国做法都效仿英格兰不同地域的民俗。

边区是第四种方式：只在4月、5月、6月和7月这一个峰期。弗吉尼亚州奥古斯塔郡的苏格兰裔爱尔兰人挑选的峰期是在5月。三分之二有记录的婚礼发生在春夏两季；最少发生的时间是在秋季。[1]

这种节奏不是美国发明的，也不是边疆环境的产物。它是北不列颠的传统，那个地区在17世纪晚期和18世纪通常在春天举行婚礼。[2]

边区生活的节奏在其他方面也比较特殊。边区人基本以日历上的基督教节日来计划生活，但又与英属北美的其他地区不同。他们保留着基督教的古典仪式，这些在北不列颠边境长期遵行的仪式在其他地区却被抛弃了。

例如，很多边民还保留着所谓“老圣诞节”，是在1月6日。这天在最贫穷的家里也有盛宴，夜里会点起篝火，还有打枪游戏和焰火。这个日子在北不列颠也是民间传统，当地的“老圣诞节”狂欢在“穿刺”游戏中达到高潮，这是一种粗鲁甚至有些暴力的仪式，受害者被一根很长的杆子吊起来，在空中随机摆动，直到他付钱被释放。[3] 在美国的南部高地，这些传统持续了很久。甚至在20世纪，民俗收集者吃惊地发现，老圣诞节的传统，包括盛大的篝火和打枪游戏等，在阿巴拉契亚山区仍然很盛行。在北卡罗莱纳州的山地，有人写道：

> 在这个郡的一些地方，观赏老圣诞节活动是一个传统。人们对具体日期的看法并不相同；有的人认为是1月5日，有的人认为是6日。人们认为这一天是真正的圣诞节，就是基督的生日。他们说，我们现在的圣诞节是人为的圣诞。[4]

另一个民俗收集者观察到，“在圣诞日放炮仗和烟花这种传统，很少在梅森－狄克森线①以北看到”。[5]

其他一些古代的基督教习俗也从北不列颠传播到了美国边区。边民庆祝复活节的方式很特殊，包括“滚彩蛋”，和惯例性地表演

① Mason-Dixon line，美国宾夕法尼亚州与马里兰州之间的分界线。——译注

被称为“圣乔治与摩洛哥黑狗”的民间戏。复活节的那个周一全天都是狂欢，很多人会去斗鸡。圣神降临周[①]是招揽雇工的时间。夏末，英格兰边民要过灯草节（Rushbearing），他们会利用这个时间收割很多灯草，“用来铺垫教堂泥泞的地面”。秋天，人们会放纵地庆祝万圣节。在其他一些时间，边民还有“青年日”、“老年夜”、“求婚日”、摔跤节、田野日和其他一些庆祝。[6]

这类仪式有些没有在新世界保留下来。灯草节就是很快被抛弃的仪式之一，因为它与特定的教堂相联系。但以家庭和社区为中心的民间仪式成为边区文化的固有部分。复活节周一进行狂欢的习俗在南部高地一直延续，还包括那天的斗鸡和醉酒。这些习俗多数在边区存续了很长时间，超出英属北美的其他地区。[7]

边区人也保存了一些复杂的传统。他们对很多事情都安排了特定的时节。例如，他们的习俗中说：

> 不要把4月30日的牛奶和5月1日的混合在一起，那样黄油会出得很慢。
>
> 要在满月的时候制作肥皂，否则就无法成型。
>
> 六月的一群蜜蜂价值一把银勺，而七月的一群蜜蜂连一只苍蝇都不值。
>
> 圣诞节的时候再做这事吧。
>
> 在复活节前的第七个星期三应往野兽和飞禽身上撒些灰。

① Whitsuntide，复活节后的第七周，尤指前三天。——译注

日常生活被很多节庆所左右——年度的、月度的、每周的，甚至每日的。周日当然是礼拜日。周一和周二是适合访问的日子。周五适合去市场。但周五和周六被认为对于商业新手不吉。安德鲁·杰克逊总统“自始至终都不喜欢在周五开始做一件事情，只要可能他都避开周五”。[8]

在保留这些传统的同时，边区人对时间的抱怨态度也让访客感到吃惊。边区的一些格言表达了在不安的世界中很强的宿命感：

> 今天就是今天，明天就是明天。
>
> 日子来了，又走了，然后上帝又派来了周日。
>
> 你不能催促上帝。
>
> 不要去惹麻烦，除非麻烦找上你。
>
> 不要违背趋势。

显然，这里的人并不认为自己可以真正地掌握时间。边区的时间习俗明显区别于新英格兰、特拉华，甚至弗吉尼亚的滨水地区。在英属北美的所有地区中，边区人对待时间的态度是最为保守、最消极的。总体而言，边区人认为生活的节律是无情的、不可避免的，有限的人类并不能真正地改变这些节奏。他们不赞成积极地提高时间的使用效率，或者挽回时间，或者积极地打发时间，他们对待时间是宿命的，让一切不可避免地发生。这是边区文化另一个矛盾之处。这里的人越是经历得多，就越是深深地陷入时光中。

注释

1 弗吉尼亚州奥古斯塔郡从 1749 到 1773 年的婚姻时间，见以下统计：

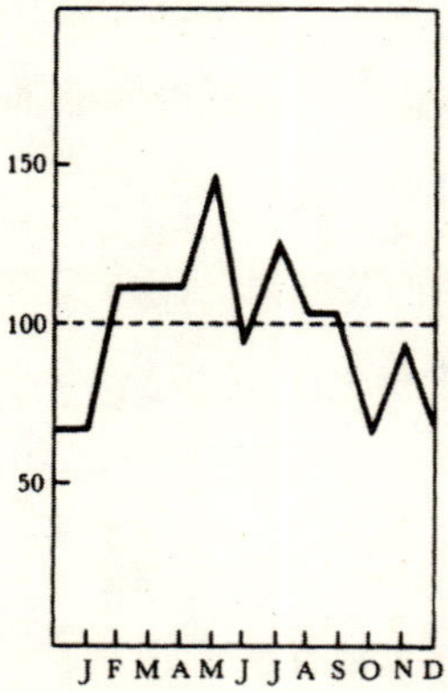

月份	结婚指数（平均 100）	占所有婚姻的比例
一月	68.09	5.7
二月	110.64	9.2
三月	110.64	9.2
四月	110.64	9.2
五月	144.68	12.1
六月	93.62	7.8
七月	127.67	10.6
八月	102.13	8.5
九月	102.13	8.5
十月	68.09	5.7
十一月	93.62	7.8
十二月	68.09	8.5
总数	1200.04	

数据来源：统计自 William A. Crozier, *Early Virginia Marriages* (Baltimore, 1968), 85-88。

2 在坎伯兰和威斯特摩兰郡分布的八个英格兰边境教区显示出的结婚峰期都在4月、5 月、6 月和 7 月。参见 E. A. Wrigley and R. S. Schofield, *The Population History of England, 1541-1871* (Cambridge, 1981), 302; Ann Kussmaul, "Time and Space, Hoofs and Grain: The Seasonality of Marriage in England," *JIH* 15 (1985), 755-79。

北不列颠的这种规律不同于东盎格鲁，后者的峰期主要在秋季，而中部则比较混杂，或者是双峰期。西欧包括法国、意大利和比利时等国的罗马天主教郡，婚期的高峰出现在 1 月至 2 月，与弗吉尼亚的圣公会教徒相似。剑桥学派对这些不同现象提供了唯物主义的解释，使用的术语包括生产体系和农业制度（包括耕作与放牧），但他们提供的证据并不支持自己的结论。

3 1 月 6 日，圣诞节之后的第十二天，是基督教的主显节（Epiphany）。在东部的教堂，这个节日主要是庆祝婴儿耶稣的受洗。在西方文化中，这个节日用于敬拜东方三博士（圣经人物——译注）；意思是第一次向外邦人显明了基督。在英格兰，即使在今天，君王也会在这天的盛大仪式中赐下黄金、没药树和乳香。

主显节前夜是第十二夜，在英语世界，这个节日的庆祝方式各地有所不同。例如在赫里福德郡（Herefordshire），人们会一次点燃十二堆篝火，以纪念各位使徒。

其他一些基督徒却把 1 月 6 日当作耶稣诞生的真正日子来庆祝。亚美尼亚教会今天仍然如此，而阿巴拉契亚部分山区的教堂至迟在 1930 年代也这样做。

4 Newman, I. White, Frank C. Brown, et al., *The Frank C. Brown Collection of North Carolina Folklore* (7 vols., Durham, N.C., 1952-64), I, 2416.

5 同上 , I, 224。

6 Collingwood, *Lake District*, 152; T. E. Lones, ed., *British Calendar Customs (England)* (London, 1938); M. Macleod Banks, *British Calendar Customs (Scotland)* (London, 1937).

7 Johnson, *Antebellum North Carolina*, 180.

8 Parton, *Andrew Jackson*, I, 45-46; James Elerton, *Journal*, 1740, published in Elizabeth Poyas, *Olden Time of Carolina* (Charleston, 1855), and excerpts I Merrens, ed., *The Colonial South Carolina Scene*, 130-37.

边区的财富方式

经济秩序的边境观念

穿过如此遥远的距离，把不列颠边民吸引到美国边区的巨大理由是土地——肥沃并且可以占有的梦想之地。这个动机牢牢地占据着南部高地几代人的心头。1796 年，摩西 · 奥斯汀（Moses Austin）看到了沿着野外的道路络绎不绝往西进的人群。当他们经过的时候，他向他们打听为什么要长途迁徙，并且用边区的方言记下了他们的回答：

> 我问这些旅行者去肯塔基的原因，答案是土地。你有土地吗？不，但我期待得到一些土地。你有钱买地吗？没有。你看到过那里的土地吗？没有，但每个人都说那里有好地。还有任何比这更荒唐的行为吗？成百上千的人跋涉几百英里，他们并不知道前面是什么在等着他们，只知道要去肯塔基……当他们到达那个天堂的时候，他们能找到什么呢？一些我买得起的土地，对他们而言却不是。他们精疲力竭，衣衫褴褛，最终得到的却是失望，就只能成为伐木工或者引水工。[1]

他们经常遭遇失望，原因是南部边区分配土地的方式与马萨诸塞、宾夕法尼亚和弗吉尼亚滨海地区都不同。

在南部高地，多头管理造成很多混乱的土地权纠纷，就像“屋顶上彼此重叠的木板一样”，一位历史学家这样描述到。小块土地按照人头分配，或者由政府授予个人所有者，通常是几百英亩的土地量，转而售出可以获得少量的金钱。[2] 与此同时，大块土地被授予少数的大地主，这些人通常和伦敦或殖民地政府有关联。南部高地大部分成年男性没有任何土地。在这个土地制度内，有大批无地的下层阶级，他们是佃户或者临时居民；有一个中产阶级，但相较于其他殖民地，规模偏小；还有少数极为富有的地主。

目前为止，边区最大的地主是北卡罗莱纳州的格兰维尔区（Granville District），当时是以所有权的方式授予了格兰维尔伯爵约翰·卡特里特（John Carteret）。格兰维尔区非常宽广，所以不是用英亩或英里来计算的，而是用经纬度来标注。北卡罗莱纳州总督威廉·特赖恩（William Tryon）在1767年给谢尔本伯爵（Earl Shelburne）的信中描述了这块土地：

> 他对这个区的所有权几乎横跨了一个纬度，比五个经度还要宽，从柯里塔－因莱特（Currituck Inlet）到西部边界……在他的区内有十三个郡，最西边的两个郡超出罗德岛面积的十倍。

十三郡中有一个广达六十平方英里；另一个有60英里宽、150英里长。格兰维尔区的总面积有大约2000万英亩，所有这些土地都属于这个英国人。格兰维尔伯爵得以保留所有权，到1760年代，他就开始从移居到土地上的边区人收取租金。

很多定居者有小额的地产。边区有一个小地主阶层，被称为南部自耕农。他们的数目比新英格兰或中部殖民地要少些。与此同时，大量的边区人没有土地，而只是临时居住在其他人的土地上。很多人世代贫穷，没有土地。这种土地分配的情况是南部高地的特征，包括了极少数不在场的大土地所有者，规模有限的自耕农阶层和数量庞大的无地家庭。

美国历史最顽固的迷思之一是认为边疆推动了经济条件的平等。这个在全国普遍流传的传说，很不幸是错误的。除了少数例外，整个南部地区的土地财富是高度集中的，无论是密西西比河谷、德克萨斯，还是遥远的西南部，情况都是一样的。边区和南部高地的不平等状况比美国其他农业地区都更为严重。

南部边区在这方面和其他方面一样，与北不列颠类似。大不列颠的每个地区都有普遍而深刻的不平等。但有的地区又比其他地区更不平等，其中最为不平等的是北不列颠边境地区。在英格兰北部郡、苏格兰低地和北爱尔兰，最好的土地大多被一小帮人所有，但他们中多数并不现身。

在17世纪晚期和18世纪早期，英格兰最富有的一群人拥有坎伯兰和威斯特摩兰郡的大部分肥沃土地，但在1680年，这些人中没有任何一个住在这里。[3] 坎伯兰和威斯特摩兰郡大多数成年男性并不拥有土地。多数人是佃户或转租人，他们占有土地的条件越来越苛刻。在坎伯兰的农庄，大多数佃户（一位历史学家统计为55%）支付租金的高低完全取决于地主的意志。佃户还要支付很多领地费用和罚款。“罚款，”历史学家查尔斯·瑟尔（Charles Searle）写道，“是地主从坎布里亚郡榨取盈余的主要手段。”[4] 在大地主和下等佃户之间，有一个很小的中间阶层，在坎布里亚郡被称为“绅士”。在17

世纪，有些中等家庭的经济状况相当好，但也有很多受到严重的压迫。总体趋势是阶层之间的不平等日益加大。[5]

在苏格兰和北爱尔兰，财富集中的趋势甚至更严重。一位历史学家写道："除了苏格兰西南部的部分地区，整个低地实际上都属于大地主。苏格兰的小地主很少，自由保有地产的法律保障缺失。在很多地区，所有地产掌握在极少数人手中，他们只占总人口的1%—2%……这是比英格兰任何地方都更大的阶层分化。"[6]

这种不平等的状况是基于当地的生活条件，很多边境地区普遍如此。研究诺森伯兰郡和达拉谟的一位历史学家观察到，"当地的土地占有模式远远落后于南边，并且是由国王来维护的，他拥有大片的边境农庄，主要目的是为了保持足够数量的兵力……传统的占有制度非常安全，在沃克（Wark）和哈博特尔（Harbottle）的大农庄，土地在继承人之间划分，因此潜在的兵力可以通过授予的土地来生存……但其导致的人口过剩对这种制度有反作用"。[7]

边境地区平定之后，英格兰和苏格兰的大批佃农也被驱赶。这个过程产生了大量的无地穷人。各地官员被迫花费大量精力来处理本地区的贫穷问题。很多从北不列颠到美国的移民都是这个社会过程的受害者。[8]

讽刺的是，这个剥削制度的部分要素也传播到了新世界。在18世纪结束之前，南部高地的土地财富分配已经非常不平等。北卡罗莱纳州、田纳西和肯塔基州十九郡中的十七个能找出18世纪的财富分配的数据，虽然各地有所不同，但基本情况是一致的。

这个地区有很多处女地，但多数人却没有地。与此同时，少数几个家族却拥有大量土地。18世纪最后十年，这个地区很多郡的土地基尼系数在0.60至0.88之间，为当时美国集中程度最高的农村地区。人口中最富有的前10%拥有所有土地的40%到80%。在很多地区，白人男性纳税者中三分之一到二分之一不名一文。从18世纪到19世纪中期，田纳西州东部有八个郡的情形是如此。[9]

相似的情况也出现在1792至1819年期间的肯塔基州11个郡，那里土地和奴隶财富的基尼系数在0.66至0.92之间。这些郡中有些（坎伯兰和基督徒郡）比其他郡更为平等。但与新英格兰和特拉华的农村相比，大多数郡还是很不平等。[10]

随着时代的变化，有些郡的基尼系数下降了，有的又上升了，但这个地区这种不平等的趋势一直延续到19世纪。1850年和1860年的美国人口普查在老西南的农村地区发现了极度的不平等。对1850年田纳西州八个郡的研究显示，超过一半以上的成年男性（自由人和奴隶加起来）不拥有任何土地。最富有的20%拥有82%的熟地，和99%的奴隶。两个阶层之间是自耕农中等阶层，他们在1850年的田纳西成年男性中是少数群体。[11]

这种情况一直持续到20世纪，对阿巴拉契亚山区八个郡的财富分布研究得出了以下结论：

> 在有关阿巴拉契亚的文学中，通常看到的是，坚定的个人主义者大多拥有小块的家庭土地并靠此生活。但……事实是这个地区土地所有权集中在极少数人的手里。[12]

1983年，阿巴拉契亚地区人口中最富有的1%所有权人拥有当地一半的土地。顶层的5%拥有三分之二的土地。20世纪南部高地的这种财富分布状况与两百年前并没有什么差别。[13]

注释

1 “A Memorandum of M. Austin’s Journey from the Lead Mines in the County of Wythe in the State of Virginia to the Lead Mines in the Province of Louisiana West of the Mississippi, 1796-1797”，AHR 5 (1899-1900)， 525-26.

2 在南卡罗莱纳州，从 1760 到 1765 年，有 2500 份左右的土地申请，总数是 525,000 英亩。平均授予的土地大小比 200 英亩稍大。但这种授权很多都是给了那些已是地主的人。参见 Robert L. Meriwether, *The Expansion of South Carolina* (1940, rpt. Philadelphia, 1974), 257-59。

3 John Vincent Beckett, “Landownership in Cumbria, c. 1680-c. 1750” (thesis, Univ. Of Lancaster, 1975); Charles F. Searle, “The Odd Corner of England: A Study of Rural Social Forms in Transition: Cumbria, 1700-c. 1924” (thesis, Univ. Of Essex, 1983).

4 在威斯特摩兰郡大多数传统农庄有固定的地租。 参见 Searle, “The Odd Corner of England,” 43。

5 同上 , 45。

6 Landsman, *Scotland and Its First American Colony*, 21.

7 Paul Brassley, “Northumberland and Durham,” in Thirsk, ed., *Agrarian History of England and Wales*, I, 49.

8 “我把流浪者运出郡，所以得到了一些钱 …… 三个人、三匹马和一辆车，两天时间，他们的肉和工资，和我自己四天的工资” 。本杰明 · 布朗记载，2 Dec. 1731, Brown mss. WD/TE/wI CUMROK。

9 东田纳西作为征税对象的财富分布状况如下：

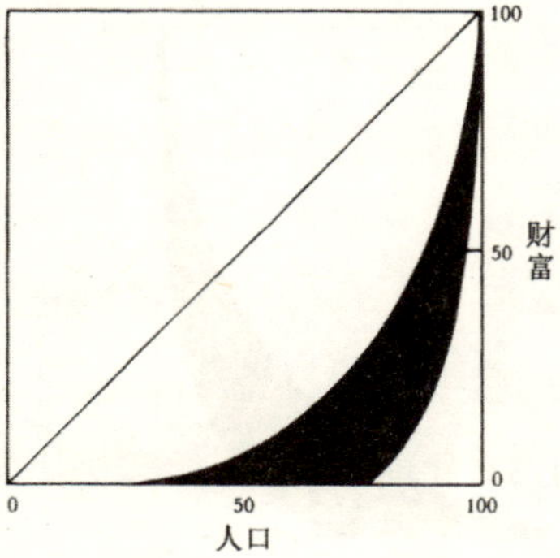

地区(郡)	年代	财富总数			土地财富			奴隶(财富的一部分)		
		SSTT	Gini	Zero	SSTT	Gini	Zero	SSTT	Gini	Zero
华盛顿郡	1778	46	57	10	NA	NA	NA	NA	NA	NA
华盛顿郡	1787	47	64	28	42	60	29	100	94	89
苏里文(Sullivan)	1796	50	67	30	39	60	33	87	92	83
卡特	1796	73	83	39	72	83	41	100	95	91
格兰杰(Grainger)	1799	85	86	53	79	88	57	89	92	87
杰弗逊	1800	61	75	38	59	74	41	92	92	88
霍金斯(Hawkins)	1809—1812	63	79	47	68	82	50	82	89	82
库克(Cooke)	1836—1837	62	77	38	59	75	39	100	95	90

NA = 无数据

SSTT = 人口最富有的 10% 拥有的土地比例

Zero = 作为征税对象，但没有可征税财产、只交付人头税的人的比例

这些数据来源于发布的税务清单，参见 Polyanna Creekmore, ed. "Early East Tennessee Taxpayers," ETHSP 27 (1955), 100-119; 23 (1963), 121-51。土地是按英亩计算；奴隶数是按黑人人头数；财富总数根据 1805 年田纳西法案加权（Tennessee assessment act of 1805）：100 英亩 =1.0; 城镇地块 =0.5; 征税奴隶 =1.00。本书作者感谢马克·奥洛夫斯基（Mark Orlofsky）在数据收集过程中的帮助。

10　肯塔基州作为征税对象的财富分布状况如下：

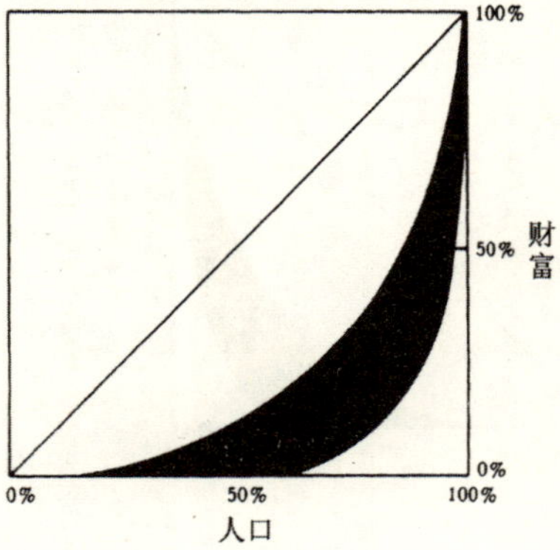

地区(郡)	年代	财富总数			土地财富			奴隶（财富的一部分）		
		SSTT	Gini	Zero	SSTT	Gini	Zero	SSTT	Gini	Zero
麦迪逊郡	1792	68	83	59	69	84	68	82	89	81
华盛顿郡	1792	64	79	44	58	79	52	81	89	79
尼尔森（Nelson）	1792	na	na	na	72	83	48	na	na	na
林肯郡	1792	na	na	na	na	na	na	73	87	77
洛根郡（Logan）	1795	86	86	78	99	97	88	91	92	86
坎贝尔郡	1795	86	86	73	92	94	78	100	95	90
默瑟郡（Mercer）	1795	na	na	na	na	na	na	76	87	74
蒙哥马利郡	1799?	na	na	na	96	96	81	na	na	na
坎伯兰郡	1799	42	42	47	40	61	45	100	95	90
基督徒郡	1800	50	50	34	37	55	37	80	88	80
哈特郡	1819	na	na	na	60	77	51	na	na	na

数据来源: 统计自肯塔基州税务单，感谢马克·奥洛夫斯基(Marc Orlofsky)的帮助。

11 这个结论依据的数据也是哈里耶特（Harriet）和弗兰克·奥斯利（Frank Owlsley）的研究使用的，但经过了重新计算，参见 Donald L. Winters, "'Plain Folk' of the Old South Reexamined: Economic Democracy in Tennessee," JSH 53 (1987), 565-86。正如温特斯(Winters)所说，他自己的计算低估了财富集中的状况，所以又再次优化了数据。他的数据主要限于 1850 年人口普查中农业清单上的农业人口。这个数据略去了很多无地的自由人，他们出现在人口普查的人口清单上，但没有出现在农业清单上。我们从布兰奇·克拉克(Blanche Clark) 的研究中得知，如果把这些人包括进来，田纳西八个郡的无地人口上升到自由人的 35%。这个数据也略去了可能成为所有权人的奴隶，他们在 1850 年占田纳西总人口的 25%。这两个庞大的无地人口群体在人口中占多数。在没有包括他们的前提下，温特斯的结果是熟地所有权的基尼系数是 0.58， 如果把他们包括进来，基尼系数上升到 0.8，即使是这个数据也低估了财富集中的情况，因为 1850 年的人口普查漏掉了很多贫穷的农户、季节性农工和临时租户。

12 Charels C. Geisler et al., *Who Owns Appalachia*? (Lexington, Ky., 1983), 14; 另一个研究得到了相似的结果，参见 Lee Soltow, "Kentucky Wealth at the End of the Eighteenth Century," *JEH* 43 (1963), 617-33。

13 同上，14-40。

边区的等级方式
没有秩序的等级体系

从边区的财富分配和继承制度可以看出，这里的社会等级体系错综复杂。人们不但经济条件差异巨大，社会地位也很悬殊。

地位高的访客抱怨说，他们在当地受到的待遇远不如在英属北美的其他地方。圣公会传道人查尔斯·伍德梅森在日记里怨声连篇，说这些边区人傲慢、无礼，顽固不化，他完全应当得到更高的礼遇。他抱怨这些人是“他所遇到过的最鲁莽的人”。[1]威廉·伯德在有关边区的长篇大论中，也对当地人“过于随便”颇有微词，他们对年龄、财富、出生地和血缘都缺乏尊重。边区的民兵经常拒绝执行上司的命令，除非他们被说服。弗吉尼亚州边区卢嫩堡郡的戴维·斯托克斯上校说这个郡民兵给人的印象就是“放荡不羁”。[2]

这些不满的主要原因是社会行为及准则方面的深刻差异。在边区，富人和穷人社交的方式比较对等。他们穿相似的衣服，互相直呼其名。他们在平等的氛围中一起工作、用餐、笑闹、玩耍，甚至打斗。边区很多格言表明了这种社会行为方面的平等性，它是与经济条件上的不平等共存的：

> 雨下下来，并不区分斜纹布和细平布。

人的出身不是自己选择的。

穷人有穷人的活法，富人都很刻薄、吝啬。

笨蛋也可以挣钱。

没必要住豪宅。

不要像地狱里的伯爵那样黑暗。

没有地位仍然可以堂堂正正做人。

底层的人没有什么可失去的。

姓斯图亚特的人并不都是国王的亲戚。[3]

这些态度并不是在美国边疆地区发明的，而是在北不列颠边境长期的习惯。到过边境地区的人描述当地人的行为，经常用的词有傲慢、无礼、冒失、随便、不讲规则、放荡和骄傲。例如，这些作者把边境著名的强权人物桑迪·斯科特（Sandie Scott）贬低得连小偷都不如，说他是一个“骄傲的小偷”，他不但从地位高贵的人那里偷盗，还以为自己和他们可以平起平坐。这种习俗也传播到了美国边区。[4]

英国边境与美国边区虽然在社交上是平等的，仍然有很明确的社会分层，并且与英属北美的其他地区有所不同。在这个等级体系的顶层是所谓“上等人”，我们已经讨论过他们了。这些家族很珍视移民的先祖，他们在北不列颠曾有很高的地位——虽然并不是在最顶层，但已经足够在他们的银器上刻上纹章，或者把年幼的儿子送去大学，或者把女儿嫁给好家庭，或者至少穿戴举止都像一个贵族。在美国边区，这个精英阶层很快牢牢地掌握了所在地区的财富和权力。他们拥有大多数最好的土地，并且控制着军队和政府的多数上层职位。他们的行为举止比较粗鲁，并没有因为新环境而有所收敛。但他们很清楚自己的地位，也能很快识别同类，他们靠婚姻和友谊来巩固自己的地位。例如，安德鲁·杰克逊对雷切尔·唐纳尔森暴力的追求方式，并不是偶然的，而是包含着对前景的精心计算。杰克逊认为自己是贵族，奋力追求到一个适合自己身份的妻子。她是“著名人物的女儿，西弗吉尼亚最富有、地位最高的人之一，但她年轻时竟嫁给了一个莽夫，所以她几乎没有文化，有时还抽烟管”。[5]

边区的精英阶层并不是特别有文化有教养，也不是特别有能力或显得更优雅。所以，精英阶层的地位直接依赖于他们的财富和权势。在南部高地（甚至是今天的南部边远地区），很少有像马萨诸塞老家族那样的老式礼仪，或者像弗吉尼亚滨水地区旧式的繁文缛节。在边区，一个家庭如果失去了财富，就立即坠入低一等的社会等级中，并且从上流社会中消失得无影无踪。所以，这里的社会等级是非常物质主义的。财富对社会地位的决定作用比在新英格兰、宾夕法尼亚和弗吉尼亚都更为重要。

在上等人之下是一个中产阶级，有时被称为南部高地的“自耕农”。他们多数是拥有自己土地的小农场主。当地有人写道：

> 这个群体两头的家庭地位差别很大，但这种差别除了房子和土地所有权的大小之外，很难让人实际感觉到。可能有的家庭餐桌上的食物不够丰富……或者牲口的数量以及农具不够多；但这个阶层的生活大致是相同的，家里东西少些并不意味着更穷。可能只是各个家庭在风格上更简单一些。[6]

边区这个人数较少的中等阶层之下，是一个庞大的农村无产阶级——他们无地，财产也少得可怜。多数人是佃农或短期租赁者。

他们的财产主要是可以四条腿跑路的——就是他们养在林子里的牛和猪。他们也以此自豪。哈特菲尔德－麦考伊之争（Hatfield-McCoy feud）就是因两只猪而发生的血案，总共死了二十多人。

在18世纪，边区的下等阶级有很多名字，这些词早已进入了美国的语库。这些词把贫穷和自豪感融为一体，并且在北不列颠历史上早就存在了。这些词虽然被认为是美国化的，但实际也是从英国边境传播到美国的。例如"hoosier(胡希尔人)"。埃弗里特·迪克(Everitt Dick）写道：

> Hoosier这个词在用于指称印地安那州的居民之前，在南方曾用来描述粗鲁、不文明的人……
>
> "胡希尔人"经常用来指代边区森林里的居民，包括位于南方深处的北路易斯安那和南阿肯色地区。这些人的特点比较类似，地域上东到佐治亚州，南到密西西比和阿拉巴马，北到伊利诺伊和印第安纳州。[7]

"胡希尔人"这个词来自坎伯兰旧时的方言hoozer或hoozier，意思是某种很大很粗糙的事物或人，用卡什（W. J. Cash）的话说，是"让人讨厌的家伙"。18世纪这个词传到美国，在印地安那州与边区文化结合，用在了这个州的居民身上，使其与北方的邻居相区分。[8]

边区农村无产阶级的另一个用词是redneck（红脖子），原本是因为边区人的宗教信仰才用这个词。笔者所知道的美国最早使用这个词的例子是1830年安妮·罗亚尔（Anne Royall）在北卡罗莱纳州记录的，"红脖子"是"用于长老会成员的名字"。它很早以前就是用于英格兰北部宗教异议人士的俗语。[9]

Crackers（小饼干，俗语里指低等白人——译注）、Rednecks（红脖子）、Hoosiers（胡希尔人）——这些词描述了美国边区最大的社会阶层，但并不是新世界创造的词。它们是从北不列颠传播出来的。在三个世纪中，这些词根据情景的不同表达或赞美或轻蔑的意思。但它们总是把贫穷和骄傲矛盾地捆绑在一起。这种矛盾的内涵在美国画家弗里德里克·雷明顿（Frederic Remington）的素描画里有所表现，这幅画是对他的画的一个描摹。

用于农村无产阶级的第三个词是 cracker（鸟人），它源自英语中对低下、粗鄙的下层人的轻蔑称谓。1766 年，有人写信给达特茅斯伯爵（Earl of Dartmouth）报告美国边区的情况：

> 我应该向您说明，我的主人，鸟人是什么意思；他们得这个名字是因为他们太爱自夸；他们居住在弗吉尼亚、马里兰、卡罗莱纳州和佐治亚州的边疆地区，是一群无视法纪的流氓，他们常常流离失所。[10]

边区的这个下等阶级到 18 世纪中期就已大致形成，但它的名字却源自北不列颠。它的特征和文化同样源自那里，到今天也没有太大改变。

注释

1 Woodmason, *Carolina Backcountry*, 43, 47, 53.

2 Beeman, *Evolution of the Southern Backcountry*, 132.

3 *North Carolina Folklore*, I, 371, 374, 399, 402, 410, 443, 465, 482.

4 Fraser, *Steel Bonnets*, 42, 236; passim.

5 Thomas P. Abernethy, *From Frontier to Plantation in Tennessee* (Memphis, 1955), 160.

6 Campbell, *The Southern Highlander*, 86.

7 Everett Dick, *The Dixie Frontier: A Social History of the Southern Frontier from the First Transmontane Beginnings to the Civil War* (New York, 1948), 24, 310.

8 *EDD*, "Hoozer," cf. Mitford Mathews, *A Dictionary of Americanisms on Historical Principles* (1951, Chicago, 1956), "Hoosier."

9 "Red-neck," Mattews, *Dictionary of Americanisms*, 1373; Anne Royall, *Mrs. Royall's*

Southern Tour (3 vols., Washington, 1830-31), I, 148; 英格兰北部早期的一个例子，参见 OED, “redneck,” under “red,” 18.a。

10 “Cracker,” Mattews, *Dictionary of Americanisms*; 早期英语的例子，参见 “Cracker,” OED。有些观点认为 cracker 是 “corn-cracker” 或 “Whip-cracker” 的缩写，但与最早期的例子有矛盾。

边区的群居方式

迁徙、定居和社群的模式

英国边民是一群不满足于安定生活的人，他们把以往的迁徙习惯从不列颠带到了美国。在穿越大西洋之前，这些人在历史上已经有多次迁徙，之后还有更多的迁徙。他们的历史就是一连串的迁徙，从英格兰到苏格兰，从苏格兰到爱尔兰，从爱尔兰到宾夕法尼亚，从宾夕法尼亚到卡罗莱纳，从卡罗莱纳到密西西比河谷，从密西西比又到德克萨斯，从德克萨斯到加利福尼亚，又从加利福尼亚到彩虹的尽头。

这个文化中地理迁徙的频率很高。在不列颠，频率最高的乡村迁徙是在北部边境。例如在苏格兰乡村翡翠（Fintray），那里的人口在 5 年之内换新了 75%（1696—1701），这要比英格兰南部教区高出很多。[1] 相似的情况也出现在美国边区，那里的内部迁徙比例比新英格兰、特拉华和弗吉尼亚滨海地区都要高。例如在弗吉尼亚边区的卢嫩堡郡，一位历史学家发现了所谓“现象级的人口流动”。从 1750 年到 1769 年，这个郡 80% 的人口消失了。这个流动比率按 18 世纪的标准来说是极高的。[2]

边区人的迁徙习惯不同于那些较少流动的人。南部高地民间有一种说法，“我想搬走的时候，关上门、叫上狗就走”。这种方式无拘无束、说走就走，据说，安德鲁·杰克逊就是这样来到边区的，他来的时候什么也没带，除了两匹坐骑，身上挎着的抢，和脚边跟着的一队猎狗。[3]

不列颠边境和美国边区的地理迁徙多数是短距离流动，往往只有几英里的路程，通常是家庭为了寻找更好的生活条件。频繁的迁徙是因为财产较少，也因为这个文化对财产、土地和工作抱有比较独特的态度。

在定居的头几年，边区人习惯彼此靠近居住，以互相保护。这样就产生了在田纳西州的“站点”，肯塔基有类似的“堡垒”。随着边区的环境日益安全，当地出现了新的定居状况，并且与马萨诸塞、弗吉尼亚和宾夕法尼亚相区别。

边区理想的聚居方式是相对独立的农庄散布在乡间，并组成关系松散的社区，覆盖宽广的地域。德国旅行者舍普夫在1784年观察到，在北卡罗莱纳州，农庄“散布在森林里，彼此的距离不等，大致3到6英里之间，最长的距离能达到10、15或者20英里”。[4]北卡州国会议员纳瑟内尔·梅肯（Nathaniel Macon）的观点让国会里的北方同僚感到诧异，他说：“人们彼此之间不要住得太近，以至于能听见邻居的狗叫。”[5]这种态度在边区很普遍。在当地的文化中，居处变成了隐居之处，人们之间老死不相往来。安德鲁·杰克逊就是这种文化的体现。杰克逊在田纳西州的家就被称为偏僻的寺院（Hermitage）。他不在家时，会写信给妻子，说他很希望“安逸地退休”，避开所有其他人。[6]

这种理想的实现当然有实际的困难。但这种想法却成了边区文化的重要组成部分，并且在边区那些彼此隔离的房舍上空经年飘荡，从阿巴拉契亚的山谷，到肯塔基的竹林，再到德克萨斯的平原，还有南加州的深谷。

萨缪尔·科奇吾描述过当地普遍的定居方式。“宾夕法尼亚和弗吉尼亚西部大量的农庄，”他写道，“就像圆形的露天剧场。房屋都修筑在低处，周围山丘的顶部是家族大宅所在区域的界限。我们的先祖很喜爱这种分布，他们说这很方便，因为所有东西都容易下到低处的房舍。”[7]

这种定居模式也经常出现在北不列颠的边境地区，即使今天，人们还能看到山谷里成群分布着相对隔离的农庄，周围高耸着光秃秃的山脊。一位地理学家认为，“苏格兰裔爱尔兰人给凯尔特人带来了分散的农庄和在苏格兰、爱尔兰非常普遍的牧牛技能和菜园。部族的成员都是以家庭为单位搬迁到高处。苏格兰裔爱尔兰人经常定居在森林覆盖的山坳里和山坡上”。[8]

比较而言，新英格兰人喜欢定居在路边，弗吉尼亚人定居在河边，而边区人则把房屋建筑在溪流或泉眼边。艾玛·迈尔斯（Emma Miles）写道：

> 小木屋的地点通常选在离泉眼越近的地方为好。好的水源比任何其他条件都来得重要。人们不太喜欢抽水的方式……蓄水池被认为是死水，人们不接受在这种水里洗脸。山里人对好水的自豪感不亚于富人的酒窖，从这个角度说他们都是水的鉴定家。只有那种最纯最冷的砂石能让他高兴起来。[9]

这在边境地区是一种习惯，毕竟水的安全供应是生死攸关的大事。

这种定居方式产生了独特的社群模式。人们常常要跋山涉水走亲访友，在彼此的家里逗留很长的时间，并且同睡一张床，同吃一锅饭。多数家里都会留一些招待客人的空间，即使是一张床垫，一个凳子和一把汤勺。

人们对亲友总是热情相迎，但对陌生人则多几分怀疑。这种文化态度源于北不列颠边境；一个坎伯兰人说，任何从邻近地区来的人都会被当作“陌生人”。[10]长期以来美国边区也是这种景况，当地在这个问题上有很多奇特的格言：

> 最好让陌生人处于危境。
>
> 每件不正常的事情都可以怪在陌生人身上。
>
> 陌生人身上都没什么好事。
>
> 陌生人来自狼窝。[11]

边区人对那些违背他们规则的人毫不容忍。他们严厉地对待偏离常规的行为，采用“矫正”仪式。科奇吾解释说：“对闲散、撒谎、不诚实和不名誉行为的惩罚，他们说是‘矫正这些人’……就是对这些超越社区道德标准的人表达义愤。”矫正可以采用很多形式。有时是“沉默之法”，有时是仪式性的“谴责”，或者小折磨、鞭打，以及驱逐，等等。[12]

这些惩罚措施的根据是这个文化对名誉的看重。边区人对声誉的重视与弗吉尼亚的贵族相似，只是方式不同。边区社会并不把荣誉与高贵的出身联系在一起。阿拉巴马一个种植园主把这种立场概括为简单的一句诗：

> 荣与耻皆有可能；
>
> 唯做好自己，当有荣焉。[13]

边区看重的荣誉是勇猛和男子气概。不名誉的行为被看作“不够男子汉”。民间对这些不名誉行为的惩罚是贬损违背者的男子气，羞辱对方——有时做法非常直接、到位。一种常用的惩罚是所谓“坐刺”。詹姆斯·帕顿（James Parton）这样描述：

> 有时会实施一种叫作“坐刺”的惩罚，意思是骑在棒子上，这大多是因为违背了普通法的规定而接受惩罚。每当此时，违法的低等人会被放在一根很长的棒子顶端，下面由一些男子支撑着，绕着树打转。支撑的人有时会暂停，大声喊出这个人被确认的或被控诉的违法行为，围观的众人一起欢呼。事后，人们会把违法者带回他的家，然后正式公告他的罪行或轻微的违法行为；众人欢呼三次之后，便散去了。[14]

总的来讲，边区对荣誉的态度非常接近历史学家伯特伦·怀亚特－布朗所说的“原初荣誉”。[15]

边区的群居方式经常被历史学家解释为“边疆”的产物。但这种方式并没有在其他边疆地区生发，而且在定居、迁徙、社群和归属等方面很类似于北不列颠的边境地区。这再次显示出很强的文化延续性。

注释

1 Landsman, *Scotland and Its First American Colony*, 31, 44; Gillespie, *Colonial Ulster*, 60.

2 这些数据没有包括郡境内的搬迁，也没有考虑死亡率的影响；参见 Beeman, *Evolution of the Southern Backcountry*, 29-30, 67-70, 81-82。

3 Miles, *The Spirit of the Mountains*, 177; Remini, *Andrew Jackson*, I, 37.

4 Schoepf, *Travels*, II, 103.

5 John Hill Wheeler, *Historical Sketches of North Carolina* (rpt. Baltimore, 1964), 438.

6 Andrew Jackson to Rachel Jackson, May 9, 1796, *Papers of Andrew Jackson*, I, 91.

7 Kercheval, *Valley of Virginia*, 250.

8 Karl B. Raitz, *Appalachia, A Regional Geography: Land, People and Development* (Boulder, Colo., and London, 1984), 115.

9 Miles, *The Spirit of the Mountains*, 19-20.

10 T. W. Carrick, *History of Wigton* (Cumberland) (Carlisle, 1949), 25.

11 *North Carolina Folklore*, I, 482.

12 Kercheval, *Valley of Virginia*, 292.

13 Wyatt-Brown, *Southern Honor*, 147.

14 Parton, *Andrew Jackson*, I, 42.

15 Wyatt-Brown, *Southern Honor*, 34, 50, 388, 390.

边区的秩序方式

边境的"同态复仇"观念

在这种群居方式里，边区的个人关系经常是粗暴而直接的。杰克逊总统的母亲在让儿子进入世界之前，给了他很多忠告。"安德鲁，"她说，"不要撒谎，也不要拿不属于你的东西，不要因为中伤、威胁和殴打等等去告状。用自己的力量去解决这些问题。"[1]

这种民间格言典型地表达了边区人的秩序观念，也区别于英属北美的其他地方。虽然边区人对统一、等级或社会和平等并没有很强的信念，但他们却很认同通过报复实现公正。普遍的原则是同态复仇，也就是报复的规则。这种原则坚持的是，人生在世要行义，当有人对他做了不义的事情，他必须通过报复的手段来惩罚犯错的人，让世界恢复秩序和正义。

边区的这种秩序观念建立在极强的自治理念的基础上。相似的原则也存在于弗吉尼亚的滨水地区，那里的贵族喜欢引用一句古老的英文谚语——每个人的家都是自己的城堡。但边区人走得更远。北卡罗莱纳州的一句民间格言说："每个男人都应该是自己家庭的警长。"[2]这句格言就是从北不列颠边境传过去的，它在那里的说法几乎完全一样。[3]这种观念不仅意味着个体自治，也意味着某种专制。而且，它对政府的角色也是一种限制，因为如果每个人是自己家庭的警长，郡里的警长就没什么可做的了，只能在各家之间的道路上巡查。

同样的观念体现在边区维护秩序的机构中。整个地区都有警长和地方官，但维持秩序最重的责任则落在一些临时集结的团体身上，这些团体往往是自发组织，在19世纪自称为管理者，到20世纪又自称为夜巡者。这并不是变迁时期的现象，除非把过去的五百年都看作变迁时期。它也不是为适应边疆的环境而诞生的，因为其他边疆地区并没有或极少这种现象。它实际源自一种复仇公义的传统，是从不列颠边境传播到美国边区的。[4]

在18世纪，边区的定居点常常受到匪徒肆虐，这些匪徒也立即受到自发组织的“管理者”的惩罚。例如，有个抢劫团伙胆大包天，想趁一个教会聚会的时候，偷走他们所有的马匹，整个定居点立即发起了还击。当地的民防团记载说，他们追击这些流氓，打碎了他们的团伙，焚毁了所有罪犯和教唆者的房子，鞭打他们，并把这些懒散、邪恶、不检点的人全部驱逐出边界，男男女女一视同仁。[5]匪徒与“管理者”之间的斗争在西南边疆地区持续了多年。但这些并不是当地的特点，因为相似的情况在新英格兰北部边疆和西北的多数地方都有发生。[6]

治安团运动在南部边区起始于1760年代。[7]它们的合法性来源于所谓“林奇律例”（Lynch’s law）原则，它的名字可能取自威廉·林奇上尉（Captain William Lynch, 1742—1820），他来自弗吉尼亚州皮茨尔瓦尼亚郡（Pittsylvania），后迁徙至南卡罗莱纳州的彭德尔顿区（Pendleton District）。林奇上尉居于美国边区，但祖上是不列颠边民。“林奇律例”最开始只是他的邻里之间达成的协议：

> 皮茨尔瓦尼亚郡的居民由于违法者的行为而遭受了巨大而无法忍受的损失……我们决定共同对他或他们实施惩戒，以他们所犯罪行或导致的损失为相应尺度。[8]

林奇律例在实践中灵活而暴力。它的受害者经常被滥刑过度，有时甚至被杀死，却没有公正的审理过程，或者没有证据。边区的一块墓碑上写着："乔治·约翰逊，误施绞刑而死"。[9]

这个实现正义的过程体现了边区秩序方式的两个关键原则：其一，秩序是通过暴力报复实现的；其二，每个人都是自我利益的守护者。在边区，甚至警长也抱有这种暴力报复的观念，并且常常按自我的意志实施法律。例如，阿拉巴马州的汤比格比郡（Tombigbee）在 1810 年有五个和平法官，其中有三人是难民出身。其中两人以谋杀之名被通缉，第三个是因为帮助被起诉的谋杀者越狱被通缉。[10]

报复正义也反映在南部边区违法行为的形式中。例如南部高地血仇的盛行。血仇的传统在北不列颠的边境很普遍。边境两边都有家族之间世代不休的血仇报复。[11]

在 18 世纪，这种血仇的传统也传播到美国边区。在新环境中，它又延续了两百多年。世仇的发生有不同的形式——个人之间、家族之间、部族之间，以及社区之间等。他们开始的方式也不同，比如财产的丢失、政治矛盾、性妒忌、道德羞辱和经济伤害等。[12]哈特菲尔德和麦考依两个世仇的部族之间宣战是因为对两只剃刀鲸猪（野猪）的争议，这次争斗导致 20 人被杀死，至少 20 人受伤。两个家族都是边境望族，他们的世仇一般地说是因为当地的文化和以报复正义为秩序的观念。[13]

同态复仇的另一种表现是暴力犯罪远远多于财产犯罪。对弗吉尼亚州俄亥俄郡 1801—1810 年刑事判决的研究表明，谋杀和人身攻击的数量比所有其他罪行和违法行为加起来还多，更比财产罪五倍还多。[14] 这种状况持续了两个多世纪。1930 年代，阿巴拉契亚地区的一位律师写道：

> 我们这里的人……一般所犯的主要罪名是冲动犯罪，如攻击、恐吓，以及不同级别的谋杀等，或者是违背限制自由的禁止性法规，例如私酿或相似的行为。你会发现，他们的罪行很少是顺手牵羊、入室行窃，或所谓社会罪行等。[15]

对后一类违法行为的惩罚也不同于英属北美的其他地区。边区法庭对财产罪的惩罚最为严厉，但对暴力犯罪则很宽宏大度。18 世纪，在弗吉尼亚州坎伯兰郡，法庭判处了以下的刑罚：对偷猪的人，判处绞死；辱骂人的，判罚 5 先令；强奸 11 岁女孩的，判罚 1 先令。[16] 这种价值标准在边区持续了多年。历史学家爱德华・艾尔斯（Edward Ayers）也发现，在 19 世纪，南部边区的法庭“对财产犯罪比对暴力犯罪要严厉得多”。[17]

这种秩序制度在美国边区创造了暴力的氛围，成为当地延续至今的文化。边区的格言也充满了暴力的元素：“在说话和打拳两者之间，肯定选择先打一拳”，卡罗莱纳人会说，“罪恶的话语比刀剑伤害更大”。[18] 边区的这种暴力伦理与弗吉尼亚精英阶层的武士理念殊为不同。有趣的是，边区民谚对暴力的认可必须以获胜为前提。边区人说：

好死不如赖活着。

像狗一样活着总比像狮子那样死去要好。

加入战斗而又逃跑的人总有一天还是会面对战斗。

边区民谚并不颂扬战斗本身，而只是表达对赢得战斗的欣赏。这种暴力伦理是在争夺边界的战斗与侵略中形成的。但这既不是武士之间的打斗，也不是贵族之间的战争。把暴力工具化的态度具体体现在安德鲁·杰克逊身上。一个认识他四十年的朋友说："没有人比安德鲁·杰克逊更清楚什么时候应该暴力相向，什么时候应该冷静。"詹姆斯·帕顿评论说，杰克逊的怒气是"苏格兰裔爱尔兰人式的怒气。他的愤怒很尖锐，但无损于他的目标；相反，他让这种戾气服务于自己的目的，所以有时候他会表现得比他实际的更加愤怒；他就是用这种方式来处理与同族人的关系"。[19]

但暴力在边区还有另外一面。安德鲁·杰克逊之所以显得收放自如，是因为当地人多数对情绪不加控制。暴力主要是些盲目、不假思索的野蛮行为，人们很难有效地约束自己。边区的暴力事件多数发生在家庭内部。曾在那里走亲访友的人怀着恐惧的心态记录过父母对子女、丈夫对妻子和邻里之间的暴力。[20]

有个例子是罗素·比恩（Russell Bean），他是田纳西州永久定居点第一个出生的白人。他家在苏格兰边境曾是望族，家族原先的姓名是比恩斯（Baines），他后来成为美国边区的名人。他的生活充满暴力。1789年，他因为殴打邻居的妻子而获罪。1801年他去新奥尔良待了很长一段时间，回来的时候发现他的妻子生了一个孩子，但不可能是他的。他愤怒地从摇篮中抓出婴孩，用猎刀砍掉他的耳朵，宣称自己"给孩子做了记号，这样就不会和自己的孩子搞混"。

法庭下令逮捕罗素·比恩。他接受了审判，并因为使婴孩致残而被判有罪，判处在大拇指指腹烙上字母M。判决很快得到了实施。比恩的手立即被捆绑在围栏上，烧得通红的铁块烙在了他的手指上。但比恩暴力的本性根深蒂固。他的手被放开后，他立即用牙齿从手上咬掉了这个字印，把鲜血淋漓的一块肉吐在法庭的地板上。[21]

这种边境秩序导致当地社会分外暴力。在18世纪，旅行者经常提到当地不时发生的谋杀和伤害事件。边区的土匪与英国边境的侵略者一样冷酷、嗜血。1767年，卡罗莱纳的报纸报道说，抢劫团伙抓住了一个叫戴维斯的人，在他家的灶台边用烙铁折磨他，直到他说出钱藏在什么地方。然后他们一时兴起点燃了他的农庄，“还绑着这个可怜的人，让他看着所有的一切付之一炬”。这个团伙包括臭名昭著的月亮家族和黑兄弟的成员，他们有时会为了娱乐把受害者的手脚砍下来。这些边区土匪常常以家族方式组织起来。其中一些最暴力的成员是妇女。[22]

南部高地长期以暴力闻名。例如南卡罗莱纳州的埃奇菲尔德区（Edgefield District），当地从18世纪到20世纪都以极端的暴力而臭名远扬。帕森·威姆斯（Parson Weems）写作的《衬裙里的魔鬼》（*The Devil in Petticoats*）就是以暴力为主题，其中一个角色高喊：“什么？又是老埃奇菲尔德！埃奇菲尔德的又一起谋杀！……它一定是个混乱不堪的地方，恶魔的住所。”1850年，南卡罗莱纳州议会发现“埃奇菲尔德大量的犯罪”，本州谋杀罪的发生率是其他州的两倍。内战之后，国会对三K党的调查发现，埃奇菲尔德是“这个州最暴力的地方”。这种混乱的情况甚至持续到今天。[23] 相似的情况也出现在肯塔基州的哈丁郡，东德克萨斯的部分地方和伊利诺伊州的威廉森郡；伊利诺伊州的这个地区叫小埃及，在文化上接近边区。[24]

这个地区普遍的暴力和报复正义与不列颠边境地区很相似，那里的人们在很多世纪中不得不保卫自己的和平。进入 18 世纪后，边境仍然“以缺少法纪闻名”。[25]1714 年，亨利·利德尔（Henry Liddell）爵士向他的朋友威廉·科茨沃思（William Cotesworth）展示了一对小手枪，并建议他“旅行一定要带上枪”。[26] 在坎伯兰，法官都要带枪才敢坐在自己的位置上，这个郡的公共预算项目甚至包括法官用的匕首。[27]

边境人对暴力的使用目的性很强，并且受到本地精英阶层的鼓励。例如在 1712 年，英格兰北部一个势力庞大的煤矿联合企业的董事会，“包括声望很高的贵族和市民”，公开怂恿他们的租赁户去堵住一个敌对势力的马车道。[28]

这实际也显示出 18 世纪从北不列颠边境到现今美国南部高地的另一种延续性。[29]

注释

1 Andrew Jackson to Martin Van Buren, 4 Dec. 1838, *Jackson Correspondence*, V, 573; W. H. Sparks, *The Memories of Fifty Years* (Philadelphia, 1882) 147-48; Remini, *Andrew Jackson*, I, 11-12, 429.

2 *North Carolina Folklore*, I, 472.

3 Selwyn G. Champion, *Racial Proverbs* (London, 1938), 59.

4 这种传统依然存在。晚近在 1980 年代密苏里州的马里维尔郡（Maryville）发生过治安团的杀戮。肯尼斯·麦克尔罗伊（Kenneth McElroy）是当地典型的街霸，“他活着的时候经常骚扰当地 440 个居民”，他射杀了当地的一个零售店老板。他不断骚扰邻居，被镇上六十多人抓住，最终被“认识的或不认识的人”射杀。*NY*

Times, 26 Sept. 1986.

5 Woodmason, *Carolina Backcountry*, 28.

6 代表性的研究发现了 326 次美国治安团运动，其中 211 次发生在南部高地或南部边缘地区。多数其他运动也发生在那个地区的周边地区，位于中西部的南边和山区的州里。而在新英格兰、纽约和老西北的北部没有一例记载。托里斯山谷也没有，而在弗吉尼亚滨水地区以及卡罗莱纳州的边区只有两例。其他类型的案例在所有这些地区都能找到，但他们与南部高地和西南边缘地区相比非常少。参见 Richard M. Brown, "The American Vigilante Tradition," in *The History of Violence in America*, 154-59。

7 同上 , 158-59, 这是布朗的判断。

8 Mathews, *Dictionary of Americanism*, 1010; A. Matthews in *CSM*, 27, 256-71.

9 Charles L. Wallas, *Stories on Stone* (n.p., n.d.), 62.

10 ALAR 12 (1959), 92; Clarence E. Carter, *Territorial Papers of the United States* (27 vols., Washington, D.C., 1934-69), VI, 243-46, 268-69.

11 有很多例子可以参见 , D.L.W. Tough, *The Last Years of a Frontier: A History of the Borders during the Reign of Elizabeth* (Oxford, 1928), 14, 16, 12, 117, 131, 141, 156, 173-74, 180, 225; Fraser, *Steel Bonnets*, passim。

12 一般的解释见 Charles G. Mutzenberg, *Kentucky's Famous Feuds and Tragedies* (New York, 1917); Noah and John Reynolds, *History of the Feuds of the Mountain Parts of Eastern Kentucky* (Whitesburg, Ky., n.d.); S. S. McClintock, "The Kentucky Mountains and Their Feuds," *AJS* 7 (1901), 1-28, 171-87。

13 Otis K. Rice, *The Hatfields and the McCoys* (Lexington, Ky., 1978).

14 爱德华·斯蒂尔（Edward M. Steel）对 1801 年到 1810 年弗吉尼亚州俄亥俄郡犯罪和违法行为判决的研究，显示了以下的情况 , 人身犯罪（125）：谋杀，3；攻击和恐吓，91；未遂攻击，31。财产犯罪（24）：小偷小摸，16；抢劫，1；伪造罪，2；伪造文件罪，2；违法侵入，2；擅闯，1。道德罪（29）：渎神，24；婚外生子，4；违反安息日规定，1。违反秩序、挑战权威的罪行（62）：暴乱，8；扰乱公共秩序，2；非法集会，2；扰乱公共集会，1；渎职，36；违法私酿和卖酒，8；堵塞主干道路，2；藐视规则，3。总数：240。来源：Edward M. Steel, "Criminality

in Jeffersonian America – A Sample," *Crime and Delinquency*, 18 (1972), 154。

15 Campbell, *The Southern Highlander*, 119.

16 Garland F. Hopkins, *Cumberland County, Virginia* (Winchester, 1942), 31.

17 Edward L. Ayers, *Vengeance and Justice: Crime and Punishment in the Nineteenth-Century American South* (New York, 1984), 111.

18 *North Carolina Folklore*, I, 500.

19 Parton, *Andrew Jackson*, I, 112-13.

20 Woodmason, *Carolina Backcountry*, 133.

21 Paul M. Fink, "Russell Bean, Tennessee's First Native Son," *ETHSP* 37 (1965), 35, 39.

22 Charleston *South Carolina Gazette and Country Journal*, 28 July, 4 Aug. 1767; 引自 Rachel Klein, "The Rise of the Planters in the South Carolina Backcountry, 1767-1808" (thesis, Yale, 1979), 66。

23 Jack Kenny Williams, *Vogues in Villainy: Crime and Retribution in Ante-bellum South Carolina* (Columbia, 1959), 4; Allen Trelease, *White Terror: The Ku Klux Klan Conspiracy and Southern Reconstruction* (New York, 1971), 72, 349.

24 Paul M. Angle, *Bloody Williamson: A Chapter in American Lawlessness* (New York, 1973); Henry P. Lundsgaarde, *Murder in Space City: A Cultural Analysis of Houston Homicide Patterns* (New York, 1977).

25 Hughes, *North Country Life: The North East*, 12-25.

26 同上，19; 也可参考丹尼尔・佛莱明（Daniel Fleming）账本里记载的手枪及枪套的花费，16 March 1661, passim; ms. WD/R/199, CUMROK。

27 Fleming Account Book, 25 April 1665, ms. WD/R/199, CUMROK.

28 Hughes, *North Country Life*, 16.

29 Tough, *The Last Years of a Frontier*, 147-86.

边区的权力方式
人治政府中的政治

边区的社会秩序产生了一种特殊的政治，既不同于经典的民主理念，也不同于贵族统治的政体。它是一种非常特殊的政体，查尔斯·李称之为“苏爱政体”（macocracy，苏格兰裔爱尔兰人低下阶层很多名字以 Mac 为前缀），意思是被苏格兰裔爱尔兰人一族统治。[1] 这一政体是高度人治的政治结构，但不太受社会等级的影响。在这方面，它与弗吉尼亚区别很大。在 18 世纪早期，威廉·伯德就观察到，边区人“对向总督献殷勤这种事情不以为耻，并且给他最大限度的自由和权力”。[2] 这种政体缺乏有影响力的政治机构，在这方面与新英格兰殊为不同。地方政府也很少有正式的结构，没有市政大会，没有礼拜堂，没有委员会，法庭的权威也不稳固。从英语文化普遍的自治传统来解释，北不列颠边民创建的政体是即兴式的。

1770 年，陆军少校皮尔斯·巴特勒（Pierce Butler）乘坐的移民船上发生了一件事情。巴特勒少校是地位高贵的盎格鲁 - 爱尔兰贵族，等待着他的命运是成为南卡罗莱纳州的精英。在航行过程中，巴特勒少校与同行的乘客及船员根据英国法律和自由原则共同发明了一种政体。其中一个人写道：

人这么多，我们觉得有必要组成一个团体，不时根据需要举行聚会。我们制定了规则，确定了彼此之间的秩序。考虑到未来的管理，我们首先顾虑的是大家从一开始就能遵守这些规则。这个团体最终得出一个结果，从第一天开始就把很多事情分开……这是为了宗教信仰的缘故；人们在宗教仪式上有不同观点，每个人都应有信仰的自由，并且应当有权利按照自己所属教会的方式和观念来从事宗教活动……为了给巴特勒少校当得的荣誉，必须说明，他对于组织这些聚会有着浓厚的兴趣。[3]

很多美国历史学家都曾在不同的边疆地区观察到同样的政治发明过程。有些人将此归因于边疆地区的环境。但正如皮尔斯·巴特勒和他的英国朋友说明的那样，这个过程在他们到达美国海岸之前就开始了。他们在船舱里临时发明的政体并不是起因于美国的环境，而是由于他们的英国文化之根，这也成为边区文化的重要组成部分。

边区“苏爱政体”的另一个特征是强人领袖。边区政治往往被拥有巨大影响力的领袖所统治。戴维·考德威尔（David Caldwell）是弗吉尼亚边区卢嫩堡郡的领袖之一，他被称为“郡里最有影响力的人之一”。[4]卡罗莱纳州费尔－弗里斯特河郡（Fair Forest Creek）的托马斯·弗雷切尔上校（Colonel Thomas Fletchall）被认为“在郡所在的地区拥有巨大影响力”。有人写道：“弗雷切尔上校拥有所有河边那些人，就像小国王那样统治着他们。”[5]还有一个例子是理查德·理查森上校，他居住在南卡罗莱纳州的圣马可教区。他是从弗吉尼亚州南迁的，与边区上流社会的人成婚，由此得到了被称为“大家庭”的大片土地，在1760年的切诺基战争中，他率领一队民兵参战，成为他所在地区的领袖。据说，他是：

> 法官和仲裁者，负责处理大多数……世仇打斗、争吵与不和，他管辖的地域从桑蒂（Santee）直到北卡罗莱纳州的边界……他们家住的地方常常像议会一样，极少有人（即使是心怀不满的人）不顾他热情的招待和真诚的欢迎，去挑战他的权威，或者上诉到法院。[6]

边区多数地方都能找到这些有影响力的人。他们一般是大地主、地方官、商人、测量官、矿主或投机商等，而这些身份往往集中在一个人身上。但这些人的影响力和权势也有一些限制。官职或等级本身并不能带来太多实际的权威，很多访问者曾经观察到：

> 这个时代的北卡罗莱纳州法官虽然是尊贵的，却发生了以下的事情，是我们到那里的时候发生的。一个年轻人从我们背后站起来，要与他面前的一个人握手，但那个人没有接受，因为后者认为这个年轻人以前伤害过他。
>
> 两个人吵吵嚷嚷了一阵，就演变成了打斗；两个年轻人脱下外套和衬衣，摆好了拳击的架势。这件事情就发生在大家眼前，在房子前的场地上，旁边还有当地的治安法官。女人、孩子，还有黑人都聚拢过来，女人们觉得这种事情是对官员宅地的藐视，大惊小怪地呼喊着。
>
> 法官拿着收好的武器走到前边，举止沉稳，先后三次命令两个人保持冷静，然后原路退回，漠然地看着他们。法官的妻子对两人不守法纪的行为非常愤怒，她上前去重复她丈

夫的命令，却受到了嘲弄。最终敌对双方冷静下来，像战争中那样握手言和，然后退回到自己的位置上。

“按照法律，他们难道不应该服从您的命令吗，”我问这家主人，“您出现的时候他们不就应当退下了？”

“他们的确应当”，这是我得到的回答。

“既然如此！难道您不应当把他们带到法庭去，让他们受到惩罚吗？”

“我应当的”，这是好脾气的法官第二个简短回答，似乎他远不如愤愤不平的妻子那样在意这件事情，似乎在他看来，更重要的是保持这个职位的尊严，而不是斤斤计较眼前的轻慢。[7]

边区的地方官遭遇过远比这种情况糟糕的藐视。1767 年，南卡罗莱纳州的几个贵族法官试图刑求一帮土匪，但他们自己却被土匪抓住，在私设法庭里被这些穷凶极恶的嫌犯审判。其中一个法官被绑在马尾上拖了八十英里的距离。[8]

在这个文化中，那些领袖往往因为果决的行动而取得这样的地位。例如安德鲁·杰克逊。18 世纪末的时候，杰克逊在一个法庭日去了田纳西州的琼斯伯勒（Jonesboro）。到午夜，畜舍内突然失了火，并且引燃了一大堆干草。亲历者记得：

警钟把所有人都赶到了街上，包括律师、法官，穿着睡衣的女士，游客和市民等。杰克逊将军刚到街上，就承担起了发令官的角色。让人感觉似乎这个角色就是属于他的。他高声命令着找水桶，把男人组成两队，从失火的地方一直排到横穿小城的溪流边；一队负责把空桶传到溪水边，另一队把装满水的桶传回失火的地方。他下令把最接近火源的住房和一家小客栈的屋顶都盖上湿毯子，并安排人站在屋顶上让这些毯子保持湿润。在女人们的尖叫声和被烧着的马匹嘶鸣声中，命令被一一执行。传递水桶的队伍很快把溪流岸边弄得湿滑，很容易跌倒。正当杰克逊将军加固这个部分的时候，一个叫博伊德的铜匠醉醺醺地叫喊道，他在巴尔的摩救过火，并开始给大家下命令，让人十分厌烦。

“回到队伍中去！”将军喊道。

这个人继续在那里吵吵嚷嚷。杰克逊抓住一个桶的手柄把他砸倒在地上，头也不回地回到队中，继续冷静地下命令。他拯救了整个城市！[9]

在边区政治中占统治地位的主要是一些魅力型领导人和他们的追随者，后者被领导者果决而有效的行动吸引，前面所讲的杰克逊在琼斯伯勒的行动就是这样的例子。这些领袖所用的语言有时听起来像是民主，却很容易被这个文化之外的人误解。杰克逊运动就是这样的例子。对于东部的人而言，安德鲁·杰克逊各方面都感觉像是民主派。但在他的文化中，他的话语却有另外一种作用。历史学家托马斯·阿伯内西（Thomas Abernethy）观察到，安德鲁·杰克逊从来没有表达过对人民利益的追求；他只是号召人们为他的事业而努力。这种政治对个人忠诚度要求很高。在美国边区，和在不列颠边境一样，忠诚是最有效的政治关系黏合剂。不忠则是最大的政治罪行。

安德鲁·杰克逊的政治风格明显源自北不列颠边境地区。他要求自己的卫兵阅读苏格兰酋长的历史，他对这些酋长充满敬意，并以他们为楷模。有关边境这些伟大人物的历史记忆一直鼓舞着美国边区的领袖们。[10] 这套政治体系被它的记忆所滋养。安德鲁·杰克逊一直记得母亲告诉他，故乡贵族的压迫和大地主的冷酷无情。[11] 也因此助长了约翰·罗奇（John Roche）所称的“回顾性极端主义”，并成为一种很强的传统。当标志性的事件发生时，民间记忆就成了一种有力的政治催化剂。

边区有很多不同的族群。有趣的是，这个地区并没有发展出类似宾夕法尼亚州那样的族群政治。在历史上，边区的政治主要是不同派别及其追随者之间的冲突，而并非族群冲突，或意识形态的党派政治，或者阶级矛盾，等等。魅力型领袖在选举中大有市场，其结果也主要由魅力风格所决定。

投票权的限制在这个地区很普遍，而且常常强制执行。北卡罗莱纳州的坎贝尔顿镇（Campbellton）有一种奇特的做法，只有住在投票站两英里以内的男性才可以在选举日投票。[12] 但实际投票率却很低。在弗吉尼亚州的边区，选举投票率只有 15% 到 25% 之间，是 1776 年之前英属北美的各地区中最低的。[13]

这一政体在某种程度上受到边疆环境的影响，包括新区开发和人们居住比较稀疏等因素。但它也体现了北不列颠边境早已成型的政治原则。

注释

1 Bridenbaugh, *Myths and Realities*, 132.

2 William Byrd, *History of the Dividing Line*, ed. William Boyd (Raleigh, 1929), 207.

3 Joseph Oxley, "Joseph's Offering to His Children," ms. Memoir, 377-78 (1770), HSP.

4 Beeman, *Evolution of the Southern Backcountry*, 92.

5 Oliver Hart, "Diary…," *Journal of the South Carolina Baptist Society* I (1975), 94; 引自 Klein, "Rise of Planters," 94。

6 Joseph Johnson, *Traditions and Reminiscences of the American Revolution in the South* (Charleston, 1851), 158-60; 引自 Richard Maxwell Brown, *The South Carolina Regulators* (Cambridge, 1963), 26。

7 Schoepf, *Travels*, II, 124.

8 *South Carolina Gazette*, 19 Oct. 1767, 引自 Klein, "Rise of Planters," 66。

9 Parton, *Andrew Jackson*, I, 163.

10 Remini, *Andrew Jackson*, I, 8; 有关不列颠边境的政治，参见 Robert Hopkinson, "Elections at Appleby, 1700/01-1714/15" (B.A. dissertation, Univ. of Newcastle-upon-Tyne, 1968); idem, "Elections in Cumberland and Westmorland, 1695-1713"(thesis, Univ. of New-castle-upon-Tyne, 1973)。

11 同上 , I, 15。

12 Chilton Williamson, *American Suffrage from Property to Democracy* (Princeton, 1960), 18.

13 弗吉尼亚边区各郡的投票率如下，是十一税征收对象的白人成年男性中所占的比例：

年份	所在地	投票率
1755	弗里德里克郡（Frederick）	18.9%
1786—1789	阿尔伯马尔（Albemarle）	23.2%
	库尔佩珀（Culpeper）	16.7%
	奥林奇（Orange）	20.7%

来 源：Charles S. Sydnor, *Gentlemen Freeholders* (Chapel Hill, 1952), 142, 根据人口增长做了数据矫正；Lucille Griffith, *The Virginia House of Burgesses, 1750-1774* (University, Ala., 1968), 168。

边区的自由方式

天然自由的边境观念

边区人与英属北美的其他地区一样，有对权力和自由的独特看法，并执着地追求自由。早在18世纪中叶，他们的政治文献就已谈到自由是他们作为不列颠人与生俱来的权利。1768年，北卡罗莱纳州梅克伦堡郡（Mecklenberg）的人就宣称："只要政府最大程度地保障我们的自由，我们就会支持它。"[1]

无论他们来自英格兰、苏格兰或爱尔兰，他们的自由观念都是相似的，却又与传播到马萨诸塞、弗吉尼亚和宾夕法尼亚的理念不同。曾到边区旅行过的约翰·舍普夫（Johann Schoepf）对那里的法律和自由观念非常好奇。"他们回避任何以法律和秩序的名义发出的号令，以及任何施加的限制，"舍普夫写到边区时说，"他们恨恶公正的名义，但他们并不胡作非为。他们只是想过得更随意。总之，天然自由……才是他们喜欢的。"[2]

"天然自由"的观念在南部边区深入人心。但这并不是对边疆环境的适应性反应，也不是像舍普夫所说的那样"仅仅要过得随意"。边区的这种自由观念是美国环境与欧洲民间文化交互作用的产物。它很大程度上来源于不列颠边境，那里的无政府暴力是生活的常态。边民们的天然自由观念曾经非常极端，比英属北美的其他文化更憎恶秩序机构。

例如，1692 年，不列颠一个叫托马斯·布罗克班克（Thomas Brockbank）的边民，在威斯特摩兰郡出生长大的他写信给父母谈所谓天然自由。“我敬爱的父母，”他写道，“自由就是每个有生命的被造物都为所欲为，就连蔬菜也有这种强烈的趋向。而人类这最完美的造物，被赋予了理性的灵魂，就更渴慕自由，因为他有知识并且能对真实的价值作出判断。”[3]

北不列颠的这种天然自由观念在 18 世纪很快走向衰落。但在终结之际，这种观念传播到了美国边区，当地的条件给它注入了新的活力。远离政府中心的定居者，以及缺乏支撑大型组织的客观条件等因素让天然自由的观念迅速流布。

帕特里克·亨利（Patrick Henry）是天然自由在 18 世纪最重要的推手之一，他是不列颠边民的后代，在美国边区长大。在整个政治生涯中，帕特里克始终如一地捍卫相关的原则，包括小政府、低税收，以及武力对抗侵犯自由之当权者的权利。

第一个让他受到瞩目的事件是所谓“帕尔森之争”（Parson's Cause）的案件——帕特里克·亨利让地处偏远的弗吉尼亚州汉诺威郡（Hanover）法庭上的观众眼前一亮，他在法庭上主张，英国国王不接受 1758 年法律的约束，“倒退到暴君的地步，丧失了让人民服从他的权力”。[4] 弗吉尼亚滨水地区的贵族对这种观点感到震惊。一位在场的亲历者记得，“人群里坐我后面的一些贵族开始窃窃私语‘背叛，背叛！’”，但边区的陪审团却对“这些说法非常满意”。[5]

帕特里克·亨利通过这场演说一战成名，很快进入了弗吉尼亚议会，开始了光辉的政治生涯。他在议会里的演说更进一步扩大了自己的声誉，他主张说，弗吉尼亚被管得太多了；他还领导众人讨

帕特里克·亨利给边区的天然自由观念赋予了经典的表达。这位著名的独立革命领袖仍然被人们所纪念，而他实际是出身高贵的边区贵族，他的祖先是北不列颠的名门望族。帕特里克本人是威廉·罗伯特森的侄子，后者是苏格兰历史学家，曾担任过爱丁堡大学校长。他也是威斯特摩兰郡布鲁厄姆庄园（Brougham Hall）布鲁厄姆领主的表弟，这位领主是英格兰辉格党的伟大改革者，在爱丁堡大学接受教育，住在离北不列颠边境不远处。帕特里克的天然自由观念来源于边境习俗，但在美国边区得到传播，如今在美国已经深入人心。他的母亲认为美国独立革命是另一场“低地的纷争”。

伐“私相授受的原则”，这个原则恰是弗吉尼亚寡头统治的核心。

更加有名的是他对印花税法案的直率批评，他在那场演说中威胁要诛弑暴君英格兰国王：“凯撒最终遇到了布鲁图①，”他宣称，“查尔斯一世遇到了克伦威尔，乔治三世则……”——他的演说被贵族们蛮横地打断了，他们感觉已经如芒在背。亨利不顾阻挠，在议会提出了相关法案，法案的结尾宣布，任何与他相关观点不同的人，都应被当作“英王殖民地的敌人”——典型地表达了边区的天然自由观念中对不同观点的不宽容。[6]

十年后，帕特里克·亨利成了第一届大陆会议的成员，他又一次让在场的人震惊，他主张，由于通过了不容忍法案（Intolerable Acts），“政府可以解散了”。亨利坚称：“绅士们，我们已经处于自然状态下！”[7] 来自宾夕法尼亚和马萨诸塞的大陆会议议员就像当初弗吉尼亚议会的议员一样震惊。有人说帕特里克·亨利“在宗教问题上是一个圣者，但在政治上就是一个恶魔”。[8]

1788 年，帕特里克·亨利领导了对新联邦宪法的抗议，理由是任何形式的强政府都是自由的敌人：

> 当美国精神处于萌芽阶段时，美国的语言是不同的：那时，自由是基本的目标。我们的祖先所组成的政府是以自由为基石的，大不列颠先人把自由作为一切的基石。那个国家已经成为一个博大、浩瀚而光芒四射的国家，原因并不在于政府强大有力，而是因为自由是它的方向和基石。我们从不列颠祖先那里继承了自由精神，凭借这种精神我们战胜了所有的

① Brutus，凯撒的暗杀者。——译注

困难。但现在，先生们，美国精神在所谓团结原则的绑架下，正欲把这个国家变成强大的帝国……[9]

这种态度在阿巴拉契亚地区比较普遍。“自由的朋友期待从边区的人民获得支持。”帕特里克·亨利 1787 年写道。他们确实得到了这种支持。[10]

帕特里克有关天然自由的理念并不是从政治理论的论述里学到的。他所主张的“自然状态”也并非洛克那样的哲学抽象。托马斯·杰弗逊提到帕特里克·亨利时不无夸张地说：“他既不读书，也没有存书。”[11] 亨利的律师兼传记作者威廉·沃特（William Wirt）写道：“他没有什么法学修养；他在法律实务上也很无知，他不知道如何写申诉或答辩词，就连最简单的法律业务也做不好，即使像起诉、发告知或者在法庭上提出请求这一类的小事情。”[12]

帕特里克·亨利的天然自由原则来源于养育他的边民文化。他从母亲那里也学到一些，这位女士认为美国独立革命不过是另一场“低地的纷争”。[13] 边区流传的自由词语和思想早在北不列颠边境传播很久了。边区人强调个人利益所采用的思想和语句很多来自威廉·科特斯沃斯（William Cotesworth），这位先生居住在英国边境，他在 1717 年宣称：“……你要知道，追求个人利益再自然不过了，即使是牺牲那些说着好听的公共利益……能以成本最低的方式来满足公共利益，是最好不过的，即使这样会让其他几个人的利益受到损害”。[14]

天然自由的观念并不包含相互原则。它不赞同提出异议或反对的权利。与文化习俗相左是不能容忍的，反对力量也会被强制镇压。记载过安德鲁·杰克逊早年岁月的一位传记作者写道：“北爱尔兰人比其他人更无法容忍反对意见，他甚至认为反对者和敌人是同义词。”[15]

很多边区人继续西进，去寻找天然自由的空间，用丹尼尔·布恩（Daniel Boone）的话说就是活动余地（“elbow room”）。他们实际上再现了北不列颠人乔治·哈里森（George Harrison）17世纪宣称的“在自由的餐桌上每个人都应有活动余地”。南部边疆地区为这种理想提供了空间，但并不是它创造了这种理想。[16]

“活动余地”所体现的天然自由观念显然不同于新英格兰城镇里的有序自由，也不同于弗吉尼亚乡村贵族们的支配自由和宾夕法尼亚贵格会的相互自由。它是美国部分地区深入人心的另一种自由观念，并且得到广泛流布。

注释

1. Norris W. Preyer, *Hezekiah Alexander and the Revolution in the Backcountry* (Charlotte, 1987), 66.
2. Schoepf, *Travels,* 238–39.
3. Richard Trappes–Lomax, “The Diary and Letterbook of the Rev. Thomas Brockbank, 1671–1719,” *CHSP N.S.* 89 (1930), 44.
4. Tyler, *Patrick Henry*, 418.
5. 同上。
6. 这个事件有两种解释，参见 *American Historical Review* 26 (1921) 745–46; Leon G. Tyler, *Letters and Times of the Tylers* (3 vols., New York, 1884–96), I, 56; 弗吉尼亚法案的四个版本可见 Edmund S. Morgan, ed., *Prologue to Revolution: Sources and Documents of the Stamp Act Crisis* (Chapel Hill, 1959), 46–50。
7. Tyler, *Patrick Henry*, 111.

8. William Meade, *Old Churches, Ministers and Families of Virginia* (2 vols., 1857, rpt. Baltimore, 1966), I, 220.

9. Jonathan Elliot, *Debates in the Several State Conventions on the Adoption of the Federal Constitution* (5 vols., 1836–45), III, 53–54.

10. Patrick Henry to Thomas Madison, 21 Oct. 1787, NYPL; 引自 Robert Douthat Meade, *Patrick Henry, Practical Revolutionary* (Philadelphia, 1969), 334。

11. Tyler, *Patrick Henry,* 12.

12. William Wirt, *Sketches of the Life and Character of Patrick Henry* (Hartford, n.d.), 18.

13. J. Lewis Peyton, *History of Augusta County, Virginia* (2d ed., Bridgewater, Va., 1953), 345.

14. Hughes, *North Country Life: The North East,* 39.

15. Ayers, *Vengeance and Justice,* 22.

16. George Harrison, "Every Man at Nature's Table Has a Right to Elbow Room," *FHSJ* 21 (1924), 27–30.

结语

美国历史上的四种不列颠民俗：

美国地域文化的源与流

那个时代，殖民地就是萌芽阶段的国家，它的兴起与繁荣都有赖于智慧的引导与人丁的兴旺；而建设得越好，也越能吸引人气。

——威廉·佩恩，1681

美国的独立并不意味着这四种不列颠民俗的终结，也不表示它们肇始的四种地域文化走向没落。这四种文化在历史上继续沟通、融合。美国社会最主要的共识来自这些文化共通的价值观。而美国历史上主要的冲突也主要是来自它们之间的差异。每一次总统选举都展现出这些文化在政治里持久的影响力。十年一度的人口普查也显示出，美国不同地域之间的文化差异在某种程度上大于欧洲国家之间的差异。

地域文化的延续也解释了美国历史上的很多事情。它尤其帮助我们解答了本书提出的问题，即自愿社会的成因。我们可以通过概括和总结，来分析四种不列颠民俗的起源和发展，以及它们与美国历史主线之间的关系，时间跨度从 17 世纪的大移民到我们今天的时代。

缘起

北美的英国前哨

本书开始的时候，我们暂时略过了四次大移民之前半个世纪的盎格鲁-美国人的历史。从1580年到1630年，美国东部地区先后建立了三十多个英国定居点。其中很多幸存下来，有几个至今保持着文化的独特性。[1]

例如，在切萨皮克湾的史密森和丹吉尔岛（Tangier），从不列颠西南部来的移民建立的文化至今保持着17世纪康沃尔和德文郡的方言（sink读成zink，nice读成noyce）。在新英格兰西南部的普利茅斯，“五月花号”船上的乘客引入了一种迥异于马萨诸塞清教徒的文化；即使到了今天，这个小地方的人还称这里是“老殖民地”，并且说一种与其他洋基人有微妙差别的英语口音。在新英格兰北岸，从马布尔黑德到缅因，有来自泽西、根西岛（Guernsey）和英吉利海峡的渔民建立的另一种文化；他们的习俗至今保留在一些小镇和沿岸的小岛上，从基特里（Kittery）延伸到蔓越莓（Cranberry）等群岛。[2]

在马萨诸塞湾，德文镇家族马弗里克（Maverick）避开主流，住在现今的切尔西城（Chelsea）和波士顿湾的一个岛上，这个岛至今还叫马弗里克。他们与清教徒有矛盾，就搬得远远的，并始终和这个威胁要同化他们的文化保持着距离。到19世纪，马弗里克一家找到机会向西部进发。他们的名字被用于没有打上主人标记的牧场牛，由此在美国语言中变成了特立独行的同义词。[3]

很多这样的“马弗里克们”在1630年之前移民到美国。只举两个例子，鲍尔奇（Balch）家族和科南特（Conant）家族，他们都是在温斯罗普的船到达之前就来到了马萨诸塞，在新英格兰他们至今以特立独行闻名。所有这些早期的英国定居者都给早期美国的文化图景添加了多元的色彩与元素，但他们基本的角色是为更大的群体到达做些准备。他们是英属北美的前哨！[4]

注释

1 1606年至1625年之间，在美国大西洋沿岸设立的定居点如下：

州	年份	定居点	地点	领导者
缅因州	1607	Sagadahoc	Kennebec River	George Popham
	1612	St. Croix	St. Croix Island	Jesuit Mission
	1612	St. Johns	Near Calais	Men of St. Malo
	1613	St. Sauveur	Mt. Desert Island	Pierre Biard
	1613	Matinicus	Near Mt. Desert I.	Fishermen
	1616	Winter Harbor	Saco River	Richard Vines
	1622	Damariscove	Damariscove Island	Sir Ferd. Gorges
	1622	Monhegan	Monhegan Island	Fishermen
	1622	Isle of Shoals	Isle of Shoals	Fishermen
	1623	Quack	York	Chris. Levett
	1623	Cape Newagen	Boothbay	Fishermen
	1623	Pemaquid	Pemaquid Point	Fishermen
新罕布什尔	1623	Rendezvous Pt.	Odiorne’s Point	Daivd Thomson
	1623	Cochecho	Dover	Wm. And Ed. Hilton
马萨诸塞	1620	New Plymouth	Plymouth	John Carver
	1622	Wessagusset	Weymouth	Thos. Weston

续表

州	年份	定居点	地点	领导者
马萨诸塞	1622	Natascot	Hull	John Lyford
	1623	Nantasket	Nantasket	Thomas Gray
	1623	Cape Ann	Gloucester	Thos. Gardner
	1623	Wessagusset	Weymouth	Robert Gorges
	1624	Conant’s I.	Mass. Bay	Roger Conant
	1624	Winnissimmet	Chelsea	Samuel Maverick
	1624	Shawmut	Boston	Wm. Blackstone
	1624	Mishawum	Charlestown	Thos. Walford
	1625	Passonagessit	Quincy	Thos. Wollaston
	1626	Naumkeag	Salem	John White
	1625?	Thompson’s I.	Mass. Bay	David Thomson
康涅狄格州	1624	E. Settlement	Connecticut River	Dutch W.I. Co.
纽约	1624	Fort Nassau	Castle Island	Dutch W.I. Co.
	1624	Fort Orange	Hudson River	Dutch W.I. Co.
	1624	Governors I.	Governors I.	Dutch W.I. Co.
	1625	Fort Amsterdam	Manhattan I.	Dutch W.I. Co.
新泽西	1624	W. Settlement	Hudson River	Dutch W.I. Co.
宾夕法尼亚	1624	S. Settlement	Delaware River	Dutch W.I. Co.
马里兰	1625	Kent Island	Chesapeake Bay	Wm. Claiborne
弗吉尼亚	1607	Jamestown	James River	Virginia Co.
	1629	Smith I.	Chesapeake Bay	Eng. Fishermen
	1629	Tangier I.	Chesapeake Bay	Eng. Fishermen

2 关于早期缅因州，有很多手稿资料存放在德文纪录办公室和埃克塞特城市图书馆。其中有些发表于 Robert E. Moody, ed., *The Letters of Thomas Gorges, Deputy Governor of the Province of Maine, 1640-1643* (Portland, Me., 1978); Daniel Vickers, “Work and Life on the Fishing Periphery of Essex County, Massachusetts, 1630-1675,” *CSMP* 63 (1984), 83-118; Edwin A. Churchill, “The Founding of Maine, 1600-1640: A Revisionist Interpretation,” *MEHSQ* 18 (1978), 21-54; Charles E. Clark, “The Founding of Maine, 1600-1640, A Comment,” *MEHSQ* 18 (1978), 55-62。

3 “Maverick,” *NEHGR* 69 (1915), 146-59.

4 Clifford K. Shipton, *Roger Conant* (Cambrige, 1945).

逃出生天

四次大移民，1629—1750

1629年之后，主要的移民潮开始了，它们正是本书的研究对象。我们已经知道，第一波（1629—1640）是出逃的英国清教徒，他们主要来自东部郡，然后在马萨诸塞创造了一种特殊的文化，有自己的语言和建筑，独特的婚姻家庭方式，聚居的方式，公理教会，城镇集会和有序自由的传统。

第二波给弗吉尼亚带来了一种不同的英国民俗，主要来自从肯特郡、德文郡北部一直延伸到北汉普顿和沃里克郡的宽阔地带。这个文化的特点包括散居的房舍、极为重视等级、强势的统治寡头、圣公会教堂、根深蒂固的荣誉感和支配性自由观念。

第三波（1675—1715）是贵格会的移民，把另外一种文化从英国中北部带到了特拉华山谷。这种文化的基础包括基督教精神平等的理念，高强度的工作伦理，对社会等级的疑惧和被马克斯·韦伯称为“现世禁欲主义”的苦行僧精神。它还保留了很多中北部的方言、建筑、穿着和饮食方式。最重要的是，它在特拉华山谷精心创造了一种多元的相互自由体系。

第四波移民（1717—1775）从北不列颠边境来到美国边区——来源地包括苏格兰低地、北爱尔兰和英格兰的北方六郡。这些移民有不同的族群背景，但有共同的边境文化，在语言、建筑、家庭方式和教育传统方面都很独特。它的经济生活体现出极端的不平等，公共生活则以独特的天然自由为原则。

早期美国这四种民俗都有独特的品质，但民间对它们的传说要比 20 世纪很多学者的再诠释更接近真实。马萨诸塞的清教徒事实上非常守清规戒律。他们并不是传统的农夫，也不是现代的资本家，或村社共产主义者，更不是现代个人主义者，先锋派，维多利亚式的道德家，或新弗洛伊德式的自恋者，或英国文学的学院派教授。他们和所处的时代、地域紧密融合，对自我很敏感，有极高的精神追求，但这一要素却在众多修正主义的学术阐释中被遗漏了。

弗吉尼亚的第一代贵族是真正的绅士。他们并不是维多利亚时代小说里呆板的人物造型，也不是《飘》的电影胶片里那种英雄。他们不是白手起家的中产阶级，也不类似于现代农业商人，更不是日积月累的自耕农或“平头百姓”。他们大多是有强烈保王主义倾向的徽章家族的小儿子，有虔诚的圣公会信仰，有重农倾向，有执着的庄园情结，极为重视自身的荣誉，并接受过一些亚里士多德式的教育。但弗吉尼亚大部分白人是契约仆役、无地佃农和身无分文的穷人，他们是下等的农业无产者，从不指望爬到社会的顶层。在 17 世纪晚期，没有任何一个仆役或仆役的子孙成为弗吉尼亚的议员。有关弗吉尼亚贵族和穷人的神秘传说都是基于其历史事实。

特拉华山谷的文化以英国贵格会和德国虔诚派为主，因而具有鲜明的道德特点。但他们的文化也被历史修正主义学者所歪曲，后者对这种文化的再诠释有乌托邦的怪人、控制欲很强的物质主义者、世俗的多元论者和“第一个现代美国人”，等等。特拉华山谷的现代性被夸大了，威廉·佩恩所说的“神圣试验”的基督教根基常被遗忘。

边区人也拥有强大而充满活力的文化，但经常被误解。他们并不是现代凯尔特人，也不是苏格兰裔爱尔兰野蛮人，更不是天真的自然之子。他们不是无根的多元论者，也不是雄心勃勃的开创者，或者爱丁堡启蒙主义的再现者，更不是新南方的先驱。他们无论来自北爱尔兰、苏格兰低地还是英格兰的北方六郡，都体现着经由北不列颠边境淬炼的完整的文化精神。我们从早期美国四种民俗的经验研究中所知越多，它们就越显示出自己的个性，也越能揭示出围绕它们的历史迷思。

四次英国民间移民：主要特点

起源地	东盎格鲁	西部、南部	中北部	边境地区
美国目的地	马萨诸塞	弗吉尼亚	特拉华山谷	边区
移民年限	1629—1640	1642—1675	1675—1715	1717—1775
时期长短	11年	33年	40年	57年
移民规模	21,000	45,000	23,000	250,000
主导力量	公司	皇家殖民地	专卖权	散团
移民宗教	公理会	圣公会	贵格会	长老会与圣公会
精英来源	清教徒牧师与地方官	农业及皇家贵族的保皇派小儿子	贵格商人、工匠和农夫	边境贵族和绅士
精英亲属、社会网络及地域关系	东盎格鲁亲戚 剑桥网络 北海关系	西南部亲属 牛津网络 伦敦关系	中北部亲属 贵格网络 大西洋关系	边境亲属 格拉斯哥网络 爱尔兰海关系
移民主要的社会阶层	自耕农与工匠	劳工和仆役	农夫、工匠及商人	佃农和租赁户
职业构成 （农民比例） （工匠比例）	 33% 54%	 60% 30%	 40% 40%	 60% 30%
居住地域 （城镇比例）	65%	35%	30%	20%

续表

起源地	东盎格鲁	西部、南部	中北部	边境地区
性别比例（每一百女性对应多少男性）	140	500	250	160
年龄段比例				
0—14	31%	3%	24%	25%
15—24	26%	70%	35%	36%
25—59	42%	27%	38%	39%
60 以上	1%	0%	1%	1%
以家庭为单位移民的比例	90%	20%	50%	70%

英国起源地
区域因素

这些文化的起源非常复杂，涉及英国不同区域、宗教、社会等级和代际的差别，也受到美国环境和移民过程的影响。我们在此简要概括不同的因素，首先涉及英国的区域差别；并不是因为区域比其他因素更为重要，而是它很少被人们清楚地理解。

区域因素并没有给美国历史学家造成太大的麻烦，他们经常以区域为思考的路径，却很少对这个要素进行深思。然而，在英国的历史研究中，区域的术语显得比较尴尬。英格兰的历史深受国家和地方层面因素的影响，但两者之间的层级却被忽略。很少有关于英国区域的研究，严格地说，没有这方面的正式研究；换种说法，没有建立起关于英国区域的问题域。[1]

区域历史的研究在法国、德国、意大利、西班牙，甚至比利时、瑞士、瑞典和荷兰这样的小国家都比较繁荣。所以，英格兰虽然在国家和地方史方面的研究汗牛充栋，其区域史研究的匮乏就显得很扎眼。[2]

这种境况的原因并不是英格兰比其他国家统一性更强，而是它内部的差异太大。在英格兰乡间旅行，人们经常会对其内部文化的复杂性感到惊异。他们常常会碰到不同形式的区域划分，这就更加让人对区域的理解感到困惑。我们可以把有关区域的观念简单归纳如下：

地带（Zones）是从西里尔·福克斯（Cyril Fox）开始被普遍采用的地形单位。他把英格兰划分成“高地带”（北部和西部）和“低地带”（南部和东部），每个地带繁衍着不同的文化。[3]

培（Pays）在英语中是指土壤划分和农业管理单位。这方面的典型例子有戴维·昂德当（David Underdown）生动的文章《粉笔与奶酪》，以及琼·瑟斯克（Joan Thirsk）就林内牧场和开放式牧场所做的细致研究《田野、森林、伐木场和沼泽》。[4]

王土（Principates）指古代的王国，这在整个欧洲都是区域名号的重要来源。它们在英格兰影响较弱，因为英格兰较早实现了统一，但东盎格鲁、威塞克斯、麦西亚（Mercia）和诺森布里亚（Northumbria）等古代王国至今仍然是重要的区域概念。

郡（Counties）并不仅仅是行政管理的单位，英格兰很多集体记忆都是以郡为依托的。档案资料都保存在郡办公室，军事力量以郡来编制，贵族以郡来划分驻地，历史研究也主要是郡的地方史。历史上人们对郡的身份意识也更强；有位历史学家认为：“17世纪早期英国人说‘我的国家’时，他的意思是‘我的郡’。”[5]现今英国学术上的地域划分也多是以郡为单位。[6]

外省（Provinces）指的是英格兰除伦敦之外的其他地方，在首都圈和其余地方之间作出截然划分。这种观念在如今的英国学术界很盛行，但它的历史并不长，最早也不超过18世纪。[7]但很多历史学家仍然把这个概念用于更早的时代。[8]

商圈（Hinterlands）包括独立的城镇和周边地区。这个空间单位在英国地理学家中极为常用，主要是在对移民和贸易的研究中发展完善的。[9]

其他一些半区域概念还有河流系统（river systems），它主要是生态区域，如今在英格兰越来越多被使用；例子有泰晤士河谷、塞文河谷（Severn Valley）、默尔西河地区（Merseyside）、亨伯赛德河地区（Humberside）和泰恩河地区（Tyneside）等。常用的还有生态学上的分区（districts），主要是通过地形、气候、植被和动物等来划分，比如大湖区（Lake District）、峰区（Peak District）、科茨沃尔德（Cotsworld）、切尔吞山区（Chilterns）、约克郡河谷（Yorkshire Dales）、诺福克低地（Norfolk Broads）、肯特郡和苏塞克斯旷野，以及很多高沼地和丘陵地带。

那么到底什么是区域？很多学者认为，区域就是一种物理实体，由地形、土壤、气候、资源和生态体系等构成。但这些关于区域的物理性解释对当下的研究并无助益。尤其它们无法解释移民的规律。另一种解释能更好地契合我们的研究。区域可以解释为一种文化现象，包含着共同的习俗和经验。从历史的角度来定义，区域就是在某个特定的时空中，人们拥有共同的传统，使其与国家内部的其他人群相区别。本书的一个主要结论是，“区域”对不列颠历史实际的重要性要高于历史对它们的记载。但区域并不是固定不变的，它们的重要性也不总是在某个特定的方面。区域的界限会随着历史的变迁而改变。[10]

本书并不是在一般意义上讨论英国区域，而是针对某个特定历史时期存在过的区域，也就是 17 世纪到 18 世纪早期。它们不是工业革命之后才凸显出来的，而是在之前七百年的文化过程和政治事件中就现身了，这涉及：丹麦区（the Dane Law，9 世纪至 11 世纪英格兰被丹麦日耳曼人统治的区域）和埃德加一世（King Edgar）之前的不列颠诸王国的古老边界；1066 年英格兰诸伯爵的领地与 1215 年支持和反对约翰国王的地区；1381 年农夫叛乱和 1450 年杰克·凯德（Jack Cade）起义；16 世纪玛丽女王时期殉道事件的频发和伊丽莎白时代清教的崛起；17 世纪那些支持议会以及国王的地区；尤其是那些奔向美国殖民地的移民的模式。

所有这些历史事实都显示出明确而一贯的区域特征，但并不符合地形学上的边界，包括地带、土壤类型、田野体系、农业系统、商业区、河流体系或生态区等。17 世纪英格兰的区域基本是按照民族、文化和历史的要素来定义的。[11]

17 世纪不列颠的四个历史区域对本书的研究尤其重要。第一个位于英格兰东面，包括三个半岛，东盎格鲁、林肯郡东部和肯特郡的东北边缘。这个区域的边界经过了三个老郡，包括拉特兰郡、亨廷顿和赫特福德。在 17 世纪，这个地区一般被称为“东边”或“东英格兰”。算上肯特郡，这个地区大致相当于在内战中支持议会的“东部协会”。这个地区输送了马萨诸塞 60% 的移民。[12]

第二个历史区域有很多人移民弗吉尼亚，这是一个宽阔的地带，包括整个英格兰南部，一直从肯特延伸到德文郡，北边直达沃里克郡。它包括了古王国威塞克斯以及麦西亚人领地，后者指的是阿尔佛雷德（Alfred）和艾塞雷德（Aethelred）。这个地区并没有什么刻意的区域意识，因为当地人相信本地就是国家的核心地带，用亨利·詹姆斯的话来说，“英格兰的中央，英格兰的本尊”。然而，这个区域有特定的文化身份，由其历史所致，使其区别于东盎格鲁、北部乡村和西边威尔士和康沃尔的凯尔特文化。弗吉尼亚的贵族和仆役大约 60% 来自这个地区。[13]

第三个历史区域位于英格兰中北部。它包括从北边的柴郡和德比郡，到兰开夏郡和约克郡西部，再到南部的坎布里亚郡的宽阔地带。这个地区在17世纪被称为北部乡村。一个叫约翰·克罗克（John Crock）的贵格信徒写道："我出生在北部乡村。"另一个写道，"他听说英格兰北部的人喜欢光明……"还有一个把贵格会信仰描述为"从北部衍生出来的愉快风尚"。这个地区向特拉华山谷输送了约60%的贵格人群。[14]

第四个历史区域包括了威斯特摩兰郡、坎伯兰郡、诺森伯兰郡、达拉谟郡和约克郡北部边缘，以及苏格兰的南部诸郡。早在15世纪，这个地区就被称为"边境"或"边境地区"，它的居民自称为"边民"。[15]苏格兰和英格兰北部的这些居民，以及从该地移民到阿尔斯特的后代在民族上很混杂，但他们由于受到本地区历史的影响而形成了共同的文化身份。美国边区60%以上的居民是来自北爱尔兰、苏格兰低地和英格兰北方六郡的移民及其后代。

东盎格鲁、英格兰西南部、北部乡村和边境之间地域差别的根源是超出本书范围的话题。要追根溯源，就要回溯至美国历史开启之前的上千年，一直到7世纪的民族运动，但即使这个时期也不是英格兰东部、南部和北部这几个对美国历史有重要影响的文化区域差别的开始。

注释

1 逐渐有一些改变的迹象，比如出版了一些英文期刊，如 *Northern History* (1966), *Midland History* (1971) 和 *Southern History* (1979)。但这些期刊里很少有文章是真正讨论区域问题的；多数研究国家或本地历史。甚至这些期刊出版的声明也不明确表示对区域史的追求。有人称之为“地方史”（provincial history），还主张应该有“向外的视野”，而不是“向内的视野”。参见 Asa Briggs, “Themes in Northern History,” *NH* I (1966)。只是到了 1980 年代，研究区域史的文章才逐渐多了起来。

其他一些改变的迹象是在东盎格鲁大学（University of East Anglia）、埃克塞特大学（University of Exeter）和利兹大学（University of Leeds）建立了区域史中心。但他们的工作多数还是本地或国家性的，而不是区域性的。其中历史最悠久的是东盎格鲁大学的东盎格鲁研究中心，但它的研究中只有很少的一部分和区域有关。这个中心目前最大的研究项目是对诺里奇建筑的调查，这是一个很有价值的项目，但也不是区域研究。参见 Janice Henney, ed., *East Anglian Studies: These Completed* (Norwich, 1982)。

不过，开始本身就是重要的。一系列有关英格兰区域史的专著在 1986 年出版，也显示出这个领域增强的趋势。

2 约翰·兰顿（John Langton）是不同于主流的英国地理学家，他认为“有关英格兰区域地理的著作还很少”；参见“The Industrial Revolution and the Regional Geography of England,” *IGBT*, n.s. 9 (1984), 145-67。不赞同区域研究的观点主要来自英国历史学家和地理学家，但其他国家的同僚则与之相反。参见 G.H.T. Kimble, “The Inadequacy of the Regional Concept,” in L. D. Stamp and S. W. Wooldridge, eds., *London Essays in Geography* (London, 1951)。这种反对区域研究的偏见在伦敦中产阶级中特别强烈，他们把自己的国家划分为都市圈和外省（这方面他们和纽约人、巴黎人倒是相似）。

3 Cyril Fox, *The Personality of Britain* (Cardiff, 1932); Joan Thirsk, “The Farming Regions of England and Wales,” in Thirsk, ed., *The Agrarian History of England and Wales: IV, 1500-1640* (Cambridge, 1967), 1-112; John D. Gay, *The Geography of Religion in England* (London, 1971); R. T. Mason, *Framed Buildings of England* (Horsham, 1974); Eric Mercer, *English Vernacular Houses* (London, 1975).

4 David Underdown, “The Chalk and the Cheese,” PP 85 (1979), 129-54; Thirsk, “The Farming Regions of England and Wales,” 1-112. 瑟斯克问道：“教区通常也是清教和异议人士最肥沃的土壤吗？”17 世纪的古文物研究者，例如约翰·奥布里（John

Aubrey）就用土壤类型来解释怀特郡的方言差异。“在怀特郡北部和格拉斯哥河谷地带（含黏土丰富的乡村地区），”他写道，“印第安人或土著说话都慢吞吞的；他们反应迟钝，肤色苍白或乌青，缓慢而木讷，显得笨重。” *The Natural History of Wiltshire* (1862, rpt. New York, 1969), 11.

5 Lawrence Stone, *The Causes of the English Revolution, 1529-1642* (New York, 1972), 106; 很多历史学家认为，“郡社区”是内战时期最重要的身份标识。开拓性的工作见于 A. M. Everitt, “The County Community,” in E. W. Ives, ed., *The English Revolution, 1600-1660*, (London, 1968), 49; *idem*, *The Local Community in the English Civil War, Historical Association Pamphlet G70* (1969); *idem, Change in the Provinces: The Seventeenth Century* (Leicester University Department of Local History, Occasional Papers, 2d ser., I, 1969)。

其他有关“郡社区”的研究包括 W. B. Willcox, *Gloucestershire, 1590-1640* (New Have, 1940); Thomas Garden Barnes, *Somerset 1625-1640: A County's Government during the Personal Rul*e (Cambridge, Mass., 1961); C. W. Chalkin, *Seventeenth Century Kent: A Social and Economic History* (London, 1965); Alan Everitt, *The Community of Kent and the Great Rebellion, 1640-1660* (Leicester, 1966); J. S. Morrill, *Cheshire 1630-1660: County Government and Society during the English Revolution* (Oxford, 1974); Anthony Fletcher, *Sussex 1600-1660: A County Community in Peace and War* (London, 1975); J. T. Cliffe, *The Yorkshire Gentry from the Reformation to the Civil War* (1969); B. G. Blackwood, *The Lancashire Gentry and the Great Rebellion, 1640-1660* (1978); Clive Holmes, *Seventeenth Century Lincolnshir*e (Lincoln, 1980)。

第二代的研究尚未出版，但本书作者看到了手稿，其中强调郡社区的普遍性，以及跨越郡边界的关系的重要性——这已经在某种程度上涉及了区域研究。

6 在探索性的英格兰区域历史研究中，丛书编辑巴里·坎利夫（Barry Cunliffe）和戴维·海伊（David Hey）写道：“英格兰的区域身份并不准确，没办法画出较为确定的边界……任何要划分区域的努力都必然是主观的，尤其是在中部……但区域之间的差异确实是真的……人们感到他们属于英格兰内部的某一个区域。”他们所用的分类参照了以下郡的区域划分：

北部郡（Cumb., Dur., Nhumb., Tyne and Wear, N. Cleve.）；兰开夏郡/柴郡

（Lancs., Ches., Mersey, Gr. Mancs.）； 约克郡（N., S., W. Yorks.; S. Cleve., N. Humberside）； 中部以西（Salop, Staffs., W. Mid., Here. And Worcs., Warw., Glocs.）；中部以东（Derby, Notts., S. Humber, Lincs., Leics.）；中部以南（Northants., Oxon., Beds., Bucks., Herts., NW London）； 东部郡（Norf., Suff., Essex., Cambs., NE London）； 南部以西（Devon., Cornwall）； 威塞克斯（Avon, Wilts., Berks., Hants., Dorset, Somerset）； 南部以东（Surrey, Kent, E. And W. Sussex, S. London）； 参见 Nick Higham, *The Northern Counties to AD 1000* (London, 1986), xv。

7 “目前最早发现以‘外省’来代表伦敦之外的英格兰地区的用法是在工业革命时期”；Donald Read, *The English Provinces, 1760-1790: A Study in Influence* (London, 1964), 2。以“外省”和“省区的”等来表达首都圈之外的地方的用法源自法国，但在 18 世纪中期以前很少这样用。

8 John Morrill, *The Revolt of the Provinces: Conservatives and Radicals in the English Civil War, 1630-1650* (London, 1976, 1980)。Morrill 和 Everitt 都用省份和地方主义来指称对本地的附属性。

9 类型研究包括 John Patten, *English Towns, 1500-1700* (Folkestone, Kent, 1978); Peter Clark and Paul Slack, *Crisis and Order in English Towns, 1500-1700* (London, 1972); *idem, English Towns in Transition, 1500-1700* (Oxford, 1976)。个例研究包括 Wallace T. MacCaffrey, *Exeter, 1540-1640* (2d ed., Cambridge, 1976); Roger Howell, *Newcastle-on-Tyne and the Puritan Revolution* (Oxford, 1967); 和很多其他著作。

10 例如“交通”在确定区域时的不同角色。在17世纪早期，水路比陆路的渗透性更强。现今被海防工事隔开的地区在当时都通过水路紧密地联合在一起。例如东林肯郡、东盎格鲁和东肯特都由北海连接起来。同样的，英格兰的坎布里亚、苏格兰的加洛韦（Galloway）和爱尔兰省份安特里姆郡（Antrim）和唐郡都通过爱尔兰海联系起来。从这个角度说，17 世纪不列颠的区域和我们今天知道的并不相同。渗透性这个概念来自 R. R. Palmer and Jacques Godechot, “Le probleme de l’Atlantique du XVIIe au XXe siecle,” *Relazioni del X Congresso Internzaionale di Scienze Storiche* (Rome, 1955), 5, 175-239; 对爱尔兰海的相似论点，参见 Innes Macleod, *Discovering Galloway* (Edinburgh, 1986), 5。

11 图例见后。（中译本未取得地图授权，故略）

12 Clive Homes, *The English Association in the English Civil War* (Cambridge, 1974).

13 Henry James, *English Hours* (1905, rpt. New York, 1960), 724; James Bishop, ed., *The Illustrated Counties of England* (London, n.d.), 124; 这个地区共同的历史检验证据呈现在后面第二部分。

14 John Crock, "Memoirs"; Charles Marshall, "Journal..."; and Edmund Chester, "Narrative," in William and Thomas Evans, eds., *Friends' Library* (14 vols., Philadelphia, 1837-50), XIII, 207; IV, 123; III, 71.

15 OED, *s.v.* "Border," 3.a; "Borderer," 1.

不列颠根源的宗教因素

宗教是形成早期美国文化品格最重要的因素。在17世纪，英语世界因为新教改革形成巨大的分裂。这些裂纹在新世界呈现为广阔的英国宗教光谱，上面分布着众多分支。

英国改革宗的“右翼”奉行圣公会主教制度，它是一个包容性很强的国家教会，内部建立了教士等级制，遵行强制性的宗教税以及政教结合。它的敬拜活动重视礼拜书和仪式，其神学在17世纪逐渐接近阿米纽斯派，教义均出自其祈祷书。这个派别在英格兰南部和西部势力庞大。这可以解释它影响弗吉尼亚上百年的原因。

仅次于主教派的英国宗教派别是长老派。他们也倾向于建立一个国家性的教会，并且由牧师和长者组成的大会来管理，而不是主教和神父。长老派的神学是加尔文教派的，它的敬拜活动侧重讲道和皈依。长老派在北不列颠人数众多，频繁组织教会之外的福音聚会和祷告聚会。他们的主要影响力在美国边区。

处于中道的是公理教派，他们认为自己走的是中间道路。教会的管理方式是松散的，结合了独立团契和较弱的管理大会。他们的神学是处于阿米纽斯派（强调理性主义和自由意志）和反律法主义（强调灵是最为重要的）之间。他们的教义由多特会议（Synod of Dort，1618—1619）正式确定，包括加尔文教义的五点（全然堕落、有限救赎、无条件拣选、不可抗拒的恩典和圣徒永蒙保守）——这是极严厉的基督教教义。这个群体在英格兰东部郡影响较大。它建立了马萨诸塞和康涅狄格殖民地。

比公理教派较左的是分离主义派，他们主张团契自治，并且希望从未经改革的腐化的国家教会里脱离出来。他们的神学在广义上属于加尔文教派，经典文献是罗伯特·布朗的《致安妮：宗教改革刻不容缓》（*Reformation without Tarrying for Any*, 1583）。这个教派包括了"五月花号"船上的新教徒，他们建立了普利茅斯殖民地。

更左的是再洗礼派（Anabaptism）的一些派别，他们中很多人信守加尔文教义的五点，但又加了第六点，即洗礼应该限于重生的基督徒。他们的神学认为，圣灵的作用比教义的教导更为重要。他们的教会是团契的形式，敬拜活动主要是分享圣灵的恩典。洗礼教派中很多人坚信政教分离的原则，让教会避免灵被污染。他们建立了罗德岛殖民地。

与洗礼教派不同的是贵格会，他们相信耶稣来到世间并非为了被拣选的少数，而是为所有人，圣灵让灵光常驻所有人心中。他们的信条来源于乔治·福克斯的教导，他们信服的经典论述是罗伯特·巴克利的《为真正的基督教而致歉》（*Apology for the True Christian Religion*）。贵格会拒绝承认既定教会、按首牧师和正式礼拜书的合法性。他们的礼拜集会是以圣灵的运行为核心的。这个派别最早在英格兰的中北部出现。它建立了西泽西、宾夕法尼亚和特拉华的殖民地。

因为宗教改革席卷了当时生活的各个方面，这些派别制造了很深的文化沟壑。这些差异在美国不同地区被保留下来，虽然他们的初衷早已消失无踪。

17 世纪的不列颠新教概括：实践与信仰的光谱

派别	贵格会	洗礼教派	分裂教派	公理教会	长老教派	圣公会
组织形式	不同级别的聚会	小宗派与团契	彼此分立的团契	较弱的管理大会与较强的团契	较强的管理大会	主教制度
政体	共识为基础	社群型	民主型	混合型	等级型	君主制
团契与教会关系	团契为主	团契为主	团契为主	混合型	教会为主	教会为主
敬拜形式	以圣灵为核心	联谊为核心	布道为核心	布道为核心	布道为核心	以仪式为核心
教会与国家的关系	绝对分立	绝对分立	部分分立	部分分立	部分联合	紧密联合
神学主张	内在光芒	六点要论及混合其他观点	加尔文五点要论	加尔文五点要论	加尔文五点要论	阿米纽斯派并混合其他观点
教义	无	很多	布朗的论著	剑桥纲领	威斯敏斯特忏悔书	国教祷告书
宗教文本	巴克利致歉书	很多	布朗《宗教改革刻不容缓》	埃姆斯《神学的骨髓》	诺克斯《纪律书》	胡克《教会政体法则》
所建殖民地	西泽西、宾夕法尼亚	罗德岛	普利茅斯	马萨诸塞、康涅狄格	美国边区	弗吉尼亚
领导者	威廉·佩恩	罗杰·威廉姆斯	威廉·布拉德福	约翰·温斯罗普	弗朗西斯·马凯米(Francis Makemie)	威廉·巴克利

不列颠根源

社会等级要素

早期美国文化差异的另一个决定因素是殖民地的社会等级。这个因素起作用的方式有两种。首先，美国不同区域的奠基者来自英国社会的不同等级。其次，在殖民地时期，沿袭过来的等级体系发生了重大改变。17 世纪早期的移民看待社会等级的方式不同于 18 世纪中期到达的移民。这种变化又添加了美国区域之间的差别。

要了解这个问题，我们必须从早期居民的角度来研究当时的等级体系。1577 年到 1600 年期间，英国有三个作者讨论了这个问题：托马斯·史密斯（1583）、威廉·哈里森（1587）和托马斯·威尔逊（1600）。[1] 这三位作者均没有从现代阶级的观念来讨论这个问题，且从未使用“阶级”这个词。托马斯·威尔逊爵士用的词是“社会地位”（estates），哈里森用的是“境况”（conditions）和“地位”（degrees），史密斯用的是“次序”（orders）。这些分类并不是由经济所有权或生产工具等来细分的，而是按照权力的大小。用史密斯的话来说，它们是“权力的次序……附着在血缘和子孙身上”。[2]

这三位作者对上流社会的描述是一致的。在等级的最上端是国王，被优雅地称为英格兰的“第一贵族”或“最高贵族”。然后是王子和豪门贵族（nobilitas major），这个等级规模在英格兰很小，哈里森在一页纸里就列举完毕了：他写上了一个侯爵、二十个伯爵、两个子爵和四十一个男爵，以及二十四个主教，在英格兰他们是上议院的圣职议员。史密斯在 1600 年开出的名单甚至人数更少，总共才六十一名。这些是英格兰的上层贵族；他们对早期美国的资本主义发展贡献良多，但与美国并没有太多血缘上的联系。[3]

这之下是小贵族（nobilitas minor），主要是由骑士、士绅和绅士构成。威尔逊统计了 500 位骑士和 16,000 名士绅，他把士绅定义为"祖上是或自己曾是骑士的绅士，或者他们是家财丰厚家族的继承人和长子"。除此之外还有一些未作明确划分的绅士，包含了不同的情况。史密斯说，"他们的血缘和族裔让他们显得高贵、知名"，或者"他们的祖先很富有或很有美德，或曾经富有"。[4] 另一方面，威尔逊把他们有趣地称为"年轻的弟兄"，还说：

> 对绅士而言，我们的处境在所有方面都是最糟糕的，因为……我的兄长确实就是我的主子……我必须承认，这在某些方面对我们来说是好的，因为这让我们变得勤劳，去积极争取封赏或徽章，很多情况下我们爬到主子兄长的上面，而兄长们虽然拥有更多荣耀和名声，但他们待在家里就像蠢货。[5]

由这些较年幼的儿子组成的群体最终缔造了弗吉尼亚的精英阶层。

在绅士这个阶层之下是神职人员、律师和专业人士。一般认为，这些专业人士是"英格兰较好的低微阶层"，而对于王国而言又显得人数过多。一般也认为，在这些专业人士之下是一个"市民"阶层，他们在英格兰的市镇和自治市拥有自由权。"他们都属于这个共和国的公民，"威尔逊写道。[6]

这之下是自耕农。威尔逊认为，在这个阶层中，最上面的是“大自耕农”（有一万多人），他认为这个阶层已经大大地衰败了，但他们拥有的地产往往比“那些贪财腐化的绅士”还要多。在他们之下是“财力有限的自耕农，被称为自由土地保有者”，威尔逊根据警长记录的名单统计出八万多人。[7]史密斯强调，自耕农的等级虽然取决于自由土地的所有权，但也有年龄的考虑。他写道：“通常，我们直到这些人结婚、有孩子后才把他们称为自耕农，因为这样仿佛他们就可以在邻里之间有些威严……”[8]哈里森写道：“这种人总有某种优越感……生活富裕、房舍豪华，并且勤劳致富。”这个等级与律师、神职人员和市民最后形成了新英格兰的精英阶层。[9]

自耕农之下是更低的阶层，以上谈到的这些阶层与之相比，人数明显偏少，因为这个阶层包含了绝大多数英国人口。威尔逊划分的最后一类涵盖广泛，包括“拥有零星土地，但租住其他地主房子的小土地所有者”，以及“靠短工过活的佃农，他们每天工作所挣刚够吃喝，所剩无几”。他发现，“后一种人数不太确定，因为没有任何书籍或纪录有关于他们的记载”。史密斯也划分了一个包罗众多的社会底层，包括“日间短工、贫农、没有土地的小商贩、拥有零星土地的所有者和所有工匠”。从现代眼光看来，这个群体成分复杂，但他们也有一个共同的特征。史密斯把他们称为“无权阶层”。哈里森解释说：“这些人在我们的共同体中没有任何声音或权力，也没有关于他们的任何记述，他们只是一些被统治的人。”[10]

这是17世纪初期英格兰的社会阶层，其中有复杂的次序、等级、财产和身份状况的界分，比现代社会的阶级划分更显森严。这种状况一直持续到英国内战之后。例如，1660年的人头税就反映了这种阶层划分。

但在17世纪后期，英格兰的社会阶层出现了新的发展趋势。格雷高里·金（Gregory King）对英国社会作过杰出的分析。他对“等级、阶层、次序和资格”等的划分看起来与百年前哈里森、史密斯和威尔逊的很相似。但仔细检视，就会发现他们之间的区别。金观察到的社会次序远没有一百年前那么明晰。在豪门大贵族和小贵族之间，出现了一个所谓准男爵的阶层，这些人对捉襟见肘的斯图亚特王朝的国王们捐助甚多。职业的界别也更加繁多和复杂，因此有两个阶层以“公职人员”的名义出现在等级中。商人从社会底层提升到接近顶层的地位，甚至高于神职人员。较低的社会阶层逐渐依据职业的不同而进一步细分。[11]

英格兰社会等级的三种划分法，1577—1600

哈里森，1577 “英联邦的人民等级”（*Of Degrees of People in the Commonwealth of England*）	史密斯，1583 “英联邦的不同群体”（*Of the Parties of the Commonwealth of Englande*）	威尔逊，1600 “英格兰人民的……情况概述”（*The Ability and State of ... the People of England*）
最高等级的贵族	豪门贵族	豪门贵族
国王“第一贵族”	国王“第一贵族”	国王
王子	王子	王子
公爵		
侯爵	侯爵	侯爵
伯爵	伯爵	伯爵
子爵	子爵	子爵
男爵	男爵	男爵
主教		主教
较低等级的贵族	小贵族	小贵族
骑士	骑士	骑士
士绅	士绅	士绅（长子）
一般贵族	一般贵族	一般贵族（小儿子）
		教授
		牧师、执事长
		一般神职人员、主教代理人
		律师

续表

哈里森，1577 “英联邦的人民等级”（*Of Degrees of People in the Commonwealth of England*）	史密斯，1583 “英联邦的不同群体”（*Of the Parties of the Commonwealth of Englande*）	威尔逊，1600 “英格兰人民的……情况概述”（*The Ability and State of ... the People of England*）
市民或官吏	市民或官吏	市民
官员		市府参事、议员和官员
商人		大商人
		一般商人
自耕农	自耕农	自耕农
农夫		大自耕农
工匠		一般自耕农或小土地所有者
劳工	无权力阶层	公簿佃户和佃农
日工	日工	
穷困农人	穷困农人	
小商贩	商人或没有土地的小贩	
	公簿佃户	
低级工匠	所有工匠，包括裁缝、鞋匠、木匠、砖匠、砌砖工、泥瓦匠等	
仆人		
乞讨者		

18世纪初期，关于社会分层的新思维发展迅猛。阶层越来越依据财产多少来划分，而不是出身。人们在丹尼尔·笛福（Daniel Defoe）的论著中找到了这种新兴的阶层划分的痕迹，他早在1705年就在现代意义上使用了“阶级”这个概念。[12]1709年，笛福对英国社会作出了如下的描述：

1. 王室，生活奢侈；

2. 富有者，环境优渥；

3. 中等家庭，生活无忧；

4. 商贩，工作努力，但结余不多；

5. 村民和农夫，经济条件一般；

6. 穷人，生活艰辛；

7. 悲惨之人，生活困苦、缺衣少食。[13]

这是一个现代的阶级划分，依据经济条件对人们进行了划分。这种观念在18世纪逐渐发展起来。雷蒙德·威廉姆斯（Raymond Williams）认为："现代意义上的阶级划分对每个阶层有相对固定的名字（下层阶级、中产阶级、上层阶级、工人阶级），这种方法主要是在1770年到1840年期间发展起来的。"[14]

这种范式的转化对美国历史有重要的影响。四波英国移民不仅来自不同的社会阶层，也来自等级体系发展的不同历史时期。老体系中的移民最终来到了马萨诸塞，这种体系以简化的方式延续下去；其中也有些人来到了弗吉尼亚，由于仆役和奴隶制度的发展，进一步发展了老体系。但贵格殖民地的奠基人，尤其是边区殖民地的定居者来自较晚近的历史时期，老的次序和等级划分在当时已经让位于社会阶级。这些事实对早期美国地域文化的发展有重要作用。

注释

1 Sir Thomas Smith, *De Republica Anglorum* (1583), ed. Mary Dewar (Cambridge, 1982); William Harrison, *The Description of England* (1587), ed. Georges Edelen (Ithaca, 1968); Sir Thomas Wilson, "The State of England, 1600," ed. F. J. Fisher, CS 3d ser. 52 (1936), 18-25. 哈里森的一些解释（更早曾以其他形式发表）曾被史密斯借用；而史密斯和哈里森的一些论述也曾被威尔逊借用。每位作者都在其中添加了一些新的说法。

2 Smith, *De Republica Anglorum,* 64, 76.

3 同上, 20。

4 同上, 70。

5 Wilson, "The State of England."

6 Smith, *De Republica Anglorum,* 72.

7 Wilson, "The State of England."

8 Smith, *De Republica Anglorum,* 76.

9 Harrison, *Description of England*, 117.

10 Smith, *De Republica Anglorum*, 64, 76; 哈里森写道, 他们"在共同体内既没有声音, 也没有权力, 只能被统治, 而不是统治他人"。*Description of England*, 118.

11 这个问题不能与金的评估的精确性混为一谈。有历史学家认为, 金少算了上层等级的数量, 也低估了下层等级的收入。G. S. Holmes, "Gregory King and the Social Structure of Pre-Industrial England," *RHST* (1977).

12 Daniel Defoe, *Review*, 14 April 1705.

13 同上, 25 June 1709, 参见 Dorothy George, *London Life in the Eighteenth Century* (New York, 1965), 370n。

14 Raymond Williams, *Keywords: A Vocabulary of Culture and Society* (New York, 1976), 51.

不列颠根源
代际因素

这四波移民不仅来自不同的地域、等级和宗教，也来自不同的时代。这里的关键概念不是自然人口的代际，而是历史的代际，他们因为重大事件而形成了文化上具有一致性的群体。例如，在 20 世纪的历史波动中，人们都说有“大萧条一代”“一战一代”“六零后”等。在 17 世纪的英格兰也有相似的历史代际，主要的标准是引起移民潮的重大事件。

这些移民潮创造的文化都保留了一些起源地的特征。1629 年至 1640 年的 11 年中，清教徒移居马萨诸塞，这一时期在辉格党历史学家的记述中被称为“十一年暴政”。当时查尔斯一世试图甩开议会实施统治，而大主教威廉·劳德想清除清教徒成立的圣公会势力。这些宪政和宗教问题也波及清教徒殖民地，演变成新英格兰文化中的核心问题，在它们早已被母国淡忘后，却依然为新英格兰人执着地追求。

大部分移民到弗吉尼亚的贵族和契约仆役于 1649 年至 1660 年期间到达，这期间正是英国政权更迭的不稳定时期。在这个无序时期，在英国占统治地位的精英是以英国清教徒为主的寡头阶层，他们压迫的对象包括一群落败的保王分子，这其中一些人带到弗吉尼亚的文化不仅受等级和党派的影响，也带着他们出生年代的印痕——对宪法问题孜孜以求，对荣誉高度重视，以及对和平秩序满不在乎。英格兰虽然早已把这些东西抛之脑后，但美国这个地区的文化依然保留着这些特点。

贵格会向特拉华山谷的移民主要发生在1675年至1689年期间。这个时期属于查理二世复辟开始的历史阶段，这个阶段一直延续到查尔斯二世（1660—1685）和他的天主教兄弟詹姆斯二世（1685—1688）时期。在这段历史中，英格兰的主要矛盾是如何让不同信仰的人相安无事。这个问题长期是特拉华殖民地的核心问题。

盎格鲁－美国的历史简表，1558—1760

英国国王统治时期	英国大事件	美国大事件
伊丽莎白一世（1558—1603）		1583 吉尔伯特到达纽芬兰 1584—1587 罗利（Raleigh）建立罗阿诺克（Roanoke）
	1587 与西班牙发生战争；对外殖民中止	
		1590 罗阿诺克被放弃
詹姆斯二世（1603—1625）	1604 西班牙战争结束；殖民进程重启 1606 成立普利茅斯和伦敦的弗吉尼亚公司	
		1607 詹姆斯敦建立；萨加达霍克（Sagadahoc）建立 1620 普利茅斯建立
查尔斯一世（1625—1649）	1629—1640 十一年暴政；查尔斯避开议会	1630—1641 清教徒大移民 1630 马萨诸塞建立
	1633—1640 大主教劳德把清教徒从英格兰教会中清除	1634 劳德成立殖民地委员会 1634 马里兰建立 1636 康涅狄格和罗德岛建立 1638 纽黑文建立
	1640 议会弹劾劳德，后将其处死	

续表

英国国王统治时期	英国大事件	美国大事件
	1642—1647 第一次内战	1642 威廉·伯克利爵士到达弗吉尼亚
	1649 查尔斯一世被处死	
政权更迭期	1649—1660 英格兰成为英联邦	1649—1665 保王党人移民弗吉尼亚
	1653 奥利弗·克伦威尔成为摄政王	1655 摄政王政府试图削弱殖民地自治
	1658 理查德·克伦威尔继承其父的位置；摄政王政体崩溃	
查尔斯二世（1660—1685）	1660 查尔斯二世复辟《布雷达宣言》承诺所有基督徒宗教自由	
	1661—1665《克拉伦登法典》惩治异教徒，以贵格会为对象	1663 卡罗莱纳被授予八位保王党人 1664 新尼德兰被授予约克公爵
	1665—1667 英荷战争	
	1672 大赦谕诰暂停执行针对异教徒的迫害法律	
	1673 宣誓条例；贵格会教徒迫害法继续实施	1675—1695 贵格信徒移民去西泽西和宾夕法尼亚
詹姆斯二世（1685—1685）	1685 国王试图撤销宣誓条例，遭到失败；国会休会	1685 詹姆斯国王创建新英格兰自治领以限制殖民地
	1688 光荣革命	1688—1689 殖民地发生革命
威廉和玛丽登基（1689—1702）	1689 权利宣言	1696 贸易部成立
	1701 王位继承法确定继承顺序	
安妮女王（1702—1714）	1702—1713 加入西班牙战争 1707 英格兰与苏格兰组成联合王国	1702—1713 安妮女王战争 1715—1775 北不列颠人移民到美国边区
乔治一世（1714—1727）	1715 苏格兰詹姆斯党叛乱 1721 沃波尔执政时期	

续表

英国国王统治时期	英国大事件	美国大事件
乔治二世 （1727—1760）		1729 分立南卡罗莱纳和北卡罗莱纳殖民地 1733 佐治亚殖民地建立
	1745 苏格兰詹姆斯党叛乱	

英格兰的另一段历史开始于 1688 年的光荣革命，用历史学家普拉姆 (J. H. Plumb) 的话说，这一时期的政治稳定就像“水变成冰那么突然”。[1] 英格兰的权力转移到乡村贵族形成的寡头手中。这种局面产生了新的问题，英格兰的政治精英与其他阶层关系紧张，这些人包括爱尔兰人、苏格兰人、美国人、伦敦暴徒以及农村的穷人。接连不断的暴力冲突导致了另一波移民，也把一个重大问题带到了美国，即英国贵族的权力是否可以属于其他人。这些问题在美国边区延续下去，直至我们今天的时代。盎格鲁 - 美国的四种民俗文化都保留了它们的起源时期所对应的英国历史阶段的重大主题。

注释

1 J. H. Plumb, *The Growth of Political Stability in England, 1675-1725* (London, 1967), 13.

美国的发展

环境因素

英国文化根源并不是地域差别的唯一决定因素。美国的环境也起到了重要作用，它起作用的方式并不是通过“破除”或“消解”欧洲文化的过程（这恰恰是边疆理论的观点），而是通过复杂的客观物质条件来改变或强化欧洲文化的不同方面。

在新英格兰，清教徒选择了一个清苦的环境，恰好符合他们的目标。那里的气候（比今天更冷也更多变）特别有利于欧洲人的健康，但非洲移民中的高死亡率又让清教徒对奴隶制充满矛盾。新英格兰的海岸线以及散布的小块冲积平原让这里适合建立城镇。马萨诸塞湾的印第安人在清教徒到达之前，几乎被肆虐的疾病灭族。除了佩科特战争（Pequot War），这里的冲突在五十年中一直保持在较低的水平。

弗吉尼亚人所处的环境殊为不同。切萨皮克湾拥有长达 6500 英里的潮汐海岸线，上百条河流滋润着广阔的肥沃土壤，为散居和种植园农业提供了丰厚的条件。这里的气候（与今天一样）让主食谷物产出甚丰。但切萨皮克湾河口地区的环境并不太健康，当地欧洲人的死亡率比新英格兰高出一倍。非裔人的死亡率低于北方殖民地，奴隶制在 17 世纪晚期发展迅速。当地人口众多的包哈坦部落

（Powhatan Confederacy）强烈抵制英国人建定居点，双方经常发生血腥的战斗。

特拉华山谷的自然环境是第三类。这里的环境比切萨皮克更有益于健康，却又不如马萨诸塞。它的气候比较温和，土壤在东部殖民地中最为肥沃，在长达三个世纪中它的谷物产量超出所有其他沿岸地区。丰富的矿藏和离海岸线仅仅几英里的瀑布线为工业发展提供了良好条件。特拉华的印第安人也不像早年那样好战。这种环境整体上完美地契合了贵格会的目的，他们也是在全面了解了当地的情况之后才决定定居此处。这种环境让他们在既富饶又和平的环境中从事自己的“神圣试验”。

盎格鲁－美国的地域文化：环境因素

地理气候	马萨诸塞	弗吉尼亚	特拉华山谷	边区
气温（1950—1980）				
一月平均气温	华氏 25 度	华氏 40 度	华氏 31 度	华氏 37 度
一月平均最低温	华氏 18 度	华氏 32 度	华氏 24 度	华氏 30 度
气温（1950—1980）				
七月平均气温	华氏 72 度	华氏 78 度	华氏 76 度	华氏 77 度
七月平均最高温	华氏 82 度	华氏 88 度	华氏 86 度	华氏 87 度
气温（18 世纪）				
沿岸海面温度与 20 世纪的差异				
一月平均温	低 5.4 华氏度	0	低 1.8 华氏度	无数据
七月平均温	低 3.6 华氏度	0	低 1.8 华氏度	无数据
降水（1950—1980）				
每年降水英寸	40	45	42	48
年降水天数	118	113	116	120
晴天比例	57%	62%	58%	61%
每年降雪英寸	55	8	21	15

续表

地理气候	马萨诸塞	弗吉尼亚	特拉华山谷	边区
水源地				
取水处	河流	河口	河流	泉源
海湾（平方英里）	959	3237	665	0
潮汐海岸线（英里）	2484	6505	1512	0
健康状况（约 1700 年）				
死亡率，白人	25	50	37	35
死亡率，黑人	65	50	无数据	无数据
死亡时间，白人	8—10 月	6—10 月	7—10 月	7—10 月
死亡时间，黑人	1—5 月	5—9 月	无数据	无数据
林地				
森林类型	北风区至温带	温带至亚热带	温带	混合，有地势差异
生长期	150 天	210 天	180 天	180 天

南方边区是一片覆盖着森林的宽广高地。市场很远，行路很难，但丰茂的土地资源和水源让家庭式农庄和牧场发展迅速。该地的气候较为温和、健康。印第安人较多，而且对欧洲殖民地抱有仇视的态度。边区成为国际性战事频发的地区，从 1689 年至 1815 年期间每一代都被重要战事所劫掠。这个地区的气候、资源及危险因素都很适合北不列颠边境文化的延续。

美国的发展

印第安人

英国殖民者在每个地区都能遇到土生土长的美洲印第安人。这些族群之间的冲突是很复杂的文化过程，在此只能简要探讨。北美的印第安人并不是一个单一的群体。即使是东部的森林地带，包括新英格兰、特拉华山谷、切萨皮克湾和阿巴拉契亚等地的印第安人，其民俗的多元性相比于当地的英国人，有过之而无不及。这些印第安族群内部人口的多样性也很突出。而且印第安人的文化也在不断变化中。每个部族都有自己的历史，学者们对此的认知才刚刚开始。

英国殖民地的建立者很清楚印第安人的这种多元性，所以在选择定居点时也参考了附近印第安人的特点。新英格兰的清教徒和特拉华的贵格会尤其重视这个方面。而四波英国移民也都有自己针对印第安人的政策。他们对待印第安人的方式大相径庭，受到的对待也很不同。

这种情况导致不同地域的互动方式各有特点，其中四个要素尤为重要：印第安文化、印第安人口、白人文化和白人人口等。实际上，印第安人与欧洲人之间的复杂关系强化了地域差别。但他们之间互动的过程至今没有得到很好的研究，虽然目前已经有一些专题论文出现。本书作者已经坚持多年在这个主题上进行思索并搜集相关资料，希望今后能发表比本书更详尽的结果。

美国的发展

皇家政治

英属北美地域文化的发展受当时特殊的政治环境的影响，与其他欧洲殖民地有所不同。新法兰西和新西班牙被王室控制的程度超过英格兰的美国殖民地，所以后者有更多的自治权利。

这种状况并不是刻意发展起来的。英国当政者对法国和西班牙的帝国统治方式很是钦羡，甚至有些嫉妒。伦敦的政权也试图对殖民地施加相似的控制。但这种企图常常遭到失败，王室也只好对美国殖民地采取某种放任的态度。英国第一次尝试控制美国殖民地是在查尔斯一世时期，他在 1634 年开设了一个所谓外国殖民地委员会。它的领袖是大主教威廉·劳德，他是清教徒的圣公会敌人，他的任务是限制新英格兰的独立性。为了达到这个目的，英格兰定制了一艘巨轮，马萨诸塞人则对此做好了防卫的准备。但在巨轮驶出之前，议会对查尔斯一世发起了抵制，他们最早采取的行动之一就是处死劳德大主教。新英格兰得以长期保持自治。

在英国内战时期，国王和议会都宣称对殖民地享有管辖权，但两方实际上都做不到。议会在 1643 年任命了一个殖民地委员会，但在它开始运转之前，议会自身就被奥利弗·克伦威尔推翻了。殖民地继续保持了自治。

1653年之后，摄政王政府也试图把殖民地吸纳进帝国体系。为了遂愿，奥利弗·克伦威尔和他的国务委员会创建了两个组织：外国殖民地委员会（1655）和美国委员会（1656）。他们还向弗吉尼亚派出了考察团，意在推翻当地的保王党人政府，但克伦威尔于1658年猝死，这些组织也就跟着解体了。所以，殖民地继续着自治的状态。

查尔斯二世于1660年复辟后，决心要建立帝国体系——他创建了枢密院的贸易与殖民地委员会，被简称为贸易主管局（Lords of Trade，1660）。还有其他几个委员会在1660年至1685年期间非正式地承担过相似的职责，但都没有形成对殖民地的有效控制。复辟王朝的羸弱、财政上的困难和国王的瞻前顾后都阻碍着王室在殖民地站稳脚跟，只有在培根叛乱之后的弗吉尼亚是一个例外。但殖民地多数时候还是保持着独立性。[1]

1685年之后，英格兰国王詹姆斯二世企图在从缅因到特拉华的所有殖民地之上强加统一的政府体制，称为新英格兰领地（Dominion of New England）。他任命埃德蒙·安德罗斯（Edmund Andros）爵士作为王室代表行使统治权。结果，在1688年威廉和玛丽继位之前，发生了美国革命，埃德蒙爵士沦为波士顿的阶下囚。殖民地惊险地避开了又一次帝国的挑战。[2]

光荣革命之后，威廉和玛丽的新教徒政权尝试统治殖民地，最终取得了胜利。但国王与议会之间关系微妙，双方都不方便像法国和西班牙的帝国统治者那样显得过于强势。1714年后，不列颠被德国国王统治，他们对美国并不在意，而辅助他们的英国大臣对美国又不甚了了。其中有人甚至以为马萨诸塞是在岛上。伦敦的统治者们对美国的情况非常无知。

在整个英帝国的殖民疆域中，殖民地的议会都自称具有国会的地位，但伦敦官方只认为他们是城市级别的立法会。这个宪法问题直到 1775 年才得到解决。而在此之前，英格兰的美国殖民地一直保持着比其他欧洲殖民地更大程度的自治，地域文化的发展也没有来自上面的干涉。

注释

1 贸易主管局可以看作转轨性的机构，它逐渐获得对美国殖民地的有效控制。参见 Winfred T. Root, "Lords of Trade and Plantations, 1675-1696," *American Historical Review 23* (1917), 20。 典型的案例在 1670 年代中期就出现了，而 1680 年代、1690 年代却并没有。参见 Stephen S. Webb, *1676: The End of American Independence* (New York, 1984)。

2 这次革命发生在波士顿，起始点是 1689 年 4 月 19 日，当时人们得知威廉已经在英格兰登陆了，但最后结果还没有出来。参见 David S. Lovejoy, *The Glorious Revolution in America* (New York, 1972)。

美国的发展
移民与种族

英属北美也在另一个方面区别于其他帝国。居住在这里的主要是自愿移民者。多数来自不列颠的人都是自己找到通往新世界的道路。很多人花费很大的代价，就是为了定居在一个与自己的文化相近的地方。这种情况到了18世纪有所改变，当时有大量非自愿的移民，包括流放犯、奉命的士兵，以及超过25万的非洲奴隶。但即使在这种移民达到高峰时，仍有很多人自愿来到美国。[1]

这些自愿的移民是英国殖民地特有的。在新法兰西，大多数人的祖先是服兵役的人、战士、海员、妓女、被拐骗的女子、仆役、牧师、修女，或其他被命令来到美洲的人，有时完全违背他们的意志。[2]这些人到达后，多数会被严格控制，只在殖民地的边缘地带才有例外。在魁北克，有一种秘密的妇女组织称为神圣家庭联盟（the Congregation of the Holy Family），她们通过一种叫家庭间谍的制度来监视妇女们，在英国殖民地并没有相应的组织。[3]在新西班牙，定居者要依照宗教及社会正统来筛选，并长期置于帝国政府的监督之下。西班牙宗教法庭在墨西哥比在古西班牙更为活跃。它最为残忍的迫害就发生在新世界。[4]

英属北美的自愿移民更有利于宗教多元化，而非大一统。自愿移民也使得不同派别的信徒居住在一起而相安无事，并把自己的民俗带到了新世界。

移民对地域的发展也起了另外一种作用。这些美国殖民地能够长期自己把门。他们可以自己控制移民过程，并且采用了不同的方式。

清教徒殖民地不顾英国王室的反对，执行严格的筛选政策。新英格兰人口的同质性并不是历史的偶然，而是因为当地文化包含的宗教目的和社会价值。

宾夕法尼亚的奠基者对移民的观念不同。威廉·佩恩和该地的贵格精英有计划地吸收与他们的价值观相同的新教徒移民。英国贵格会、德国虔诚派和瑞士再洗礼派所执着的教义都包含着灵光、宗教自由、工作伦理和对暴力的憎恶等。贵格会的移民政策扩张了基督教的社群边界，超出了他们自己的社区，并且在特拉华山谷促进了多国移民的融洽共处。

弗吉尼亚的统治者采取了另外一种移民政策。清教徒和贵格会都不受欢迎，很多人因此被禁入或驱逐。但弗吉尼亚人招募了一大批下等阶级的人到他们的庄园做工，包括大量的英国仆役，也有进口的非洲奴隶。他们这样做不仅是为解决劳工的短缺（他们完全可以其他方式来解决这个问题），也是为了实现他们理想的等级制度。

边区的定居者无法以任何正式的方式来控制去往南部高地的移民，但各个社区仍然有自己的办法来决定人员的去留。旧俗“踢出去”在必要时会被使用。主流的文化氛围也会产生相似的效果。例如，在 18 世纪晚期和 19 世纪早期，贵格会和公理教派的信徒就离开了南部边区，向北迁徙到与他们的信仰更契合的文化氛围中。

所以，本地的移民控制实际上强化了地区之间的文化差异。英属北美的多数地方虽然在 18 世纪已经比原先更为多元化，但各地居民仍然依据奠基者的目的和价值，通过不同的方式强化了自身文化的同质性。

移民的效果之一是改变了英属北美这四个地区的种族构成。非洲奴隶被输入到所有殖民地，只是各地比例不同。在新英格兰的很多地方，1760 年之前，黑人从来没有超过总人口的 1%。而同一时期，在南部沿海的某些郡，黑人占了人口的绝大多数。

要理解英属北美地域文化与种族之间的关系，需要认真研究历史变迁的时间与顺序。英属北美的奴隶制一个重要但常被人遗忘的事实是，它是缓慢发展起来的。非洲人直到 17 世纪晚期才大量涌入。黑人是从 17 世纪晚期至 18 世纪早期才开始对英属北美产生文化影响。这种影响是深刻的。种族关系在殖民地种植园的文化史中占据了中心位置。非洲民俗也开始影响欧洲人的语言和文化，奴隶制这种特殊制度也创造了新的民俗。

这些宏伟、复杂的过程将在本系列的第二卷“美国种植园”中有深入探讨。本书的主要结论并不是种族奴隶制创造了南方殖民地的文化，而是文化创造了奴隶制。

注释

1 这套书的下一卷会讨论这个问题。

2 “被拐骗的女孩”来源包括孤儿院、救济院和很多其他地方，并用船运送到魁北克。有一千多人在 1665 年至 1673 年的八年中到达该地。

3 弗朗西斯·帕克曼（Francis Parkman）研究了手稿资料，结果发表在 *The Old Regime in Canada* (Cambridge, 1974), 418。

4 这方面的代表性著作包括 Jose Toribio Medina, *Historia del tribunal del Santo*

oficio...(6 vols., Santiago, 1887-1905)，　和 Henry C. Lea, *The Inquisition in the Spanish Dependencies* ... (New York, 1908); 也 见 Cecil Roth, *The Spanish Inquisition* (1937, London, 1964), 208-26; Richard E. Greenleaf, *Zumarraga and the Mexican Inquisition, 1536-1543* (Washington, 1961)。

四种地域文化的扩展

到 1770 年，英属北美的这四种民俗已经深深扎根。它们扩展得很迅速。马萨诸塞的移民以相似的文化先后创建了康涅狄格、新罕布什尔、南部缅因、东佛蒙特、长岛、东泽西、纽约上州和北俄亥俄等殖民地。弗吉尼亚滨水地区的文化扩展到马里兰南部、特拉华南部、北卡罗莱纳州沿海地区，向西扩展到肯塔基部分山区。特拉华山谷的民俗传入了西泽西、宾夕法尼亚东部、马里兰东北部和俄亥俄中部。1740 年后，北不列颠的边民迅速占领了从宾夕法尼亚到佐治亚的阿巴拉契亚山区，向西一直到密西西比州。

这四种文化有很多共通性。几乎所有人都说英文，遵守英国法律，珍视祖辈传下的自由观念。大多数人按核心家庭为单位定居，婚内出生率也大致相同。

盎格鲁 – 美国的四种地域文化：文化特征概述，1700—1750

地方				
源地	马萨诸塞	弗吉尼亚	特拉华山谷	边区
地域	大新英格兰	南部滨水地区	新泽西、宾夕法尼亚、特拉华、马里兰北部	南部高地
语言和文化水平				
方言	北方	南部沿海	中部	南部高地
识字率（S）：男 / 女	80%/50%	50%/25%	65%/33%	无数据

续表

建筑				
建材	木架构	砖木	石头与砖	土与原木
样式	盐盒式、拉伸盒	大宅、起居室	贵格会样式	木屋
家庭				
组建方式	核心家庭	延伸性	偏核心家庭	家族、父系
向心度	高度	较低	中度	中度
成员人数（F）	7	3	5	无数据
仆役人数	0—1	4—5	2	无数据
婚姻、性别和性				
婚礼	民事婚约	宗教婚礼	聚会、缔约	抢婚
平均婚龄 Ma 男 / 女	26/23	24/18	27/24	20/19
终身未婚	2%/6%	25%/2%	12%/16%	无数据
男性做主	中度	高度	中度	很高
婚前怀孕 PPR	较低（10%—20%）	高（20%—40%）	很低（5%—15%）	很高（40%）
私生子率（B）	低（7—10）	高（26—118）	低（1—7）	无数据
惩罚对象	男女平等	女性偏重	男女平等	无数据
后代名字及养育				
名字起源	圣经	诺曼 / 条顿	混合型、圣经	圣者名字
圣经占比（Nb）	90%	50%	70%	65%
名字继承	核心家庭两代	延伸家庭三代	三代、双方	三代
父母占比（Np）	60%—70%	20%—30%	20%—30%	20%—30%
儿童养育	打破愿望	扭曲愿望	限制愿望	培养愿望
送出去比例	是	混合	不	混合
年老及死亡				
理想角色	老人为圣	老人为父	老人为师	老人为长
待老方式	尊老	父系长者	以老为尊	老者掌权
年龄积算（A）	偏长	偏长	无数据	混合
死亡态度	工具性宿命论	克己宿命论	乐观宿命主义	命运不可知论
丧葬传统	非常朴素	重视礼仪	极度朴素	民间礼仪
宗教及巫术				
派别	公理派	圣公会	贵格会	长老派等
敬拜方式	讲道为中心	以仪式为中心	以圣灵为中心	室外集会和团契
巫术传统	魔法为主	探测命运	招魂说	巫术为主

续表

学习及文化普及				
学校教育	城镇学校	教区学校	教会学校	私立学校
普及型教育	较强	较弱	较强	较弱
高等教育	较强	较强	较弱	较弱
就学时间（E）	4—5 年	1—3 年	3—4 年	1—2 年
饮食方式				
名菜	豆子和黑面包	炖肉丁	奶酪和牛肉干	凝乳、土豆
主要烹饪方式	烘焙	烘烤和煎炸	煮食	煮食和煎炸
餐饮方式	年长为先	等级分明	公共型	性别区分
衣着				
阶层差别	有所区别	区别明显	有所区别	有所区别
色彩	冷色调	亮色为主	自然色彩	民间色彩
性别区分	不太明显	比较明显	很不明显	非常明显
运动、工作和时间				
娱乐	城镇及团队游戏	血腥运动	有用的休闲方式	田径比赛
工作伦理	清教徒工作伦理	较为悠闲	虔诚派工作伦理	武士伦理
经济方式	各种商业	主食农作	各种工业	农作和放牧
时间方式	提升时间	打发时间	赎回时间	度过时光
季节性（Tm）	秋季高峰	冬季高峰	两季高峰	春季高峰
等级与财富				
等级系统	缩减的等级	等级制	平等主义	隔离体制
遵从传统	中度	高度	较低	混合型
财富（G）	0.4 至 0.6	0.6 至 0.75	0.3 至 0.5	0.7 至 0.9
继承制度	可再分	长子继承权	一次性分产	混合
土地授权（L）	90—120 英亩	674 英亩	250 英亩	无数据
定居、社交、荣耻				
理想定居方式	城镇	庄园式村庄	农业社区	隐居
实际定居方式	村庄为主	种植园	农家群落	隔绝式
房屋地点	沿大路	隐蔽处	山谷聚居	溪流与泉眼边
国际混居	较低	中度	高度	很高
定居率（rPr）	75%—96%	50%—75%	40%—60%	25%—40%
荣誉	以恩慈为中心	以等级为中心	以圣灵为中心	原始荣誉

续表

权力、秩序和自由				
地方政体	城镇集会	教区与法庭	委员会	法庭
个人税收	12d (1765)	12d (1765)	5d (1765)	4d (1765)
投票率 %AWM	20%—30% 时有激增	40%—50% 稳定	20%—45% 稳定	15%—25%
暴力水平	很低	中度	较低	高
犯罪率 C	0.4	0.9	1.2	5.2
秩序指数 O	0.51	0.31	0.08	0.25
自由方式	有序自由	支配性自由	相互自由	天然自由

定量术语解释：

A 年龄误差，报告年龄与估计年龄的比率

AWM 投票参与者在白人成年男性中的比例

B 私生率，每一千例出生中非法出生的数量

C 犯罪率，人身犯罪与财产犯罪的比例

E 平均在学长短

F 完整家庭的大小，所有家庭出生小孩的平均数

G 基尼系数

L 土地授权，平均英亩数

Ma 第一次婚姻的平均年龄

Nb 命名方式，圣经名字的比例

Np 为头胎取父母名的比例

O 财产罪在所有犯罪中的比例

PPR 婚前怀孕的比例，婚后八月就产子的比例

rPr 成人在当地定居十年以上的比例

Tm 结婚月份，每年结婚最主要的高峰月份

殖民地主要的宗教是基督教和新教。它们的土地根据英国的财

产观念都是私有制，并且在全美得到施行。但在其他方面，这四种英国文化差别很大。我们越了解它们的实际情况，它们就越显出差异性。严谨的读者可详查本书提供的证据，前面的表格已经进行了概括。

其他殖民地文化

这四种主要文化并没有包含所有英属北美的地域。还有其他的一些文化区。有一些面积也很大，只是小于前述四个主要区域。其中最大的是新荷兰（New Netherland），占据了几乎整个哈德逊河谷。1700 年，荷兰公民和布尔人在荷兰人和阿尔斯特人的郡中占三分之二，在橙郡占了四分之三，在国王郡占了六分之五，在阿尔巴尼占十分之九。他们还定居在东泽西的部分地区，在 1790 年他们占卑尔根郡（Bergen）人口的 75%，在萨默塞特郡人口中占 80%。[1]

这种文化很保守。老式的荷兰口音在这种文化中一直保持到 19 世纪中叶。它的建筑样式很特别，包括大谷仓、干草棚、城镇房屋的阶梯状山形墙和只有半扇门的低窄农舍等。定居的方式也比较特别，房屋都奇特地围绕改革宗教堂簇拥在一起。各地之间迁徙的比例很低，荷兰的家庭构成与英国邻居也差别较大，孩子数较少，而奴隶数较多。1738 年，国王郡的多数荷兰家庭都拥有奴隶。[2]

这个文化与其他族群打交道的方式不太相同。它融合了礼仪上的宽容、社交上的远离以及高度的不平等。这导致当地族群的多元化，人际关系相比特拉华山谷更显原子化，而相较新英格兰又更显等级分明。纽约市的社会习俗至今保留着很多 17 世纪新阿姆斯特丹和老阿姆斯特丹的特殊纹理。[3]

新荷兰的文化并没有溢出其原始的边界。它的人口规模始终很小。1664 年，只有 7000 名荷兰人（和 3000 名非荷兰人）在当地定居。到 1790 年，只有 98,000 荷兰人的后代定居在美国——不到新英格兰人口的十分之一，相比其他主要民俗地域的人口也只是一小部分。[4]

在南卡罗莱纳州的沿海地区发展出另一种殖民地文化。其中一些奠基者家族来自西印度群岛，还有一些人是法国胡格诺教徒和来自弗吉尼亚滨水地区的移民。1790 年低地人口的四分之三是来自刚果盆地以及安哥拉的奴隶。这些族群很快发展出自己的习俗和制度，更接近加勒比海地区，而不是切萨皮克地区。他们的方言主要受到安哥拉黑人嘎勒英语（Gullah）的影响。他们的建筑方式则是多国元素的综合，包括加勒比海地区、法国、非洲和英国。他们的定居方式在美国殖民地中是城镇化最高的：大约 25% 的低地白人居住在查尔斯顿（Charleston）。白人家庭的财富在殖民地中也是最高的（1740 年 450 英镑），并且集中在少数人手中。每年生活的节律受季节性放牧移动的影响，这在其他主要地域文化中并不存在。[5] 这个地区成了一个独特的文化区域，但它从来没有发展为主要文化的源地。到 1790 年，还有不到 29,000 白人居住在南卡罗莱纳州的低地，与此同时，有超过 30 万白人居住在弗吉尼亚东部，45 万白人在南部边区（其中 112,000 人在南卡罗莱纳州的边区）。[6]

另一种殖民文化在北卡罗莱纳州的恐惧角山谷（Cape Fear Valley）发展起来，1732 年苏格兰高地人开始抵达此地。1745 年叛乱之后又有很多人接踵而至，到 1776 年，这里的人数已经相当于南卡罗莱纳州低地的白人人口。[7] 其他一些族群也先后定居该地，但高地人占据着统治地位，所以盖尔语成为当地的主要语言，甚至非苏格兰人也说这种语言。有个故事讲一位刚刚到达该地的高地妇人听见两个男人在说盖尔语：

> 这位妇人听到他们的口音，以为他们也是高地人，但当她走近的时候，才发现他们的皮肤很黑。她这才知道她最不祥的预感终于应验了，所以就害怕地哭起来：“哦，求上帝怜悯，我们也会变得这样黑吗？”[8]

即使到了20世纪，被派到苏格兰传道的恐惧角山谷人仍被要求穿上苏格兰褶裥短裙，他们也仍可以弹奏管风琴，并且用盖尔语讲道。[9]

这个文化的政治史与它的边境邻居很不同。在美国独立革命期间，边区人多数是辉格党；苏格兰高地人则多数是托利党。联邦成立后，边区人倾向于投民主共和党（美国成立初期的党派——译注），恐惧角山谷的高地人则多投票给联邦党人。历史学家杜安·迈耶（Duane Meyer）认为，这些人“常常选的都是败选方”。他们从来没有真正融入一贯支持民主党的南方；1900年，他们又把票投给了麦金利（McKinley）而不是布莱恩。这个地区把他们的文化身份一直保留到20世纪。[10]

注释

1 Patricia U. Bonomi, *A Factious People* (New York, 1971), 22.

2 近来的历史研究更着重商业及经济过程，参见 Thomas J. Condon, *New York Beginnings: The Commercial Origins of New Netherland* (New York, 1968); Van Cleaf Bachman, *Peltries or Plantations* (Baltimore, 1969)。历史民族志才刚刚开始，参见 Peter O. Wacker, “The Dutch Culture Area in the Northeast, 1609-1800,” NJH 104 (1986), 1-21; *idem, Land and People; A Cultural Geography of Preindustrial New Jersey* (New Brunswick, 1975); Sophia Hinshallwood, “The Dutch Culture Area of the

Mid-Hundson Valley" (thesis, Rutgers, 1981); David S. Cohen, "How Dutch Were the Dutch of New Netherland?" *NYH* 38 (1981), 43-60。

3 荷兰与英国加尔文教派之间的差别预示了洋基人与纽约人之间的差别。除了像布拉德福《普利茅斯种植园》(*Plymouth Plantation*)那样的家庭记录，还有英国档案里的一些手稿，比如约克考古学会的拉尔夫·索尔斯比(Ralph Thoresby)日记等。1678年，索尔斯比到了鹿特丹(Rotterdam)。"我满怀愤恨地看到当地罪恶的习俗，"他写道，"他们每日都做着不敬神的事情，包括唱歌、玩乐、散步、缝纫等，这让我无法容忍，因为他们口口声声说自己信神，并且属于改革宗教会。" Ralph Thoresby Diary, 14 July 1678, ms. 21, YASI.

4 比较受认可的估算(98,000人)来自 Thomas L. Purvis, "The European Ancestry of the United States Population, 1790," WMQ3 (1984), 98。Wacker, Hansen 和 Swierenga 估算稍高，10万至11万人之间。哈德逊河谷的荷兰人口花了35年时间才增加了一倍，而新英格兰和特拉华殖民地花了25至28年时间。

5 M. Eugene Sirmans, *Colonial South Carolina: A Political History, 1663-1763* (Chapel Hill, 1966); Peter H. Wood, *Black Majority: Negroes in Colonial South Carolina from 1670 through the Stono Rebellion* (New York, 1974); Charles Joyner, *Down by the Riverside: A South Carolina Slave Community* (Urbana, 1984).

6 1790年的低地包括博福特(Beaufort)、查尔斯顿和乔治城等区。参见 John H. Wolfe, *Jeffersonian Democracy in South Carolina* (Chapel Hill, 1940), 5; Robert Mills, *Statistics of South Carolina* (Charleston, 1826)。

7 Duane Meyer, *The Highland Scots of North Carolina, 1732-1776* (Chapel Hill, 1961).

8 同上, 119; Charles W. Dunn, *Highland Settler: A Portrait of the Scottish Gael in Nova Scotia* (Toronton, 1953), 138。

9 与查尔斯·乔伊纳(Charles Joyner)的私人谈话。

10 英属北美有很多殖民地文化保持着独立的身份，并和英格兰的相应地区保持着紧密的关系。这些关系中持续最长久也最牢固的是纽芬兰和普尔的多塞特海港，它们的关系最早从1528年就开始了，并一直持续到20世纪。F. W. Mathews, *Poole and Newfoundland* (Poole, 1936), copy in DORSRO.

地域发展的节奏

每一个地域文化都有自己的历史，也按照自己的逻辑展开。但它们所经过的阶段大致相似，在殖民地历史上展现出鲜明的节奏。第一个阶段是从不列颠文化转变成美国文化，其中一些重要的人物具有决定性作用。例如，在马萨诸塞，清教徒领袖如约翰·温斯罗普和约翰·科顿等塑造了这个地区的未来，他们携带着马萨诸塞湾公司的章程来到新世界，对教会成员资格进行严格的限定，创建出城镇政府的模式，还在新英格兰阻止了清教贵族的统治。在弗吉尼亚，威廉·伯克利爵士做了很多重要的决定，他招募了一批殖民地精英进驻，驱逐了清教徒和贵格会，也限制了学校和出版业的发展。在宾夕法尼亚，威廉·佩恩的政策改变了这个地区的历史，为当地设计了新颖的机构，引入了德国移民，也改进了自由法律。在南部高地，边区的贵族起到了播种的作用。所有这些文化的领袖都为本地的发展指明了方向。

第二个阶段发生了强烈的文化危机。危机最早开始于移民精英内部的争议，他们虽然都有意达成殖民地的基本目的，但却在权力、次序和个人自由等方面有不同主张。在马萨诸塞，危机开始于罗杰·威廉姆斯（Roger Williams, 1635—1636）所带来的分裂主义挑战，和安妮·哈钦森引发的反律法危机（1638—1639）。在弗吉尼亚，关键期是培根叛乱（1676）和随之而来的暴力镇压（1676—1677）。宾夕法尼亚的危机发生在1690年代，威廉·佩恩还因此暂时失去了对殖民地的控制（1692—1694），而贵格殖民地也被凯赛恩分离主义（Keithian schism）深深地分裂（1692）。边区的关键期是在管制期（1768—1770）。在每个地方，相关事件都为当地文化带来了新局面。

这些危机后紧接着是文化巩固期。在马萨诸塞，这发生在1640年代，弗吉尼亚是1680年代，宾夕法尼亚是18世纪早期的几十年，边区是18世纪晚期。在这些地方，占统治地位的文化都通过制度稳固下来，并得到长期的延续。例如在马萨诸塞，法庭、教会、城镇、学校和民兵都在法律上被确定下来，并且这些法律都是在前后几年内通过的，主要是1636年至1648年期间。相似的情况在多数殖民地相应的阶段上都出现过。

这个巩固期之后是一个复杂而漫长的文化传承期。在新英格兰，这个时期发生在1650年至1700年的半个世纪中，当地的清教徒变成了所谓洋基人。在弗吉尼亚，主要的时期是1690年至1750年，保王党人演变成辉格党人。在特拉华山谷，这个时期是贵格教派从第二阶段向第三阶段过渡的时期，这个日益多元化社会的信仰变得越来越内向化。在边区的这个时期，边区人演变成边疆人。在这些过程中，殖民地当初的目的逐渐模糊了，但制度保留下来，而地域的文化身份获得了新生。[1]

注释

1 在新英格兰，清教徒的一些历史学家认为这个过程是一种衰落。但这种说法只是抓住了复杂转轨时期的部分事实，因为这一时期还有很强的延续性，并且有一些积极的发展；这方面最好的论述可参见 Richard L. Bushman, *From Puritan to Yankee: Character and the Social Order in Connecticut, 1690-1765* (Cambridge, 1967); Robert G. Pope, *The Half-Way Covenant* (Princeton, 1969)。有关宾夕法尼亚也有很多阐述，参见 Frederick Tolles, *Meeting House and Counting House* (Chapel Hill, 1948); Gary Nash, *Quakers and Politics: Pennsylvania, 1681-1726* (Princeton, 1968); Alan Tully, *William Penn's Legacy: Political and Social Structure in Provincial Pennsylvania, 1726-1755* (Baltimore, 1977); 有关弗吉尼亚，参见 Rhys Isaac, *The Transformation of Virginia, 1740-1790* (Chapel Hill, 1982)，这本书探讨的主题有所区别。切萨皮克地区从保王党到辉格党的转变，以及南部高地的定居者向边疆人的转变，还有待历史学家的探索。

殖民地的地域冲突

英属北美这四种主要文化的相互关系从一开始就不太融洽。在他们发生经济冲突之前，价值观的分裂就很明显了。新英格兰的清教徒很厌恶弗吉尼亚人。早在1651年，一个清教徒提到弗吉尼亚人就说："我认为他们是这个世界上最没有道德良心、最不忠实的一群人。"[1]特拉华的人也同样从道德上否定切萨皮克地区的人。新泽西一个年轻人即将去弗吉尼亚工作，朋友们就警告他说："那里的人都是渎神的，非常缺德。"[2]

弗吉尼亚人同样鄙视新英格兰的清教徒和特拉华的贵格会教徒。1736年，威廉·伯德二世在写给埃格蒙特伯爵（the Earl of Egmont）的信中表达了这种轻蔑的态度。"新英格兰的那些圣徒们，"伯德写道，"我看他们会钻空子逃避你们议会的法律。他们善于掩饰自己的口是心非，在口头上不留一丝痕迹，他们比任何人都善于逃避法律的惩罚……对这些狡诈的商人必须保持警惕。"[3]

弗吉尼亚的圣公会教徒和新英格兰的清教徒之间仅有的共同点是他们都讨厌贵格会。无论贵格会在今天看来是多么温和，他们在那个时代却遭到憎恨，被说成是危险的极端主义分子、和平的破坏者、伪善的骗子和伪君子，据说"他们对自己的同胞一周只祷告一天，而其他六天却给自己祷告"。[4]

不难理解，很多贵格信徒也因此极端憎恨清教徒。这个派别的成员虽然相信普遍救赎，却对新英格兰人例外。1795 年，宾夕法尼亚一个贵格信徒把所有洋基人骂成“一群吸血鬼”。[5]

移民边区的北不列颠边民也被清教徒、弗吉尼亚绅士和贵格会讨厌。新英格兰人认为他们都是野蛮人、原始人。宾夕法尼亚一个贵格信徒把他们称为野蛮人、美国的汪达尔人[①]；另一个把他们描述为“缺少知识、没有文明的一类人”。弗吉尼亚人更怀疑他们是不是人类的一部分，当地有个绅士说他们是“可疑的种族”。[6]

边区人以同样的方式反击这些看法。在宾夕法尼亚边区，自治治安队（Paxton Boys）屠杀了一群和平的印第安人，并且“斗胆说，他们战利品甚丰，因此要去宾夕法尼亚，用同样的方式对待那里的贵格会教徒”。相似的，在边区居民和弗吉尼亚滨水地区的贵族、卡罗莱纳人之间，边区居民和新英格兰的北方人之间都有敌对的态度。[7]

这四种文化在彼此熟悉后，态度并没有改善。相熟后，这些文化的居民只是更诧异他们之间的差别如此之大。新泽西教师菲利普·费西安写信给朋友，提到弗吉尼亚人，“他们的生活方式、饮食、娱乐和运动等等很多方面都与你熟悉的不同”。[8]

这种敌视的态度经常导致暴力事件。在新泽西中部，清教徒和贵格派之间经常打斗。特拉华山谷的居民和切萨皮克地区的人也常常在梅森－狄克森线（Mason–Dixon line，宾夕法尼亚和马里兰之间的界限）附近发生武装械斗。边区人经常和弗吉尼亚、北卡罗莱纳、南卡罗莱纳以及宾夕法尼亚滨水地区的人发生冲突。独立革命后，北不列颠人还经常和宾夕法尼亚东北部以及康涅狄格的新英格兰人

---

① 破坏罗马文明的日耳曼人的一支。——译注

打斗。

这些紧张态势只能通过空间上的阻隔得到暂时的缓解。在宽广的美国大地上，这四种不列颠文化只要往外走，就能找到足够的空间来保护自身的独特性。这种空间上的隔离在美国殖民地时期导致了一种有趣的矛盾现象。“早期美国，”约翰·罗奇（John Roche）说，“在宽广的国土上点缀着众多封闭的领地。”[9]

这种规律也有很多例外，尤其是在海港城市，不同的人群混居在一起。但早期美国的城市人口从1720年至1775年期间实际上是相对下降的。与此同时，英属北美的很多农村地区则变得越来越单一，更加执着于他们的传统。

注释

1 George Gardiner, *A Description of the New World* (London, 1651), 92.

2 Fithian, *Journal and Letters*, 62 (2 Jan. 1774).

3 William Byrd II to the Earl of Egmont, 12 July 1736, Tinling, ed., *Three Byrds*, I, 487.

4 Caleb Raper Commonplace Book, 1711, HAV.

5 Joshua Evans Journal, 24.vi.1795, SWAR.

6 Charles M. Andrews, *Colonial Folkways* (New York, 1919), 235; Joshua Evans Journal, 24.ii.1797, SWAR.

7 Rhoda Barber Journal, HSP.

8 Fithian, *Journal and Letters*, 220.

9 引自与作者的谈话。

地域文化与美国的独立

到 18 世纪中期，英属北美的这四种文化突然遭遇了来自伦敦新帝国精英的重大挑战。这一小撮统治阶层发展出自身的文化，与英属北美的这些传统民俗大相径庭。17 世纪晚期到 18 世纪，他们甚至发明了自己的语言，至今仍然是英格兰上等阶层的标志。在美国人听来，这种语言的突出特征是 a 音发得很宽，据说这种发音方式通过戴维·加里克（David Garrick）传遍了伦敦社会。这个故事真实性或许存疑，但这种宽阔的 a 音确实是加里克在世期间（1717—1779）的一种时髦。这种发音方式再加上一些成语和语调，造就出特殊的精英语言，促进了英格兰统治阶层的整合。[1] 它同时也让这些少数的上层人与大众拉开了文化距离。[2]

英格兰统治阶层这种新的话语方式与美国殖民地的方言差别很大，而且被殖民地人民认为不自然、造作。在另一面，到过殖民地的英国官员说，殖民地的人，即使地位很高，也都说着 17 世纪的过时口音。那些在革命后逃回英国的保王分子震惊地发现，他们那种过时的口音和行为方式已经与伦敦上流社会的氛围格格不入了。[3]

英格兰统治阶层新的说话方式只是其精英文化的一个部分。这种精英文化在家庭观念、婚姻模式以及后代养育方面也显得很特别。他们有自己的次序、自由和权力观念，并成为英属北美文化的巨大威胁。

从 1660 年至 1760 年的一百年中，英格兰的精英创造了很多新的机构，至今仍在这个国家的生活中起作用。皇家海军虽然自称是阿尔佛雷德国王创建的传统部门，实际上也是这个时期出现的。相似的还有很多法律制度；今天英国法律规定的正式以及非正式仪式、建筑和服饰等很多也是那个世纪创立的，即使今天仍然保留着当时的风貌。在这个时期，英国教会还创立了福音派基督教圣公会的很多新机构，尤其是外国福音传播协会（the Society for the Propagation of the Gospel in Foreign Parts）。英格兰银行以及很多大型的商业机构也在这个时期奠基。一个新的官僚阶层开始在白金汉宫的新古典建筑里形成。在所有这些机构之上是“君临议会”（King-in-Parliament），这种混合型的主权架构在 1689 年之前并不存在。

这些新的观念和机构直到有美国殖民地作为参照后才形成，而后者的文化像是早年社会混乱和颠覆期的残余。到 1903 年，一个等级地位很高的英国历史学家仍然对美国殖民地的狭隘和落后进行猛烈的抨击。“这里任何一个社区，”约翰·福蒂斯丘（John Fortescure）爵士写道，“即使是最小的安地列斯群岛（Antilles），都有一个英国模式的立法会；所以它们都被本地的情感、派别和愚昧无知所左右。”[4]

英格兰的统治精英坚持要把美国殖民地置于这些新国家机构的统治之下。这种挑战不仅是政治上的，也是文化上的。它提出的建议包括，按照爱尔兰贵族制度来改造美国贵族，建立一个类似于白金汉宫那样的官僚制度；还有类似于英格兰教会那样的美国宗教机构。英属北美的民俗受到这些政策的严峻挑战。

例如，在美国革命前夜，圣公会福音传播协会向马萨诸塞派出了传道人，目的是转化那些“异教徒”。他们没有把布道所建在边疆地区，而是哈佛学院的对街，并试图转化那些新英格兰公理教会的后代子孙。这个圣公会组织的领导者托马斯·赛克（Thomas Secker）主教毫不掩饰对殖民地人民的轻蔑，他在1741年说，这些人“邪恶、放荡，而且很残忍”。[5]1758年，这个人成了坎特伯雷大主教（the Archbishop of Canterbury），开始计划在殖民地建立统一的圣公会机构。他的宏伟计划无异于给殖民地宗教带来了致命挑战，包括新英格兰的公理正统教派、宾夕法尼亚贵格会的宗教自由体制、弗吉尼亚深入民间的世俗化小礼拜堂和边区的长老会。[6]

新的帝国精英也试图按照自己的观念改造殖民地的教育机构和社会结构。印花税法案的起草者认为：

> 任何职业的准入，或者大学学位的获得，都应该按照英格兰的高标准；最好能在英格兰和北美殖民地都提高标准，以排除那些不适合这些位置的人。[7]

他们在入学考卷上征收两英镑的印花税，又在“提及的大学、研究所、学院或神学院”的学位再征两英镑的税（但在英格兰是两先令十八便士）。为限制专业人士的增长，他们对执业律师的证照征收十英镑的税。[8]

他们也想用更直接的方式来限制各地区文化机构的成长。例如，在1769年，北卡罗莱纳州梅克伦堡的边区长老会建立王后学院（Queen’s College，今天依然存在）。但北卡罗莱纳州议会在大批边区人到首府游行示威后，才勉强给学院颁布了许可证。学院开始运作的时候，它是威廉姆斯堡以南以西唯一的这种机构，但对于帝国的掌权者而言，已经显得太多了。1773年，在拖延了很久之后，王后学院的许可证被伦敦取消了，理由是它偏向长老会。与此同时，国王还撤销了修改后的北卡婚姻法案，这部法律允许长老会牧师主持婚礼，而取消它的理由是没有给英格兰教会特许权。这些决定成为标志性的事件，大大激怒了边区人，让他们进一步下定决心，“只支持给予最大自由度的政府”，梅克伦堡的一次请愿明确提出了这种口号。[9]

在赛克主教试图改革殖民地宗教的同时，帝国的其他精英改革了殖民地的法律机构。每个文化地域都有自己的法庭系统，一直以来都是由他们自己控制。而现在美国人被强加了一个扩充的海军中将法庭体系，这种法庭没有罗马民法传统中的陪审团，这对于美国传统而言是异质性的。殖民地也被迫接受新的法律原则，与新的律师和法律官员的层级体系。

英格兰的帝国精英们还对英属北美的政治机构展开了另一轮冲击。其结果是地域文化的影响力和自治在下降。例如，到 1660 年，英属北美的七个大陆殖民地中有五个已经选举了自己的总督。但到了 1760 年，十三个殖民地中只有两个选了总督。其余的都被皇家总督所统治，他们是由伦敦从英格兰的统治阶层中任命的。其中一个，弗朗西斯·伯纳德总督被选为马萨诸塞总督，原因只是他与一个权势人物的表妹结了婚。1774 年，伯纳德正式提出要建立一个美国贵族阶层。“由国王任命的终身贵族阶层在独立的前提下，”他写道，“将给美国政府带来权势和稳定，正如世袭贵族会给大不列颠所带来的一样。”[10]

所有这些挑战都威胁着美国的四个地域文化。为了应对共同的危险，他们放下分歧，联合行动，并最终导致了美国独立革命。新英格兰、弗吉尼亚和边区的本土精英在这场斗争中联合起来。特拉华的精英却没有加入，主要原因倒不是他们对英国政策的看法不同，而是他们反对任何武力反抗挑衅的行动。

注释

1 这种发音方式的另一部分是含糊的 s，被称为骑兵的咬舌，但现在早已被人遗忘。这或许来源于古西班牙语，这种奇特的发音方式被英格兰的骑士采用，在骑士兵团内部以此为时髦，一直承袭到 20 世纪。

2 Raymond Williams, “The Growth of ‘Standard English,’” in *The Long Revolution* (rev. ed., New York, 1966), 214-29.

3 Henry Van Schaack, *The Life of Peter Van Schaack* (New York, 1842). 162-63.

4 John W. Fortescue, *A History of the British Army* (13 vols. In 20, London, 1902), III, 3.

5 Thomas Secker, *A Sermon Preached before the Society* (1741); reprinted in Frank J. Klingberg, *Anglican Humanitarianism in Colonial New York* (1940), 213-33.

6 Arthur Lyon Cross, *Anglican Episcopate and the American Colonies* (1902, rpt. Hamden, Conn. 1964); Carl Bridenbaugh, *Mitre and Sceptre* (New York, 1962).

7 Edmund S. Morgan, *Prologue to Revolution: sources and Documents on the Stamp Act Crisis* (Chapel Hill, 1953), 57.

8 D. Pickering, *The Statutes at Large*…(46 vols., Cambridge, 1762-1807), XXVI, 179-87, 201-4. (5 George III, chap. 12).

9 这次行动的领导者是亚历山大和波尔克部族。参见 Norris W. Preyer, *Hezekiah Alexander and the Revolution in the Backcountry* (Charlotte, 1987), 58, 72, 88。

10 *Select Letters on the Trade and Government of America, and the Principles of Law and Polity, Applied to the American Colonies* (London, 1774); Edmund S. Morgan and Helen M. Morgan, *The Stamp Act Crisis* (New York, 1953), 14-18.

地域文化因革命振兴

独立革命并不是单一的斗争，而是一系列四场独立的革命，由英属北美四种文化以不同的方式展开。第一场美国革命（1775—1776）是新英格兰民众的普遍反叛。英国的常规军被洋基人的民兵打败，这些民兵也就类似于他们祖上的清教徒训练团。这些民兵被加尔文神职人员组成的“黑兵团”急招入伍。按牧师们与像约翰和萨缪尔·亚当斯这类普通信徒的说法，新英格兰独立战争的目的，并不是要保护一般意义上的个人权利。多数新英格兰人对约翰·洛克或加图信函没有什么兴趣。他们主要是想从英国人手中保护自己的习俗，不被莫尔登城（Malden）所宣称的“堕落与放荡”污染。

多年后，历史学家乔治·班克罗夫特（George Bancroft）询问一个新英格兰城里人，他和朋友们为什么参与革命。他是受到约翰·洛克的启发吗？这个老兵承认，他从没有听说过洛克。他是被托马斯·潘恩的《常识》所打动吗？这位诚实的北方佬承认，他从没有读过托马斯·潘恩。是因为独立宣言鼓舞了他吗？他不这么认为。让他用自己的话来解释加入战争的原因时，他只是说，新英格兰人从来都是自主管理自己的事务，不列颠人要阻止他们，所以这一切才发生了。

1775 年，这些北方的民兵既愤怒又坚定，毫不退让。他们有的并不仅仅是决心。绝大多数有战斗能力的男性都上了战场，战斗残酷惨烈。他们的武装反抗非常有效，所以 1776 年之后，英国军队再也没能在新英格兰的土地上保留任何军事力量。

第二场独立战争（1776—1781）发生在中部州和南部沿海，拖延的时间更长。这是一场绅士的战争。战争一方是由英国贵族指挥的正规军和雇佣军。另一方是一位弗吉尼亚贵族率领的尚未完全成型的美国军队。第二场美国革命的原则由弗吉尼亚贵族托马斯·杰弗逊通过独立宣言作出了亚里士多德式的宣示，按他的说法，他参战的目的是为了捍卫“撒克逊祖先”的古典自由原则。

第三场美国革命在1779—1781年达到顶峰。这场战争是南部边区的英国边民对阵美国保王党分子和入侵的英国正规军。这场惨烈的战争与北不列颠早期的众多军事冲突类似，发生了很多家族血仇和武装暴行。囚犯被屠杀，房屋被焚烧，妇女被强奸，甚至小孩也被刀剑斩杀。

第四场美国革命从1781年到1783年。这是一场非暴力的经济和外交斗争，特拉华的精英在其中扮演了领袖的角色。这场经济战争是由费城的罗伯特·莫里斯领导的。美国的外交斗争则是本杰明·富兰克林在主导。特拉华文化在战争中贡献较小，但在其他战线的斗争中贡献巨大。

反对革命的保王分子属于四种主流文化之外的族群。这些族群包括新一代的帝国精英，这类人在很多殖民地的首府增长迅速；也有一些居住在主要地域文化边缘的不同族群，尤其是在纽约市混居的各种语种的人群、卡罗莱纳的苏格兰高地人和反对辉格党主人的非洲裔奴隶。

新共和国的地域文化

宪政联盟，1787—1795

获得独立之后，这四种地域文化再次陷入彼此间的矛盾冲突。即使是在战争期间，大陆会议也分裂为不同的派别，这种分裂本质上并不是经济或意识形态上的差异，而是地域和文化上的分歧。当时有三个投票群体：由新英格兰人组成的“东部”殖民地群体；以弗吉尼亚滨水地区为核心的南方群体；以及主要来自特拉华山谷的中部地区代表。大陆会议历史的权威学者发现，地域纷争是 1777 年至 1785 年重大政策投票的主要决定因素，比如对军队的监督、国会的税收权和密西西比河上的巡航权等。[1]

在新的邦联之下，各个地域的身份依然独立，英国特务保罗·温特沃思（Paul Wentworth）报告说，美国各州组成了三个共和国：一个是“东部共和国，强调教会和州的独立性”；一个是“中部共和国，教会与州务上奉行包容政策”；还有一个“南部共和国，或是仿效大不列颠的混合政体”。温特沃思断定，这些美国共和国之间的差异大于欧洲国家之间的差异。他认为“它们在政治或道德上很难发现对等的东西”。[2]

1787 年颁布的宪法试图重新界定英属北美的这几个区域性“共和国”的关系。大陆会议的目的是达成制度上的共识，让这四个地域文化能够尊重彼此的差异。在制宪大会上，一些最重要的妥协并不是在州之间，或派别之间，或意识形态之间，而是在文化地域之间。

新政府中的代议制就是这样的重要问题。埃德蒙·兰道夫（Edmund Randolph）的"弗吉尼亚计划"被接受为一个讨论的蓝本，但在正式接受之前，却被要求作出重大修改。其结果是大州与小州在国会两院达成一系列妥协。还有一个不太为人所知，但同样重要的妥协是在区域之间。兰道夫的计划是在国家层面建立弗吉尼亚式的政体，一个由乡村贵族长期统治议会，偶尔举行选举的寡头政体。这种体系对新英格兰人来说是陌生的。罗杰·谢尔曼（Roger Sherman）对弗吉尼亚人说："在康涅狄格，选举是经常的事情；所以，无论是人，还是事务，从这种制度奠基开始到现在130多年的时间中，一直都很稳定和统一。"[3]

在这个问题上，康涅狄格这样的小州和马萨诸塞这样的大州都投票反对弗吉尼亚。结果是地区之间达成的复杂妥协。政治学家长期以来都在误导我们，让我们以为"伟大妥协"只是存在于大州和小州之间。但更严峻的问题是能够协调英属北美这四大区域之间的政治文化。地域之间的妥协还包括代表制、税收、经济政策、奴隶制和法律、自由等观念。制宪大会与大陆会议相似，最突出的投票规律是按地域划分的。

边区在制宪会议上几乎没有代表。联邦宪法主要是来自新英格兰、弗吉尼亚和特拉华山谷的文化精英在一起制定的。边区人和其他地区的异议少数派大都反对这部宪法。反对主要来自各大区域边界的文化区域，特别是纽约的克林顿派精英、马里兰的蔡斯派别（Chase faction）和罗德岛人。但三大地域的精英联合起来占据了主导地位，他们支持宪法，并保证其得到了批准。

1789年，地域文化的共存进一步得到了权利法案的保障。例如第一修正案的第一句话："国会不得制定关于下列事项的法律：确立国教或禁止信教自由。"这句表面简单、内有乾坤的陈述，也是区域之间达成的复杂妥协之一。它的目的是保护弗吉尼亚和宾夕法尼亚的宗教自由，与此同时，也是要保护新英格兰的宗教不受外来干涉。这个条款的含义随着历史的发展被不断延伸；虽然其原意是保护地域的多元性，但现在已经成为国家范围内自由意志论的基石。[4]

注释

1 在新国家，"东部"常常是指新英格兰。一些独立的、与这些投票群体都没有关系的国会议员主要来自罗德岛、马里兰和卡罗莱纳低地——这些地区正属于英属北美的边境文化。参见 H. James Henderson, "The Structure of Politics in the Continental Congress," in Stephen G. Kurtz and James H. Hutson, eds., *Essays on the American Revolution* (Chapel Hill, 1973), 157-196; and idem, *Party Politics in the Continental Congress* (New York, 1974); cf. Joseph L. Davis, *Sectionalism in American Politics, 1774-1787* (Madison, 1977)。

2 Paul Wentworth, "Minutes Respecting Political Parties in America and Sketches of the Leading Persons in Each Province," in Benjamin F. Stevens, ed., *Facsimiles of Manuscripts in European Archives Relating to America, 1773-1783* (25 vols., 1889-95), XVII, 487.

3 James Madison, *Notes of Debates in the Federal Convention of 1787*, ed. Adrienne Koch (Athens O., 1966), 195.

4 麦迪逊对这个条款的第一个草案表达了在弗吉尼亚和宾夕法尼亚很普遍的态度："任何人的权利都不应该因为宗教信仰或礼拜而受到限制，也不应当建立任何国家宗教，道德良心的平等权利在任何情况下不应以任何形式受到侵犯。"这个草案受到新英格兰议员的激烈反对，包括康涅狄格的谢尔曼和亨廷顿，马萨诸塞的格里和新罕布什尔的利弗莫尔（Livermore）等，他们反对说，这个条款"对宗教会带来极大的伤害"尤其是"东部的公理教派"。这种反对更主要是地域性的，而非意识形态的差别；反对派包括联邦主义者和反联邦主义者，或者按埃尔布里奇·格里（Elbridge Gerry）的话说，是"鼠辈和反鼠辈"。这个条款最后的表述是地域妥协的结果。*Annals of Congress* 1st Cong., 1st Session, cols. 434-35, 729-32 (8 June, 15 Aug. 1789).

老不列颠文化在新共和国的延续

革命后很多年，来到美国的外国旅行者仍然认为这里的文化是“英国派”。农业改革者威廉·斯特里克兰（William Strickland）写道：“这些北方州对英国事物的偏好，以及他们对母国（他们称之为英格兰）的精神依赖十分显著，尤其是新英格兰的各州……纽约在这方面没那么突出，因为该地混居着从各个国家来的人。”[1]

另有人在1818年评论说：“凡是深入观察过美国的人都不会怀疑，这个国家仍然是英国派的，语言、习惯、法律、习俗、行为方式、道德和宗教等等……我们绝大多数人祖上来自英格兰，我们的祖先也不像一般人误以为的那样，是由罪犯、乞丐和游手好闲的人构成。”[2]

一直到19世纪，外国旅行者仍然持这种论调。1835年法国旅行者麦克·谢瓦利埃（Michel Chevalier）认为，新英格兰人不仅仅是英国人，而且是“双倍纯粹的英国人”。[3]阿历克西·德·托克维尔（Alexis de Tocqueville）也说：“虽然我们之间隔着大洋，我完全无法把美国与欧洲区分开来。我认为，美国人就是那些决心去闯荡新世界的英国人。”[4]

19世纪到阿巴拉契亚山地旅行的人对当地文化上的传承性感到非常惊讶。乔治·弗劳尔（George Flower）1816年来到宾夕法尼亚西部的山区，惊讶地发现“当地还流行着克伦威尔时代在英格兰流行的口音”。[5]此后两百年还有很多人发现同样的东西。美国语言学者阿尔伯特·马克伍德（Albert Marckwardt）认为：“平均每五年有一次，一些民俗或文化史爱好者会发现，肯塔基人、弗吉尼亚人或密苏里州奥扎克山区的人……会说纯粹的乔叟（Chaucer）或莎士比亚时代的英语。”

事实上，这些文化停滞的印象是错误的。最早听到的类似古语的语言其实是延续和变化的综合结果。然而，这四种说英语的民俗在美国独立之后仍然长期保留着语言上的独特性。[6]

注释

1 William Strickland to J. Robinson, 5 Dec. 1794, Strickland Papers, NYHS.

2 John Bristed, *America and Her Resources* (London, 1818) 377, 386.

3 Michael Chevalier, *Society, Manners and Politics in the United States* (1961, New York, 1969), 139.

4 Alexis de Tocqueville, *Democracy in America* (2 vols., New York, 1951), II, 36.

5 George Flower, *History of the English Settlement in Edwards County, Illinois* ... (Chicago, 1882), II, 24.

6 马克伍德和其他语言学者一样，都对这种现象有些奚落的态度。但奚落不等于否定，马克伍德自己也说，这些持续性的“守旧现象仍然需要解释”。Albert H. Marckwardt, *American English* (2d ed., rev. by J. L. Dillard, New York, 1980), 70-71.

四种文化地域的统治地位

独立之后，这四种盎格鲁－美国文化开始迅速扩展。这四个最初的地方，包括马萨诸塞湾、弗吉尼亚滨水地带、特拉华山谷和阿巴拉契亚山区都是民俗学者所称的“文化源地”，或者“温床”，四种人由此走向全国。

这些群体彼此之间很少融合，除了在移民洪流的边角地带。即使是在那里，他们也是按同质的群体居住在一起，彼此仍视对方为外来者。例如在伊利诺伊中南部，这个地区多数居民来自南部高地，一个叫露西·梅纳德（Lucy Maynard）的新英格兰人写道：“我们的邻居基本上来自印第安纳和肯塔基，有些来自弗吉尼亚，他们都很友好，但他们在行为方式、语言和几乎每个方面都与我们不同。”英国旅行者威廉·奥利弗（William Oliver）在1843年观察到，来自不同文化地域的开拓者差异很大，“就像来自不同国家”。[1]

这些不同来源的移民今天仍然能在美国的地区方言中找到痕迹。在20世纪中叶，语言地理学家在美国大陆发现了四种主要的方言区域。它们正是四种英国民俗在美国独立后扩展所及的地区。

第一种“北方语言区”，包括新英格兰、纽约上州、俄亥俄和印第安纳北部、密西根和威斯康星大部，北方平原，西北太平洋沿岸，以及一些城市语言孤岛，包括丹佛、盐湖城和旧金山。第二种“中部语言区”，包括中部各州、中西部，从宾夕法尼亚到太平洋沿岸的中纬度地区，以及密西西比河谷两岸扩展区；它的文化源地是特拉华山谷。第三种“南部沿海语言区”，从弗吉尼亚沿着大西洋沿岸延伸到佛罗里达，以至墨西哥湾。它那柔软的南部拖音来自切萨皮克地区。第四种“南部高地语言区”，从阿巴拉契亚山区和老西南穿过密西西比河谷南部一直延伸到德克萨斯、新墨西哥、亚利桑那和南加州。相似的规律也呈现在经济文化、本土建筑、取名习俗、民间传说和很多其他方面。所有这些证据都显明了这四种地域文化扩展至整个美国的历史过程。

注释

1 John Mack Faragher, *Sugar Creek: Life on the Illiois Prairie* (New Haven, 1986), 45-46.

以总统为案例

1789 年起的两个世纪中，这四个文化地域控制着美国的国家政治，正如其对语言和文化的统治地位一样。直到 20 世纪晚期，这种情形才有所改变。这些地域的重要影响可以从总统的文化源地看出来。从 1789 年到 1989 年的两百年间，这个最高领袖的位置先后由四十个男性担任，其中三十八个是这四个移民群体的后代子孙。

笔者惊讶地发现，在这四个文化群体中，与北不列颠的边民有完全或部分血缘关系的总体数量是最多的（一共 18 个），他们的祖先多数曾在 18 世纪定居边区。这些人包括安德鲁 · 杰克逊、詹姆斯 · 诺克斯 · 波尔克（James Knox Polk）、詹姆斯 · 布坎南（James Buchanan）、安德鲁 · 约翰逊（Andrew Johnson）、尤利西斯 · 格兰特（Ulysses Grant）、拉瑟福德 · 海耶斯（Rutherford Hayes）、切斯特 · 阿瑟（Chester Arthur）、格罗弗 · 克利夫兰（Grover Cleveland）、本杰明 · 哈里森（Benjamin Harrison）、威廉 · 麦金利（William McKinley）、西奥多 · 罗斯福（Theodore Roosevelt，四分之三的血缘来自北不列颠）、伍德罗 · 威尔逊（Woodrow Wilson）、哈里 · 杜鲁门（Harry Truman）、林登 · 约翰逊（Lyndon Johnson）、理查德 · 尼克松（Richard Nixon）、杰拉尔德 · 福特（Gerald Ford）、吉米 · 卡特（Jimmy Carter）和罗纳德 · 里根（Ronald Reagan）。[1]

下一个较大的总统群体总共 16 个，他们的美国祖先与大移民时期（1629—1640）定居在马萨诸塞的清教徒有完全或部分的血缘关系。他们中有约翰·亚当斯、约翰·昆西·亚当斯、米勒德·菲尔莫尔（Millard Fillmore）、富兰克林·皮尔斯（Franklin Pierce）、亚伯拉罕·林肯、尤利西斯·格兰特、詹姆斯·加菲尔德（James A. Garfield）、切斯特·阿瑟、拉瑟福德·海耶斯、格罗弗·克利夫兰、本杰明·哈里森、威廉·霍华德·塔夫脱（William Howard Taft）、沃伦·哈丁（Warren Harding）、加尔文·柯立芝（Calvin Coolidge）和乔治·布什（George Bush）。[2] 富兰克林·德拉诺·罗斯福（Franklin Delano Roosevelt）虽然有荷兰人的名字，但他的血统四分之三属于新英格兰的洋基人。[3]

新英格兰的祖先对于这些人的自我认同非常重要。他们中除了一人之外，都对自己的清教徒祖先抱有崇敬和自豪之情。这个例外是亚伯拉罕·林肯，他对自己的清教徒祖上开了一个林肯式的玩笑。“我所知道的第一个先祖是，”他告诉一个朋友，“汤姆·林肯，他 1634 年移民来美国，定居的地方叫欣厄姆（Hingham），也可能是叫‘吊死他’（Hanghim）。到底是哪一个呢，法官？”[4]

除了林肯，其他人都对他们的新英格兰血统有强烈认同感，有时甚至超越宗族谱系的事实。例如尤利西斯·格兰特，他仅有四分之一的新英格兰血统，但他那从事宗谱研究的父亲却教导他就把自己看作来自新英格兰。[5] 即使是沃伦·哈丁，这个相比而言与清教徒关系最远的美国总统，也对自己的新英格兰宗谱深感兴趣，花很多时间去研究自己的加尔文教徒先祖。[6]

第三个群体有十位总统，他们是弗吉尼亚“压抑的保王党”的后代子孙。他们包括乔治·华盛顿、托马斯·杰弗逊、詹姆斯·麦迪逊、詹姆斯·门罗、威廉·亨利·哈里森、约翰·泰勒、扎卡里·泰勒（部分）、本杰明·哈里森（部分）、哈里·杜鲁门（部分）和吉米·卡特

（部分）。[7]这些人中有三个血缘关系较弱。本杰明·哈里森只是因为其总统祖父有四分之一的弗吉尼亚血统。杜鲁门与弗吉尼亚的联系比较弱，只是在他成为总统之后才被发掘出来，并且对他的文化身份并无影响。吉米·卡特也与同名的弗吉尼亚老家族有较远的联系，但这层关系远不如他在南部边区的根基重要。成为行政首长后，卡特正式把他的官方名字从尊贵的詹姆斯改为比较草根的吉米，这个名字带有边区取名的风格，但清教徒和保王党传统的人则颇感惊讶。

第四种民俗文化对总统制的影响相对较小。定居在特拉华山谷的英国贵格会和德国虔诚派不太愿意卷入政治。然而，有七位美国总统的根源与这个文化有关。亚伯拉罕·林肯的清教徒祖先与宾夕法尼亚的贵格信徒通婚。格罗弗·克利夫兰的祖母是从宾夕法尼亚来的德国贵格信徒。威廉·麦金利的曾祖母是贵格信徒。沃伦·哈丁母系的祖先是贵格信徒。赫伯特·胡佛（Herbert Hoover）的祖先包括了德国和英国的贵格会信徒，德怀特·艾森豪威尔（Dwight Eisenhower）来自德国门诺派（Mennonites），他们的经历和信仰在很多方面都类似于英国贵格派。[8]败家子总统理查德·尼克松的祖先是 1730 年之前移民到宾夕法尼亚的贵格信徒。[9]

这个名单把有的总统计算了不止一次，因为他们的祖先来源混杂。这方面有个有趣的规律。1856 年之前，除了一个例外，几乎所有总统都来源于单一的文化地域。这个唯一的例外是约翰·泰勒，他的祖母是胡格诺教徒。这从另一种角度说明了美国早期历史的两百年中地域精英的文化垄断。

1856 年选举之后，这个规律变化了。此后美国总统的祖先中开始出现两个或三个以上的文化渊源。第一个是詹姆斯·布坎南（生于 1791 年）。第二个是亚伯拉罕·林肯（生于 1809 年），他父亲的祖先包括清教徒和贵格信徒，他母亲的祖先连总统自己都不清楚。19 世纪晚期的六位总统都有多元的祖先来源，20 世纪的总统有八位是相似的情况。很多人有英国精英、法国胡格诺教徒、荷兰加尔文教徒和德国新教徒之间通婚的背景。但英国文化仍然在这些混杂的联姻中占据主导地位。

总之，在美国历史的头两百年中（1789—1989），除了两个例外，几乎所有总统都来自四个盎格鲁－美国文化源地中的一个或两个以上。除这两例外，几乎所有总统的祖先都是在四次民间大移民中到达美国的。唯一的例外是马丁·范·布伦（Martin Van Buren，从纽约来的荷兰加尔文教派信徒）和约翰·肯尼迪（John F. Kennedy，来自新英格兰的爱尔兰天主教徒）。[10] 没有任何总统来自南卡罗莱纳州的低地、马里兰、罗德岛或缅因。虽然已经过去了两百年，四种地域文化的统治地位依然如故。

注释

1 安德鲁·杰克逊是纯正的北不列颠人后裔，他的父母 1765 年从北爱尔兰的卡里克弗格斯（Carrickfergus）移民到美国。

詹姆斯·诺克斯·波尔克是威廉和玛格丽特·波洛克（Pollock，简写成波尔克，即 Polk）的后裔，他们于 1698 年从伦敦德里移民过来；这位未来总统的母亲是简·诺克斯（Jane Knox），外祖母是玛丽·威尔逊；两者都有北不列颠的血缘。

詹姆斯·布坎南的父亲 1783 年从多尼戈尔郡（County Donegal）移民到边区。

安德鲁·约翰逊的父母是雅各布和玛丽·（麦克唐纳）·约翰逊；他的祖父是安德鲁·约翰逊，他于 1759 年左右从阿尔斯特移民到边区。

扎卡里·泰勒（Zachary Taylor）的祖先詹姆斯·泰勒从坎伯兰郡的卡莱尔市移民过来。

拉瑟福德·海耶斯的同姓人于1680年左右从苏格兰过来。

切斯特·阿瑟是阿尔斯特移民阿兰·阿瑟的儿子，后者出生在安特里姆郡的德温庄园（Dreen，这栋房子现在是历史名胜），他在贝尔法斯特上完大学后，于1818年左右移民魁北克（Sam Henry, "The Ulster Background of Chester Alan Arthur...", *Ulster-Irish Society Year Book* (1939), 38-46.）。

格罗弗·克利夫的母亲安·尼尔（Ann Neal）是边区一个盎格鲁-爱尔兰移民的女儿。

本杰明·哈里森的母亲是伊丽莎白·欧文（Elizabeth Irwin），属于宾夕法尼亚州边区威斯特摩兰郡一个富有并且有权势的盎格鲁-苏格兰边民家族；他的祖母是安娜·西姆斯（Anna Symmes），祖上也是新英格兰人；他的祖父是约翰·斯科特·哈里森，来自弗吉尼亚。

威廉·麦金利的父亲和母亲南希·坎贝尔·埃里森（Nancy Campbell Allison）都来自1740年定居在宾夕法尼亚的英国边境移民家庭；这个家庭中有重要影响的是曾祖母玛丽·罗丝（Mary Rose），她是英国贵格会成员，她的祖先和威廉·佩恩一道移民宾夕法尼亚（Robert P. Porter and James Boyle, *Life of William McKinley*［Cleveland, 1897］）。

西奥多·罗斯福的母亲玛撒·斯图亚特·布洛克（Martha Stewart Bulloch）祖上是边境的苏格兰人，于18世纪移民到南卡罗莱纳州；他的祖父母是科尼利厄斯·范·斯海克·罗斯福（Cornelius Van Schaik Roosevelt）（完全是荷兰人）和宾夕法尼亚的玛格丽特·巴恩希尔（Margaret Barnhill）。

伍德罗·威尔逊的父亲约瑟夫·拉格尔斯·威尔逊（Joseph Ruggles Wilson）是北爱尔兰移民的儿子。他的母亲杰西·伍德罗（Jessie Woodrow）出生在英格兰的坎伯兰边境的卡莱尔市。这位未来的总统非常认同他自己所说的"我背后的严格契约传统"。（Arthur Link, *Wilson: The Road to the White House*［Princeton, 1947］）。

哈里·杜鲁门的父母是居住在边区的英格兰人和苏格兰人；有宗谱学者后来在他家里找到和弗吉尼亚滨水地区的泰勒家族的一丝联系，这连总统本人都不知道。

林登·约翰逊是约翰·约翰逊的曾曾孙子，后者是1785年移民到佐治亚的英国边民。约翰逊家族与边区的上流家族通婚，其中包括波尔克家族和邦顿（Bunton）家族。他的母亲丽贝卡·贝恩斯（Rebekah Baines）在父系那边是苏格兰低地人的后裔，在母系这边是德国人。

杰拉尔德·福特原名为莱斯利·林奇·金（Leslie Lynch King）。他的生父是英格兰和苏格兰裔爱尔兰混血。这位未来的总统是被收养的孩子，由杰拉尔德·R. 福特抚养长大，后者是密西根激流城（Grand Rapids）的商人。

吉米·卡特主要的血缘是边民和边区人；他的卡特祖先曾在佐治亚边区生活过八代之久；这位未来总统的母亲祖上也是边境地区的苏格兰人，于 18 世纪移民到边区。

罗纳德·里根的爱尔兰天主教祖先麦克·里根（Michael O'Regan）1840 年代非法进入了美国境内。这位未来总统的母亲祖上有盎格鲁 - 苏格兰边境的新教徒，也有边区人；她对他成长期的文化影响是巨大的。

2 美国第一代亚当斯家族是 1638 年移民到新英格兰的清教徒麦芽商；约翰和约翰·昆西·亚当斯都是大移民时代家族的直系后代。

米勒德·菲尔莫尔也是新英格兰的纯正血统。他的父母是纳撒尼尔（Nathaniel）和菲比·菲尔莫尔（Phebe Fillmore），他们的祖先是大移民时代来到美国的。

富兰克林·皮尔斯的父亲是托马斯·皮尔斯，后者于 1634—1635 年移民到马萨诸塞的查尔斯顿；他的母亲安娜·肯德里克（Anna Kendrick）属于大移民时代移民新英格兰的家族。

拉瑟福德·海耶斯有不同来源的祖先：他的父亲是乔治·海耶斯，他于 1680 年左右从苏格兰移民到新英格兰；而他母亲的祖先是约翰·伯查德（John Birchard），但他于 1635 年左右定居在新英格兰。虽然这些人的名字有苏格兰和胡格诺教徒的影响，但他的传记作者认为，“他的祖先在父系和母系两边大多数是英国人”，多数人是大移民的后代（H. J. Eckenrode, *Rutherford B. Hayes* [Port Washington, N.Y., 1963], 4）。海耶斯对自己的新英格兰祖先有强烈的认同感（Letter to Harriet Moody, 24 Feb. 1838, *Diary and Letters*, I, 19）。

詹姆斯·加菲尔德的美国祖先要追溯到爱德华·加菲尔德，后者于 1630 年来到马萨诸塞湾。未来总统的母亲是伊莉莎·巴卢（Eliza Ballou），也来自马萨诸塞的古老家族。

切斯特·阿瑟有一半血统是洋基人；他的父亲从阿尔斯特移民美国，与玛尔维娜·斯通（Malvina Stone）结婚，后者属于新英格兰老家族。

格罗弗·克利夫兰的祖先来源甚广。第一代克利夫兰1635年从东盎格鲁移民到马萨诸塞；他的父亲是公理教派牧师（后转为长老教派），他与安·尼尔结婚，后者的父亲是盎格鲁-爱尔兰人，母亲是盎格鲁-德国裔的贵格信徒，来自宾夕法尼亚的德国镇。

威廉·霍华德·塔夫脱是纯正的新英格兰后裔。他的一位祖先罗伯特·塔夫脱的名字出现在1678年马萨诸塞州布雷茵特里市的记录中；他移民的具体日期不清楚。未来总统的祖母西尔维亚·霍华德（Sylvia Howard）的祖先原名海沃德（Hayward），于1642年定居布雷茵特里。他的母亲是路易莎·玛丽亚·托利（Louisa Maria Torrey），后者的父亲是威廉·托利（William Torrey）上尉，于1640年移民到马萨诸塞。

约翰·加尔文·柯立芝的祖上是约翰·柯立芝，后者1635年从剑桥镇移民到马萨诸塞。未来总统的母亲维多利亚·摩尔（Victoria Moor）属于康涅狄格山谷的一个上流家庭。她的父亲希拉姆·邓拉普·摩尔（Hiram Dunlap Moor）既有英格兰，也有苏格兰血统；她的母亲阿比盖尔·富兰克林（Abigail Franklin）祖上于1630年代移民到马萨诸塞。

3 富兰克林·罗斯福的荷兰祖父艾萨克·罗斯福（Isaac Roosevelt）与玛丽亚·阿斯平沃尔（Mary Aspinwall）结婚，后者属于一个1630年左右到达波士顿的新英格兰家族。他的母亲莎拉·德拉诺（Sara Delano）是纯正的新英格兰血统；他的外祖母来自莱曼（Lyman）家族，她的祖先于1631年来到马萨诸塞。

4 亚伯拉罕·林肯的祖上是萨缪尔·林肯，当年是纺织工，于1637年从东盎格鲁移民到马萨诸塞；好几个林肯家族成员迁徙到宾夕法尼亚的伯克郡（Berks），与贵格信徒通婚。“这个家族原本是贵格会里的，”总统写道，“虽然后来他们不再遵从这个派别的习惯。”林肯母亲南希·汉克斯（Nancy Hanks）的祖先不清楚；她有可能来自贵格会里的某个汉克斯家族，他们于1680年代从柴郡和德比郡移民到宾夕法尼亚。林肯由后母抚养长大，后者有部分新英格兰血统，她叫莎拉·布什·约翰斯顿（Sarah Bush Johnston），对未来总统影响很大。参见 Abraham Linclon, “Autobiography Written for John L. Scripps, 1860,” Abraham Lincoln to Solomon Lincoln, 6 March 1848; and Abraham Lincoln to Jesse W. Fell, 20 Dec. 1859, in *The Collected Works of Abraham Lincoln*, ed. Roy P. Basler (New Brunswick, 1953), IV,

456; II, 511; cf. William E. Barton, *Lineage of Lincoln* (Indianapolis, 1929), 316-18。

5 格兰特的主要血缘来自边境地区，但他主要认同清教徒的祖先——马修和普里西拉·格兰特(Matthew and Priscilla Grant),他们于1630年左右来到马萨诸塞。马修·格兰特的清教徒日志至今保留在康涅狄格州的图书馆。格兰特的母亲是汉娜·辛普森（Hannah Simpson），她来自宾夕法尼亚的一个家族，其祖先的情况总统本人并不知晓。他在备忘录里写道：“我对她祖先的情况知之甚少……她的家庭对族谱没什么兴趣……但我的父亲这边对此却兴趣浓厚。”（I, 22）他的母亲其实是约翰·辛普森的孙女，后者于1763年从北爱尔兰移民到宾夕法尼亚。格兰特的新英格兰父亲与来自宾夕法尼亚威斯特摩兰郡的雷切尔·凯利（Rachel Kelly）结婚。

6 沃伦·哈丁的祖先是理查德·哈丁，他与兄弟在1640年之前来到马萨诸塞，他的儿子和孙子辈与清教徒家庭通婚，并向西迁居到纽约和宾夕法尼亚。他的母亲菲比·迪克森（Phoebe Dickerson）来自一个贵格家庭，他们于1680年定居在西泽西。

7 第一代华盛顿是两个保王党兄弟，他们来自诺桑普顿郡的贵族家庭，于1656年左右移民到弗吉尼亚。总统的母亲是玛丽亚·鲍尔·华盛顿（Mary Ball Washington），她的父亲是威廉·鲍尔上校（Col. William Ball），后者是伯克郡一个徽章家庭的二儿子，于1650年移民美国。

托马斯·杰弗逊父系的根源不清楚；他的母亲简·兰道夫（Jane Randolph）是沃里克郡一个保王党贵族家庭的艾沙姆·兰道夫（Isham Randolph）的女儿，后者于1650年左右出现在弗吉尼亚。

詹姆斯·麦迪逊的祖上是来自格拉斯哥郡的移民，他们在1653年取得了600英亩土地的所有权，他们家的子孙与卡特利特（Catlett）、康韦（Conway）和泰勒等家族通婚。

詹姆斯·门罗的祖上是安德鲁·门罗上尉，他是骑兵部队队长，于1648年普雷斯顿（Preston）战役后移民美国。

威廉·亨利·哈里森是弗吉尼亚总督本杰明·哈里森（1726—1791）的儿子，他的祖父是罗伯特·金·卡特（Robert King Carter）。他的母亲伊丽莎白·巴西特（Elizabeth Bassett），是华盛顿的亲戚。

约翰·泰勒的祖上是亨利·泰勒，一位保王党，于1650年左右移民弗吉尼亚。他的外祖母是安妮·孔特塞（Anne Contesse），一位法国胡格诺教徒；所有其他的美国祖先都是英国的徽章贵族，于 17 世纪中叶移民美国。

8 胡佛的祖先安德鲁斯·胡伯（Andreas Huber）1738 年从莱茵兰（Rhineland）移民到宾夕法尼亚的兰开夏郡。他的妻子和儿子都变成了贵格派。这个家庭先是住在北卡罗莱纳州，后来因为边区文化中的奴隶制和暴力等问题，搬迁到俄亥俄和爱荷华州。他们在那里和英国来的贵格派通婚。

艾森豪威尔祖上是汉斯·尼科尔·艾森豪威尔（Hans Nicol Eisenhauer），他是德国的门诺派（Mennonite），1741 年移民到宾夕法尼亚的兰开夏郡。总统的母亲艾达·斯托弗（Ida Stover），用她儿子的话说，就是“热诚的和平主义者”，她的祖先是 1730 年从莱茵兰移民到宾夕法尼亚的德国人。总统的父母是门诺派教友。

9 理查德·尼克松的父亲是一个黑爱尔兰人（Black Irishman），叫弗朗西斯·尼克松（Francis Nixon），其祖上是詹姆斯·尼克松，1731 年从爱尔兰移民到特拉华，最后定居在宾夕法尼亚的边区。他的母亲汉娜·米尔豪斯（Hannah Milhous）是贵格派，祖上是 1729 年定居宾夕法尼亚的贵格教徒。尼克松出生在贵格派家庭，在加利福尼亚州惠蒂尔市（Whittier）的贵格社区长大，后进入贵格派的惠蒂尔学院就读。

另一只固执的羔羊披着的羊毛不是黑色，而是邦联灰。杰弗逊·戴维斯（Jefferson Davis）祖上是威尔士的贵格家族，他们原先定居在宾夕法尼亚，后移居到南部，与另一个文化的精英通婚。

10 马丁·范·布伦的家族是纯正的荷兰血统，“从第一批移民到达的时候到我长子结婚的时代，从没有与任何旁支通婚，跨越两百多年，包含了六个代际”（*Autobiography*［ed. J. C. Fitzpatrick, Washington, 1920］, 8）。

约翰·肯尼迪则是纯正的爱尔兰天主教血统；他的曾祖父帕特里克·肯尼迪（Patrick Kennedy）约于 1848—1850 年从韦克斯福德郡（Wexford）移民美国。

华盛顿总统时期的四种地域文化

宪法联盟对阵边区文化，1789—1797

乔治·华盛顿当政的头四年（1789—1793），新英格兰、特拉华山谷和南部沿海地区的地域精英对新的联邦政府极尽支持。华盛顿高票当选不仅仅是因为他个人被广泛认可，也是因为这三个主要地域的领袖们对新的政府架构有基本的共识。

这些群体并不完全同心同德。有关国家首都和国际贸易管制等问题各地域之间有激烈冲突。它们对亚历山大·汉密尔顿的财政政策也有很多非议。汉密尔顿来自西印度群岛，后归化为纽约人，他是一个极端的国家主义者，对任何地域文化都没有归属感。[1]

这些问题在第一届和第二届国会的统治联盟（1789—1793）内部充满了争议。但这些主要的文化地域总能解决大部分矛盾。在一系列复杂的地域妥协后，首都的位置确定了，财政政策也取得了一致，一套外交政策也得到采纳，国际贸易管制的方式最终也得到三个地域的领袖认可。

但第四个领域仍然顽固地反对这个统治联盟。边区不太支持联邦政府。在宾夕法尼亚、马里兰、弗吉尼亚和卡罗莱纳的边区，人们在新政府开始运转后就越来越敌视它。1794 年，在一项联邦许可权税颁布后，边区人发起了武装起义，这就是通常被误称的威士忌叛乱（Whiskey Rebellion），这个指称大大弱化了这场区域性运动的严重性和它对新共和国的威胁。[2]

叛乱首先在宾夕法尼亚的山区郡（阿利盖尼[Allegheny]、坎伯兰、威斯特摩兰和华盛顿郡）爆发，这些地区主要居住着英国的边民。它远远不只是反对威士忌酒税。在其背后，是当地人深深感觉到“天然自由”的理想受到新的联邦系统侵犯。一个北卡罗莱纳人用抑扬顿挫的方式表达了他的情感，让人想起北不列颠边境地区的歌谣，以及美国边区早期的很多冲突：

全国都在庆祝
也有人倍感威胁：
那些温暖的自由灵魂
被迫拿起武器……
他们为了保卫自由
绝不从堡垒上退缩！[3]

边区叛乱群体的暴力行为类似于北不列颠的暴动。联邦官员（这些人中很多本身就是边民出身，也有相似的名字，如格雷厄姆、约翰逊、博伊德、威尔逊和康纳等）被残忍地殴打、折磨，甚至致残，和当初北不列颠收税官的遭遇一样。

起义迅速地席卷了边区，包括马里兰、弗吉尼亚、卡罗莱纳、肯塔基和田纳西。边区的首脑开始接触英国和西班牙政府，准备分裂出来另建共和国。只是因为华盛顿总统采取了果断而有效的行动，才阻止了这场可能导致共和国灾难的危机。边区叛乱最终的结局也让人回想起当年的北不列颠：到处逡巡的军队，加固如工事的房子，没完没了的小冲突，成百上千蓬头垢面的战俘被来自其他地区的军队武力控制。

分裂运动此后仍在边区时有发生，例如布朗特阴谋（Blount conspiracy）、威尔金森的阴谋（Wilkinson's intrigue）和布尔事件（Burr affair）。这些都不是小型事件，很多边区贵族的领袖级人物都卷入了。边区的不安定让同时代人保持警惕，他们担心分裂的苗头会传染全美，以致每个地区都变成一个国家。英属北美如果分裂成很多小国（拉丁美洲就是这样），对于现代世界的自由将是一场大灾难。

注释

1 笔者曾探讨过汉密尔顿的特殊视野（实际上与很多其他联邦党人不同），参见 *The Revolution of American Conservatism* (New York, 1965)。

2 Leland D. Baldwin, *Whiskey Rebels: The Story of a Frontier Uprising* (Pittsburgh, 1939), 该书对宾夕法尼亚资料进行了详尽的研究，也是最早针对这场运动的深入研究之一；Thomas P. Slaughter, *The Whiskey Rebellion* (New York, 1986)，此书从其他资料中揭示了这场运动在各地方产生的广泛而深入的影响。

3 Slaughter, *Whiskey Rebellion*, 132.

有序自由的国家试验

亚当斯政府中的新英格兰势力，1797—1801

宪政联盟安然度过了这场危机，但仍然饱受攻击。法国革命导致了美国政治的重组，对自由和共和政府的性质提出了新问题——每个区域文化对此都有不同倾向。法国革命时期，美国国会在国内和外交政策上的投票都体现出鲜明的党派倾向，但党派势力的分野基础还是在地域划分。

例如与大不列颠签订的《杰伊条约》（*Jay's Treaty*），它是华盛顿第二届任期内的主要问题。这个条约最为重要的影响是在国家首都形成两个新的党派——联邦共和党（与 1787 年的联邦党有差别）和民主党。新英格兰和特拉华山谷都支持《杰伊条约》，而南部沿海和边区则强烈反对。[1]

乔治·华盛顿退隐后，接任的总统是新英格兰人约翰·亚当斯，他在选举中以三票险胜当选。上任后，他周围的人都和他来自同一个地区。新英格兰人几乎独占了总统府，包括总统、国务卿、财政部长和国防部长（占内阁一半以上）都来自马萨诸塞和康涅狄格。

在约翰·亚当斯任内，新英格兰人及其联盟面对法国革命引起的重大问题，采取的措施是在全国范围内建立类似于他们地区的有序自由体制。这种理念意味着政府的积极角色，包括提高税收、加强海军、按普通法的原则扩大国家司法权的覆盖范围、对商业进行主动干预、限制移民、打压异议人士，以及伸张政府的道德立场，而忽略不同的主张。所有这些政策都在第五和第六届国会的法律中得到贯彻，包括《排外与煽动法案》(*Alien and Sedition Acts*)、《归化法 1798》(*Naturalization Act*)、《海军陆军法 1798》(*Navy and Army Acts*)、《破产法 1798》(*Bankruptcy Act*)、《司法法 1801》(*Judiciary Act*)，以及很多联邦税，包括直接税、盐税，甚至还有印花税。新英格兰的有序自由理念与法国革命的意识形态判然有别，联邦党人对后者的暴力、腐败和对宗教的敌视深恶痛绝。

1797 年后，美利坚共和国与法国之间陷入准战争的焦灼状态，并且还引起地域政治的短暂重组。1798 年在濒临战争的边缘，南部沿海和边区的选民突然与政府站在了一起。在 1798 年的国会选举中，联邦党人得到了 106 个席位中的 63 个，包括波多马克河以南和边区的 20 个席位。连发起威士忌叛乱的一些郡都投票给联邦党人。[2]

1798 年的战争状态开启了美国军事史上一个恒定的模式。从与法国的准战争到越南战争，南部的这两个文化无论战争的目的是什么或者对手是谁，都强烈支持每一场美国参与的战争。南部的荣誉观念和武士伦理共同缔造了强烈的地区性战争偏好，从 1798 到 1812，到 1846、1861、1898、1917、1941、1950，再到 1965。这是另一个值得深入研究的题目。

但在特拉华山谷，贵格信徒和德裔选民却在 1798 年转过来反对联邦党政府。敌对的情绪迅速蔓延，在宾夕法尼亚东部的巴克斯、蒙哥马利和北汉普顿等郡发生了起义。历史学家把这一事件称为弗里斯反叛（Fries Rebellion），因为一个叫弗里斯的德裔人在宾夕法尼亚的伯利恒（Bethlehem）武装对抗联邦军队的一个长官。当时的人称其为热水之役，因为愤怒的农妇用热水袭击联邦军队和收税官。

约翰·亚当斯总统一直对临战状况的不断升级保持警惕。联邦军队的实际指挥官是亚历山大·汉密尔顿，但总统并不信任他。保守派的军官干涉了选举，并且攻击政见不同的老百姓；海军的一个上尉和中尉甚至攻击来自罗阿诺克（Roanoke）的国会议员约翰·兰道夫。这些自称为“秩序朋友”的人对于亚当斯的平衡政府和有序自由理念而言，突然变成了比左派好战者更危险的敌人。

1799 年 2 月，约翰·亚当斯突然反转他的外交政策，向法国派出了和平使团。这一举动终止了战争，但同时也分裂了亚当斯自己的党派，并破坏了他连任的机会。在战争气氛迅速冷却的情况下，南部再次站出来反对政府。亚当斯的决定导致 1799 年地域性的重组和 1800 年选举中的大翻转。

注释

1 在执行《杰伊条约》的拨款问题上，地域投票的情况如下：

	赞成	反对
新英格兰	23	4
特拉华和萨斯奎汉纳（Susquehanna）	12	1
南部沿海	0	15
边区	3	26

哈德逊河谷的票各占一半。票数统计参考 *Annals of Congress*, 4th Cong. 1st Session, 30 Apr. 1796。

2 Manning Dauer, *The Adams Federalists* (Baltimore, 1953), 339; James Broussard, *The Southern Federalists* (Baton Rouge, 1978) 14.

杰弗逊联盟

弗吉尼亚、宾夕法尼亚和边区反对新英格兰，1801—1825

1800 年，托马斯·杰弗逊得到中部州、南部沿海和南部高地的选票，战胜新英格兰鼎力支持的亚当斯，当选为新一任总统。[1] 杰弗逊联合弗吉尼亚、宾夕法尼亚和边区形成的联盟，将统治美国政治长达四分之一世纪（1801—1825）。它的意识形态非常复杂，非常不稳定，因为它包含了三种不同的自由理念，而这些理念不是来自欧洲的“经典共和主义”，而是英属北美的传统民俗。北部和中部的杰弗逊党人相信相互自由；边区人认同的是天然自由；弗吉尼亚滨水地区坚持支配自由。共和党领袖杰弗逊、麦迪逊和加勒廷（Gallatin）等人，都有自己固有的准则。所以，他们共同缔造了一个多元性的自由运动。[2]

虽然杰弗逊党人内部有不同的自由观念，但他们都反对新英格兰的有序自由原则，很多美国人认为后者是一种悖论。亚当斯政府的主要立法被撤销了，包括外国朋友法、煽动法、归化法、破产法（1800）、司法法（1801），和新的税收规则等。联邦党除了在新英格兰还受到支持外，在其他地方都衰落了。路易斯安那购地（1803）和西佛罗里达的并入（1810）极大地扩展了边区的范围，也让区域权力的均衡倒向了南部和西部。

现在轮到新英格兰想退出联邦了。从1804年至1814年，这个地区的分裂主义运动日益高涨。不同于边区的分裂主义，新英格兰并没有什么暴力和死刑，取而代之的是布道和城镇大会，主要谈的话题是上帝对被拣选者的救赎。洋基人的孩子要学会唱“统治，新英格兰！新英格兰，统治并拯救！”（《统治，大不列颠》的调子）[3]。有个小女孩把这种氛围表达在一首小歌谣中：

> 艾米·基特里奇是我的名字，
> 萨勒姆是我居住的地方，
> 新英格兰是我的国家。
> 而基督是我的救赎。[4]

联邦党领袖费舍尔·埃姆斯（Fisher Ames）相信，新英格兰“在所有建立的殖民地中最大，也最具包容性，用现代的话说，最像一个国家，也最受尊重，最富饶，对美国和人类最为有益，但也最不像其他人，最遭其他人质疑（英国人除外）”。[5]

新英格兰的共和党人普遍认同这种新颖的洋基国家主义。詹姆斯·温斯罗普对新英格兰人想“保持血统纯正性”的决心深表赞赏。他说：“这些东部州，因为排除了外国人的参与，所以在一个半世纪里创造了伟大的文明，并且保持了自己的宗教和道德标准。”[6]

这种氛围在1807年至1814年期间尤为强烈，当时美利坚共和国深陷托利党控制的不列颠和拿破仑统治的法国之间激烈的战争。杰弗逊政府绝望地想通过“伟大的禁运”（Great Embargo）来捍卫国家的声誉，所谓“和平强制的试验”，实际上却在1807年至1809年期间停止了美国的对外贸易。这个政策的效果是拉开了美国各个地域之间的经济差距。杰弗逊的禁运是一场经济灾难，他自己所在地区损失最为惨重；它动摇了南部沿海农业的稳定，却在新英格兰和特拉华山谷催化了工业的发展。[7]

1812年美英战争比独立革命后的任何事件都更进一步分裂了国家，无论是地域之间，还是党派之间。这次，又是南部沿海和边区强烈地支持战争：在从这些地区来的60位国会议员中，有52位投了赞成票，只有8位表示反对。新英格兰和中部州内部发生了分裂，前所未有地发展出不少政党，民众对政治的参与热情也空前高涨。这些不同的派别阻止了分裂运动在北方进一步发展，但民主政治的发展也加深了南北之间的文化差异，从而加大了地域差别。[8]

注释

1 对1800年投票规律的分析，参见 Fischer, *The Revolution of American Conservatism*, appendix。

2 参见 Lance Banning, *The Jeffersonian Persuasion* (Ithaca, 1978); Drew McCoy, *The Elusive Republic* (Chapel Hill, 1980), and Joyce Appleby, *Capitalism and a New Social Order* (New York, 1984)。

3 James M. Banner, *To the Hartford Convention* (New York, 1970), 87.

4 Samuel Eliot Morison, *Maritime History of Massachusetts* (Boston, 1921, rpt. 1979), 211.

5 Fisher Amers, "To New England Men," *Works of Fisher Ames*, ed. Seth Ames (2 vols., Boston, 1854), II, 134.

6 [James Winthrop], "Agrippa IX," in Cecilia Kenyon, ed., *The Antifederalists* (Indianapolis, 1966), 135.

7 Louis M. Sears, *Jefferson and the Embargo* (Durham, 1927).

8 1812 年宣战时的一张国会选区投票分布图，参见 Charles O. Paullin, *Atlas of the Historical Geography of the United States* (Washington, 1932), 113a; 国会议员分布图，见 Bardford Perkins, *Prologue to War: England and the United States, 1805-1812* (Berkeley and Los Angles, 1961), 409。

杰克逊联盟

住在白宫的边境酋长，1829—1837

拿破仑1815年溃败后，革命时代的系列重大问题在美国政治中失去了紧迫性。最直接的结果是第一个政党体系瓦解了。联邦党人消失了，杰弗逊一派的联盟也很快在战后所谓“快乐时代”中土崩瓦解。在詹姆斯·门罗任上（1817—1825），国家的政治里充斥着小集团及其跟随者之间的明争暗斗。其中一个派别克服国会内复杂而矛盾重重的斗争，于1825年为新英格兰人约翰·昆西·亚当斯攫取了总统职位。

约翰·昆西·亚当斯政府在任内成就有限，但意外地产生了一个对美国历史影响深远的后果。新英格兰的有序自由理想再次被一位道德感很强的总统带到了华盛顿，他倾向于让国家在经济、教育和道德中起到积极作用。这种政策在新英格兰得到强烈支持。但从其他三个地区来的美国人确实不喜欢这个洋基人总统的政策，憎恶他的政治风格。在1828年选举中，约翰·昆西·亚当斯在新英格兰地区只丢掉一张票。他在边缘地区的州也赢得了多数，这些州在共和国成立初期也曾把票投给联邦党人。[1]

但亚当斯在其他地区很不受欢迎。宾夕法尼亚、南部沿海和南部高地结成新的联盟反对新英格兰，并把对国家的统治维持了12

年，从 1829 年至 1841 年。这个联盟的政治结构类似于杰弗逊联盟，1828 年和 1932 年的投票结果与 1804 年和 1808 年非常相似。但它的政治风格非常不同。它的领袖不是弗吉尼亚种植园主，而是边区上尉安德鲁·杰克逊。对于杰克逊式民主，不同的文化地域评价不同，但安德鲁·杰克逊的政策正是其祖地文化所追求的。[2]

杰克逊总统对美国各地域之间的文化差异有充分的自觉。在卸任演讲中，他说道：

> 在美利坚合众国这么广袤的土地上，有纷繁迥异的目标，各州内部的管理方式必然有重大差别；这些差别不可避免会因为各殖民地奠基的不同原则而进一步扩大；革命前这些原则就在社会关系中生根，所以各地方成为独立而自由的州之后，必然会影响到他们的政策。但每个州都对自己的内部事务有不可置疑的权利。[3]

杰克逊对政府的目标是所谓“广大共和国”，既要在国际上捍卫国家的尊严，又要在国内保障自由。他所看重的自由是边区的天然自由观念，包括小政府、个人的最大自由和地域之间不能随意干涉彼此的自由。

杰克逊联盟的原则是大多数美国人都可以接受的，但很多选民对杰克逊总统自身的行为感到不满，他的政治风格强调个人的领袖地位，在追随者中极力塑造个人崇拜，要求极端的个人忠诚，并且对任何不赞成他的人都采取敌视的态度。这种类型的领袖根植于边区的政治民俗，却与其他地域文化不兼容。在很多人看来，它的某些方面很荒诞，例如 1831 年佩姬·伊顿（Peggy Eaton）事件，开始只是内阁成员夫人之间鸡毛蒜皮的争吵，后来演变成对这个来自边境的领袖忠诚的考验。让其他地区的美国人感到震惊的是，这场骚动最后竟导致政府的分裂、内阁解散和延续多年的政治斗争。

如果说佩姬·伊顿事件给了杰克逊反对者以讥笑的口实，其他的一些事件则让他们警惕。在税法无效危机[①]中，杰克逊的宣言书和强制法案挑战了南部的支配自由观念。杰克逊与尼古拉斯·比德尔（Nicholas Biddle）的斗争，以及“魔鬼银行”事件，还有从联邦银行中撤出联邦资产等事件，都让宾夕法尼亚的精英受到威胁。他拒绝遵守联邦最高法院在伍斯特诉佐治亚（Worcester v. Georgia）案中的判决，和他对印第安人权利的践踏，都让新英格兰的民众非常愤怒。

在安德鲁·杰克逊就职期间，选民投票基本是按地域分布的。1828 年和 1832 年总统选举的投票中，杰克逊式民主党人与反杰克逊的国家共和党人之间的党派分裂与共和国早期非常相似。杰克逊在新英格兰周边地区以及特拉华山谷都得不到信任。他在宾夕法尼亚中部和西部、密西西比河谷、南部沿海和南部高地则支持较多。这种地域性的差别非常明显，所以 1828 年选举中，杰克逊包揽了所有南部和西部州的票，而在新英格兰则一票未得。公理教会、贵格会、门诺派教会和摩拉维亚教徒（Moravian）都对他恨之入骨。多数大的教派，包括长老会、卫理公会、英国国教教会和洗礼教会内部则是按地域分野。

那个时期，地域文化是党派归属的主要决定因素。边区人多数信奉天然自由，因而集结在杰克逊的民主党旗帜下。大新英格兰地

---

① Nullification Crisis，1832 年，南卡罗莱纳州因为不满杰克逊总统新的关税法，而在本州废止该法律，酿成南卡与联邦政府的分裂危机。——译注

区支持有序自由和国家共和党。南部沿海则坚持支配自由。其他地域和族群根据自己的习俗和信仰分别与不同的群体站队。[4]1832 年的选举稍有不同，因为安德鲁 · 杰克逊与同样来自边区的领袖亨利 · 克雷和约翰 · 卡尔霍恩（John C. Calhoun）之间的斗争，导致南卡罗莱纳州和肯塔基从民主党阵营中分裂出去。除此之外，杰克逊派联盟对共和国的统治从 1824 年持续到 1840 年，虽然大新英格兰地区形成的少数派时有挑战。

注释

1 亚当斯得到的支持包括特拉华、马里兰和北卡罗莱纳州的部分地区。

2 杰克逊派被分别解读为阶级运动（Schlesinger），边疆现象（Tuner），自耕农群体（Beard），小资本家和“创业者”（Hofstadter-Hammond），怀乡的新杰弗逊派（Meyers），“老共和党人”（McCormick fils），追求政府道德责任的改革者（Remini），专业政客（White）和道德 - 宗教团体（Benson, Formisano）。这些解释都让我们对这一复杂现象的理解更进一步。但我们仍可以把这些杰克逊派理解为地域文化的联盟。

3 Andrew Jackson, *Farewell Address of Andrew Jackson to the People of the United States...*（Washington, 1837）。

4 Burton W. Folsom, Jr., “The Politics of Elites: Prominence and Party in Davidson County, Tennessee, 1835-1861,” *JSH* 39 (1973), 359-79; Ronald Formisano, *The Birth of Mass Political Parties* (Princeton, 1971), 192, passim.

辉格党的综合策略，1840—1852

1834 年，安德鲁·杰克逊的敌人联合起来，建立了辉格党。他们选择的这个名字揭示出他们不信任这位边境出身的总统的根源所在。但这些人来自美国不同的区域，很难和平共处。所以在 1836 年的选举中，辉格党推选出三位总统候选人，希望在每个区域都取得胜利，最后迫使国会众议院来决定选举结果。他们支持的候选人有新英格兰的丹尼尔·韦伯斯特（Daniel Webster）、南部高地的休·劳森·怀特（Hugh Lawson White），以及从弗吉尼亚搬迁到俄亥俄的贵族威廉·亨利·哈里森（William Henry Harrison）。

这种策略失败了。韦伯斯特仅仅获得新英格兰的票，怀特只有田纳西和佐治亚的票。而杰克逊联盟则得到了足够的票数把杰克逊的原副总统马丁·范·布伦送上了总统之位。辉格党的另一个候选人哈里森则意外地在很多地区受到支持。因此在总统竞选中产生了一种新的策略——综合候选人。哈里森是个资深的战争英雄：他在政治上不太闻名，所以也没有什么明确的立场会分裂选民群体。为此有人特意为他精心设计了显得很讨好的画像。1840 年，哈里森被提名为辉格党唯一的候选人，最后赢得了 80% 的选票。

1840 年的选举在美国政治中展现了新气象，综合策略获胜的原因在于它寻求所有文化地域的认同，凭借的不是热点问题，而是符号身份。哈里森是弗吉尼亚的贵族，但他来自边区，而他所属的党派对新英格兰的有序自由和道德改革抱有同情。这个党派展开了有名的“圆木屋和烈苹果酒竞选运动”，把不同的文化符号都囊括进来：西部的圆木屋、弗吉尼亚贵族的派头和烈苹果酒，后者是烈酒的替代物。

这一综合策略让辉格党大获全胜，不仅是1840年哈里森的选举，还有1848年扎卡里·泰勒的选举。两者都是战争英雄、弗吉尼亚贵族，又都迁居西部，他们的政治立场也不太为人所知，对所有文化地域都有吸引力。

与此同时，民主党领袖殚精竭虑想保持“老山胡桃”①遗留的影响力。1844年，他们为另一位边境的上尉赢得了总统选举，这就是来自阿巴拉契亚的詹姆斯·诺克斯·波尔克，他被称为“小山胡桃”。波尔克继承了杰克逊的外交政策，因而引起了墨西哥战争。这是一场征服战，在南部沿海和南部高地受到广泛支持，而在特拉华山谷和新英格兰却饱受抨击。北部的反战者发起了一种新的政治形式，被称为公民不服从，无论是在形式，还是内容上都体现了当地的文化。[1]

辉格党和民主党的候选人都到不同地区去竞选。1840年代，新英格兰内部为此造成党派分裂。马萨诸塞州从1836年至1852年的每次总统竞选都投票给了辉格党；佛蒙特州和康涅狄格州在整个1840年代同样如此。但新罕布什尔州和缅因州则都投票给民主党人，罗德岛州又有所不同。

南部州也出现了分裂。弗吉尼亚从1836年至1852年的每一次总统竞选都投票给民主党人；阿拉巴马、密苏里和阿肯色州同样如此。

① Old Hickory，安德鲁·杰克逊的绰号。——译注

肯塔基州和田纳西州在同一时期却把票投给辉格党。其他三个州（北卡罗莱纳州、路易斯安那州和佐治亚州）则是分裂的，南卡罗莱纳州一直是自成一格。

中部州则是势均力敌。纽约和宾夕法尼亚在每一次总统选举中都会改变他们的投票倾向——民主党 1836，辉格党 1840，民主党 1844，辉格党 1848，民主党 1852。这种反复每次都是因为几票之差。老西北的州也同样竞争激烈。

从 1840 年到 1848 年是美国历史上绝无仅有的一个时期，所有文化地域和大多数州陷入深深的党派分裂之中。这种不寻常的现象根源在于杰克逊党人广泛的号召力以及后来辉格党有效的综合策略。个人投票的倾向变得非常复杂，阶级、民族和宗教等因素杂糅其间。这一时期的地域差别相比其他时期也不太显著。

1852 年总统选举，辉格党又一次用上了他们的综合策略。他们推选了温菲尔德·史考特（Winfield Scott）将军，他是弗吉尼亚贵族，定居在西部，是两场战争的英雄。史考特也很有智慧，他非常保守，并且在政治上直言不讳——这并不是综合策略理想的候选人。

为了对付这个强劲的对手，民主党人也拉出了自己的综合策略。他们想出了天才的应急办法，提名新英格兰的杰克逊党人，民主派贵族富兰克林·皮尔斯。党内称他为“从花岗岩山上来的小山胡桃”，他对每种政治文化都有号召力。这位民主派的综合候选人大获全胜。从新罕布什尔来的“小山胡桃”赢得了几乎所有州，除了辉格党的基地马萨诸塞、佛蒙特、肯塔基和田纳西。[2]

注释

1 Robert W. Johannsen, *To the Halls of the Montezumas* (New York, 1985), 270-301; John Q. Anderson, "Emerson on Texas and the Mexican War," *Western Humanities Review* 13 (1959), 191-99; John H. Schroeder, *Mr. Polk's War: American Opposition and Dissent* (Madison, 1973).

2 Roy Nichols, *Franklin Pierce* (2d ed., Philadelphia, 1969), 189-215.

从地域到分部

具有讽刺意味的是，虽然第二个党派体系的综合策略抹去了地域差别，19 世纪早期的文化和经济变革却又强化了这些差别，同时改变了它们的性质。新英格兰和中部州彼此更加相像，与南部高地和沿海地区差别拉大。这些趋势导致地域逐渐联合，而产生了分部。在 1820 年之前并没有出现这种现象。“南”和“北”两个字在共和国早期也很少在南部、北部的意义上使用。但这种用法却迅速蔓延。[1]

18 世纪末叶，这个国家南北都以农业为主。到 19 世纪中叶，农业工在北部只占人口的 40%，在南部却占到了 84%。到 1860 年，北部有 26% 的人居住在城市，南部只有 10%。同一年，北部农地每英亩的价值比南部高出 2.6 倍；北部人均的制造业总产值是南部的近 4 倍。但在另一个经济指数上，南部超过北部。波多马克河南边财富的集中程度要比北边高。南部的白人人口只占全国的三分之一，但富人却占了全国的三分之二，而穷人人口更占了大半。

国家的交通体系也以南北划分；南北双方到 1860 年都已建成高密度的铁路网络，但南北之间的连接却很少。内部迁徙都发生在南部或北部以内，而不是之间。外国移民也有了南北差别。1860 年，八分之七的移民到北方去。族群的多元化并没有能模糊南北之间的差别，反而加深了南北差异。[2]

文化差异也很大。根据1860年的人口调查，北方人口的94%都识文断字；南方则只有54%。北方孩童的72%都注册入学，而南方同年龄段的孩子只有35%入学就读。北方一学年度的平均长度是135天，而南方只有80天。

从1800年至1852年，北部在很多改革运动中占据着主导地位，包括教育、禁酒、监狱、照看疯子和盲人、女权、反战，尤其是废奴运动。这些改革的领导者多数来自新英格兰和贵格会地区，其中多数来自1629—1640年的清教徒移民家庭，以及1675—1695年的贵格会移民家庭。[3]

废奴运动影响越来越大。它在选民中得到的支持主要来自贵格派、德国虔诚派和新英格兰人。例如俄亥俄州和纽约州各郡投给自由派政党的票数、支持黑人选举权的比例等，与来自新英格兰的人口比例的相关性都要高出其他地方。[4]与此同时，多数改革运动，包括废奴运动以及任何"主义"的运动，在南部沿海获得的支持都寥寥无几，南部高地则更差。里士满《探寻者报》(*Enquirer*)的文章抨击说，"任何主义都是我们的敌人"。现代的意识形态都被认为是对南部民俗的敌视。[5]

注释

1 还是有一些例外。例如，1791年，一个贵格会的旅行者在南卡罗莱纳州制止了一起对小奴隶的鞭打；他在日记里写道，这个主人"满嘴让人厌恶的咒骂，诅咒所有北方人；我没有宽恕他，所以一个旁观者发誓说，我应该被'抓起来'"。William Savery, "Journal," *Friends' Library*, I, 331.

2 James M. McPherson, *Ordeal by Fire* (New York, 1982), 23-25; *idem, Battle Cry of*

Freedom (New York, 1988), 40.

3 有篇相关的创新论文，David Donald, “Toward a Reconsideration of Abolitionists,” in *Lincoln Reconsidered* (New York, 1956), 19-37，文章对废奴运动领袖地域来源的描述已经被证实，但它所谓“阶层下跌”的论点遭到了反驳。John Hammond, *The Politics of Benevolence: Revival Religion and American Voting Behavior* (Norwood, N.J., 1979), 92-93。

4 约翰·哈蒙德（John Hammond）发现新英格兰来源地与自由党和黑人选举权的投票之间的简单相关性（Zero-order r values）如下：

年份	俄亥俄自由党	纽约自由党	纽约黑人选举权
1840	0.539	0.349	
1842	无数据	0.419	
1844	0.521	0.521	
1846	0.374		0.697

作者指出，这种相关性比其他社会变量都要大。参见 John Hammond, *The Politics of Benevolence,* 90-91。

5 Clement Eaton, *The Freedom-of-Thought Struggle in the Old South* (rev. and enl. ed., New York, 1964), 347.

地域文化与共和党联盟

大新英格兰和中部对阵南部沿海和高地，1856—1924

1850年代，美国政治中发生了党派变革。1852年选举后，辉格党解体了，八年后，民主党也告崩解。关键在于涌现了一个新的问题，从而瓦解了辉格党和民主党的综合策略，并且让南北差异走向极端化。

这个问题就是奴隶制，尤其是能否将奴隶制扩展到新疆域的难题，这对微妙的南北平衡构成了威胁。这个问题此前曾多次取得了妥协，包括1787年宪政方案、1819—1821密苏里方案和1850方案，还有对每个新加入州的处理。1854年，史蒂芬·道格拉斯（Stephen Douglas）又一次寻求妥协方案。他提出了堪萨斯－内布拉斯加草案，建议要保持南北平衡以及区域自治，就实行公民自决，即把奴隶制问题留给各地方的居民自己决定。[1]

这对于道格拉斯、他的政党以及整个国家都是一场政治灾难。到1854年，奴隶制问题在南北大部都被认为是一个不可妥协的道德问题。这种心态挫败了道格拉斯的方案，并且进一步摧毁了辉格党、民主党，新的共和党由此诞生，并在美国选举中再次唤醒地域和南北的差别。

这些新的地域和南北差异首次在1856年的总统选举中展现出

来。新共和党横扫北方所有州，从新英格兰到纽约上州、俄亥俄、密西根、威斯康星和爱荷华。共和党获得的这种支持正是所谓大新英格兰。每一个投票给共和党的州都曾被清教徒移民殖民过。在这些州内部，共和党候选人的得票与当地新英格兰后裔的比例相关性要高于其他各地的后裔。[2]

但单一文化地域的支持并不足以赢得全国的选举。1856 年，民主党推举詹姆斯·布坎南作为综合候选人，他来自宾夕法尼亚，祖上是不列颠边民，与南方又渊源甚深。布坎南吸引了三个文化地域的选票，包括美国中部、南部沿海和南部高地。除了马里兰，他在北方之外赢得了所有选举团人的票，所以他承诺要建立中部和南部区域的新联盟。

布坎南执政时期发生的事件很快摧毁了这个尚未成型的联盟。首席大法官罗杰·托尼（Roger B. Taney）在德雷德·斯科特（Dred Scott）一案中同情奴隶制、憎恨奴隶的判决激怒了北方舆论，约翰·布朗对哈珀斯费里（Harpers Ferry，马里兰州、弗吉尼亚州和西弗吉尼亚州三州交界处的河港城市）的袭击激化了全国不同地域的矛盾。共和国的全国性机构都逐渐产生了南北之分。长老会、卫理公会和洗礼教派等教会的成员曾遍布很多区域，而现在却分裂为南北不同的派别。哈珀斯费里事件后，北方大学失去了南方的学生。1860 年民主党自身也瓦解了。

与此同时，北部地域文化开始形成新的联盟，自华盛顿总统以来，这是北方首次紧密地团结在一起。林肯父系这边是来自新英格兰的清教徒，他们曾与宾夕法尼亚的贵格信徒通婚，后移居到阿巴拉契亚山区和俄亥俄河谷。他代表着共和党联盟的每一个区域。

这个新的北方联盟赢得了 1860 年的总统选举。林肯的票不但包括新英格兰所有郡的票，而且有北方几乎所有的票，而从特拉华山谷向西到太平洋的中部他只丢掉了三张选举团的票。但同时，他丢掉了南方所有州的选举团票。这种格局成为共和党联盟的基本面，对美国政治的影响从内战一直持续到罗斯福新政时期。

从 1864 年到 1868 年的选举，共和党联盟的势力有所增强，主要是赢得了南方高地非蓄奴区的票，包括西弗吉尼亚、肯塔基东部、田纳西东部、北卡罗莱纳州西部、佐治亚州北部和阿拉巴马州北部。这个区域在 1864 年的总统选举中被亚伯拉罕・林肯和安德鲁・约翰逊组成的竞选搭档赢得，后者是来自田纳西东部边区的民主党人。阿巴拉契亚边区从当年开始投票给共和党，并一直持续了五十多年。共和党取得 1864 年大选胜利后，共和党联盟也宣告全面建成。这个联盟对美国的统治从 1861 年林肯就任开始一直到 1933 年赫伯特・胡佛卸任，中间只有短暂的中断。在这漫长的时期中，作为文化源地的马萨诸塞和宾夕法尼亚从 1860 年到 1924 年几乎每一次总统选举中投票方向都一致，只有 1912 年除外。

注释

1 道格拉斯提出这个灾难性的堪萨斯 – 内布拉斯加草案的动机在历史学家中争论已久。我们不需要回顾这些争议，但值得注意的是，道格拉斯本意是想让这个法案成为地域妥协的新基础，这样综合联盟可以继续存在。

道格拉斯也想成为其政党的综合候选人。他出生在新英格兰，但长期定居在西部，他又因为政治和联姻的关系与南部沿海和南部高地紧紧捆绑在一起。他的妻子与杰弗逊・戴维斯有关联。与此同时，他是被称为“年轻美国”运动的领导人，他们的口号较具有包容性，对每个地域的选民都有吸引力。道格拉斯的动机既有跨地域的算计，又混合着利他主义和个人利益。

2 哈蒙德的报告再次显示了共和党选票与新英格兰源地之间较强的简单相关性：

年份	俄亥俄	纽约
1856	0.534	0.560
1860	0.569	0.732

他也发现在盲目投票与新英格兰源地之间很强的负相关性。参见 *The Politics of Benevolence*, 132-33。

作为地域文化冲突的内战

1860年共和党联盟在选举中获胜后，南部自18世纪以来首次全面失去了对参议院、众议院和总统府的控制。之前通常是新英格兰处于那种位置上，但他们的文化并不鼓励暴力反应。而南方民俗的反应方式完全不同。共和党的胜利不仅被看作是对南方利益的挑战，而且是对南方荣誉感的羞辱，还威胁到南方的自由——包括他们的支配自由和天然自由观念。南方的种植园主以自由的名义为奴隶制辩护，要求拥有蓄奴的自由，毫不顾忌其内在的矛盾。

共和党联盟声明，不会在奴隶制业已存在的地方进行干涉，但要阻止奴隶制扩展到新的疆域，并且保护他们的有序自由和相互自由的理念。南北双方打响内战时的心态都是防卫式的，目的是要保护自己固有的生活方式。

战争双方并不对等。1861年，联邦（指南部分裂出去后的其余部分）与南部联盟的人口比例是2.5 : 1，达到军龄的自由男性比例是4.4 : 1。南北的经济发展模式也不同，北方的铁路里程与南方的比例是2.4 : 1，财富比是3 : 1，商业船只是9 : 1，工业产值是10 : 1，火药产量是32 : 1，煤矿产量是38 : 1。北方劳动者中农民的比例要小很多，但联邦农地面积与南部联盟的比例是3 : 1，牲畜的比例是1.5 : 1，玉米产量是2 : 1，谷物产量是4 : 1。

但南方对战争的热情远超北方。南方州常规军官的比例高出北方。在梅森－狄克森一线（Mason-Dixon Line）以南有很多军事学院，北方则寥寥无几。军事组织在南方很普遍。例如，1852年，马萨诸塞州每216个男性中有一位军官；北卡罗莱纳州则是16位男性中有一位军官。到1864年，南方90%的自由男性都加入了战斗，北方则只有44%。[1]

为了保护自己的文化，南北双方的战争方式也不同。北方军队最初很像英国内战中费尔法克斯（Fairfax）将军的军队；逐渐地，他们演变成另一种新型军队，冷酷、有序且高效。北弗吉尼亚的军队很大一部分有意识地模仿鲁珀特王子（Prince Rupert）的佩剑部队。与此同时，西南部的联盟军在圣安德鲁的十字架率领下冲入战斗，他们仿照边民祖先自称为“南方人”。[2]

南北不同的地域文化也体现在内战时期的政治中。战争最重要的人物亚伯拉罕·林肯完美地代表了几个不同地域文化形成的共和党联盟。林肯对政治伦理的执着，终生坚持的有序自由，简洁有力的圣经散文，以及他朴素而平等的姿态都来源于清教徒和贵格会的民俗，他是这些道德理想的人格化，也因此为联邦的战斗注入了力量和严肃性。[3]

以梅森－狄克森一线为界，南方联盟的领袖也深受当地民俗的影响。他们理想的人格化体现是罗伯特·李，他是17世纪中叶移民弗吉尼亚的英国贵族后裔。李将军的可敬行为代表了当地世代相传的荣誉观。林肯和李的人格魅力与内战肮脏的现实相去甚远。但他们的代表性对于这次巨大而可怕的斗争却非常重要。[4]

在南部联盟内部，南方的习俗使他们在战争中呈现出某些弱点。联盟并不是像某些保守主义学者所认为的那样败于民主，而在于其传统寡头统治的某些恶习，尤其是南方贵族极不习惯受约束，对个人荣辱极为看重，以及对他人正当权益的漠视。导致南方分裂的文化属性也对其最终的失败负有一定责任。

战争进程改变了北方人对南方习俗的态度。当战争死亡名单越拉越长，北方的战争目的从抵抗南方文化的扩展变成了改变这种文化。这种态度被北方各州广泛认可，所以内战最终成了一场文化革命。

结果好坏参差。南方军队被北方打败，南方的奴隶制因此被废除。但南方文化延续下来了，包括他们对北方的敌意。一个极端而典型的例子是弗吉尼亚分裂主义者埃德蒙·拉芬（Edmund Ruffin），据说他是 1861 年最早打响内战炮声的人之一，当时他把火绳连在加农炮上，对准查尔斯顿的萨姆特堡垒（Fort Sumter，内战打响的标志）。1865 年南方在阿波马托克斯（Appomattox）投降，为表达自己的追求，拉芬写了一篇充满蔑视的墓志铭，然后把战争的最后一枪打进了自己的脑袋。“在咽下最后一口气之前，”他写道，“我再次重申我对洋基人政权极端的仇恨，这些背信弃义、恶毒卑鄙的小人。”[5] 很多南方人也有相同的态度，这也预示了战后重建的暗淡前景。

注释

1 John Hope Frenklin, *The Militant South* (Cambridge, 1956), 189.

2 对战争军事行为体现的文化差异有不少争议。有的历史学家认为其中有重要的文化差异。有的否定这种看法。笔者认为，格雷迪·麦克温尼（Grady McWhiney）和佩里·詹姆森（Perry Jamieson）的凯尔特人理论需要概念上的修改，理查德·贝林格（Richard E. Beringer）提出的不同看法却没有解决这个问题。在联邦和南部联盟的战斗记录中，有很多数量和性质上的差异无法用物质或策略方面的因素来解释。参见 Grady McWhiney and Perry D. Jamieson, *Attack and Die: Civil War*

Military Tactics and the Southern Heritage (University, Ala., 1982); Richard E. Beringer et al., *Why the South Lost the Civil War* (Athens, Ga., 1986)。

3 清教徒的有序自由理念在林肯最早的公共演讲中可以找到痕迹。我认为特别是其中一个演说可参考，“Address before the Young Men's Lyceum of Spring-field, Illinois,” first printed in the *Sangamo Journal*, 3 Feb. 1838, and reprinted in Basler, ed., *The Collected Works of Abraham Lincoln*, I, 108-15。

4 Edmund Jennings Lee, *Lee of Virginia, 1642-1892: Biographical and Genealogical Sketches of the Descendants of Colonel Richard Lee* (1895, rpt. Baltimore, 1974, 1983); Thomas L. Connely, *The Marble Man: Robert E. Lee and His Image in American Society* (New York, 1977).

5 Bertram Wyatt-Brown, *Southern Honor,* (New York, 1983), 35.

重建时期的地域文化，1865—1877

战后，联邦选举暂时没有复现原先的地域性投票现象，但地域文化的觉醒或地域的统合现象却在美国历史上达到顶峰。共和党联盟通过其在北方选民中的优势和对南方的军事占领而主导了联邦的政治。极端的重建计划就是北方试图把新英格兰和中部的文化强加在南部沿海和山地。南方州被迫接受洋基人宪法、洋基法官、洋基政治、洋基的官员、洋基学校、洋基的老师、洋基资本家和洋基的劳工体制。

这场文化革命在南方的某些地方一直持续到1876年。它对某些南方制度的改革取得了一定的成功，包括其劳工体制、政治和学校。但除了奴隶制本身，其他的改革措施仅仅是在北方军队管控期间才产生一些效力。最后，激进的重建沦为失败的革命。[1]

有的历史学家认为，失败的主要原因是有自由身份的人没有获得土地。这种唯物主义的解释错误是明显的。失败的基本原因，并不能单单用经济来解释，而应主要从文化上来理解。重建的制度之所以瓦解，主因是他们无法改变南方的民俗。这种对南方文化的激进改革在1868年是不可能的，因为它所要求采取的行动在北方也是被禁止的。而且只要南方的传统民俗还存在，一旦北方军队撤离，南方社会的经济秩序和各方面制度就会迅速恢复。

重建的努力持续了十年。1876年选举后，北方意兴阑珊地放弃了对南方的改造，联邦军队撤出了南方。南方白人迅速重掌了控制权，并废除了重建时期的改革措施。洋基人的学校体系被废弃；洋基人老师被送回新英格兰；洋基人的宪法也被修订了。旧时的奴隶又很快重陷经济剥削、政治依赖和社会歧视的地步，与奴隶制仅一步之遥。1876 年之后虽然有所谓“新南方”的说法，南方的年轻人（包括黑人白人）又重回旧日的生活方式。地域之间的经济差距比之前还要大，甚至也大于最富有和最贫穷的欧洲国家之间的差距。历史学家范·伍德沃（C. Vann Woodward）发现，1880 年南方的人均国民生产总值（376 美元）和北方（1353 美元）之间的差距与俄国和德国之间的差距几乎完全一致。[2]

注释

1 Cf. Eric Foner, *Nothing but Freedom: Emancipation and its Legacy* (Baton Rouge, 1983).

2 C. Vann Woodward, *Origins of the New South* (Baton Rouge, 1951), 111.

共和党联盟对阵南方基地（Solid South），1880—1896

南方各州返回联邦之后，南北的投票差异在国家政治中重现了，并且比之前更为明显。从1880年至1908年的每一次总统选举中，南方非常集中地投票，所有的选举人票都投给了民主党。“南方基地”的提法就是这个时期被盛传的。[1]

同一时期，北方的绝大多数选举人票也投给了共和党联盟。

唯一的例外是1892年，民粹主义者获得了西部六个州的选票，民主党候选人格罗弗·克利夫兰在北方有相当强的支持率。除此之外，从1880年至1908年的几乎每一次总统选举中，地域都是最终的决定性因素。

国会选举投票的地域性规律甚至更强更持久。有关这一时期国会投票最细致的研究认为，“南北之间的竞争……在美国政治体系中早已是，而且仍将是最重要的影响因素”。社会科学家理查德·本塞尔（Richard Bensel）在国会议案的投票中发现，“南北地域之间的竞争与联合在过去一百年中（1880—1980）几乎没什么变化”。[2]

本塞尔发现，这一时期重大问题的国会议案投票，大多数有地域性差别，涉及的问题有关税、军人养老金、有争议的选举结果、新州的加入、帝国主义和外交政策。学者们也在其他类型的议案上发现了很强的地域性差别。例如《1892年布兰德铸币法案》（*Bland*

Free Coinage Bill）和《1899 金标准法案》（*Gold Standard Act*），新英格兰地区的国会议员都联合起来投票，而南方的投票也非常一致。只是中部州的投票出现混合的趋势。[3] 国会在这些重大政策上投票的情况不仅体现了经济上的矛盾，也包含着文化上的差异。[4]

地域身份在这一时期当然不是政治行为唯一的决定因素。民族、阶级和党派身份也都有影响。但这几个因素都与地域文化有莫大关系。比如说阶级，在一个地域具有统治地位的精英就倾向与另一个地域的无产阶级结成联盟。来自新英格兰的共和党议长托马斯·里德（Thomas Reed）认为，"共和党人可以得到南方被遗忘的黑奴的票，道理相似，民主党也可以得到北方被遗忘的移民的票"。[5]

党派内部的团结在这一时期也很强。民主、共和两党之间的斗争非常激烈，最后的结果往往只是微小的输赢。占主导地位的共和党联盟绝对不能失去任何一个地域的支持，无论是新英格兰和整个北方，还是中部州，或阿巴拉契亚山区。有趣的是，这一时期多数共和党总统的背景都包含了不止一个文化地域。林肯、格兰特、海耶斯、阿瑟、麦金利、西奥多·罗斯福、哈丁和胡佛等都体现着新英格兰、中部和阿巴拉契亚部分地区的联合，正是这些地区组成了共和党联盟。

注释

1 Mathews, *Dictionary of Americanism*, s.v. "South".

2 Richard Franklin Bensel, *Sectionalism and American Political Development, 1880-1980*

(Madison, 1984), xix.

3 Paullin, *Atlas of the Historical Geography of the United States*, plate 119.

4 Bensel, *Sectionalism and American Political Development*, xix.

5 同上, 76。

不同地域对帝国主义的态度

威廉·麦金利担任总统期间，美利坚合众国上升到帝国的位阶。她在 1897 年兼并了夏威夷，又于 1898 年从西班牙手中夺得了波多黎各、关岛和菲律宾，并在 1900 年向中国派出了 5000 人的军队，并于 1901 年把古巴变为自己的受保护国。美国与西班牙之间的战争是美国历史上最受肯定的战争。每个地域的人都支持它，尤其是南部。在四个新的主将中，有两个是当年南部联盟的军人，他们在战争中把西班牙人称为“洋基人”。

但在战争期间发生了一些抵抗事件，并演变成大规模的反帝国主义运动，其主旨是反对在违背当地居民意愿的前提下强夺土地，以及美国对菲律宾和古巴人民起义的镇压。反帝国主义是一个地域性的运动，以新英格兰为中心。来自马萨诸塞的参议员乔治·霍尔（George Hoar）和缅因州的尤金·黑尔（Eugene Hale）是这场运动的主要代言人。反帝国主义联盟设在波士顿。其他地区也有支持这场运动的人，但历史学家弗兰克·弗里德尔（Frank Friedel）发现，新英格兰是最主要的支持力量。这种地域性的差别在美国历史上出现过多次，无论是 1812 年美英战争，还是墨西哥战争、越南战争，还是 1980 年代的冻结核武器运动。[1]

注释

1 Samuel Eliot Morison, Frederick Merk and Frank Friedel, *Dissent in Three American Wars* (Cambridge, 1970), 78-79; Robert Beisner, *Twelve Against Empire: The Anti-Imperialists, 1898-1900* (New York, 1968); E. Berkeley Tompkins, *Anti-Imperialism in the United States: The Great Debate, 1890-1920.*

民粹主义与进步主义的地域起源

在这一时期，地域文化也影响到改革的范围。19 世纪晚期到 20 世纪初期，美国兴起了两场彼此迥异的改革运动：民粹主义和进步主义。两场运动的目标都是全国，但又都是缘自地域。民粹主义运动在南部和西部影响较大，而在北部和东部较弱，尤其在新英格兰几乎没有声音。这场运动在话语上的暴力性，所主张的农业改革的强度，及其领导者鲜明的个性，使其在某些地方取得成功，却又在其他地方失败。

进步主义运动在政治风格和文化基础方面都与民粹主义不同。进步主义主要在北部和东北部的州发展。其领导者多数是洋基人，祖先是清教徒移民。进步运动倾向为理性主义和道德主义。它对社会问题的态度是理性的，解决办法是通过制度。大致上说，它在意识形态上是有序自由，与新英格兰清教的历史一致。进步运动的文化风格使其在美国的一些地区影响较大，在其他地方较弱。

民粹主义和进步主义都在美国政治中产生了很大的影响力，但又都有地域性的局限。清教徒后代对民粹主义的领袖抱有很深的担忧，比如北卡罗莱纳州的利奥尼达斯 · 波尔克（Leonidas Polk）、德克萨斯的“大白鲨”詹姆斯 · 戴维斯（James H. Davis）、堪萨斯的“光脚”辛普森和“嗜血的布赖德尔斯”（Bloody Bridles）、戴维斯 · 韦特（Davis Waite）等人。1896 年，民主党的总统候选人威廉 · 詹宁斯 · 布莱恩（William Jennings Bryan）采用的民粹主义路线在南部和西部大受欢迎，但在新英格兰则连一张选票都没有赢得。

另一方面，进步主义运动主要在北部和东北部获得支持，而在梅森－狄克森线以南则鲜有斩获。1904 年，进步主义的总统候选人西奥多·罗斯福在新英格兰的每个郡都赢得了支持，在纽约、新泽西、宾夕法尼亚和老西北也赢了大多数地区。但他在南部的南卡罗莱纳、密西西比、佛罗里达、路易斯安那和阿拉巴马则只赢得一个郡。

伍德罗·威尔逊：综合改革者，1913—1920

只有一个改革者在所有地区都赢得了支持。他就是伍德罗·威尔逊，他出生在南部，却担任了新泽西的州长，其祖上则是边区人。他在佐治亚州和弗吉尼亚州的根基为他赢得了南方，他那种长老会式的道德观念在大新英格兰地区则广受欢迎。在全国选举中，威尔逊赢得了异常广泛的支持，这为他成为综合性的改革者奠定了基础。

1912年，共和党内部的分裂给了威尔逊机会。前任总统西奥多·罗斯福推行非常个人化的政治风格，这来源于他的边民祖先。他古怪的行为导致了政党的分裂，并且让北部各州的共和党拥护者感到不满。共和党联盟分崩离析，地域性的投票趋势消失了，民主党则大获全胜，使得自1865年以来第一个民主党总统入主白宫。威尔逊广泛的民众支持也为他赢得了1916年的大选。

但威尔逊在全国的广泛支持没有帮助进步主义在全国推广。对进步主义提案的支持和反对仍然是以地域为基础。比如妇女投票权的问题。1919年国会提出的投票权宪法修正案在北部各州取得了广泛的支持，但在南方被强烈反对。没有批准投票权修正案的十个州都是在南方。这种地域性的现象无法以任何经济原因来解释。这个问题还是要回到文化价值的基本面。很多其他进步主义的议案也出现了相似的投票情形。[①]

---

① Paullin, *Atlas of Historical Geography of the United States*, 128a.——原注

地域政治的高潮，1920—1928

伍德罗·威尔逊退出政坛后，旧时的地域性投票趋势又出现了。在1920年的总统选举中，这种趋势非常明显；1924年的选举中表现得更强，当年北方各州联合起来支持加尔文·库利奇，南方则团结在西弗吉尼亚的约翰·戴维斯背后。1928年，民主党提名阿尔弗雷德·史密斯，他是美国历史上第一个罗马天主教的总统候选人，他来自曼哈顿，与坦慕尼协会（Tammany Hall，民主党政治机器）关系甚深。但他在全国范围内支持率很低。其结果是南部民主党的投票发生分裂，而共和党候选人赫伯特·胡佛大获全胜。因为地域的强烈支持，共和党也赢得了国会的控制权。

政治学家理查德·本塞尔发现，在1920年代的国会内部，南北议员投票的差别比以往更加明显。第67届国会（1920年选出）是一百年里南北之间最为泾渭分明的国会。民主党在南方十个州中只丢掉了两个席位。共和党在北方农业地区和中部州只丢掉了一个席位。北方的城市则两党各有所得。在很多议案中，包括亨利·福特的马斯尔肖尔斯（Muscle Shoals）社区发展计划、麦克纳里－豪根（McNary-Haugen）法案、禁酒修正案、妇女投票权修正案等，国会里的南北斗争都很激烈。[1]

此前很久，历史学家弗雷德里克·杰克逊·特纳曾预言过，在边疆关闭后，南北差异就会消失。但他看了1920年代的政治后，被迫修改自己的看法。“美国的南北差异并没有消失，”他写道，“只要读读报，再看看国会的辩论，就会清楚地感觉到这种差异，更别说去分析国会的投票情况。”[2]

注释

1 Bensel, *Sectionalism and American Political Development*, 375.

2 Wilbur R. Jacobs, ed., *America's Great Frontiers and Sections* (Lincoln, Neb., 1969) 63; 引自 Bensel, *Sectionalism and American Political Development*, 8。

旧民俗与新移民

虽然传统的南北政治模式在1920年代达到顶点，但美国社会的族群文化正在发生重大转变。1900年时，60%的美国人还是来自英国。传统的英语文化在美国还是占有统治地位。但这种情况正在迅速转变。到1920年，来自英国的美国人已经下降到美国总人口的41%。全国人口的四分之三仍是来自欧洲西北部，但来自东欧、南欧的族群正在迅速增长。

就像以往那样，当感受到来自外国的威胁，这四个盎格鲁–撒克逊文化在1920年代再次团结起来，限制新移民。所有地域在这个问题上都取得了一致，因此1921年移民限制法案在参议院以78比1通过。众议院仅花了几个小时就审议并通过了这项法案，甚至都没有唱票。[1]

通过这些办法，国会成功地在此后二十年中降低了新移民的数量。但美国族群的成分因为人口增长，仍在迅速变化。到1980年，美国报称有英国血统的人口下降到20%以下，80%左右的人来自其他族群。美国最大的族群不再是来自英国，而是德国。很多其他的族群也增长迅速。[2]

在东北部，新旧族群之间因为文化问题而矛盾日增。例如，1939年，新约克有关赛马博彩的一次公投中，1855年之前定居该地的洋基人一致反对，而新移民则一致赞成。在这些问题上，新老社区之间的冲突是很明显的。[3]

但这些族群冲突只是文化同化过程的一部分，这一过程中也有重要的地域性因素。族群多元化并没有消泯各个地域自身的特点。事实上，文化同化反而强化了地域特征。原因是新移民并不是散居在美国各地。他们还是倾向于群居在某些地域。族群多元化也成为地域特征之一。

新移民并不是融入所谓“美国文化”，他们更多是习得所在地的民俗。这在移民精英身上尤其显著。我们可以通过一些个例来观察地域性的同化过程。例如约翰·肯尼迪总统，他的祖先 19 世纪中叶从爱尔兰来到美国。肯尼迪在鲜明的爱尔兰天主教文化氛围中长大，并接受了它的价值观。而他所受的教育、社会关系、偏见、服饰，甚至他说话的方式（把 Cuba 的尾音说成 Cuber）都是新英格兰式的。所以，肯尼迪的社会和政治身份混合了族群和地域的不同因素。

第二个例子是 20 世纪末叶华盛顿市最有权势的政客之一。他是非裔美国人、黑奴的后代，是美国政治史上黑人权利运动的领导者之一。同时，他的态度、信仰和说话的方式又都很接近弗吉尼亚贵族。连他的名字沃尔特·方特罗伊（Walter Fauntroy），也是来自早前弗吉尼亚最有名望的保王党家族。这位声名显赫的美国政治家的思想和行为也和肯尼迪一样，受到他的族群和地域文化的影响。

这种同化过程中的另一个代表人物是巴里·戈德华特（Barry Goldwater），他是犹太裔美国人，青少年时期在西南部长大。他对当地的历史很感兴趣，并且收集了很多有关西部历史的书——这个领域最好的私人收藏之一。他说话的方式、穿着、态度、政治原则以及他的天然自由观念都来自边区和西南部边疆的文化。他的行为举止都符合旧时边境地区和边区的民俗。

第四个例子是格蕾丝·凯丽（Grace Kelly，后嫁给摩纳哥国王）。这位美国女影星对自己的爱尔兰天主教背景有清醒的自觉，并积极地去维护它，所以当今最重要的爱尔兰研究中心之一不可置信地坐落在摩纳哥公国。同时，凯丽又非常忠诚于自己的费城背景，她本身就深受费城文化的影响。她高贵的举止、简朴的装束和直言不讳的说话方式都归因于特拉华山谷文化的熏陶。所以，格蕾丝·凯丽身上同时有族群文化和地域文化的痕迹。

这些并不是孤例。美国的黑人文化可以看作是非洲民俗与美国南部民俗混合的产物。德克萨斯和加州南部的西班牙裔美国人综合了拉丁美洲与美国边区的文化。马萨诸塞州的爱尔兰人、意大利人、希腊人和来自加拿大的法国后裔也都把自己的族群文化与新英格兰的传统相融合。居住在中西部的德国和斯堪的纳维亚半岛的后裔将自己的传统与源自特拉华山谷的民俗相融合。与地域民俗相融合的过程发生在大多数的主要族群身上。笔者作为新教徒对犹太教文化所抱有的偏见常常受到布兰迪斯大学的学生挑战，这些学生中有洋基犹太人、费城犹太人、南部犹太人，最让人惊讶的还有以热情友好著称的德克萨斯犹太人，他们经常穿着牛仔长靴，戴着宽边帽。他们身上也都体现了族群与地域的融合。

注释

1 John Higham, *Strangers in the Land* (New Brunswick, N.J., 1955), 311.

2 美国20世纪人口族群结构的变化体现在以下列表中：

祖先来源	1920—1924	1970—1971
英国	41.4%	21.4%
德国和奥地利	15.4	19.1
爱尔兰	10.0	11.2
斯堪的纳维亚半岛	4.3	8.5
意大利	3.2	6.0
法国	2.5	3.6
波兰	2.6	3.4
荷兰	1.8	1.9
俄国	1.6	1.5
捷克	1.6	1.1
瑞士	1.0	1.1
其他欧洲族群	3.0	7.0
所有欧洲族群	88.4%	82.8%
拉丁美洲	1.2	4.4
本土印第安人（1970）	0.2	0.4
亚裔（1970）	0.3	0.7
其他非欧洲族群（1970）	0.1	0.3
所有非欧洲族群	11.6%	17.2%
总额	100%	100%

资料来源：U.S. Bureau of the Census, Current Population Reports, series P-20; and SAUS (1976), table 40; 非欧洲族群的数目来自人口统计局1970年资料。

3 有关1939年赛马博彩，约翰·哈蒙德发现，1855年前定居该地的洋基人社区简单相关值（r值）是0.523；而新移民群体的简单相关值是0.700。相似的情况出现在1966年州博彩业的问题上。参见 *The Politics of Benevolence*, 169。

新政联盟

族群与地域文化

新移民很晚才在美国取得领导地位。由于许可证、限量指标和契约等一系列复杂的歧视性制度，他们进入高阶行业、著名大学和高尚社区的数目很小。但在 1932 年，他们用手中的选票在美国政治中产生了重大的影响，并由此使得一些族群和地域重新联合，把富兰克林·罗斯福送进了白宫。

大萧条期间，共同的困境使得南方农场主和北方工人联合起来，形成了一个新联盟的基础。这个新联盟此后二十年将主导国家的政治。新政联盟把完全不同的文化群体联合起来，它们之间唯一的共同点就是非常憎恶共和党联盟的文化、政策和道德观在大萧条期间的失败。自由放任的政治经济学和新教伦理因为大萧条而失去了声誉。国家禁酒令中所谓有序自由的“崇高试验”被认为是一场社会灾难。这一时期，“清教”在美国的语言中变成一种蔑称。大移民的后代在辛克莱·刘易斯（Sinclair Lewis）的《大街》（*Main Street*）和格兰特·伍德（Grant Wood）的《美国哥特式》（*American Gothic*）中被讥笑为荒唐、可怜的人。

老共和党联盟仍然保有一定的势力，尤其是在北部和中部的农村地区，这些人都来自新英格兰和宾夕法尼亚。缅因州和佛蒙特州从1856年至1960年的总统选举中几乎都把票投给了共和党，只有一次例外。[1]共和党候选人在老西北地区也有很大影响（俄亥俄、印第安纳、密西根和威斯康星等），还有一些北方平原州（爱荷华，内布拉斯加，堪萨斯和南、北达科他州等），以及太平洋沿岸西北地区的俄勒冈州。即使是在大萧条最严重的时期，老共和党联盟仍然是美国政治中影响最大的单一文化势力。但美国社会日渐多元化的形势让这个文化势力已经不再可能像1860—1932年期间那样继续主导国家政治了。

新政联盟就是对这种新发展的一种回应。它联合了老清教徒联盟的各种敌人：天主教移民、犹太知识分子、南部贵族、黑人佃农、阿巴拉契亚山区居民、德克萨斯牧场主和加利福尼亚的享乐主义者。所有这些人不可思议地团结起来，由来自纽约的新英格兰新贵民主党人领导。

这些支持罗斯福的群体都相信，联邦政府应该承担更大的经济角色。但他们的道德价值观和文化目的并不相同。新政的政治也反映出文化起源的这种多元性。这是美国式的中庸之道，用富兰克林·罗斯福的话说，就是“中间偏左”，一系列改革措施先后颁布，通过增大国家经济生活中的公共干预来保护美国社会的资本主义和民主架构。与此同时，新政反对在私人道德方面立法。它废弃了全国性的禁酒令，拒绝了共和党联盟的道德激进主义。

这就是新政的核心矛盾：经济上的积极干预和道德上的不干预政策。它提升了政府的经济角色，但同时也放弃了政府作为任何单一的道德或地域文化体系工具。南方得到了强大的经济支援，但并没有被要求改变它的文化。北方城市的新移民得到了不同形式的经济帮助，但他们的文化并没有受到立法挑战。共和党联盟的文化统治地位最终被摧毁了。

注释

1 唯一的例外就是 1912 年总统选举，缅因州把票投给了民主党，这主要是因为共和党的分裂。

二战期间的地域文化

二战开始之后，很多美国人并不希望卷入旧世界的吵闹中。但是法西斯的重型卡车逐一攻破了还处于民主初期的很多欧洲国家，唯有英国一息尚存，美国才逐渐觉察到致命的威胁。当日本人突然对珍珠港发起攻击，德国和意大利相继对美国宣战时，所有的疑问都烟消云散了。美国人忘记了彼此的差异，在公共问题上前所未有地团结在一起。

每一种美国文化都有支持战争的理由。西北部的自由派加入战争是要反对法西斯和军国主义，这种思想在德国和日本的暴行被日益揭露之后，得到越来越多的支持。南方的保守主义者是国家内部最有国际观的，他们加入战争是因为与英国的亲缘关系。好战的边区人则是为了要捍卫国家的荣誉，其实也是因为喜欢战争。而贵格会与和平主义者则是为了反对军事主义而加入了战争。

这几种不同的文化以不同的方式对战争作出了贡献。几位主要军事统帅的决策体现了他们不同的地域来源。例如小乔治·巴顿（George S. Patton, Jr.），他是美国最有才能的战地指挥官。巴顿是北不列颠移民的后代，其祖先 18 世纪在边区定居，后世子孙迁居到南加州。他们把自己看作武士的后裔。乔治·巴顿幼时就被告知很多边民的英雄事迹及其祖先的战斗史。巴顿家族很多人曾参与了美国独立战争，还有至少 14 个人参与了内战。“我们家族的男性……

一直在鼓舞我，”他曾评价说，“如果我犹豫颤抖，就是对我宗族的羞辱。”巴顿相信祖先的灵魂在战场上徘徊在他的上方。一战期间，他写道：“当我突然想到我的祖先们，我感到有一丝恐惧，我似乎看到他们出现在德国人阵营上方的云中，正看着我。我顿时变得平静，大声说，‘这正是另一个巴顿献身的时候’，我呼唤志愿者向必死之地冲锋。”

巴顿作战的方式也符合其祖先的传统。即使是在机械化战争的时代，他仍然在前线亲自指挥。德国莫斯伯格（Mooseberg）战役的德军俘虏曾惊异地回忆，他们看到一队装甲先锋队冲进了他们的阵营，而巴顿将军突然从其中一架坦克中冒出头来。巴顿所领导的第三军取得胜利要归功于他敢打的作风和优异的临场应变能力。但在这一切的后边，也有他多变的性格和不受控制的暴脾气，这几乎导致他被撤职。[1]

巴顿让上司长期倍感困扰，这位上司正是德怀特·戴维·艾森豪威尔。他是另一种军人，出生在德克萨斯州艾比利尼市（Abilene），他的祖先包括瑞士门诺派和德国虔诚派，后者在 1733 年之前移民到贵格会占主导的宾夕法尼亚。其祖先曾拒绝参与美国独立战争和内战，他的父母是虔诚派的一个支派河流弟兄派的信徒，他们对下一代的培养坚持勤奋工作、简朴生活、行为正派和自我约束等信念。艾森豪威尔记得他母亲曾摘引圣经上的话语来教导他，“治服己心的，强如取城”（《圣经·箴言》第 16 章第 32 节）。[2] 他考取西点军校是为了获得免费上大学的机会，他在军队中是按行政官员的位阶逐步上升，在整个军事生涯中从未参与战斗。作为联军统帅，艾森豪威尔极少走出总指挥部的范围，而更喜欢在后方的桌前埋头苦干。他实际是一个憎恶打仗的士兵，并且认为战争就是一场生意，它的目标是以人的生命为成本来取得胜利。

艾森豪威尔的上司，乔治·卡特利特·马歇尔（George Catlett Marshall）将军则来自另一种盎格鲁－美国文化。虽然马歇尔出生在宾夕法尼亚，但他是按照弗吉尼亚贵族的方式被教养的。美国第一代卡特利特和马歇尔家族的人是保王党高官，他们大约在1650年移民至切萨皮克地区。乔治·马歇尔并不是从西点军校毕业，而是从弗吉尼亚军事学院；他的第一任妻子莉莉·卡特是弗吉尼亚人。了解他的人都作证，马歇尔有一种异乎寻常的性格魅力和影响力，让人想起华盛顿和李将军。同样的词可以不作修改地来形容他，荣誉、高尚、诚实，以及个性鲜明。甚至连性格刚硬的乔治·巴顿也曾经说过，他“宁愿徒手空拳面对一辆纳粹的装甲车，也不愿被叫去与马歇尔将军对谈”。[3]

马歇尔的上司是富兰克林·罗斯福，他的领导风格又是另外一种。罗斯福仅仅名字是荷兰的。他的出生和教养都是洋基人。他祖先有四分之三是新英格兰人，他也在新英格兰的学校里接受教育（格罗顿中学和哈佛大学）。富兰克林·罗斯福作为总统，自有其领导风格，其中包含了道德目标、清晰的远见、坚定的内心、不屈不挠、灵活的方法，以及强烈的获胜意志。这种领导方式不仅是个人品质所决定的。它也包含着文化的影响，这要归因于新英格兰的民俗。他对战争目的和未来展望的陈述同样如此。他曾表达过有序自由的理想，这是来源于其祖先的自由方式。连他用的词语，比如“不受欲望辖制的自由”“免于恐惧的自由”等，都曾经出现在马萨诸塞湾殖民地的记录中。

美国地域文化不仅影响了领导风格，也影响了实际的战争决策，有时甚至使得同盟军的军事行动遭到失败。例如，在 1944 年，当美国陆军和海军在塞班岛与日本人作战时，海军将领贺兰·史密斯（Holland M. Smith）解除了陆军将领拉尔夫·史密斯（Ralph C. Smith）的职务，理由是后者不够具有攻击性。这个决定导致两位史密斯之间的斗争，这被军事史家认为是个性与机构之间的冲突，以及海军正面迎战的战法与陆军攻击和包抄的战法之间的冲突。但这也是文化之间的冲突。贺兰·史密斯将军是南方边区人，在阿拉巴马乡间出生长大。在战争中，他非常勇敢主动，同时也暴力粗鲁。海军同人称他为“疯吼的”史密斯。

陆军将领拉尔夫·科比特·史密斯（Ralph Corbett Smith）来自传统的新英格兰地区。他的祖先是清教徒大移民的一员，他曾祖父母迁徙到中西部，他也在那里成为一个国家安全官员。一战中他功勋卓著，因此成为职业军人。拉尔夫·史密斯心态平和，平日很安静，神色常常是严肃的，但语气温和，显得很沉着。一位助理回忆说：“我从没有见过他生气……我也从没有听到过他的声音高于日常对话。事实上，我从不记得这位老人说过‘该死’这种话。”马歇尔将军对他非常了解，曾这样评价说：“他总是为别人考虑很多，所以很难被认为是最伟大的首领之一；他是很稀有的一类人，是一个很温厚的基督徒贵族。”

这个事件远不只是陆军和海军之间的争议。“史密斯对史密斯”也是文化之间的冲突。所幸这种斗争在美国的战争中比较少见。总体而言，美国多元的地域文化为其增添了力量，而不是一个弱点。

注释

1 Martin Blumenson, *Patton, The Man Behind the Legend, 1885-1945* (New York, 1985), 20-21, 113, *passim*; George S. Patton, Jr., *War As I Knew it* (Boston, 1947); Martin Blumenson, *The Patton Papers* (2 vols., 1972-74); Kenneth W. Simmons, *Kriegie* (New York, 1960).

2 Stephen Ambrose, *Eisenhower* (2 vols., New York, 1983-84), I, 30.

3 Leonard Mosley, *Marshal, A Hero for Our Times* (New York, 1928), 107.

地域政治在战后的复兴，1945—1960

二战是新政联盟达成的前提条件。但在恢复和平后的第一次总统选举中，北方自由派与南方保守派再一次分道扬镳了。双方在很多问题上都有很大争议，主要是种族问题，民主党内部的两翼为此也有很深的矛盾。结果导致了南方民主党人的造反，因为不同意把民权赋予黑人，这些南部的保守派于1948年从民主党分裂出来。当年的总统选举中，四个南方州把票投给了一个地域性的政客斯特罗姆·瑟蒙德（Strom Thurmond）和他所领导的民主党派别，因为他主张州权。

在此次选举中，共和党候选人托马斯·杜威（Thomas E. Dewey）也是一个地域性候选人。杜威是有洋基和清教渊源的纽约人，有典型的狭长脸型，穿着整洁、态度温和，但给人距离感，自我节制且比较理性。除马萨诸塞之外，他赢得了东北部的所有州，在北部平原和太平洋西北海岸也有很大赢面。

民主党在任总统哈里·杜鲁门与南方民主党和共和党候选人都对比鲜明。杜鲁门是在边区密苏里长大的。他的竞选调门很高，但策略粗糙，很具有攻击性，显得比较随性，感情用事，很个人化，却又很世俗。他的竞选主要特点可以概括在集会中的一句口号：“让他们去地狱，哈里！”其实质体现在一句标语中：“为了你自己的利益投票！”杜鲁门在种族问题上显出自由派的特点，但在财产、工会、农业、生产者和消费者等问题上又显得保守。他那些色彩强烈的话语和谨慎的行为对美国中部的人有很强的感染力。

从选票统计看，杜鲁门和挑战者一样显出地域性候选人的特点，他的支持主要来自南部高地、中西部、边境州、大盆地和远西地区。他将新英格兰和北部地区拱手相让给杜威，南部大部分地区又败给了南方民主党人斯特罗姆·瑟蒙德。

艾森豪威尔的综合性

在 1952 年总统选举来临之际，两党最早的主要候选人都是比较典型的地域候选人：边区田纳西的民主党人埃斯蒂斯·基福弗（Estes Kefauver），和俄亥俄的共和党人、来自新英格兰的罗伯特·塔夫脱（Robert Taft）。但两党为了取得更广泛的支持最后都放弃了他们。民主党选择了阿德莱·史蒂文森（Adlai Stevenson），他是地位显赫的进步主义分子，在东北部有较大赢面。共和党人采用了保守党派经常运用的综合性策略，提名了很有民望的战争英雄，他在有争议的众多问题上并没有明确表达立场。这一综合性策略取得了巨大的胜利。1952 年和 1956 年，艾森豪威尔赢得了南方之外的每个州。共和党综合策略的胜利最后导致了新政联盟的终结。

地域结盟的嬗变，1960—1968

1960 年代，地域性投票的趋势发生了革命性的变化。在过去一个世纪的总统选举中，除了威尔逊总统和富兰克林 · 罗斯福之外，新英格兰、宾夕法尼亚、俄亥俄和密西根向来都把票投给共和党。在同一时期，南部沿海和高地除了在重建时期，在几乎每次总统选举中都把票投给民主党。这种趋势从 1856 年一直延续到 1956 年。[1]

到了 1960 年代，稳定而强大的新趋势开始出现。民主党开始在新英格兰、纽约、宾夕法尼亚、密西根、威斯康星和明尼苏达州渐渐得势。这些州在 19 世纪是共和党联盟的核心。现在它们成了民主党新的票仓；在 1960 年、1964 年和 1968 年的总统选举中，他们多数把票投给了自由派的民主党候选人。

与此同时，南方州转向了共和党。一个新的保守联盟结合了南部沿海、南部高地、山地州、大盆地和远西北等地区。1964 年这个联盟的候选人是共和党人巴里 · 戈德华特。南方很多保守的民主党人改变党派身份去投他的票。对戈德华特支持率最高的地方是南部和西部。

在这次地域重组的背后仍然潜藏着各地文化的延续性。政治学家沃特·迪安·伯纳姆(Walter Dean Burnham)从中发现了有趣的现象。他在研究 1964 年纽约的选举结果时，发现那些投票给民主党、支持民权的郡在 19 世纪中叶都投票给共和党，并反对奴隶制。他们都是

18 世纪晚期从新英格兰迁徙到这里定居的居民。伯纳姆认为，这个地区的选票决定于“社区长久以来形成的准则，并且源自最早一批定居者及其后代子孙的价值观”。[2]

注释

1 这里的概括把新英格兰作为一个整体。民主党总统候选人在 1876 年、1884 年、1888 年和 1892 年赢得了康涅狄格州；1928 年和 1948 年赢得罗德岛；1948 年赢得俄亥俄；1856 年赢得宾夕法尼亚。

2 Walter Dean Burnham, “American Voting Behavior and the 1964 Election,” *Midwest Journal of Political Science* 12 (1968), 1-40.

新地方主义，1968—1986

伯纳姆的观点并没有得到广泛认同，很多人认为在美国政治中，地域性投票随时会消失。[1]但那种认为地方主义已经消亡的观点还不太可靠。在1968年和1972年的总统选举中，投票趋势还是有很强的地域性特征。保守的共和党候选人理查德·尼克松在南部沿海、南部高地，以及大盆地地区赢得了最大比例的多数票。但他在中部的表现不那么好，北方则情况更差。唯一投反对票的是马萨诸塞州。他获得的最小比例的多数票是在北方，从新英格兰南部到威斯康星、明尼苏达、南达科他和俄勒冈。[2]

美国政治中的这种新型地域联盟此后不时崩解，这一点和早前的联盟比较相似。当有政党从对方政党的基地提名候选人时，这种地域联盟就会瓦解。例如，民主党在这一时期推选的德克萨斯人林登·约翰逊（1964）和佐治亚州的吉米·卡特（1976）都取得了巨大的胜利。卡特在南方除了弗吉尼亚之外，赢得了所有的选举人票；他在南方的影响力分裂了保守势力的联盟，最终赢得了选举。

当主要政党选择了一个在主流文化之外的候选人时，地域联盟也会消解。1964年的共和党人巴里·戈德华特和1968年的民主党人乔治·麦戈文，一个是极右，一个是极左。就实质而言，他们离党派核心并不远，但他们的话语过于激进，给所在的党派都带来了灾难性的后果。

当保守联盟推荐了综合性候选人时，地域性联盟也会被扰乱。

1980 年，这种计策又以新的形式出现了。越战中的将军无人有太大的胜选机会，但共和党人发现一个职业演员是个很不错的后备人选。罗纳德·里根证明了自己是个完美的综合性候选人。在 1980 年的选举中，他横扫所有的文化地域，只输了六个州。

1984 年，民主党犯了致命的错误，提名来自其大后方的候选人沃尔特·蒙代尔（Walter Mondale），结果里根进一步扩大了他的赢面。蒙代尔的政治风格有很多旧时北方候选人的痕迹，并不能吸引其他地区的选民。里根的大胜因此在当年扫除了地域性的投票。记者和政治学者们又一次预言，地域差别将从美国生活中消失。但在 1986 年的国会和州长选举中，地域性投票又一次出现了。

在 1980 年代中期多数重大问题上，地域性规律很显著。例如冻结核武器的议题，大多数新英格兰的国会议员都投票支持，而大多数南方和西部的国会议员都反对。在军事问题、外交政策、死刑和很多国内问题上，地域差别也很明显。

在 1988 年的总统选举中，地域差别也凸显出来。民主党候选人中，马萨诸塞州长麦克·杜卡基斯（Michael Dukakis）结合了自己的希腊背景和洋基传统，让人回想起爱尔兰裔洋基人约翰·肯尼迪；杜卡基斯的管理风格依循新英格兰的有序自由观念。杰西·杰克逊也结合了族群和地域的背景，他是一个黑人牧师，又是一个职业政客，他出生在南卡罗莱纳州的边区，受洗后的名字是传统的边民姓名；他的风格来自其出生地区流传三个世纪之久的野外讲道。理查德·格普哈特（Richard Gephardt）是边区的政客，他的竞选活动依靠于单一的政策，倡导把古代边境的同态复仇原则运用在外交关系上；他的演讲在其所在地区受到欢迎，但在此之外则没有得到支持。在共和党候选人中，堪萨斯的罗伯特·多尔（Robert Dole）是来自中部的候选人，他在本地区很受欢迎，但在其他地区比较糟糕；帕特·罗伯特森（Pat Robertson）是边区子弟，也有很强的地域身份。那些在两党中都没有很多支持的候选人，包括哈特（Hart）、巴比特（Babbitt）、施罗德（Schroeder）、肯普（Kemp）、海格（Haig）和杜邦（Dupont）等，在任何文化地域都没有基础。赢面最大的共和党人乔治·布什在不止一个地域有基础，他的源地是新英格兰地域，长期住在德克萨斯，他的口音中既有洋基人的鼻音，又有南方的拖音——政治家中少有的一种口音。

1988 年总统选举过程中充斥着对文化符号的滥用，而不同地域对此看法差异很大。民主党人麦克·杜卡基斯在北方赢得了广泛支持，包括从马萨诸塞到华盛顿州和俄勒冈州的大片地区，但他的有序自由观念赶走了其所在区域之外的选民。共和党人乔治·布什赢得了所有的南方州，加上保守的大盆地地区，并且赢的比例非常大。美国中部则呈现分裂的态势。布什也赢得了这个地区，但赢的比例非常微薄，在宾夕法尼亚、马里兰和伊利诺伊都只有 51% 的选票。最终结果显示了很强的新型地域差异，并且比以往更加稳定了。

注释

1 V. O. Key, *Politics, Parties and Pressure Groups* (New York, 1964).

2 尼克松获得连任在各地的多数票情况如下：

北方：52%—55%—— 新英格兰 52%；北部平原 56%；太平洋西北 55%；

南方：68%—70%—— 大西洋沿岸南部 68%；东南中央地区 70%；西南中央地区 68%；

中部：59%—60%——中大西洋 59%；东北部中央地区 59%；西北部中央地区 60%；

大盆地：68%；

加州：55%。

地域身份

美国的精神地图

这些文化地域在结构上并非一成不变。到 1988 年，原有的英属北美四个文化地域已经大大扩展，并且一些两个世纪前不存在的地域文化也加入进来。总体言之，美国大陆地区至少有七个文化地域：

1. 北方：包括新英格兰、老西北边区、北部平原和西北太平洋沿岸等，这些地区都是由洋基人开拓的，但现在由其他一些族群占据着主导地位，包括新英格兰的罗马天主教徒和中西部的路德教派。

2. 大纽约地区：面积虽小，但全国人口的 10% 居住在这个地区，有很多中欧和犹太的文化族群，还有荷兰移民。

3. 美国中部：从宾夕法尼亚西部穿过俄亥俄山谷以及中西部，直达洛基山脉，这里居住着很多不同的欧洲人移民群体；主要的教派是中部的卫理公会。

4. 大盆地：摩门教的影响甚深，包括犹他州，部分爱达荷州、内华达州、亚利桑那州、科罗拉多州和怀俄明州；这里混合着新英格兰、中部和南部高地的文化。

5. 南部沿海：从马里兰南部到佛罗里达和休斯敦附近的德克萨斯沿岸地区。它的文化受到大量北方的移民影响。

6. 南部高地：包括阿巴拉契亚、老西南、奥扎克高地，以及大部分德克萨斯和俄克拉荷马，这些地方主要居住着老的族裔；主要的教派是洗礼派。

7. 南加州：这里混居着南部高地、中部、西班牙裔和犹太裔文化的人，并延伸到内华达、亚利桑那和新墨西哥州。

所有这七个文化都在老的地域文化基础上加入了新的族裔和宗教群体的文化。他们都有自己的方言。除了北方、中部、南部沿海和南部高地的方言，其他三种方言是在 20 世纪出现的。纽约英语是北部和中部方言的混合，又加入了中欧和犹太人的语言。加州英语混合了南部高地和中部方言，又加入了西班牙裔的语言。大盆地的英语结合了北部、中部和南部高地的方言，并最终成为美国标准语。在 20 世纪末叶，全国电视播音员按照盐湖城的方言受训，这一方言相当于 BBC 语音的美国版。

在这些文化地域内部出现了新的族裔和宗教派别，但老的地域身份仍有强大影响。在 1960 年代中期，文化地理学者彼得·古尔德（Peter Gould）和罗德尼·怀特（Rodney White）从这个角度来测量美国人的文化心理，他们设计了精巧的“精神地图”，用地形学的方法来标识地理分布。他们发现，多数美国人的精神地图有共同的地理特征，尤其显著的是“加州高地”（California high）和“达科他低地”（Dakota low）。但不同历史地域的文化心理差别很大。阿拉巴马人鄙视新英格兰人，而北方人又讨厌阿拉巴马人。古尔德和怀特对这些古老文化心理的持久性感到惊讶，他们认为这是内战引起的短暂心理脱序现象。“到 2000 年，”他们写道，“我们或许会看到，无论是北方人还是南方人，他们的精神地图不再反映一个世纪前的精神创伤。”但这些地域之间的憎恶心理早在内战之前就出现了，进入 20 世纪以后，这种心理仍然很强烈。[1]

例如，在二战期间，德国的三名潜艇兵从田纳西的克罗斯维尔营（Camp Crossville）逃逸。他们逃到阿巴拉契亚山上的一栋小木屋里，停下来喝水休息。一个老妪骂他们“饭桶”。他们不加理会，她立即用枪把他们射杀。警长来找她，责备她不该杀死无助的囚徒。老妪号啕大哭，说她如果知道他们是德国人，就不会这样做。恼怒的警长问她，她以为她到底射死的是什么人。“还用问吗？”她回答说，“我以为他们是洋基人。”[2]

注释

1 Peter Gould and Rodney White, *Mental Maps* (New York, 1974), 175.

2 Arnold Krammer, *Nazi Prisoners of War in America* (New York, 1979), 133.

文化行为的地域差异

美国地域性特征的延续也体现在历次联邦人口普查中，即使是今天，各个地域之间的差异也大于欧洲国家之间的差异。而且这些差异与殖民地的历史显示出很强的关联性。

例如美国有关秩序与暴力的统计数据。1982 年，全国谋杀率是 10 万人中有 9.1 例。这种暴力水平比大多数西方国家高出四倍。但在美国内部，各个地域之间的谋杀率有很大不同。北部从新英格兰，经北部平原到西北太平洋海岸，一直保持着最低的谋杀率：马萨诸塞是 3.8，缅因 2.1，威斯康星 3.1，明尼苏达 2.3，北达科他 0.9，华盛顿州是 4.4。中部州的谋杀率比较高，但仍低于全国平均水平：宾夕法尼亚 5.7，中西部是 7.2，堪萨斯 5.7，科罗拉多州 6.0。大西洋南部沿海州，1982 年的平均谋杀率是 10.9。南部高地和西南地区的州则有非常高的谋杀率，中南部以西的州是 14.7，德克萨斯是 16.1。北部城市若有较大规模的南方移民群体，包括黑人和白人在内，谋杀率也很高。南部社区若有较多来自北方的移民，谋杀率则较低。这些规律很复杂，很多族裔和经济因素明显有重要影响。但从生态学的角度来说，美国的谋杀率与文化地域的关联性比城市化、贫穷或者任何其他经济要素更大。

人们或许会问出现这种情况的原因。为什么美国的这些地域把它们的差异保存了这么长时间？新英格兰的情况尤其让人瞩目，因为当地的族裔结构不断在发生变化。三个世纪前，新英格兰是以公理教派为主；今天却是以罗马天主教为主。[1]1650 年，当地的白人几乎全是英国人；但现在已经有很大比例的爱尔兰人、意大利人和来自加拿大的法国人。虽然如此，新英格兰的社会暴力水平一直很低，而在南方高地这方面的水平一直很高。为什么会如此？

有学者提供了唯物主义的解释：新英格兰的相对富裕和南部高地的贫穷。但很多土地贫瘠的洋基山城虽然很贫穷，却很有序，而西南部有一些社区富有却充满暴力。

有人认为，南方的暴力现象主要是族裔或种族多元的产物。但南部高地一些最暴力的社区却完全没有黑人，从人口成分而言属于全国族裔最单一的社区行列。与此同时，很多新英格兰的社区族裔也很多元化，但相比而言更加和平。

也有学者认为，南方暴力是边疆环境的遗留影响。但新英格兰也曾经是边疆地区。还有人认为南方暴力归因于内战，或者是过热的气候，甚至说是人性的需要。有个南方人曾被问到为什么他所在的地区这么多人被杀死，他回答说："只是因为南方有更多人渴望杀戮。"[2]

一个不那么诱人，却更有说服力的解释是制度。每个地域文化的早期都建立起维护社会秩序、惩治暴力的制度，并一直延续下来。新英格兰的法律对暴力很少容忍。这种方式从 17 世纪清教徒的马萨诸塞就开始了；到 1980 年代，马萨诸塞制定了美国最严苛的枪支控制法律，仍然体现了这一点。

新英格兰的法律也得到其他制度的支援。在三个多世纪里，城市里的学校都教导它们的学生不要用暴力来解决社会问题。城镇集会强烈谴责家庭暴力。城市的精英都擅长用例子来教导其他人，暴力在新英格兰是不被接受的社会行为。简单地说，暴力不被民俗所接受。一旦发生了暴力，新英格兰的地域文化对此很难容忍，并且加以严厉的惩罚。

所有这些方式在老西南和南部高地都是反着来。同态复仇仍然是德克萨斯的法律之一，比如允许丈夫公然杀死妻子的情人。德克萨斯对枪支所有权限制很少。德克萨斯的学校和教科书对暴力有颂赞的态度，与马萨诸塞截然相反。德克萨斯精英仍然依照报复的原则生活，他们之间时有谋杀发生，所以有不少例子。德克萨斯人乐于见到公开的暴力，马萨诸塞则很不感冒。总之，暴力在德克萨斯和南部高地是一种现实，其历来的文化就是如此，自内战以来，实行奴隶制以来，甚至在成为边疆以来，都是如此，甚至可以说，在移民之前的北不列颠边境地区就是如此。[3]

源自早期历史的地域差别也表现在其他社会方面。例如教育。到 1980 年，全美已经普及了小学教育。但在中学教育和高等教育的方式上，地域差别还是很明显的。不同地域在高中毕业率上就参差不齐。最高的毕业率是北方：最高的三个州是明尼苏达（91%）、康涅狄格（90%）和北达科他（90%）。中部州处于中等偏上（宾夕法尼亚 78%，新泽西 78%，俄亥俄 80%），南方边区是中等偏低（马里兰 76%，弗吉尼亚 74%）。最低的州在南部腹地（佐治亚州 63%，路易斯安那州 63%，佛罗里达州 62%），西南部也很低（亚利桑那 63%，内华达 65%，加利福尼亚 67%），北方和中部的城市若有大量来自南方的移民，毕业率就很低（纽约 64%，密西根 68%，哥伦比亚特区 57%）。这些趋势和学校的预算相关性不大，但它们与所在地域的教育传统有关。[4]

高等教育上的情况也类似。新英格兰清教徒和洋基人居住的北方州上大学的比例很高。到 1980 年，马萨诸塞、康涅狄格、缅因州和佛蒙特州人口的 20% 完成了大学四年的学业。整个北方和大盆地的比例都很高：明尼苏达 17%，华盛顿州和俄勒冈州 19%，犹他州 20%，科罗拉多州 23%。这个比例在其他地域就比较低：中部州是 16%，南部沿海是 15%。最低的比例是在南部高地：西弗吉尼亚 10.4%，阿肯色州 10.8%，肯塔基州 11.1%，阿拉巴马州 12.2%，密西西比州 12.3%，田纳西州 12.6%。这些地域差别和城市化水平或高等教育的公共支出关系不大。基本的决定因素还是不同地域对学校的传统态度。[5]

对性别的态度也有地域差别。我们已经知道，在 17、18 世纪，妇女的地位在新英格兰和特拉华山谷比较高，而在弗吉尼亚比较低，边区最低。这些地域差别持续了四个世纪。北方州在 19、20 世纪支持赋予妇女投票权，南方尤其是西南则一直反对妇女投票权。在 20 世纪后半叶，几乎一样的差异出现在给妇女平权宪法修正案的投票中。北方所有的州都投了赞成票，而南方高地所有的州都反对。这种地域差别持续了如此之久，很难用暂时的文化滞后效应来解释。它是地域之间深刻的文化差异导致的。

各个地域还有另一种长期存在的公共生活差异。在每个地域，地方政府的主要形式都源自 17 世纪到 18 世纪早期建立的机构。多数新英格兰社区仍然通过城镇集会来实现自我管理。这种体制在北方广泛传播，影响到纽约、俄亥俄、密西根、威斯康星、明尼苏达、南达科他州和北达科他州。宾夕法尼亚保留了自己的郡委员会。弗吉尼亚和南部沿海各州的郡仍然通过郡法庭的精英来管理。这些地域的政府体制长期维持着这种稳定的状态。

政府管理的能动水平（以公共支出为衡量标准）在过去三百年

中也保持了一致。在 18 世纪中叶，州政府和地方政府的税收在新英格兰要比弗吉尼亚高出一倍，特拉华山谷处于两者之间，边区则低于其他地域。在排除了人口和财产要素后，地域间的差异今天依然如故。例如，在 1981 年，一个年收入 75,000 美元的四口之家，在波士顿付给州政府和地方政府的税收是 10,900 美元，在宾夕法尼亚是 7000 美元，在诺福克是 5700 美元，在路易斯维尔是 4800 美元，在休斯敦是 4600 美元。各地域之间的税收和支出的相对水平在多年之后并没有实质变化。[6]

注释

1 Edwin S. Gaustad, *Historical Atlas of Religion in America* (rev. Ed., New York, 1976).

2 Sheldon Hackney, "Southern Violence," *AHR* 74 (1969), 906-25.

3 德克萨斯的幽默中仍然充满了想象的反人类的暴力，尤其是反对洋基人的。在 1973—1981 年的石油危机中，德克萨斯的一张汽车招贴上写着："开到 90 迈，吓呆洋基人。"

4 *New York Times*, 1 March 1988.

5 *SAUS* (1984), 145; 比例特别高的有哥伦比亚特区（27.5%），以及周边的马里兰州和弗吉尼亚州。

6 *SAUS* (1984), 302.

地域文化的持久性
缘由

为什么地域文化能在盎格鲁－美国持续这么长的时期？这些文化是如何延续下来的？这些问题长期以来都被历史学家和社会科学家忽略了。巴林顿·摩尔（Barrington Moore）认为：

> 现代社会科学普遍假定，社会持续性不需要任何解释。这或许不是问题。变化本身才是需要解释的……社会和文化延续性无需解释的这种文化惯性假定，使人们忽略了一个事实，即文化和社会在每一代人中都在经历再造，人们也因此而遭遇苦难和疼痛。[1]

文化的延续并不等于静止不动。文化在发生代际传递时，一定会发生很多事情。文化的延续无论受到什么样的挑战，无论是革命这种大事件，还是孩子出生这种小事件，一些非常复杂的文化机制会立即启动。

这种文化延续的过程可以从不同的角度去研究。一种方法是关注每个人习得其社会角色的方式。文化延续的一些重要工具存在于学校、教会和家庭，下一代在这里学会他们被期望的角色。其他的机构则在不同的生命阶段继续社会化的过程。我们已经看到，英属北美的这四个文化地域多年来一直保持着自身习俗的文化适应机制。

观察延续性的第二种角度是文化各个部分的相互依存性。例如经济结构和族群结构常常是相互强化的。要实质地改造一个文化，就必须同时改变很多东西，很多改革者已经学习到，这并不容易。社会机构有使其自身保持不变的倾向，也有自己的方法来做到这一点。这些机构实际是文化体系维系自身的有力工具。

文化延续的另一种观察角度是精英的行为。文化上也有寡头铁律，即每种文化系统都是被某种小团体所统治。他们通过控制机构和过程来达到这种目标，所以他们在政治和制度层面都变成了文化的真正统治者。

文化精英的铁律是历史常见现象，但精英与其他文化群体之间的关系则纷繁复杂。每种文化都可以看作一种协商的体制，精英通过向其他群体作一些让渡而维持其主导地位。这种协商过程在英属北美的四个地域表现不同。新英格兰的城镇体系给予每个社区以高度的自治权，同时也让它们都感觉有必要维持这个体系。宾夕法尼亚的相互自由体系成为不同群体进行协商的基础。边区的天然自由理念也起着相似的作用。这些协商过程在切萨皮克地区却变得异常复杂；历史学家阿兰·库利科夫对这个地区贵族与自耕农、贵族与贫穷白人和贵族与奴隶之间的社会交易作过精彩描述。[2]

最后，当所有其他机制都失败时，维护文化延续性的最终工具是武力，每种文化有时都不得不使用这种办法。甚至贵格会也被迫用武力来对付特拉华湾区的罪犯和海盗。其他的文化更经常地用武力来对付外国人和异议者。

文化延续性的这些观察角度，包括文化适应机制、制度结构、精英团体、族群间交易和武力等，相互间并不可以替代。它们是观察同一种复杂文化的不同方式。

注释

1 Barrington Moore, *Social Origins of Dictatorship and Democracy: Lord and Peasant in the Making of the Modern World*, (Boston, 1966), 485-86.

2 Allan Kulikoff, *Tobacco and Slaves: The Development of Southern Cultures in the Chesapeake, 1680-1800* (Chapel Hill, 1986), 280-313, 408-20.

结语
一个自愿社会的文化决定因素

美国地域文化的延续不仅是一个历史问题。多元的地域文化也在共和国内部形成了生动的张力。同时，它也在同一个文化架构下滋养了四种不同的自由观念。

这四种自由传统并不是经典共和主义或欧洲自由主义的表现形式，虽然这些域外的观念常被用来论述。美国的自由观念源自其土生土长的习俗，根植于英语世界长期传承的文化。

从道德的角度说，这四种自由方式都始于伟大而高尚的冲动，但它们又都在具体阐述上有局限，在实际操作中有问题。清教徒的有序自由在传播到马萨诸塞后，很快就变成残酷镇压的工具。绅士的支配自由观念传到弗吉尼亚之后，为种族奴隶制大开绿灯，并从中获得支持。贵格会的相互自由具有褊狭性，只有退隐的生活才能与之符合。边区的天然自由观念有时陷于文化无政府主义的泥沼。

但所有这四种自由传统都能够持续发展。新英格兰的清教徒信仰的有序自由早已超越其原先的信条，用佩里·米勒的话说，已经成为“美国心灵的基本观念”。弗吉尼亚绅士对支配自由的理解，已经超越等级、种族和性别的不平等，成为与所有人有关的道德观念。宾夕法尼亚贵格会的相互自由理念从一种脆弱的宗派观念发展为自由至上的观念，以坚定的决心和不屈不挠的韧性而著称。边境和边区的天然自由观念也从民俗发展为内容丰富的意识形态。

这四种自由方式在美国仍然独立存在着。美国自由最重要的事实是，它从来不是单一的观念，而是一系列有区别，有时甚至是冲突的传统，彼此之间维持着张力。自由观念的这种多元性缔造出一种自由文化，在开放性及扩展性方面远胜任何单一的自由传统。它也成为美国自愿社会最重要的决定因素。时间或许终将证明，自由方式的多元化是美国向世界贡献的最经久不息的传统。

致　谢

牛津大学保存了很多有趣的民俗材料，本书就缘于这些材料。每年的哈姆斯沃思（Harmsworth）美国历史访问教授都要求作一次就任演讲。他不能把这次演讲安排在访问的初期，而是必须在中期或末尾。我把自己的演讲安排在了末尾——相当于卸任演讲。无论这种传统的起因为何，我利用爬梳不列颠档案资料的一年时间来准备此次演讲。在这一时期，演讲词很快发展为眼下这本书。

在牛津的一年对我的工作也产生了另外一种重要影响。此前十多年，我一直在思考“新社会史”的整合。然后，我突然被要求按照牛津杰出的、却有些过时的历史教学大纲上课。这个经历让我调整了思路，也启发我在这本书中用新的方法来梳理历史。

本卷书的主题自 1975 年以来一直在我内心翻滚，那一年我在西雅图华盛顿大学上了一门叫“自愿社会的决定因素”的研究生课程。我从学生和同僚那里学到了很多，我很高兴与阿瑟·贝斯特（Arthur Bestor）、弗农·卡斯滕森（Vernon Carstensen）、阿瑟·费雷尔（Arthur Ferrell）、道格拉斯·诺斯（Douglas North）、奥蒂斯·皮斯（Otis Pease）、戴维·平克尼（David Pinkney）、麦克斯·萨维尔（Max Savelle）和唐纳德·特雷德戈尔德（Donald Treadgold）等人有过合作，我的学生们也给了我很多启发，他们中有些人后来继续在历史领域读了研究生，包括爱德华·拜尔斯（Edward Byers）、简·路易斯（Jan Lewis）和特利·罗珀（Terry Roper）。

这本书英国部分的研究开始于1976年和1978年夏季对东盎格鲁档案的查考，那个时期我在与彼得·拉斯利特（Peter Laslett）和剑桥群体的短暂相会中学到很多，尤其是波尔（J. R. Pole），我至今非常珍惜他的友谊和智慧的建议。也感谢剑桥大学图书馆，以及剑桥历史教授协会提供的办公室，还有访问学者中心对我和家人的善待。我尤其感恩克里斯托弗和朱蒂·里克斯夫妇（Christopher and Judy Ricks）以及剑桥小艾弗斯登镇（Little Eversden）人民的热情，他们让我们宾至如归。

很多杂务和困难让这个研究计划在1978年至1985年暂停了一段时间，但牛津之行让我把英国部分的研究重新捡起来，并调整了研究方向。很多朋友和同僚让那一年成为我生命中最愉快的时期之一。要向王后学院的院长布莱克领主以及布莱克夫人献上特别感谢，他们的善良让我和妻子能做很多职责之外的事情。这本书献给他们，以表达我们的情感和尊敬。

也感谢王后学院的同僚和他们的家庭的慷慨大度，他们无一例外地让我们倍感温暖，尤其是乔纳森和吉尔·科恩夫妇（Jonathan and Jill Cohen），肯尼斯和简·摩根夫妇（Kenneth and Jane Morgan），彼得和凯特·米勒夫妇（Peter and Kate Miller），彼得和西尔维亚·诺伊曼夫妇（Peter and Sylvia Neumann），阿利斯代尔和朱莉·帕克夫妇（Alisdair and Julie Parker），以及约翰和米娜·普雷斯特维奇夫妇（John and Menna Prestwich）。尤其要感谢保罗·富特（Paul Foote）带领我参观多塞特迷人的乡间风光，我在威塞克斯做研究期间他还帮我找了住所，杰弗里·马歇尔（Geoffrey

Marshall）为我安排了中北部的行程，约翰·布莱尔耐心地帮我解答有关中世纪历史的很多细节问题。

感谢我的历史系同人们，尤其是波尔和哈利·皮特（Harry Pitt），我们合作教学，还有牛津聪颖的学生们，他们教会了我很多。我尤其对基斯·托马斯（Keith Thomas）和杰拉尔德·艾尔默（Gerald Aylmer）充满感激，他们花了很多时间审阅初稿，并且在繁忙的工作中抽出时间慷慨地提供了意见。在很多事情上，我同样要感谢约翰·罗伊特（John Rowett）、麦克和埃莉诺·威廉姆森夫妇（Michael and Eleanor Williams）、彼得·凯里（Peter Carey）、科林和苏珊·马修夫妇（Colin and Susan Matthew）、乔斯·哈里斯（Jose Harris）、艾力克·坎贝尔（Alec Campbell）、布莱恩和万达·谢弗夫妇（Byron and Wanda Shafer）、麦克·布洛克（Michael Brock）、乔治·理查德森（George Richardson）、艾薇·阿斯奎斯（Ivon Asquith）、朱利安·罗伯茨（Julian Roberts）、戴维·韦西（David Vaisey）、亨利和伊夫林·菲利普斯－布朗夫妇（Henry and Evelyn Phelps-Brown）、唐和海蒂·普赖斯夫妇（Don and Hattie Price）、罗杰和莫伊拉·班尼斯特夫妇（Roger and Moyra Bannister）、安德鲁·罗伯特森（Andrew Robertson）、查尔斯·韦伯斯特（Charles Webster），还有阿兰和奥莉维亚·贝尔夫妇（Alan and Olivia Bell）。阿兰·贝尔和他在罗兹图书馆（Rhodes House Library）的同事们为这个研究提供的帮助是高效的，还有英格兰所有郡的纪录办公室也提供了莫大的帮助。

还要感谢罗瑟米尔基金会（Rothermere Foundation）为我们遮风挡雨，尤其是薇薇安（Vyvyan）和亚历山大·哈姆斯沃思夫妇的善良和友谊。感谢伯福德（Burford）的戴安娜·巴拉克拉夫（Diana Barraclough），苏塞克斯的科拉·勒欣顿（Cora Lushington），南安普顿的约翰和维罗妮卡·奥德菲尔德夫妇（John and Veronica Oldfield）,伦敦的彼得·帕里什（Peter Parish）,诺里奇的罗杰和基特·汤普森夫妇（Roger and Kit Thomson），约克的沃伦（A. J. Warren），以及老汉廷顿（Old Headington）的戴维和伊莎贝尔·斯宾塞夫妇（David and Isabel Spence）、伊丽莎白·莱兰（Elizabeth Leyland）、爱德华和莎拉·麦凯布夫妇（Edward and Sarah McCabe）以及唐纳德和彭妮·理查兹夫妇（Donald and Penny Richards）。

牛津大学出版社的谢尔登·迈耶（Sheldon Meyer）是我二十年的朋友，他曾给我很多很好的建议，提高了本书的品质。还有利昂娜·凯普里斯（Leona Capeless），也为这个研究贡献了智慧和经验。斯蒂芬妮·萨克森－福特（Stephanie Sakson-Ford）以很高的水准完成了对本书的编辑。瑞切尔·托尔（Rachel Toor）精明而宽宏地推动了研究的进行；如果没有她，我不知道这个研究如何才能出版。约里恩·奥桑卡（Joellyn Ausanka）对本书的帮助也很大。

詹妮弗·布罗迪（Jennifer Brody）创作了书中的图画，贡献了她的耐心、敏锐、幽默感和高超智慧。我很高兴能与她在包括本书的所有研究项目上合作。

安德鲁·玛卓克（Andrew Mudryk）以很高的标准设计了地图。他以自己的技能和创造性的想象力为本书增光添彩，我也非常享受与他的合作。

美国部分的研究是在布兰迪斯大学的学生和研究助理的帮助下完成的。其中有的研究已经分别出版在不同的专著中，并得到了来自哈罗德·舍曼·戈德堡基金会（Harold Sherman Goldberg Fund）的资助。康科德小组包括了马克·哈里斯（Mark Harris）、詹姆斯·金门格（James Kimenker）、理查德·温特劳布（Richard

Weintraub）、苏珊·库兰（Susan Kurland）和乔安尼·列文（Joanne Levin），阿默斯特学院（Amherst College）的罗伯特·格罗斯（Robert Gross）和康科德图书馆的威廉·摩斯女士（William H. Moss）给予了很大的帮助。布鲁克林小组包括贝丝·林兹（Beth Linzner）、肯尼斯·德赖弗斯（Kenneth A. Dreyfuss）、埃莉萨·贝利科夫·卡茨（Alisa Belinkoff Katz）和贝瑟米·杜比兹基·温伯格（Bethamy Dubitzky Weinberger）。沃尔瑟姆（Waltham）小组包括麦克·克拉克（Michael Clark）、温迪·甘伯（Wendy Gamber）、巴里·利伯（Barry Lieber）、吉尔·梅热（Jill Mazur）和西奥多·斯坦伯格（Theodore Steinberg）。楠塔基特小组包括卡罗尔·沙克曼（Carol Shuchman）、明迪·伯曼（Mindy Berman）、杰玛·拉兹洛（Jemma Lazerow）和爱德华·拜尔斯（Edward Byers），后者在博士论文中做了进一步研究，并且已经出版。莎莉·巴雷特（Sally Barrett）和奥德丽·内克（Audrey Neck）在马萨诸塞的米尔福德完成了家庭重组项目。劳伦斯·基尔伯恩（Lawrence Kilbourne）完成了三个家庭重组项目，包括新罕布什尔州的汉普顿、纽约州的新帕尔茨（New Paltz）和宾夕法尼亚的士文克非特（Schwenckfelders）。苏珊·艾文（Susan Irwin）、唐娜·布维尔（Donna Bouvier）和马克·奥洛夫斯基（Marc Orlofsky）对奴隶文化和黑人家庭做了很多量化研究，马克·奥洛夫斯基还对肯塔基和田纳西做了财富分配的研究。乔纳森·施瓦兹（Jonathan Schwartz）收集并查验了横跨大西洋的移民统计数据。爱德华·瑞康（Edward Richkind）和珍妮丝·巴锡尔（Janice Bassil）帮助整合了宗教数据。戴维·古尔德整理了学校注册的数据。海伦娜·沃尔（Helena Wall）和杰夫瑞·艾德勒（Jeffrey Adler）研究了代际关系。米里亚姆·希贝尔（Miriam Hibel）研究了性别关系。

马歇尔·沙茨（Marshall Schatz）和安德鲁·罗伯特森统计了投票参与的数据。马克·所罗门（Mark Saloman）收集了地域性的犯罪数据。马修·沙克曼（Mathew Shuchman）解决了很多电脑程序的问题，丹尼尔·海金（Daniel Highkin）解决了本书需要的数据模型。罗伯特·芬克尔（Robert Finkel）、斯科特·格莱斯顿（Scott Gladstone）和麦克·里夫斯（Michael Reeves）核查了文献引用和引文。

在研究的初期，布兰迪斯大学给予了慷慨的帮助。我非常感谢校长曼威·伯恩斯坦（Marver Bernstein）和学院院长杰克·戈德斯坦（Jack Goldstein）的鼓励。在历史办公室，艾娜·马拉古蒂（Ina Malaguti）、朱迪·布朗（Judy Brown）、贝蒂·拉森（Betty Larsen）和戴安娜·斯佩尔曼（Diane Spellman）也提供了很多帮助，贡献了卓越的能力和无穷的幽默。

我还希望可以列出名字感谢很多档案学家、图书馆专家、学者、朋友和同事，他们已经出版的研究和私下的建议使得这个项目成为可能。我必须感谢丹尼尔·斯科特·史密斯，他审阅了手稿，提供了很多有益的建议。约翰·默林（John Murrin）也抽出很多时间仔细阅读了本书手稿，使我能从他罕能匹敌的批判中受益，伯特伦和安妮·怀亚特－布朗夫妇也审阅了部分手稿，给予了很多很好的建议。多年里，我也从和很多人的谈话中受益匪浅，包括约翰·迪莫斯（John Demos）、罗伯特·格罗斯、玛丽斯·维罗夫斯基（Maris Vinovskis）、乔治·比利亚斯（Geroge Billias）、理查德·布什曼（Richard Bushman）、麦克·朱克曼（Michael Zuckerman）、塔玛拉·哈雷文（Tamara Hareven）、罗纳德·福尔米萨诺（Ronald Formisano）、罗杰·莱恩（Roger Lane）、詹姆斯·麦克弗森（James McPherson）、詹姆斯·克洛潘伯格（James Kloppenberg）、莫顿·凯勒（Morton Keller）、克莉丝汀·哈耶曼（Christine Heyrman）和鲁珀特·威尔金森（Rupert Wilkinson）。我的父母约翰和诺尔马·费舍尔（John and Norma Fischer），我的兄弟迈尔斯·宾宁敦·费舍尔（Miles Penington Fischer）是智慧与激励的泉源。苏珊娜、安妮和弗雷德总能带来欢乐的时光。我的妻子朱迪思（Judith）在诸多方面帮助和支持了我。

D.H.F

译名对照表

·A·

A Gentleman's Religion《一位贵族的宗教》

Abel 亚伯

Aberdeen 阿伯丁

Abernethy, Thomas 托马斯·阿伯内西

Abilene 艾比利尼市

Abnaki 阿布纳基人

Accomac 阿科马克

Accomack 阿可麦克郡

Acrelius, Israel 以色列·阿格流斯

Adams, Herbert B. 赫伯特·亚当斯

Aethelred 艾塞雷德

Africk 阿弗里克

Albemarle 阿尔伯马尔郡

Alcock, George 乔治·阿尔科克

Alderfer, E. Gordon 戈登·奥尔德弗

Alexis de Tocqueville 阿历克西·德·托克维尔

Alford 奥尔福德

Alfred 阿尔弗雷德

Algonkian 阿尔贡金语

Alien and Sedition Acts《排外与煽动法案》

Allegheny 阿利盖尼

Allen 艾伦

Allen, David Grayson 戴维·格雷森·阿兰

Allentown 艾伦敦

Allestree, Richard 理查德·阿莱斯特里

Allyn, John 约翰·阿林

Allyn, Squire 斯夸尔·阿林

All Hallow 万圣教区

Alsop, George 乔治·奥尔索普

Althorp 奥尔索普

Alton 奥尔顿

Ambleside 安布尔赛德

American Creed 美国信念

American Antiquarian Society 美国古文物学会

American Gothic 《美国哥特式》

American Historical Association 美国历史学会

Ames, Fisher 费舍尔・埃姆斯

Ames, William 威廉・埃姆斯

Amish 阿们宗派

Amos 阿摩司

Amplificatio 圣公会讲道结构中的铺陈

An American Dilemma 《一个美国困境》

Anabaptist 再洗礼派

Anatomy of Melancholy 《抑郁的剖析》

Anburey, Thomas 托马斯・安布雷

Anderson, Robert 罗伯特・安德森

Andros, Edmund 埃德蒙・安德罗斯

Anglesey 安格尔西岛

Anglo-Saxon 盎格鲁 - 撒克逊

Anne Arundel 安妮阿伦德尔郡

Antilles 安地列斯群岛

Antinomianism 反律法主义

Antinomian Controversy 反律法主义大纷争

Antrim 安特里姆郡

Apology 《辩解书》

Apology for the True Christian Religion《为真正的基督教而致歉》

Appalachia 阿巴拉契亚

Applicatio 圣公会讲道结构中的应用

Appomattox 阿波马托克斯

Arbella 阿贝拉

Asbury, Francis 弗朗西斯・阿斯伯里

Archbishop William Laud 威廉・劳德大主教

Archdale, John 约翰・阿奇代尔

Archer 阿彻

Archibald, Burnett 阿奇博尔德・伯内特

Armadale 阿马代尔

Armagh 阿马郡

Arminius, Jacobus 雅各布斯・阿米纽斯

Arminianism 阿米纽派

Arthetta 阿瑟塔

Arthur, Chester 切斯特・阿瑟

Ashe, Thomas 托马斯・阿希

Ascension 耶稣升天节

Ashcom 阿什科姆

Astell, Edward 爱德华・阿斯特尔

Aston 阿斯顿

Athelred 埃塞尔雷德

Aubrey, John 约翰・奥布里

Augusta 奥古斯塔

Austin, Moses 摩西・奥斯汀

Auwers, Linda 琳达・奥威尔斯

Ayers, Edward 爱德华・艾尔斯

Ayr 埃尔

Ayrshire 亚尔夏

・B・

Bacchus 巴克斯，罗马神话中的酒神

Bacon, Francis 弗朗西斯・培根

Bacon, Nathaniel 纳撒尼尔・培根

Badminton 巴德明顿

Bagwell 巴格韦尔

Bailyn, Bernard 伯纳德・贝林

Baines 比恩斯

Bala 巴拉

Balch 鲍尔奇

Balfour 巴尔弗

Ball, William 威廉・鲍尔

Baltzell, Digby 迪格比・巴尔策尔

Bancroft, George 乔治・班克罗夫特

Bane, Donald 唐纳德・贝恩

Bangs, Benjamin 本杰明・班斯

Bankhead 班克黑德

Bankhead, Tallulah 塔卢拉・班克黑德

Bankruptcy Act《破产法 1798》

Banks, Charles E. 查尔斯・班克斯

Bannockburn 班诺克本

Barbados 巴巴多斯岛

Barber, Rhoda 罗达・巴伯

Barbour, Hugh 休・巴伯

Barclay, Robert 罗伯特・巴克利

Barkley 巴克利

Barnes, Rebecca 丽贝卡・巴恩斯

Barnes, Richard 理查德・巴恩斯

Barrett, Sally 萨莉・巴雷特

Barry 巴里

Bartol, Samuel 萨缪尔・巴托尔

Bartram, John 约翰・巴川姆

Bashaw 东方人对暴君的称呼，被西方人用来骂人

Basingstoke 贝辛斯托克

Bath 巴思

Bauman, Richard 理查德・鲍曼

Bayly, Lewis 路易斯・贝利

Bayly, Nicholas 尼古拉斯・贝利

Bayside 贝赛德

Baxter, William 威廉・巴克斯特

Beard 比尔德

Beaufort 博福特

Beckwith, John 约翰・贝克威思

BE-courteous Cole 谦恭的科尔

Bede 比德

Bedford 贝德福德

Bedouins 贝都因人

Bellers, John 约翰・贝勒斯

Bellingham, Richard 理查德・贝灵汉

Bellor, John 彼得，约翰・贝洛特

Ben's Ridge 本之岭

Benezet, Anthony 安东尼・贝内泽

Benson, Lee 李・本森

Bentley, William 威廉・本特利

Bergen 卑尔根郡

Berkeley, Frances Culpeper 弗朗西斯・卡尔佩珀・伯克利

Berkeley, John 约翰・伯克利

Berkeley, Maurice 莫里斯・伯克利

Berkeley, Norborne 诺伯恩・伯克利

Berkeley, William 威廉・伯克利

Berkeley Hundred 伯克利 - 亨德勒德地区

Berks 伯克郡

Bert's Creek 伯特的溪流

Bertie 伯蒂郡

Beruf 天职

Berwick 贝里克郡

Berwyn 贝温

Bethlehem 伯利恒

Bettey 贝蒂

Beverley 贝弗利

Beverley, Peter 彼得・贝弗利

Beverley, Robert 罗伯特・贝弗利

Bible Commonwealth 圣经共和国

Biddle 比德尔

Big Fat Gap 大肥缺

Big Sandy 大沙地

Big Valley 大山谷

Billerica 比尔里卡

Billington, Ray Allen 雷・艾伦・比林顿

Billton 比尔顿

Birmingham 伯明翰

Bishop Sheldon 谢尔登主教

Bishop Wilfred 威尔弗雷德主教

Blackstone, William 威廉・布莱克斯通

Blainey, Geoffrey 杰弗里・布莱恩

Blair, James 詹姆斯・布莱尔

Braithwaite, William 威廉・布雷思韦特

Blackmore 布莱克莫尔

Bland 布兰德

Blantyre 布兰太尔

Blair, James 詹姆斯・布莱尔
Blenheim 布伦海姆
Bloody Bridles 嗜血的布赖德尔斯
Bloodrun Creek 血溪
Bloody Rock 浴血岩
Bloomfield Castle 布卢姆菲尔德城堡
Blount conspiracy 布朗特阴谋
Blue Ridge 蓝岭
Blundell, William 威廉・布伦德尔
Blunston 布鲁斯通
Blunston, Samuel 萨缪尔・布朗斯通
Boddie, William 威廉・博迪
Bollen 博伦
Bolling 博林
Bond 邦德
Boone, Daniel 丹尼尔・布恩
Boorstin 布尔斯廷
Borsholder 下级警官
Boston Stump"波士顿树桩",波士顿圣博托尔夫教会塔楼别称
Boswell, James 詹姆斯・博斯韦尔
Botetourt, William 威廉・博特图尔
Boucher, Jonathan 乔纳森・布歇
Bownas, Samuel 萨缪尔・鲍纳斯
Bradford 布拉福德
Bradstreet, Anne Dudley 安妮・达德利・布拉德斯特里特
Bradstreet, Dorcas 多卡斯・布拉德斯特里特
Bradstreet, Hannah 汉纳・布拉德斯特里特
Bradstreet, Mercy 默西・布拉德斯特里特
Bradstreet, Samuel 萨缪尔・布拉德斯特里特
Bradstreet, Simon 西蒙・布拉德斯特里特
Braided narrative 梳理性叙事
Braintree 布雷茵特里
Brampton 布兰普敦
Brand, Benjamin 本杰明・布兰德
Brandywine Creek 布兰迪维因河
Brasenose 布列斯诺斯
Brassey 布拉西
Braudel, Fernand 费尔南多・布罗代尔
Braunston 布朗斯顿
Break 布里克
Breakneck Ridge 断颈脊
Breck, Samuel 萨缪尔・布雷克
Brent, Giles 伊莱斯・布兰特
Bridenbaugh 布里登博
Bridenbaugh, Carl 卡尔・布里登博

Bridgewater 布里奇沃特

Bridlington 布里德灵顿

Bright, Deacon Henry 迪肯·亨利·布莱特

Bringhurst 布里赫斯特

Bristol 布里斯托

Britannia《大不列颠》

British America 英属北美

Broad River 布罗德河

Broadhurst 布罗德赫斯特

Brobeck 布罗贝克

Brockbank, Thomas 托马斯·布罗克班克

Brodingnag 布罗丁那格

Brokeleg Branch 断腿支流

Bronner, Edwin 埃德温·布朗纳

Bronte, Emily 艾米莉·勃朗特

Brooks, Cleanth 克林斯·布鲁克斯

Brooke, Richard 理查德·布鲁克

Brougham Hall 布鲁厄姆庄园

Brown, Hannah 汉娜·布朗

Browne, Abraham 亚伯拉罕·布朗

Browne, Benjamin 本杰明·布朗

Browne, Edmund 埃德蒙·布朗

Browne, Margaret 玛格丽特·布朗

Browne, Richard 理查德·布朗

Browning, Charles H. 查尔斯·伯朗宁

Brtn 布烈顿

Brunswick 不伦瑞克

Bruton 布鲁顿

Brutus 布鲁图

Bryan's Station 布莱恩站

Bryan, William Jennings 威廉·詹宁斯·布莱恩

Bryn Mawr 布林茅尔

Bub 小家伙

Buchanan, George 乔治·布坎南

Buck, Richard 理查德·巴克

Buckingham's Revolt 白金汉起义

Buckner, John 约翰·巴克纳

Budd 巴德

Buffalo 布法罗

Bulchin 鲍尔钦

Bulkeley, Peter 彼得·巴尔克利

Bull, William 威廉·布尔

Bullock, James 詹姆斯·布洛克

Bum 流浪者

Bunting 邦廷

Bunton 邦顿

Burlington 伯灵顿

Burnaby, Andrew 安德鲁·伯纳比

Burnham, Walter Dean 沃特・迪安・伯纳姆
Burns, Robert 罗伯特・彭斯
Burnt Candlemas 圣烛节
Burr affair 布尔事件
Burton, Robert 罗伯特・伯顿
Burwell, Lewis 路易斯・伯韦尔
Butler, Pierce 皮尔斯・巴特勒
Byers, Edward 爱德华・拜尔斯
Byllinge, Edward 爱德华・白林佶
Byrd, Lucy Parke 露西・帕克・伯德
Byrd, Mary Horsmanden Filmer 玛丽・霍斯蒙登・费尼默・伯德
Byrd, William 威廉・伯德

・C・

Cabell, William 威廉・卡贝尔
Caledonias 苏格兰古称
Calhoun, Arthur 阿瑟・卡尔霍恩
Calhoun, Catherine 凯瑟琳・卡尔霍恩
Calhoun, Catherine Montgomery 凯瑟琳・蒙哥马利・卡尔霍恩
Calhoun, Floride 弗洛里德・卡尔霍恩
Calhoun, John Caldwell 约翰・考德威尔・卡尔霍恩
Calhoun, Patrick 帕特里克・卡尔霍恩
Calrence's Rising 克拉伦斯起义
Cambridge Platform 剑桥纲领
Cadwalader 卡德瓦拉德
Caldwell, David 戴维・考德威尔
California high 加州高地
Calithumpian Serenade 喧闹小夜曲
Callowhill, Hannah 汉娜・卡罗维
Calvert, Benedict Leonard 本尼迪克・伦纳德・卡尔弗特
Calypso 卡吕普索，荷马《奥德赛》中的海中女神
Cambry 坎布里
Camden, William 威廉・卡姆登
Cameron, Richard 理查德・卡梅隆
Camp Crossville 克罗斯维尔营
Campbell, John 约翰・坎贝尔
Campbell, William 威廉・坎贝尔
Campbellton 坎贝尔顿镇
Camm, Ann 关安・卡姆
Canmore, Malcolm 马尔科姆・坎莫尔
Canterbury 坎特伯雷
Cape Cod box 科德角盒
Cape Fear Valley 恐惧角山谷

Carew, Francis 弗朗西斯・卡鲁

Carlisle 卡莱尔

Carmarthen 卡马森

Carnarvon 卡那封郡

Carpenter 卡彭特

Carr, Peter 彼得・卡尔

Carrickfergus 卡里克弗格斯

Carrock Fell 卡洛克费尔地貌

Carroll, Charles 查尔斯・卡罗尔

Carroll, Kenneth 肯尼斯・卡罗尔

Carter, Bob 鲍勃・卡特

Carter, Charles 查尔斯・卡特

Carter, Fanny 芬妮・卡特

Carter, Jimmy 吉米・卡特

Carter, Landon 兰登・卡特

Carter, Robert Wormeley 罗伯特・沃姆利・卡特

Carteret, George 乔治・卡特里特

Carteret, John 约翰・卡特里特

Carucate 卡勒凯特

Cary 卡里亚

Casco Bay 卡斯科湾

Cash 卡什

Castle Cary 卡里城堡

Castlereagh 卡斯尔雷

Catawba 卡托巴郡

Catechism《教义问答》

Catlett 卡特利特

Cato《加图》

Cato's Letters《加图来信》

Cavendish, William 威廉・卡文迪什

Cecil 塞西尔

Cedric 塞德里克

Ceely 西利

Celts 凯尔特人

Chalkley, Thomas 托马斯・乔克利

Chamberlain, Thomas 托马斯・张伯伦

Chapell of Fritt 福丽特教堂

Chapman, Ellen 艾伦・查普曼

Chapman, Sarah 莎拉・查普曼

Charles City 查尔斯城

Charlestown 查尔斯敦

Charlie's Bunion Mountain 查理脚肿的山

Charlotte 夏洛特

Chase faction 蔡斯派别

Chastity 查丝蒂蒂

Chaytor, William 威廉・蔡特

Cheate, Charles 查尔斯・期蒂

Cheever, Ezekiel 伊齐基尔・奇弗

Chelsea 切尔西城

Cherokee 切罗基族
Cheshire 柴郡
Chesnut, Mary Boykin 玛丽·博伊金·切斯纳特
Chester 切斯特
Chesterfield 切斯特菲尔德
Chester-Le-Street 切斯特－勒－斯特里特
Chevalier, Michel 麦克·谢瓦利埃
Chicheley 奇切利
Chicheley, Henry 亨利·奇切利
Chickasaw 奇克索族
Chilterns 切尔吞山区
Chiswell 奇斯韦尔
Choctaw 乔克托族
Christian 克里斯琴
Christiana 克里斯汀娜
Christopher 克里斯托弗
Churchman, George 乔治·丘奇曼
Clabber Branch 牛乳支流
Clampitt, Hugh 休·克兰皮特
Clap, Roger 罗杰·克拉普
Clark, John 约翰·克拉克
Clayworth 克莱沃思
Cleveland, Benjamin 本杰明·克利夫兰
Cleveland, Grover 格罗弗·克利夫兰
Clifford, Simon 西蒙·克利福德
Cloud, Bosely 波斯里·克劳德
Clyde 克莱德
Clydebank 克莱德班克
Clymer 克莱默
Coale, Josiah 乔赛亚·科尔
College of Heralds 英国纹章院
CSM Colonial Society of Massachusetts 马萨诸塞州殖民地学会
Coddington, William 威廉·科丁顿
Cogenhoe 库格诺
Colchester 科尔切斯特
Cole, Richard 理查德·科尔
Cole, Robert 罗伯特·科尔
Colerain 科尔雷恩
Collingwood 科林伍德
Collinson, Peter 彼得·科林森
Colne 科尔恩
Colne Engaine 科恩恩盖尔（教区名）
Colyton 科利顿
Conant 科南特
Concord 康科德
Congaree 康加里
Connecticut Historical Society 康涅狄格州历史学会

Conway 康韦

Cooke, Richard 理查德·库克

Coolidge, John 约翰·柯立芝

Cooper, Benjamin 本杰明·库伯

Cooper, David 戴维·库伯

Cooper, James Fenimore 詹姆斯·费尼莫尔·库伯

Cooper, Sybil Matlock 西比尔·马特洛克·库伯

Cope, William 威廉·科普

Corridor-kitchen house 走廊厨房屋

Cornish 科尼什

Cornwall 康沃尔

Corotoman 克洛德曼

Cotswold or Cotsworld 科茨沃尔德村

Cotswold Edge 科茨沃尔德丘陵

Cotesworth, William 威廉·科茨沃思

Cotton, Ann Lake 安妮·莱克·科顿

Cotton, John 约翰·科顿

Cotton, Marria 玛利亚·科顿

Cotton, Seaborn 西伯恩·科顿

County Donegal 多尼戈尔郡

Coxe 考克斯

Coxes 考克斯

Country Jonathan 乡下乔纳森

Crackers 小饼干或鸟人，俗语里指低等白人

Craig's Creek 克雷格河

Crashaw, William 威廉·克拉肖

Craven, Wesley Frank 卫斯理·弗兰克·克雷文

Crawford 克劳福德

Creek 克里克

Crefeld 克雷菲尔德

Cremin, Lawrence 劳伦斯·克雷明

Cresheim 克里克

Cressy, David 戴维·克蕾西

Creswell 克雷斯韦

Criolian degeneracy 殖民地退化

Crock, John 约翰·克罗克

Cromwell, Oliver 奥利弗·克伦威尔

Crosshouse 穿房

Crown 克朗

Cryde, Arthur 阿瑟·克莱德

Cuckold's Creek 戴绿帽的溪流

Culbertson, William P. 威廉·P. 卡伯特森

Culloden 卡洛登

Culpeper 卡尔佩珀

Culpeper, Frances 弗朗西斯·卡尔佩珀

Cumberland 坎伯兰郡

Cumbria 坎布里亚郡或哥比亚
Cunliffe, Barry 巴里・坎利夫
Curacao 库拉索岛
Currituck Inlet 柯里塔 - 因莱特
Custis, Daniel 丹尼尔・卡斯蒂斯
Custis, Frances Parke 弗朗西斯・帕克・卡斯蒂斯
Cutler, Timothy 蒂莫西・卡特勒
Cutthroat Gap 断喉山口

・D・

Dakota low 达科他低地
Dalkeith 达尔基思
Dalton, Michael 麦克・道尔顿
Dane, John 约翰・戴恩
Danelaw 丹麦区
Darby 德比
Darenth 达伦斯
Dartmouth 达特茅斯
Dauphine 多菲
Dauphine, Durand de 杜兰德・德・多芬
Davenport, John 约翰・达文波特
Davies, Richard 理查德・戴维斯
Davies, Samuel 萨缪尔・戴维斯
Davis, James H. 詹姆斯・戴维斯
Davy, Dionnis 狄俄尼斯・戴维
Deborah 底波拉
Dedham 戴德姆
Deerfield 迪尔菲尔德
Defoe, Daniel 丹尼尔・笛福
Delaware Valley 特拉华山谷
Delilah 黛利拉
Demos, John 约翰・迪莫斯
Denbigh 登比
Denby 登比
Denison, Daniel 丹尼尔・丹尼森
Derfold 德福德
Derry 德里郡
“Devil Anse” Hatfield 魔鬼安斯・哈特菲尔德
Devon 德文郡
Dewey 杜威
Dexter, Henry Martin 亨利・马丁・德克斯特
Dick, Everitt 埃弗里特・迪克
Dickinson 迪金森
Dickinson, Jonathan 乔纳森・迪金森
Dickson 迪克森
Digges 迪格斯

Digges, Cole 科尔·迪格斯

Dillard, Joey L. 乔伊·迪拉德

Dillingham, John 约翰·迪林厄姆

Dillington, Richard 理查德·丁灵顿

Dillwyn, William 威廉·迪尔温

Dilworth 迪尔沃思

Dilworthtown 迪尔沃斯敦

Discovery of Witchcraft《发现魔法》

Ditton, Anthony 安东尼·迪顿

Dobbs, Arthur 阿瑟·多布斯

Dodsley 多兹利

Dominion of New England 新英格兰领地

Donegal 多尼戈尔

Donelson, John 约翰·唐尼尔森

Donelson, Rachel 雷切尔·唐尼尔森

Donne, John 约翰·多恩

Dorchester 多尔切斯特

Dorothy 桃乐茜

Dorset 多塞特

Doubleday, Abner 阿布纳·道布尔迪

Douglas, Stephen 史蒂芬·道格拉斯

Dover 多佛

Downing, Lucy Winthrop 露西·温斯罗普·唐宁

Downs 唐斯

Drake, Daniel 丹尼尔·德雷克

Drake, Dick 迪克·德雷克

Drake, Frederick 弗雷德里克·德雷克

Dreyfuss, Kenneth A. 肯尼斯·德赖弗斯

Drinker, Elizabeth 伊丽莎白·德林克

Dubbins, Mary 玛丽·杜宾斯

Dudley, Deborah 黛博拉·达德利

Dudley, Dorothy 桃乐茜·达德利

Dudley, Joseph 约瑟夫·达德利

Dudley, Patience 佩兴斯·达德利

Dudley, Paul 保罗·达德利

Dudley, Mercy 默西·达德利

Dudley, Robert 罗伯特·达德利

Dudley, Samuel 萨缪尔·达德利

Dudley, Sarah 莎拉·达德利

Dudley, Thomas 托马斯·达德利

Dugdale 达格代尔

Duke, James 詹姆斯·杜克

Duke of Wurtemberg 符腾堡公爵

Dukes of Beaufort 博福特公爵

Dumfries 邓弗里斯

Dummer 达默

Dummer, Richard 理查德·达默

Dunkirk 敦刻尔克

Duns 邓斯

Dunsinane 邓斯纳恩

Durand 杜兰德

Durham 达拉谟

D'Urbervilles 塔伯威利

Dutch Reformed Church 荷兰改革宗教会

Duvall, Mareen 马林・杜瓦尔

Dyer, Mary 玛丽・戴尔

・E・

Eadnoth the Staller 伊德洛斯长官

Earl of Egmont 埃格蒙特伯爵

Earle, Alice Morse 爱丽丝・摩斯・厄尔

Earle, Carville 卡维尔・厄尔

Earls Colne 科恩伯爵地

Eastchurch 伊斯特彻奇

Eastham 伊斯特姆

Easton 伊斯顿

East Anglia 东盎格鲁

East Bergholt 东贝霍尔特

East Riding 东赖丁

Edgecombe 埃奇库姆郡

Edgefield District 埃奇菲尔德区

Edgemont 埃奇蒙特

Edinburgh University 爱丁堡大学

Edward the Confessor 忏悔者爱德华

Edwards, Jonathan 乔纳森・爱德华兹

Effingwell, Abraham 亚伯拉罕・厄芬韦尔

Egmont 埃格蒙特

Eleven Years' Tyranny 十一年暴政

Eliot, John 约翰・埃利奥特

Eliot, Samuel 塞缪尔・艾略特

Elizabeth City 伊丽莎白城

Ellis, Havelock 哈夫洛克・艾利斯

Ellis, Rowland 罗兰・艾利斯

Ellsworth 埃尔斯沃思

Ellwood, Thomas 托马斯・埃尔伍德

Elysian Fields 乐土

Emblems and Epigrams presented to Sir Thomas Egerton《献给托马斯・埃杰顿爵士的象征和警句》

Emlen 埃姆伦

Emmanuel 以马内利

Endecott, Zerubbabel 所罗巴伯・恩迪科特

Enfield 恩菲尔德

Enid 伊妮德

Enoch 伊诺克

Enterprise Town 进取心城

Ephraim 以法莲

Ephron 以弗仑

Epiphany 基督教的主显节

Eppes 艾普斯

Eppes, Elizabeth 伊丽莎白・埃普斯

Essex 埃塞克斯

Essex Institute 埃塞克斯研究所

Esther 以斯帖记

Evans, Joshua 约书亚・埃文斯

Evelyn 伊夫林

Ewen 尤恩

Ewhurst 尤赫斯特

Exeter 埃克塞特

Explicatio 圣公会讲道结构中的解释

Ezekiel 伊齐基尔

・F・

Fair Forest Creek 费尔 - 弗里斯特河

Fairfax 费尔法克斯

Fairfax, Sally 萨利・费尔法克斯

Fareham 费勒姆

Faro 一种纸牌游戏

Fauntroy, Walter 沃尔特・方特罗伊

Fayette 费耶特

Feake, Robert 罗伯特・费克

Fells 菲尔地貌区

Fenwick 芬威克

Fenwick, John 约翰・芬威克

Ferris, Benjamin 本杰明・费里斯

Fielding 菲尔丁

Fiennes, Charles 查尔斯・法因斯

Fifth Monarchy Men 第五王朝派

Filmer, Samuel 萨缪尔・费尼默

Filmers 费尼默家族

Fintray 翡翠村

Firmin, Giles 吉尔斯・弗明

Fisher, George 乔治・费舍尔

Fisher, Mary 玛丽・费舍尔

Fisher, William 威廉・费舍尔

Fithian, Philip 菲利普・费西安

FitzHerbert 菲茨赫伯特

Fitzhugh, William 威廉・菲茨休

Flaherty 弗莱厄蒂

Fleet Prison 弗利特监狱

Fleming, Daniel 丹尼尔・佛兰芒

Flemish bond 梅花砌砖法

Fletchall, Thomas 托马斯・弗雷切尔

Flinn, Michael 迈克尔・弗林

Flint 弗林特

Flower, George 乔治・弗劳尔

Fones 方斯

Ford 福特

Ford, Gerald 杰拉尔德・福特

Forde, Helen 海伦・福德

Forman, Simon 西蒙・福曼

Forrest 福里斯特

Fort Sumter 萨姆特堡垒

Fortescure, John 约翰・福蒂斯丘

Foucault，Michel 米歇尔・福柯

Fontaine, Peter 彼得・方丹

Fowkese 福克斯

Fox, Cyril 西里尔・福克斯

Fox, George 乔治・福克斯

Frame of Government《政府框架》

Framlingham 弗拉姆灵厄姆区

Franklin, Benjamin 本杰明・富兰克林

Fraser, David 戴维・弗雷泽

Fraser, George 乔治・弗雷泽

Frederick Jackson Turner 弗里德里克・杰克逊・特纳

Freeman, Samuel 萨缪尔・弗里曼

French School of the Annales 法国年鉴学派

Friedel, Frank 弗兰克・弗里德尔

Fries Rebellion 弗里斯反叛

Froissart 弗鲁瓦萨尔

Frontier thesis 边疆论

Fuller Nat 富勒纳特

Fuller, Samuel 萨缪尔・福勒

・G・

Gabriel 加百利

Gaffer 对老人的荣誉称号

Gage 盖奇

Galloway 加洛韦

Galloway Levellers' Revolt 加洛韦铲平者起义

Gallows Branch 绞刑架支流

Gallup 盖洛普

Gammer 老夫人

Hanover 汉诺威郡

Gardiner, Christopher 克里斯托弗・加德纳

Gardner, Ann Downing 安妮・唐宁・加德纳

Gardner, Jos. 约瑟夫・加德纳

Garrick, David 戴维・加里克

Gauguin, Paul 保罗・高更

Gentleman's Magazine《贵族期刊》

George S. Patton, Jr. 小乔治·巴顿
Germ theory 起源论
Gerry, Elbridge 埃尔布里奇·格里
Gibbs 吉布斯
Gibbon, Edward 爱德华·吉本
Gibbon, John 约翰·吉本
Gibbons, Orlando 奥兰多·吉本斯
Gibson, Edmund 埃德蒙·吉布森
Gifford, George 乔治·吉福德
Gil, Alexander 亚历山大·吉尔
Gilchrist 吉尔克里斯特
Gildrie, Richard 理查德·基尔德利
Gilmer, George 乔治·吉尔默
Gilmer, Thomas 托马斯·吉尔默
Glassie, Henry 亨利·葛拉西
Glastonbury 格拉斯顿伯里
Gloustershire 格洛斯特郡
Gross, Robert 罗伯特·格罗斯
Glover, Ralph 拉尔夫·格洛弗
Goffe, William 威廉·戈夫
Gooch 古奇
Goodwin, Thomas 托马斯·古德温
Goldie, George 乔治·戈尔迪
Goldsmith 戈德史密斯
Goldwater, Barry 巴里·戈德华特
Gomme 戈姆
Gordon, Adam 亚当·戈登
Gordon's Meeting House 戈登聚会所
Goreing 哥尔文
Gouge, William 威廉·高奇
Gough, John 约翰·高夫
Gould, Peter 彼得·古尔德
Governor Nat 纳特总督
Grabtown 攫取城
Grace 格蕾丝
Grady, Katharine 凯瑟琳·格雷迪
Graham, William 威廉·格雷厄姆
Graham's Meeting House 格雷厄姆聚会所
Grand Rapids 大激流城
Grasmere 格拉斯米尔
Gray, William 威廉·格雷
Great Embargo 伟大的禁运，特指杰弗逊政府时期的禁运措施
Great Smoky 大雾山
Great Yarmouth 大雅茅斯村
Green Spring 绿泉
Greystoke 格雷斯托克
Grant, Ulysses 尤利西斯·格兰特
Granville District 格兰维尔区
Gridolin 蓝色亚麻

Griffen 格里芬号

Grimese 葛莱姆斯

Grison Republic 格里森共和国

Griswold 格里斯沃尔德

Grove 格罗夫

Gudrun 古德龙

Guernsey 根西岛

Guilford 吉尔福德郡

Gullah 安哥拉黑人嘎勒英语

Gulliver's Travels《格列佛游记》

Gummere, Amelia 阿米莉娅·格默里

Gwynedd 格威内思

·H·

Hackburn, Catherine 凯瑟琳·汉可博恩

Hackett 哈克特

Hackleton, Hannah 汉娜·海克顿

Haddonfield 哈登菲尔德

Hadley 哈德利

Hale, Eugene 尤金·黑尔

Halifax 哈利法克斯郡

Halls 霍尔家族

Hambright, Frederick 弗雷德里克·汉布赖特

Hamlin, Elizabeth 伊丽莎白·哈姆林

Hampden, John 约翰·哈姆普顿

Hanging Rock 绞刑岩

Hanks, Luke 卢克·汉克斯

Hailsham 黑尔舍姆

Hallgerd 哈尔杰德

Hamilton, Andrew 安德鲁·汉密尔顿

Hammond 哈蒙德

Handlin, Oscar 奥斯卡·韩德林

Hangover Creek 醉酒河

Hannah Town 汉娜镇

Hansen, Marcus Lee 马库斯·李·汉森

Harbottle 哈博特尔

Hardin, Sarah 沙拉·哈丁

Harding, William 威廉·哈丁

Harmsworth 哈姆斯沃思

Harold Sherman Goldberg Fund 哈罗德·舍曼·戈德堡基金会

Harpers Ferry 哈珀斯费里

Harrison, Benjamin 本杰明·哈里森

Harris, Joel Chandler 约珥·钱德勒·哈里斯

Harris, Marc 马克·哈里斯

Harrison, George 乔治·哈里森

Harrison, Hannah 汉娜·哈里森

Harrison, Sarah 莎拉·哈里森

Harrison, William 威廉·哈里森

Harrisburg 哈里斯堡

Harrower, John 约翰·哈罗尔

Hart, John 约翰·哈特

Hartz 哈茨

Harvard, John 约翰·哈佛

Harvey, John 约翰·哈维

Hasted, Nicholas 尼古拉斯·哈斯特德

Hatfield Broad Oak 哈特菲尔德宽橡树

Hatfield-McCoy Feud 哈特菲尔德 - 麦考伊之争

Haverford 哈弗福德

Haverhill 黑弗里尔

Hawkins 霍金斯

Hawkins, Jane 简·霍金斯

Hawkshead 霍克斯黑德

Haworth 哈沃斯村

Hawthorne, Nathaniel 纳撒尼尔·霍桑

Haydon 海登

Hayes, Alice 艾利斯·海耶斯

Hayes, Rutherford 拉瑟福德·海耶斯

Haynes, Josiah 约西亚·海恩斯

Headborough 下级警官

Hely, Thomas 托马斯·希利

Hendrickson, Yeshro 亚素·亨德里克森

Hengrave 亨格雷夫

Henning 亨宁

Henrico 亨利科

Henry, Patrick 帕特里克·亨利

Herbert, George 乔治·赫伯特

Hereford 赫里福德

Herefordshire 赫里福郡

Hermeticism 赫耳墨斯神智学

Hermitage 偏僻的寺院（庄园名）

Hertfordshire 赫特福德郡

Hester 赫丝特

Hey, David 戴维· 海伊

Hickory 希科里

Hicksite separation 希克斯特分离事件

Hide 海德（计量单位）

Hidon 希顿

Higginson, Francis 弗朗西斯·希金森

Higginson, Lucy 露西·希金森

Hillam 希拉姆

Hillsboro 希尔斯伯勒

Hindus, Micahel 迈克尔·欣德斯

Hingham 欣厄姆

Hirst, Sam 山姆·赫斯特

Histoire Totale 总体历史
History of the English Church and People
《英吉利教会史》
Hoar, George 乔治·霍尔
Hobkirk's Hill 霍布柯克山
Hock Tuesday 霍克节
Hofstadter, Richard 理查德·霍夫施塔特
Hogg, Ima 伊马·霍格
Holden, John 约翰·霍尔登
Hollingsworth 霍林斯沃思
Holmes 霍姆斯
Holmes, Oliver Wendell 奥利弗·温德尔·霍姆斯
Honeywell, William 威廉·霍尼韦尔
Honywood 霍尼伍德
Hooker, Thomas 托马斯·胡克
Hoosier 胡希尔人，指较低的社会阶层
Hooten, Elizabeth 伊丽莎白·胡滕
Hopkins, Constance 康斯坦丝·霍普金斯
Hopper, Isaac 艾萨克·霍珀
Horn 合恩
Horne, Arthur 阿瑟·霍恩
Horsmonden 霍斯蒙登
Horsmanden, Mary 玛丽·霍斯蒙登
Hoskins, Jane 简·霍斯金斯
Hostetler 霍斯泰特勒
Hotten, John C. 约翰·赫腾
Hoyt 霍伊特
Hubbard, Richard 理查德·哈伯德
Hudson, Elizabeth 伊丽莎白·哈德逊
Hugget, Nathaniel 纳撒尼尔·休格特
Huguenots 胡格诺教徒
Huldah 户勒大
Hull 赫尔港
Hull, Felix 费利克斯·赫尔
Hull, John 约翰·赫尔
Humber 亨伯湾
Humberside 亨伯赛德河地区
Hume, George 乔治·休谟
Humphrey, Jane 简·汉弗莱
Humphrey, John 约翰·汉弗莱
Hunter, Cyrus 赛勒斯·亨特
Huntingdonshire 亨廷顿郡
Huntington Library 亨廷顿郡图书馆

· I ·

Illick, Joseph 约瑟夫·伊利克
Independent Whig《独立的辉格党》
Internal Colonialism 内在殖民

Intolerable Acts 不容忍法案

Ipswich 伊普斯威奇

Isaac 以撒

Isaac Johnson, Esq. 艾萨克・约翰逊

Isham 艾沙姆

・J・

Jack Straw's Rising 杰克・斯特劳反叛

Jackson, Hugh 休・杰克逊

Jackson River 杰克逊河

James City 詹姆斯城

James, Sydney 悉尼・詹姆斯

James, William 威廉・詹姆斯

Janney, Barbara 芭芭拉・詹妮

Jarrett, Devereux 德弗卢・贾勒特

Jaynes, Thomas 托马斯・杰恩斯

Jenkins 詹金斯

Jennings, Edmund 埃德蒙・詹宁斯

Jermyn Street 杰明街

John Ball's Insurrection 约翰・鲍尔起义

John, Oliver 奥利弗・约翰

Johnny 约翰尼

Johnson, Billy 比利・约翰逊

Johnson, Edward 爱德华・约翰逊

Johnson, Isaac 艾萨克・约翰逊

Johnson, Lyndon 林登・约翰逊

Johnson, Nicholas 尼古拉斯・约翰逊

Johnson, Samuel 萨缪尔・约翰逊

Johnston Fork 约翰斯顿福克

Jonas 乔纳斯

Jones Chapel 琼斯教堂

Jones, Edward 爱德华・琼斯

Jones, Hugh 休・琼斯

Jones, John 约翰・琼斯

Jones, Rufus 鲁弗斯・琼斯

Jones, Thomas 托马斯・琼斯

Jonesboro 琼斯伯勒

Jordan, George 乔治・乔丹

Joselin, Ralph 拉尔夫・乔斯林

Josiah 约西亚

Josselin, Mary 玛丽・乔斯林

Judiciary Act《司法法 1801》

Julett, Elizabeth 伊丽莎白・朱丽耶

Junitor, Tom 汤姆・朱尼特

・K・

Kalm, Peter 彼得・卡尔曼

Kansas 堪萨斯城

Kaplanoff, Mark 马克 · 卡普兰诺夫

Karlsen, Carol 卡罗尔 · 卡尔森

Kathleen 凯思琳

Katz, Alisa Belinkoff 阿莉莎 · 贝林科夫 · 卡茨

Kay, William 威廉 · 凯

Keayne, Benjamin 本杰明 · 吉恩

Keayne, Robert 罗伯特 · 基恩

Keithian controversy 基斯争议

Keithian schism 凯赛恩分离主义

Kelly, Grace 格蕾丝 · 凯丽

Kelsall, John 约翰 · 凯尔萨尔

Kemp 肯普

Kendal 肯德尔

Kennet 肯尼特（城市名）

kennett, Susanna 苏珊娜 · 肯尼特

Kent 肯特郡

Kercheval, Samuel 萨缪尔 · 科奇吾

Ketton-Cremer, R. W. 凯顿 - 克里默

Kilbourne, Lawrence 劳伦斯 · 基尔伯恩

Kimenker, James 詹姆斯 · 齐门克

King Edgar 埃德加一世

King, Gregory 格雷高里 · 金

King-in-Parliament 君临议会

King, Leslie Lynch 莱斯利 · 林奇 · 金

King, Molly 莫利 · 金

King and Queen County 国王与王后郡

King William 威廉国王郡

Kingsbere 金斯伯

Kirkbride 柯克布赖德

Kirkcudbright 柯库布里

Kittery 基特里

Knox 诺克斯

Knox, Jane 简 · 诺克斯

Knoxville 诺克斯维尔

Koehler, Lyle 莱尔 · 克勒

Krefeld 克雷菲尔德

Kriegsheim 格里斯海姆

Kuhn，Thomas Samuel 托马斯 · 库恩

Kulikoff, Allan 阿兰 · 库利科夫

Kurath, Hans 汉斯 · 库拉斯

Kurland, Susan 苏珊 · 库兰

· L ·

Labaree, Leonard 伦纳德 · 拉巴里

Lacey, Edward 爱德华 · 莱西

Lady Arbella Fiennes 阿贝拉 · 法因斯爵士夫人

Lady Day 天使报喜节

Lancashire 兰开夏郡
Lancaster 兰卡斯特
Land 兰德
Landon 兰登
Landsman, Ned 内德・兰兹曼
Langhorne, Jeremiah 耶利米・兰霍恩
Langley, Ralph 拉尔夫・兰利
Langstaff, Daniel 丹尼尔・兰斯塔夫
Langton, John 约翰・兰顿
Languedoc 郎格多克（法国南部一省）
Launceston 朗斯顿
Lapage, Emanuel 以马内利・拉佩奇
Laxdaela saga《狡猾的鲑鱼野史》
Lenni Lenape 伦尼莱纳佩人
Leyburn 莱伯恩
Lake Quinsigamund 奎因斯加芒湖
Lake District 大湖区
Larcom, Lucy 露西・拉科姆
Lark 拉克河
Larne 拉恩
Laslett, Peter 彼得・拉斯利特
Latin Brigantes 拉丁布里甘特人
Latrobe, Benjamin 本杰明・拉特罗布
Laurie, Gawen 高恩・劳里
Laus Deo 荣耀归于上帝
Lawrence, Thomas 托马斯・劳伦斯
Lawson, Robert 罗伯特・劳森
Lay, Benjamin 本杰明・莱
La Warre, Thomas 托马斯・拉瓦
Leatherstocking Tales《皮袜故事》
Lee, Anna Constable 安娜・康斯特布尔・李
Lee, Richard 理查德・李
Leeds 利兹
Leeds Preparative Meeting 利兹预备教会
Leeward Islands 里沃德岛
Legree 勒格雷
Leicestershire 莱斯特郡
Leigh, Joseph 约瑟夫・利
Lely, Peter 彼得・利利
Lemon, James T. 詹姆斯・莱蒙
Lent 四旬斋
Leverett, Mary 玛丽・莱弗里特
Leverett, Thomas 托马斯・莱弗里特
Levin, Joanne Early 乔安妮・厄尔利・莱文
Levisa 列维莎
Levy, Barry 巴里・利维
Lewes 刘易斯
Lewis, Hadley 哈德利・路易斯
Lewis, John 约翰・路易斯
Leyburn 莱伯恩

Licking Creek 甘甜的溪流
Liddell, Henry 亨利・利德尔
Limited atonement 有限救赎
Lindley 林德利
Lingard, John 约翰・林加德
Linzner, Beth 贝丝・林德纳
Lippincott, Abigail 阿比盖尔・利平科特
Lippincott, Richard 理查德・利平科特
Little Britain 小不列颠
Little Eversden 小艾弗斯登镇
Little Neshaminy 小内沙米尼
Littleale, John 约翰・利特艾尔
Livermore 利弗莫尔
Liverpool 利物浦
Lloyd, Thomas 托马斯・劳埃德
Lochaber 洛哈伯
Lockridge, Kenneth 肯尼斯・洛克里奇
Lodge, Henry Cabot 亨利・卡伯特・洛奇
Loe, Thomas 托马斯・洛
Logan, James 詹姆斯・洛根
Logan, Sarah Read 莎拉・里德・洛根
Logan's Fort 洛根堡
Lollardy 罗拉德派
Londonburgh 伦敦堡
Londonderry 伦敦德里
Long Cane 长藤郡
Long Cane Creek 长藤溪
Long Meadow 朗梅多（地名）
Long Pond 长塘
Lord Chancellor of Ireland 爱尔兰大臣领主
Lord De la Warr 德拉沃领主
Lord Brooke 布鲁克大人
Lord Burghley 伯利领主
Lords of Trade 查尔斯二世时期的贸易主管局
Lord Say 塞伊大人
Loring, Israel 以色列・洛林
Lorna 洛纳
Lothian, Rachel 雷切尔・洛锡安
Love Feast 爱宴
Lovelace 洛夫莱斯
Low Church 低教派
Lowell, James Russell 詹姆斯・罗素・洛厄尔
Lucas, Nicholas 尼古拉斯・卢卡斯
Ludwell, Philip 菲利普・勒德韦尔
Ludwell, Thomas 托马斯・勒德韦尔
Lulbegrud 卢比格鲁德
Lutherans 路德派

Lt. of the Tower 托尔中尉

Lunenberg 卢嫩堡

Lyman, Hannah 汉娜·莱曼

Lynch's Creek 林奇河

Lynch's Law 林奇律例

Lynch, William 威廉·林奇

·M·

M. Schele de Vere 马克西米利安·谢勒·德·维尔

Mabry's Chapel 马布里教堂

Macaulay 麦考利

Macbeth 麦克白

Macfarlane 麦克法兰

Mackenzie 麦肯齐氏

Mackinnon 麦金农

MacMichael, James 詹姆斯·麦克迈克尔

Macocracy 苏爱政体

Macon, Nathaniel 纳瑟内尔·梅肯

Magdalen 莫德林

Magnalia Christi Americana《美国风物志》

Maidstone 梅德斯通

Main, Gloria 格洛里亚·梅因

Main Street《大街》

Makemie, Francis 弗朗西斯·马凯米

Makepeace, Thomas 托马斯·梅克皮斯

Malden 莫尔登

Manchester 曼彻斯特

Mandrakes 曼德拉草

Mansfield-Woodhouse 曼斯菲尔德–伍德豪斯

Marblehead 马布尔黑德

Marckwardt, Albert 阿尔伯特·马克伍德

Marian martyrs 玛丽安烈士

Marjorie 马乔里

Marlowe, Gregory 格雷戈里·马洛

Marlynne 玛丽莲

Marple 马普尔

Marquis de Chastellux 夏斯特吕侯爵

Marry, Sally 莎莉·玛丽

Marsden 马斯登

Marshall, John 约翰·马歇尔

Martha 马大号

Mary Anne 玛丽·安妮号

Maryport 玛丽波特

Maryville 马里维尔郡

Massachusetts Bay Company 马萨诸塞湾区特许公司

Massachusetts Historical Society 马萨诸塞

历史协会
Masterless men 自由人
MAHSC - Massachusetts Historical Society Collections 马萨诸塞州历史学会籍丛
Mason-Dixon line 梅森 – 狄克森线
Masters, John 约翰·马斯特斯
Mastin, Bartholemew 巴塞洛缪·马斯登恩
Materialist models 唯物论模型
Mather, Cotton 科顿·马瑟
Mather, Hannah 汉娜·马瑟
Mather, Increase 英克里斯·马瑟
Mather, Richard 理查德·马瑟
Mathews, George 乔治·马修斯
Matlack 马特拉克
Mattson, Margaret 玛格丽特·马特森
Maureen 莫林
Maverick, Samuel 萨缪尔·马弗里克
Maynard, Lucy 露西·梅纳德
Maxwells 麦克斯韦宗族
Mayhew, Thomas 托马斯·马修
Maze 梅兹
McAden's Chruch 麦卡登教堂
McAfee 麦卡菲
McChristen 麦奎斯丁
McCosh, James 詹姆斯·麦科什
McCoy 麦考依
McDavid, Raven 雷文·麦克戴维
McDowell, Joseph 约瑟夫·麦克道尔
McElroy, Kenneth 肯尼斯·麦克尔罗伊
McKinley, William 威廉·麦金利
McMahon, Sarah 莎拉·麦克马洪
McMinnville 麦克明维尔
McNary-Haugen Act 麦克纳里 - 豪根法案
McWhiney 麦克温尼
Mecklenburg 梅克伦堡
Mehmed IV 穆罕默德四世
Menard, Russell 罗素·莫纳德
Mennonites 门诺派
Mercer, Eric 埃里克·默瑟
Mercia 麦西亚
Mercy 默西
Meredith 梅雷迪思
Merion 梅里恩
Merioneth 梅里奥尼思郡
Meriwether, Thomas 托马斯·梅里韦瑟
Merrimack 梅里马克河
Merseyside 默西塞德郡或默尔西河地区
Merton College 默顿学院
Meyer, Duane 杜安·迈耶

Meynell 梅内尔

Michael 迈克尔

Michaelmas 米迦勒节

Michelet 米什莱

Middlesboro 米德尔斯伯勒

Middlesex 米德尔塞克斯郡

Middletown 米德尔敦

Mifflin 米夫林

Mifflin, Anne 安妮・密弗林

Mifflintown 米夫林敦

Migration model 移民论

Mildmay, William 威廉・米德梅

Miles, Emma 艾玛・迈尔斯

Miller, Perry 佩里・米勒

Minehead 迈恩黑德

Miranda, Francisco de 弗朗西斯科・德・米兰达

Mitchell, Jonathan 乔纳森・米切尔

Modell, John 约翰・莫德尔

Modernization models 现代化范式

Moldsworth 梅德斯沃斯

Moller, Herbert 赫伯特・摩勒

Monbo 芒博

Moneen 穆尼

Monmouth 蒙默思郡

Montacute Hall 蒙塔丘特大宅

Montgomeryshire 蒙哥马利郡

Monticello 蒙蒂塞洛庄园

Monyash 莫尼亚什

Mooseberg 莫斯伯格

Moravians 摩拉维亚

Moravian Tract 摩拉维亚地区

Morchard 莫乍得

Morecambe 莫克姆

Morgan, Cadwalader 凯威莱德・摩根

Morgell 莫吉尔

Moriarity, G. Andrews 安德鲁斯・莫里亚蒂

Morland 莫兰

Morley Meeting 莫利教会

Morris, Susannah 苏珊娜・莫里斯

Morris Willing 莫里斯 - 威林（公司名）

Morrison 莫里森

Morristown 莫里斯敦

Moryson 莫里森

Moses 摩西

Mosquito Coast of Nicaragua 尼加拉瓜莫斯基托海岸

Mont Beau 情郎山

Mount Holly 芒特霍利

Mt. Mitchell 米切尔峰
Muggletonian 马格莱顿教派信徒
Muhlenberg, Henry 亨利·米伦伯格
Murch, George 乔治·默奇
Muscle Shoals Proposal 马斯尔肖尔斯社区发展计划
Myrdal, Gunnar 贡纳尔·默达尔

·N·

Nansemond 楠西蒙德
Nantucket 楠塔基特
Narragansett 纳拉甘西特湾
Nash, Gary 加里·纳什
Naked Creek 裸露的溪流
Natick 内蒂克
Naturalization Act《归化法 1798》
Navy and Army Acts《海军陆军法 1798》
Nayler 内勒
Nevis 尼维斯岛
Nevins, Allan 艾伦·内文斯
New Ark 新方舟（现在的纽瓦克，New Wark）
New Brunswick 新不伦瑞克
New England 新英格兰
New Light Christianity 新光基督教
New Netherland 新荷兰
New Paltz Huguenots 纽帕尔茨胡格诺
New Scotlands 新苏格兰
Newbury 纽伯里
Newcastle 纽卡斯尔
Newdigate, Richard 理查德·纽迪吉特
Newtown 纽敦
Newfoundland 纽芬兰
Newry 纽里
Newton, Roger 罗杰·牛顿
Nicholson, Francis 弗朗西斯·尼克松
Nicholson, Joseph 约瑟夫·尼科尔森
Nittany 尼塔尼
Nixon, Richard 理查德·尼克松
Njal's Saga《尼雅尔萨迦》
No Cross, No Crown《没有十字架，就没有王权》
Noah 诺亚
Noble 诺布尔
Norfolk 诺福克
Norfolk Broads 诺福克低地
Norfolk Whine 诺福克哼声
Norris 诺里斯
Norris, Deborah 底波拉·诺里斯

Norris, Isaac 艾萨克・诺里斯

Norris, Israel 以色列・诺里斯

Norristown 诺里斯敦

Northampton 北汉普顿

Northumberland 诺森伯兰郡

Northumbria 诺森布里亚

Northwood 诺思伍德

Norton, John 约翰・诺顿

Norvetta 诺维塔

Norwich 诺里奇

Not 诺特，一种曲棍球比赛

Notestein, Wallace 华勒斯・诺特斯坦

Nova Scotia 新斯科舍

Nyonhall, Ed. 艾德・尼恩豪

・O・

Ogeechee 奥吉奇河

Oglander, John 约翰・奥格兰德

Oldmixon 奥尔德米克森

Old Deluder Law《老骗子撒旦法》

Old Providence Island 老普罗维登斯岛

Oldmixon, John 约翰・奥尔德米克森

Oldtown Folks《老城习俗》

Oliver, William 威廉・奥利弗

O'Malley, Patricia 帕特丽夏・奥马利

Onan 俄南（圣经人物）

Orange County 橙县

Orangeburg 奥兰治堡

Orbeck, Anders 安德斯・奥贝克

Ormskirk 奥姆斯柯克

Orrery 奥雷里

Orton, Job 乔布・奥顿

Osbaldistone 俄斯博得斯通

Osbrn 奥斯本

Otway 奥特韦

Owen 欧文

Oxfordshire 牛津郡

Oxley, Joseph 约瑟夫・奥克斯利

Ozark 奥扎克

Ozinda 奥林达

・P・

Page, John 约翰・佩奇

Page, Mann 曼・佩奇

Painter 佩因特

Palladian 帕拉第奥建筑型式

Palmer 帕默

Palmer-Godechot 帕默 - 戈德肖

Pancha, Sancho 桑丘·潘萨（《堂吉诃德》里的人物）
Papys, Samuel 萨缪尔·佩皮斯
Parker, Alexander 亚历山大·帕克
Parker, John 约翰·帕克
Parkman, Ebenezer 埃比尼泽·帕克曼
Parkman, Francis 弗朗西斯·帕克曼
Parks, Thomas 托马斯·帕克斯
Parnell, James 詹姆斯·帕内尔
Parrington 帕林顿
Parson's Cause 帕尔森之争（案件）
Parsonage Lane 帕森尼奇路
Partitio 圣公会讲道结构中的分隔
Parton, James 詹姆斯·帕顿
Pastorius, Daniel 丹尼尔·皮斯托留斯
Pastorius, Francis Daniel 弗朗西斯·丹尼尔·帕斯图瑞斯
Patience 佩兴斯
Patriarcha《父权制》
Patton, James 詹姆斯·帕顿
Pauline 波林
Peachey 皮奇
Peak District 峰区
Peebles 皮布尔斯
Pele 佩列
Pelham, Penelope 珀涅罗珀·佩勒姆
Pelham, William 威廉·佩勒姆
Pemaquid 珮玛奎德
Pemberton 彭伯顿
Pendleton District 彭德尔顿区
penistone 佩尼斯通
Penllyn 彭林
Penn Charter Academy 佩恩特许学校
Penn, William 威廉·佩恩
Penne, De La 德拉·佩恩
Pennington 彭宁顿
Pennington, Isaac 艾萨克·彭宁顿
Penington, Mary 玛丽·宾宁敦
Pennines 奔宁山脉
Pennsbury 彭斯伯里
Penrith 彭里斯
Penruddock, Arundel 阿伦德尔·彭拉多克
Penruddock's Rebellion 彭拉多克叛乱
Pennsylvania's Provincial Convention 宾夕法尼亚代表大会
Pequot War 佩科特战争
Pequots 佩科特人
Percy 珀西
Peroration 圣公会讲道结构中的结束语
Perkins, William 威廉·珀金斯

Peter, Hugn 休・彼得
Peters, Richard 理查德・彼得斯
Petersfield 彼得斯菲尔德
Pevensey 佩文西教区
Peyton, Algernon 阿尔杰农・佩顿
Peyton, Sewster 索斯特・佩顿
Phebe 菲比
Phelips, Edward 爱德华・菲利普斯
Philadelphia 费城
Philadelphia's Corporation 费城公司
Phillips, John 约翰・菲利普斯
Pickens 皮肯斯
Piedmont 皮德蒙特
Piedmont Plateau 皮德蒙特高原
Pitcher, Mary 玛丽・皮彻
Pittsylvania 皮茨尔瓦尼亚郡
Piety Promoted《推动虔诚》
Place, Francis 弗朗西斯・普莱斯
Plainfield 普莱恩菲尔德
Plaistow, Josiah 乔赛亚・普莱斯托
Plumb 普拉姆
Plumsted 普伦斯特德
Pocahontas 波卡洪塔斯
Polk, David 戴维・波尔克
Polk, James Knox 詹姆斯・诺克斯・波尔克
Polk, Leonidas 利奥尼达斯・波尔克
Polk, Magdalen Tasker Porter 莫德林・塔斯克・波特・波尔克
Polk, William 威廉・波尔克
Pollard, William 威廉・波拉德
Pollock 波洛克
Polynesian 波利尼西亚人
Pond, Samuel 萨缪尔・庞德
Poole 普尔
Pop-robbins "流行的罗宾斯", 食物名
Pore, Tryal 崔耶尔・波雷
Portree 波特里
Portrush 波特拉什
Portsmouth 朴茨茅斯
Pory, John 约翰・波利
Potts, Harry 哈利・波茨
Powers 鲍尔斯
Powhatan Confederacy 包哈坦部落
Practice of Peity《虔诚的实践》
Praecognito 圣公会讲道结构中的宣告
Pratt, David Heber 戴维・普拉特
Presentist 当代主义者
Preston 普雷斯顿
Price, Don K. 唐・普赖斯

Price, Thomas 托马斯·普赖斯
Princess Anne 安妮公主郡
Prince George 乔治王子郡
Princess Louisa 路易莎公主河
Prudden, Peter 彼得·普鲁登
Ptolemies 托勒密
Puritan 清教徒
Puritan tribalism 清教部落主义
Purvis 珀维斯
Pyles, Thomas 托马斯·派尔斯
Pynchon, William 威廉·平琼

·Q·

Quaker Plan House 贵格设计房
Queens College 王后学院
Quitt, Martin 马丁·奎得

·R·

Rachel 拉结
Rackley, Augustine 奥古斯汀·拉克利
Radnor 拉德诺郡
Radnorshire 拉德诺郡
Rahway 拉威
Rainborough 雷伯勒
Raleigh, Walter 沃特·罗利
Ramsay, David 戴维·拉姆齐
Randolph, Frances Bland 弗朗西斯·布兰德·兰道夫
Randolph, John 约翰·兰道夫
Randolph, Northampton 诺桑普顿·兰道夫
Randolph, Peyton 佩顿·兰道夫
Randolph, Edmund 埃德蒙·兰道夫
Randolph, Vance 万斯·兰道夫
Ranke 兰克
Ranters 吼叫派
Rappahannock 拉帕汉诺克
Rawl 罗威
Rawson, Grindal 格林德尔·罗森
Read 里德
Reading 雷丁
Reagan, Ronald 罗纳德·里根
Reavis 雷维斯
Reay, Barry 巴里·雷伊
Rebecca 利百加
Recklesstown 雷克利斯屯
Reckless, Joseph 约瑟夫·雷克利斯
Red Bank 雷德班克
Red Head Nat 红头纳特

Redman 雷德曼

Rednecks 红脖子，俗语里指低等白人

Reformation without Tarrying for Any《致安妮：宗教改革刻不容缓》

Regis, Bere 比尔·里吉斯

Remington, Frederic 弗里德里克·雷明顿

Remini, Robert 罗伯特·雷米尼

Reynes, Bullen 布伦·雷内斯

Rhode Island 罗德岛州

Rhodes 罗兹

Richard Newdigate II 理查德·纽迪吉特二世

Richmond Hill 里士满希

Richards, John 约翰·理查兹

Riddon 伟腾

Riding skimmington 斯基明顿

Ridley 里德利

Rittenhouse 里滕豪斯

Rittinghuysen 瑞廷豪森

River Dee 迪河

Roanoke 罗阿诺克

Rob Roy《罗布·罗伊》

Robards, Lewis 路易斯·罗巴兹

Robards, Rachel Donelson 雷切尔·唐纳尔森·罗巴兹

Robb, Eustace 尤斯塔斯·罗伯

Robbins, Caroline 卡罗琳·罗宾斯

Robbins, Elisha 以利沙·罗宾斯

Robert the Bruce 苏格兰英雄罗伯特·布鲁斯

Robert Kett's Rebellion 罗伯特·凯特反叛

Robertson 罗伯特森

Robertson, William 威廉·罗伯特森

Robeson 罗伯逊

Robinson, John 约翰·罗宾逊

Roche, John 约翰·罗奇

Rockbridge 罗克布里奇

Rockingham 罗金厄姆郡

Rocky River 洛基河

Rodes, Adam 亚当·罗兹

Rodes, John 约翰·罗兹

Roe, Sarah 莎拉·罗

Rogers, Ezekiel 伊齐基尔·罗杰斯

Rogers, Geneva 吉尼瓦·罗杰斯

Rogers, Nathaniel 纳撒尼尔·罗杰斯

Rolfe, John 约翰·罗尔夫

Rollinson 罗林森

Roman, Philip 菲利普·罗曼

Roman, Robert 罗伯特·罗曼

Rooks, Edward 爱德华·鲁克斯

Roosevelt, Theodore 西奥多·罗斯福

Rosbif 英国绅士的别称

Rose, Mary 玛丽·罗丝

Rosebud Creek 罗斯巴德溪

Rosegill 洛斯吉尔

Ross 罗斯

Rossiter, Joanna 乔安娜·罗西特

Rothermere Foundation 罗瑟米尔基金会

Rotterdam 鹿特丹

Rowley 罗利

Roy 罗伊

Royall, Anne 安妮·罗亚尔

Roxburgh 罗克斯巴勒郡

Roxbury 罗克斯伯里

Rubens 鲁宾斯

Rudyard 拉迪亚德

Ruffin, Edmund 埃德蒙·拉芬

Rush, Benjamin 本杰明·拉什

Rushbearing 灯草节

Ruth 路得

Rutherfords 卢瑟福

Rutland 拉特兰郡

Rutman, Barrett 巴雷特·拉特曼

Rutman, Anita 安尼塔·拉特曼

Rutty, John 约翰·陆第

Rye 莱伊

·S·

Sabine 萨宾

Sadler, Richard 理查德·萨德勒

Safely-on-high Snat 安居高处的斯纳特

Sagadahoc 萨加达霍克

Sahlins, Marshall 马歇尔·萨林斯

Saint Andrew 圣安德鲁

Saint Patrick 圣帕特里克

Salem 萨勒姆

Salisbury 索尔兹伯里

Saloman, Mark 马克·所罗门

Salt Lake City 盐湖城

Saltonstall, Richard 理查德·索顿斯托尔

Saltonstall Jr., Richard 小理查德·索顿斯托尔

Saltonstall, Robert 罗伯特·索顿斯托尔

Saludy River 萨卢达河

Sampson, William 威廉·桑普森

Sanderlands, James 詹姆斯·桑迪兰兹

Sandwich 三明治村

Santee 桑蒂

Savannah 萨凡纳

Saugus 索格斯

Scandinavian 斯堪的纳维亚

Scarborough, John 约翰·斯卡布罗

Schlesinger, Arthur 阿瑟·施莱辛格

Schoepf, Johann 约翰·舍普夫

Schooler, William 威廉·斯库勒

Schumacher 舒马赫

Schuylkill River 斯古吉尔河

Schwartz, Jonathan 乔纳森·施瓦兹

Schwenkfelder 施文克菲尔特教会信徒

Scott, Dred 德雷德·斯科特

Scott, Sandie 桑迪·斯科特

Scott, Walter 沃特·斯科特

Scottow, Joshua 约书亚·斯考托

Scotchtown 苏格兰城

Scream Ridge 惊叫脊

Scuffletown 混战城

Searle, Charles 查尔斯·瑟尔

Secker, Thomas 托马斯·赛克

See-off Creek 挥别河

Seekers 探索派

Selkirk 塞尔扣克

Selsey 塞尔西

Seneca's *Dialogues* 塞内卡《对话录》

Severn 塞弗恩

Severn Valley 塞文河谷

Sevier, John 约翰·塞维尔

Sewalls, Samuel 萨缪尔·休厄尔

Sewster, Francis 弗朗西斯·索斯特

Shackamaxon 夏克麦克森

Shaloff, Richard 理查德·夏勒夫

Shamokin 沙莫金

Sharp, Cecil 塞西尔·夏普

Sharples, Hannah 汉娜·沙普尔斯

Sharples, Nathan 内森·沙普尔斯

Sharpless 沙普利斯

Shawnee 肖尼人

She-Britons 英国女人

Sheffield 谢菲尔德

Sheila 希拉

Shelby, Isaac 艾萨克·谢尔比

Shelburne 谢尔本

Shenandoah Valley 谢南多厄山谷

Shepard, Thomas 托马斯·谢泼德

Sherman, Roger 罗杰·谢尔曼

Shinny 一种古老而原始的简易曲棍球比赛

Shippen, Edward 爱德华·希彭

Shippensburg 希彭斯堡

Shirley 雪莉

Shoemaker 休梅克

Shropshire 什罗普郡

Shrovetide 忏悔节

Shuchaman, Carol 卡罗尔・沙克曼

Shumway, Floyd 佛洛伊德・沙姆韦

Shurtleff 舒特莱夫

Siddall, Joseph 约瑟夫・西德尔

Simcock 西姆科克

Simmons, James Mason 詹姆斯・梅森・西蒙斯

Simmons, Susan 苏珊・西蒙斯

Simpson, Alan 阿兰・辛普森

Sketchley 斯科奇利

Skipwith 斯基普威思

Skull Camp Mountain 头颅营山

Skye 斯凯岛

Slader, Matthew 马修・斯莱德

Small-hope Biggs 小希望的比格斯

Smedley 斯梅德利

Smith, Daniel Scott 丹尼尔・斯考特・史密斯

Smith, John 约翰・史密斯

Smithson, James 詹姆斯・史密森

Smithville 史密斯维尔

Solberg, Winton 温顿・索伯格

Solent 索伦特

Solid South 南方基地（美国政治名词）

Solomon 所罗门

Solway Firth 索尔威湾

Somerset 萨默塞特

Sommerhausen 索默豪森

Souden, David 戴维・索登

Southeby, William 威廉・索思比

Southside 南区

Southwell 索斯韦尔

Southwark Fair 索思沃克节庆

Southwick, Cassandra 卡珊德拉・索思威克

Spencer, Nicholas 尼古拉斯・斯宾塞

Spencer, Robert 罗伯特・斯宾塞

Spencers of Althorpe 奥尔索普的斯宾塞

Spira 斯皮拉

Spotswood 斯波茨伍德

Spotsylvania 斯波齐尔韦尼亚郡

Spratt 斯普拉特

Springett, Gulielma 古列尔玛・斯普林格特

Springfield 斯普林菲尔德

Spruill, Julia Cherry 朱莉娅・伽利・斯普鲁伊尔

Stanfield 斯坦菲尔德

Staffordshire 斯塔福德郡

St. Botolph’s church 圣博托尔夫教会

St. Francis 圣弗朗西斯

St. George 圣乔治

St. Kitts 圣基茨岛

St. Matthew 圣马太

St. Osyth 圣奥赛斯

St. Paul 圣保罗

Staines 斯泰恩斯

Stamford 斯坦福德镇

Stannard 斯坦纳德

Stansfield 斯坦斯菲尔德

Starford 斯塔福德

Steel, Edward M. 爱德华·斯蒂尔

Steeton 斯蒂顿

Stephens, Samuel 萨缪尔·斯蒂芬

Staplehill 斯特普尔希尔

Stieff, Frederick 弗雷德里克·斯蒂夫

Stiffknee Knob 膝关节僵硬的丘陵

Stockhall 斯德克霍尔

Stoddard, Solomon 所罗门·斯托达德

Stoddard, William 威廉·斯托达德

Stoke 斯多克

Stone Carr 卡尔石

Stone, Samuel 萨缪尔·斯通

Storey, John 约翰·斯多里

Storey, Rowland 罗兰·斯多里

Story, Sarah 莎拉·斯托利

Stoughton, Israel 以色列·斯托顿

Stoughton, William 威廉·斯托顿

Stowe, Harriet Beecher 哈里特·比彻·斯托

Stratford-on-Avon 斯特拉特福

Stratford Hall 斯特拉特福德大厦

Street, Nicholas 尼古拉斯·斯特里特

Stretell 斯特雷特尔

Strickland, William 威廉·斯特里克兰

Stringer, John 约翰·斯特林格

Stuart, Robert 罗伯特·斯图亚特

Styles, Robert 罗伯特·斯泰尔斯

Sudbury 萨德伯里

Suffolk 萨福克

Sukey 苏姬

Sulgrave 苏尔格雷夫

Sullivan 苏里文

Sumner, William Graham 威廉·格雷厄姆·萨姆纳

Surrey 萨里

Susquehanna 萨斯奎汉纳

Sutton 萨顿
Swift, Jonathan 乔纳森·斯威夫特
Sycamore 锡卡莫尔
Sydney, Algernon 阿尔杰农·悉尼
Syme, Eleanor 埃莉诺·赛姆
Syme, Sarah 莎拉·赛姆
Symmes, Zechariah 撒迦利亚·西姆斯
Symon, Robert 罗伯特·西蒙
Symonds 西蒙兹
Synge, Edward 爱德华·辛格
Synod of Dort 多德会议

·T·

Talbot and Lion's Whelp 塔尔博特和幼狮号
Taliaferro 托利弗
Tammany Hall 坦慕尼协会，民主党政治机器
Taney, Roger B. 罗杰·托尼
Tangier 丹吉尔岛
Tanistry 酋长继承人规则
Tater Knob 土豆丘
Tatham, William 威廉·泰瑟姆
Taunton 汤顿
Tawney 托尼
Taylor, Ebenezer 埃比尼泽·泰勒
Taylor, Edward 爱德华·泰勒
Taylor, Zachary 扎卡里·泰勒
Teeny Knob 小丘
Temple of Wisdom《智慧的殿堂》
Tennent, William 威廉·坦南特
Tennyson 丁尼生
Teutonic germs 日耳曼起源
Thanet 塔内
the Archbishop of Canterbury 坎特伯雷大主教
the Bulkeleys 巴尔克利家族
the Chaunceys 昌西家族
the Coddingtons 科丁顿家族
the College of Philadelphia 费城学院
the Congregation of the Holy Family 神圣家庭联盟
the Cotswolds 科茨沃尔德丘陵地带
the Dancing Assembly 舞蹈集会
The Devil in Petticoats《衬裙里的魔鬼》
the D'Ewes 迪尤斯家族
the Duke of Marlborough 马尔伯勒公爵
the Earl of Litchfield 利奇菲尔德伯爵
the Earl of Orrery 奥雷里伯爵

the Edwardses 爱德华兹家族

the Eliots 埃利奥特家族

The Great Case of Liberty of Conscience 《心灵自由的伟大事例》

the Hand-in-Hand Fire Company 合作消防队

The New England Mind《新英格兰思想家》

The Papers of William Penn 《威廉·佩恩手稿》

the Rishworths 里什沃思家族

the Hutchinson 哈钦森家族

the Leeward Islands 背风群岛

The Lost Lady: A Tragy Comedy 《最后的夫人：一出悲喜剧》

the Marburys 马伯里家族

The Mirror of Majestie 《陛下的镜子》

the Mount Regale Fishing Company 盛宴山渔业公司

The Needles 三针岩

The Old Southwest 旧时的西南部

the Quincys 昆西家族

the Roundhead 圆颅党

The Rule and Exercise of Holy Living and Holy Dying 《圣洁的生活与死亡的规则和操练》

the Stoddards 斯托达德家族

the Storres 斯托尔家族

the Storys 斯托利家族

the Wentworths 温特沃思家族

The Whole Duty of Man 《人的完整责任》

the Wigglesworths 威格尔斯沃思家族

the Williamses 威廉姆斯家族

Thicketty 厚重之地

Thirsk, Joan 琼·瑟斯克

Thomas, Gabriel 加百利·托马斯

Thomas, Keith 基斯·托马斯

Thomas, William 威廉·托马斯

Thompson, Robert 罗伯特·汤普森

Thomson, James 詹姆斯·汤姆森

Thoresby, Ralph 拉尔夫·索尔斯比

Thoroughgood, Adam 亚当·托洛谷德

The Peopling of British North America 《英属北美人口问题初探》

The Progressive Historian 《进步论的历史学家》

The Society for the Propagation of the Gospel in Foreign Parts 外国福音传播协会

Thistlethwaite, Pearson 皮尔森·西斯尔思韦特

Thornton 桑顿

Throgmorton 思罗格莫顿
Thurloe, John 约翰・瑟洛
Thynne 锡恩
Tilghman 蒂尔曼
Tinicum 蒂尼克姆
Titian 提香
Tolles, Frederick 弗雷德里克・托尔斯
Tombigbee 汤比格比郡
Tomkins, Mary 玛丽・汤姆金斯
Topographical Dictionary《地方志词典》
Torr, Richard 理查德・托尔
Tower Hill 塔丘
Toynbee, Arnold 阿诺德・汤因比
Tredyffrin 特雷迪芬镇
Trent Valley 特伦特山谷
Trenchard 特伦查德
Trenton 特伦顿
Trinity 三一学院
Tristram Shandy《项狄传》
Troutbeck 特劳特贝克
Truman, Harry 哈里・杜鲁门
Truro 特鲁罗
Tryon, William 威廉・特赖恩
Tucker, George 乔治・塔克
Tully, Alan 艾伦・塔利
Tully, John 约翰・塔利
Turbervilles 塔伯威利
Turner, Frederick. J. 弗雷得里克・J. 特纳
Turner and Beard《特纳和比尔德》
Tuscan 托斯卡纳
Tweed 特威德河
Twelfth Night 第十二夜（宗教节日）
Twight, Timothy 蒂莫西・德怀特
Tyack 提雅克
Tyndal 廷德尔
Tyne 泰恩
Tyneside 泰恩河地区
Tyng, Rebecca 丽贝卡・廷
Tyrone 蒂龙郡

・U・

Uckfield 阿克菲尔德
Ulrich, Laurel Thatcher 劳拉・撒切尔・乌尔里奇
Uncle Remus 雷默斯大叔
Unconditional Election 无条件拣选
Underdown, David 戴维・昂德当
Unn 安
Upton, Dell 戴尔・厄普顿

·V·

Vale of the Severn 塞弗恩谷地

Valley Forge 福吉谷

Vane, Harry 哈里·文恩

Vann, Richard 理查德·范恩

Vassall, William 威廉·瓦萨尔

Vater Unser im Himmelreich《我们天上的圣父》（赞美诗）

Vestry 教区委员会

Vicar of Wakefield《威克菲尔德的牧师》

Victoria and Albert Museum 维多利亚与阿尔伯特博物馆

Vincent, J.M. 文森特

Virginia 弗吉尼亚州

Voyagers to the West: A Passage in the Peopling of America on the Eve of the Revolution《西行的航海者：革命前夜美国人民的通道》

Vulpes americanus 美洲狐

·W·

Wade, Nathaniel 纳撒尼尔·韦德

Waite, Davis 戴维斯·韦特

Walden, Saffron 萨芙蓉·沃顿

Wales 威尔士郡

Walker, Williston 威利斯顿·沃克

Waller 沃勒

Wallingford 沃林福德

Waln 沃恩

Walnford 沃恩福德

Waltham 沃尔瑟姆

Walton, William 威廉·沃尔顿

Warbleton 沃布尔顿

Ward, John 约翰·沃德

Ward, Nathaniel 纳撒尼尔·沃德

Wark 沃克

Warmwell 沃姆维尔

Warner, Augustine 奥古斯丁·沃纳

Warner, Thomas 托马斯·沃纳

Warren, John 约翰·沃伦

Warville, Brissot de 布里索·德·窝里勒

Warwickshire 沃里克郡

Wash 沃什湾

Washington, John 约翰·华盛顿

Wat Tyler's Rebellion 瓦特·泰勒反叛

Watertown 沃特敦

Watson, Alan 阿兰·沃森

Watson, John F. 约翰·沃森

Watts, Samuel 萨缪尔·沃茨

Waugh, Dorothy 多萝西・沃
Weald 威尔德
Weaver, William 威廉・韦弗
Webb 韦伯
Webster, Daniel 丹尼尔・韦伯斯特
Weed, Thurlow 瑟洛・威德
Weems, Parson 帕森・威姆斯
Weintraub, Bethamy Dubitzky 贝瑟尼・杜比兹斯基・温特劳布
Weintraub, Richard 理查德・温特劳布
Weld, Samuel 萨缪尔・韦尔德
Wellington, Roger 罗杰・惠灵顿
Wells 威尔斯
Welsh Tract 威尔士之地
Wenham 韦纳姆
Wentworth, Paul 保罗・温特沃思
Wertenbaker 沃滕贝克
Wessex 威塞克斯
West 韦斯特
West Jersey 西泽西
West, Mary 玛丽・韦斯特
West Riding 西区
West, Robert 罗伯特・韦斯特
Westborough 韦斯特伯鲁
Westcote, Thomas 托马斯・韦斯科特
Westover 韦斯托弗
Western Expansion《西部扩展》
Westham 西汉姆
Westmorland 威斯特摩兰郡
Wethersfield 韦瑟斯菲尔德
Wexford 韦克斯福德郡
Weymouth 韦茅斯
Wharton, John 约翰・沃顿
Wharton, Rachel 雷切尔・沃顿
Wharton, Thomas 托马斯・沃顿
Wheeler, Clason 克拉森・惠勒
Wheeler, Nicholas 尼古拉斯・惠勒
Whig 辉格党
Whipping Creek 鞭刑河
Whiskey Springs 威士忌泉
Whitall, Anne Cooper 安妮・库伯・怀特尔
White, Hoyette 霍伊特・怀特
White, Hugh Lawson 休・劳森・怀特
White, John 约翰・怀特
White, Rodney 罗德尼・怀特
White, William 威廉・怀特
Whitefield, George 乔治・怀特菲尔德
Whitehaven 怀特黑文
Whitehead 怀特黑德

Whiting, Samuel 萨缪尔・怀廷
Whitsunweek 圣神降临周
Whittemore, Samuel 萨缪尔・惠特莫尔
Wilbraham, Alice 艾利斯・威尔布里厄姆
Wigtown 威格敦
Wilbarine 威尔巴林
Wilbraham, Thomas 托马斯・威尔布里厄姆
Wildboarclough 外德波尔克劳
Wiley, Allen 艾伦・威利
Wilkinson's intrigue 威尔金森的阴谋
Willard, Josiah 乔希亚・威拉德
Willard, Samuel 萨缪尔・威拉德
William Byrd II 威廉・伯德二世
Williams, J. Ambler 安布勒・威廉姆斯
Williams, James 詹姆斯・威廉姆斯
Williams, Raymond 雷蒙德・威廉姆斯
Williams, Roger 罗杰・威廉姆斯
Williamson 威廉姆森
Williamson, George 乔治・威廉姆森
Willing Mind 愿望的心号
Wilson, David 戴维・威尔逊
Wilson, John 约翰・威尔逊
Wilson, Woodrow 伍德罗・威尔逊
Wiltshire 威尔特郡
Wimble, Will 威尔・温布尔
Winchcombe 温什科姆
Winchester 温彻斯特
Windermere 温德米尔湖
Windsor Church 温莎教会
Wingfield 温菲尔德
Winslow 温斯洛
Winston, Joseph 约瑟夫・温斯顿
Winters 温特斯
Winthrop, John 约翰・温斯罗普
Winthrop, Katherine Brattle 凯瑟琳・布拉托・温斯罗普
Wirt, William 威廉・沃特
Wisconsin 威斯康星
Witchstone Farm 巫石农场
Witherspoon, Robert 罗伯特・威瑟斯庞
Wittfogel 魏特夫
Wrightstown 赖茨敦
Woburn 沃本
Wolcott 沃尔科特
Woodbridge, John 约翰・伍德布里奇
Woodmason, Charles 查尔斯・伍德梅森
Woodman, Goodman 古德曼・伍德曼
Woodthorp, Jonathan 乔纳森・伍德霍普
Woodward, C. Vann 范・伍德沃

Woolman, Abner 阿布纳·伍尔曼
Woolman, John 约翰·伍尔曼
Woolston, Elizabeth 伊丽莎白·伍尔斯顿
Woolston, John 约翰·伍尔斯顿
Worcester 伍斯特郡
Wormeley, Judith 朱迪思·沃姆利
Wormeley, Ralph 拉尔夫·沃姆利
Worral 沃勒尔
Wrenbury 伦伯里
Wright 怀特
Wright, Isabel 伊莎贝尔·怀特
Wright, Pegg 佩格·怀特
Wright, Susannah 苏珊娜·怀特
Wuthering Heights《呼啸山庄》
Wyatt-Brown, Bertram 伯特伦·怀亚特-布朗
Wyatt, Francis 弗朗西斯·怀亚特
Wynne, Tabitha 塔比瑟·温
Wynne, William 威廉·温

·X·

Xerxes 薛西斯

·Y·

Yadkin 亚德金河
Yankee 洋基人（对美国东北人的别称）
Yankee twang 洋基鼻音
Yardly 亚德利
Yarmouth 雅茅斯
Yeates 叶芝
Yeocomico Church 优客米科教堂
Yerdith 耶蒂斯
Yorkshire Dales 约克郡河谷
Young, Arthur 阿瑟·扬

·Z·

Zane 赞恩
Zecharias 撒迦利亚
Zilversmit, Arthur 阿瑟·齐尔弗斯米特
Zimmermann 齐默尔曼
Zook 祖克

缩略语表

A	*Antiquary*
AAAG	*Annals of the Association of American Geographers*
AAS	American Antiquarian Society, Worcester, Mass.
AC	*Archaeologia Cantiana*
ACLS	*American Council of Learned Societies*
AHAR	*American Historical Association, Annual Report*
AHR	*American Historical Review*
AJLH	*American Journal of Legal History*
AJS	*American Journal of Sociology*
AL	*American Literature*
ALAR	*Alabama Review*
AM	*Atlantic Monthly*
AMST	*Ancient Monuments Society Transactions*
AQ	*American Quarterly*
AR	*Archaeological Review*
AS	*American Speech*
ASR	*American Sociological Review*
BERKRO	Berkshire Record Office, Reading
C	*Costume*
CAMBRO	Cambridgeshire Record Office, Cambridge
CAMBU	Cambridge University Library
CASP	*Cambridge Antiquarian Society Proceedings*
CH	*Church History*
CHESRO	Cheshire Record Office, Chester
CS	*Camden Society Publications*
CSMP	*Colonial Society of Massachusetts Proceedings*
CSP	*Calendar of State Papers*
CSSH	*Comparative Studies in Society and History*
CUMROC	Cumbria Record Office, Carlisle
CUMROK	Cumbria Record Office, Kendal
CWAAS	*Cambridge and Westmorland Antiquary and Archeological Society Transactions*
D	*Demography*
DERBRO	Derbyshire Record Office, Matlock
DEVRO	Devonshire Record Office, Exeter

DH	*Delaware History*
DN	*Dialect Notes*
DORSRO	Dorsetshire Record Office, Dorchester
DSNEF	*Dublin Seminar for New England Folklore*
EAL	*Early American Literature*
EANGU	University of East Anglia
EAST	*Transactions of the Essex Archeological Society*
ECHR	*Economic History Review*
EDD	*English Dialect Dictionary*
EHR	*English Historical Review*
EJ	*Essex Journal*
ELAST	*East Lothian Antiquarian Society Transactions*
ESSRO	Essex Record Office, Chelmsford
ESUSRO	East Sussex Record Office, Lewes
ETHSP	*East Tennessee Historical Society Publications*
F	*Forum*
FHSJ	*Friends Historical Society Journal*
FL	*Folklore*
FLL	Friends Library, London
G	*Gwerin*
GM	*Gentleman's Magazine*
GLOCRO	*Gloucestershire Record Office, Gloucester*
GR	*Geographical Review*
H	*History*
HAMPRO	Hampshire Record Office, Winchester
HARLSP	*Harleian Society Publications*
HAV	Quaker Collection, Haverford College Library
HJ	*Historical Journal*
HSLCT	*Historical Society of Lancashire and Cheshire Transactions*
HSP	Historical Society of Pennsylvania, Philadelphia
HSUS	*Historical Statistics of the United States*
HUNTRO	Huntingdonshire Record Office, Huntingdon
I	*Independent*
IBGT	*Institute of British Geographers Transactions*
JAF	*Journal of American Folklore*
JAH	*Journal of American History*
JAS	*Journal of American Studies*
JECH	*Journal of Ecclesiastical History*
JEH	*Journal of Economic History*
JEL	*Journal of English Linguistics*
JFH	*Journal of Family History*
JHG	*Journal of Historical Geography*
JIH	*Journal of Interdisciplinary History*
JMF	*Journal of Marriage and the Family*
JMH	*Journal of Modern History*

JSH	*Journal of Southern History*
JSOCH	*Journal of Social History*
JSPH	*Journal of Sports History*
KAO	Kent Archives Office, Maidstone
KSHSR	*Kentucky State Historical Society Register*
LANCRO	Lancashire Record Office, Preston
LC	Library of Congress, Washington
LINCRO	Lincoln Archives Office, Lincoln Castle, Lincoln
LNA	*Lower Norfolk Antiquary*
LNQ	*Lincolnshire Notes and Queries*
LRS	*Lincolnshire Record Society Publications*
MAHS	Massachusetts Historical Society, Boston
MAHSC	*Massachusetts Historical Society Collections*
MAHSP	*Massachusetts Historical Society Proceedings*
MDA	*Archives of Maryland*
MDHM	*Maryland Historical Magazine*
MDHS	Maryland Historical Society, Baltimore
MEHSQ	*Maine Historical Society Proceedings*
MH	*Midland History*
MLW	*Mountain Life and Work*
MQ	*Mississippi Quarterly*
MVHR	*Mississippi Valley Historical Review*
NA	*Norfolk Archaeology*
NAR	*North American Review*
NCHR	*North Carolina Historical Review*
NEHGR	*New England Historic and Genealogical Register*
NEQ	*New England Quarterly*
NH	*Northern History*
NHANTRO	Northamptonshire Record Office, Delapre Abbey, Northampton
NHANTRS	*Northamptonshire Record Society Publications*
NHHSC	*New Hampshire Historical Society Collections*
NJA	*New Jersey Archives*
NJH	*New Jersey History*
NOTTRO	Nottinghamshire Record Office, Nottingham
NYHS	New York Historical Society, New York City
NYPL	New York Public Library, New York City
OED	*Oxford English Dictionary*
OXBOD	Bodleian Library, Oxford
OXRO	Oxfordshire Record Office, Oxford
PA	*Pennsylvania Archives*
PF	*Pennsylvania Folklife*
PH	*Pennsylvania History*
PMA	*Post Medieval Archeology*
PMHB	*Pennsylvania Magazine of History and Biography*

PMLA	*Publications of the Modern Language Association*
PP	*Past and Present*
PRO	Public Record Office
PS	*Population Studies*
QH	*Quaker History*
RHST	*Royal Historical Society Transactions*
SAC	*Sussex Archaeological Collections*
SAHJ	*Society of Architectural Historians*
SANHSP	*Somerset Archeological and Natural History Society Proceedings*
SAUS	*Statistical Abstract of the United States*
SCHGM	*South Carolina Historical and Genealogical Magazine*
SDNQ	*Somerset and Dorset Notes and Queries*
SF	*Social Forces*
SFH	*Sussex Family History*
SFS	*Somerset Folklore Studies*
SH	*Southern History*
SHCUNC	Southern Historical Collection, University of North Carolina
SIAP	*Suffolk Institute of Archeology Publications*
SLHSJ	*Scottish Labor History Society Journal*
SOCH	*Social History*
SOMERO	Somerset Record Office, Taunton
SOMERSRS	*Somerset Record Society Publication*
SP	*Studies in Philology*
SSP	*Surtees Society Publication*
SUFROBS	Suffolk Record Office, Bury St. Edmunds
SUFROIP	Suffolk Record Office, Ipswich
SWAR	Friends Historical Library, Swarthmore College
THM	*Tennessee Historical Magazine*
VA	*Vernacular Architecture*
VCH	*Victoria County History*
VMHB	*Virginia Magazine of History and Biography*
WARRO	Warwickshire Record Office, Warwick
WILTRO	Wiltshire Record Office, Trowbridge
WMQ1	*William and Mary Quarterly, First Series*
WNQ	*Wiltshire Notes and Queries*
WVAH	*West Virginia History*
YAS	Yorkshire Archaeological Society, Leeds
YROL	Yorkshire Record Office, Leeds
YROW	Yorkshire Record Office, Wakefield

说明

本书注释中含大量英文参考文献资料，为方便检索，照原著录排。仅根据学术需要，将其中关键性的文献条目翻译为中文。